L'ART ROMAN
EN FRANCE

Pour Jacques,
en souvenir de découvertes
et de joies partagées.

ÉLIANE VERGNOLLE

L'ART ROMAN EN FRANCE

ARCHITECTURE - SCULPTURE - PEINTURE

Ouvrage publié avec le concours du Centre national du Livre

Flammarion

Graphisme des plans : sont indiquées en noir les parties romanes, en blanc les adjonctions ou transformations ultérieures, en pointillés les parties restituées.

Suivi éditorial et recherche iconographique :
Yasmina Meguernes

Conception graphique et mise en pages :
Martine Mène

Dessin des plans :
Zine-Eddine Seffadj

ISBN : 2-08-010763-1

Sommaire

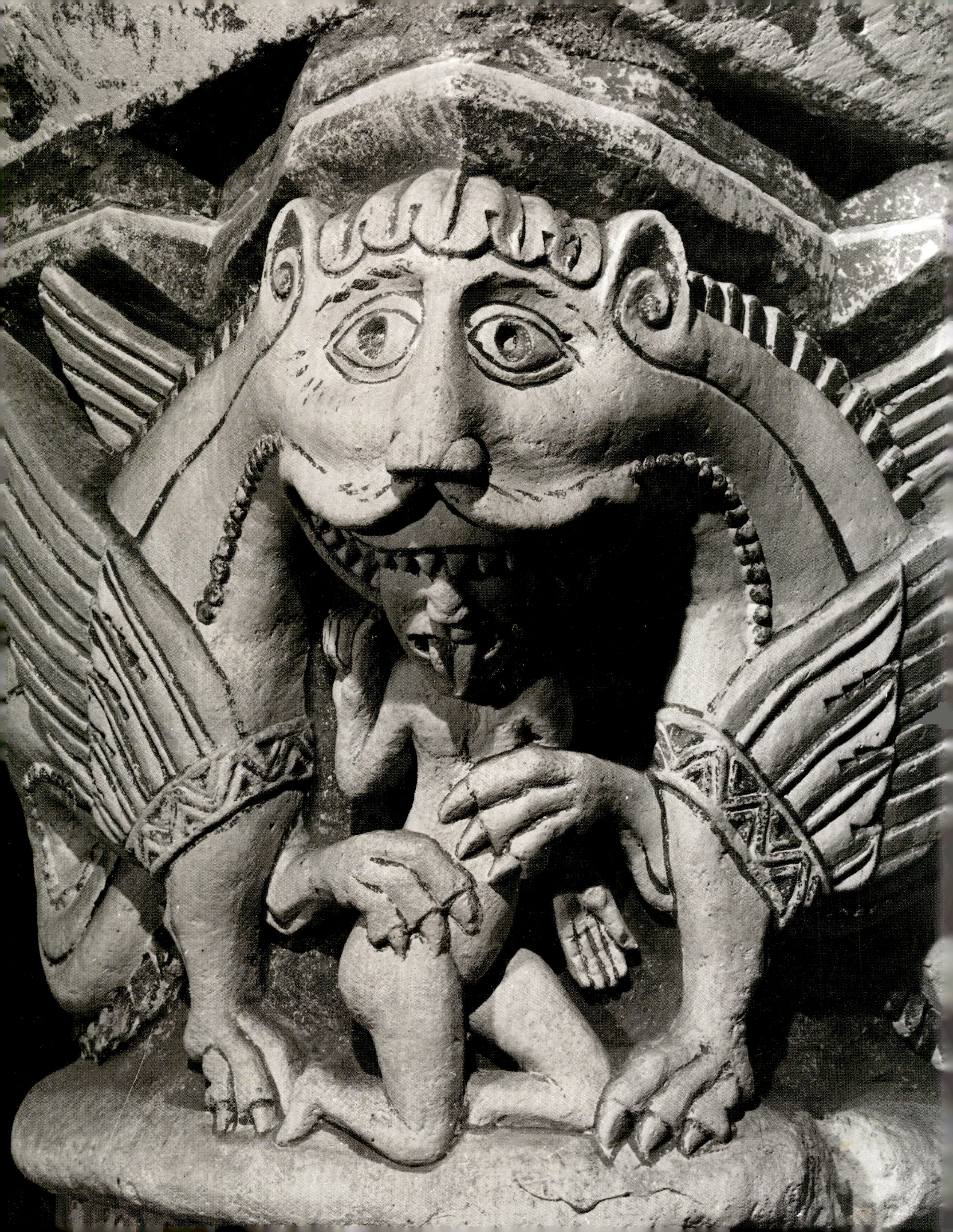

Chapitre I

Le champ de l'étude

I. L'architecture romane : problèmes et méthodes

II. Les arts figurés

1. Chauvigny (Vienne), église Saint-Pierre, chapiteau du chœur : animal monstrueux dévorant un être humain.

I. L'ARCHITECTURE ROMANE : PROBLÈMES ET MÉTHODES

Le terme « roman » est apparu, en France, pour caractériser le style des églises construites aux XIe et XIIe siècles, dans une lettre adressée en 1818 par l'érudit normand Charles de Gerville à l'un de ses confrères [1]. Jusqu'alors, l'architecture religieuse de l'Occident médiéval était indifféremment qualifiée de « gothique ». Tout au plus certains historiens comme Claude Chastelain avaient-ils tenté de distinguer quelques grandes phases : mérovingiaque, de Clovis à Pépin le Bref, carlovingiaque, de Charlemagne à Philippe-Auguste, gothique, de Saint Louis à François Ier. Seul l'abbé Lebeuf était allé plus loin en situant le début de l'art gothique sous le règne de Louis VI le Gros, avec l'apparition des arcs « pointus par le haut ». D'autres auteurs, tels que Jean-François Félibien, différenciaient gothique ancien et récent, lourd et léger. Mais, dans tous les cas, le terme gothique employé depuis la Renaissance comme synonyme de barbare avait une connotation péjorative, même si certains théoriciens du Siècle des lumières accordaient un intérêt d'ordre technique aux grandes cathédrales du XIIIe siècle. Le gothique lourd ou ancien, pour sa part, était l'objet d'un dédain quasi unanime. L'apparition du terme roman pour le désigner coïncidait, au début du XIXe siècle, avec sa réhabilitation et préludait au rapide développement de son étude.

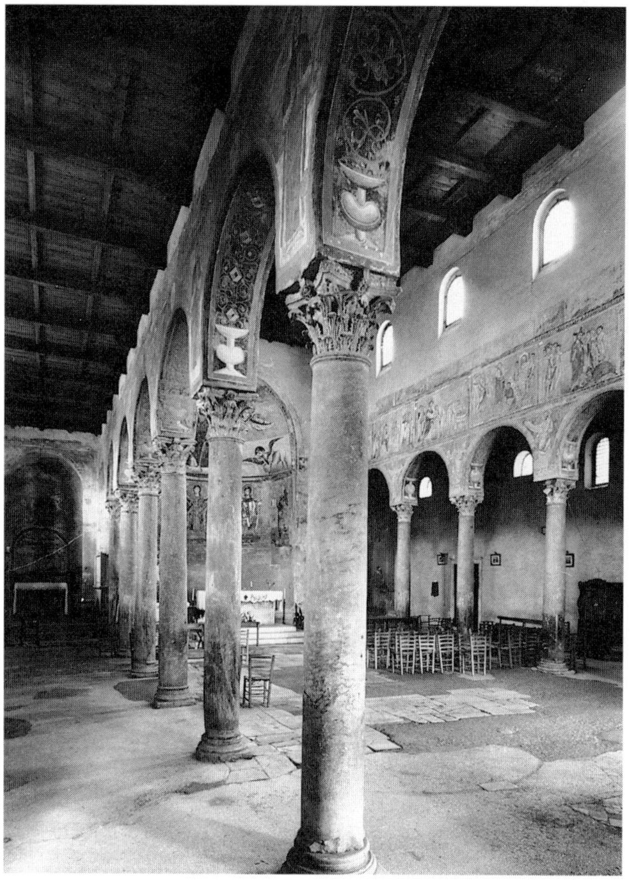

2. Sant'Angelo in Formis (Italie), église Saint-Michel, nef.

En lui donnant un nom, Charles de Gerville reconnaissait à l'art roman une spécificité, entre les créations de l'époque carolingienne et celles de la période suivante qui, seules, continuèrent d'être appelées gothiques. Le choix d'un terme utilisé par certains linguistes du XVIIIe siècle pour qualifier les parlers vernaculaires issus, au cours du Moyen Âge, de la dégradation du latin était loin d'être anodin. Il exprimait une intuition historique essentielle en suggérant, à travers la similitude du vocabulaire, l'existence d'une similitude des processus de transformation : l'art roman était d'emblée défini comme une forme altérée de l'art romain.

On assiste à une semblable évolution de la terminologie en Angleterre avec, en 1819, l'apparition de *romanesque* sous la plume de William Gunn. En revanche, les érudits allemands de la même époque hésitent entre *teutsch*, *longobardisch* et *romantische* avant que, dans les années 1830, certains d'entre eux ne se rallient à *romanische*. Les auteurs français devaient, quant à eux, plébisciter la proposition de Charles de Gerville, qu'il s'agisse de savants, comme son ami Arcisse de Caumont, fondateur des études sur l'architecture médiévale en France, ou d'écrivains, comme Victor Hugo, Stendhal et Mérimée – qui fut aussi le premier inspecteur des Monuments historiques. Le terme roman devait

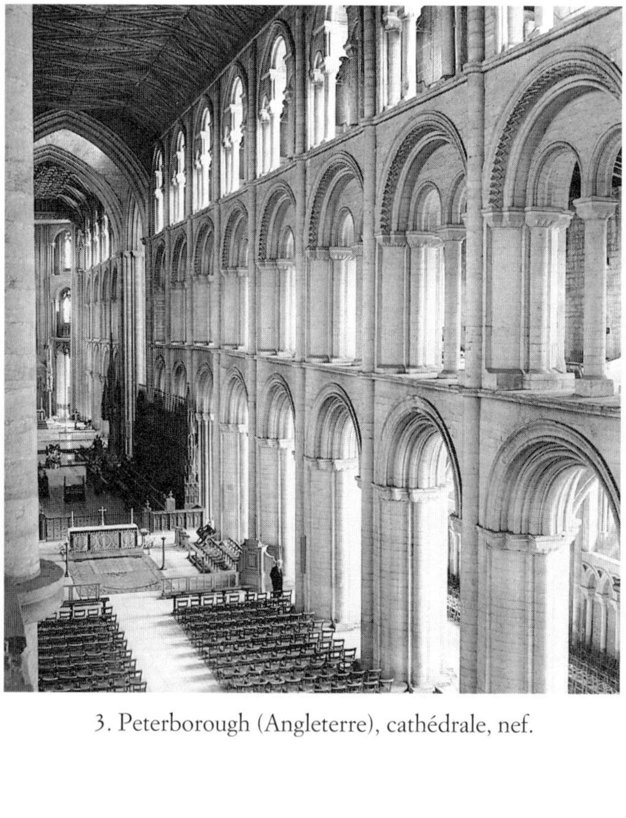

3. Peterborough (Angleterre), cathédrale, nef.

bientôt s'imposer partout aux dépens de « saxon », « normand », « lombard », « byzantin », etc. Le triomphe d'une dénomination de portée générale sur d'autres, qui rendaient compte des particularismes et renvoyaient parfois à l'histoire nationale des différents peuples européens, reflétait une volonté de classification universelle. Encore fallait-il trouver un dénominateur commun à tous les édifices concernés : ce fut l'arc en plein cintre, emprunté aux basiliques des premiers temps chrétiens, qu'on opposait à l'arc brisé, considéré comme caractéristique des constructions gothiques. L'insuffisance de cette définition – par ailleurs inexacte – permettait de surmonter le problème de la diversité des partis architecturaux.

Plus d'un siècle et demi plus tard, les études sur l'art roman sont encore largement tributaires de cette première approche. À l'interrogation de Charles de Gerville : « Dites-moi donc, je vous prie, que mon nom de *roman(e)* est heureusement trouvé », on peut répondre de manière affirmative. Certes, l'idée d'une dégradation lente et continue des formes romaines n'a plus cours depuis longtemps, mais il est vrai que, tout au long de son histoire, l'architecture romane entretint avec l'art antique et avec celui du haut Moyen Âge d'étroites relations. Continuités, réinterprétations, renaissances et innovations s'y mêlent, en effet, au point qu'elle peut apparaître comme une création nourrie du passé, alors que, dès ses débuts, l'architecture gothique devait s'engager résolument dans des voies nouvelles.

La notion d'art roman recouvre cependant des réalités fort diverses. La difficulté qu'avaient rencontrée les premiers érudits à faire coïncider une définition générale avec la multiplicité des expressions particulières s'est encore accrue du fait de l'élargissement du champ concerné. C'est désormais toute l'architecture occidentale des XIe et XIIe siècles qui est qualifiée de romane. Or, qu'existe-t-il de commun, au premier abord, entre une basilique charpentée d'Italie centrale, fidèle au parti paléochrétien de la nef à file de colonnes (ill. 2), une église bourguignonne voûtée d'un berceau brisé retombant sur de puissantes piles composées (ill. 288) et une *stavkirke* scandinave en bois ? Entre les murs dédoublés de l'architecture anglo-normande, dont les effets de transparence lumineuse annoncent ceux de l'art gothique (ill. 3), et les maçonneries pleines, percées de petites baies, de certains édifices méridionaux (ill. 4) ?

Les clivages qui, à l'échelle européenne, reflètent en partie le passé artistique et l'histoire des différents pays se retrouvent aussi entre des régions appartenant à un ensemble culturel homogène et entre les monuments d'une même région. Aucun modèle, aucune règle ne semblent jamais en mesure de s'imposer comme une référence unanimement acceptée. Une partie des difficultés que présente l'étude de l'architecture romane résulte donc, aujourd'hui comme hier, de son étonnante diversité. Les tentatives de classement typologique sont vouées à l'échec par la nature même de la documentation. Longtemps, l'approche géographique, qui conduisit à dégager des écoles régionales à partir du regroupement de quelques édifices offrant des caractères voisins, sembla fournir un cadre acceptable, mais la faillite d'une méthode qui consistait à ne retenir qu'une partie de la matière en valorisant une phase de la création artistique au détriment des autres – et ne permettait pas de saisir les mouvements d'ensemble – fut bientôt flagrante. Le temps des doctrines qui tentaient d'ordonner une réalité complexe en la soumettant aux exigences et aux limites de schémas d'explication théoriques paraît révolu. La confrontation d'études monographiques et régionales approfondies, le va-et-vient entre analyse et synthèse permettent peu à peu de saisir quelques fils conducteurs. Au-delà de la pluralité des interprétations, des tendances se dégagent, qui révèlent des préoccupations communes à une même génération.

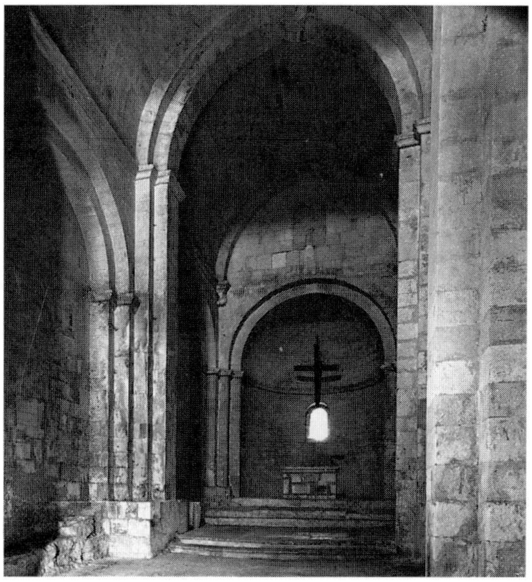

4. Saint-Gabriel (Bouches-du-Rhône), église priorale, nef et abside.

Encore convient-il, pour parvenir à une certaine finesse d'appréciation, de rester au sein d'un milieu relativement homogène, comme la France. En effet, l'histoire de l'architecture romane s'écrit différemment selon l'aire géographique envisagée. Les mutations qui, en introduisant une rupture avec les traditions locales, marquent le début de la période romane ne se manifestèrent pas partout avec la même précocité ni avec la même force. Tandis que, dès l'an mille, elles sont largement amorcées dans diverses régions françaises, d'autres pays restent davantage attachés à des solutions du passé. Il en est ainsi des Îles Britanniques, où l'art anglo-saxon se développera jusqu'au milieu du XIe siècle et ne disparaîtra qu'après la conquête normande, tandis que, dans l'Empire ottonien, la volonté de renouer avec les grands modèles carolingiens et, en Italie, l'attachement aux formules de l'époque paléochrétienne allaient durablement réduire l'ampleur et la rapidité des transformations. Vers l'an mille, ni l'Espagne, aux prises avec une difficile reconquête sur l'Islam, ni la Scandinavie à peine christianisée ne participent encore au mouvement. Il n'existe pas davantage de synchronisme dans le passage de l'art roman à l'art gothique : disparition brutale du premier dans la France du Nord où, à partir des années 1140, un nouvel art de bâtir devait rapidement s'imposer, disparition un peu plus tardive mais non moins radicale en Angleterre, lente transformation dans l'Empire et survie jusqu'à une date plus ou moins avancée du XIIIe siècle dans les pays méditerranéens, les marches orientales de l'Empire et la Scandinavie.

La diachronie qui caractérise non seulement le début et la fin de l'art roman, mais toute son histoire, est source de nombreuses difficultés, même dans le cadre d'une étude limitée à un domaine précis. Ainsi, en France, certaines régions devaient, à l'instar de la Gascogne, rester pendant une grande partie du XIe siècle dépourvues de monuments significatifs alors que fleurissaient ailleurs, dans la vallée de la Loire notamment, les créations les plus novatrices. D'autres, comme la Provence, ne semblent avoir connu un véritable essor qu'au moment où, en Île-de-France, le premier art gothique commençait à se développer. Pendant près de deux siècles, le dynamisme paraît ainsi se déplacer d'une région à l'autre, comme si chacune d'entre elles évoluait selon un rythme propre. En Bourgogne, l'activité constructive, si intense au cours de la première moitié du XIe siècle, ralentit ensuite pendant plusieurs décennies avant de repartir avec une vigueur accrue, tandis que la Normandie, qui avait été très tôt le champ d'expériences importantes, demeurait créative jusqu'aux années 1100, et qu'à Toulouse un démarrage tardif dans le troisième quart du XIe siècle préludait à une longue période faste. On pourrait ainsi multiplier les exemples, en évoquant encore celui de l'Auvergne, où les églises romanes se multiplièrent durant la première moitié du XIIe siècle, alors que dans le Limousin voisin l'élan devait se poursuivre jusqu'au début du siècle suivant. Ce paysage artistique mouvant est, certes, déconcertant. Mais, loin de devoir être réduits, ces décalages chronologiques doivent être pris en compte comme une donnée essentielle de l'histoire de l'architecture romane.

Celle-ci tend d'abord à mettre en évidence les temps forts de la création, les nouveautés, qu'elles soient stylistiques ou techniques. Ainsi, en France, est-ce avec l'apparition de la pile composée et de la travée, l'adoption dans quelques grands monuments de nouveaux types de chevet et le développement de la voûte qu'une rupture entre l'art du haut Moyen Âge et l'art roman est perceptible, tandis que l'audace croissante des bâtisseurs en matière de voûtement et le constant perfectionnement de la taille de la pierre et des modes d'appareillage fournit un fil conducteur appréciable. Toutefois, pour bien des architectes – ou pour leurs patrons – les modèles de l'époque paléochrétienne ou de l'époque carolingienne demeurent insurpassables. Ainsi, la récurrence, tout au long de la période, des nefs charpentées aux murs inarticulés et aux supports simples témoigne de l'attachement de nombreux maîtres d'œuvre à un idéal architectural ancien, que les solutions les plus progressistes du temps n'ont en rien rendu caduc. Expression d'un conservatisme latent, volonté de faire revivre l'architecture des premiers temps chrétiens ? Les raisons de tels choix sont chargées de multiples significations. L'histoire de l'art roman n'est donc pas seulement celle d'une constante recherche de perfectionnement, mais aussi, en contrepoint, celle des continuités et des retours au passé. Selon que l'une ou l'autre de ces tendances contradictoires l'emporte, l'image qui nous est proposée varie dans des proportions considérables. Certes, la France apparaît comme un terrain remarquablement riche en expériences sur la structure murale, le voûtement et l'équilibre des édifices, avec toutes les conséquences qui en résultent pour le traitement des espaces et des élévations. Mais cette effervescence inventive ne fut pas générale. Beaucoup d'architectes des régions situées au nord de la Seine manifestèrent une fidélité durable aux traditions carolingiennes, alors qu'en Normandie, en Bourgogne ou dans la vallée de la Loire celles-ci étaient dès la première moitié du XIe siècle profondément modifiées.

L'histoire de l'architecture romane est donc loin d'être linéaire. Diversité typologique, décalages chronologiques et contradictions internes constituent autant d'obstacles à surmonter pour parvenir à comprendre les mécanismes de sa formation et de son développement. À la vision évolutionniste du XIXe siècle, fondée sur une croyance en un progrès continu et universel, il convient d'en substituer une autre, plus nuancée. Mais, alors qu'il est possible de suivre, de génération en génération, les transformations de l'architecture gothique, celles de l'architecture romane restent, dans l'état actuel de nos connaissances, plus difficiles à préciser. Les renseignements sur la construction des églises sont peu nombreux et d'interprétation souvent délicate – nous y reviendrons. Dûment critiqués, confrontés aux monuments, les textes fournissent rarement, lorsqu'ils existent, des repères chronologiques assurés. L'étude de la modénature, si précieuse pour l'établissement de la datation des églises gothiques, ne fournit pour celles de l'époque romane que des indications approximatives, car la diversité des partis architecturaux se retrouve dans le profil des bases, des tailloirs et autres moulures. Certes, des tendances générales se dégagent de l'observation des édifices construits durant les mêmes décennies, mais les conclusions demeurent relatives. Les renseignements qu'apporte l'analyse des techniques de construction n'ont pas davantage de valeur absolue, même si, dans ce domaine encore, une évolution générale est nettement perceptible. À défaut de parvenir à suivre pas à pas le développement de l'architecture romane, on peut au moins tenter d'en préciser quelques grandes phases, depuis les premiers essais de l'an mille jusqu'à l'ultime floraison, près de deux siècles plus tard.

Pour ce faire, nous nous attacherons principalement à l'étude des grands monuments, construits à l'initiative de patrons disposant de suffisamment de ressources pour donner corps à leurs ambitions et faire appel aux meilleurs architectes de leur temps. L'idée romantique selon laquelle les expériences menées dans les petits édifices auraient préparé l'éclosion des chefs-d'œuvre doit, en effet, être abandonnée. Les grandes nouveautés techniques et formelles de l'époque romane sont, comme celles de l'époque carolingienne et de l'époque gothique, apparues dans des milieux privilégiés avant d'être – de la réplique réduite à l'altération d'un modèle mal compris, en passant par la citation ponctuelle et la réinterprétation plus ou moins heureuse – l'objet d'une vulgarisation. Dans les faits, une cathédrale, une abbatiale, une priorale ou une collégiale importantes ne sont comparables ni par leur parti architectural, ni, souvent, par leurs techniques de construction avec les modestes églises dont les communautés villageoises devaient généralement se contenter. Celles-ci ne seront donc envisagées que pour nous permettre d'apprécier la pénétration en profondeur des principales nouveautés. On verra ainsi diminuer, à partir des années 1100, l'écart entre édifices de prestige et constructions rurales, signe d'une prospérité accrue des campagnes, mais également d'une réduction des clivages culturels dont témoigne, au premier chef, la banalisation du décor sculpté.

Cette étude se heurte cependant à un certain nombre de problèmes d'ordre documentaire. Les vagues successives de reconstruction ont souvent fait disparaître les églises édifiées au début du XIe siècle, d'où l'impression de vide qui a donné lieu à des conclusions trop hâtives sur la rareté des chantiers à cette époque, alors que celles des phases ultérieures sont conservées en plus grand nombre. Dans les régions qui, comme l'Île-de-France ou la Provence, connurent une intense activité de construction au cours de la seconde moitié du XIIe siècle, les témoignages des générations précédentes sont réduits à des vestiges isolés dont il est difficile d'apprécier la place. Ce déséquilibre est encore accentué par la survie plus ou moins longue de l'art roman ; les régions du Midi, notamment, qui résistèrent longtemps à l'adoption du gothique, offrent une forte densité de constructions tardives, d'où l'idée, erronée mais tenace, que l'art roman est, par excellence, un art méridional. La représentativité des édifices varie donc considérablement selon la période envisagée. Corriger cette image déformée pour tenter de restituer dans ses grandes lignes un développement historique probable constitue une entreprise délicate. Les quelques monuments de l'an mille épargnés par les destructions devront ainsi presque tous être examinés en détail, alors que, pour les phases suivantes, seuls seront pris en compte les édifices considérés comme les plus représentatifs – ce qui implique des choix nécessairement contestables.

Encore faut-il que le témoignage de l'œuvre soit sûr. Or, aucune église romane ne nous est parvenue dans son état d'origine. Presque toutes ont été l'objet de restaurations aux XIXe et XXe siècles, peu importantes pour certaines, radicales pour d'autres. Et si, auparavant, quelques-unes d'entre elles n'avaient connu que des travaux d'entretien (réfection de toiture, reprise d'enduits, etc.), la plupart avaient déjà subi des remaniements consécutifs à des accidents (incendies, effondrements dus à des malfaçons initiales ou à des mouvements de terrain), à des destructions volontaires (guerres), ou justifiés par la mise au goût du jour ou l'adaptation à de nouveaux usages. On vit ainsi, à l'époque gothique, se multiplier les chapelles privées greffées tout autour des églises, tandis que des absidioles ou des absides jugées trop obscures ou trop exiguës étaient reconstruites, que certaines fenêtres étaient agrandies et que beaucoup de nefs jusque-là charpentées étaient dotées d'un voûtement d'ogives. Une autre vague de restaurations survint au XVIIe siècle, en partie justifiée par l'importance des dommages causés par les guerres de Religion. Ces travaux s'accompagnèrent souvent d'un réaménagement du sanctuaire, avec le déplacement des autels, la rénovation du mobilier liturgique et, parfois, la modernisation du décor architectural.

Chaque époque a ainsi laissé sa marque dans des monuments qui doivent être soumis à une sévère critique d'authenticité, permettant de retracer l'histoire de ces remaniements. Faute d'entreprendre une telle recherche, on court le risque de prendre une transformation moderne pour une disposition d'origine, et d'en proposer une interprétation dénuée de fondement. La nef de Saint-Vorles de Châtillon-sur-Seine, par exemple (ill. 32), fut longtemps considérée comme l'une des premières nefs aveugles voûtées du XIe siècle jusqu'à ce que l'on découvre que la voûte d'arêtes du haut-vaisseau ne date que du XVIIe siècle, qu'elle remplaça une charpente et que les fenêtres hautes primitives avaient été supprimées lors de ces travaux. Le cas de la cathédrale du Puy est encore plus éloquent. La file de cou-

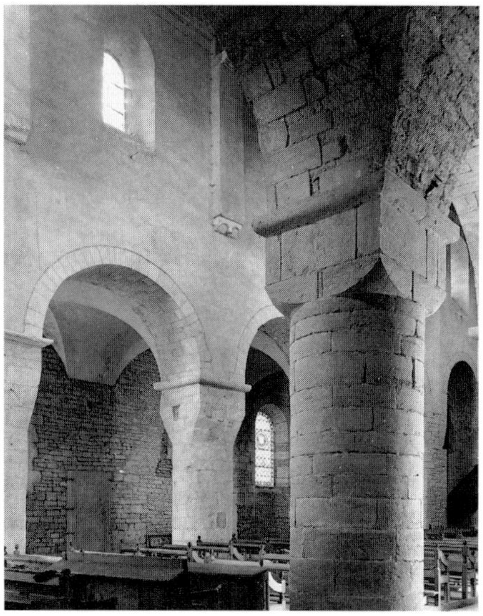

5. Gigny (Jura), église Saint-Pierre, nef.

poles sur trompes qui couvre le haut-vaisseau de sa nef fut, jusqu'à une date récente, considérée comme originale. Elle suggéra même l'idée à l'architecte Joly-Leterme, chargé de la reconstruction de la nef de Saint-Hilaire de Poitiers à partir de 1869, d'une solution voisine qui fut, à son tour, acceptée comme authentique. La nef de la cathédrale du Puy était pourtant, comme celle de Saint-Hilaire de Poitiers, primitivement couverte d'une voûte en berceau plein cintre, comme il était d'ailleurs de règle à la fin du XIe siècle. Ce n'est qu'au XVIIe siècle que le système de la coupole sur trompes, adopté au Puy pour les travées occidentales de la cathédrale construites au cours de la seconde moitié du XIIe siècle, fut étendu à l'ensemble du haut-vaisseau (ill. 183). D'autres exemples doivent mettre en garde contre une lecture trop hâtive des monuments. Ainsi, les piles de la nef de l'abbatiale de Gigny dans le Jura, édifiées primitivement en petit appareil, furent l'objet de plusieurs campagnes de restauration documentées par des textes et qui se distinguent les unes des autres par les matériaux employés, les traces d'outils visibles sur la pierre et la forme des chapiteaux maçonnés qui surmontent les piles. Au cours de la dernière de ces campagnes, au XVIIe siècle, apparurent en lieu et place des chapiteaux à angles abattus, adoptés à l'origine et conservés lors des précédentes interventions, des chapiteaux cubiques plus conformes peut-être à l'idée que les restaurateurs de l'époque classique se faisaient du style roman de l'Empire (ill. 5). C'est d'ailleurs ainsi que ces chapiteaux cubiques furent perçus : on y vit jusqu'à une date récente la preuve de la pénétration, dès le milieu du XIe siècle, d'une forme spécifiquement impériale dans le comté de Bourgogne – ce qui constitue un contresens historique.

II. Les arts figurés

L'étude du décor monumental est encore plus affectée que celle de l'architecture par l'ampleur des destructions et des rénovations. Les peintures murales qui, du simple badigeon aux rehauts de couleur à vocation ornementale et aux cycles historiés, constituaient le complément indispensable de l'architecture ont en grande partie disparu, victimes des dégradations, des changements de modes ou même de la restauration des édifices, aux XIXe et XXe siècles. Bien que le corpus des peintures romanes ne cesse de s'enrichir de nouvelles découvertes, à peine peut-on citer quelques œuvres antérieures aux années 1080-1090, et il est souvent difficile d'établir des relations entre les divers ensembles du XIIe siècle, conservés pourtant en nombre relativement important. La densité particulièrement forte des peintures conservées dans certaines régions, telles que le Poitou, la vallée de la Loire et le Berry, pose également problème : reflète-t-elle une activité plus intense qu'ailleurs ou est-elle seulement due au hasard des destructions ? Les lacunes documentaires sont plus importantes encore dans le domaine du vitrail, technique éminemment fragile. À l'exception d'une tête de Christ provenant de Wissembourg, en Alsace, aucun panneau antérieur au second quart du XIIe siècle ne nous est parvenu en France, bien que la présence de verrières de couleur soit signalée dans divers textes plus anciens, et l'existence des mosaïques de pavement n'est pas attestée avant une date avancée du XIe siècle. Les campagnes de rénovation qui ont, au cours des siècles, peu à peu fait disparaître peintures, vitraux et pavements ont également entraîné la destruction de la sculpture mobilière. Clôtures de chœur, jubés et chaires de l'époque romane ne nous sont parvenus, en France, qu'en infime quantité, sous forme le plus souvent de fragments retrouvés fortuitement ou en fouille et d'éléments erratiques dont il est difficile de restituer l'emplacement et les dispositions d'origine ; si les tombeaux et les autels avaient parfois été épargnés lors de ces divers réaménagements, beaucoup disparurent à l'époque révolutionnaire. En revanche, la sculpture monumentale a, dans l'ensemble, résisté aux attaques du temps et à celles des hommes ; aussi témoigne-t-elle seule, dans la plupart des édifices, du décor d'origine. Bien que, par mesure d'économie ou par goût du dépouillement, certains maîtres d'œuvre de l'architecture romane aient rejeté tout décor sculpté et que des régions entières en aient été dépourvues pendant une durée plus ou moins longue, la sculpture apparaît donc, parmi les arts monumentaux, comme le mieux représenté de tous.

Cette abondance ne justifie pas, à elle seule, l'importance accordée à la sculpture monumentale dans les études

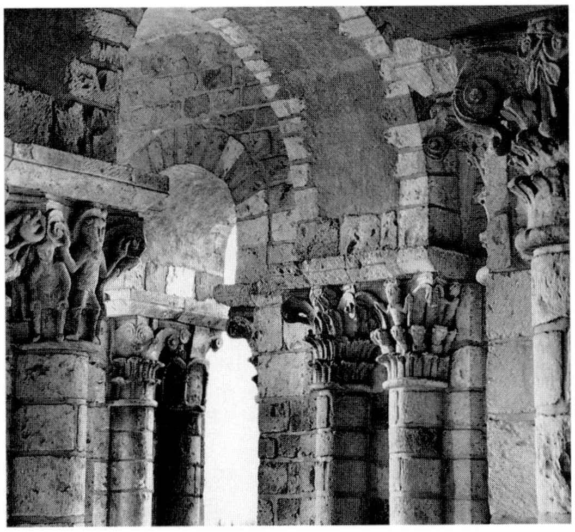

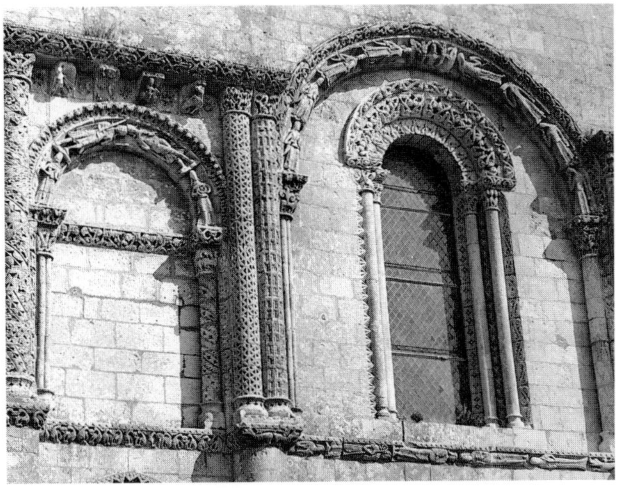

6. Saint-Benoît-sur-Loire (Loiret), église abbatiale, tour-porche, chapiteaux de l'étage.

À droite :

7. Corme-Royal (Charente-Maritime), église Saint-Nazaire, façade occidentale, détail.

8. Moissac (Tarn-et-Garonne), église abbatiale, portail sud, trumeau : saint Paul.

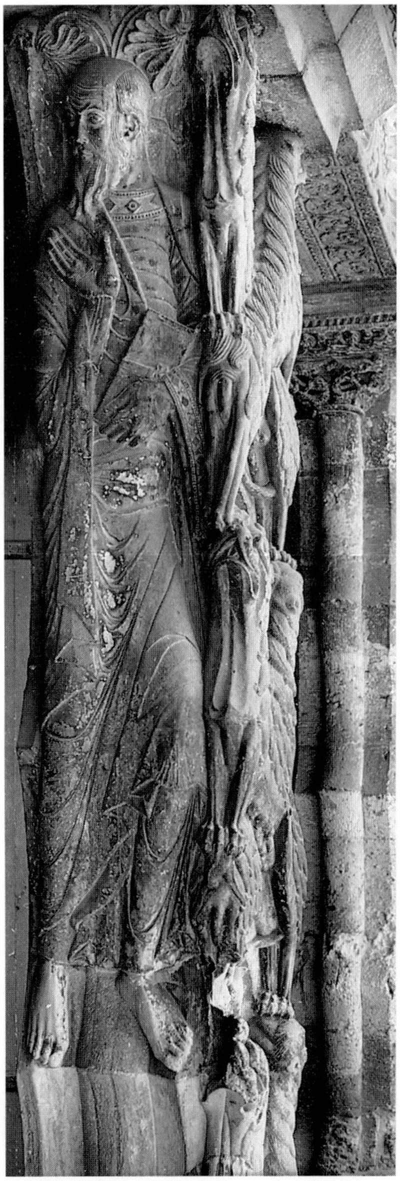

sur l'art roman. La quasi-disparition de l'art du relief à la fin de l'Antiquité et sa renaissance aux XIe et XIIe siècles – alors que, durant tout le haut Moyen Âge, les murs des églises avaient continué d'accueillir des cycles peints – posent, en effet, un problème unique dans l'histoire de l'art médiéval. Aussi n'est-il guère étonnant que les modalités de cette redécouverte aient suscité des débats passionnés. Au début de ce siècle encore, le « manque de proportion » des personnages romans était unanimement interprété comme le résultat de la maladresse de sculpteurs qui, ayant tout à apprendre, tentaient peu à peu de retrouver la maîtrise d'une technique depuis longtemps oubliée. Dans cette perspective, les œuvres les plus « grossières » devaient être les plus anciennes, tandis que celles qui s'approchaient le plus de l'idéal gréco-romain ne pouvaient appartenir qu'à une phase tardive. La chronologie établie à partir de ces critères acquit bientôt un caractère si absolu qu'on en vint à dater les édifices d'après leur décor sculpté. Il n'existe pourtant pas d'histoire de la sculpture monumentale sans une histoire préalable de l'architecture et, faute d'avoir suffisamment mesuré cette nécessité, les premières recherches menées en France sur la renaissance du relief à l'époque romane et sur les grandes étapes de son développement apparaissent, avec le recul, comme largement théoriques.

Il fallut attendre les années 1930 pour qu'Henri Focillon affirme que la sculpture romane ne commençait pas, selon l'opinion alors couramment admise dans le monde savant, avec les grands programmes figurés des années 1100, mais dès le début du XIe siècle, en même temps que l'architecture

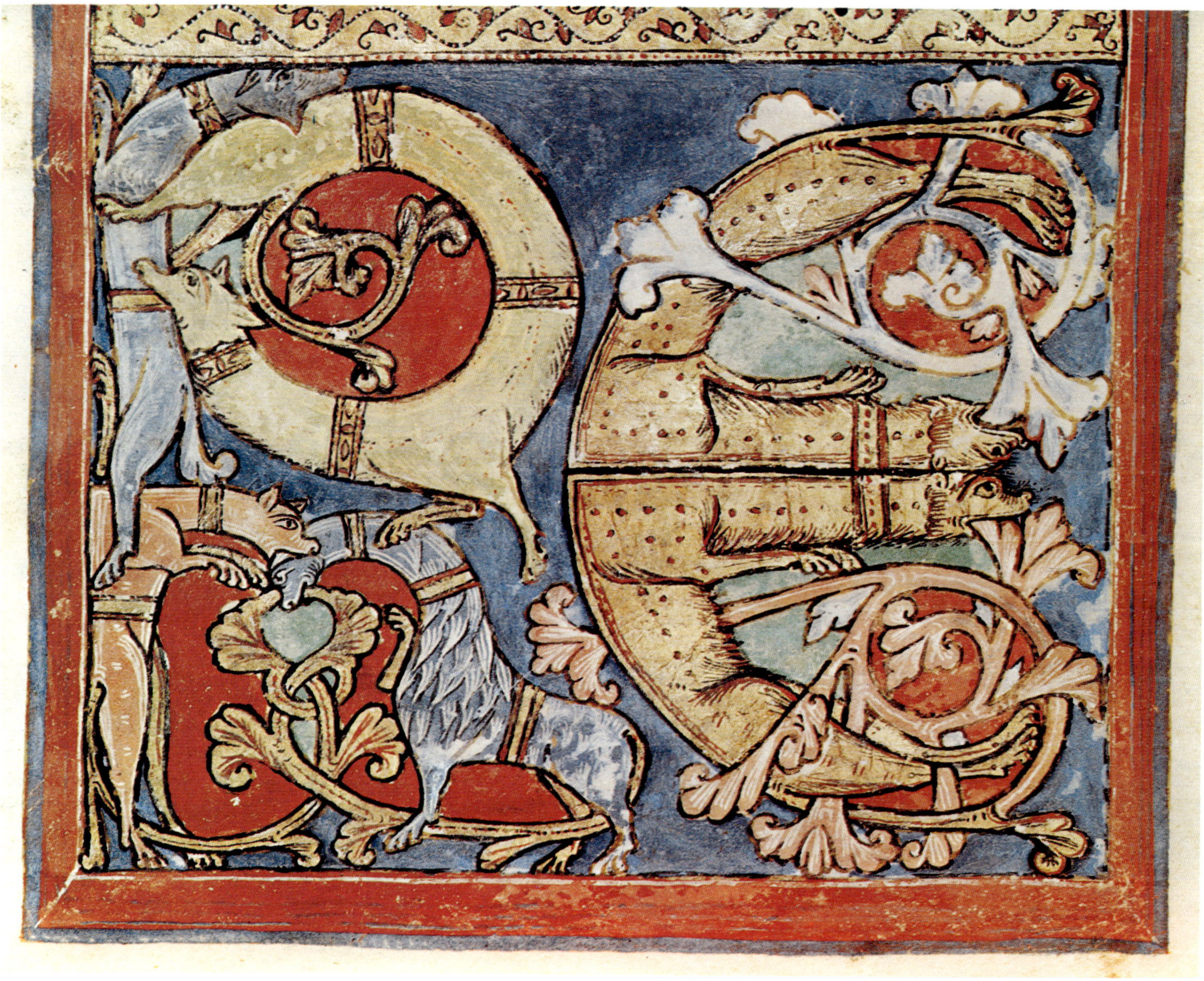

9. Sacramentaire de Saint-Étienne de Limoges, page-initiale, détail. Paris, Bibliothèque nationale, Lat. 9438, f. 57.

romane. Plus encore, il reconnut à cette dernière un rôle essentiel dans la définition d'une stylistique dont il tenta de préciser les règles avant d'en esquisser l'histoire. C'est, en premier lieu, par ses rapports avec l'édifice que la sculpture romane révèle son originalité. Elle s'attache, en effet, aux points sensibles de celui-ci : chapiteaux, corniches, fenêtres, portails (ill. 6 et 7), dont elle souligne la fonction. Ainsi, l'accentuation dynamique des angles, dans beaucoup de chapiteaux, traduit-elle visuellement leur rôle porteur. Pour mieux exalter les lignes de tension architecturale, les figures se plient et se déforment sans autre limite que celle qui leur est imposée par leur cadre matériel, auquel elles visent à s'adapter le plus étroitement possible (ill. 8). Telle est donc l'explication aux anomalies de proportions des personnages romans : « L'emplacement et la fonction agissent sur la genèse des figures. Mais ne considérons pas que, pesant sur elles, ils les ont tristement atrophiées ou hypertrophiées, gênant, paralysant leur développement normal. Ils les ont aidées à naître, et c'est parce qu'il y eut une architecture romane qu'il y eut une sculpture romane [2]. » Avec le temps, ces définitions stylistiques devaient s'étendre même aux figures libres de toute contrainte architecturale, leur insufflant une énergie et un rythme indépendants de leur action. « Il semble que nous puissions désormais comprendre le sens de cette marche dansée qui fait glisser et progresser sur une mystérieuse cadence [...] tant de belles figures d'hommes et de femmes sculptées au XIIe siècle dans la pierre des églises [3]. »

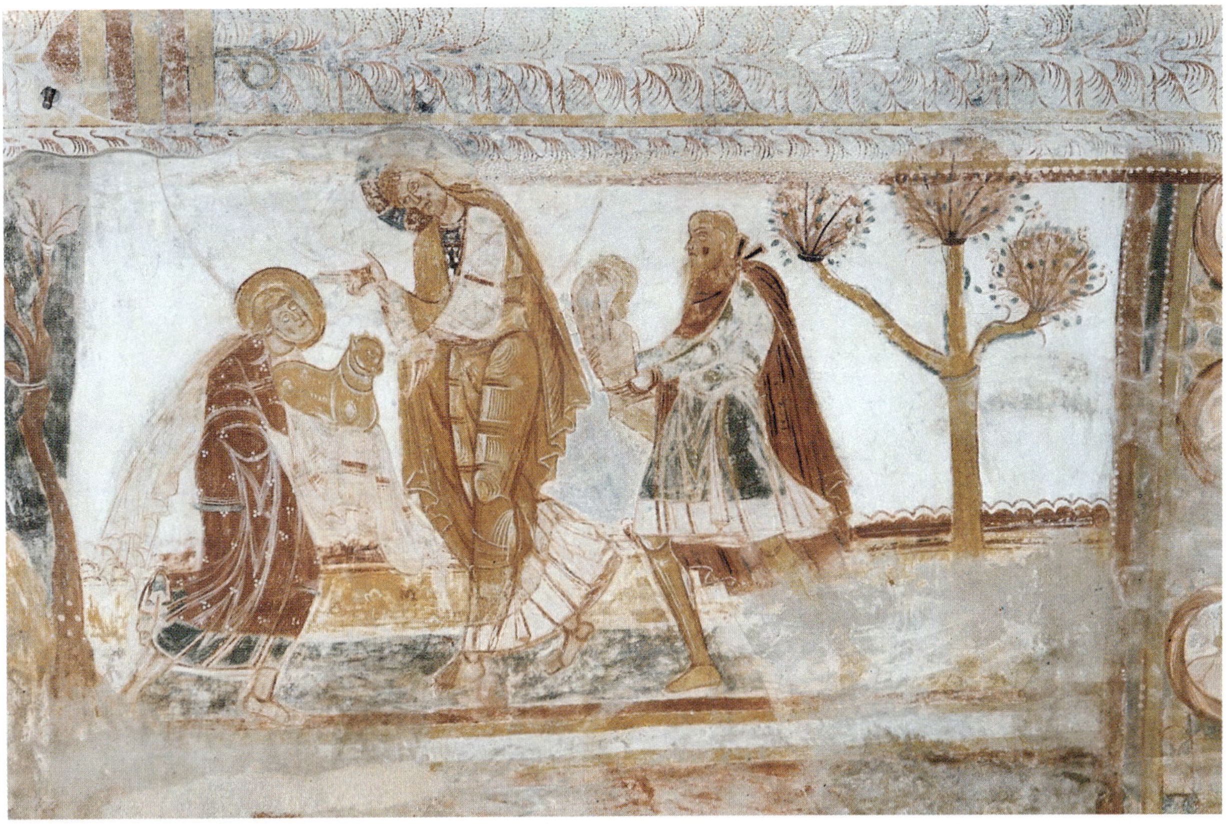

10. Saint-Savin-sur-Gartempe (Vienne), église abbatiale, peintures murales de la nef.
Détail : l'offrande d'Abel et Caïn.

Ces caractères ne s'affirmèrent cependant pas dans toute leur plénitude avant l'extrême fin du XIe siècle. Encore ne devaient-ils jamais s'imposer de manière uniforme. Si l'emprise de la stylistique définie par Henri Focillon fut particulièrement forte et durable dans les régions de l'ouest et du sud-ouest de la France, elle connut, en Bourgogne, des moments d'intensité variable tandis qu'en Auvergne et, surtout, en Provence elle fut constamment tempérée par l'influence de l'Antiquité. La sculpture romane semble donc, comme l'architecture, avoir été traversée de courants contradictoires. Comme celle-ci encore, elle offre une grande diversité thématique. Tout au long de la période devaient coexister des chapiteaux décorés de motifs géométriques, d'entrelacs, de rinceaux, de compositions végétales plus ou moins lointainement dérivées du corinthien, d'animaux affrontés ou de figures humaines, de scènes bibliques, d'allégories ou de scènes de genre. Tout semble avoir été source d'inspiration pour les sculpteurs romans, des reliefs antiques ou mérovingiens aux manuscrits enluminés et au mobilier du haut Moyen Âge. Mais leur création majeure, celle du moins qui les a rendus si populaires aux yeux de nos contemporains, fut certainement le chapiteau historié. On avait rarement tenté, jusque-là, de sculpter des scènes complexes sur des chapiteaux, et les artistes gothiques devaient rapidement se désintéresser du sujet. En revanche, l'idée d'utiliser les différentes parties d'un portail (tympan, linteau, voussures, ébrasements et trumeau) comme support d'un vaste programme sculpté – l'une des plus belles idées de l'époque romane – devait faire florès jusqu'à la fin du Moyen Âge.

Est-ce à dire que la sculpture monumentale joua, comme le suggèrent les travaux d'Henri Focillon, un rôle primordial dans la définition du style roman ? La réponse doit être nuancée. À défaut de pouvoir établir suffisamment de comparaisons entre chapiteaux, plaques sculptées et peintures murales du XIe siècle, on peut, pour cette période, solliciter le témoignage des manuscrits enluminés, dont l'immense richesse commence d'être évaluée. Les recherches engagées depuis quelques décennies dans ce domaine ont, en effet, considérablement élargi le champ de nos connaissances. Plus ou moins limité jusque-là aux miniatures en pleine page ou aux grandes initiales historiées, abordées comme des « tableaux » isolés, l'intérêt se porte désormais sur l'ensemble du décor, y compris l'ornementation secondaire, si prolifique et si parlante. Bien que la localisation d'un certain nombre de manuscrits reste problématique, une histoire de l'enluminure commence à se dessiner, suggérant l'existence de maints parallélismes. La même incertitude stylistique semble régner dans la peinture comme dans la sculpture monumentale jusqu'à une date avancée du XIe siècle. Lorsque certaines figures commencent à se plier aux contraintes de leur cadre architectural, apparaissent les premières initiales constituées d'êtres humains ou d'animaux dont les corps dessinent les jambages et les boucles (ill. 9), et le dynamisme, qui, à partir du début du XIIe siècle, s'empare de beaucoup de figures en pierre de l'Ouest ou du Sud-Ouest et leur confère une allure dansante, s'affirme avec une égale vigueur dans l'enluminure et la peinture murale de ces régions. Rien ne suggère donc une antériorité des arts du relief sur les arts de la couleur dans l'élaboration du style. Au contraire, pour autant que l'incertitude de beaucoup de datations permette d'en juger, le pinceau ou la plume paraissent avoir, dans cette phase de définition, assuré aux peintres une liberté et une autorité dans leurs moyens d'expression que les sculpteurs ne devaient conquérir que de manière plus lente et plus laborieuse. Ainsi, lorsque furent exécutées les fresques de Saint-Savin-sur-Gartempe (ill. 10), vers la fin du XIe siècle, il n'existait encore aucun décor de portail révélant une maîtrise comparable à celle dont firent preuve les différents peintres qui travaillèrent dans l'abbatiale poitevine.

Tout au long de son histoire, la sculpture romane entretient avec la peinture des relations complexes. En effet, elle ne tend pas à se développer dans l'espace, même lorsque les figures sont en haut relief. Le traitement du modelé par aplats et celui, linéaire, des draperies et des visages renforcent des parentés qui devaient être encore plus sensibles lorsque des rehauts de couleur – dont on devine parfois la trace – estompaient ou masquaient même complètement la teinte uniforme de la pierre. Mais l'hypothèse émise par Émile Mâle au début de ce siècle, selon laquelle la sculpture romane n'aurait « guère été à l'origine qu'une transposition de la miniature », ne saurait plus être soutenue de nos jours. Car, s'il est vrai que le dessin des premières sculptures figurées semble souvent inspiré du système de conventions graphiques en usage dans les manuscrits du début du XIe siècle, les comparaisons deviennent plus subtiles à mesure que les définitions stylistiques s'affirment, comme si, au-delà de principes communs, chaque technique tendait à développer un langage propre. Si prégnants que soient ces principes, jamais ils ne parvinrent à réduire des écarts qui tiennent d'abord à l'histoire de chacune de ces techniques. Alors que, dans la peinture, les mutations stylistiques s'opéraient sans solution de continuité, la redécouverte du relief plaçait les sculpteurs dans la position d'inventeurs qui, confrontés à des problèmes nouveaux, élaborèrent des réponses spécifiques. « Ainsi s'explique en partie la différence qui, dans l'art roman, sépare peinture et sculpture. Dans la pierre où elles sont taillées, les images sont forcées de se plier à de rigoureuses contraintes, et de suivre des lois particulières. Sur les parois où elles prennent place, où elles se développent, les compositions peintes [...] semblent appartenir non à un autre âge, mais presque à une autre région de l'esprit. Elles ne présentent pas, ou à titre exceptionnel, ces combinaisons chiffrées, ces méandres de la forme, ces plis étroitement serrés qui sont habituels dans la sculpture. On dirait que l'homme et la bête y prennent leur revanche des tortures de la métamorphose et que, redevenus eux-mêmes, ils réintègrent l'ordre des êtres naturels [4]. »

Sculptures et peintures n'ont d'ailleurs pas, dans l'économie générale du décor des églises, une vocation identique. À l'exception des grands tympans et des façades ornées de nombreux reliefs qui, même à leur apogée pendant les années 1120-1140, ne furent jamais très répandus, la sculpture semble avoir joué un rôle essentiellement ornemental. À l'intérieur des édifices, les chapiteaux historiés se mêlent à des compositions végétales ou figurées d'une grande variété, et sont rarement disposés de manière à offrir une suite continue d'épisodes ; c'est surtout à travers les peintures murales que, comme par le passé, s'expriment les grands programmes iconographiques. Certes, les transformations structurelles qui affectent l'architecture ne sont pas sans incidence sur l'emplacement et la répartition des images – avec le voûtement des nefs, par exemple, les cycles peints conquièrent un champ nouveau – mais leur mission reste, fondamentalement, celle qu'avait dès le VIe siècle définie Grégoire le Grand, et qui devait être constamment réaffirmée au cours des siècles suivants : « L'art de la peinture est utilisé dans les églises pour que ceux qui ne savent pas lire apprennent sur les murs ce qu'ils ne peuvent apprendre dans les livres. »

Le monde monastique fut néanmoins, durant la première moitié du XIIe siècle, agité par une polémique au sujet des images. Celle-ci avait en partie été suscitée par la prolifération, dans les églises et dans les cloîtres, de sculptures ornementales et figurées qui, par leur caractère pittoresque, risquaient de distraire les moines de la prière. Dans une volonté de retour à l'austérité du monachisme primitif, les cisterciens, imités par les autres ordres réformés, préconisèrent donc une architecture dépouillée de tout ornement et même dénuée de toute couleur – si ce n'est le blanc, symbole de pureté. Mais, comme l'écrivait saint Bernard vers 1125 : « Le cas des évêques n'est pas le même que celui des moines... L'art est un aliment pour la piété du pauvre peuple. » Cette opinion fut reprise un peu plus tard par un autre cistercien, Hugues de Fouilloy : « Au contraire, il sera permis aux religieux qui vivent dans les villes et dans les bourgs et qui voient accourir auprès d'eux la multitude des fidèles de retenir par le charme de la peinture ceux qui ne peuvent profiter des subtils enseignements de l'Écriture. » Les moines bénédictins qui, depuis plusieurs siècles, avaient largement ouvert leurs églises aux laïcs – alors que celles des cisterciens, bâties dans des lieux retirés, étaient interdites à ceux-ci – avaient généralement adopté sur le problème des images une position comparable à celle du clergé séculier, et c'est l'excès de splendeur de certaines de leurs constructions – clunisiennes, notamment – qui avait provoqué de vigoureuses réactions au sein du monde monastique. Il ne s'agissait donc nullement d'une crise iconoclaste comme celles qui, à diverses reprises, avaient secoué l'Empire byzantin ; les images, considérées comme inutiles pour ceux qui consacraient leur vie à prier, retrouvaient droit de cité dès lors qu'elles permettaient d'assister le clergé dans sa mission pastorale. L'exemple des prémontrés est, à cet égard, très éclairant : ces chanoines qui, à l'instar des cisterciens, avaient dans un premier temps rejeté tout décor de leurs églises, mais qui, contrairement à ces derniers, participaient à la vie paroissiale, en vinrent bientôt à les orner aussi richement que celles des clunisiens.

À la différence des enluminures, destinées à être vues de quelques rares privilégiés, fresques et sculptures monumentales étaient donc censées – à l'exception de celles situées dans les lieux réservés aux clercs – s'adresser à la masse des fidèles. L'adaptation des images à leur public paraît cependant avoir été très variable dans la réalité. Ainsi, à Moissac, c'est dans le cloître accessible aux seuls moines que se trouvent les thèmes les plus faciles à déchiffrer, tandis que la grande théophanie du tympan, complétée par les reliefs sculptés au soubassement du portail et sur les parois du porche précédant celui-ci, exprime une pensée théologique complexe, qui dépassait très certainement le niveau d'une prédication ordinaire. En l'absence de témoignages suffisamment explicites, nous ne pouvons qu'émettre des hypothèses sur les différentes manières dont les images étaient reçues et prêter des intentions à ceux qui les ont choisies. Tout permet de supposer que ce rôle était dévolu aux clercs, mais jusqu'à quel point ? L'observation des œuvres laisse souvent entrevoir la part prise par les artistes dans la traduction picturale ou plastique d'une pensée iconographique [5]. Ainsi, forme et contenu apparaissent comme indissociables dans les grandes créations : chapiteaux historiés d'Unbertus à Saint-Benoît-sur-Loire, Jugement dernier de Gislebertus à Saint-Lazare d'Autun ou statues-colonnes de Saint-Denis.

Les transformations de l'iconographie sacrée furent lentes et n'obéirent pas au même rythme que celles du style. En effet, l'obligation d'être compris des fidèles conduit naturellement l'art religieux à privilégier les formules éprouvées et favorise donc une certaine répétitivité. « Dans ces conditions, une pensée nouvelle ne peut trouver que difficilement à s'exprimer dans l'imagerie. Le schéma qui parvient à la traduire visuellement résulte d'un effort de conception, d'un effort d'adaptation et de réalisation de la part de l'artiste, auquel répond un effort de compréhension et d'assimilation de la part des fidèles. Sa mise au point révèle une exigence, une prise de conscience de sa nécessité [6]. » Or, on note, à partir des années 1100, une évolution significative du langage iconographique. La multiplication des cycles historiés, tant dans les arts monumentaux que dans les manuscrits, marque le début d'une accélération dans le processus de création de nouvelles images. La représentation du Christ mort sur la croix – les yeux fermés, alors que depuis les premières illustrations de la Crucifixion il conservait les yeux ouverts –, l'apparition du thème de l'arbre de Jessé et l'ébauche d'une confrontation typologique entre scènes de l'Ancien et du Nouveau Testament, enfin l'intérêt grandissant accordé au personnage de la Vierge constituent autant de signes avant-coureurs des grandes mutations qui devaient s'accomplir au cours de la seconde moitié du XIIe siècle dans l'art gothique.

Mais, alors que dès les débuts de celui-ci s'affirme un souci de clarté didactique allant de pair avec un sens nouveau de l'orchestration des thèmes, les programmes romans devaient jusqu'au bout rester fidèles à d'autres méthodes d'exposé, fondées sur le rapprochement entre des sujets dont la complémentarité n'apparaît souvent qu'au terme d'une double lecture, littérale et allégorique. Ainsi soumis à ces exigences, l'ordre narratif peut se trouver infléchi ; ni la continuité événementielle ni l'exhaustivité des faits ne s'imposent comme une nécessité dans un univers conceptuel où l'on procède par citations, par allusions, par jeux de miroir, et dont l'humain n'est pas la mesure. Les artistes romans ne s'attachent d'ailleurs que rarement à l'évocation de la réalité. Ils évoluent dans le domaine du surnaturel et donnent le meilleur d'eux-mêmes dans la représentation des visions, celles de saint Jean dans l'Apocalypse (ill. 11), l'Ascension du Christ, son retour à la fin des temps, le Jugement dernier. Même les végétaux revêtent un aspect fantastique, et un bestiaire constitué de créatures fabuleuses – expression d'un imaginaire dont la tradition textuelle ne rend que partiellement compte – accompagne les images sacrées. La nature, que les hommes du XIIIe siècle découvriront avec ravissement, n'est encore aux yeux de leurs ancêtres des XIe et XIIe siècles qu'un milieu hostile et redouté. Mais aux luttes inégales entre des êtres humains sans défense et des monstres (ill. 1) font écho les combats victorieux des milices célestes sur les forces infernales, des Vertus sur les Vices, du Christ sur la mort. Le caractère épique de l'iconographie romane, qui transparaît dans les scènes les plus familières, acquiert une valeur démonstrative, non par la logique d'un raisonnement mais par l'autorité de l'exemple, voire par sa valeur émotionnelle.

Bien que les lignes de fracture soient moins nettes que dans le domaine du style, il existe donc aux XIe et XIIe siècles un langage iconographique qui, par contraste avec celui de l'époque carolingienne et avec celui qui le supplantera à l'époque gothique, peut être qualifié de roman. Ainsi, un terme appliqué à l'origine à la seule architecture religieuse en est arrivé, par glissements successifs, à concerner également le décor de cette architecture et l'ensemble de la production artistique de la même période, justifiant *a posteriori* l'intuition de ses inventeurs.

L'art roman est avant tout au service du sacré, même lorsqu'il s'agit de chapiteaux sculptés de motifs d'entrelacs ou de végétaux. Illustrer et commenter les textes bibliques n'est pas la seule mission du décor monumental. Offrir aux fidèles l'image d'un monde resplendissant d'or, de couleurs et de lumière, formant un contraste saisissant avec le cadre terne de leur vie quotidienne, orner, au sens le plus élevé du terme, la maison de Dieu, est une mission également importante. Pour les esprits les plus cultivés du temps, la contemplation de la beauté matérielle peut être le prélude à une expérience mystique, en permettant à l'être humain d'entrevoir l'éclat intangible des réalités célestes.

Même si l'extension du terme roman à des maisons dont la façade est décorée de sculptures identiques à celles des églises – comme, par exemple, à Cluny – et à des châteaux où se retrouvent les mêmes techniques de construction est d'usage courant, l'étude de ces édifices civils et militaires relève d'une autre problématique que celle des églises – aussi ne l'envisagerons-nous pas. La décoration intérieure des châteaux, sans doute réservée à une élite princière, a pour sa part presque disparu et, pour l'évoquer, il faut se référer à des textes comme le poème dans lequel Baudri de Bourgueil décrit, au début du XIIe siècle, la chambre de la comtesse Adèle de Blois : après avoir évoqué les tentures, qui représentaient la Création, le Paradis, des scènes de l'Ancien Testament, des thèmes mythologiques et la conquête de l'Angleterre (Adèle était la fille de Guillaume le Conquérant), il s'étend longuement sur le pavement de mosaïque, véritable carte du monde tel qu'on l'imaginait alors, avec, dans le cercle extérieur, la mer peuplée d'animaux marins et, au centre, la terre partagée entre l'Asie, l'Afrique et l'Europe, arrosée par les fleuves et parsemée de montagnes ; aux quatre angles se trouvaient les vents [7]. Un tel décor était-il exceptionnel ? On peut le supposer, mais il est difficile d'en juger, car, avec la disparition des grands programmes civils, c'est tout un pan de la création artistique de l'époque romane qui nous échappe.

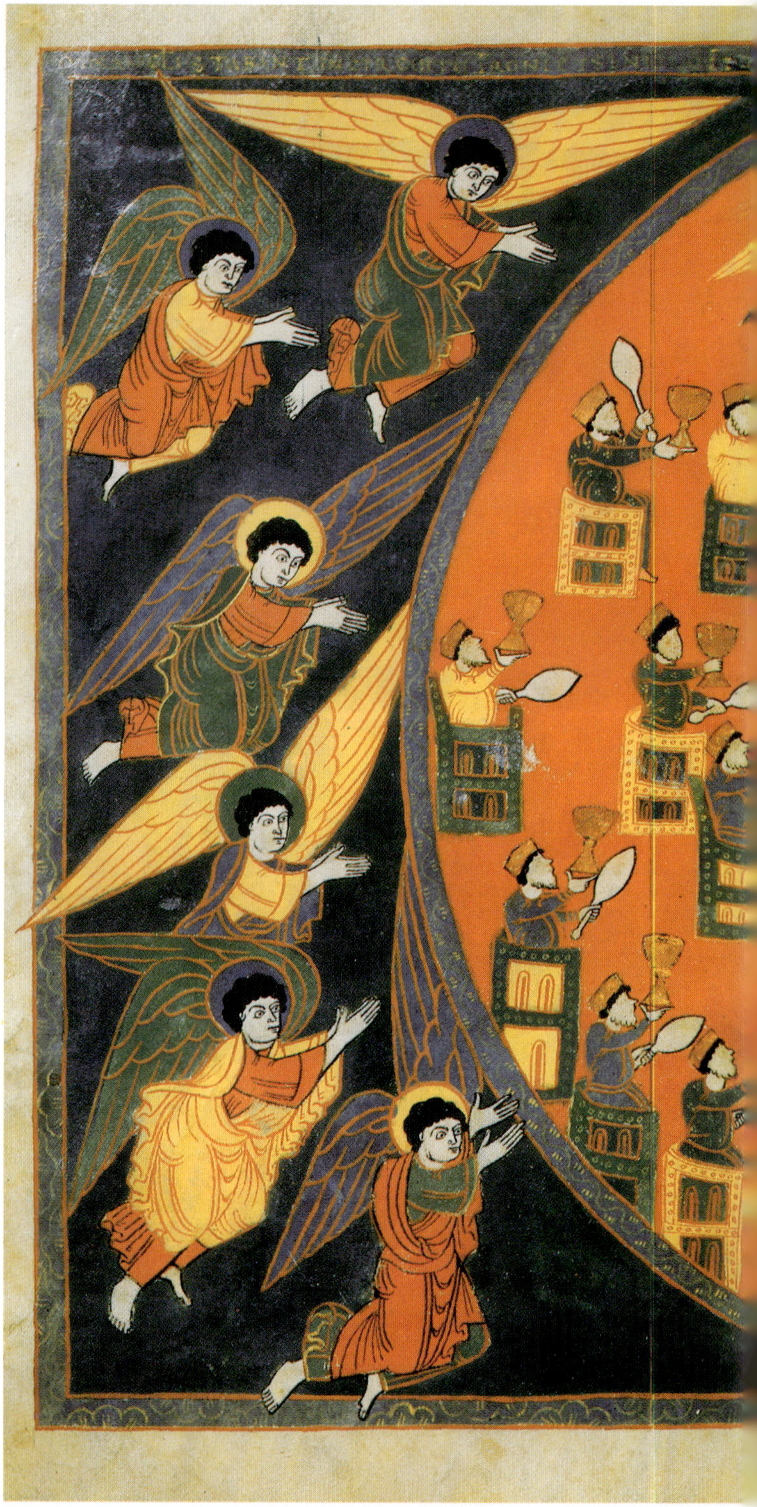

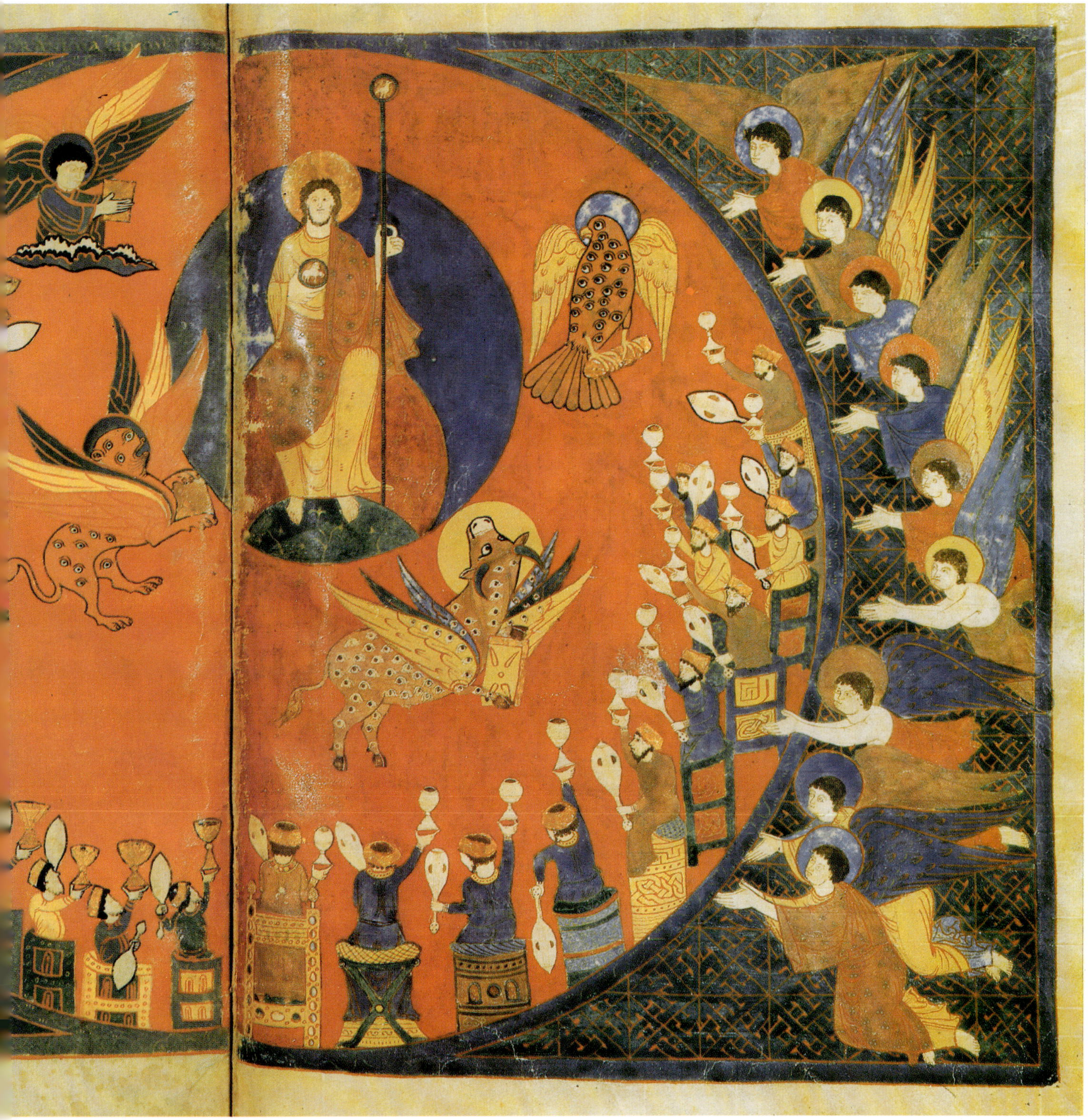

11. Béatus de Liebana, *Commentaire de l'Apocalypse* : la vision de saint Jean. Paris, Bibliothèque nationale, Lat. 8878, f. 121^{v}-122.

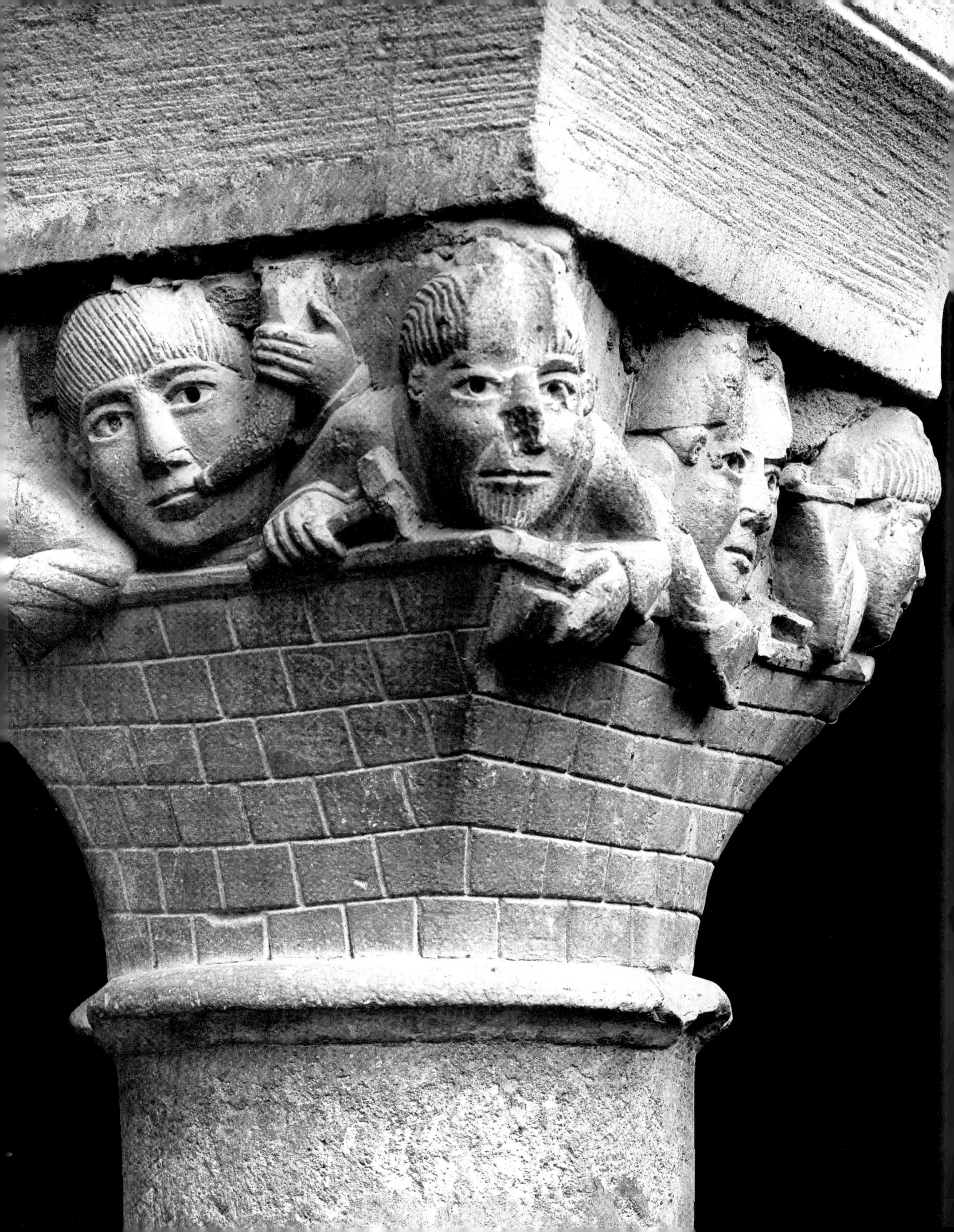

Chapitre II

LES CONDITIONS DE LA CRÉATION

I. LE CONTEXTE HISTORIQUE

L'ordre féodal. Paix extérieure, violence intérieure. L'Église, guide de la société. Ceux qui prient : les moines. « Un Paradis arrosé par les quatre fleuves des Évangiles » : Cluny. Les nouveaux chemins de la perfection. Les moines blancs. La réforme canoniale et le modèle apostolique. La primauté du pouvoir spirituel. La culture aux mains des clercs. Un monde en pleine croissance. Des outils pour travailler la pierre et le bois.

II. HISTOIRE ET HISTOIRE DE L'ART

Le progrès technique au service de quel idéal ? Géographie politique et géographie artistique. Cathédrales, abbatiales et collégiales.

III. LES HOMMES

Les témoins. Bienfaiteurs et patrons. Les artistes.

12. Conques (Aveyron), cloître de l'abbaye, chapiteau : maçons.

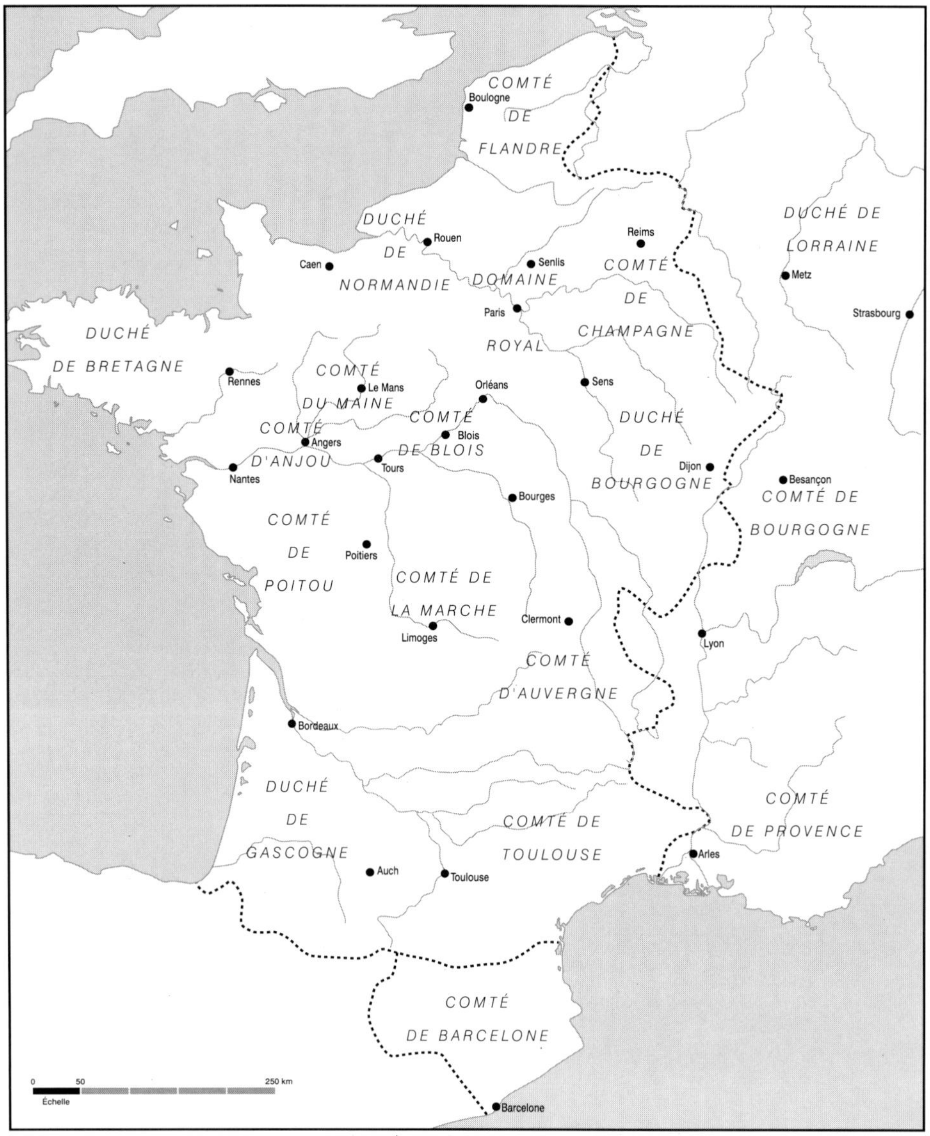

13. Le *regnum Francorum* aux XIe et XIIe siècles.

Les relations entre la création artistique et le cadre historique dans lequel elle prend place sont souvent difficiles à apprécier. Si une œuvre ne prend tout son sens qu'à la lumière du milieu qui l'a vue naître, elle témoigne, autrement que l'écrit, des ambitions, de la culture et des moyens des hommes qui l'ont commandée et de ceux qui l'ont réalisée. Encore faut-il parvenir à comprendre son langage, ne pas lui faire dire ce que nous pensons qu'elle devrait dire en fonction de ce que nous croyons savoir de son temps. Une constante confrontation entre les données fournies par l'histoire et les informations qu'apporte l'histoire de l'art est donc nécessaire. Ce problème de méthode, qui se pose pour toutes les époques, est particulièrement sensible dans le cas de l'art roman, pour lequel nous ne disposons généralement pas de textes révélant les intentions des patrons et des artistes. Il faudra d'autant plus ausculter l'arrière-plan historique – général et local – et scruter les œuvres elles-mêmes.

Il ne saurait être question, en introduction à une étude sur l'art roman, de brosser un tableau complet du contexte historique – il existe, pour ce faire, d'excellents ouvrages spécialisés – mais d'en présenter les aspects qui, de près ou de loin, eurent des incidences sur la création artistique. Ainsi n'est-il pas indifférent de savoir que l'âge d'or de l'art roman coïncide avec celui de la société féodale, que son essor fut largement parallèle à celui de l'Église, et qu'il s'est développé dans une phase d'expansion économique soutenue.

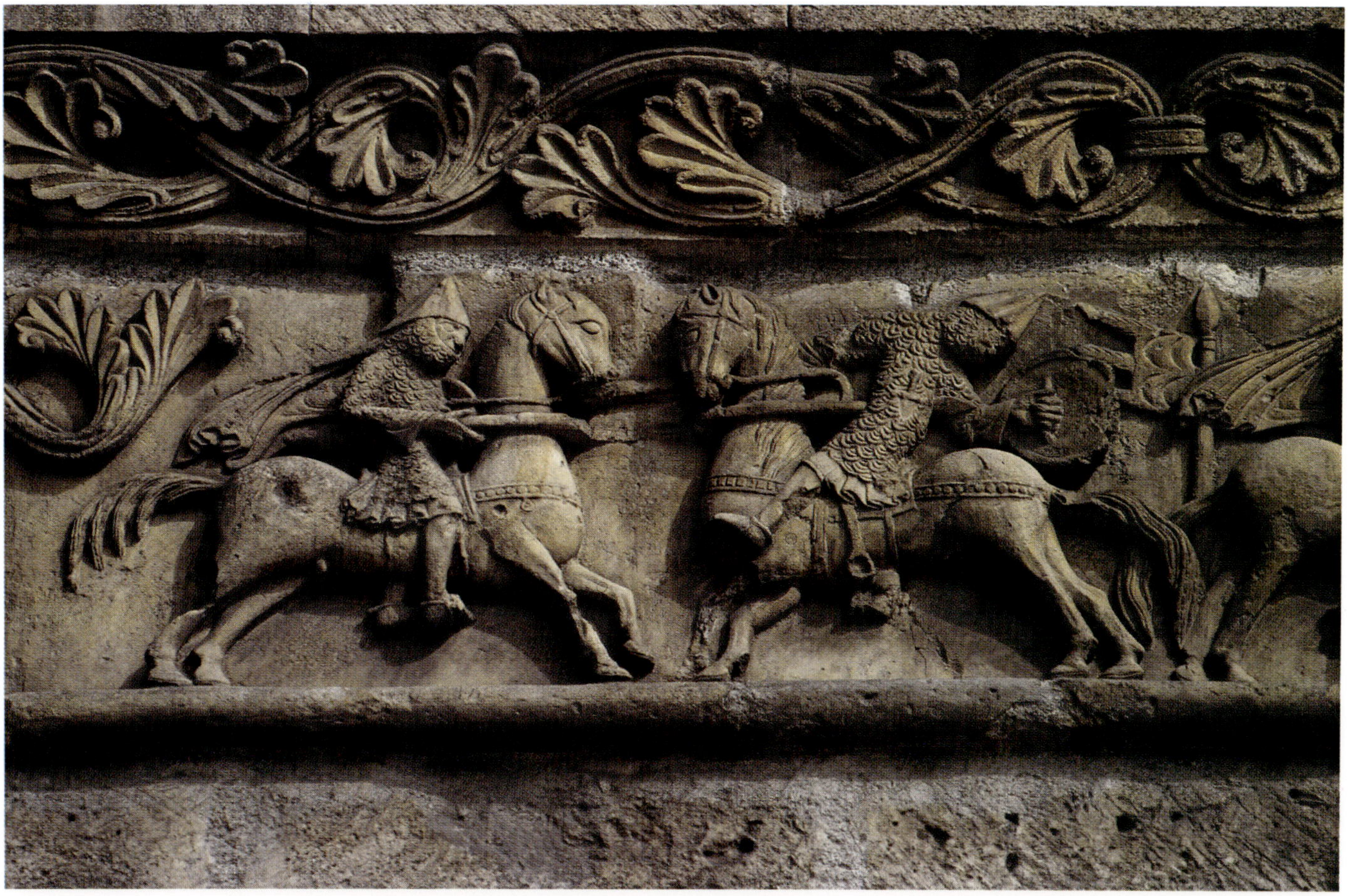

14. Angoulême (Charente), cathédrale, façade occidentale, détail : combat de chevaliers.

I. Le contexte historique

L'ordre féodal

L'Occident entre, à partir du Xᵉ siècle, dans une phase de mutations qui affectent tous les secteurs de la vie. La principale d'entre elles réside dans l'apparition d'une nouvelle forme d'organisation sociale : la féodalité, dans laquelle on a parfois eu tendance à voir le point d'aboutissement d'un processus négatif de morcellement politique et d'éclatement du pouvoir, mais qui semble cependant avoir fourni un cadre propice à l'explosion d'un dynamisme jusque-là contenu.

Les étapes conduisant à la mise en place du système féodal sont au nombre de deux. La première coïncide avec l'apparition, entre la fin du IXᵉ siècle et le milieu du Xᵉ, de principautés territoriales pratiquement indépendantes qui regroupent plusieurs anciens *pagi* pour les plus importantes d'entre elles (duchés de Bourgogne, de Normandie ou d'Aquitaine) ou qui correspondent à un seul (comtés du Maine ou d'Anjou). Le rêve carolingien d'unité achève de se briser dans un second temps lorsque, à partir de la fin du Xᵉ siècle, les hommes de confiance auxquels les princes avaient, faute de pouvoir les contrôler eux-mêmes, délégué la garde de leurs châteaux, se sentent assez forts pour s'ériger à leur tour en chefs indépendants et pour rendre leur charge héréditaire. Morcellement territorial, abaissement de l'autorité publique, développement d'un pouvoir local de caractère privé : telles sont les conséquences majeures d'une évolution qui ne devait s'achever qu'à la fin du XIᵉ siècle et qui concerne autant le *regnum Francorum* que les terres romanes de l'Empire. Toutefois l'émergence, au sein des principautés, de centaines de seigneuries ne débouche pas sur l'anarchie. En effet, le développement d'un système de liens personnels entre les princes et leurs vassaux – la concession d'un fief en échange de la fidélité et de divers services – tempère les effets de la fragmentation territoriale. Un véritable ordre féodal règne, qui assure une sévère domination de l'aristocratie sur la paysannerie, contrainte de produire toujours davantage pour dégager

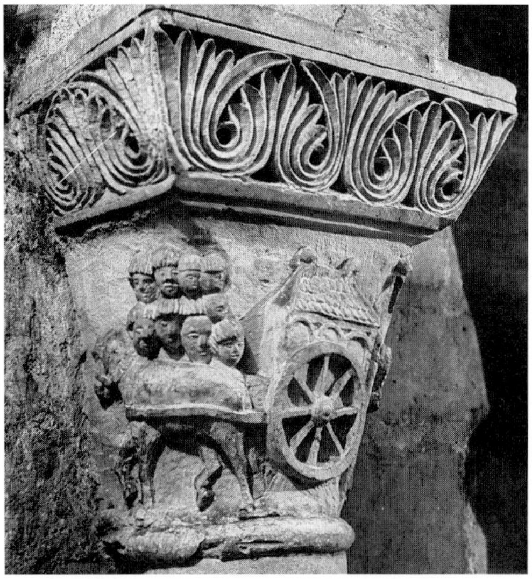

15. Saint-Denis (Seine-Saint-Denis), église abbatiale, chapiteau de la crypte : transfert de reliques.

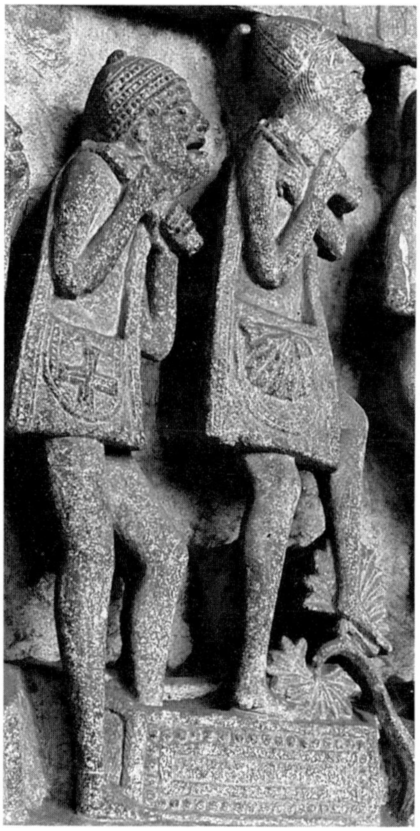

16. Autun (Saône-et-Loire), église Saint-Lazare, portail occidental, détail : les pèlerins.

des surplus. Grands ou petits, les nobles détiennent des pouvoirs militaires, fiscaux, judiciaires et économiques. Ils rivalisent d'ardeur pour élever à la gloire de Dieu des églises qui témoignent de leur puissance, fondent des monastères, émettent des chartes, disposent de troupes de fantassins encadrés par des chevaliers – petite aristocratie qui, à son tour, connaîtra une certaine ascension sociale au cours du XIe siècle – ils prélèvent des taxes sur les fours, les moulins, les ponts, etc.

Au sommet de la hiérarchie féodale se trouve le roi, garant du système. *Primus inter pares*, il n'exerce véritablement son pouvoir que sur son propre domaine, compris entre Senlis et Orléans (ill. 13). Mais par son sacre, qui lui confère un caractère religieux, il s'élève au-dessus des autres princes, même lorsque ceux-ci sont, comme le duc d'Aquitaine, plus puissants que lui. Faire respecter cette suzeraineté restera hors de portée des quatre premiers Capétiens : Hugues Capet (987-996), Robert le Pieux (†1031), Henri Ier (†1060) et Philippe Ier (†1108). La royauté commence cependant à s'affermir sous Louis VI le Gros (1108-1137), et, à partir du milieu du XIIe siècle, elle amorce un redressement qui amène un véritable renversement de la conjoncture politique. Il s'est alors produit en France « un mouvement inverse, mais symétrique, de celui qui, de la fin du IXe au milieu du XIe siècle, avait progressivement, et comme irrésistiblement, désagrégé, de haut en bas, les cadres politiques. Cette fois, de bas en haut, ceux-ci vont se réagréger [8] ». Tandis que les seigneuries, victimes du déplacement des activités économiques vers les villes, s'endettent, aliènent des terres et perdent leur autonomie, la royauté entreprend de restaurer l'unité à son profit. Une conception plus rigide de la hiérarchie féodale, visant à exalter la fonction royale, s'affirme de manière doctrinale avant de se traduire dans les faits. L'étiolement des seigneuries qui, à terme, allait bénéficier au roi commence par favoriser aussi les princes territoriaux, et notamment le plus puissant d'entre eux : Henri II Plantagenêt. Après son mariage avec Aliénor d'Aquitaine, en 1147, celui-ci règne sur un état solidement organisé, qui couvre plus de la moitié du royaume, et sur lequel Louis VII (1137-1180) parvient difficilement à exercer sa suzeraineté. Il faudra attendre le règne de Philippe-Auguste (1180-1223) pour que le roi, qui dispose désormais des moyens de faire respecter ses décisions, réunisse d'importantes principautés à son domaine. Sa victoire en 1214, à Bouvines, sur une coalition de grands féodaux marque la fin d'une époque.

PAIX EXTÉRIEURE, VIOLENCE INTÉRIEURE

Pour la première fois depuis le début des invasions barbares, l'Europe occidentale connaît aux XIe et XIIe siècles une paix durable avec le monde extérieur, condition essentielle d'un essor général. Bien que, jusque dans les années 1010, les Scandinaves aient encore lancé quelques raids spectaculaires sur les côtes aquitaines, ils sont en voie de stabilisation ; après la mort d'Al-Mansour (1002), la pression islamique se relâche en Espagne, les Sarrasins ne constituent plus, sur les côtes méditerranéennes, qu'un danger épisodique ; à l'Est, les Hongrois évangélisés cessent progressivement de menacer l'Empire. Ainsi les attaques qui, de toutes parts, avaient ébranlé l'Empire carolingien et contribué à sa dislocation sont-elles en passe de disparaître. Plus encore, la situation tend à s'inverser, avec l'expansion de la Chrétienté vers l'est, le début de la reconquête en Espagne (Tolède est reprise en 1085) et, à la fin du XIe siècle, la première croisade, exutoire au trop-plein d'énergie de la chevalerie occidentale.

La paix intérieure est cependant loin de régner. La violence paraît inhérente au monde féodal (ill. 14). Exactions contre les plus faibles, usurpations de droits, guerres privées sont de règle jusqu'à ce que l'Église, se substituant à un pouvoir central défaillant, tente d'y mettre bon ordre. Elle y parviendra en plusieurs étapes. En plaçant d'abord sous sa protection les masses rurales sans défense, les marchands, les pèlerins, les femmes et les enfants, puis en interdisant à la noblesse de combattre certains jours (trêve de Dieu), elle réussit à contenir cette violence avant de la détourner vers l'extérieur, contre les infidèles. Ce succès repose en partie sur la foi unanimement partagée dans le pouvoir des saints – les serments de paix sont prêtés sur leurs reliques et les parjures redoutent par-dessus tout leur vengeance – ainsi que sur la crainte des sanctions canoniques et des flammes de l'enfer. En moins d'un siècle, l'Église a ainsi transformé un pacte social en pacte avec Dieu : c'est en pénitents et en pèlerins qu'en 1095 les chevaliers prirent le chemin de Jérusalem pour aller délivrer le Tombeau du Christ. Elle avait, ce faisant, réalisé une ambition qui n'avait cessé de grandir au cours du XIe siècle : celle de prendre la tête de la société chrétienne.

L'ÉGLISE, GUIDE DE LA SOCIÉTÉ

L'emprise de l'Église sur les fidèles s'était peu à peu renforcée à travers la mise en place d'un réseau paroissial très dense. En effet, si les Carolingiens avaient accru et précisé le pouvoir des évêques et des archevêques, cette hiérarchie restait très distante des fidèles, faute notamment d'un nombre suffisant de paroisses. La multiplication de celles-ci, qui semble être allée de pair avec le développement du régime seigneurial et de la féodalité, devait, en établissant des relations de proximité, rendre la fréquentation des lieux de culte plus régulière. Or, pour les laïcs, quel que soit leur rang, l'église, même modeste, apparaissait comme un endroit privilégié, revêtu du prestige attaché aux choses sacrées, un lieu d'asile inviolable placé sous la protection de reliques douées de pouvoirs miraculeux, mais aussi, de manière plus prosaïque, un centre de rassemblement des communautés villageoises ou urbaines. Dans un monde où, à l'exception d'une minorité de juifs, tous étaient baptisés, l'église occupait donc une place centrale.

Mais sans doute la vie religieuse, peu intériorisée pour la masse des fidèles, se résumait-elle le plus souvent à des signes visibles. Seuls les clercs sachant lire le latin – ce qui n'était pas le cas de tous – pouvaient accéder à des textes sacrés dont la hiérarchie ecclésiastique refusait la traduction en langue vernaculaire, par crainte des interprétations fautives. La religion du plus grand nombre devait donc être plus affaire de rituel que de dogme. Cependant, l'idée, constamment reprise par la prédication, que le destin éternel se joue ici-bas, et que l'au-delà a plus d'importance, plus de réalité même, que le monde terrestre semble avoir été assimilée. La mort, trop familière aux hommes de cette époque, ne les effraie pas : seul les préoccupe véritablement le salut de leur âme. Aussi tentent-ils de racheter leurs fautes par des pénitences ou, dans la mesure de leurs moyens, par des aumônes et des donations à l'Église, et cherchent-ils l'appui d'intercesseurs en la personne des saints. Cette dévotion fut encouragée par le clergé, qui multiplia les translations de reliques et favorisa l'essor des pèlerinages (ill. 15 et 16), en tentant d'orienter la piété populaire vers des objets plus dignes que les saints locaux, dont l'authenticité était parfois douteuse : les apôtres, la Vierge, saint Jean-Baptiste. Le succès du pèlerinage à Saint-Jacques-de-Compostelle, qui, dûment encadré par l'Église, draina vers la Galice des foules immenses, témoigne de la réussite de cette entreprise.

CEUX QUI PRIENT : LES MOINES

Dans un célèbre poème adressé vers 1015 au roi Robert le Pieux, l'évêque de Laon Adalbéron présentait ainsi la société de son temps : « La maison de Dieu, que l'on croit une, est divisée en trois : les uns prient, les autres font la guerre, les autres enfin travaillent. Ces trois parties qui coexistent ne souffrent pas d'être disjointes ; les services rendus par l'une sont la condition des œuvres des deux autres ; chacune à son tour se charge de soulager l'ensemble. » Dans la hiérarchie, les gens d'Église viennent en tête, car ils remplissent la fonction la plus noble : celle d'intercéder pour les hommes auprès de Dieu. Ceux qui prient le mieux, les moines (ill. 17), mènent dans leurs monastères des batailles qui sont aussi réelles et plus importantes que celles du monde terrestre, batailles décrites par les auteurs contemporains avec un vocabulaire emprunté à la chevalerie : « L'abbé est muni d'armes spirituelles et soutenu par une troupe de moines oints de la rosée des grâces

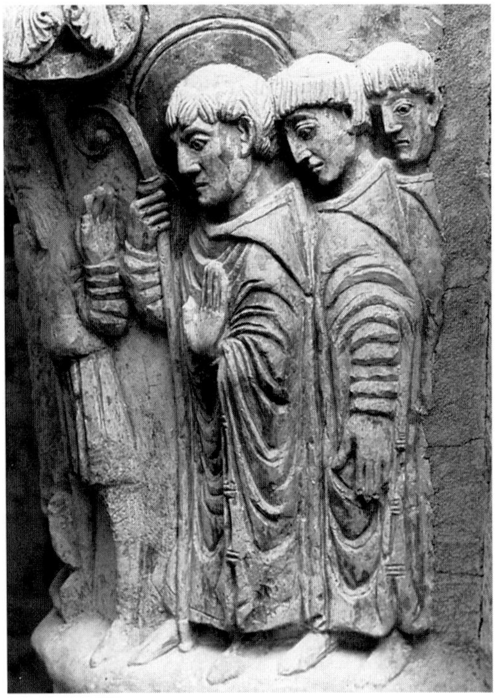

17. Saint-Benoît-sur-Loire (Loiret), église abbatiale, chapiteau du chevet : saint Benoît et ses compagnons.

célestes. Ils combattent, investis de la forme du Christ, avec l'arme de l'esprit contre les ruses éthérées des démons. Ils défendent le roi et le clergé contre les assauts de leurs ennemis invisibles [9]. » Ou encore : « Ardu est le combat que ces châtelains du Christ livrent contre le diable ; innombrables sont les bénéfices de leur lutte. Qui peut faire le compte des vigiles, hymnes, psaumes, prières et des offrandes quotidiennes de messes accompagnées de flot de larmes, que les moines effectuent ? Ces disciples du Christ se consacrent entièrement à ces occupations, se crucifiant eux-mêmes afin de plaire à Dieu... Aussi, noble comte, je te conseille sérieusement de construire une telle forteresse dans ton pays, tenue par des moines qui luttent contre Satan. Là, les champions encapuchonnés résisteront dans une lutte de tous les instants à Behemoth au profit de ton âme [10]. » Ainsi est-ce dans le double but d'assurer le salut de leur âme et la sécurité de leur territoire que princes et seigneurs furent conduits à aliéner des parties importantes de leur patrimoine au bénéfice de ces « citadelles de la prière » qu'étaient les monastères.

« Un Paradis arrosé par les quatre fleuves des Évangiles » : Cluny

Jusqu'à la fin du XIe siècle, les principaux bénéficiaires de ces largesses (ill. 18) furent les bénédictins, qui, depuis l'époque carolingienne, occupaient une position de monopole dans le domaine monastique. C'est ainsi qu'en 909 Guillaume le Pieux, duc d'Aquitaine et comte de Mâcon, donna sa terre de Cluny, en Mâconnais, pour y établir une abbaye bénédictine. Ses motivations sont clairement exprimées dans la charte de fondation : « [...] si la providence de Dieu a voulu qu'il y ait des hommes riches, c'est afin qu'en faisant un bon usage des biens qu'ils possèdent de manière transitoire ils méritent des récompenses qui dureront toujours », car « la richesse d'un homme est la rançon de son âme [11] ». Guillaume, animé d'une authentique piété, mit à la tête de la nouvelle abbaye l'un des plus ardents réformateurs monastiques du temps, Bernon, et, afin de la soustraire à tout pouvoir extérieur, laïc ou ecclésiastique, il la confia à saint Pierre et à saint Paul, c'est-à-dire à l'Église romaine. Cette protection pontificale, renforcée ultérieurement par l'octroi d'un privilège d'exemption assurant à Cluny une totale indépendance vis-à-vis de la juridiction épiscopale, allait conférer à ses abbés un pouvoir incomparable. La fondation de Guillaume d'Aquitaine allait devenir, grâce au zèle inlassable et au prestige personnel des successeurs de Bernon, le premier ordre monastique d'Occident. On vit ainsi se constituer au Xe siècle une *familia* d'établissements réformés par Cluny, puis s'élaborer au XIe siècle une organisation hiérarchique clarifiant les relations institutionnelles au sein de cette *familia* s'étendant à l'Europe entière, avant que le nombre des prieurés rattachés directement à l'abbaye-mère, des abbayes sujettes ou simplement affiliées et des multiples *cellae* qui en dépendaient ne commence, au début du XIIe siècle, à poser les problèmes de gestion préludant à l'apparition des premiers symptômes de déclin.

Jusqu'au milieu du XIe siècle le modèle bénédictin, et plus particulièrement clunisien, apparut comme un idéal accompli. En 1063, le légat du pape, Pierre Damien, décrivait métaphoriquement Cluny comme la réplique parfaite

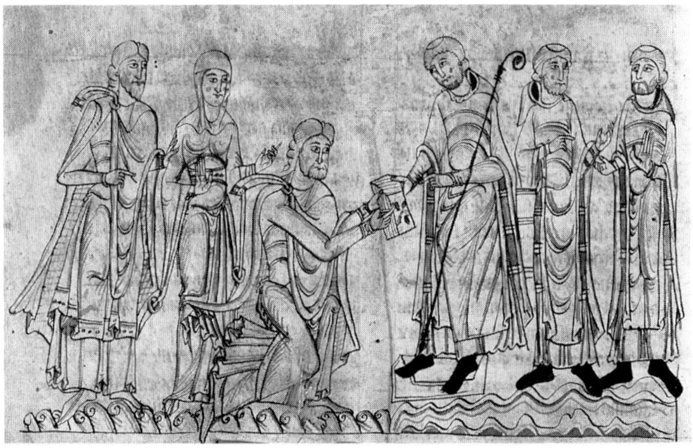

18. Cartulaire de Saint-Pierre de Nevers : l'abbé reçoit le don d'un certain Roger accompagné de sa femme. Paris, Bibliothèque nationale, Lat. 9865, f. 5^v^.

du ciel sur la terre : « J'ai vu un Paradis arrosé par les quatre fleuves des Évangiles, débordant de vertus spirituelles... Et comment appeler le monastère de Cluny autrement que le champ du Seigneur, là où une si grande compagnie de moines vivant dans la charité ressemble à une moisson de blé céleste ? [...] On y récolte le grain spirituel pour l'engranger au ciel [12]. » Les rédacteurs de la règle clunisienne n'avaient apporté que quelques retouches à celle de saint Benoît, mais des retouches significatives. Ainsi les prières liturgiques, messes et oraisons diverses absorbaient-elles la majeure partie de la journée des moines, tandis que le travail manuel se trouvait réduit d'autant ; le travail intellectuel, pour sa part, n'occupait pas, sauf dans quelques établissements, la place éminente qui était la sienne dans d'autres abbayes bénédictines. Les moines clunisiens étaient donc d'abord des hommes de prière et non des pénitents, et encore moins des reclus. Si, comme l'abbé Odilon (994-1049), ils méprisaient « l'ambition de la noblesse mondaine » et rejetaient « le commerce avec le siècle », ils ne fuyaient pas le monde. Au contraire, ils se firent souvent les auxiliaires du clergé séculier en accueillant très largement dans leurs églises les simples fidèles et même, parfois, en desservant des paroisses ou des chapelles castrales.

Comme celui des autres monastères bénédictins de l'époque, le recrutement des monastères clunisiens était essentiellement aristocratique. La vie séculière ne pouvait, en effet, pas procurer de situations honorables à tous les fils et filles de famille noble. En offrant à une abbaye certains de leurs enfants comme oblats, afin qu'ils y soient élevés et y prennent l'habit le temps venu, les seigneurs assuraient à ceux-ci – en échange de leurs prières – un cadre de vie digne, voire davantage. Encore leur fallait-il pourvoir l'établissement avec générosité, en prélevant notamment sur le patrimoine familial des terres dont la superficie pouvait être très importante. Par le jeu des dons, des achats et des récupérations de biens aliénés, les monastères bénédictins étaient donc peu à peu devenus de riches propriétaires fonciers et présentaient toutes les apparences d'une seigneurie rurale. Ces caractères étaient particulièrement affirmés chez les clunisiens, dont le train de vie et l'impérialisme hautain devaient, plus encore que le faste du rituel et la splendeur des églises, être dénoncés avec âpreté lorsque l'ordre atteignit le sommet de sa puissance, sous l'abbé Hugues de Semur (1049-1109).

LES NOUVEAUX CHEMINS DE LA PERFECTION

Dès avant le milieu du XIe siècle, de nouvelles aspirations spirituelles s'étaient fait jour, qui conduisaient à remettre en question les coutumes en usage dans les monastères bénédictins de l'époque et, au-delà, à élaborer de nouveaux

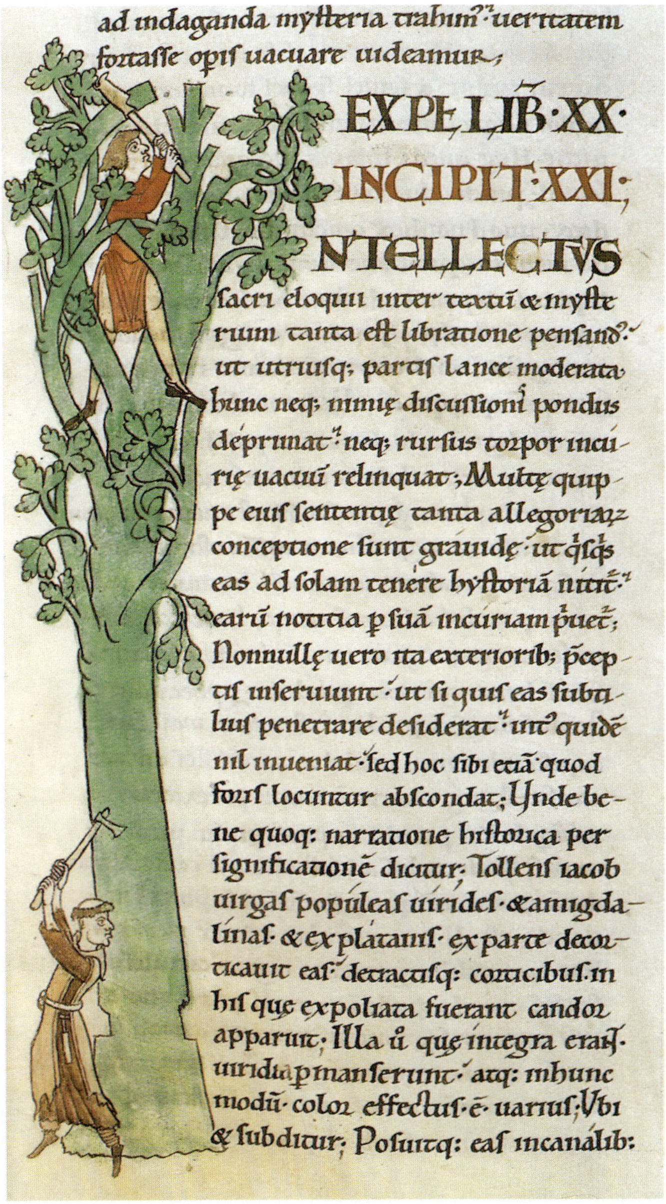

19. Grégoire le Grand, *Moralia in Job* : initiale historiée, l'abattage d'un arbre. Dijon, Bibliothèque municipale, ms. 173, f. 41.

modèles de vie monastique fondés sur un retour aux sources. Une religion personnelle plus exigeante, plus profonde, une quête mystique parfois, une volonté de pauvreté absolue : tels étaient les objectifs qui poussèrent un certain nombre de personnages à se détourner du monachisme traditionnel pour s'engager dans de nouvelles voies. Les uns, tentés par l'érémitisme, donnèrent le pas au rejet du monde et à la méditation, comme Girard de Sales en Poitou et Périgord, Bernard de Tiron, Vital de Mortain, Raoul de la Fustaye en Normandie et dans le Maine (vers 1090-1095), Guarin dans les Alpes (vers 1090), Anthénor de Scher dans les Vosges (1085), Géraud en Aquitaine (La Sauve-Majeure,

1079), et Étienne de Thiers, qui se retira en 1074 dans la solitude de Muret, près de Limoges – mais les disciples accoururent bientôt, avec la nécessité de statuts reconnus par l'Église, l'essaimage et l'ébauche d'une congrégation. D'autres, tels que saint Bruno à la Chartreuse (1084), tentèrent de concilier contemplation individuelle et vie cénobitique. D'autres encore, empiétant sur les prérogatives du clergé séculier, se tournèrent vers la prédication. Ainsi Robert de Turlande se fixa-t-il en 1043 à La Chaise-Dieu pour porter, avec quelques compagnons, la parole de Dieu jusque dans les campagnes les plus reculées, tandis que, vers la fin du siècle, Robert d'Arbrissel entraînait en Anjou une foule d'hommes et de femmes soucieux de faire pénitence et de trouver le salut dans une vie de piété et de renoncement (Fontevraud, 1100). Ces divers essais connurent un succès très inégal. Certaines congrégations périclitèrent rapidement ou furent absorbées ; d'autres continuèrent, après la mort de leur fondateur, à se développer selon des modalités variables. Rien ne permettait donc de prévoir, lorsque Robert de Molesmes s'installa en 1098 avec quelques disciples dans la forêt de Cîteaux, près de Dijon, quel extraordinaire avenir allait être celui de l'ordre cistercien. La fondation paraissait, en effet, vouée à dépérir quand, en 1112, elle reçut le renfort inattendu de saint Bernard et de trente jeunes nobles, parents et amis, aspirant, comme lui, à se retirer au « désert ».

Les moines blancs

L'explosion de la ferveur dont bénéficia l'ordre cistercien à ses débuts doit certainement être mise au compte de l'action personnelle de saint Bernard. Dès 1113-1115, l'afflux des novices conduisit à la création de cinq abbayes-filles parmi lesquelles figurait Clairvaux, en Champagne, dont saint Bernard devait rester l'abbé jusqu'à sa mort, en 1153. À cette date, l'ordre comptait déjà 343 maisons, et 530 environ au début du XIIIe siècle, réparties dans l'Europe entière. Cet essor rapide reflétait une double réussite, spirituelle et matérielle. Les fondateurs de Cîteaux ne visaient, comme bien d'autres réformateurs de leur temps, qu'à restaurer dans sa simplicité d'origine la règle de saint Benoît, dont l'application littérale permettait une ascèse très rude : pauvreté extrême, fuite totale du monde, renoncement à toute volonté propre, mortification de la chair par le travail manuel et les privations, silence interrompu seulement par les prières dites en commun, exaltation de la pureté symbolisée par la couleur blanche des vêtements (alors que les bénédictins étaient vêtus de brun foncé).

Un tel idéal était cependant difficile à réaliser, et des contradictions ne tardèrent pas à se manifester. Saint Bernard intervint souvent de manière tapageuse dans les affaires du siècle, qu'il s'agisse des élections épiscopales, de la polémique qui l'opposa durablement à Pierre Abélard, de la lutte contre l'hérésie cathare naissante ou du prêche en faveur de la seconde croisade, en 1146. Jusqu'au début du XIIIe siècle, les cisterciens devaient souvent être appelés par le pape pour remplir des tâches qui n'étaient pas spécifiquement monastiques et les obligeaient à vivre hors de leurs abbayes. À cette contradiction entre contemplation et action s'en ajouta une autre, entre pauvreté et enrichissement. Celui-ci, sensible dès la seconde génération, peut paraître paradoxal dans un ordre ayant placé la pauvreté évangélique au premier rang de ses préoccupations : *pauperes pauperem Christum sequentes*. Les cisterciens refusèrent d'ailleurs de percevoir les dîmes, les rentes et les divers bénéfices d'églises et d'autels qui constituaient une part non négligeable des ressources ordinaires des autres établissements religieux pour ne détenir, en totale propriété, que des terres. Ils avaient donc besoin de vastes domaines, en un temps où ceux-ci devenaient rares. Or, les statuts cisterciens imposaient que les abbayes soient établies aux marges du monde habité, là où, précisément, existaient encore, partout en Europe occidentale, de grandes étendues de terres sauvages. Les seigneurs qui les détenaient se défirent d'autant plus volontiers d'une partie d'entre elles qu'ils étaient dans l'incapacité de les exploiter. Aux motivations habituelles dans ce type de donation s'ajoutait ainsi la volonté d'amorcer la mise en valeur de nouveaux territoires. Plusieurs facteurs contribuèrent à la réussite économique de ces exploitations pionnières : la remarquable gestion des domaines, reflet de la non moins remarquable organisation de l'ordre lui-même, la recherche de techniques permettant de rationaliser les efforts et de perfectionner l'outillage – les cisterciens jouèrent un rôle important dans le domaine de la métallurgie – et le recours au faire-valoir direct des terres par le travail des moines et, surtout, par celui des convers (ill. 19). Généralement issus de la paysannerie, illettrés, ces derniers observaient une règle simplifiée et ne pouvaient en aucun cas devenir moines à part entière. Plus nombreux que les religieux de chœur, ils constituaient une main-d'œuvre gratuite et disciplinée (pour un temps du moins, car des mouvements de révolte contre des conditions de vie trop dures se multiplièrent au XIIIe siècle). Le problème des surplus se posa donc rapidement. N'ayant pas à faire face aux dépenses ostentatoires qui absorbaient largement les revenus des anciens monastères bénédictins, les cisterciens n'avaient d'autre choix que d'acheter de nouvelles terres – ce qui contribuait à accélérer l'enrichissement – ou de reconstruire leurs abbayes, ce qu'ils firent avec ardeur. Ainsi les ensembles monastiques élevés à partir des années 1140 en bonne pierre de taille, dans lesquels les bâtiments utilitaires (forges, celliers, etc.) sont l'objet d'autant de soins que l'église, le cloître ou la salle capitulaire, n'ont-ils plus grand-chose en commun avec les premières installations, principalement faites en bois. Seule l'exigence de simplicité continua de s'imposer, du moins jusqu'au milieu du XIIIe siècle.

Les cisterciens exercèrent une grande influence sur le monachisme du XIIe siècle. Les critiques incessantes de saint Bernard à l'encontre du mode de vie des communautés bénédictines conduisirent certains abbés à le réviser quelque peu. Pierre le Vénérable (1122-1142) s'engagea dans une véritable œuvre de restauration à Cluny ; il prit non seulement des mesures visant à accentuer l'austérité et à respecter plus étroitement la règle de saint Benoît, mais, suivant l'exemple cistercien, il décida de la tenue régulière d'un chapitre général pour renforcer la cohésion de l'ordre, et institua les frères convers afin de mieux tirer parti de vastes domaines jusque-là peu productifs. Maintes fondations récentes qui cherchaient encore leur voie furent assimilées, tandis que d'autres, comme la Chartreuse, tout en conservant un régime monastique original, s'inspirèrent de la *Charte de charité* de Cîteaux pour rédiger leurs propres statuts. La spiritualité cistercienne, pour sa part, marqua profondément d'autres congrégations (La Chaise-Dieu, Prémontré), et la pauvreté devint, d'une manière générale, l'objet d'une réflexion plus approfondie, nécessaire en ces temps où l'argent jouait un rôle croissant dans les échanges. Un nouvel idéal, enfin, valorisant la chasteté et la pureté, présentées comme les vertus chrétiennes par excellence, fut offert à la chevalerie, et notamment aux nobles des ordres religieux et militaires dont la fondation fut encouragée par saint Bernard : les Chevaliers du Temple (Templiers), créés en 1119 à Jérusalem pour assister les pèlerins se rendant en Terre sainte, les héberger, les soigner et les défendre, ainsi que les Hospitaliers de Saint-Jean-de-Jérusalem (1120).

LA RÉFORME CANONIALE ET LE MODÈLE APOSTOLIQUE

Entre l'action et la contemplation, quelle voie choisir ? Le dilemme était ancien. Comme le rappelait le pape Urbain II dans le préambule d'une charte accordée vers 1100 à la collégiale Saint-Ruf d'Avignon, l'Église primitive avait connu deux formes de vie religieuse : la vie monastique et la vie canoniale, également parfaites, mais de vocation différente. Ceux qui s'engageaient dans la première renonçaient au monde pour méditer et prier ; ceux qui embrassaient la seconde restaient au contact des hommes pour les servir et les aider quotidiennement à racheter leurs péchés. À défaut d'être tout à fait conforme à la réalité historique, l'opinion d'Urbain II, ancien moine clunisien, témoignait de la place

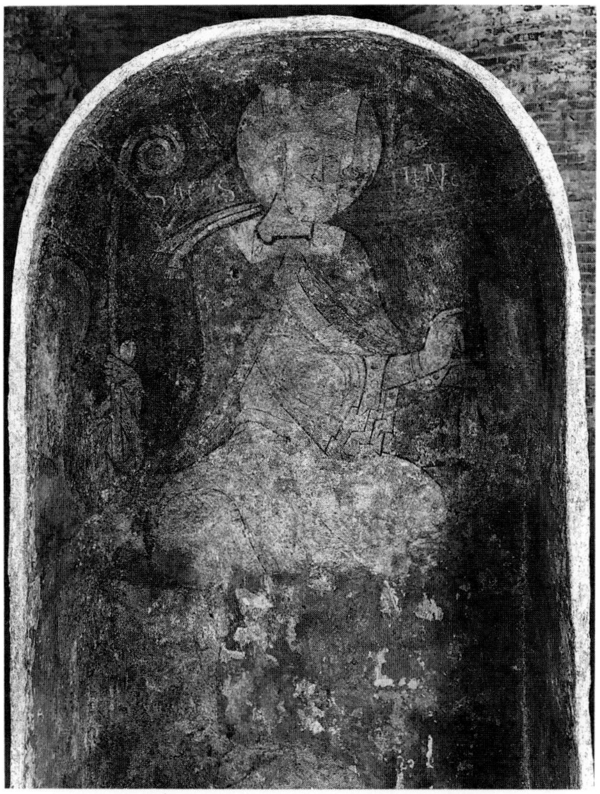

20. Toulouse (Haute-Garonne), Saint-Sernin, peinture murale provenant du cloître : saint Augustin présentant sa règle aux chanoines.

éminente qu'occupaient dans la société de son temps les communautés de chanoines, et notamment les communautés qui, comme celle de Saint-Ruf, avaient adopté la règle de saint Augustin (ill. 20) – en fait un ensemble de conseils prodigués par l'évêque d'Hippone à quelques clercs et religieuses de son entourage : mener une vie commune, renoncer à la propriété individuelle, prier ensemble à heures fixes, obéir à un supérieur, rester chaste, se nourrir frugalement et se vêtir avec modestie, travailler selon ses aptitudes. Comparées à la précision de la règle de saint Benoît, qui traite en détail de tous les aspects de la vie monastique, ces recommandations de saint Augustin laissaient une certaine place à l'imagination et permettaient de s'adapter avec souplesse aux situations les plus diverses. De la sévérité la plus extrême à la modération en toutes choses, les coutumes pouvaient ainsi varier dans des proportions considérables d'un établissement à l'autre.

L'histoire du mouvement de réforme canoniale est, surtout à ses débuts, mal documentés, plus difficile à saisir que celle des transformations du monde monastique. Dans la première moitié du XIe siècle, la *Regula canonicorum*

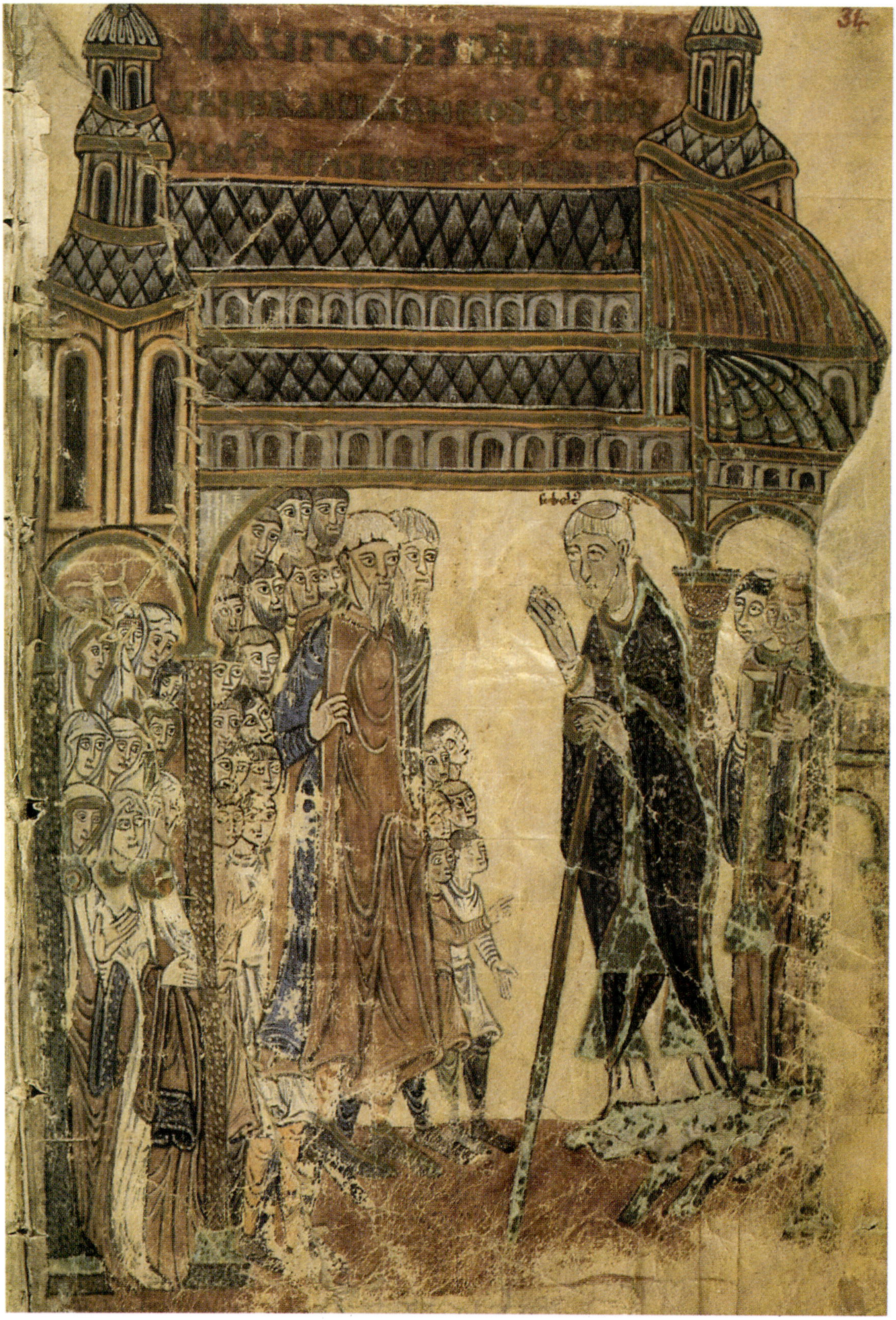

21. Obituaire de Notre-Dame de Chartres : l'évêque Fulbert préchant dans sa cathédrale.
Chartres, Bibliothèque municipale, ms. N. A. 4, f. 34.

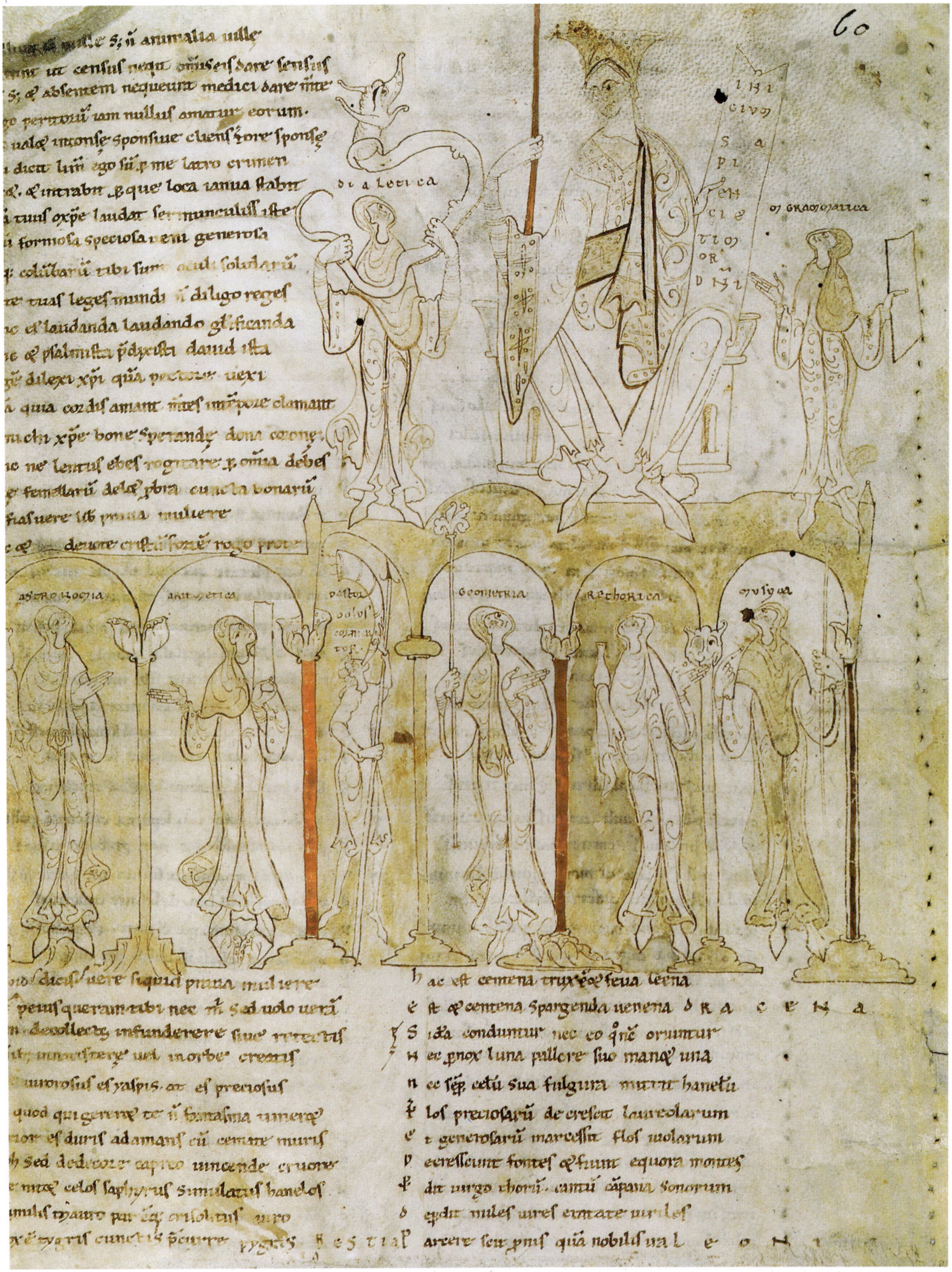

22. Martianus Capella, *De nuptiis Philologiae et Mercurii* : la Sagesse et les arts libéraux. Paris, Bibliothèque nationale, Lat. 3110, f. 60.

approuvée en 816 au concile d'Aix-la-Chapelle régissait encore la vie des chapitres cathédraux aussi bien que celle des autres chapitres séculiers, mais un certain relâchement s'était instauré, suscitant quelques tentatives de réforme. Toutefois, celles-ci ne prirent tout leur sens que vers le milieu du XIe siècle lorsque, avec le soutien actif de la papauté, un certain nombre d'établissements optèrent pour la vie commune préconisée par saint Augustin. L'expansion fut rapide ; il existait, au XIIe siècle, d'innombrables collèges de chanoines réguliers, depuis les plus importants, qui regroupaient plusieurs dizaines de personnes, jusqu'aux plus humbles, qui n'en comptaient que quelques-unes. Certains établissements rayonnèrent sur d'autres, mais, dans le monde canonial, la communion spirituelle ne débouchait pas nécessairement sur une organisation institutionnelle. Quelques congrégations virent néanmoins le jour, comme celles de Saint-Ruf d'Avignon, Prémontré, Arrouaise ou Saint-Victor de Paris.

Le choix de saint Augustin comme guide de la vie commune était riche de significations. Celui qui était considéré comme le plus grand théologien occidental n'avait, en effet, pas été tenu jusque-là pour un auteur de règle monastique. Se référer à son autorité en ce domaine trahissait la volonté de faire revivre l'idéal de l'Église primitive et, au-delà, celui des temps apostoliques. Car le véritable modèle de la vie commune des clercs est décrit au chapitre IV des Actes des Apôtres. Tandis que les cisterciens affirmaient que leur voie était celle de « tout l'Évangile » et suivaient le Christ dans la pauvreté et la simplicité absolues, les chanoines augustins visaient à prolonger par leur action celle des compagnons du Christ. Aussi les voit-on partout, près des villes et des châteaux, restaurer la vie religieuse là où elle avait disparu, encadrer les paroisses, prêcher, ouvrir des écoles (dont certaines, comme celle de Saint-Victor de Paris, furent fameuses), mais aussi secourir les pauvres, les malades, les infirmes. Ils assument ces tâches avec humilité, en sachant rester proches des populations. « Leur manière d'être n'est ni splendide ni abjecte ; ainsi, ils évitent à la fois l'orgueil et l'affectation de sainteté. Ils n'ont pas besoin d'une grande variété de biens et ils se contentent de dépenses modérées [13]. » Leurs ressources proviennent des dîmes ecclésiastiques qu'ils s'efforcent de reprendre aux laïcs qui se les étaient injustement appropriées par le passé, des divers bénéfices attachés aux services qu'ils rendent (enterrements, cérémonies commémoratives, messes des morts, etc.), mais aussi des dons de bienfaiteurs souvent modestes mais si nombreux que certaines collégiales connurent une prospérité enviable. Les chanoines augustins jouèrent donc un rôle social essentiel au XIIe siècle, et la courbe de leur popularité suit le même tracé ascendant que celle de l'expansion économique et de l'essor urbain.

LA PRIMAUTÉ DU POUVOIR SPIRITUEL

Soustraire le spirituel au temporel : tel fut l'objectif que s'assigna la papauté à partir du pontificat de Léon IX (1049-1054). Certes, la prise de conscience des dangers que représentait pour l'Église la tutelle des laïcs était ancienne et déjà certains évêques avaient, dans la mesure de leurs moyens, entrepris une œuvre de restauration (ill. 21). Dans le préambule d'une charte datée de 1033, Hugues de Salins, archevêque de Besançon, célébrait ainsi la dignité historique de sa charge pour mieux dénoncer son affaiblissement présent : « C'est lui-même [le Christ] qui, Homme et Dieu, ayant vécu parmi les hommes, a formé à ses lois d'honnêteté, de vérité et de justice [...] la sainte Église. Il l'a confiée, pour qu'ils la gouvernassent, aux apôtres d'abord, puis aux évêques dans la suite des temps. [...] De ces évêques, beaucoup se sont appliqués avec un zèle ardent à exercer fidèlement le pouvoir de gouvernement à eux confié [...] jusqu'à ce jour où la charité s'est refroidie, où les maux se font plus brûlants, et où il semble, à notre torpeur, que nous soyons nés à la fin du monde. [...] C'est pourquoi, ô mes frères dans l'épiscopat, réveillons-nous de notre sommeil... appliquons-nous avec un louable mérite aux œuvres bonnes [14]. » Les empiétements des laïcs étaient doubles. Des concessions temporaires de droits ecclésiastiques avaient abouti à des aliénations définitives – il fallait donc reconstituer le patrimoine, ce à quoi s'employa plus d'un évêque énergique –, mais, surtout, l'ingérence des souverains et des princes, voire de l'aristocratie locale, dans le choix des prélats ne garantissait aucunement la valeur morale et spirituelle de ceux-ci, car les raisons qui conduisaient à préférer tel candidat aux autres relevaient plus souvent d'intérêts familiaux ou pécuniaires que de préoccupations religieuses. Sur ce problème de l'investiture des évêques, seule la papauté pouvait intervenir, en opposant son autorité spirituelle à ce qui apparaissait de plus en plus comme un usage scandaleux.

Elle ne put cependant se lancer dans la bataille avant que d'avoir recouvré son propre prestige moral, lorsque fut instituée la libre élection du pape par les cardinaux, en 1059. Une nouvelle vision des rapports du spirituel et du temporel acquit toute sa force dans la pensée et l'action de Grégoire VII – d'où le nom de réforme grégorienne habituellement donné à l'ensemble des mesures concernant la restauration spirituelle et morale du clergé qui furent engagées pendant son pontificat (1073-1085). Le pape n'hésita pas, en 1075, à déclencher un conflit en condamnant l'investiture laïque, et prétendit même inverser en sa faveur les rapports de force en s'estimant en droit de déposer les souverains qui, comme Henri IV, refusaient de se sou-

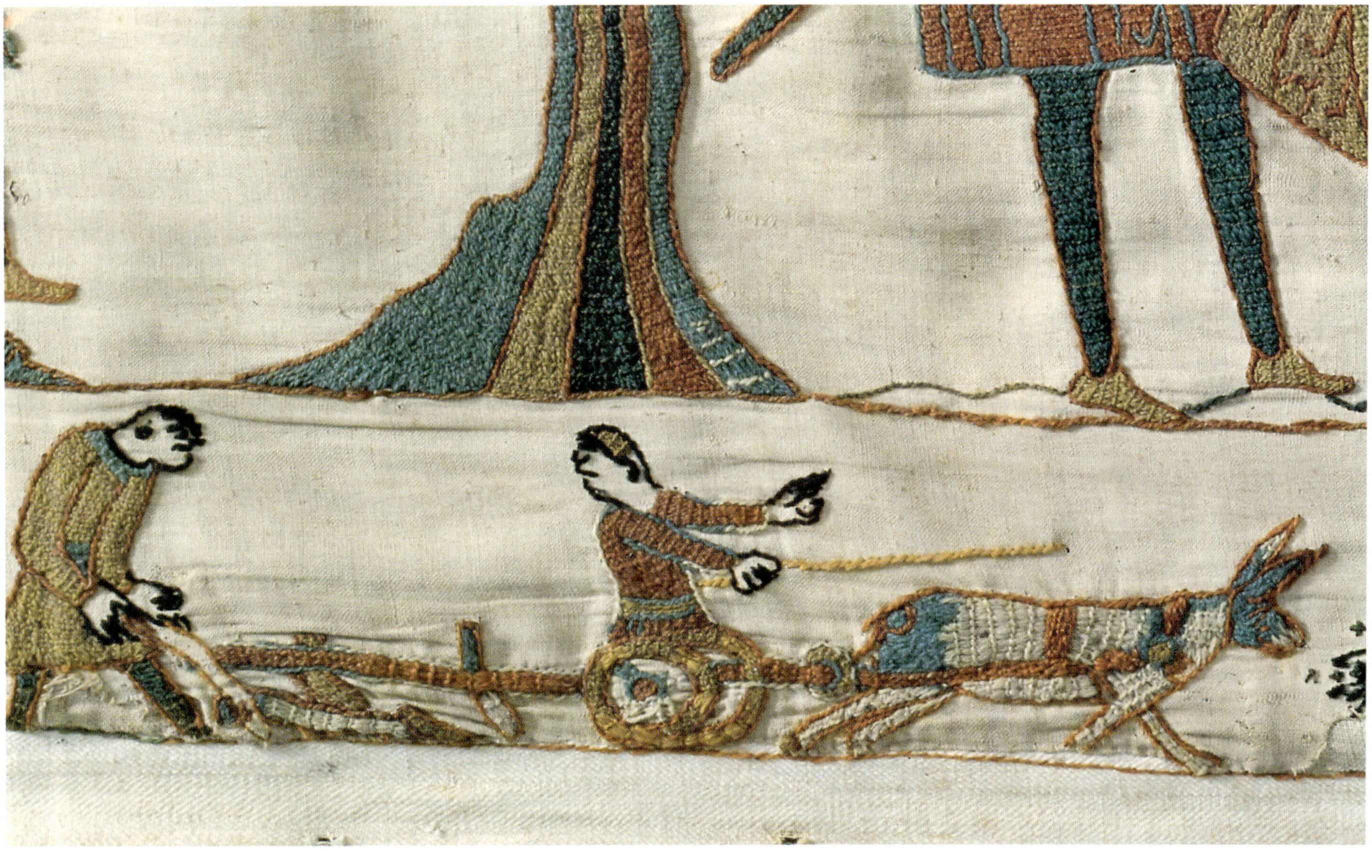

23. Broderie de Bayeux, détail : les travaux de la terre. Bayeux (Calvados), Centre Guillaume le Conquérant.

mettre à ses décisions. Au-delà du renforcement de l'autorité de l'Église romaine, qui aspirait d'ores et déjà à une souveraineté universelle, il s'agissait d'instaurer sur terre un ordre chrétien, préfiguration de la Jérusalem céleste. La papauté reçut dans cette entreprise le soutien d'abbés qui, comme ceux de Cluny, étaient soucieux d'améliorer le niveau de recrutement du clergé séculier – mais non de renforcer le pouvoir des évêques – ainsi que d'un certain nombre de laïcs indignés que des prêtres simoniaques, mariés ou concubinaires, puissent administrer des sacrements (il y eut même des violences à leur encontre). En revanche, les réactions à la politique des grégoriens furent vives de la part des évêques inféodés aux laïcs, et plus encore de la part des souverains. L'empereur, en particulier, y vit une atteinte fondamentale à son propre pouvoir. L'affrontement était dès lors inévitable, et la querelle des Investitures opposa pendant de longues années (1075-1122) la papauté et l'Empire. Le conflit prit un tour moins dramatique ailleurs. Des accords furent conclus au début du XIIe siècle avec les rois de France et d'Angleterre, puis avec l'empereur, à Worms, en 1122. À défaut d'avoir gagné dans tous les domaines – il y aura d'autres crises –, l'Église avait au moins réussi à imposer la reconnaissance d'une distinction entre spirituel et temporel, et le processus d'affirmation de sa primauté était engagé de manière décisive. Si les évêques, dont l'investiture n'était pas encore totalement indépendante des princes, avaient perdu certains de leurs pouvoirs de décision en matière de liturgie, de canonisation des saints ou de définitions doctrinales, ils avaient acquis une autorité dans le gouvernement de leur diocèse qui se traduisit par le durcissement sensible des clivages hiérarchiques. On assistait ainsi, alors que les moines retournaient à leur vraie vocation, la prière, à une renaissance de l'Église séculière.

La culture aux mains des clercs

Jusqu'au début du XIIe siècle, les moines furent les principaux dépositaires d'une culture savante qui nécessitait l'usage de l'écriture et la connaissance du latin. Tandis que, dans les *scriptoria* des abbayes, on copiait les textes destinés à la bibliothèque et à la *lectio divina*, à laquelle la règle de saint Benoît accordait une large place, on enseignait dans les écoles monastiques la grammaire latine et les quelques rudiments de littérature et de poésie antiques destinés à familiariser avec la langue de la Bible et des Pères de l'Église les novices et les jeunes aristocrates qui étaient leurs condisciples. Ainsi s'élabora « une synthèse originale de la tradition classique et de l'esprit chrétien, fondée sur la conviction que, si la grâce seule élève l'âme, la culture l'affine, l'embellit et la prépare à proclamer la gloire de Dieu [15] ». Acquérir des connaissances plus larges (ill. 22) et s'initier à toutes les disciplines du *trivium* (grammaire, rhétorique, dialectique) et du *quadrivium* (arithmétique, géométrie, astronomie et théorie musicale) est encore difficile vers l'an mille, malgré l'existence dans quelques villes épiscopales, comme Reims et Chartres, ou dans de grandes abbayes, comme Saint-Benoît-sur-Loire (Fleury) et Saint-Martial de Limoges, d'écoles réputées. Les écolâtres de cette époque doivent, à l'instar de Gerbert (le futur pape Sylvestre II) ou d'Abbon de Fleury, aller parfois très loin pour trouver les maîtres possédant les connaissances nécessaires. Néanmoins, la situation s'améliore à mesure qu'on avance dans le temps. Des penseurs, comme saint Anselme (1033-1109), abbé du Bec, en Normandie, puis archevêque de Canterbury, et, au début du XIIe siècle, comme l'évêque Yves de Chartres, ouvrent de nouvelles perspectives intellectuelles en faisant porter leur réflexion sur des problèmes théologiques ou canoniques d'actualité, et on assiste vers la fin du XIe siècle dans certaines régions de la France du Nord au renouveau des écoles épiscopales. Ces écoles urbaines devaient connaître, au cours du XIIe siècle, un essor considérable tandis que même les plus célèbres des écoles monastiques voyaient inexorablement fléchir leur audience. Ce succès, comme celui de certaines écoles canoniales, n'est pas seulement lié au développement des villes, mais à la prospérité de chapitres qui peuvent pourvoir à l'entretien permanent de plusieurs *magistri* bénéficiant d'une certaine liberté d'expression, et à l'évolution d'une société au sein de laquelle la demande de culture est de plus en plus forte. En témoigne l'affluence croissante, aux côtés des clercs, d'étudiants qui n'envisagent aucune carrière ecclésiastique, mais jouissent des mêmes privilèges que ceux-là et constituent la clientèle des premiers « éditeurs » laïcs de livres (dès le milieu du XIIe siècle, ce commerce est florissant à Paris). On assiste, parallèlement, à une renaissance de l'aristotélisme, qui favorise les progrès d'une dialectique rationnelle (le *Sic et non* d'Abélard, maître d'école à Sainte-Geneviève de Paris), et à un essor de la culture profane dans les cours princières et chez les bourgeois des villes. Un nouveau thème littéraire, révélateur d'un profond changement des mentalités, apparaît : celui de l'amour courtois (lais de Marie de France, poème de Tristan et Yseult, roman de la Table ronde dans la version de Chrétien de Troyes).

UN MONDE EN PLEINE CROISSANCE

Que l'Occident ait connu aux XIe et XIIe siècles une croissance sans précédent au Moyen Âge est indéniable. Il est cependant difficile d'en saisir les modalités précises, et même d'en déterminer les ressorts. Certes, le relâchement des pressions extérieures et l'instauration de l'ordre féodal ont créé des conditions favorables. Mais comment distinguer la cause des effets dans l'augmentation corrélative de la population et de la production agricole, le perfectionnement des techniques et la progression des défrichements (ill. 23), la reprise du commerce et le développement des villes ? Bien que cet essor ait les mêmes lignes de faîte dans tout le royaume et dans les terres romanes de l'Empire, il comporte des variantes régionales, et son rythme ne peut être apprécié avec certitude. Quelques grandes phases se dégagent cependant. Jusqu'aux années 1070 environ, on n'assiste guère qu'à une refonte de l'habitat rural et à l'établissement d'un équilibre encore précaire entre production agricole et consommation (plusieurs graves famines frappent l'Europe en 1005-1006, de 1031 à 1033, et en 1050), tandis que s'esquisse un timide renouveau urbain. Mais, à partir du dernier tiers du XIe siècle jusqu'aux années 1180-1190, les défrichements progressent de manière spectaculaire, les villes gagnent en importance, de nouveaux circuits commerciaux se mettent en place, la masse monétaire se gonfle, et, avec la vulgarisation du progrès technique, l'artisanat prospère. La fin du XIIe siècle, pour sa part, correspond à une accélération sensible et générale de l'expansion ; si les défrichements marquent quelque peu le pas, la division accrue du travail, le prodigieux essor urbain et l'extension des échanges à l'échelle européenne ouvrent de nouvelles perspectives au développement économique et social.

DES OUTILS POUR TRAVAILLER LA PIERRE ET LE BOIS

Le perfectionnement de l'outillage fut un facteur essentiel au développement de la construction. Le travail de la pierre et du bois fut facilité par le constant progrès de la métallurgie. Dès avant le milieu du XIe siècle, la production de fer, jusque-là surtout réservée à l'armement, fut assez abondante pour qu'une partie en revienne à la fabrication d'outils pour les paysans, mais aussi pour les artisans qui commençaient à s'installer dans les villes et dans les villages. La qualité des métaux tend également à s'améliorer, avec de meilleures méthodes d'extraction, des fours permettant d'atteindre des températures plus élevées et, surtout, la mise au point de l'arbre à came, qui transforme le mouvement circulaire produit par les roues des moulins à eau en mouvement alternatif. L'existence de marteaux à écraser le minerai ou à battre le fer est attestée dès les années 1080, et ceux-ci devinrent d'usage courant au début du XIIe siècle. Plus d'outils et de meilleurs outils : tailler la pierre n'est plus une opération aussi ardue qu'autrefois. L'abandon progressif, dans les régions disposant de bonnes carrières, du petit appareil de moellons au profit de parements de moyen appareil layé avec une finesse croissante témoigne de ce progrès technique, au même titre que le développement de la voûte et du décor sculpté – même si ce progrès ne suffit pas à expliquer un engouement pour la pierre qui ne cesse de s'affirmer aux XIe et XIIe siècles.

II. HISTOIRE ET HISTOIRE DE L'ART

LE PROGRÈS TECHNIQUE AU SERVICE DE QUEL IDÉAL ?

Une partie des contradictions internes de l'architecture romane reflète celles du temps. Ainsi, la recherche de perfectionnement technique qui s'affirme dans tous les domaines – on parle même parfois d'un premier machinisme – entraîne alors une course au progrès qui n'a plus cessé depuis, même si la conscience historique des hommes de l'époque est bien différente de la nôtre. En revanche, le seul progrès possible, aux yeux de l'Église, consiste à restaurer la perfection des premiers temps chrétiens : *renovatio ecclesiae primitivae formae*. Cet idéal, qui prit toute sa force au cours de la seconde moitié du XIe siècle alors que s'affirmait la réforme grégorienne, se traduisit parfois de manière concrète – à Rome, notamment – par un renouveau de l'architecture paléochrétienne. En France, la corrélation entre les aspirations spirituelles et les choix artistiques est moins claire, et il existe une tension constante entre les deux points de vue : aller de l'avant ou regarder en arrière. Le premier pousse à l'expérimentation de nouvelles solutions, le second conduit au respect du passé et à la renaissance des formes antiques. Ces deux points de vue sont cependant loin d'être incompatibles, car ils appartiennent à des régions différentes de l'esprit et plus d'un monument les réconcilie. Ainsi, la grande abbatiale de Cluny entreprise par saint Hugues (Cluny III), dont la voûte s'élève à la hauteur record de trente mètres et dont la construction fut une prouesse technique, comporte en abondance des pilastres cannelés et des chapiteaux corinthiens inspirés du décor architectural romain. Plus encore, l'emploi, dans le haut-vaisseau, d'ordres superposés à l'antique s'intègre habilement au dispositif de porte-à-faux qui contribue à assurer la stabilité de la voûte. Ces tendances contradictoires, qui font une partie de la richesse de l'art roman, disparaîtront avec l'architecture gothique, entièrement tournée – à ses débuts du moins – vers l'innovation.

GÉOGRAPHIE POLITIQUE ET GÉOGRAPHIE ARTISTIQUE

La dislocation du royaume carolingien au profit d'une mosaïque de territoires a créé des conditions favorables à la dispersion des centres de création, dont aucun ne semble en mesure de prendre la tête d'un mouvement général. C'est à l'échelle régionale, à quelques exceptions près, que se diffusent les solutions, à partir le plus souvent d'un modèle local prestigieux. Faut-il voir dans la diversité géographique des interprétations une résurgence des particularismes qui avaient été gommés, à l'époque carolingienne, par la volonté unificatrice de Charlemagne et de ses proches ? La réponse à cette question, positive dans son principe, doit cependant être nuancée. En effet, le paysage artistique des styles régionaux varie souvent d'une génération à l'autre, et leur aire d'extension coïncide rarement avec des limites territoriales précises. L'imbrication des seigneuries autant que les réseaux de parentés interrégionaux contribuent à relativiser les frontières et, si celles du royaume ont davantage de réalité, elles ne semblent pas avoir influencé les grands courants artistiques de manière décisive. Ainsi, au XIe siècle, la zone de contact avec l'architecture de l'Empire ne dépend-elle pas en priorité du rattachement politique. Le comté de Flandre et, dans une moindre mesure, celui de Champagne, qui relèvent du roi des Francs, subissent l'attraction de l'Empire non seulement du fait de la proximité géographique de celui-ci, mais aussi en raison d'une commune fidélité à la culture carolingienne. En revanche, les architectes du comté de Bourgogne, entré en 1032 dans la mouvance impériale, poursuivent les mêmes expériences que ceux des comtés de Mâcon et de Chalon, capétiens. Cette configuration devait toutefois évoluer avec le temps. Au XIIe siècle, les modes du duché de Bourgogne ne pénètrent plus dans le comté, qui s'installe dans une position d'entre-deux, alors que des parallélismes de plus en plus nombreux avec l'art du royaume se discernent en Lorraine. Les limites d'une étude sur l'art roman en France ne sauraient donc être fixées avec une précision absolue : elles ne peuvent qu'être évolutives, pour rester proches de la réalité historique.

Si la construction d'églises fut souvent pour les nobles, grands ou petits, l'occasion d'affirmer leur puissance, l'art ne semble pas, en France, avoir été mis au service d'un idéal politique précis comme ce fut le cas, sous diverses formes, dans l'Empire. La renaissance de celui-ci (Otton II fut sacré empereur en 962) s'accompagna, en effet, d'un retour délibéré aux modèles carolingiens, dans une tentative de *reno-*

vatio générale ; bien que ces modèles aient été plus ou moins réinterprétés par les artistes de l'an mille, l'impulsion qui était donnée devait profondément marquer toute l'histoire de l'art roman germanique. Rien de tel ne se produisit en France. Certes, l'accession au trône d'Hugues Capet, en 987, coïncide plus ou moins avec les premières manifestations d'un renouvellement stylistique dans quelques foyers de création, mais les mutations qui s'engagent alors dans l'architecture religieuse ne sont pas subordonnées à l'avènement d'une nouvelle dynastie. Aucun caractère original ne distingue les constructions des premiers Capétiens et, si les artistes du royaume tournent souvent leurs regards vers les modèles carolingiens, c'est pour s'en inspirer et non pour les faire revivre en tant que tels. De là une diversité d'interprétations et une liberté d'invention sans pareilles au XIe siècle.

Parmi les grands princes territoriaux, seuls les ducs de Normandie contribuèrent à diffuser, à partir de la conquête de l'Angleterre, en 1066, un art spécifique. Encore les circonstances historiques sont-elles particulières. En effet, les ducs normands, qui avaient su depuis le début du XIe siècle maintenir un pouvoir assez fort pour juguler la montée des seigneuries, virent leur puissance culminer lorsque Guillaume le Conquérant devint roi d'Angleterre. L'exportation outre-Manche des types architecturaux créés en Normandie dans des édifices ducaux tels que Saint-Étienne de Caen s'inscrivait dans une politique visant à remplacer méthodiquement les institutions et la culture anglo-saxonne par les us et coutumes des vainqueurs. Cette phase de colonisation fut cependant de courte durée, et bientôt se développa un art anglo-normand dont la personnalité propre devait s'affirmer durablement des deux côtés de la Manche.

L'existence, au cours de la seconde moitié du XIIe siècle, d'un « style Plantagenêt », autrefois tacitement admise, a, pour sa part, été récemment remise en question [16]. De nombreux échanges artistiques s'étaient, en effet, développés dans le bassin de la Loire moyenne et dans le Poitou bien avant l'avènement d'Henri II ; et la création d'un art gothique de l'Ouest, dont l'expansion géographique semble surtout dépendre de l'aire d'exploitation du tuffeau et du réseau fluvial qui facilite son transport, n'est pas directement liée au patronage dynastique. Les particularismes sont d'ailleurs aussi présents dans l'empire Plantagenêt qu'ailleurs. Dans le domaine artistique, comme dans d'autres, Henri II et son entourage paraissent avant tout avoir su tirer parti d'une situation favorable, profitant ainsi d'un élan qu'ils n'avaient pas suscité.

Tout autre est la situation de l'Île-de-France à la même époque. Il n'entre pas dans notre propos d'aborder le délicat problème des rapports entre art et politique au début de la période gothique. Tout au plus convient-il de souligner le parallélisme manifeste entre la diffusion du nouvel art de bâtir et le renforcement du prestige royal. Alors qu'un équilibre différent des pouvoirs tendait à s'instaurer dans le royaume, l'art gothique, dénommé « art de France » par certains contemporains, ne cessait de gagner du terrain tandis que le domaine de l'art roman se réduisait comme peau de chagrin. Ce dernier devint-il, dans les régions méridionales qui lui restèrent longtemps fidèles, l'expression d'une résistance culturelle aux avancées capétiennes ? Un certain nombre d'indices permettent de le supposer.

Cathédrales, abbatiales et collégiales

La thèse formulée en 1847 par Montalembert – et poussée parfois à l'absurde par la suite – présentant les moines comme des « missionnaires de l'art [17] » doit être définitivement rejetée : l'art roman n'est pas un art spécifiquement monastique. Autant que dans les abbatiales ou dans les priorales, il s'est défini dans les cathédrales, et jusqu'au terme de son histoire, celles-ci verront se multiplier les créations importantes, tandis que l'essor de la vie canoniale devait souvent aller de pair avec celui de la production artistique.

Il n'existe aucun plan type de cathédrale, de collégiale ou d'abbatiale, même si certains partis architecturaux se rencontrent plus particulièrement dans les unes ou dans les autres. Ainsi, les chevets à chapelles échelonnées furent adoptés dans un certain nombre d'églises monastiques, mais le nom de « bénédictin » qui leur fut autrefois donné suggère une exclusivité qui fut loin d'être réelle. Le chevet à déambulatoire et chapelles rayonnantes, pour sa part, devait être retenu aussi bien pour des cathédrales que pour des abbatiales ou des collégiales importantes, soit en raison de sa commodité fonctionnelle (il facilite la circulation dans les parties orientales), soit par volonté de prestige (c'est le type de chevet le plus noble de tous). En revanche, beaucoup de priorales ou de collégiales plus modestes se contentèrent de chevets ne comportant qu'une abside encadrée de deux absidioles.

Cette diversité des choix possibles pour une même catégorie d'édifices amène à s'interroger sur l'incidence de la liturgie dans l'histoire des partis architecturaux à l'époque romane. Le fait que des églises observant le même rituel présentent des dispositions très différentes laisse supposer que celui-ci fut moins contraignant qu'on ne tend généralement à le croire. Cluny ne tenta jamais, même à l'apogée de sa puissance, d'imposer un type d'église particulier aux établissements qui avaient embrassé ses coutumes, et, dans la plupart des réseaux monastiques, les solutions adoptées dans les prieurés sont plus souvent inspirées par des modèles locaux que par l'abbaye-mère – sauf lorsque celle-ci joue, précisément, le rôle de modèle local, comme ce fut le cas pour Cluny III en Bourgogne. Cette situation devait cependant évoluer dans les années 1140-1150, avec l'apparition de types architecturaux spécifiquement cisterciens ou grandmontains. Pour la première fois, la diffusion d'une réforme monastique était assortie de la diffusion d'une architecture rigoureusement adaptée à ses exigences et définie au sommet de l'ordre. Sans conduire à une complète normalisation, la reprise de ces modèles de référence devait, le temps d'une ou deux générations, réduire la diversité des partis.

Seule la prise en compte des intentions particulières peut permettre d'aller plus loin dans l'interprétation d'un parti architectural. Ainsi, les églises de Saint-Sernin de Toulouse et de Saint-Benoît-sur-Loire possèdent toutes deux un chevet à déambulatoire et chapelles rayonnantes édifié au cours du dernier tiers du XIe siècle. Mais ce choix répond à des objectifs très différents, qui se traduisent dans les dispositions du sanctuaire. Les chanoines de Saint-Sernin adoptèrent, en effet, pour leur collégiale un plan destiné à faciliter la circulation des foules de pèlerins qui, sur la route de Saint-Jacques-de-Compostelle faisaient étape à Toulouse pour vénérer les reliques de saint Sernin. Au contraire, les moines de Saint-Benoît-sur-Loire, qui conservaient jalousement dans leur église abbatiale les restes du père du monachisme occidental, avaient prévu un aménagement des parties orientales qui, malgré la présence d'un déambulatoire, rendait les reliques peu accessibles aux fidèles. On ne saurait imaginer deux points de vue plus éloignés. La connaissance du milieu qui vit naître l'œuvre constitue donc un aspect essentiel de l'étude. Hélas, les lacunes de la documentation ne permettent pas toujours de s'en faire une idée précise et bien des monuments constituent les principaux témoins d'un moment dont l'histoire n'a, par ailleurs, pas conservé la mémoire.

III. LES HOMMES

LES TÉMOINS

Nous avons déjà mentionné à plusieurs reprises le relatif laconisme des sources intéressant l'histoire de l'architecture romane. Nous ne disposons, pour les XIe et XIIe siècles, que d'un nombre limité de textes qui rendent compte de manière détaillée des dispositions d'une église ou évoquent le contexte de sa construction [18]. Parmi ceux-ci, la chronique de Saint-Bénigne de Dijon, qui nous renseigne sur le rôle respectif de l'évêque de Langres Brunon de Roucy et de l'abbé Guillaume de Volpiano, sur l'aménagement complexe de la rotonde orientale et sur la liturgie qui s'y déroulait, apparaît comme un document exceptionnel, au même titre que le récit du moine Anselme qui rapporte, étape par étape, le cheminement du chantier de Saint-Remi de Reims ou que le guide du pèlerin de Saint-Jacques dont l'auteur, le Poitevin Aimery Picaud, donne une description si méticuleuse des portails de la cathédrale de Compostelle qu'elle permet d'en restituer le programme primitif. Les appréciations sur les monuments sont d'ordinaire, dans les textes de cette époque, très vagues. Tel ou tel personnage est ainsi loué d'avoir reconstruit son église sur un plan plus vaste ou plus commode que celui de la précédente, ou de l'avoir dotée de peintures, de vitraux ou de mobilier magnifiques. Car ceux qui écrivent sont des clercs, que leur formation n'a pas, *a priori*, préparés à traiter de problèmes d'architecture. Ils en parlent dans leur latin empreint de réminiscences classiques, souvent difficile à traduire en raison de l'emploi d'un vocabulaire technique incertain, sans doute bien différent de celui en usage sur les chantiers. L'exemple d'Helgaud, moine de Saint-Benoît-sur-Loire et auteur de la *Vie* de Robert le Pieux, est l'exception qui confirme la règle. Est-ce un hasard, en effet, si Helgaud, connu par ailleurs pour avoir construit quelques églises près de son abbaye, est l'un des rares écrivains de son temps à faire allusion au modèle d'un édifice, en désignant la cathédrale de Clermont-Ferrand comme la source d'inspiration de l'église Saint-Aignan d'Orléans ? Mais si son intérêt personnel pour l'architecture transparaît à l'occasion, son but avoué est de célébrer les vertus et les mérites du roi. Même dans les chroniques et les annales, qui relèvent d'un genre à vocation plus historique que les *vitae*, de tendance souvent hagiographique, la volonté de glorifier le bienfaiteur, laïc ou ecclésiastique, ou la communauté à laquelle appartient l'auteur fausse presque toujours les perspectives (ill. 24). Aussi ces sources narratives doivent-elles être interprétées à la lumière de ce que nous percevons de leur finalité.

Les problèmes posés par les sources diplomatiques sont d'un autre ordre. Il s'agit, en effet, d'actes juridiques – diplômes royaux ou chartes émises par des princes et des seigneurs – que les communautés religieuses qui en sont les bénéficiaires conservent pour faire valoir leurs droits. Certains de ces actes concernent la construction des églises : dons de carrière, de bois ou d'attelages pour transporter les matériaux, ou encore de sommes d'argent destinées à l'œuvre. Le souvenir de cérémonies telles que la pose de la première pierre, les translations de reliques, les consécrations d'autel ou la dédicace de l'église est également conservé par écrit. Parfois, dans les chartes-notices du début de la période, le rédacteur livre, en préambule à l'acte lui-même, un commentaire qui éclaire le contexte, mais, le plus souvent, il se borne à consigner les faits : le jour de ... l'autel de ... a été consacré par ... en présence de ...

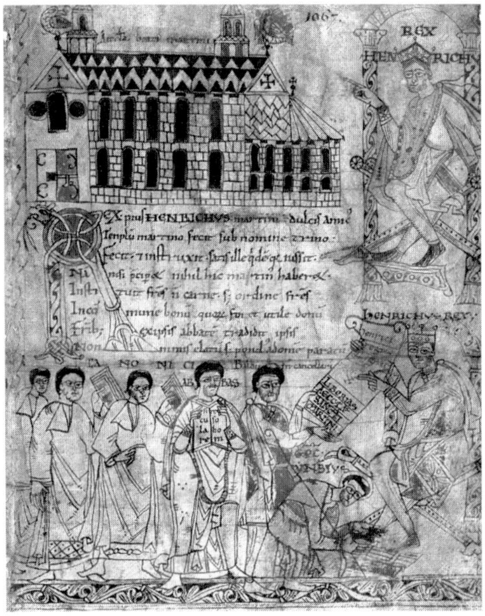

24. *Histoire de la fondation de Saint-Martin-des-Champs* : Henri 1er, bienfaiteur du prieuré parisien. Londres, British Library, ms. Add. 11662, f. 4.

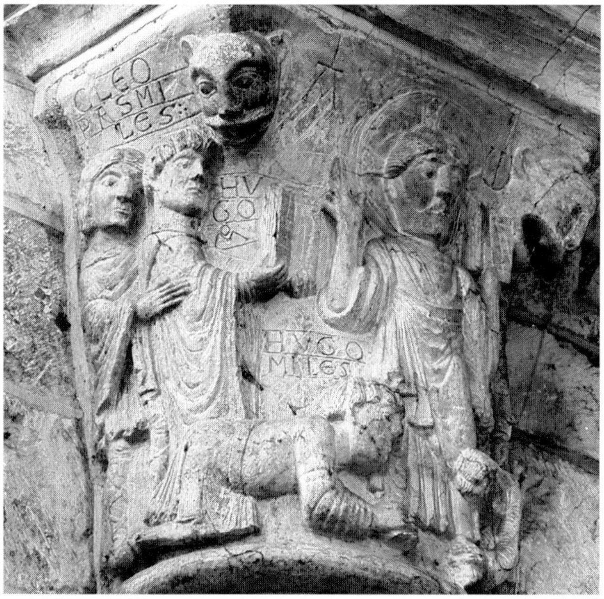

25. Saint-Benoît-sur-Loire (Loiret), église abbatiale, chapiteau du chevet : groupe de donateurs.

Ces brèves mentions, qui ne situent généralement pas l'autel en question dans un cadre architectural précis, sont d'interprétation délicate. En effet, l'organisation de ces cérémonies ne dépend pas toujours de l'avancement réel des travaux, mais d'un événement étranger à ceux-ci. Ainsi, les années 1095-1096, qui correspondent à un voyage du pape Urbain II en France, sont particulièrement riches en consécrations, sans que ce nombre reflète une intensification de l'activité constructive : selon les cas, il pouvait s'agir de tables d'autels, soit préparées à l'avance, soit placées dans des chapelles déjà utilisables pour le culte, soit d'un édifice presque achevé. À la différence des consécrations d'autels, qui peuvent être effectuées à un moment variable de la construction, la cérémonie de dédicace, au cours de laquelle les murs de l'église sont aspergés d'eau bénite, ne peut avoir lieu avant que le gros-œuvre au moins soit achevé. Pourtant cet acte intervient parfois, pour des raisons diverses, longtemps après la fin des travaux. Ainsi, l'abbatiale de Saint-Benoît-sur-Loire, dont le chevet fut solennellement mis en service en 1107 et la nef édifiée au cours de la seconde moitié du XIIe siècle, ne fut dédicacée qu'en 1218. Le vocabulaire employé par les rédacteurs des actes est d'ailleurs, comme celui des chroniqueurs, approximatif et, pour certains d'entre eux, les termes « consécration » et « dédicace » paraissent interchangeables. La plus grande prudence s'impose donc à l'historien qui, avant de tirer des conclusions chronologiques de ces sources, doit les situer dans leur contexte et confronter les informations qu'elles fournissent avec le monument lui-même [19].

Ces différentes sources écrites, auxquelles il convient d'ajouter les inscriptions gravées *in situ* dans les églises, les recueils de miracles, les obituaires, les coutumiers, etc., n'éclairent que certains aspects de l'histoire des édifices. Les principaux acteurs sont, aux yeux des clercs qui écrivent, les bienfaiteurs laïcs et les patrons ecclésiastiques qui ont entrepris et mené à bien la construction, et non les hommes de métiers – architectes, maçons, sculpteurs ou peintres – qui ont réalisé le projet. De même, les différents modes de financement des chantiers sont mieux connus que l'organisation socio-professionnelle de ceux-ci. L'étude des œuvres peut, certes, pallier dans une certaine mesure le silence des textes, mais le déséquilibre documentaire est irréductible, et des questions essentielles sur la formation, la carrière et le statut des artistes de la période romane demeurent en suspens.

BIENFAITEURS ET PATRONS

Grands donateurs laïcs, abbés et évêques sont généralement issus de la même classe sociale : l'aristocratie. En dépit de leur différence de fonction dans la société qui les conduit parfois à s'opposer les uns aux autres, ils sont unis par de multiples connivences, surtout au début de la période, lorsque les cumuls de charge sont fréquents. Hugues, comte de Chalon (†1039), ne renonça ni à son titre ni à ses prérogatives princières en devenant évêque d'Auxerre, et Oliba, fils du comte de Cerdagne, abbé de Ripoll et de Saint-Michel-de-Cuxa, évêque de Vich (†1046) prit, tout au long

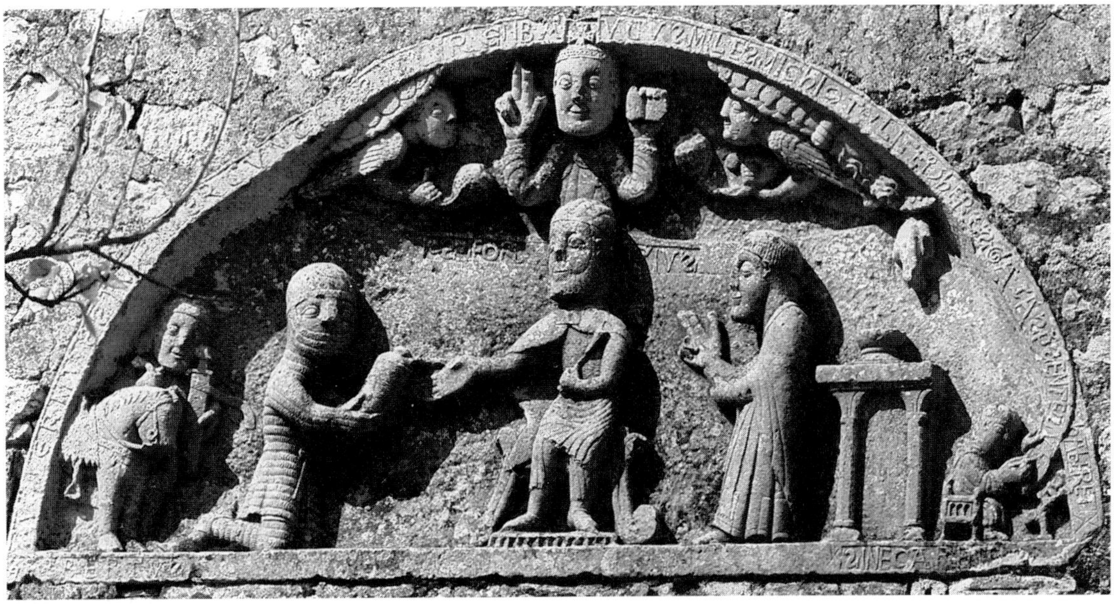

26. Mervilliers (Eure-et-Loir), église paroissiale, tympan : donateurs.

de sa carrière, les intérêts de sa famille à cœur. Gauzlin, fils naturel d'Hugues Capet, abbé de Saint-Benoît-sur-Loire et archevêque de Bourges (†1031), ou Robert, fils du duc de Normandie Richard Ier et archevêque de Rouen (†1037), oublièrent-ils jamais la noblesse de leurs origines ? Tout, dans les constructions qu'ils entreprirent, proclame celle-ci. Cette situation devait quelque peu évoluer ultérieurement, avec le succès de la réforme grégorienne, mais les liens qui unissaient l'Église et l'aristocratie ne se relâchèrent pas pour autant.

L'étroitesse de ces relations ne tenait pas seulement à l'existence de réseaux de parenté noble, mais aussi au subtil équilibre des échanges entre les deux parties. Nous ne reviendrons pas sur les motivations qui, de l'authentique élan de piété au désir d'ostentation, conduisait les princes territoriaux comme les seigneurs à multiplier les dons aux communautés religieuses, permettant ainsi à celles-ci d'entreprendre des constructions dont elles n'auraient pu, seules, assurer le financement. Parfois l'initiative même en revient à un laïc ; ce fut le cas dans certaines fondations princières, comme La Trinité de Vendôme due aux libéralités de Geoffroy, comte d'Anjou (†1060), et de sa femme, Agnès de Bourgogne [20], Saint-Jean-de-Montierneuf à Poitiers, que le duc d'Aquitaine Guillaume VIII offrit à Cluny et où il fut enterré en 1087, ou encore les deux abbatiales de Caen édifiées par Guillaume le Conquérant et sa femme, Mathilde, pour leur servir de sépulture (Saint-Étienne pour le premier, La Trinité pour la seconde). Le plus souvent, les bienfaiteurs sont sollicités par un abbé ou un évêque désireux de reconstruire son église sur un plan plus vaste. Ainsi voit-on, après l'incendie qui, en 1020, ravagea la cathédrale de Chartres, l'évêque Fulbert chercher des fonds auprès du roi Robert le Pieux, des ducs Richard de Normandie et Guillaume V d'Aquitaine, mais aussi auprès du roi danois qui régnait alors sur l'Angleterre, Cnut le Grand. On connaît la contribution apportée par Alphonse VI, « empereur » d'Espagne, et par la famille royale d'Angleterre au chantier de l'immense abbatiale de Cluny, entreprise par saint Hugues en 1088. À la fin du XIIe siècle, les cisterciens firent appel, pour la construction de l'église de Sylvanès, en Rouergue, à la générosité de Thibaud II de Champagne et de princes plus lointains, tels que Roger II de Sicile ou Jean Comnène. On pourrait multiplier les exemples. Il est plus difficile d'apprécier la participation de la petite aristocratie locale, sans doute essentielle pour la plupart des édifices, mais qui n'a pas toujours laissé de traces écrites dans les cartulaires. L'inscription gravée sur le tailloir d'un chapiteau de Saint-Hilaire de Melle : *FACERE ME AIMERICUS ROGAVIT*, est exceptionnelle, tout comme la représentation, sur un chapiteau du chevet de Saint-Benoît-sur-Loire, d'un groupe de chevaliers (*CLEOPHAS MILES, HUGO MILES, PETRUS MILES...*) offrant leurs dons au Christ (ill. 25), ou celle, sur le tympan de la petite église de Mervilliers (Eure-et-Loir), d'une scène plus explicite encore, commentée par l'inscription suivante (ill. 26) : [...] *REMBANDUS MILES MICHI CONTULIT EJUS HERES GAZAS PRESENTES CET HABERET FINE CARENTES* ([...] Rembaud, chevalier, me concéda les richesses présentes, afin d'avoir celles qui ne finissent point).

Chaque fidèle peut également être considéré, dans la mesure où il en a les moyens, comme un bienfaiteur. En effet, l'entretien et le financement des églises paroissiales étaient normalement partagés entre les décimateurs et les paroissiens, sans qu'il soit possible de déterminer si la répartition en usage à l'époque classique, laissant la nef à la charge de la paroisse et le sanctuaire à celle des décimateurs, était déjà de règle. Rien n'autorise d'ailleurs à supposer que la situation était partout identique. Ainsi, l'église Saint-Nicolas de Caen fut, dans les années 1080, édifiée aux frais de la riche abbaye voisine, Saint-Étienne, pour accueillir les habitants du bourg qui s'était développé autour d'elle, tandis que beaucoup de paroissiales du XIIe siècle semblent avoir été reconstruites à l'initiative des fidèles. Quant au rôle joué par les paroissiens dans les églises monastiques qui leur étaient ouvertes, il nous échappe en grande partie.

L'origine des fonds destinés à la construction des églises est fort diverse. Les dons ne consistent pas seulement en espèces d'or ou d'argent, mais en pierres précieuses, en objets d'art, en prestations de services, en aliénations de terres, de rentes ou de droits. Les communautés religieuses, pour leur part, consacrent un pourcentage plus ou moins important de leurs revenus à l'œuvre. Selon les recommandations pontificales, les évêques du XIIe siècle doivent lui réserver un quart de ceux-ci et l'effort consenti peut aller jusqu'à l'épuisement des ressources ordinaires. Quêtes, indulgences destinées à stimuler les dons, tournées de reliques dans les régions avoisinantes, vente de droits, fonte d'objets précieux constituent autant de recettes occasionnelles, qui permettent d'engager ou de continuer des programmes architecturaux parfois trop ambitieux [21]. Malgré tout, le financement des chantiers reste aléatoire, et les fonds viennent souvent à manquer, ralentissant ou même interrompant de manière provisoire ou définitive les travaux. À côté de constructions rapidement conduites à leur terme grâce à des ressources suffisantes, combien d'autres, et non des moindres, qui reflètent les difficultés rencontrées… Il fallut ainsi à peine plus d'une génération pour élever le chevet et le transept de Saint-Sernin de Toulouse ; mais, après que l'enveloppe de la nef eut été implantée, l'activité s'arrêta, et le voûtement du haut-vaisseau ne fut terminé qu'un siècle plus tard ; la façade occidentale, dont le décor sculpté avait été préparé longtemps à l'avance, devait, pour sa part, rester inachevée. Encore les travaux étaient-ils suffisamment avancés lorsqu'ils furent suspendus pour que l'unité du parti primitif soit respectée dans la nef. Mais ce ne fut pas toujours le cas. La solution de continuité du chantier se traduisit souvent par un changement de projet, soit que celui initialement retenu ait paru désuet, soit qu'un nouveau maître d'œuvre ait imposé ses vues. Beaucoup d'édifices offrent ainsi une juxtaposition de parties construites à des périodes différentes et témoignent de l'évolution de la pensée architecturale – ce qui nous a conduit à en traiter dans plusieurs chapitres, quels que soient, dans une perspective monographique, les inconvénients de cette méthode.

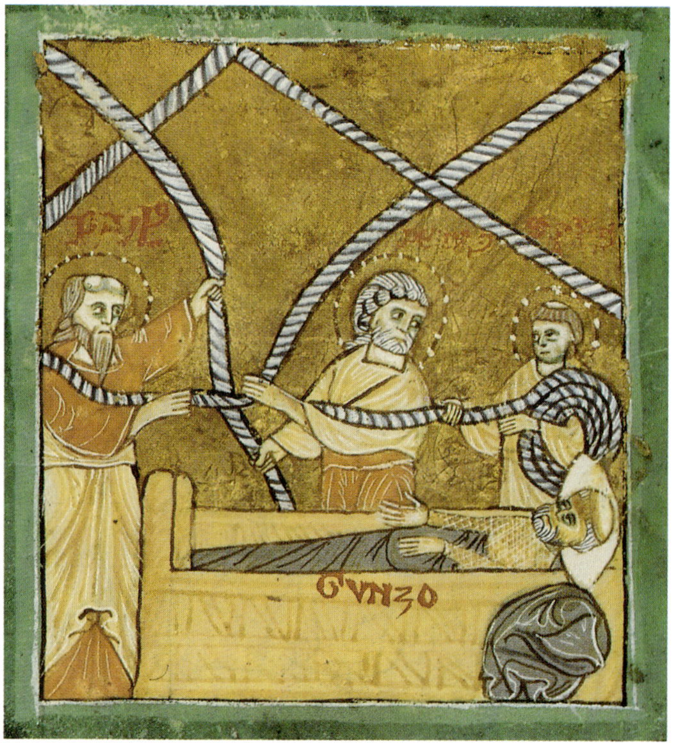

27. Recueil de textes clunisiens : le songe de Gunzo.
Paris, Bibliothèque nationale, Lat. 17716, f. 43.

La gestion des fonds destinés à la construction semble avoir été généralement confiée à l'un des membres de la communauté religieuse – ou, comme à la cathédrale de Compostelle, à plusieurs d'entre eux – mais, parfois, c'est un laïc, comme Raymond Gayrard à Saint-Sernin de Toulouse, qui en était chargé. L'*operarius* – c'est ainsi qu'il est désigné dans la plupart des textes – devait notamment payer les matériaux et leur transport, de même que les hommes engagés, à un titre ou à un autre, sur le chantier. Mais nous ignorons tout du fonctionnement des fabriques à l'époque romane. Étaient-elles déjà dotées, comme elles le seront souvent plus tard, de ressources propres destinées à faire face aux travaux d'entretien courant ? Existaient-elles même en tant qu'institutions ? Autant de questions qui restent sans réponse dans l'état actuel de nos connaissances.

Bien que certains princes, évêques ou abbés aient manifesté un véritable goût pour l'art et l'aient favorisé par des commandes de diverse nature, trop de données nous manquent pour pouvoir apprécier le caractère de ce mécénat ou plutôt – le terme semble plus approprié – de ce patronage.

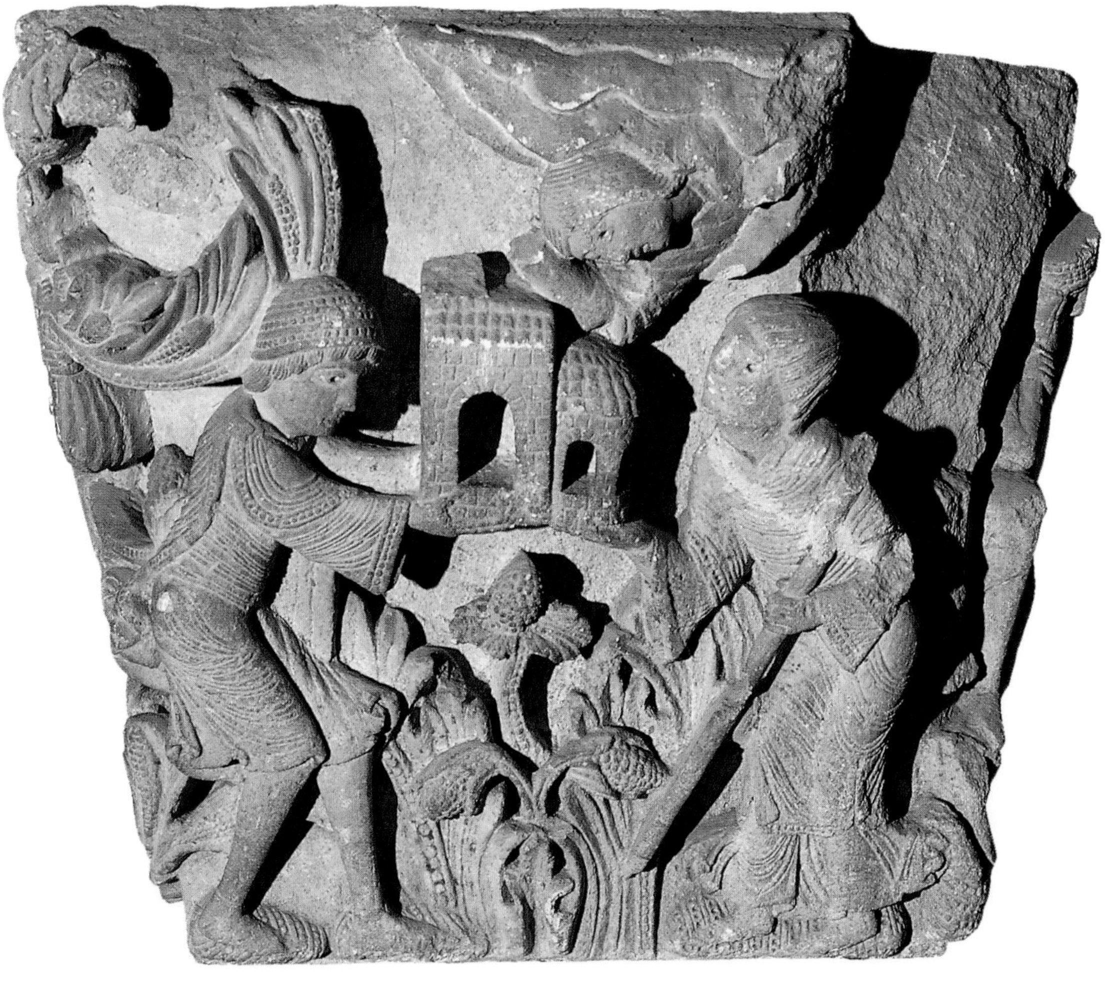

28. Autun (Saône-et-Loire), église Saint-Lazare, chapiteau déposé : donateurs.

Les textes font rarement allusion aux intentions des commanditaires. Les raisons les plus fréquemment invoquées pour justifier une reconstruction d'église sont d'ordre fonctionnel : disposer d'édifices assez vastes pour accueillir un nombre croissant de religieux et de fidèles, faciliter la circulation des foules de pèlerins (dans certains sanctuaires trop exigus, on signale des morts et des blessés les jours de grande affluence) ou se protéger des risques d'incendie en préférant la voûte à la charpente. Les choix esthétiques, en revanche, ne transparaissent guère dans les textes, si ce n'est sous une forme qualitative : faire plus beau, plus lumineux ou, comme l'ordonne l'abbé Gauzlin de Saint-Benoît-sur-Loire à son architecte, réaliser une œuvre « telle qu'elle serve d'exemple à toute la Gaule ». Encore ces indications succinctes ne doivent-elles être acceptées qu'avec réserve, car elles ne reflètent qu'un aspect d'une réalité infiniment plus complexe. Certes, une voûte en pierre résiste mieux aux incendies qu'une charpente en bois, mais son adoption dans un nombre croissant d'édifices ne peut s'expliquer par cette seule et unique raison – sinon tous ceux qui en avaient les moyens financiers s'y seraient ralliés, ce qui fut loin d'être le cas. Par ailleurs, bien des évêques et des abbés semblent s'être heurtés, lorsqu'ils décidèrent d'entreprendre une coûteuse reconstruction, à la résistance plus ou moins affirmée d'une partie des moines ou des chanoines, et tous n'eurent pas la chance qu'une tornade ou un incendie providentiel survienne à point nommé pour régler le problème. Ils furent ainsi souvent conduits, pour convaincre les réticents de la nécessité du projet, à avancer des arguments irréfutables qui réapparaîtront sous la plume des chroniqueurs. Certains patrons allèrent jusqu'à solliciter l'intervention divine. La découverte fortuite de trésors monétaires permettant d'engager sans tarder les travaux ou de carrières romaines abandonnées avec des pierres toutes taillées s'inscrit dans ce contexte, de même que le célèbre songe par lequel fut justifiée la reconstruction de Cluny III : le moine

Gunzo, qui gisait, paralysé, à l'infirmerie de l'abbaye, reçut en rêve la visite de saint Pierre lui demandant d'intercéder auprès de l'abbé Hugues afin que ce dernier lui bâtisse, sans regarder à la dépense, une église plus spacieuse que celle, indigne de lui, qui existait alors (Cluny II). Le saint fournit même à Gunzo (ill. 27) des indications sur les dimensions et le plan, et lui promit la guérison s'il accomplissait sa mission ; Hugues accéda, bien sûr, à la demande du moine, et celui-ci recouvra miraculeusement toute sa mobilité. On comprendra aisément que, si ce texte est d'un grand intérêt pour l'histoire des mentalités, il ne saurait être utilisé comme document archéologique [22].

Nous ne savons rien sur ce moment crucial qu'est celui du choix du programme architectural et décoratif d'une église romane. Sans doute faut-il imaginer un dialogue entre le patron et le maître d'œuvre, dialogue dont le passage déjà cité de la *Vita Gauzlini* pourrait être un écho. Si tout permet de supposer que la décision finale appartenait au premier, il convient de s'interroger sur le rôle du second dans la définition du projet. Par le fait même que, seul capable de traduire l'idée dans un langage formel, l'architecte est, comme tout artiste, un médiateur obligé, la réponse ne peut qu'être positive. Mais les modalités du débat – qui durent varier de manière considérable selon la personnalité des interlocuteurs – nous échappent, de même que l'éventuelle intervention des bienfaiteurs à ce stade des opérations – sauf, bien sûr, dans le cas d'une fondation princière, où bienfaiteur et patron sont une seule et même personne. Le maître d'œuvre présentait-il, en réponse aux souhaits exprimés par le commanditaire, un ensemble de croquis ou une maquette de l'édifice projeté ? Il ne subsiste pour l'époque romane aucun dessin d'architecture comparable à ceux de l'époque gothique, mais est-ce parce que l'usage ne s'en était pas encore répandu ou parce qu'il n'y avait pas d'institutions susceptibles de les conserver dans ses archives, comme ce sera le cas plus tard ? Le bon sens milite en faveur de l'existence de tels documents, même si leur nature reste mal définie. L'usage de la maquette préalable, pour sa part, n'est pas formellement attesté avant une période relativement tardive (XIVe siècle), mais on peut se demander si les représentations, fréquentes à l'époque romane, de donateurs (ill. 28) tenant entre leurs mains une petite église ne reflètent pas une pratique effective. La prudence, là encore, interdit de conclure trop hâtivement, car il s'agit d'une convention iconographique dont l'origine remonte à l'époque paléochrétienne et qui devait survivre jusqu'à la fin du Moyen Âge comme image autonome [23]. Du reste, les édifices représentés dans ces scènes de donation, quelle que soit l'époque envisagée, offrent généralement peu de traits communs avec les édifices réels, et ne peuvent guère être sollicités pour l'étude architecturale de ceux-ci.

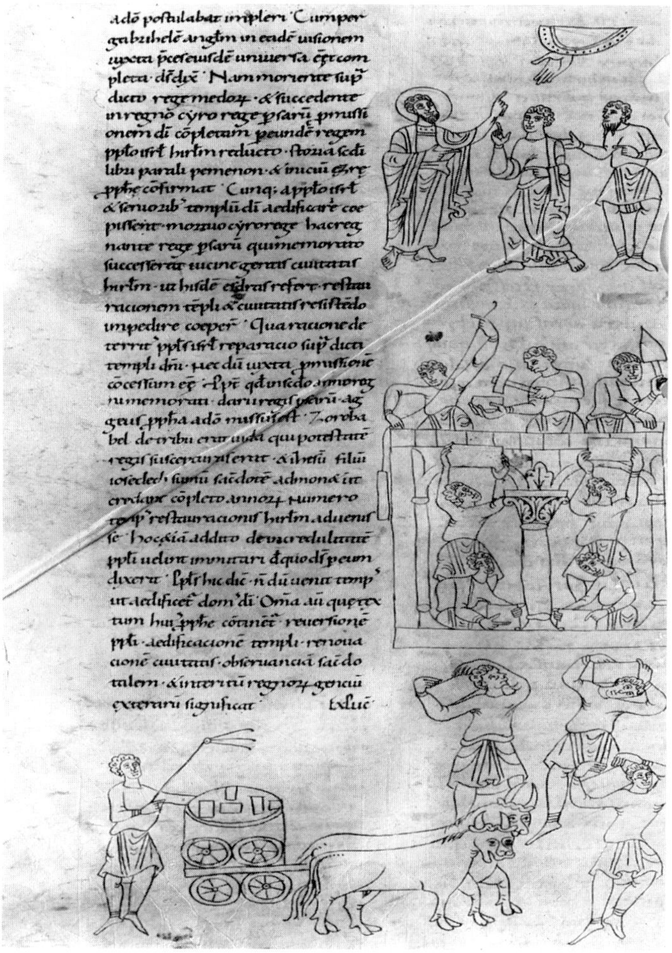

29. Bible de Roda : la reconstruction du Temple. Paris, Bibliothèque nationale, Lat. 6, f. 89v.

LES ARTISTES

Les artistes romans restent en grande partie des inconnus pour nous. Les textes ne livrent souvent qu'un nom, accompagné éventuellement d'épithètes louangeuses. Mais rien, ou presque, ne permet de connaître leur origine ou de suivre leur carrière, à l'exception de quelques brèves mentions. Nous savons ainsi que le peintre qui, au début du XIe siècle, exécuta un crucifix monumental pour l'église Saint-Pierre, à Saint-Benoît-sur-Loire, avait été appelé de Lombardie par l'abbé Gauzlin, que Gauthier Coorland, qui travailla vers le milieu du siècle à Saint-Hilaire de Poitiers, avait peut-être été délégué par la reine d'Angleterre, Emma, ou que Bernard l'Ancien, qui commença la construction de la cathédrale de Saint-Jacques-de-Compostelle, était probablement français. Mais les textes restent muets sur les raisons pour lesquelles les commanditaires firent venir des artistes de si loin, et on ne peut que spéculer à ce sujet (absence d'artistes compétents sur place, jeu de relations personnelles, etc.). Aussi, d'une manière générale, on pressent plus qu'on ne saisit réellement cette mobilité des artistes qui, pourtant, fut sans doute déterminante à certains moments de l'histoire de l'art roman.

Les signatures gravées dans la pierre – sur un mur, une base, un portail ou un chapiteau – et conservées en nombre relativement important ne sont guère plus explicites. Elles se résument souvent à un nom suivi de l'expression *hoc fecit* ou *me fecit* (ill. 160). Ce nom est rarement complété d'une indication géographique précisant l'origine familiale ou le lieu de résidence habituelle de l'artiste : Pierre de Dijon (au portail de Til-Châtel, en Côte-d'Or) ou Constantin de Jarnac (tombeau de l'évêque Jean d'Asside à Saint-Étienne de Périgueux). Encore ces deux exemples tardifs annoncent-ils sans doute une évolution des usages (ces indications deviendront courantes au XIIIe siècle). Il en est de même des noms accompagnés d'un patronyme, tels que celui de Willelmus Martini (Guillaume, fils de Martin), qui laissa sa signature, vers 1152, sur une base de Saint-André-le-Bas à Vienne.

Des incertitudes diverses planent sur la plupart de ces inscriptions. Aussi n'est-il pas toujours aisé de déterminer, compte tenu du caractère neutre et conventionnel des expressions *hoc fecit* ou *me fecit*, si le signataire est l'un des artistes ayant travaillé dans l'édifice (architecte ou sculpteur), l'un des patrons ou l'*operarius*. Rien, dans ces formulations, ne permet non plus de préciser leur objet, qui peut aussi bien être l'édifice dans son ensemble que la partie où se trouve l'inscription. Des exemples tels que celui du portail occidental de Carennac (*GIRBERTUS CEMENTARIUS FECIT ISTUM PORTARIUM*) ou de l'un des chapiteaux de Châtillon-sur-Indre (*PETRUS JANITORIS CAPITELLUM ISTUD FECIT PRIMUM*) sont exceptionnels. En l'absence de telles indications, seule l'étude du monument peut apporter des éléments de réponse. Il paraît ainsi évident, à l'examen de son style si personnel, que Gislebertus, dont le nom est gravé au portail occidental de Saint-Lazare d'Autun sous les pieds du Christ du Jugement dernier, est également l'auteur des autres sculptures de l'église. Doit-on aller plus loin et admettre qu'il en fut également l'architecte ? Divers indices conduisent à le supposer. Il en est de même à la tour-porche de Saint-Benoît-sur-Loire, où l'artiste dont la signature se trouve en bonne place sur l'un des chapiteaux situés à l'entrée de l'allée centrale (Unbertus) semble avoir non seulement exécuté la majeure partie des chapiteaux du rez-de-chaussée de la tour, mais également conçu le remarquable cadre architectural dans lequel ils se trouvent. L'analyse stylistique a cependant ses limites, et elle ne peut, dans le meilleur des cas, que suggérer des pistes.

Des maigres données fournies par les textes et les signatures se dégagent néanmoins certains faits. Il apparaît ainsi que certains artistes sont des laïcs, tandis que d'autres sont des clercs. Dans le tableau qu'il dresse des activités artistiques à Saint-Benoît-sur-Loire au début du XIe siècle, l'auteur de la *Vita Gauzlini*, André de Fleury, mentionne la présence, aux côtés de laïcs comme le fondeur Raoul ou le peintre Nivardus, de plusieurs hommes d'église : Odolricus, moine à Saint-Julien de Tours, qui exécuta les peintures murales de l'église Saint-Pierre, Aleaume, abbé du monastère manceau de Saint-Calais, qui refit en marbre la porte sud de l'église Notre-Dame, ou encore Helgaud, moine à Saint-Benoît-sur-Loire même, auteur de la *Vie* de Robert le Pieux, mais aussi préchantre de l'abbaye et maître d'œuvre. Helgaud rapporte lui-même l'histoire de la construction de l'église Saint-Denis, située à l'est de l'abbatiale Notre-Dame : « Bien qu'elle fût imparfaite, bien qu'elle fût en bois, le roi [...] se déplaça [...] pour la voir ... » Hélas cette construction, « modeste il est vrai, mais bien charmante [...] fut la proie des flammes : de nouveau ce fut moi, misérable, qui, avec l'aide secourable du Seigneur [...], refit de pierre cette église qui était de bois [24]. » De telles précisions sont uniques. Tout au plus certaines signatures sont-elles accompagnées du terme *presbiter*, *clericus* ou *monachus*, permet-

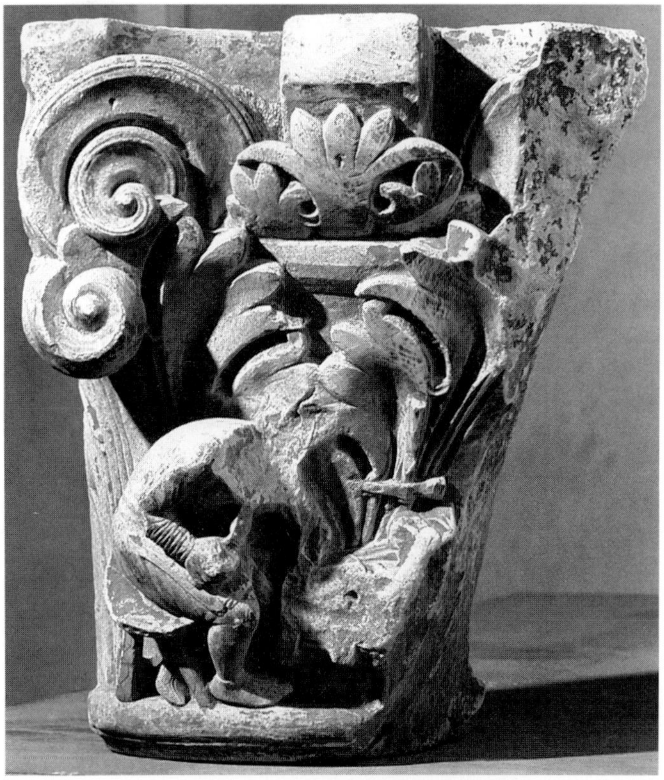

30. Chapiteau provenant de La Daurade : *sculptor*. Toulouse, musée des Augustins.

tant d'identifier leur auteur comme un ecclésiastique, à l'exemple de celle du moine Martin qui, du temps de l'évêque Étienne, réalisa le tombeau-reliquaire de saint Lazare d'Autun (*MARTINUS MONACHUS LAPIDUM MIRABILIS ARTE HOC OPUS EXSCULPSIT STEPHANO SUB PRESULE MAGNO*). Il ressort de ces divers documents que la grande majorité des artistes qui travaillèrent à la construction et à la décoration des églises devaient être des laïcs. Cette proportion semble d'ailleurs augmenter avec le temps, suivant une évolution qui reflète sans doute l'importance croissante des artisans dans la société.

Dans le même temps, ces artistes laïcs semblent monter dans la hiérarchie sociale, comme en témoigne l'usage fréquent au XIIe siècle du terme *magister* accolé au nom propre, avant qu'au siècle suivant n'apparaisse celui de *doctor*. Donner à un artiste un titre identique à celui qui distingue les intellectuels et les savants qui enseignent dans les écoles est hautement significatif : c'est reconnaître aux uns et aux autres un savoir ou un savoir-faire. Dans les classifications du XIIe siècle, les *artes mechanicae* sont d'ailleurs rapprochés du *trivium* et du *quadrivium* qui forment les arts libéraux traditionnels. Chez des auteurs comme Rupert de Deutz (†1129) ou comme le moine Théophile, qui rédigea au début du siècle un traité technique (*De Diversis Artibus*), la nature des liens qui unissent la pratique artistique et l'activité intellectuelle est encore imprécise, mais Honorius Augustodunensis (†1137) tente d'établir un système universel du savoir, dans lequel il intègre l'art, qu'il désigne sous le terme de *mechanica*. Cette dernière discipline occupe la neuvième position, après les sept arts libéraux et la physique, mais avant l'*oeconomica* et comprend « *omne opus metallorum, lignorum, marmorum, insuper picturas sculpturas et omnes artes, quae manibus fiunt* [25] ». Chez Honorius apparaît en outre l'idée que ces divers *artes* forment un tout indivisible. Cette théorie des arts mécaniques devait trouver sa formulation la plus accomplie dans le *Didascalion* d'Hugues de Saint-Victor (†1141), long ouvrage pédagogique et encyclopédique dans lequel l'auteur démontre que le savoir est destiné, d'une part, à pourvoir aux nécessités de la vie et, de l'autre, à assurer le salut éternel en restaurant dans l'homme l'image de Dieu. Les *artes mechanicae* (ou, plutôt, comme Hugues préfère les appeler, les *scientiae mechanicae*) prennent ainsi leur place dans un système général de connaissance et de sagesse [26].

Dans l'esprit des penseurs du XIIe siècle, l'architecture, qui fait appel à la géométrie et à l'arithmétique, occupe le premier rang des *artes mechanicae*. Dans la pratique, l'*artifex* ou *architectus*, comme les textes de l'époque le désignent, doit savoir se servir d'une règle, d'un compas, d'une équerre et d'un niveau. Il doit également savoir dessiner [27]. Mais nous ignorons tout de la formation des maîtres d'œuvre de la période romane. Certains d'entre eux pouvaient-ils avoir accès aux traités d'architecture antiques qui, comme celui de Vitruve, figuraient dans diverses bibliothèques médiévales ? Certains indices le laissent supposer. Les textes sont également pauvres d'indications sur le métier d'architecte. Concepteur du projet, dans quelle mesure participe-t-il concrètement à sa réalisation ? Doit-on prendre au pied de la lettre l'expression *per manus* employée par l'auteur de la chronique de Saint-Maixent à propos de Gauthier Coorland ? Bernard l'Ancien, sous les ordres duquel travaillaient un contremaître, Robert, et cinquante *lapicidae*, semble, pour sa part, avoir effectivement dirigé le chantier de Compostelle jusqu'à sa mort, tandis qu'à la Seo d'Urgell Raimondo Lambardo cumulait les fonctions d'architecte et celles d'*operarius* [28]. Les exemples d'artistes qui paraissent à la fois avoir conçu l'édifice et avoir contribué à sa décoration sculptée suggèrent d'autres formes de polyvalence. Les meilleurs témoins de la culture et des méthodes des architectes romans restent cependant les monuments qu'ils nous ont laissés. Leur personnalité transparaît d'autant plus que leurs œuvres ne sont pas sou-

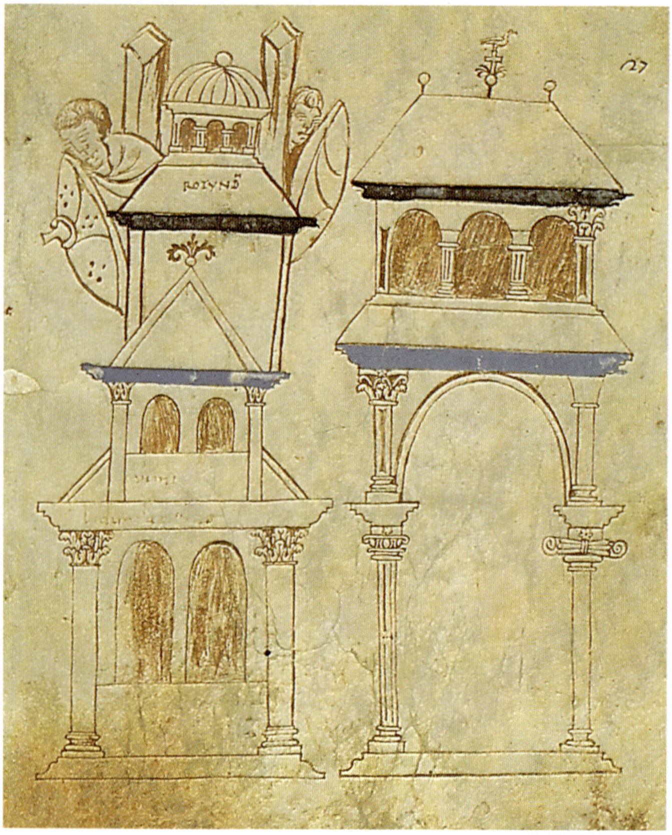

31. Recueil de dessins provenant de Saint-Benoît-sur-Loire : deux tours. Rome, Bibliothèque apostolique, Vat. Reg., ms. lat. 596, f. 27.

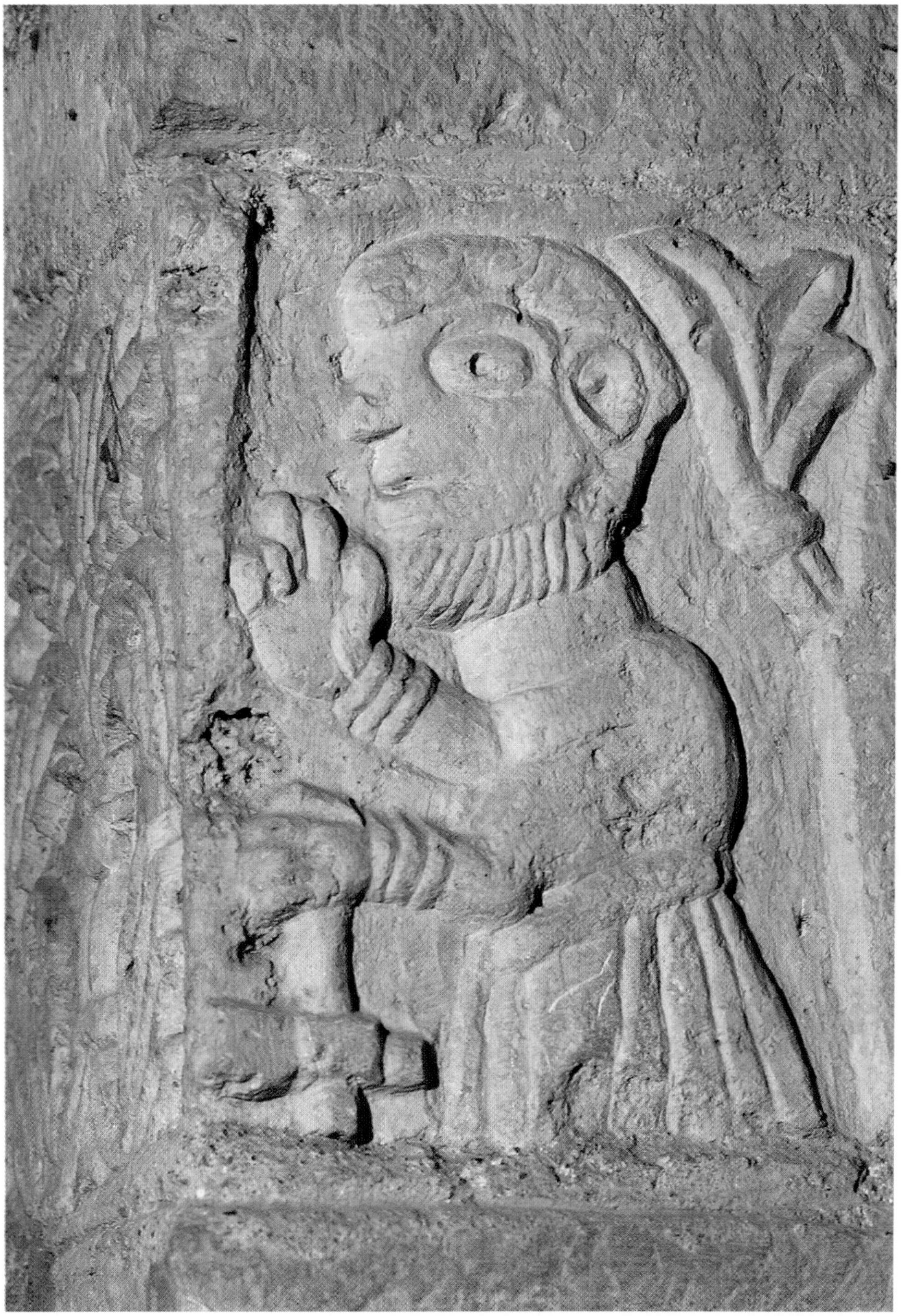

32. Tournus (Saône-et-Loire), église Saint-Philibert, relief de l'avant-nef : *sculptor*.

mises aux contraintes d'un système normatif. Rien n'est plus étranger, en effet, à l'esprit roman que la notion d'ordre architectural à la manière antique. Cette latitude de choix n'exclut pas l'existence de procédés techniques communs à une même génération, mais il est souvent aléatoire de prétendre retrouver, à partir de l'œuvre achevée, le mode de calcul exact des proportions du plan et de l'élévation. De même, l'étude du voûtement, si elle permet de retracer dans ses grandes lignes l'histoire des solutions retenues ou abandonnées, ne fournit pas de données suffisantes pour restituer la pensée théorique qui présida aux expérimentations.

La répartition des tâches, sur les chantiers romans, ne semble pas avoir été aussi précise qu'elle le deviendra plus tard. Alors que les textes du XIIIe siècle établissent une distinction entre les carriers et les tailleurs de pierre qui œuvrent sur le lieu de la construction, ou entre les mortelliers et les maçons, ceux des XIe et XIIe siècles mentionnent tantôt des *lapicidae*, tantôt des *caementarii*, dont l'activité n'est pas clairement définie. Une telle évolution n'est pas pour surprendre. Elle reflète celle du monde artisanal, au sein duquel se développa, au cours de la seconde moitié du XIIe siècle, une spécialisation croissante. La réglementation des corps de métier, qui commence à se mettre en place vers 1200, reflète une nouvelle réalité socioprofessionnelle : celle de l'atelier organisé autour d'un patron. Cette mutation fut trop importante pour qu'il soit permis de projeter sur l'époque romane ce que nous savons du XIIIe siècle.

L'iconographie, si utile pour l'étude des chantiers de la fin du Moyen Âge, n'est que d'un faible secours pour les périodes plus anciennes. La représentation d'édifices en cours de travaux ne connut, en effet, pas de réel succès avant le XIIIe siècle. Auparavant, on trouve principalement des illustrations de scènes bibliques (ill. 29), telles que la construction de l'arche de Noé ou celle de la tour de Babel. Mais ces scènes, choisies pour leur signification religieuse et non comme prétexte à une évocation pittoresque de la vie des chantiers, ne peuvent que dans une certaine mesure être sollicitées en tant que documents techniques. Certes, on y voit des charpentiers équarrir des troncs d'arbre, des maçons vérifier l'horizontalité des assises à l'aide d'un niveau ou égaliser le mortier avec une truelle (ill. 12) tandis que d'autres transportent des pierres à mains nues – on ne dispose pas, sur les chantiers romans, d'engins de levage aussi perfectionnés que ceux du XIIIe siècle et la brouette n'existe pas encore – mais rares sont les représentations plus précises, montrant, par exemple, les échafaudages, dont les plates-formes fixées dans le mur et réunies par des échelles ont laissé leur trace sur les monuments à travers les alignements des trous de boulins.

La terminologie moderne, qui établit une distinction entre l'artisan qui taille la pierre et l'artiste qui la sculpte, n'est pas celle de l'époque romane. Dans les rares textes où sont mentionnés des *sculptores*, ces derniers sont aussi bien chargés du travail de finition de la taille de la pierre – les blocs n'étant le plus souvent que dégrossis à la carrière [29] – que de la sculpture des chapiteaux ou des bases. Les rares représentations de *sculptores* au travail confirment cette assimilation de l'artisan et de l'artiste. Ainsi le *sculptor* qui, à l'étage de la galilée de Saint-Philibert de Tournus (ill. 32), figure sur l'un des côtés de l'arc dit de Gerlannus [30] tient-il entre ses mains un outil de tailleur de pierre (taillant droit ou laie) ; en revanche, celui qui, sur l'un des chapiteaux du cloître de La Daurade, à Toulouse (ill. 30), attaque le bloc placé devant lui, se sert d'un ciseau et d'un marteau, outils par excellence du sculpteur au sens moderne du terme.

Les œuvres révèlent cependant de grands écarts de formation et de culture entre les sculpteurs d'une même génération. Ainsi qu'existe-t-il de commun, au début de la période, entre un artiste tel qu'Unbertus à Saint-Benoît-sur-Loire [31], à qui l'Antiquité et l'enluminure carolingienne étaient également familières, et le modeste artisan qui incisa quelques motifs schématiques sur les chapiteaux à angles abattus de la crypte de Saint-Jean-de-Maurienne, ou entre le *marmorius* (sculpteur sur marbre) qui créa le linteau de Saint-Genis-des-Fontaines et le tailleur de pierre qui sculpta les chapiteaux frustes de Saint-Martin-du-Canigou ? Loin de se réduire, ces contrastes devaient s'accuser avec le temps. Le développement au XIIe siècle d'une expression populaire, parallèlement à celui d'un art savant de plus en plus raffiné, est l'un des signes les plus révélateurs de la vulgarisation du décor sculpté.

Parfois, l'ensemble du décor sculpté d'un même édifice paraît être l'œuvre d'un seul artiste, assisté peut-être d'un ou deux aides, comme Gislebertus à Saint-Lazare d'Autun. Parfois, au contraire, on note l'intervention simultanée ou successive de plusieurs maîtres, comme dans la nef de Vézelay, construction pourtant contemporaine de la précédente et appartenant au même milieu artistique. Cette diversité de situations, qui se retrouve tout au long de la période, n'a pas de signification chronologique particulière. En revanche, le soudain essor du décor monumental autour de 1100 ne pouvait manquer d'avoir des incidences sur les conditions de travail des sculpteurs. On pressent ainsi l'existence, au XIIe siècle, de maîtres itinérants qui louent leurs services de chantier en chantier, comme cet artiste dont le style aisément reconnaissable se retrouve, vers 1120-1130, dans un certain nombre d'églises du Brionnais et du Donjon [32], ou comme le Maître de Cabestany, dont on suit, autour de 1180, le parcours de l'Italie à la Catalogne [33]. Ces maîtres circulaient-ils seuls ou étaient-ils les patrons d'un véritable atelier ? Il faut admettre que, si nous ne savons pratiquement rien de la manière dont s'effectuait la répartition des tâches, depuis la carrière jusqu'au lieu de construction et depuis le simple épannelage jusqu'au travail de finition et de peinture, nous ne pouvons, *a fortiori*, imaginer la structure de ces « ateliers ».

Nous sommes mieux renseignés sur les *pictores* que sur les *sculptores*. L'un des rares contrats d'artiste qui nous soit parvenu pour l'époque romane concerne un peintre : Foulque, *pictoris arte imbutus* [34]. Celui-ci fut chargé, entre 1082 et 1108, par Gérard, abbé de Saint-Aubin d'Angers, de décorer l'église abbatiale de fresques et d'exécuter des vitraux ainsi que divers autres travaux qui ne sont pas précisés [35]. En échange, Foulque devait recevoir une maison et

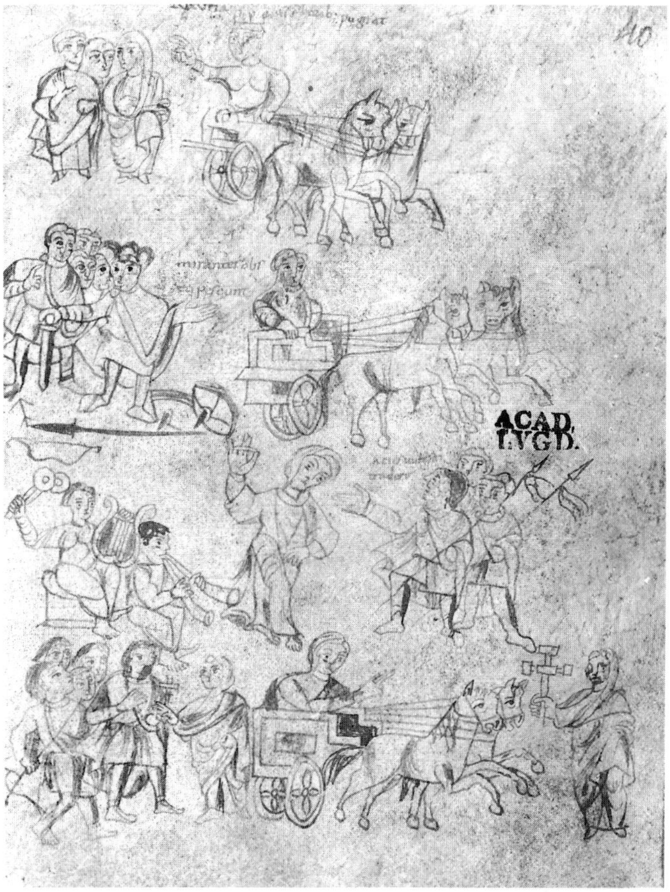

33. Recueil de dessins d'Adémar de Chabannes. Psychomachie, *Luxuria* harangue ses troupes ; danse de *Luxuria* ; départ de *Luxuria* pour la guerre.
Leyde, Universiteitsbibliotheek, ms. Voss. lat. 8° 15, f. 40.

un arpent de vigne, qui à sa mort reviendraient à l'abbaye, à moins que son fils ne prenne sa succession. Ce contrat, dans lequel un homme libre (*homo liber*) est associé à vie à Saint-Aubin par un lien spirituel (*frater*) est intéressant à plus d'un titre. Il montre notamment un artiste capable de pratiquer diverses techniques, situation qui semble avoir été sinon de règle, du moins fréquente à l'époque romane si l'on en juge par les divers exemples fournis par les textes.

« *Ars est collectio praeceptorum* », écrivait un auteur anonyme du XIIe siècle [36]. Comme les orfèvres ou les émailleurs, les fresquistes, les enlumineurs et les peintres-verriers disposaient de recueils de recettes, dont le plus important est celui du moine Théophile, rédigé au début du XIIe siècle dans la région mosane [37]. Au-delà d'une compilation technique de grande valeur, le *De Diversis Artibus* nous livre la réflexion d'un homme d'église, doublé d'un homme de métier, sur l'art, dans lequel Théophile voit essentiellement un outil pédagogique au service de la foi. Théophile dépasse ainsi parfois le niveau de la description technique pour évoquer la question de l'iconographie. Dans la même perspective, on voit apparaître au cours du XIe siècle des recueils de *tituli* (légendes accompagnant une image), principalement destinés aux fresquistes et aux enlumineurs, dont le texte est accompagné parfois d'une brève description des images correspondantes, comme dans le *Pictor in carmine*, œuvre anglaise de la fin du XIIe siècle. Dans l'un de ces recueils de *tituli*, l'auteur précise à l'artiste : « *Eligantur qui pictoris conveniant* [38]. »

Alors que les dessins d'architecture de l'époque romane semblent irrémédiablement perdus, quelques fragments de carnets de modèles ont survécu [39]. Leur rareté et leur isolement rendent cependant leur interprétation délicate. Ainsi les quelques pages de dessins reproduisant des œuvres antiques et carolingiennes, dues à un artiste de Saint-Benoît-sur-Loire vers l'an mille, n'offrent-elles guère de points communs avec les cycles d'images réunis par Adémar de Chabannes (†1034) à une date à peine plus tardive [40]. Tandis que les premières traduisent une réflexion poussée sur le choix de motifs d'origine diverse, regroupés selon des catégories bien définies (ill. 31 et 153), les seconds apparaissent comme la transcription intégrale des modèles, enluminures ou fresques – Psychomachie, Fables d'Ésope, traité d'astronomie, scènes de la vie du Christ (ill. 33 et 142). Ni les centres d'intérêt ni le propos ne sont donc comparables. Ces deux exemples montrent les risques d'une généralisation fondée sur une documentation trop partielle. Ils suffisent néanmoins à attester l'existence, longtemps mise en doute, de ces recueils que l'étude des œuvres laisse souvent pressentir. Comment, en effet, expliquer, sinon par le recours à un intermédiaire graphique, l'inversion d'un monument à l'autre de certaines scènes par ailleurs identiques [41], la transmission à longue distance de motifs d'une étonnante similitude ou la diffusion conjointe dans divers édifices d'ensembles de thèmes que rien ne prédispose à être regroupés ? Faute de pouvoir confronter les carnets de dessins et les œuvres qui en sont issues, beaucoup de questions restent ouvertes. Comment, par exemple, les artistes romans procédaient-ils pour transposer à l'échelle monumentale de petits croquis exécutés à la plume sur du parchemin ou gravés au stylet sur des tablettes de cire ? L'étude des fresques de Vicq (Indre) suggère la mise en place d'une esquisse d'ensemble, comportant suffisamment de points de repère pour permettre au peintre de progresser au rythme des *giornate*, sans se préoccuper de la composition des scènes (en l'occurrence, le fresquiste a commencé son travail par la fin du cycle et progressé au rebours du récit [42]). Mais sans doute une certaine marge de liberté était-elle laissée à l'artiste pour le traitement de détail : jamais la spontanéité du trait, qui lui donne sa valeur expressive, n'est affectée à l'époque romane par le recours à un modèle.

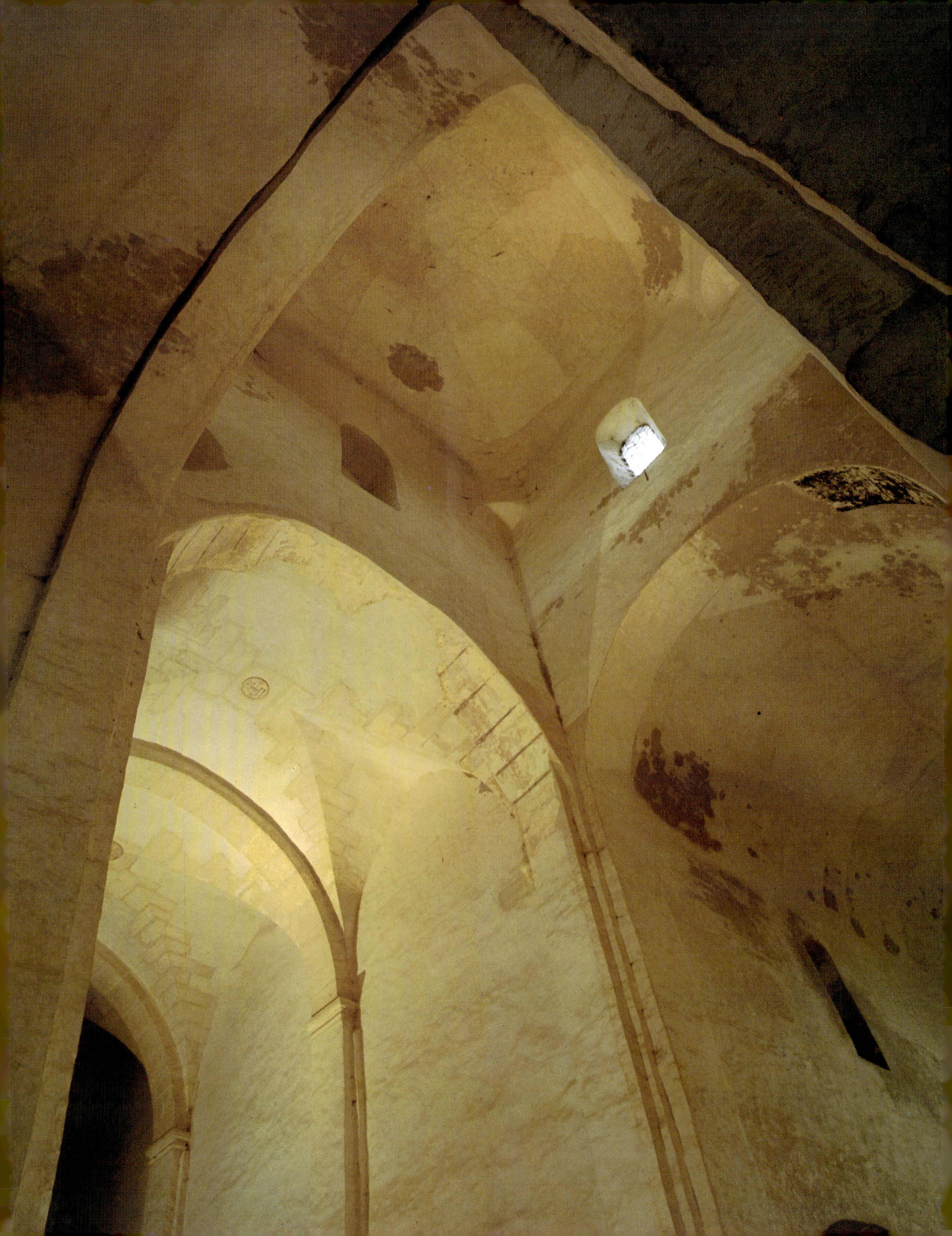

Chapitre III

PRÉFIGURATION
980-1020

« ... Un blanc manteau d'églises ». Premiers frémissements.

I. De nouveaux types de chevet
Les transformations des chevets à trois chapelles. Les chevets à chapelles alignées : Saint-Michel-de-Cuxa et Saint-Vorles de Châtillon-sur-Seine. Les chevets à chapelles échelonnées : Perrecy-les-Forges et Cluny II. Les chevets à chapelles rayonnantes : Saint-Philibert de Tournus, cathédrale de Clermont-Ferrand, Saint-Aignan d'Orléans. Une solution exceptionnelle : Saint-Bénigne de Dijon. La diffusion des cryptes-halles.

II. Les transformations des transepts
La hiérarchisation des masses. Les premières coupoles de croisée. Variations sur le transept bas.

III. Un timide renouvellement de la tradition : les nefs
La fidélité au passé. Une nouveauté : la nef à tribunes. Recherches sur l'articulation des supports et la travée.

IV. Un héritage : les façades
Tours-porches et massifs occidentaux. Des incertitudes sur la fonction des galilées.

V. L'importance accrue des clochers
Le son des cloches. L'emplacement des tours de clocher.

VI. Les premiers essais de voûtement
Parties orientales voûtées, nefs charpentées : un compromis durable. Un petit édifice entièrement voûté : Saint-Martin-du-Canigou. Une ambition limitée.

VII. Vers une nouvelle structure murale
La voûte, la charpente et le mur. Les colonnes engagées. La diversité des petits appareils. Les débuts de la pierre taillée.

34. Châtillon-sur-Seine (Côte-d'Or), église Saint-Vorles, croisée du transept.

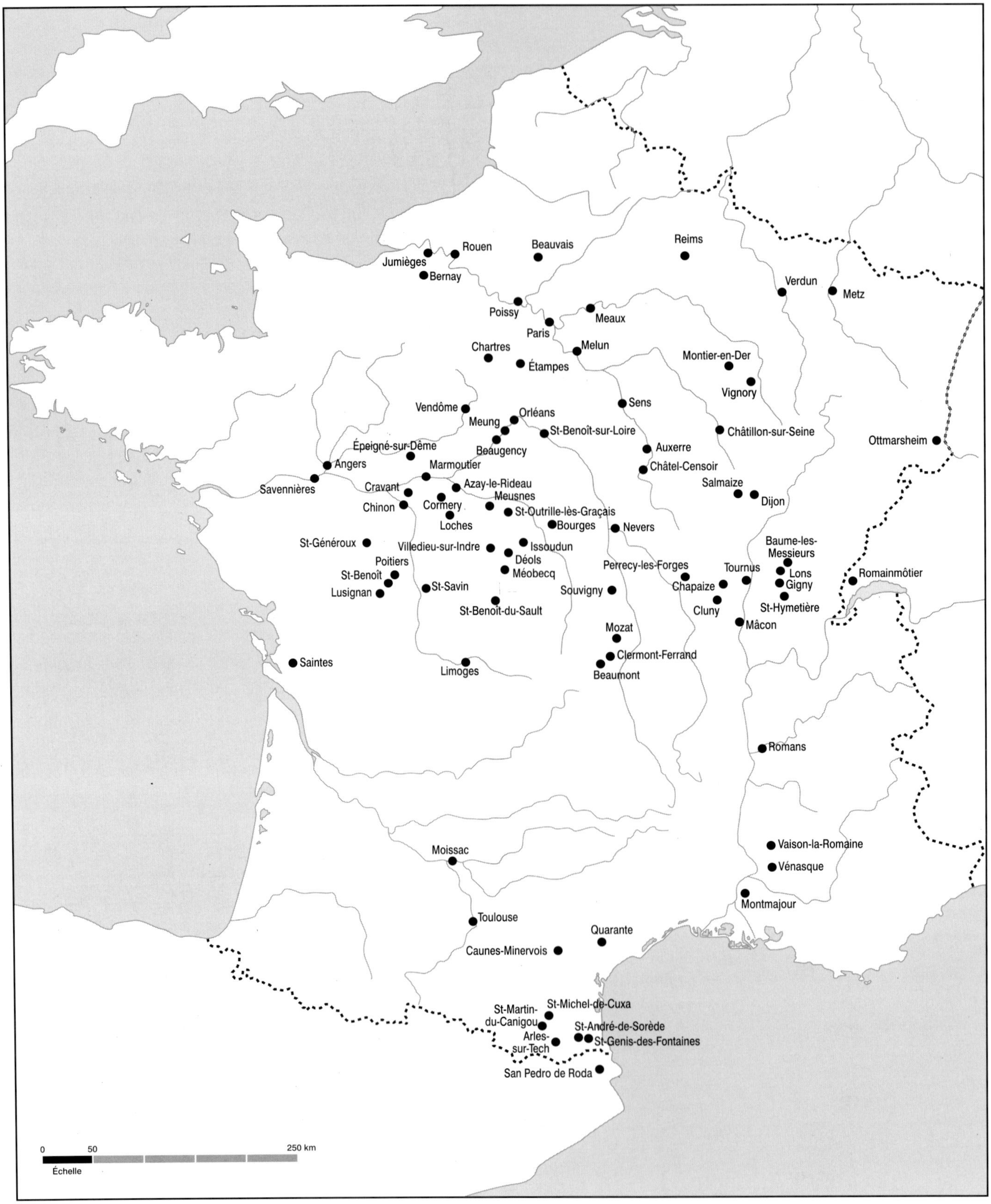

35. Carte des édifices cités dans les chapitres III, IV, V, (980-1060).

« ... UN BLANC MANTEAU D'ÉGLISES »

Les historiens ont, depuis plusieurs décennies, commencé à rendre justice au Xe siècle. Le mythe, forgé au XVIe siècle, des « terreurs de l'an mille » et l'image romantique d'un Occident ravagé par les invasions et sombrant dans le chaos doivent être relégués au rang des souvenirs. Certes, les temps sont difficiles, mais la reprise est là, dont la multiplication des chantiers de construction est un des signes les plus tangibles. Il n'est sans doute pas besoin d'invoquer la nécessité de réédifier les églises incendiées par les Normands ou les Hongrois pour expliquer ce renouveau architectural, que témoignages textuels et découvertes archéologiques invitent à situer vers le milieu du siècle. Déjà, en effet, la réforme monastique attire les dons des grands laïcs, tandis que les évêques, issus généralement de la haute noblesse, rivalisent de générosité ostentatoire envers les églises et, au premier chef, envers leur cathédrale.

Les contemporains ont été sensibles à cet essor architectural. Richer décrit l'œuvre constructive d'Hugues le Grand et d'Hugues Capet, Helgaud de Fleury celle de Robert le Pieux ; Raoul Glaber laisse, pour sa part, éclater son admiration devant un tel phénomène en des termes que leur pouvoir d'évocation a rendus célèbres : « Comme approchait la troisième année qui suivit l'an mille, on vit dans presque toute la terre, mais surtout en Italie et en Gaule, réédifier les bâtiments des églises ; bien que la plupart, fort bien construites, n'en eussent nul besoin, une véritable émulation poussait chaque communauté chrétienne à en avoir une plus somptueuse que celle des voisins. On eût dit que le monde lui-même se secouait pour dépouiller sa vétusté et revêtait de toutes parts un blanc manteau d'églises. Alors, presque toutes les églises des sièges épiscopaux, celles des monastères consacrés à toutes sortes de saints, et même les petites chapelles des villages, furent reconstruites plus belles par les fidèles[43]. »

De cette première vague de constructions il ne reste que peu de vestiges. Seules quelques églises de l'an mille sont conservées dans leur ensemble ; le plus souvent ne subsistent qu'une nef, une tour-porche, une crypte, alors que des édifices sans doute importants, comme la cathédrale de Sens réédifiée par l'archevêque Seguin (977-999), ont disparu. D'autres, comme l'abbatiale de Cluny entreprise par saint Mayeul (Cluny II) ou celle de Déols, qui en reprenait certaines dispositions, ne sont qu'incomplètement connues à travers des fouilles. Le problème majeur des débuts de l'art roman est donc celui de la représentativité des rares édifices parvenus jusqu'à nous.

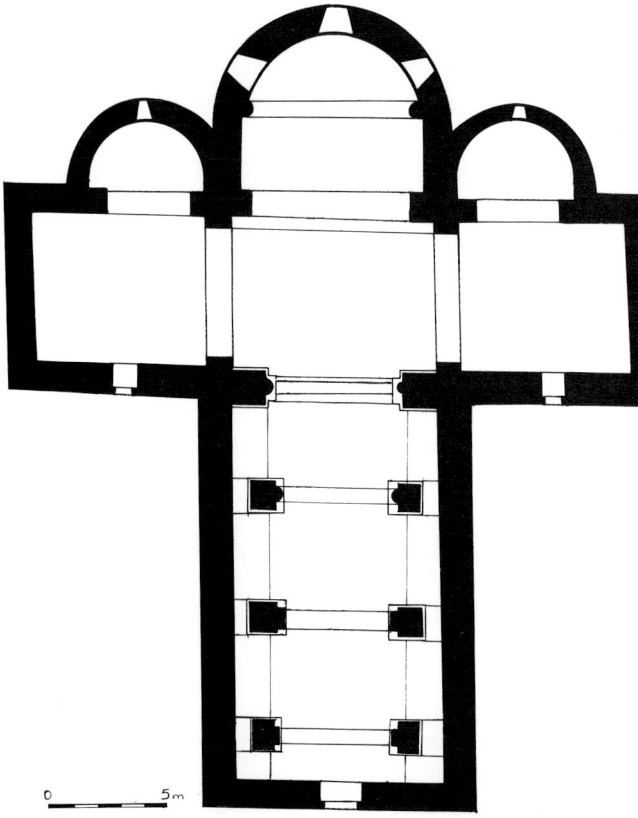

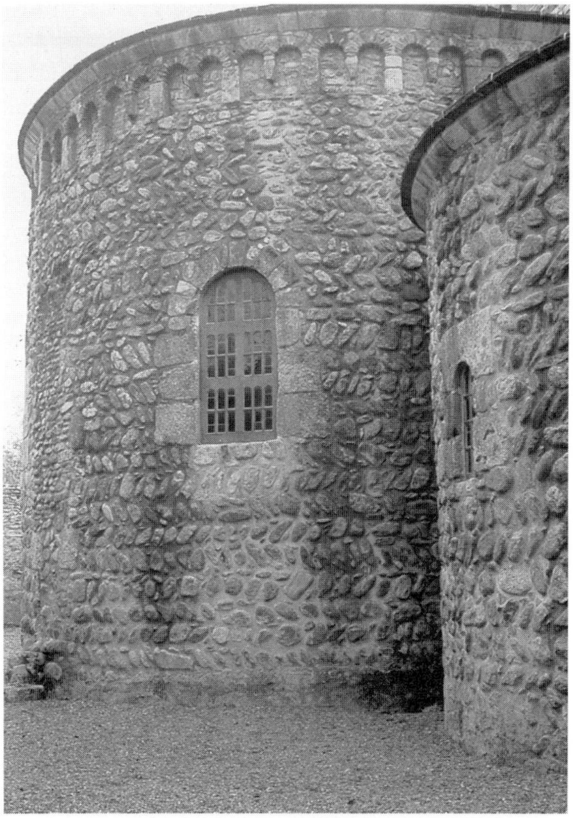

36 et 37. Saint-André-de-Sorède (Pyrénées-Orientales), église abbatiale, plan et chevet.

PREMIERS FRÉMISSEMENTS

Pourtant, des tendances communes se dessinent. L'architecture romane est encore imparfaitement constituée vers l'an mille, mais les mutations qui y conduisent sont engagées. Les maîtres d'œuvre mettent au point de nouveaux types de chevet et entreprennent de voûter d'importantes parties des églises, sans évaluer toujours avec précision les conséquences d'un tel choix en matière d'équilibre. Ils s'essayent à briser la monotonie des vastes surfaces murales internes, traditionnelles dans l'architecture des basiliques charpentées, en matérialisant par divers procédés le rythme des travées ; colonnes engagées et piles composées, qui joueront un rôle essentiel dans la définition du style roman, font leur apparition. Les techniques de construction semblent cependant se transformer avec une certaine lenteur, même si le moyen appareil de pierre taillée est partiellement adopté dans quelques édifices du début du XIe siècle. Au-delà de leur diversité, beaucoup de ces essais reflètent une volonté de coordination entre les différentes parties de la construction et un souci de la plasticité des volumes et des parois qui ne cesseront de s'affirmer et qui rompent avec l'attitude des architectes du haut Moyen Âge.

Ces mutations sont, à des degrés divers, toutes engagées au début du XIe siècle, mais elles ne concernent qu'un certain nombre de grands monuments : cathédrales (Clermont-Ferrand, Angers, Orléans), églises abbatiales (Saint-Bénigne de Dijon, Saint-Philibert de Tournus, Cluny, Saint-Michel-de-Cuxa, Saint-Martin-du-Canigou), ou encore églises de prieurés importants (Perrecy-les-Forges, Saint-Généroux) et, plus rarement, collégiales de châteaux (Saint-Vorles de Châtillon-sur-Seine). Derrière la plupart de ces monuments se profilent des hommes dont la personnalité fut sans doute déterminante dans les choix des partis architecturaux : évêques, comme Brunon de Roucy, Hugues de Chalon et Arnoul, évêque d'Orléans ; abbés, comme saint Mayeul, Guillaume de Volpiano ou Constantin de Micy ; souverains comme Hugues Capet et Robert le Pieux, ou grands féodaux, comme les comtes de Cerdagne. Les chevets à déambulatoire et chapelles rayonnantes, le voûtement – même partiel – des basiliques ou le moyen appareil de pierre taillée leur permettent, entre autres, d'exprimer leur ambition.

Rares sont cependant les édifices qui, comme Saint-Philibert de Tournus, réunissent nombre de traits novateurs ; le plus souvent, la tradition n'est remise en question que par tel ou tel de ses aspects et il faudra attendre le second quart du XIe siècle pour que s'affirme pleinement le style roman. Les mutations sont, en outre, loin d'être uniformes dans leur répartition géographique (ill. 35). Tandis que la Bourgogne, la vallée de la Loire, le Poitou, l'Auvergne et la Catalogne offrent un certain nombre de monuments révélateurs de nouvelles tendances, d'autres régions, notamment celles du Sud-Ouest et de la Provence, en paraissent singulièrement dépourvues.

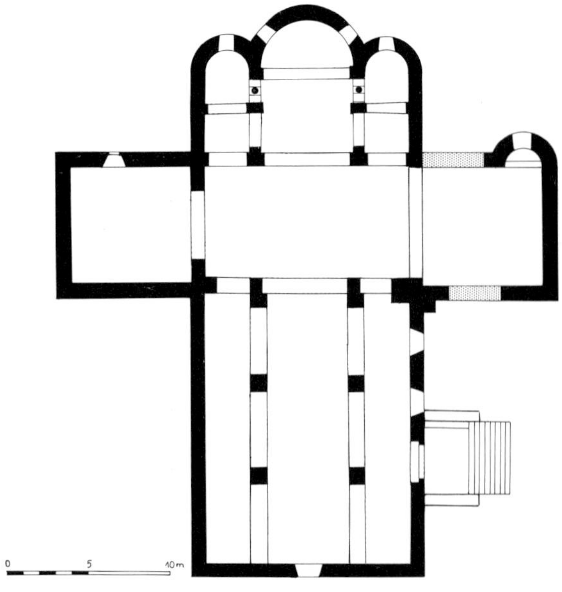

38. Saint-Généroux (Deux-Sèvres), église priorale, plan.

I. DE NOUVEAUX TYPES DE CHEVET

Les principales nouveautés concernent les dispositions des chevets. Les problèmes que devaient résoudre les architectes de l'an mille n'étaient pas nouveaux, mais les réponses qu'ils apportèrent trahissent un changement profond dans la manière de concevoir les plans. Comme à l'époque carolingienne, il fallait – dans les grands édifices du moins – prévoir un emplacement visible de tous pour l'autel majeur (généralement à l'entrée du chœur ou à la croisée du transept), un autre pour l'autel matutinal (souvent situé au fond du sanctuaire, dans l'abside), et répartir de part et d'autre des autels secondaires. Il fallait également disposer ces divers autels de telle manière que la liturgie puisse se dérouler avec toute la solennité nécessaire, et canaliser les fidèles qui voulaient s'approcher des reliques conservées dans le sanctuaire. Par ailleurs, l'accroissement des communautés religieuses, surtout sensible dans les monastères bénédictins, appelait des sanctuaires d'une certaine ampleur, même si l'usage d'étendre le chœur liturgique jusqu'aux travées orientales de la nef était déjà bien établi.

La plupart des solutions adoptées dans les églises romanes existaient déjà à l'état d'ébauche dans certaines grandes cryptes carolingiennes (Saint-Germain d'Auxerre, Flavigny, Saint-Philbert-de-Grandlieu) [44]. Ainsi, les architectes du IXe siècle avaient déjà songé à allonger les sanctuaires et à les entourer d'un couloir de circulation coudé qui desservait à la fois une confession centrale contenant les reliques principales et diverses annexes orientales abritant des autels ainsi que des reliques secondaires. Mais aucune organisation stable ne tendait à se dégager de ces expériences. Contrairement à leurs devanciers, les architectes de l'an mille ne retinrent qu'un nombre limité de partis, mais définis de manière claire, harmonieuse et rationnelle par la disposition des chapelles : celles-ci peuvent être alignées ou échelonnées de part et d'autre du chœur, ou rayonner autour d'un déambulatoire semi-circulaire. La nouveauté essentielle de ces plans réside dans leur cohérence. Simplement juxtaposées jusqu'alors, les différentes parties du chevet sont désormais intégrées dans un ensemble, chacune d'entre elles étant indispensable à l'économie générale. Certes, le dessin du plan, la hiérarchisation des volumes externes et la coordination des espaces intérieurs sont encore tâtonnants vers l'an mille, mais les principes qui déterminent ces différents partis architecturaux ne seront plus remis en cause.

Il est difficile de préciser la date d'apparition respective de ces nouveaux types de chevet. Le travail de décantation qui conduisit à leur mise au point semble achevé au début du XIe siècle, sans que d'éventuelles étapes intermédiaires puissent être mises en évidence. Leur genèse nous échappe donc en partie. Aussi avons-nous adopté pour les présenter un classement typologique, allant des solutions les plus simples aux plus élaborées, sans que ce choix préjuge en rien de la chronologie relative de leur première formulation – encore qu'une certaine antériorité des plans à chapelles alignées semble ressortir de la documentation.

Les transformations des chevets à trois chapelles

Le plan ne comportant qu'une abside encadrée de deux absidioles, répandu depuis l'époque carolingienne, connaît encore et connaîtra longtemps une certaine fortune, notamment dans des édifices de dimensions moyennes, mais, comme dans les chevets plus complexes, on observe des transformations significatives dans la disposition des chapelles et dans leurs relations respectives. Tantôt, comme elle l'était à Steinbach, Inden ou Psalmodi, l'abside est séparée des absidioles, tantôt les trois chapelles sont contiguës, comme à Mustaïrs ou à San Salvatore de Brescia. La première solution caractérisait principalement, à l'époque carolingienne, les basiliques dotées de transept, tandis que la seconde concernait plutôt les édifices qui en étaient dépourvus. Cette distinction tend à disparaître à la fin du Xe siècle. Ainsi, à Saint-Genis-des-Fontaines ou à Saint-André-de-Sorède (ill. 36 et 37), dans le Roussillon, les absidioles accolées à l'abside se développent sur les bras d'un transept très débordant, l'abside étant, pour sa part, de même largeur que la nef unique. La hiérarchisation des volumes, habituelle dans le type à chapelles séparées, s'impose également dans les chevets à chapelles contiguës ; l'abside, plus haute et plus large que les absidioles, est, en outre, souvent précédée d'une travée de chœur plus ou moins développée en longueur. Certains architectes tentent d'établir des communications entre celle-ci et les chapelles voisines : étroit passage à Saint-Genis-des-Fontaines, passage plus important et baie géminée ouverte au-dessus d'un mur-bahut à Saint-Généroux (ill. 38), dans le Poitou ; mais ces expériences furent cependant peu nombreuses.

Les chevets à chapelles alignées : Saint-Michel-de-Cuxa et Saint-Vorles de Châtillon-sur-Seine

Le chevet à plusieurs chapelles alignées apparaît comme une première forme de développement du chevet traditionnel à trois chapelles orientées. En effet, la manière la plus simple de multiplier le nombre des absidioles – et donc des autels – consistait à en juxtaposer deux ou même trois, de part et d'autre de l'abside, sur chacun des bras du transept. On trouve un exemple précoce de ce type à Saint-Michel-de-Cuxa (ill. 39 et 40), en Roussillon, dont l'abbatiale fut commencée en 956 et les autels consacrés en 975 [45]. À Cuxa, quatre profondes chapelles voûtées d'un berceau et d'un cul-de-four encadrent un chœur rectangulaire, couvert d'une simple charpente ; entre celui-ci et les absidioles voisines subsistent des entrées de couloir que les transformations du XIe siècle rendent difficiles à interpréter. Le chevet de la collégiale Saint-Vorles (ill. 41 et 42), édifiée dans l'enceinte du château de Châtillon-sur-Seine par l'évêque de Langres Brunon de Roucy (980-1016), comporte également quatre chapelles alignées [46]. En dépit des modifications que celles-ci ont connues ultérieurement, leurs arcades d'entrée et les traces de leurs toitures primitives permettent de restituer des absidioles probablement semi-circulaires tandis que l'abside de même plan, précédée d'une travée de chœur, est conservée. L'ensemble du chevet de Saint-Vorles était voûté : en cul-de-four sur les chapelles et l'abside, en berceau plein cintre sur le chœur; un peu plus large que l'abside, celui-ci s'affirme également par sa hauteur plus importante.

Ce plan qui, sous des formes quelque peu différentes, devait être repris dans un certain nombre d'églises cisterciennes du XIIe siècle ne se rencontre guère, au cours de la première moitié du XIe siècle, que dans quelques grands édi-

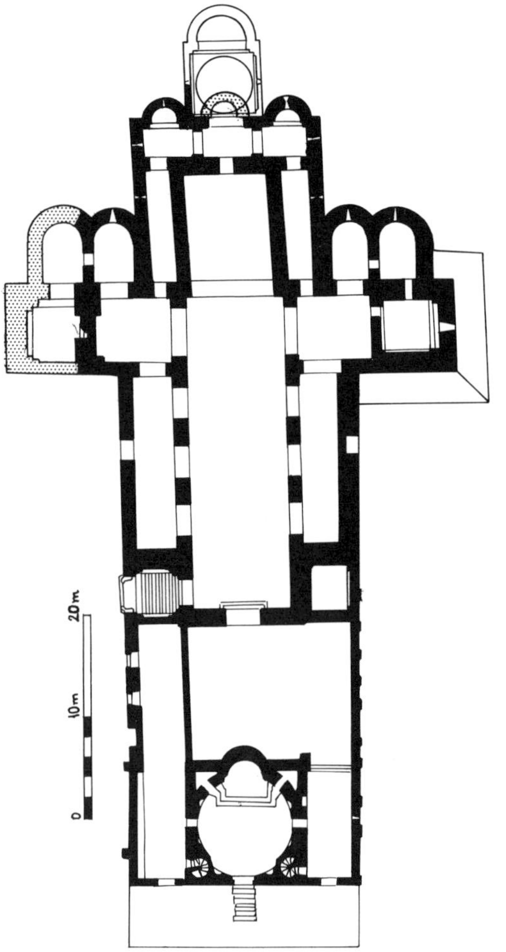

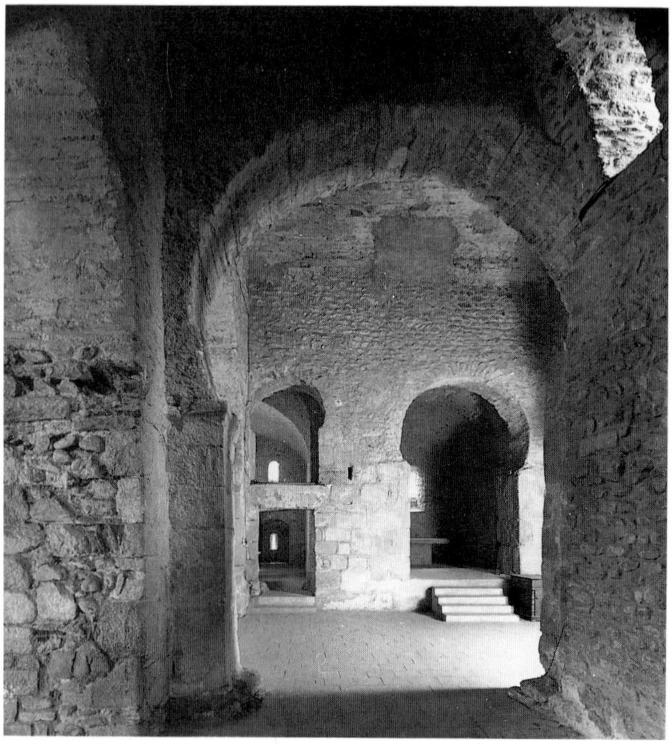

39 et 40. Saint-Michel-de-Cuxa (Pyrénées-Orientales), église abbatiale, plan et chapelles orientées.

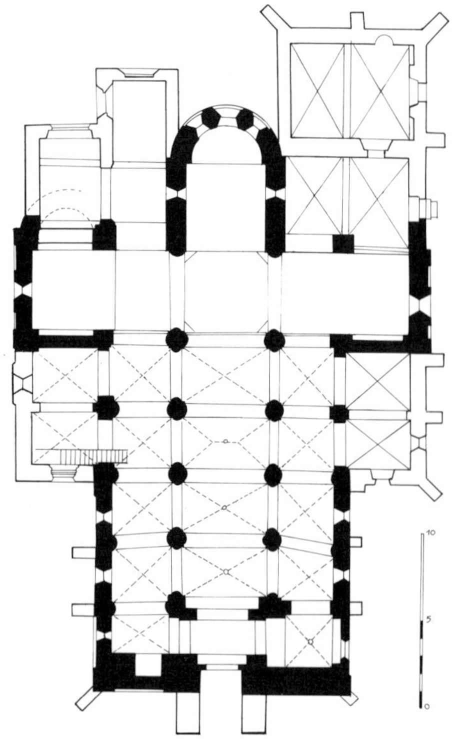

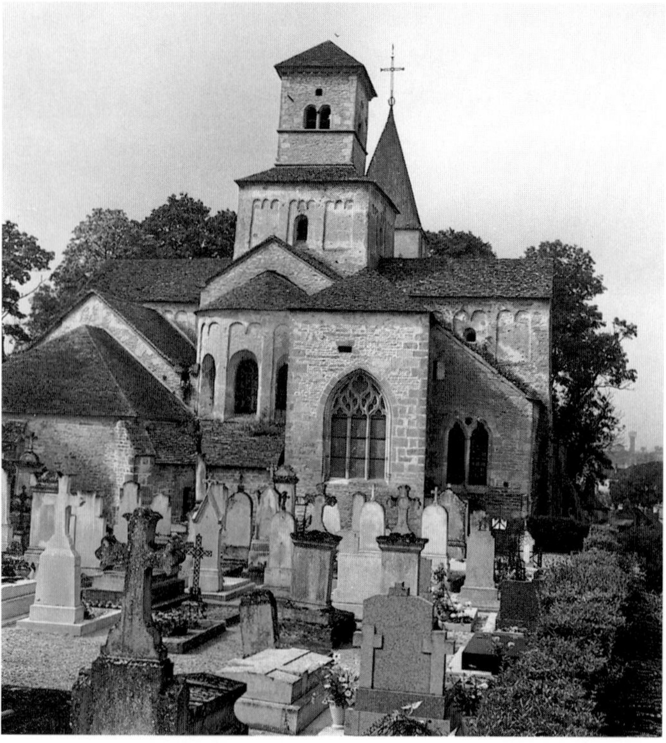

41 et 42. Châtillon-sur-Seine (Côte-d'Or), église Saint-Vorles, plan et chevet.

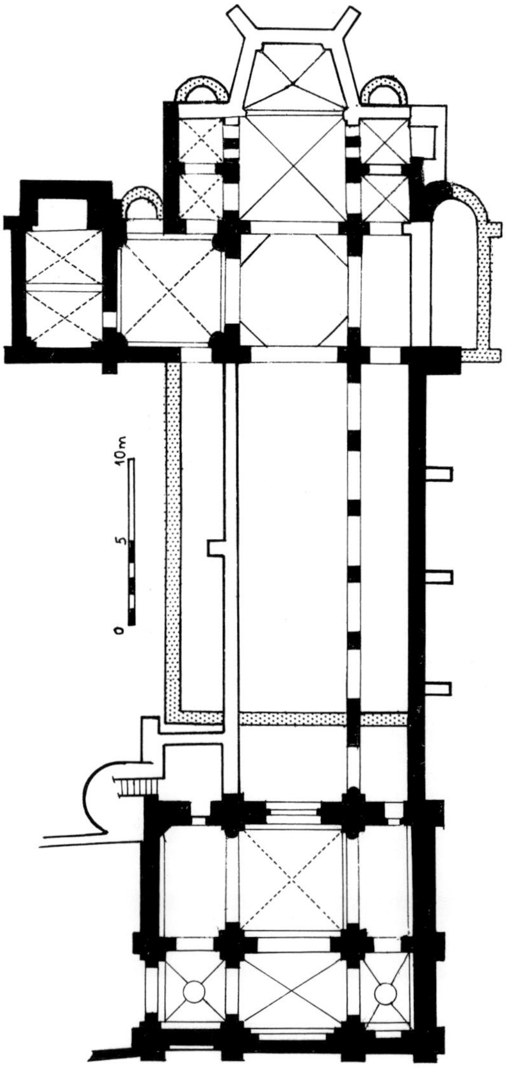

43. Perrecy-les-Forges (Saône-et-Loire), église priorale, plan.

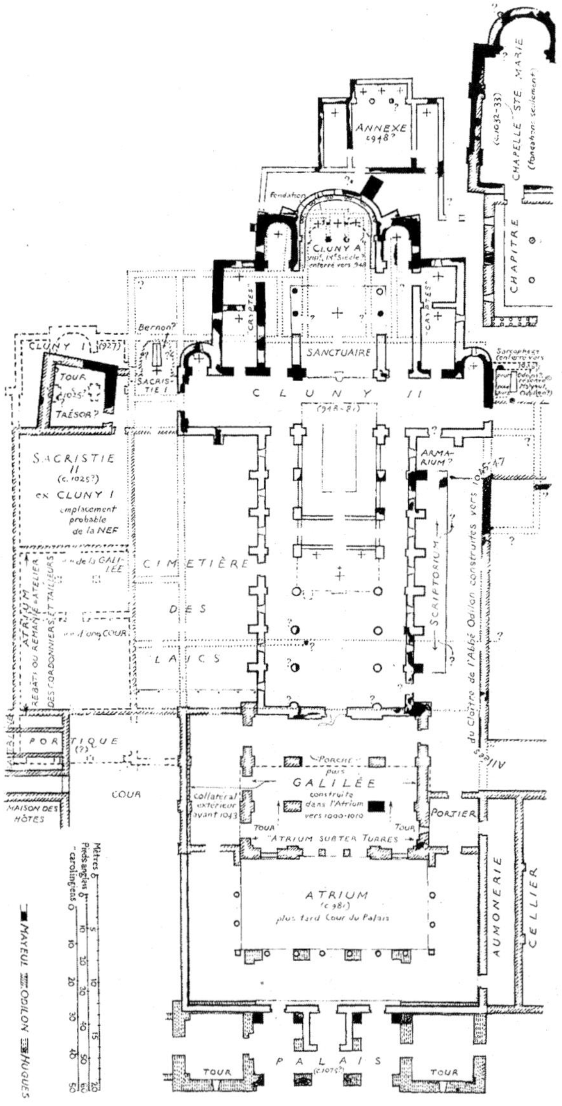

44. Cluny (Saône-et-Loire), plan restitué de Cluny II par K. J. Conant.

fices comme l'abbatiale de Ripoll en Catalogne (consacrée en 1032) ou celles de Saint-Arnould de Metz et de Saint-Remi de Reims (consacrées en 1049), sans doute parce qu'il ne constituait pas une réponse pleinement satisfaisante au problème de la circulation au sein des parties orientales, même lorsqu'il existe, comme à Saint-Vorles, d'étroits passages entre le chœur et les absidioles voisines.

LES CHEVETS À CHAPELLES ÉCHELONNÉES : PERRECY-LES-FORGES ET CLUNY II

Le chevet à chapelles échelonnées, où celles-ci sont de profondeur décroissante, représente une solution plus élaborée. Il suppose l'existence d'une ou plusieurs travées de chœur au-devant de l'abside, travées qui s'ouvrent par des arcades sur les chapelles contiguës, traitées comme des collatéraux. Ce type de plan est attesté dans plusieurs monuments de l'an mille ou du début du XIe siècle : les églises abbatiales de Déols (dans le Berry) et de Bernay (en Normandie), l'église priorale de Perrecy-les-Forges (en Bourgogne). La première n'est connue que par quelques sondages effectués en 1968 [47], et seules les fondations de la seconde appartiennent à cette période [48] ; en revanche, malgré la reconstruction, au XVe siècle, de l'abside et des parties hautes du chœur, et la disparition du cul-de-four des chapelles, les dispositions primitives de Perrecy-les-Forges [49] peuvent, pour l'essentiel, être restituées (ill. 43). Les chapelles qui encadrent l'abside comptent deux travées étroites voûtées d'arêtes, dont la première ouvre sur le chœur par une arcade unique, la seconde par une arcade géminée. Ces

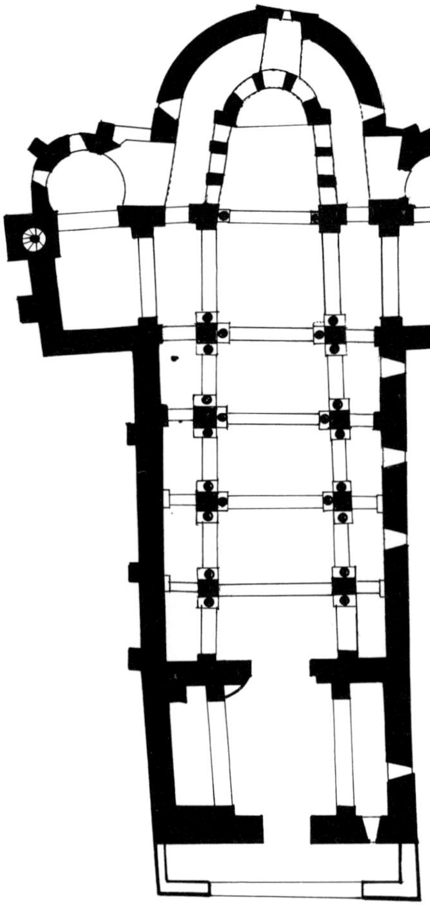

45. San Pedro de Roda (Catalogne), église abbatiale, plan.

profondes chapelles étaient complétées par de petites absidioles de plan semi-circulaire situées aux extrémités des bras du transept. En dépit de certains archaïsmes dans le traitement de l'élévation et notamment de la faible ampleur des arcades assurant la communication entre le chœur et les chapelles voisines, le tracé du plan révèle une grande sûreté dans les proportions. Il en était sans doute de même en ce qui concerne l'équilibre des masses : les chapelles encadrant le chœur introduisaient un volume intermédiaire essentiel à la hiérarchisation des différentes parties du chevet.

Existait-il des antécédents à ces chevets du début du XIe siècle ? On admet généralement que le plan à chapelles échelonnées fut créé à Cluny, dans l'abbatiale édifiée par l'abbé Mayeul (949-994) et désignée sous le nom de Cluny II. Toutefois, l'édifice est très imparfaitement connu à travers les fouilles effectuées par K. J. Conant entre 1928 et 1950 (ill. 44), fouilles qui n'ont révélé qu'une faible partie des fondations du chevet et aucun élément permettant de restituer son élévation [50]. Tout au plus peut-on distinguer sur les relevés de fouilles la présence d'une abside précédée d'un long chœur et encadrée, de chaque côté, de trois « chapelles » (?) de profondeur décroissante mais de largeur variable, implantées de manière très irrégulière et présentant tantôt un chevet plat, tantôt un chevet semi-circulaire. Dans quelle mesure ce plan remonte-t-il à la fin du Xe siècle [51] ? Quelle est la part des transformations apportées par saint Odilon (994-1049) ? Rien ne permet de répondre à ces questions. Aussi l'exemple de Cluny II ne saurait-il être trop sollicité alors que subsistent des édifices mieux conservés.

Dilatation du sanctuaire par l'annexion à l'espace du chœur de celui des chapelles voisines, richesse des perspectives intérieures et des volumes extérieurs, telles sont les qualités essentielles du chevet à chapelles échelonnées. Ainsi s'explique sans doute son succès au cours du XIe siècle, succès sur lequel nous reviendrons. Toutefois, il n'apportait pas de réponse satisfaisante au problème de la circulation, fort préoccupant pour le clergé, notamment lorsqu'il lui fallait canaliser le flot des pèlerins désireux de s'approcher des reliques conservées dans le sanctuaire.

LES CHEVETS À DÉAMBULATOIRE ET CHAPELLES RAYONNANTES : SAINT-PHILIBERT DE TOURNUS, CATHÉDRALE DE CLERMONT-FERRAND ET SAINT-AIGNAN D'ORLÉANS

Après quelques tâtonnements, les architectes de l'an mille parvinrent à définir un type de chevet associant un couloir de circulation semi-circulaire et un certain nombre de chapelles ouvrant sur le pourtour de celui-ci : le chevet à déambulatoire et chapelles rayonnantes. Encore certains des premiers déambulatoires sont-ils dépourvus de chapelles (cathédrale d'Ivrée en Piémont, édifiée par l'évêque Warmundus [969-1002 ?], abbatiale San Pedro de Roda en Catalogne, dont le chevet fut consacré en 1022) (ill. 45) ou dotés seulement d'une chapelle axiale (cathédrale de Lausanne, œuvre de l'évêque Henri Ier de Bourgogne à l'extrême fin du Xe siècle). Mais deux monuments semblent avoir marqué des étapes importantes dans l'élaboration du parti définitif : la cathédrale de Clermont-Ferrand, connue seulement par des fouilles, et l'abbatiale bourguignonne Saint-Philibert de Tournus [52].

Construit après l'incendie qui, en 1007 ou 1008, détruisit l'église du Xe siècle, le chevet de Saint-Philibert (ill. 46 et 47) fut l'objet d'une dédicace en 1019 [53]. Le chœur et l'abside sont ceinturés par un déambulatoire semi-circulaire, couvert d'une voûte en berceau annulaire, avec lequel ils communiquent par l'intermédiaire d'arcades reposant sur des colonnes dans l'hémicycle et sur de massives piles quadrangulaires dans le chœur. Sur le pourtour s'ouvrent alternativement cinq chapelles de plan rectangulaire et six

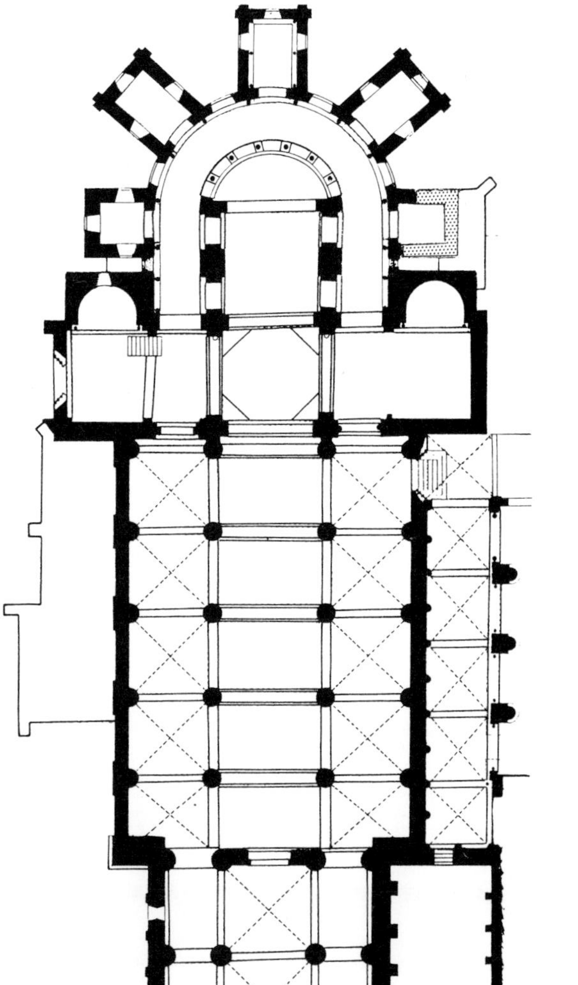

46. Tournus (Saône-et-Loire), église Saint-Philibert :
a. plan de l'église, b. plan de la crypte.

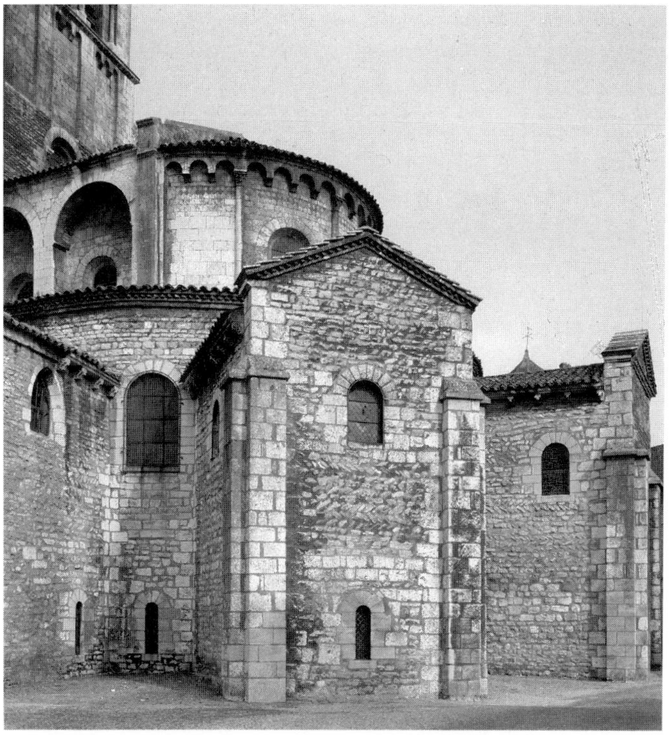

47. Tournus (Saône-et-Loire), église Saint-Philibert, chevet.

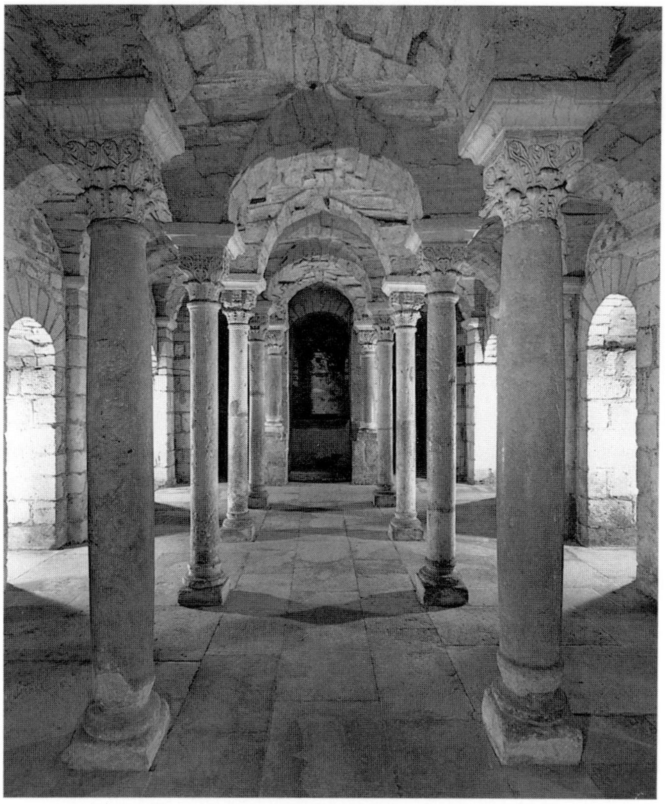

48. Tournus (Saône-et-Loire), église Saint-Philibert,
salle centrale de la crypte.

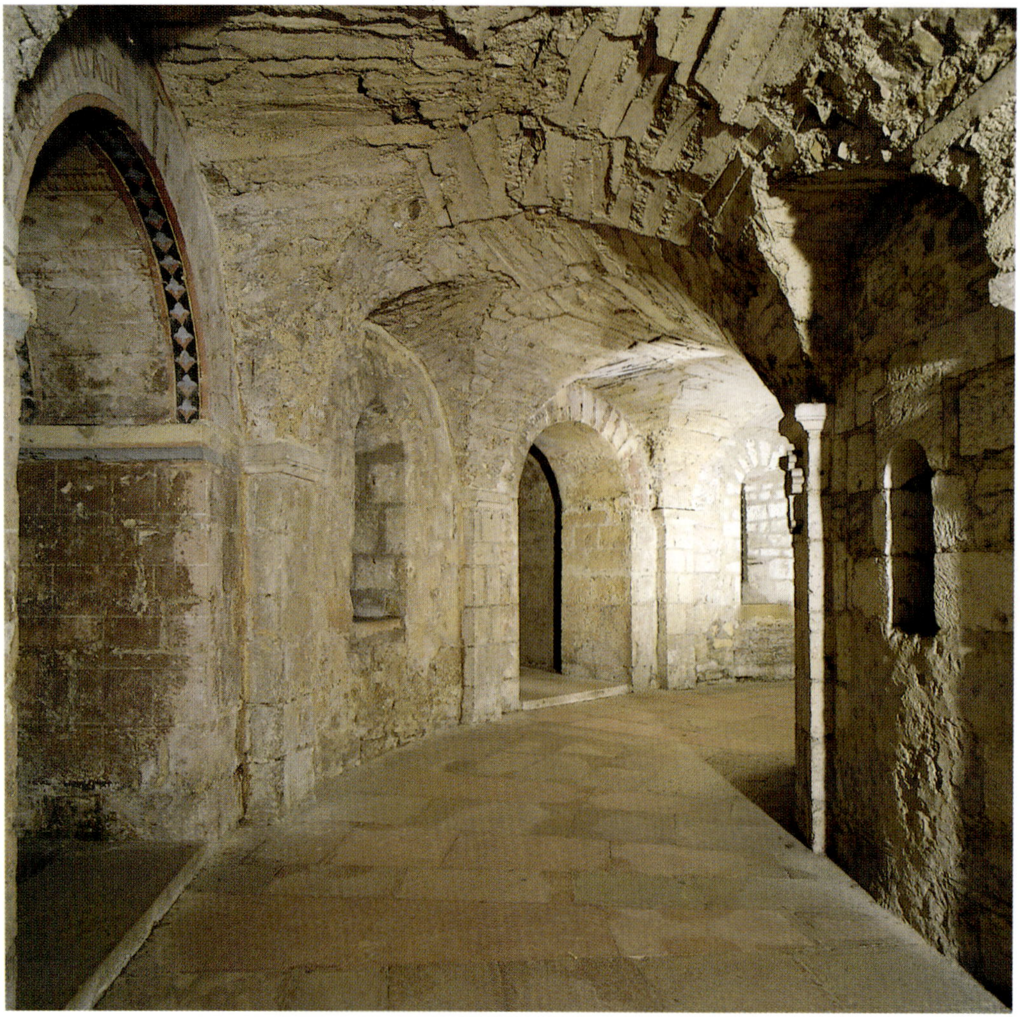

49. Tournus (Saône-et-Loire), église Saint-Philibert, déambulatoire de la crypte.

fenêtres (ill. 50). Les principes définis à Tournus ne seront plus remis en question dans l'architecture romane ; seuls varieront la forme et le nombre des chapelles ainsi que les proportions respectives des différentes parties du chevet. Ces dernières sont difficiles à apprécier à Tournus, car les parties hautes du chœur et de l'abside furent reconstruites au début du XIIe siècle ; les quelques traces de voûtement qui subsistent dans l'abside permettent cependant de restituer un sanctuaire sans doute dépourvu de fenêtres hautes, voûté d'un cul-de-four précédé d'un berceau en plein cintre. Ainsi, l'équilibre des masses externes était sensiblement différent à l'origine de ce qu'il est aujourd'hui, encore qu'on puisse noter déjà un étagement des volumes semblable à celui de beaucoup de chevets à déambulatoire et chapelles rayonnantes plus tardifs. Le chevet de Tournus comporte un certain nombre d'archaïsmes : les chapelles sont de plan rectangulaire, alors que par la suite, la forme semi-circulaire plus en accord avec les courbes de l'abside et du déambulatoire s'imposera. Mais, surtout, la communication entre les espaces intérieurs demeure limitée ; les ouvertures des chapelles sur le déambulatoire sont peu développées en hauteur et plus étroites que les chapelles elles-mêmes ; l'arcature de l'hémicycle reposant sur un murbahut n'assure entre l'abside et le déambulatoire qu'une communication visuelle, tandis que le chœur est enserré entre d'épaisses maçonneries percées de deux arcades étroites. Enfin, la concordance des rythmes entre l'hémicycle et le pourtour, où une arcature murale enveloppe alternativement les fenêtres et les chapelles, n'est pas clairement exprimée.

Le chevet de Saint-Philibert de Tournus, comme ceux de la cathédrale d'Ivrée ou de San Pedro de Roda, est construit au-dessus d'une crypte de même plan (ill. 46b) – crypte à laquelle on accédait par des escaliers partant de l'église haute – destinée à accueillir les nombreuses reliques de l'abbaye. Cette idée de superposer ainsi deux niveaux

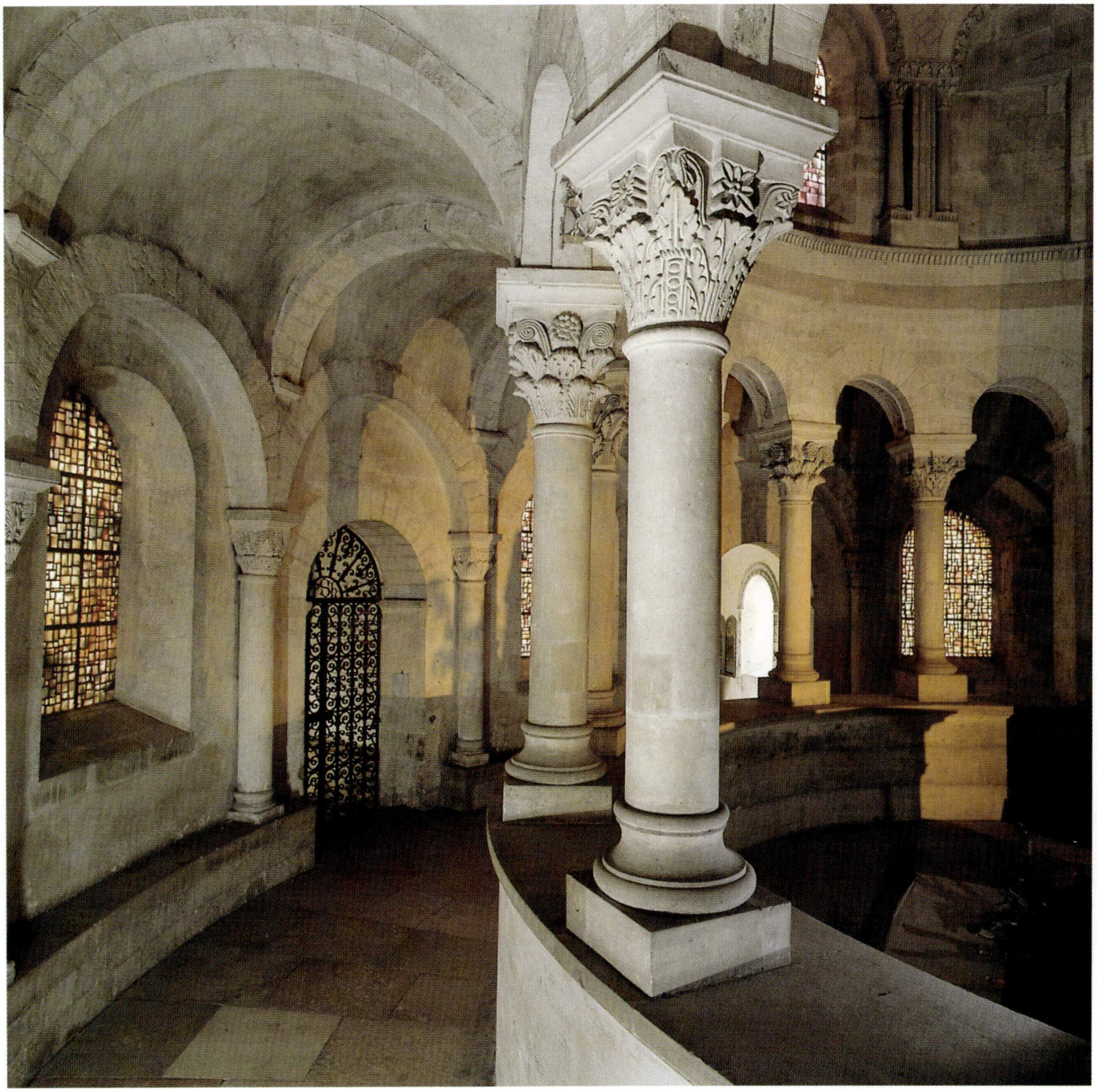

50. Tournus (Saône-et-Loire), église Saint-Philibert, déambulatoire de l'église.

semble devoir être mise au crédit des premiers architectes romans, qui renoncèrent aux juxtapositions partielles des cryptes et des absides de l'époque carolingienne. Toutefois, si le plan d'ensemble de l'église basse et celui de l'église haute coïncident, les dispositions intérieures diffèrent quelque peu. À Saint-Philibert de Tournus, la crypte comprend une salle centrale (ill. 48), située sous l'abside et le chœur de l'église et subdivisée en trois vaisseaux par deux files de colonnettes ; cette salle centrale, qui n'est pas sans rappeler la confession carolingienne de Saint-Germain d'Auxerre, communique avec le déambulatoire qui l'entoure par cinq baies étroites percées dans d'énormes maçonneries ; situé en soubassement, le déambulatoire de la crypte (ill. 49) n'offre pas le même développement que celui de l'église haute ; l'ouverture des fenêtres et des entrées de chapelles se trouve réduite, et la voûte en berceau annulaire retombant sur des pilastres est échancrée par des pénétrations destinées à dégager les parois. Par ailleurs, des dispositions rappelant, par leur complexité, celles du haut Moyen Âge subsistent dans les chapelles occidentales de la crypte, reliées par un couloir coudé à des réduits de plan rectangulaire situés sous les chapelles orientées du transept.

Les principales dispositions de la crypte de Tournus étaient déjà ébauchées dans celle de la cathédrale de

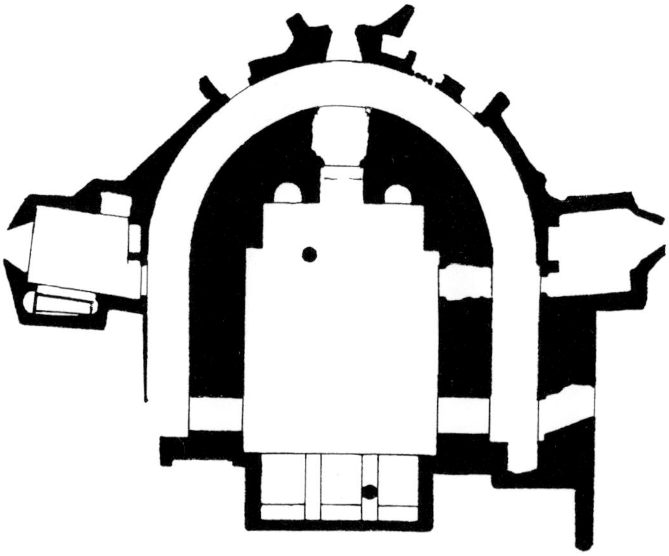

51. Clermont-Ferrand (Puy-de-Dôme), cathédrale Notre-Dame, plan de la crypte d'après Creuzot.

Clermont-Ferrand (ill. 51). Les fouilles entreprises sous l'actuel édifice gothique ont mis au jour une salle centrale subdivisée en trois vaisseaux par deux rangées de colonnettes et un déambulatoire semi-circulaire desservant des chapelles de plan quadrangulaire. Mais, plus qu'à Tournus, les souvenirs des solutions du haut Moyen Âge sont vivaces : le déambulatoire, qui ne communique avec la salle centrale que par deux ouvertures, rappelle, par son étroitesse, les anciens couloirs annulaires ; couvert d'une succession de petites voûtes d'arêtes et de dalles de pierre qui brisent la continuité de sa courbure, il ouvre par des portes étroites et des fenêtres à *claustra* sur des chapelles de tracé irrégulier qui sont plutôt des chambres à reliques. Les fouilles n'ont pas permis de découvrir de vestiges de l'église haute qui devait surmonter cette crypte, église qui aurait été consacrée le 2 juin 946 par l'évêque Étienne II (né en 937 ou 942 - mort après 984). Mais cette mention de l'année 946 n'apparaissant que dans un ouvrage du XVIIe siècle qui ne donne aucune référence et dans lequel on peut relever de nombreuses erreurs ne saurait être retenue[54]. Quoi qu'il en soit, la cathédrale de Clermont-Ferrand jouissait d'un certain prestige dans la seconde décennie du XIe siècle, lorsque Robert le Pieux décida de reconstruire la collégiale Saint-Aignan d'Orléans. Le biographe du roi, Helgaud de Fleury, précise, en effet, que le chevet (*caput*) de Saint-Aignan fut fait « à l'image de l'église de Sainte-Marie, mère du Seigneur, et des saints Agricole et Vital à Clermont[55] ». Cette référence à un modèle – exceptionnelle dans les textes de l'époque – montre combien le chevet à déambulatoire et chapelles rayonnantes frappait alors par sa nouveauté.

De Saint-Aignan d'Orléans, consacré en 1029, il ne subsiste que la crypte (ill. 52, 75 et 129), l'église haute, dont les

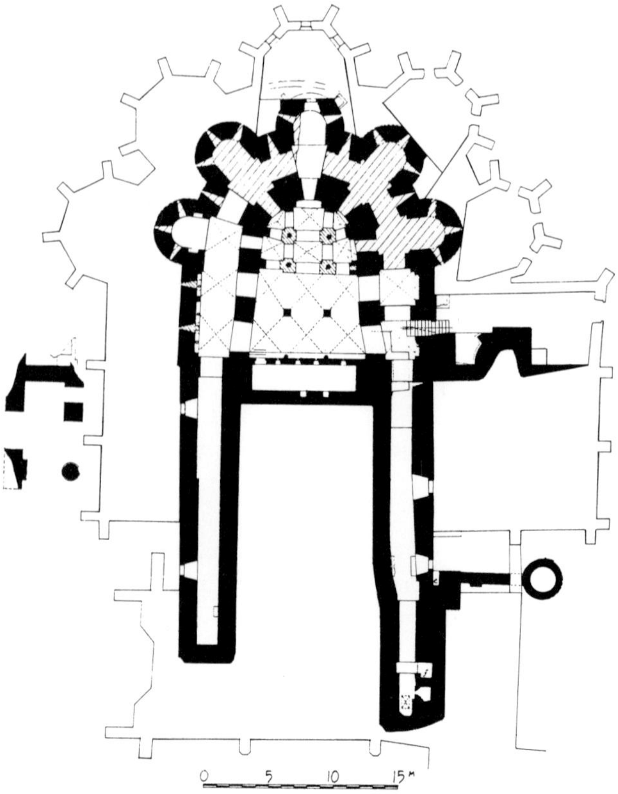

52. Orléans (Loiret), église Saint-Aignan, plan de la crypte et des fouilles par P. Rousseau.

fouilles effectuées de 1953 à 1956 ont révélé quelques dispositions, et notamment l'existence de collatéraux dans le transept, ayant été reconstruite après la guerre de Cent Ans. L'accès à la crypte, dont la salle centrale était ceinte d'un déambulatoire à cinq chapelles rayonnantes, était assuré par de longs couloirs qui partaient des bas-côtés de la nef. Plus que celui de Tournus, le maître d'œuvre de Saint-Aignan semble avoir été sensible au développement de la communication entre les espaces : chapelles largement ouvertes sur le déambulatoire, nombreux passages entre celui-ci et la salle centrale. Sans doute fit-il preuve même de trop de hardiesse, car les colonnettes qui subdivisaient celle-ci en trois vaisseaux durent rapidement être englobées dans des piliers maçonnés.

Parmi les nouveaux types de chevet définis au début de l'art roman, le chevet à déambulatoire et chapelles rayonnantes, dont Saint-Philibert de Tournus et Saint-Aignan d'Orléans nous offrent les premiers exemples, apparaît comme le plus accompli. Il concilie une réponse rationnelle à de difficiles problèmes fonctionnels et une richesse formelle sans équivalent. Aussi semble-t-il avoir été souvent adopté pour la seconde raison autant que pour la première, et il demeura, dans une grande partie de la France du moins, le signe distinctif des monuments ambitieux.

UNE SOLUTION EXCEPTIONNELLE : LA ROTONDE DE SAINT-BÉNIGNE DE DIJON

L'architecte qui, entre 1001 et 1018, réédifia l'église abbatiale de Saint-Bénigne de Dijon, explora une voie très différente des précédentes en adjoignant à la basilique une vaste rotonde orientale (ill. 53, 54 et 55). Celle-ci, détruite à la Révolution à l'exception du niveau inférieur, mais admirablement documentée grâce aux relevés et descriptions de dom Plancher[56], était raccordée à un chevet qui présentait à la fois certains traits des chevets à chapelles échelonnées, avec les deux chapelles orientées de profondeur décroissante ouvrant sur les bras du transept, et des chevets à déambulatoire avec son abside délimitée par une file de colonnes. Cette rotonde et la chapelle rectangulaire située à l'est comportaient trois niveaux voûtés, desservis par des escaliers en vis situés dans deux hautes tourelles latérales. Le niveau inférieur correspondait à celui de la crypte (ill. 57) qui s'étendait sous une partie du haut-vaisseau de la nef et sous la totalité du transept, le niveau intermédiaire à celui du sol de l'église. Ce dernier (ill. 56) ainsi que le niveau supérieur communiquaient avec la basilique par l'intermédiaire d'arcades reposant sur des colonnes disposées en hémicycle et délimitant une abside à deux rangs d'ajours. Au centre, un espace circulaire, voûté d'une calotte percée d'un large oculus, constituait un puits de lumière qu'entouraient selon le cas une ou deux rangées de colonnes, tandis que des demi-colonnes ou des colonnes appliquées contre les murs amplifiaient les effets de perspective engendrés par l'implantation savante de ces multiples supports.

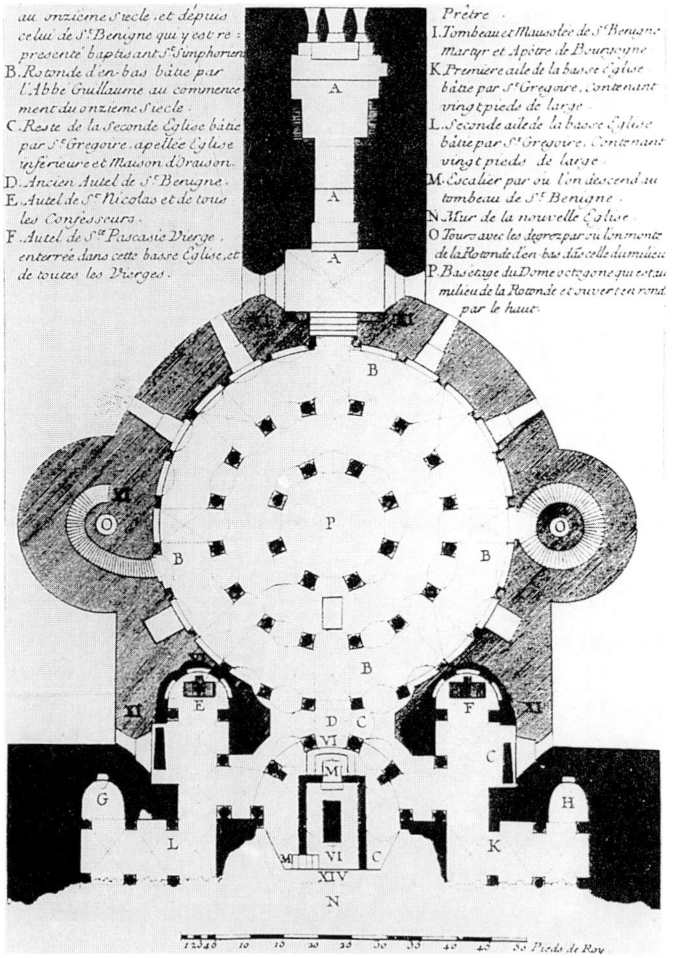

54. Dijon (Côte-d'Or), église Saint-Bénigne, plan de la crypte par dom Plancher, 1739.

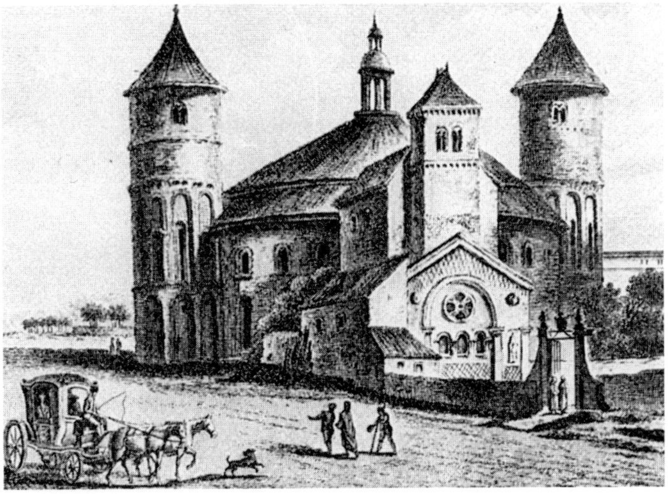

53. Dijon (Côte-d'Or), église Saint-Bénigne, la rotonde à la fin du XVIIIe siècle, par Lallemand. Paris, Bibliothèque nationale, cabinet des Estampes.

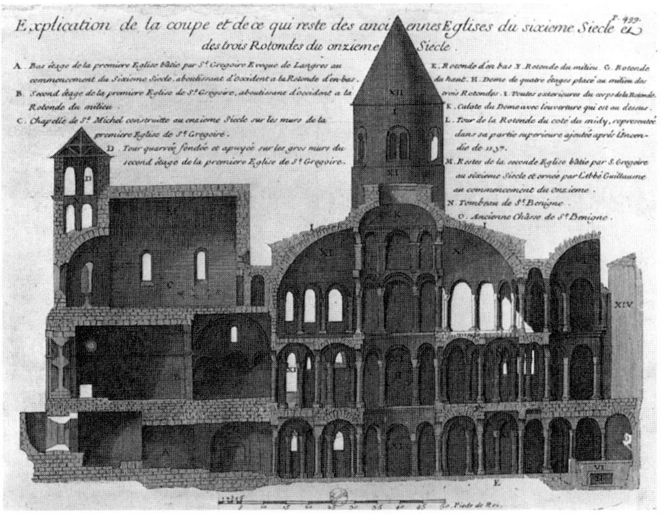

55. Dijon (Côte-d'Or), église Saint-Bénigne, coupe longitudinale de la rotonde par dom Plancher, 1739.

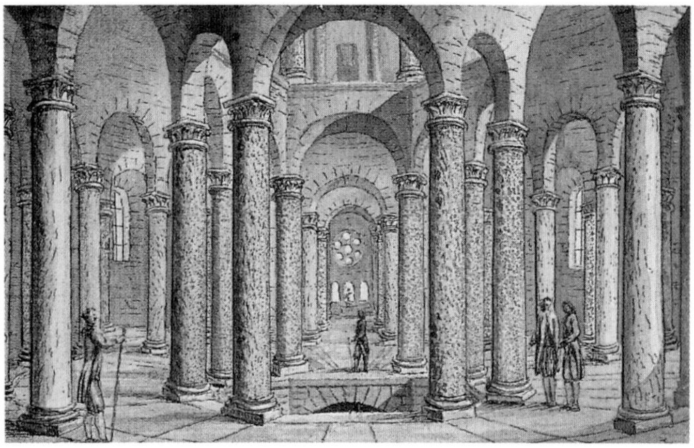

56. Dijon (Côte-d'Or), église Saint-Bénigne, étage intermédiaire de la rotonde à la fin du XVIIIe siècle par Antoine. Dijon, Bibliothèque municipale.

La chronique de Saint-Bénigne, qui contient une description du monument dans le troisième quart du XIe siècle, nous renseigne sur l'emplacement des autels[57]. Beaucoup d'entre eux se trouvaient dans la rotonde qui magnifiait le tombeau de Bénigne, l'évangélisateur de la Bourgogne, dont les restes reposaient dans un sarcophage conservé sous l'abside. On pourrait être tenté de justifier le choix d'une rotonde par une liturgie particulière. Mais, réformée par Cluny en 989, soumise à l'autorité d'un abbé – Guillaume de Volpiano – venu de cette abbaye avec douze moines, Saint-Bénigne obéissait à des coutumes inspirées de celles de Cluny. Plus importante sans doute fut la référence à un type architectural ancien et prestigieux : celui des *martyria* circulaires. Malgré sa valeur historique et symbolique, ce type n'eut guère de succès dans l'architecture romane, mis à part quelques édifices imitant de manière explicite le Tombeau du Christ, comme l'église de Neuvy-Saint-Sépulcre. La combinaison d'une basilique et d'une rotonde, dont l'architecture paléochrétienne offrait divers exemples, ne retint guère l'attention des architectes romans. À peine peut-on citer l'exemple de Charroux, où une vaste rotonde occupait l'emplacement de la croisée du transept. Le parti adopté à Saint-Bénigne reflète donc un idéal appartenant déjà au passé, même si l'édifice surpasse en ampleur et en complexité la plupart de ceux dont l'existence est attestée aux Xe et XIe siècles. Sans doute l'ambition de la construction reflète-t-elle celle de l'évêque de Langres, Brunon de Roucy, qui finança largement l'église dans laquelle il souhaitait être enterré. Pour lui conférer le plus grand luxe possible, « il fit venir de toutes parts des colonnes en marbre et en pierre[58] ». Cette surabondance de colonnes et d'arcatures murales, qui évoque celle d'édifices telle que l'église de La Daurade de Toulouse, reflète, elle aussi, un goût hérité du haut Moyen Âge.

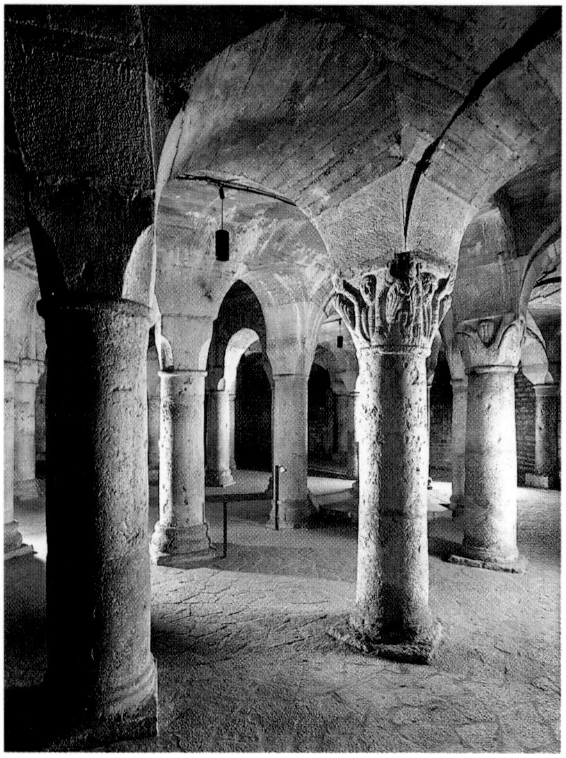

57. Dijon (Côte-d'Or), église Saint-Bénigne, crypte, état actuel.

La diffusion des cryptes-halles

Saint-Bénigne de Dijon était également exceptionnel par l'extension de sa crypte ; celle-ci, subdivisée par de multiples files de colonnettes, appartient au type des vastes cryptes-halles qui devaient connaître un grand succès dans l'Empire et en Italie du Nord à partir du milieu du XIe siècle (Sainte-Marie-au-Capitole à Cologne, cathédrale d'Acqui). Toutefois, aucun autre exemple de l'an mille n'atteint son ampleur. Certes, on note, par rapport aux antécédents carolingiens connus, une tendance au développement en longueur de ces cryptes-halles, mais elles demeurent limitées à l'emplacement de l'abside et du chœur. Il en est ainsi dans celles de Saint-Avit d'Orléans ou de Notre-Dame d'Étampes (ill. 58), subdivisées en trois vaisseaux par six colonnes, comme les cryptes contemporaines de la cathédrale d'Aquilée ou d'Agliate en Italie du Nord, ou comme celles, récemment découvertes en fouilles et sans doute un peu plus tardives, de la cathédrale de Meaux et de Saint-Mexme de Chinon. Ces petites cryptes-halles, auxquelles on accédait, soit par un escalier central, soit par deux escaliers latéraux, provoquaient généralement un surhaussement du sol de l'abside et du chœur, comme on peut l'observer dans les exemples italiens conservés en élévation (San Michele d'Oleggio ou Galliano). Ainsi, ces cryptes participaient à la définition des espaces intérieurs de l'église.

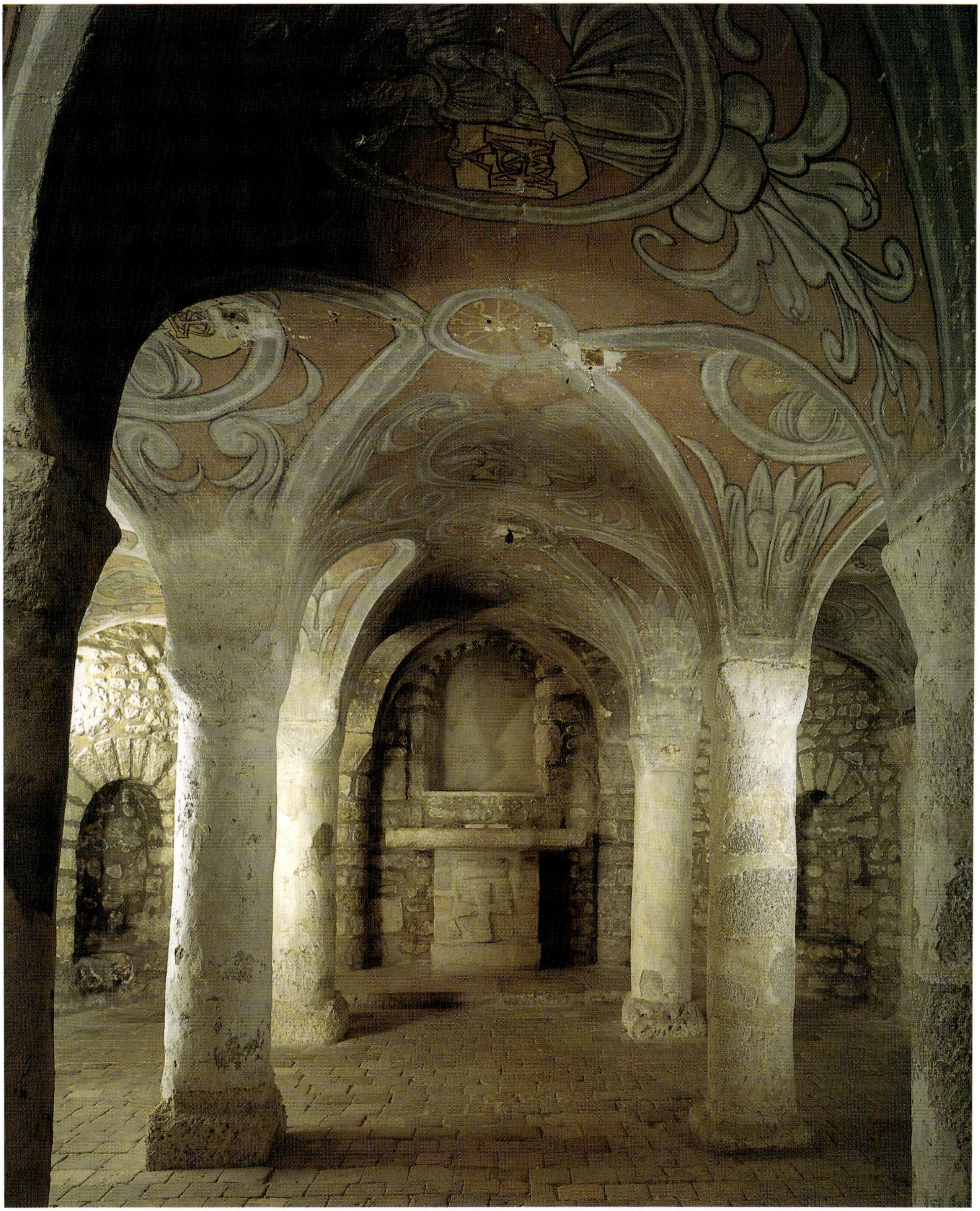

58. Étampes (Essonne), église Notre-Dame, crypte.

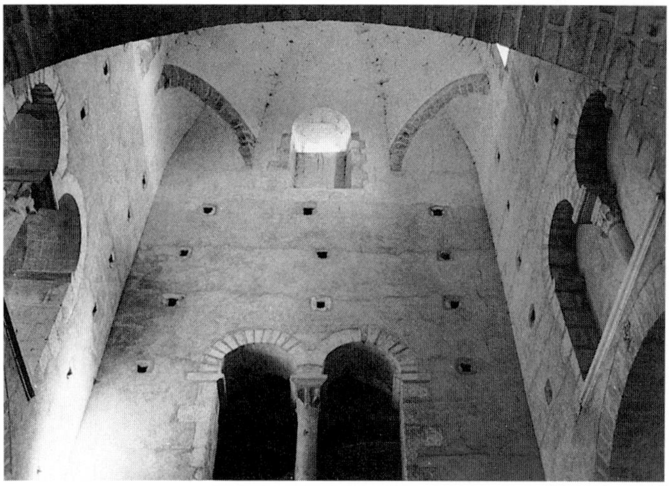

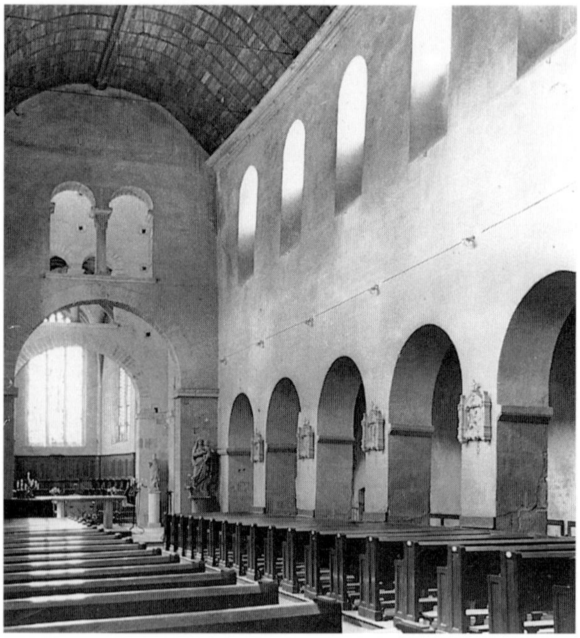

59 et 60. Perrecy-les-Forges (Saône-et-Loire), église priorale, croisée du transept et nef .

II. Les transformations des transepts

Le transept, fréquent dans les édifices d'une certaine importance, constitue un complément essentiel du chevet, tant dans le domaine fonctionnel qu'architectural. Il appartient souvent, au moins pour son mur oriental, à la même campagne de construction. Cela va de soi pour des chevets comportant des chapelles alignées ou échelonnées, mais il en est de même à Saint-Philibert de Tournus et dans d'autres églises à déambulatoire où les chapelles orientées du transept complètent celles du chevet. Le transept appartient d'ailleurs pour tout ou partie au chœur liturgique, qui inclut même souvent les travées orientales de la nef. À Châtillon-sur-Seine, par exemple, l'autel majeur dédié à la Vierge se trouvait à la croisée du transept, tandis que les reliques de saint Vorles étaient associées à l'autel de l'abside.

La hiérarchisation des masses

Situé à la rencontre du chevet et de la nef, le transept joue également un rôle déterminant dans l'équilibre des masses externes et dans l'organisation des espaces intérieurs. Lorsque ses bras atteignent la même hauteur que le chœur et la nef, l'intersection des deux vaisseaux perpendiculaires engendre une croisée autour de laquelle s'organisent toutes les autres parties de l'édifice. Ainsi, à Saint-Vorles de Châtillon-sur-Seine (ill. 42), l'étagement progressif des absidioles, de l'abside et du chœur trouve son point culminant à la croisée du transept, surmontée d'une tour carrée et d'un clocheton [59]. L'existence d'une « tour de chœur », selon la terminologie médiévale, n'est pas nouvelle dans son principe. Grégoire de Tours mentionne à diverses reprises la présence, au VIe siècle, de tours situées au-dessus de l'autel ou devant le sanctuaire d'une basilique [60]. S'il est difficile de restituer ces constructions mérovingiennes, il n'en est pas de même pour celles de l'époque carolingienne. À Saint-Riquier, le transept oriental était surmonté d'une tour circulaire ; à Saint-Philbert-de-Grandlieu, les arcs qui délimitaient la croisée et, sans doute, supportaient une tour-lanterne sont conservés. Des dispositions identiques sont attestées, pour la même période, par des textes ou des fouilles dans plusieurs grands édifices de la France du Nord (Saint-Denis, Corbie, Saint-Benoît-sur-Loire...). L'adoption d'une « tour de chœur » par certains architectes de l'an mille peut donc apparaître comme le prolongement d'une tradition déjà ancienne, du moins dans certaines régions de la France.

Les premières coupoles de croisée

L'analyse des dispositions des croisées conservées conduit cependant à nuancer cette opinion. À Saint-Vorles et à Perrecy-les-Forges (ill. 34 et 59), le choix d'une coupole sur trompes pour couvrir la croisée constitue sans doute une nouveauté, même si toutes les conséquences du passage de la charpente à la voûte ne sont pas encore perçues. Les piles cruciformes qui supportent le poids de la coupole ne sont pas renforcées par rapport à celles de la nef, et ne diffèrent guère des piles de croisée de l'époque carolingienne. Les architectes de ces deux édifices ayant souhaité conserver l'éclairage direct caractéristique des tours charpentées, la

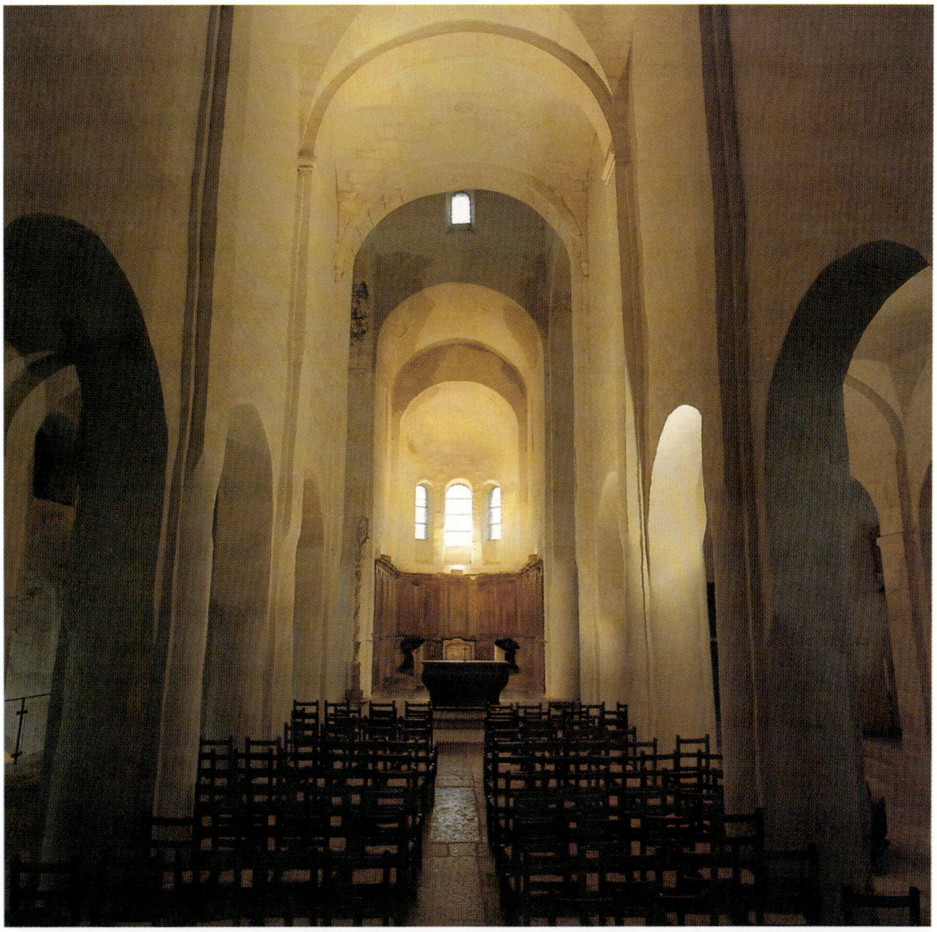

61. Châtillon-sur-Seine (Côte-d'Or), église Saint-Vorles, nef et chœur.

Ci-dessous :
62. Saint-Michel-de-Cuxa (Pyrénées-Orientales), église abbatiale, nef.

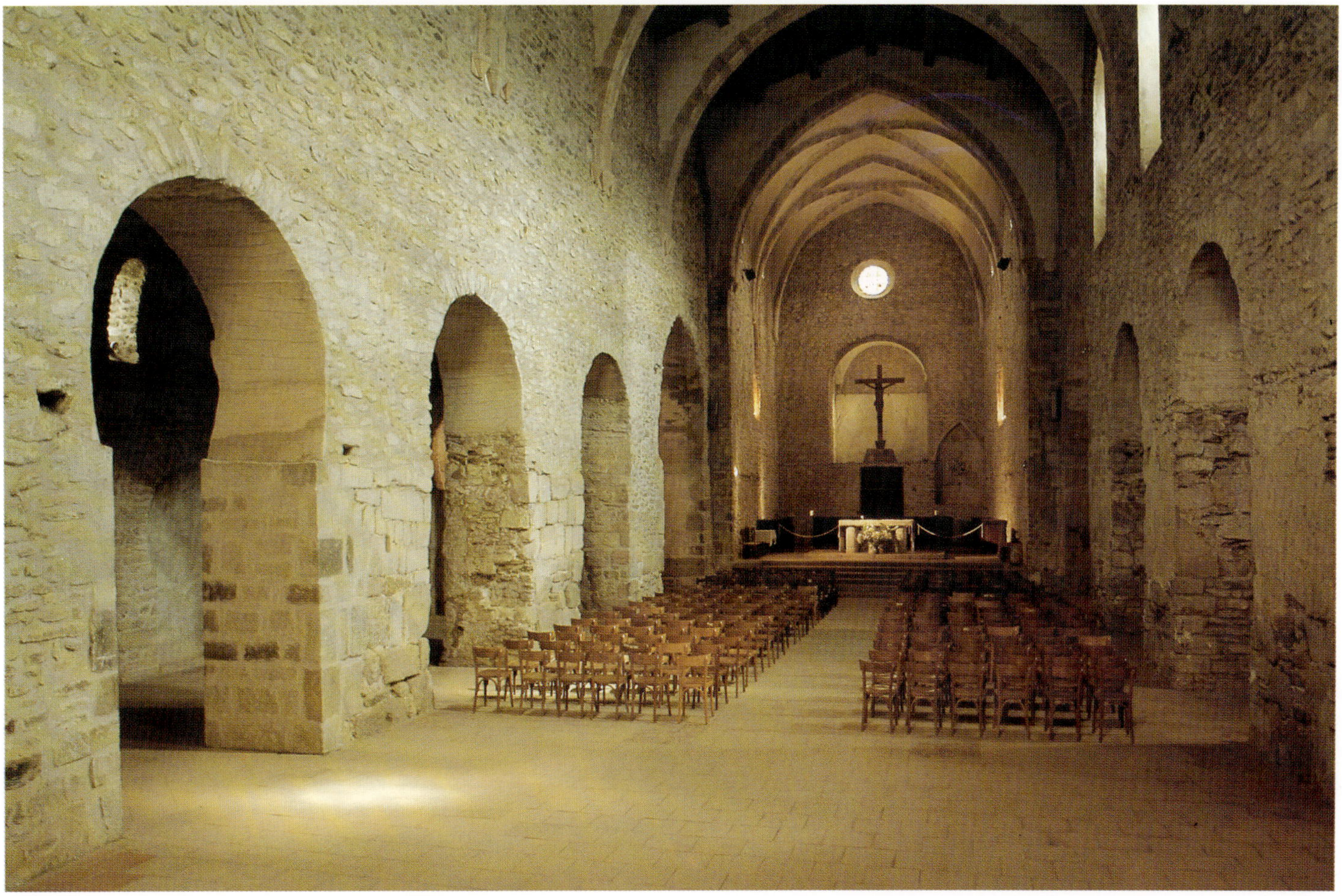

coupole s'élève au-dessus d'une cage carrée, dotée sur chacun de ses côtés d'une petite fenêtre située au niveau des trompes à Perrecy-les-Forges, légèrement en dessous de celui-ci à Châtillon-sur-Seine. Il est vrai, les faibles dimensions de ces coupoles (environ 4,50 m de diamètre à Saint-Vorles) ne posent guère de problèmes techniques. Mais, dans des constructions plus amples, les architectes seront conduits à renforcer les supports de croisée et renonceront à ouvrir des fenêtres sous les coupoles. Ainsi s'effacera, dans les monuments voûtés du moins, le souvenir des tours-lanternes carolingiennes encore présent à Châtillon-sur-Seine et à Perrecy-les-Forges.

La solution adoptée dans les deux édifices n'est d'ailleurs pas exactement semblable ; tandis qu'à Châtillon-sur-Seine (ill. 34) la croisée est délimitée par des arcs doubleaux s'élevant au même niveau que les voûtes du chœur et du transept, à Perrecy-les-Forges (ill. 60), elle est encadrée par des arcs diaphragmes bas et étroits, ajourés d'une baie géminée. Dans le premier cas, les différents espaces communiquent largement les uns avec les autres ; dans le second, ces mêmes espaces sont fortement cloisonnés malgré les effets de transparence créés par les baies géminées. Cette dernière solution est destinée à disparaître, ou du moins à ne survivre que dans certaines régions, comme l'Auvergne. Sans doute reflétait-elle une tradition héritée de l'architecture charpentée du haut Moyen Âge, tradition attestée par les vestiges de la croisée carolingienne de Saint-Philbert-de-Grandlieu.

VARIATIONS SUR LE TRANSEPT BAS

Tous les transepts de cette période ne comportent pas de croisée. Ainsi, à Saint-Michel-de-Cuxa (ill. 62), les bras, qui s'ouvrent sur le haut-vaisseau de la nef par des arcades à peine plus amples que celles des bas-côtés, apparaissent comme des développements latéraux isolés de l'espace central. Cette formule du « transept bas » n'est pas une création des architectes de l'an mille. Empruntée à l'architecture paléochrétienne, elle avait connu une certaine fortune à l'époque carolingienne – à Steinbach notamment – avant d'être reprise au XIe siècle dans diverses régions (vallée de la Meuse, Bourgogne, Catalogne). Elle devait néanmoins s'effacer à plus ou moins brève échéance devant celle, formellement plus riche, du transept à croisée surmontée d'une tour.

L'expérience tentée à Saint-Généroux semble, pour sa part, n'avoir rencontré aucun écho. Pour autant que la restauration du monument permette d'en juger, l'architecte qui édifia cette église difficile à dater (début du XIe siècle ?) tenta de combiner transept bas et croisée en délimitant, au devant des trois chapelles orientées du chevet, un vaste espace rectangulaire séparé de la nef unique par un triple arc diaphragme ajouré d'une série d'arcatures d'un bel effet (ill. 38 et 63). Comme dans le cas de la croisée de Perrecy-les-Forges, il est tentant de chercher l'origine de ce parti insolite dans l'architecture du haut Moyen Âge, bien qu'aucune comparaison ne soit véritablement probante. Au même titre que la rotonde de Saint-Bénigne de Dijon, le transept de Saint-Généroux permet d'entrevoir l'existence d'autres voies que celles que retiendront finalement les architectes romans.

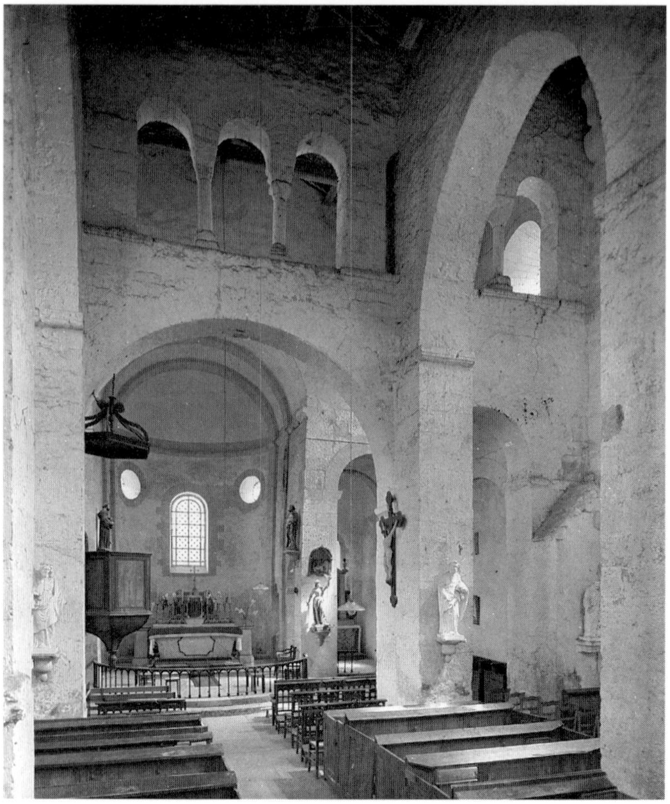

63. Saint-Généroux (Deux-Sèvres), église priorale, arc diaphragme séparant la nef du transept.

III. UN TIMIDE RENOUVELLEMENT DE LA TRADITION : LES NEFS

Tandis que chevets et transepts subissaient des transformations déterminantes pour l'avenir de l'art roman, beaucoup de nefs restaient fidèles aux solutions du haut Moyen Âge. Les nefs uniques, notamment, offrent des caractères d'une grande stabilité : que leur vaisseau soit large comme à Saint-Généroux, ou étroit, comme à Saint-Genis-des-Fontaines et à Saint-André-de-Sorède, il est délimité par des murs inarticulés, éclairé par des fenêtres hautes et couvert d'une charpente [61]. L'exemple des nefs subdivisées en trois vaisseaux doit davantage retenir l'attention. En effet, tandis que, depuis l'époque paléochrétienne, celles-ci n'avaient connu aucune transformation structurelle, dès le début de l'époque romane, un certain nombre de recherches significatives s'ébauchent ; elles portent sur le traitement des parois, la forme des supports des grandes arcades, le nombre et les proportions des niveaux, l'équilibre entre le vaisseau central et les collatéraux et le mode de couvrement.

LA FIDÉLITÉ AU PASSÉ

La plupart des nefs à trois vaisseaux, avec leurs murs gouttereaux inarticulés percés de fenêtres, leurs grandes arcades à rouleau unique reposant sur des piliers quadrangulaires et leur couverture charpentée dans le haut-vaisseau comme dans les bas-côtés, prolongent cependant la tradition carolingienne. Malgré sa simplicité, ce type de nef se prête à de multiples interprétations. Ainsi, à Saint-Michel-de-Cuxa (ill. 62), les arcades étroites et basses et les piliers rectangulaires très amples contribuent à isoler les bas-côtés du haut-vaisseau. Peu sensible à l'abondance de l'éclairage, mais soucieux de protéger l'édifice des vents du nord, l'architecte n'a doté le haut-vaisseau que de quatre fenêtres non ébrasées du côté sud ; celles-ci sont légèrement désaxées par rapport aux arcades, comme c'est souvent le cas pendant cette période. À Perrecy-les-Forges (ill. 60), où les grandes arcades sont de proportions plus élancées, fenêtres et arcades sont au contraire rigoureusement superposées. Ainsi les rythmes verticaux sont-ils à la fois plus denses et plus fermes, tandis que les baies, ébrasées vers l'intérieur et proches les unes des autres, assurent une large diffusion de la lumière. Les architectes romans semblent avoir été moins préoccupés que les architectes carolingiens et ottoniens par les calculs modulaires ; en revanche, les jeux de proportions immédiatement perceptibles leur inspirèrent d'infinies variations, et ce type de nef devait séduire longtemps certains d'entre eux.

UNE NOUVEAUTÉ : LA NEF À TRIBUNES

Les nefs dont les bas-côtés sont surmontés de tribunes ouvrant sur le haut-vaisseau, qui existaient dès l'époque paléochrétienne dans les régions orientales de l'Empire et avaient parfois été adoptées en Occident (Sainte-Agnès de Rome), ne semblent guère avoir connu de fortune dans l'architecture carolingienne. Leur apparition, vers la fin du Xe siècle, dans l'Empire ottonien s'inscrit sans doute dans la vague d'influences grecques favorisée par le mariage d'Otton II avec une princesse byzantine, Théophano. Ce type

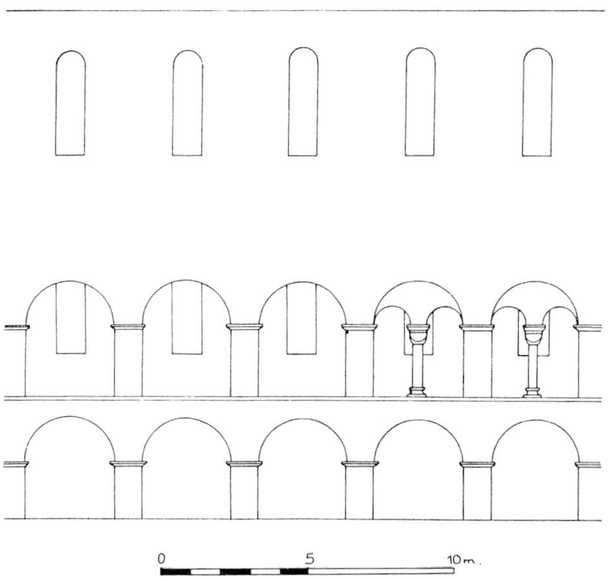

64. Montier-en-Der (Haute-Marne), église Saint-Pierre-et-Saint-Paul, élévation de la nef d'après J. P. Ravaux. À droite, état actuel ; à gauche, restitution de l'état primitif.

de nef, qui devait connaître un grand succès jusqu'au début de l'architecture gothique, semble encore rare en France, et les raisons de son adoption restent obscures. La chronique de Saint-Bénigne de Dijon nous apprend cependant que les « doubles portiques » qui régnaient sur chaque flanc de l'église comportaient des autels [62]. La seule nef à tribunes conservée en France – reconstruite presque entièrement après avoir subi les bombardements de la Seconde Guerre mondiale – est celle de l'abbatiale champenoise de Montier-en-Der (ill. 64), entreprise avant 983 par l'abbé Adson (mort en 992) et dédicacée dès avant 1004 [63]. Elle comporte des arcades larges et basses, retombant sur des piles carrées ceinturées d'une imposte et surmontées de tribunes qui, primitivement, ouvraient sur le haut-vaisseau par des baies uniques de proportions sensiblement égales à celles des arcades [64]. Les fenêtres non ébrasées, situées dans l'axe des arcades et des tribunes, étaient percées dans la partie supérieure des murs gouttereaux, dont aucun élément architectonique ne venait briser la monotonie.

RECHERCHES SUR L'ARTICULATION DES SUPPORTS ET LA TRAVÉE

Cependant, de nouvelles solutions visant à enrichir la plastique murale furent expérimentées dans quelques édifices de l'an mille. À Saint-Vorles de Châtillon-sur-Seine (ill. 61 et 66), l'architecte a adopté pour les grandes arcades de la nef des piles composées, et délimité les travées grâce à des pilastres

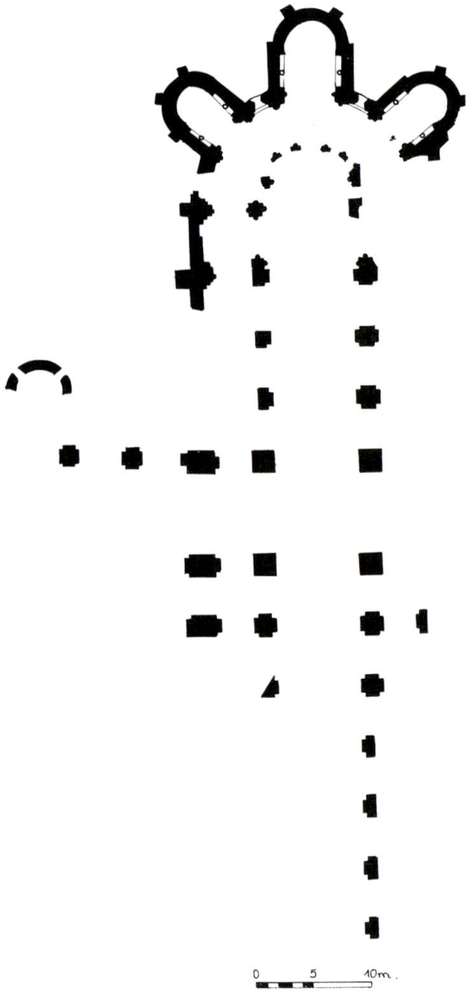

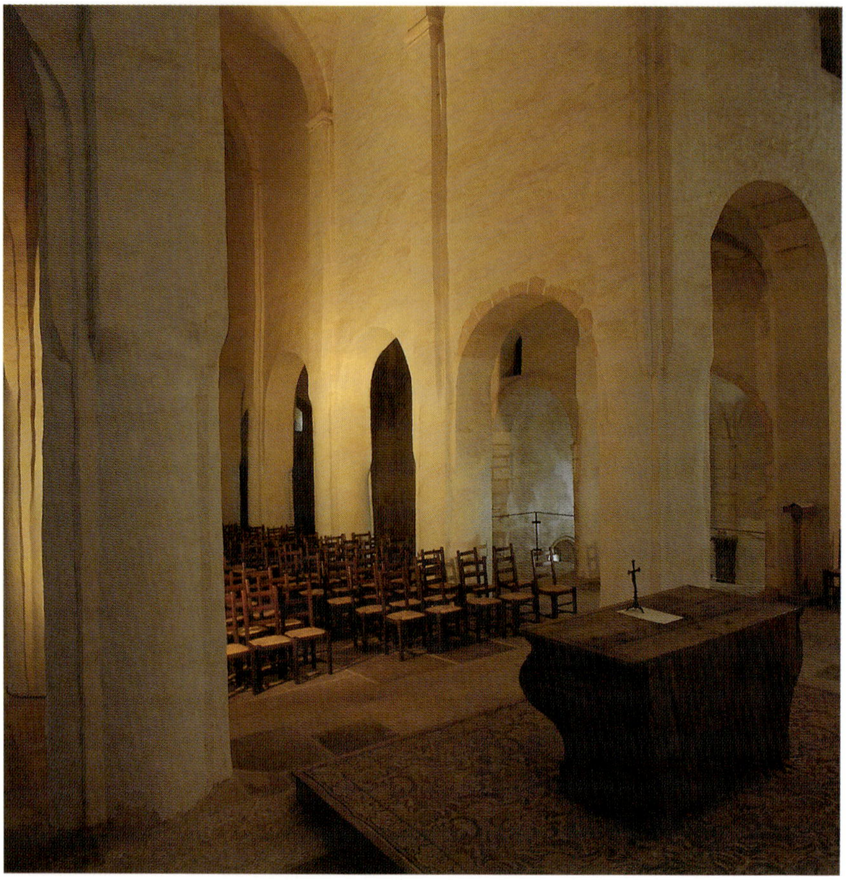

66. Châtillon-sur-Seine (Côte-d'Or), église Saint-Vorles, nef.

À gauche : 65. Orléans (Loiret), cathédrale Sainte-Croix, plan des fouilles d'après P. Rousseau.

montant de fond. Ainsi, l'expression plastique des rythmes verticaux, appelée à connaître de superbes développements, est déjà sensible à Saint-Vorles. Certes, le système n'est pas encore parfaitement défini, le noyau des piles composées est à peine visible, les colonnes engagées obéissent à un tracé incertain. L'architecte semble plutôt avoir conçu une pile circulaire modelée par des ressauts et des courbes qu'une pile véritablement articulée. À des niveaux différents selon qu'il s'agit de celles qui reçoivent les grandes arcades ou de celles qui correspondent au vaisseau central et aux collatéraux, les colonnes se transforment, par l'intermédiaire de maçonneries simulant des chapiteaux à angles abattus, en un simple rouleau à angle vif dans le premier cas, en pilastre dans le second. En outre, le noyau de la pile se prolonge sur toute la hauteur du mur gouttereau et sert de dosseret aux pilastres. Le voûtement des bas-côtés de la nef de Saint-Vorles, au XIIe siècle, et celui du haut-vaisseau, au XVIIe siècle, ont fait disparaître toute trace des parties hautes de ces pilastres. Étaient-ils destinés à recevoir certaines pièces de charpente ? Se terminaient-ils par un simple amortissement en glacis ? Les deux solutions se rencontrent dans des monuments plus tardifs, et il est difficile de distinguer la part des préoccupations fonctionnelles et celle de la recherche esthétique dans le choix de l'architecte de Saint-Vorles. Il est également difficile d'apprécier la place de cette expérience unique dans l'histoire de l'architecture romane ; il faudra, en effet, attendre le second quart du XIe siècle pour que les recherches sur les piles composées prennent véritablement leur essor. Toutefois, d'autres monuments semblent indiquer que, dès la fin du Xe siècle, certains architectes commencent à se détourner des traditionnels piliers quadrangulaires au profit de formes plus articulées. Il en était ainsi à la cathédrale d'Orléans (ill. 65), dans la nef, le transept et le chœur reconstruits par l'évêque Arnoul après l'incendie de 989, où des fouilles ont permis de retrouver des piles cruciformes[65].

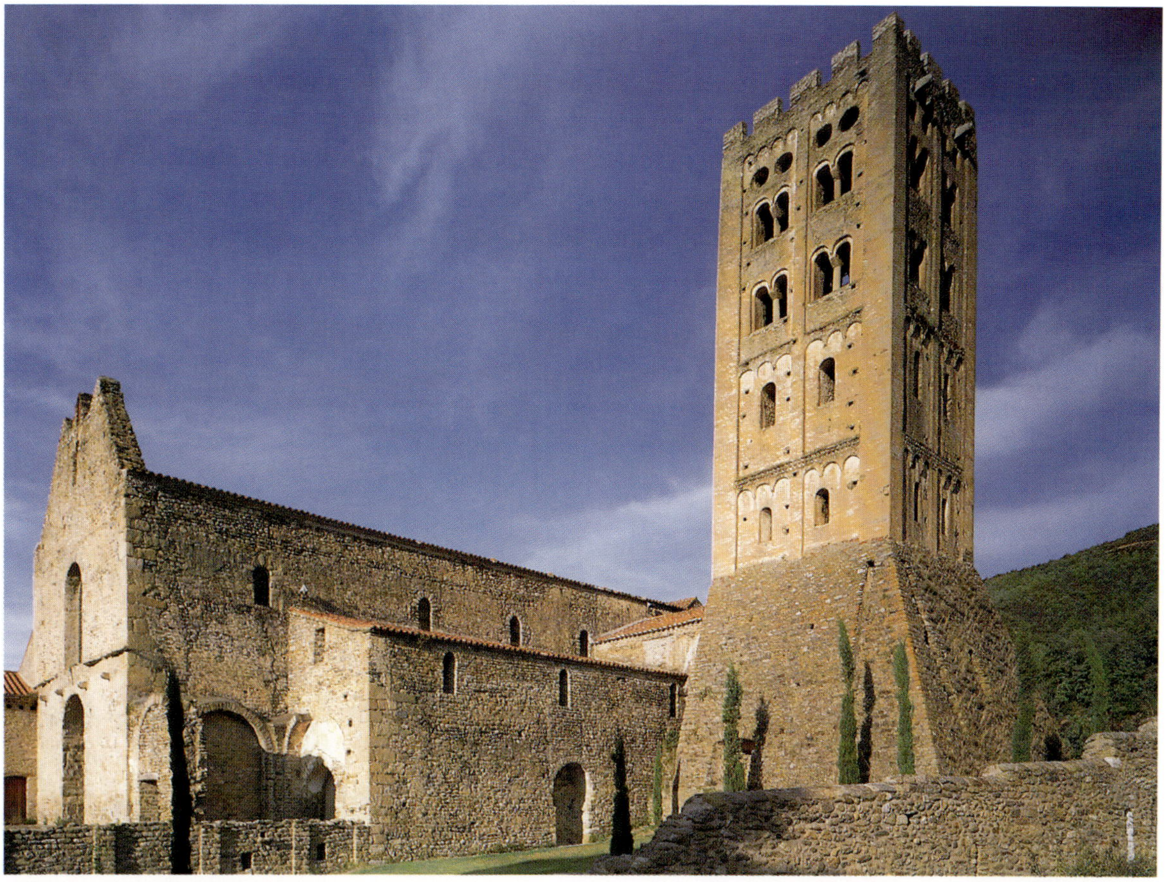

67. Saint-Michel-de-Cuxa (Pyrénées-Orientales), église abbatiale, façade occidentale et côté sud de la nef.

IV. UN HÉRITAGE : LES FAÇADES

Pas plus que les nefs, les façades de l'an mille ne subissent de transformations radicales. Les unes (Saint-Michel-de-Cuxa, Saint-Généroux) prolongent la tradition paléochrétienne du simple mur de façade, percé d'un nombre variable de portes et de fenêtres et dépourvu de contreforts (ill. 67). Les autres dérivent de solutions carolingiennes.

TOURS-PORCHES ET MASSIFS OCCIDENTAUX

La tour-porche, notamment, est fréquente au nord du Massif central. Les églises de Saint-Germain-des-Prés à Paris (ill. 68), Notre-Dame de Poissy, Saint-Pierre de Chartres (ill. 69), Mozat (Puy-de-Dôme), Meung (Loir-et-Cher) ont conservé des exemples représentatifs du type architectural le plus répandu à la fin du Xᵉ siècle et au début du XIᵉ siècle [66]. Plus étroites que les nefs dont elles permettent l'accès du côté occidental, ces tours occupent la partie centrale de la façade. Au-dessus d'un porche voûté se superposent deux ou trois niveaux ; au premier, une chapelle ouvre sur la nef par une ou plusieurs baies tandis que le niveau supérieur abrite les cloches. Les volumes externes de ces tours-porches frappent par leur simplicité, leurs hauts murs étant seulement animés par la présence de contreforts situés aux angles et, pour les constructions importantes comme Saint-Pierre de Chartres, sur les faces.

Le succès de la tour-porche n'entraîna pas l'abandon de formes plus complexes, dérivées des massifs occidentaux carolingiens, comme en témoignent les ruines de Saint-Pierre de Jumièges (ill. 70). La réédification, au XIVᵉ siècle, des parties hautes de la construction et la disparition de la façade interdisent de restituer avec précision toutes les dispositions primitives, mais ces vestiges permettent d'évoquer un massif occidental appartenant à un type assez voisin de celui de Saint-Pantaléon de Cologne. Deux tours abritant des escaliers en vis encadraient un petit porche voûté, surmonté d'une chapelle haute ouvrant vers l'est par une grande baie ; de cette chapelle divergeaient, au nord et au sud, des passages voûtés en berceau, éclairés par des arcatures géminées donnant sur l'espace central et disposés, comme des tribunes, au-dessus de bas-côtés de même largeur qu'eux. Les deux travées conservées peuvent être

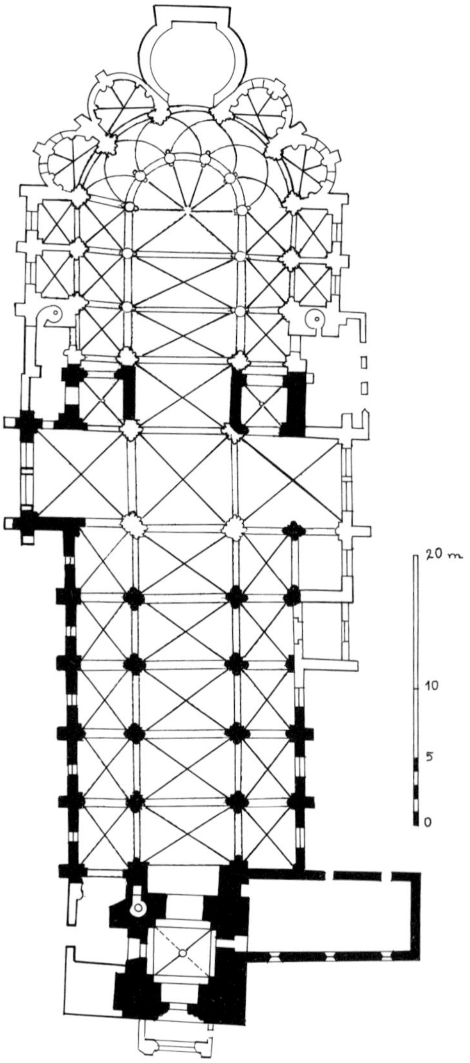

68. Paris, église Saint-Germain-des-Prés, plan.

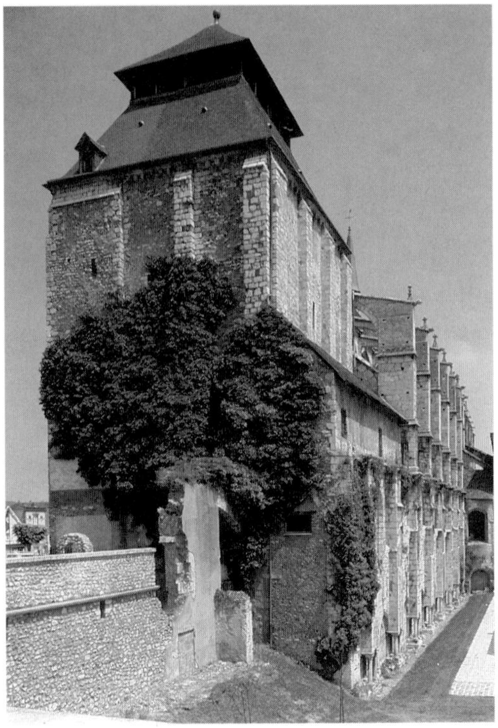

69. Chartres (Eure-et-Loir), église Saint-Pierre, tour-porche.

interprétées, soit comme les vestiges d'une nef offrant une élévation d'un type sans équivalent, soit comme ceux d'un massif occidental ceinturé sur trois côtés de bas-côtés et de tribunes, encore que l'étroitesse des passages voûtés ne permette guère de les assimiler à de véritables tribunes [67]. Bien que la première hypothèse ne doive pas être exclue, la seconde paraît plus satisfaisante dans la mesure où elle permet d'intégrer le massif occidental de Saint-Pierre de Jumièges dans une évolution typologique cohérente.

DES INCERTITUDES SUR LA FONCTION DES GALILÉES

Ces divers types d'antéglises que les textes contemporains désignent sous le nom de *galilea* (galilée) [68] ou de *turris* (tour) répondaient-ils à des fonctions distinctes ou s'agissait-il d'interprétations différentes répondant à une même fonc-

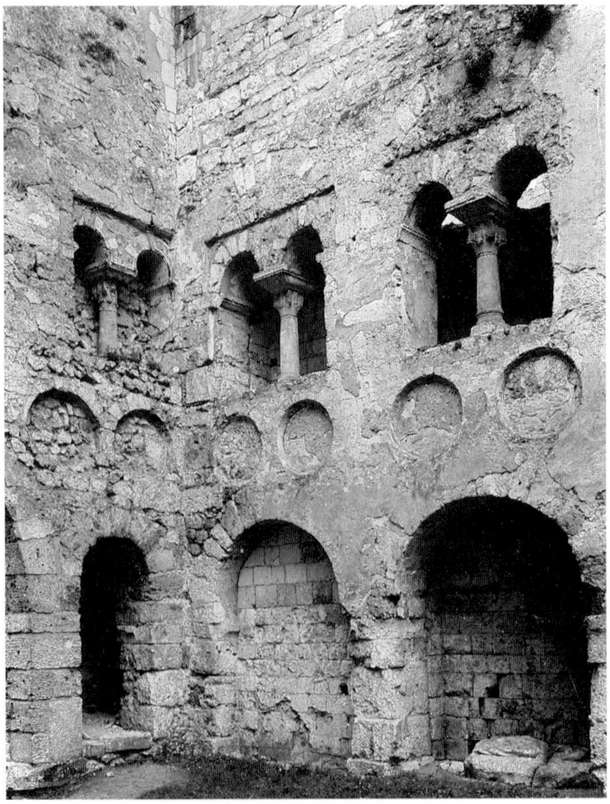

70. Jumièges (Seine-Maritime), église Saint-Pierre, vue intérieure du massif occidental.

tion ? Tandis que plusieurs textes permettent de comprendre la place des antéglises carolingiennes lors de certains offices liturgiques, aucun document ne nous éclaire avec autant de précision pour la période qui nous intéresse. Sans doute les constructions érigées à l'entrée des églises continuaient-elles à jouer, comme auparavant, un rôle essentiel lors des fêtes de Pâques et devenaient-elles pendant quelques jours le tombeau symbolique du Christ [69]. On notera cependant que, si dans les massifs occidentaux carolingiens l'autel de la chapelle haute était généralement consacré au Sauveur, il est plus souvent, à l'époque romane, placé sous le vocable de saint Michel, chef des milices célestes et gardien de l'entrée de l'église. L'observation des monuments révèle, par ailleurs, une tendance commune à réduire la complexité des dispositions intérieures, mais des choix différents en ce qui concerne les relations entre les galilées et les nefs : tantôt, comme aux tours-porches de Poissy ou de Saint-Pierre de Chartres, la chapelle haute ne communique avec l'église que par d'étroites baies ; tantôt, comme à Saint-Pierre de Jumièges ou à Saint-Germain-des-Prés, cette chapelle est largement ouverte sur la nef [70].

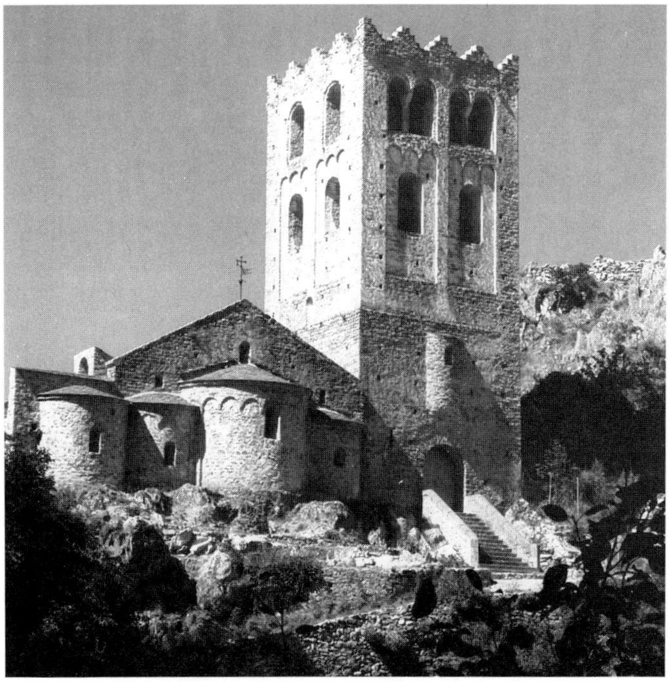

71. Saint-Martin-du-Canigou (Pyrénées-Orientales), église abbatiale, chevet et clocher.

V. L'IMPORTANCE ACCRUE DES CLOCHERS

LE SON DES CLOCHES

Depuis le VIIIe siècle, le nombre des cloches, parfois réparties dans plusieurs clochers comme à la cathédrale carolingienne du Mans, n'avait cessé d'augmenter. D'abord destinées à convoquer le clergé ou le peuple aux offices – fonction qui pouvait aussi être assurée par un autre instrument, comme une crécelle ou une trompe –, les cloches sont désormais chargées de faire résonner la louange de Dieu, telle qu'en témoigne cette prière de la fin du Xe siècle : « Christ, maître absolu et tout-puissant qui a apaisé la tempête sur la mer [...], secours maintenant ton peuple dans ses nécessités, répands comme une rosée du Saint-Esprit le tintement de cette cloche ; qu'à son bruit toujours l'ennemi s'enfuie ; que le peuple chrétien soit invité à la foi ; [...] qu'aujourdhui, toutes les fois que le son de cette cloche traversera la nue, les anges eux-mêmes servent de leurs mains l'assemblée réunie à l'église et que l'éternelle protection assure le salut à tous les biens des fidèles, à leurs âmes et à leurs corps [71]. » Aussi le son des cloches doit-il être porté le plus loin possible, ce qui nécessite des beffrois s'élevant haut au-dessus des toitures de l'église.

Toutes les églises de l'an mille ne sont pas dotées d'orgueilleuses tours en pierre. Les églises paroissiales et, sans doute, celles de beaucoup de prieurés se contentent encore souvent de simples supports en bois ou en pierre, placés au sommet du pignon de la façade ou d'un autre mur.

L'EMPLACEMENT DES TOURS DE CLOCHER

Comme dans le haut Moyen Âge, le choix de l'emplacement des tours répond à deux conceptions différentes. Certaines tours sont, selon la tradition du haut Moyen Âge en Italie, implantées à côté de la basilique. Mais cette solution, fréquente dans ce pays jusqu'à la fin du Moyen Âge, ne fut retenue en France que dans quelques édifices des régions méridionales et alpines. Ainsi, à Saint-Martin-du-Canigou (ill. 71), le clocher est accolé au flanc nord du chevet. Ailleurs s'imposa l'idée d'intégrer les tours aux basiliques, en les plaçant dans l'axe de la nef (tour-porche, tour de croisée) ou de part et d'autre de cet axe (tours jumelles de façade ou de chevet). La plupart des solutions adoptées par les architectes du XIe siècle dérivent de modèles carolingiens, mais les clochers tendent à prendre dans les églises romanes une importance nouvelle par rapport au reste de l'édifice. Cette évolution est particulièrement sensible dans le cas des tours jumelles encadrant le chœur, héritières des tourelles circulaires ou quadrangulaires de certaines églises carolingiennes. Le pas décisif semble avoir été franchi dès le Xe siècle à Saint-Maximin de Trèves (934-949), avec la construction de tours carrées assez vastes pour abriter des chapelles à leur premier niveau. Vers l'an mille, le chevet de la cathédrale d'Ivrée est encadré par de larges tours carrées implantées sur la première travée du déambulatoire. À une date un peu plus tardive, quoique difficile à préciser, on retrouve cette disposition, associée à des chevets de types divers, à Saint-Germain-des-Prés (ill. 68), à Notre-Dame de Melun et à la cathédrale de Metz. Expérimentée dans divers monuments du début du XIe siècle, elle ne devait cependant connaître de réel succès que dans les pays du nord de la Loire, par exemple en Lorraine.

La plupart des clochers de l'an mille ont subi trop de transformations, notamment dans leurs parties supérieures, pour qu'il soit possible d'en apprécier les effets de masse. Leur élévation semble cependant avoir été fort simple : une haute souche généralement aveugle, surmontée d'un ou deux niveaux de baies à angles vifs correspondant à l'étage des cloches. Le temps n'est pas encore venu – mais il viendra rapidement – de la superposition de plusieurs niveaux de baies, qui permettra une diversification des élévations.

VI. LES PREMIERS ESSAIS DE VOÛTEMENT

PARTIES ORIENTALES VOÛTÉES, NEFS CHARPENTÉES : UN COMPROMIS DURABLE

Les recherches techniques jouèrent-elles, pour leur part, un rôle dans la genèse des formes romanes ? La réponse doit être nuancée en ce qui concerne les monuments de l'an mille. La seule véritable nouveauté réside dans l'extension du voûtement à de nouvelles parties des églises. Certes, les absides étaient, depuis l'époque paléochrétienne, couvertes d'un cul-de-four, et les cryptes du haut Moyen Âge traditionnellement voûtées. Toutefois, si les architectes carolingiens (comme celui d'Aix-la-Chapelle) surent voûter des édifices de plan centré, nefs et transepts des grandes basiliques restaient charpentés. Les murs de celles-ci, hauts et minces, percés souvent de nombreuses fenêtres, ne pouvaient recevoir de voûtement sans subir des transformations, et de nombreuses expérimentations seront nécessaires pour que les structures des édifices s'adaptent au poids et à la poussée des voûtes. Cette mutation n'est qu'amorcée vers l'an mille, bien que certains architectes, comme celui de Saint-Vorles de Châtillon-sur-Seine (ill. 34), se soient essayé à voûter, non seulement le chevet dont le chœur reçoit un berceau en plein cintre, mais aussi le transept dont les bras furent également dotés de berceaux et la croisée d'une coupole. L'association d'un chevet et d'un transept voûtés avec une nef charpentée, fréquente durant tout le XIe siècle, se retrouvait à Perrecy-les-Forges, où seule subsiste la coupole de croisée[72].

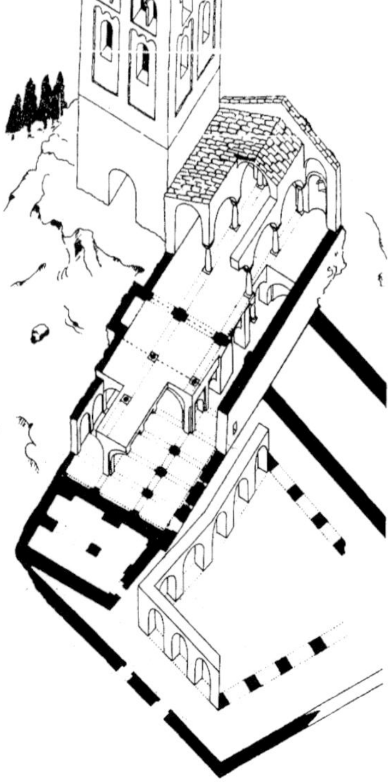

72. Saint-Martin-du-Canigou (Pyrénées-Orientales), église abbatiale, coupe axonométrique de Puig i Cadafalch.

UN PETIT ÉDIFICE ENTIÈREMENT VOÛTÉ : SAINT-MARTIN-DU-CANIGOU

Les tentatives de voûtement des nefs, dont Saint-Martin-du-Canigou offre un exemple, restèrent pour leur part exceptionnelles. Encore s'agit-il d'un édifice offrant des dispositions inhabituelles, où sont superposées une église basse et une église haute de même plan : une nef de trois vaisseaux se terminant chacun par une abside (ill. 72). Dans les deux cas, le vaisseau central est large de 3,20 m seulement ; dans l'église basse (ill. 73), la voûte ne s'élève qu'à 3 m de hauteur et elle n'atteint que 6,10 m dans l'église supérieure (ill. 74) qui, avec ses trois vaisseaux aveugles voûtés en berceau continu, n'est pas sans rappeler certains édifices préromans de Catalogne[73]. Mais la superposition de deux constructions voûtées posa des problèmes d'équilibre qui entraînèrent la modification du projet initial en cours de travaux. Dans les trois travées orientales, les plus anciennes, l'architecte adopta les mêmes petites colonnes monolithes en granite pour les deux niveaux. Des désordres apparurent sans doute rapidement, car il fallut englober les colonnes du soubassement de massifs de maçonnerie et renforcer les arcs. Dans les travées occidentales, édifiées peu après, l'architecte adopta dans l'église basse de puissants piliers cruciformes et renforça les trois berceaux de dou-

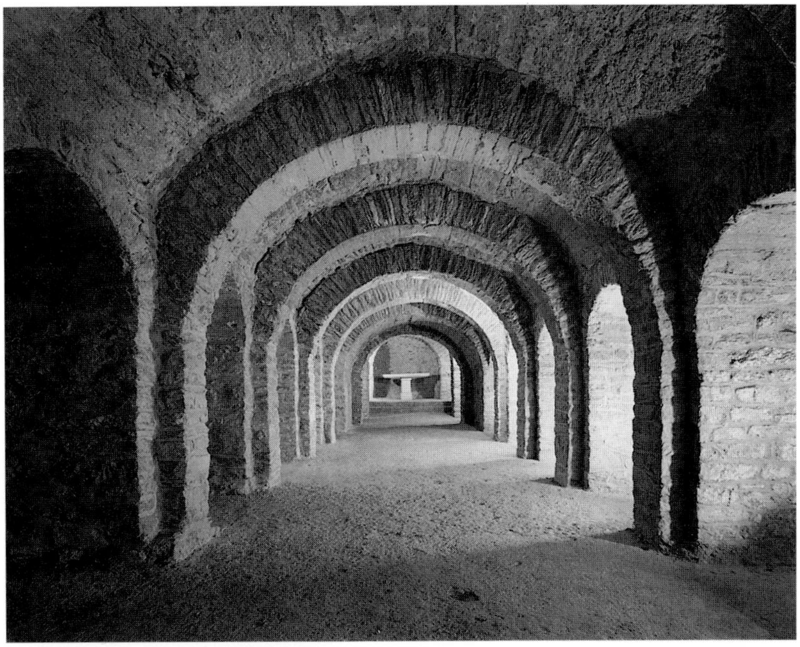

73. Saint-Martin-du-Canigou (Pyrénées-Orientales), église abbatiale, église basse.

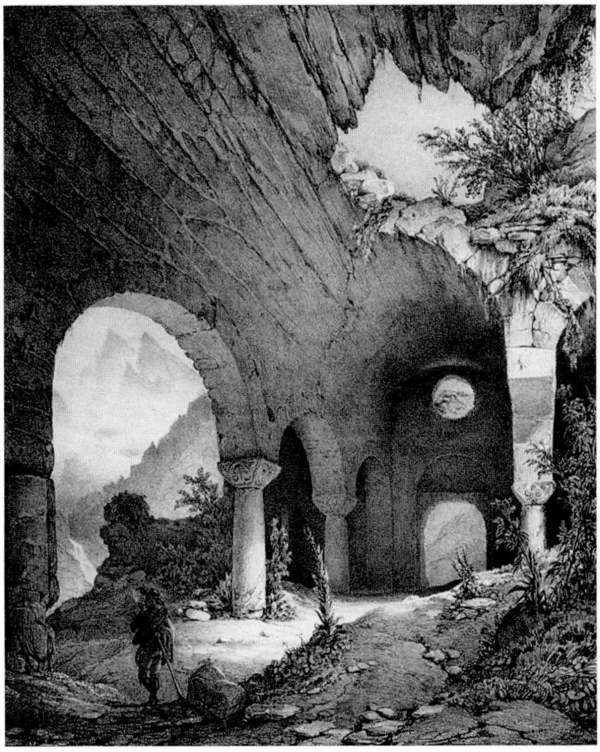

74. Saint-Martin-du-Canigou (Pyrénées-Orientales), église abbatiale, l'église haute en 1835. Lithographie de Chapuy.

bleaux tandis que dans l'église haute il restait fidèle aux colonnes monolithes et aux berceaux continus. Les travaux de construction de Saint-Martin-du-Canigou semblent avoir été entrepris à l'extrême fin du Xe siècle. En 1009, l'église basse était consacrée à la Vierge, l'église haute à saint Martin et la chapelle du clocher édifié au nord de la basilique à saint Michel. Une seconde consécration intervint cependant peu après, en 1014 ou en 1026 [74]. Le premier de ces actes correspond-il à la construction des travées orientales et le second au remaniement de celles-ci et à l'achèvement des travées occidentales ? Tout permet de le penser. Ainsi, au fur et à mesure de la progression du chantier, aurait-on vu s'esquisser une nouvelle réflexion sur les problèmes de stabilité des voûtes.

UNE AMBITION LIMITÉE

Qu'il s'agisse des nefs ou d'autres parties des édifices, les architectes de l'an mille ne se risquèrent à doter de berceaux que des vaisseaux de dimensions relativement réduites : 4,50 m dans le chœur et le transept de Châtillon-sur-Seine, un peu plus de 6 m dans le chœur de Saint-Philibert de Tournus. Dans le premier cas (ill. 41), la nécessité de renforcer les supports de la croisée ou de donner plus d'épaisseur aux murs des parties orientales qu'à ceux de la nef charpentée ne semble guère avoir préoccupé l'architecte ; il ne diminua pas davantage le nombre des fenêtres hautes et se contenta de réduire leurs dimensions. En revanche, à Tournus (ill. 46a), où l'espace à couvrir était plus vaste, le maître d'œuvre adopta dans le chœur de puissants piliers maçonnés qui contrastent avec la légèreté des colonnes de l'hémicycle et renonça, sans doute, à ouvrir des fenêtres sous la voûte.

VII. VERS UNE NOUVELLE STRUCTURE MURALE

LA VOÛTE, LA CHARPENTE ET LE MUR

Contrairement à une idée généralement admise, les transformations structurelles du mur et des supports ne semblent pas devoir être toujours mises en relation avec les expériences sur le voûtement. À Saint-Vorles, comme à Saint-Martin-du-Canigou, il n'existe aucun contrefort extérieur ; en revanche, ceux-ci sont utilisés pour raidir les murs de constructions développées en hauteur, comme les tours-porches, ou pour conforter les angles de chapelles rayonnantes, comme à Saint-Philibert de Tournus. De même, à l'intérieur, les voûtes en berceau continu n'appellent pas systématiquement une articulation du mur. Ainsi, à Saint-Vorles (ill. 61), c'est dans la nef charpentée et non dans les parties orientales voûtées que fut expérimenté un système de piles composées et de supports engagés rythmant les parois : novatrices dans le domaine technique, les parties orientales apparaissent, avec leurs vastes murs lisses, comme conservatrices dans celui de la recherche formelle ; à l'inverse, la nef, traditionnelle par son mode de couverture, révèle une réflexion sur la structure et la plastique murales qui annonce l'avenir.

LES COLONNES ENGAGÉES

L'intérêt pour la colonne engagée qui se manifeste dans quelques édifices de l'an mille prélude à la mise en place d'un nouveau système constructif. Sur le pourtour de la rotonde de Saint-Bénigne de Dijon et dans la crypte de Saint-Aignan d'Orléans (ill. 75), les colonnes engagées qui reçoivent les retombées des voûtes d'arêtes font face à des colonnes isolées, tandis qu'à Saint-Vorles les colonnes engagées dans les murs des bas-côtés de la nef répondent à celles des piles composées des grandes arcades, comme ce sera bientôt de règle dans de nombreux édifices romans. Dans ce domaine comme dans bien d'autres, les architectes romans s'inspirèrent sans doute de monuments romains dans la façade desquels la colonne engagée jouait un rôle important (amphithéâtres, portiques, portes urbaines, etc.). Mais le regard que portent les architectes de l'an mille sur l'art antique est un regard neuf ; le maître mot pour caractériser leur démarche n'est pas imitation, mais transposition, et souvent très libre transposition. Aussi la colonne engagée joue-t-elle, dès son apparition dans l'art roman, un rôle différent de celui qui était le sien dans l'architecture romaine (et dans les rares exemples carolingiens comme la *Torhalle* de Lorsch). Des façades, elle passe à l'intérieur des édifices, où elle se substitue aux pilastres et reçoit, selon les cas, les retombées des voûtes, des doubleaux ou des arcs diaphragmes ; au lieu de supporter des entablements horizontaux, elle s'intègre à un système de construction basé sur l'arc ; d'élément du décor architectural, elle devient un élément fonctionnel. Toutefois, dans ces premiers essais romans, l'insertion de la colonne engagée dans les maçonneries révèle encore certaines hésitations. Si, à Saint-Aignan d'Orléans, l'appareil de longues pierres plates qui se développe sur toute la paroi de la confession et assure une totale cohésion du parement et de la colonne rappelle les constructions romaines en brique, à Saint-Bénigne de Dijon, les colonnes taillées dans de grands blocs de pierre sont incrustées dans un parement de petit appareil.

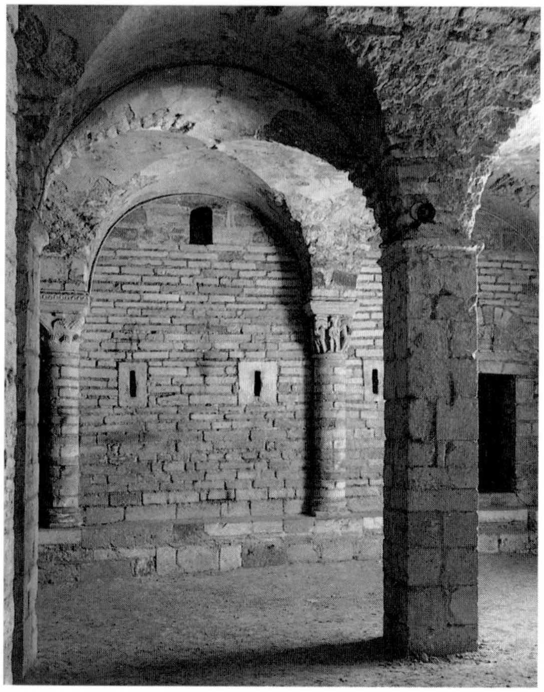

75. Orléans (Loiret), église Saint-Aignan, mur occidental de la crypte.

LA DIVERSITÉ DES PETITS APPAREILS

L'appareil des murs eux-mêmes est alors loin d'être uniforme. Les matériaux de remploi, fréquents dans le haut Moyen Âge, se rencontrent encore dans quelques édifices, comme la Basse-Œuvre de Beauvais [75], où les petits blocs cubiques des parements extérieurs proviennent de monuments romains (ill. 76), et dans la crypte de Saint-Aignan d'Orléans, où les pierres plates des murs de la confession ont probablement été obtenues en retaillant des sarcophages antiques. Les briques provenant de monuments de l'Antiquité ou du haut Moyen Âge furent aussi utilisées comme dans l'art romain à des fins décoratives (alternance

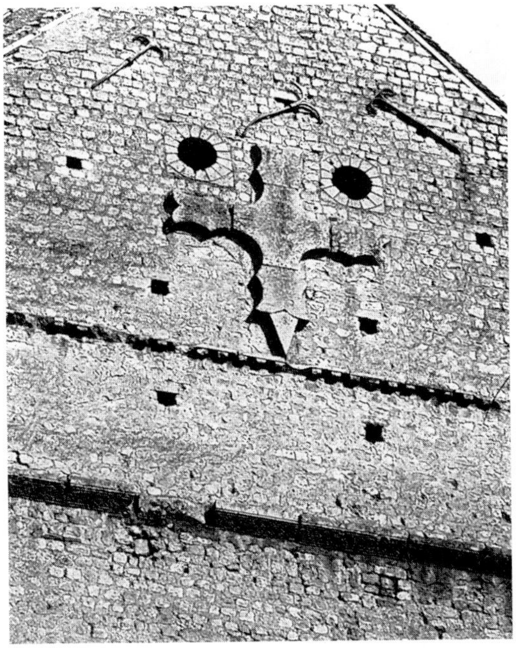

76. Beauvais (Oise), cathédrale, nef de Notre-Dame-de-la-Basse-Œuvre, façade occidentale.

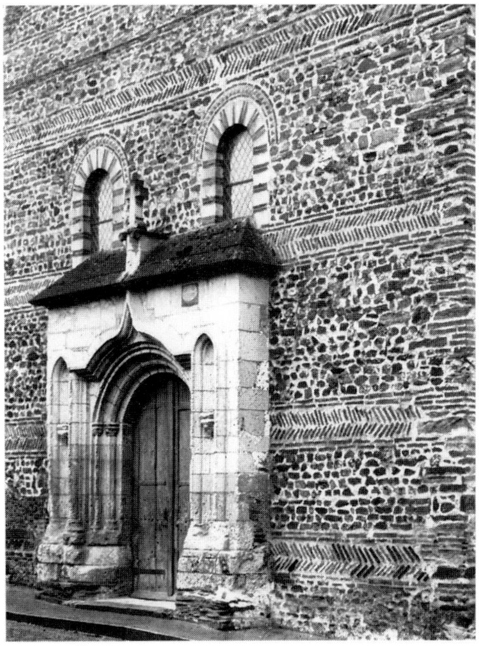

77. Savennières (Maine-et-Loire), église Saint-Pierre, façade occidentale.

de claveaux de brique et de calcaire à la Basse-Œuvre de Beauvais, arêtes de poisson – *opus spicatum* – à Savennières) (ill. 77), disposées en arases ou mêlées aux autres matériaux de construction (tour-porche de Saint-Pierre de Chartres) ; mais la plupart des monuments sont construits en petit appareil, noyé dans un abondant mortier. À Saint-Michel-de-Cuxa ou à Saint-André-de-Sorède (ill. 37 et 67), les parements sont essentiellement constitués de galets de rivière et de moellons, tandis qu'à Saint-Martin-du-Canigou, ce sont de petites pierres plates plus ou moins dégrossies. À Saint-Vorles de Châtillon-sur-Seine, l'architecte a employé des pierres calcaires se délitant avec facilité en lamelles d'épaisseur variable. Parfois, comme à Saint-André-de-Sorède ou dans les chapelles rayonnantes de Saint-Philibert de Tournus, quelques assises sont disposées en arêtes de poisson.

LES DÉBUTS DE LA PIERRE TAILLÉE

Cependant, le petit appareil ne règne pas exclusivement ; son association avec un moyen appareil de pierres taillées, qui tendra à se répandre au cours du XIe siècle, se rencontre déjà dans quelques édifices : cathédrale d'Orléans et église Saint-Aignan, Perrecy-les-Forges et, surtout, Saint-Philibert de Tournus, où les murs de la crypte et de ce qui subsiste du chevet sont parementés, à l'intérieur, d'assises de moyen appareil (ill. 49), alors qu'à l'extérieur seuls les contreforts d'angle et les maçonneries situées à la rencontre des chapelles et du déambulatoire ou les encadrements des fenêtres sont ainsi traités (ill. 47). Cette utilisation du moyen appareil pour d'importantes parties de la construction n'est pas seulement liée aux disponibilités financières du commanditaire ou à une amélioration des techniques d'extraction et de taille de la pierre : elle révèle une nouvelle conception de la structure murale, selon laquelle certaines parties de la maçonnerie particulièrement importantes dans l'ossature du monument (supports, contreforts, baies) sont renforcées tandis que le plein des murs est appareillé de manière plus médiocre.

Même dans les monuments où la pierre taillée est utilisée plus ou moins largement, le mortier continue de jouer un rôle essentiel dans la cohésion des maçonneries et les lits atteignent fréquemment de 7 à 9 cm d'épaisseur. Malgré ce large recours au mortier, les constructeurs de l'an mille ne maîtrisent pas tous les problèmes posés par un parement en moyen appareil. La taille de la pierre elle-même trahit les difficultés rencontrées : les arêtes des blocs sont souvent éclatées, les empreintes laissées par les outils, profondes et irrégulières. Pourtant apparaissent déjà les caractères du layage roman, avec ses longues incisions parallèles disposées de biais par rapport aux côtés du bloc, si différentes des traces courtes, larges et orientées en tout sens de beaucoup d'exemples carolingiens ; le marteau taillant, ou laie, dont l'usage s'imposera dans l'art roman commence à remplacer le marteau têtu plus couramment utilisé dans le haut Moyen Âge[76].

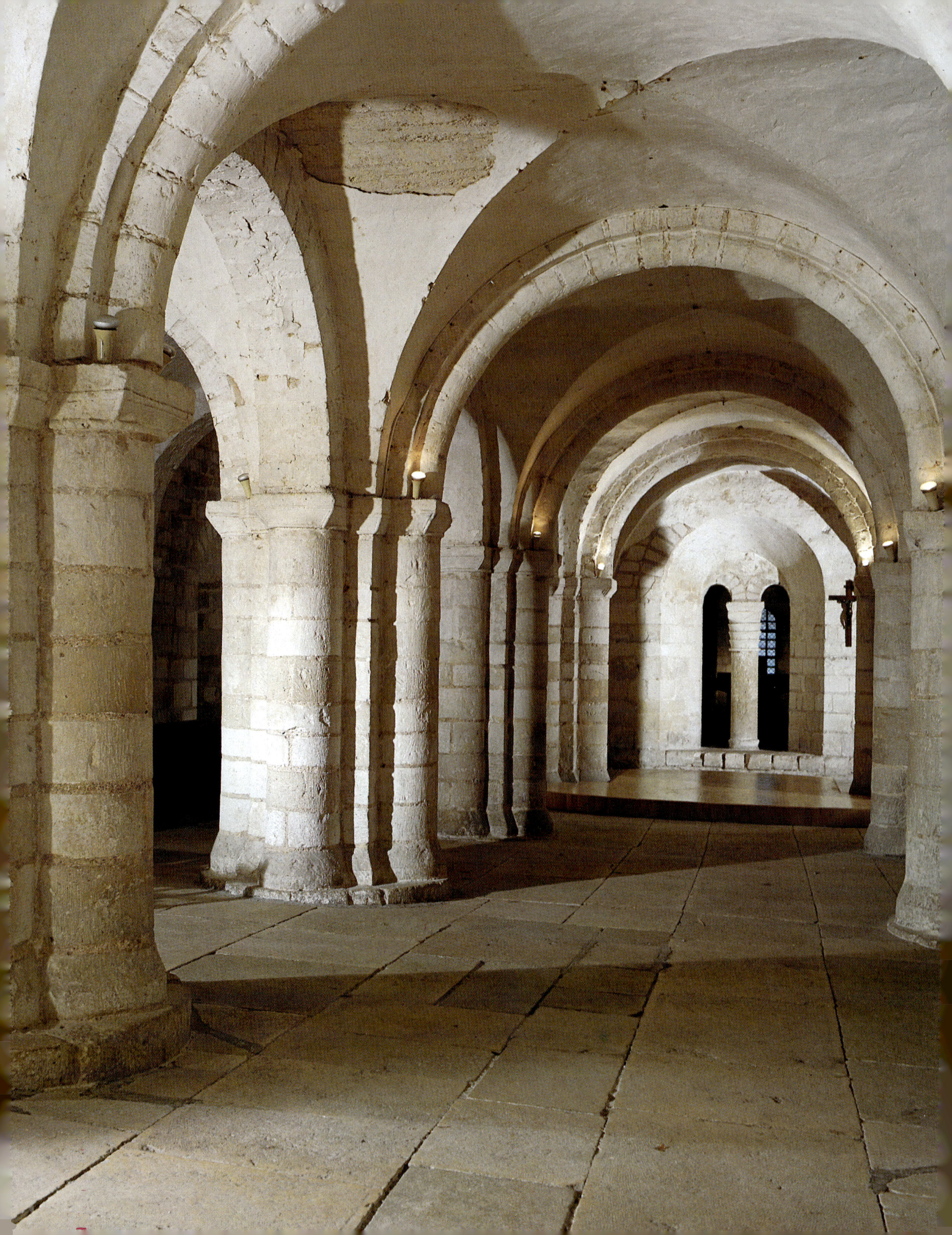

Chapitre IV

Création
1020-1060

78. Auxerre (Yonne), cathédrale Saint-Étienne, salle centrale de la crypte.

La géographie artistique de la France de l'an mille ne se modifie pas sensiblement au cours des décennies suivantes. Cependant, des régions comme la Provence ou le Languedoc offrent désormais des témoignages significatifs et, d'une manière générale, le nombre des monuments qui nous sont parvenus s'accroît nettement.

Le second quart du XIe siècle vit, en effet, se multiplier des grands chantiers dont l'activité devait parfois se prolonger pendant plusieurs décennies, mais aussi des entreprises plus modestes. La densité accrue de ces dernières s'explique en partie par l'émergence d'une nouvelle catégorie de commanditaires : les seigneurs châtelains. Beaucoup de petites abbayes, de prieurés ou, au nord de la Loire, de collégiales castrales bénéficièrent des libéralités de cette aristocratie locale. Le phénomène fut amplifié par le dynamisme des moines, qui essaimaient dans les prieurés dépendant de leur abbaye-mère ou établissaient des prieurés-cures dans les paroisses qui leur étaient confiées. Cette prolifération des chantiers, qui coïncidait avec une phase d'expérimentation intense, allait permettre aux architectes d'acquérir rapidement une certaine maîtrise et de sélectionner un répertoire de formes. Elle devait puissamment contribuer à la définition et à la diffusion de l'art roman.

Si les monuments construits autour de l'an mille avaient vu s'élaborer quelques-uns des principaux partis architecturaux de l'époque romane, ceux du second quart du XIe siècle furent déterminants pour la définition du style. Les préoccupations formelles qui avaient fait leur apparition au cours de la période précédente, en particulier celles qui concernent la plastique murale, s'affirment. Cette réflexion est autant structurelle qu'esthétique ; des contreforts scandent les murs des nefs, soulignent les angles des façades et des transepts, parfois même animent la courbe des absides. Ce système prend toute sa valeur dans les constructions en moyen appareil, celui-ci étant le plus souvent réservé aux piliers, aux contreforts et aux encadrements de baies – c'est-à-dire au squelette de l'édifice. On ne saurait s'étonner que, dans ce contexte, les architectes aient fait porter leur intérêt sur les supports eux-mêmes, et en particulier sur la pile composée ; coordonnée avec les retombées des arcs, celle-ci exprime la structure de la bâtisse, mais elle est parfois prétexte à des variations qui ne sont guère justifiées que par la richesse plastique des effets. Souvent, ces piles composées sont, dans les nefs, pourvues du côté du haut-vaisseau d'une colonne engagée montant de fond et délimitant strictement les travées : le système roman de la travée-cellule, à peine esquissé au cours de la génération précédente, est désormais défini. Avec une rapidité et une force qui n'ont pas toujours été assez soulignées, les caractères stylistiques de l'art roman se précisent et se généralisent, tandis que les recherches techniques s'appliquent à de nouveaux domaines, comme le voûtement des nefs, et préparent les grandes réalisations de la seconde moitié du XIe siècle. L'extension de la voûte à tout l'édifice n'est cependant pas encore la préoccupation majeure des architectes, malgré quelques expériences significatives.

I. Les chevets : maîtrise du dessin architectural et diversité des interprétations

Tandis que les architectes de l'an mille étaient parvenus à définir de nouveaux types de chevet, ceux des générations suivantes allaient en parachever la forme. Le cloisonnement, encore sensible dans les déambulatoires à chapelles rayonnantes et dans les chevets à chapelles échelonnés primitifs, tend à disparaître au profit d'une meilleure coordination des espaces intérieurs et d'un étagement modulé des volumes externes. Dans le même temps se développe une diversité des interprétations qui tient essentiellement à la sensibilité de chaque architecte et traduit une maîtrise nouvelle du dessin. Cette inventivité doit d'autant plus être soulignée que peu d'œuvres nous permettent d'en juger. Pour le début de la période, seules quelques cryptes conservent le souvenir de grandes cathédrales dotées d'un déambulatoire à chapelles rayonnantes (Auxerre, Chartres, Rouen), et aucun chevet à chapelles échelonnées ne nous est parvenu dans son état d'origine. Chaque exemple devra donc être sollicité comme le précieux témoin d'une création en grande partie perdue, mais dont le caractère magistral transparaît souvent de manière indéniable.

L'œuvre d'un grand architecte : la crypte de Saint-Étienne d'Auxerre

Aucun monument ne permet mieux que la cathédrale Saint-Étienne d'Auxerre (ill. 78, 79 et 80) d'apprécier cette assurance nouvelle dans le dessin architectural. Détruite par un incendie en 1023, elle fut rapidement reconstruite par l'évêque-comte Hugues de Chalon (999-1039), qui avait été le principal artisan de la conquête de la Bourgogne par Robert le Pieux. Selon les *Gesta* des évêques d'Auxerre, « la construction s'élevait déjà à une assez grande hauteur quand [en 1035] la ville fut la proie d'un second incendie, mais le nouvel œuvre n'eut pas à en souffrir [77] ». On peut donc situer avec certitude l'édification de la crypte entre 1023 et 1035, même si le chantier de l'église haute aujourd'hui disparue devait se poursuivre jusqu'au

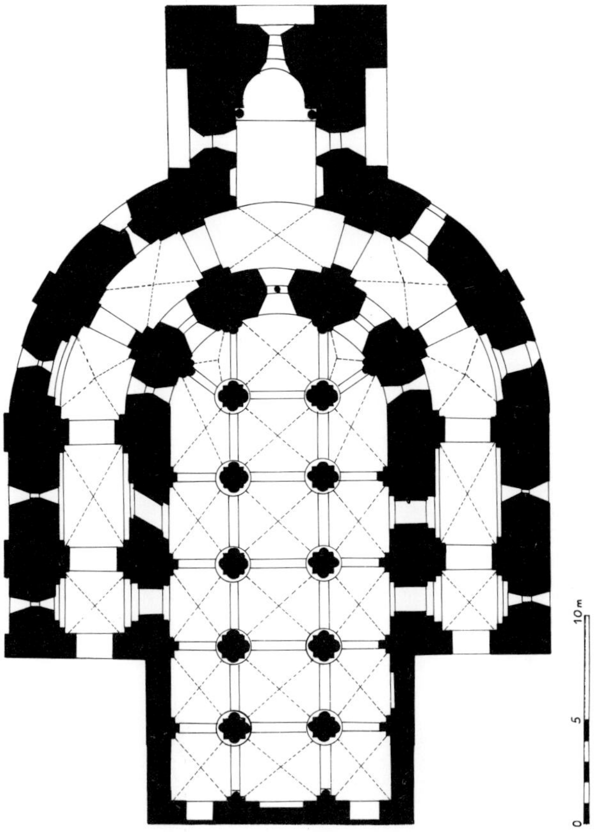

79. Auxerre (Yonne), cathédrale Saint-Étienne, plan de la crypte.

milieu du XIe siècle. En effet l'évêque Geoffroy de Champallement (1052-1076) n'est mentionné qu'à l'occasion de dons de vitraux, de peintures et de mobilier. Outre ces précisions sur la marche des travaux, les *Gesta* nous apprennent que la nouvelle cathédrale fut bâtie en pierre de taille (*ex quadris lapidibus*) alors que « les murs de l'édifice précédent, moins résistants, n'étaient faits que d'un assemblage de moellons ». Évoquant le transport de pierres du Nivernais destinées à la tour-porche de Saint-Benoît-sur-Loire, André de Fleury utilise la même expression dans la *Vita Gauzlini*[78]. L'emploi de ce type d'appareil semble donc avoir frappé les contemporains. Son utilisation devait bientôt s'étendre, pour tout ou partie de la construction, à quelques-uns des grands monuments du second quart ou du milieu du XIe siècle, notamment dans la vallée de la Loire, le Poitou et la Normandie, régions riches en carrières susceptibles de fournir le matériau.

La crypte d'Auxerre, dont l'existence n'était pas justifiée par la présence de reliques, mais par la forte déclivité du terrain, comporte un déambulatoire doté d'une chapelle d'axe (ill. 133) enveloppée à sa base par de puissants arcs de décharge et une salle centrale de vastes dimensions (23,20 m de longueur et 10,40 m de largeur). Alors que, dans les cryptes-halles antérieures, celle-ci était subdivisée en vaisseaux par des files de colonnettes monolithes – il en était ainsi à Saint-Philibert de Tournus ou à Saint-Aignan d'Orléans – l'architecte de Saint-Étienne d'Auxerre adopta des piles composées. Ce choix modifie profondément le rythme des travées, amples et délimitées par de puissantes maçonneries. La coordination entre le voûtement et les supports est d'une grande rigueur : le noyau carré des piles reçoit les retombées des arêtes des voûtes, et les colonnes engagées sur chaque face du noyau celles des grandes arcades et des doubleaux, situées au même niveau. Mieux encore, ces derniers sont, dans le vaisseau central, décorés d'un tore qui prolonge visuellement les colonnes engagées. La travée-cellule, si importante dans l'histoire de l'architecture romane, est déjà parfaitement définie à Auxerre.

On est loin ici des tâtonnements observés à Saint-Vorles de Châtillon-sur-Seine, non seulement dans la conception fonctionnelle des divers éléments de la pile composée, mais dans les proportions et le traitement de celle-ci ; noyau carré et colonnes engagées sont, à Auxerre, clairement articulés, les angles nets, les courbes fermes. Le recours au moyen appareil de pierre de taille est sans doute pour beaucoup dans cette rigueur. Les colonnes engagées présentent alternativement un joint vertical de face et un demi-tambour, selon un rythme qui se répercute sur le noyau, alors que les architectes romains avaient adopté tantôt un petit appareil régulier, prolongeant celui des maçonneries (en brique notamment), tantôt seulement des demi-tambours dans les constructions en grand appareil. Ces deux solutions se retrouvent à l'époque romane dans les zones fortement soumises à l'influence antique, comme l'Empire et l'Italie, mais on ne les rencontre qu'exceptionnellement en France, où la formule adoptée à Auxerre devait prévaloir pendant la majeure partie du XIe siècle.

Le déambulatoire voûté d'arêtes que rythment de larges doubleaux témoigne de la même maîtrise. Arêtes et doubleaux sont reçus, au revers du mur, par des doubles dosserets qui s'élargissent dans les parties tournantes, dont le voûtement pose toujours des problèmes. La dilatation progressive d'ouest en est des travées du déambulatoire, alors que celles de la salle centrale sont de dimensions régulières, compliquait singulièrement l'établissement des communications. Pourtant, le maître d'œuvre de Saint-Étienne d'Auxerre ménagea des ouvertures dans chaque travée, quitte à les décaler ou à les disposer en biais. La plupart d'entre elles ne sont destinées qu'à permettre à la lumière de se diffuser jusqu'à la salle centrale. Ces jeux d'éclairage semblent avoir particulièrement séduit l'architecte, qui subdivisa la baie d'axe de manière à obtenir deux faisceaux lumineux pénétrant jusqu'au fond du vaisseau central.

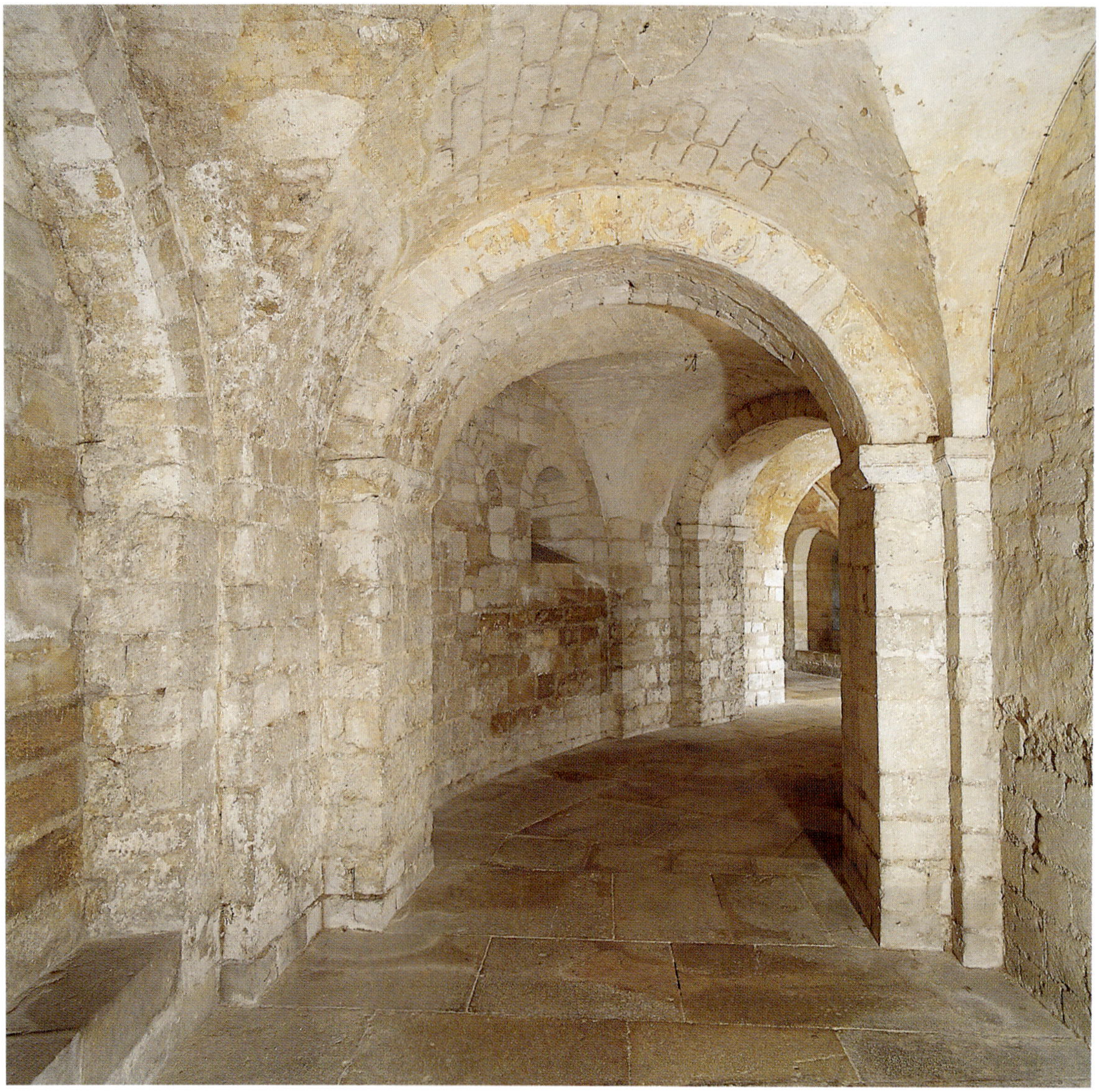

80. Auxerre (Yonne), cathédrale Saint-Étienne, crypte, déambulatoire.

L'interprétation personnelle de l'architecte joue d'ores et déjà un rôle décisif, qu'il s'agisse du parti ou du traitement de détail. Ainsi, à Auxerre, la modénature a été l'objet d'une grande attention, notamment dans la salle centrale, où les piles composées reposent sur des socles circulaires tandis qu'une imposte continue les ceinture dans leur partie supérieure. Le Maître d'Auxerre a choisi de souligner l'unité du support, au lieu de renforcer l'individualisation des différents éléments de la pile. Il semble également avoir souhaité, en adoptant des impostes plutôt que des chapiteaux, donner le plus de hauteur possible aux fûts.

Deux autres vastes cryptes à déambulatoire : Chartres et Rouen

La crypte de la cathédrale Notre-Dame de Chartres (ill. 81), commencée en 1020, est sensiblement contemporaine de celle d'Auxerre [79]. On ne saurait, pourtant, imaginer deux conceptions plus différentes. À Chartres, la crypte – édifiée par l'évêque Fulbert, dont on connaît le rôle dans la vie intellectuelle de ce début du XIe siècle – abritait d'insignes reliques de la Vierge. Elle était destinée à

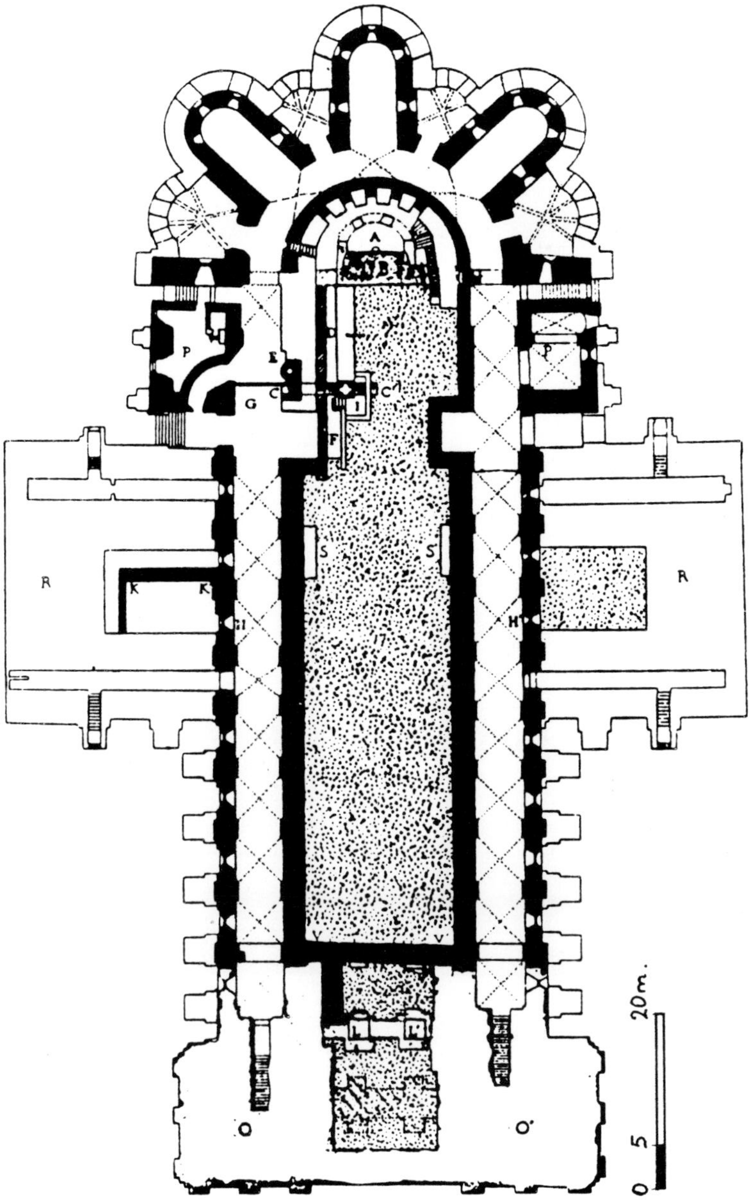

81. Chartres (Eure-et-Loir), cathédrale Notre-Dame, plan de la crypte d'après Merlet.

accueillir les foules de pèlerins ; de là ses immenses couloirs d'accès qui prenaient naissance dans les collatéraux de la nef, à la hauteur de la façade occidentale. S'il n'existe pas de salle centrale [80], le déambulatoire, alternativement voûté d'arêtes et d'un berceau à pénétrations et sur lequel s'ouvrent trois profondes chapelles rayonnantes, conserve les vastes proportions des couloirs d'accès. L'ampleur des espaces est soulignée par l'absence de doubleaux et par le traitement des murs, nus et inarticulés. Ainsi, la recherche de monumentalité s'exprime à Chartres de manière sobre et efficace.

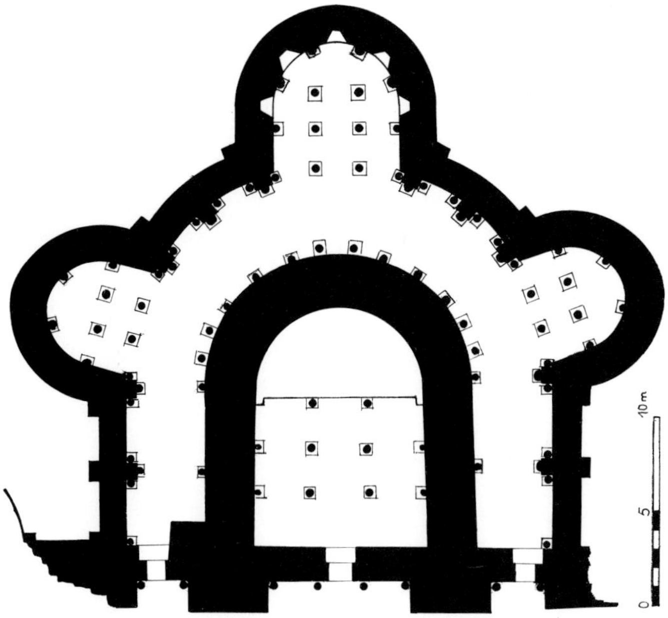

82. Rouen (Seine-Maritime), cathédrale Notre-Dame, plan de la crypte d'après G. Lanfry.

La crypte de la cathédrale Notre-Dame de Rouen (ill. 82) – entreprise par l'archevêque Robert (989 ou 990-1037), fils cadet du duc Richard Ier – était également une réalisation étonnante [81]. Les fouilles ont révélé l'existence d'un ample déambulatoire (4,60 m de large) sur lequel ouvraient trois vastes chapelles (6,50 m de large pour la chapelle d'axe, 5,30 m pour les deux autres). Pas plus qu'à Chartres, il n'existait primitivement de salle centrale [82]. À l'inverse de celui de Chartres, le maître d'œuvre de Rouen opta pour une plastique murale élaborée. Les chapelles étaient subdivisées en trois vaisseaux par deux files de colonnes. Dans le déambulatoire, les voûtes retombaient alternativement vers l'intérieur sur des couples de colonnes à tronçons, situées dans l'axe des files de colonnes des chapelles et sur des colonnes engagées, tandis que, du côté de l'enveloppe externe, toutes les travées comportaient une colonne engagée sur dosseret encadrée de deux colonnettes. Toutefois, la disparition des parties hautes des murs ne permet pas de restituer le mode de voûtement de cette ambitieuse construction.

DEUX CHEVETS À DÉAMBULATOIRE CONSERVÉS EN ÉLÉVATION : VIGNORY ET SAINT-SAVIN

Il est plus difficile d'évoquer le développement en élévation des chevets dotés d'un déambulatoire, faute d'exemples conservés pour les années 1020-1040. Saint-Étienne de

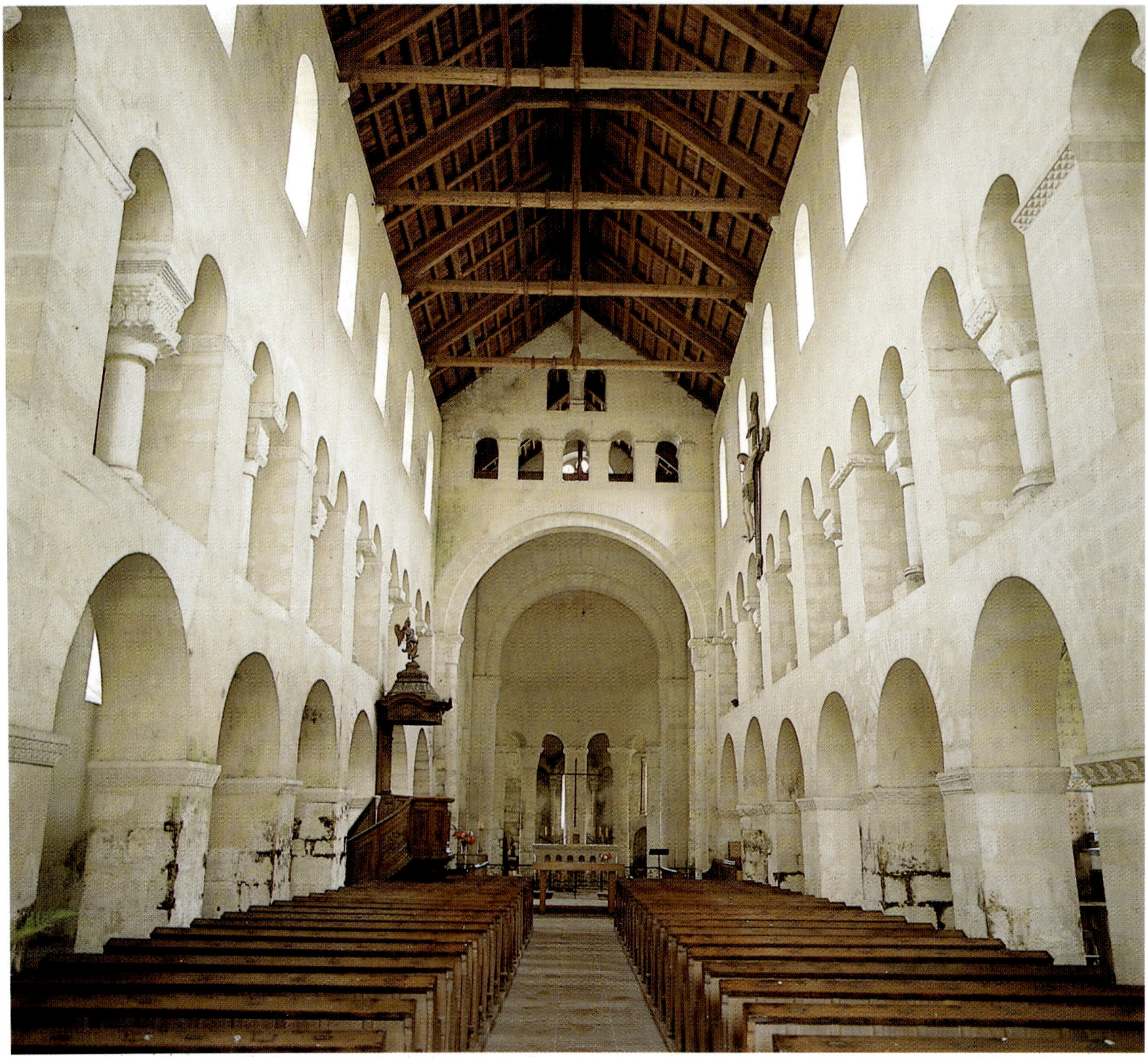

83. Vignory (Haute-Marne), église Saint-Étienne, nef et chœur.

Vignory, en Champagne méridionale, et Saint-Savin-sur-Gartempe, en Poitou, ne sont pas, en effet, antérieurs au milieu du siècle. Saint-Étienne de Vignory, prieuré de Saint-Bénigne de Dijon, et Saint-Savin, abbaye dont la communauté monastique était d'importance moyenne, sont de dimensions plus modestes que les cathédrales d'Auxerre, de Rouen ou de Chartres : le déambulatoire de Vignory mesure seulement 2,50 m de large, et celui de Saint-Savin n'excède pas 2 m.

Le chevet de Vignory, édifié entre 1049 et 1057 environ[83] et qui a subi d'importantes restaurations au XIXe siècle, présentait dès l'origine des dispositions inhabituelles (ill. 83, 85 et 86). Le déambulatoire, avec ses trois chapelles rayonnantes, enveloppe et prolonge, en effet, un chœur de deux travées délimitées par des piles massives, appartenant peut-être à une campagne de construction antérieure[84]. L'architecte semble avoir recherché une certaine plénitude dans les

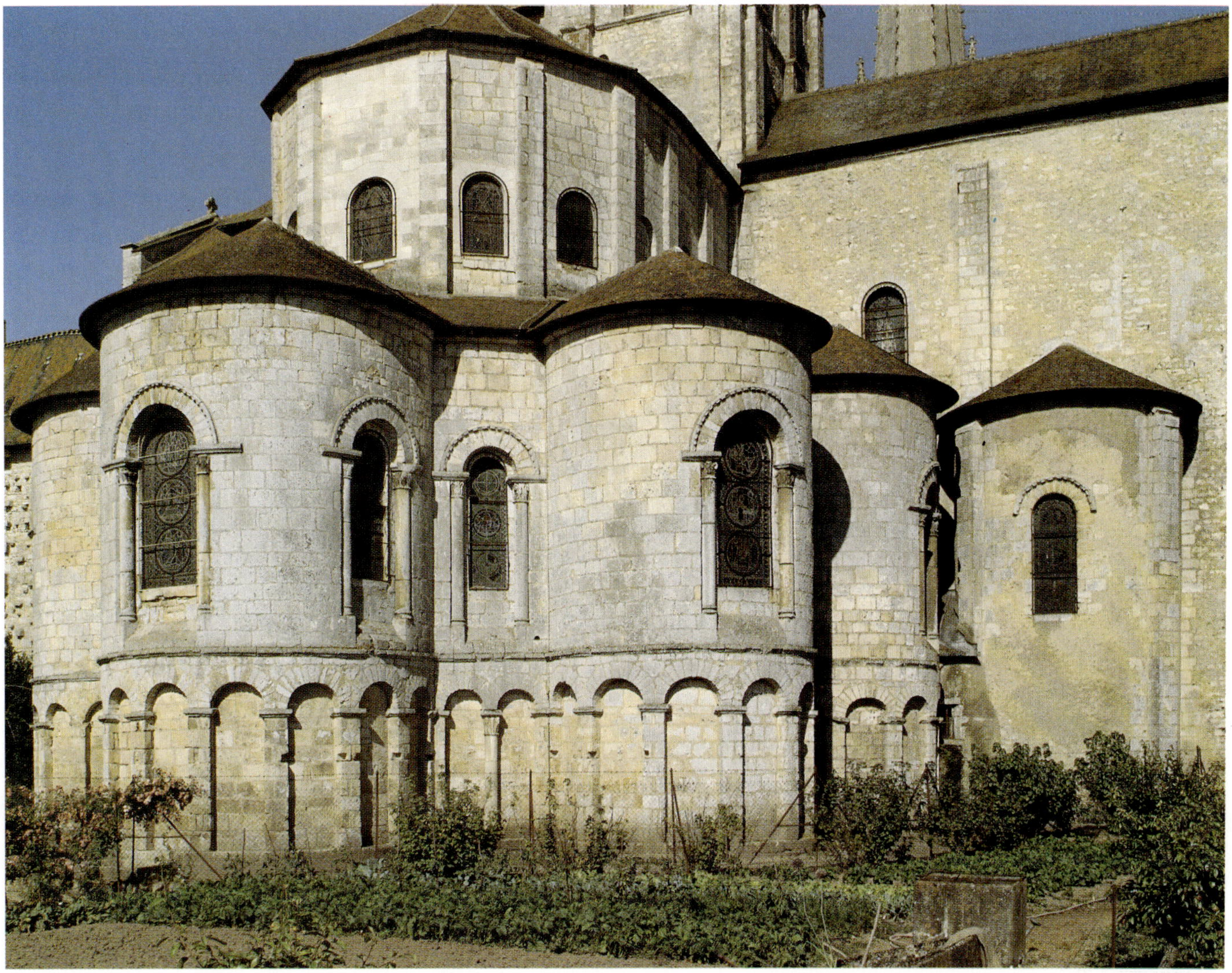

84. Saint-Savin-sur-Gartempe (Vienne), église abbatiale, chevet.

proportions, en privilégiant, toutefois, le traitement des espaces internes. À l'extérieur, les larges courbes des chapelles, du déambulatoire et de l'abside se succèdent sans respiration, et le plein des murs n'est interrompu que par les quelques petites fenêtres de la zone inférieure. À l'intérieur de cette enveloppe austère, les entrées des chapelles rayonnantes, aussi hautes que le déambulatoire lui-même, sont largement ouvertes sur celui-ci, tandis que les arcades de l'hémicycle prennent naissance au niveau du sol et non au-dessus d'un mur-bahut comme à Tournus.

Par ailleurs, le maître d'œuvre choisit, pour l'implantation des supports de l'hémicycle, un rythme rare dans l'architecture romane, avec un pilier quadrangulaire situé dans l'axe des chapelles et une colonne dans celui des fenêtres. Cette disposition, qui a pour effet de filtrer la lumière provenant des fenêtres de l'enveloppe, était rendue possible par l'absence d'articulation de la voûte en berceau annulaire du déambulatoire ; elle sera néanmoins abandonnée ultérieurement, au profit de rythmes établissant, comme c'était déjà le cas à Tournus, des correspondances structurelles plus évidentes entre arcades de l'hémicycle et entrées des chapelles. De même, l'alternance entre piliers et colonnes ne devait guère rencontrer de succès, à cet emplacement du moins, dans les édifices plus tardifs.

Le traitement de la plastique murale traduit, d'autre part, un certain raffinement. Comme beaucoup de maîtres d'œuvre du XIe siècle, celui de Vignory a été sensible au jeu des arcatures aveugles – arcature basse dans le déambulatoire, arcature enveloppant les fenêtres dans la chapelle axiale – qui permettent de moduler les espaces de manière différente, d'autant plus qu'aux colonnettes de ces arcatures font écho celles qui encadrent l'entrée de la chapelle d'axe et les baies de l'enveloppe.

L'architecte de Saint-Savin (ill. 84, 87 et 92), dont le chevet est sans doute sensiblement contemporain de celui de Vignory[85], a choisi, pour sa part, d'unifier le sanctuaire en adoptant un seul type de support – des colonnes appareillées de fort diamètre – pour les travées droites du chœur comme pour l'hémicycle et en ouvrant au-dessus des onze arcades régulièrement espacées du premier niveau autant de fenêtres hautes, qui forment une couronne lumineuse. Abside couverte d'un cul-de-four et chœur voûté d'un berceau s'élèvent par ailleurs à la même hauteur. Cette solution, dont Saint-Savin offre l'exemple le plus ancien, et celle où chœur et abside sont fortement différenciés coexisteront longtemps. De même, certains architectes opteront, comme à Saint-Savin, pour un éclairage direct du sanctuaire alors que d'autres préféreront, même beaucoup plus tard, y renoncer.

Le rythme des colonnes qui délimitent le sanctuaire de l'abbatiale poitevine dicte celui du déambulatoire voûté d'arêtes, où alternent les arcades d'entrée des chapelles rayonnantes et les fenêtres qui s'ouvrent dans l'axe des entrecolonnements. La largeur réduite de ces derniers, jointe à celle du déambulatoire, se répercute sur les proportions des chapelles, hautes et étroites, et des fenêtres, comprimées entre celles-ci.

À l'extérieur, où s'étagent les volumes du déambulatoire avec ses cinq chapelles rayonnantes de même hauteur et ceux du sanctuaire, l'unité du premier niveau est soulignée par la présence, au soubassement, d'une arcature aveugle continue. Les courbes généreuses dominent ; les fenêtres surmontées par des archivoltes moulurées sont encadrées par des colonnettes. En revanche, l'austérité règne au niveau supérieur, dont les murs, articulés en pans coupés, sont renforcés par de petits contreforts et les fenêtres, non ébrasées, dépourvues de tout décor. Cette opposition se retrouve dans une certaine mesure à l'intérieur, où une arcature basse court le long du mur du déambulatoire et des chapelles, où des cordons moulurés, voire sculptés, marquent la séparation des niveaux et le départ des voûtes, et où les fenêtres sont encadrées de colonnettes alors que, dans le chœur et dans l'abside, si des cordons moulurés soulignent tous les niveaux, les fenêtres sont simplement ébrasées. On peut s'interroger sur les raisons de ces contrastes dans le traitement des différentes parties du chevet. Modifications apportées en cours de construction ? Hiérarchisation voulue ? Quelle que soit l'explication retenue, c'est par rapport au transept que cette répartition du décor à l'extérieur prend tout son sens. Bien que les chapelles orientées prolongent, par leur masse, la série des chapelles rayonnantes,

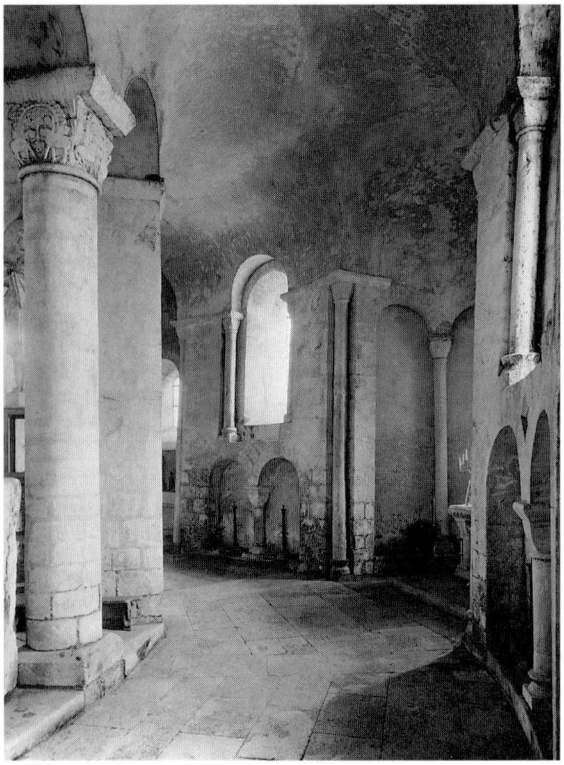

85. Vignory (Haute-Marne), église Saint-Étienne, déambulatoire.

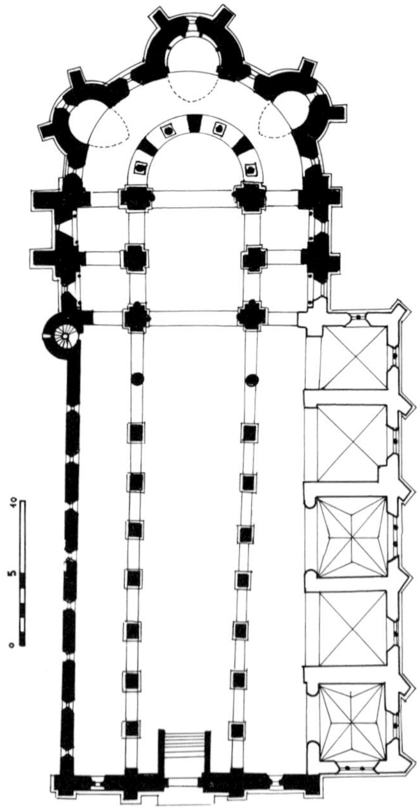

86. Vignory (Haute-Marne), église Saint-Étienne, plan.

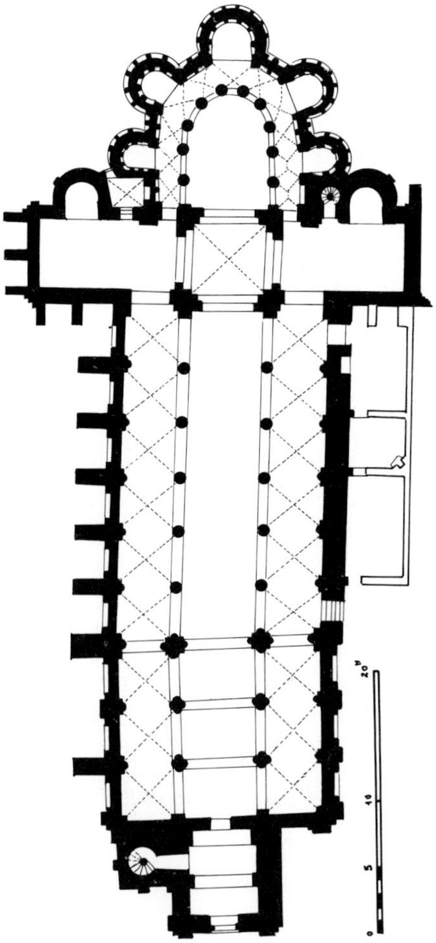

87. Saint-Savin-sur-Gartempe (Vienne), église abbatiale, plan.

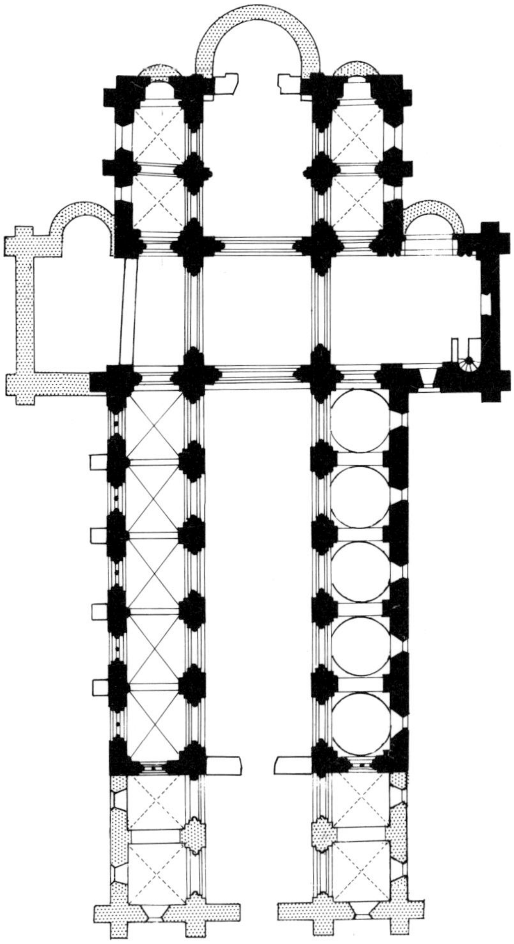

88. Bernay (Eure), église Notre-Dame, plan.

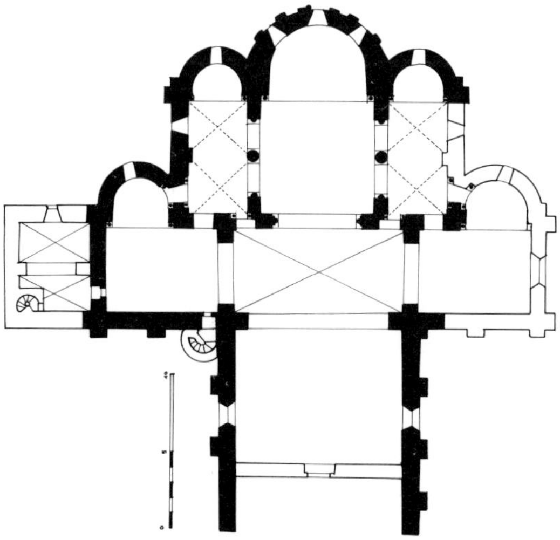

89. Méobecq (Indre), église Saint-Pierre, plan.

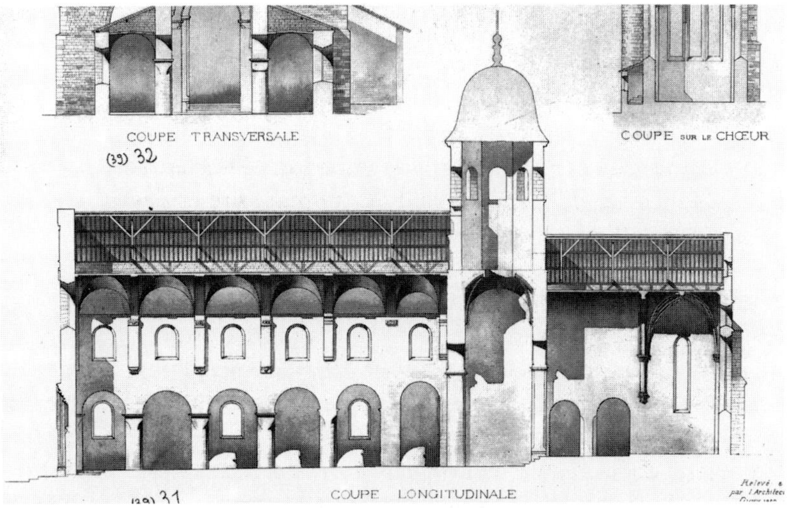

90. Gigny (Jura), église Saint-Pierre, coupe longitudinale.

leur soubassement est dépourvu d'arcature et leur unique fenêtre est décorée seulement d'un cordon d'archivolte. Au-dessus d'elles s'élèvent les hauts murs du transept, renforcés d'étroits contreforts et percés de fenêtres non ébrasées. L'austérité et la rigueur du sanctuaire préparent ainsi à celles, plus affirmées encore, du transept. De même, la répartition des masses du chevet ne se comprend que complétée par celle de la tour de croisée.

NOUVELLES VARIANTES DU CHEVET À CHAPELLES ÉCHELONNÉES : MÉOBECQ, GIGNY ET BERNAY

Les différentes interprétations du chevet à déambulatoire et chapelles rayonnantes, évoquées précédemment à travers quelques cryptes et monuments conservés en élévation, ne reflètent pas tant une évolution dans le temps qu'une diversité typologique qui se prolongera au cours des générations suivantes. Une diversité aussi grande peut être observée dans les chevets à chapelles échelonnées, même si une certaine normalisation s'instaure, tant dans le nombre des chapelles (cinq) que dans la profondeur du chœur (deux travées). Mais, d'un édifice à l'autre, l'interprétation spatiale varie considérablement.

Le moins altéré de ces chevets est celui de l'abbatiale Saint-Pierre de Méobecq (ill. 89 et 91), en Berry, consacrée en 1048 [86]. Son chœur communique avec les bas-côtés qui l'encadrent par deux arcades retombant, au centre, sur une colonne monolithe et, aux extrémités, sur des colonnes engagées. Cet ensemble avait été prévu pour être charpenté, mais, en cours de travaux, on décida de le voûter. Des voûtes d'arêtes furent construites avec difficulté dans les travées droites des chapelles tandis que le chœur, qui domine fortement l'abside, était doté d'un berceau continu. Le chevet de Méobecq est abondamment éclairé par les grandes fenêtres de l'abside et des absidioles et par les baies ouvertes dans le mur oriental du chœur, au-dessus de l'abside, tandis que la multiplication des colonnettes, à l'entrée des chapelles et autour des baies, lui confère, malgré les repentirs qui en ont altéré le projet originel, un aspect raffiné.

Le chœur de l'abbatiale Saint-Pierre de Gigny (ill. 90), en Franche-Comté, avec de fortes piles maçonnées de plan octogonal dénuées de chapiteaux et des bas-côtés voûtés d'un berceau continu, est remarquable, au contraire, par ses formes dépouillées et puissantes. Modifié à l'époque gothique, était-il voûté ou charpenté à l'origine ? La présence, à la croisée du transept, d'une coupole sur trompes et l'épaisseur des murs permettent d'opter pour la première hypothèse. L'abside et les absidioles ayant disparu, il est cependant difficile d'apprécier l'effet originel.

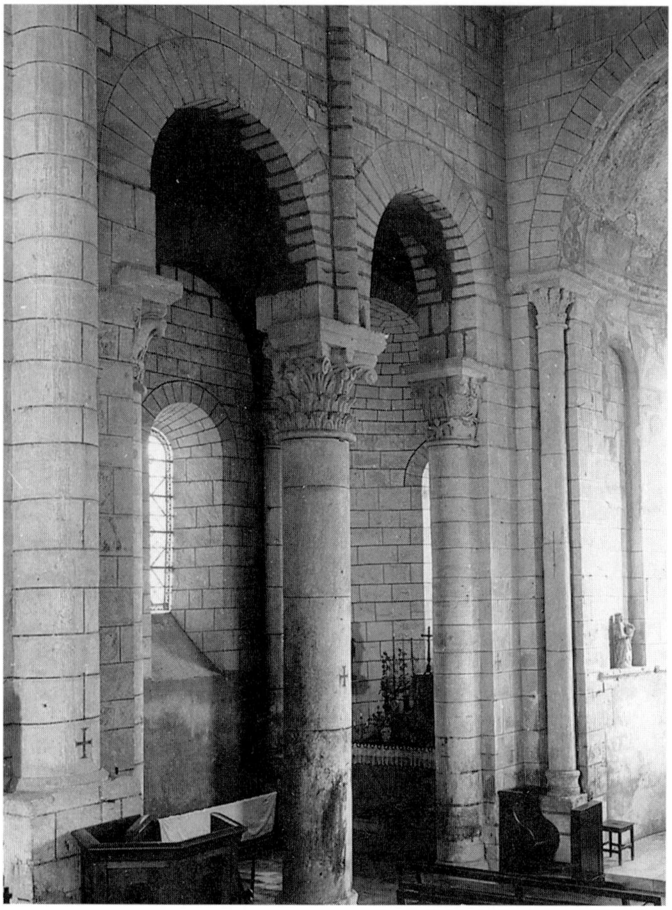

91. Méobecq (Indre), église Saint-Pierre, sanctuaire.

Le chœur de l'abbatiale Notre-Dame de Bernay (ill. 88), en Normandie, était, pour sa part, charpenté. Ainsi s'explique son élévation ambitieuse qui comportait, à l'origine, trois niveaux : arcades de communication avec les bas-côtés voûtés d'arêtes, ouvertures sous combles et fenêtres hautes (celles-ci ont disparu). Les arcades reposent sur des piles composées de type complexe [87] dont les colonnes engagées sur dosserets montant de fond délimitent fortement les travées. Ces arcades comportent des doubles rouleaux correspondant aux ressauts des piles et, comme dans la crypte de la cathédrale d'Auxerre, le rouleau interne est doté d'un tore qui prolonge visuellement la colonne sur laquelle il retombe. Une même richesse plastique se retrouvait à l'entrée des chapelles, encadrées par une colonne engagée et par une colonne à tronçons pour celles qui jouxtent l'abside, par une paire de colonnettes pour celles qui ouvrent à l'extrémité des bras du transept ; enfin, une amorce d'arcature est conservée dans la chapelle sud, mais on ignore tout des dispositions de l'abside et des autres absidioles, aujourd'hui disparues.

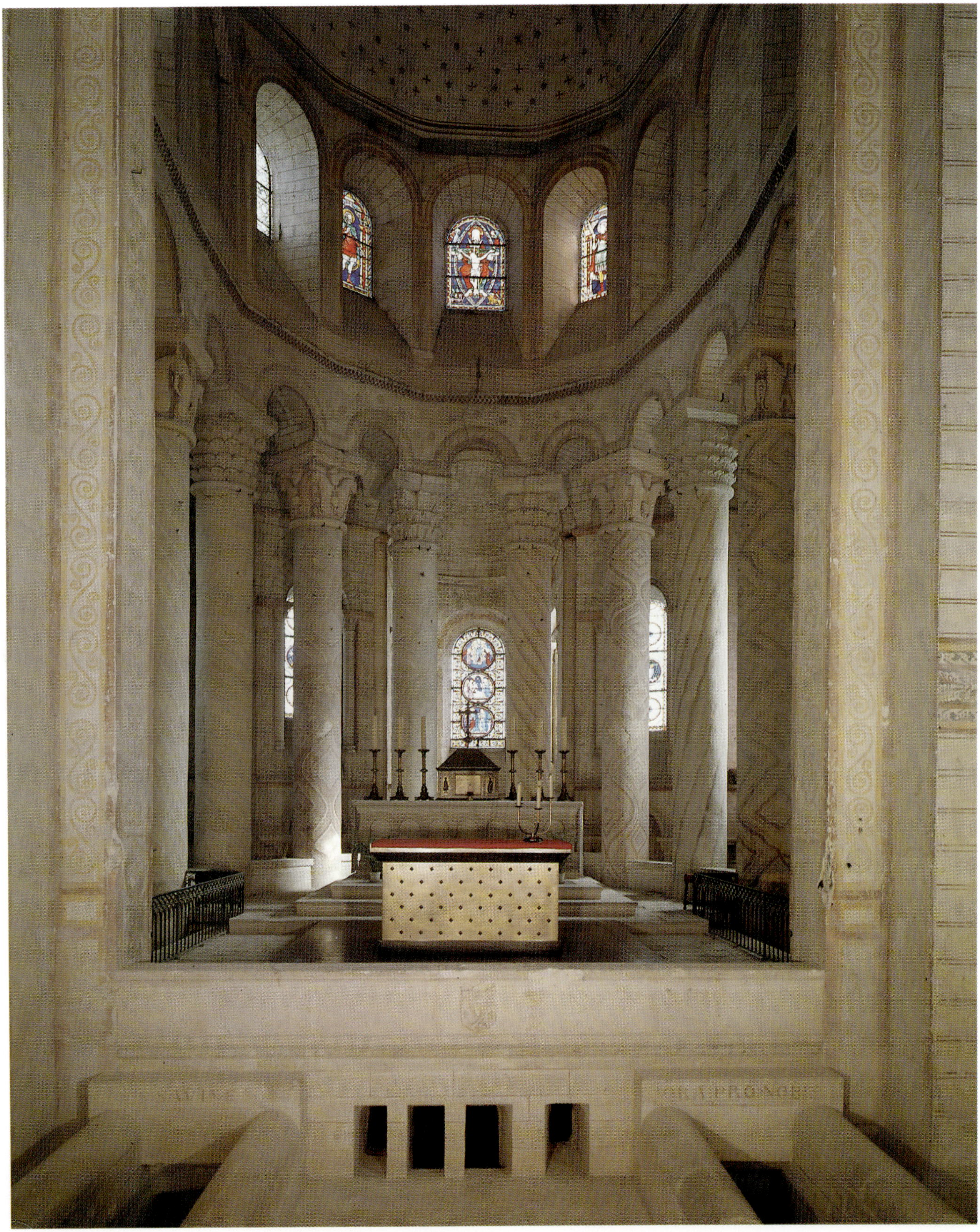

92. Saint-Savin-sur-Gartempe (Vienne), église abbatiale, sanctuaire.

II. UN TYPE ARCHITECTURAL EN PLEINE MUTATION : LE MASSIF DE FAÇADE

Les architectes du second quart et du milieu du XIe siècle semblent donc avoir exploré les multiples possibilités offertes par les chevets à déambulatoire et chapelles rayonnantes et les chevets à chapelles échelonnées sans remettre en cause des types architecturaux au demeurant définis depuis peu. Il n'en est pas de même pour les avant-nefs, qui furent à cette époque l'objet d'une réflexion intense, réflexion d'autant plus notable qu'elle prélude à un désintérêt relatif dans la seconde moitié du XIe siècle. Il est difficile de déterminer si l'apparition de nouveaux types répond à une évolution fonctionnelle, car nous ne disposons que d'indications succinctes sur la place des tours-porches et des galilées de cette période dans la vie liturgique. L'observation de leurs dispositions architecturales, pour sa part, ne manque pas de susciter des interrogations à ce sujet.

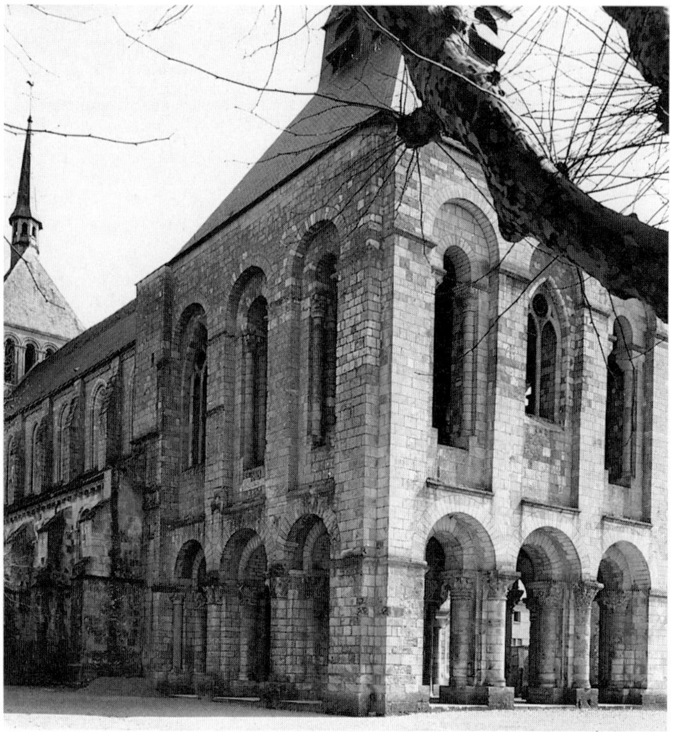

93. Saint-Benoît-sur-Loire (Loiret), église abbatiale, tour-porche.

LA TOUR-PORCHE DE SAINT-BENOÎT-SUR-LOIRE

L'abbaye de Fleury (Saint-Benoît-sur-Loire), qui possédait depuis la seconde moitié du VIIe siècle les reliques de saint Benoît, fondateur du monachisme occidental, occupait, au début du XIe siècle, une place éminente dans divers domaines : réforme monastique, enseignement, vie artistique. À l'abbé Abbon, qui fut l'un des grands savants de son temps et un infatigable défenseur des libertés monastiques, succéda Gauzlin (1004-1030), demi-frère du roi Robert le Pieux, dont l'intérêt pour les œuvres d'art est attesté par son biographe, André de Fleury. Lorsque Gauzlin décida d'édifier à l'ouest de l'église abbatiale « une tour telle qu'elle serve d'exemple à toute la Gaule [88] », il choisit une solution traditionnelle, mais qu'il souhaitait voir traiter de manière ambitieuse. Il s'adressa pour ce faire à un maître d'œuvre dont l'exceptionnelle qualité est très évidente. Bien qu'amputée de ses parties supérieures, la construction qui est parvenue jusqu'à nous (ill. 93 à 97), synthèse du type simple de la tour-porche et du type complexe des massifs occidentaux carolingiens, illustre parfaitement le propos de Gauzlin. Les espaces intérieurs, d'une ampleur inhabituelle dans une tour-porche (celle-ci mesure environ 17 m sur 15 m), sont subdivisés en neuf travées carrées par quatre piles composées. Les supports jouent un rôle déterminant dans la définition spatiale de la construction. À chaque emplacement correspond en effet un type de pile (ill. 95 et 96). Au rez-de-chaussée, celles qui délimitent l'enveloppe offrent des formes anguleuses (noyau rectangulaire pour les faces latérales, noyau cruciforme pour la façade occidentale) tandis que les noyaux circulaires des quatre piles centrales assurent une certaine fluidité. À l'étage, en revanche, les piles sont toutes constituées d'un noyau carré cantonné de deux colonnes engagées par face. Cette diversification n'a pas été sans poser de multiples problèmes d'implantation. Si, à l'étage, les alignements sont rigoureux, les distorsions abondent au rez-de-chaussée, où les supports présentent diverses anomalies : coordinations difficiles entre socles, noyaux, colonnes et bases, décalages entre noyaux et retombées des voûtes ou des arcs, ressauts ou colonnes ne recevant aucune retombée. Le traitement des trois façades de la tour-porche de Saint-Benoît-sur-Loire est également exceptionnel. Au rez-de-chaussée, celles-ci s'ouvrent sur l'extérieur par des arcades à double rouleau. La façade nord de l'étage était, elle aussi, largement ouverte par des baies encadrées de colonnes jumelles alors qu'à l'origine, les faces ouest et sud, modifiées par les restaurations du XIXe siècle, n'étaient dotées que de petites fenêtres, inscrites, il est vrai, dans de vastes arcs de décharge.

En l'absence de tout texte, on peut s'interroger sur la fonction de cette œuvre de prestige dont l'étage, qui comporte trois absidioles inscrites dans les épaisses maçonneries du mur oriental, ne s'ouvre sur la nef que par d'étroites baies et dont l'accès, à partir de portes donnant sur les bas-côtés, n'est possible que par deux étroits escaliers en vis. Il

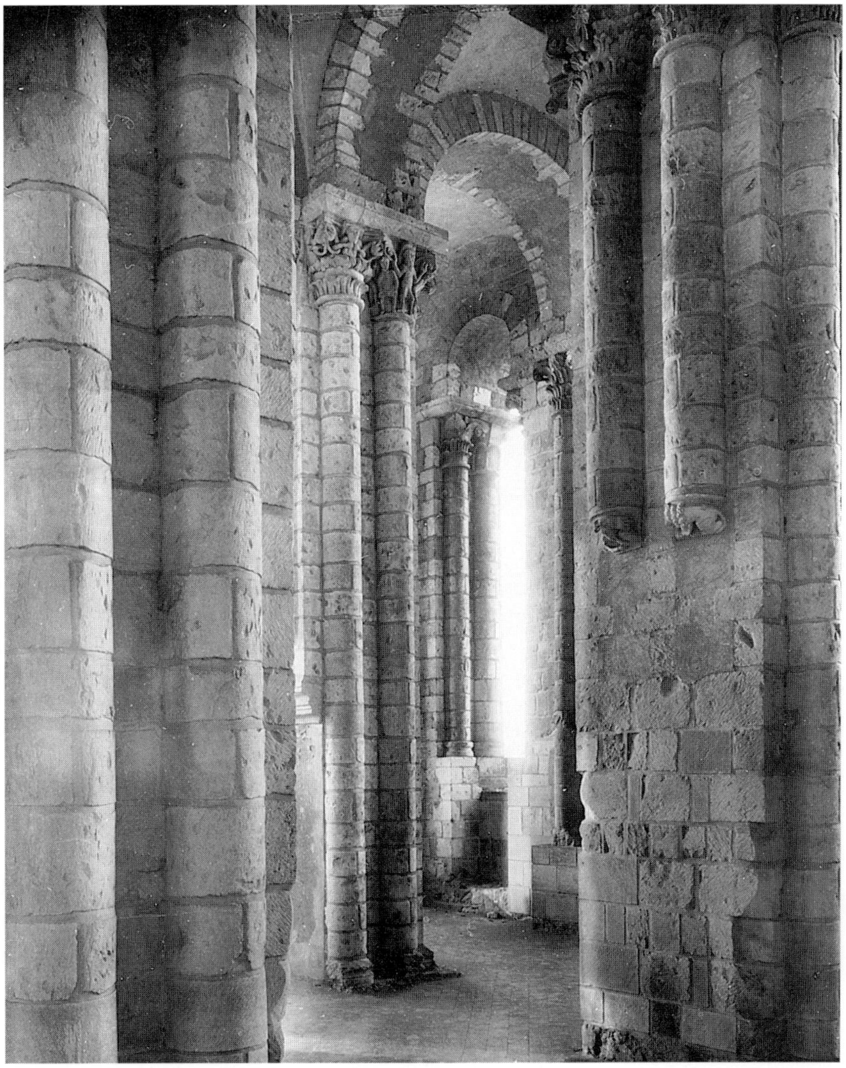

94. Saint-Benoît-sur-Loire (Loiret), église abbatiale, tour-porche, étage.

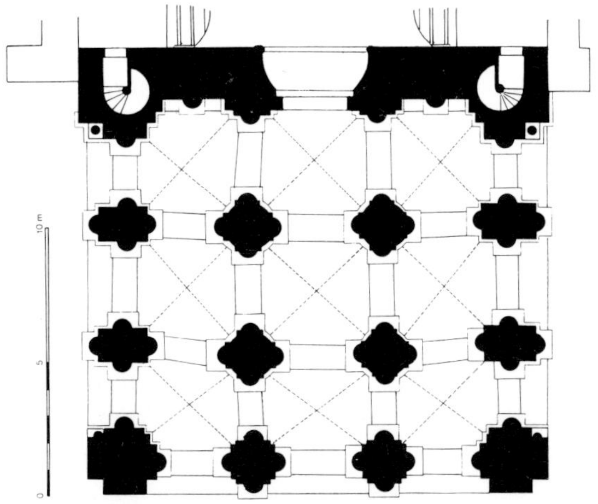

95. Saint-Benoît-sur-Loire (Loiret), église abbatiale, tour-porche, plan du rez-de-chaussée.

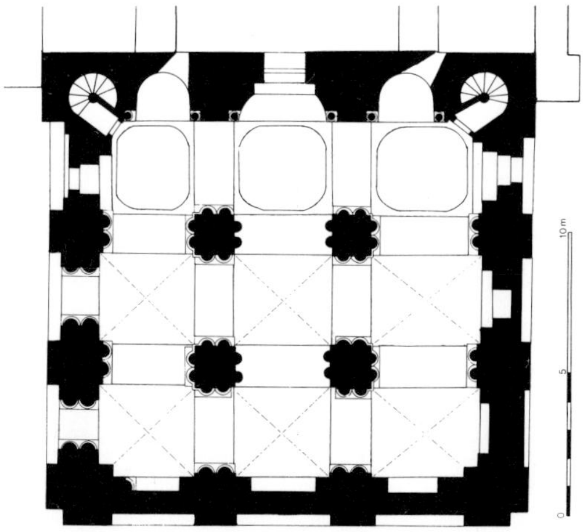

96. Saint-Benoît-sur-Loire (Loiret), église abbatiale, tour-porche, plan de l'étage.

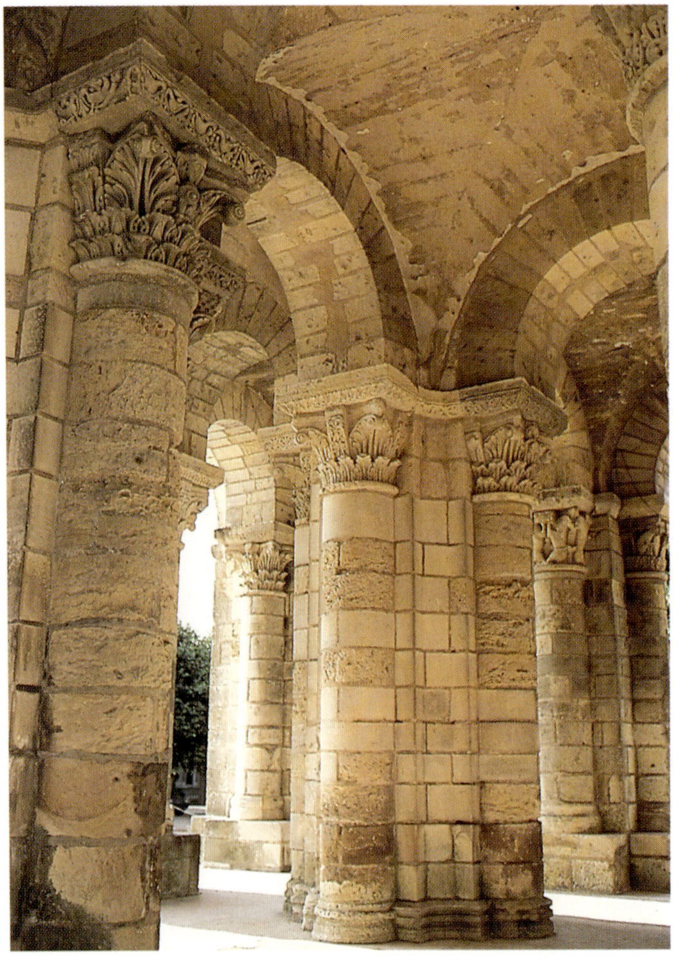

97. Saint-Benoît-sur-Loire (Loiret), église abbatiale, tour-porche, rez-de-chaussée.

est cependant probable que les autels des trois absidioles étaient dédiés aux archanges, chefs des milices célestes et gardiens de l'entrée de l'église.

Le parti de Saint-Benoît-sur-Loire connut une certaine diffusion dans les régions voisines. Une tour-porche de même type s'élevait à l'entrée de l'abbatiale Saint-Martial de Limoges, et, au XIIe siècle encore, des dispositions identiques furent adoptées à Vouillon, dans le Berry, et à Preuilly-sur-Claise, en Touraine. Sous des formes plus réduites, on en retrouve des échos, au XIe siècle, à Saint-Hilaire de Poitiers, à Lesterps (Charente) et, vers 1100, à Ébreuil (Allier).

L'AVANT-NEF DE SAINT-PHILIBERT DE TOURNUS

En Bourgogne, où des avant-nefs de grande ampleur et de structure très diverse devaient se perpétuer jusqu'au milieu du XIIe siècle (Cluny III ou Vézelay par exemple), celle de Saint-Philibert de Tournus, construite à partir des années 1035-1040, est le premier témoin de ce type architectural (ill. 46a). Le peu de renseignements fournis par les fouilles de l'avant-nef de Cluny II, probablement édifiée sous l'abbatiat d'Odilon (994-1049), et le laconisme des textes ne permettent, en effet, ni la restitution de son plan ni celle de son élévation [89]. Admirablement conservée, la galilée de Tournus, de vastes dimensions (environ 20 m sur 17 m), s'inscrit dans la suite des massifs occidentaux carolingiens qui comportent un sanctuaire élevé au-dessus d'une salle basse donnant accès à la nef (ill. 98 à 101). Son maître d'œuvre fit toutefois le choix d'un plan basilical ; les deux étages comptent donc, chacun, un vaisseau central de trois travées sensiblement plus large que les collatéraux. Mieux encore, si, au rez-de-chaussée qui sert de soubassement à l'église haute, les voûtes sont toutes au même niveau (7,40 m), à l'étage, le vaisseau central, haut de 12,50 m, est voûté d'un berceau sur doubleaux, éclairé par deux fenêtres hautes dans chaque travée et contrebuté par des bas-côtés voûtés en demi-berceau. L'architecte eut recours, d'autre part, à une solution tout à fait exceptionnelle pour le rez-de-chaussée, dont le vaisseau central est voûté d'arêtes alors

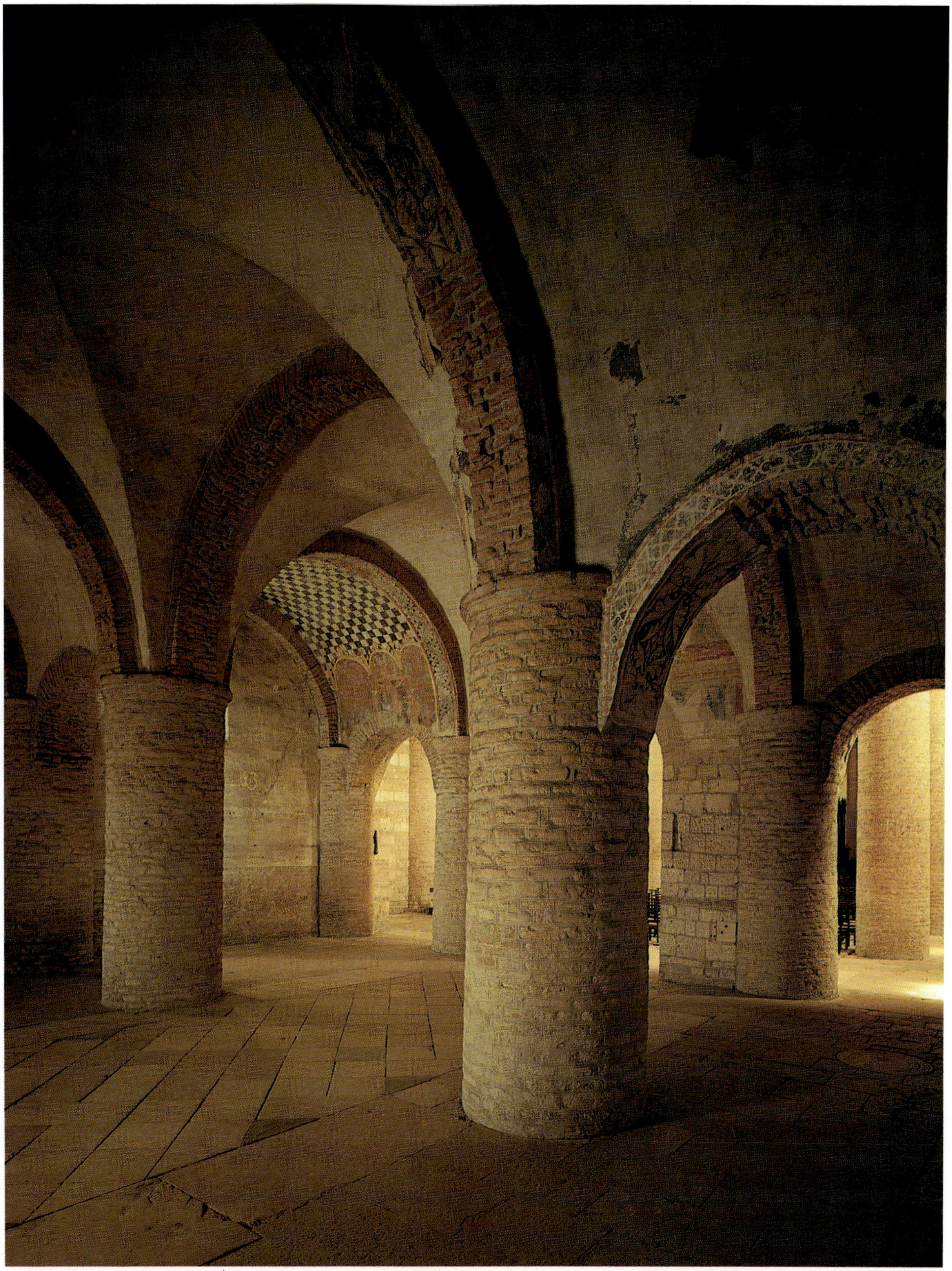

98. Tournus (Saône-et-Loire), église Saint-Philibert, rez-de-chaussée de la galilée.

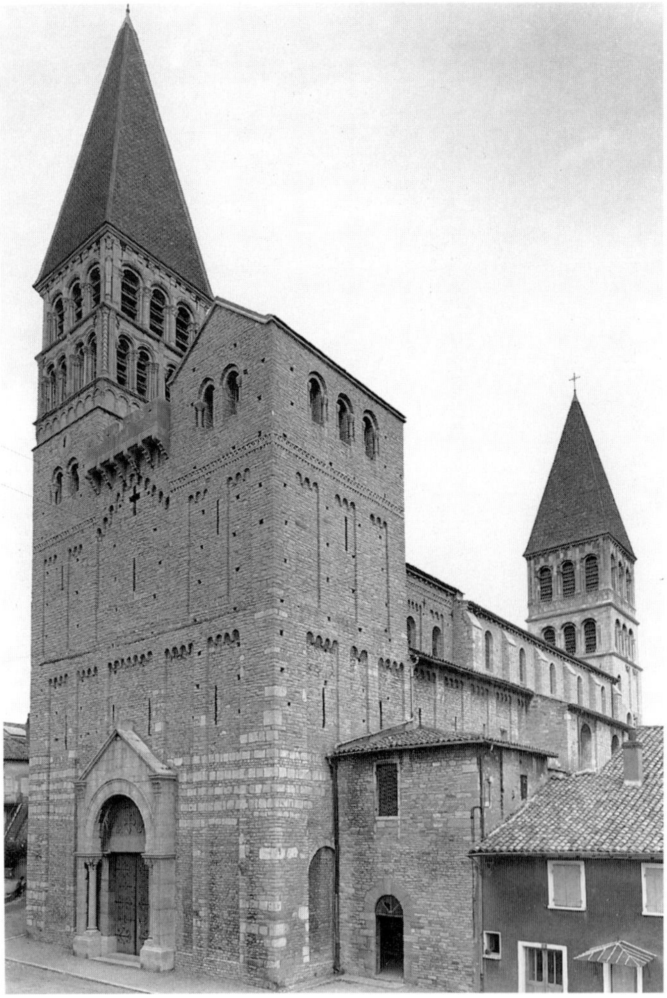

99. Tournus (Saône-et-Loire), église Saint-Philibert, façade occidentale.

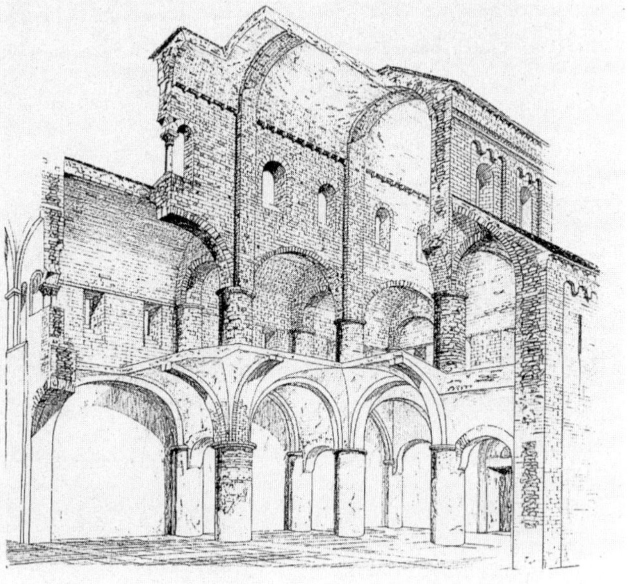

100. Tournus (Saône-et-Loire), église Saint-Philibert, coupe axonométrique de la galilée par A. Ventre.

que les collatéraux sont voûtés de berceaux transversaux. Les supports des deux étages, en l'occurrence des piles circulaires de fort diamètre (environ 1,50 m) et, au revers des murs externes, des piles semi-circulaires construites en petit appareil comme l'ensemble de l'avant-nef, révèlent également une grande originalité.

Tandis qu'au rez-de-chaussée la galilée de Saint-Philibert communique aujourd'hui encore avec la nef par trois arcades, les escaliers droits qui, depuis les bas-côtés de cette même nef, permettaient d'accéder à l'étage, consacré à saint Michel, ont été détruits à une date indéterminée [90], comme l'abside construite en encorbellement qui clôturait, à l'est, le haut-vaisseau. De sa façade occidentale, encadrée de deux tours de plan barlong qui ne prennent naissance qu'à l'étage, façade dont le décor de lésènes et d'arcatures ne reflète que très partiellement la structure interne de l'édifice, se dégage une impression de formidable puissance, d'autant plus sensible que les ouvertures y sont réduites au minimum.

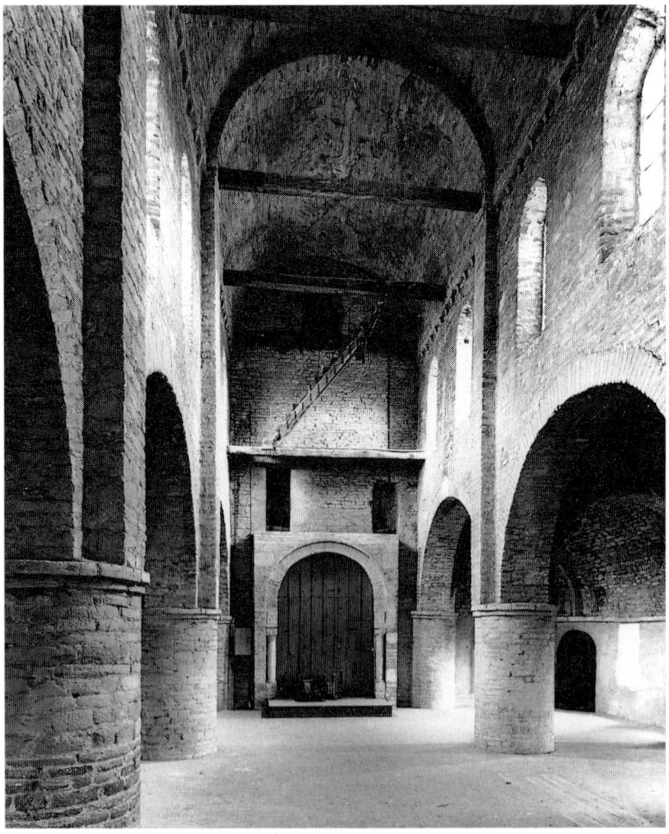

101. Tournus (Saône-et-Loire), église Saint-Philibert, étage de la galilée.

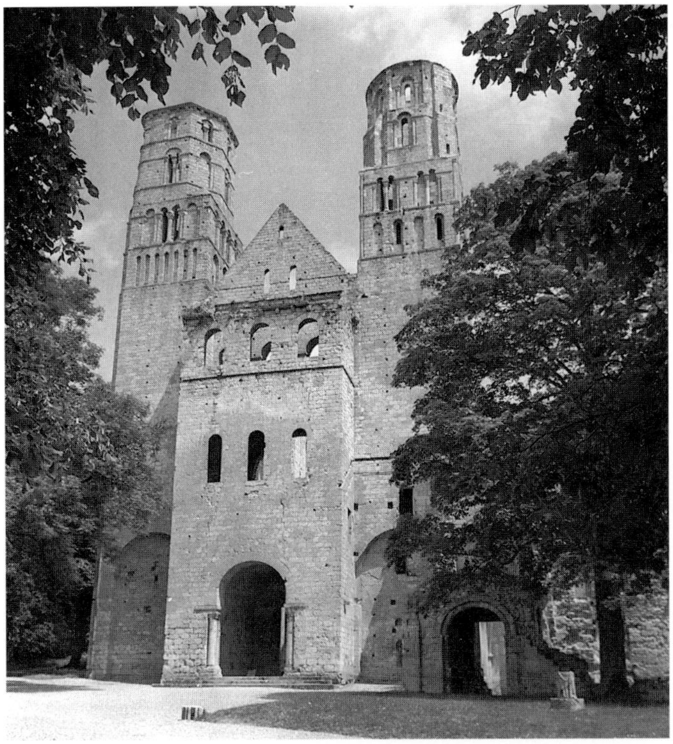

102. Jumièges (Seine-Maritime), église Notre-Dame, façade occidentale.

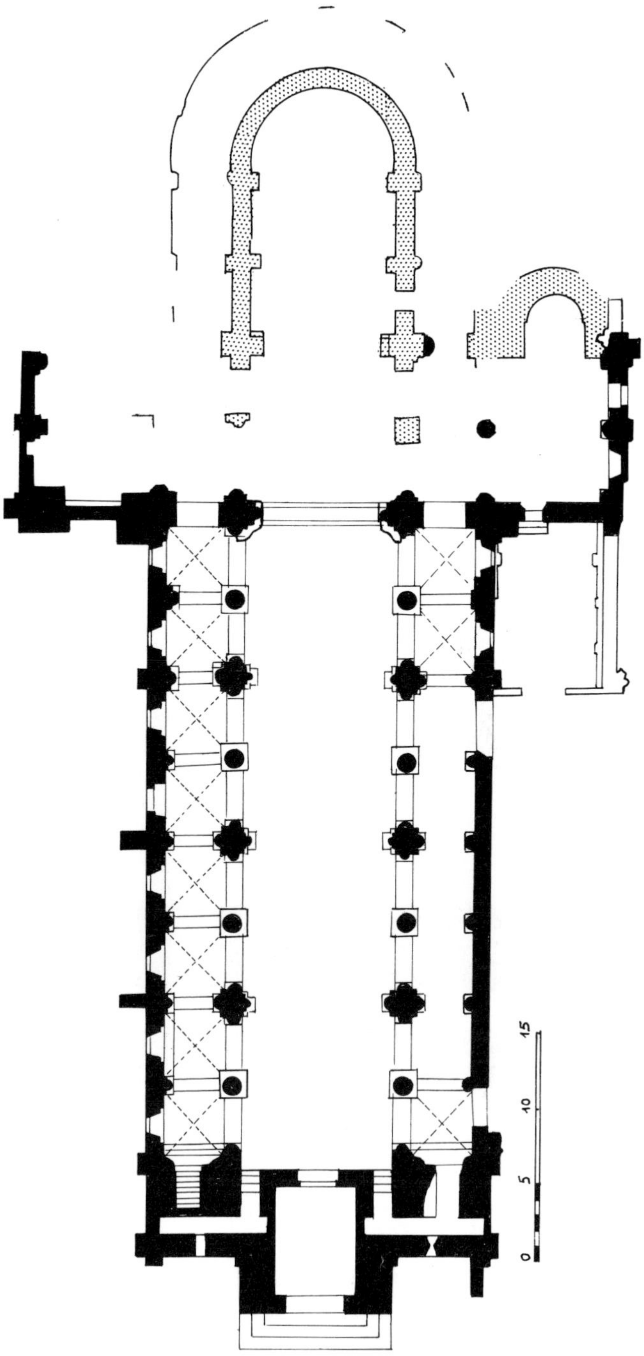

103. Jumièges (Seine-Maritime), église Notre-Dame, plan.

LE MASSIF OCCIDENTAL DE NOTRE-DAME DE JUMIÈGES

D'un type très différent, le massif de façade de Notre-Dame de Jumièges [91], dont la profondeur – déterminée par les dimensions des deux tours qui l'encadrent – est relativement réduite, s'est conservé presque intact avec son superbe appareil de pierre taillée (ill. 102 et 103), alors que l'abbatiale elle-même n'est plus qu'une ruine grandiose (ill. 116). Précédée d'un avant-corps en forte saillie qui évoque le *Westwerk* de l'abbaye carolingienne de Corvey (Westphalie), la partie centrale de ce massif compte trois niveaux que couronne un pignon triangulaire : un porche qui donne accès à la nef, une tribune qui s'ouvre largement vers l'est sur le haut-vaisseau [92] et, enfin un étage supérieur destiné notamment à étrésillonner les deux tours, dont la hauteur dépasse 45 m. Les souches de ces tours qu'anime seulement à la base un grand arc de décharge, comme l'avant-corps central avec ses baies à arêtes vives, présentent un aspect austère qui contraste avec le décor d'arcatures aveugles et de baies géminées des parties hautes [93].

Malgré leurs différences structurelles, les *opus occidentale* de Tournus et de Jumièges révèlent un intérêt commun pour les façades à deux tours, intérêt qui se manifeste sous diverses formes à cette époque en Occident. En France on peut, par exemple, citer l'abbatiale Saint-Remi de Reims, où seules subsistent les parties basses des tours [94], et, surtout, l'ancienne cathédrale Saint-Vincent de Mâcon (ill. 104). Cette imposante construction aujourd'hui réduite à ses deux tours de façade encadrant une petite tribune rappelle

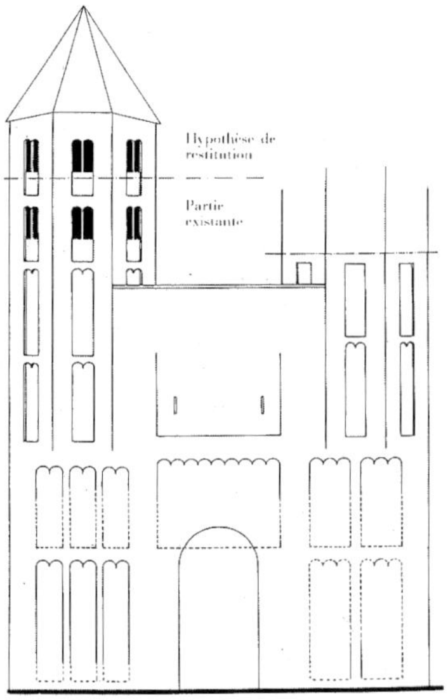

104. Mâcon (Saône-et-Loire), ancienne cathédrale Saint-Vincent, restitution de la façade occidentale par J. F. Garmier.

plus, par ses dispositions, l'exemple de Jumièges que celui, pourtant géographiquement voisin, de Tournus. Ces diverses expériences, issues de la tradition carolingienne [95], constituent des jalons dans la genèse de la façade harmonique telle qu'elle s'imposera au XIIe siècle dans l'architecture gothique du nord de la France.

III. Les progrès du voûtement

Un intérêt croissant pour la voûte

Nous avons déjà eu l'occasion de mentionner l'audace nouvelle des maîtres d'œuvre du second quart et du milieu du XIe siècle en matière de voûtement. L'intérêt des architectes pour ce problème ne cessa de croître au cours de la période, comme le montrent les transformations dont furent l'objet certains monuments charpentés récemment construits. Ainsi, à Saint-Michel-de-Cuxa, l'abbé Oliba fit, vers 1030, remanier les bas-côtés de la nef pour les couvrir d'un demi-berceau tandis que les bras du transept étaient voûtés d'un berceau et leur travée externe surmontée de hauts clochers. À Saint-Martin d'Angers (ill. 105), la croisée du transept de l'église charpentée construite au début du XIe siècle fut voûtée vers 1050 [96]. Lors de la visite du cardinal Pierre Damien à Cluny, en 1063, l'abbatiale est décrite comme « *ecclesia maxima et arcuata* [97] ». D'autres édifices furent modifiés en cours de construction. À Méobecq, cette transformation, qui porta successivement sur le chevet et sur le transept, entraîna l'adjonction, pour supporter la voûte de la croisée, de piliers disgracieux implantés à l'entrée des bas-côtés du chœur (ill. 89). La volonté de voûter était donc suffisamment forte pour conduire à l'altération du projet initial. Par ailleurs, les monuments conçus dès l'origine pour être au moins partiellement voûtés se multiplièrent, sans que les constructeurs soient toujours conscients des difficultés. Les expériences concernèrent essentiellement deux emplacements critiques : la croisée du transept et la nef.

Nouvelles expériences sur les croisées de transept

Si les bras du transept, généralement couverts d'un berceau, ne semblent guère avoir posé de problèmes techniques importants, les croisées furent l'objet de nombreuses recherches. Certains architectes du début du XIe siècle avaient su établir des coupoles sur trompes dans des édifices de petites dimensions. Tout autre était la difficulté lorsqu'il s'agissait de voûter des croisées plus vastes. Poursuivant les expériences amorcées à Saint-Vorles de Châtillon-sur-Seine ou à Perrecy-les-Forges (ill. 34 et 59), les maîtres d'œuvre du comté et du duché de Bourgogne adoptèrent des coupoles sur trompes. Pour mieux assurer la stabilité de celles-ci dans des édifices plus vastes que les précédents, ils réduisirent, voire supprimèrent, les fenêtres situées sur les faces. Lorsqu'ils les conservèrent, comme à Romainmôtier (Suisse), ils les placèrent au départ de la voûte, à la base des reins de celle-ci ; à Gigny et à Saint-Hymetière (Jura), en revanche, ils renoncèrent aux fenêtres. Les coupoles prennent dès lors naissance juste au-dessus des arcades délimi-

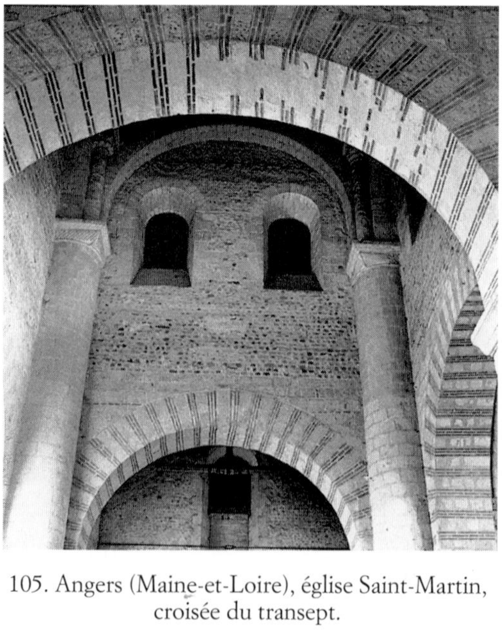

105. Angers (Maine-et-Loire), église Saint-Martin, croisée du transept.

tant la croisée, et les beaux effets lumineux et spatiaux hérités des tours-lanternes de l'architecture charpentée disparaissent. Si les architectes bourguignons firent preuve d'une certaine prudence dans la construction des coupoles, ils continuèrent à n'accorder qu'une importance relative aux supports qui soutenaient celles-ci. À Saint-Hymetière, les colonnes maçonnées en petit appareil de la croisée ne sont pas plus fortes que celles de la nef et semblent avoir été rapidement écrasées par le poids des maçonneries ; à Gigny (ill. 90), les piles composées qui soutenaient la coupole furent à l'origine de multiples désordres dans l'ensemble du transept ; à Romainmôtier, les supports cruciformes de la croisée sont certes plus puissants que les piles circulaires de la nef, mais il fallut néanmoins reconstruire l'un d'entre eux à la fin du Moyen Âge.

D'autres maîtres d'œuvre donnèrent la préférence soit à une voûte d'arêtes comme à Saint-Étienne de Beaugency [98], à Saint-Savin et à Saint-Martin d'Angers, soit à un berceau. Encore, dans ces deux derniers exemples (ill. 87 et 105), s'efforcèrent-ils de réduire la portée de la voûte en l'établissant sur des arcs de décharge en porte-à-faux. À Saint-Savin, ceux-ci constituent le rouleau interne des arcades qui délimitent la croisée ; à Saint-Martin d'Angers, où il s'agissait de transformer une tour-lanterne charpentée, arcs de décharge et arcades sont dissociés. Dans ces deux édifices, les supports furent renforcés sur leur angle interne pour recevoir les retombées des arêtes, par des ressauts à Saint-Savin, par un système complexe et élégant de quarts de colonnes maçonnées disposés en ordres superposés à Angers. Une voûte en berceau fut adoptée, en revanche, à Beaumont (Puy-de-Dôme) et à Saint-Benoît (Vienne), églises de moyennes dimensions datant du milieu ou du début de la deuxième moitié du XIe siècle. Mais ce type de voûte, dont les poussées latérales doivent être contenues par un contrebutement efficace, était mal adapté à cet emplacement. Au terme de ces diverses expériences, c'est la coupole, dont la forme évoquait par ailleurs l'image d'un baldaquin monumental suspendu au-dessus du chœur liturgique [99], qui s'imposa pour voûter les croisées.

UN DÉFI : LE VOÛTEMENT DES NEFS

L'extension du voûtement aux nefs constitue un phénomène nouveau. Même dans des églises dont le haut-vaisseau restait charpenté, les bas-côtés furent désormais souvent voûtés. Mais, surtout, certains architectes s'essayèrent à voûter également le haut-vaisseau. Les expériences, peu nombreuses au début de la période et relativement localisées à la Bourgogne et à la Catalogne, commencèrent à se multiplier vers le milieu du siècle, préparant l'explosion de la génération suivante.

L'élévation traditionnelle des basiliques charpentées, avec leurs hauts murs gouttereaux percés de nombreuses fenêtres, se prêtait mal au voûtement. Renforcer les murs ne suffisait pas. Encore fallait-il penser l'équilibre de la voûte centrale par rapport au contrebutement que pouvaient exercer les voûtes des bas-côtés. Or, pour que celui-ci soit efficace, les collatéraux devaient s'élever à une certaine hauteur, ce qui ne manquait pas de rendre problématique l'ouverture de fenêtres hautes.

UNE SEULE RÉPONSE : LA VOÛTE EN BERCEAU PLEIN CINTRE

Les premiers architectes qui tentèrent de voûter le haut-vaisseau d'une nef s'aventuraient donc dans un monde inconnu. Ils ne disposaient que d'un nombre limité de solutions : voûte en berceau plein cintre, voûte d'arêtes, coupole ; ils adoptèrent généralement la première, bien adaptée

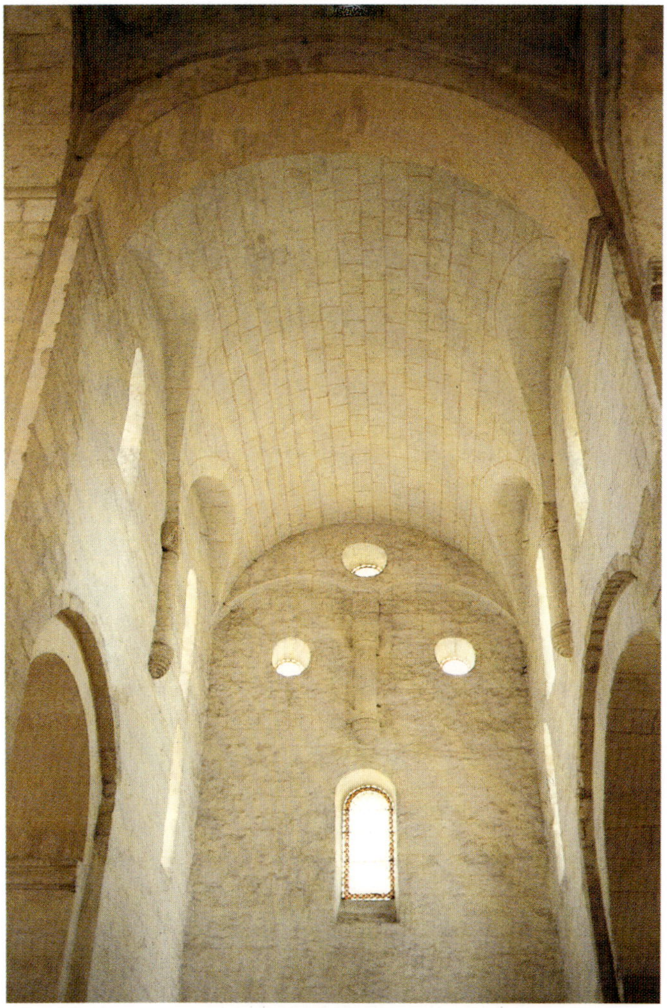

106. Romainmôtier (Suisse), église priorale, transept, voûte du bras nord.

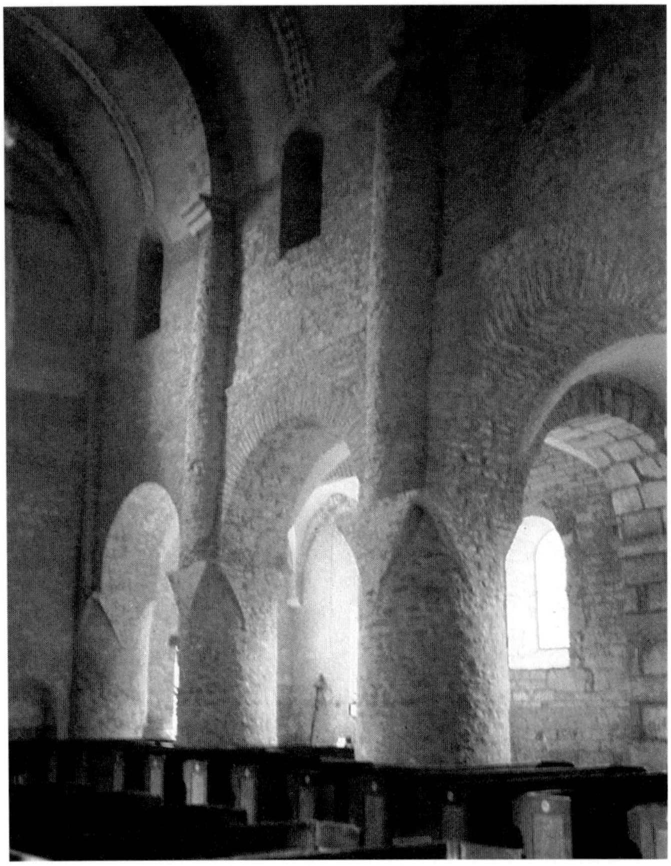

107. Chapaize (Saône-et-Loire), église Saint-Martin, nef.

à la couverture d'un vaisseau long et relativement étroit. Les voûtes en berceau plein cintre devaient cependant se révéler périlleuses du fait des poussées latérales continues qu'elles exercent au niveau des retombées, dans la partie supérieure des murs gouttereaux, là où précisément on avait coutume, dans les basiliques charpentées, d'ouvrir les fenêtres hautes. Malgré le risque de voir les murs céder sous cette pression et la voûte s'effondrer, beaucoup de maîtres d'œuvre de cette époque demeurèrent fidèles aux types d'élévation traditionnels. Un tel choix ne posait d'ailleurs pas de problèmes techniques majeurs dans des nefs de dimensions réduites, comme celle de l'église de Fuilla (Roussillon), consacrée en 1031, dont le vaisseau central, haut de 9,70 m, n'excède pas 4,50 m de large [100]. Mais, lorsque l'espace à voûter était de plus grande ampleur, le succès était plus aléatoire. Certaines expériences furent néanmoins réussies. Bien que construite au-dessus d'un soubassement lui-même voûté, l'église haute de la galilée de Saint-Philibert de Tournus (environ 6,25 m de large et 12,50 m de haut) appartient à celles-ci, probablement grâce au contrebutement efficace des voûtes en demi-berceau des bas-côtés venant s'appuyer sous les fenêtres hautes. De dimensions comparables, l'église voisine du prieuré de Chapaize [101], dont les murs gouttereaux étaient pourtant renforcés par de puissantes colonnes engagées recevant des arcs doubleaux, mais dont les bas-côtés étaient voûtés d'arêtes, dut, en revanche, être partiellement reconstruite au début du XIIe siècle, sans doute à la suite d'un accident à la voûte du vaisseau central (ill. 107). L'architecte qui effectua cette restauration substitua au berceau en plein cintre d'origine un berceau brisé qui poussait moins fortement au vide. À Romainmôtier (ill. 106), le maître d'œuvre incrusta, pour sa part, entre les fenêtres hautes de la nef, du transept et du chœur des colonnes engagées reposant sur des culots et recevant les retombées d'une voûte en berceau continu, échancrée de pénétrations latérales [102]. La largeur des vaisseaux à couvrir se trouve ainsi légèrement rétrécie tandis que les murs gouttereaux, quelque peu dégagés des poussées au-dessus des fenêtres, sont renforcés dans leur partie la plus fragile. On peut s'étonner que cette solution remarquable n'ait pas été reprise dans d'autres édifices, mais l'art du XIe siècle est riche d'expériences sans suite, dont le manque de succès ne s'explique pas toujours de manière objective.

Au cours de ces premières expériences, les architectes semblent avoir été plus préoccupés de limiter la portée des voûtes et de renforcer les murs gouttereaux à l'intérieur, par des pilastres ou des colonnes engagées, que d'assurer un épaulement externe efficace. À Tournus, à Romainmôtier ou à Fuilla, les lésènes peu saillantes (environ 15 cm) qui rythment les murs jouent un rôle essentiellement décoratif. À Saint-Étienne de Beaugency, dont le petit vaisseau unique (5,5 m de large, 6 m de hauteur) est couvert d'une voûte en berceau sur doubleaux, les murs sont dépourvus de tout renfort extérieur. En revanche, le chœur et le transept de Saint-Savin sont dotés de contreforts étroits et peu saillants.

UN DILEMME : ÉCLAIRER OU VOÛTER ?

Vers le milieu du XIe siècle, l'approche des problèmes techniques tend, en effet, à se modifier. Tirant parti des expériences de leurs prédécesseurs, certains maîtres d'œuvre commencent notamment à remettre en question l'existence de fenêtres hautes dans les nefs voûtées. Il est difficile de retracer les étapes de cette mutation, faute de repères chronologiques suffisants. Nous n'illustrerons cette phase que par un seul exemple : celui de la nef de Quarante (Hérault) (ill. 108 et 109), sans doute construite au début de la seconde moitié du XIe siècle [103]. Dans le vaisseau central, large d'environ 7 m, l'architecte n'ouvrit de baies que du côté sud, à l'abri des vents dominants. Encore celles-ci pénètrent-elles dans les reins de la voûte en berceau tandis que les grandes arcades prennent un développement considérable, ce qui permet d'établir le voûtement des bas-côtés à un niveau proche de celui des retombées du berceau cen-

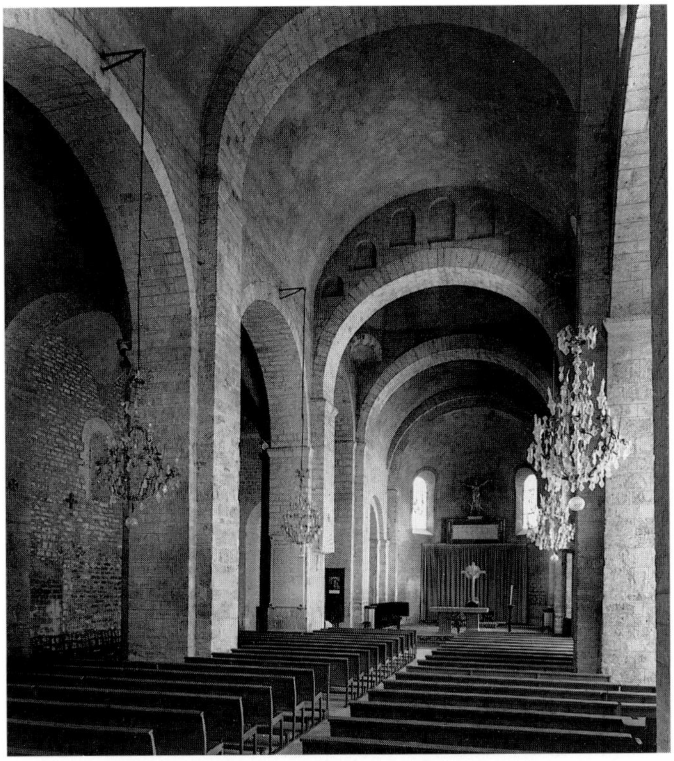

108. Quarante (Hérault), église Sainte-Marie, nef.

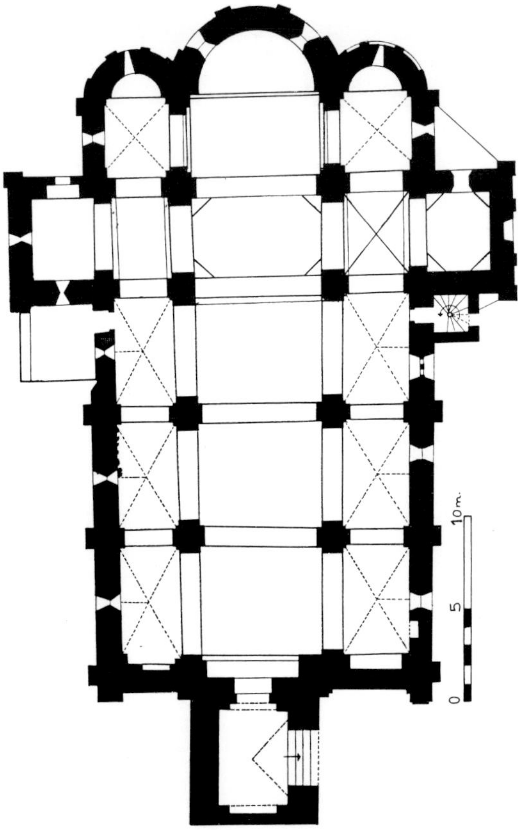

109. Quarante (Hérault), église Sainte-Marie, plan.

tral, et d'assurer ainsi à ce dernier un contrebutement efficace. Par ailleurs, au lieu de choisir, pour voûter les travées longues et étroites de ces collatéraux, un berceau ou un demi-berceau, l'architecte donna la préférence à un jeu complexe de pénétrations qui créait l'illusion de cinq voûtains. Enfin, berceau central et voûtes des bas-côtés, renforcés par de puissants arcs doubleaux, sont épaulés par des contreforts extérieurs situés au droit des piliers. L'ampleur des grandes arcades affecte également les rythmes de l'élévation : la nef de Quarante, longue de 28 m, est subdivisée en trois travées seulement, de plan sensiblement carré et délimitées par des piliers dont les ressauts correspondent aux différentes retombées qu'ils reçoivent. Ainsi la réflexion sur l'équilibre d'un haut-vaisseau voûté commence à remettre en question un type d'élévation qui n'avait connu jusque-là que des variations limitées dans les proportions respectives des grandes arcades et des niveaux supérieurs.

IV. Le dynamisme de l'architecture charpentée

Beaucoup de maîtres d'œuvre de cette période restèrent cependant fidèles à la charpente. En effet, tandis que les édifices voûtés étaient encore, pour des raisons techniques, de dimensions modestes, ce type de couvrement permettait, avec l'assurance due à une longue pratique, de construire des églises vastes et lumineuses. Certains vaisseaux atteignaient 16 m de largeur, comme dans les constructions carolingiennes les plus vastes (Fulda, par exemple), et les murs gouttereaux pouvaient dépasser 20 m de hauteur.

De vastes nefs uniques

Les grandes nefs uniques charpentées connurent un grand essor dans les régions du Berry, de l'ouest et, peut-être déjà, du sud-ouest de la France. Celle de la cathédrale d'Angers mesure 16 m de largeur, celle de l'abbatiale de Beaulieu-lès-Loches 14 m[104], celle de la priorale Saint-Pierre de Souvigny 13,20 m, celle de Méobecq 10 m, celle de Meusnes 9 m, etc. Ce type de vaste nef unique semble également avoir rencontré une certaine faveur dans d'autres régions (en Dauphiné : Saint-Barnard de Romans ; en Languedoc : Saint-Pierre-des-Cuisines à Toulouse, abbatiale de Caunes-Minervois). Beaucoup de ces nefs ne nous sont malheureusement pas parvenues dans leurs dispositions d'origine. Celles de Romans, Toulouse et Caunes furent reconstruites ultérieurement ; la charpente a été remplacée par des voûtes d'ogives à Angers ; à Beaulieu et à Souvigny, le vaisseau unique fut bientôt subdivisé pour être voûté de trois ber-

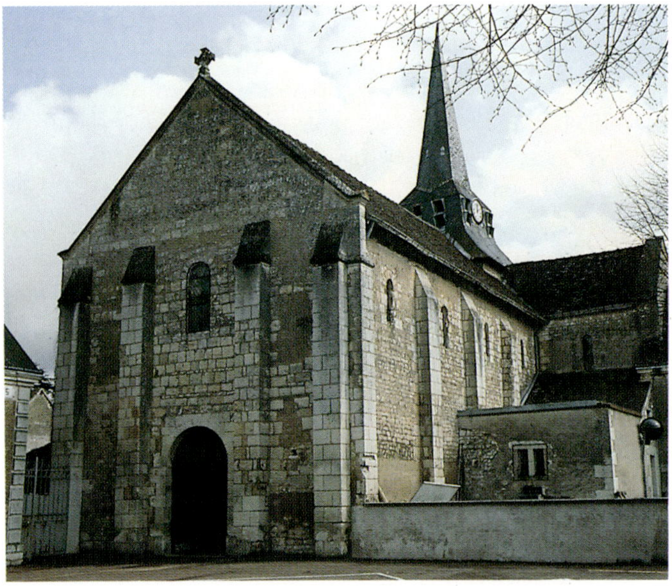

110. Meusnes (Loir-et-Cher), église Saint-Pierre, façade occidentale et nef.

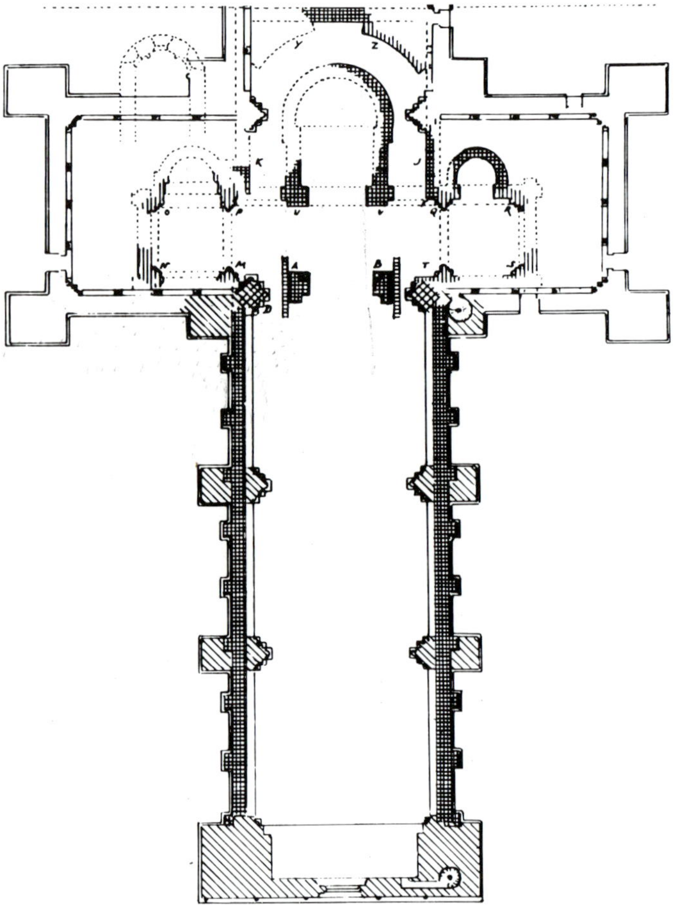

111. Angers (Maine-et-Loire), cathédrale Saint-Maurice, plan des fouilles d'après L. de Farcy.

ceaux, et la nef de Méobecq fut partiellement détruite lors des guerres de religions. En revanche, celle de Meusnes (ill. 110) nous est parvenue intacte. On peut néanmoins établir une typologie de ces grandes nefs uniques qui offrent des caractères remarquablement stables.

À quelques exceptions près, elles sont dotées de nombreux contreforts larges et plats (1,20 m x 0,60 m à la cathédrale d'Angers), construits en pierre taillée et destinés à renforcer des murs souvent appareillés plus médiocrement. L'existence de ces contreforts doit d'autant plus être soulignée qu'à la même époque tous les monuments voûtés n'en sont pas pourvus. Il semble donc que, dans l'esprit des bâtisseurs de l'époque, cet élément ait été surtout destiné à raidir de hauts murs. Toutefois, si des contreforts rythment désormais l'extérieur des grandes nefs uniques charpentées, l'élévation intérieure de celles-ci demeure dénuée de toute articulation, et seules les fenêtres placées presque au sommet des murs viennent animer les parois.

Les croisées à passages latéraux

Dans les églises dotées d'un transept, le choix d'une nef unique de vastes dimensions posait de délicats problèmes de coordination entre celle-ci et des parties orientales généralement plus étroites et voûtées. Certains architectes adoptèrent une croisée barlongue de même largeur que la nef, comme à Méobecq et sans doute à Souvigny, d'autres une disposition plus riche d'avenir en implantant une croisée carrée devant le chœur. Une croisée de ce type existait déjà dans la cathédrale d'Angers (ill. 111) reconstruite « depuis ses fondations » par l'évêque Hubert de Vendôme et dédicacée par lui en 1025 [105]. Les fouilles effectuées au XIXe siècle ont, en effet, partiellement mis au jour un transept étroit et débordant ainsi qu'un chœur et une abside larges d'environ 6 m, précédés d'une croisée de même largeur. Celle-ci était délimitée par des arcades reposant, à l'ouest, sur deux supports implantés à la limite de la nef et du transept, supports qui laissaient, de part et d'autre, deux passages libres. L'église du prieuré de Meusnes, dont le transept et la croisée sont charpentés, permet d'apprécier l'effet de cette disposition (ill. 112). À l'ouest du transept s'élève une véritable façade intérieure, renforcée de deux contreforts et dans laquelle s'ouvrent trois arcades [106]. Celle du centre, correspondant à la croisée, est surmontée d'une triple baie destinée à alléger le mur. Le voûtement, qui s'imposa dans les édifices ultérieurs, ne devait pas entraîner d'importantes modifications structurelles. Seuls les supports de la croisée furent affectés par ce changement, tandis

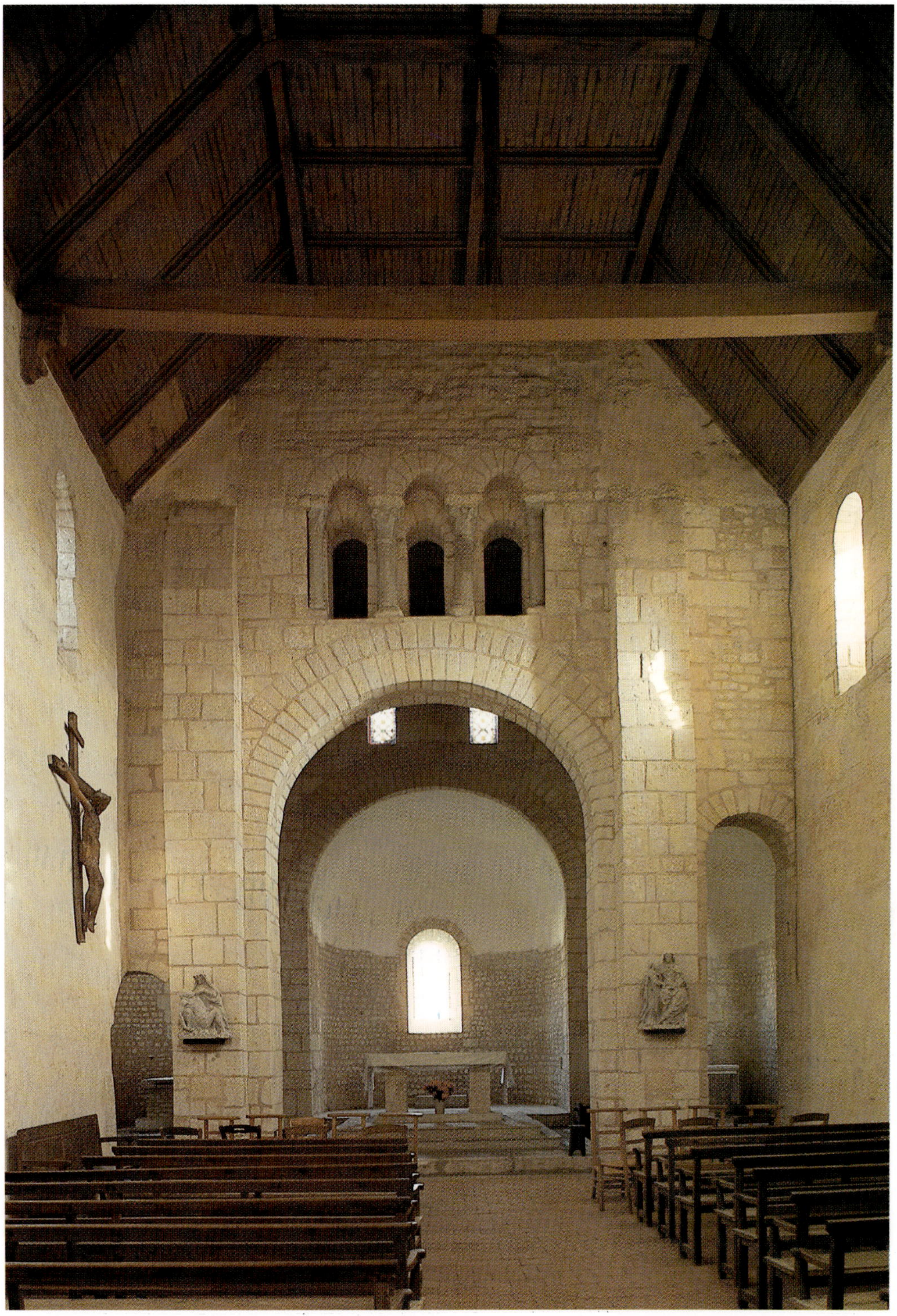

112. Meusnes (Loir-et-Cher), église Saint-Pierre, nef et croisée du transept.

que disparaissaient les baies ouvertes au-dessus de l'arcade centrale. La solution adoptée à Angers et à Meusnes apparaît comme une création. Elle témoigne de l'importance nouvelle accordée à la croisée – et à la tour qui la surmontait généralement – par les architectes de cette époque et devait connaître un succès durable dans les régions qui, comme le Berry, demeurèrent longtemps fidèles aux vastes nefs uniques charpentées [107].

UN MONUMENT DE PRESTIGE : SAINT-REMI DE REIMS

La nef à trois vaisseaux continuait cependant d'être retenue par la plupart des maîtres d'œuvre. L'élévation traditionnelle (grandes arcades retombant sur des piliers carrés, murs inarticulés percés de fenêtres hautes) restait encore fréquente et devait le rester jusqu'à la fin du XIe siècle, mais, parallèlement, les transformations de l'élévation, esquissées au cours des générations précédentes, s'accéléraient rapidement.

La nef à tribunes, déjà adoptée vers l'an mille dans quelques édifices du nord de la France, connaît de nouveaux développements, notamment à Saint-Remi de Reims et à Notre-Dame de Jumièges. Saint-Remi (ill. 113, 114 et 115) est une construction remarquable par la complexité de son parti et par son ampleur. La chronique d'Anselme, qui rapporte avec un luxe de détails inhabituels l'histoire de la construction, souligne l'ambition de l'entreprise [108]. Il s'agissait, en effet, de conférer à l'église qui conservait les insignes reliques de saint Remi et la sainte ampoule de l'onction royale le plus de magnificence possible. Un premier projet, mis en œuvre par l'abbé Érard et, au dire même d'Anselme, fort complexe, dut être abandonné. Le second, réalisé entre 1039 et 1049 par les abbés Thierry et Hérimar, reste sans équivalent.

Saint-Remi ne nous est pas parvenu dans son état d'origine. Son chevet à chapelles alignées fut remplacé dans la seconde moitié du XIIe siècle par un chevet gothique à déambulatoire et chapelles rayonnantes, tandis que les vaisseaux charpentés de la nef et du transept étaient aménagés pour recevoir un voûtement d'ogives ; des colonnettes furent incrustées dans les parois et dans les supports pour recevoir nervures et doubleaux, des arcs de décharge placés en renfort au-dessus des baies des tribunes ; celles-ci furent subdivisées par des colonnettes, les murs gouttereaux surélevés et les fenêtres hautes surmontées de larges *oculi*. Mais, sous ce rhabillage gothique [109], l'édifice du XIe siècle est conservé, à l'exception du chœur, des deux chapelles orientées qui l'encadraient et de l'extrémité des bras du transept. Le parti de l'église dédicacée en 1049 peut donc être restitué avec une précision relative.

Le transept, doté sur trois côtés de collatéraux qui prolongeaient ceux de la nef, permettait aux pèlerins de circuler tout autour de l'édifice. Ces collatéraux étaient surmontés de

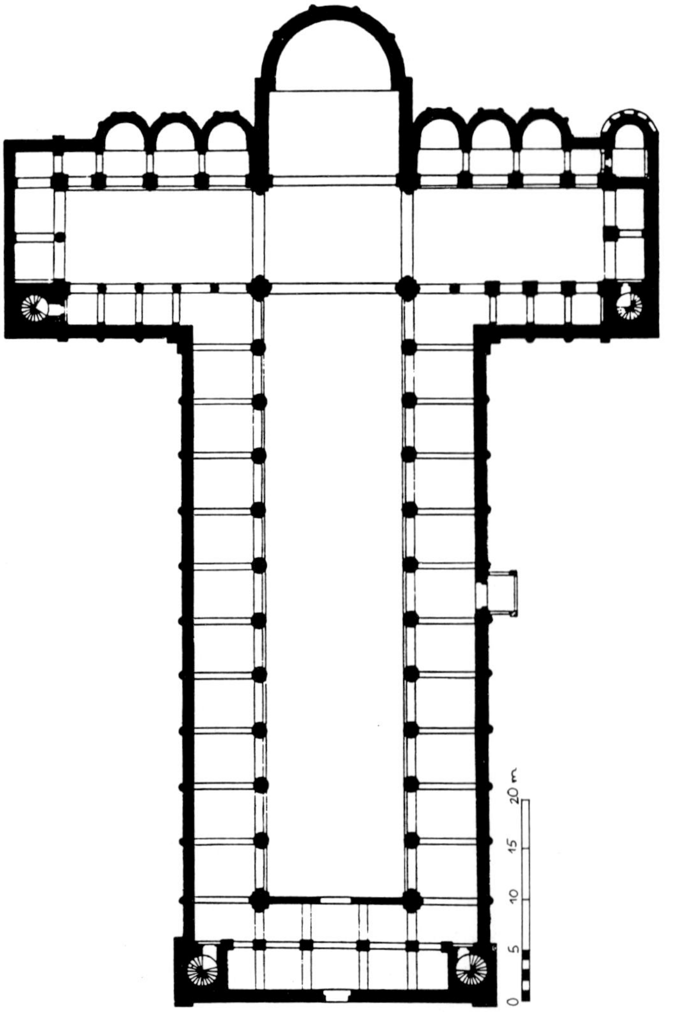

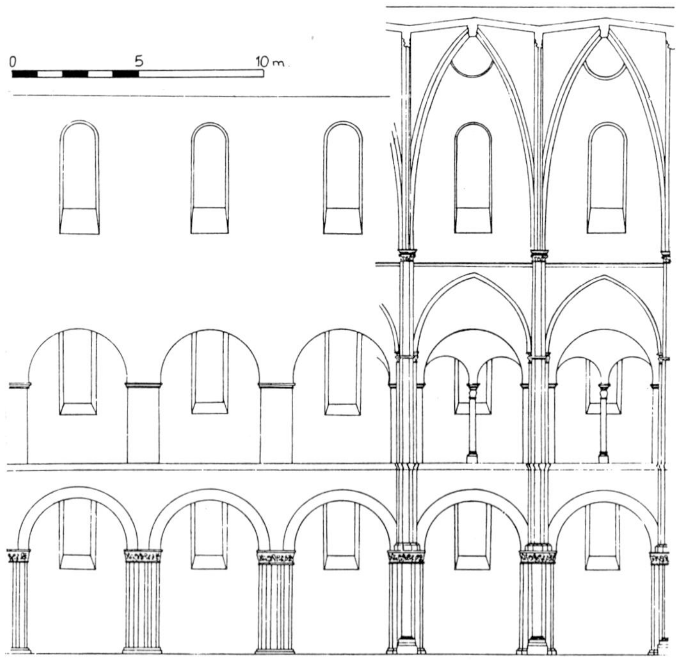

114. Reims (Marne), église Saint-Remi, élévation de la nef par J. P. Ravaux. À droite : état actuel ; à gauche : état primitif.

113. Reims (Marne), église Saint-Remi, plan restitué par J. P. Ravaux.

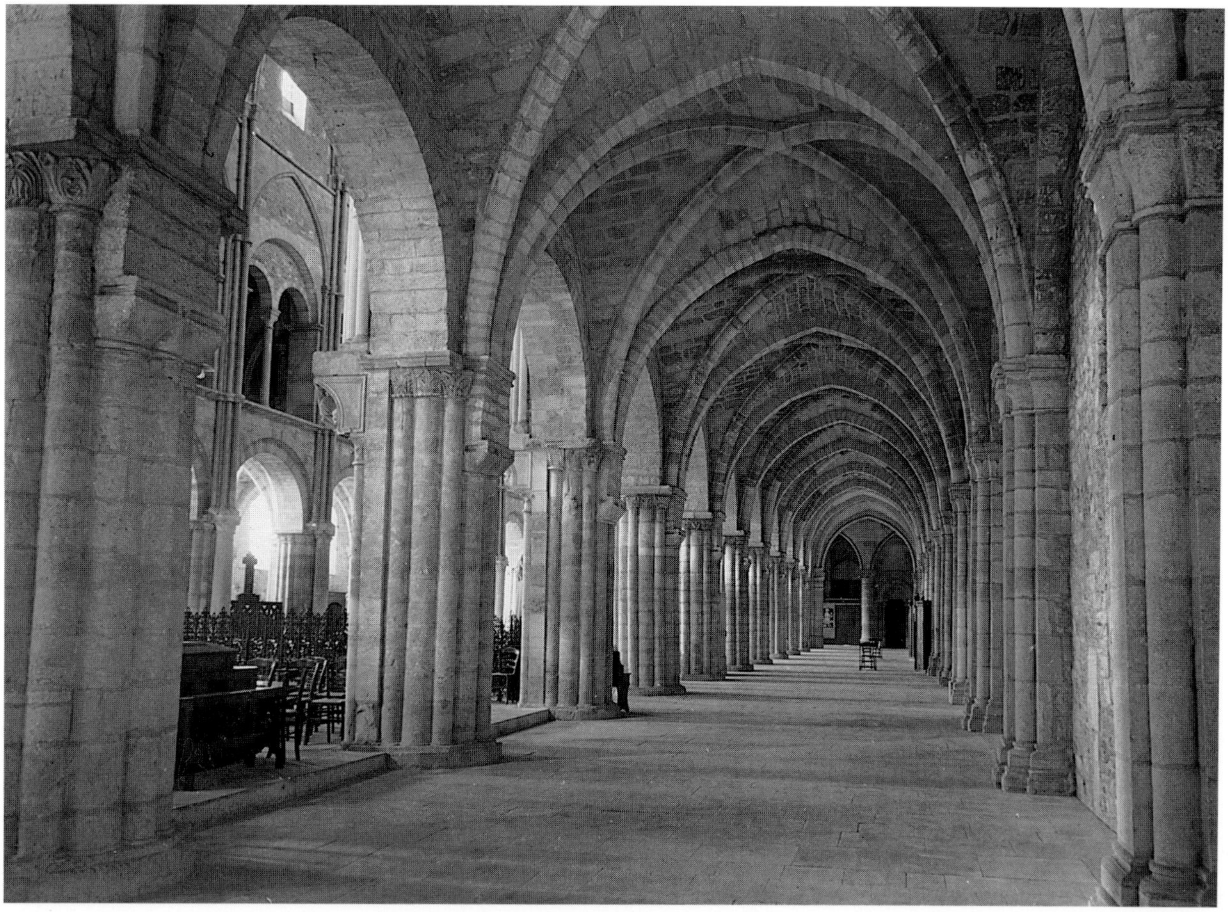

115. Reims (Marne), église Saint-Remi, bas-côté de la nef.

tribunes qui, du côté oriental, comportaient des chapelles hautes. Nef et transept offraient donc une élévation similaire, à trois niveaux : grandes arcades, tribunes, fenêtres. Mais, alors que le vaisseau central de la nef, large de 13,50 m, était délimité par des murs gouttereaux dépassant 20 m de hauteur, le transept était plus étroit et plus bas. Dans la nef, les travées étaient amples et régulières ; leur rythme variait dans le transept, où leur nombre différait selon les côtés ; la face orientale de chaque bras en comptait quatre, dont la largeur correspondait à celle des chapelles orientées, tandis que la face occidentale en comptait cinq. Cette discordance s'explique peut-être par la difficulté d'assurer une jonction entre les larges bas-côtés de la nef et ceux, plus étroits, du transept, difficulté accrue par la décision, prise sans doute en cours de travaux, de voûter de berceaux transversaux les bas-côtés occidentaux du transept [110]. Cette asymétrie, qui ne portait pas à conséquence dans un haut-vaisseau charpenté, devait d'ailleurs être peu perceptible lorsque, au XIe siècle, les parois étaient dépourvues de colonnes engagées délimitant strictement les travées.

Les supports de la nef et du transept de Saint-Remi de Reims étaient d'une grande diversité. Les fûts circulaires qui recevaient les grandes arcades de la nef étaient constitués d'un faisceau de quatorze colonnettes d'un diamètre variable sur lesquelles les retombées des grandes arcades s'effectuaient malaisément (ill. 115). Les supports du transept appartenaient à des types plus simples : piliers dont le noyau était cantonné de quatre colonnes engagées à la croisée, piles dotées d'une seule colonne engagée vers le haut-vaisseau du côté oriental, piliers carrés ou colonnes du côté occidental et dans les tribunes. Cette diversité semble, soit correspondre à des étapes distinctes de la construction, qui s'acheva par les parties hautes du bras nord du transept, soit révéler le souci d'expérimenter des solutions différentes dans le domaine des seuls supports. Au-dessus de ces derniers s'élevaient en effet des murs nus, animés seulement par le double rouleau des grandes arcades, les baies des tribunes et les fenêtres hautes. À l'extérieur, au contraire, des contreforts semi-circulaires rythmaient régulièrement tous les murs, y compris ceux des chapelles orientées du transept.

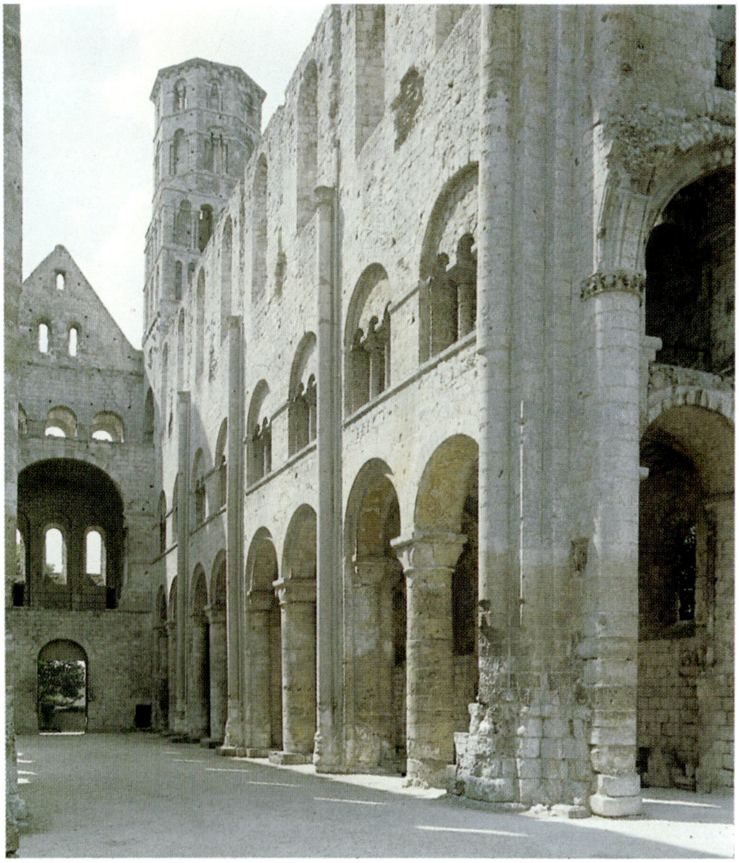

116. Jumièges (Seine-Maritime), église Notre-Dame, nef.

La voie de l'avenir : Notre-Dame de Jumièges

Bien qu'elle comporte également des tribunes, la nef de Notre-Dame de Jumièges (ill. 103 et 116), construite dans les années 1050-1060 [111], offre une structure très différente de celle de Saint-Remi. Son vaisseau central plus haut (25 m) et plus étroit (11,50 m) était primitivement charpenté, mais bas-côtés et tribunes étaient voûtés d'arêtes. Ainsi les murs gouttereaux étaient-ils étayés jusqu'au niveau des fenêtres hautes. Le voûtement des bas-côtés d'un édifice par ailleurs charpenté tendait, certes, à se généraliser depuis le second quart du XIe siècle, mais son extension aux tribunes constitue une nouveauté. Tandis qu'à Saint-Remi les bas-côtés et les tribunes étaient de même ampleur, l'architecte de Jumièges accorda plus de hauteur aux grandes arcades qu'aux baies des tribunes, subdivisa ces dernières par une triple arcature abritée sous un arc de décharge et souligna ce niveau médian de deux bandeaux horizontaux.

Les murs gouttereaux de Jumièges sont, en outre, renforcés, toutes les deux travées, par des colonnes engagées sur dosseret montant de fond. L'idée de raidir ainsi, à l'intérieur, les murs d'un édifice charpenté n'était pas neuve. L'architecte de Saint-Vorles de Châtillon-sur-Seine et, en Normandie, celui du chœur de Bernay avaient déjà eu recours à une solution de ce type. Comme dans ces exemples, les colonnes engagées du haut-vaisseau s'intègrent à une pile composée, mais on observe à Jumièges une rigueur nouvelle dans le dessin de ces piles, constituées d'un noyau carré cantonné de quatre colonnes engagées (sur dosseret du côté du haut-vaisseau), et dans leur coordination avec les retombées. Le noyau de la pile reçoit, du côté des collatéraux, les arêtes de la voûte, et, du côté du haut-vaisseau, le rouleau externe des grandes arcades ; le rouleau interne de celles-ci retombe sur les colonnes engagées latérales, tandis que les colonnes des bas-côtés correspondent aux doubleaux. La coordination logique des supports et des retombées est donc aussi affirmée à Jumièges que dans certains édifices entièrement voûtés. Ainsi, la naissance de la

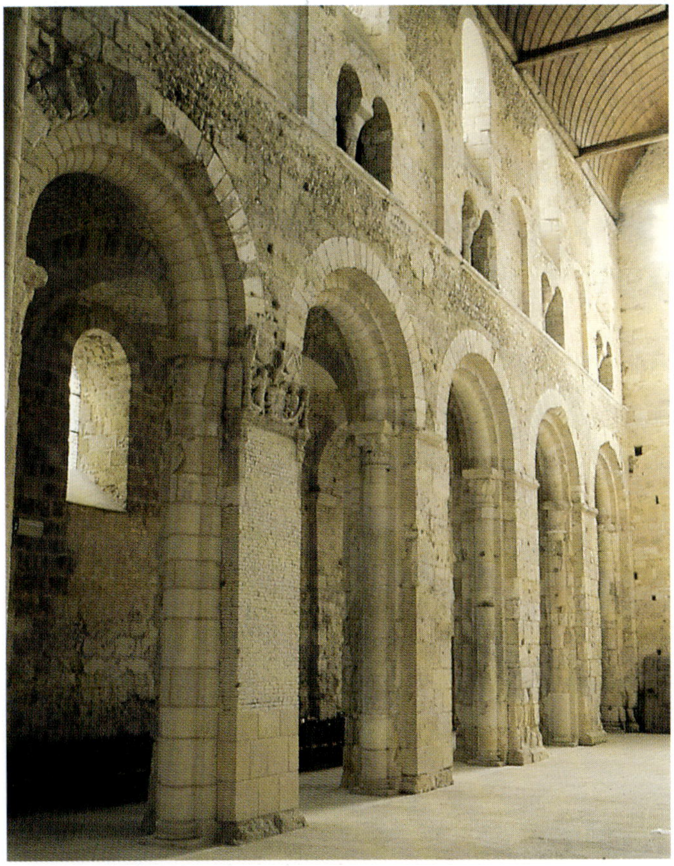

117. Bernay (Eure), église Notre-Dame, nef.

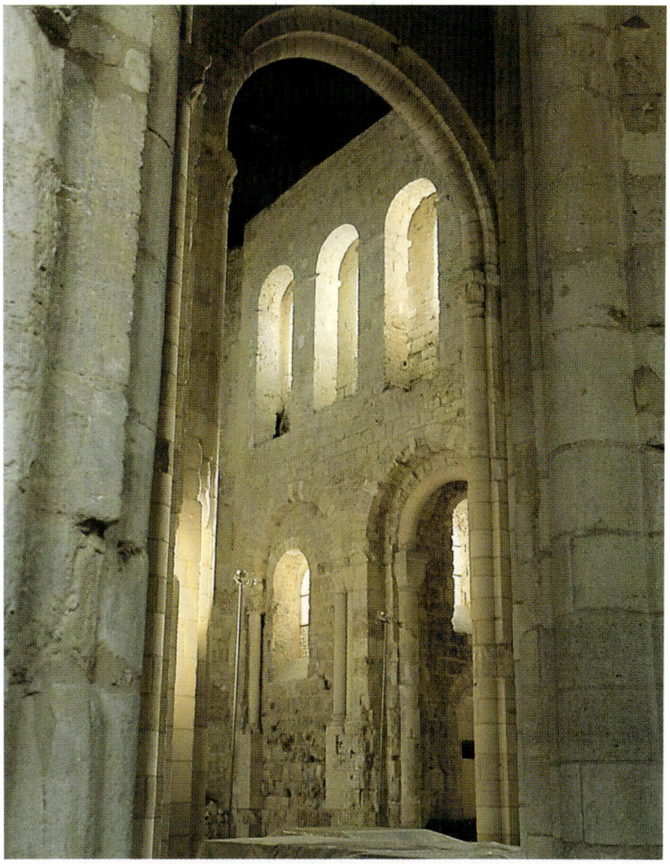

118. Bernay (Eure), église Notre-Dame, transept : bras sud, mur ouest.

travée, articulation essentielle de l'architecture médiévale, ne résulte pas seulement des expériences sur le voûtement des hauts-vaisseaux. Au début de l'art roman, architecture voûtée et architecture charpentée participèrent également à la définition d'une nouvelle plastique murale.

L'ALTERNANCE DES SUPPORTS : UN JEU PROPRE AUX NEFS CHARPENTÉES

L'architecte de Jumièges s'engagea dans une voie originale en introduisant une alternance entre ces puissants supports composés et de simples colonnes maçonnées. Certes, la diversification des supports n'était pas nouvelle dans les nefs, et elle devait même connaître un regain d'intérêt, au cours de la première moitié du XIe siècle, dans certaines régions de l'Empire où alternent colonnes et piliers carrés selon des rythmes variables (1/1 ou 2/1). À Gigny, comme dans plusieurs édifices de l'ancien royaume de Bourgogne, supports circulaires, carrés et octogonaux se succèdent de part et d'autre du haut-vaisseau. Mais ces diverses variations n'ont pas d'incidence sur les murs gouttereaux, qui restent fidèles à l'inarticulation des nefs du haut Moyen Âge. À Jumièges, au contraire, l'alternance des types de supports se répercute sur toute l'élévation ; temps forts et temps faibles enrichissent et nuancent à la fois les travées, créant une ample scansion des espaces intérieurs. Les colonnes engagées des piles fortes de l'abbatiale étaient-elles destinées simplement à raidir les murs ou à recevoir certaines pièces de la charpente, ou faut-il supposer qu'existaient des arcs diaphragmes qui rythmaient le vaisseau central ? Quoi qu'il en soit, l'alternance de supports composés et de supports simples reste rare au milieu du XIe siècle. On la retrouve cependant, en France, dans la nef des abbatiales de Moissac [112] et de Saint-Hilaire de Poitiers [113] et, en Angleterre, dans celle de Westminster [114]. Mais elle se répandra ultérieurement dans l'architecture anglo-normande et dans celle d'Italie du Nord et d'Italie centrale. Elle semble avoir été particulièrement appréciée dans les édifices charpentés, alors que des travées régulières étaient généralement adoptées dans des édifices voûtés en berceau.

Dans le traitement de l'élévation comme dans celui des espaces, la charpente semble donc avoir procuré aux architectes une liberté qui, parfois, se traduisit par une grande inventivité formelle.

LES PREMIÈRES ÉLÉVATIONS À TROIS NIVEAUX

Aussi n'est-il guère surprenant que les premières expériences sur les élévations à trois niveaux se soient développées dans des églises charpentées. À côté des tribunes de nef, qui reprennent une tradition ancienne, apparaît dans quelques monuments un niveau intermédiaire d'un type différent : les ouvertures sous combles. Tandis que les premières constituent un véritable étage, les secondes, simples ajours percés dans les murs gouttereaux entre les grandes arcades et les fenêtres hautes, ne donnent que sur les combles des bas-côtés. Les solutions adoptées sont cependant encore instables. Dans la nef de Vignory (ill. 83), construite au cours des années 1030-1040 [115] et dont les bas-côtés sont charpentés, une claire-voie constituée d'amples baies géminées séparées par des piliers carrés s'ouvre au-dessus des grandes arcades ; elle est comprise sous la toiture des collatéraux et visible tant du côté de ceux-ci que du côté du vaisseau central. Le mur se trouve ainsi allégé, tandis que la superposition de trois baies – grandes arcades, ouvertures sous combles et fenêtres hautes – contribue à renforcer les rythmes de l'élévation. Toutefois, la généralisation du voûtement dans les bas-côtés, même lorsque le haut-vaisseau demeurait charpenté, condamnait l'expérience de Vignory. Celle de la nef de Bernay (ill. 117), à la fin de la première moitié du XIe siècle, était plus riche d'avenir. Au-dessus des voûtes des collatéraux s'ouvrent de petites baies géminées renforcées, du côté des combles, par de puissants arcs de décharge destinés à raidir des murs gouttereaux dépourvus de contreforts.

Cette recherche d'ordre structurel va de pair, à Bernay, avec une réflexion sur la plastique murale. Dans le haut-vaisseau, des arcades aveugles, peu profondes mais brisant l'unité des surfaces, alternent en effet avec les baies géminées. Pas plus qu'à Vignory, l'architecte ne s'est préoccupé de l'articulation des travées, mais il a adopté des piliers composés lui permettant d'enrichir le traitement plastique des grandes arcades et, notamment, de souligner la continuité des volumes ; le noyau rectangulaire des supports reçoit le rouleau extérieur des arcs, tandis que les colonnes engagées sur dosseret des faces latérales sont visuellement prolongées par leur rouleau intérieur à intrados torique. Bien qu'aucune colonne, aucun pilastre ne vienne animer les piles du côté du haut-vaisseau, il existe entre les niveaux des correspondances qui introduisent une certaine subtilité dans les rythmes de l'élévation. Grandes arcades, baies géminées et fenêtres hautes (agrandies au XVIIe siècle) se superposent, comme à Vignory, dans un même axe vertical, tandis que les baies aveugles font écho au noyau quadrangulaire des piles. L'absence de colonnes engagées scandant vigoureusement l'élévation et la définition quelque peu incertaine du niveau médian, où sont associées des baies géminées et des arcades aveugles de hauteurs différentes, révèlent l'appartenance de Bernay à une phase expérimentale. Mais la réflexion des architectes normands sur le traitement structurel et plastique des murs est amorcée.

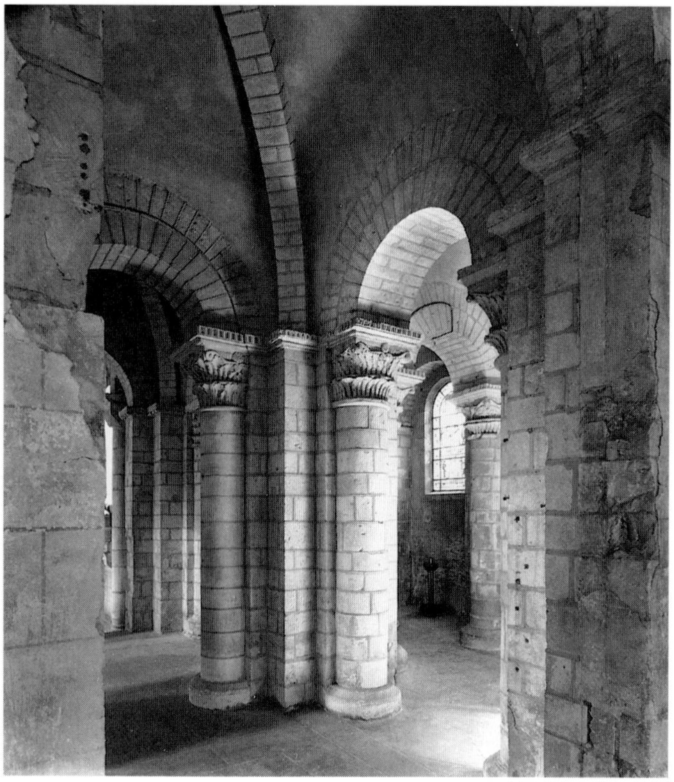

119. Poitiers (Vienne), église Saint-Hilaire, tour-porche, rez-de-chaussée.

LES PASSAGES MURAUX ET LE PROBLÈME DE LA CIRCULATION DANS LES PARTIES HAUTES

Cette réflexion devait également les conduire à ménager, dans les murs occidentaux des transepts de Bernay (ill. 118) et de Jumièges, des passages *intra muros* situés au niveau des fenêtres, éclairés par celles-ci et ouvrant sur l'espace intérieur par des arcades. L'idée d'assurer une circulation dans les parties hautes des constructions par des passages établis dans les maçonneries, souvent exploitée dans l'architecture romaine, ne semble guère avoir retenu l'attention des maîtres d'œuvre carolingiens alors qu'elle fut adoptée, sans doute à l'imitation d'édifices antiques, dès le début de l'époque romane. À Saint-Pierre de Chartres, un passage réunit ainsi la tour-porche à la nef ; à Saint-Bénigne de Dijon, des passages, situés à l'étage supérieur de la rotonde orientale, reliaient celle-ci à l'église. Mais, dans ces premiers exemples, les passages sont plus ou moins dissimulés dans les maçonneries, tandis qu'à Bernay et à Jumièges ils constituent un niveau visible de l'élévation intérieure. La présence de ces passages muraux est liée à celle d'escaliers en vis situés dans les angles des bras du transept. Escaliers et passages permettent un accès aux parties hautes de l'église (aux seuls combles des bas-côtés de la nef à Bernay, à la tour de croisée à Jumièges). Ni les grandes basiliques carolingiennes ni celles du début du XIe siècle, qu'elles soient voûtées ou charpentées, ne comportaient d'escaliers uniquement destinés à desservir leurs grands combles, tandis que ce perfectionnement devait s'imposer dans les constructions ultérieures, du moins dans celles d'une certaine importance. Mais seuls les architectes normands créèrent un système de circulation incluant des coursières au niveau des fenêtres hautes. Si, à Bernay et à Jumièges, celles-ci ne se rencontrent encore que dans le mur ouest du transept, elles s'étendront au cours de la génération suivante à l'ensemble de l'édifice et constitueront l'un des aspects les plus originaux de l'architecture anglo-normande. De telles expériences étaient évidemment incompatibles avec l'adoption d'une voûte en berceau dans les hauts-vaisseaux, et les passages muraux éclairés, nés dans l'architecture charpentée, devaient longtemps rester le privilège de celle-ci.

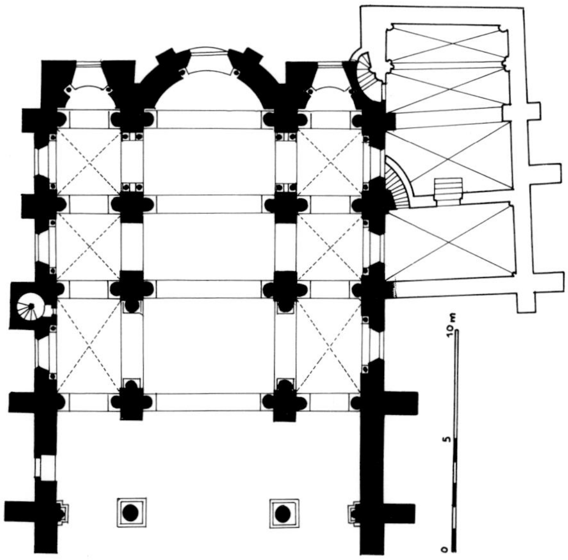

120. Châtel-Censoir (Yonne), église Saint-Potentien, plan.

V. L'ESSOR DE LA PILE COMPOSÉE

Parmi les éléments qui contribuèrent à renouveler la plastique murale, la pile composée joua un rôle déterminant. Tandis que dans les églises carolingiennes l'usage de piles articulées était généralement limité aux croisées du transept, celles-ci apparaissent dès le début de l'art roman dans certaines nefs charpentées, comme celle de Saint-Vorles de Châtillon-sur-Seine (ill. 66) et celle de la cathédrale d'Orléans, entreprise pendant le règne d'Hugues Capet (987-996). À Saint-Vorles, le noyau carré était cantonné de quatre colonnes engagées ; à Orléans, il s'agissait de piliers cruciformes. On retrouve ceux-ci vers 1030 dans la petite église voûtée de Fuilla, dans le Roussillon. Augmentés de ressauts correspondant aux retombées des voûtes d'arêtes ou aux doubles rouleaux des grandes arcades, ils acquièrent une grande plasticité dans des nefs plus ambitieuses et plus

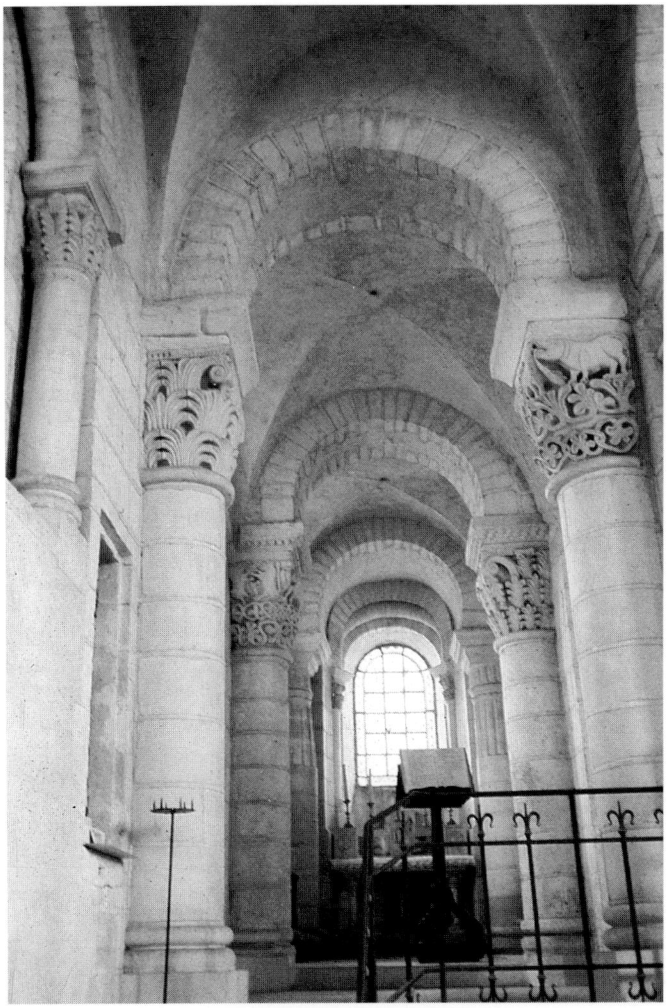

121. Châtel-Censoir (Yonne), église Saint-Potentien, bas-côté nord du chœur.

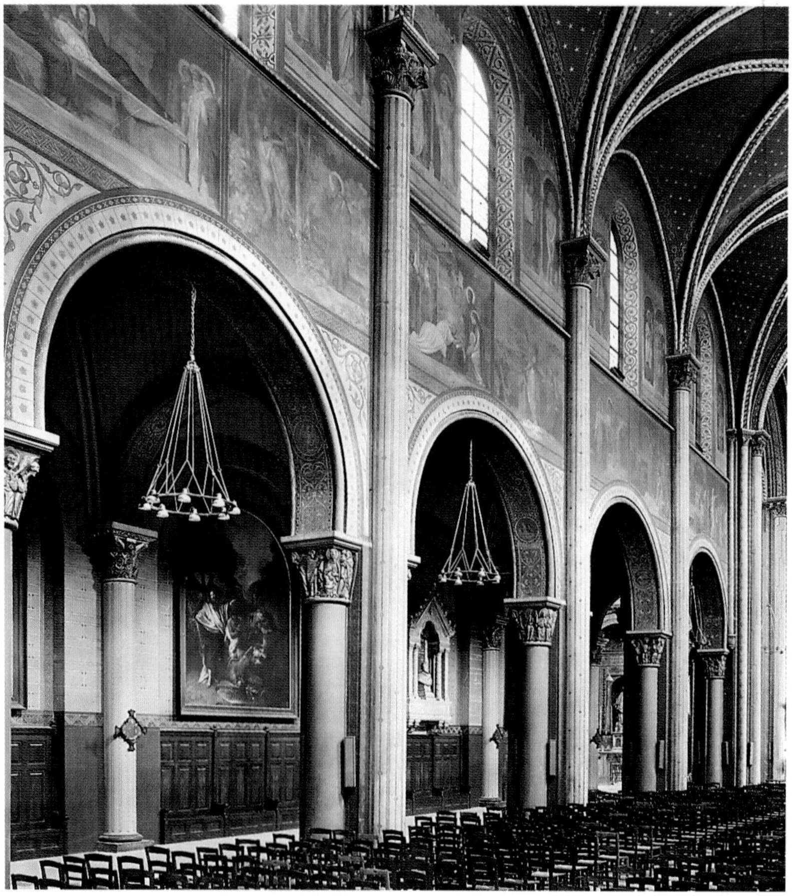

122. Paris, église Saint-Germain-des-Prés, nef.

tardives, comme celles de Quarante (ill. 108) et, surtout, de Cardona, en Catalogne. La pile cantonnée de quatre colonnes engagées fut, en revanche, largement utilisée dans la France moyenne et notamment en Bourgogne, dans le Poitou, dans la vallée de la Loire et en Normandie, qu'il s'agisse de cryptes, comme celle de la cathédrale d'Auxerre, de tours-porches, comme celles de Saint-Benoît-sur-Loire et de Saint-Hilaire de Poitiers (ill 119), de chœurs dotés de bas-côtés ou de nefs. La masse, souvent importante, de ces supports est rarement justifiée par des impératifs techniques. Les architectes de cette époque semblent surtout avoir été sensibles aux possibilités plastiques offertes par ce type de support. En effet, par la forme de leur noyau, le nombre et la disposition des pilastres ou des colonnes engagées, ils participent à la définition des espaces, même si la coordination avec les retombées n'obéit pas toujours à une logique rigoureuse. Nous avons souligné, plus haut, la diversité des types employés à la tour-porche de Saint-Benoît-sur-Loire. En Bourgogne, le chœur de Châtel-Censoir (ill. 120 et 121) présente, lui aussi, une étonnante association de diverses formes de piles composées : colonnes jumelles reposant sur un haut socle dans la travée voisine de l'abside, selon un procédé attesté dès le haut Moyen Âge (par exemple, à l'entrée de l'abside principale de l'église carolingienne de Germigny-des-Prés), simples pilastres dans la travée médiane, colonnes engagées dans un noyau semi-circulaire dans la travée occidentale. L'architecte de Châtel-Censoir a donc privilégié la symétrie de chaque arcade au détriment de celle des piles. La régularité des travées est cependant sauvegardée grâce aux colonnes engagées qui, dans le haut-vaisseau et les collatéraux, saillent fortement de part et d'autre des noyaux. Le second quart du XIe siècle est le temps des spéculations les plus hardies sur la forme des piliers. Dans l'unique galerie de cloître conservée à Saint-Philibert de Tournus (ill. 123), du côté sud de l'église, les vastes arcades retombent sur d'imposants supports articulés. Du côté de l'aire centrale, des colonnes engagées sur des dosserets très saillants déterminent de puissants rythmes verticaux, tandis que les arcades à double rouleau retombent sur des colonnettes monolithes. En revanche, les voûtes d'arêtes et les doubleaux de la galerie retombent sur de simples culots, ce qui n'implique pas forcément que son voûtement n'était pas prévu dès l'origine.

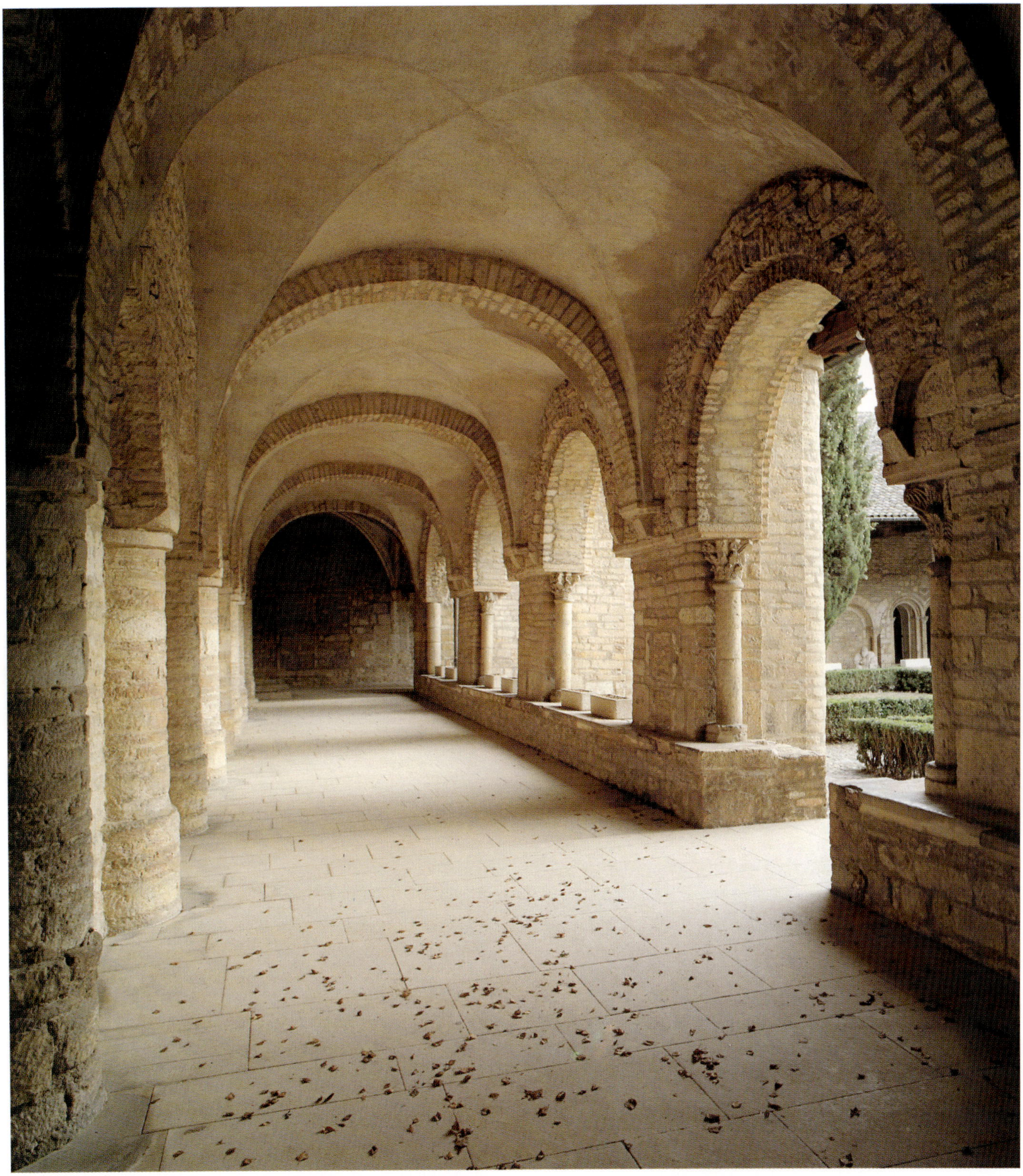

123. Tournus (Saône-et-Loire), église Saint-Philibert, cloître, galerie nord.

Mais, bientôt, le temps des expériences et, parfois, des excès céda la place à la normalisation. L'association piles composées et travées s'imposa dans un nombre croissant de hauts-vaisseaux, tandis qu'une certaine mesure tendait à s'instaurer dans le dessin et les proportions des supports. Malgré les importantes transformations qu'elle a subies au XVIIe et au XIXe siècles, la nef de Saint-Germain-des-Prés, à Paris (ill. 122), illustre bien ce phénomène. Le haut-vaisseau primitivement charpenté est régulièrement scandé par des piles à noyau carré cantonné de quatre colonnes engagées semi-circulaires fermement dessinées ; du côté du vaisseau central, les colonnes montent de fond jusqu'au sommet des murs ; du côté des collatéraux, sans doute également charpentés, elles recevaient des arcs diaphragmes à un niveau légèrement supérieur à celui des retombées des grandes arcades.

Contrairement à une idée largement répandue, ce système n'est pas directement issu des expériences sur le voûtement des hauts-vaisseaux. L'exemple précoce de la nef charpentée de Saint-Vorles de Châtillon-sur-Seine ou ceux des nefs plus tardives de Jumièges et de Saint-Germain-des-Prés suffisent à le montrer. Par contraste, on observe même une certaine timidité des expériences sur les piles composées dans beaucoup de nefs voûtées, comme si les architectes, concentrant leur attention sur les problèmes d'équilibre, n'osaient en même temps repenser la structure murale. Le nouveau système ne devait cependant prendre tout son sens que dans les constructions voûtées, lorsqu'il est complété par des arcs doubleaux rythmant les berceaux.

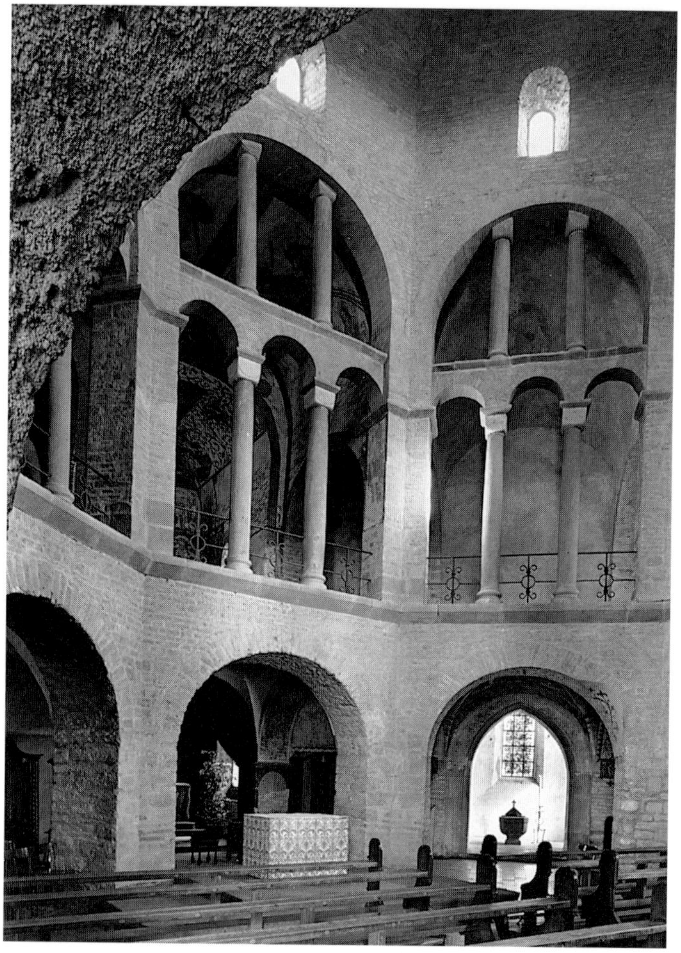

124. Ottmarsheim (Haut-Rhin), église Saint-Pierre-et-Saint-Paul, élévation intérieure.

VI. Quelques monuments de l'Empire

Toutes les régions de la France actuelle ne furent pas également concernées par les recherches évoquées précédemment. En Lorraine et en Alsace, alors terres d'Empire, les traditions du haut Moyen Âge conservent toute leur force. Nous n'en prendrons que deux exemples : l'octogone d'Ottmarsheim, imitation de la chapelle palatine de Charlemagne à Aix-la-Chapelle, et la cathédrale de Verdun, bâtie sur le modèle carolingien des églises dotées d'un chevet oriental et d'un chevet occidental.

Ottmarsheim

L'église d'Ottmarsheim (ill. 124), construite entre 1020 et 1049[116], est un édifice relativement modeste par ses dimensions, destiné à une communauté bénédictine de femmes. L'élévation intérieure de l'édifice de plan octogonal reprend les principales dispositions de la chapelle de Charlemagne ; au rez-de-chaussée, des arcades trapues, communiquant avec un collatéral voûté d'arêtes et reposant sur de forts piliers articulés en V ; au-dessus de ce soubassement, des tribunes voûtées de berceaux rampants, qui ouvrent sur l'espace central par des baies de proportions élancées, subdivisées par deux arcatures triples superposées ; des fenêtres hautes (une par travée) ; une coupole à huit pans. Le modèle est parfaitement identifiable malgré quelques simplifications : le porche de plan rectangulaire d'Ottmarsheim comporte des escaliers droits dissimulés dans les murs pour monter à la tribune, alors qu'à Aix-la-Chapelle il est encadré de deux tourelles d'escalier circulaires ; le plan octogonal de l'espace central correspond, à Ottmarsheim, à une enveloppe de plan également octogonal et non à seize côtés, tandis que les chapiteaux corinthiens d'Aix-la-Chapelle ont cédé la place à des chapiteaux cubiques non sculptés. L'église d'Ottmarsheim n'est pas, au XIe siècle, la seule imitation de la chapelle de Charlemagne, dont on trouvera d'ailleurs des échos dans l'Empire jusqu'à la fin du

Moyen Âge [117]. L'octogone d'Aix-la-Chapelle, qui servait de reliquaire monumental à la sépulture du premier empereur d'Occident, occupe, en effet, une place particulière, qui explique l'importance de sa descendance.

LA CATHÉDRALE DE VERDUN

La cathédrale de Verdun (ill. 125) propose, pour sa part, une réinterprétation des solutions carolingiennes qui inspirera nombre d'édifices, en Lorraine et dans les régions voisines, jusqu'à la fin de l'art roman. Entreprise après l'incendie, en 1047, de l'édifice précédent [118], elle ne nous est pas intégralement parvenue. Toutefois, bien que son chevet oriental ait été reconstruit au milieu du XIIe siècle et que sa nef charpentée ait été voûtée d'ogives au XIVe siècle et redécorée, ainsi que le chevet occidental, au XVIIIe siècle, on peut restituer l'essentiel de ses dispositions. L'édifice frappe d'abord par l'ampleur de ses dimensions (près de 90 m de longueur dans son état actuel) avec une nef large de 26 m, longue de 40 m et deux transepts mesurant chacun 10 m de large sur 36 m de long. Le plan à deux chevets opposés, qui avait été adopté dans un certain nombre de grands édifices carolingiens (abbatiale de Fulda, cathédrale de Cologne, par exemple), connut un regain d'intérêt dans l'architecture ottonienne et salienne (Saint-Michel de Hildesheim, Sainte-Marie de Mittelzel dans l'île de Reichenau, Sainte-Gertrude de Nivelles, etc.). Lorsque, comme à Verdun, il existe également deux transepts surmontés chacun d'une tour de croisée, un équilibre s'instaure entre les deux extrémités du monument, tant dans les masses externes que dans l'organisation des espaces intérieurs. Contrairement aux basiliques à chevet unique, ces édifices ne comportent pas de façade au sens habituel du terme. À Verdun, le chevet occidental était même dépourvu à l'origine de porte [119], et l'accès à la cathédrale s'effectuait du côté nord de la nef. Celle-ci était subdivisée en trois vaisseaux par de hauts piliers carrés, recevant des arcades à angle vif ; au-dessus s'ouvraient de vastes fenêtres, dont quelques traces sont encore visibles à l'extérieur. Sans doute, comme dans la plupart des édifices de ce type, la recherche de symétrie entre les parties orientales et les parties occidentales n'allait pas jusqu'à une similitude des deux chevets. On ne peut guère proposer d'hypothèse quant au parti adopté pour le chevet oriental – une abside semi-circulaire comme dans celui du XIIe siècle ? En revanche, le chevet occidental est suffisamment conservé pour permettre une restitution de ses dispositions primitives. Il comprenait un chœur de plan carré, surélevé par la présence d'une crypte, encadré de deux tours également carrées à l'étage desquelles se trouvaient (comme à Saint-Maximin de Trèves, dont l'architecte de Verdun s'est probablement inspiré) des chapelles ouvrant sur les bras du transept. On accédait à celles-ci par des escaliers en vis placés de part et d'autre du chevet, dans des tourelles elles aussi de plan carré. Il résulte de cette succession de volumes angulaires, d'importance décroissante, une composition dont le caractère austère et grandiose est révélateur de tendances esthétiques qui, en Lorraine comme en Alsace, s'imposeront durablement.

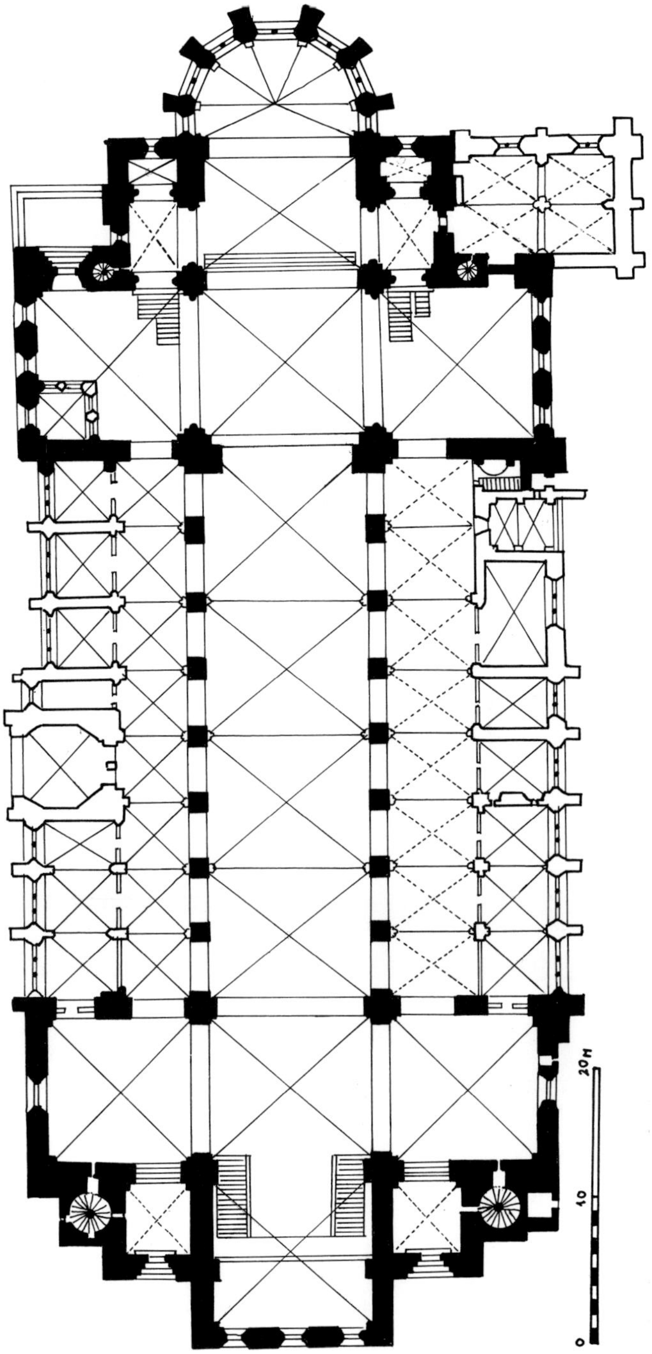

125. Verdun (Meuse), cathédrale Notre-Dame, plan.

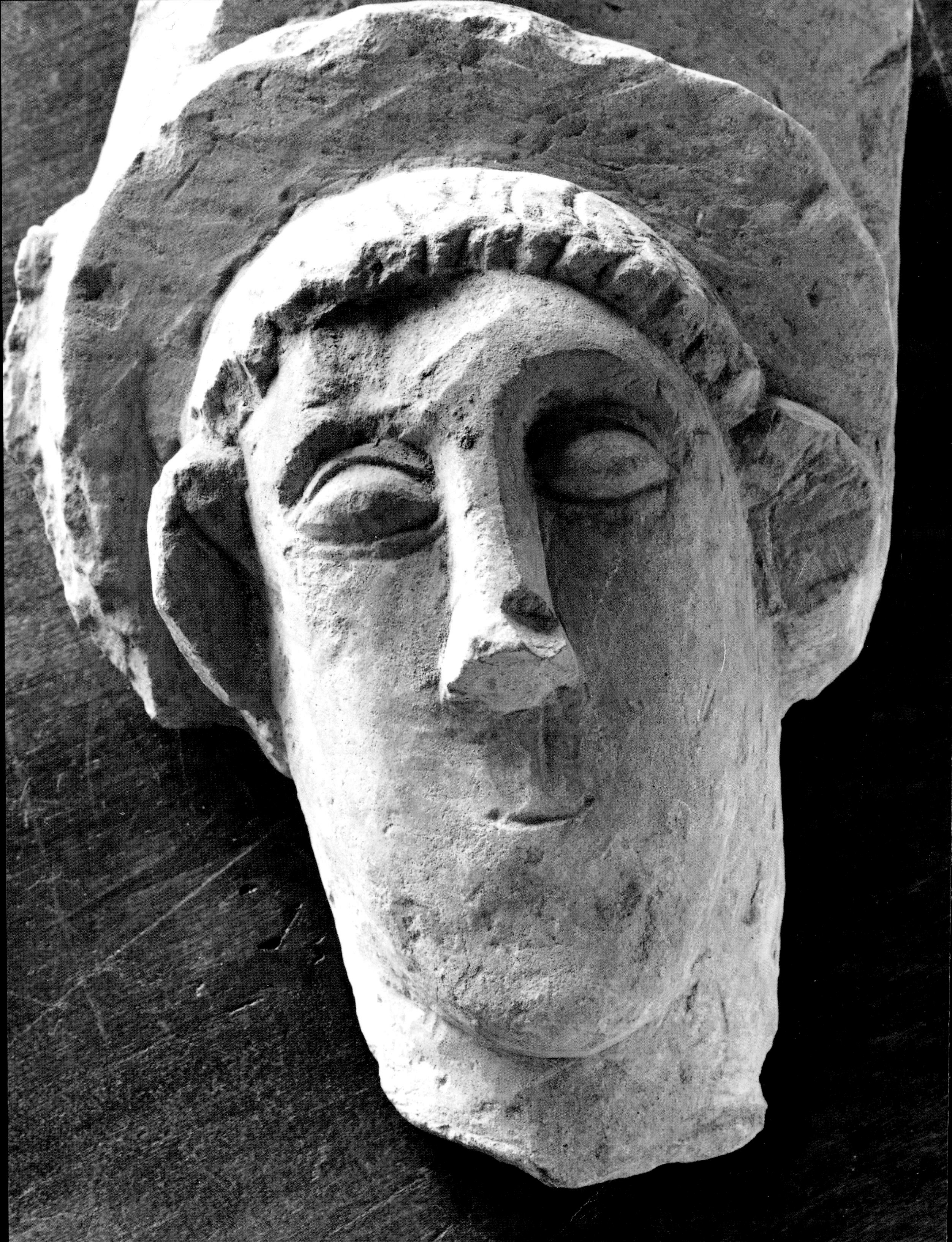

Chapitre V

VERS UN NOUVEAU DÉCOR MONUMENTAL
1010-1060

126. Saint-Benoît-sur-Loire (Loiret), dépôt lapidaire, tête d'ange provenant de la tour-porche.

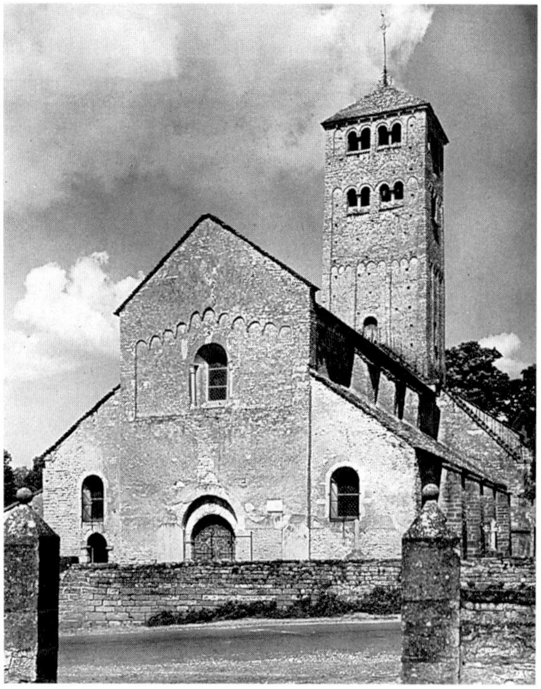

127. Chapaize (Saône-et-Loire), église Saint-Martin, façade occidentale.

Très tôt, les mutations intervenues dans le domaine de l'architecture s'accompagnèrent de transformations de la plastique murale et du décor monumental. L'adoption de la colonne engagée et de la pile composée ne traduit pas seulement une nouvelle réflexion sur les problèmes de structure, mais un changement de conception esthétique. Les vastes surfaces murales inarticulées qui, depuis l'époque paléochrétienne, étaient destinées à recevoir peintures et mosaïques sont de plus en plus fréquemment animées de manière diverse : arcatures aveugles, jeux d'appareils décoratifs ou plaques sculptées ; des colonnettes encastrées aux angles des maçonneries soulignent parfois les articulations de l'espace, encadrent les baies et les entrées d'abside. Certains systèmes décoratifs de l'Antiquité tardive, réinterprétés, connaissent ainsi un véritable renouveau tandis qu'apparaissent les premiers essais de sculpture romane. Dès le début du XIe siècle, de nouvelles attitudes se manifestent dans le domaine du décor sculpté des églises. Certains architectes refusent totalement la sculpture et adoptent de simples impostes, ou des chapiteaux à corbeilles lisses de forme cubique ou à angles abattus. À l'opposé, d'autres dotent les édifices d'un abondant décor sculpté : chapiteaux des piles composées ou des arcatures murales, encadrement des fenêtres. La nouveauté ne réside pas seulement dans le choix de nouveaux emplacements ou dans la prolifération des chapiteaux : les sources d'inspiration sont également renouvelées. Certains sculpteurs demeurent fidèles aux solutions du haut Moyen Âge dérivées du corinthien, mais d'autres transcrivent en relief des motifs empruntés aux manuscrits (rinceaux), à la sculpture mobilière (entrelacs), etc. D'autres encore s'attachent à retrouver le schéma et le feuillage du corinthien antique. Mais surtout, tandis que la sculpture des chapiteaux antiques et du haut Moyen Âge ne faisait guère de place à la figure humaine, celle-ci exerce une fascination nouvelle sur les sculpteurs romans qui tenteront, avec persévérance, cette gageure qui consiste à placer des figures humaines ou animalières sur des chapiteaux. Très vite, ils trouvent des solutions ornementales pour les chapiteaux simplement figurés (groupes symétriques ou antithétiques), mais les premières expériences sur le chapiteau historié sont rares et ne parviennent pas à dégager de véritables principes ; il faudra attendre le dernier tiers du XIe siècle pour qu'émerge un style bien défini. De même, les premières tentatives romanes pour insérer des sculptures dans les façades n'aboutiront pas immédiatement, qu'il s'agisse de plaques disposées de manière souvent inorganisée ou des premiers essais de linteaux sculptés du Roussillon. Pourtant, elles révèlent des préoccupations nouvelles et préfigurent les grandes réalisations de la fin du siècle. Comme par le passé, la peinture murale continue cependant de jouer un rôle essentiel, qu'il s'agisse de l'ornementation ou des programmes iconographiques. Presque rien, hélas, ne nous est parvenu d'une production dont les quelques témoignages conservés permettent de pressentir la qualité.

I. RECHERCHES SUR LA PLASTIQUE MURALE

LE DÉCOR DE LÉSÈNES

Généralement associé à des constructions en petit appareil, un décor en faible relief, constitué de petits arcs aveugles et de pilastres peu saillants (lésènes), anime de son graphisme les surfaces externes de nombreux monuments de l'Italie du Nord, de la Catalogne et d'une partie de l'Empire. Il connaîtra une fortune inégale en France, où sa diffusion restera limitée à la Bourgogne, à la Franche-Comté, aux Alpes et, dans une moindre mesure, au Languedoc (ill. 71, 99 et 127). Abandonné vers la fin du XIe siècle dans la plupart des grands édifices, il restera fréquent jusqu'à une période avancée du XIIe siècle dans un certain nombre d'églises rurales. L'origine de ce décor doit être recherchée dans l'architecture paléochrétienne en brique, notamment celle de Ravenne, Milan et Trèves, où les murs des basiliques sont scandés par des arcades aveugles plus ou moins saillantes.

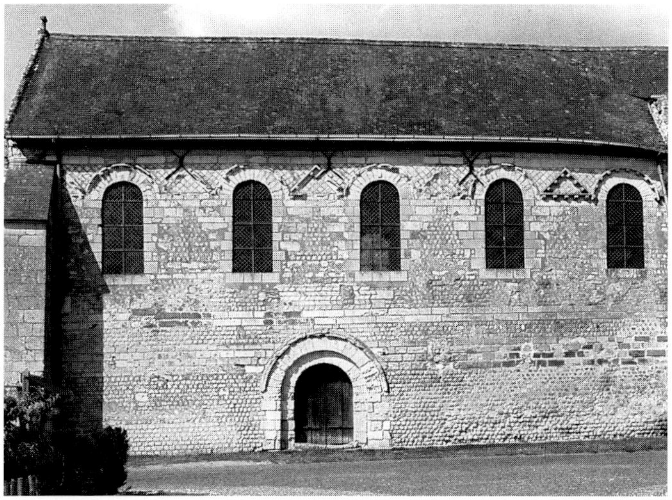

128. Cravant (Indre-et-Loire), église Saint-Léger, mur sud de la nef.

La nouveauté, au XIe siècle, consiste dans la modification des rythmes [120]. Non seulement plusieurs petits arcs sont désormais regroupés entre deux lésènes, mais leur nombre peut varier d'une partie de l'église à l'autre ; tantôt ils suivent les corniches et soulignent les pignons, tantôt, comme à la galilée de Saint-Philibert de Tournus, ils créent des niveaux partiellement indépendants de la structure. Ainsi ces réseaux contribuent-ils à modeler les masses externes, même s'ils ont perdu de leur plasticité : le système rigide de l'époque paléochrétienne est devenu plus malléable.

L'historien de l'art catalan J. Puig i Cadafalch avait tenté, dans les années 1920, de définir un « premier art roman » dont ce décor, connu sous le nom de « bandes lombardes », parce qu'on a longtemps supposé qu'il avait été diffusé par des équipes de maçons d'Italie du Nord, constituait, avec l'utilisation d'un petit appareil de pierres cassées au marteau, l'une des caractéristiques essentielles. Ni la notion d'un premier art roman telle que l'avait conçue Puig i Cadafalch, ni les affirmations sur l'origine du décor d'arcs et de lésènes ne résistent à une analyse rigoureuse, et, pour nous en tenir à ce dernier point, rappelons que les rares datations sûres d'édifices des environs de l'an mille semblent indiquer une certaine simultanéité dans l'apparition et le développement d'un motif présent dans des églises de plan et de structure très divers.

LES APPAREILS DÉCORATIFS

Les jeux d'appareils décoratifs sont également inspirés par l'architecture de l'Antiquité et par celle du haut Moyen Âge, bien que les filiations précises soient délicates à établir. La vallée de la Loire (Touraine-Anjou) et le Poitou furent un terrain privilégié pour les premières expériences romanes dans ce domaine. À Saint-Généroux comme à Cravant (ill. 128), les murs de la nef unique, construits en petit appareil, sont ornés au niveau des cintres des fenêtres par de petits cubes de pierre, d'environ 10 cm de côté, posés sur la pointe comme dans l'*opus reticulatum* romain. Cet appareil est animé par des cordons de billettes qui constituent l'archivolte des fenêtres et dessinent, entre celles-ci, des motifs triangulaires. À Cravant, qui n'a pas subi les restaurations drastiques de Saint-Généroux, ce type de décor est associé à un *opus vittatum*, interrompu de place en place par des assises de moyen appareil allongé qui évoquent les arases de briques de l'*opus vittatum mixtum*, et par des motifs de chevrons rappelant l'*opus spicatum*. Certaines de ces techniques peuvent avoir été inspirées par les ruines gallo-romaines de la région : pile de Cinq-Mars, remparts du Mans, *Mansio* de Thésée. D'autres, comme les moulures dessinant alternativement des triangles et des arcs, semblent résulter de l'observation de monuments mérovingiens tels que le baptistère Saint-Jean de Poitiers. Il est difficile de déterminer si le goût pour les appareils décoratifs fut transmis aux architectes romans par leurs prédécesseurs de l'époque carolingienne – la *Torhalle* de Lorsch offre de superbes jeux polychromes – ou s'il s'agit d'une redécouverte. Quoi qu'il en soit, le répertoire de motifs devait bientôt s'élargir. Ainsi, à la façade de la tour-porche de Cormery, en Touraine, édifiée vers le milieu du XIe siècle [121], l'*opus reticulatum* cède la place à des compositions plus complexes d'hexagones allongés disposés sur la pointe et de cercles sécants (ill. 140). Ces derniers sont obtenus à l'aide de faux-joints gravés dans le parement de moyen appareil et garnis de mortier, selon un procédé de simulation qui permettait une certaine liberté et qui, de ce fait, fut souvent adopté.

Les jeux d'appareils décoratifs ne disparaîtront jamais de l'art roman. Ils jouirent d'un succès constant et durable dans la vallée de la Loire et les régions voisines jusqu'à la fin du XIe siècle et même au-delà ; on connaît le rôle qui leur fut dévolu dans les grandes églises auvergnates du début du XIIe siècle ; on les rencontre encore, après 1150, en Saintonge, où ils sont associés à un luxuriant décor sculpté. Presque toutes les régions en offrent donc, à un moment ou à un autre, quelques exemples. Mais, généralement présents au début du XIe siècle dans des édifices de moyenne importance, construits en petit appareil et dépourvus de contreforts, comme s'ils ne pouvaient s'épanouir que sur des murs offrant de vastes surfaces inarticulées, ces jeux d'appareils, utilisés en panneaux entre les contreforts ou en frises soulignant les corniches, ne joueront qu'un rôle d'appoint dans les monuments plus tardifs.

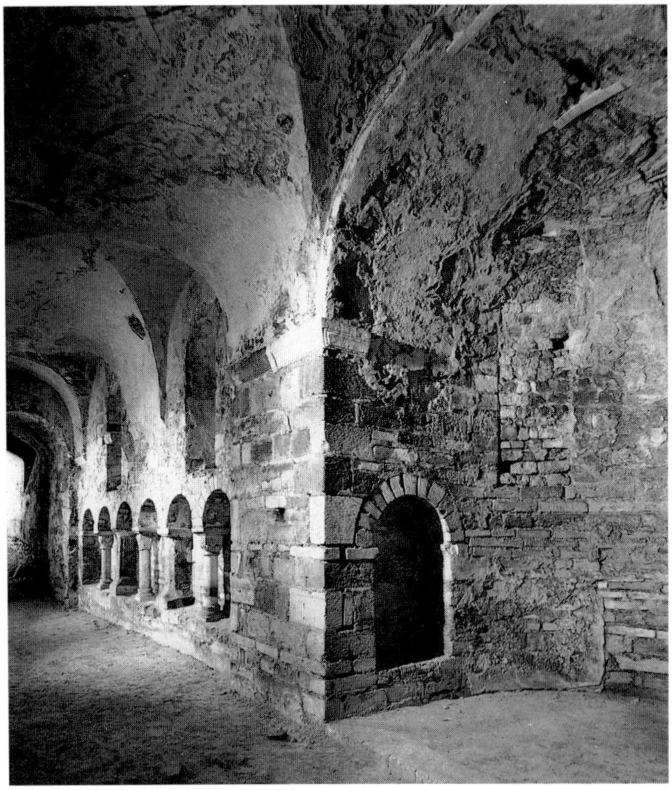

129. Orléans (Loiret), église Saint-Aignan, crypte, déambulatoire, côté nord.

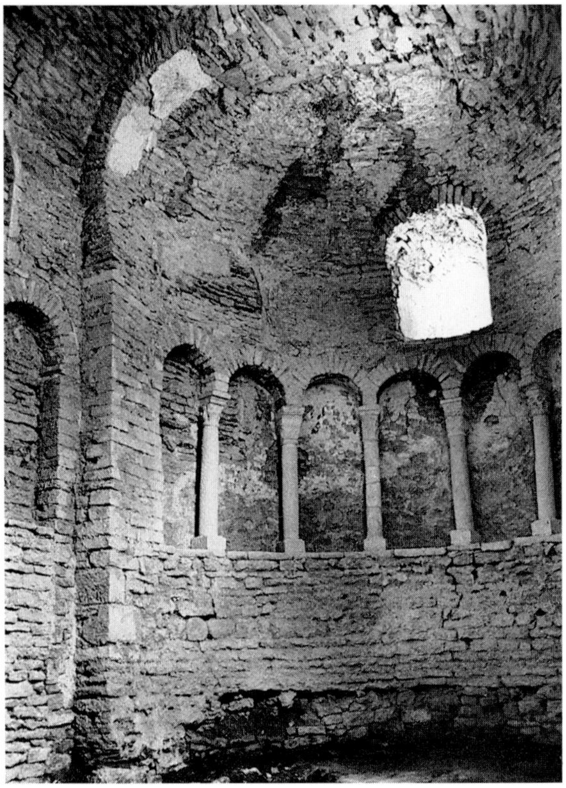

130. Salmaize (Côte-d'Or), église priorale, sanctuaire.

LES ARCATURES MURALES

Dès le début du XIe siècle, les arcatures murales reposant sur des colonnes ou sur des colonnettes monolithes – arcatures qui seront déclinées à l'infini jusqu'à la fin de l'art roman et dans l'art gothique – constituent un élément important du décor d'un certain nombre de monuments. Dans le déambulatoire de Saint-Philibert de Tournus (ill. 50), elles enveloppent alternativement les baies et les entrées de chapelles rayonnantes ; dans celui de la crypte de Saint-Aignan d'Orléans (ill. 129), elles courent sous les fenêtres, comme, un peu plus tard, à Saint-Savin ou à Vignory (ill. 85). On rencontre encore des arcatures, de proportions et de rythmes divers, dans certaines absides. À la cathédrale de Vaison-la-Romaine ou dans l'église cruciforme de Vénasque (Vaucluse), les colonnes s'élèvent depuis le sol jusqu'au départ de la voûte en cul-de-four (ill. 132) ; à Salmaize (Côte-d'Or), elles n'occupent qu'une hauteur limitée, comprise entre un haut soubassement et de petites fenêtres, mais se développent à la fois dans l'abside et dans le chœur (ill. 130). Le plus souvent, ces décors enrichissent l'intérieur des édifices, principalement des chevets, mais, parfois, on les trouve aussi à l'extérieur, comme, vers le milieu du XIe siècle, à l'abside de Saint-Outrille-lès-Graçay (Cher) (ill. 131). Indépendamment de leur emploi dans les arcatures,

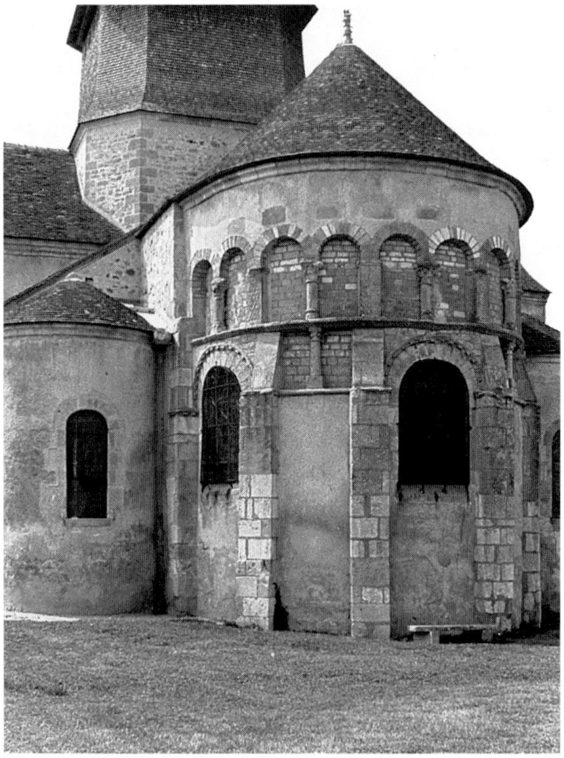

131. Saint-Outrille-lès-Graçay (Cher), église collégiale, chevet.

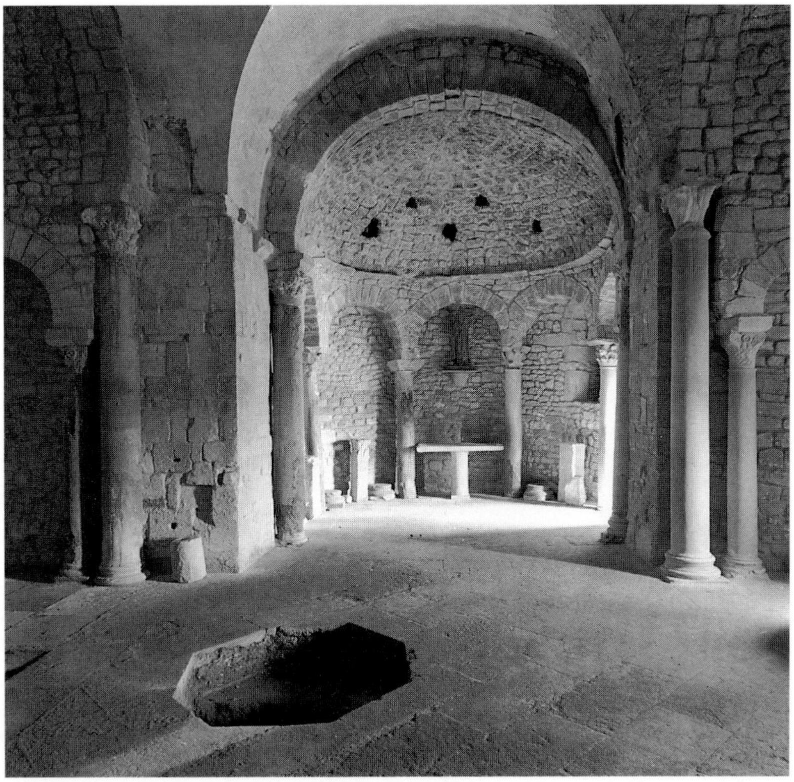

132. Vénasque (Vaucluse), église cruciforme, vue intérieure vers l'abside orientale.

colonnes ou colonnettes sont présentes à l'entrée des absides ou des absidioles : Tournus, cathédrale d'Auxerre (ill. 133), Saint-Pierre de Montmajour (ill. 134), Villedieu-sur-Indre, Lusignan, étage de la tour-porche de Saint-Benoît-sur-Loire, chevet de Méobecq (ill. 89), absidiole d'axe de Vignory (ill. 85)...

La plupart de ces solutions existaient déjà dans l'architecture du haut Moyen Âge, et notamment dans celle de l'Antiquité tardive et de l'époque mérovingienne dont on connaît, grâce aux descriptions de Sidoine Apollinaire (mort vers 488) ou de Grégoire de Tours (mort en 594) et aux témoignages archéologiques, le luxe en matière d'arcatures décoratives et de jeux de colonnes en marbre [122]. Les murs de La Daurade de Toulouse étaient, comme le sont encore ceux de Saint-Pierre de Vienne, revêtus d'arcatures superposées ; au baptistère Saint-Jean de Poitiers, celles-ci enveloppent l'entrée des absides, dont l'arc d'entrée est reçu par des colonnes ; dans d'autres monuments, Saint-Pierre de Vienne notamment, les colonnes qui encadrent l'entrée des absides sont encastrées dans l'angle des piédroits. Ces divers modes de décor se perpétuèrent en France (comme, d'ailleurs, en Italie et dans la péninsule ibérique) dans quelques constructions d'époque carolingienne telles que les abbayes de Saint-Germain d'Auxerre et de Saint-Pierre de Flavigny (Côte-d'Or), la chapelle Saint-Oyent à Saint-Laurent de Grenoble et la chapelle édifiée vers l'an 800 à Germigny-des-Prés (Loiret), où les doubleaux retombent sur des colonnes tandis qu'une petite arcature court entre les fenêtres et le cul-de-four de l'abside orientale. Les exemples tendent néanmoins à se raréfier ; aussi la place accordée au décor d'arcatures et de colonnes dans un certain nombre d'édifices importants du début de l'art roman reflète-t-elle un véritable renouveau des solutions du haut Moyen Âge.

COLONNES ET COLONNETTES

Cependant, les architectes romans ne se contentèrent pas de reprendre des formules anciennes ; ils en inventèrent d'autres. Ainsi, l'emploi de colonnes ou de colonnettes encastrées dans des maçonneries d'angle ne fut pas limité aux entrées d'absides ou d'absidioles ; il s'étendit parfois aux ébrasements internes ou externes des fenêtres : déambulatoires de Vignory (ill. 85) et de Saint-Savin, tour-porche de Cormery, absides de Méobecq (ill. 91), de Châtel-Censoir et de la cathédrale de Nevers, façade de Chapaize (ill. 127), etc., et cet usage tendra à se banaliser ultérieurement au point d'apparaître comme un trait spécifique de

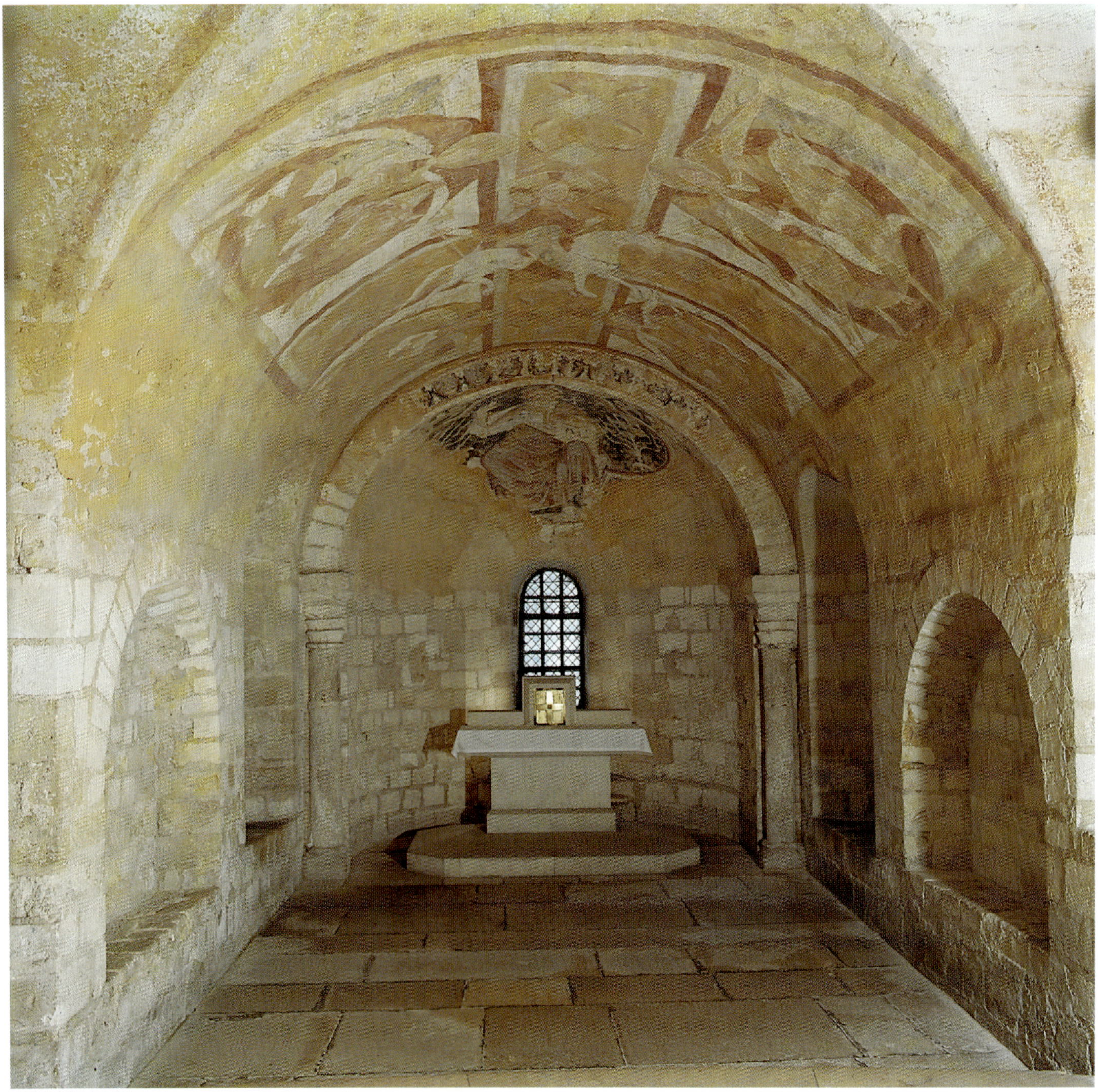

133. Auxerre (Yonne), cathédrale Saint-Étienne, crypte, chapelle d'axe.

l'architecture romane [123]. D'autres essais connurent moins de succès. Il en fut ainsi des colonnes ou colonnettes encastrées aux angles de piliers quadrangulaires (chœur de Vignory et, sans doute, Saint-Bénigne de Dijon) [124], de celles placées aux angles internes de la tour-porche de Cormery ou aux angles externes de celle de Saint-Hilaire de Poitiers.

Dès l'an mille, d'importants changements affectèrent les colonnes elles-mêmes, et d'abord leur matériau. La plupart de celles des églises du haut Moyen Âge étaient en marbre ou en pierres dures, susceptibles d'être polies, comme le granit ou le porphyre ; les pierres de moindre qualité, comme le calcaire ou le grès, n'étaient utilisées que comme complément. À l'époque mérovingienne, quelques carrières de marbre étaient encore en activité, mais les architectes s'approvisionnaient le plus souvent dans les ruines antiques. L'emploi généralisé de ces *spolia*, arrachés aux édifices

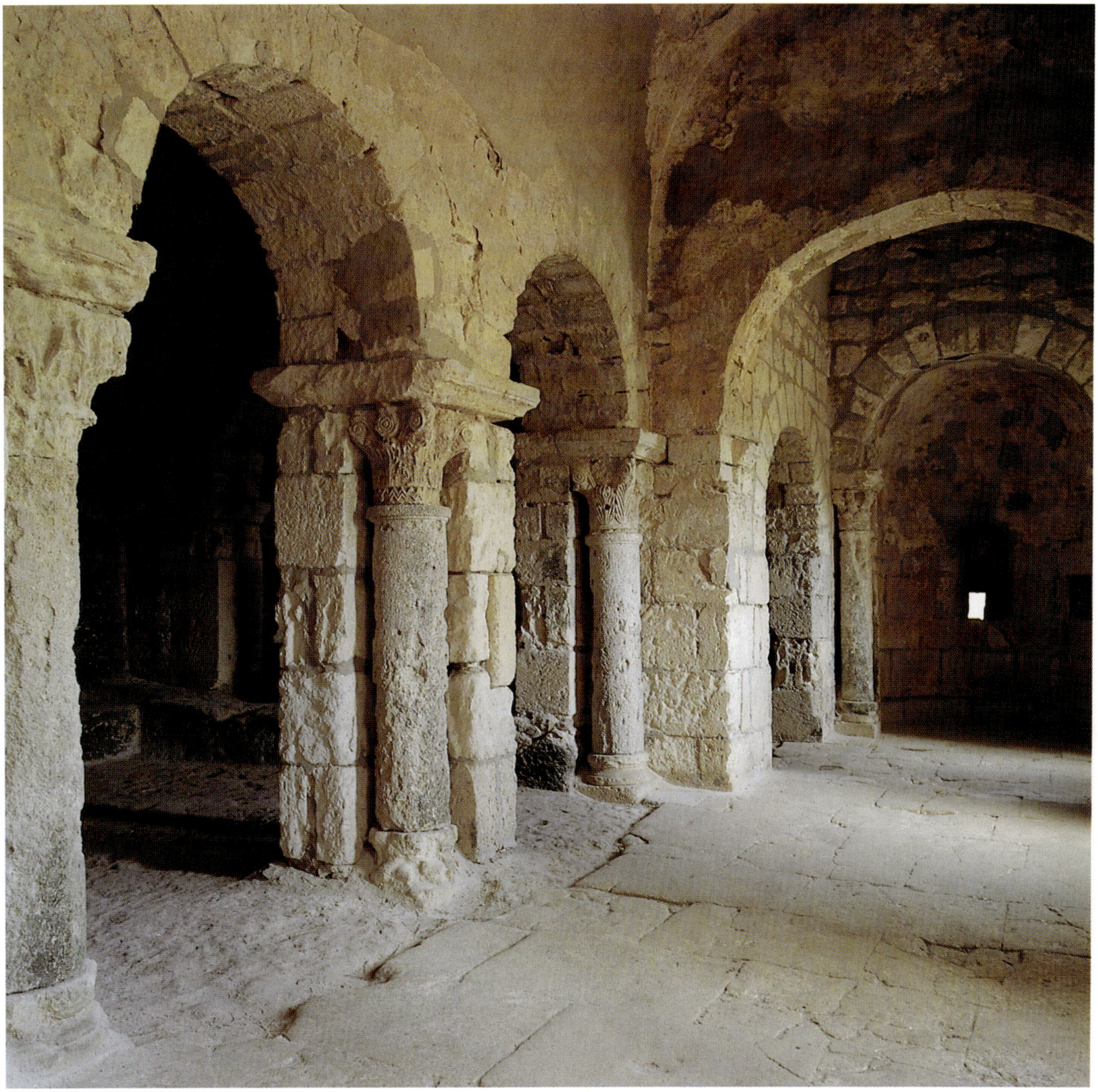

134. Montmajour (Bouches-du-Rhône), chapelle Saint-Pierre, vue intérieure vers l'abside.

publics et aux *villa* abandonnés, entraîna leur raréfaction rapide, alors que les carrières cessaient les unes après les autres d'être exploitées. Aussi la recherche de colonnes en matériaux précieux devint-elle, dès l'époque carolingienne, très problématique. La pénurie croissante ne semble pas avoir, cependant, fait régresser le goût pour les *spolia*, et le moindre fragment de marbre antique acquit bientôt une valeur de pièce de collection. Au début du XIe siècle, la présence de colonnes en marbre apparaît encore comme un idéal qui justifiait l'organisation d'expéditions lointaines et onéreuses. À Saint-Bénigne de Dijon, l'évêque de Langres Brunon de Roucy fit venir, « de toutes parts », des fûts en marbre et en pierre – mais les vestiges de la rotonde montrent que le calcaire local fut abondamment employé –, alors que les colonnes destinées au cloître de Cluny, construit par l'abbé Odilon, furent acheminées depuis les Alpes du Sud par la Durance et le Rhône [125]. Dans les régions, comme la Provence, où les ruines romaines pouvaient encore approvisionner les chantiers, l'usage des colonnes de remploi se maintint plus longtemps qu'ailleurs. Ainsi, dans l'abside de la cathédrale de Vaison-la-Romaine et dans celles du « baptistère » de Vénasque (ill. 132), les arcatures reposent sur d'imposantes colonnes antiques d'origine diverse. Toutefois, dans la plupart des édifices, les colonnes tirées de carrières locales apparaissent désormais comme la norme. Il en résulte une unité de matériau qui ne sera pas sans conséquences sur l'évolution des rapports entre les maçonneries et leur décor.

Le second changement concerna la forme des fûts. Les colonnes au galbe accentué de l'époque carolingienne, comme celles de Germigny-des-Prés par exemple, cédèrent la place, à quelques exceptions près (Saint-Martin-du-Canigou, Saint-Généroux, Nouaillé), à des colonnes dont le fût est cylindrique [126]. Il n'est que de comparer, dans la crypte de Tournus (ill. 48), les colonnettes sans doute remployées de l'édifice antérieur et celles des années 1010, pour apprécier la différence d'effets. Quelle que soit la cause de cette modification formelle – standardisation liée à l'accroissement de la production ou retour à la rectitude des fûts antiques, dont la diminution était peu perceptible à l'œil nu –, les architectes de la période romane sauront, dès l'origine, jouer du parallélisme des lignes verticales en faisant intervenir tour à tour ou simultanément colonnes et colonnettes adossées, colonnes engagées, dosserets et pilastres. La multiplication des premières, dans l'architecture du début du XIe siècle, apparaît comme le contrepoint ornemental des transformations structurelles qui affectent alors les supports et les murs.

Bien que les proportions entre le diamètre et la hauteur des colonnes, rigoureusement définies dans les ordres antiques, aient été, tout au long du haut Moyen Âge, sujettes à diverses variations, jamais celles-ci n'avaient connu une ampleur comparable à celle qu'elles atteignirent dans l'art roman. Loin de servir de module, les colonnes apparaissent désormais comme des éléments malléables, susceptibles de s'allonger ou de s'élargir en fonction du rôle qui leur est dévolu. De tels écarts étaient facilités par l'emploi de colonnes constituées de tronçons de longueur variable. Cette technique, imposée par le recours à des pierres n'offrant pas la résistance nécessaire à l'extraction de blocs d'une grande longueur, n'était pas nouvelle. Couramment employée dans l'Antiquité pour les colonnes en pierre tendre, elle devint la règle au début du XIe siècle lorsque se généralisa l'usage des pierres locales, et principalement du calcaire. Les architectes de la période romane découvriront bientôt les possibilités de cette roche sédimentaire, constituée de strates plus ou moins homogènes, d'épaisseur souvent limitée et qui peuvent être disposées soit en respectant le sens des lits de la carrière, pour les pierres d'appareil, soit de telle manière que ces lits soient disposés verticalement (en délit), pour les colonnes et les colonnettes. On associe trop souvent l'usage du délit aux recherches de l'époque gothique. C'est oublier que, si les propriétés de celui-ci n'avaient guère retenu l'attention des constructeurs de l'Antiquité, des expériences avaient commencé dès le début du XIe siècle. Le recours au délit n'eut pas de conséquences immédiates sur l'emplacement des colonnes, mais il conduisit très tôt certains architectes à reconsidérer les proportions des fûts. Si, à Tournus, à la cathédrale d'Auxerre (ill. 133) ou à Saint-Pierre de Montmajour (ill. 134), les colonnes placées dans des angles de part et d'autre des absides et faites de deux ou trois tronçons restent fidèles à des proportions plus ou moins traditionnelles, dans d'autres monuments (Vignory, Saint-Benoît-sur-Loire, Méobecq, Lusignan), les minces colonnes qui occupent le même emplacement, faites de la superposition de tronçons plus nombreux, révèlent une interprétation nouvelle, plus graphique (ill. 85 et 91).

II. LA RENAISSANCE DU RELIEF MONUMENTAL

La renaissance de la sculpture monumentale est l'un des phénomènes majeurs de la première moitié du XIe siècle. Les reliefs, encore présents, même sous une forme appauvrie, dans l'architecture mérovingienne, semblent, en effet, avoir plus ou moins déserté les murs des églises carolingiennes alors que des décors de stuc sont attestés. Aussi la présence de plaques sculptées incrustées dans les parements de quelques édifices du début de l'art roman, soit à l'intérieur (bras sud du transept de Bernay), soit le plus souvent à l'extérieur, mérite-t-elle de retenir l'attention. De ces premiers essais de sculpture monumentale, nous ne retiendrons que deux exemples particulièrement significatifs : ceux de la vallée de la Loire et du Roussillon.

LES PLAQUES SCULPTÉES DE LA VALLÉE DE LA LOIRE

Dans la première de ces régions, les reliefs, sculptés dans le même matériau que le parement, prennent la place d'une ou plusieurs assises de celui-ci, sans qu'aucun système de composition stable ne se dégage. Parfois, comme à la façade occidentale disparue de Saint-Martin d'Angers ou à celle, masquée par la galilée plus tardive, de Saint-Mexme de Chinon,

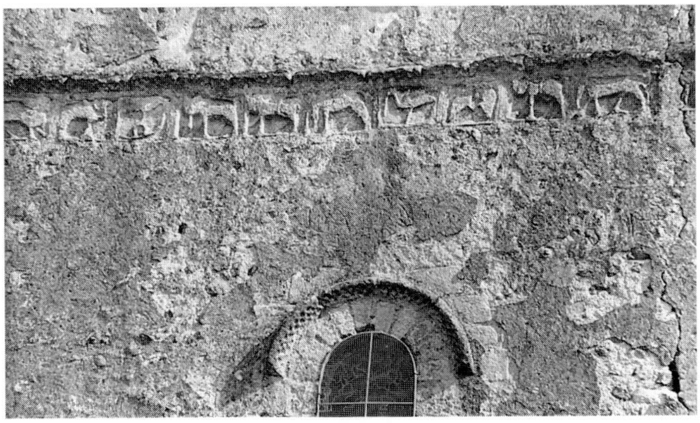

135. Épeigné-sur-Dême (Indre-et-Loire), église Saint-Étienne, façade occidentale, détail : frise.

un grand panneau timbre le pignon. Dans d'autres cas, l'architecte a juxtaposé les plaques de manière à créer une frise soulignant la base du pignon. À Épeigné-sur-Dême (ill. 135), vers le milieu du XIe siècle [127], cette frise est constituée de petites plaques représentant des animaux vus de profil, comme découpés à l'emporte-pièce, traités en méplat et se détachant sur un fond nu délimité par un cadre rectangulaire réservé. À Azay-le-Rideau (ill. 136), à la même époque [128], les plaques sont associées à un appareil décoratif ; disposées sur deux registres qui occupent la partie centrale de la façade et la base du pignon, elles représentent des personnages debout, placés sous des arcades. Seul le Christ, situé au milieu du registre supérieur, est identifiable grâce à son nimbe cruciforme ; les autres figures, auréolées, sont au nombre de treize dans l'état actuel de la façade, mais peut-être étaient-elles plus nombreuses à l'origine. Bien que l'on puisse distinguer l'intervention de deux sculpteurs dans cet ensemble, toutes les plaques sont caractérisées par une taille brutale, en cuvette, et un traitement fruste des corps et des vêtements. À côté de ces compositions visant à organiser le décor monumental selon des principes simples, d'autres offrent l'image d'un désordre étonnant. Ainsi, à la façade nord de la tour-porche de Saint-Benoît-sur-Loire (ill. 137, 138 et 139), on trouve des reliefs de dimensions et de style très divers, répartis comme au hasard dans les écoinçons des arcs, les contreforts, les allèges des baies. Quelques petites plaques, sculptées de quadrupèdes bondissants ou d'oiseaux affrontés, ébauchent des frises vite interrompues. À l'angle d'un contrefort, deux grands quadrupèdes sont superposés. D'autres panneaux, réunissant plusieurs plaques, représentent des scènes plus complexes (Lapidation de saint Étienne, scène « mythologique » à présent presque effacée). Le traitement du relief varie sensiblement, depuis le haut-relief des quadrupèdes jusqu'à la délicate taille en réserve de la Lapidation de saint Étienne en passant par le bas-relief presque dénué de modelé de quelques éléments de frise ; certaines plaques sont dotées

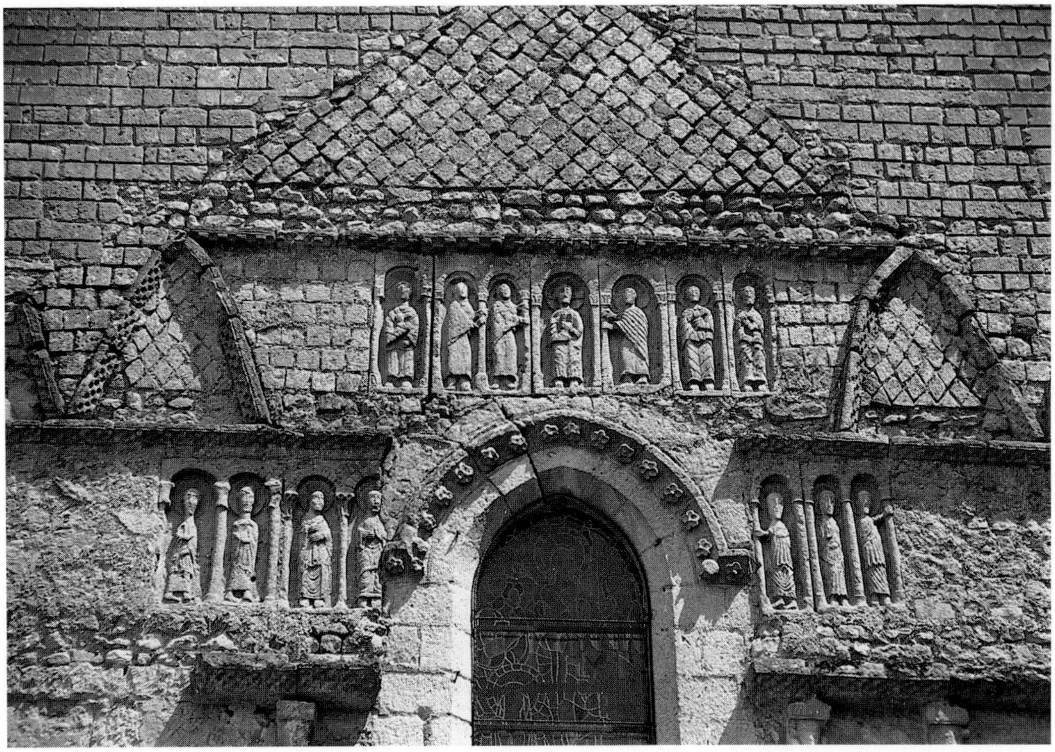

136. Azay-le-Rideau (Indre-et-Loire), église Saint-Symphorien, façade occidentale, détail : plaques sculptées.

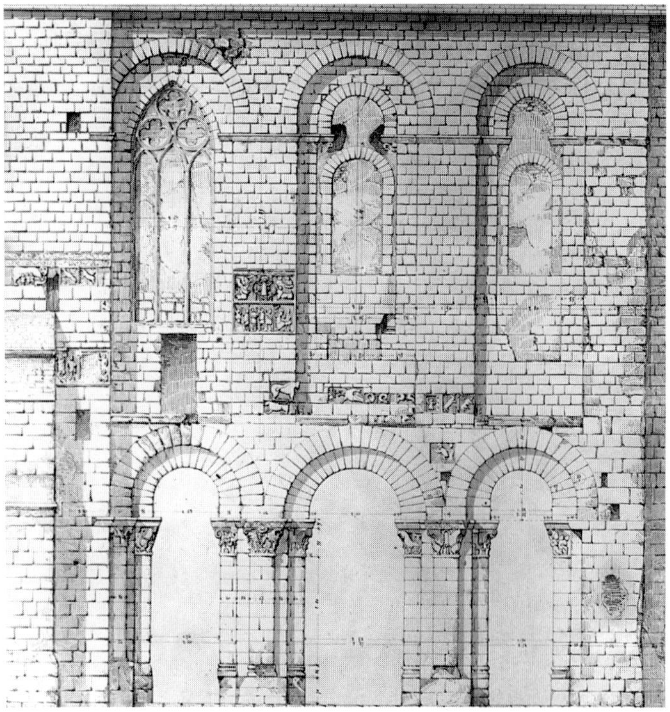

137. Saint-Benoît-sur-Loire (Loiret), église abbatiale, tour-porche, façade nord : plaques sculptées. Relevé de A. Delton, 1853.

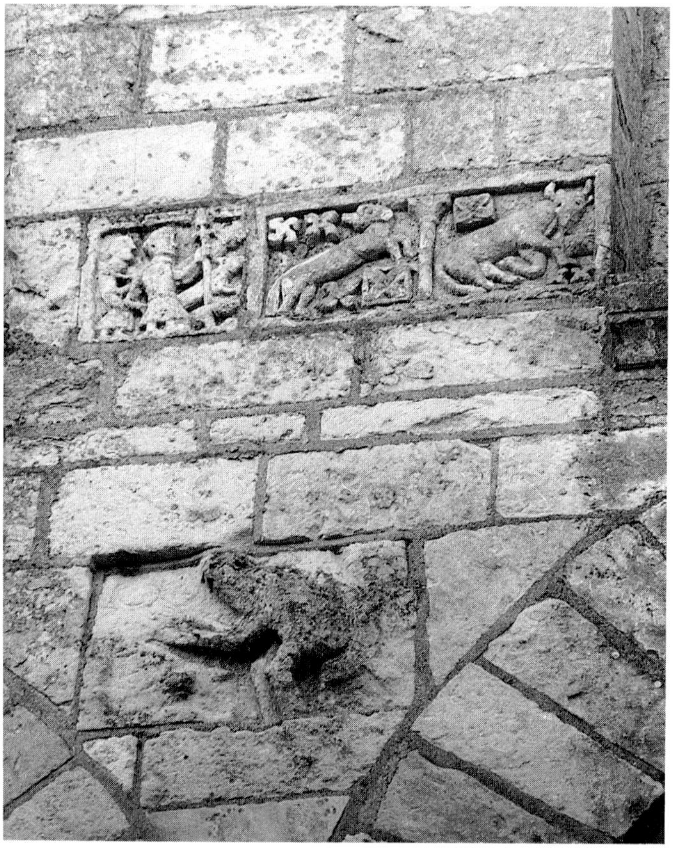

138. Saint-Benoît-sur-Loire (Loiret), église abbatiale, tour-porche, façade nord, détail : éléments de frises.

d'un cadre, d'autres en sont dépourvues ; parfois le fond se trouve en retrait par rapport à la surface du parement, parfois les sculptures se développent en saillie par rapport à celle-ci. Peu d'ensembles offrent une telle diversité thématique et formelle, mais la répartition aléatoire des plaques restera l'une des constantes de ce type de décor. On a longtemps tenté de l'expliquer par le remploi de pièces provenant de monuments détruits et, de ce fait, inadaptées à leur nouveau cadre architectural. C'est parfois le cas, mais l'observation archéologique révèle, dans la presque totalité des exemples, que le matériau des plaques est identique à celui des autres pierres du parement et que la taille des unes et des autres est allée de pair. Il s'agit donc d'un véritable système de décor monumental, dont il convient de rechercher les sources.

Il semble que l'idée de ces décors de plaques sculptées ait pu être suggérée aux maîtres d'œuvre du XIe siècle par l'exemple des édifices de l'Antiquité tardive dont les murs, de l'Afrique du Nord à la Gaule, s'ornaient souvent de sculptures en faible relief : plaques rectangulaires mesurant de 30 à 40 cm sur leur plus long côté, probablement juxtaposées pour former des frises, ou claveaux d'arcs [129]. Certains de ces éléments étaient taillés dans la pierre, d'autres, en terre cuite, étaient obtenus par moulage. Quel que soit le matériau employé, le répertoire ornemental était simple (un animal de profil ; un être humain debout, vu de

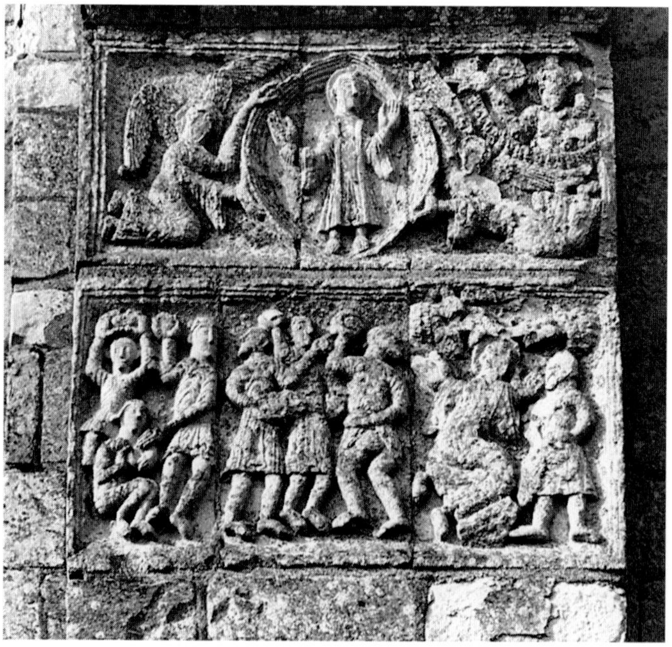

139. Saint-Benoît-sur-Loire (Loiret), église abbatiale, tour-porche, façade nord, détail : Lapidation de saint Étienne.

face ; une grande palmette ou un fragment de rinceau stylisé ; un entrelacs). Ces œuvres étaient traitées selon une technique sommaire. Le relief était généralement plat, le modelé presque inexistant, et les motifs flottaient sur un fond nu. Dans les sculptures en pierre, le bord de la plaque était souvent réservé de manière à former un cadre, selon un procédé parfois repris dans les carreaux de terre cuite. Peut-être ce décor, particulièrement fréquent dans l'architecture mérovingienne, connut-il certains prolongements jusqu'au Xe siècle – c'est, du moins, ce que suggère l'exemple de l'église normande d'Évrecy –, mais les architectes carolingiens semblent, d'une manière générale, lui avoir accordé peu d'intérêt. Au XIe siècle, les plaques sculptées de l'Antiquité tardive apparaissaient donc comme les vestiges précieux d'un passé déjà lointain. Lorsque les architectes pouvaient s'en procurer, ils les remployaient (c'est ainsi que nous sont parvenus les fragments mérovingiens de Saint-Samson-sur-Risle, en Normandie). À défaut de disposer d'originaux, il leur était aisé de fabriquer des pastiches. Parfois, comme à Épeigné-sur-Dême (ill. 135), ils s'attachaient à reproduire les compositions en frise des modèles ; à Saint-Benoît-sur-Loire, ils disposèrent les plaques afin qu'elles produisent l'effet de remplois épars, tant le goût pour les édifices comportant de multiples *spolia* était encore vivace au début de l'art roman.

Si la plupart des maîtres d'œuvre du XIe siècle se contentèrent de reprendre les modèles simples des premiers siècles chrétiens, celui de la tour-porche de Saint-Benoît-sur-Loire (ill. 137) puisa également son inspiration dans l'art romain – ce qui ne saurait surprendre de la part d'un artiste dont tout l'œuvre sculpté, nous le verrons à propos des chapiteaux, révèle un intérêt passionné pour l'Antiquité. Les plaques disposées en frises sont, en effet, associées à des œuvres qui, telle la louve allaitant ses petits, trahissent une autre conception du relief, caractérisée par des volumes pleins et un modelé souple et puissant. Prélude à une renaissance de la grande plastique monumentale, cette expérience ne devait cependant pas avoir de suite dans l'immédiat.

Toutes les plaques sculptées du XIe siècle ne s'inspirent pas du décor architectural de l'Antiquité ou du haut Moyen Âge. Le Maître de la tour-porche de Saint-Benoît-sur-Loire élargit son répertoire en empruntant aussi des motifs ornementaux (comme les félins souplement affrontés) aux manuscrits enluminés de la fin du Xe siècle. Certains grands panneaux, comme la Lapidation de saint Étienne de la même tour-porche ou l'Entrée à Jérusalem de Cormery, apparaissent, d'autre part, comme des transcriptions de scènes peintes.

Le premier, large d'environ 1,50 m pour 1,65 m de hauteur, est constitué de six plaques superposées en deux registres (ill. 139). Au-dessus de saint Étienne, lapidé par la foule des faux témoins sous les yeux de Saül, figure l'image de La Trinité telle qu'elle lui apparut durant son martyre, image enrichie de deux éléments inhabituels : le Christ tient devant lui un livre ouvert comme dans la scène du Jugement dernier, et, près de sa tête, se trouve une représentation du soleil normalement associé – avec la lune – à la Crucifixion. Au centre du registre supérieur, l'âme d'Étienne, entourée d'une mandorle, est élevée au ciel par deux anges, alors que, dans l'iconographie traditionnelle, c'est le Christ qui, conformément au texte des Actes des Apôtres (7,55-56), figure à cet emplacement. Le martyr se trouve ainsi glorifié de manière exceptionnelle puisque la mandorle, matérialisation de la lumière et des nuées, est généralement réservée au Christ. Il est difficile d'établir un lien entre cette scène complexe et les autres sculptures à vocation essentiellement ornementale de la façade. On ne peut donc guère parler d'un véritable programme iconographique à Saint-Benoît. L'image clef de la façade, la Lapidation de saint Étienne, demeure d'ailleurs peu lisible du fait de son emplacement, à près de 10 m de hauteur, de son faible relief et de l'encombrement de sa composition.

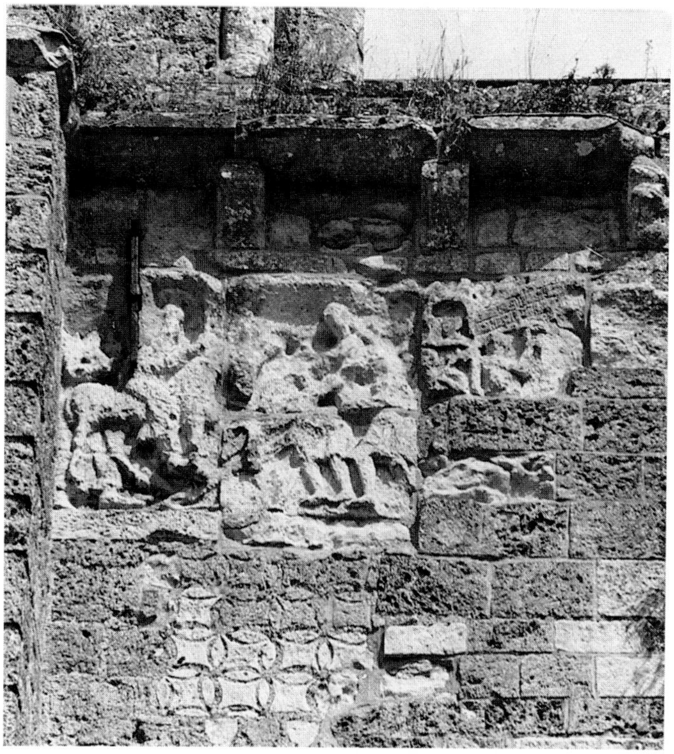

140. Cormery (Indre-et-Loire), église Saint-Paul, tour-porche, plaques sculptées de la façade occidentale : l'Entrée à Jérusalem.

À la tour-porche de Cormery (ill. 140), un peu plus tard, les plaques représentant l'Entrée du Christ à Jérusalem se développent au-dessus des fenêtres du premier étage, sur toute la largeur de la façade occidentale. Bien que coupée en

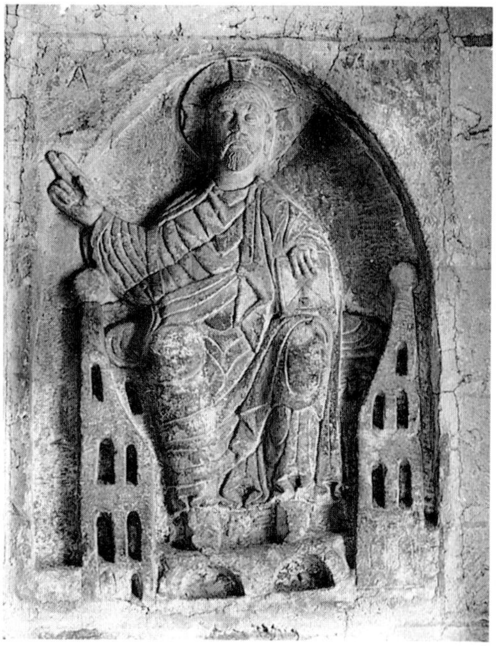

141. Poitiers (Vienne), église Sainte-Radegonde, plaque sculptée remployée dans le porche : Christ bénissant.

deux par le contrefort médian de celle-ci, la scène, dont chaque panneau mesure environ 1,30 m sur 2,80 m, répond mieux que la Lapidation de saint Étienne aux exigences d'un décor monumental. Le thème choisi s'accorde également à l'emplacement ; c'est, en effet, au seuil de la tour-porche que s'achevait la procession du dimanche des Rameaux. Réparties sur plus de douze plaques de calcaire tendre, les sculptures sont aujourd'hui trop érodées pour pouvoir être décrites en détail. On discerne toutefois, à gauche, le Christ monté sur un âne sous les sabots duquel des personnages déploient des vêtements, tandis qu'à droite trois apôtres nimbés, vêtus de longues robes, s'avancent vers un groupe d'enfants en tuniques courtes, brandissant des palmes. Dans cette œuvre, les plaques sculptées, traitées désormais non plus comme des éléments isolés ou, au mieux, juxtaposés, deviennent le support d'une sculpture narrative qui n'est pas sans rappeler celle des reliefs de l'Antiquité.

Il n'existe guère de commune mesure entre l'Entrée à Jérusalem de Cormery et la frise au décor animalier schématique d'Épeigné-sur-Dême, œuvres pourtant à peu près contemporaines. De même, à Saint-Benoît-sur-Loire, la Lapidation de saint Étienne, les reliefs antiquisants et les plaques en méplat reflètent, au sein d'un même ensemble, des idéaux esthétiques antinomiques. Porter un jugement global sur le rôle joué par les décors de plaques dans la définition de la sculpture romane n'est donc pas chose facile. Les écarts stylistiques s'expliquent sans doute en partie par la diversité des sources d'inspiration – surtout lorsque les sculpteurs s'attachent à respecter l'esprit de chacune d'entre elles –, mais aussi par des différences considérables dans la formation et la compétence technique de ceux-ci. Des tendances nouvelles se dégagent cependant des œuvres les plus talentueuses ; ainsi, une certaine propension des figures à occuper toute la surface disponible et à se conformer, par leurs attitudes et leur morphologie, au contour de ces surfaces préfigure les définitions stylistiques de l'art roman plus tardif. C'est dans la scène de la Lapidation de saint Étienne, à Saint-Benoît-sur-Loire (ill. 139), que se pressent le mieux l'avenir de cette nouvelle conception des rapports entre figures et cadre. Les trois groupes de personnages du registre inférieur, notamment, sont sculptés en fonction des limites des plaques ; certains des faux témoins s'apprêtant à lancer des pierres paraissent même s'appuyer sur le bord de celles-ci. Ce procédé contribue non seulement à structurer la composition, mais confère une certaine énergie à l'action bien que, comme dans les enluminures de la même époque, les personnages flottent dans un espace indéterminé et que leurs corps soient articulés de manière sommaire.

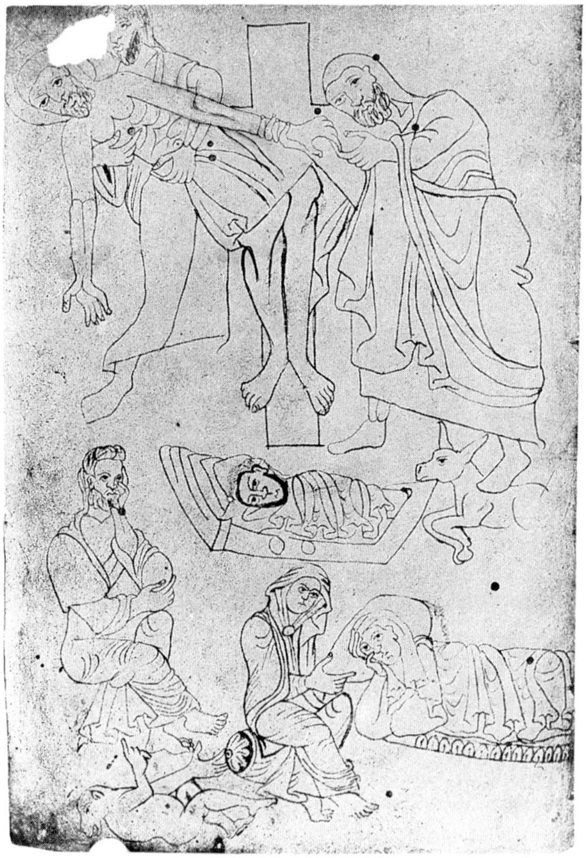

142. Recueil de dessins d'Adémar de Chabannes : en bas, personnages de la Nativité ; en haut, descente de Croix. Leyde, Universiteitsbibliotheek, Cod. Vos. lat. oct. 15, f. 2v.

LES RELIEFS DE SAINTE-RADEGONDE DE POITIERS

Les représentations de personnages de grandes dimensions demeurent rares, même à la fin de la période envisagée dans ce chapitre. Parmi celles-ci figurent les deux plaques remployées au rez-de-chaussée de la tour-porche de Sainte-Radegonde de Poitiers (ill. 141) : d'une part le Christ en Majesté (1,40 m x 1 m), d'autre part un personnage couronné et nimbé de sexe féminin et de dimensions plus réduites (1,24 m x 0,68 m) – l'Église ou sainte Radegonde ? Les deux plaques sont creusées en cuvette, assez profondément au niveau de la tête (15 cm environ pour le Christ), mais beaucoup moins autour des corps, traités dans un relief moins prononcé. L'articulation de ceux-ci est suggérée par des draperies dont le graphisme, fait de lignes brisées, de courbes concentriques et, pour les parties inférieures des vêtements, de plis en forme de cloche, rappelle les dessins à la plume de la première moitié du XIe siècle, notamment ceux d'Adémar de Chabannes (ill. 142) [130]. Les difficultés que le sculpteur a rencontrées pour organiser les draperies sur de larges surfaces, en particulier entre les genoux et autour de la main gauche du Christ, zones où règne une certaine confusion, montrent que, même dans des œuvres exceptionnelles, les définitions stylistiques demeurent précaires.

À l'origine de créations nombreuses dans le val de Loire, le décor de plaques fut également adopté jusqu'au début du XIIe siècle dans d'autres régions – le Lyonnais (Saint-Martin d'Ainay à Lyon), le Forez (Saint-Rambert, Saint-Romain-le-Puy), la basse vallée du Rhône (Saint-Restitut) et la Bourgogne (façade détruite de Saint-Germain d'Auxerre) – sous forme de frises de motifs animaliers simples ainsi que, sous des formes plus diverses, dans le Poitou. Au-delà de cette période, l'art des plaques semble avoir été très marginal.

LES PORTAILS DU ROUSSILLON

Rares sont les maîtres d'œuvre du début de l'art roman qui organisèrent de manière cohérente ce type de décor, par exemple pour mettre l'accent sur tel ou tel point fort des façades. La volonté de quelques-uns d'entre eux d'enrichir portails et fenêtres de trois abbatiales du Roussillon de linteaux et d'encadrements en marbre sculpté apparaît comme d'autant plus remarquable.

L'inscription gravée sur le linteau de Saint-Genis-des-Fontaines (ill. 143) fournit un précieux repère chronologique pour ces expériences ; elle indique, en effet, que l'œuvre fut exécutée la vingt-quatrième année du règne du roi Robert le Pieux, sur l'ordre de l'abbé Guillaume (entre le 24 octobre 1019 et le 24 octobre 1020) [131]. Les comparaisons stylistiques et iconographiques entre ce linteau et les sculptures de la façade occidentale de Saint-André-de-Sorède (linteau et encadrement de la fenêtre qui surmonte le portail) suggèrent une légère postériorité de celles-ci, tandis que le tympan et la fenêtre de la façade de Sainte-Marie d'Arles-sur-Tech appartiennent sans doute à l'église consacrée en 1046 [132].

Tandis que les plaques examinées précédemment étaient sculptées dans la même pierre que le reste du parement, linteaux et encadrements de fenêtres du Roussillon sont exécutés dans un marbre blanc qui offre un contraste saisissant avec les matériaux frustes et sombres (galets ou moellons noyés dans du mortier) employés pour la construction des murs [133]. Ce contraste est accentué par le traitement précieux de la sculpture, en très faible relief et finement ciselée. Georges Gaillard décrivait ainsi le linteau de Saint-Genis-des-Fontaines : « Dans cette sculpture méplate, sans vrai relief, il n'y a que deux plans, celui de la surface et celui du fond, creusé d'environ un demi-centimètre, sans intermédiaire entre l'un et l'autre de ces plans, c'est-à-dire sans modelé. Sur les silhouettes réservées qui forment les figures, ce sont des traits qui dessinent les plis des vêtements et les visages ; les membres même et les mains sont dessinés, gravés et non sculptés… »

Ces œuvres, sans précédent dans le domaine monumental, s'inscrivent dans la suite des sculptures mobilières sur marbre de la région de Narbonne, où depuis le milieu du Xe siècle, semble-t-il, des ateliers taillaient dans des blocs de marbre arrachés aux monuments antiques, des tables d'autel ou des chaires décorées de motifs ornementaux. Les liens entre cette production et les sculptures des façades roussillonnaises sont évidents à Saint-André-de-Sorède, où la même frise de rinceaux stylisés se retrouve sur la bordure de la table d'autel conservée dans l'abside (ill. 144) et sur le cadre du linteau.

Sans modifier leur technique, les sculpteurs surent créer des compositions et une iconographie adaptées au cadre architectural. Au centre du linteau de Saint-Genis-des-Fontaines (ill. 143), le Christ, assis dans une mandorle portée par deux anges, est encadré de chaque côté par trois apôtres abrités sous des arcades. Il s'agit à la fois d'une représentation de l'Ascension (le Christ élevé au ciel en présence des apôtres, dont certains manifestent leur émotion par des gestes conventionnels) et d'une *Maiestas Domini* (le Christ, assis dans une mandorle double, bénit de la main droite et tient le Livre fermé sur son genou gauche tandis que l'*alpha* et l'*omega*, gravés sur le fond de la mandorle, évoquent son règne à la fin des temps). Dans les représentations traditionnelles de l'Ascension, les douze apôtres, souvent accompagnés de la Vierge, lèvent la tête pour regarder,

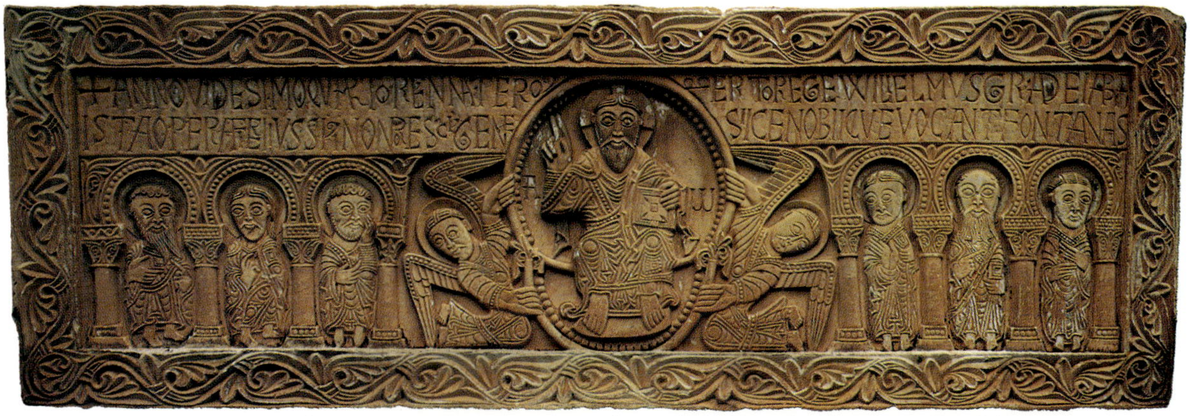

143. Saint-Genis-des-Fontaines (Pyrénées-Orientales), église abbatiale, portail occidental, linteau.

au-dessus d'eux, le Christ disparaître dans les nuées. La forme du linteau amena le sculpteur à aligner les figures sur un même plan et à réduire le nombre des apôtres. En plaçant chacun de ceux-ci sous une arcade, il conférait une solennité nouvelle à la scène, solennité accentuée par la présence, au centre de l'œuvre, du Christ sur un trône. À la différence des sculpteurs de la Loire, qui conçurent des scènes souvent très animées, celui de Saint-Genis-des-Fontaines a donc privilégié une vision statique et intemporelle dans laquelle la promesse de retour du Christ à la fin des temps, faite au moment de l'Ascension, est réalisée. Pour créer cette œuvre, le sculpteur puisa dans l'immense réservoir d'images que constituaient les manuscrits et les arts précieux. Peut-être les personnages sous arcades du linteau s'inspirent-ils des retables d'autel en orfèvrerie, dont l'existence est attestée au début du XIe siècle. La double mandorle, pour sa part, semble une interprétation de modèles carolingiens où le Christ est assis sur un globe (le ciel), les pieds posés sur un autre (la terre), tandis qu'une gloire en forme d'amande lui confère une dimension surnaturelle. Le sculpteur de Saint-Genis-des-Fontaines, négligeant la signification symbolique de ces trois cercles imbriqués, a traité la partie inférieure de la mandorle comme un siège de forme convexe et placé les pieds du Christ sur un escabeau, illustration plus littérale du texte évangélique (« Le ciel est mon trône, la terre mon marchepied »).

Même si la forme outrepassée des arcades et le graphisme sec et anguleux des draperies suggèrent une influence hispanique, la densité de la composition, dans laquelle personnages et cadre se modèlent mutuellement pour occuper toute la surface disponible, apparaît comme un caractère nouveau, spécifiquement roman.

Le programme de Saint-André-de-Sorède n'inclut pas seulement le linteau du portail, mais aussi l'encadrement de la baie qui le surmonte (ill. 145). Le premier reprend le thème de l'Ascension-Majesté de Saint-Genis-des-Fontaines. Toutefois, le nombre des apôtres est réduit à quatre pour permettre de faire figurer deux séraphins et non plus seulement deux anges de part et d'autre du Christ debout dans une mandorle simple. L'évocation du retour du Christ à la fin des temps est ici l'objet d'une insistance particulière. En effet, dans deux des médaillons du linteau de la fenêtre (placé lors des transformations du pignon, au XIIe siècle, en bordure inférieure de celle-ci) (ill. 146), quatre anges sonnant de la trompette annoncent le nouvel avènement du Christ, juste avant le Jugement dernier (Matth. XXIV, 31). La présence, comme au portail, des séraphins qui gravitent dans un mouvement perpétuel autour de Dieu, souligne l'ambition d'un programme qui ne semble guère avoir d'antécédents dans les arts du haut Moyen Âge, programme

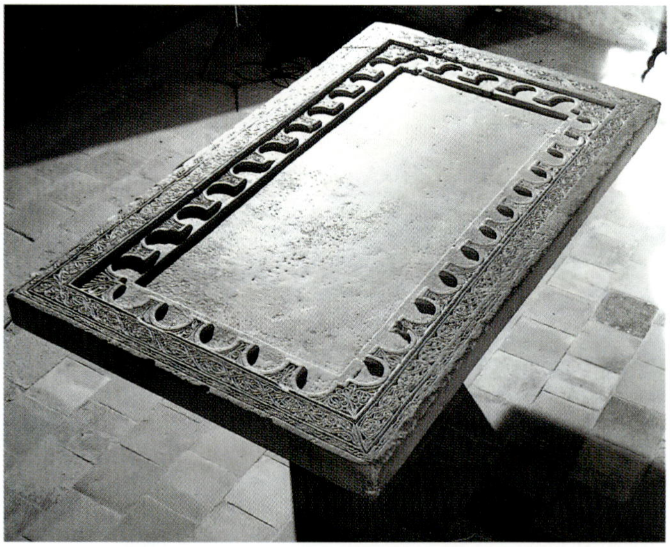

144. Saint-André-de-Sorède (Pyrénées-Orientales), église abbatiale, table d'autel.

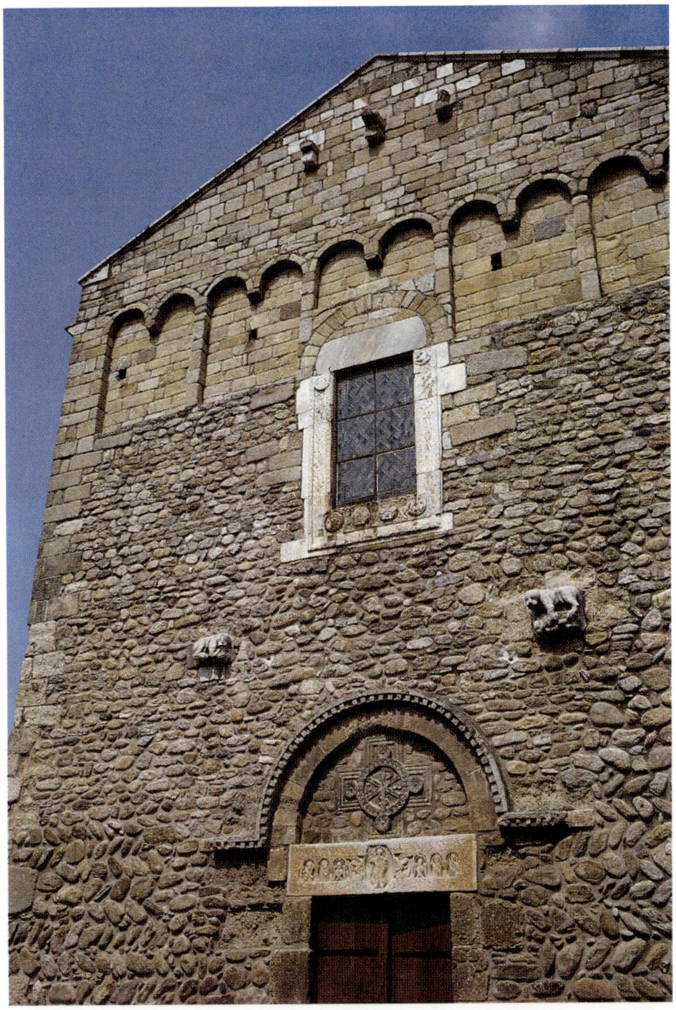

145. Saint-André-de-Sorède (Pyrénées-Orientales), église abbatiale, façade occidentale.

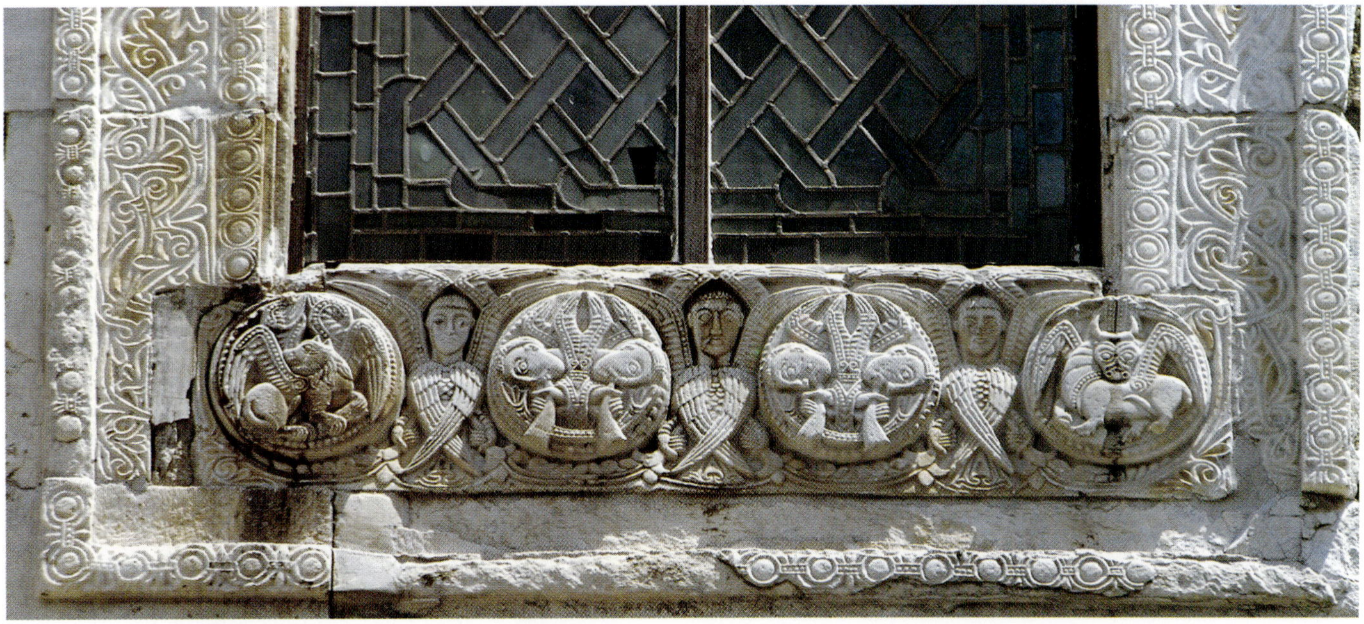

146. Saint-André-de-Sorède (Pyrénées-Orientales), église abbatiale, façade occidentale, détail de la fenêtre.

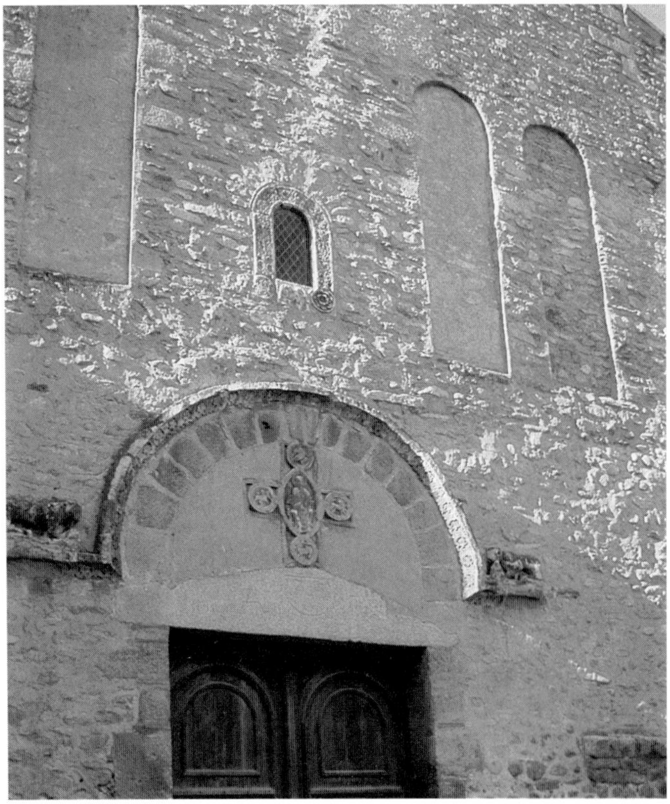

147. Arles-sur-Tech (Pyrénées-Orientales), église Sainte-Marie, portail oriental.

que complètent, au sommet des montants et aux extrémités latérales de l'ancien linteau, les quatre symboles des Évangélistes dans des médaillons dont la forme évoque celle des roues du char de Yahvé décrit par Ézéchiel (I, 5-20) : « Là où l'esprit les poussait, les roues allaient, car l'esprit de l'animal était dans les roues. »

Cette iconographie visionnaire n'exclut pas un souci décoratif. Ainsi, l'imbrication, au « linteau » de la fenêtre, des médaillons en saillie et des séraphins les enveloppant étroitement de leurs ailes engendre un ensemble rigoureusement équilibré. Cet équilibre se retrouve dans la composition des deux médaillons centraux, où le corps des anges cède la place à un motif abstrait de part et d'autre duquel émergent de manière symétrique têtes, ailes, bras et trompettes. Ici, le souci d'harmonie ornementale prime sur le respect des apparences réelles selon un principe qui permettra aux artistes romans les créations les plus fantastiques.

Dans le troisième édifice du Roussillon que nous évoquerons, l'ancienne abbatiale Sainte-Marie d'Arles-sur-Tech (ill. 147), alors que piédroits et linteau en bâtière du portail sont dépourvus de tout décor, le tympan s'orne d'un Christ en Majesté assis dans une mandorle qu'entourent les symboles des quatre Évangélistes représentés dans des médaillons inscrits dans les bras d'une croix. La plaque de marbre sculptée ne coïncide donc pas avec le tracé semi-circulaire du tympan, et il subsiste autour d'elle d'importantes plages de maçonnerie. De part et d'autre du tympan que surmonte une archivolte, des lions dévorant leur proie, sculptés en haut-relief, utilisent les retours de celle-ci comme des socles, tandis qu'à Saint-André-de-Sorède les mêmes lions étaient incrustés dans le mur, entre le portail et la fenêtre. Non seulement l'adaptation des lions au cadre est plus étroite à Arles-sur-Tech, mais leur signification est plus claire, car ils s'attaquent à des êtres humains et non à d'autres animaux, comme à Saint-André. Ils incarnent donc le démon qui, « comme le lion rugissant, rôde, cherchant qui dévorer » (Première Épître de Pierre, 5, 8). La croix du tympan apparaît comme le symbole glorieux de la victoire remportée par le Christ sur ces forces démoniaques. Ainsi, le message de la façade d'Arles-sur-Tech est immédiatement intelligible dans son contenu comme dans sa formulation matérielle, d'autant que l'encadrement de la petite fenêtre qui surmonte le portail n'est sculpté que de motifs ornementaux. Cette simplification thématique et formelle reflète une recherche nouvelle de monumentalité, recherche qui se traduit également, bien que de manière plus timide, dans le traitement des sculptures. Sans être important, le relief, toujours dégagé en cuvette, permet des effets plus plastiques que dans les édifices précédents.

La façade d'Arles-sur-Tech marque le terme des expériences roussillonnaises. Celles-ci ne devaient pas avoir de suite immédiate et il faudra attendre l'extrême fin du XIe siècle pour que les sculpteurs s'intéressent de nouveau aux tympans et aux linteaux.

III. Le renouveau du chapiteau

Durant la même période, cependant, les sculpteurs se livraient à des expériences décisives sur les chapiteaux. Le développement d'une réflexion originale sur la fonction et le décor de ceux-ci n'est pas pour surprendre, au moment où les supports eux-mêmes connaissaient la mutation que nous avons évoquée précédemment, mutation qui eut pour conséquence la multiplication et la diversification des emplacements disponibles. Alors que, pendant le haut Moyen Âge, le décor végétal plus ou moins dérivé du chapiteau corinthien avait constitué, malgré de nombreuses altérations, le *leitmotiv* de la sculpture monumentale, on assiste au début du XIe siècle à une remise en question des types d'épannelage et à un large renouvellement du répertoire thématique.

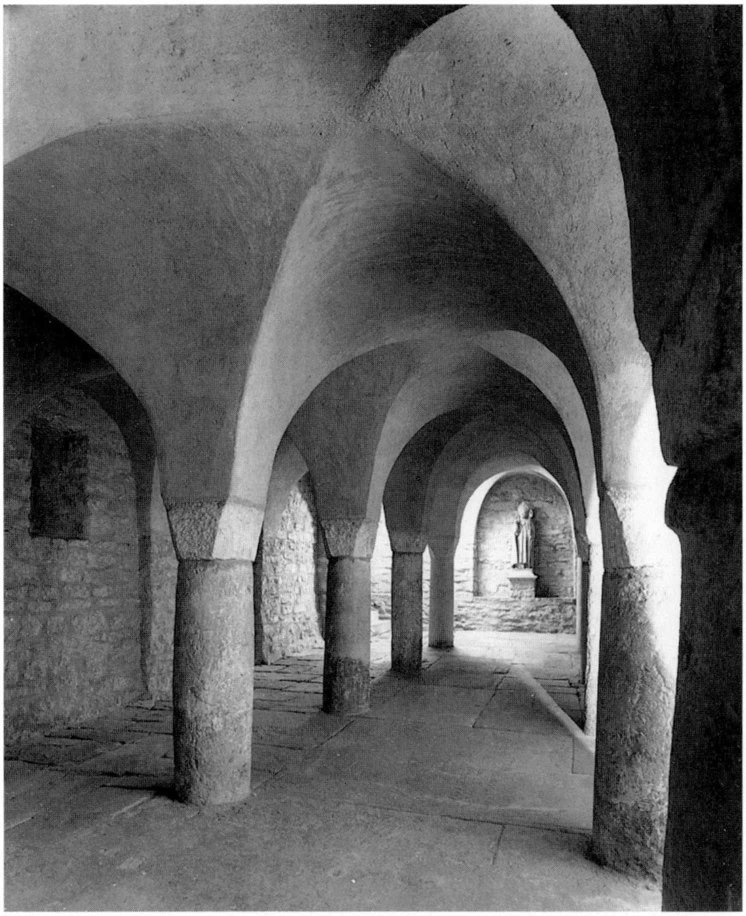

148. Lons-le-Saunier (Jura), église Saint-Désiré, crypte.

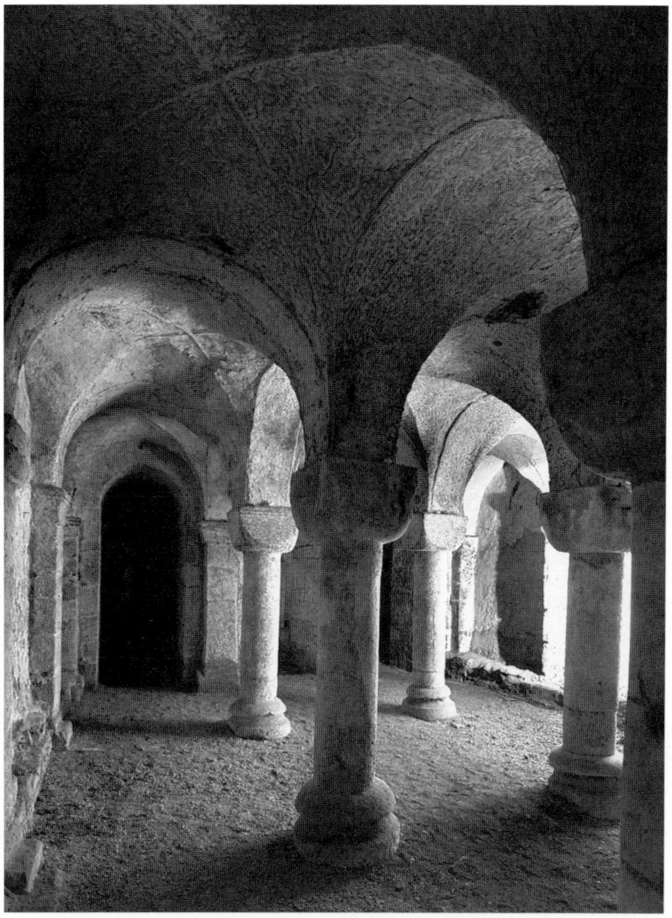

149. Verdun (Meuse), église Saint-Maur, crypte.

DES CORBEILLES SIMPLEMENT ÉPANNELÉES

Encore faut-il constater que les maîtres d'œuvre de la première moitié du XIe siècle ne manifestèrent pas tous le même intérêt pour les chapiteaux sculptés. Certains restèrent fidèles aux impostes moulurées ceinturant les piliers, impostes qu'ils adaptèrent à diverses formes de supports : piles cylindriques de la galilée de Tournus, piles composées de la crypte de la cathédrale d'Auxerre ou de la nef de Quarante. D'autres choisirent un type d'épannelage sommaire, comme celui des chapiteaux à angles abattus (ill. 148), qui connurent un succès durable de la vallée du Pô à la Bourgogne septentrionale et en Catalogne [134]. La massivité des volumes et la nudité des surfaces rompaient avec la tradition du haut Moyen Âge. La même remarque vaut pour les chapiteaux cubiques (ill. 149) engendrés par la pénétration d'une sphère et d'un cube, fréquents dans l'architecture de l'Empire. Il est difficile de déterminer les raisons qui conduisirent tant d'architectes de la première moitié du XIe siècle à choisir des chapiteaux dont les épannelages se suffisaient à eux-mêmes : facilité et rapidité d'exécution ou préférence donnée à la continuité des volumes, qui se traduit par la suppression des tailloirs qui surmontaient les corbeilles et, souvent, par celle de l'astragale placé à la jonction de celles-ci et du fût de la colonne ? Si la fonction des chapiteaux – assurer le passage d'un plan circulaire à un plan carré – ne saurait être exprimée de manière plus simple [135], il nous manque cependant une donnée essentielle pour apprécier leur effet : leurs décors peints, dont on peut percevoir l'importance dans des ensembles conservés plus tardifs (ill. 234).

Les premières expériences de sculpture concernent un nombre limité de monuments, et il est souvent difficile de les relier les unes aux autres, du fait de leur extrême diversité. Celle-ci reflète la variété des intérêts des sculpteurs, qui s'inspirèrent aussi bien des chapiteaux de l'Antiquité classique que d'œuvres appartenant à d'autres domaines comme l'enluminure ou les arts précieux (ivoires, orfèvrerie).

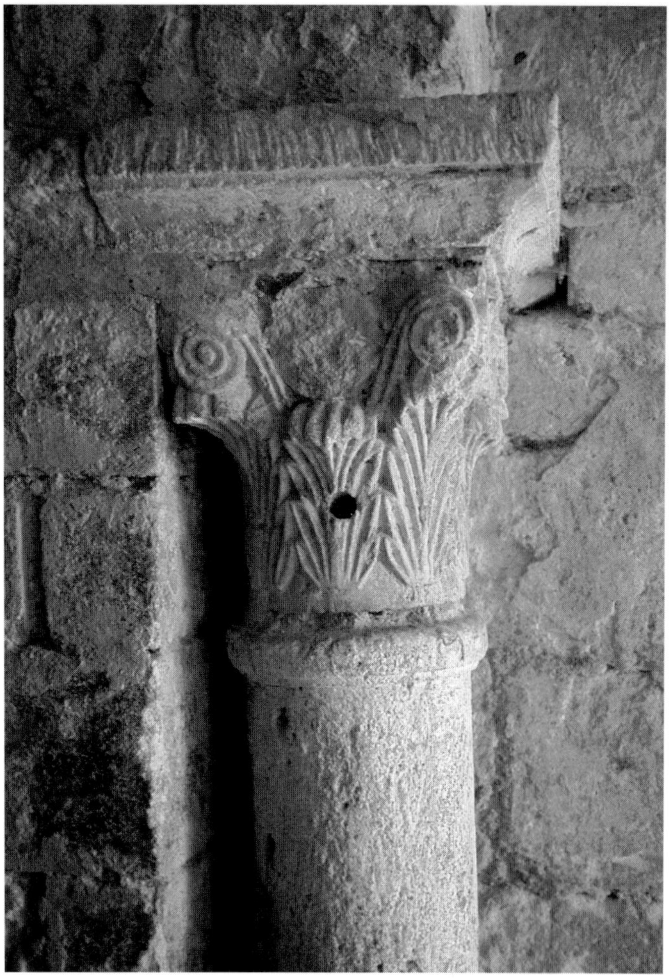

150. Montmajour (Bouches-du-Rhône), chapelle Saint-Pierre, chapiteau corinthisant.

UNE SURVIVANCE : LE CHAPITEAU CORINTHISANT

Le recours à ces nouveaux modèles n'entraîna cependant pas l'abandon de ceux de l'époque carolingienne dont certains connurent, au contraire, un renouveau plus ou moins durable. Il en fut ainsi des chapiteaux corinthisants qui, depuis la fin du VIIIe siècle, avaient constitué l'essentiel du décor architectural dans une vaste zone. Leur spécificité résidait dans une grande simplification des volumes et des végétaux ; d'une part leur épannelage massif (une partie inférieure tronconique et une partie supérieure cubique, parfois légèrement recreusée) ne rappelait que de fort loin la puissante articulation des corbeilles corinthiennes de l'Antiquité ; d'autre part, la complexité du schéma de celles-ci était réduite à la juxtaposition de quelques éléments essentiels : une ou deux couronnes de feuilles plus ou moins développées et des volutes d'angle non saillantes encadrant une large rosace ; enfin, le végétal lui-même, constitué de palmettes à nervures rectilignes émergeant d'une côte centrale, était fortement stylisé. Si l'on fait abstraction des variations sur le nombre des feuilles des couronnes et sur les proportions des corbeilles, le type de ces chapiteaux corinthisants présentait une grande stabilité. Quelques sculpteurs du XIe siècle reprirent les solutions carolingiennes avec une fidélité scrupuleuse, comme dans la crypte de Saint-Philibert de Tournus (ill. 48), à Saint-Pierre de Montmajour (ill. 150), à Vénasque et à Saint-Aignan d'Orléans, où plusieurs petits chapiteaux des arcatures murales furent copiés

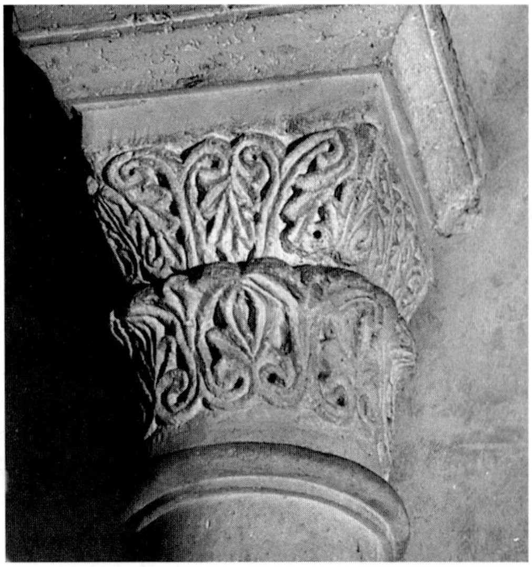

151. Tournus (Saône-et-Loire), église Saint-Philibert, déambulatoire, chapiteau corinthisant.

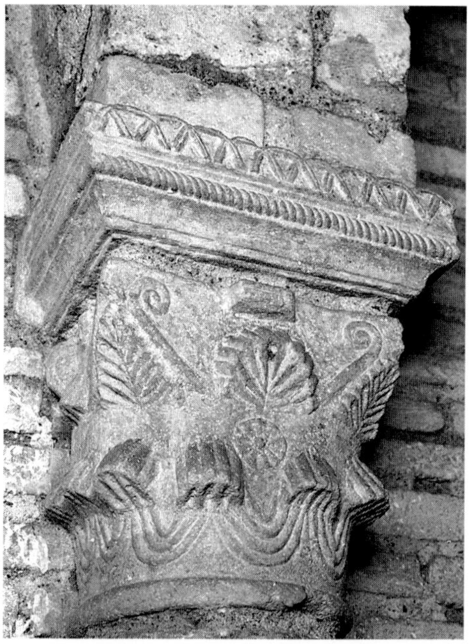

152. Orléans (Loiret), église Saint-Aignan, crypte, chapiteau corinthisant.

sur ceux de l'église voisine de Germigny-des-Prés. Parallèlement – et parfois au sein des mêmes ensembles – se développèrent de nouvelles variantes ; à Saint-Pierre de Montmajour des entrelacs ou d'autres motifs abstraits se substituent parfois aux palmettes ; dans l'arcature du déambulatoire de Tournus (ill. 151), l'équilibre traditionnel des éléments est remis en question au profit de compositions denses qui couvrent toute la surface des corbeilles de réseaux de palmettes ; enfin dans l'un des grands chapiteaux du mur de confession de Saint-Aignan d'Orléans, le schéma corinthien, disloqué, est recomposé d'une manière qui n'évoque plus le monde végétal (ill. 152).

LA REDÉCOUVERTE DU CHAPITEAU CORINTHIEN

Les chapiteaux corinthisants, dont l'histoire est marquée par un certain conservatisme, ne semblent donc pas avoir offert aux sculpteurs romans un cadre propice au renouvellement du décor monumental. Au contraire, le retour au corinthien antique allait être à l'origine de l'une des plus remarquables expériences du second quart du XIe siècle. Le sculpteur du rez-de-chaussée de la tour-porche de Saint-Benoît-sur-Loire, qui signa de son nom : Unbertus, l'une de ses œuvres, prit pour modèles des chapiteaux gallo-romains dont le schéma était simplifié par rapport à celui des œuvres canoniques, mais dont le feuillage gras et luxuriant offrait une grande richesse plastique (ill. 160). On retrouve à

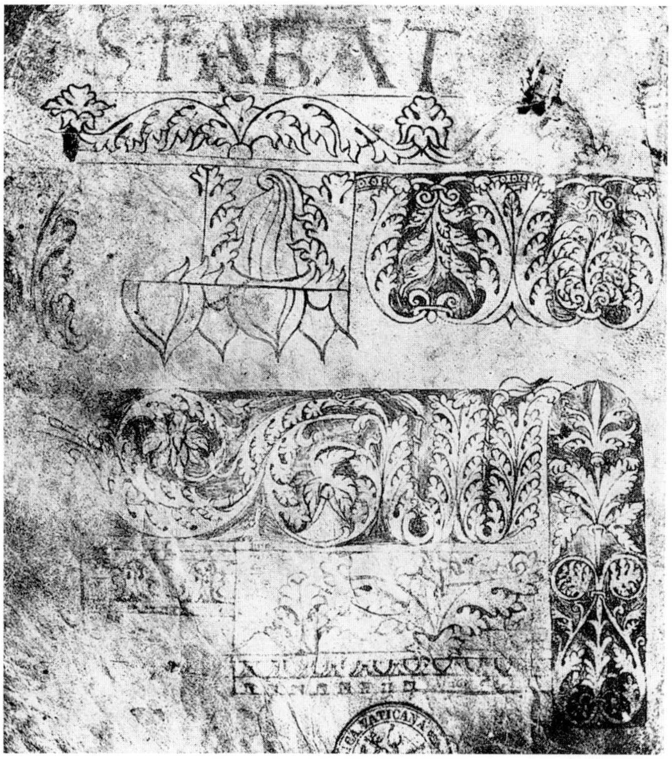

153. Recueil de dessins provenant de Saint-Benoît-sur-Loire : motifs ornementaux antiques.
Rome, Bibliothèque apostolique, Vat. Reg. lat. 596, f. 27v.

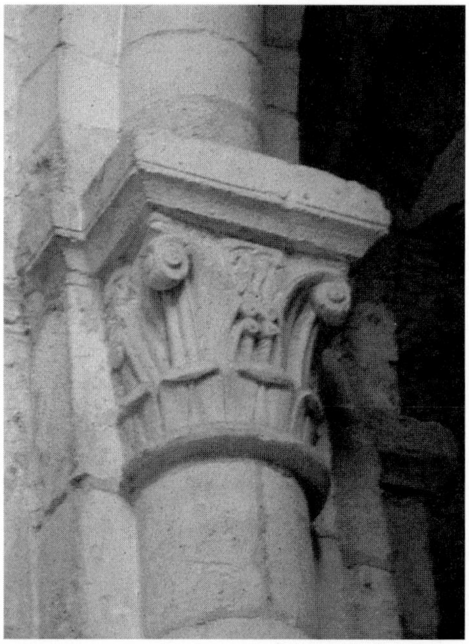

154. Bernay (Eure), église Notre-Dame, nef, chapiteau à feuilles lisses.

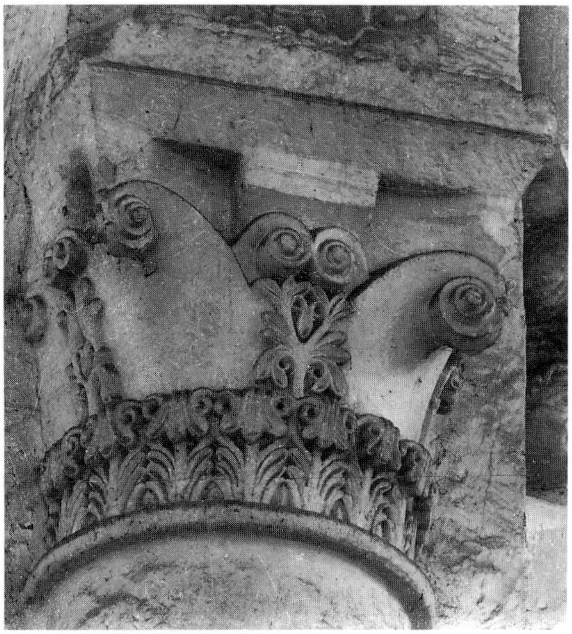

155. Vendôme (Loir-et-Cher), église de la Trinité, croisée du transept, chapiteau à feuilles lisses.

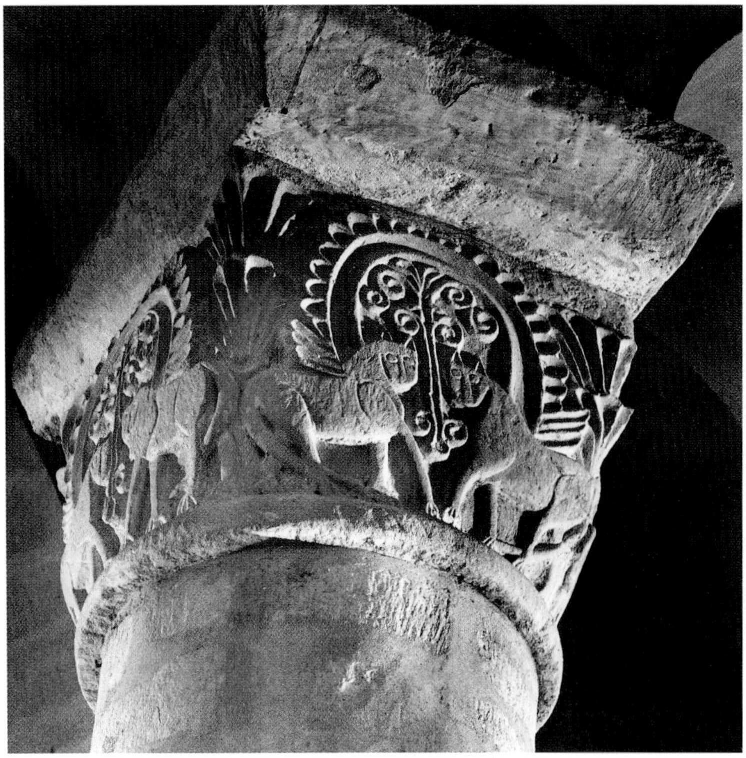

156. Vignory (Haute-Marne), église Saint-Étienne, déambulatoire, chapiteau ornemental : lions affrontés.

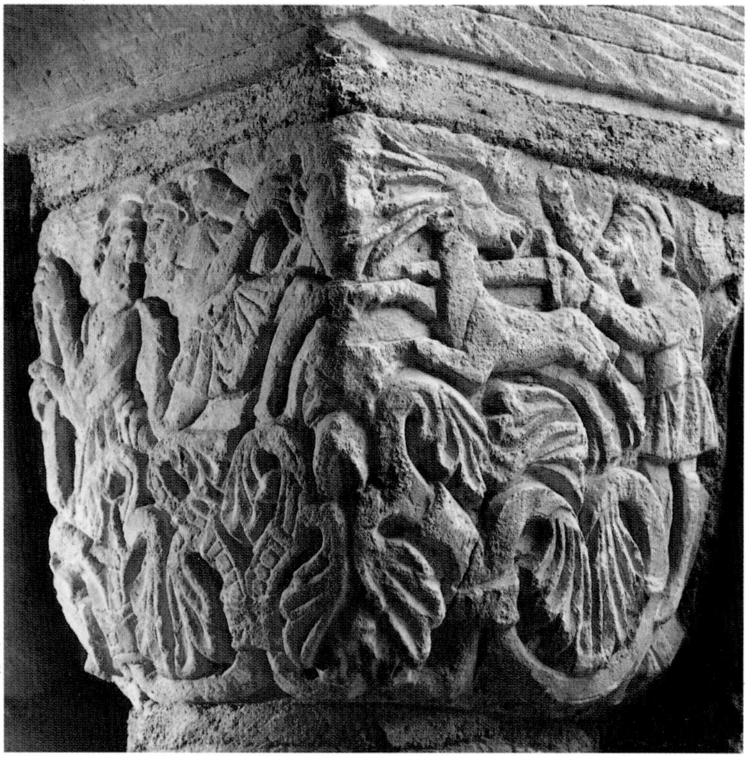

157. Marmoutier (Indre-et-Loire), église abbatiale, crypte, chapiteau ornemental : rinceau peuplé.

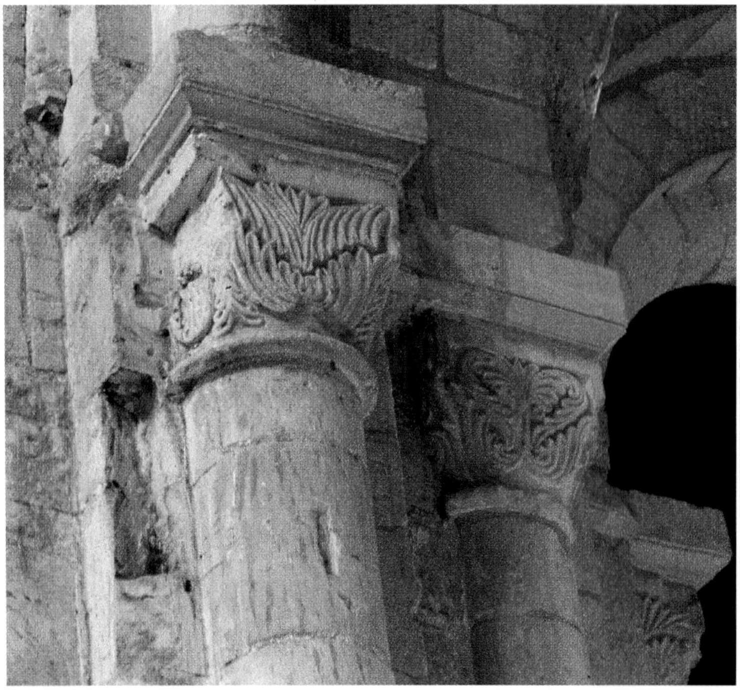

158. Bernay (Eure), église Notre-Dame, chœur, chapiteaux ornementaux : palmettes.

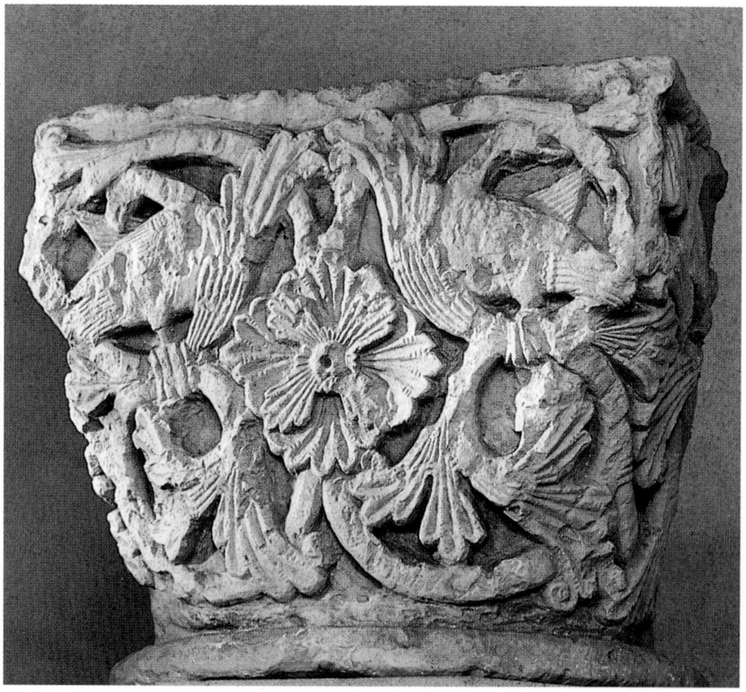

159. Jumièges (Seine-Maritime), dépôt lapidaire, chapiteau ornemental provenant de l'église Notre-Dame : palmettes.

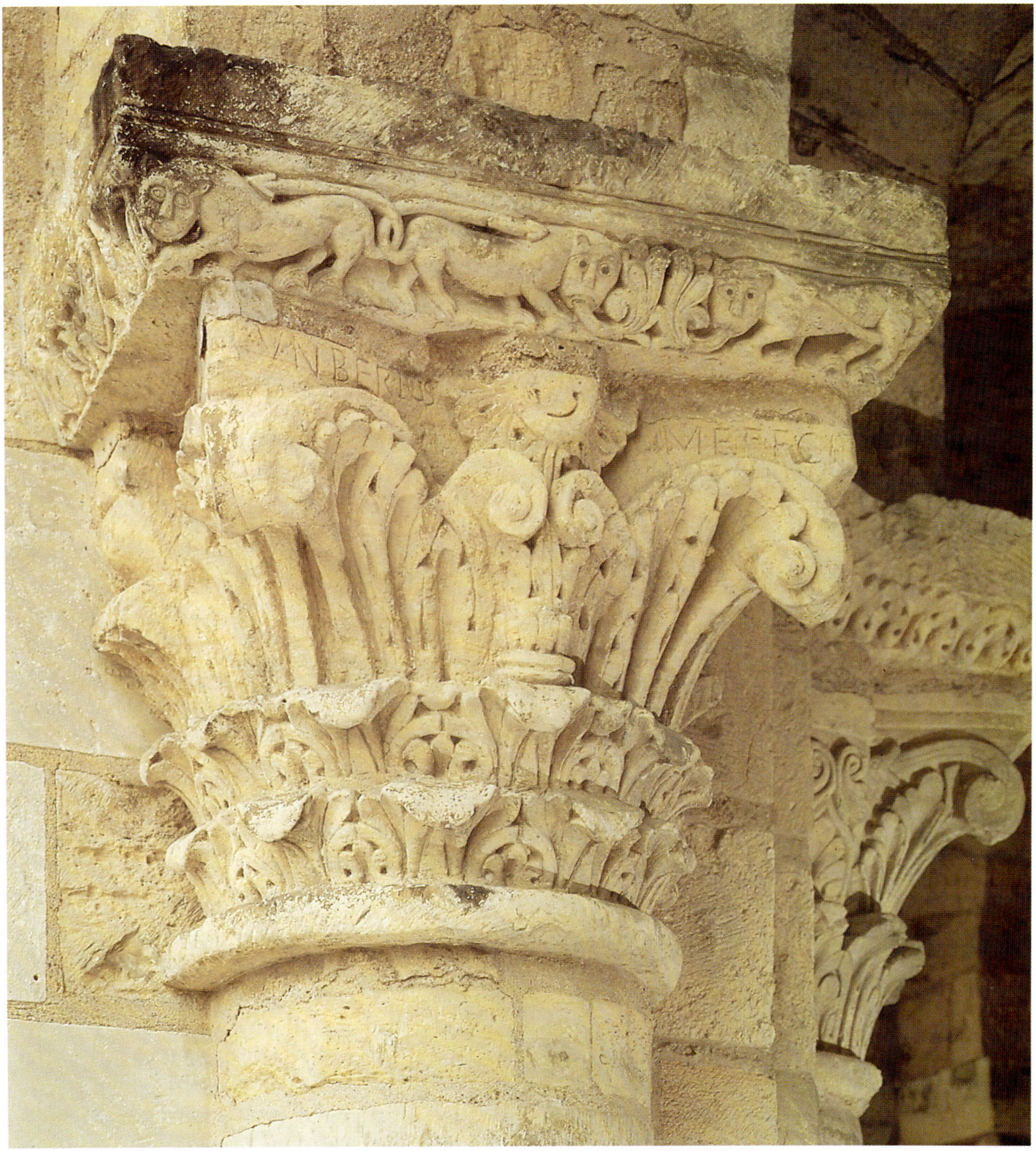

160. Saint-Benoît-sur-Loire (Loiret), église abbatiale, tour-porche, rez-de-chaussée, chapiteau corinthien : *Unbertus me fecit*.

Saint-Benoît-sur-Loire l'épannelage vigoureusement articulé de ces chapiteaux – notamment l'abaque profondément échancré –, leurs couronnes où alternent de larges feuilles d'acanthe et de petits fleurons, leurs grandes feuilles d'angle plaquées contre la corbeille, leurs volutes saillantes aux lourds enroulements terminaux, leurs grosses hélices surmontées de rosaces au dessin divers. L'expression de la croissance organique, inhérente à la définition du schéma corinthien, résulte pour l'essentiel, dans ces œuvres, de la vitalité des végétaux, car les caulicoles et les feuilles engainantes qui assurent normalement la continuité entre les couronnes et la partie supérieure de la corbeille font ici défaut. Les chapiteaux de Saint-Benoît-sur-Loire ne reflètent pas seulement une grande familiarité avec les modèles gallo-romains locaux. Leur sculpteur connaissait également les modes de calcul théorique des proportions de la corbeille et de l'abaque, exposés par Vitruve dans son traité d'architecture, modes de calcul qu'il appliqua partiellement.

La renaissance du corinthien ne constitue que l'un des aspects de l'intérêt que le Maître de la tour-porche manifesta pour l'art antique. Son œuvre offre, en effet, d'autres « citations », depuis les bases à trois tores jusqu'aux scènes d'inspiration mythologique. D'ailleurs, vers l'an mille déjà, un artiste travaillant à l'abbaye avait réuni dans un carnet de modèles des dessins de frises végétales romaines dont la précision révélait une longue fréquentation des monuments antiques (ill. 153). Ces dessins, qui ne semblent pas avoir été utilisés – pour les feuillets conservés, du moins – par le Maître de la tour-porche, nous éclairent à la fois sur le genre de croquis dont il put se servir et sur l'arrière-plan qui favorisa l'élaboration de son œuvre.

L'imitation de l'antique ne constituait pas une finalité pour le sculpteur de la tour-porche. Les modèles gallo-romains lui permirent aussi de répondre à d'autres préoccupations. Ainsi, la renaissance du corinthien à Saint-Benoît-sur-Loire, servit, paradoxalement, de cadre à la renaissance de la sculpture figurée ; nous y reviendrons. Les chapiteaux corinthiens devaient jouir d'une grande fortune dans le Berry (Méobecq, Saint-Outrille-lès-Graçay, Notre-Dame d'Issoudun) et la Touraine (Cormery, Beaulieu-lès-Loches, Selles-sur-Cher), où l'héritage de Saint-Benoît-sur-Loire est perceptible jusque dans les années 1070-1080, ainsi que dans le Poitou (tour-porche de Saint-Hilaire et déambulatoire de Notre-Dame-la-Grande à Poitiers, Saint-Savin, Maillezais) sous des formes plus éloignées de l'antique (ill. 119), alors qu'en Normandie, à quelques exceptions près (comme la crypte de la cathédrale de Rouen), une tendance plus schématique s'imposait. Les diverses altérations s'expliquent dans une large mesure parce que l'exécution de chapiteaux corinthiens aussi complexes que ceux de Saint-Benoît-sur-Loire nécessitait non seulement un certain métier, mais aussi une connaissance de l'Antiquité permettant aux sculpteurs d'en comprendre les principes. Beaucoup d'entre eux ne retinrent donc du corinthien que son épannelage très articulé, dont ils accentuèrent certaines caractéristiques : un cartouche vertical encadré de deux volutes d'angle fortement saillantes, une ou deux couronnes dégrossies en forme d'anneau dont le bord supérieur est découpé pour faire apparaître la pointe des feuilles. On vit ainsi se répandre des versions simplifiées, dans lesquelles la sculpture elle-même ne jouait qu'un rôle d'appoint, soit pour créer des contrastes avec les parties nues, comme aux chapiteaux de la croisée du transept de La Trinité de Vendôme (ill. 155) [136], soit, comme dans la nef de Bernay (ill. 154), pour souligner les côtes et les enroulements des végétaux stylisés. L'opposition entre chapiteaux corinthiens et chapiteaux à feuilles lisses existait déjà dans l'Antiquité, mais les sculpteurs romans multiplièrent les solutions intermédiaires dans lesquelles l'acanthe est, en outre, remplacée par des palmettes de types divers. Ainsi, la renaissance du corinthien, qui dans cette première phase ne concerna qu'un petit nombre de monuments, fut à l'origine d'œuvres très sobres, mais très monumentales d'effet, appelées à connaître, en Normandie notamment, de grands développements.

Les emprunts à l'enluminure

Manuscrits, tissus ou arts précieux du Moyen Âge inspirèrent aussi les sculpteurs. Ceux-ci privilégièrent, pour transposer des motifs qui, dans la plupart des modèles, se développaient sur des surfaces planes, des corbeilles peu ou pas articulées, dont chaque face était traitée comme le cadre d'une composition distincte de celles des faces voisines. Il n'existe généralement dans ces œuvres, dont le décor en faible relief respecte la platitude des surfaces qu'il tend à couvrir aussi complètement que possible, aucune volonté d'affirmer les angles ni de souligner, comme c'est le cas dans les dérivés du corinthien, la fonction portante du chapiteau.

La diversité des modèles utilisés entraîne cependant d'importantes différences d'un ensemble à l'autre. Parfois, il ne s'agit que d'un emprunt occasionnel aux motifs des tissus orientaux, comme dans le chapiteau du déambulatoire de Vignory (ill. 156), dont les quatre faces sont sculptées de lions affrontés de part et d'autre d'un arbre-palmette encerclé par une sorte d'arc. Les petits personnages gambadant au milieu de rinceaux de palmettes, sur l'un des chapiteaux de la crypte de Marmoutier (ill. 157), en Touraine, reprennent pour leur part un thème de l'enluminure ligérienne (entre autres) de la première moitié du XIe siècle. L'origine du décor sculpté du chœur et du transept de Bernay (ill. 158) est plus complexe. La plupart des motifs

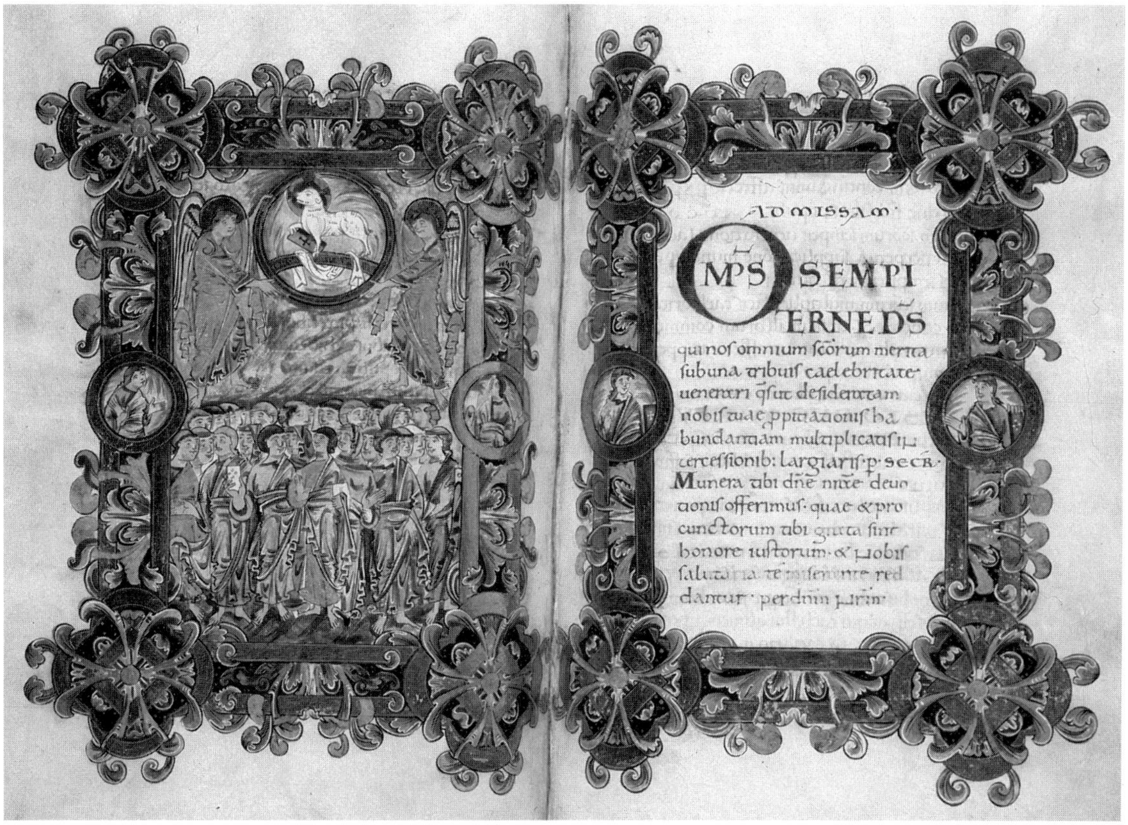

161. Sacramentaire de Robert de Jumièges : l'Adoration de l'Agneau. Rouen, Bibliothèque municipale, ms. 274, f. 158-159.

ornementaux de cet ensemble sont d'inspiration ottonienne, sans qu'il soit aisé d'en discerner la source exacte. Ainsi, la série de chapiteaux décorés de compositions symétriques de grandes palmettes stylisées qui s'emboîtent les unes dans les autres évoque autant l'enluminure que l'orfèvrerie de l'Empire. Faut-il penser à une circulation des objets ou à une certaine mobilité des artistes ? Il est difficile de répondre à cette question en raison de l'isolement de l'expérience de Bernay. Toutefois, l'assimilation par plusieurs sculpteurs de répertoires ornementaux voisins dont ils explorèrent les possibilités en les pliant à leur nouveau cadre tend à donner un certain poids à la première hypothèse. En revanche, les manuscrits dont s'inspirèrent divers chapiteaux de Notre-Dame de Jumièges (ill. 159) sont identifiables. Il s'agit d'œuvres anglo-saxonnes appartenant au style dit de Winchester, comme le sacramentaire offert à son abbaye d'origine par Robert de Jumièges lorsqu'il était évêque de Londres (1044-1050) (ill. 161). Plusieurs corbeilles offrent des compositions de grandes palmettes tentaculaires identiques à celles des luxuriantes bordures qui encadrent les images et parfois même le texte de ces manuscrits somptueux. La souplesse des végétaux et le modelé nuancé des modèles se retrouvent, à peine durcis, dans la sculpture, mais, pas plus qu'à Bernay, les artistes n'ont visé à exécuter des copies au sens strict du terme. Malgré leur grande qualité, aucun de ces ensembles ne devait avoir de descendance, mais les emprunts aux arts précieux, notamment aux manuscrits, resteront fréquents dans la sculpture romane et contribueront au renouvellement du répertoire ornemental.

MOTIFS D'ENTRELACS

Les entrelacs, très répandus au cours du haut Moyen Âge tant dans les manuscrits que dans la sculpture mobilière, inspirèrent peu de sculpteurs au début de l'art roman. Rien ne laisse alors pressentir l'essor que ce décor connaîtra à partir des années 1060-1070 dans certaines régions, comme la partie méridionale du Massif central. Mais, déjà, s'esquissent les solutions qui s'imposeront ultérieurement. Dans quelques œuvres, l'entrelacs, traité comme une tige végétale, donne naissance à des palmettes ; dans un des chapiteaux du chœur de Bernay, celles-ci s'épanouissent dans la partie supérieure de la corbeille, qu'elles recouvrent entièrement de leurs ramifications ; dans un chapiteau provenant de la nef de Saint-Germain-des-Prés (ill. 162), les mêmes entrelacs à terminaison phytomorphe se conforment

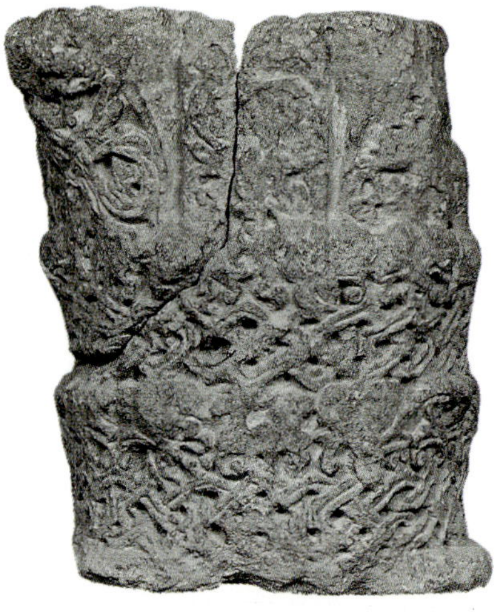

162. Chapiteau ornemental provenant de l'église Saint-Germain-des-Prés. Paris, musée national du Moyen Âge.

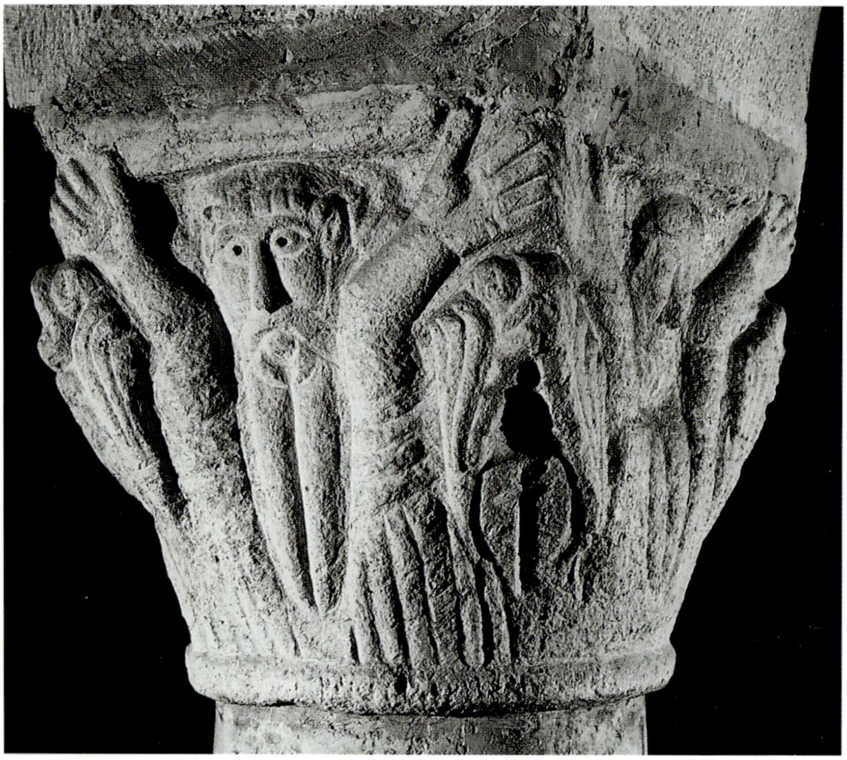

163. Dijon (Côte-d'Or), église Saint-Bénigne, crypte, chapiteau figuré.

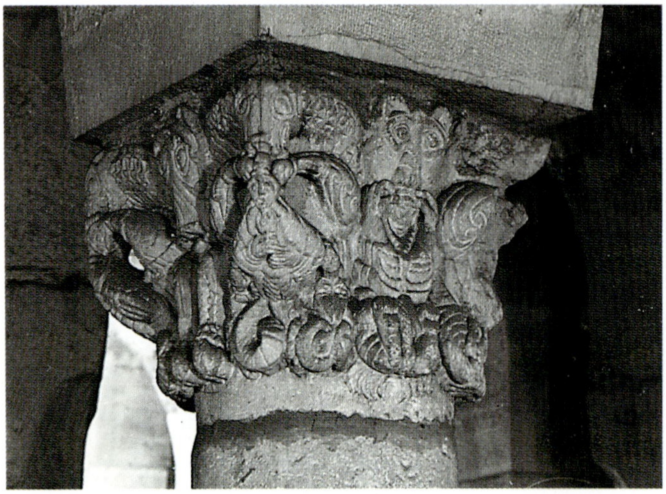

164. Dijon (Côte-d'Or), église Saint-Bénigne, crypte, chapiteau figuré.

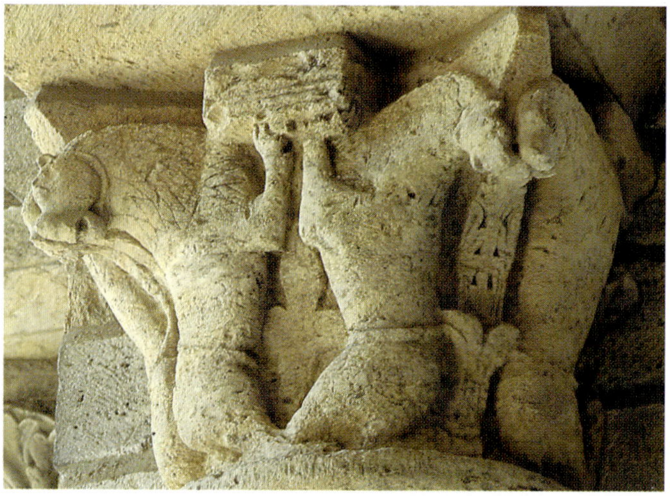

165. Saint-Benoît-sur-Loire (Loiret), église abbatiale, tour-porche, rez-de-chaussée, chapiteau figuré.

à un épannelage qui comporte, comme celui des chapiteaux corinthiens, deux couronnes et des volutes d'angle ; les palmettes, issues d'un dense réseau d'entrelacs, émergent à intervalles réguliers pour occuper les volumes initialement destinés aux feuilles des couronnes. Dans le cloître de Saint-Philibert de Tournus et à Saint-Pierre de Montmajour, des motifs de tresse juxtaposés se substituent aux feuilles des couronnes, tandis que la partie supérieure de la corbeille conserve l'organisation des chapiteaux corinthisants. Cette attraction de l'entrelacs, abstrait par définition, vers le monde vivant, même représenté par des palmettes stylisées, révèle le goût des artistes romans pour les métamorphoses, goût dont témoignent, sous d'autres formes, les têtes de feuilles de Bernay, de Saint-Benoît-sur-Loire et de Saint-Bénigne de Dijon, ainsi que les lions à langue ou à queue végétale si nombreux dans les divers arts de l'époque.

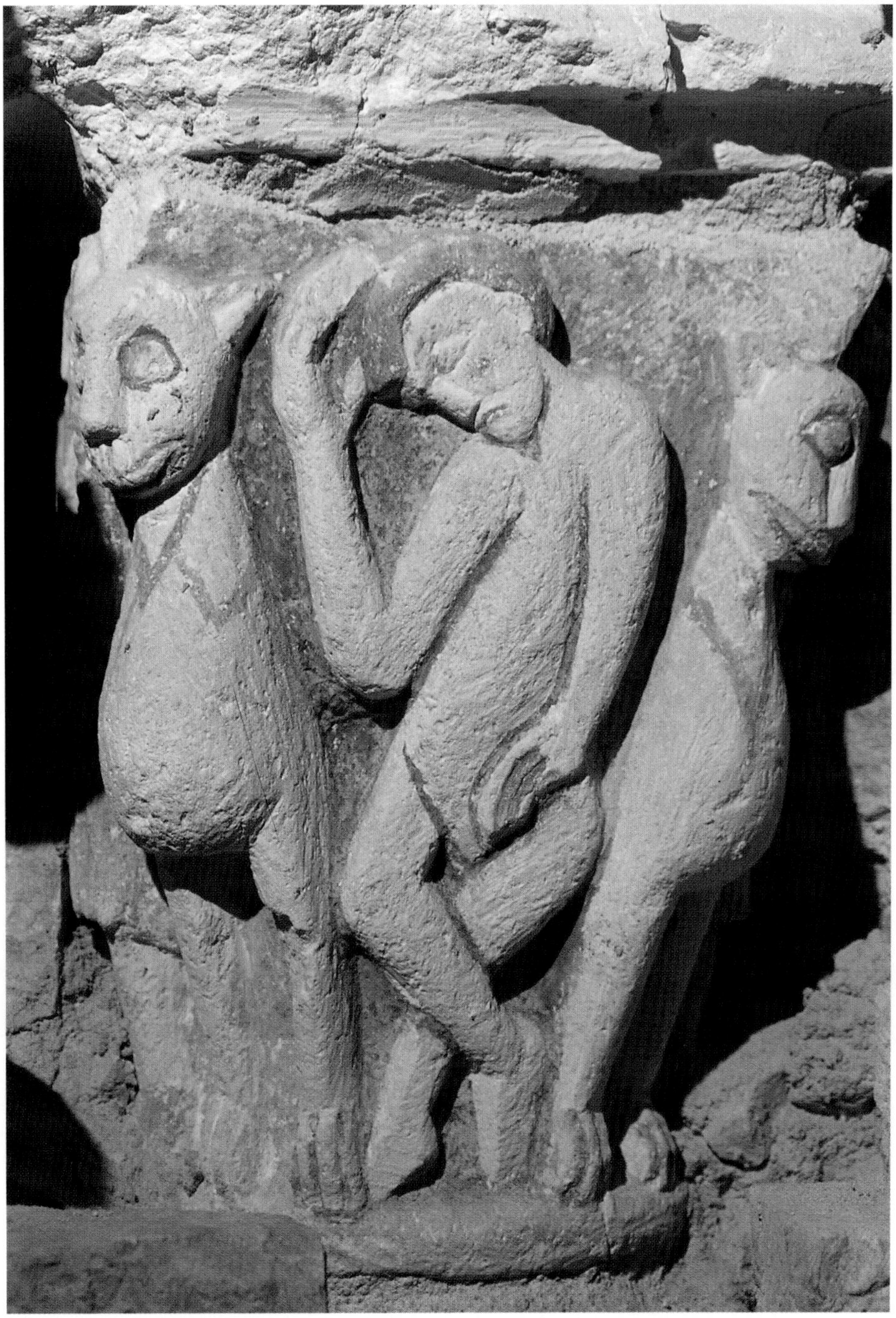

166. Orléans (Loiret), église Saint-Aignan, crypte, chapiteau figuré.

UNE CRÉATION ROMANE : LE CHAPITEAU FIGURÉ

Depuis l'époque mérovingienne, les figures humaines ou animalières avaient investi les initiales des manuscrits. Tantôt, comme dans ceux du VIIIe siècle, elles constituaient, en se pliant au tracé des boucles et des hampes, le corps même de la lettre ; tantôt celle-ci jouait le rôle d'un cadre à l'intérieur duquel se déroulaient des scènes bibliques parfois complexes, comme dans le Sacramentaire de Drogon (vers 850). Tombées quelque peu en disgrâce à l'époque carolingienne, les compositions irréalistes du premier type devaient connaître un renouveau dans les manuscrits de l'époque romane [137]. La démarche des sculpteurs du XIe siècle visant à situer des figures, voire à représenter des scènes comportant plusieurs personnages, à des emplacements qui s'y prêtaient aussi peu que possible, en particulier dans les chapiteaux, n'est pas, dans son principe, différente de celle des enlumineurs. On observe d'ailleurs, dans la sculpture monumentale et dans les manuscrits, une même distinction entre œuvres figurées à vocation ornementale, dans lesquelles l'inventivité des artistes ne connaît pas de limites, et œuvres historiées, dont les schémas de composition respectent dans une certaine mesure les exigences de l'iconographie.

Chapiteaux figurés et historiés constituent une grande nouveauté au début du XIe siècle. Certes, la figure n'était pas absente des chapiteaux romains – certains sculpteurs romans s'inspirèrent d'ailleurs de l'Antiquité –, mais elle ne jouait qu'un rôle marginal. Les sculpteurs carolingiens, pour leur part, restèrent attachés à un répertoire purement végétal [138]. Nées avec l'art roman, les corbeilles sculptées de figures devaient plus ou moins disparaître avec celui-ci et céder de nouveau la place à des compositions végétales. Les recherches de l'époque romane apparaissent donc, malgré leur richesse, comme une brève parenthèse dans l'histoire du décor architectural.

Les sculpteurs romans s'intéressèrent en premier lieu aux chapiteaux figurés. Dès les années 1010, des expériences décisives furent entreprises à Saint-Bénigne de Dijon, bien que la plupart des corbeilles à angles abattus de la rotonde en soient restées au stade de l'épannelage. Deux d'entre elles portent des ébauches de sculpture visant à dégager de la pierre les bras et la tête d'un atlante dépourvu de corps (ill. 162). Cet homme-chapiteau exprime de manière simple et efficace la résistance que les supports opposent au poids qui les écrase. Tous les sculpteurs du XIe siècle ne feront pas subir au corps humain des déformations aussi poussées, mais, d'emblée, s'affirme dans cette œuvre rude un principe qui prévaudra jusque vers le milieu du XIIe siècle dans de nombreuses œuvres : la subordination de la figure à son cadre.

Parmi les compositions dont le succès ne se démentit pas, celles qui associent des êtres humains à des bêtes fantastiques ou sauvages occupent une place de choix. Sur un chapiteau de la rotonde de Saint-Bénigne (ill. 164), des monstres au corps couvert d'écailles et aux queues enroulées dévorent des personnages sans défense. En revanche, à Saint-Aignan d'Orléans (ill. 166), hommes debout sur les faces et lions dressés aux angles de deux chapiteaux de la crypte sont de hauteur semblable, et leurs relations paraissent plus ludiques. Il en est de même à Saint-Benoît-sur-Loire, où de paisibles lions, affrontés sur les angles et sur la face, posent une patte sur la tête ou sur les épaules de petits personnages représentés en buste. À quelques exceptions près, il est difficile de discerner la signification de ces œuvres, sauf lorsque des indications sont fournies. Ainsi, dans le chœur de Bernay, une inscription permet d'identifier, dans les deux têtes de bouc qui occupent les angles d'un chapiteau, une représentation de la luxure [139]. La limite entre les compositions relevant du domaine de l'imaginaire et celles qui illustrent un thème précis est d'autant plus difficile à définir que les unes et les autres sont traitées avec un grand souci ornemental : quels que soient leur nombre et leurs attitudes, les personnages et les animaux sont disposés symétriquement, de manière à souligner les axes verticaux et les angles des corbeilles.

Cette vocation ornementale apparaît très clairement dans la représentation d'animaux affrontés. Emprunté à l'Orient, ce motif n'avait jamais disparu de l'art occidental, mais sa transposition sur des chapiteaux allait lui donner une nouvelle vie. À la tour-porche de Saint-Benoît-sur-Loire (ill. 165), de grands lions occupent toute la hauteur de la corbeille ; leurs corps se retournent vigoureusement vers les angles, où leurs têtes se rejoignent, et leurs pattes postérieures s'entrecroisent au-dessus de l'astragale alors que leurs pattes antérieures soutiennent une console placée au centre de l'abaque. Comme l'homme-chapiteau de Saint-Bénigne de Dijon, ces lions ont une fonction d'atlantes, mais ils portent leur charge avec une énergie et une élégance qui assureront la fortune de ce sujet, appelé à devenir l'un des plus courants de l'art roman.

LES PREMIERS CHAPITEAUX HISTORIÉS

Comparées à ces expériences ornementales et zoomorphes, celles sur le chapiteau historié paraissent tâtonnantes. Les rares sculpteurs de la première moitié du XIe siècle qui tentèrent de représenter des scènes complexes sur des corbeilles dont, *a priori*, les volumes se prêtaient peu à la narration éprouvèrent en effet de grandes difficultés à concilier les contraintes matérielles liées à la forme du bloc et les impératifs de l'iconographie, comme le montrent les sept chapiteaux de la tour-porche de Saint-Benoît-sur-Loire qui illustrent des épisodes de l'Apocalypse, de l'Enfance du Christ (ill. 169) et de la vie de saint Martin. Le sculpteur adopta pour ces œuvres le type d'épannelage des chapiteaux corinthiens – qui constituent l'essentiel du décor de la tour-porche – dont il supprima les couronnes, mais conserva l'abaque échancré, les feuilles et les volutes d'angle, tout en insérant des acanthes dans chaque interstice entre les figures. Le corinthien lui servit donc à la fois de cadre et de toile de fond pour la représentation des scènes.

Le travail du sculpteur de Saint-Benoît-sur-Loire fut guidé par le double souci de recouvrir toute la surface disponible et de respecter le découpage de la corbeille. Il fut ainsi conduit à juxtaposer plusieurs scènes sur un même chapiteau, généralement une par face, tandis qu'il plaçait, sous les volutes, des personnages destinés à souligner la

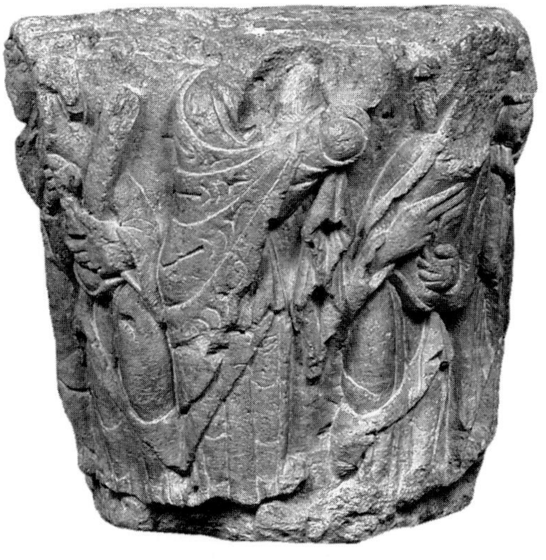

167. Chapiteau historié provenant de l'église Saint-Germain-des-Prés, clercs. Paris, musée national du Moyen Âge.

valeur structurelle des angles. Cette recherche de symétrie, qui n'est pas sans rappeler celle des compositions ornementales, posait des problèmes de choix iconographiques qui furent diversement résolus. Ces personnages d'angle ne sont, en effet, pas isolés ; ils participent aux scènes qui se déroulent sur les faces voisines. Dans le chapiteau de la Fuite en Égypte, Joseph, qui conduit l'âne portant la Vierge et l'Enfant, représenté sur la face principale, occupe l'angle droit; à l'angle gauche, saint Michel terrasse un dragon dont le corps se développe sur la face latérale voisine. Le sculpteur a donc réuni sur une même corbeille deux scènes distinctes, mais dont le rapprochement est justifié ; les commentateurs médiévaux n'ont-ils pas généralement identifié la Femme sauvée du Dragon à la Vierge ? Sur la face droite se trouve un homme menaçant la Sainte Famille de son épée levée. Cette représentation rare de l'un des épisodes de la Fuite en Égypte – l'attaque des brigands – vient en contrepoint à celle du combat de l'archange. Ainsi, la contrainte qu'exerce le découpage de la corbeille semble avoir stimulé l'invention iconographique.

Les problèmes que posaient les différentes compositions furent résolus de manière pragmatique, notamment en jouant sur les dimensions des personnages. Indifférent à la contrainte qu'impose le respect de la réalité, le sculpteur étira, raccourcit ou déforma les figures pour les adapter à leur emplacement. Les déformations qui affectent les personnages d'angle ployant l'échine sous les volutes expriment leur soumission au cadre. Sur les faces, les corps sont modulés afin de se conformer à la surface disponible ou pour souligner les points forts de la corbeille (la tête de la Vierge de la Fuite en Égypte occupe la place de la rosace des chapiteaux corinthiens), mais leurs déformations ne résultent pas seulement de leur adaptation à l'épannelage. Elles constituent également un moyen de dépasser l'aspect anecdotique de telle ou telle scène. Ainsi, toujours dans la représentation de la Fuite en Égypte, l'importance exagérée de la partie supérieure du corps de la Vierge et de l'Enfant, comme la position frontale du groupe, suggère l'image d'une Vierge en Majesté. Les pieds posés contre toute vraisemblance sur un escabeau, celle-ci présente au spectateur l'Enfant qui bénit de la main droite et montre dans sa main gauche un petit disque (une hostie ?). Qu'il s'agisse de la distribution des scènes autour de la corbeille ou de l'interprétation de chacune d'entre elles, recherches stylistiques et création iconographique sont donc aussi indissociables dans ces chapiteaux que dans les plaques de marbre sculptées des façades roussillonnaises.

L'exécution d'œuvres aussi complexes n'était pas à la portée de tous. Aussi les chapiteaux historiés de Saint-Benoît-sur-Loire restèrent-ils sans suite, alors que les chapiteaux corinthiens et figurés du même ensemble connurent un succès immédiat. Les chapiteaux de la nef de Saint-Germain-des-Prés, sans doute un peu plus tardifs et dus à plusieurs sculpteurs, apparaissent également comme une expérience isolée. Du fait de restaurations drastiques subies au XIXe siècle par ceux qui demeurent en place (retaillés, complétés au plâtre et couverts d'une épaisse couche de peinture), seuls les chapiteaux déposés peuvent être pris en considération. Dans trois d'entre eux, des personnages en pied – des clercs – occupent toute la hauteur de la corbeille dont les angles, aujourd'hui cassés, ne semblent pas avoir été très dégagés (ill. 167). Sur la face principale d'un autre chapiteau figure un Christ en Majesté assis dans une mandorle, tandis qu'un ange occupe chacune des faces latérales. Un sculpteur différent a regroupé deux épisodes de l'histoire de Samson et du lion de Thamnata. Sur la face droite, Samson s'apprête à saisir la tête du fauve, dressé à l'angle ; sur la face gauche, il lui ouvre la gueule pour le déchirer en deux, selon le schéma iconographique habituel. Ces œuvres sont de qualité très inégale. À la rudesse maladroite

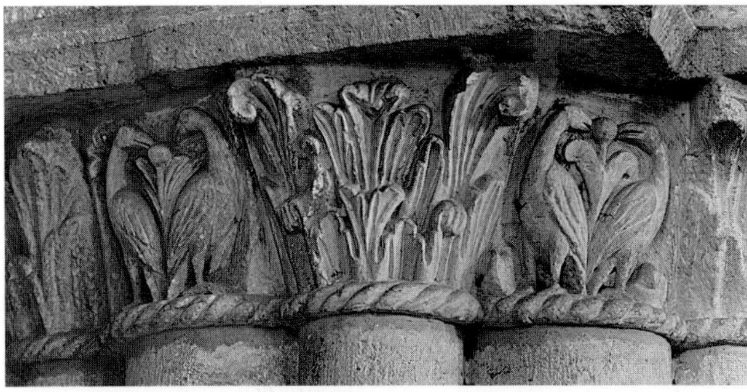

168. Reims (Marne), église Saint-Remi, nef, chapiteaux.

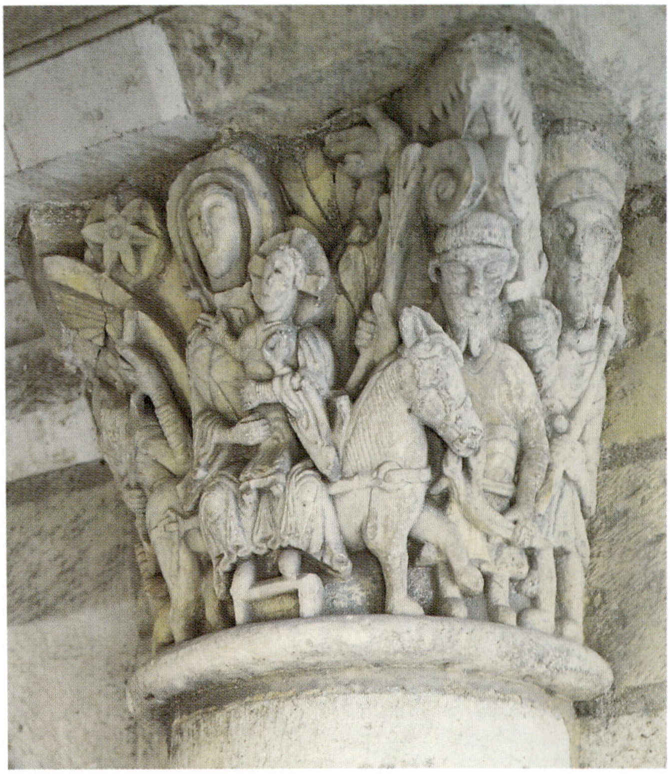

169. Saint-Benoît-sur-Loire (Loiret), église abbatiale, tour-porche, rez-de-chaussée, chapiteau historié : la Fuite en Égypte.

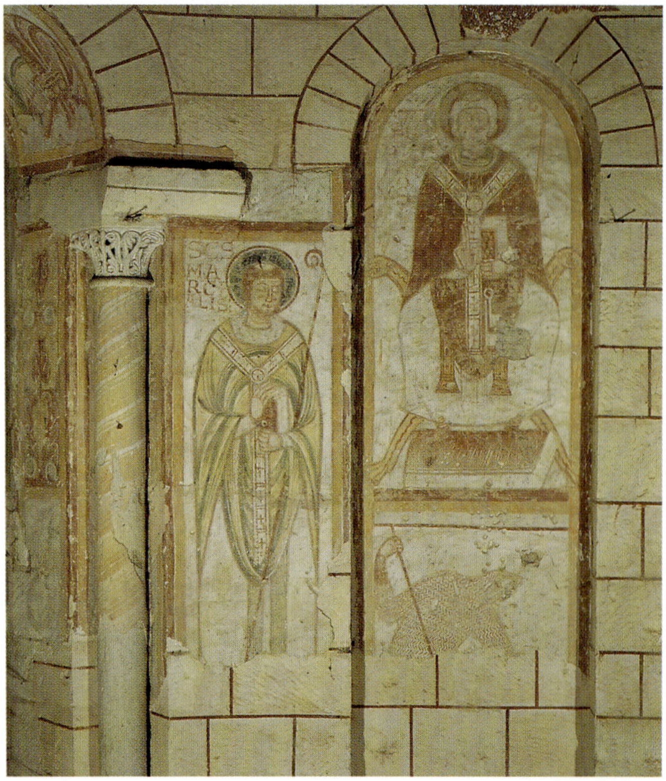

170. Méobecq (Indre), église Saint-Pierre, peintures de l'abside, détail : saint Martial et saint Pierre.

du chapiteau de Samson s'oppose la maîtrise des volumes et le raffinement du traitement des clercs, dont le sculpteur – comme celui de Saint-Benoît-sur-Loire – s'inspira, pour le dessin des plis, des manuscrits post-carolingiens du nord de la France. L'ampleur des figures leur confère cependant une autorité nouvelle tandis que graphisme de surface et modelé se complètent pour animer les vêtements. Le choix de thèmes qui permettent de mettre en valeur quelques grandes figures tend à privilégier une recherche de monumentalité, que l'on peut observer, sous diverses formes, dans un certain nombre d'œuvres du milieu du XIe siècle.

Un souvenir du passé : le stuc

Pendant cette même période, les chapiteaux en stuc, fréquents dans l'architecture carolingienne, subsistent dans un certain nombre d'édifices. Le décor de Saint-Remi de Reims, sans doute de peu antérieur à la consécration de 1049, fut exécuté selon cette technique avec une grande rapidité, si l'on en juge par l'unité de la facture et du répertoire ornemental, constitué pour l'essentiel de palmettes verticales d'où s'échappent des tentacules dont les extrémités se recourbent avec souplesse. Ces chapiteaux végétaux ne dérivent pas du corinthien malgré la présence, parfois, d'abaques légèrement échancrés ou d'esquisses de couronnes. Il est difficile d'en cerner les sources. Manuscrits anglo-saxons comme pour Jumièges ? Chapiteaux ottoniens comme ceux de la crypte de Saint-Sauveur de Werden ? On trouve également à Saint-Remi quelques corbeilles figurées ; dans l'une d'entre elles, les angles sont occupés par des atlantes nus, héritiers par leur plastique antiquisante de la renaissance carolingienne ; d'autres sont ornés, sur leurs faces, de couples d'oiseaux adossés de part et d'autre d'un fleuron (ill. 168) ; leurs corps pleins, délicatement modelés, se détachent sur un large fond nu et paraissent étrangers aux volumes du chapiteau à la surface duquel ils sont appliqués, comme si la technique du stuc avait amené les artistes à concevoir relief et composition autrement que les sculpteurs sur pierre, contraints de dégager laborieusement les figures du bloc. Les chapiteaux de stuc, qui, tout au long de l'histoire de l'art roman, devaient rester quelque peu marginaux, ne semblent donc guère avoir contribué à la définition d'une nouvelle stylistique.

La diversité des expériences

Une étude exhaustive de la sculpture de la première moitié du XIe siècle devrait également prendre en compte les chapiteaux en tronc de pyramide de Saint-Martin-du-Canigou (ill. 74), dont les faces plates sont décorées de grandes palmettes et de quadrupèdes traités en méplat, ceux de la nef de Vignory ou de la crypte Saint-Mommole à Saint-Benoît-sur-Loire (ill. 172) [140], avec leurs motifs géométriques, et, enfin, les diverses compositions de palmettes de Saint-Bénigne de Dijon, de Saint-Germain-des-Prés ou de Châtel-Censoir. Les débuts de la sculpture romane sont, en effet, marqués par la coexistence de types très différents. Les corbeilles inarticulées, couvertes de motifs en faible relief, du chœur de Bernay sont sensiblement contemporaines de la renaissance du corinthien et des expériences sur le chapiteau figuré de Saint-Benoît-sur-Loire. Toujours à Bernay, la tendance précieuse des sculptures du chœur devait céder rapidement la place, dans la nef, à des corbeilles dont l'épannelage dérivé du corinthien se suffit presque à lui-même. Dans le même temps, les manuscrits anglo-saxons inspiraient les chapiteaux de Notre-Dame de Jumièges, tandis que le sculpteur du cloître de Tournus revenait à des solutions corinthisantes d'origine carolingienne. La sculpture romane apparaît donc, dès ses premières manifestations, comme rebelle à toute uniformisation.

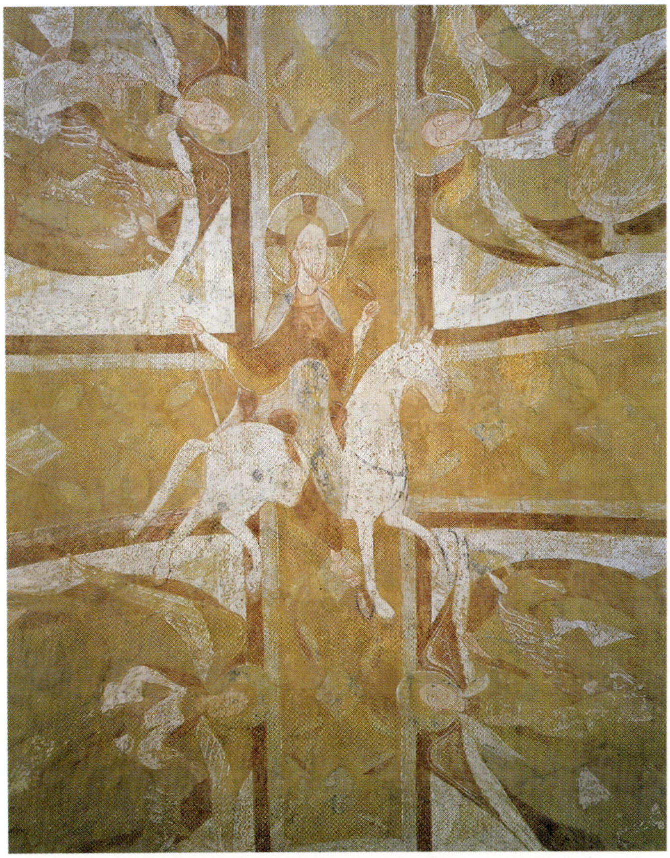

171. Auxerre (Yonne), cathédrale Saint-Étienne, crypte, peintures de la chapelle d'axe, détail : le Christ à cheval entouré d'anges.

ORDRE ET DÉSORDRE

Cette diversité se retrouve souvent dans un même monument au sein duquel non seulement différents types de décor, mais aussi des variantes de chacun d'entre eux sont associés. Depuis le début du Moyen Âge, d'ailleurs, le recours aux *spolia* avait conduit beaucoup d'architectes à abandonner le principe d'un modèle unique de chapiteau pour l'ensemble d'un édifice ou, du moins, pour chacune de ses parties ou de ses niveaux, encore qu'on puisse constater, ici et là, des tentatives pour introduire un ordre relatif dans ces remplois, par exemple en les disposant par paires. Il semble cependant que la disparité des chapiteaux, loin d'apparaître comme choquante, fut parfois recherchée intentionnellement [141]. Au XIe siècle, tandis que l'élargissement du répertoire ornemental ouvrait la voie à une diversité accrue [142], la mode des chapiteaux disposés par paires connaissait un certain renouveau. Ainsi, dans la crypte de Saint-Philibert de Tournus (ill. 48), cinq paires de chapiteaux sont disposées de part et d'autre de l'axe de la salle centrale. Un peu plus tard, l'architecte de Saint-Savin (ill. 92) imagina dans l'hémicycle un jeu plus subtil de correspondances grâce à l'alternance de paires de chapiteaux corinthiens et de paires de chapiteaux à grands lions affrontés. Cette recherche de symétrie séduira longtemps certains maîtres d'œuvre romans, du moins dans la mesure où les espaces concernés pouvaient être embrassés d'un seul regard (on peut encore citer, au milieu du XIIe siècle, les exemples de l'abside de Gargilesse ou de celle de la cathédrale de Besançon). Mais la complexité croissante des élévations intérieures devait limiter la portée des effets liés à l'usage des paires dans les espaces plus vastes. Ainsi, à Romainmôtier, la similitude des chapiteaux se faisant face, aux retombées des voûtes du transept et du chœur, ne se discerne pas immédiatement (ill. 106).

La conception qui, finalement, prévalut, d'un décor diversifié jusqu'à paraître désordonné ne manqua pas d'influer sur les programmes iconographiques eux-mêmes. Mêlés à des chapiteaux ornementaux de types différents, les chapiteaux historiés sont, en effet, rarement disposés en séquences cohérentes et continues, surtout lorsque, comme à la tour-porche de Saint-Benoît-sur-Loire ou dans la nef de Saint-Germain-des-Prés, ils sont répartis sur les quatre faces de piles composées. Des scènes complémentaires se trouvent ainsi matériellement séparées, sans qu'un ordre de lecture s'impose. Au mieux, certains chapiteaux illustrant un même cycle (l'Apocalypse à Saint-Benoît-sur-Loire) sont plus ou moins regroupés.

IV. Du carolingien au roman : la peinture murale

Sculpture et peinture

Comme par le passé, les programmes iconographiques s'ordonnent avec plus d'aisance dans les peintures murales que sur les chapiteaux. Quelques rares édifices où subsistent des peintures de la première moitié du XIe siècle nous permettent d'apprécier la part respective du décor pictural et du décor sculpté. À Méobecq (ill. 91), les chapiteaux du chœur et de l'abside appartiennent au type corinthien ou sont décorés de divers thèmes figurés (béliers affrontés, scènes de cirque notamment), tandis qu'un vaste programme peint se développe sur les murs et sur la voûte de l'abside (ill. 170). Le cul-de-four de celle-ci est peint d'un Christ en Majesté repris à l'époque gothique. En dessous, on distingue les vestiges d'une représentation des Cavaliers de l'Apocalypse, souvent interprétés par les commentateurs médiévaux comme une image de l'expansion de l'Église, puis, entre les fenêtres où figurent deux martyrs présentant leur couronne et la main de Dieu, des personnages appartenant à l'histoire de la chrétienté ou à l'histoire locale : saint Benoît, auteur de la principale règle monastique de l'Occident ; saint Pierre, patron de l'église de Méobecq ; saint Martial, évangélisateur des régions du centre de la France ; saint Cyran et saint Loyau, respectivement fondateur et premier abbé de Méobecq, et, enfin, au niveau du soubassement, très endommagé, une Vertu vêtue d'une cotte de mailles et d'un heaume, transperçant un Vice de sa lance. Le programme pictural, ambitieux et cohérent, se développe donc indépendamment du décor sculpté, dont la vocation semble purement ornementale.

Il en va de même dans la chapelle d'axe de la crypte de la cathédrale d'Auxerre (ill. 133 et 171), dont les chapiteaux situés à l'entrée de l'abside n'offrent qu'un décor végétal stylisé, alors que les voûtes accueillent un programme de peintures d'une grande portée iconographique. La surface du berceau qui précède le cul-de-four est divisée en quatre compartiments par une immense croix gemmée au centre de laquelle le Christ, tenant un sceptre dans sa main droite, s'avance sur un cheval blanc ; dans les quatre champs déterminés par les bras de la croix, des anges aux ailes déployées, faisant des gestes d'acclamation, chevauchent des montures de même couleur. Cette représentation, unique dans l'iconographie chrétienne, a suscité de nombreux commentaires. Peu d'images affirment, en effet, avec une telle force le caractère triomphal de l'avènement final du Christ. La croix gemmée, évoquant celle que Constantin fit ériger sur le Golgotha, proclame sa victoire sur la mort, mais, surtout, le schéma de la scène s'inspire de celui de l'*adventus imperatoris* romain, dans lequel l'empereur à cheval, accompagné d'une victoire ailée et tenant son sceptre de la main droite, fait, le jour de son avènement, une entrée solennelle. Cette fresque d'Auxerre, qui relève encore de la tradition carolingienne, s'inscrivait-elle dans un programme plus vaste [143] ? Tout au plus peut-on supposer que le Christ en Majesté gothique du cul-de-four de la chapelle d'axe a remplacé une image identique, appartenant à la même campagne que les peintures voisines.

La couleur de l'architecture

En tout état de cause, la peinture constituait le complément indispensable de l'architecture. Au Moyen Âge, en effet, une église n'était pas terminée tant qu'elle n'était pas enduite et peinte. Les textes désignent cette opération sous le nom de *dealbatio* qui suggère, sinon l'éclat du blanc pur, du moins une certaine clarté de ton, ce que confirment de nombreux vestiges. Ces derniers montrent que les parois étaient souvent animées (comme c'était sans doute déjà le cas dans certaines églises du haut Moyen Âge) par des décors de faux-joints, destinés à simuler un moyen appareil, quel que soit par ailleurs le type de celui-ci. Historiée ou ornementale, polychrome ou monochrome, la peinture recouvrait toutes les parties de l'édifice : murs, plafonds de bois, voûtes, supports et sculptures ; elle permettait par exemple d'imiter le marbre, de simuler des tentures, de suggérer la présence de colonnes, etc. Ainsi, à Méobecq, certaines impostes sont prolongées en trompe l'œil par des bandeaux peints et les colonnettes des fenêtres sont revêtues de motifs évoquant les veines du marbre, tandis que les parties basses de l'abside gardent les traces d'un décor de draperies. Les chapiteaux sculptés étaient, eux aussi, généralement, rehaussés de peinture – comme dans la crypte de Saint-Aignan d'Orléans (ill. 166), où des dégagements de maçonnerie ont permis de retrouver, intacts, les traits d'ocre rouge et d'ocre jaune soulignant le dessin des corps qui se détachent sur un fond noir. Les chapiteaux, qui apparaissent aujourd'hui comme des œuvres isolées, focalisant l'attention, se fondaient donc dans un programme décoratif plus vaste.

Les peintres restèrent, dans l'ensemble, fidèles à une gamme de couleurs héritée de l'époque carolingienne, où dominent les ocres, complétés par du blanc, du noir, du gris, et parfois éclairés, comme à Méobecq, par du vert. Il est difficile, par la seule observation des rares vestiges qui nous sont parvenus, de déterminer la technique employée. Véritable fresque, exécutée sur un enduit encore mouillé ? Peinture à la détrempe, dans laquelle les couleurs diluées dans un lait de chaux sont appliquées sur un enduit

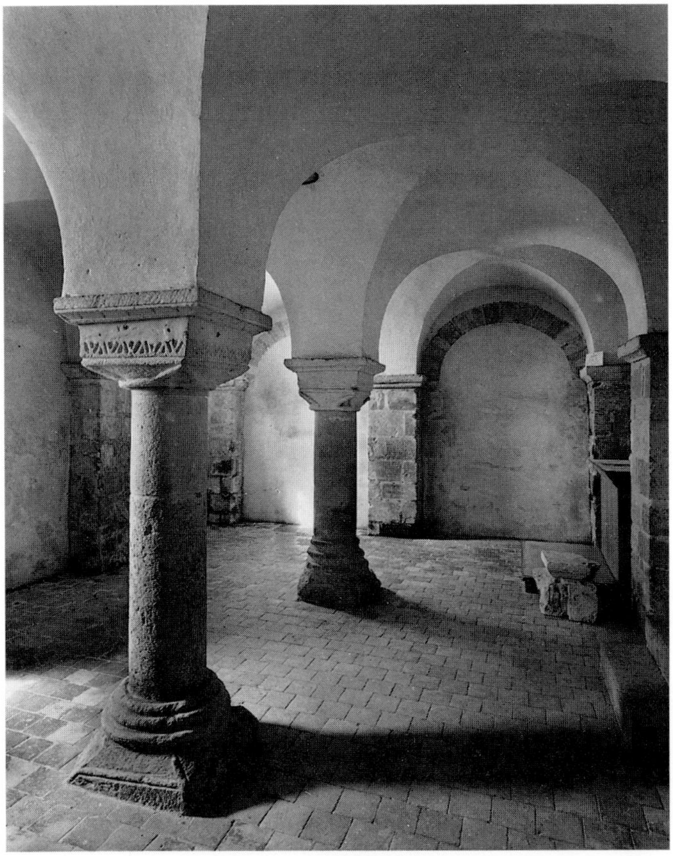

172. Saint-Benoît-sur-Loire (Loiret), église abbatiale, « crypte Saint-Mommole ».

réhumidifié ? Ou, comme dans certains ensembles plus tardifs, technique mixte ? Quels que soient les procédés, les fonds clairs et les couleurs sont posés en larges aplats, comme dans la tradition carolingienne dont ces peintures ne semblent se dégager que faiblement.

V. SCULPTURE OU MODÉNATURE ?

Alors que la peinture murale paraît s'inscrire dans une certaine continuité, la sculpture ne cesse de conquérir de nouveaux emplacements à l'intérieur et à l'extérieur des édifices : corniches, archivoltes, tailloirs et, parfois, bases. Ainsi la corniche du clocher de Saint-Hilaire de Poitiers (ill. 173) est-elle décorée non seulement de modillons sculptés, mais aussi de métopes et de soffites ornés de motifs animaliers ou végétaux, comme celle du chevet de Méobecq, si l'on en juge d'après les fragments déposés lors des restaurations du XIXe siècle. Corniches prenant appui sur des modillons à copeaux [144] et archivoltes avec cordons de billettes connaissent un succès croissant. De même, les tailloirs sculptés se multiplient. À la tour-porche de Saint-Benoît-sur-Loire, certains de ceux-ci restent simplement moulurés, mais d'autres portent de riches compositions de palmettes et de rinceaux auxquelles se mêlent parfois animaux ou figures humaines. À Saint-Aignan d'Orléans ou à Châtel-Censoir, les motifs sont abstraits (torsades, billettes, arceaux entrecroisés). Enfin, si la plupart des bases reprennent, avec diverses altérations, les solutions antiques (bases talutées ou à scotie entre deux tores), d'autres sont traitées comme de véritables sculptures, par exemple dans la « crypte Saint-Mommole » de Saint-Benoît-sur-Loire (ill. 172), où les masses des troncs de pyramide, coiffées de trois tores jointifs de diamètre décroissant, font écho à celles des chapiteaux. Cet empiètement de la sculpture sur le domaine de la modénature constitue l'un des caractères les plus originaux de l'art roman. Même lorsqu'elles restent fidèles à des types traditionnels, les bases offrent, d'un monument à l'autre, une grande diversité de profils : bases attiques, bases talutées et bases à trois tores « classiques » de proportions et de tracé à la tour-porche de Saint-Benoît-sur-Loire, bases talutées très écrasées de la nef de Jumièges, bases à gros tores séparés par une petite scotie à Saint-Bénigne de Dijon, par une haute gorge dans le chœur de Bernay, etc. Les profils varient également, au sein d'un même monument, en fonction des emplacements ou de la fantaisie du sculpteur. Tandis que, dans l'architecture gothique des XIIe et XIIIe siècles, ces profils évoluent de manière assez régulière et contribuent à la datation des différentes parties d'une construction, la diversité des types romans prive l'historien de l'art de précieux indices.

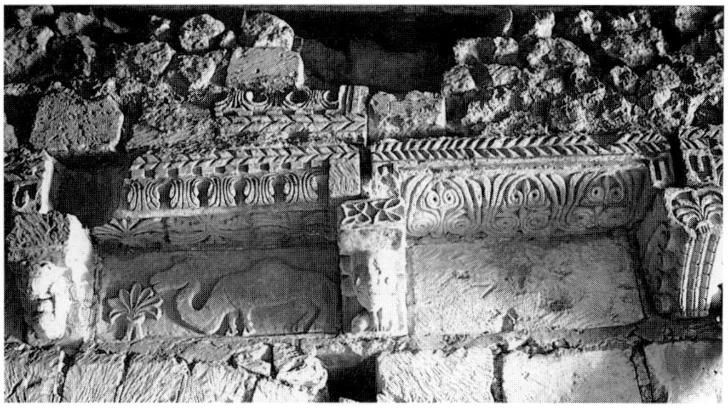

173. Poitiers (Vienne), église Saint-Hilaire, corniche de la tour-porche, façade orientale.

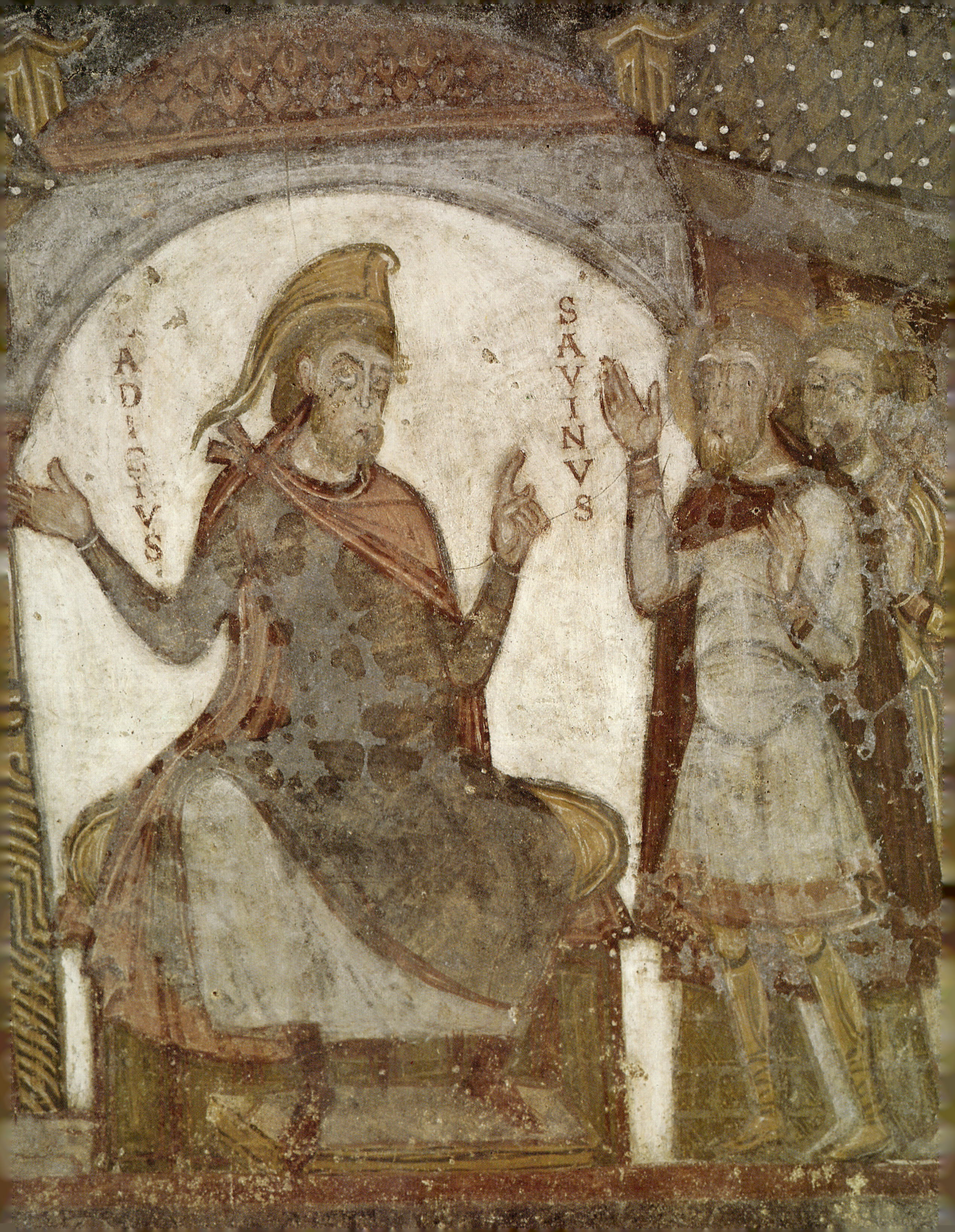
ADIGIVS
SAVINVS

Chapitre VI

Explosion

1060-1090

I. Le triomphe de la pierre taillée
La diffusion du moyen appareil et de la pile composée. Jeux de colonnes : modes anciennes et nouvelles.

II. L'architecture charpentée, entre tradition et avant-garde
Un type de nef presque immuable. Les recherches des architectes normands sur l'évidement du mur : une révolution architecturale.

III. Une nouvelle réflexion sur l'équilibre des monuments voûtés
La remise en question des élévations traditionnelles. Le problème de la lumière. Des collatéraux presque aussi élevés que le vaisseau central. Un contrebutement efficace : la tribune. Une expérience originale : la nef de Saint-Philibert de Tournus.

IV. L'affirmation d'un style architectural : quelques grands chevets
La Charité-sur-Loire et Saint-Sever. Saint-Sernin de Toulouse. Saint-Jean-de-Montierneuf à Poitiers. Saint-Benoît-sur-Loire. La crypte de Saint-Eutrope de Saintes.

V. Les programmes picturaux
Problèmes documentaires. Le choix et l'emplacement des thèmes iconographiques. Rythmes et couleurs. Les décors d'accompagnement.

VI. L'essor du chapiteau sculpté
Des chapiteaux historiés plus nombreux. Une aisance nouvelle. Des intermédiaires perdus : les recueils de modèles. La fortune du chapiteau ornemental : feuilles lisses, entrelacs de palmettes et rinceaux.

VII. Une expérience isolée : les compositions de plaques sculptées de la vallée de la Loire

VIII. Une solution d'avenir : le portail à voussures multiples
La porte des Comtes à Saint-Sernin de Toulouse.

174. Saint-Savin-sur-Gartempe (Vienne), église abbatiale, peinture de la crypte : saint Savin et saint Cyprien devant le proconsul romain Ladicius.

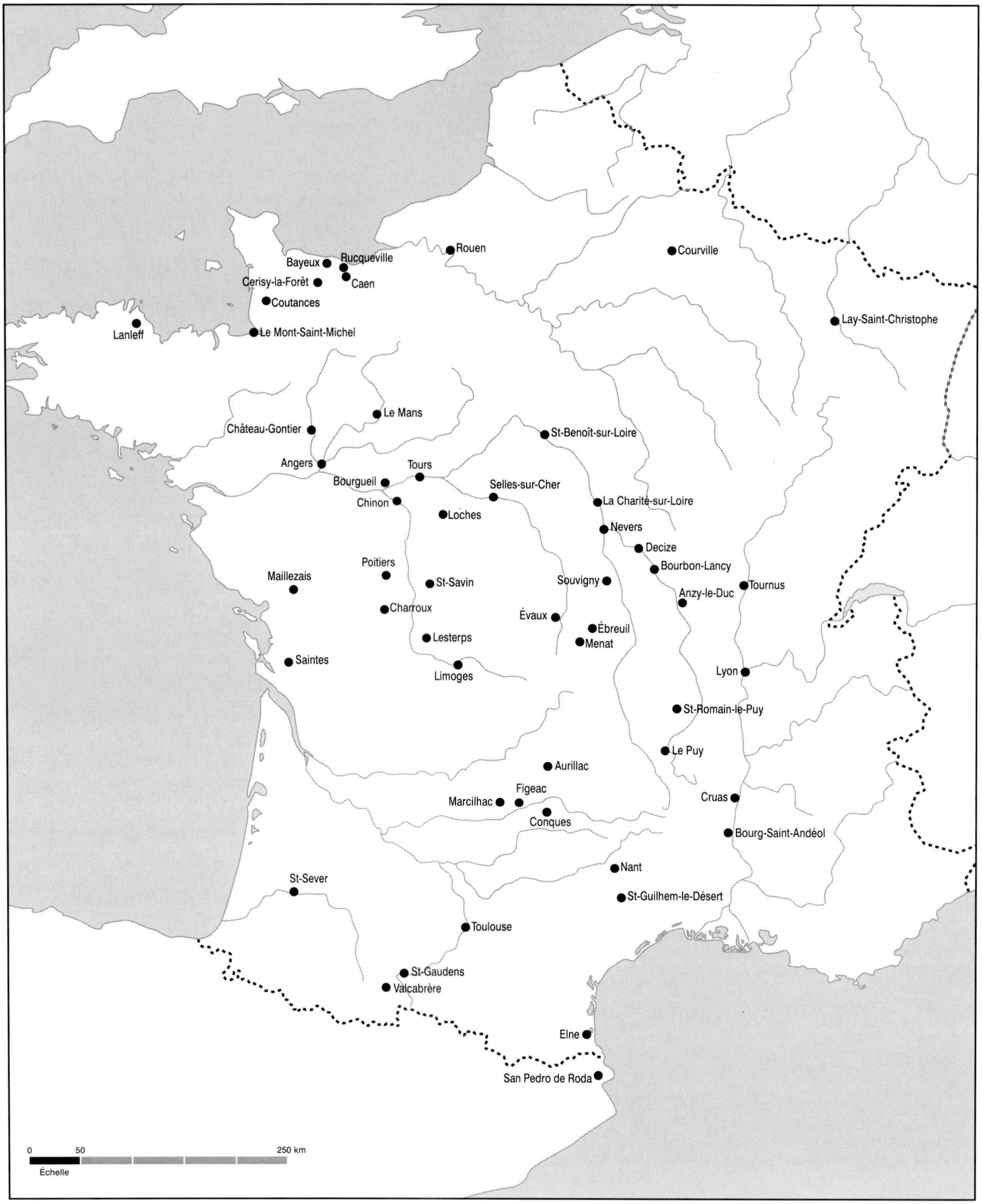

175. Carte des édifices cités dans le chapitre VI (1060-1090).

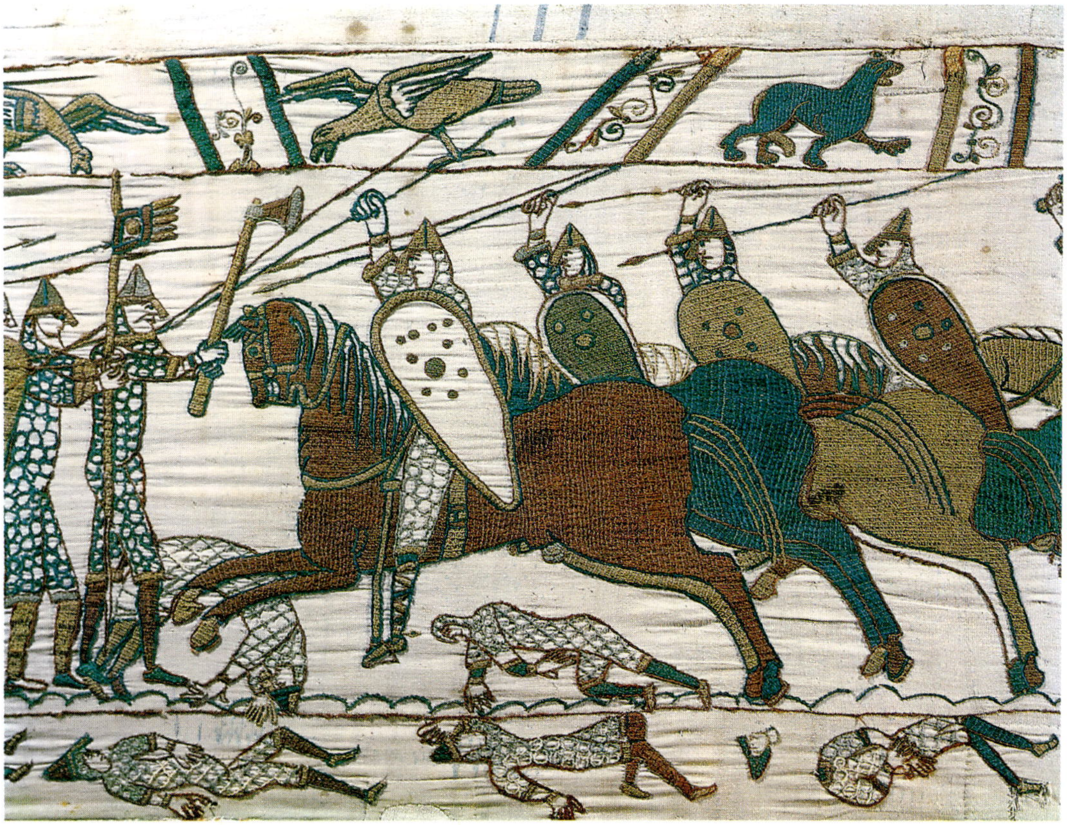

176. Broderie de Bayeux, détail : la bataille de Hastings.
Bayeux (Calvados), Centre Guillaume le Conquérant.

L'art roman connaît, au cours de la seconde moitié du XIe siècle, une brusque expansion (ill. 175). L'Espagne du Nord (Aragon, Navarre, Asturies, Galice) et l'Angleterre s'ouvrent, en effet, au nouveau style. Dans la première, libérée de la menace islamique et irriguée par les pèlerinages à Saint-Jacques-de-Compostelle, des édifices importants (cathédrale de Compostelle, Saint-Isidore de Léon), dont le parti architectural et le décor sculpté offrent souvent de grandes parentés avec ceux du nord des Pyrénées, sont mis en chantier à partir des années 1070. Dans la seconde, conquise en 1066 par Guillaume, duc de Normandie (ill. 176), le clergé et l'aristocratie indigènes furent supplantés par des hommes venus du Continent, tandis que s'imposaient les modes de construction et l'esthétique des vainqueurs. Ces événements ne manquèrent pas d'avoir des répercussions en France. Le Sud-Ouest, jusque-là isolé, entre en contact avec les régions voisines : Espagne et Poitou, surtout après la réunion en 1065 de la Gascogne et de l'Aquitaine sous l'autorité du duc Guillaume VIII, dont le pouvoir s'étend désormais de la Loire aux Pyrénées. En Normandie, le centre de l'activité artistique se déplace de la Haute-Normandie (Rouen) vers la Basse-Normandie, autour de la nouvelle capitale ducale, Caen. Le duché jouit alors, grâce aux revenus de ses possessions anglaises, d'une richesse considérable, qui permettra, des deux côtés de la Manche, la construction de vastes édifices.

Le mouvement de réforme de l'Église, engagé depuis longtemps déjà, mais auquel le pape Grégoire VII (1073-1085) et ses successeurs immédiats donnèrent un nouvel élan, devait avoir d'importantes conséquences. En effet, l'effort de remise en ordre de la vie spirituelle des clercs s'accompagna souvent de la reconstitution de leur patrimoine et permit aux communautés de disposer de moyens financiers accrus. La plupart des commanditaires laïcs ou ecclésiastiques voyaient d'ailleurs leurs ressources s'améliorer grâce à une meilleure conjoncture économique.

La multiplication d'églises voûtées de grandes dimensions reflète sans doute cette aisance, même si d'autres facteurs, comme une meilleure maîtrise des problèmes d'équilibre ou le constant perfectionnement de l'outillage des tailleurs de pierre, doivent être pris en considération. Les architectes expérimentent en effet de nouvelles solutions de contrebutement, qui leur permettront de lancer des voûtes en berceau sur des vaisseaux plus larges et plus hauts que par le passé et les conduiront à remettre en question les élévations de leurs prédécesseurs. La timidité technique, qui, auparavant, contrastait souvent avec la précision des définitions formelles, cède la place à une audace grandissante, qui amènera les architectes à repousser toujours plus loin les limites du possible, tandis que s'affermissent et se diversifient leurs moyens d'expression.

En revanche, les recherches sur les façades sculptées amorcées au cours de la première moitié du XIe siècle semblent marquer le pas. Pourtant, durant les dernières décennies de ce même siècle, apparaissent des portails qui, par leur structure et leur programme, préparent les prodigieuses créations des années 1100. Les chapiteaux, pour leur part, restent généralement décorés de motifs ornementaux, mais dans les édifices, plus nombreux que par le passé, dotés de chapiteaux historiés la plupart des problèmes de « mise en scène » sur lesquels butaient les sculpteurs des générations précédentes sont résolus. L'articulation des corps, l'organisation et le dessin des draperies, encore incertains, se précisent au travers d'un langage codifié qui procure aux sculpteurs et aux peintres une assurance nouvelle : le style roman est enfin défini sous tous ses aspects.

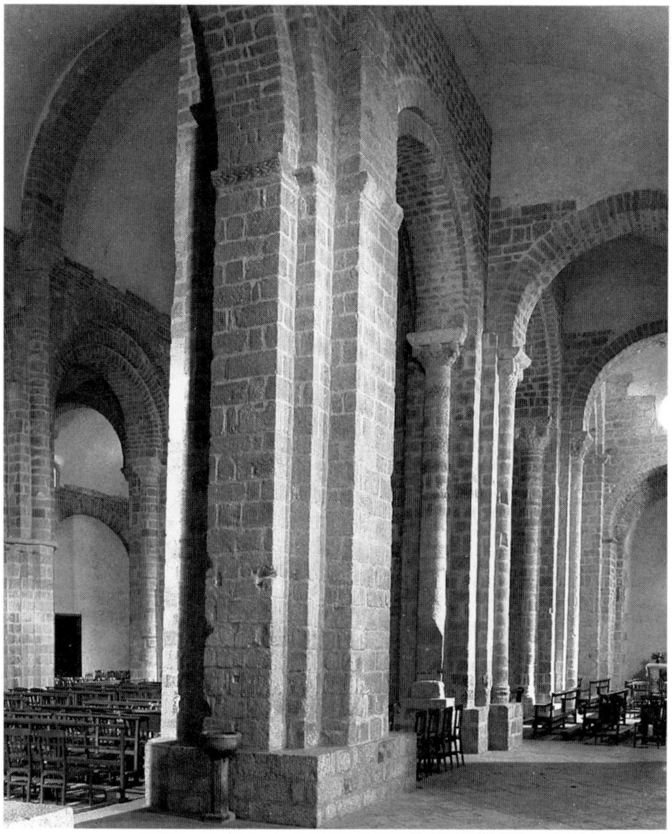

177. Elne (Pyrénées-Orientales), ancienne cathédrale Sainte-Eulalie, piles de la nef.

I. LE TRIOMPHE DE LA PIERRE TAILLÉE

LA DIFFUSION DU MOYEN APPAREIL ET DE LA PILE COMPOSÉE

La diffusion du moyen appareil, dont l'utilisation était limitée auparavant à certaines régions, apparaît comme l'un des phénomènes essentiels de la seconde moitié du XIe siècle. Ainsi, les parties orientales de la cathédrale d'Elne (Roussillon), dont l'autel fut consacré en 1069 [145], rompent avec la tradition locale des maçonneries de moellons plus ou moins frustes. Les chapelles échelonnées du chevet de Saint-Sever, en Gascogne, offrent, après un début de construction faisant appel à un appareil mixte, un beau parement régulier. Même dans les zones pauvres en carrières de pierres de taille, celles-ci font leur apparition dans quelques grands monuments, comme Saint-Sernin de Toulouse (à côté de la brique), tandis que le calcaire de Caen est acheminé par bateau vers les chantiers entrepris par les Normands en Angleterre.

Dans le même temps, le moyen appareil cesse d'être le privilège des édifices richement dotés et, s'il reste souvent réservé aux éléments structurels (piles, contreforts) et aux arcs, comme déjà au cours des décennies précédentes, son adoption pour l'ensemble des parements, rare encore au milieu du XIe siècle, concerne un nombre croissant de constructions, du moins dans les régions où la pierre est facile à extraire et à travailler (Nivernais, Touraine, Normandie, Poitou).

Cet essor s'accompagne de transformations du layage, plus précis, plus fin que par le passé, sans doute grâce à l'emploi d'outils mieux trempés, donc à la fois plus tranchants et plus résistants à l'usure. La place accordée au mortier, si importante au début de l'art roman, tend à se réduire, et les joints diminuent d'épaisseur dans des proportions variables. Cette évolution, qui s'accentuera ultérieurement, entraîne des modifications dans l'aspect des parements, qui offrent désormais des surfaces plus régulières. Ces progrès affectent également les constructions en petit appareil, encore que certaines régions, comme le comté de Bourgogne et une partie du duché, restent attachées à des techniques plus traditionnelles, qui font largement appel au mortier. Des contrastes subsistent donc et, d'ailleurs, subsisteront encore au XIIe siècle, car les particularismes locaux, liés à la nature des matériaux ou aux habitudes des maçons, continueront d'engendrer une certaine diversité des techniques de construction.

Comme précédemment, la diffusion de la pile cantonnée de colonnes engagées semble être allée de pair avec celle du

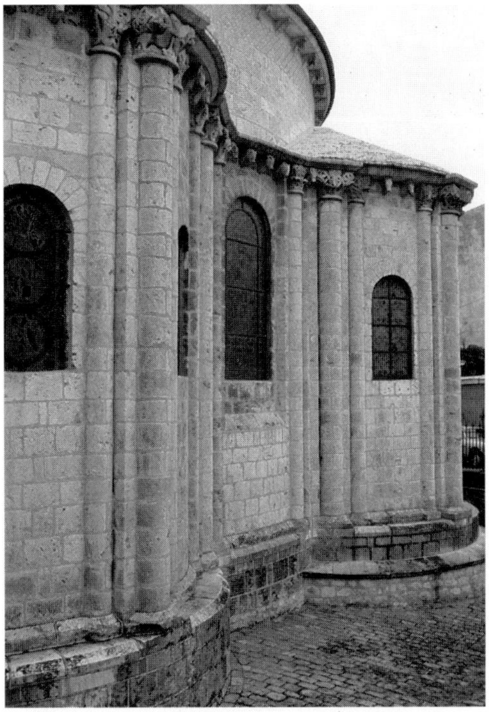

178. Poitiers (Vienne), église Saint-Hilaire, déambulatoire.

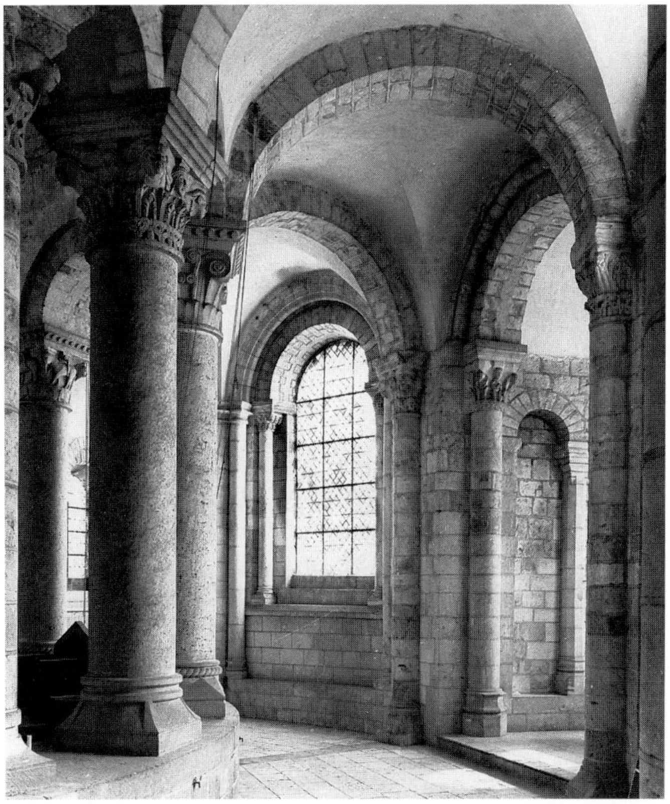

179. Saint-Benoît-sur-Loire (Loiret), église abbatiale, déambulatoire.

moyen appareil, dont nous avons souligné le rôle dans la définition et l'articulation des volumes. Avec quelques variations, qui témoignent d'une maîtrise plus ou moins grande, ce type de pile fut adopté pendant la seconde moitié du XIe siècle aussi bien dans la France méridionale (cathédrale d'Elne, Saint-Sever, Saint-Sernin de Toulouse, Sainte-Foy de Conques, etc.) (ill. 177) qu'en Lorraine (église détruite de Lay-Saint-Christophe, consacrée en 1092) [146] et en Bretagne (rotonde de Lanleff, ill. 185). Dans les régions qui l'avaient vue naître, la pile composée se perpétua sans changements notables, sauf dans les édifices anglo-normands où, nous le verrons plus loin, les transformations de la structure murale se répercutèrent sur les supports, et en Poitou, où apparurent les premières piles quadrilobées.

JEUX DE COLONNES : MODES ANCIENNES ET NOUVELLES

Par ailleurs, la colonne engagée se substitue de plus en plus souvent aux simples dosserets, par exemple au revers des murs des bas-côtés ou des déambulatoires, tandis qu'à l'extérieur, sans jamais remplacer les contreforts de type traditionnel lorsqu'il s'agira d'épauler efficacement une voûte ou de raidir de hauts murs, elle enrichira la plastique murale des parties de l'édifice qui, comme l'abside et les absidioles,

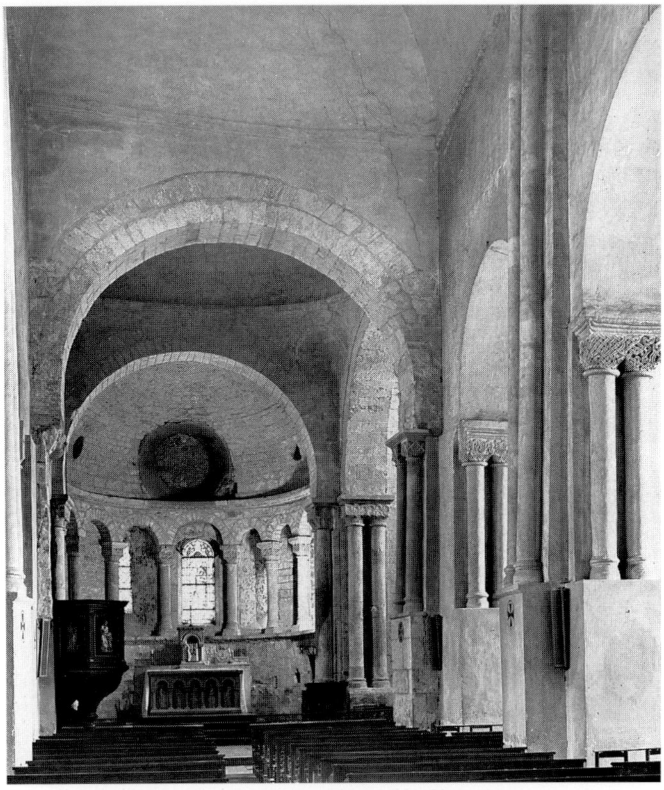

180. Nant (Aveyron), église Saint-Pierre, nef et sanctuaire.

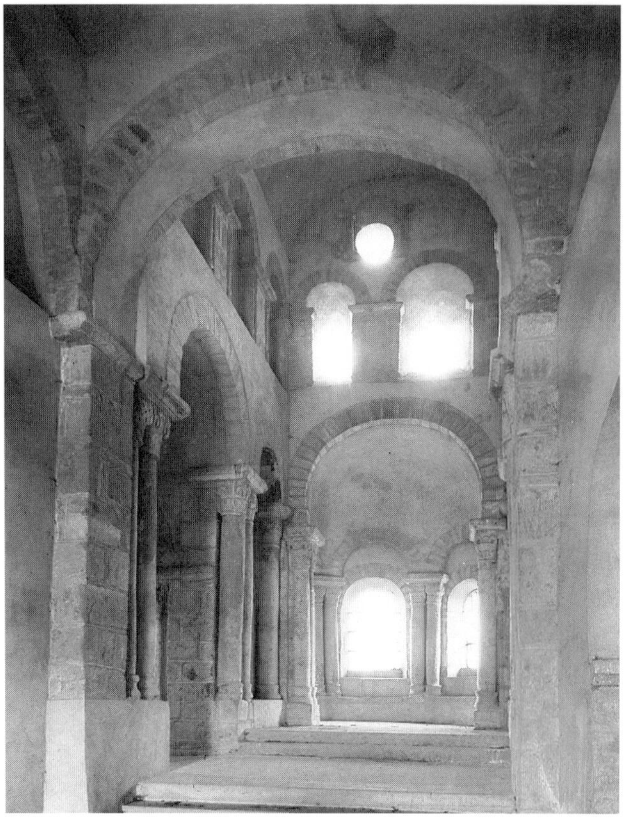

181. Saint-Romain-le-Puy (Loire), église priorale, chœur.

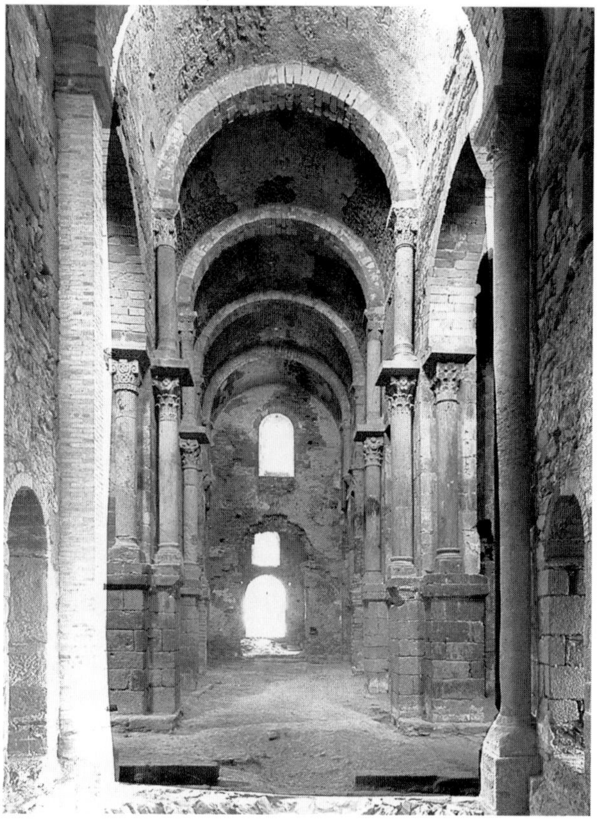

182. San Pedro de Roda (Catalogne), église abbatiale, nef.

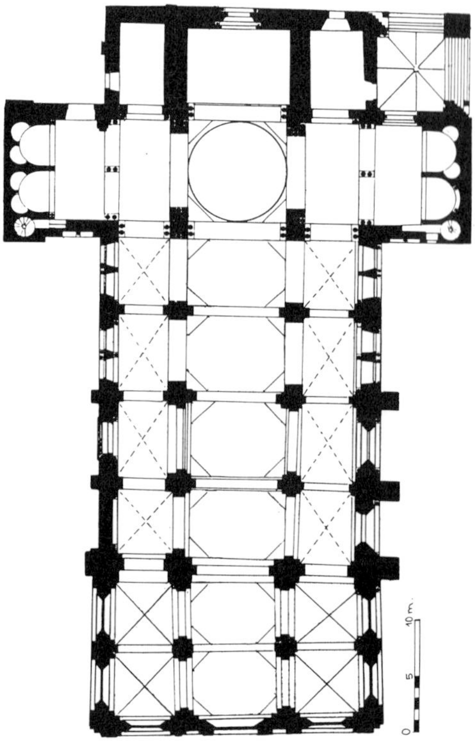

183. Le Puy (Haute-Loire), cathédrale Notre-Dame, plan.

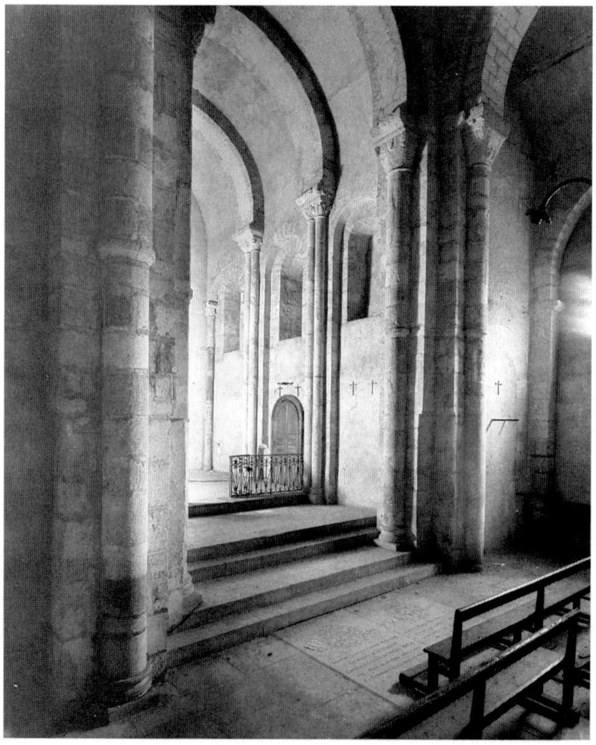

184. Decize (Nièvre), église Saint-Pierre, chœur.

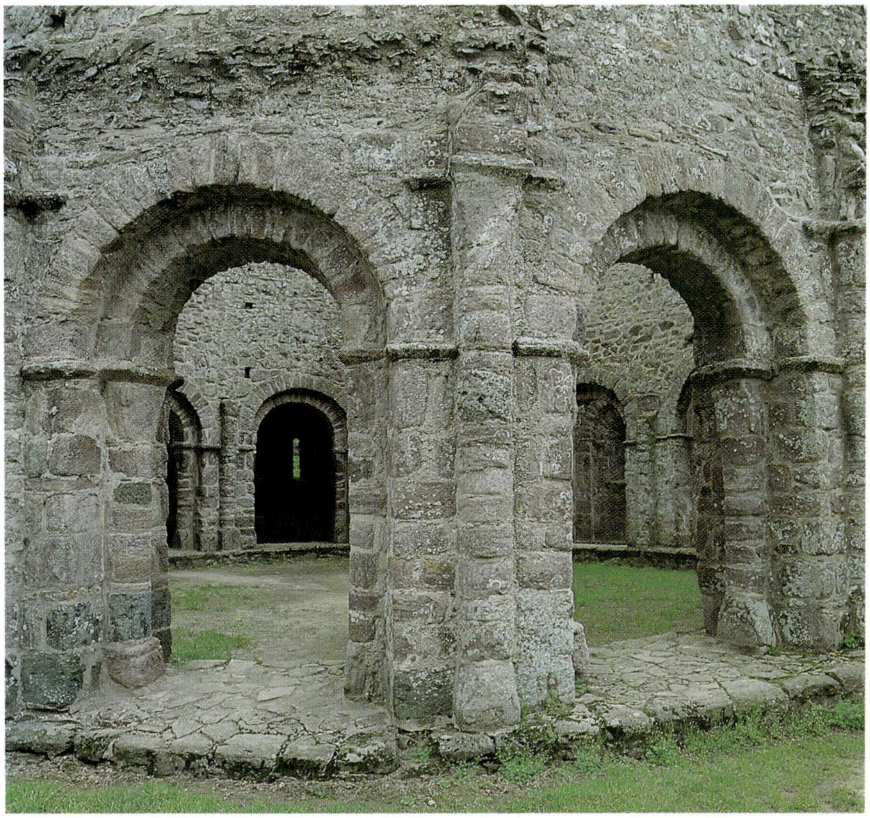

185. Lanleff (Côtes-d'Armor), église Sainte-Marie, piles de la rotonde.

ne posent guère de problèmes de stabilité (ill. 178). Enfin, aux entrées de ces mêmes absides et absidioles, les colonnes appliquées dans l'angle des maçonneries cèdent progressivement la place à des colonnes engagées semblables à celles qui reçoivent les doubleaux des voûtes du chœur ou de la nef (ill. 179), comme si le souci d'uniformisation l'emportait sur le désir de mettre l'accent sur telle ou telle partie du monument. La colonne engagée, faisant corps avec la maçonnerie, apparaît donc désormais comme un élément essentiel de la construction romane, tant sur le plan formel que sur le plan structurel.

Les choix de certains maîtres d'œuvre vont cependant à contre-courant de cette tendance et leur permettent de tirer de l'emploi massif des colonnes adossées des effets d'une grande beauté, comme à Nant (ill. 180), à Saint-Romain-le-Puy (ill. 181), à Valcabrère et dans les parties orientales de la cathédrale du Puy (ill. 183), où ces colonnes reçoivent les retombées des arcs doubleaux ou des grandes arcades. L'architecture du haut Moyen Âge et quelques monuments de la première moitié du XIe siècle offraient, certes, des exemples similaires (cloître de Saint-Philibert de Tournus, nef de Saint-Benoît-sur-Sault) (ill. 123), mais la timidité de ces essais contraste avec la vigueur des interprétations de la seconde moitié du siècle, dont témoigne notamment la nef de l'abbatiale de San Pedro de Roda (ill. 182), en Catalogne, avec ses piles cantonnées de trois fortes colonnes adossées, superposées en deux ordres comme dans certaines basiliques paléochrétiennes d'Afrique du Nord. Ces admirables jeux de colonnes ne devaient pas avoir de suite dans les régions pyrénéennes. En revanche, les solutions basées sur les combinaisons de colonnes jumelles connurent un certain succès dans les marges septentrionales du Massif central et, d'une manière générale, les architectes de l'Auvergne conserveront un goût prononcé pour les colonnes adossées à des emplacements divers.

La plupart des colonnes de ces monuments sont en grès (Saint-Romain-le-Puy, Nant), en brèche (San Pedro de Roda), en roches volcaniques (Le Puy) ou en marbres de remploi (Valcabrère). Leur histoire ne se confond pas avec celle des colonnettes en délit des pays calcaires. Il suffit pour s'en convaincre de comparer l'élévation des chœurs de Saint-Romain-le-Puy (ill. 183) et de Saint-Pierre de Decize (ill. 184), dans le Nivernais, tous deux rythmés par des colonnes jumelles appliquées contre les murs. Dans le premier édifice, l'accent est mis sur la puissance et la plasticité ; dans le second, c'est la recherche de graphisme, d'élégance et de légèreté qui s'affirme, avec l'emploi de longs fûts minces constitués de plusieurs tronçons.

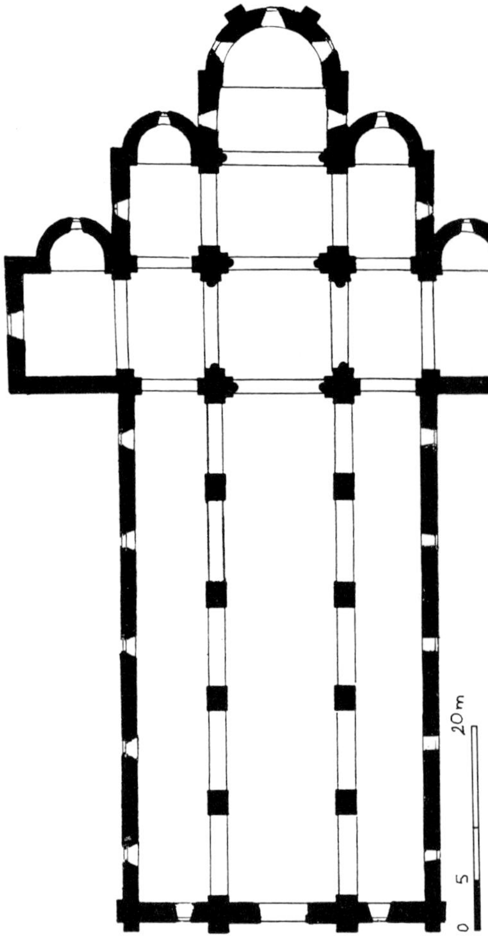

186. Bourbon-Lancy (Saône-et-Loire), église Saint-Nazaire, plan.

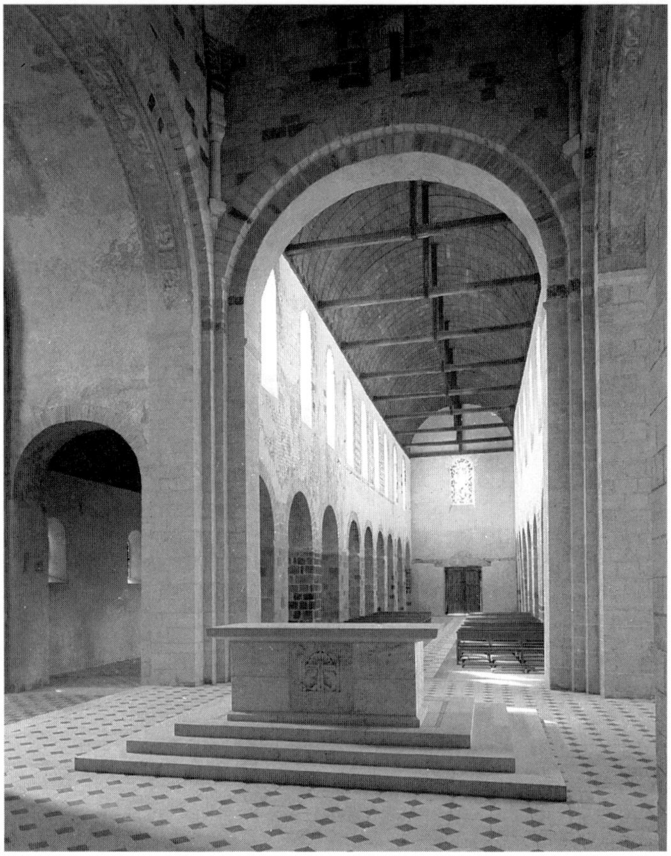

187. Château-Gontier (Mayenne), église Saint-Jean-Baptiste, nef et croisée du transept.

II. L'ARCHITECTURE CHARPENTÉE, ENTRE TRADITION ET AVANT-GARDE

UN TYPE DE NEF PRESQUE IMMUABLE

C'est l'architecture charpentée qui offre les contrastes les plus vifs en matière de structure murale. On y rencontre, en effet, à la fois les solutions les plus traditionnelles et les plus novatrices. Les nefs à trois vaisseaux, subdivisées par des piliers quadrangulaires et qu'éclairent de grandes fenêtres hautes percées dans des murs inarticulés, conservent la faveur de nombreux maîtres d'œuvre, même lorsque les parties orientales des mêmes édifices trahissent une certaine recherche dans le voûtement ou dans le dessin architectural. Ainsi, à Saint-Nazaire de Bourbon-Lancy (ill. 186), le plan du chevet à cinq chapelles échelonnées, avec ses proportions équilibrées et ses rythmes savamment modulés, comme le voûtement du vaste transept révèlent une grande maîtrise. La même remarque vaut pour Saint-Jean-Baptiste de Château-Gontier (ill. 187), avec son sanctuaire très développé en longueur qu'encadrent deux profondes chapelles orientées, et pour Saint-Léger d'Ébreuil (Allier), dont le transept, avec sa coupole de croisée contrebutée par des voûtes en demi-berceau, préfigure les grandes œuvres auvergnates du XIIe siècle. On ne peut donc expliquer l'adoption d'une nef charpentée de type traditionnel dans ces édifices autrement que par un choix qui répond peut-être à des impératifs économiques, mais qui reflète certainement aussi un attachement à une certaine esthétique. Ce choix n'implique d'ailleurs pas le rejet de toutes les modifications des proportions et de la structure des piliers. Plus élancés que dans les nefs du début du XIe siècle, ceux-ci sont, en effet, souvent dotés, du côté des collatéraux, d'un dosseret destiné à recevoir les doubleaux et les voûtes dont l'usage tend à s'étendre même aux constructions dont le haut-vaisseau reste charpenté.

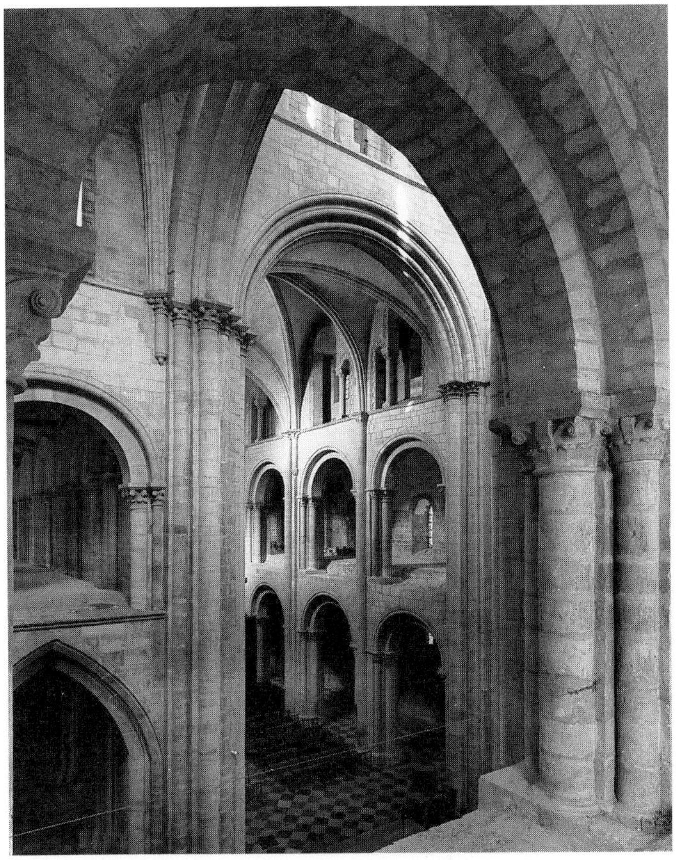

188. Caen (Calvados), église Saint-Étienne, nef.

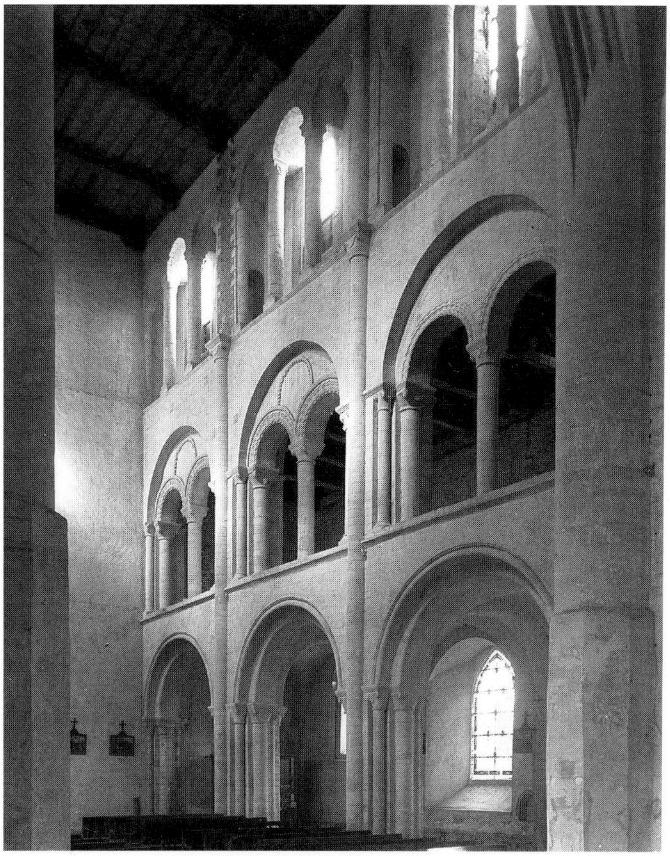

189. Cerisy-la-Forêt (Manche), église abbatiale, nef.

LES RECHERCHES DES ARCHITECTES NORMANDS SUR L'ÉVIDEMENT DU MUR : UNE RÉVOLUTION ARCHITECTURALE

À l'opposé, les recherches des architectes normands bouleversent toutes les données traditionnelles. La grande nouveauté consiste à ménager, au niveau des fenêtres de la nef – et, souvent, du transept, de la façade occidentale et même du chevet –, des passages *intra muros*. Le système est pleinement défini dès les années 1070-1080 à l'abbatiale de Saint-Étienne de Caen (ill. 188), construite par Guillaume le Conquérant [147], et on le retrouve bientôt à celle de Cerisy-la-Forêt (ill. 189), ainsi qu'en Angleterre – notamment à la cathédrale de Winchester [148]. Déjà expérimentés à Bernay et à Jumièges dans le mur occidental du transept (ill. 118), ces passages, ou coursières, qui s'ouvrent largement sur l'espace intérieur par des portiques d'ampleur et de rythmes variés répondent à un besoin croissant de faciliter la circulation dans les parties hautes des églises et de mieux assurer l'entretien de celles-ci, besoin qui se traduit aussi par la multiplication des escaliers desservant les combles. Ils engendrent, d'autre part, des effets de transparence inhabituels dans l'architecture romane grâce au dédoublement des murs [149].

Leur adoption supposait que les murs soient suffisamment larges pour être évidés – près de 2 m, par exemple, à Saint-Étienne de Caen (ill. 190) [150]. Les maîtres d'œuvre normands tentèrent d'atténuer la massivité des supports correspondants en multipliant les colonnes et les colonnettes engagées logées au creux des ressauts à angle vif du noyau [151]. Les piles composées anglo-normandes, souvent de plan asymétrique pour dégager le haut-vaisseau, compteront ainsi jusqu'à huit fûts de diamètre différent à Cerisy-la-Forêt (ill. 192) et jusqu'à dix à Saint-Étienne de Caen [152].

Ces mêmes maîtres d'œuvre s'efforcèrent aussi d'alléger les charges portant sur les grandes arcades et, corrélative-

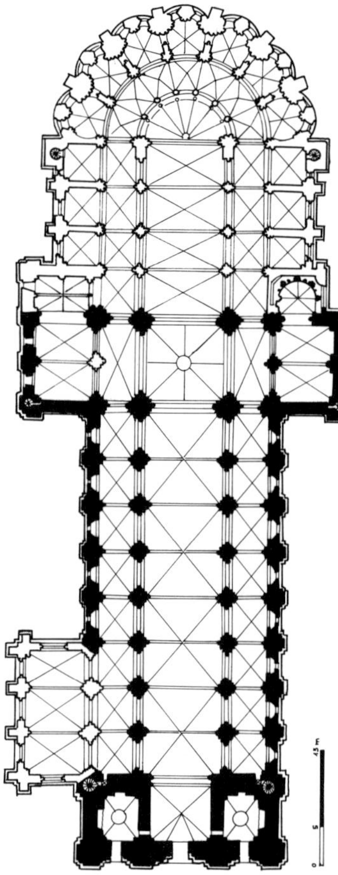

190. Caen (Calvados), église Saint-Étienne, plan.

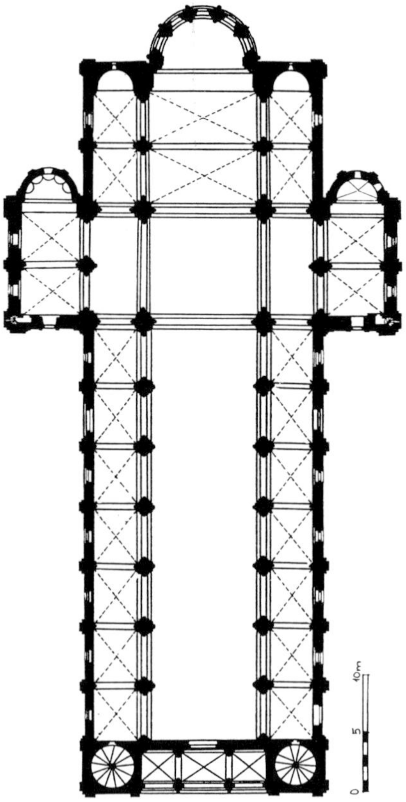

191. Caen (Calvados), église Saint-Nicolas, plan.

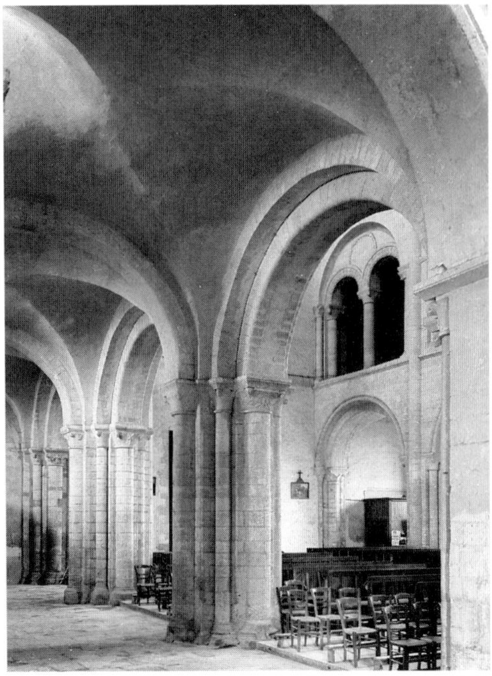

192. Cerisy-la-Forêt (Manche), église abbatiale, piles de la nef.

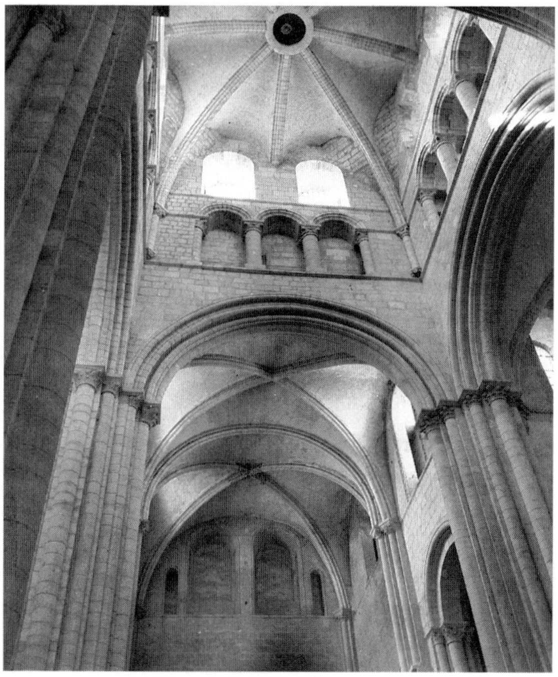

193. Caen (Calvados), église Saint-Étienne, croisée du transept.

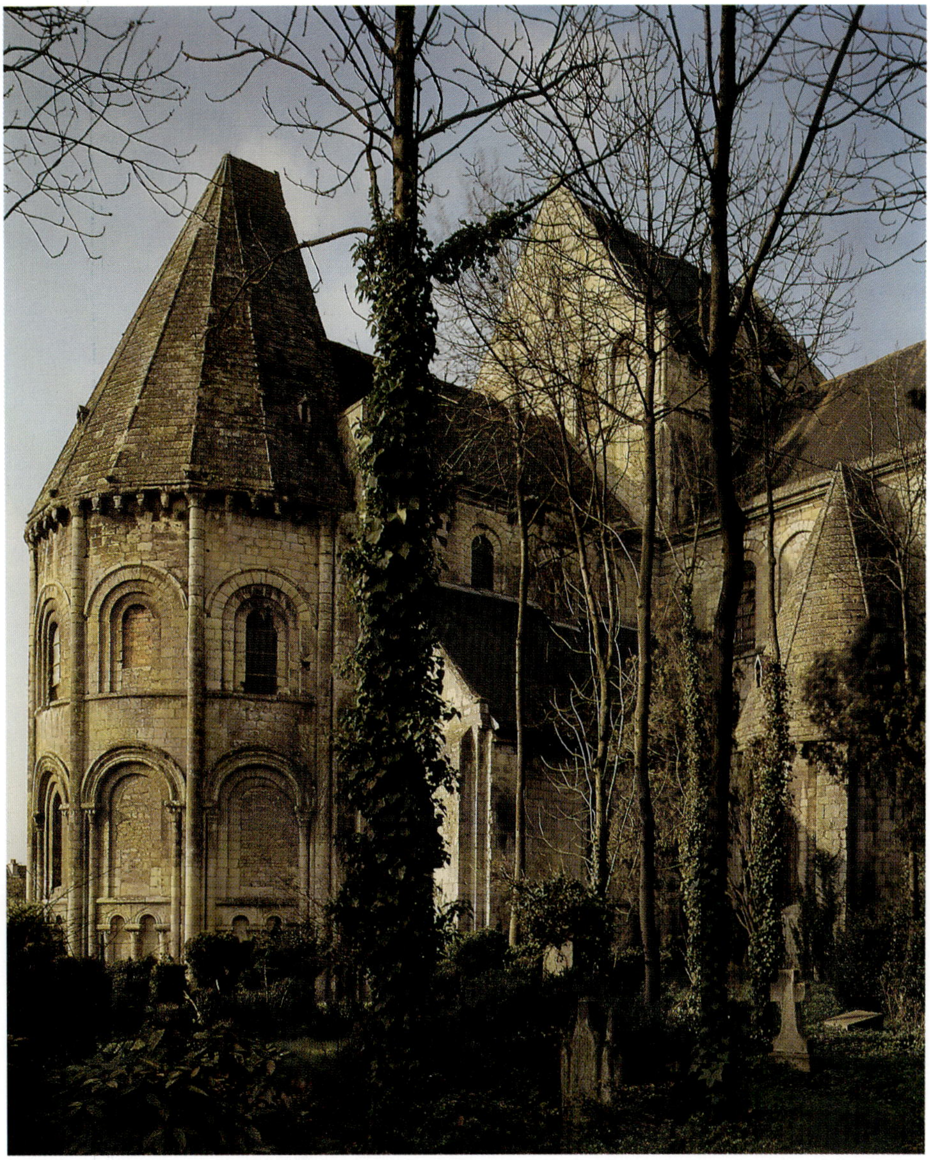

194. Caen (Calvados), église Saint-Nicolas, chevet.

ment, de réduire le coût de la construction. Ils préférèrent donc aux élévations traditionnelles à deux niveaux, comportant d'importantes parties de mur plein, des élévations à trois niveaux avec des tribunes (charpentées à Cerisy-la-Forêt, peut-être voûtées à Saint-Étienne de Caen [153]), dont les baies reprennent les proportions des grandes arcades (baies uniques à Saint-Étienne, baies géminées sous un arc de décharge à Cerisy) et reposent sur des supports composés du même type que ceux du rez-de-chaussée. Comme quelques décennies plus tard dans le monde gothique, l'accent est donc mis davantage sur les éléments structurels (arcs, supports) que sur le mur lui-même, ajouré par les vastes baies des tribunes et évidé par les passages du niveau supérieur.

À Saint-Étienne de Caen, les passages de la nef se prolongent dans les bras du transept tandis que la tour-lanterne de la croisée ne comporte pas moins de deux coursières superposées : l'une au niveau des fenêtres, l'autre au-dessous de celles-ci (ill. 193). Ce système de circulation *intra muros* s'étendait-il au chœur ? La reconstruction du chevet, au XIIIe siècle, ne permet pas de l'affirmer, mais l'exemple de l'église Saint-Nicolas de Caen (ill. 191, 194 et 195), contemporaine de Saint-Étienne et qui reprend certains éléments de son parti, le suggère [154]. À l'instar de la plupart des grandes églises normandes de la seconde moitié du XIe siècle, y compris Saint-Étienne, Saint-Nicolas est doté d'un chevet à cinq chapelles échelonnées dont l'ampleur et la richesse plastique, étonnantes pour une église paroissiale,

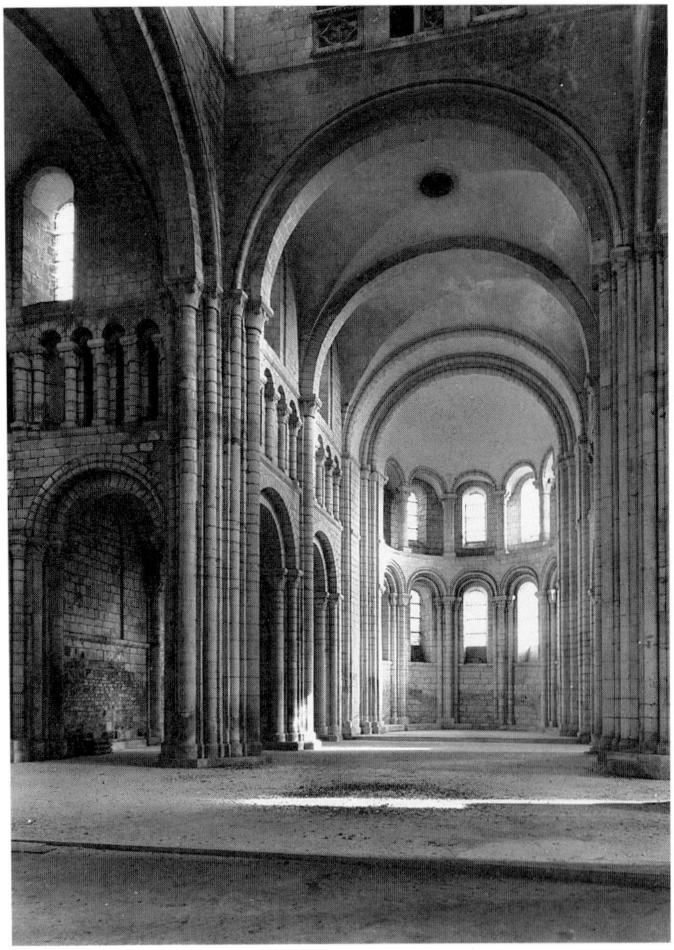

195. Caen (Calvados), église Saint-Nicolas, sanctuaire.

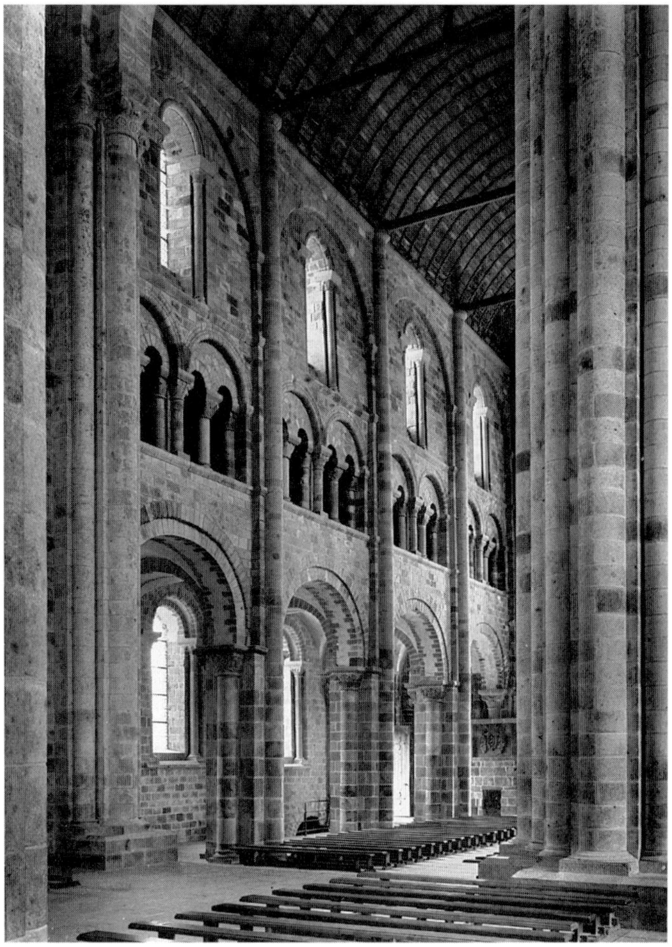

196. Le Mont-Saint-Michel (Manche), église abbatiale, nef.

témoignent de l'essor de la construction en Normandie à l'époque de Guillaume le Conquérant. Le long chœur de trois travées voûtées d'arêtes et le haut-vaisseau charpenté de la nef ont le même type d'élévation à trois niveaux : grandes arcades à double rouleau reposant sur des piles cantonnées de huit colonnes, étroites ouvertures sous combles (percées au nu du mur dans la nef, enveloppées d'arcatures dans le chevet) et fenêtres hautes dépourvues de passage. L'abside voûtée en cul-de-four, plus basse que les travées droites du chœur, est abondamment éclairée par deux rangées de cinq fenêtres. La première est encadrée d'une arcature rythmée par des groupes de trois colonnettes partant de fond qui prolongent visuellement les grandes arcades de la nef et du chœur, tandis qu'au-devant de la seconde une coursière s'ouvre largement sur le sanctuaire par cinq arcades. Celle-ci joue, certes, un rôle fonctionnel – relier entre eux les combles des bas-côtés du chœur –, mais, surtout, elle modifie la diffusion de la lumière à l'intérieur du sanctuaire, dont les volumes et la modénature sont modelés par un éclairage généreux mais nuancé. À Cerisy-la-Forêt, dont le chevet n'est guère antérieur à 1100, deux portiques superposés évident ainsi le mur au-dessus d'une rangée de fenêtres basses, et, sous des formes diverses, ce système sera repris dans beaucoup d'absides normandes.

Si tous les architectes normands de la seconde moitié du XIe siècle ne s'appliquèrent pas à évider le mur par des passages, beaucoup d'entre eux tentèrent de l'alléger en adoptant des ouvertures sous combles pour le niveau médian de l'élévation, selon une formule déjà expérimentée à Bernay : baies hautes et étroites dans la nef de Saint-Nicolas de Caen baies géminées sous un arc de décharge dans celle du Mont-Saint-Michel (ill. 196). Ces ouvertures, qui permettent non seulement d'alléger les maçonneries et d'aérer les combles des bas-côtés, mais aussi d'enrichir la plasticité des surfaces murales et de moduler les rythmes de l'élévation en introduisant de nouveaux jeux d'équilibre entre horizontales et verticales, deviendront une des constantes de l'architecture normande.

III. Une nouvelle réflexion sur l'équilibre des monuments voûtés

La remise en question des élévations traditionnelles

Ces diverses transformations des élévations étaient facilitées par l'emploi de la charpente pour couvrir les hauts-vaisseaux. Certes, celle-ci pesait sur les maçonneries, mais, à la différence d'une voûte en berceau, elle n'exerçait pas de poussées latérales susceptibles de mettre en danger la stabilité de l'édifice. Les architectes qui, dans d'autres régions, choisirent de voûter les hauts-vaisseaux, le plus souvent de berceaux en plein cintre continus ou renforcés de doubleaux, ne se hasardèrent pas à affaiblir le mur en l'évidant de passages ni en l'allégeant par des ouvertures sous combles. Ils furent néanmoins conduits à remettre en question, du moins dans les monuments d'une certaine ambition, les élévations traditionnelles, à quelques exceptions près, comme dans la nef de Saint-Guilhem-le-Désert (hauteur : 18 m), où des fenêtres – de petites dimensions, il est vrai – s'ouvrent sous la voûte construite dans un tuf plus léger que la pierre froide utilisée pour les murs et les doubleaux (ill. 197), ou dans celles de Cruas et de Bourg-Saint-Andéol, de dimensions comparables mais construites à la fin du XIe et au début du XIIe siècle [155]. Dans ces trois édifices, les bas-côtés sont, comme le vaisseau central, couverts d'un berceau qui laisse sans contrebutement une importante partie des murs gouttereaux (de surcroît faiblement épaulés). On ne saurait donc s'étonner qu'une telle solution n'ait pas été retenue pour des vaisseaux plus amples.

L'ambition de beaucoup d'architectes de la seconde moitié du XIe siècle était de pouvoir voûter des édifices plus vastes. Ils y parvinrent en expérimentant sinon des types de voûtement originaux, du moins de nouveaux modes de contrebutement. La très grande majorité d'entre eux choisirent d'équilibrer les poussées de la voûte du haut-vaisseau par celles des voûtes des bas-côtés ou des tribunes surmontant ceux-ci, en faisant retomber les unes et les autres sensiblement au même niveau. De ce fait, les fenêtres hautes étaient condamnées à disparaître et le vaisseau central, que son élévation compte un ou deux niveaux, était dépourvu d'éclairage direct.

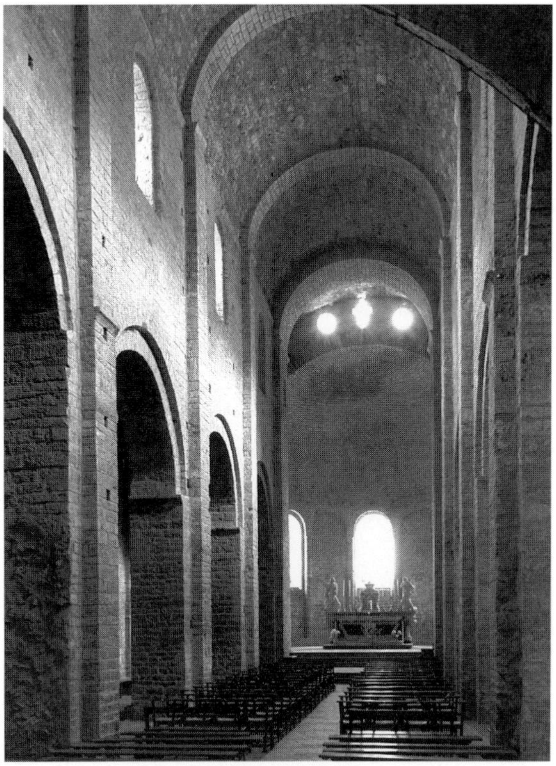

197. Saint-Guilhem-le-Désert (Hérault), église abbatiale, nef.

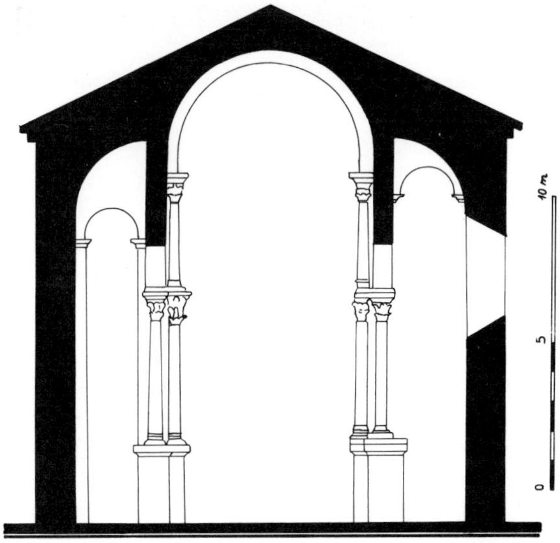

198. San Pedro de Roda (Catalogne), église abbatiale, coupe transversale de la nef.

Le problème de la lumière

Il est difficile d'apprécier exactement ce que fut l'attitude des différents maîtres d'œuvre face à ce problème de la lumière. Les remarques que l'on peut faire sur les dimensions et l'emplacement des fenêtres et sur la clarté qu'elles diffusaient à l'intérieur des églises doivent toujours être nuancées. Nous ne savons pratiquement rien, en effet, des gammes de couleur de la vitrerie de cette époque et, plus généralement d'ailleurs, rien des idéaux esthétiques en ce domaine, idéaux qui, à n'en pas douter, connurent des transformations parallèles à celles qui affectèrent la struc-

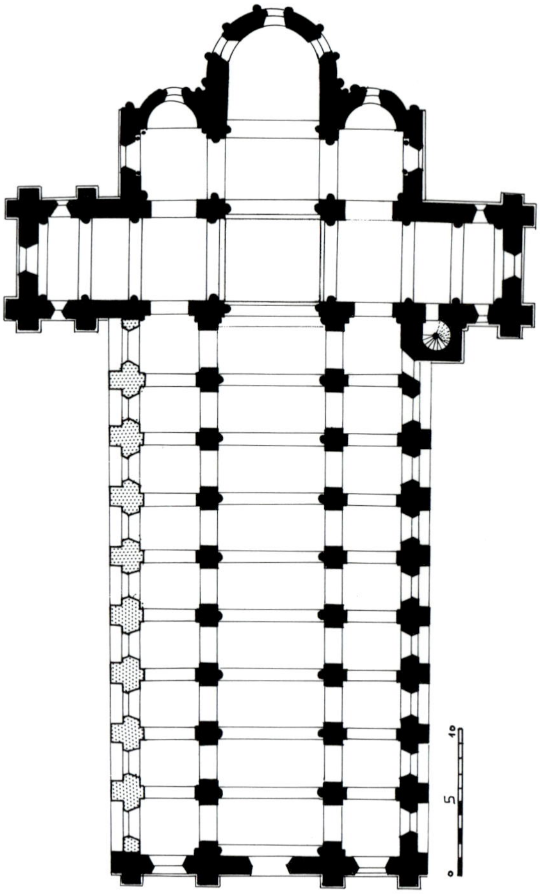

199. Angers (Maine-et-Loire), église du Ronceray, plan.

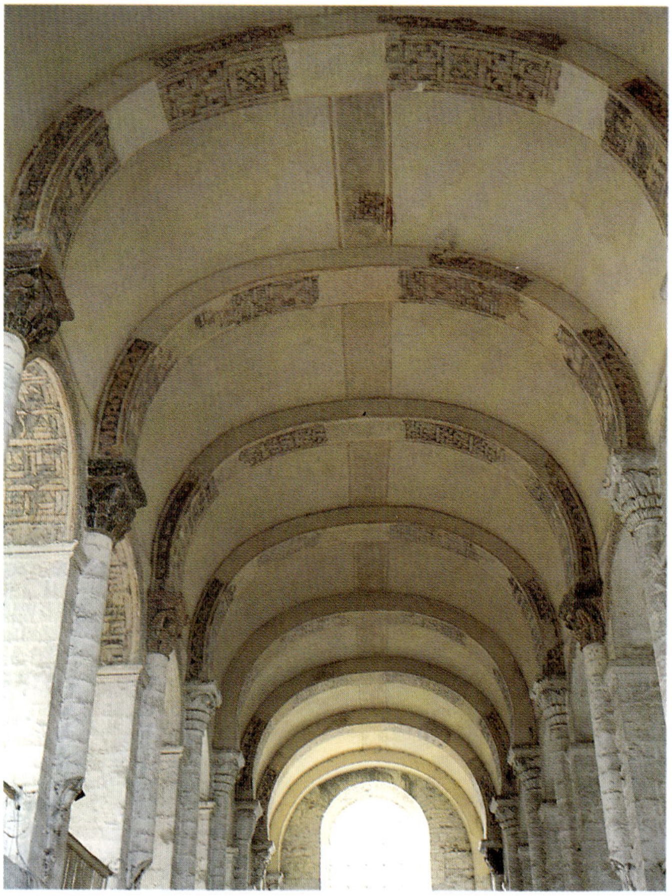

200. Angers (Maine-et-Loire), église du Ronceray, nef.

ture des édifices. Il convient néanmoins de souligner que les maîtres d'œuvre des régions méditerranéennes furent, dans l'ensemble, moins sensibles aux grandes fenêtres que ceux des régions septentrionales ou atlantiques. Cette différence de point de vue n'est certes pas particulière à l'époque romane ; elle s'exprimait déjà dans les églises charpentées du haut Moyen Âge, et elle se retrouvera à l'époque gothique, mais elle devait, alors qu'étaient expérimentés de nouveaux systèmes d'équilibre, jouer un rôle important dans le choix des solutions.

Des collatéraux presque aussi élevés que le vaisseau central

Nous examinerons en premier lieu, au sein du vaste groupe défini ci-dessus, quelques-uns des monuments dont le haut-vaisseau compte un seul niveau, celui des grandes arcades qui s'élèvent depuis le sol jusqu'à la naissance du berceau central. Les principales variantes résultent du type de voûte adopté dans les bas-côtés : berceau, demi-berceau, berceaux transversaux ou voûtes d'arêtes. Nous ne reviendrons pas sur les inconvénients de la première solution, qui devait cependant bénéficier pendant toute l'époque romane d'une certaine faveur. Elle fut notamment retenue, au cours de la seconde moitié du XIe siècle, par l'architecte de la nef de l'abbatiale de Lesterps (aux confins du Limousin et de l'Angoumois), dont le vaisseau central, délimité par de larges piles à ressauts, ne reçoit qu'une lumière parcimonieuse, et par celui de Nant (ill. 180), qui accorda également une grande importance aux supports. La seconde solution – les bas-côtés voûtés en demi-berceau – assure, en revanche, un contrebutement efficace du berceau central, mais, comme le montre l'exemple de la nef de San Pedro de Roda (ill. 182 et 198), elle ne permet pas davantage que la précédente d'ouvrir de vastes baies dans les collatéraux. Peu fréquente encore à cette époque, elle devait ultérieurement se répandre, surtout dans les régions méridionales. La troisième solution est également rare dans la seconde moitié du XIe siècle et le restera jusqu'à ce que les architectes cisterciens lui assurent une certaine diffusion. Elle fut retenue pour la nef de l'abbaye du Ronceray à Angers (ill. 199 et 200), dont les bas-côtés épaulés de puissants contreforts

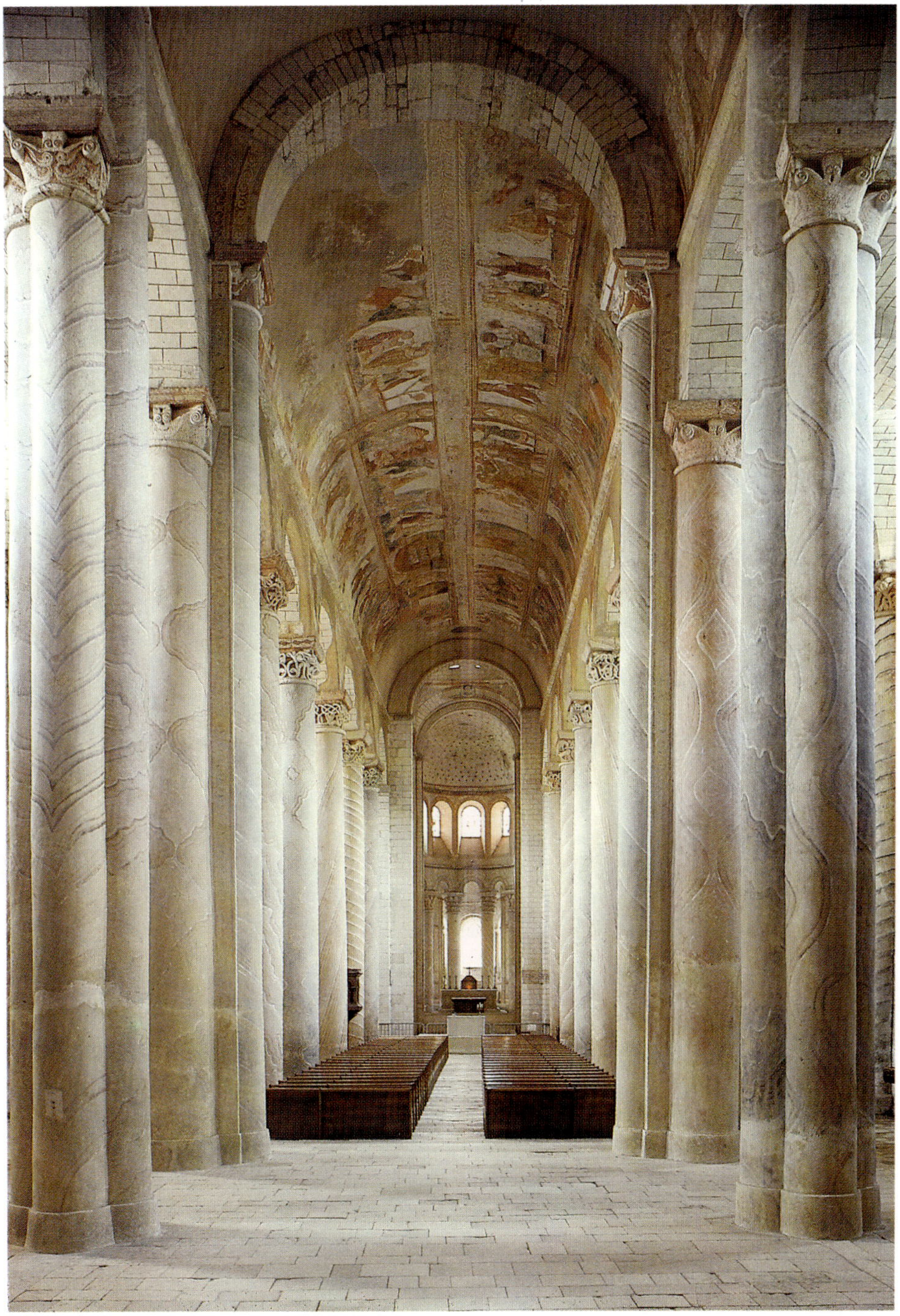

201. Saint-Savin-sur-Gartempe (Vienne), église abbatiale, nef.

sont couverts de berceaux transversaux de plan barlong qui contrebutent à sa naissance la voûte en berceau longitudinal du vaisseau central, large d'environ 7,50 m. Le maître d'œuvre du Ronceray put donc ouvrir dans la partie supérieure des murs des bas-côtés de vastes fenêtres (larges de 2 m, hautes de 4 m) qui occupent toute la largeur des travées (la construction, au XVIIIe siècle, de tribunes a, hélas, considérablement altéré l'effet primitif). Plus encore, il a été soucieux de laisser pénétrer la lumière des bas-côtés dans le vaisseau central en adoptant des piles peu encombrantes dont le noyau carré ne comportait une colonne engagée que du côté du haut-vaisseau (pour recevoir les doubleaux de

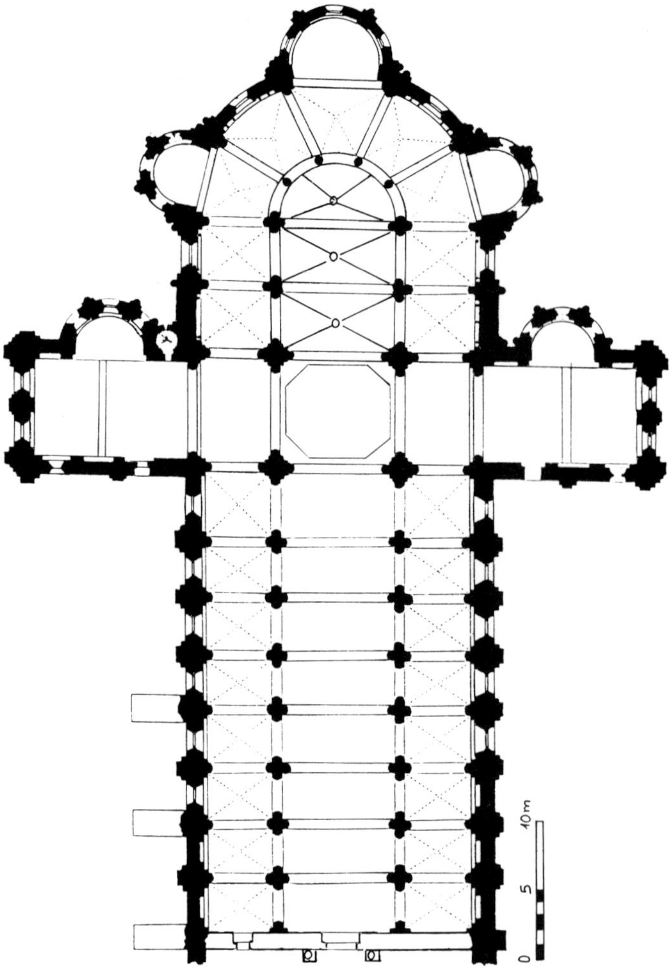

202. Poitiers (Vienne),
église Saint-Jean-de-Montierneuf, plan.

celui-ci), les autres retombées s'effectuant sur des pilastres. La quatrième de ces solutions – les bas-côtés voûtés d'arêtes –, qui permet, comme la précédente, de concilier éclairage et équilibre, fut plus répandue ; elle devait notamment être adoptée dans plusieurs édifices importants du Poitou : Saint-Savin-sur-Gartempe, Saint-Jean-de-Montierneuf à Poitiers, sans doute l'abbatiale détruite de Charroux, etc.

À Saint-Savin-sur-Gartempe (ill. 87 et 201), le vaisseau central, dont la largeur est d'environ 6 m [156] et la hauteur sous voûte d'environ 18 m, est contrebuté par des bas-côtés voûtés d'arêtes sur plan carré (environ 5 m de côté). Dans les six travées orientales, la voûte en berceau continu repose sur des piles circulaires tandis que dans les trois travées occidentales, construites au cours d'une seconde campagne, elle est rythmée de doubleaux et les colonnes cèdent la place à des piles quadrilobées. Les murs des bas-côtés sont renforcés, dans l'ensemble de la nef, par de fortes colonnes engagées sur dosseret et par des contreforts à double ressaut réunis par des arcs de décharge. Confiant dans ce système d'épaulement – qui s'avéra néanmoins insuffisant, car il fallut, à l'époque gothique, renforcer les murs du côté nord –, l'architecte ouvrit de grandes fenêtres dans les murs des collatéraux. Ainsi, bien que le vaisseau central de la nef de Saint-Savin soit dépourvu de fenêtres, il est largement éclairé grâce à celles des bas-côtés. La nef de Saint-Jean-de-Montierneuf à Poitiers (ill. 202) offre des dispositions semblables [157] ; mais, avec un vaisseau central large de 8 m, elle est plus ambitieuse que celle de Saint-Savin. Son ossature est également plus puissante, qu'il s'agisse des piles dont le noyau aux angles arrondis est cantonné de quatre colonnes engagées, des arcs (grandes arcades, doubleaux et, dans les bas-côtés, formerets) ou de l'épaisseur des murs latéraux (1,40 m). La lumière diffusée par les fenêtres des collatéraux parvient néanmoins jusqu'au vaisseau central. Les architectes poitevins surent, en effet, adapter dans ce but l'espacement des piles et réduire leur encombrement sans compromettre la stabilité de l'édifice. La file de colonnes des travées orientales de Saint-Savin, dont le diamètre est d'environ 0,95 m, apportait une réponse satisfaisante au second point. En dépit de son élégance, cette solution ne s'imposa pas, et les architectes poitevins préférèrent généralement, comme celui de Saint-Jean-de-Montierneuf, des piles composées plus fortes (environ 1,50 m de largeur) et, surtout, susceptibles de recevoir des doubleaux, dont l'usage tendait à se généraliser.

UN CONTREBUTEMENT EFFICACE : LA TRIBUNE

Alors que les maîtres d'œuvre des édifices précédents avaient tous adopté pour les nefs une élévation qui ne compte qu'un niveau, celui des grandes arcades, ceux de quelques grandes églises firent un choix différent. Ils encadrèrent le haut-vaisseau de bas-côtés voûtés d'arêtes sur plan carré et surmontés de tribunes dont la voûte en demi-berceau, renforcée d'arcs diaphragmes, venait buter au niveau des retombées du berceau central. Cette solution, qui entraînait comme les précédentes la suppression des fenêtres hautes, fut retenue dans la nef, le transept et les travées droites du chœur à Sainte-Foy de Conques, à Saint-Sernin de Toulouse et à Saint-Jacques-de-Compostelle. Des dessins anciens montrent que les abbatiales Saint-Martial de Limoges (ill. 203 et 204) et Saint-Martin de Tours (ill. 205), toutes deux détruites à la Révolution, présentaient des dispositions identiques [158], avec toutefois d'importantes variations dans le nombre et les proportions des différents vaisseaux. Ainsi, le vaisseau central de Conques, haut d'environ 22 m et large de 6,80 m, apparaît comme plus

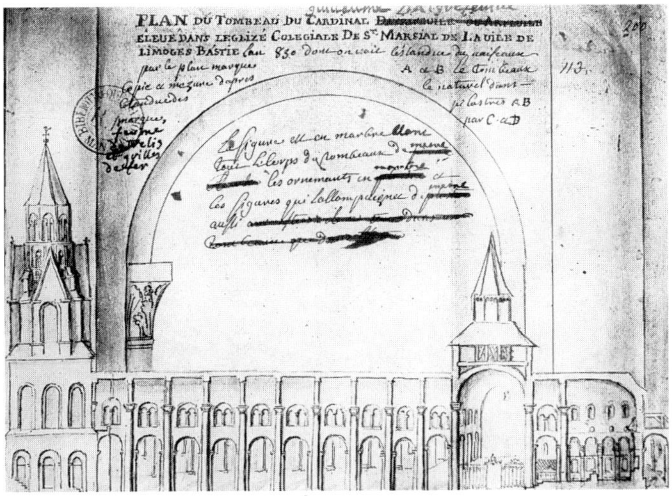

203. Limoges (Haute-Vienne), église Saint-Martial, coupe longitudinale, vers 1726. Paris, Bibliothèque nationale, cabinet des Estampes.

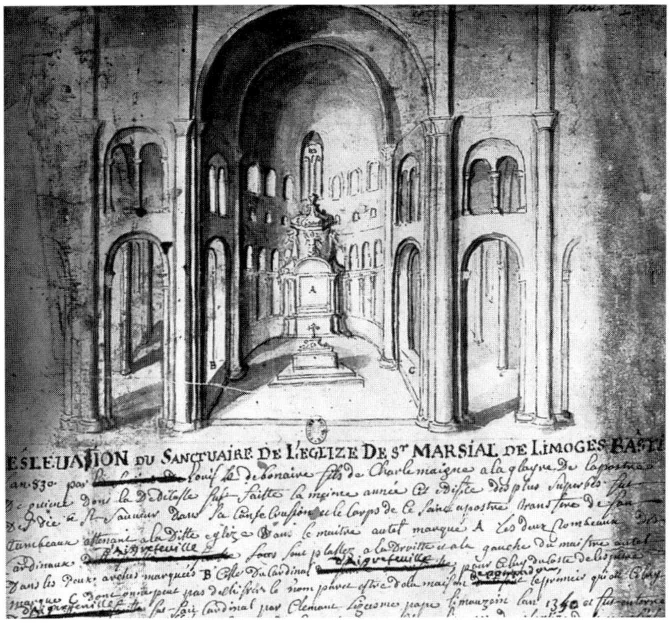

204. Limoges (Haute-Vienne), église Saint-Martial, sanctuaire, vers 1726. Paris, Bibliothèque nationale, cabinet des Estampes.

élancé que celui de Saint-Sernin de Toulouse, qui mesure 8,80 m de large pour environ 21 m de haut. Celui de Saint-Martin de Tours, le plus vaste du groupe, atteignait 9,50 m de large et environ 23 m de haut. Sans doute la présence, à Toulouse et à Tours, de doubles bas-côtés dans la nef explique-t-elle l'ampleur du haut-vaisseau (ill. 206, 207 et 208). En effet, les voûtes de ces bas-côtés, étagées en hauteur et solidement épaulées par de larges murs latéraux renforcés de contreforts saillants, contribuaient à renforcer l'efficacité du système de contrebutement [159].

Pour porter les voûtes des tribunes à un niveau suffisant, les architectes de ces édifices construisirent des collatéraux relativement élevés (près de 10 m pour le collatéral intérieur de Saint-Sernin de Toulouse). Les grandes arcades du haut-vaisseau sont surmontées par les baies géminées des tribunes (ill. 209, 210, 211 et 212), qui s'inscrivent sous un arc de décharge presque tangent au départ du berceau central, tandis que les travées relativement étroites sont régulièrement scandées par des piles composées de proportions élancées, dont le noyau quadrangulaire est cantonné, selon le cas, de colonnes ou de pilastres. Cette élévation diffère considérablement, par l'affirmation des accents verticaux, de celle des nefs charpentées à tribunes, mais, comme dans les églises normandes contemporaines, le mur tend à s'effacer au profit des éléments structurels.

Si le mode de contrebutement adopté dans ces édifices assurait une grande stabilité au vaisseau central, il ne permettait pas un éclairage aussi abondant que celui des nefs poitevines. Non que certains architectes n'aient ouvert de grandes fenêtres dans les murs des bas-côtés et même dans ceux des tribunes. Mais la diffusion de la lumière se heurtait

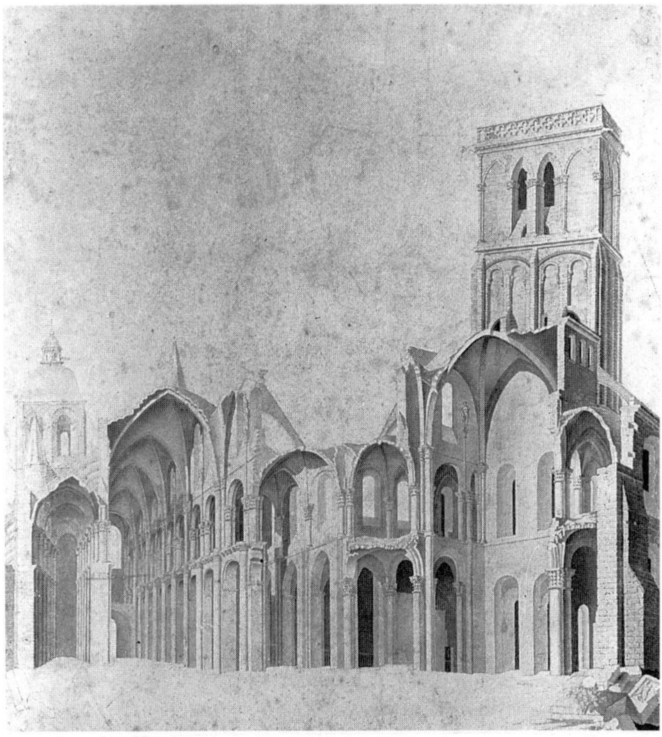

205. Tours (Indre-et-Loire), église Saint-Martin, la nef et le transept en cours de destruction. Pinguet, 1798. Tours, Bibliothèque municipale.

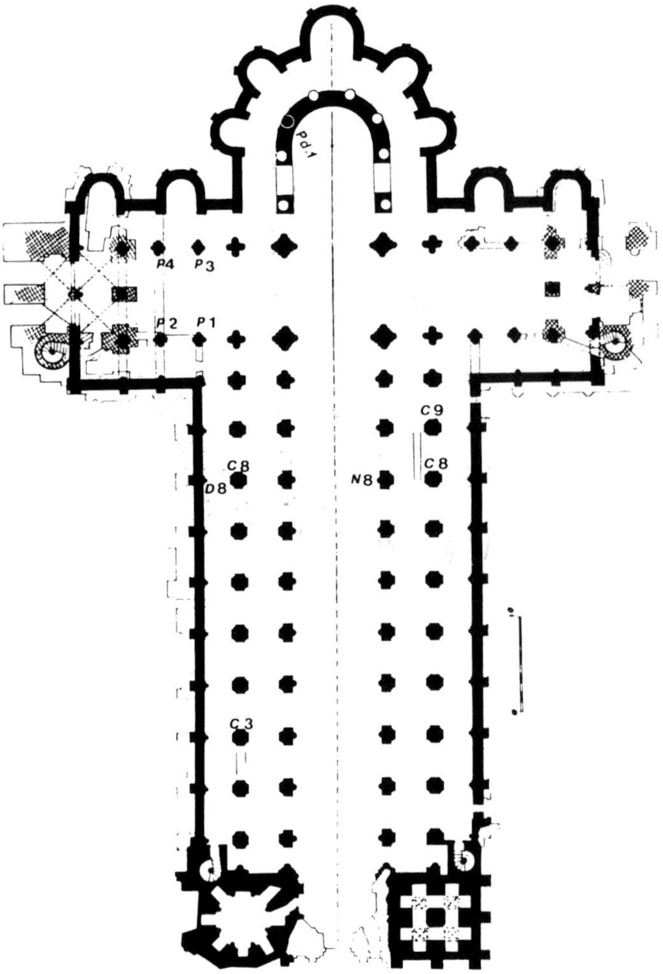

206. Tours (Indre-et-Loire), église Saint-Martin, plan d'après les fouilles par Ch. Lelong.

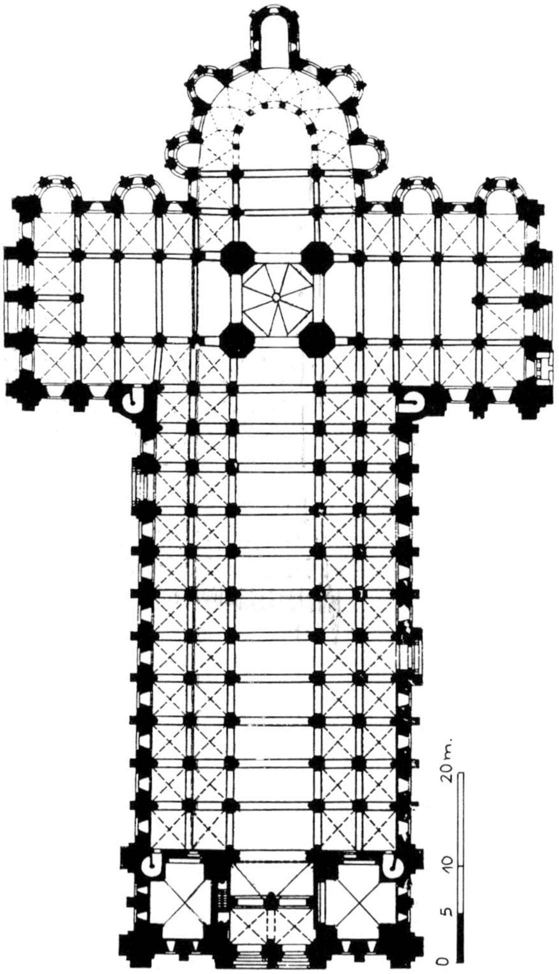

207. Toulouse (Haute-Garonne), église Saint-Sernin, plan.

à la subdivision des espaces intérieurs (surtout dans les nefs à doubles collatéraux). Aussi le haut-vaisseau baigne-t-il dans une semi-pénombre qui forme un vif contraste avec la luminosité de l'abside éclairée par une rangée de fenêtres, contraste qui ne peut manquer d'avoir été chargé d'une signification symbolique. À la lumière paisible et généreuse de Saint-Savin ou du Ronceray s'opposent donc des effets à la fois plus secrets et plus intenses.

Indépendamment de leur rôle structurel, les tribunes étaient sans doute utilisées, comme dans les monuments charpentés, à l'occasion de tel ou tel office liturgique. C'est du moins ce que suggère la présence de plusieurs autels dans celles de Saint-Jacques-de-Compostelle et de chapelles hautes dans les bras du transept de Saint-Martin de Tours. Elles s'inscrivaient également dans un programme d'ensemble visant à faciliter la circulation, dont la continuité était assurée, au niveau du sol, par les bas-côtés

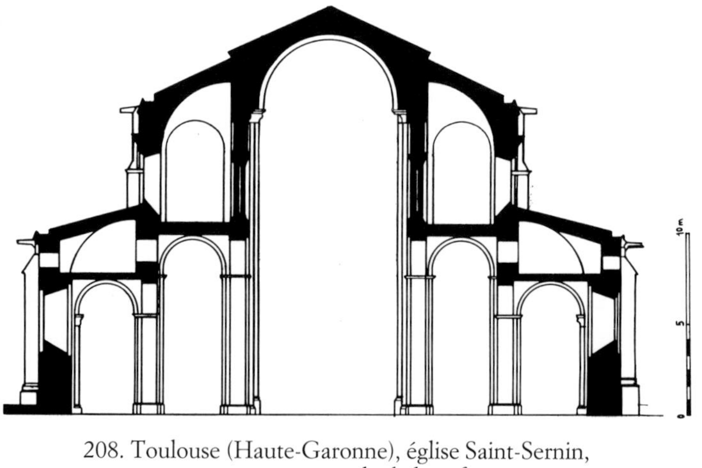

208. Toulouse (Haute-Garonne), église Saint-Sernin, coupe transversale de la nef.

contournant le transept et le déambulatoire ceinturant l'abside. Certes, les tribunes s'interrompaient dans l'abside, mais il existait au-dessus des parties tournantes du déambulatoire un passage voûté d'un demi-berceau (ill. 209 et 211) qu'éclairaient seulement de petites baies ouvrant sur l'espace intérieur. Ainsi, bien que réalisée par des moyens différents, la circulation dans les parties hautes était-elle, dans ce groupe d'édifices, assurée d'une manière aussi complète que dans les églises normandes contemporaines.

L'un de ces monuments servit-il de modèle aux autres ? Dérivent-ils d'un prototype commun ? L'imprécision des renseignements sur la date d'ouverture des chantiers et sur la succession des campagnes de construction comme l'impossibilité de restituer la marche des travaux des églises disparues rendent la réponse à ces questions particulièrement délicate.

Les textes et les données archéologiques nous fourniront cependant quelques indications. La construction de Sainte-Foy de Conques fut entreprise par l'abbé Odolric (avant 1031-1065) vers le milieu du XIe siècle, mais il n'est pas certain que, lorsque le chevet fut mis en chantier, l'élévation ait déjà été prévue telle qu'elle fut réalisée ultérieurement [160]. L'église Saint-Martial de Limoges, incendiée en 1053, fut rebâtie par l'abbé Adémar (1063-1114), qui voûta la nef et fit décorer de peintures l'intérieur du monument ; les travaux devaient être très avancés en 1095 lorsque, à l'occasion d'un voyage en France, le pape Urbain II procéda à la dédicace de l'abbatiale [161]. La destruction de celle-ci ne permet malheureusement pas de tirer des conclusions formelles de ces indications chronologiques. Quant au début des travaux de Saint-Sernin de Toulouse, les auteurs récents n'ont généralement pas retenu la date de 1060 mentionnée par C. Devic et J. Vaissette dans leur *Histoire générale du Languedoc*, écrite en 1733, et lui ont préféré la décennie 1070-1080, période où, grâce à la réforme du chapitre des chanoines, les ressources disponibles semblent avoir été plus abondantes. Quoi qu'il en soit, le chevet et les parties basses du transept de Saint-Sernin étaient sans doute achevés en 1096 lors de la consécration de l'église et de l'autel majeur par Urbain II [162]. On travaillait alors aux tribunes du transept et, en 1118, à la mort de l'*operarius*, Raymond Gayrard, les trois travées orientales de la nef étaient construites et l'enveloppe du reste de la collégiale implantée [163]. La cathédrale de Saint-Jacques-de-Compostelle fut, pour sa part, commencée en 1078, mais, dix ans plus tard, seul le déambulatoire était édifié. Le chantier, un temps ralenti ou interrompu, reprit activement en 1100 et, en 1112, le nouveau chœur et le transept avaient probablement été complétés [164]. Enfin, faute de textes, les quelques vestiges conservés (extrémité du bras nord du transept) ou mis au jour lors des récentes fouilles de Saint-Martin de

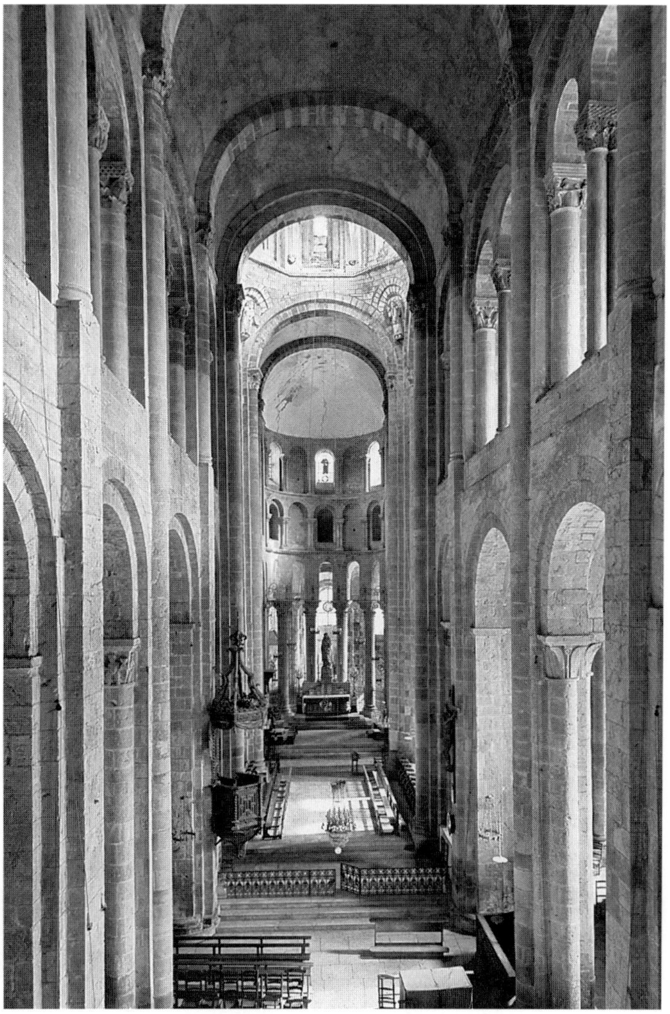

209. Conques (Aveyron), église Sainte-Foy, nef et sanctuaire.

Tours n'apportent pas d'indications suffisantes pour préciser la chronologie de l'église [165]. À défaut de conclusions assurées, il faut donc renoncer à la thèse qui voulait expliquer par le pèlerinage au tombeau de saint Jacques l'origine de ce parti. Sa diffusion ne se limite d'ailleurs pas à quelques édifices exceptionnels. Saint-Sernin de Toulouse, notamment, joua un rôle de modèle régional. Son système d'équilibre et son élévation furent en effet repris, parfois en cours de construction, dans divers monuments du Sud-Ouest (Saint-Gaudens, Saint-Sever, etc.), tandis qu'à Saint-Sauveur de Figeac ou Saint-Pierre de Marcilhac la source d'inspiration semble avoir été Sainte-Foy de Conques. Les tribunes de contrebutement devaient encore être adoptées, nous y reviendrons, dans la nef de la plupart des grandes églises auvergnates du XIIe siècle.

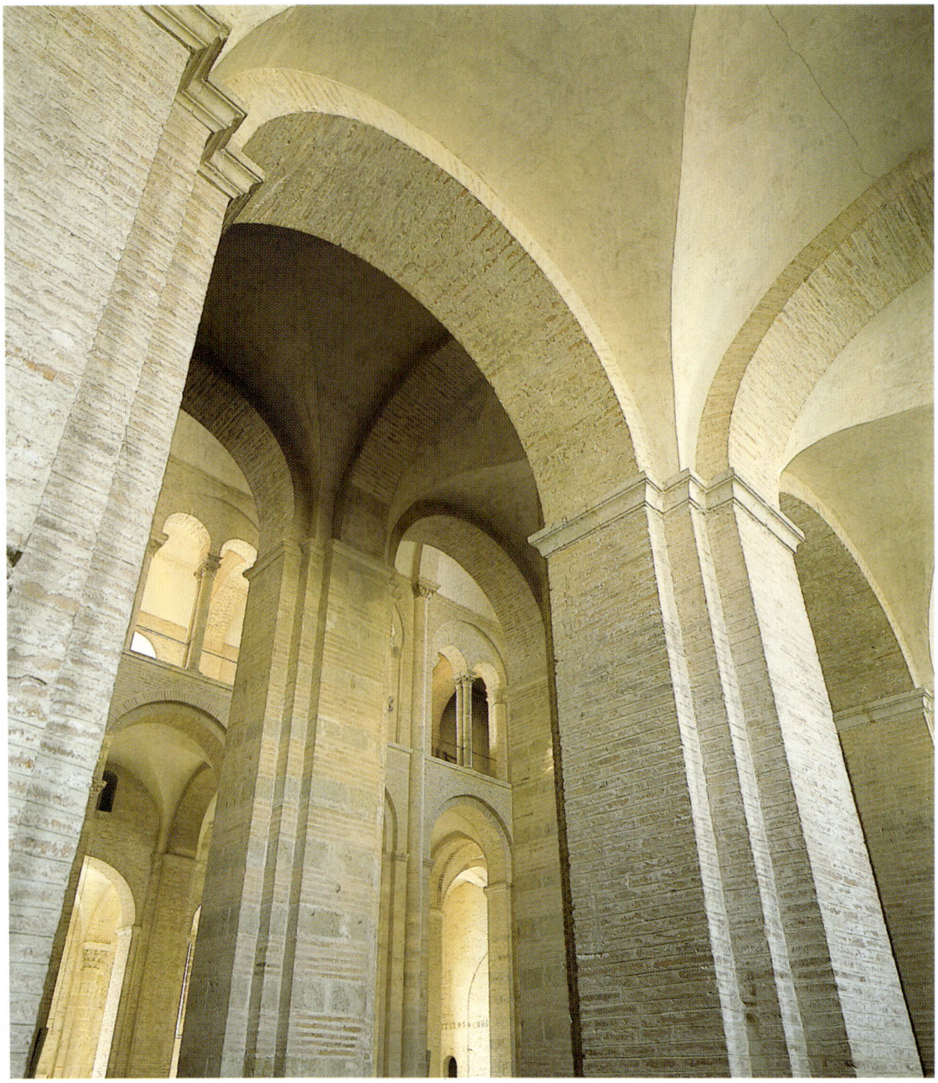

210. Toulouse (Haute-Garonne), église Saint-Sernin, nef.

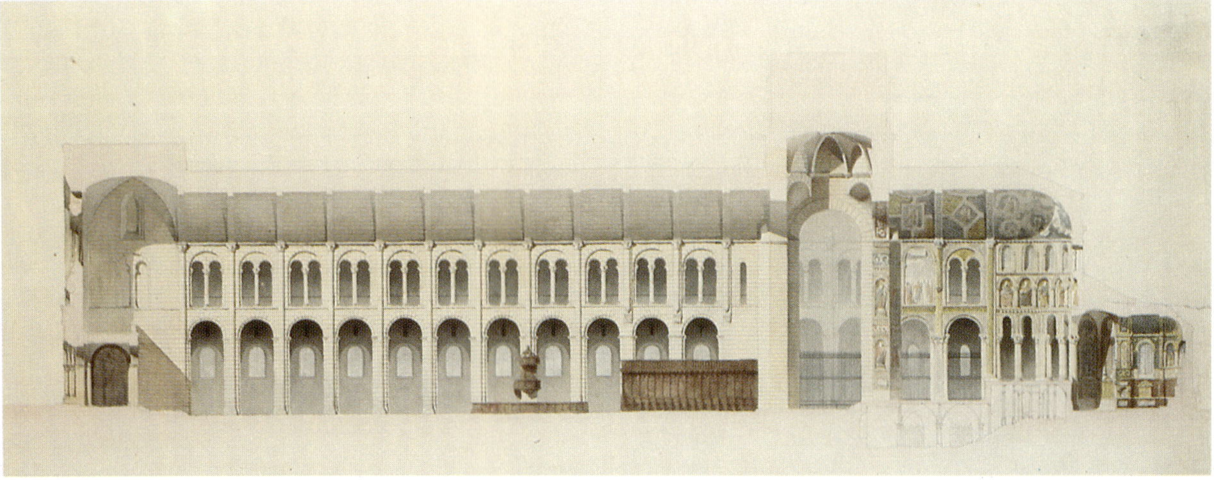

211. Toulouse (Haute-Garonne), église Saint-Sernin, coupe longitudinale par Viollet-le-Duc.

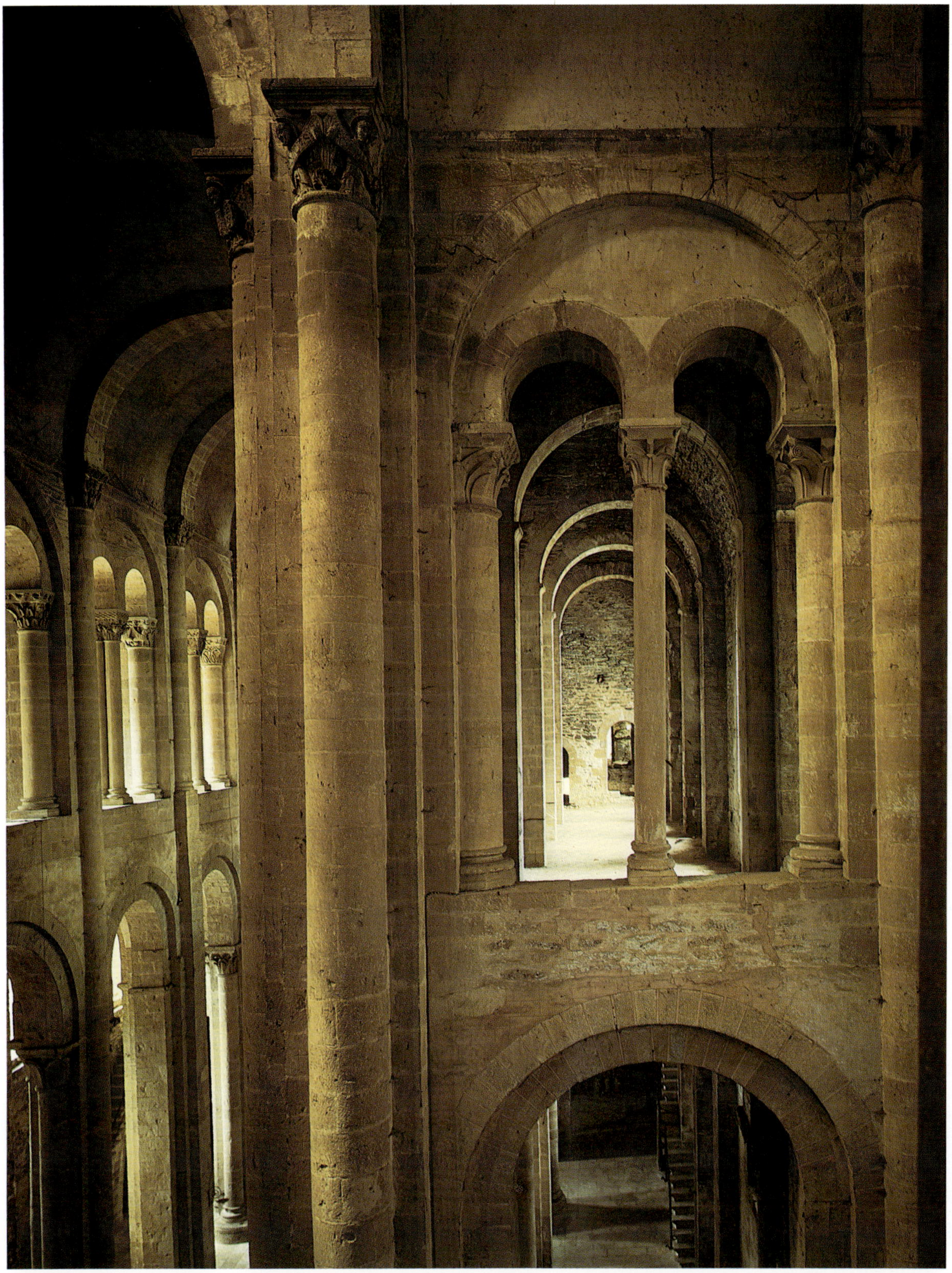

212. Conques (Aveyron), église Sainte-Foy, tribunes de la nef.

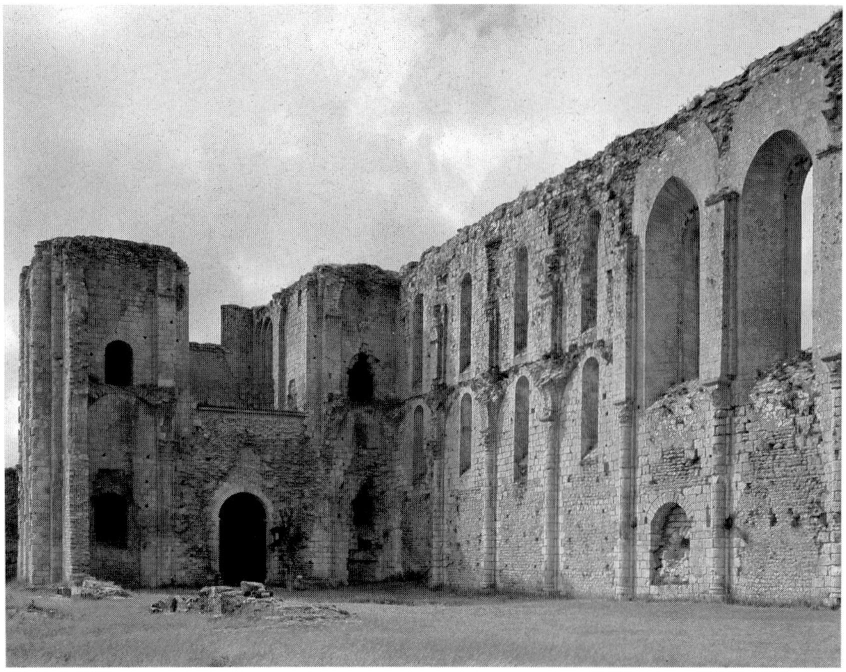

213. Maillezais (Vendée), église Saint-Pierre, ruines de la nef.

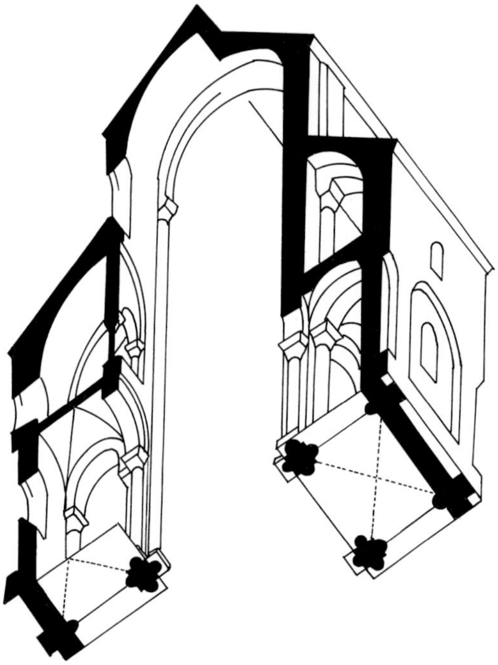

214. Nevers (Nièvre), église Saint-Étienne, coupe axonométrique de la nef.

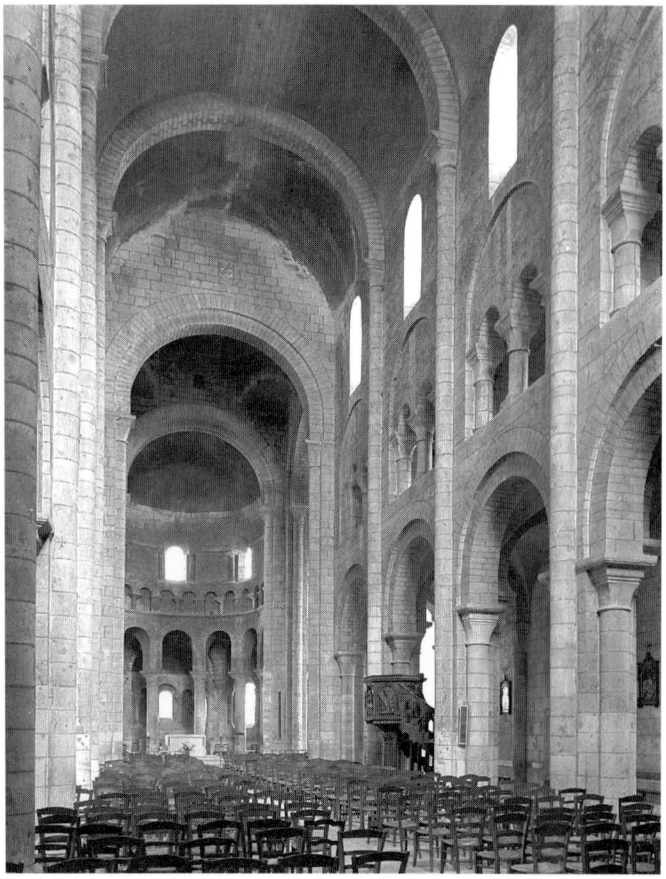

215. Nevers (Nièvre), église Saint-Étienne, nef.

Toujours dans ce domaine des nefs dotées de tribunes, l'architecte de l'abbatiale poitevine de Maillezais [166], aujourd'hui en ruines (ill. 213), adopta des berceaux transversaux pour le voûtement de celles-ci, tandis que le maître d'œuvre de Saint-Étienne de Nevers (ill. 214 et 215), monastère donné à Cluny en 1068, tentait de transposer dans un édifice entièrement voûté l'élévation à trois niveaux de hauts-vaisseaux charpentés comme Jumièges ou Saint-Remi de Reims, par exemple, et ouvrait des fenêtres au-dessus des tribunes. Pour assurer la stabilité de la construction (largeur du haut-vaisseau : 7,80 m, hauteur : 18 m), tout en allégeant les murs externes au niveau des bas-côtés de la nef grâce à des arcs de décharge, il eut soin de donner à ceux-ci une grande profondeur, ce qui lui permit de renforcer considérablement l'épaisseur des maçonneries au niveau des tribunes, voûtées de demi-berceaux rythmés par des doubleaux. Il réduisit, enfin, les ouvertures de ces mêmes tribunes vers l'extérieur comme vers le haut-vaisseau. Les fenêtres des bas-côtés et les fenêtres hautes étant, elles aussi, de dimensions modestes, l'éclairage intérieur reste limité. Cette expérience, qui semble avoir été isolée durant ces dernières décennies du XIe siècle (la nef de Saint-Étienne peut être attribuée aux années 1080-1090 [167]), annonce les recherches de la génération suivante.

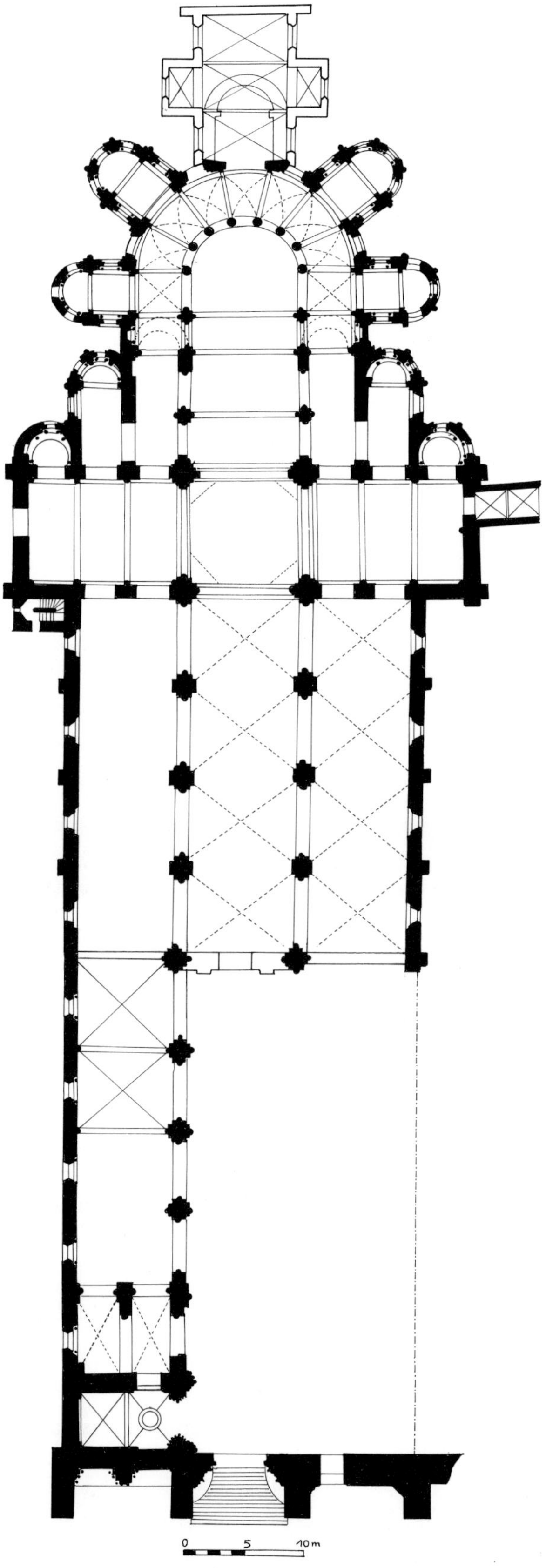

216. La Charité-sur-Loire (Nièvre), église abbatiale, plan.

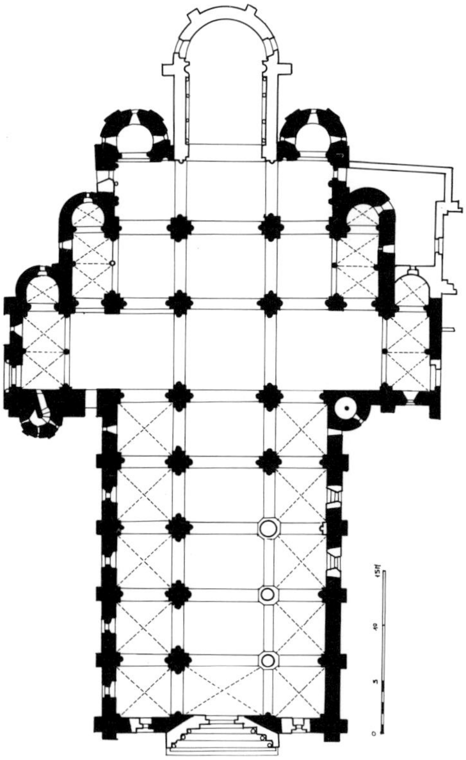

217. Saint-Sever (Landes), église abbatiale, plan.

UNE EXPÉRIENCE ORIGINALE : LA NEF DE SAINT-PHILIBERT DE TOURNUS

Il en est de même de la nef de Saint-Philibert de Tournus (ill. 218), dont les hautes et puissantes piles circulaires (1,35 m de diamètre pour 9,35 m de hauteur) qui séparent un vaisseau central, large de 7 m environ, de vastes collatéraux (environ 5 m de large) furent implantées vers 1040 alors que l'avant-nef était en cours de construction. Si le choix de voûtes d'arêtes pour les bas-côtés de l'abbatiale est conforme à un usage fréquent, celui, pour le haut-vaisseau, de berceaux transversaux qui culminent à 18 m de hauteur et retombent sur des arcs diaphragmes à double rouleau témoigne de l'exceptionnelle originalité du maître d'œuvre. La substitution de ces berceaux transversaux au berceau longitudinal traditionnel rendait possible, sans que soit compromise la stabilité de l'édifice, l'ouverture de fenêtres hautes au-dessus des grandes arcades ; elle permettait également de moduler la luminosité de la nef, déjà abondamment éclairée par les vastes baies des collatéraux. Cette solution, si riche de possibilités qu'elle fût, ne devait être reprise que dans un seul autre cas : celui de l'église voisine de Mont-Saint-Vincent, édifiée au début du XIIe siècle. Les raisons de cet insuccès sont d'ordre technique et économique.

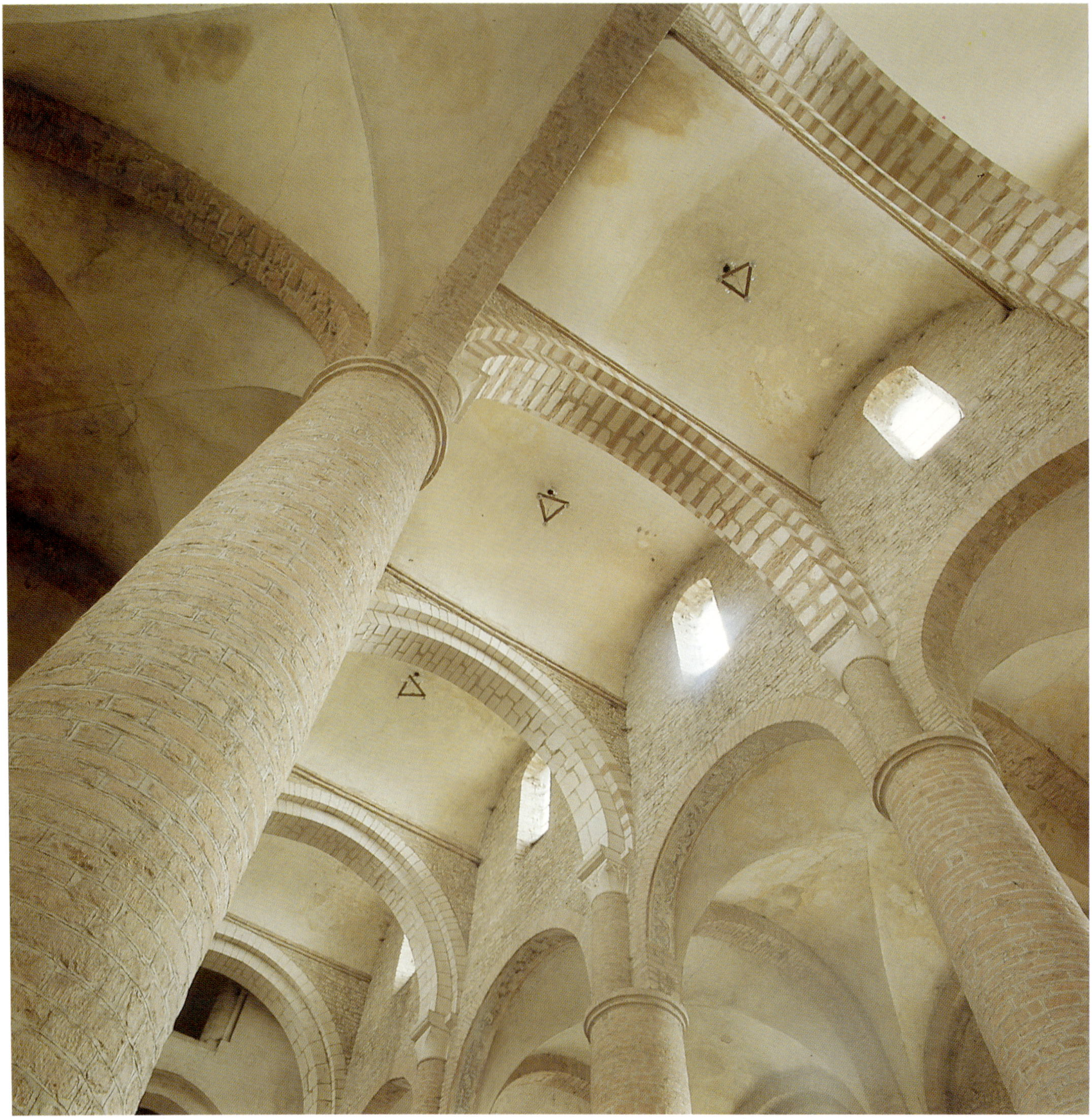

218. Tournus (Saône-et-Loire), église Saint-Philibert, voûtes de la nef.

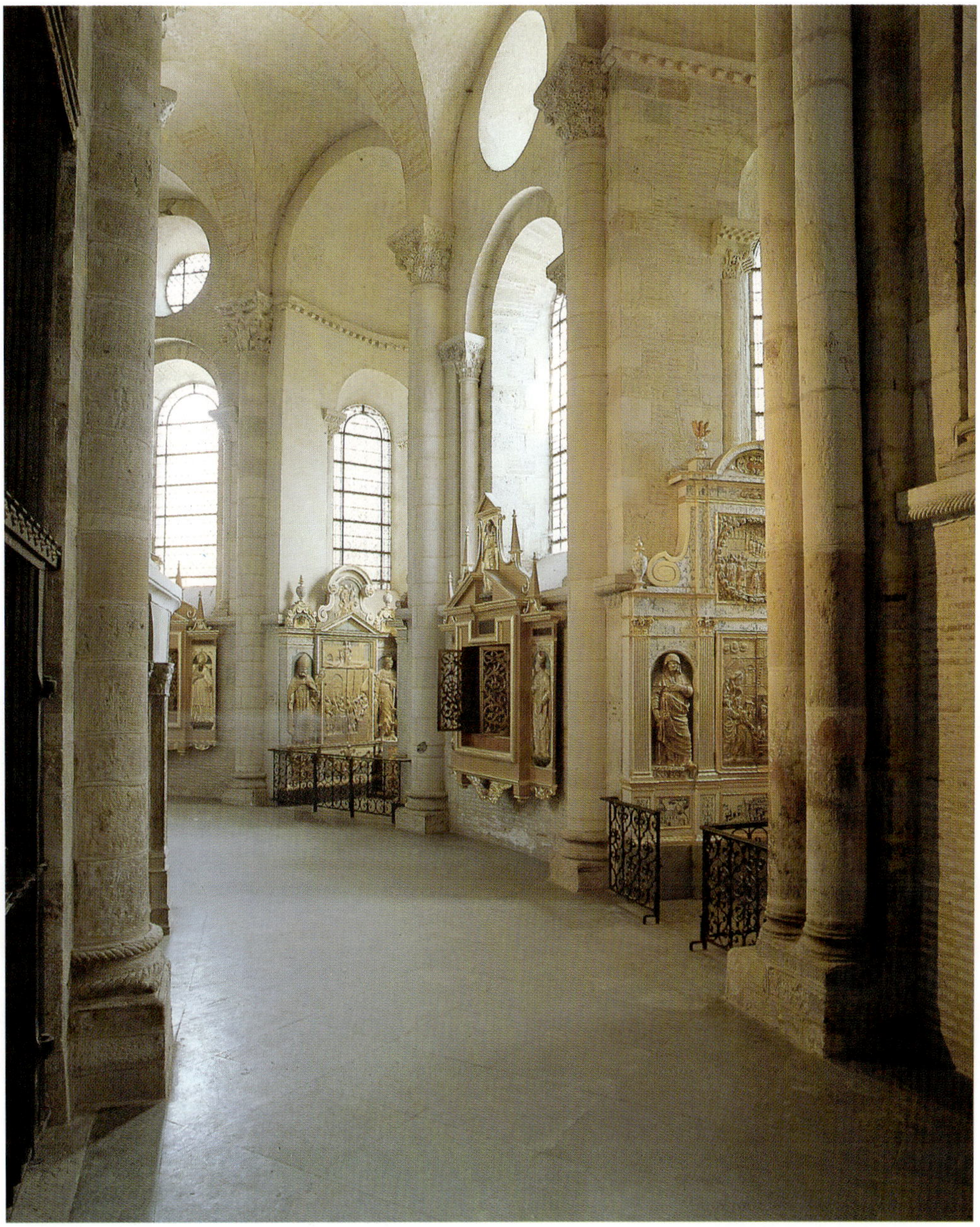

219. Toulouse (Haute-Garonne), église Saint-Sernin, déambulatoire.

En effet, si les murs gouttereaux se trouvent, grâce aux berceaux transversaux, dégagés des poussées de la voûte, celles-ci se concentrent sur les arcs diaphragmes. Le coût et la complexité de la construction des voûtes, et notamment des cintres en bois servant d'appui provisoire aux maçonneries, devaient donc être considérables. L'ensemble demandait par ailleurs à être fortement calé aux deux extrémités. À Tournus, la présence de l'avant-nef voûtée assurait la stabilité du côté occidental, mais il n'en allait pas de même du côté oriental. Bien que les dernières piles des grandes arcades doublent celles de la croisée du transept (qui, au moment de la construction de la nef était encore celle du début du XIe siècle), des désordres étaient à redouter. Il fallut donc reprendre le transept et, surtout, la croisée, qui fut dotée d'une coupole établie au niveau des voûtes du haut-vaisseau de la nef (ill. 273). Sans doute est-ce à cause de ces difficultés que celles-ci ne furent mises en place qu'à la fin du siècle. Cette tentative révèle pourtant déjà un souci qui prévaudra au cours des générations suivantes : celui de la recherche de nouveaux modes de voûtement.

IV. L'AFFIRMATION D'UN STYLE ARCHITECTURAL : QUELQUES GRANDS CHEVETS

Loin de les conduire à rechercher une certaine normalisation, la maîtrise accrue des architectes semble les pousser à introduire d'infinies variations dans le choix du parti comme dans le traitement des éléments de la structure et de la modénature. Si, dans les premières expériences romanes, cette diversité pouvait être mise au crédit de l'instabilité, voire de l'effervescence, propre à une phase de recherches, elle s'affirme comme un caractère intrinsèque. Cette capacité de renouvellement est particulièrement sensible dans les chevets, qui connaissent des transformations significatives sinon dans leurs plans, du moins dans leur élévation et dans le traitement des espaces internes.

LA CHARITÉ-SUR-LOIRE ET SAINT-SEVER

Il en est ainsi dans les deux abbatiales de La Charité-sur-Loire, construite dans les années 1070-1080 [168], et de Saint-Sever, commencée avant 1072 [169], qui ne comptent pas moins de sept chapelles échelonnées ouvrant sur les bras d'un vaste transept (36,30 m à La Charité-sur-Loire, 39,80 m à Saint-Sever). Il est difficile d'apprécier les dispositions exactes du chevet de La Charité-sur-Loire (ill. 216), modifié lors de la construction d'un déambulatoire à chapelles rayonnantes au XIIe siècle. Sans doute existait-il, comme à Saint-Sever (ill. 217), un échelonnement progressif des chapelles de part et d'autre d'un long sanctuaire. Malgré ces similitudes de plan, les deux édifices diffèrent considérablement par leur organisation spatiale. À La Charité-sur-Loire (ill. 220), l'architecte a accordé un grand intérêt à l'élévation du transept ; ses murs orientaux sont rythmés par les arcs d'entrée des chapelles, de hauteur et de largeur à peu près identiques quelle que soit la profondeur de celles-ci. Au-dessus, de vastes fenêtres (aujourd'hui murées) encadrées de colonnettes sont situées au même niveau que celles des façades nord et sud et du mur occidental. Cette recherche d'unité s'affirme également à travers la présence, à l'est comme à l'ouest, de colonnes engagées montant de fond pour recevoir des arcs de décharge enveloppant les fenêtres. Avant l'édification du nouveau chevet, qui entraîna le surhaussement des murs du transept, une voûte en berceau, dont la hauteur sous clef était d'environ 18 m, prenait naissance au-dessus de ces arcs de décharge. Cette élévation reprenait-elle celle du sanctuaire ? Rien ne permet de le dire.

À Saint-Sever, au contraire, l'architecte a instauré une hiérarchie très marquée entre les chapelles (ill. 221). Celles

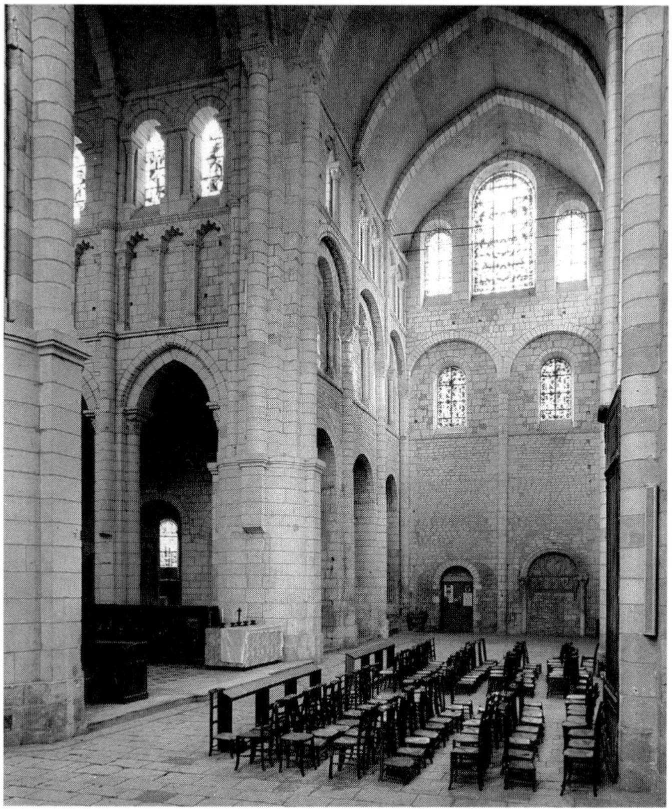

220. La Charité-sur-Loire (Nièvre), église abbatiale, transept.

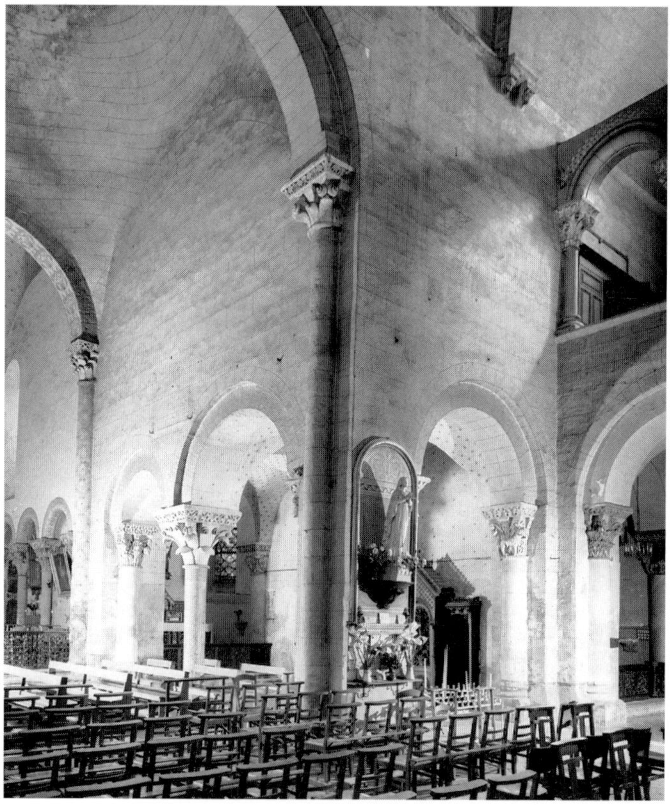

221. Saint-Sever (Landes), église abbatiale, chapelles orientées.

qui encadrent le chœur s'ouvrent sur celui-ci, comme sur le transept, par de vastes arcades (9,10 m de hauteur) à double ou triple rouleau qui retombent sur des piles composées, mais ne communiquent avec leurs voisines que par des arcades plus basses (4 m de hauteur) et plus étroites, reçues par des colonnes monolithes (en marbre de remploi). Des arcades semblables supportent les tribunes qui s'élèvent au revers des façades du transept. Les dernières chapelles orientées sont, de ce fait, à la fois isolées de leurs voisines et amplifiées par les deux travées voûtées d'arêtes qui les précèdent [170]. Aussi le jeu des perspectives transversales, déjà complexe et quelque peu illusionniste dans le sanctuaire, s'enrichit-il par son extension aux bras du transept, tandis que la dilatation de l'espace central (chœur et croisée) contraste avec le cloisonnement des espaces latéraux. Les murs orientaux et occidentaux du transept, enfin, sont dépourvus de fenêtres, et les chapelles orientées qui, à La Charité-sur-Loire, sont largement éclairées par de vastes baies ne reçoivent qu'une lumière parcimonieuse. La reconstruction, au XVIIe siècle, de l'abside et de la voûte du chœur, qui s'accompagna d'un remaniement des fenêtres hautes de celui-ci, ne permet plus d'apprécier la qualité de l'éclairage du sanctuaire.

Bien que quelques autres édifices de cette même période aient adopté un plan à sept chapelles échelonnées (par exemple, dans le domaine anglo-normand : Saint-Ouen de Rouen, Saint Mary d'York et Saint Albans), il ne sont connus que par des sondages archéologiques ou des vestiges trop limités pour qu'on puisse préjuger de leurs dispositions en élévation. Du reste, à de rares exceptions près, comme Châteaumeillant (Berry) et Glastonbury (Angleterre), ce type de chevet devait disparaître au XIIe siècle, tandis que celui qui comptait cinq chapelles connaissait encore un certain succès.

La plupart des monuments importants d'une large partie de la France adopteront le plan à déambulatoire et chapelles rayonnantes mis au point au début du siècle. Mais les architectes maîtrisent désormais mieux l'art du dessin et les tâtonnements qui marquèrent les premières expériences tendent à disparaître ; quelques exemples nous le montreront.

SAINT-SERNIN DE TOULOUSE

Autour du chœur de Saint-Sernin de Toulouse – dont les deux travées droites sont rythmées par des piles composées – et de l'ample hémicycle de l'abside, le déambulatoire (large d'environ 3,50 m) décrit une courbe harmonieuse (ill. 207, 219 et 222) ; sur son pourtour s'ouvrent alternativement de larges fenêtres, surmontées d'un oculus, et cinq chapelles relativement peu profondes, à l'exception de celle située dans l'axe. À l'extérieur, l'étagement des volumes des chapelles aux proportions élancées, du déambulatoire et, enfin, de l'abside adossée à la masse plus large du chœur [171] révèle la rigueur de pensée du maître d'œuvre. Celle-ci transparaît aussi dans la répartition équilibrée des baies, qui dessinent une double couronne, comme dans le traitement de la plastique murale. En effet, l'architecte de Saint-Sernin a joué de l'opposition et de la complémentarité entre la brique, matériau local traditionnel réservé au plein des murs, et la pierre de taille, utilisée pour les encadrements de fenêtres, les corniches et les contreforts. Il a progressivement allégé ceux-ci dans les chapelles rayonnantes, où les dosserets du soubassement cèdent la place, au niveau des fenêtres, à des colonnes engagées puis à des colonnettes en délit, comme dans l'abside où éléments structurels et décoratifs sont superposés. Le Maître de Saint-Sernin a également été soucieux d'établir une continuité entre chevet et transept dont les quatre absidioles (deux sur chaque bras), identiques presque en tous points aux chapelles rayonnantes, alternent comme celles-ci avec des baies surmontées d'oculus. Seuls quelques éléments de décor introduisent une subtile hiérarchie entre la chapelle d'axe, dont les murs sont enrichis par des jeux d'appareil, les chapelles rayonnantes, encadrées de longues et minces colonnettes en délit, et les chapelles orientées.

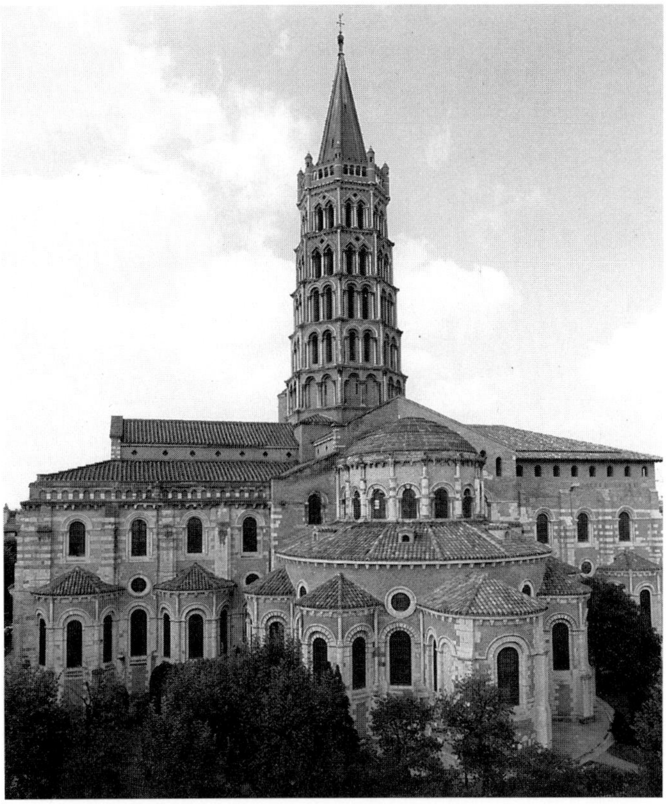

222. Toulouse (Haute-Garonne), église Saint-Sernin, chevet

À l'intérieur, le chœur et l'abside, qui s'élèvent à la même hauteur (21 m sous clef), se différencient nettement par leur élévation : grandes arcades surmontées de tribunes pour le premier, d'ouvertures sous combles (murées depuis le XVIe siècle) et de fenêtres hautes pour la seconde (ill. 211). Le constraste entre les deux parties du sanctuaire, entre lesquelles la présence d'une crypte sous la seule abside engendre une dénivellation de près de 3 m [172], est accentué par le type de leurs supports respectifs : quatre piles composées à noyau quadrangulaire cantonné de colonnes engagées dans le chœur, huit colonnes appareillées et deux piliers carrés dans l'hémicycle.

L'élévation de l'abside offre deux caractéristiques qui se retrouvent dans un certain nombre d'édifices de cette période comme des suivantes. La première concerne le tracé des arcs de l'hémicycle, en plein cintre fortement surhaussé (ill. 209). À Saint-Sernin, ces arcs, dont le niveau correspond à celui des oculus surmontant les fenêtres du déambulatoire, facilitent la diffusion de la lumière au sein du sanctuaire. Mais le recours à des arcs plus ou moins surhaussés permettait également de compenser les variations d'intervalle entre les supports du chœur et de l'hémicycle et d'harmoniser les niveaux. Cette modulation des tracés procurait donc aux architectes une liberté dans le choix des proportions des arcades délimitant le sanctuaire dont ils usèrent avec une grande diversité. La présence, entre les grandes arcades de l'hémicycle et les fenêtres hautes, d'un niveau intermédiaire (des ouvertures donnant sur les combles à Saint-Sernin, une arcature aveugle à Saint-Étienne de Nevers ou encore une formule mixte à Sainte-Foy de Conques) devait, par ailleurs, permettre aux architectes non seulement d'enrichir le traitement de cette zone au lieu de la laisser nue, mais parfois d'établir des correspondances entre les niveaux – correspondances approximatives à Saint-Sernin, rigoureuses à Conques. Le choix d'ouvertures donnant sur les combles traduit aussi un souci de les aérer, de les éclairer, de les rendre praticables pour la circulation et, peut-être, une volonté d'alléger le mur.

La distinction entre le chœur et l'abside, nettement affirmée dans le sanctuaire de Saint-Sernin, se retrouve, atténuée, dans le déambulatoire (ill. 219). Alors que les deux travées droites de celui-ci sont voûtées d'arêtes dont les doubleaux retombent, du côté interne, sur des colonnes engagées et, du côté externe, sur des paires de minces colonnes en délit, les parties tournantes sont dotées d'un berceau à pénétrations qui engendre un espace plus fluide [173], rythmé de part et d'autre par des colonnes engagées. L'architecte a recherché une certaine unification grâce à l'établissement de niveaux simples et concordants dans l'ensemble du déambulatoire : haut soubassement dont la nudité fait écho à celle des murs qui délimitent la crypte, fenêtres qui s'ouvrent au-dessus d'un cordon horizontal continu et, selon les travées, arcs d'entrée des chapelles ou oculus. Enfin, si la modénature du déambulatoire reste relativement sobre, les baies des chapelles rayonnantes sont entourées d'arcatures auxquelles vient s'ajouter, dans la chapelle d'axe, un jeu complexe de colonnettes.

SAINT-JEAN-DE-MONTIERNEUF À POITIERS

Tout autre est le parti du chevet de Saint-Jean-de-Montierneuf à Poitiers, pour autant que la reconstruction, à l'époque gothique, du sanctuaire au-dessus des grandes arcades et les restaurations du XVIIe siècle nous permettent d'en juger (ill. 202, 224 et 225). Seuls, en effet, des arrachements de la voûte primitive autrefois visibles sur la face orientale de la croisée du transept – conservé comme l'ensemble de la nef – fournissent une indication sur la hauteur du chœur roman (environ 18 m sous clef), dont l'élévation reste, de même que celle de l'abside, hypothétique. Les parties épargnées par les modifications ultérieures du chevet de Saint-Jean-de-Montierneuf, dont un certain nombre d'autels furent consacrés entre 1074-1075 et 1083 [174], frappent par leur ampleur, qu'il s'agisse des trois chapelles rayonnantes, largement espacées et exceptionnellement vastes (7 m x 5,40 m pour la chapelle d'axe, 5,50 m x 4 m pour les chapelles latérales), ou du déambulatoire lui-même, large de 5,50 m et haut de 9,40 m, alors que celui de Saint-Sernin de Toulouse, de hauteur comparable, n'excède pas 3,60 m de largeur. Chaque travée, voûtée d'arêtes dans la partie droite comme dans la partie tournante, est définie avec vigueur par les colonnes engagées qui reçoivent les doubleaux. L'architecte a, par ailleurs, accordé une grande importance au traitement de la plastique murale. Ainsi, l'entrée des chapelles est soulignée par des colonnettes engagées placées dans l'angle rentrant des maçonneries, tandis que les arcs des fenêtres, à double rouleau, retombent sur des paires de colonnettes en délit. L'arcature basse qui décore le soubassement du mur du déambulatoire s'interrompt dans les chapelles rayonnantes, mais se retrouve dans les chapelles orientées du transept. À l'extérieur, dans les unes et les autres, des faisceaux de trois colonnes-contreforts couronnées de chapiteaux montent de fond jusqu'à une corniche sur modillons qui ceinture l'ensemble des parties orientales alors que d'autres groupes de colonnes, insérées à la jonction des chapelles et du déambulatoire, modulent l'articulation des volumes. Il en résulte un étonnant effet d'ondulation des masses, nuancé seulement par la diversité du niveau et des dimensions des fenêtres (plus hautes dans le déambulatoire que dans les chapelles, plus larges dans la chapelle d'axe que dans les autres).

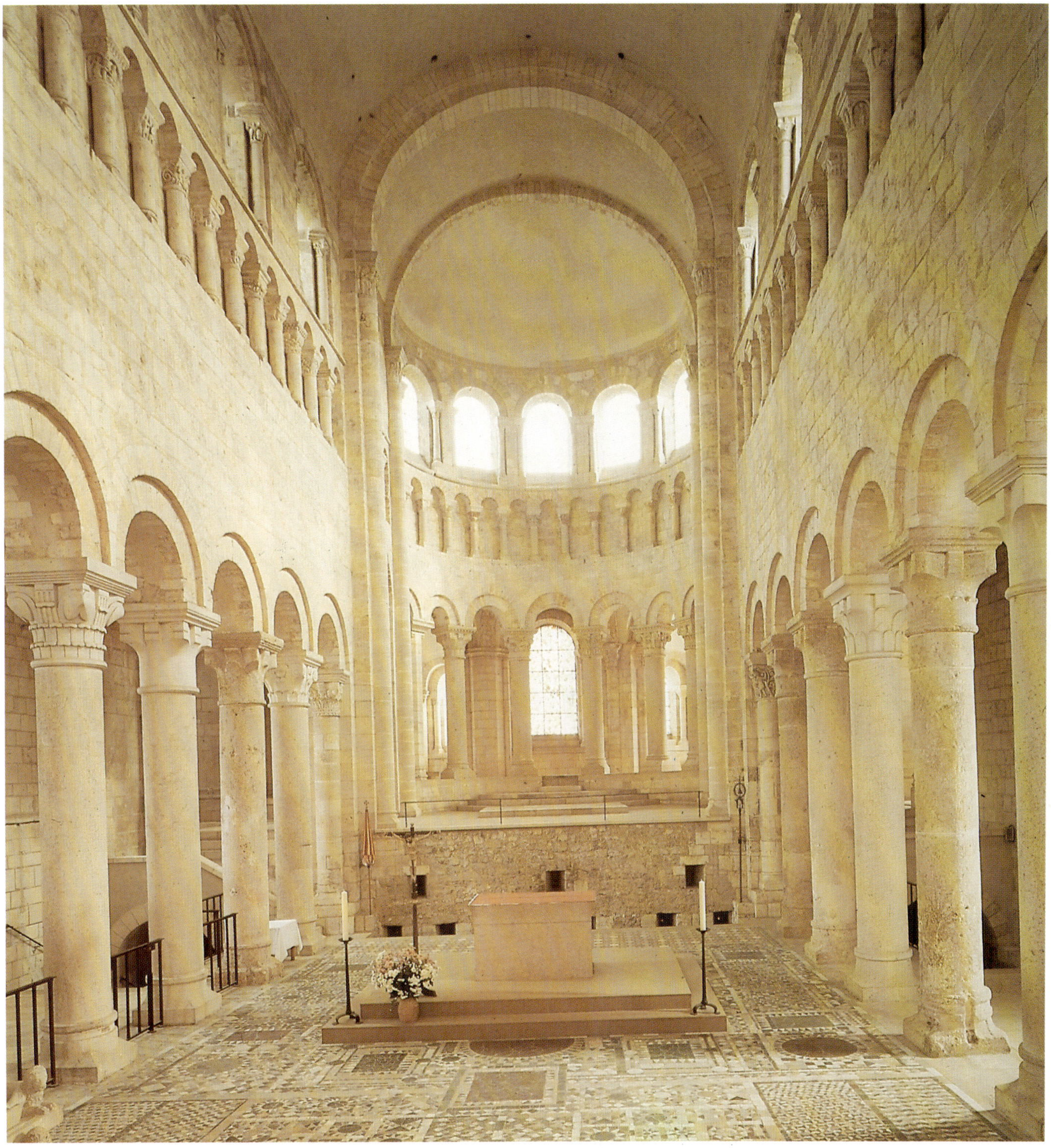

223. Saint-Benoît-sur-Loire (Loiret), église abbatiale, sanctuaire.

SAINT-BENOÎT-SUR-LOIRE

Le chevet de Saint-Benoît-sur-Loire (ill. 179, 223, 226 et 227), dont la construction commencée entre 1067 et 1080 s'acheva dans les premières années du XIIe siècle [175], offre une interprétation originale du plan à déambulatoire et chapelles rayonnantes, marquée notamment par un allongement sensible du sanctuaire (22 m depuis l'entrée du chœur jusqu'au fond de l'hémicycle, pour une quinzaine de mètres

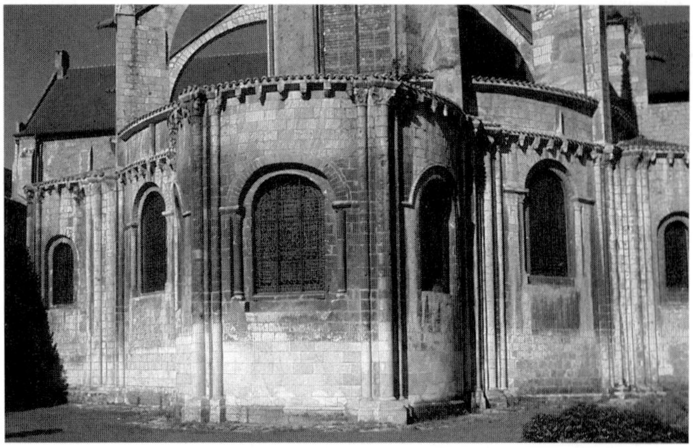

224. Poitiers (Vienne), église Saint-Jean-de-Montierneuf, déambulatoire, vue extérieure.

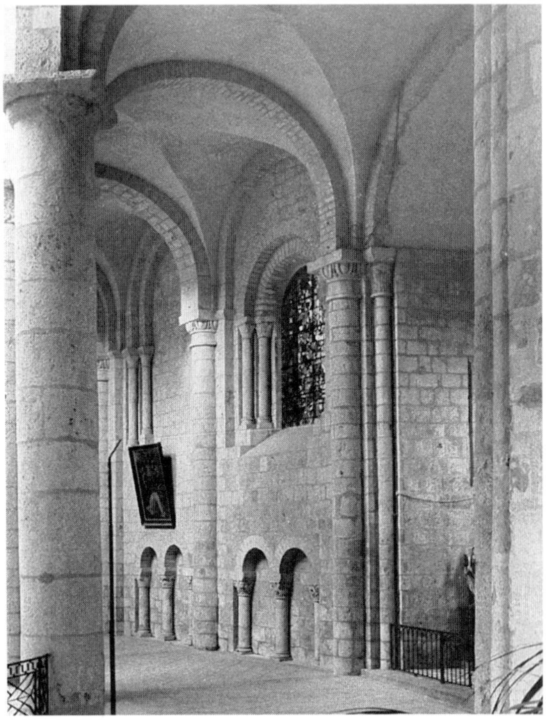

225. Poitiers (Vienne), église Saint-Jean-de-Montierneuf, déambulatoire, vue intérieure.

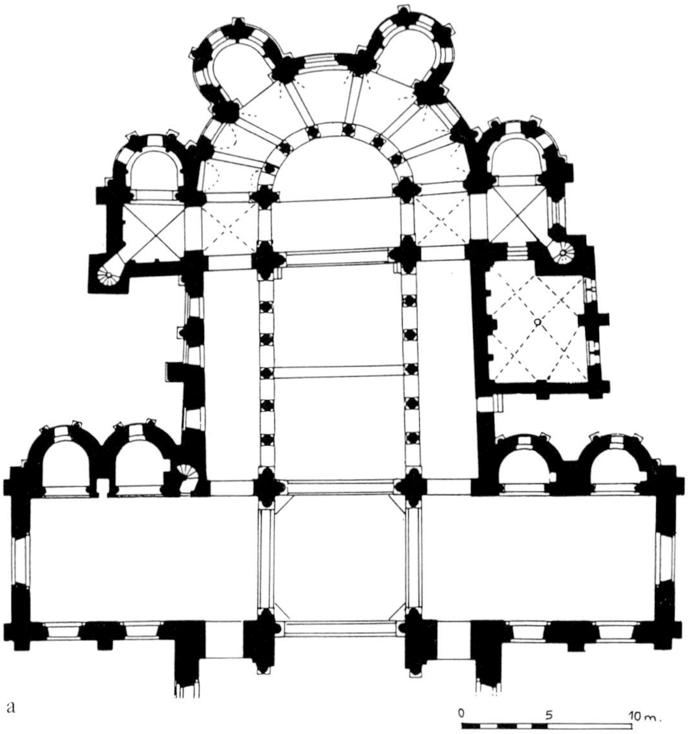

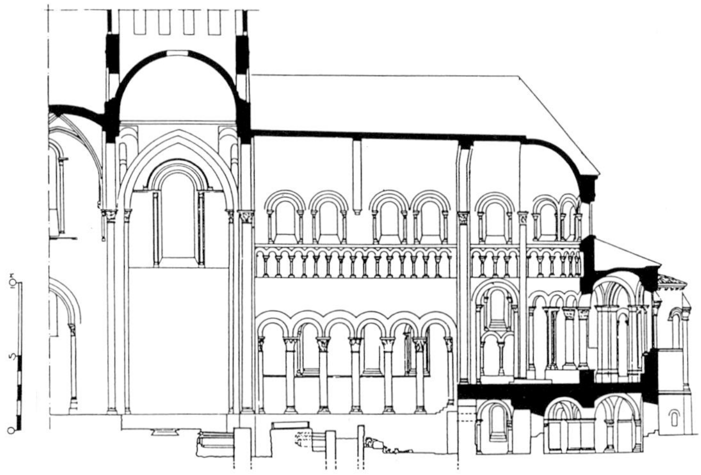

226. Saint-Benoît-sur-Loire (Loiret), église abbatiale, coupe longitudinale du chevet.

seulement à Saint-Sernin de Toulouse ou à Saint-Jean-de-Montierneuf), allongement sans doute justifié par l'ambition et la complexité du programme. Il s'agissait, en effet, d'édifier autour de la châsse de saint Benoît un chevet-reliquaire digne du fondateur du monachisme occidental, et de permettre à une importante communauté de célébrer les offices sous la protection de ces insignes reliques. Le chœur, encadré de part et d'autre par une file de cinq colonnes, est délimité à l'est par le mur de la crypte à demi enterrée qui s'étend sous l'abside et le déambulatoire, tous deux nettement surélevés. Au niveau de l'autel consacré à saint Benoît et situé au centre de la travée droite qui précède l'hémicycle, des arcades plus larges et plus hautes retombant sur des piles composées interrompent la continuité de l'élévation et créent l'illusion d'un petit transept. D'ailleurs, deux tours, implantées de chaque côté de la travée correspondante du déambulatoire et sur lesquelles ouvrent des chapelles orientées, contribuent à renforcer cette illusion. La circulation ne semble pas avoir été au premier plan des préoccupations de l'architecte. Les escaliers relativement étroits qui permet-

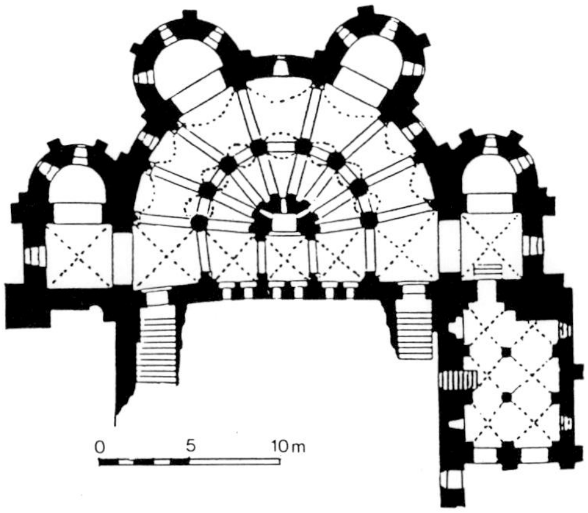

b

227. Saint-Benoît-sur-Loire (Loiret), église abbatiale : a. plan du chevet, b. plan de la crypte.

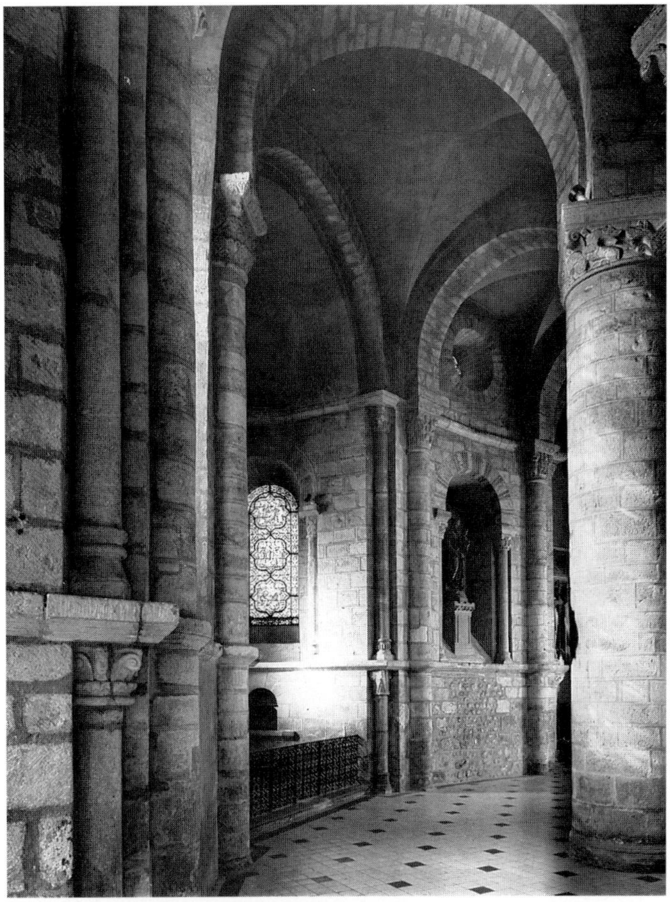

228. Le Mans (Sarthe), église Notre-Dame-de-la-Couture, déambulatoire.

tent de descendre dans la crypte d'une part et d'accéder, de l'autre, au déambulatoire se trouvent, en effet, dans les bas-côtés du chœur et ne paraissent pas avoir été prévus pour des foules importantes. Ce rejet des escaliers dans les collatéraux permettait, en revanche, de préserver l'unité du mur de confession, percé de *fenestellae*, autour duquel s'organise toute l'architecture du sanctuaire (ill. 223).

Dans l'hémicycle comme dans le déambulatoire, le maître d'œuvre de l'abbatiale s'est montré soucieux de moduler les espaces. Alors que, durant ce dernier tiers du XIe siècle, les colonnes du rond-point sont, en général, régulièrement espacées, leurs intervalles varient à Saint-Benoît-sur-Loire de 0,95 m sur les côtés à 1,60 m dans l'axe. C'est aussi dans l'axe du mur du pourtour du déambulatoire que s'ouvre, entre les deux chapelles rayonnantes, une vaste baie dont la lumière illumine le centre de la partie tournante. Dans le reste du sanctuaire, au contraire, l'architecte a recherché une régularité rigoureuse en mettant alternativement l'accent sur les lignes verticales (colonnes des grandes arcades du chœur ou colonnes engagées des piles encadrant la travée du pseudo-transept) et sur les lignes horizontales (arcature aveugle qui court sur les murs au-dessous des fenêtres hautes). Arcature et fenêtres ceinturant également l'abside, la continuité de ces deux niveaux de l'élévation s'oppose à la variété des rythmes et des hauteurs des grandes arcades.

Si les colonnes monostyles du chœur de Saint-Benoît-sur-Loire traduisent un retour à un type généralement abandonné en France depuis le début du XIe siècle au profit de piles maçonnées de types divers, l'extension d'une élévation à trois niveaux à l'ensemble du sanctuaire apparaît, au contraire, comme une nouveauté significative. En effet, dans les quelques grands chevets à déambulatoire et chapelles rayonnantes de la même génération dont l'abside comporte, entre les colonnes de l'hémicycle et les fenêtres hautes, un niveau intermédiaire – quel qu'il soit –, l'élévation à trois niveaux ne se retrouve pas dans le chœur. L'importance accordée à l'arcature aveugle qui court sous les fenêtres hautes témoigne d'un goût croissant, dans les régions de la France du Nord, pour un type d'élévation dont le succès s'affirmera au XIIe siècle. Il en va de même en ce qui concerne les recherches sur l'éclairage du sanctuaire. Bien que le vaisseau central du chœur de Saint-Benoît-sur-Loire, dont la voûte s'élève à environ 18 m pour une largeur de près de 8 m, pose des problèmes de stabilité comparables à ceux des nefs, l'architecte le dota de fenêtres hautes aussi vastes et presque aussi rapprochées que celles de l'abside. Ce souci de conserver l'abondant éclairage direct des basiliques charpentées, fût-ce en prenant le risque de mettre l'équilibre de la consruction en péril, témoigne d'une audace technique qui annonce quelques-unes des grandes réalisations du XIIe siècle.

L'originalité du programme de Saint-Benoît-sur-Loire doit d'autant plus être soulignée que, lorsque la construction du chevet fut envisagée, les grandes cryptes tendaient déjà à se raréfier en France. Parmi les monuments mentionnés dans ce chapitre, seul Saint-Sernin de Toulouse en possédait une, d'ailleurs limitée à l'abside, comme celle de Notre-Dame-de-la-Couture, au Mans, édifiée vers la fin du siècle (ill. 228). Mais, tandis qu'en Italie et dans l'Empire les cryptes-halles se développant sous le sanctuaire et, parfois, sous le transept et une partie de la nef connurent un succès durable au XIIe siècle, il semble qu'en France, la présence d'une vaste crypte, quelles que soient ses dispositions, sauf exception, parut de moins en moins indispensable, sans doute parce qu'on allait dorénavant préférer le plus souvent exposer les reliques dans le sanctuaire.

La crypte de Saint-Eutrope de Saintes

Les moines de Saint-Eutrope de Saintes, dont la communauté fut, en 1081, rattachée à Cluny par le duc d'Aquitaine, Guillaume VIII, entreprirent néanmoins la construction d'une église comportant une vaste crypte à déambulatoire et chapelles rayonnantes (ill. 229, 230 et 231) ; celle-ci, œuvre d'un architecte nommé Benoît, était sans doute achevée lors du passage du pape Urbain II en 1096 [176]. Il s'agit d'une véritable église basse, longue de 35,50 m, qui s'étendait sous l'ensemble du chevet et du transept et à laquelle on accédait par de larges escaliers situés dans le vaisseau central de la nef, escaliers qui permettaient à de nombreux pèlerins de s'approcher des reliques de saint Eutrope [177]. Son déambulatoire comportait trois chapelles rayonnantes contiguës, solution rare à l'époque romane (mais qui se retrouve, vers 1100, dans l'église poitevine d'Airvault).

Le maître d'œuvre de Saint-Eutrope fit également un choix inhabituel en substituant au mur qui, dans la plupart des cryptes de ce type, sépare la salle centrale du déambulatoire de puissants supports composés qui varient en plan et en importance selon leur emplacement. Dans les quatre travées droites alternent des piles fortes et des piles faibles de structure comparable : un noyau cruciforme cantonné de quatre colonnes engagées et doté, dans ses angles rentrants, de colonnes engagées dans le premier cas, de colonnes en délit dans le second ; dans les quatre piles de l'hémicycle, le noyau, moins volumineux, est seulement cantonné de quatre colonnes engagées. Malgré la faible hauteur des fûts, l'architecte donna un grand développement aux socles, aux bases et aux chapiteaux, accroissant ainsi l'effet de puissance qui se dégage de l'ensemble. Mais le problème majeur résidait dans le voûtement. Il fallait, en effet, pour fournir à l'église haute un soubassement stable, que toutes les voûtes – celles du vaisseau central large de 7,70 m et celles des collatéraux, dont la largeur dépasse à peine 3 m – culminent à

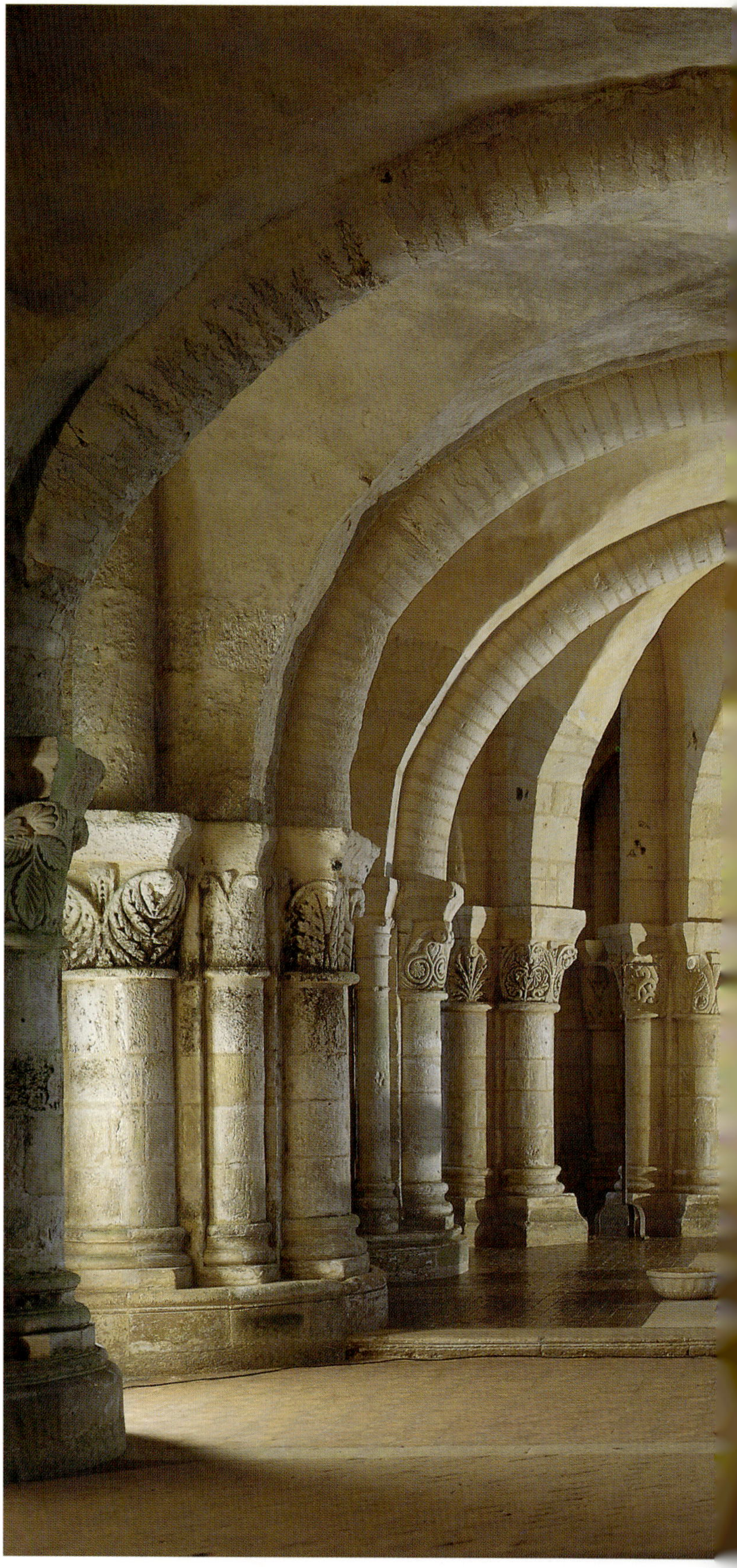

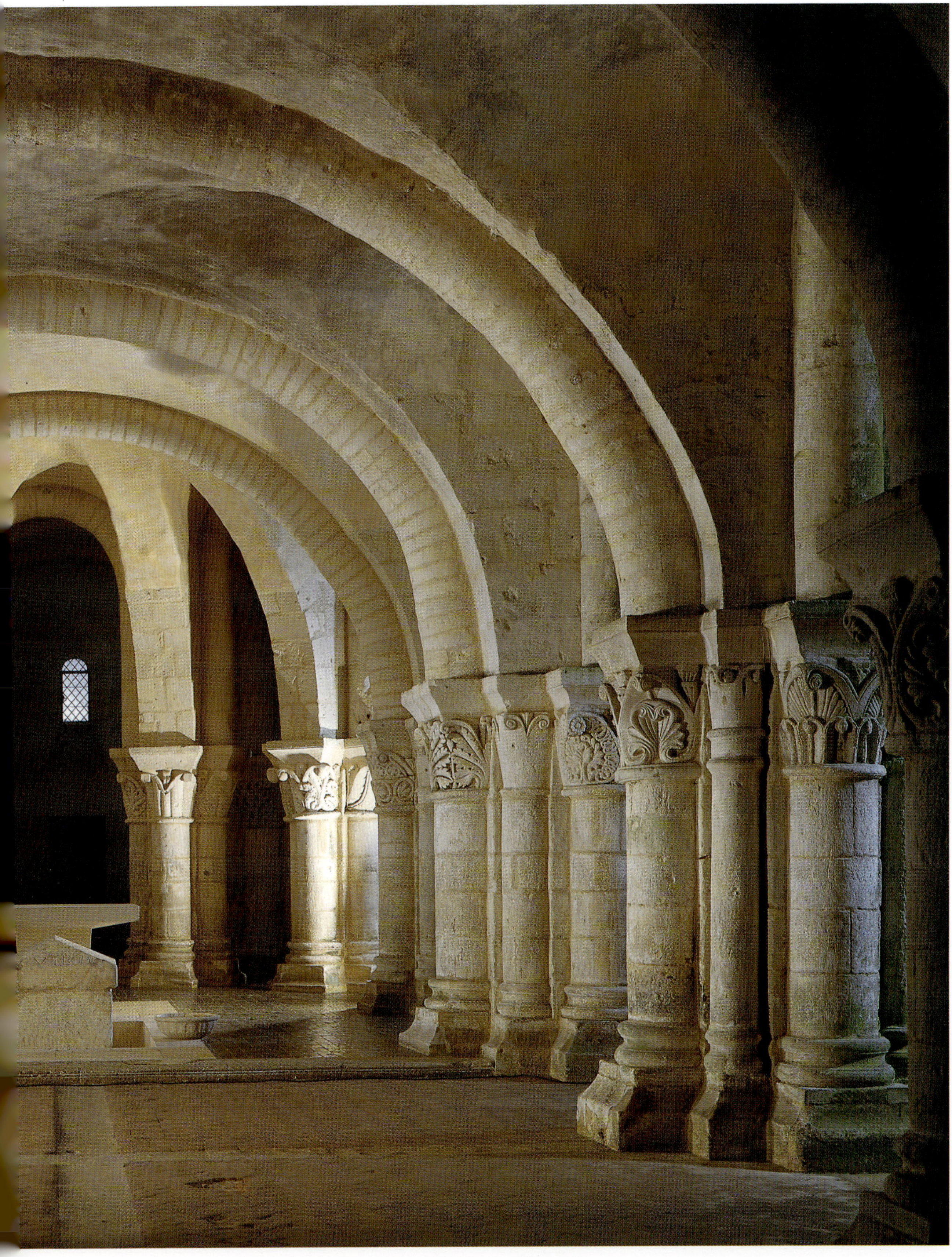

229. Saintes (Charente-Maritime), église Saint-Eutrope, crypte, salle centrale.

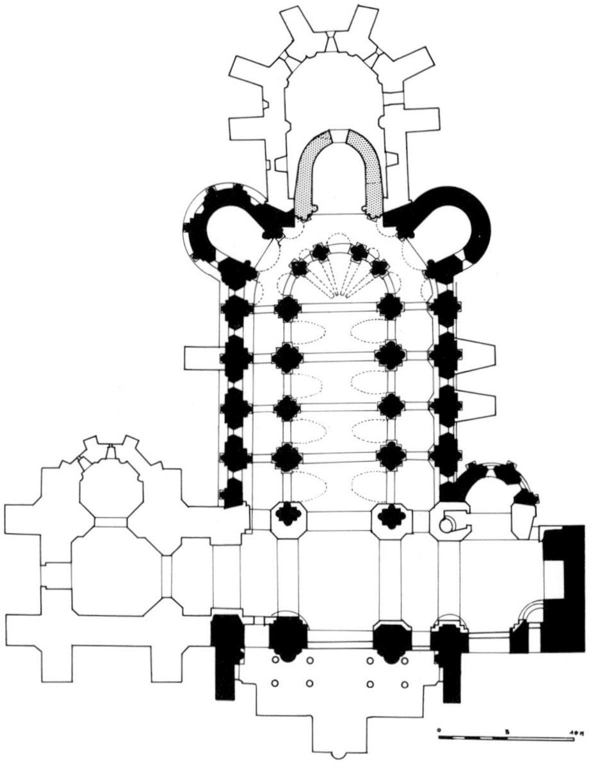

230. Saintes (Charente-Maritime), église Saint-Eutrope, plan de la crypte.

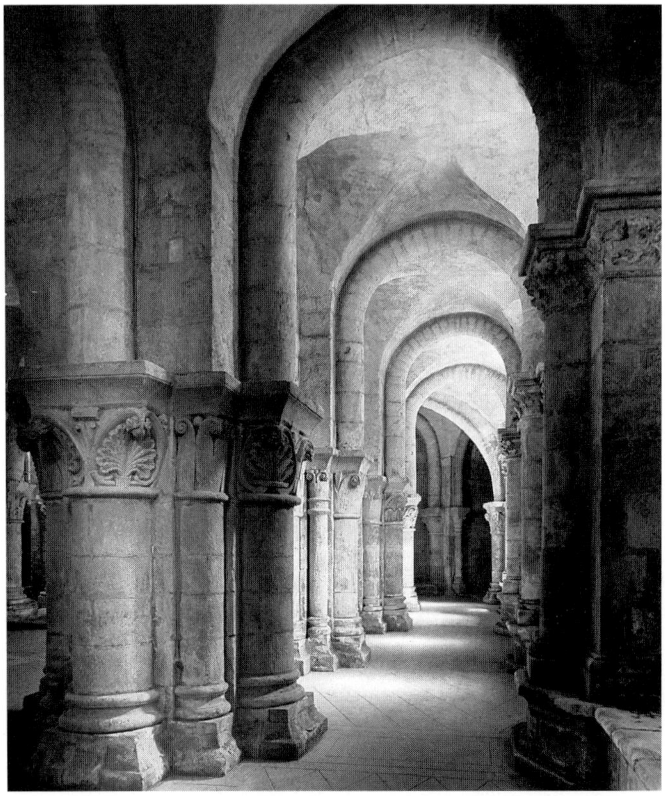

231. Saintes (Charente-Maritime), église Saint-Eutrope, crypte, bas-côté.

la même hauteur. Confronté à un problème technique comparable, l'architecte de la galilée de Tournus avait diversifié les types de voûtes. Celui de Saint-Eutrope fit un autre choix et couvrit les trois vaisseaux de berceaux longitudinaux, de tracé légèrement surbaissé dans la partie centrale et fortement surhaussé dans les collatéraux. Ces voûtes sont, comme le cul-de-four de l'abside, échancrées par des pénétrations latérales de largeur et de profondeur variables. En dépit de la complexité de ce système, Benoît parvint à l'harmoniser en établissant une rigoureuse correspondance entre les supports et les retombées qu'ils reçoivent (par exemple, les arcs doubleaux et ceux des grandes arcades, de forme torique, prolongent les colonnes engagées sur les faces des piles de la partie droite, tandis que les arêtes résultant des pénétrations transversales correspondent aux colonnes placées dans les angles rentrants du noyau).

V. LES PROGRAMMES PICTURAUX

PROBLÈMES DOCUMENTAIRES

La construction de ces édifices ambitieux, de structure complexe, s'étendait souvent sur plusieurs décennies, au cours desquelles il arrivait que les travaux soient, pour des raisons diverses (notamment par épuisement des ressources), ralentis, voire arrêtés, de manière provisoire ou définitive. Parmi les grands monuments mis en chantier dans les années 1060-1070, peu étaient achevés à la fin du siècle. Cette durée des travaux doit être prise en compte dans l'étude des peintures murales. Ainsi est-il souvent difficile de préciser la date d'exécution des peintures conservées : immédiatement après l'achèvement des travaux, alors que les échaufaudages étaient encore en place, ou quelque temps plus tard ? On peut néanmoins attribuer à la fin du XIe siècle quelques ensembles de peintures murales dont la réalisation semble avoir suivi de peu la fermeture du chantier (Saint-Savin, Saint-Hilaire de Poitiers, Château-Gontier). Les textes nous renseignent par ailleurs sur les décors picturaux que l'abbé Adémar fit exécuter dans l'église Saint-Martial de Limoges, dont il avait entrepris l'édification. Mais, si le sanctuaire de Saint-Sernin de Toulouse fut doté, à la fin du XIe siècle, de peintures murales, il n'en subsiste rien (celles qui furent découvertes, au cours des années 1970, dans le transept et la nef, sont plus tardives et ne paraissent pas correspondre à un programme cohérent). Enfin, nous ignorons tout des décors peints romans de Sainte-Foy de Conques, de Saint-Étienne de Caen, de Saint-Benoît-sur-Loire, etc. C'est dire avec quelle prudence les rares données en notre possession doivent être interprétées. Le fait que les principaux ensembles

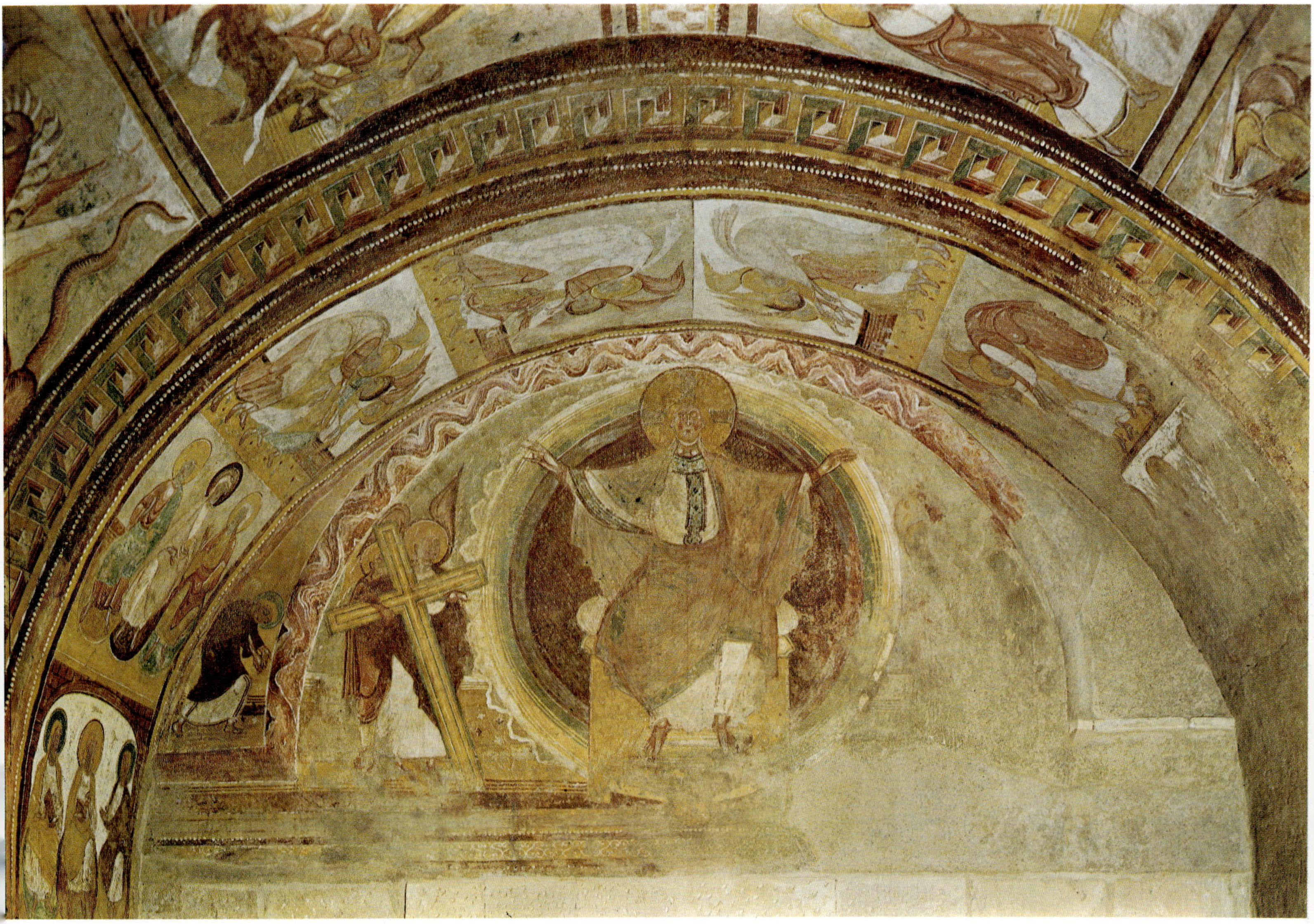

232. Saint-Savin-sur-Gartempe (Vienne), église abbatiale, peintures du porche : scènes de l'Apocalypse et Christ en Majesté.

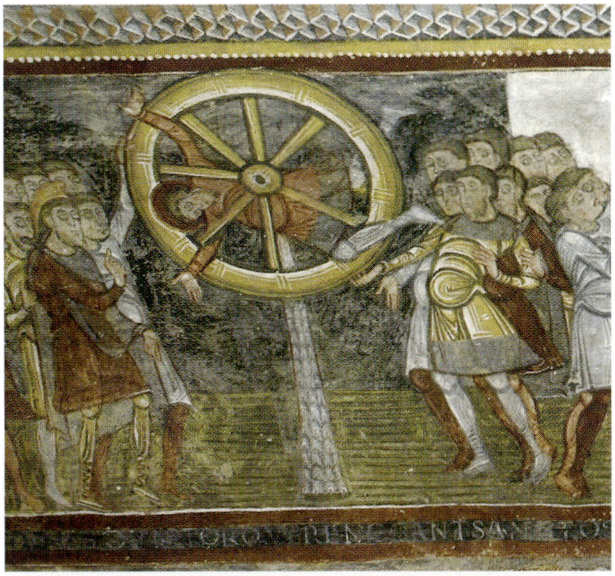

233. Saint-Savin-sur-Gartempe (Vienne), église abbatiale, peintures de la crypte, détail : martyre de saint Savin.

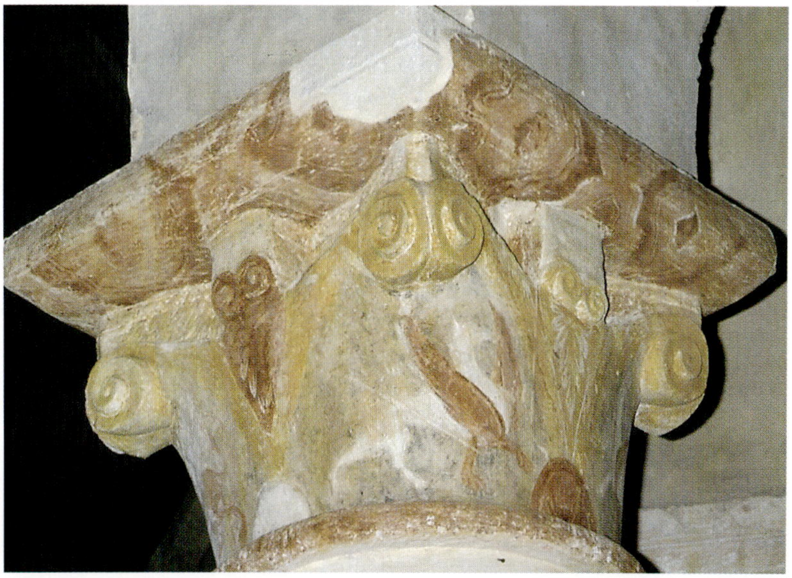

234. Poitiers (Vienne), église Saint-Hilaire, hémicycle : chapiteau peint.

conservés se situent dans une même zone géographique (Poitou-Anjou), alors que les ensembles comparables qui ont existé ailleurs restent inconnus, pose particulièrement problème.

LE CHOIX ET L'EMPLACEMENT DES THÈMES ICONOGRAPHIQUES

Très rares sont les édifices dont les peintures nous sont parvenues dans leur intégralité. À Saint-Savin-sur-Gartempe, cependant, la répartition des thèmes iconographiques peut être restituée de manière assez précise. Dans le porche de l'église (ill. 232) se développe un programme illustrant l'Apocalypse dont les scènes sont organisées en panneaux superposés sur les murs et sur la voûte en berceau ; au tympan trône un grand Christ du Jugement dernier, encadré par des anges portant les instruments de la Passion et salué par des groupes d'apôtres peints sur les parois voisines. Au-dessus de ce porche, la tribune qui ouvre sur la nef et dans laquelle se déroulait sans doute une partie de la liturgie pascale était décorée d'un cycle de la Passion, dont subsiste une monumentale déposition de Croix, et d'une série de représentations de saints, parmi lesquels figuraient plusieurs évêques de Poitiers. Dans la nef, la voûte du haut-vaisseau sert de support à un cycle ambitieux de scènes empruntées à la Genèse et à l'Exode (ill. 238), tandis que des figures de prophètes occupaient les écoinçons des grandes arcades. Les peintures du transept et de l'abside ont, pour leur part, disparu, mais celles du déambulatoire et des chapelles rayonnantes, essentiellement ornementales, sont conservées, ainsi que celles de la crypte, qui évoquent les martyres de saint Savin et de saint Cyprien (ill. 233).

Le programme iconographique de Saint-Hilaire de Poitiers comporte davantage de lacunes. Dans la nef, un certain nombre de représentations des évêques de Poitiers sont peintes sur les piliers entourant l'emplacement présumé du tombeau de saint Hilaire. À cette image de l'Église du diocèse, succède, dans le sanctuaire nettement surélevé, celle de l'Église universelle triomphante. En effet, si les sondages effectués dans le badigeon moderne de la voûte n'ont donné aucun résultat, les scènes de l'Apocalypse (les Cavaliers, la Femme et le Dragon, le Combat de saint Michel), récemment découvertes dans les écoinçons de l'hémicycle, suggèrent la présence, dans le cul-de-four, d'un Christ en Majesté, sans doute entouré de symboles des Évangélistes, et peut-être accompagné des vingt-quatre Vieillards. À l'arrière-plan, dans le déambulatoire et dans les chapelles rayonnantes, figurait la multitude des élus, représentée par les saints, et plus particulièrement ceux dont on conservait les reliques dans les chapelles (saint Quentin, saint Martin...).

Les peintures mises au jour en 1940 dans l'église priorale Saint-Jean-Baptiste de Château-Gontier (ill. 236), aujourd'hui très effacées, peuvent néanmoins être appréciées grâce à des photographies prises au moment de la découverte et à quelques relevés à l'aquarelle. Bien que l'effondrement de la voûte du chœur, au XVIIe siècle, ait entraîné la destruction de la majeure partie des peintures romanes du sanctuaire et de la coupole de la croisée du transept, la présence, sur les murs du chœur, des Vieillards de l'Apocalypse représentés sous une arcature permet de proposer la restitution, comme à Saint-Hilaire de Poitiers, d'un Christ en Majesté dans l'abside. Les peintures des bras du transept étaient réparties en trois niveaux : motifs de draperie jusqu'à une hauteur d'environ 2 m, puis grands personnages en pied parmi lesquels Venance, abbé de Tours au Ve siècle, et, enfin, sur les voûtes en berceau, un cycle de l'Ancien Testament (la Création, au nord, et l'histoire de Noé, au sud). Dans la nef charpentée, dotée à l'époque gothique d'un nouveau décor, seuls ont été décelés, sur les piliers, quelques saints.

Dans quelle mesure ces programmes iconographiques peints prolongeaient-ils une tradition plus ancienne ? La rareté des exemples conservés au nord des Alpes, tant pour l'époque carolingienne que pour la première moitié du XIe siècle, ne permet guère d'en juger. Tout au plus peut-on tenter d'apprécier l'incidence des transformations structurelles de l'architecture sur l'emplacement des peintures. Celles-ci, confinées pendant des siècles sur les murs des basiliques charpentées (à l'exception des absides dont le cul-de-four accueillait, depuis l'époque paléochrétienne, des mosaïques ou des fresques), envahissent désormais les voûtes. Sur celles de Saint-Savin et de Château-Gontier, les scènes sont réparties en quatre registres (deux supérieurs, séparés par un large bandeau décoratif médian, et deux inférieurs). Dans la nef de Saint-Savin (ill. 235), la lecture des scènes s'effectue d'ouest en est et d'est en ouest, selon un parcours sinueux qui tient partiellement compte, dans les trois travées occidentales, de la présence de doubleaux et qui, parfois, offre des solutions de continuité ; ainsi, l'histoire de Moïse, qui clôt le cycle sur le registre inférieur, du côté nord, paraît faire suite aux premières scènes de la Création, qui occupent la partie occidentale de ce même registre.

RYTHMES ET COULEURS

Plus que par le cadre architectural, le rythme des scènes est, de manière générale, surtout justifié par les nécessités du récit, l'importance du sujet ou l'inspiration de l'artiste. Bien que la gamme de couleurs utilisée demeure aussi restreinte que par le passé, les peintres de Saint-Savin et de Château-Gontier

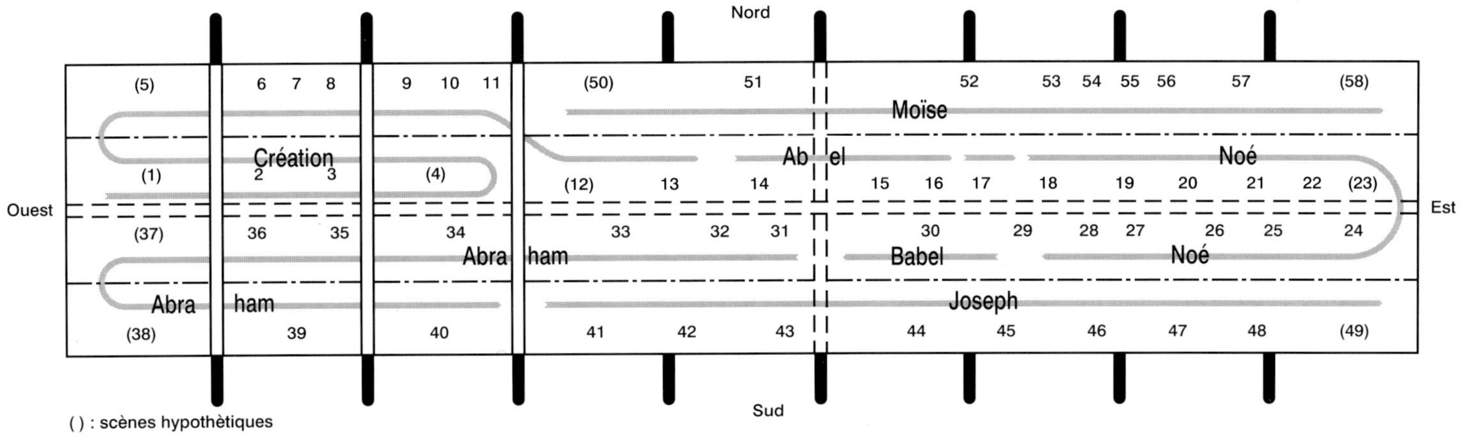

235. Saint-Savin-sur-Gartempe (Vienne), église abbatiale, schéma de lecture des peintures de la voûte du vaisseau central de la nef :

[1]. Création de la lumière et du firmament (?) 2. Création des végétaux 3. Création des astres [4]. Création des animaux (?) [5]. Création de l'homme (?) 6. Création de la femme 7. Dieu présente Ève à Adam (?) 8. Ève et le serpent 9. Tentation d'Adam 10. Dieu s'adresse à Adam et Ève après la faute 11. Adam et Ève chassés du Paradis terrestre [12]. Adam bêchant 13. Ève filant 14. Offrandes d'Abel et de Caïn 15. Meurtre d'Abel 16. Malédiction de Caïn 17. Énoch invoque le nom de Dieu, ou Énoch enlevé au ciel 18. Dieu parle à Noé 19. L'arche sur les eaux du déluge 20. Dieu accueille Noé et sa famille à leur sortie de l'arche 21. Sacrifice de Noé 22. Noé taille la vigne [23]. Vendanges de Noé (?) 24. Noé goûte le vin 25. Arbre et quadrupède 26. Ivresse de Noé 27. Arbre et animaux 28. Malédiction de Chanaan 29. Arbre 30. Construction de la tour de Babel 31. Dieu apparaît à Abraham 32. Personnage grimpant sur un arbre 33. Séparation d'Abraham et de Lot (?) 34. Abraham délivre Lot 35. Abraham et Melchisédech 36. Trois anges apparaissent à Abraham [37]. Destruction de Sodome et Gomorrhe (?) [38]. Sacrifice d'Isaac (?) 39. Abraham donne ses biens à Isaac (?) 40. Funérailles d'Abraham 41. Jacob envoie Joseph vers ses frères 42. Joseph vendu par ses frères 43. Joseph vendu à Putiphar par les Madianites 44. Joseph accusé par la femme de Putiphar 45. Joseph en prison 46. Joseph explique les songes de Pharaon 47. Pharaon passe son anneau au doigt de Joseph 48. Joseph sur le char de Pharaon [49]. Scène disparue [50]. Scène disparue 51. Miracle du bâton d'Aaron, ou Pharaon faisant partir les Hébreux d'Égypte 52. Passage de la mer Rouge 53. L'ange de Dieu 54. La colonne de feu 55. Moïse conduit les Hébreux 56. La colonne de nuées 57. Dieu remet à Moïse les tables de la Loi [58]. Scène disparue

jouent en virtuoses des contrastes (ill. 238), en plaçant, par exemple, à des intervalles variables, des panneaux ocre jaune, ocre rouge ou verts sur lesquels se détachent, en totalité ou en partie, certaines figures, et en juxtaposant sans souci de vraisemblance tons clairs et foncés, froids et chauds, vifs et éteints. Ainsi n'hésitent-ils pas à adopter, selon les scènes, des couleurs différentes pour le costume d'un même personnage afin de préserver, à travers l'équilibre établi entre les différents tons, l'unité de l'ensemble.

Chaque figure est animée par un dynamisme contenu (ill. 10, 233 et 236) ; les têtes s'inclinent, les cous se tendent, les tailles se cambrent, les mains s'agitent, les jambes se plient et les pieds, qui effleurent à peine le sol, paraissent esquisser un pas de danse ; les articulations sont fortement soulignées par des vêtements collés au corps, tandis qu'ici et là s'envolent des pans de draperie. Lorsque les personnages sont engagés dans une action, même si leur visage reste impavide, cette gestuelle acquiert une intensité dramatique qui confère aux récits épiques de l'Ancien Testament, aux visions surnaturelles de l'Apocalypse et aux scènes de martyre une actualité vibrante.

Ce nouveau mode d'expression marque la fin d'une tradition tributaire des idéaux esthétiques de l'époque carolingienne. Si l'histoire de cette mutation stylistique est mal connue, en l'absence de jalons entre les rares ensembles plus anciens et les œuvres de la fin du XIe siècle, quelques manuscrits, comme celui de la *Vie de sainte Radegonde* provenant du monastère Sainte-Croix de Poitiers (ill. 237), constituent de précieux repères. En effet, ses vingt-deux enluminures annoncent, à bien des points de vue, les peintures de Saint-Savin, de Saint-Hilaire de Poitiers ou de Château-Gontier. On y voit se définir des conventions graphiques mieux organisées que celles en vigueur jusqu'au milieu du XIe siècle, conventions destinées à souligner l'articulation des corps et l'animation des draperies. Plis en « V » imbriqués entre les jambes, étoffes plaquées sur les cuisses et les hanches, ventres en forme d'amande, pans de vêtements qui se déploient en éventail préfigurent le système rigoureusement codifié qui s'imposera bientôt dans les régions de l'ouest de la France et s'y maintiendra pendant les premières décennies du XIIe siècle.

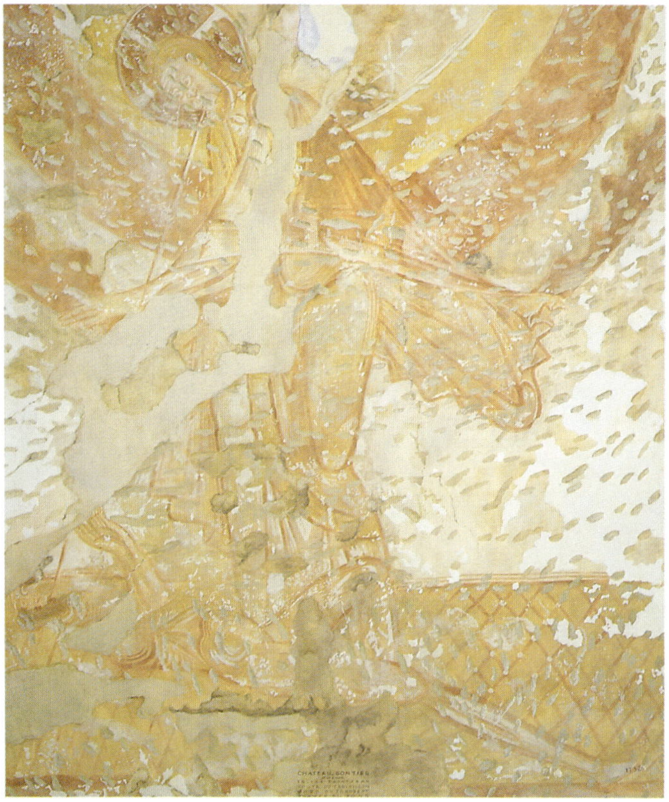

236. Château-Gontier (Mayenne), église Saint-Jean-Baptiste,
peintures du transept : Création d'Adam.
Relevé par M. Nicaud, 1943. Paris, musée des Monuments français.

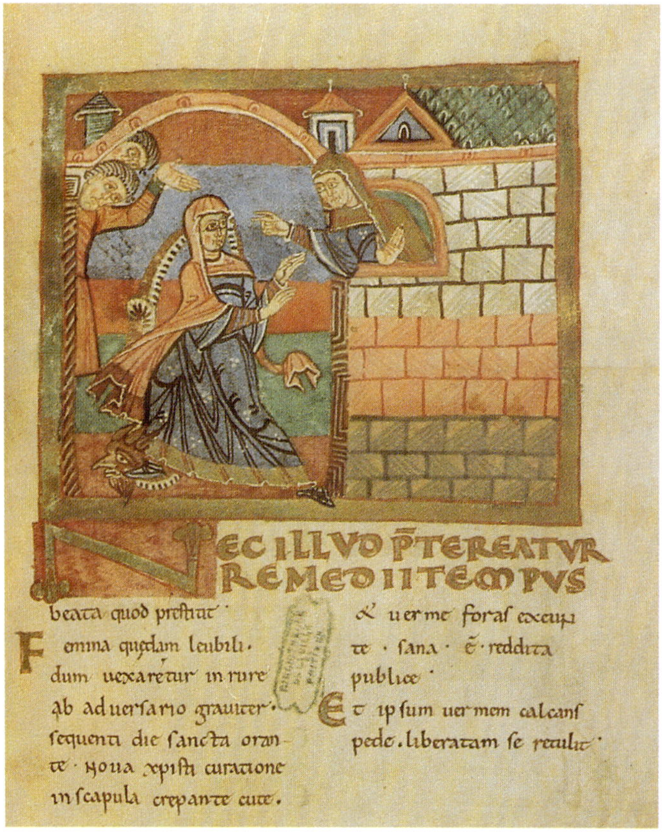

HEC ILLUD PTEREATUR
REMEDII TEMPUS
beata quod prestitit.
Femina quedam Leubila.
dum uexaretur in rure
ab aduersario grauiter.
sequenti die sancta oran
te. noua xpisti curatione
in scapula crepante cute.
& uermem foras exeun
te. sana. e reddita
publice.
Et ipsum uermem calcans
pede. liberatam se retulit.

237. Venance Fortunat, *Vita Radegundis* :
Radegonde délivre la possédée Leubile du démon.
Poitiers, Bibliothèque municipale, ms. 250, f. 35 r.

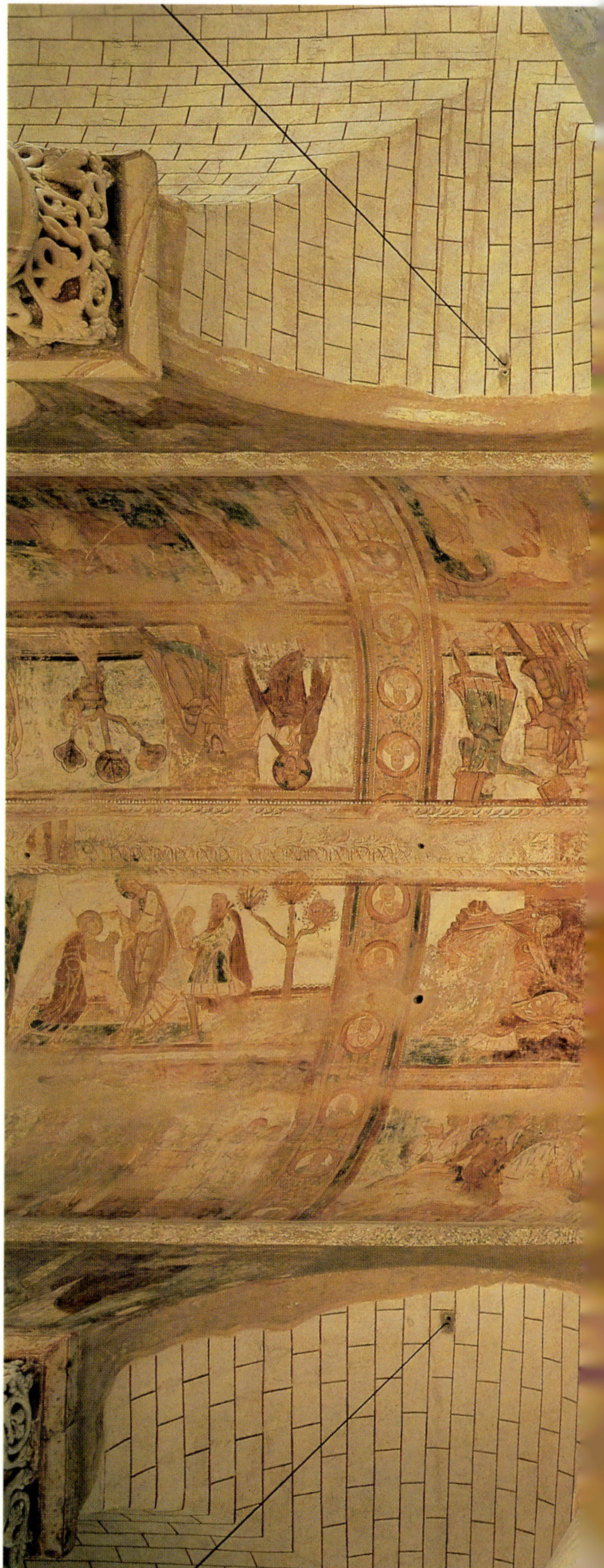

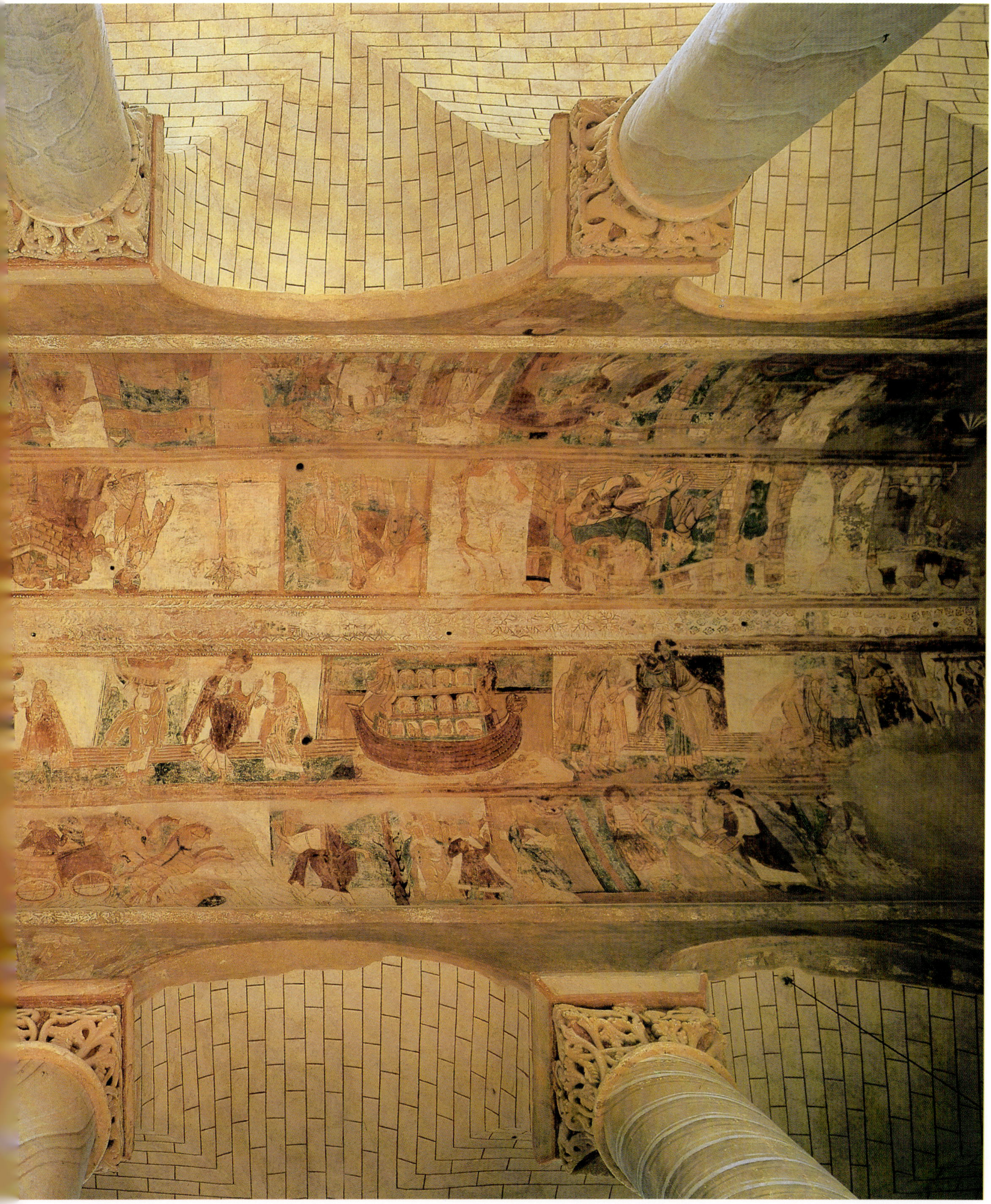

238. Saint-Savin-sur-Gartempe (Vienne), église abbatiale, nef, peintures de la voûte du vaisseau central : cycle de l'Ancien Testament.

LES DÉCORS D'ACCOMPAGNEMENT

L'importance des peintures ornementales, qui fournissaient aux cycles historiés un cadre chatoyant et irréaliste, ne doit pas être sous-estimée. À Château-Gontier, où, selon une tradition héritée de l'Antiquité tardive, des draperies occupaient le bas des murs, les doubleaux étaient peints de riches motifs empruntés, pour la plupart, au répertoire de l'époque carolingienne, comme les rubans plissés, les oves ou les perles créant des effets de relief ou comme les rinceaux dessinés d'un trait rouge sur fond blanc, qui respectaient davantage la surface murale. À Saint-Savin et à Saint-Hilaire, selon un usage semble-t-il très répandu, les piliers étaient revêtus de grands motifs ondoyants et jaspés évoquant le marbre. Enfin, il faut signaler la récente découverte des compositions végétales ou zoomorphes qui décoraient les corbeilles lisses des chapiteaux de l'hémicycle de Saint-Hilaire (ill. 234) et qui rappellent parfois celles des chapiteaux sculptés contemporains [178].

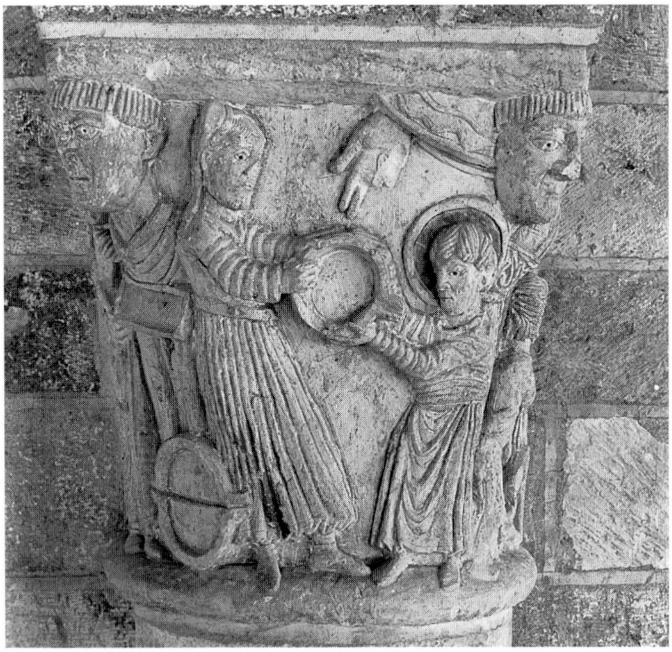

239. Saint-Benoît-sur-Loire (Loiret), église abbatiale, chapiteau du chœur : miracle de saint Benoît, le van brisé.

VI. L'ESSOR DU CHAPITEAU SCULPTÉ

DES CHAPITEAUX HISTORIÉS PLUS NOMBREUX

Bien que les chapiteaux historiés soient plus nombreux que par le passé, ils sont rarement associés en un programme cohérent. Tout au plus existe-t-il parfois une relation entre le sujet du chapiteau et son emplacement, comme dans le sanctuaire de Saint-Benoît-sur-Loire, où des chapiteaux relatant les miracles de saint Benoît (ill. 239) occupent chacun des angles de la travée qui abrite son autel, tandis qu'à l'entrée de l'abside l'image de la Chute est opposée à celle du sacrifice d'Isaac, préfigure de la Rédemption. De même, à Sainte-Foy de Conques, trois chapiteaux illustrant des épisodes de la vie de saint Pierre sont regroupés à l'entrée de la chapelle orientée dédiée au même saint, et, comme à Saint-Benoît-sur-Loire, le sacrifice d'Isaac est représenté dans le sanctuaire (ill. 240). À Saint-Sernin de Toulouse (ill. 241), certains chapiteaux historiés du chevet et du transept sont placés à des endroits importants (par exemple, en face des portes du transept), tandis que dans l'église normande de Rucqueville, à l'instar, sans doute, de la cathédrale de Bayeux consacrée en 1077 (ill. 242) [179], la croisée du transept est décorée de plusieurs chapiteaux sculptés de scènes du Nouveau Testament (la Fuite en Égypte, l'Incrédulité de saint Thomas...). Mais il convient de ne pas trop forcer l'interprétation de ces exemples, car la corrélation entre le thème et l'emplacement des chapiteaux n'a rien – et n'aura jamais rien – de systématique dans l'art roman.

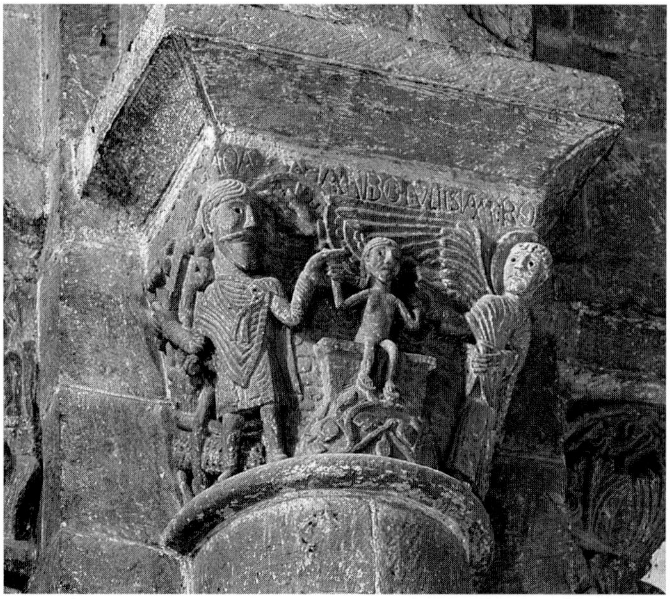

240. Conques (Aveyron), église Sainte-Foy, chapiteau du chœur : sacrifice d'Isaac.

UNE AISANCE NOUVELLE

Rien ne semble, même dans les années 1080-1090, annoncer l'extraordinaire succès que les chapiteaux historiés connaîtront au cours de la génération suivante, si ce n'est une aisance nouvelle des sculpteurs dans la « mise en scène ». La plupart des problèmes auxquels s'étaient heurtés leurs pré-

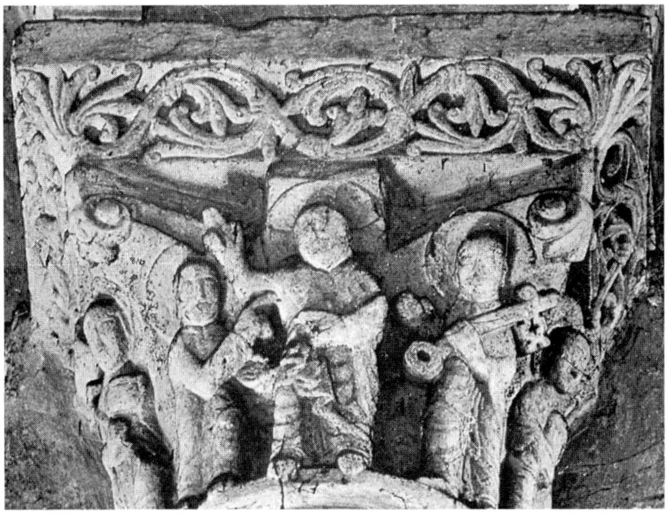

241. Toulouse (Haute-Garonne), église Saint-Sernin, transept, chapiteau du bras nord : Incrédulité de saint Thomas.

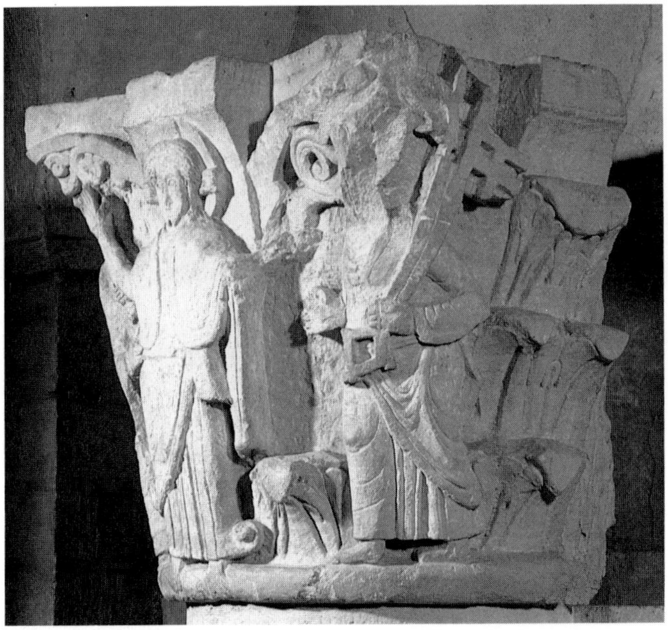

242. Bayeux (Calvados), dépôt lapidaire de la cathédrale, chapiteau provenant de la croisée du transept : Incrédulité de saint Thomas.

décesseurs, par exemple à la tour-porche de Saint-Benoît-sur-Loire ou à Saint-Germain-des-Prés, sont résolus : les corbeilles n'accueillent généralement plus qu'une scène, distribuée sur les trois faces de la corbeille. Loin de constituer des obstacles comme auparavant, les angles sont utilisés, soit qu'ils coïncident avec la tête de certains personnages, soit que, sculptés d'un motif ornemental – le plus souvent des volutes –, ils équilibrent les compositions en soulignant la fonction portante des corbeilles. Dans l'un et l'autre cas, les sujets acquièrent une lisibilité suffisante pour être déchiffrés même lorsque les chapiteaux se trouvent à une certaine hauteur. Cette recherche de clarification, qui vise à mieux adapter les sculptures à l'échelle monumentale, conduit souvent les sculpteurs à remettre en question les schémas iconographiques traditionnels. Ainsi, dans le chapiteau de Sainte-Foy de Conques représentant le sacrifice d'Isaac (ill. 240), où Abraham et l'ange, debout chacun à un angle de la corbeille, se font face de part et d'autre de l'autel, ce n'est pas l'ange qui arrête le geste d'Abraham s'apprêtant à frapper Isaac, mais la main de Dieu. Solennité de la scène et symétrie relative de la composition sont ainsi conciliées. Cet accord spécifiquement roman entre la figure et son cadre, accord dans lequel les contraintes apparentes sont source de liberté créative, s'affirme dans beaucoup d'œuvres de cette période. Les conditions d'un essor des chapiteaux historiés sont donc réunies, même si les ensembles significatifs sont encore peu nombreux et inégalement répartis.

Si les sculpteurs maîtrisent désormais l'art de la composition, ils apparaissent, comparés aux peintres, comme relativement timides dans le traitement des personnages. Ceux-ci restent généralement plus ou moins statiques, leurs gestes souvent empruntés, les articulations de leur corps incertaines ; les plis des vêtements, peu nombreux et gravés de manière superficielle, sont encore organisés en réseaux simples et peu expressifs. Certes, les conventions graphiques qui régissent le dessin de ces plis tendent à se normaliser, mais elles ne parviennent que rarement à animer des vêtements pesants et raides.

DES INTERMÉDIAIRES PERDUS : LES RECUEILS DE MODÈLES

Trois ensembles de chapiteaux historiés des années 1070-1080 offrent de remarquables similitudes dans le choix et le traitement des sujets représentés. Ainsi, on retrouve la même scène de combat opposant de manière symétrique deux guerriers à pied, à Rucqueville (ill. 243) et dans le déambulatoire de Saint-Sernin de Toulouse (ill. 244). On peut faire des observations semblables à propos d'autres scènes, telles que celle où deux anges élèvent l'âme d'un défunt dans une mandorle ou encore à propos de la représentation de l'Incrédulité de saint Thomas (ill. 241 et 242), dans laquelle saint Pierre occupe une place prééminente à Rucqueville et à Saint-Sernin comme à la cathédrale de Bayeux. D'autres chapiteaux de ces mêmes ensembles paraissent s'inspirer de certaines créations de la tour-porche de Saint-Benoît-sur-Loire : Fuite en Égypte et personnages sous arcades (Rucqueville),

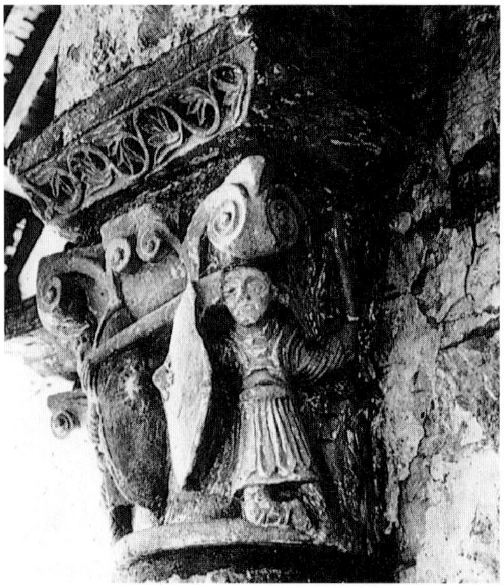

243. Rucqueville (Calvados), église Saint-Pierre, chapiteau de la croisée du transept : scène de combat.

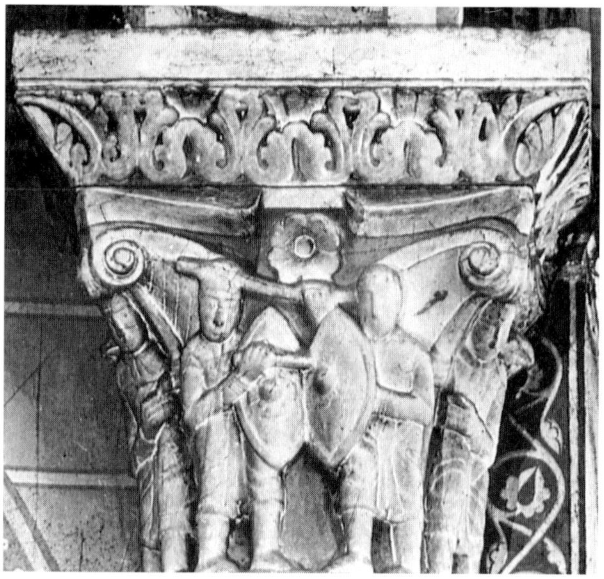

244. Toulouse (Haute-Garonne), église Saint-Sernin, chapiteau du déambulatoire : scène de combat.

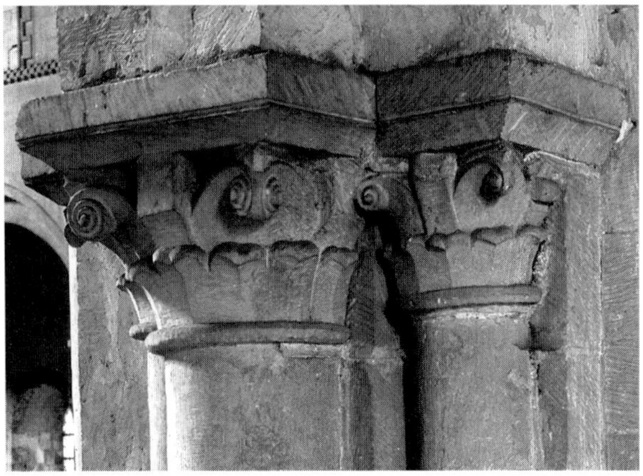

245. Caen (Calvados), église Saint-Étienne, chapiteaux à feuilles lisses.

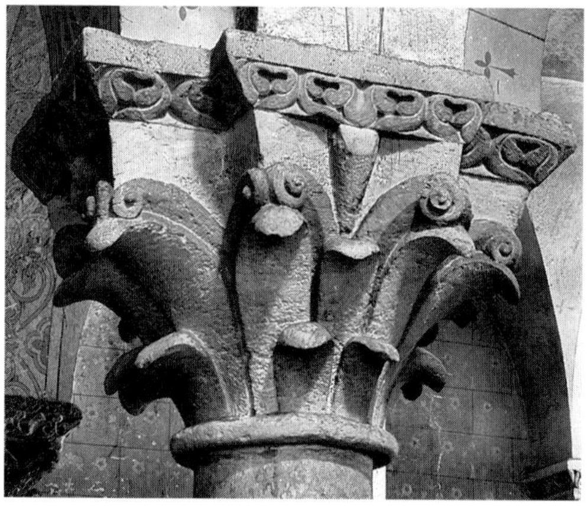

246. Saint-Sever (Landes), église abbatiale, chœur, chapiteau à feuilles lisses.

grands lions dressés sur toute la hauteur de la corbeille et dont les têtes se retournent vers les angles (Rucqueville, Saint-Sernin), petits lions affrontés répartis sur deux registres (Saint-Sernin). Ces similitudes dans le répertoire sculpté d'édifices parfois situés fort loin les uns des autres ne sauraient être fortuites. Il convient donc de s'interroger sur la manière dont ces compositions furent transmises d'un chantier à l'autre. L'hypothèse la plus vraisemblable est celle de l'existence d'un carnet de modèles qui aurait circulé parmi les sculpteurs, sous forme d'exemplaire unique, de copies plus ou moins fidèles ou d'extraits éventuellement complétés par des dessins empruntés à d'autres sources. Si la disparition complète de ces documents a pu faire douter de leur réalité, l'étude des œuvres sculptées laisse, dans de nombreux cas, pressentir le rôle qu'ils ont dû jouer dans la diffusion de tel ou tel modèle. Le recueil qu'utilisèrent les sculpteurs de Bayeux, de Rucqueville et de Toulouse nous renseigne sur plusieurs points importants de l'histoire des premiers ensembles de chapiteaux historiés. Il prouve, tout d'abord, que les créations de la tour-porche de Saint-Benoît-sur-Loire, exceptionnelles en leur temps, étaient encore susceptibles d'apparaître, près de deux générations plus tard, comme des sources possibles d'inspiration. Il témoigne aussi de la rareté, à cette époque, des modèles disponibles, qui donnèrent lieu à des interprétations différentes selon la formation et le tempérament des sculpteurs qui les utilisèrent : larges surfaces paisibles, animées d'un graphisme élégant et superficiel à Bayeux, schématisme rude et violence contenue à Rucqueville, volumes simples et traitement précieux à Toulouse.

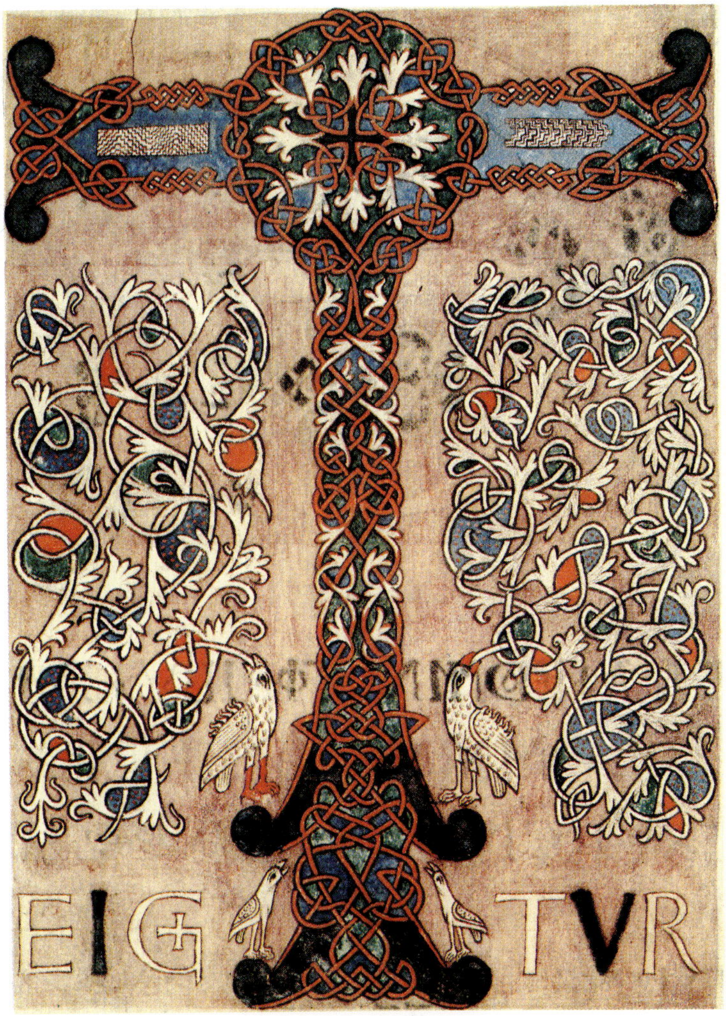

247. Sacramentaire de Saint-Sauveur de Figeac.
Paris, Bibliothèque nationale, Lat. 293, f. 19v.

LA FORTUNE DU CHAPITEAU ORNEMENTAL : FEUILLES LISSES, ENTRELACS DE PALMETTES ET RINCEAUX

Pendant ces mêmes années, toutefois, les chapiteaux ornementaux règnent dans la plupart des monuments. La production est, en ce domaine, trop abondante et trop diverse pour qu'un tour d'horizon complet puisse être envisagé ici. Aussi nous contenterons-nous d'évoquer les solutions les plus représentatives. Les chapiteaux à feuilles lisses plus ou moins inspirés par des modèles antiques et déjà présents dans quelques édifices normands et ligériens du second quart du XIe siècle (nef de Bernay, croisée du transept de La Trinité de Vendôme) connurent un grand succès du nord de la Seine au Poitou. Leurs corbeilles puissamment articulées dans leur partie supérieure sont dotées d'une ou deux couronnes de feuilles réduites à leur extrémité saillante, souvent traitée de manière schématique (ill. 245). Ces œuvres, dans lesquelles le souvenir de l'origine végétale du type tend à s'estomper, semblent avoir répondu à une recherche de monumentalité et, peut-être, à un souci de rapidité dans l'exécution. Pour sa part, le chapiteau corinthien, qui avait servi de cadre aux expériences de la tour-porche de Saint-Benoît-sur-Loire, paraît subir une éclipse. Cependant, la vallée de la Loire et le Poitou en offrent quelques exemples (Selles-sur-Cher, Maillezais), alors qu'à Saint-Sernin de Toulouse certains chapiteaux de l'hémicycle et du déambulatoire adoptent une version simplifiée de la structure corinthienne (réduite à trois rangées de feuilles disposées en quinconce). Mais, si dans ce dernier édifice quelques corbeilles sont sculptées de végétaux rappelant l'acanthe, des palmettes de formes diverses se substituent souvent aux feuilles, tandis que leur extrémité est occupée par des pommes de pin ou des boules étrangères au vocabulaire classique (ill. 248). Les motifs ornementaux déclinés en d'infinies variations semblent donc l'emporter sur un schéma corinthien visant à exprimer, de manière codifiée, la croissance du monde végétal. L'Antiquité, qui avait souvent inspiré le décor architectural au début de l'art roman, n'est cependant pas délaissée. Mais les sculpteurs de la seconde moitié du XIe siècle se tournent vers d'autres modèles, comme les chapiteaux à protomes humains jaillissant aux angles, dont on trouve des échos dans les parties orientales de Saint-Benoît-sur-Loire, ou les chapiteaux à longues feuilles lisses et charnues, dont la plasticité souligne celle des formes architecturales et qui furent adoptés dans le chevet de Saint-Sever (ill. 246).

Le goût des métamorphoses, présent dès le début de la sculpture romane, est à l'origine, dans le sud du Massif central, de nombreuses créations dans lesquelles le monde végétal, représenté par le motif conventionnel de la palmette, et celui, abstrait, de l'entrelacs subissent une attraction réciproque. Dans les chapiteaux qui proviennent du chevet et du transept de la cathédrale du Puy – déposés au musée Crozatier – (ill. 249), le souvenir du corinthien est perceptible dans l'échancrement des abaques et, parfois, dans la disposition des éléments décoratifs qui suggère l'existence de couronnes de feuilles et de volutes d'angle ; mais des tiges ondulantes se nouent, s'entrecroisent ou s'enroulent pour recouvrir toute la surface des corbeilles de leurs ramifications. La fusion entre l'entrelacs et le végétal

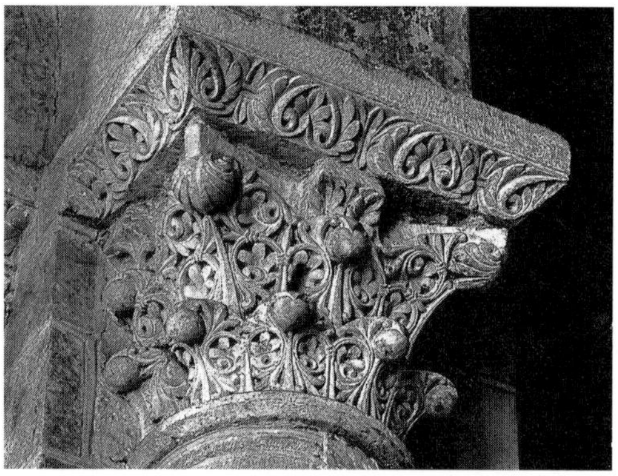

248. Toulouse (Haute-Garonne), église Saint-Sernin, déambulatoire, chapiteau ornemental : palmettes.

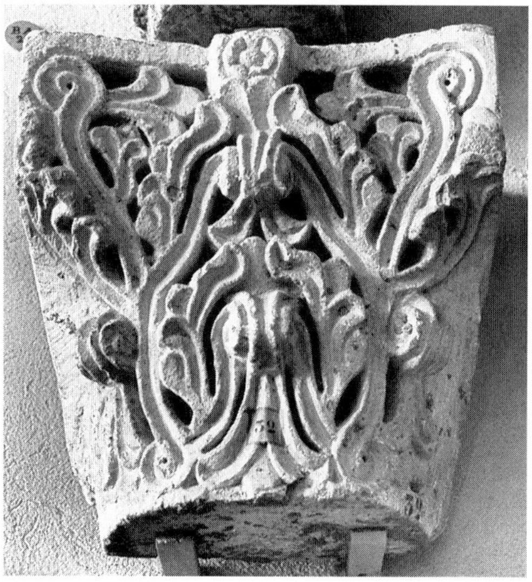

249. Chapiteau ornemental provenant des parties orientales de la cathédrale du Puy : entrelacs et palmettes. Le Puy, musée Crozatier.

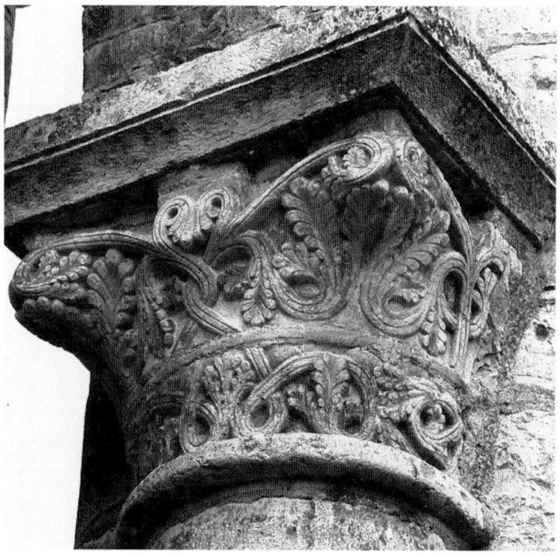

250. Charroux (Vienne), église Saint-Sauveur, rotonde, chapiteau ornemental : rinceaux.

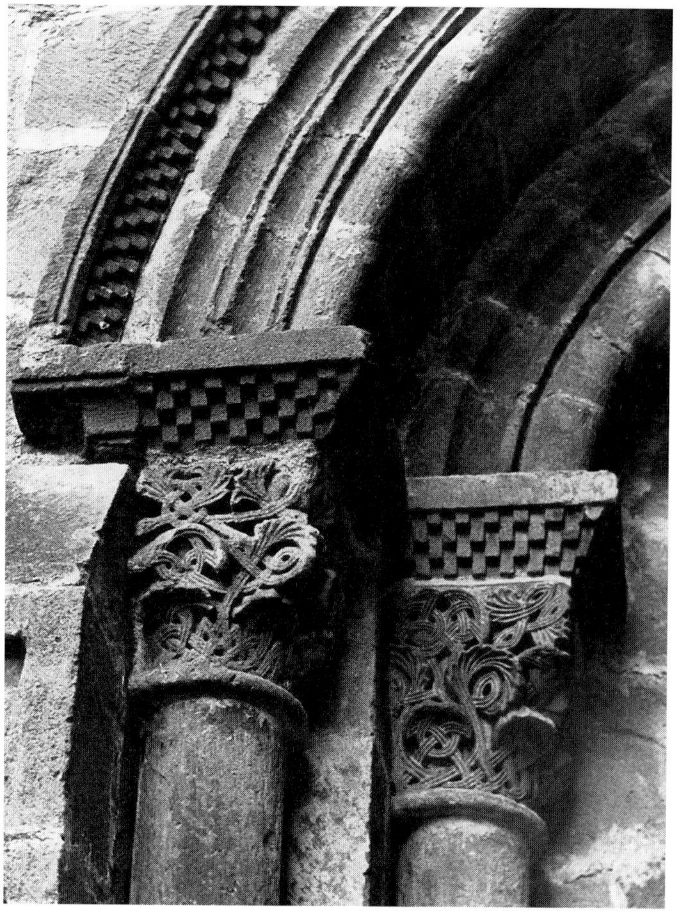

251. Conques (Aveyron), église Sainte-Foy, transept, chapiteaux du portail du bras nord : entrelacs et palmettes.

est plus accomplie à Sainte-Foy de Conques (ill. 251), dans les parties basses du chevet et du transept, et à Saint-Géraud d'Aurillac. Les volumes autant que les compositions résultent, en effet, dans ces œuvres, du jeu complexe des nœuds d'entrelacs qui, répartis sur deux ou trois niveaux, tapissent le fond des corbeilles et engendrent des palmettes aux lobes pointus, sèchement découpés et traités en biseau ; ces palmettes s'ouvrent comme des éventails, s'enroulent en spirale ou se creusent en forme de coque, avant de donner naissance à de nouveaux motifs d'entrelacs qui, à leur tour, s'épanouissent en formes végétales. Les sculpteurs brisent ainsi la rigueur des schémas de composition par l'introduction ponctuelle de proliférations végétales, tandis qu'en assimilant les brins d'entrelacs à des tiges qui se terminent par des efflorescences, même stylisées, ils font éclater un système normalement clos sur lui-même. Le décor d'entrelacs, qui avait connu de superbes développements au cours du haut Moyen Âge, apparaît donc à la fois comme altéré et revivifié par un dynamisme nouveau, emprunté au monde végétal. Malgré leur diversité, ces œuvres obéissent à des principes cohérents, qui expliquent sans doute leur succès durable dans les régions méridionales du Massif central (Saint-Sauveur de Figeac, Nant, etc.) et au-delà (San Pedro de Roda), succès qui doit sans doute être mis en relation avec l'essor, dans l'enluminure « aquitaine » de la même période, d'un répertoire ornemental assez proche (ill. 247).

Bien qu'il intègre parfois des entrelacs, le décor d'un grand nombre de chapiteaux du Poitou (Saint-Jean-de-Montierneuf, nef de Saint-Savin, rotonde de Charroux, etc.) est, pour l'essentiel, constitué d'éléments de rinceaux, disposés de manière tantôt symétrique, tantôt libre, qui envahissent de leurs larges enroulements les corbeilles, à l'exception des angles, soulignés le plus souvent par des volutes (ill. 250). Tandis que les chapiteaux à entrelacs et à palmettes du sud du Massif central sont caractérisés par un traitement vif, aigu et linéaire, ces œuvres poitevines frappent par la rondeur de leurs formes : tiges lourdes se déployant en courbes molles, au tracé parfois aléatoire, palmettes grasses soulignées d'incisions superficielles. Le dessin de leurs végétaux n'est pas sans rappeler celui des « acanthes » tourangelles de l'époque carolingienne, reprises dans un certain nombre de manuscrits du début du XIe siècle, mais la luxuriance des tiges et des feuilles, qui paraissent gorgées d'eau, trahit une vitalité nouvelle. Ces végétaux aux formes pleines et souples, organisés selon des principes moins stricts que les entrelacs à palmettes, connaîtront un succès relativement éphémère, même si des solutions voisines de celles du Poitou se retrouvent dans quelques édifices des marches septentrionales de l'Auvergne et du Limousin (Menat, Évaux). D'autres expériences portant sur les compositions de palmettes, comme celles des grandes arcades des nefs de Souvigny, dans le Bourbonnais, ou de la cathédrale d'Elne, en Roussillon, semblent en revanche être restées plus ou moins isolées, peut-être parce qu'elles ne tendaient pas vers la définition d'un véritable système.

Quelle que soit leur fortune respective, ces essais révèlent l'importance croissante de la sculpture dans le décor architectural. Certes, des constructions importantes sont encore, comme la nef de Saint-Guilhem-le-Désert, dépourvues de chapiteaux ou dotées de chapiteaux à corbeilles lisses (Saint-Étienne de Nevers), mais leur nombre ne cesse de décroître. Même les chapiteaux cubiques de l'Empire reçoivent parfois des décors en faible relief qui soulignent les volumes géométriques des blocs (Courville, en Champagne). La sculpture monumentale qui, au début de l'art roman, demeurait l'exception, semble s'imposer comme un complément indispensable de l'architecture.

VII. UNE EXPÉRIENCE ISOLÉE : LES COMPOSITIONS DE PLAQUES SCULPTÉES DE LA VALLÉE DE LA LOIRE

On ne peut que s'étonner, dans ce contexte, du peu d'expériences qui concernent les façades, d'autant que la voie semblait ouverte par certaines recherches des générations précédentes. Les plus prometteuses d'entre elles, celles des portails du Roussillon, ne devaient pourtant pas avoir de suite immédiate. En revanche, les décors de plaques de la vallée de la Loire connurent certains prolongements. Ainsi, la partie centrale de la façade de Saint-Mexme de Chinon (ill. 252), martelée à l'époque révolutionnaire, était ornée de plusieurs dizaines de grandes plaques qui couvraient presque complètement le pignon et les murs autour de la fenêtre d'axe ; d'autres plaques de petites dimensions, sculptées en faible relief de motifs ornementaux divers, subsistent, très érodées, au niveau du portail et sur la partie basse des tours. Les premières représentaient la Passion ; au sommet du pignon trônait un grand Christ encadré de deux

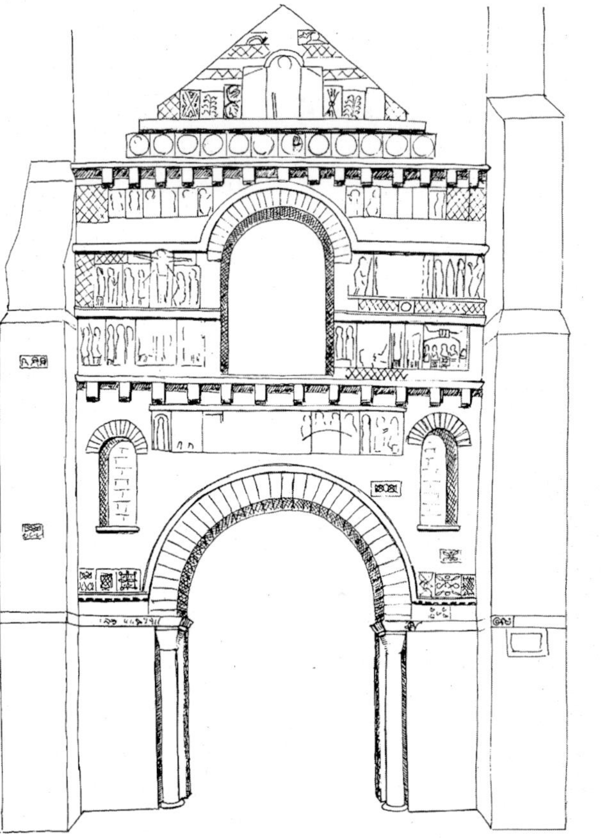

252. Chinon (Indre-et-Loire), église Saint-Mexme, façade occidentale, plaques sculptées : dessin de R. Hamann McLean.

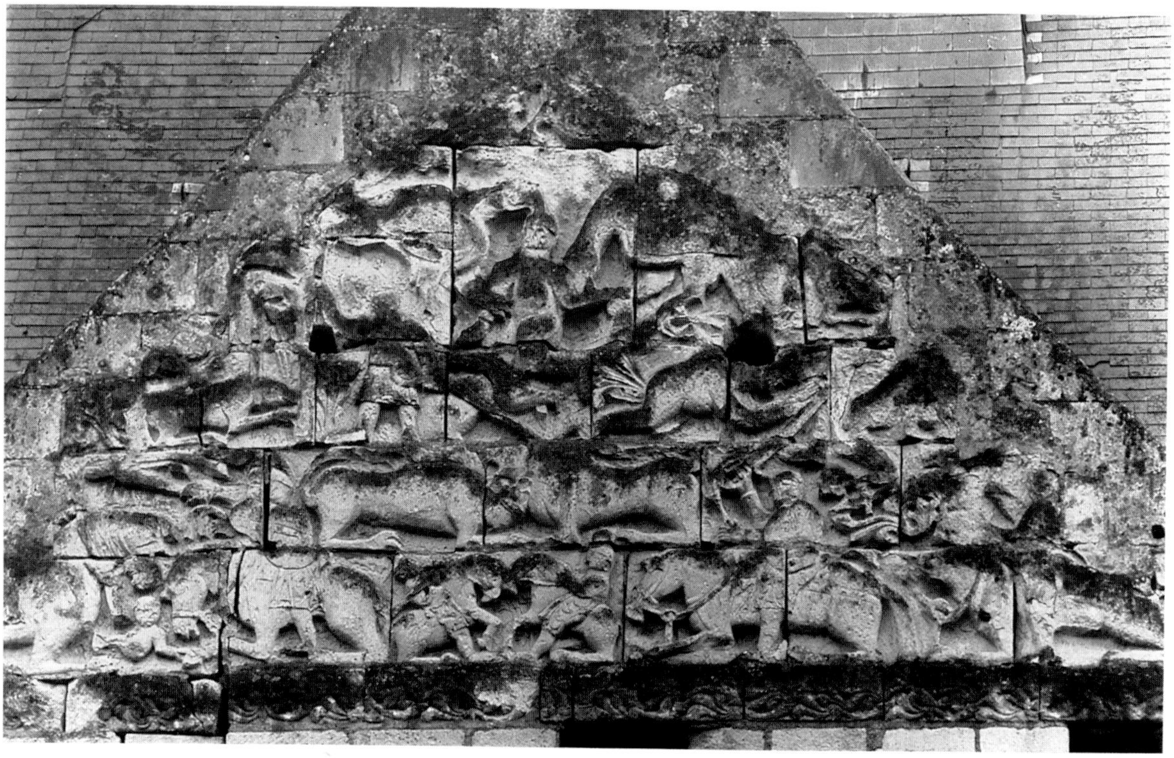

253. Beaulieu-lès-Loches (Indre-et-Loire), église de la Trinité, transept, bras nord : reliefs du pignon.

personnages et de végétaux stylisés ; au-dessous, douze médaillons illustraient sans doute un zodiaque ; dans les trois registres répartis de part et d'autre de la fenêtre, on trouvait, en haut, les apôtres, et, dans les deux registres inférieurs, des scènes de la Passion, parmi lesquelles on peut encore reconnaître celles de la Crucifixion et de la pendaison de Judas. Cet ensemble n'était sans doute pas unique dans la vallée de la Loire. La face occidentale de la tour-porche de l'abbatiale de Bourgueil, aujourd'hui disparue, était également « toute figurée des ymages de Jésus-Christ, de la Vierge et d'autres saincts et force grande croix, le tout entaillé dans la pierre [180] ». Le pignon du bras nord du transept de Beaulieu-lès-Loches (ill. 253) est, pour sa part, tout entier couvert de plaques qui représentent des scènes de combat opposant des hommes à cheval ou à pied, ainsi que des quadrupèdes plus ou moins fantastiques, scènes dont la signification n'apparaît pas clairement. Au-delà de la diversité des choix iconographiques, ces quelques exemples révèlent donc une commune tendance à l'extension du système des plaques ; de pièces isolées, se suffisant à elles-mêmes, celles-ci se fondent désormais dans un ensemble.

L'engouement pour ce mode de décor fut tel, dans ces régions de la Loire, que certains sculpteurs leur cherchèrent de nouveaux champs d'application. Ainsi, à Selles-sur-Cher (ill. 255), les trois chapelles rayonnantes du déambulatoire sont ceinturées de frises : deux dans la chapelle d'axe (au-dessus et au-dessous des fenêtres), une seule dans les chapelles latérales (sous la corniche). Strictement délimitées par des bandeaux en forte saillie, ces frises présentent une cohérence d'autant plus remarquable que d'autres plaques qui entourent la fenêtre nord du déambulatoire sont disposées comme au hasard. Leurs sujets (la Visitation, saint Michel terrassant le Dragon, des lutteurs, des jongleurs, une figure de l'Hiver, des animaux fantastiques, etc.) n'ont d'ailleurs pas de liens apparents. En revanche, les frises des chapelles rayonnantes illustrent, au niveau supérieur, l'histoire de saint Eusice (dont les reliques étaient conservées dans le chevet) et, au niveau inférieur de la chapelle d'axe, des scènes de la vie du Christ. La frise allait-elle donc fournir aux sculpteurs romans le cadre dans lequel ils pourraient, à la manière de l'Antiquité classique, développer un récit comprenant de multiples épisodes ? Il n'en fut rien. Les similitudes entre les frises antiques et celles de Selles-sur-Cher sont d'ailleurs superficielles. Outre les nombreux hiatus dans la narration, voire les interversions dans le déroulement des événements, le découpage des scènes et donc, le rythme des compositions ne sont, en effet, pas tant dictés ici par les nécessités de l'action représentée que par le format des plaques de pierre servant de cadre matériel aux sculptures. Le principe de juxtaposition l'emporte sur celui

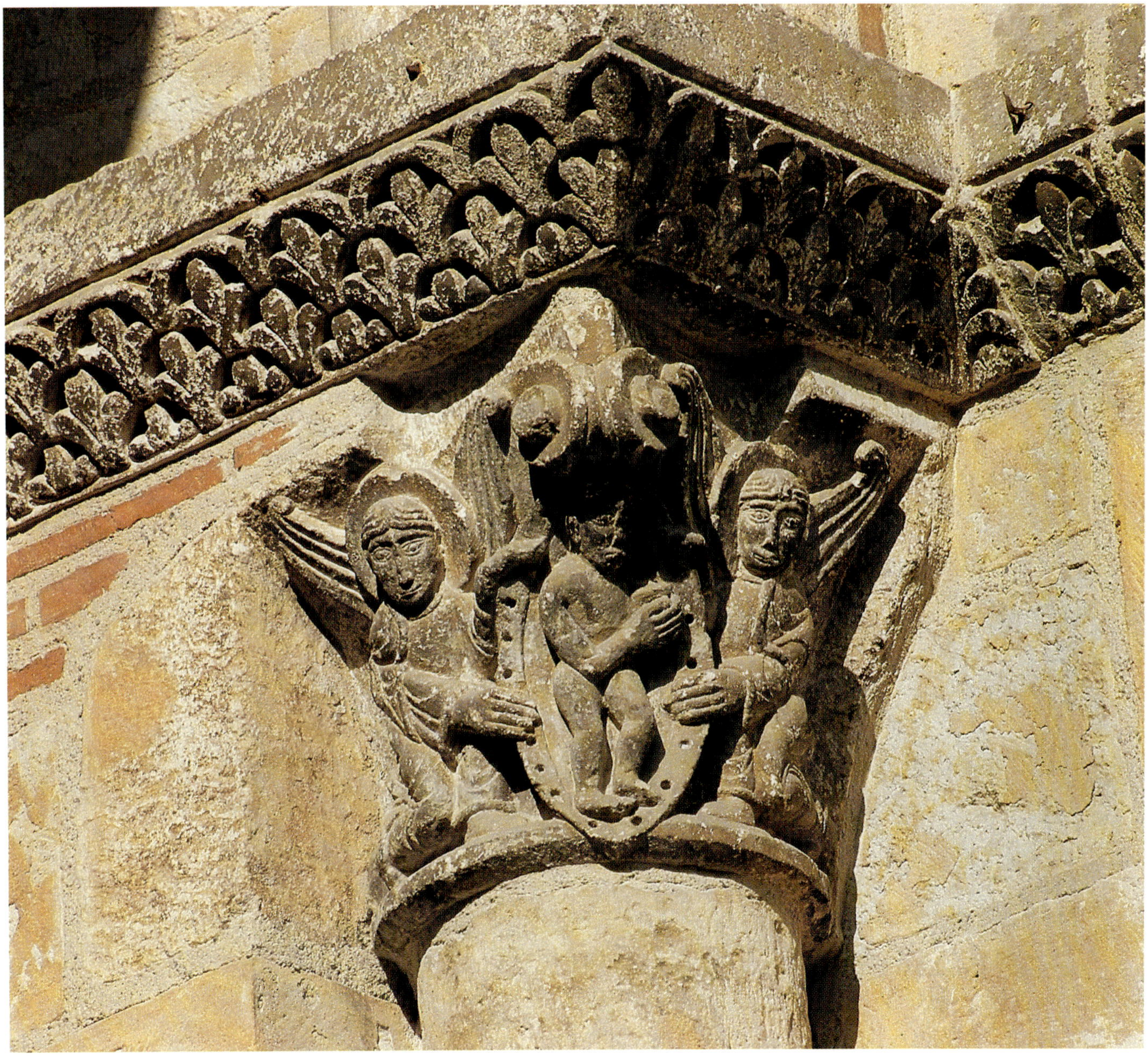

254. Toulouse (Haute-Garonne), église Saint-Sernin, chapiteau de la porte des Comtes : l'âme de Lazare enlevée au ciel par des anges.

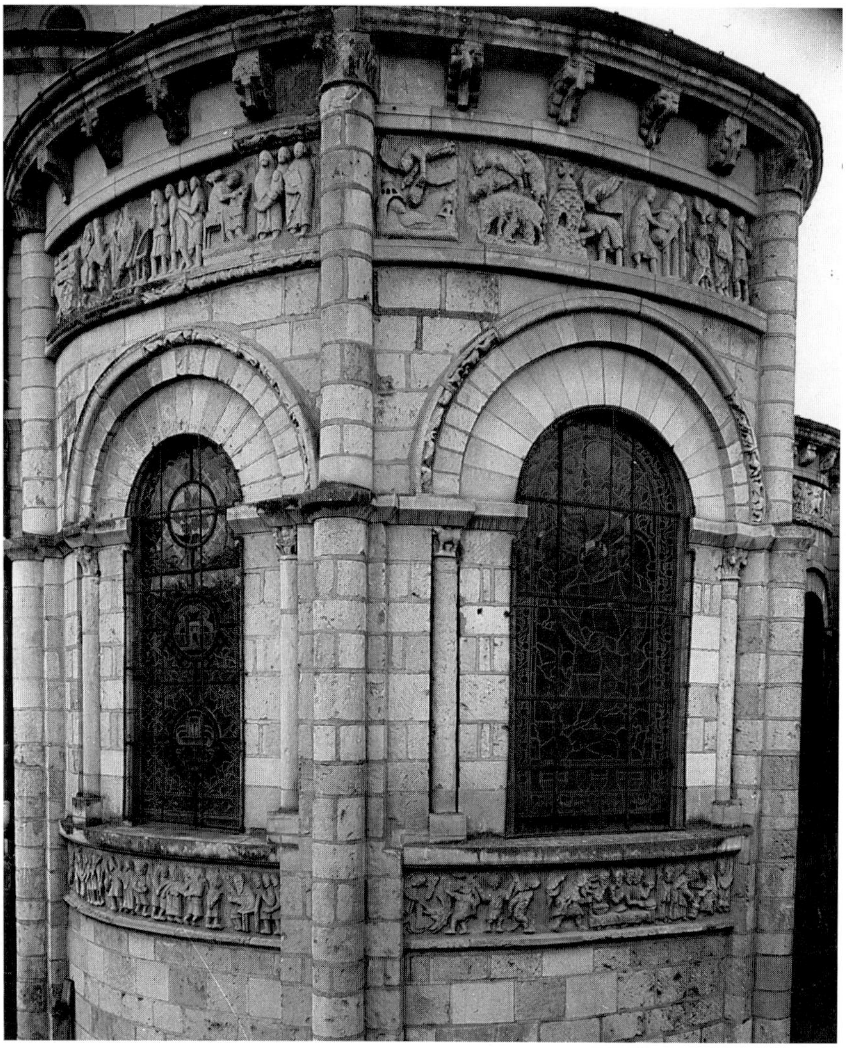

255. Selles-sur-Cher (Loir-et-Cher), église Saint-Eusice, frises sculptées de la chapelle d'axe.

de continuité. Par leur style, enfin, les personnages de Selles-sur-Cher se rapprochent davantage des dessins de la première moitié du XIe siècle, avec leurs conventions graphiques simples et souvent arbitraires, que des peintures de Saint-Savin ou de Château-Gontier, pourtant géographiquement proches et dont la disposition en registres semblerait, à première vue, propice aux comparaisons.

Ces divers ensembles de plaques sculptées, qui s'inscrivent dans le prolongement des expériences antérieures, en marquent également le terme. Certes, on trouvera encore au XIIe siècle, dans les régions de la Loire et de l'ouest de la France, quelques souvenirs de ces compositions couvrantes ou des frises constituées de plaques juxtaposées, mais ce système décoratif subira bientôt des mutations telles qu'il sera promis à une rapide disparition.

VIII. UNE SOLUTION D'AVENIR : LE PORTAIL À VOUSSURES MULTIPLES

Les transformations structurelles qui affectent certains portails engagent davantage l'avenir. Alors que les portails du début de l'art roman étaient le plus souvent, comme ceux du haut Moyen Âge, de simples baies percées au droit des murs, des formules plus complexes apparaissent au cours de la seconde moitié du XIe siècle, avec de profonds ébrasements à ressauts (trois d'importance inégale, par exemple, à Saint-Étienne de Nevers) qui abritent des colonnettes et correspondent à un nombre égal de voussures. Aux portails occidentaux du transept de Sainte-Foy de Conques (ill. 251), les deux voussures sont, en outre, soulignées d'une riche mouluration. À la façade méridionale du transept de

Saint-Sernin de Toulouse, les deux baies géminées de la porte des Comtes (ill. 256) s'ouvrent dans un avant-corps saillant couronné d'une corniche sur modillons, avant-corps dont les ressauts modèlent puissamment les maçonneries. Si l'idée d'une porte double, imposée à Saint-Sernin par les dispositions intérieures du transept et peut-être suggérée par l'exemple de certains arcs de triomphe antiques, devait être rarement reprise, celle d'un avant-corps encadrant et valorisant, par son volume, l'entrée de l'église connaîtra de multiples prolongements. Ainsi, les recherches sur la plastique murale, qui avaient déjà considérablement modifié les élévations intérieures et, parfois, extérieures, commencent-elles, avec un certain décalage dans le temps, à concerner les portails.

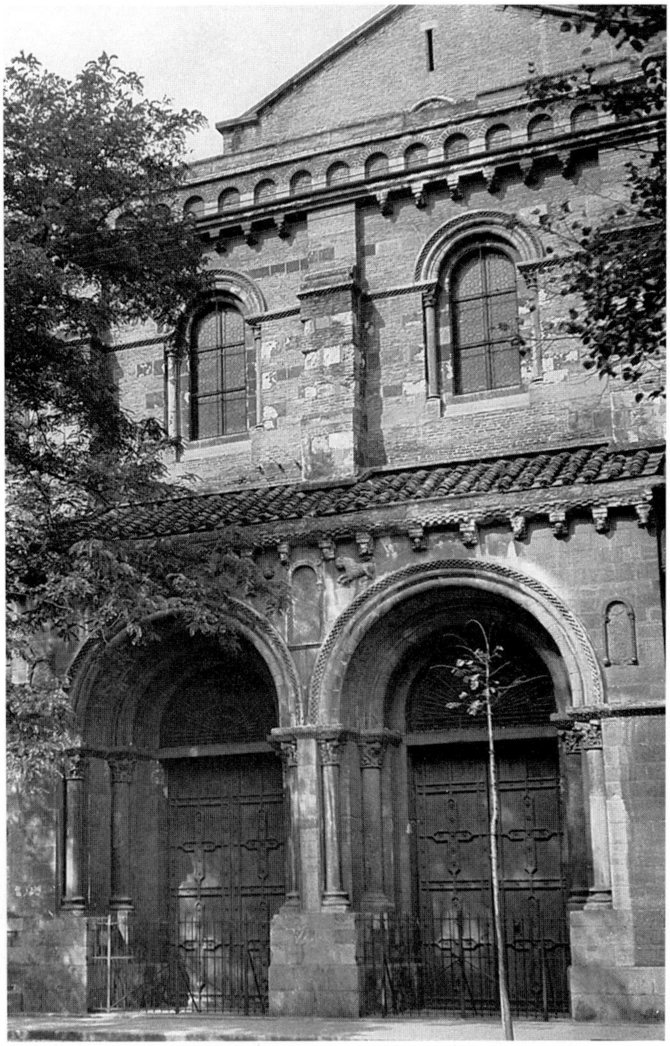

256. Toulouse (Haute-Garonne), église Saint-Sernin, porte des Comtes.

LA PORTE DES COMTES À SAINT-SERNIN DE TOULOUSE

La porte des Comtes fut conçue, vers 1080, pour accueillir les foules de pèlerins qui venaient vénérer les reliques de saint Sernin. La volonté de valoriser cette entrée se traduit non seulement par la présence de l'avant-corps, mais aussi par l'importance du décor sculpté. En effet, les écoinçons des deux baies sont timbrés de plaques de marbre disposées symétriquement et représentant saint Saturnin (saint Sernin) encadré par deux lions ainsi que deux de ses compagnons ; d'autre part, les chapiteaux des ébrasements servent de support à un programme iconographique qui vise à opposer de manière dramatique le salut et la damnation, à partir de la parabole du mauvais riche et du pauvre Lazare (Luc, XVI, 19-31) illustrée sur les trois chapiteaux de droite (ill. 254), tandis que sur les autres figurent les châtiments réservés aux avares, aux gourmands (?) et aux luxurieux. Ce programme se poursuit à l'intérieur de l'église où, sur plusieurs œuvres du même sculpteur, des anges luttent contre des dragons.

Il peut paraître étonnant que le sculpteur de la porte des Comtes ait choisi, pour exposer ce propos, le cadre limité et contraignant des petits chapiteaux à deux faces des ébrasements. Mais, à quelques exceptions près, comme le linteau en bâtière de la Trinité de Caen qui représente un personnage en buste, bénissant, d'inspiration nettement anglo-saxonne, les maîtres des années 1080-1090 ne semblent guère avoir songé à sculpter les parties du portail qui, comme le tympan ou le linteau, leur auraient fourni un champ plus large. Ces derniers ne constituent d'ailleurs pas des éléments constructifs indispensables, et beaucoup de portails continuent, comme la porte des Comtes, d'en être dépourvus. Lorsqu'ils existent, les tympans de cette période semblent généralement avoir été destinés à rester nus ou à recevoir, comme à Saint-Savin, un décor de peintures. Rien n'annonce donc encore les grandioses compositions sculptées qui, dès le début du XIIe siècle, commenceront à s'emparer de cet emplacement.

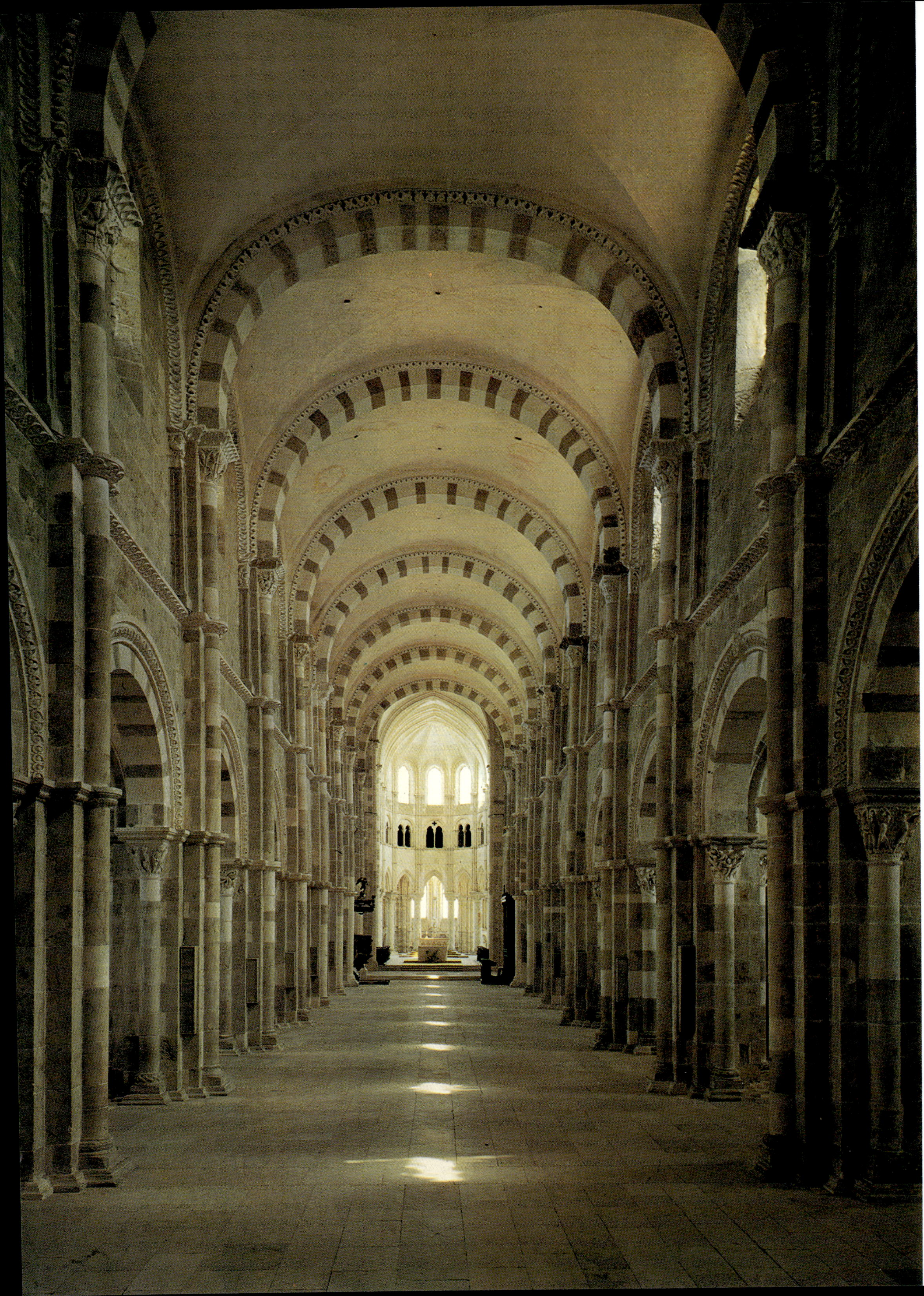

Chapitre VII

MATURITÉ
1090-1140

I. LA FIDÉLITÉ À LA VOÛTE EN BERCEAU PLEIN CINTRE
Les églises d'Auvergne : le choix de l'historicisme. La maîtrise du contrebutement. Effets d'ombre et de lumière. Une nouvelle conception de l'espace : Fontgombault.

II. L'ADOPTION DE LA VOÛTE EN BERCEAU BRISÉ
L'abandon des tribunes de contrebutement : Beaulieu-sur-Dordogne. Le succès des nefs à trois vaisseaux de hauteur sensiblement égale : Cunault, Le Dorat, Saint-Nazaire de Carcassonne, Aulnay... et quelques autres. L'attachement à l'éclairage direct.

III. LE GOÛT DE L'EXPLOIT
La tentation de la démesure : Cluny III. Une réplique à échelle réduite : Paray-le-Monial. Aux limites du possible : la plus haute voûte jamais construite. Les emprunts à l'Antiquité, de Cluny à Autun. L'ingéniosité au service de l'idéal : Vézelay.

IV. UNE INVENTION D'AVENIR : LA VOÛTE D'OGIVES
Les voûtes anglo-normandes : Lessay, Saint-Georges de Boscherville. Les transformations de la structure murale.

V. LE VOÛTEMENT DES GRANDES NEFS UNIQUES : LA FILE DE COUPOLES
Un monument pionnier : Saint-Étienne de Périgueux. Un record de largeur : Cahors. Une nouvelle interprétation : Angoulême. Une longue descendance. L'exemple byzantin : Saint-Front de Périgueux.

VI. LES INCONDITIONNELS DE LA CHARPENTE
Le poids de la tradition. Le renouveau de la nef à files de colonnes.

VII. DES TOURS ET DES FLÈCHES
Les premières flèches en pierre. L'équilibre des masses. Du massif occidental à la façade harmonique. L'évolution des tours-porches limousines.

VIII. FAÇADES-FRONTISPICES

257. Vézelay (Yonne), église de la Madeleine, nef.

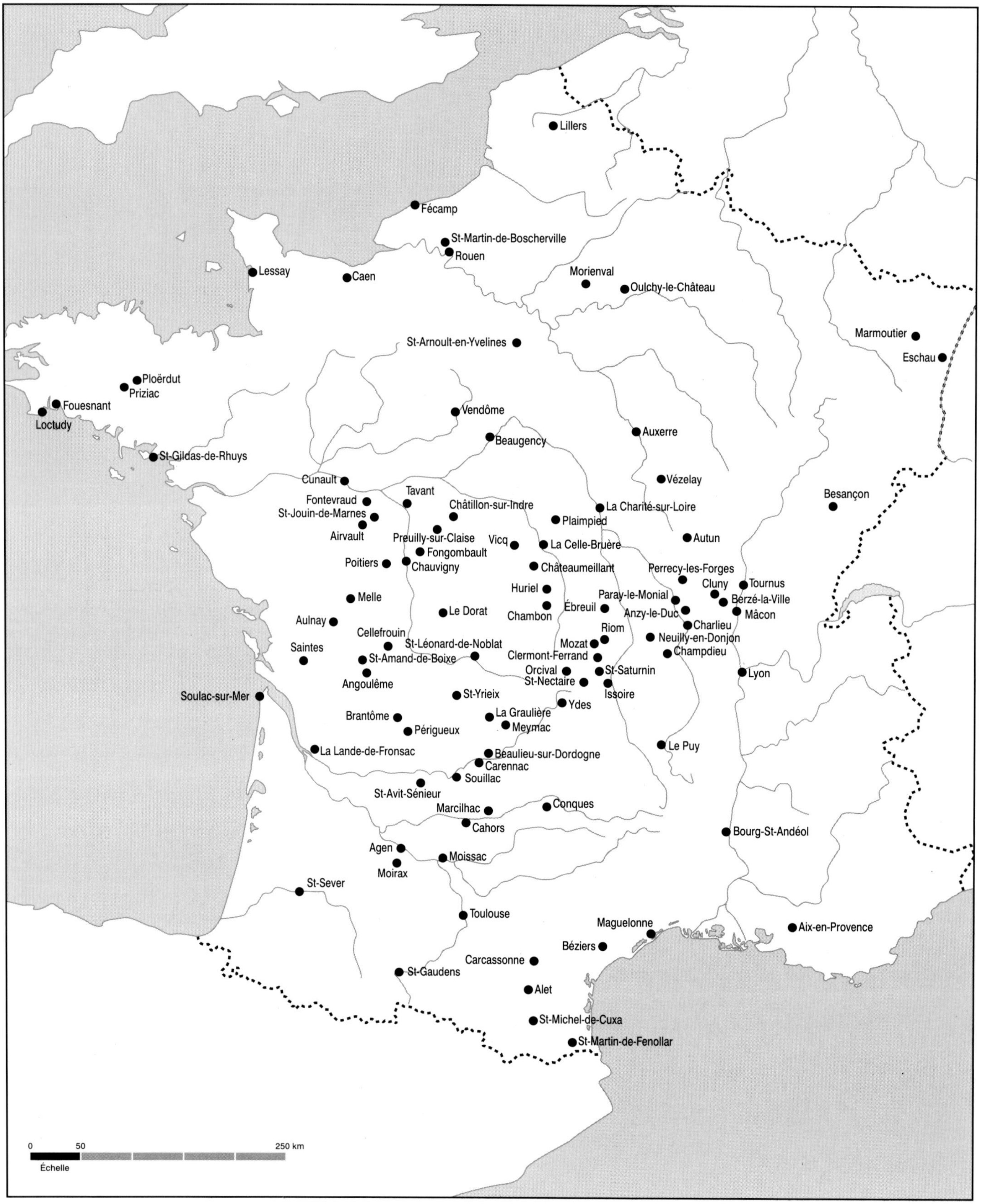

258. Carte des monuments cités dans les chapitres VII et VIII (1090-1140).

Le monde monastique fut ébranlé, à partir des dernières décennies du XIe siècle, par une crise qui devait avoir une grande incidence sur la création artistique. Tandis que la puissance de l'abbaye de Cluny atteignait son apogée – elle possédait, sous l'abbé saint Hugues, mort en 1109, environ un millier de prieurés répartis dans toute l'Europe – se firent jour diverses tentatives qui visaient à restaurer la règle bénédictine dans sa pureté originelle, voire à rechercher un mode de vie plus austère encore. Les fondateurs de ces nouveaux ordres monastiques souhaitèrent généralement affirmer leur renoncement aux biens de ce monde par des constructions d'une pauvreté exemplaire, dans lesquelles le bois entrait pour une part importante et dont il ne reste rien [181]. Aussi faudra-t-il attendre la décennie 1130-1140 pour qu'un nouvel idéal esthétique prenne forme au sein de ces communautés. Pour l'heure, l'idée selon laquelle rien n'est trop beau, donc trop riche, pour honorer la maison de Dieu s'exprime plus fortement que jamais dans la plupart des églises [182] : au début du XIIe siècle, les bâtisses les plus humbles coexistent donc avec des édifices rivalisant d'audace technique et parés de toutes les séductions (ill. 258).

Les églises entièrement voûtées, dont le nombre s'était déjà accru au cours de la seconde moitié du XIe siècle, se multiplient au début du siècle suivant, même dans des régions, comme la Normandie, qui étaient restées fidèles à la charpente, du moins pour le haut-vaisseau de la nef. L'esprit d'émulation qui règne parmi les maîtres d'œuvre les conduit à repousser toujours davantage les limites du possible, et certaines œuvres de cette période atteignent des dimensions qui ne seront dépassées que par les grandes cathédrales du XIIIe siècle : environ 30 m de hauteur pour Cluny III, plus de 20 m de largeur pour la nef unique de la cathédrale de Cahors. Pour atteindre ce résultat, les architectes expérimentèrent des types de voûte plus faciles à contrebuter que les berceaux en plein cintre : voûtes d'arêtes, coupoles, berceaux brisés, voûtes d'ogives. Les deux premiers étaient connus de leurs prédécesseurs, mais ceux-ci en réservaient l'usage à certains emplacements (bas-côtés pour les voûtes d'arêtes, croisée du transept pour les coupoles). Les deux derniers, en revanche, ouvrent de nouvelles perspectives. L'adoption, dans beaucoup de monuments, de l'arc brisé constitue pour sa part une innovation structurelle capitale, qui devait entraîner la modification des espaces intérieurs et du rythme des élévations.

L'écart entre grands édifices et constructions plus modestes tend, par ailleurs, à se réduire. Parmi ces dernières, beaucoup sont entièrement voûtées et les techniques de construction tendent à s'uniformiser. La qualité des appareils, qui avait déjà fait des progrès sensibles pendant la seconde moitié du XIe siècle, s'améliore encore. Alors que, dans la plupart des voûtes du XIe siècle, le mortier avait joué un rôle essentiel dans la cohésion du blocage, certaines voûtes du début du XIIe siècle sont appareillées avec autant de soin que le reste de l'édifice (ill. 259). Ce développement de la stéréotomie trahit une nouvelle réflexion sur le jeu des poussées, que les architectes tentent d'apprécier avec plus de précision que par le passé.

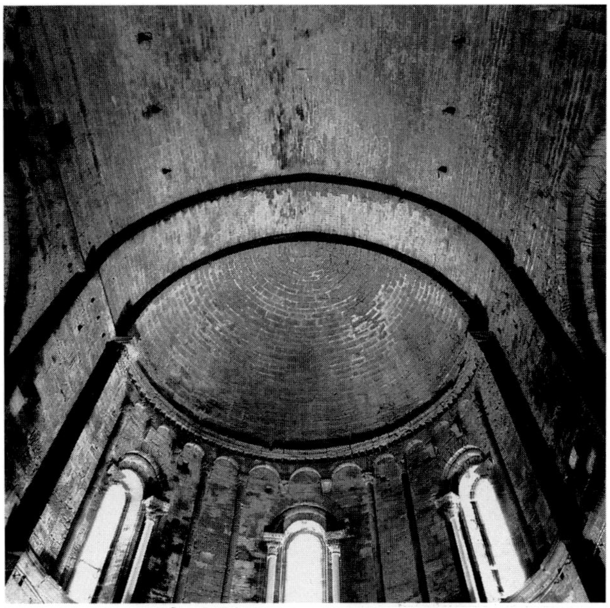

259. Maguelonne (Hérault), ancienne cathédrale Saint-Pierre, voûte de l'abside.

On observe aussi un fréquent regain d'intérêt pour l'architecture antique, quelque peu délaissée par les maîtres d'œuvre de la seconde moitié du XIe siècle. Mais ceux du XIIe siècle portent un regard différent sur les modèles classiques, auxquels ils empruntent surtout des détails concernant l'appareil ou le décor (pilastres cannelés, chapiteaux corinthiens, bases, etc.). Quelques-uns s'inspirent également des premiers édifices romans. Fondus dans un ensemble, adaptés aux nécessités propres à chaque édifice, ces emprunts, loin de trahir un quelconque épuisement de la création, témoignent au contraire de sa vitalité.

I. LA FIDÉLITÉ À LA VOÛTE EN BERCEAU PLEIN CINTRE

LES ÉGLISES D'AUVERGNE : LE CHOIX DE L'HISTORICISME

Les églises d'Auvergne offrent l'expression la plus accomplie de ce ressourcement. Elles s'inspirent, en effet, de modèles antérieurs tant pour l'équilibre des nefs et des croisées

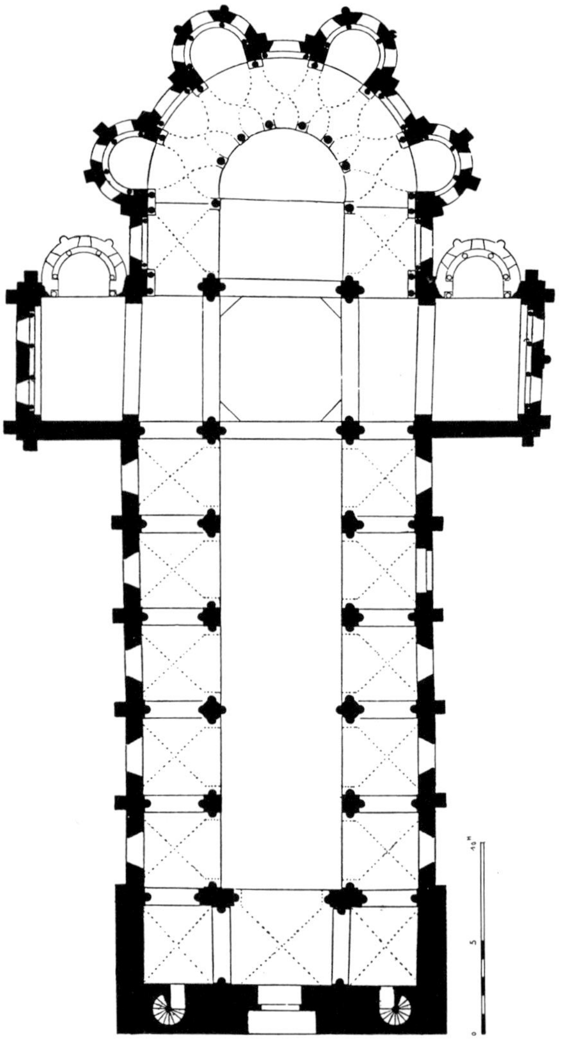

260. Clermont-Ferrand (Puy-de-Dôme), église Notre-Dame-du-Port, plan.

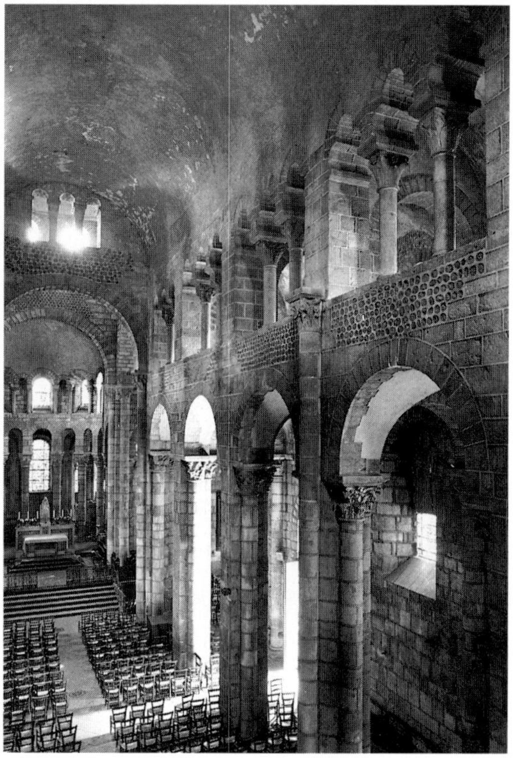

261. Clermont-Ferrand (Puy-de-Dôme), église Notre-Dame-du-Port, nef.

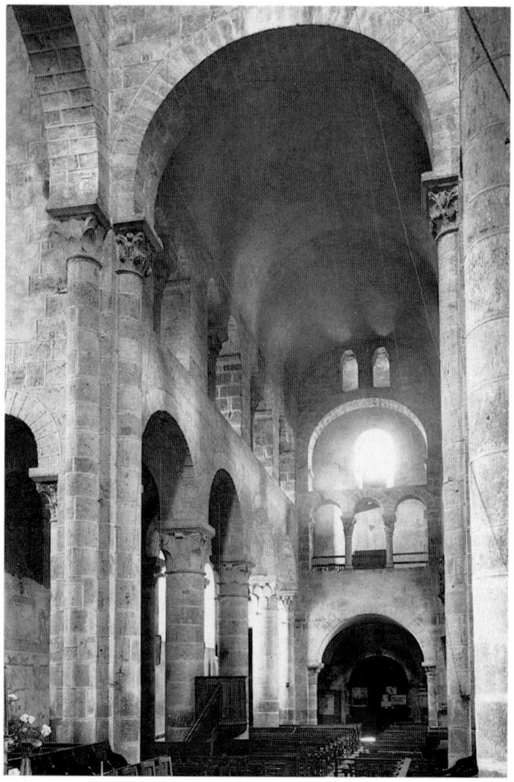

262. Saint-Nectaire (Puy-de-Dôme), église priorale, nef et tribune occidentale.

du transept que pour certains détails constructifs ou ornementaux. Ainsi les maîtres d'œuvre d'un groupe d'édifices dotés d'un chevet à déambulatoire – Notre-Dame-du-Port à Clermont-Ferrand (ill. 260), Notre-Dame d'Orcival, Saint-Nectaire, Saint-Austremoine d'Issoire, Saint-Saturnin, pour ne citer que les principaux – restèrent fidèles, pour couvrir le haut-vaisseau de la nef, au berceau en plein cintre contre-buté par des tribunes voûtées en quart de cercle, solution qui avait déjà été adoptée dans quelques monuments de la seconde moitié du XIe siècle. Mais, alors que dans ceux-ci, colonnes engagées montant de fond et arcs doubleaux constituaient une solide armature qui délimitait les travées de manière stricte, la nef de ces églises auvergnates du XIIe siècle révèle un goût anachronique pour les surfaces murales inarticulées et les berceaux continus (ill. 261) [183]. Il en va de même pour les grandes arcades à angle vif qui forment la tête des voûtes des bas-côtés, pour les colonnes à

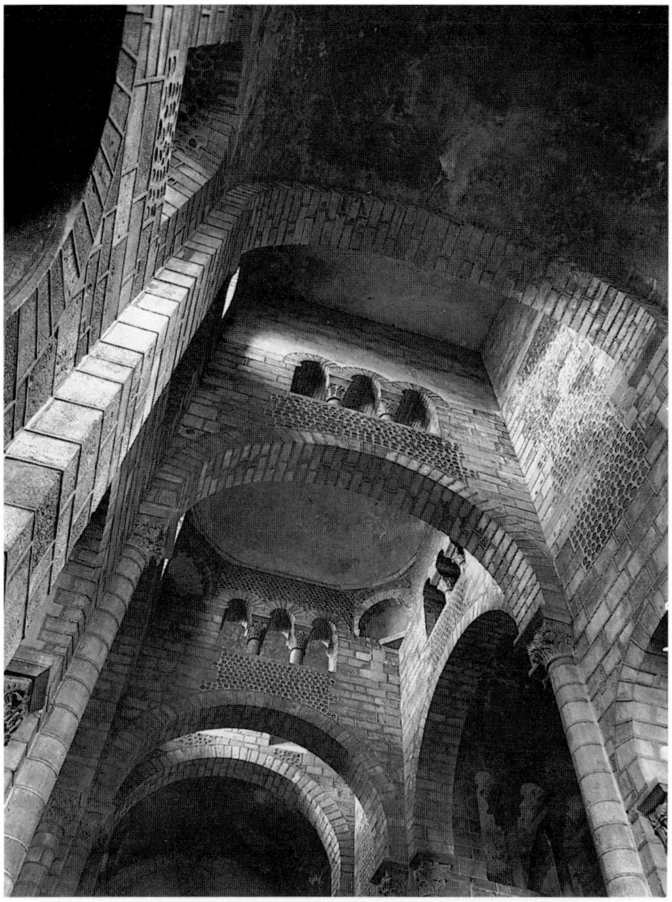

263. Clermont-Ferrand (Puy-de-Dôme), église Notre-Dame-du-Port, transept.

tronçons qui reçoivent les voûtes du déambulatoire [184], tout comme pour les arcs diaphragmes ajourés de baies qui séparent la nef de la croisée du transept et, enfin, pour les arcatures superposées par lesquelles s'ouvre, à l'ouest, la tribune du massif de façade (ill. 262) [185].

Bien que les cryptes tendent à se raréfier, la plupart de ces édifices en possèdent une [186]. Mieux encore, ces cryptes rappellent, par divers traits, celle de la cathédrale de Clermont-Ferrand édifiée à l'aube de l'art roman (déambulatoire alternativement couvert de voûtes d'arêtes et de dalles de pierre et présence, du côté occidental, de trois niches communiquant par des *fenestellae* avec le chœur). Ces emprunts à l'art du XIe siècle ou à celui du haut Moyen Âge se retrouvent dans le décor, soit à l'intérieur (arcs en mitre encadrés d'arcs en plein cintre décorant les revers de façade du transept), soit à l'extérieur (niches, colonnettes supportant un entablement, jeux d'appareil décoratif, modillons à copeaux). Les maîtres auvergnats s'inspirèrent également de l'architecture romaine en adoptant pour les bases un profil attique et pour de nombreux chapiteaux des thèmes végétaux ou figurés d'origine gallo-romaine.

LA MAÎTRISE DU CONTREBUTEMENT

Les architectes auvergnats du début du XIIe siècle proposèrent de ces divers éléments une synthèse originale [187] qui traduit une maîtrise nouvelle. Sans viser au gigantisme – le haut-vaisseau le plus ample, celui d'Issoire, n'excède pas 18,80 m de haut pour 7,80 m de large –, ils ont suffisamment cru en l'efficacité du système de contrebutement qu'ils avaient choisi pour alléger sensiblement murs et piles. L'épaisseur des premiers oscille entre 85 cm et 1 m, et celle du noyau des piles de 72 cm à 90 cm, alors qu'à Saint-Nectaire les colonnes de la nef ont un diamètre de 78 cm seulement. Enfin, les piles de la croisée du transept, généralement plus massives que celles de la nef, sont ici d'importance comparable.

Aussi bien le système de voûtement des transepts est-il d'une grande originalité. La coupole sur trompes de la croisée, qui repose sur des arcs diaphragmes, est en effet contrebutée au nord et au sud par une étroite travée, voûtée comme les tribunes de la nef en quart de cercle, alors que l'extrémité des bras est dotée d'un berceau d'une hauteur nettement moindre (ill. 263). Il existe une dénivellation comparable entre la voûte du vaisseau central de la nef, dont la clef se situe à la hauteur des trompes de la coupole, et la voûte du chœur, qui s'élève au même niveau que celles des travées extrêmes du transept. À l'extérieur, les volumes sont ainsi très hiérarchisés (ill. 264) : «Du toit des chapelles au toit du chevet et de là au niveau supérieur du massif rectangulaire qui porte la lanterne, pour finir par la pointe de la flèche, la vue est conduite dans une sorte d'ascension dont chaque degré de pierre est mesure de l'espace. La large couronne des absidioles donne sa complexité, sa perspective arrondie au socle où cet élan prend son point de départ. La combinaison des volumes circulaires, des volumes rectangulaires, des polyèdres et de la pyramide atteint sans doute dans cette province sa perfection. » (Henri Focillon, *Art d'Occident*, p. 68.) À l'intérieur, les arcs diaphragmes qui délimitent la croisée, établis au niveau des voûtes du chœur et des travées extrêmes du transept, fournissent au regard des repères communs à toutes les parties de l'édifice et jouent un rôle unificateur. Certes, la croisée de ces édifices, comme celle de Perrecy-les-Forges et d'autres églises charpentées du début de l'art roman, apparaît comme isolée dans une sorte de cage, mais les similitudes s'arrêtent là, tant l'intégration des arcs diaphragmes à un savant système d'équilibre modifie toutes les données.

EFFETS D'OMBRE ET DE LUMIÈRE

Il en est de même pour l'éclairage. Alors que le haut-vaisseau de la nef ne reçoit qu'une lumière indirecte provenant des fenêtres du massif de façade, des collatéraux et des tribunes,

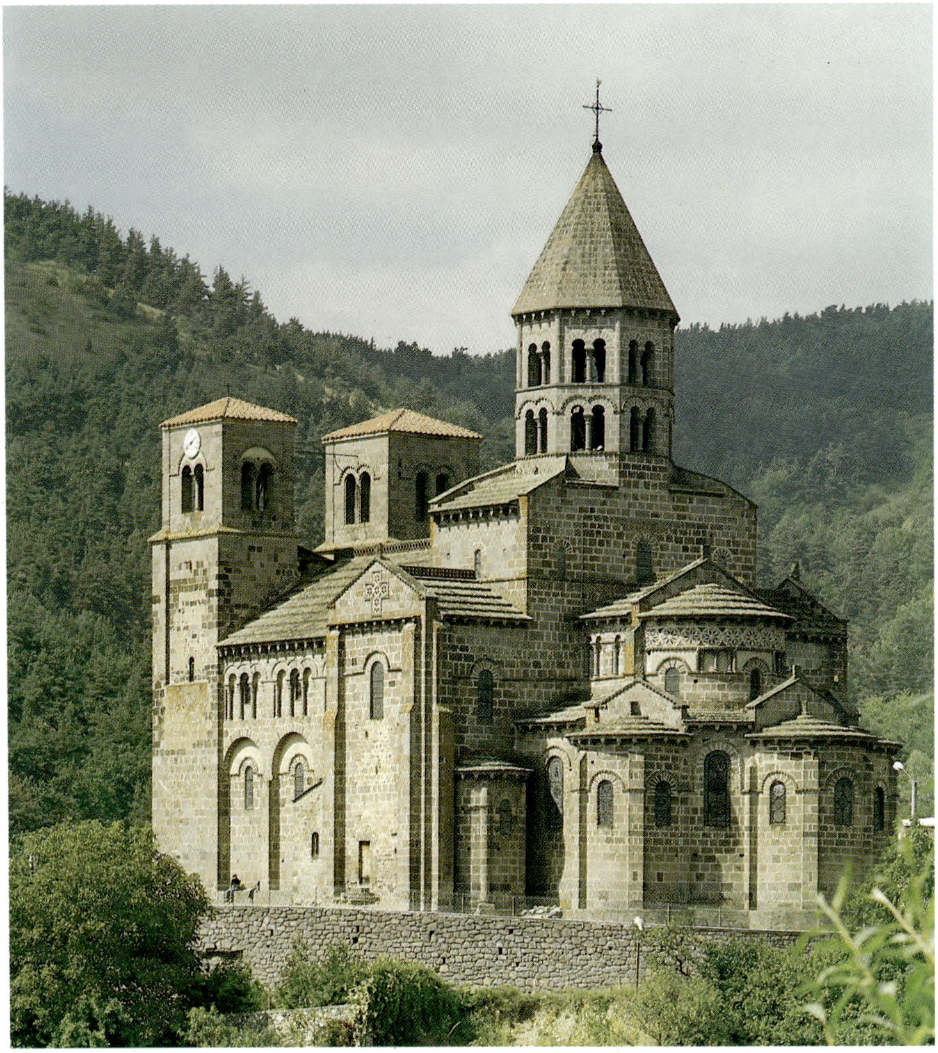

264. Saint-Nectaire (Puy-de-Dôme), église priorale, chevet.

et que le sanctuaire est largement éclairé par celles du déambulatoire et de l'abside, le transept apparaît comme modelé par les jeux d'ombre et de clarté. Il est dans la plupart des cas doté d'un grand nombre de fenêtres (24 à Issoire), réparties sur les façades nord et sud ainsi que dans les travées extrêmes des bras, mais aussi dans les travées intermédiaires couvertes d'un demi-berceau et, du côté oriental de la croisée, au-dessus de l'entrée du chœur. Filtrée par les baies ouvertes dans les arcs diaphragmes, la lumière se diffuse dans les parties hautes du transept, dont elle accuse l'étonnante structure. Grâce à la modulation des effets lumineux, la coupole, soutenue par des piles d'une grande légèreté et par des murs ajourés, semble affranchie des lois de la pesanteur.

Les architectes auvergnats ne furent pas les seuls à rester fidèles à la voûte en berceau plein cintre. Cette solution devait encore être retenue dans divers monuments du XIIe siècle : la cathédrale de Lescar, dont le haut-vaisseau est, dans la nef, contrebuté par des berceaux transversaux, Sainte-Croix d'Oloron-Sainte-Marie, où les bas-côtés, très amples, sont voûtés en quart de cercle, la cathédrale de Valence, dont les hauts collatéraux sont voûtés d'arêtes, etc.

UNE NOUVELLE CONCEPTION DE L'ESPACE : FONTGOMBAULT

La permanence du plein cintre n'exclut pas les innovations. L'architecte qui, dans les années 1120, conçut le parti de l'abbatiale de Fontgombault, dans le Berry (ill. 265 et 266), proposa du chevet à déambulatoire et chapelles rayonnantes une interprétation nouvelle par bien des aspects [188]. Les bas-côtés du chœur, longs de deux travées et terminés par des chapelles orientées, sont doubles – ce qui entraîne la dilatation de l'espace et la multiplication des perspectives intérieures – tandis que les colonnes de l'hémicycle sont implantées suivant un rythme qui met en valeur les travées ouvertes dans l'axe des trois chapelles rayonnantes.

Le traitement de l'élévation (ill. 267) révèle une semblable maîtrise des effets. Comme nombre d'absides de la seconde moitié du XIe siècle et du début du XIIe siècle, celle de Fontgombault compte trois niveaux : grandes arcades, ouvertures sous combles associées à une arcature aveugle, fenêtres hautes. Mais, à la différence de la plupart de ses

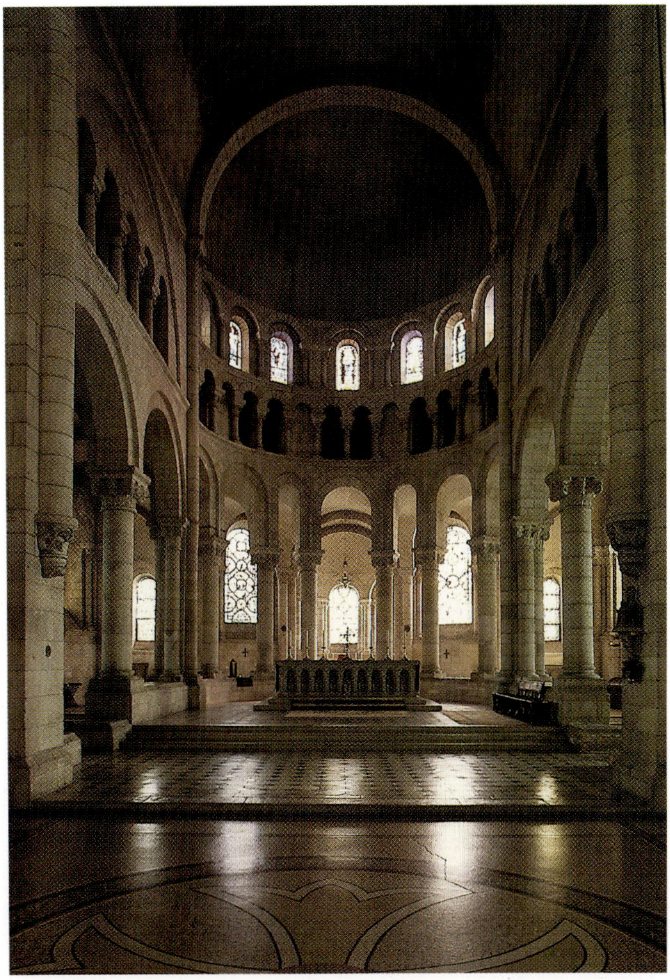

266. Fontgombault (Indre), église Notre-Dame, sanctuaire.

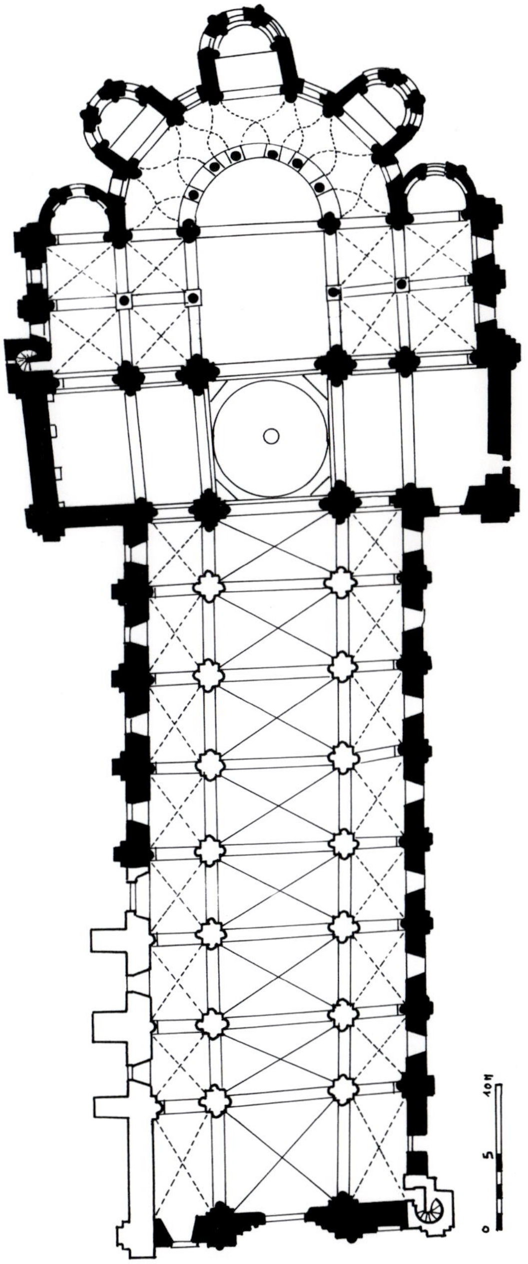

265. Fontgombault (Indre), église Notre-Dame, plan.

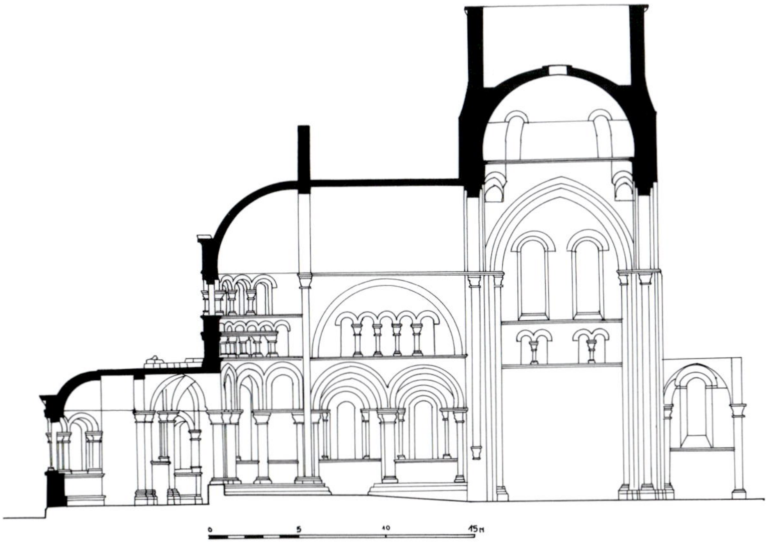

267. Fontgombault (Indre), église Notre-Dame, coupe longitudinale du chevet.

contemporains, le maître d'œuvre a tenté d'effacer au maximum le mur. L'extrados des arcs fortement surhaussés de l'hémicycle atteint presque le niveau médian, où les vides l'emportent sur les pleins avec une alternance de deux baies ouvrant sur les combles pour une baie aveugle ; à l'étage supérieur, sept fenêtres enveloppées d'une arcature laissent largement pénétrer la lumière. Cependant, l'architecte de Fontgombault ne semble pas avoir été soucieux de coordonner les rythmes de ces différents niveaux. De même, il adopta pour la double travée du chœur, dépourvue de fenêtres hautes, une élévation différente : grandes arcades que surmontent cinq ouvertures sous combles réunies sous un grand arc de décharge. La « squelettisation » relative des murs, qui préfigure les recherches gothiques, est ainsi plus affirmée dans l'abside que dans le chœur, où la présence d'une voûte en berceau plein cintre imposait une certaine prudence.

II. L'ADOPTION DE LA VOÛTE EN BERCEAU BRISÉ

Alors que le chœur de Fontgombault est voûté d'un berceau plein cintre, les bras du transept, sans doute édifiés après une brève pause des travaux, sont dotés d'un berceau brisé. On peut observer le passage, en cours de construction, d'un type de tracé à l'autre dans divers monuments du début du XIIe siècle, tant en Bourgogne (Bois-Sainte-Marie) que dans l'Ouest (Saint-Pierre de Chauvigny, Saint-Eutrope de Saintes), le Sud-Ouest (Notre-Dame de Moirax) ou le Massif central (Saint-Georges de Riom-ès-Montagne). Le succès du berceau brisé, qui allait peu à peu se substituer au berceau plein cintre, s'explique sans doute en partie par les avantages d'une voûte qui, engendrée par deux segments de cercle s'affrontant à la clef, pousse moins au vide et s'avère, de ce fait, plus facile à contrebuter que le berceau plein cintre. Le percement de fenêtres sous les retombées d'une voûte d'une certaine ampleur est donc moins délicat, et le couvrement en pierre peut s'étendre à des vaisseaux plus larges et plus hauts que par le passé. La diffusion du berceau brisé fut souvent associée avec celle d'arcs de même tracé pour les grandes arcades et les doubleaux rythmant les voûtes, quel que soit le type de celles-ci. Les formes héritées de l'architecture romaine commencèrent à s'effacer devant les formes anguleuses qui vont s'imposer jusqu'à la fin du Moyen Âge. Aussi l'introduction, dans un certain nombre d'églises romanes du début du XIIe siècle, d'arcs et de voûtes au tracé brisé marqua-t-elle un tournant important dans l'histoire de l'architecture médiévale.

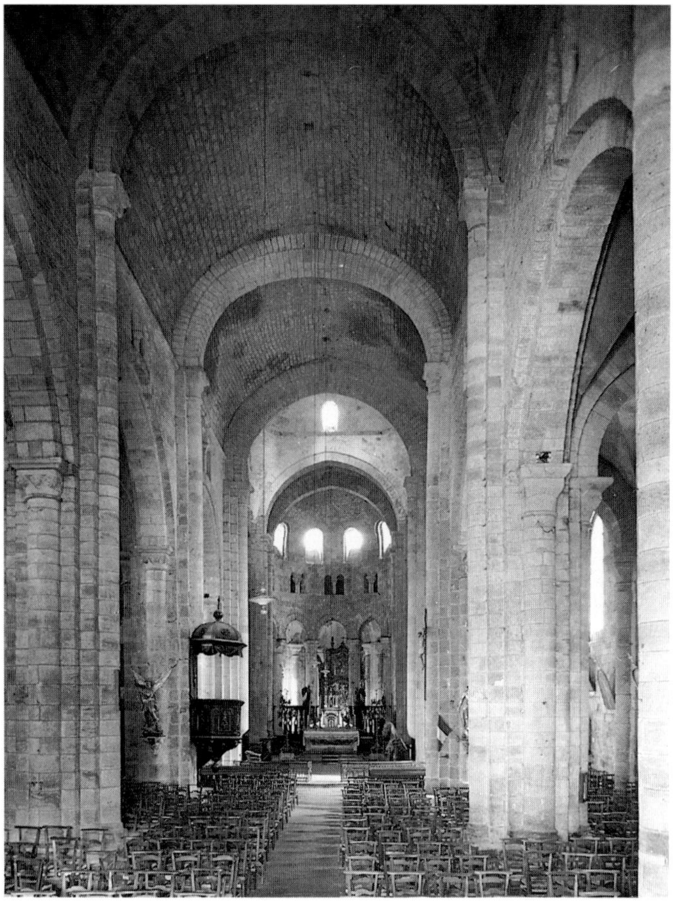

268. Beaulieu-sur-Dordogne (Corrèze), église Saint-Pierre, nef.

L'ABANDON DES TRIBUNES DE CONTREBUTEMENT : BEAULIEU-SUR-DORDOGNE

Il est difficile de savoir quels furent les premiers édifices conçus dès l'origine pour être couverts d'un berceau brisé. La Bourgogne, l'Aquitaine et le Limousin semblent toutefois avoir fait preuve d'une certaine précocité en ce domaine. Quoi qu'il en soit, le recours au berceau brisé devait amener un certain nombre de transformations structurelles des types architecturaux. La plus significative concerne les tribunes de contrebutement, qui tendent à disparaître. Quelques maîtres d'œuvre, comme celui de Saint-Amable de Riom, en Auvergne, les conservèrent sans doute par fidélité à une tradition régionale. Mais, dans la nef de Notre-Dame de Moirax, en Guyenne, la construction de tribunes fut abandonnée lorsqu'on décida de doter le haut-vaisseau d'une voûte en berceau brisé et, à Saint-Pierre de Beaulieu-sur-Dordogne (ill. 268), on assiste à leur atrophie progressive. Le chevet à déambulatoire et chapelles rayonnantes de ce dernier édifice, sans doute entrepris pendant

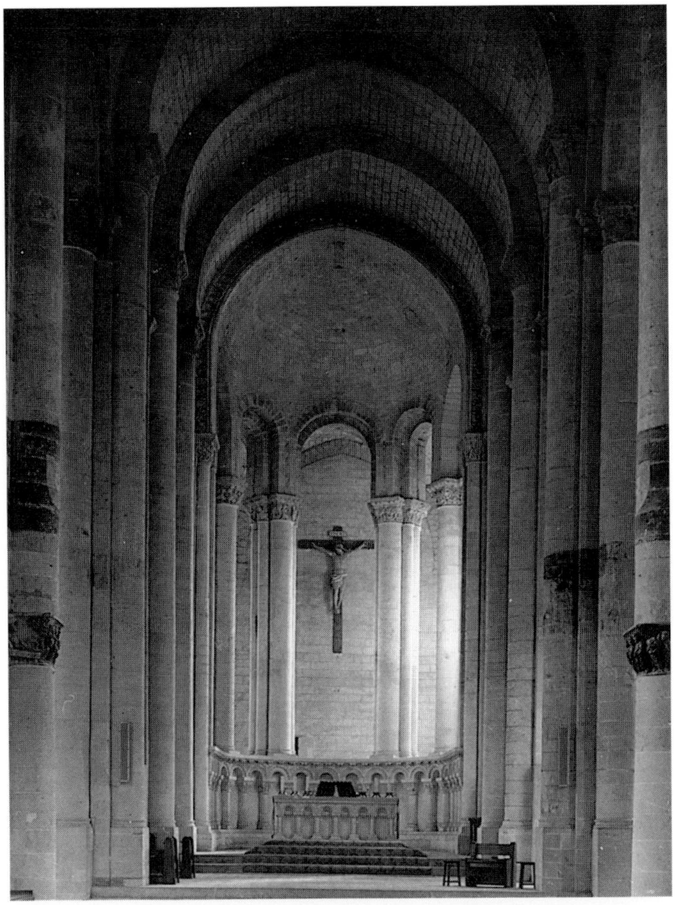

269. Cunault (Maine-et-Loire), église Notre-Dame, sanctuaire.

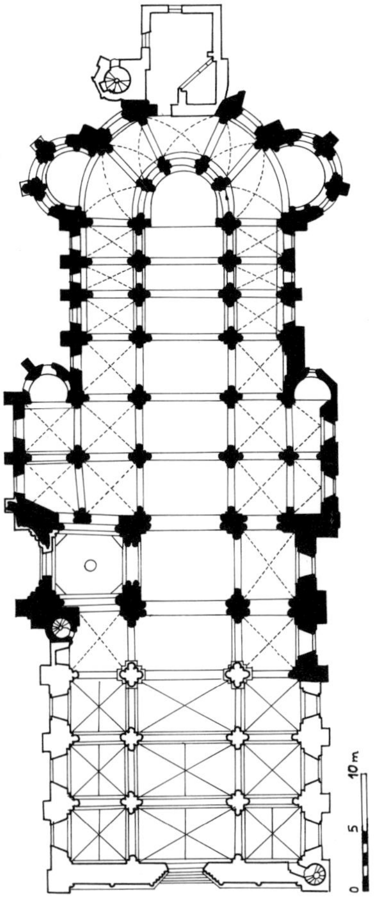

270. Cunault (Maine-et-Loire), église Notre-Dame, plan.

les premières années du XIIe siècle, offre, dans l'abside, une élévation à trois niveaux d'un type inhabituel puisqu'elle comprend, au-dessus des grandes arcades, de petites tribunes voûtées en quart de cercle et des fenêtres hautes ouvertes à la naissance du cul-de-four ; dans le chœur, dépourvu pour sa part de fenêtres, les grandes arcades sont surmontées d'une tribune voûtée d'un berceau transversal. Ces tribunes ou, plutôt, compte tenu de leurs dimensions réduites, ces galeries obscures qui ne prennent jour sur le vaisseau central que par de petites baies géminées se retrouvent dans le transept, où elles sont, comme dans l'abside, voûtées en quart de cercle, alors que, dans la nef, plus tardive, elles semblent n'avoir jamais reçu de voûtes.

Galeries et baies géminées ne semblent d'ailleurs avoir été conservées dans la nef que pour sauvegarder l'unité du parti primitif, parti dont la permanence d'un niveau médian continu dans l'ensemble de l'église constitue l'un des traits les plus remarquables. L'adoption d'un tracé brisé pour les voûtes et pour les grandes arcades ne devait pas entraîner, à Beaulieu, d'importantes modifications formelles. La brisure des arcs y est peu affirmée, et les baies restent fidèles au plein cintre. Les travées, scandées par de puissantes piles composées cantonnées de quatre colonnes engagées, offrent des proportions aussi généreuses que celles du haut-vaisseau et des bas-côtés. Tant par sa structure que par sa conception spatiale, l'église de Beaulieu apparaît donc comme un édifice de transition, qui devait rester sans descendance [189].

Le succès des nefs à trois vaisseaux de hauteur sensiblement égale : Cunault

Les églises dont les trois vaisseaux sont de hauteur sensiblement égale allaient, en revanche, connaître un succès durable dans plusieurs régions. L'une des plus belles réussites en ce domaine est Notre-Dame de Cunault (ill. 269 et 270). Avec ses hauts et larges collatéraux voûtés d'arêtes qui contrebutent à sa naissance la voûte du vaisseau central, l'église de cet important prieuré angevin de Saint-Philibert de Tournus s'inscrit dans la lignée des expériences poitevines de la seconde moitié du XIe siècle. Mais elle diffère de celles-ci par sa conception spatiale. En effet, bien que son haut-vaisseau ne soit pas de proportions particulièrement élancées (18,70 m de hauteur pour environ 7 m de largeur), tous les éléments de l'élévation concourent à mettre l'accent sur la verticalité : piles composées hautes de 12,50 m qui s'élancent d'un jet jusqu'au niveau des voûtes, arcs très surhaussés des grandes arcades et, enfin, berceau au tracé nettement brisé. Le plan de la priorale est assez exceptionnel : un chevet à déambulatoire et chapelles rayonnantes qui comprend un long chœur de quatre travées, un faux-transept de deux travées doté de chapelles orientées et une nef de cinq travées dont la construction est un peu plus tardive [190]. La continuité de l'espace central est accentuée par l'adoption d'une même élévation pour l'ensemble du monument, y compris l'abside. En effet, les supports de l'hémicycle ne sont pas des colonnes, comme dans la plupart

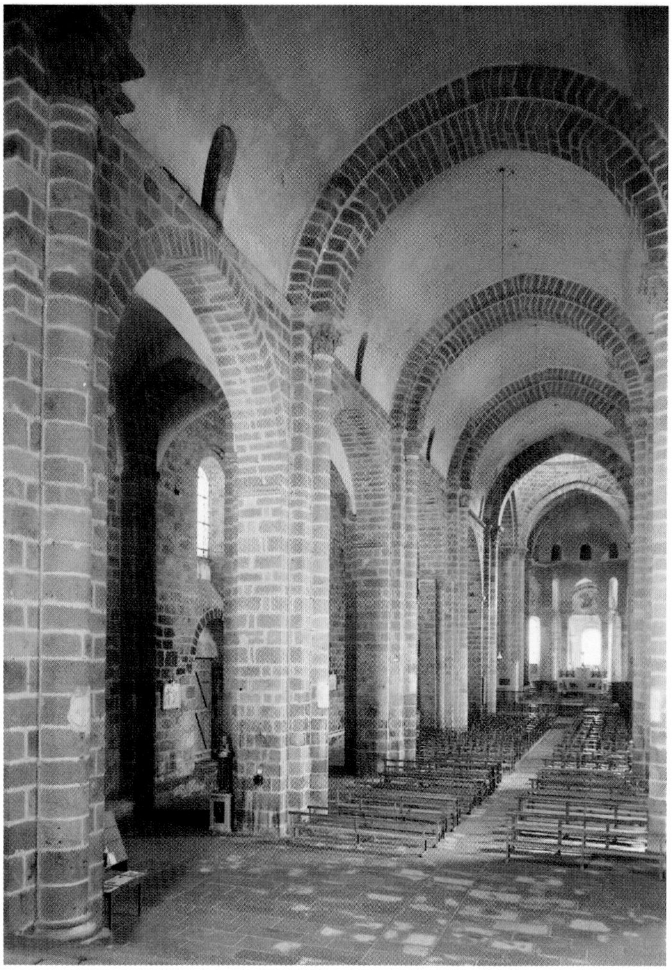

272. Le Dorat (Haute-Vienne), église Saint-Pierre, nef.

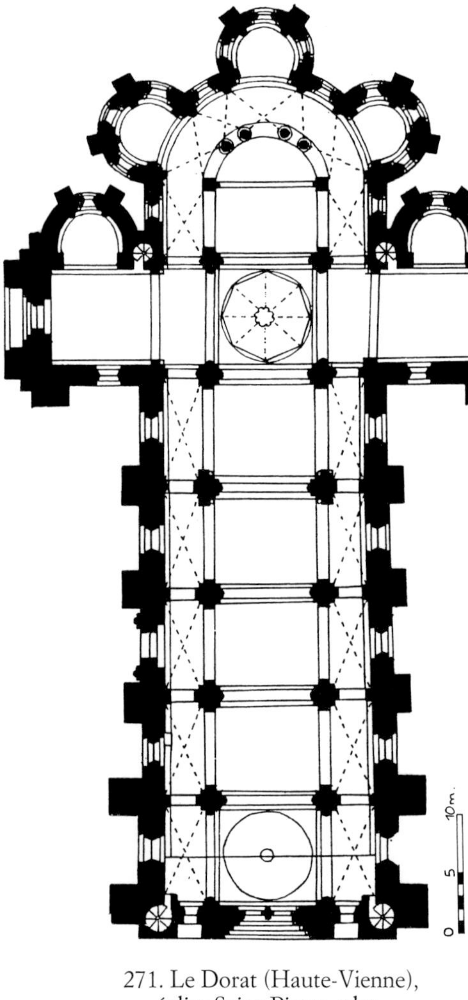

271. Le Dorat (Haute-Vienne), église Saint-Pierre, plan.

des édifices, mais des piles constituées d'un faisceau de huit colonnes et colonnettes disposées selon un plan oblong au lieu d'un noyau quadrangulaire cantonné de quatre colonnes dans les parties droites. Afin d'éviter une certaine monotonie, le maître d'œuvre de Cunault a multiplié les effets illusionnistes. Ainsi, en réduisant les dimensions de l'abside (16,20 m de haut et 5,80 m de large) par rapport à celles du chœur, il accentuait les lignes de fuite et rendait la perspective d'autant plus impressionnante pour un spectateur placé dans l'axe. De même, l'implantation des supports est savamment modulée ; dans l'hémicycle, les trois travées qui correspondent aux chapelles rayonnantes sont plus larges que les autres, et on observe dans le chœur d'importantes variations d'une travée à l'autre (3,20 m de large pour la première, 2,30 m pour la deuxième, 2,60 m pour la troisième). L'éclairage, enfin, contribue à modeler l'espace intérieur, le chœur baignant dans une relative pénombre, alors que la lumière des vastes baies du déambulatoire se diffuse largement à l'intérieur de l'abside.

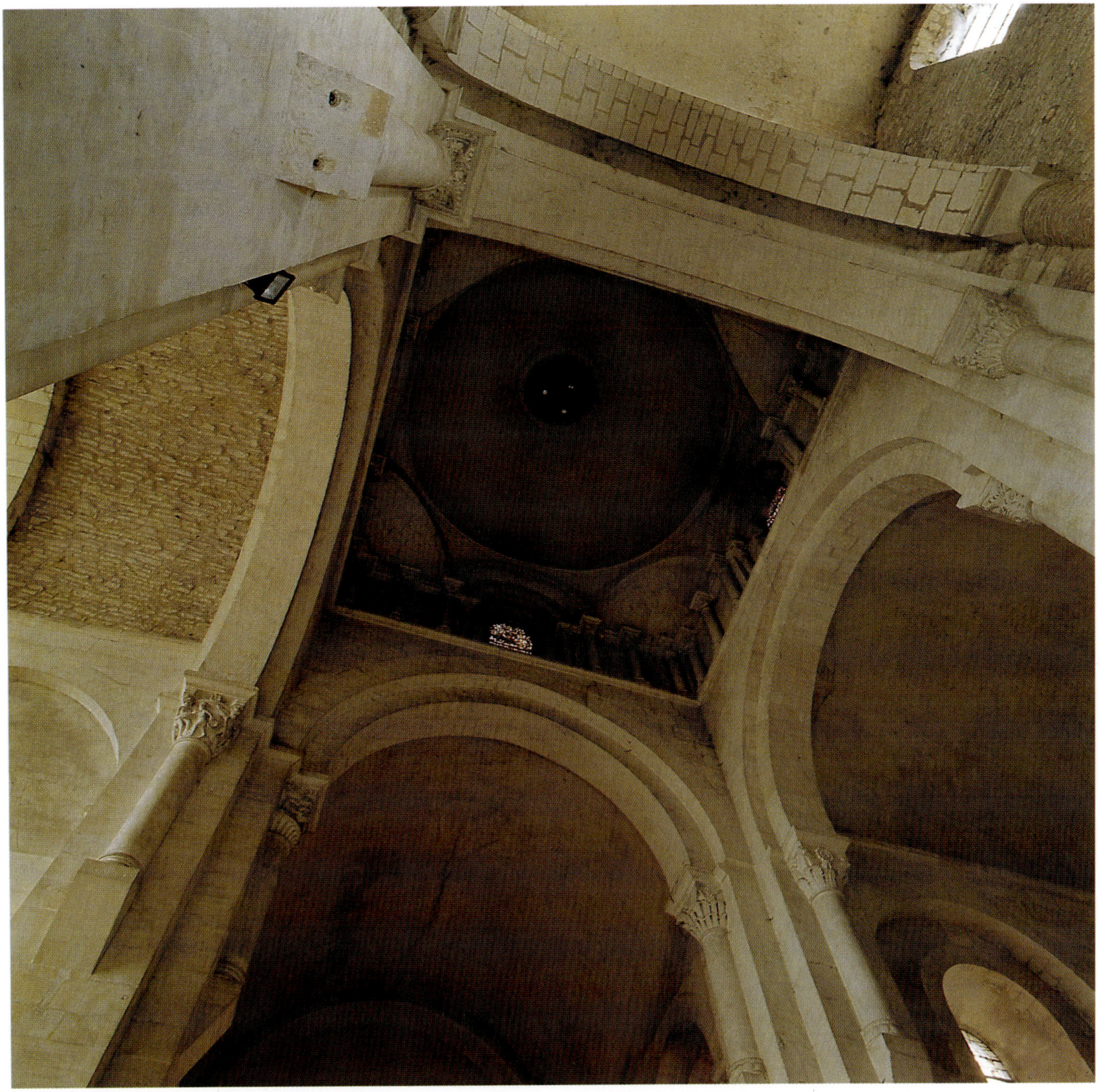

273. Tournus (Saône-et-Loire), église Saint-Philibert, croisée du transept.

LE DORAT

Alors qu'à Cunault la recherche d'illusionnisme et de richesse plastique semble avoir guidé les choix de l'architecte, tout traduit dans la collégiale limousine Saint-Pierre du Dorat (ill. 271 et 272) une volonté de rigueur et de lisibilité. Le plan est dessiné avec fermeté et les différentes parties de l'édifice – le sanctuaire ceint d'un déambulatoire à trois chapelles rayonnantes, le transept très débordant doté d'une chapelle orientée sur chaque bras et la nef – apparaissent comme nettement individualisées. L'espace intérieur conserve néanmoins une certaine unité ; dans le chœur comme dans la nef, en effet, les grandes arcades brisées s'élèvent jusqu'à la naissance d'un berceau de même tracé ; ces arcades sont surmontées de petites baies d'aération

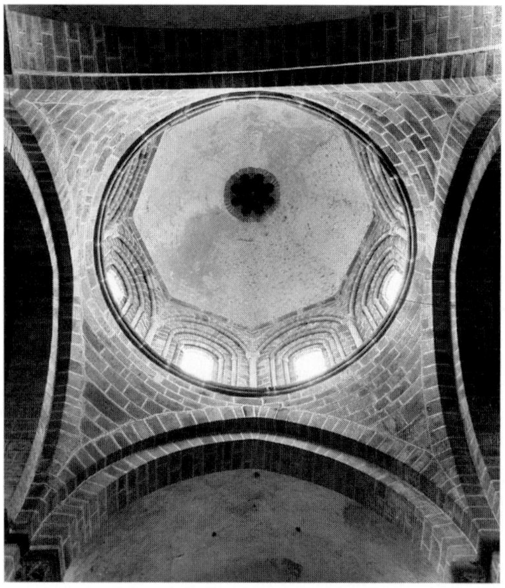

274. Le Dorat (Haute-Vienne), église Saint-Pierre, croisée du transept.

ouvertes dans la partie basse des voûtes. Seule varie la largeur des travées, considérable dans la nef (environ 6 m), plus réduite dans le sanctuaire [191]. Les travées de la nef paraissent d'autant plus amples que les arcades à rouleau unique retombent sur des pilastres ; du côté du haut-vaisseau, en revanche, les piles qui reçoivent de puissants arcs doubleaux à double rouleau comportent une colonne engagée sur dosseret [192]. La scansion de l'espace est ainsi affirmée avec force et simplicité dans le vaisseau central, de proportions relativement larges (18,80 m de hauteur pour 9,60 m d'un mur gouttereau à l'autre dans la travée la plus proche de la croisée). Les bas-côtés, voûtés d'arêtes de plan barlong très prononcé, sont d'une étroitesse extrême (moins de 3 m de large pour 12,80 m de haut) et le maître d'œuvre a été contraint, pour assurer l'équilibre de la voûte du vaisseau central, de construire des murs externes d'une grande épaisseur (environ 1,80 m), épaulés par de larges contreforts (ill. 319).

La tour-lanterne (ill. 274) qui inonde d'une vive lumière la croisée du transept fut probablement conçue dès l'origine. En effet, un certain nombre de maîtres d'œuvre du début du XIIe siècle, sensibles aux superbes effets lumineux des anciennes tours-lanternes charpentées, s'efforcèrent de construire des coupoles au-dessus d'un tambour largement éclairé. Au Dorat, le tambour circulaire, supporté par quatre pendentifs, est ajouré de huit fenêtres enveloppées de trois moulures toriques qui reposent, procédé fréquent en Limousin, sur des colonnettes de même diamètre ; au-dessus s'élève une coupole octogonale, percée en son centre d'un oculus polylobé. D'autres architectes, comme celui de Saint-Martin-d'Ainay à Lyon ou celui qui reprit le transept et les parties hautes du chevet de Saint-Philibert de Tournus (ill. 273), restèrent fidèles à la coupole sur trompes, qui avait eu la faveur des premiers maîtres d'œuvre romans. S'inspirant de la solution de Saint-Vorles de Châtillon-sur-Seine ou de Perrecy-les-Forges – quatre fenêtres situées entre les trompes, au même niveau que celles-ci –, l'architecte de Tournus la magnifia grâce à l'adjonction d'un niveau de colonnettes, dont certaines reçoivent les arcs qui encadrent les fenêtres tandis que les autres soutiennent les trompes.

SAINT-NAZAIRE DE CARCASSONNE

De même, l'architecte de la nef de l'ancienne cathédrale Saint-Nazaire de Carcassonne (ill. 275) renoua avec les jeux d'alternance des piles, fréquents dans les édifices charpentés, du XIe siècle mais généralement abandonnés dans les édifices voûtés : piles composées à noyau carré cantonné de quatre colonnes engagées d'une part, et piles circulaires de fort diamètre d'autre part. Celles-ci sont surmontées d'une courte colonne engagée, selon une disposition quelquefois utilisée au XIe siècle (dans la nef de Saint-Philibert de Tournus, par exemple). La régularité était ainsi rétablie dans la partie supérieure des murs gouttereaux. Malgré l'adoption, pour le haut-vaisseau du moins, d'un berceau de tracé fortement brisé rythmé par des doubleaux, l'architecte de Saint-Nazaire n'a pas tenté, comme ceux de Cunault et du Dorat, de donner une impression d'élan vertical ou de dilatation de l'espace central. Il a, au contraire, grâce à l'ampleur mesurée des arcades et à la présence, toutes les deux travées, de piles circulaires couronnées d'une imposte très débordante et richement décorée à la manière des corniches romaines, conféré à l'ensemble une grande stabilité.

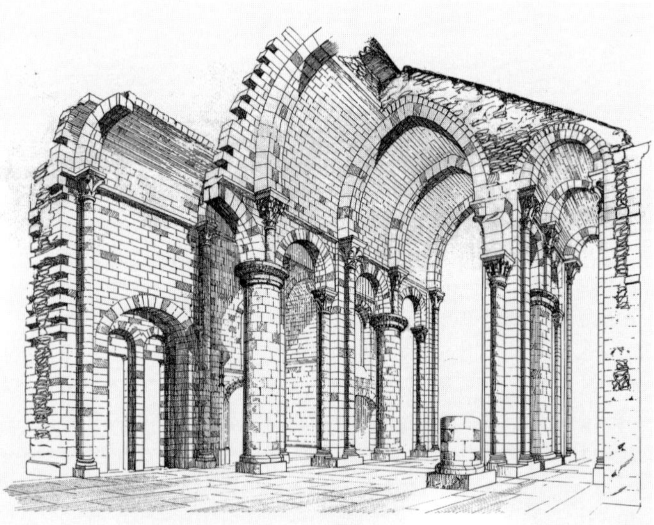

275. Carcassonne (Aude), cathédrale Saint-Nazaire, coupe axonométrique par A. Ventre.

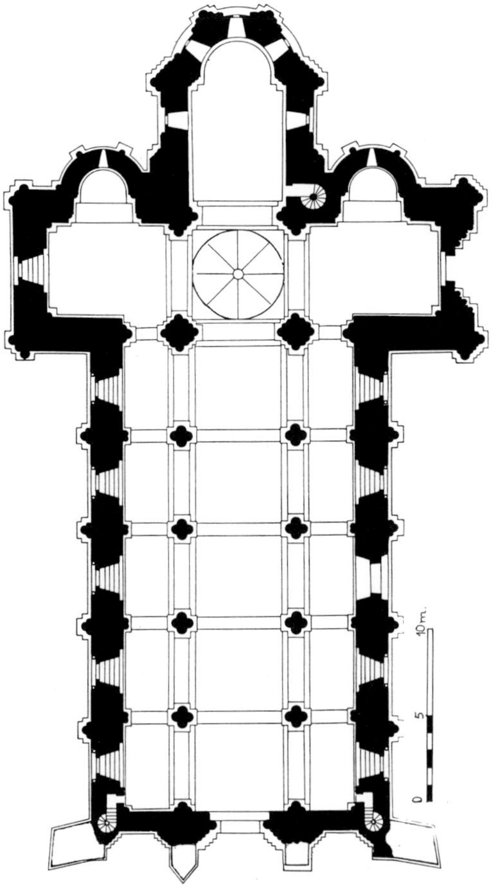

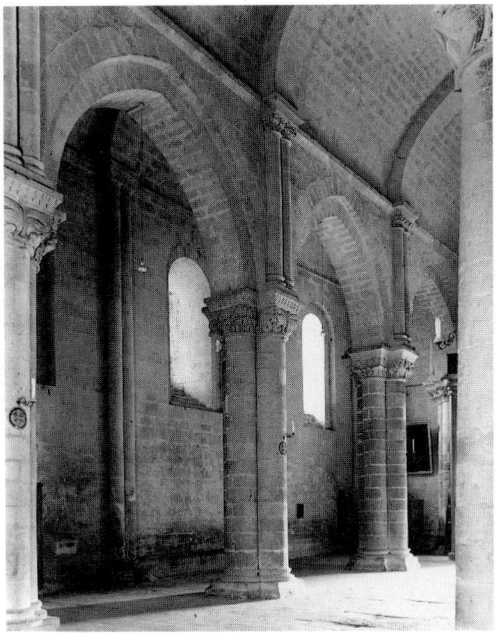

276 et 277. Aulnay (Charente-Maritime), église Saint-Pierre, plan et nef.

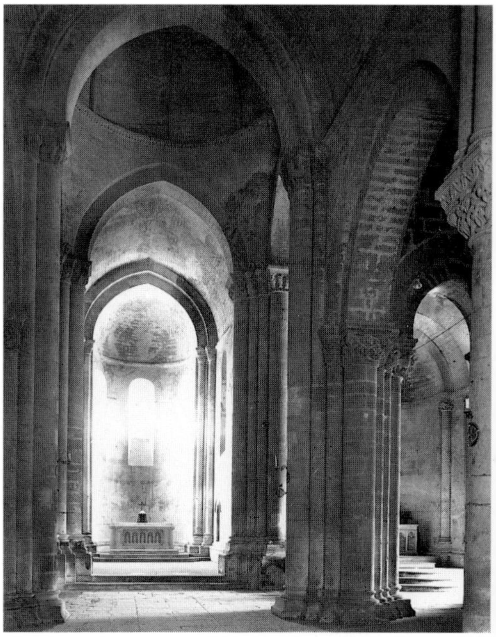

278. Aulnay (Charente-Maritime), église Saint-Pierre, sanctuaire.

AULNAY

L'architecte de l'église Saint-Pierre d'Aulnay, située aux confins du Poitou et de la Saintonge (ill. 276 et 277), proposa encore une autre interprétation du type de nef dont les trois vaisseaux sont de hauteur presque égale, interprétation adaptée aux dimensions relativement modestes de l'édifice. Il adopta pour couvrir le haut-vaisseau, large d'à peine 5 m pour une hauteur d'environ 12 m, un berceau très brisé que contrebutent des bas-côtés voûtés de manière identique et qui repose sur des murs gouttereaux peu épais comparés aux murs externes [193]. Des arcades à double rouleau de proportions très amples déterminent dans le vaisseau central des travées de plan carré et retombent sur de courtes piles quadrilobées. Couronnées de quatre chapiteaux régnant au même niveau, celles-ci produisent un effet qui n'est pas sans rappeler celui d'une file de colonnes. Le maître d'œuvre ne renonça pas, cependant, à toute scansion verticale et, en s'inspirant peut-être des ordres superposés de l'architecture romaine, il disposa au-dessus des colonnes engagées du côté du haut-vaisseau comme des collatéraux une paire de colonnes de diamètre réduit. Aux volumes généreux des piles quadrilobées font ainsi écho des verticales d'une certaine discrétion, qui traduisent une volonté d'allégement

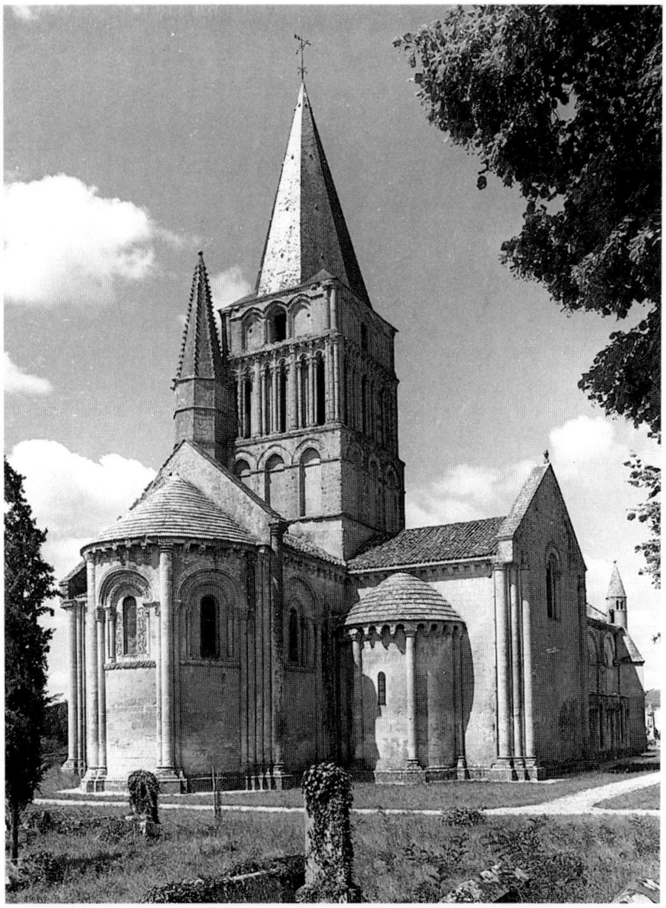

279. Aulnay (Charente-Maritime), église Saint-Pierre, chevet.

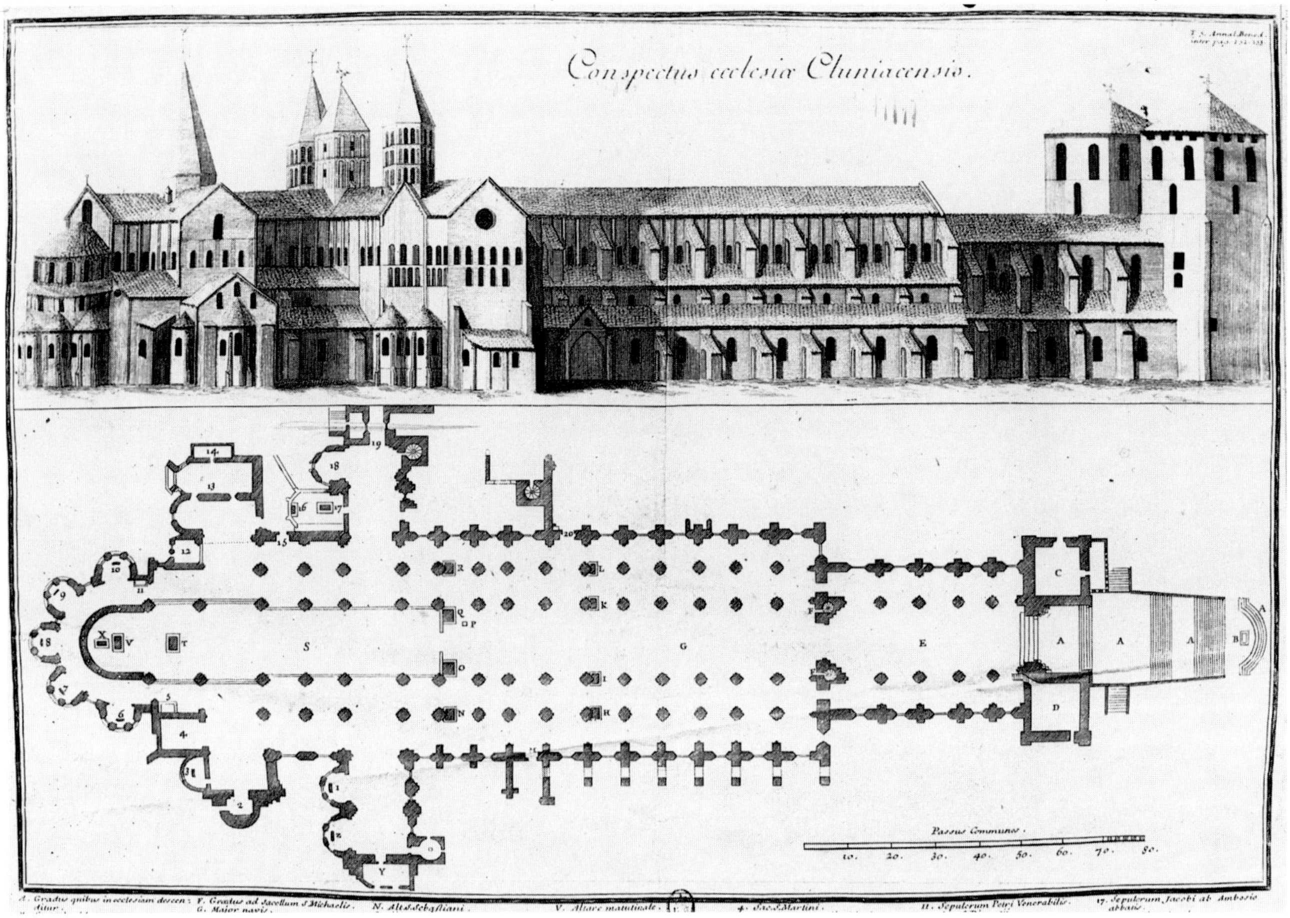

280. Cluny (Saône-et-Loire), église abbatiale, plan et vue latérale du côté nord vers 1700, par Giffart.

des parties hautes. À l'opposé de cette recherche, les verticales s'imposent, à travers la multiplication des colonnes montant de fond, dans le chevet (ill. 278) dont l'abside est précédée d'un long chœur qu'encadrent deux chapelles orientées, ainsi qu'à la croisée, surmontée d'une haute coupole sur pendentifs décorée de nervures et délimitée par des faisceaux de douze colonnes engagées disposées selon un plan en forme de losange. Ce contraste est accusé par l'éclairage, diffus dans la nef, direct dans les parties orientales. On trouve à Aulnay une utilisation très sûre de la lumière frisante, qui glisse sur les surfaces lisses et s'accroche au relief des piles, qu'elle souligne vigoureusement. Le contraste qui existe, à l'intérieur de l'église, entre la nef et les parties orientales ne résulte pas de l'existence de deux campagnes de construction indépendantes l'une de l'autre [194]. Au contraire, tout semble indiquer une unité de conception qui se manifeste, à l'extérieur (ill. 279), par une même richesse plastique des colonnes-contreforts (isolées ou réunies en faisceaux plus ou moins imposants selon leur emplacement) et des arcs et arcatures qui enveloppent les fenêtres.

... ET QUELQUES AUTRES

Tous les architectes qui adoptèrent la solution des trois vaisseaux de hauteur sensiblement égale ne firent pas preuve d'autant d'imagination créatrice. Beaucoup d'entre eux interprétèrent d'une manière plus conventionnelle le système des hautes piles composées s'élevant jusqu'à la naissance des voûtes, non seulement dans l'Ouest, où il avait déjà connu un certain essor à la fin du XIe siècle, mais dans le Berry (Notre-Dame de Châtillon-sur-Indre, Saint-Genès de Châteaumeillant, Saint-Martin de Plaimpied), le Forez (Saint-Sébastien de Champdieu) et le Sud-Ouest (Notre-Dame de Moirax, Notre-Dame de Soulac-sur-Mer). L'ampleur des vaisseaux et des arcades varie, certes, d'un exemple à l'autre, de même que les proportions des piles, le tracé des arcs et le mode de voûtement des bas-côtés (voûtes d'arêtes, voûtes en berceau, voûtes en quart de cercle), mais sans que la définition du type architectural en soit véritablement affectée. Celui-ci tendra ainsi à se banaliser, du moins dans les régions du sud de la Loire où il connaîtra un grand succès jusqu'à la fin de l'art roman.

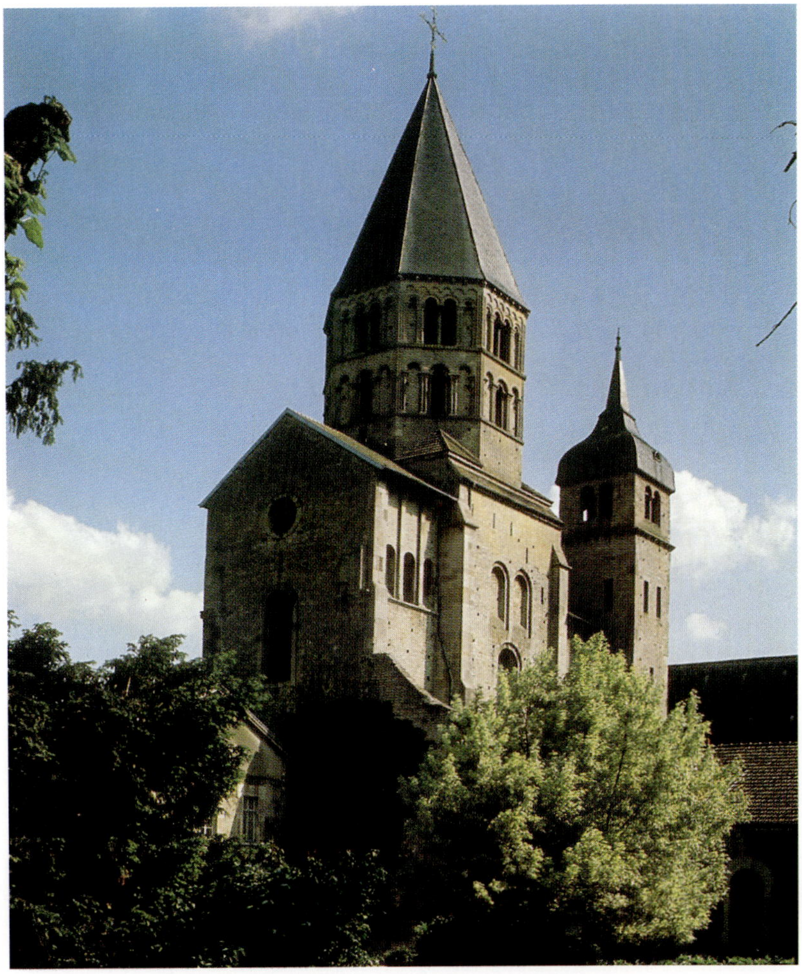

281. Cluny (Saône-et-Loire), église abbatiale, grand transept, bras sud, vue extérieure.

L'ATTACHEMENT À L'ÉCLAIRAGE DIRECT

Il ne devait, en revanche, guère être retenu dans les régions situées plus au nord, attachées à l'éclairage direct des hauts-vaisseaux, que ceux-ci soient charpentés ou voûtés. Au cours de la seconde moitié du XIe siècle, quelques maîtres d'œuvre de la moyenne vallée de la Loire avaient ainsi (à Saint-Benoît-sur-Loire, à Saint-Étienne de Nevers ou à La Charité-sur-Loire) pris le risque d'ouvrir une rangée de fenêtres hautes sous un berceau en plein cintre dans des vaisseaux d'une certaine ampleur, tandis qu'en Bourgogne l'architecte de la nef de Saint-Philibert de Tournus avait modifié les données du problème en couvrant le vaisseau central d'une série de berceaux transversaux. L'adoption d'une voûte en berceau brisé, qui libère la partie supérieure des murs des poussées les plus fortes et facilite le percement de baies à ce niveau, allait permettre à certains architectes bourguignons du début du XIIe siècle d'éclairer directement des vaisseaux d'importantes dimensions.

III. LE GOÛT DE L'EXPLOIT

LA TENTATION DE LA DÉMESURE : CLUNY III

Tout, dans l'abbatiale de Cluny III dédiée à saint Pierre et saint Paul et entreprise par l'abbé saint Hugues (†1109), exprimait une extrême ambition (ill. 280), qu'il s'agisse de son parti (chevet à déambulatoire et cinq chapelles rayonnantes, double transept dominé par quatre tours, nef et chœur à cinq vaisseaux) ou de ses dimensions. Avec une longueur de plus de 150 m (avant-nef non comprise), une largeur totale de 38,50 m dans l'œuvre, un vaisseau central haut de 29,50 m et large de près de 11 m, la *maior ecclesia* était le plus vaste édifice de l'Occident chrétien. Selon un témoin contemporain, l'abbaye comptait vers 1080 plus de deux cents moines, et on peut estimer à environ un millier le nombre des prieurés qui lui étaient rattachés dans diverses régions de l'Europe. Grâce aux revenus que lui rapportaient ses nombreuses dépendances, Cluny disposait de ressources considérables et son abbé, qui relevait de la seule autorité du pape, était l'un des principaux personnages du monde chrétien.

De l'immense abbatiale, il ne reste, après les destructions postrévolutionnaires, que le bras sud du grand transept (ill. 281) et, du même côté, trois travées du collatéral externe de la nef et du chœur, ainsi que les deux chapelles orientées du petit transept. La disparition de la majeure partie de l'édifice rend difficile l'interprétation des textes, relativement nombreux mais souvent évasifs, qui nous renseignent sur l'histoire de la construction. Celle-ci ne semble pas avoir débuté avant 1088 [195]. En 1095, la visite du pape Urbain II fut mise à profit pour célébrer la consécration de l'autel majeur, de l'autel matutinal et de trois autres autels, situés « dans les trois premières chapelles [196] ». Le bras sud du grand transept était sans doute achevé avant 1115 [197] et, vers 1120-1121, les moines prirent possession du nouveau chœur [198]. Malgré l'effondrement d'une partie des voûtes de la nef en 1125 ou 1126 [199], le gros œuvre devait être en voie d'achèvement lors de la cérémonie de dédicace, en 1130 [200]. Quarante ans avaient donc suffi pour mener à bien l'entreprise, non sans que le projet initial ait dû subir quelques transformations. Aussi est-il possible que l'audacieuse élévation du vaisseau central n'ait pas été envisagée dès 1088, mais seulement au cours de la première décennie du XIIe siècle.

Si de nombreuses questions sur la marche des travaux restent en suspens, le parti de Cluny III peut être analysé avec une certaine précision. Le plan de l'abbatiale est connu par divers relevés anciens et, surtout, par les fouilles effectuées à partir de 1927 par K. J. Conant. De nombreuses vues de l'édifice, antérieures à sa destruction ou exécutées au cours de celle-ci, permettent de restituer ses principales dispositions. L'image de Cluny III peut, enfin, être également évoquée à travers les édifices bourguignons qui reprirent certaines de ses solutions.

UNE RÉPLIQUE À ÉCHELLE RÉDUITE : PARAY-LE-MONIAL

Malgré des dimensions réduites et un parti simplifié (un seul transept et une courte nef à trois vaisseaux), l'église priorale de Paray-le-Monial (ill. 282) offre une réplique relativement fidèle de la *maior ecclesia* de saint Hugues [201]. Certes, son chevet ne compte que trois chapelles rayonnantes au lieu de cinq, mais, comme à Cluny, le déambulatoire est nettement plus étroit que le collatéral correspondant des parties droites et il existe une forte dénivellation entre l'abside et le déambulatoire d'une part et, de l'autre, le chœur et ses bas-côtés, dont les voûtes s'élèvent à la même hauteur que dans la nef et le transept (ill. 283, 284 et 285). On retrouve également à Paray-le-Monial les hautes et minces colonnes régulièrement espacées qui délimitent l'hémicycle [202] et, dans le déambulatoire lui-même, les deux niveaux de fenêtres, de supports engagés et d'arcatures qui animent l'enveloppe. Comme à Cluny encore, l'austérité relative de l'extérieur (ill. 286) s'oppose au riche traitement plastique de l'élévation interne. L'architecte de Paray-le-Monial a repris, dans le chœur, la nef et le transept, l'élévation à trois niveaux de Cluny : grandes arcades en arc brisé, arcature comprenant dans chaque travée trois baies, tantôt aveugles tantôt ouvertes sur les combles des bas-côtés, surmontées de trois fenêtres d'égale importance enveloppées d'une arcature (ill. 287 et 288). Ces différents niveaux sont puissamment soulignés soit par des cordons moulurés continus, soit, sous les fenêtres hautes, par une corniche reposant sur des modillons. Enfin, au lieu de colonnes engagées montant d'un seul jet jusqu'à la retombée des doubleaux, l'architecte de Cluny, imité par celui de Paray-le-Monial, a choisi la solution des ordres superposés à l'antique.

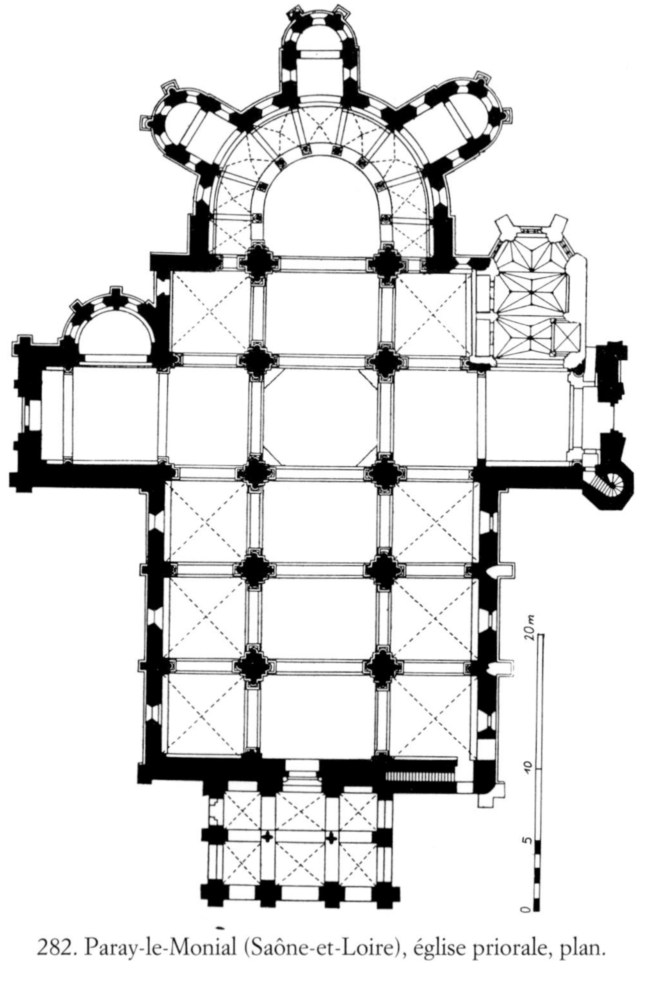

282. Paray-le-Monial (Saône-et-Loire), église priorale, plan.

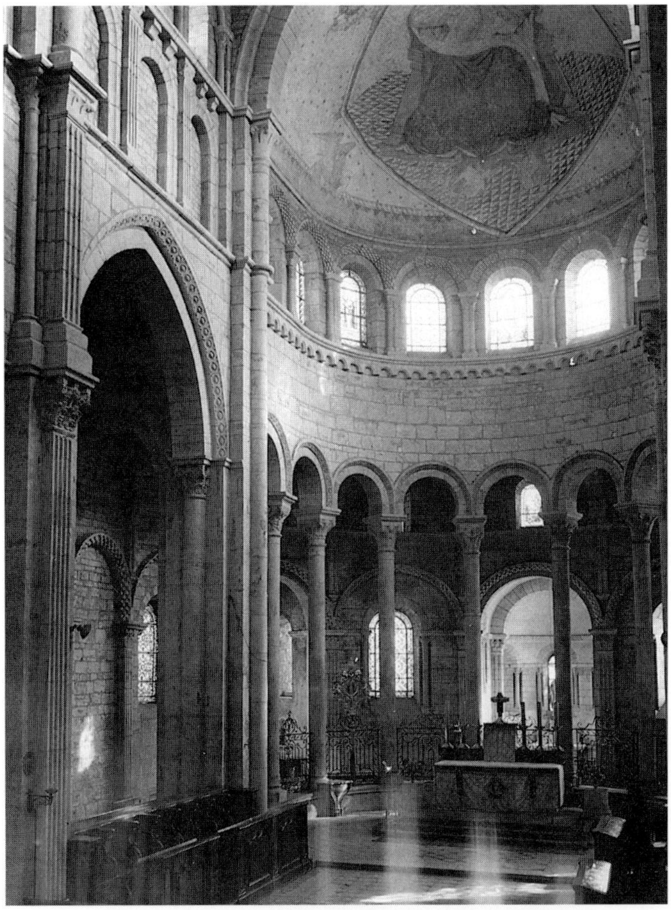

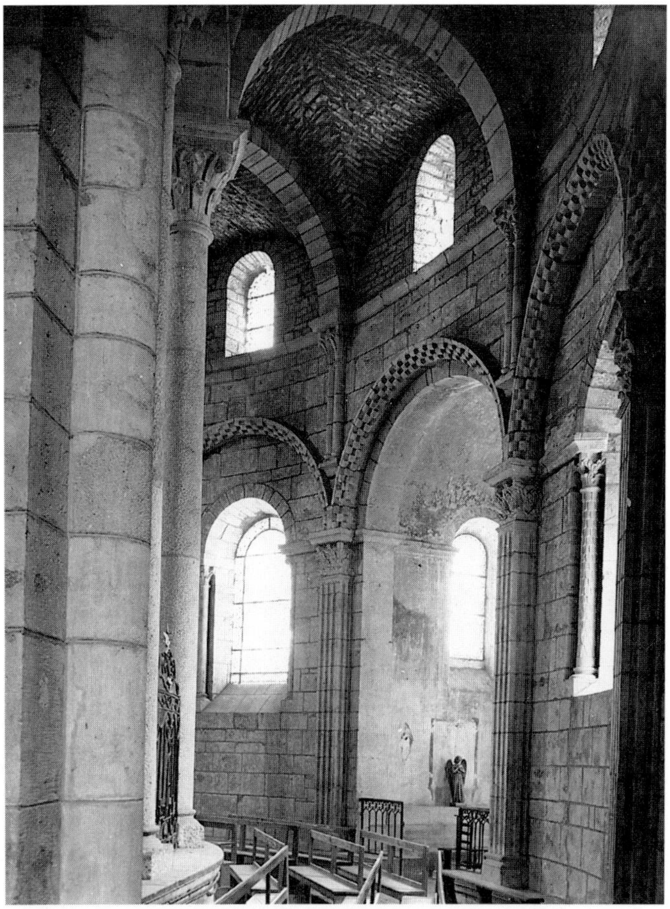

283 et 284. Paray-le-Monial (Saône-et-Loire), église priorale, sanctuaire et déambulatoire.

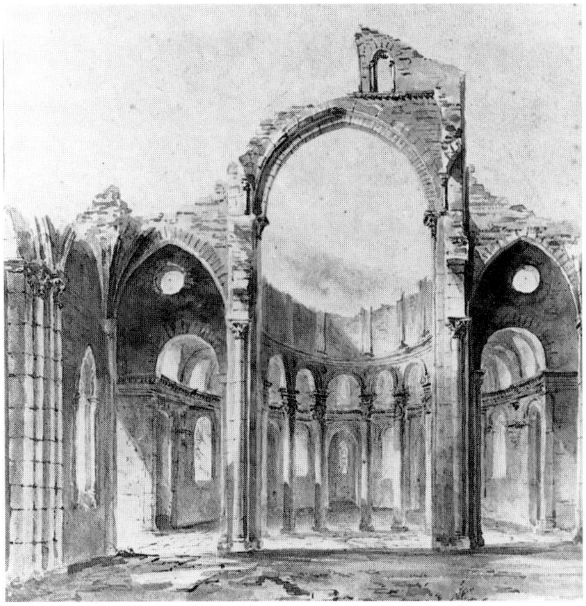

285. Cluny (Saône-et-Loire), église abbatiale, abside en cours de destruction vers 1810-1820. (Coll. comte de Rambuteau).

AUX LIMITES DU POSSIBLE : LA PLUS HAUTE VOÛTE JAMAIS CONSTRUITE

Il existe cependant une différence significative entre les deux édifices. À Cluny – on peut l'observer dans le bras sud du grand transept –, chacun des deux niveaux supérieurs de l'élévation est construit en léger porte-à-faux par rapport au niveau inférieur (ill. 289 et 290). Aussi la largeur du vaisseau central de la nef (10,85 m au niveau des grandes arcades) était-elle réduite à 10,30 m à la naissance de la voûte. Cette utilisation du porte-à-faux dans la construction des murs gouttereaux traduisait, de la part du maître d'œuvre, le souci de limiter la portée, et donc les poussées, d'une voûte lancée à une hauteur sans précédent dans l'architecture romane. Encore lui fallait-il trouver une solution pour que les avancées successives du mur n'apparaissent pas de manière trop évidente, résultat qui fut obtenu grâce aux cordons en forte saillie qui délimitent les différents niveaux et à l'emploi des ordres superposés. Les piles comportaient, en effet, du côté du haut-vaisseau, un pilastre cannelé au-devant d'un large dosseret, pilastre que couronnait un chapiteau

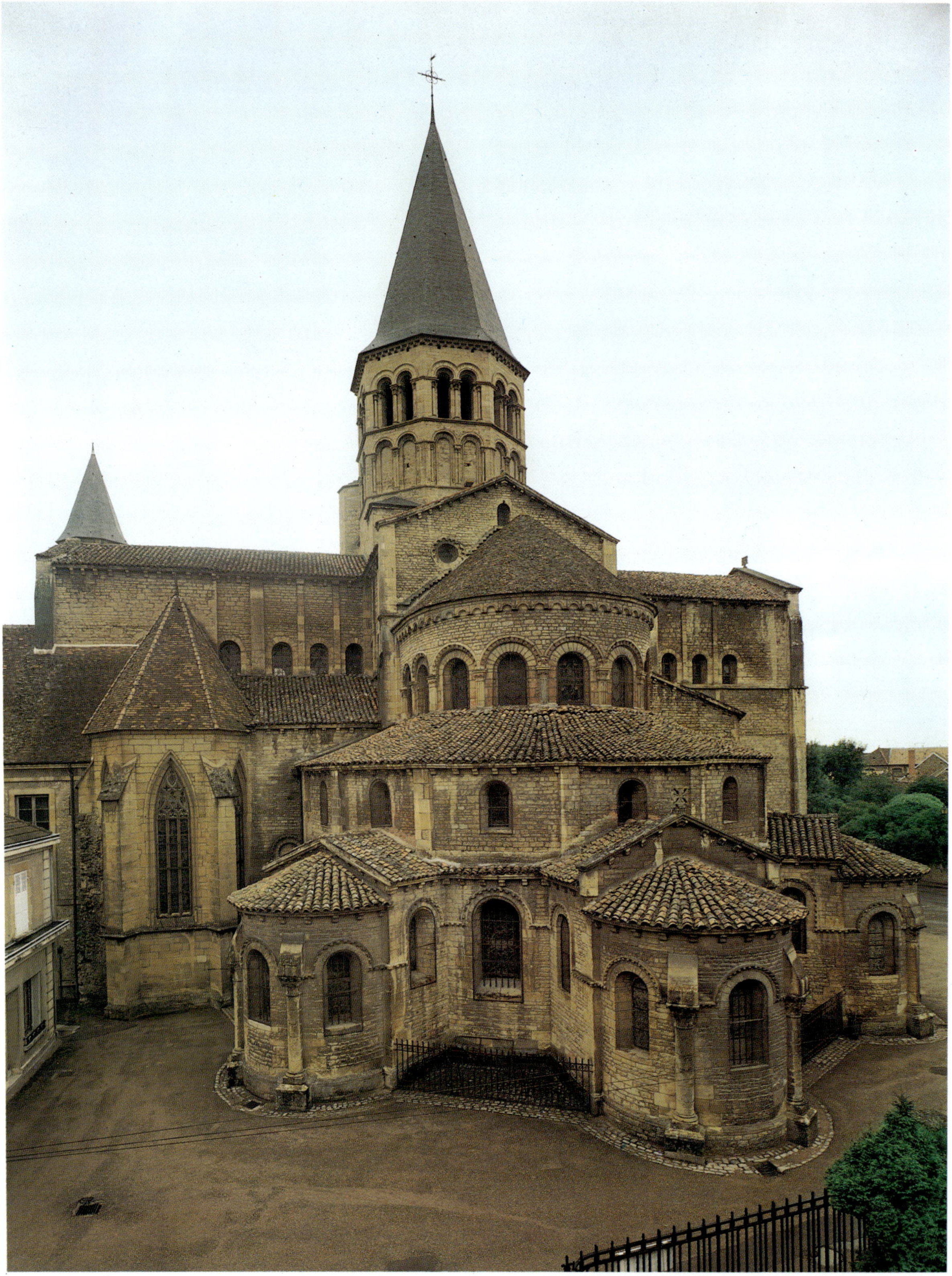

286. Paray-le-Monial (Saône-et-Loire), église priorale, chevet.

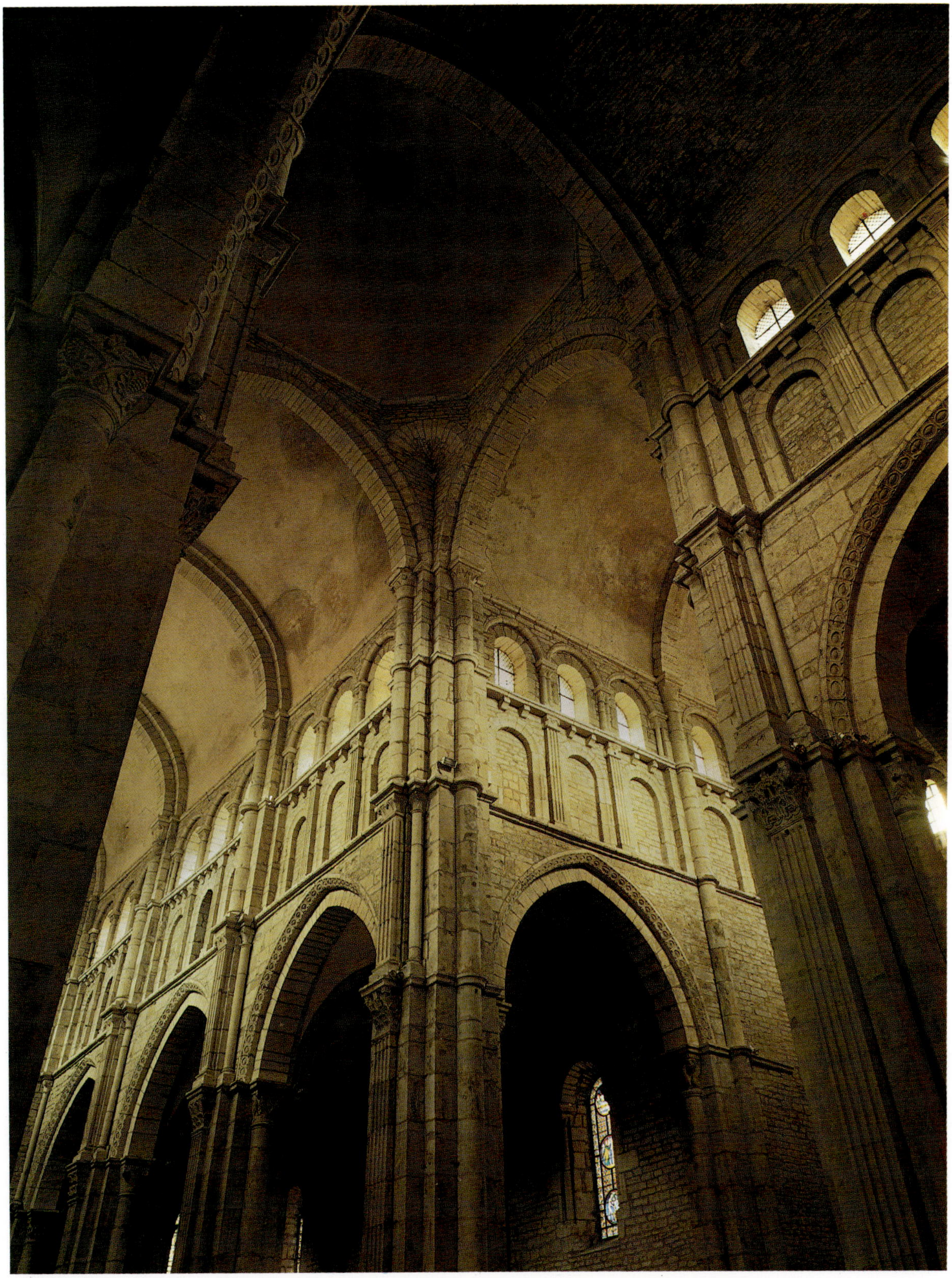

287. Paray-le-Monial (Saône-et-Loire), église priorale, nef et transept.

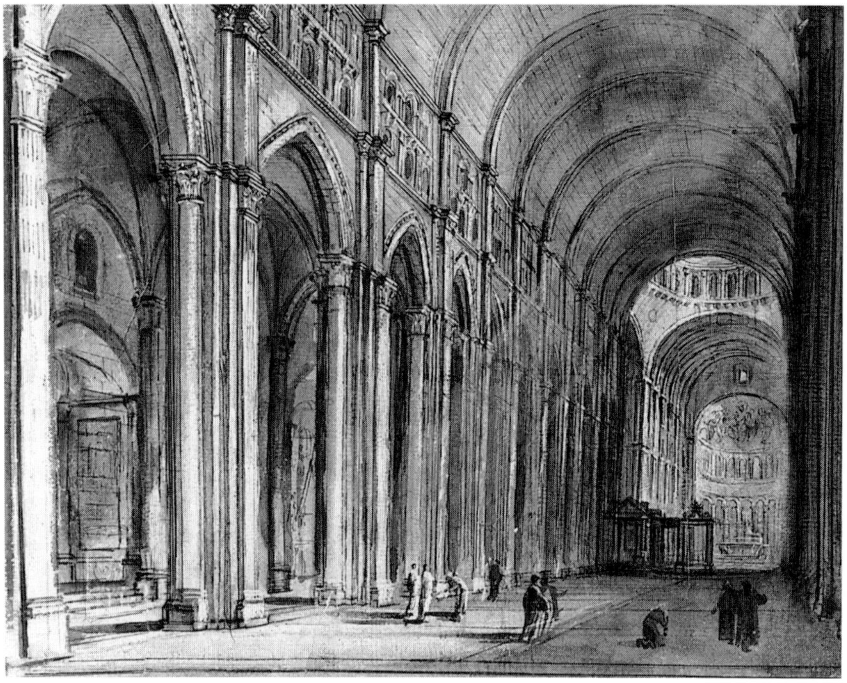

288. Cluny (Saône-et-Loire), église abbatiale, nef à la fin du XVIIIe siècle. Ancienne coll. Jacques Vanuxem.

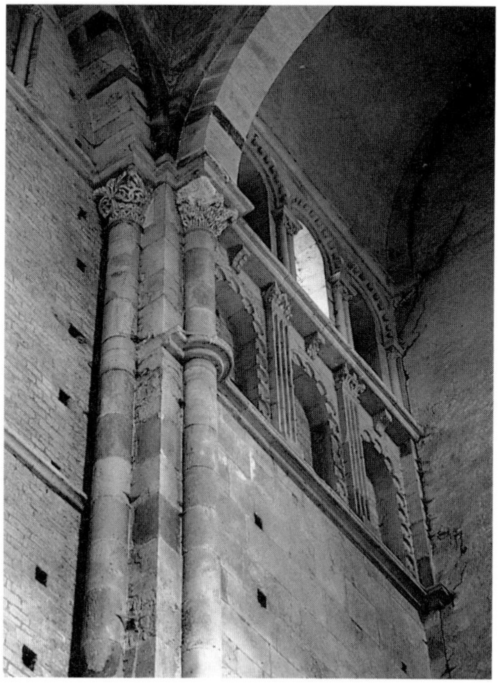

289. Cluny (Saône-et-Loire), église abbatiale, grand transept, bras sud, vue intérieure.

régnant au même niveau que ceux des autres faces ; au-dessus, un second pilastre cannelé, plus court que le précédent, encadré de deux fines colonnettes en délit ; enfin, une simple colonne engagée au-devant d'un étroit dosseret. Ainsi les éléments verticaux de l'élévation tendaient à s'alléger depuis le sol jusqu'à la retombée des doubleaux. Ce système des ordres superposés devait, avec quelques variantes, connaître un succès considérable en Bourgogne et au-delà. Mais, dans des édifices de dimensions moins importantes, comme Paray-le-Monial (ill. 287) dont le vaisseau central mesure 22 m de haut pour environ 8,70 m de large, il était inutile de construire les murs en porte-à-faux. Alors qu'à Cluny la superposition des ordres apportait une réponse à un problème d'ordre structurel, elle n'eut donc, ailleurs, qu'une vocation décorative.

De même qu'à Saint-Sernin de Toulouse ou à Saint-Martin de Tours l'adoption d'un plan à cinq vaisseaux avait permis d'accroître les dimensions du vaisseau central, de même il n'aurait probablement pas été possible de construire à Cluny une voûte s'élevant à près de 30 m sans la présence, pour la contrebuter, de doubles collatéraux de hauteur décroissante. Les proportions respectives des différents vaisseaux et les jeux de perspectives transversales qui devaient résulter de leur étagement restent cependant difficiles à apprécier. La seule vue d'ensemble que nous connaissions (ill. 288) donne de l'espace intérieur une image trompeuse, car le dessinateur a représenté un vaisseau central trop large et couvert d'un berceau plein cintre et non d'un berceau brisé. Il semble, en revanche, que la hauteur des grandes arcades ne soit pas très éloignée de la réalité, et que celles-ci occupaient plus de la moitié de la hauteur totale des murs gouttereaux.

Le maître d'œuvre de Cluny fit aussi porter sa recherche sur l'appareil. Tandis que, dans la plupart des grands édifices de l'époque, le moyen appareil tendait à se généraliser, on observe dans la *maior ecclesia* de saint Hugues un étonnant contraste entre des murs très épais (jusqu'à 1,93 m), édifiés en petit appareil allongé et régulièrement taillé, et des piles, des contreforts, des chaînages d'angle en grand appareil. Dans les énormes blocs utilisés pour les piles composées, les joints verticaux sont dissimulés dans les angles de la maçonnerie, tandis que la part du blocage qui occupe le centre du noyau est très réduite (ill. 291). Ce choix, pour les éléments importants de la structure, d'assises de dimensions aussi colossales visait-il à renforcer l'armature de l'édifice ? On peut le supposer. Quoi qu'il en soit, la mode du grand appareil allait rapidement s'imposer en Bourgogne, même dans des constructions de dimensions relativement modestes.

Les emprunts à l'Antiquité, de Cluny à Autun

Il est certain que saint Hugues souhaitait, en entreprenant la construction d'un édifice d'une telle ampleur, affirmer la puissance de son abbaye. Mais certains aspects du parti,

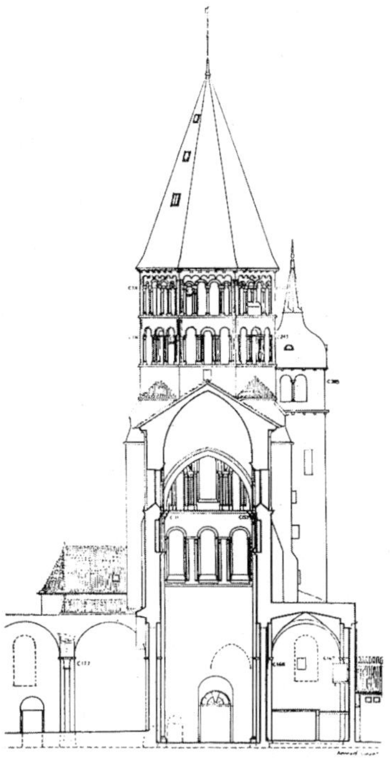

290. Cluny (Saône-et-Loire), église abbatiale, grand transept, bras sud : coupe transversale par K. J. Conant.

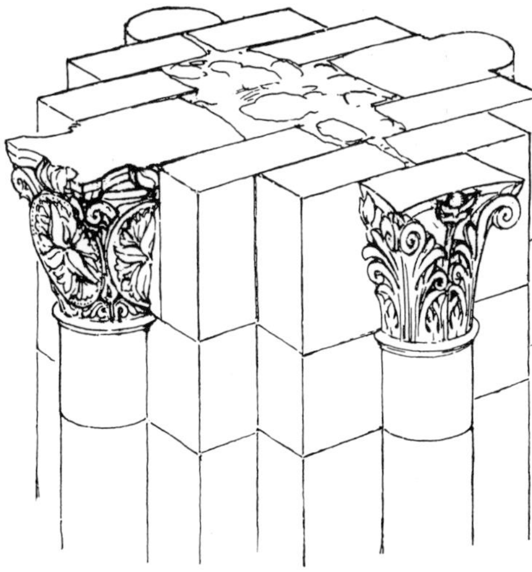

291. Cluny (Saône-et-Loire), église abbatiale, grand transept, pile sud-est : dessin de K. J. Conant.

comme les cinq vaisseaux de la nef, traduisent probablement le souci de rappeler l'existence de liens privilégiés entre Cluny et la papauté. La nef de la basilique paléochrétienne Saint-Pierre de Rome comptait, en effet, le même nombre de vaisseaux. Le souvenir de la Rome impériale explique, d'autre part, l'emploi des ordres superposés et des pilastres cannelés, comme sans doute l'usage, rare à l'époque romane, du grand appareil pour certaines parties de la construction. Les divers emprunts à la modénature et au décor architectural romains sont encore plus révélateurs : bases attiques, frises d'oves et de rais-de-cœur, rosaces d'acanthe et prédominance des chapiteaux dérivés du corinthien.

Cette renaissance antiquisante devait profondément marquer plusieurs générations d'architectes bourguignons. Les emprunts qui, à Cluny, avaient une valeur de manifeste étaient sans doute, ailleurs, dépourvus d'une telle signification. Mais un goût pour certaines formes antiques était né. Le pilastre cannelé, notamment, connut un succès durable en Bourgogne, en Bourbonnais et dans la moyenne vallée du Rhône. Tandis qu'à Cluny et à Paray-le-Monial son emploi restait limité aux deux premiers niveaux des supports engagés du côté du vaisseau central et à l'arcature aveugle, il règne de manière presque exclusive à Saint-Lazare d'Autun (ill. 292), et, bien que le maître d'œuvre autunois se soit, pour l'essentiel, inspiré de l'élévation clunisienne, l'effet est tout autre[203]. À la puissante ossature des dosserets fait écho le délicat graphisme des cannelures qui décorent toutes les faces des piles et qui, du côté du haut-vaisseau, se retrouvent à tous les niveaux, même si les cordons moulurés plus

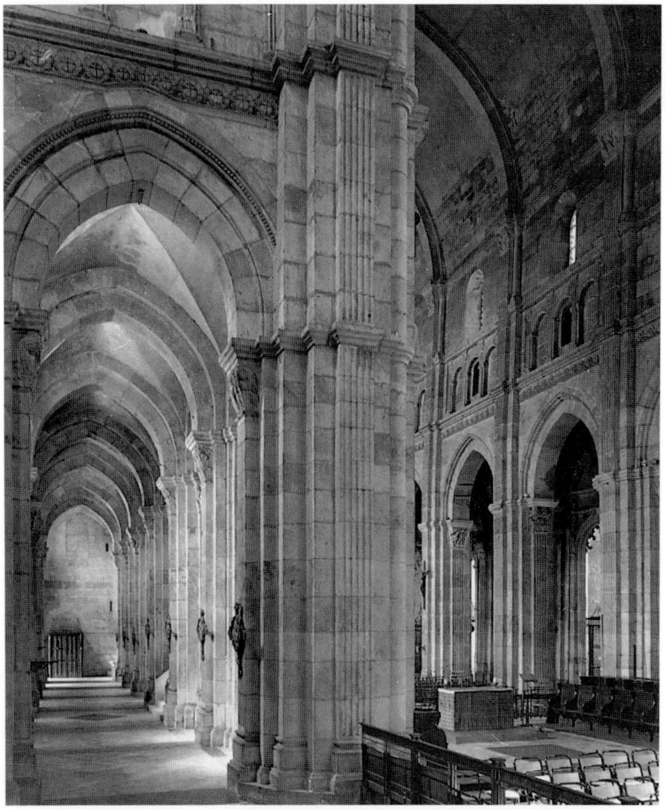

292. Autun (Saône-et-Loire), église Saint-Lazare, nef.

ou moins importants qui délimitent ceux-ci en brisent la continuité. Verticales et horizontales déterminent ainsi un quadrillage à la fois puissant et nuancé dans lequel les premières s'imposent au fur et à mesure que les secondes s'effacent. Toute rondeur a disparu au profit de formes anguleuses et rigides d'où se dégage, en dépit de la richesse du traitement plastique des parois, une sévérité d'autant plus sensible que, faute d'un éclairage suffisant (chaque travée ne compte qu'une petite fenêtre), les détails se perdent dans la pénombre.

L'INGÉNIOSITÉ AU SERVICE DE L'IDÉAL : VÉZELAY

Bien qu'il ait inspiré quelques architectes bourguignons du XIIe siècle, le parti de Cluny III ne fut pas leur unique source. Lorsque, après l'incendie qui ravagea en 1120 la nef de La Madeleine de Vézelay, il fallut entreprendre de la reconstruire [204], l'abbé Renaud de Semur, pourtant neveu de saint Hugues et ancien moine de Cluny, fit un choix complètement différent : un vaisseau central aux proportions équilibrées (18,50 m de hauteur pour environ 10 m de largeur), voûté d'arêtes, qu'éclairent de vastes baies ouvertes au-dessus d'arcades relativement basses retombant sur de fortes piles cruciformes cantonnées de quatre colonnes engagées. Alors que l'arc brisé tendait à s'imposer, le maître d'œuvre de Vézelay resta fidèle à l'arc en plein cintre, tant pour les doubleaux que pour les arcades (ill. 257 et 293).

Un tel parti n'était pas nouveau en Bourgogne – il avait notamment été adopté vers 1100 dans la nef d'Anzy-le-Duc –, mais on avait jusqu'alors hésité à construire des voûtes d'arêtes sur un vaisseau de grandes dimensions. L'architecte de La Madeleine augmenta encore la difficulté en dotant l'édifice de collatéraux larges mais peu élevés qui n'assuraient pas un contrebutement efficace. Conscient des risques qu'il prenait, il multiplia les précautions. Viollet-le-Duc découvrit en restaurant la nef de Vézelay l'existence de procédés constructifs destinés à limiter ces risques. Il nota ainsi que les voûtes du haut-vaisseau étaient «faites de pierres factices, mélange de chaux, de débris calcaires pulvérisés et de bruyère ; la matière a été jetée dans des moules en forme de claveaux, cuite, ce qui a détruit la partie végétale et n'a laissé qu'une concrétion extrêmement légère et friable en forme de moellons. C'est ce qui explique que les voûtes ne se soient pas écroulées : leur extrême légèreté les a maintenues [...] [205]». Au demeurant, il ne s'agissait pas de véritables voûtes d'arêtes, car, dans leur partie centrale, les assises étaient, comme dans une coupole, disposées de manière concentrique, tandis que, sur les côtés nord et sud, les profondes pénétrations transversales s'infléchissaient vers les retombées [206]. L'architecte a, en outre, pris le soin d'asseoir ces voûtes d'une structure inhabituelle sur des arcs formerets qui réduisent quelque peu leur portée et de renforcer les murs gouttereaux, peu épais (1 m) et construits en appareil médiocre, par deux chaînages en bois noyés dans la maçonnerie (l'un au-dessus des grandes arcades, l'autre au niveau des retombées des doubleaux). Enfin, il réunit les deux murs gouttereaux par des tirants en fer, dont les crochets, ancrés derrière les longrines de bois du chaînage supérieur, sont encore visibles au-dessus du tailloir des chapiteaux. Ces tirants durent être supprimés lorsque, sans doute peu de temps après son achèvement, la nef fut dotée d'arcs-boutants [207]. Quand Viollet-le-Duc entreprit la restauration de l'édifice, les voûtes du vaisseau central étaient sur le point de s'écrouler et les murs gouttereaux étaient fortement déversés dans leur partie supérieure. Mais ces désordres paraissent devoir être attribués au manque d'entretien dont souffrait l'église depuis le XVIe siècle plutôt qu'à un défaut initial de conception.

Le maître d'œuvre de Vézelay semble donc avoir été guidé dans ses choix techniques par le désir de retrouver, dans un édifice entièrement voûté, l'ampleur des espaces, la plénitude des surfaces murales, la mesure et la clarté de certains édifices charpentés. La poursuite de cet idéal le conduisit sinon à innover – la plupart des procédés qu'il utilisa sont attestés par ailleurs –, du moins à exploiter jusqu'aux limites du possible les moyens dont il disposait. Son exemple devait, certes, être suivi en Bourgogne (par exemple à Saint-Lazare d'Avallon), mais sans que soit jamais atteint un tel raffinement formel.

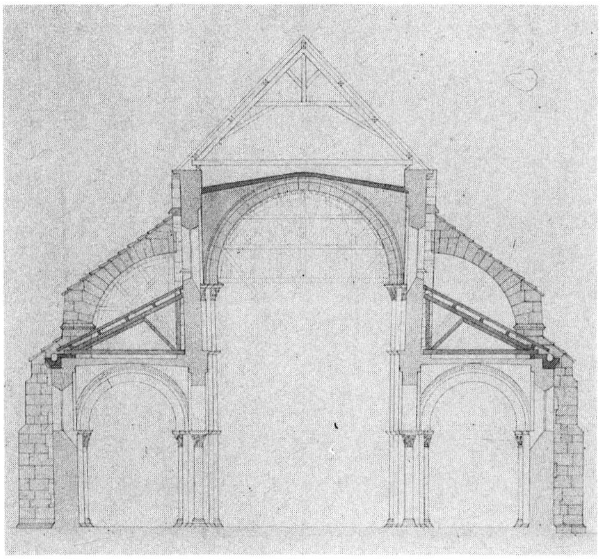

293. Vézelay (Yonne), église de la Madeleine, coupe transversale de la nef par Viollet-le-Duc.

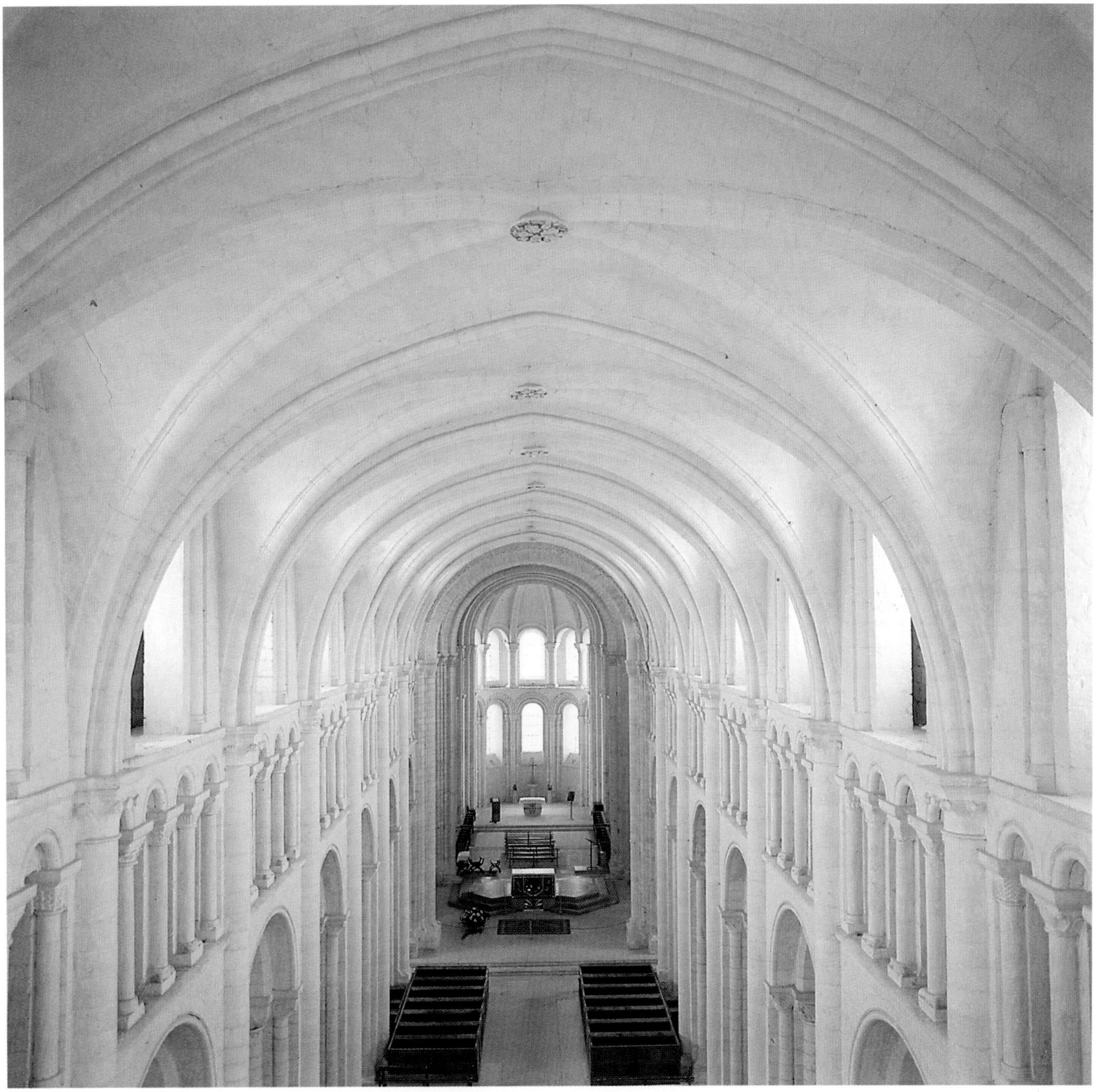

294. Saint-Martin-de-Boscherville (Seine-Maritime), église Saint-Georges, nef.

IV. UNE INVENTION D'AVENIR : LA VOÛTE D'OGIVES

Ce que la voûte d'arêtes ne permettait qu'au prix de quelques risques (couvrir un vaisseau de grandes dimensions en sauvegardant un éclairage direct important), la voûte d'ogives allait le rendre possible sans que la stabilité de l'édifice soit mise en péril. En effet, tandis que la voûte d'arêtes résulte de l'intersection de deux berceaux perpendiculaires, la voûte sur croisée d'ogives est construite à partir de deux arcs lancés en diagonale sur lesquels reposent quatre voûtains. S'il fallut attendre les années 1140 pour que, en Île-de-France et dans le domaine Plantagenêt, la voûte d'ogives participe d'une véritable révolution architecturale, celle de l'art gothique, certains architectes du XIe siècle avaient eu, comme avant eux les constructeurs romains, l'idée de renforcer divers types de voûtes par des nervures. Ainsi apparaissent vers 1100 en Lombardie (Saint-Ambroise de Milan) et dans le domaine anglo-normand (cathédrale de Durham, abbatiale de Lessay) les premières églises voûtées d'ogives. Il est remarquable que cette innovation ait vu simultanément le jour dans deux régions où, jusqu'alors, les architectes étaient restés fidèles, au moins pour le haut-vaisseau, à l'usage de la charpente. Mais il convient de ne pas pousser trop loin le parallélisme, car les solutions adoptées en Lombardie et dans le domaine anglo-normand diffèrent considérablement dans leur conception spatiale et structurelle.

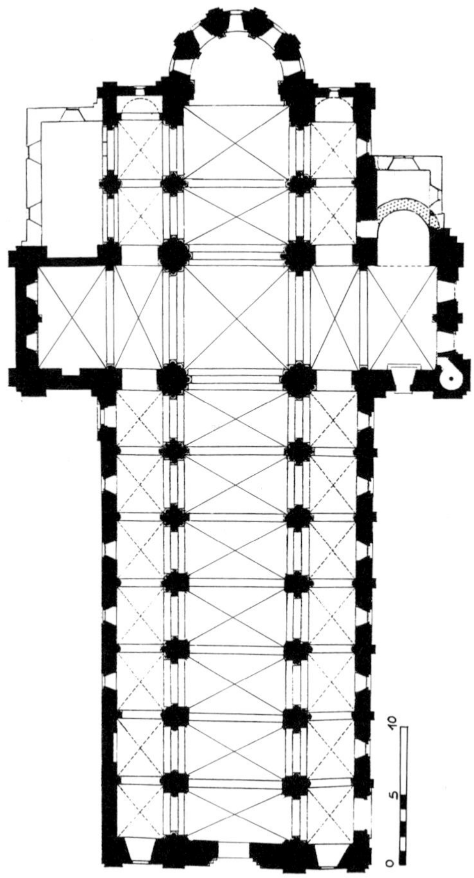

LES VOÛTES ANGLO-NORMANDES : LESSAY, SAINT-GEORGES DE BOSCHERVILLE

Le bombardement de l'abbatiale de Lessay (Manche) en 1944, lors des opérations de débarquement sur la côte normande, a permis d'effectuer un certain nombre d'observations sur le voûtement de l'édifice et de montrer que le haut-vaisseau avait été couvert de croisées d'ogives dès l'origine, tandis que les collatéraux étaient voûtés d'arêtes (ill. 295 et 296). La construction de l'église fut sans doute entreprise peu après 1080 ; en 1098, Eudes au Capel, fils du fondateur du monastère, fut enterré au milieu du chœur, qui était probablement achevé [208]. Les voûtes de ce chevet sont donc sensiblement contemporaines de celles des collatéraux du chœur de la cathédrale de Durham, dont les travaux, commencés en 1093, étaient terminés en 1104 [209]. La nef, pour sa part, ne devait être achevée, comme celle de Lessay, qu'au cours des premières décennies du XIIe siècle [210], alors que les exemples de voûtement sur croisées d'ogives se multipliaient en Normandie et en Angleterre.

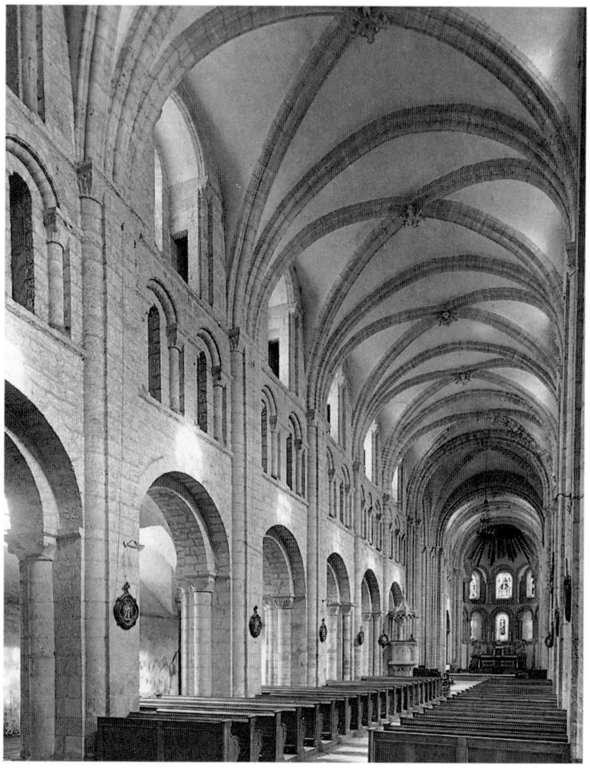

295 et 296. Lessay (Manche), église abbatiale, plan et nef.

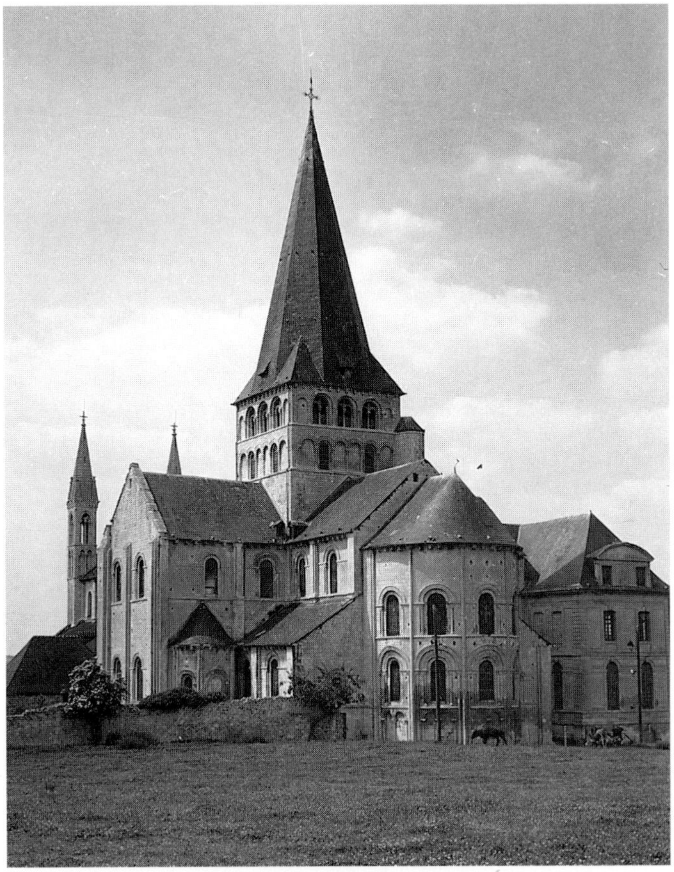

297. Saint-Martin-de-Boscherville (Seine-Maritime), église Saint-Georges, chevet.

Ces premières voûtes d'ogives anglo-normandes présentent un certain nombre de traits communs. Leurs nervures sont épaisses et lourdes, et les supports sont mal adaptés pour les recevoir. À Lessay, comme à Saint-Georges de Boscherville (ill. 294), dont la construction est pourtant plus tardive [211], les branches d'ogives pénètrent maladroitement dans les murs gouttereaux, de part et d'autre des retombées des doubleaux. Les architectes anglo-normands, qui restèrent résolument fidèles au plein cintre pour les doubleaux comme pour tous les autres arcs, adoptèrent pour les branches d'ogives un tracé surbaissé qui leur permettait de réduire quelque peu la dénivellation entre la clef des voûtes et celle des doubleaux. Ces voûtes qui poussent fortement au vide ne pouvaient donc être montées que sur des murs assez forts pour résister à ces poussées.

Les transformations de la structure murale

Si l'architecte de Lessay, comme celui de Saint-Georges de Boscherville, resta fidèle pour l'essentiel au parti des grandes églises normandes de l'époque de Guillaume le Conquérant (chevet à chapelles échelonnées, abside éclairée de deux rangées de fenêtres, transept surmonté d'une vaste tour-lanterne (ill. 297) et longue nef dont les arcades reposent sur des piles cantonnées de huit colonnes et colonnettes), il introduisit des transformations significatives dans l'élévation et la structure des murs gouttereaux. En effet, le dédoublement des murs au niveau des fenêtres, qui permettait dans les vaisseaux charpentés normands d'alléger les maçonneries des parties hautes, devenait périlleux dès lors que ces mêmes parties hautes devaient recevoir la retombée des voûtes. Ni à Lessay ni à Boscherville on ne renonça à ce dédoublement, mais on en réduisit considérablement l'ampleur. Les portiques placés devant les fenêtres, qui créaient dans les églises charpentées de superbes effets de transparence (ill. 189), furent abandonnés ; seul subsista un étroit passage percé dans un mur massif, élément fonctionnel destiné à assurer la circulation dans les parties hautes de l'édifice sans mettre en péril l'équilibre de la construction. Les architectes renoncèrent également aux tribunes et adoptèrent la solution déjà expérimentée dans le chœur voûté d'arêtes de Saint-Nicolas de Caen : d'étroites ouvertures sous combles enveloppées d'une arcature (ill. 195). Ainsi l'introduction d'un voûtement semblait-elle conduire à la remise en question du mur évidé, qui avait constitué l'une des principales originalités de l'architecture normande de la seconde moitié du XIe siècle. Pourtant, la voûte sur croisée d'ogives était la seule qui permettait de sauvegarder un dédoublement partiel des maçonneries, associé à un éclairage direct aussi important que par le passé, dans des édifices d'une certaine ampleur (le vaisseau central de Saint-Georges de Boscherville mesure 15,80 m de hauteur sur environ 8,60 m de largeur).

V. Le voûtement des grandes nefs uniques : la file de coupoles

Le voûtement de vastes nefs uniques, qui ne semble pas avoir été réalisé avant les années 1100, posait d'autres problèmes. En effet, quel type de voûte adopter pour que les murs gouttereaux puissent, à l'aide des seuls contreforts qui les renforcent de place en place, résister à l'effet des poussées ? Il faudra attendre, nous le verrons, les années 1130-1140 pour que les architectes romans s'aventurent à lancer des voûtes en berceau brisé sur des vaisseaux d'une certaine ampleur, non sans avoir, d'ailleurs, modifié en conséquence les structures murales. Certains de leurs prédécesseurs du début du XIIe siècle avaient préféré se tourner vers un type de voûte lourd, mais poussant peu au vide, dont l'emploi avait jusqu'alors été réservé aux croisées de transept : la coupole.

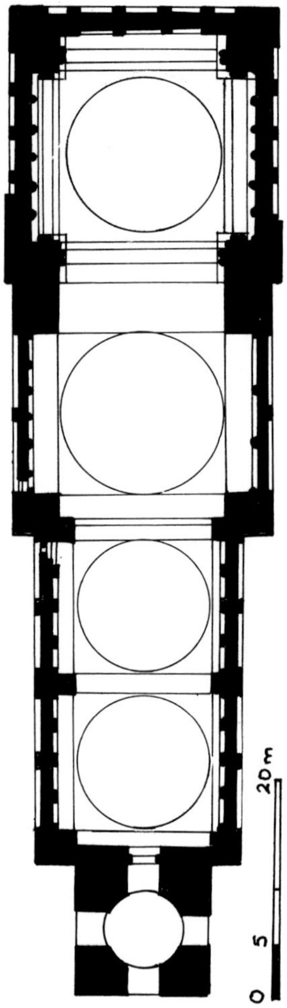

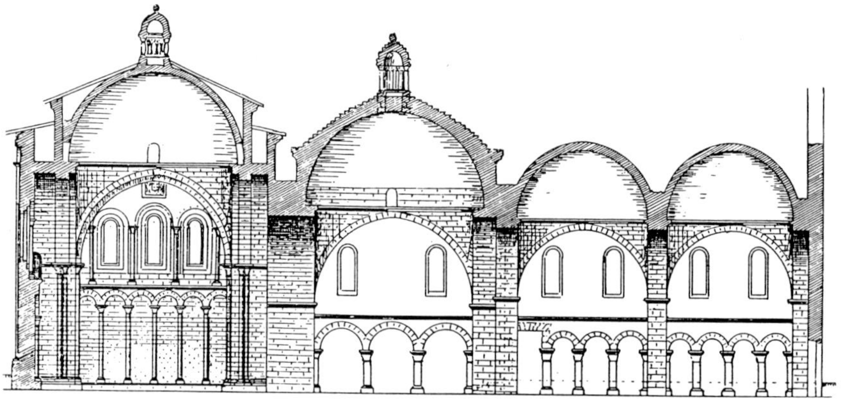

298 et 299. Périgueux (Dordogne), ancienne cathédrale Saint-Étienne, plan et coupe longitudinale (restitution du chanoine Roux).

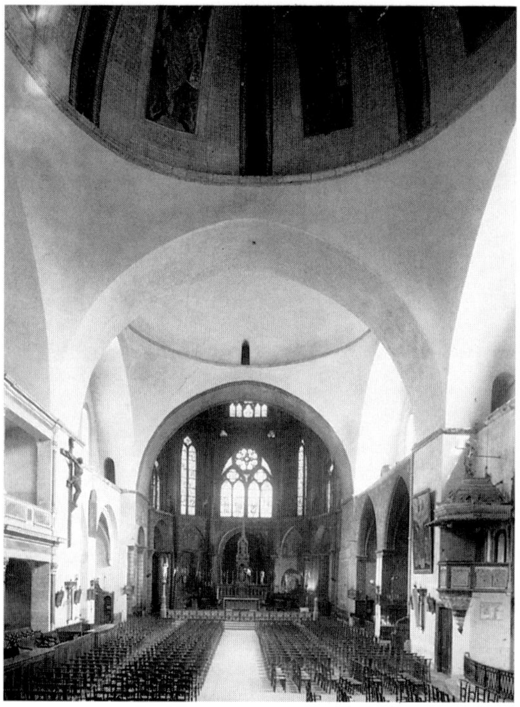

300. Cahors (Lot), cathédrale Saint-Étienne, nef et sanctuaire.

UN MONUMENT PIONNIER : SAINT-ÉTIENNE DE PÉRIGUEUX

L'un des premiers à tenter l'expérience semble être le maître d'œuvre qui, au cours des années 1100-1110, entreprit la construction de la cathédrale Saint-Étienne de Périgueux (ill. 298) [212]. L'édifice comprenait à l'origine une nef couverte de deux coupoles, détruite lors des guerres de religion, et un chœur voûté d'une coupole un peu plus large, chœur qui fut prolongé quelques décennies plus tard par l'adjonction d'une travée reprenant avec quelques modifications le parti des précédentes (ill. 299). De mur à mur, la travée primitive de chœur mesure 18,60 m de largeur. Sa coupole sur pendentifs est soutenue par quatre arcs brisés, larges de plus de 2 m, qui reposent sur de puissants piliers quadrangulaires en forte saillie par rapport aux murs. La coupole, qui culmine à 25 m, est construite en blocage à l'exception des trois assises inférieures, appareillées ; en retrait de 1 m environ par rapport au cercle de base déterminé par les pendentifs, la calotte atteint un diamètre de 15 m et une hauteur de 8,40 m. Les dimensions de ce vaisseau voûté dépassent ainsi celles des plus grandes nefs uniques charpentées romanes. Malgré cela, les murs gouttereaux, qui ne participent pas à la structure portante, ont pu être percés de nombreuses baies. L'adoption d'une file de coupoles bouleversait la définition des espaces et des rythmes intérieurs en brisant, par la succession de cellules, la parfaite unité qui caractérisait les nefs uniques charpentées. Une certaine continuité entre les travées est cependant suggérée par la présence, le long des murs, de grandes arcatures aveugles surmontées, au niveau des fenêtres, d'une galerie de circulation qui traverse les piliers.

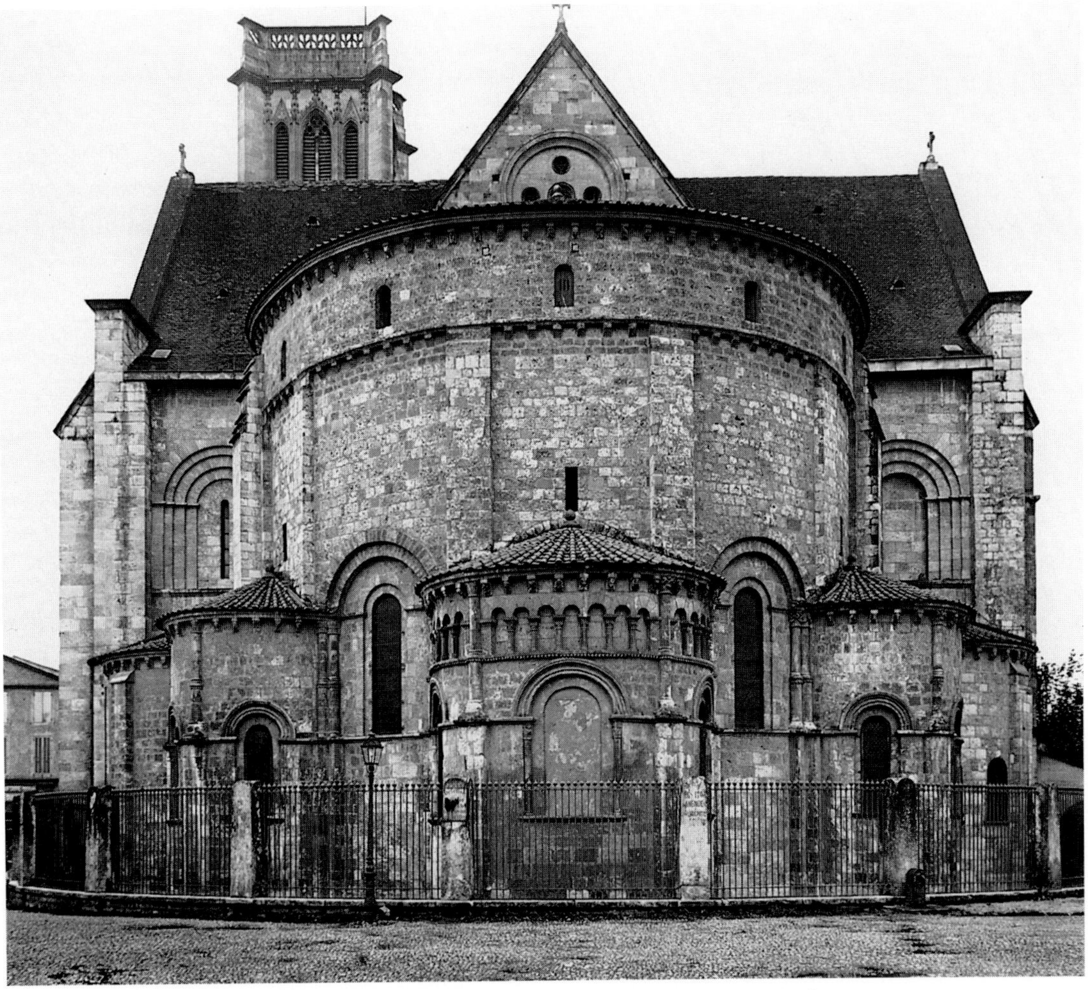

301. Agen (Lot-et-Garonne), église Saint-Caprais, chevet.

UN RECORD DE LARGEUR : CAHORS

La plupart des solutions de Saint-Étienne de Périgueux furent reprises, peu de temps après, à la cathédrale de Cahors (ill. 300)[213], dans un édifice encore plus vaste ; d'un mur à l'autre, la nef mesure 21 m de large, et les coupoles, dont le diamètre est d'environ 18 m, s'élèvent à 32 m de hauteur. Comme la cathédrale de Périgueux, celle de Cahors est dépourvue de transept. Son abside, que précède une travée droite de chœur, est presque aussi large que la nef (17 m) ; trois chapelles rayonnantes semi-circulaires ouvrent directement sur l'espace central et alternent avec des fenêtres ; les unes et les autres sont enveloppées par de grands arcs qui retombent sur des colonnes engagées. Le remaniement des parties hautes du chevet, à l'époque gothique, a fait disparaître toute trace de la voûte en cul-de-four qui couvrait l'abside, mais les dispositions d'origine peuvent être évoquées grâce à des édifices comme Saint-Caprais d'Agen (ill. 301) qui sont dotés d'un chevet comparable. L'opposition traditionnelle dans l'architecture charpentée entre une large nef unique et une abside voûtée nettement plus étroite a disparu. Cette recherche n'est pas seulement liée à l'extension de la voûte à toutes les parties de l'édifice. Elle reflète un goût nouveau des architectes méridionaux pour les absides de très grande ampleur, goût qui ne cessera de s'affirmer au cours du XIIe siècle en dépit des problèmes techniques que la construction de voûtes en cul-de-four d'une telle envergure semble avoir posés[214]. Ainsi le sens de la monumentalité, qui restera un caractère constant de l'architecture gothique méridionale, est-il déjà pleinement affirmé à la cathédrale de Cahors. Plus que tout autre mode de voûtement, la coupole, dont les architectes byzantins avaient, dès le VIe siècle, su exploiter les possibilités, apportait, avant que ne se répande l'usage de la croisée d'ogives, une réponse à ces aspirations.

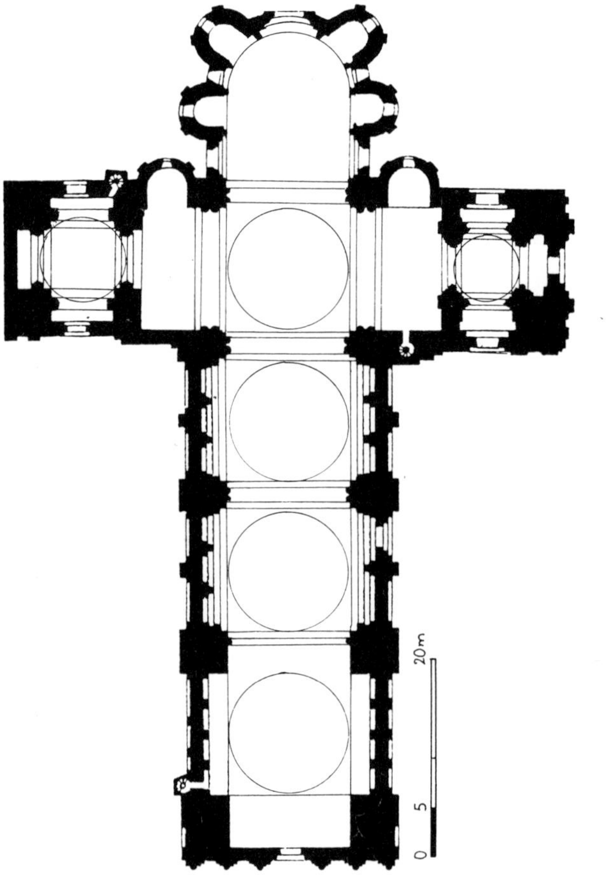

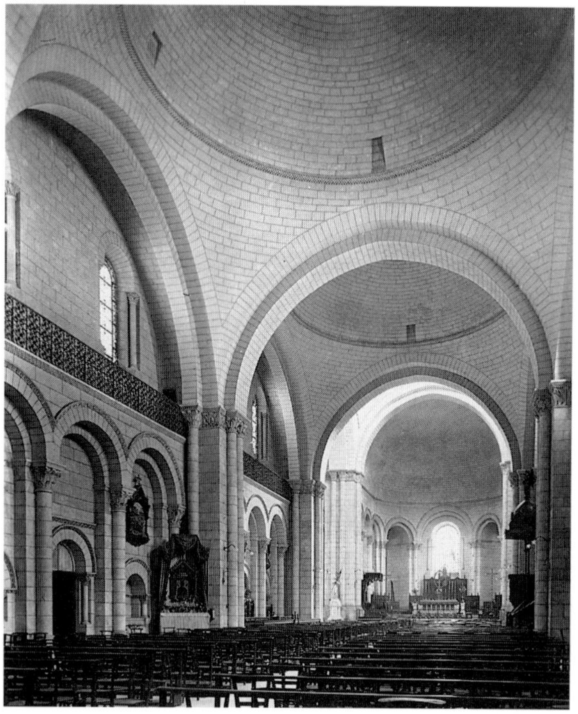

302 et 303. Angoulême (Charente), cathédrale Saint-Pierre, plan et nef.

UNE NOUVELLE INTERPRÉTATION : ANGOULÊME

La cathédrale d'Angoulême, dont la construction fut sans doute, comme celle de Cahors, commencée au cours des années 1110 [215], offre une autre interprétation de la file de coupoles. En plan, Saint-Pierre d'Angoulême (ill. 302 et 303) dessine une croix latine, avec une longue nef large d'une quinzaine de mètres de mur à mur et couverte de trois coupoles d'environ 10 m de diamètre, un transept très débordant et un sanctuaire profond de près de 26 m et large de 12 m sur lequel ouvrent quatre chapelles rayonnantes. L'articulation des espaces, dont le mode de voûtement souligne la hiérarchie, est donc très différente de celle de Cahors. En effet, la nef de Saint-Pierre est couverte d'une file de coupoles sur pendentifs et la croisée du transept d'une coupole sur trompes plus élevée, dont le tambour octogonal est percé de huit baies [216] ; la travée des bras du transept voisine de la croisée et le chœur sont, pour leur part, voûtés en berceau brisé, tandis que de petites coupoles sur pendentifs servent de soubassement aux tours de clocher qui s'élevaient primitivement à l'extrémité des bras du transept [217]. On pouvait observer dans la nef, avant la restauration drastique que P. Abadie entreprit en 1852, un changement de parti entre la première travée, par laquelle la construction avait débuté, et les suivantes. Les dispositions de la première coupole reprenaient celles de Saint-Étienne de Périgueux, dont même les proportions un peu trapues étaient respectées. Ce modèle fut abandonné dès la seconde travée au profit de coupoles plus élancées, entièrement appareillées, dont les arcs de soutien à double rouleau retombent sur des colonnes jumelles ; les arcatures murales, au lieu de comporter d'austères pilastres plats, s'ornent de colonnes engagées couronnées de chapiteaux sculptés. Ce nouveau parti est donc à la fois plus élégant et moins monumental que le précédent.

Un second changement intervint alors que, sans doute dans les années 1130-1135, s'achevait la construction des voûtes. On avait, semble-t-il, d'abord envisagé de faire émerger le sommet des coupoles des toitures de la nef. Mais, dans un second temps – la surélévation du pignon de la façade occidentale en témoigne –, on décida de les dissimuler sous un grand comble. Cette hésitation est révélatrice des problèmes nouveaux qu'engendrait l'adoption d'une file de coupoles. En effet, selon la solution choisie, les calottes, sans doute revêtues de dalles de pierre, étaient visibles à l'extérieur, comme c'était probablement le cas à Cahors et à Souillac, ou enfermées sous une toiture commune – ce qui semble avoir été la solution la plus souvent retenue dans les édifices de dimensions plus modestes – et la silhouette de l'édifice se trouvait modifiée du tout au tout.

UNE LONGUE DESCENDANCE

Les nefs uniques couvertes d'une file de coupoles devaient connaître un succès durable dans les régions situées entre la Garonne et la Loire. Certains architectes, comme ceux des abbatiales Notre-Dame de Souillac, en Quercy, et Saint-Pierre de Solignac, en Limousin, restèrent fidèles au parti de Saint-Étienne de Périgueux. D'autres, à Notre-Dame de Fontevraud, en Anjou, ou à l'Abbaye-aux-Dames, à Saintes, préférèrent s'inspirer des travées orientales de la cathédrale d'Angoulême. Choisie d'abord parce qu'elle permettait de voûter de très larges vaisseaux, la file de coupoles devint, en Périgord, en Angoumois et en Saintonge, l'objet d'une faveur telle qu'on la retrouvera jusqu'à une date avancée du XIIe siècle dans des édifices de dimensions modestes, où sa présence n'était pas justifiée pour des raisons techniques.

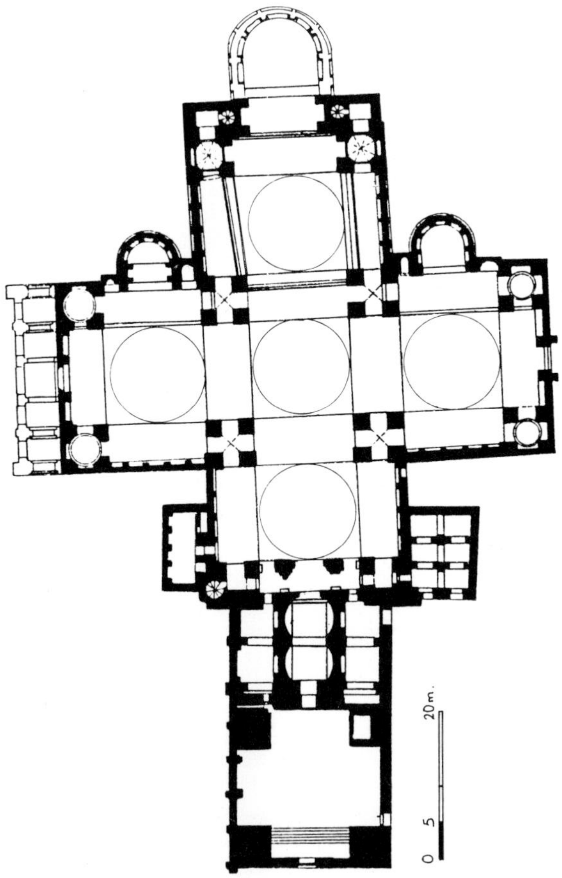

304. Périgueux (Dordogne), église Saint-Front, plan.

L'EXEMPLE BYZANTIN : SAINT-FRONT DE PÉRIGUEUX

Parmi les édifices voûtés de coupoles, Saint-Front de Périgueux (ill. 304 et 305) occupe une place à part. En effet, le maître d'œuvre qui, à partir de 1120 [218], réédifia l'église dans laquelle les reliques de saint Front étaient conservées prit pour modèle Saint-Marc de Venise, dont la construction, commencée en 1063, venait d'être achevée [219]. Saint-Front est, comme Saint-Marc, de plan cruciforme ; tous deux sont couverts de cinq coupoles sur pendentifs qui reposent sur des arcs d'une grande largeur (environ 5 m à Saint-Front). Ces arcs retombent sur de puissantes piles quadrangulaires, chargées à leur sommet par des pyramidions qui, en calant les coupoles, jouent un grand rôle dans la stabilité du monument. En revanche, ces supports sont, au niveau du sol, évidés par deux passages perpendiculaires voûtés en berceau, passages qui prennent tout leur sens à Saint-Marc, où ils communiquent avec des bas-côtés et permettent une circulation latérale continue. Ces bas-côtés n'existent pas à Saint-Front, où la recherche d'un espace intérieur comparable à celui des églises à nef unique voûtée d'une file de coupoles semble avoir prévalu. Les chambres hautes qui, au-dessus des passages perpendiculaires, évident la partie supérieure des piles donnent donc, à Saint-Front, sur le vide, alors qu'à Saint-Marc elles communiquent avec les tribunes qui surmontent les bas-côtés. Les proportions, enfin, sont différentes : amples et larges à Saint-Marc, elles sont nettement plus élancées à Saint-Front.

On ne peut malheureusement plus, depuis la reconstruction de Saint-Front au XIXe siècle, pousser très loin l'analyse architecturale. Après une tentative de restauration du bras sud du transept, P. Abadie entreprit, en effet, de démolir l'église afin de pouvoir la rebâtir, non sans en corriger les « défauts » de construction qui, selon lui, étaient la cause de désordres irrémédiables [220]. C'est donc à travers des dossiers administratifs et une correspondance de caractère souvent polémique que nous sont parvenues quelques informations sur les techniques employées par l'architecte roman. Comme à Saint-Étienne de Périgueux et à la cathédrale de Cahors, seules les assises inférieures des calottes étaient appareillées, le reste étant en blocage ; les arcs de soutien étaient plus ou moins brisés selon les travées, et le système d'appareillage des pendentifs semble aussi avoir évolué au cours du chantier. Si P. Abadie conserva la forme légèrement ovoïde des coupoles, il régularisa le tracé des arcs en adoptant le plein cintre, plus conforme à la tradition byzantine. Il donna également à ces arcs plus de largeur qu'ils n'en avaient primitivement ; il lui fallut en conséquence modifier les proportions des piliers, désormais plus massifs ; enfin, pour mieux assurer la stabilité des coupoles, les passages qui traversent ces même piliers furent réduits, les pendentifs et les calottes reconstruits selon des normes

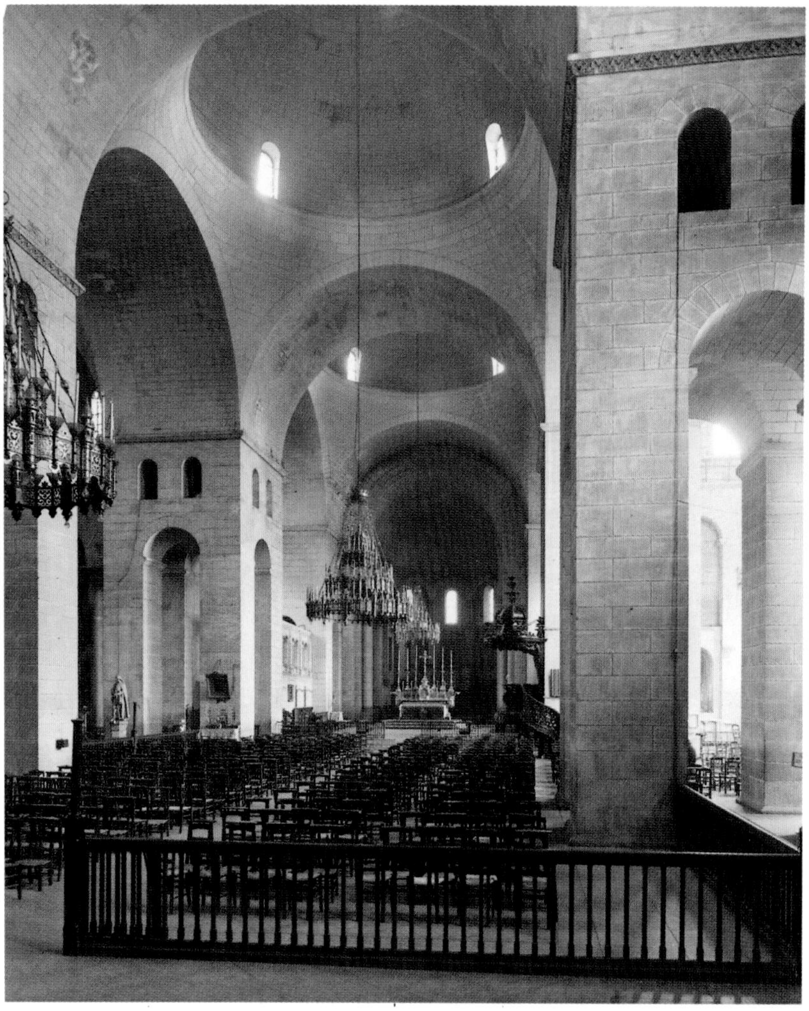

305. Périgueux (Dordogne), église Saint-Front, nef.

considérées comme idéales. La silhouette de Saint-Front fut également transformée. Un chevet néo-roman remplaça la chapelle qui, à l'époque gothique, avait été greffée sur le chevet plat du XIIe siècle. Mais surtout, souhaitant rendre visible à l'extérieur la structure interne et affirmer le caractère byzantin de l'édifice, Abadie dégagea les coupoles du grand comble qui les abritait depuis une date indéterminée, les couvrit de dalles de pierre et les surmonta de clochetons ajourés. Les masses de pierre qui chargeaient les piliers, dont la forme n'était sans doute plus très définissable, furent reconstruites en troncs de pyramides couronnés, comme les coupoles, de clochetons (ill. 312). Aussi Saint-Front revu et corrigé offrait-il « un rare et curieux spectacle fait pour donner le change à bien des voyageurs revenus d'Orient [221] ».

Quelles que soient les raisons qui, au XIIe siècle, justifièrent cette imitation de Saint-Marc de Venise, il paraît assuré que le maître d'œuvre de Saint-Front avait une connaissance précise sinon de l'architecture byzantine d'Orient, du moins de l'un de ses témoins les plus prestigieux en Occident. Les églises à file de coupoles, dont certaines (Saint-Étienne de Périgueux, cathédrales de Cahors et d'Angoulême) étaient en cours de construction lorsque s'ouvrit le chantier de Saint-Front, étaient-elles le fruit d'une expérience comparable ? La question reste ouverte. Le recours, dans ces édifices, à des coupoles sur pendentifs, dont l'emploi était de règle dans l'architecture byzantine alors que les maîtres romans du XIe siècle avaient généralement préféré la coupole sur trompes, suggère une réponse positive. Mais les vastes nefs uniques appartiennent à la tradition occidentale, et l'originalité de l'adaptation des files de coupoles à un type architectural conçu à l'origine pour être charpenté rend hasardeuse la recherche d'éventuelles sources d'inspiration.

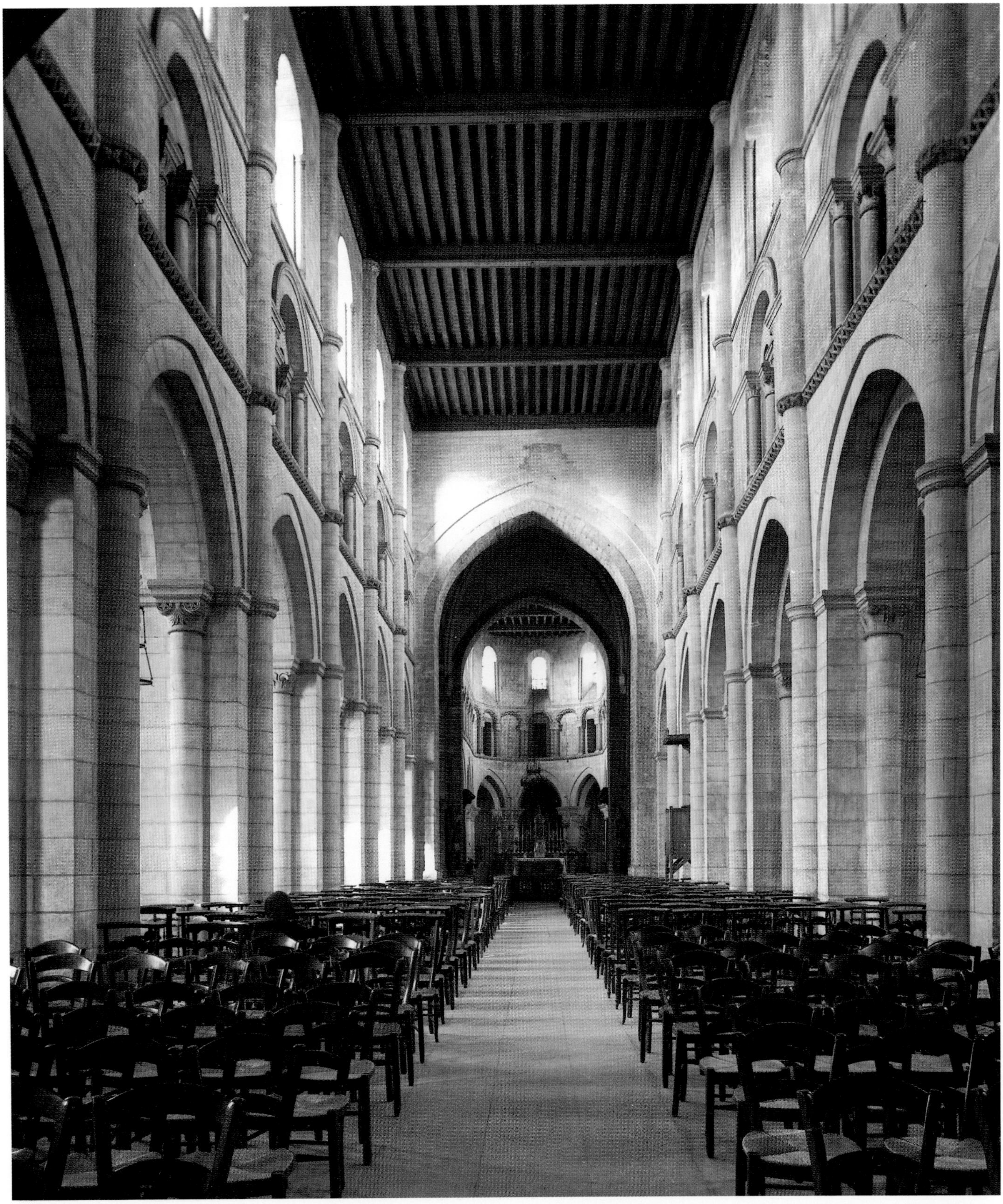

306. Lillers (Pas-de-Calais), église Saint-Omer, nef.

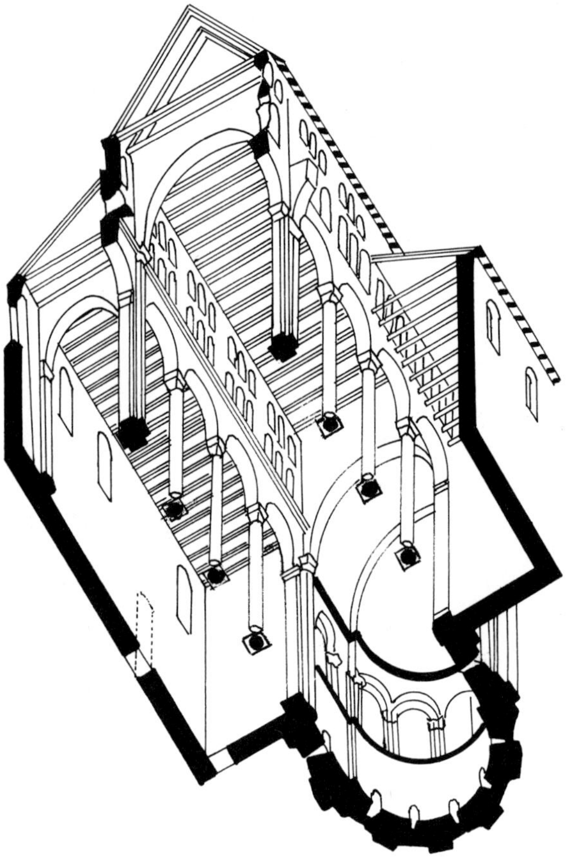

307. Besançon (Doubs), cathédrale Saint-Jean, restitution de la cathédrale romane par J. Zink.

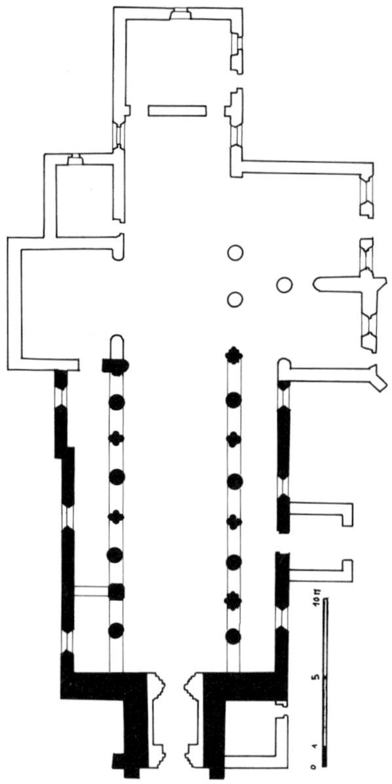

308. Ploërdut (Morbihan), église Saint-Pierre, plan.

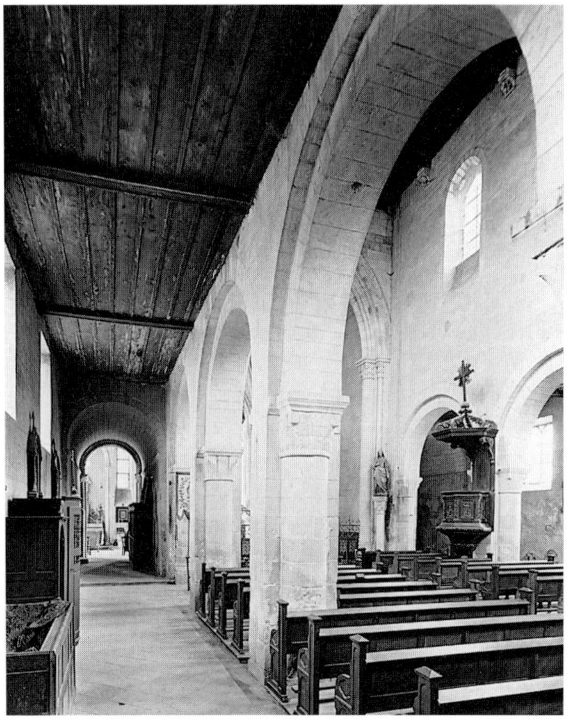

309. Oulchy-le-Château (Aisne), église Notre-Dame, nef.

VI. LES INCONDITIONNELS DE LA CHARPENTE

LE POIDS DE LA TRADITION

Malgré l'essor que connaissent, au début du XIIe siècle, les recherches sur le voûtement et les possibilités offertes par la découverte de nouvelles solutions (berceau brisé, croisées d'ogives, coupoles), la charpente conserve un certain nombre de partisans, tant pour les grandes nefs uniques que pour les nefs à trois vaisseaux. Les premières tendent, certes, à se raréfier, mais se rencontrent encore, ici et là, dans des édifices importants comme la cathédrale d'Aix-en-Provence[222] ou l'église Notre-Dame d'Huriel, en Bourbonnais. Ces survivances sont fréquentes dans une zone comprise entre le Berry et le Maine, zone dans laquelle la nef unique charpentée avait été, au XIe siècle, le type architectural le plus répandu. Citons seulement l'exemple de l'église construite à La Roë, en Anjou, pour accueillir la communauté de chanoines réguliers fondée vers 1096 par Robert d'Arbrissel[223]. Le projet d'une nef unique charpentée, envisagé pour l'église de sa seconde fondation, Fontevraud, fut abandonné en cours de travaux au profit d'une nef couverte d'une file de coupoles[224].

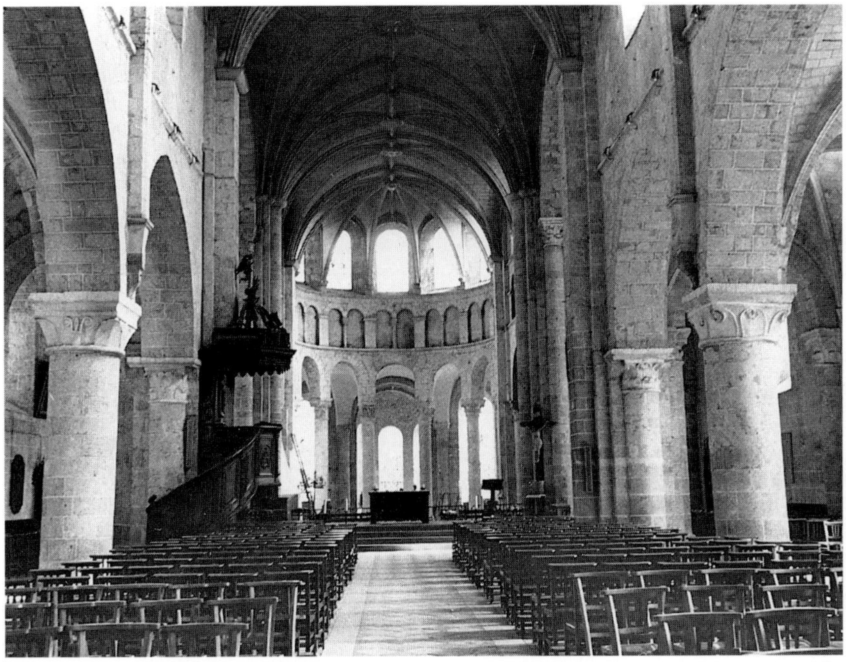

310. Beaugency (Loiret), église Notre-Dame, nef et sanctuaire.

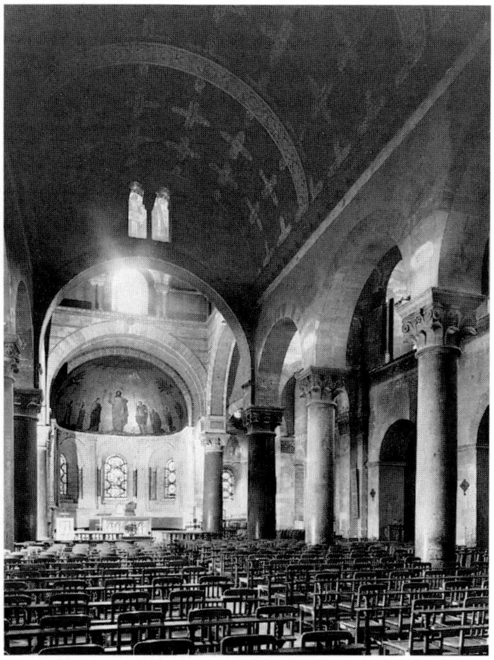

311. Lyon (Rhône), église Saint-Martin-d'Ainay, nef et sanctuaire.

L'emploi de la charpente pour les nefs à trois vaisseaux reste encore général dans plusieurs régions : la Bretagne, le Nord, l'Île-de-France, la Champagne et les terres d'Empire. Cet attachement à un mode de couvrement traditionnel semble aller de pair avec un goût pour les structures simples qui était loin d'être aussi prononcé au siècle précédent. Les élévations à trois niveaux qui avaient, dans la France du nord de la Loire, offert aux maîtres d'œuvre du XIe siècle un champ d'expérience privilégié et connaissaient, de la Bourgogne à la Normandie, un succès considérable dans les édifices voûtés du début du XIIe siècle, sont délaissées dans les hauts-vaisseaux charpentés de la même époque. Les rares monuments qui font exception apparaissent comme des échos attardés ou des créations isolées. Ainsi, l'architecte de la nef de Saint-Omer de Lillers (ill. 306) semble avoir pris comme modèle celle du Mont-Saint-Michel ou d'une église du même type. Seuls le tracé fortement brisé des grandes arcades qui occupent près de la moitié de la hauteur des murs gouttereaux et les cordons continus qui règnent entre chaque niveau en modernisent l'aspect. En dotant, pour sa part, chaque travée de trois baies ouvrant sur les combles des bas-côtés et surmontées de trois fenêtres, l'architecte de la cathédrale de Besançon (ill. 307) paraît s'être inspiré de l'exemple de Cluny III, quelles que soient par ailleurs les différences entre les deux édifices[225]. L'élévation à deux niveaux domine donc, dans l'architecture charpentée du XIIe siècle.

On observe également une tendance à la simplification de la pile composée, qui avait pourtant été expérimentée dans les hauts-vaisseaux charpentés et y avait connu ses développements les plus remarquables. Bien que certains édifices, comme Lillers ou Loctudy (Finistère), comportent des travées régulièrement scandées par des colonnes montant de fond, le goût des surfaces murales inarticulées conduit beaucoup d'architectes à rechercher des solutions de compromis. Ainsi, en Champagne et dans le nord de l'Île-de-France, beaucoup de piles composées n'offrent des colonnes engagées que du côté des grandes arcades (ill. 309), tandis qu'en Bretagne les supports sont souvent traités de manière ornementale, comme des éléments indépendants du reste de la structure. À Ploërdut (ill. 308), à Priziac et, à une date sans doute plus tardive, à Fouesnant, le type des piles varie d'une travée à l'autre selon la fantaisie du maître d'œuvre.

LE RENOUVEAU DE LA NEF À FILES DE COLONNES

Parallèlement, les piliers quadrangulaires, qui s'étaient perpétués jusqu'à la fin du XIe siècle, sont abandonnés dans diverses régions au profit de piles circulaires. Celles-ci n'étaient certes pas inconnues antérieurement et leur emploi n'était pas réservé à des édifices charpentés, ainsi

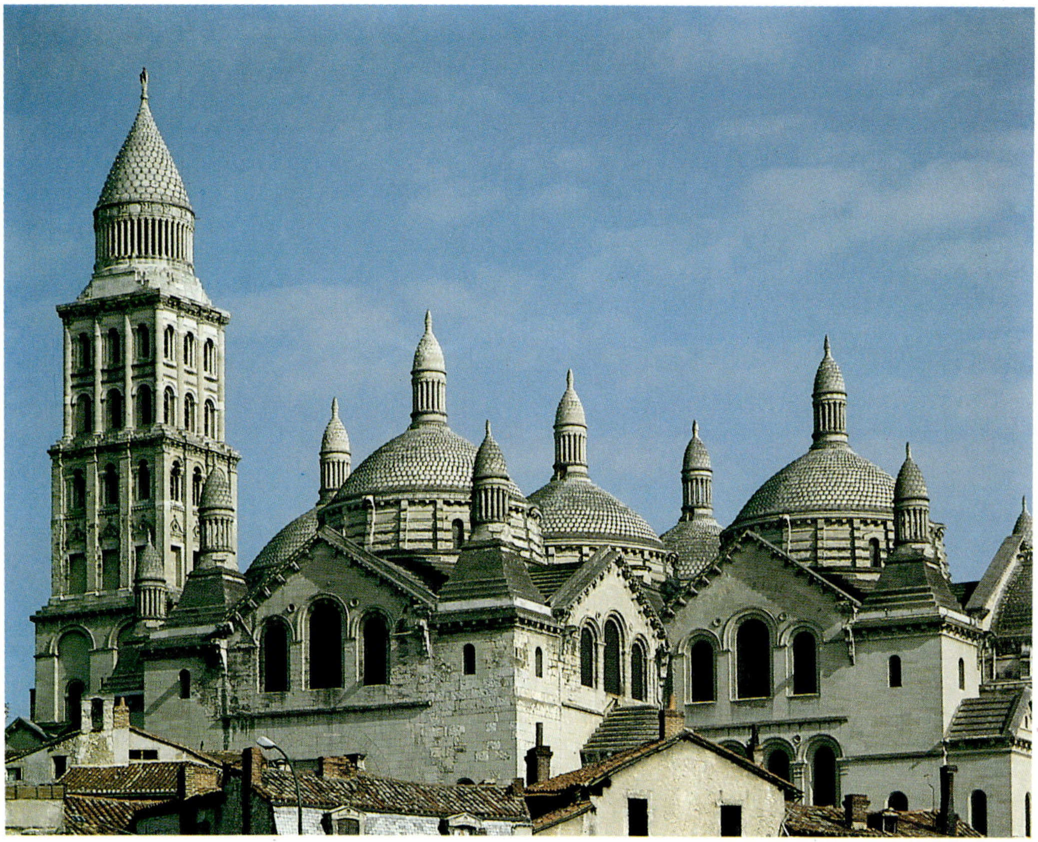

312. Périgueux (Dordogne), église Saint-Front, coupoles et clocher.

qu'en témoignent les exemples de Tournus et de Saint-Savin, mais le regain d'intérêt qu'elles suscitent à partir des années 1100 semble participer d'une volonté plus générale de renouer avec la tradition du haut Moyen Âge. Si le phénomène n'a pas revêtu la même ampleur qu'à Rome, il répond sans doute à un semblable désir de retour aux sources. Mais, alors qu'à Rome les «citations» sont souvent littérales, il s'agit en France d'évocations plus libres, où sont diversement associés quelques traits considérés comme caractéristiques : files de colonnes, arcs en plein cintre à angle vif, murs nus. Les proportions des supports et le rythme des travées sont très variables : courtes colonnes, appareillées ou à tambours, largement espacées à Notre-Dame de Beaugency (ill. 310) et à Saint-Martin-d'Ainay de Lyon (ill. 311) [226], piles massives à Saint-Arnoult-en-Yvelines [227] et piles de proportions plus élancées à la cathédrale de Besançon (ill. 307) [228]. Mais l'emploi de colonnes monolithes ou à tronçons plus conforme à la tradition du haut Moyen Âge reste rare hors de l'Alsace et des régions voisines appartenant à l'Empire. Bien que le voûtement des collatéraux ait eu tendance à se généraliser au cours du XIe siècle, même dans les édifices dont le haut-vaisseau était charpenté, l'utilisation de supports de forme circulaire semble souvent coïncider avec un retour aux bas-côtés charpentés. Il en est ainsi à Beaugency [229] et à la cathédrale de Besançon, édifices dont le parti révèle par ailleurs une ambition certaine.

VII. Des tours et des flèches

Les premières flèches en pierre

Cependant, la pierre joue un rôle croissant dans la construction romane. Ainsi voit-on apparaître dans les années 1100 les premiers clochers surmontés d'une flèche en pierre [230]. Peu d'entre eux nous sont parvenus dans leur état primitif, et le hasard des destructions et des transformations ultérieures engage à une certaine prudence dans les conclusions. La plupart de ces premières flèches semblent avoir été de forme pyramidale et de hauteur modeste (ill. 313). Mais certaines d'entre elles sont traitées de manière très raffinée, notamment dans l'Ouest aquitain, où les architectes s'inspirèrent des mausolées-tours gallo-romains. L'imitation d'un

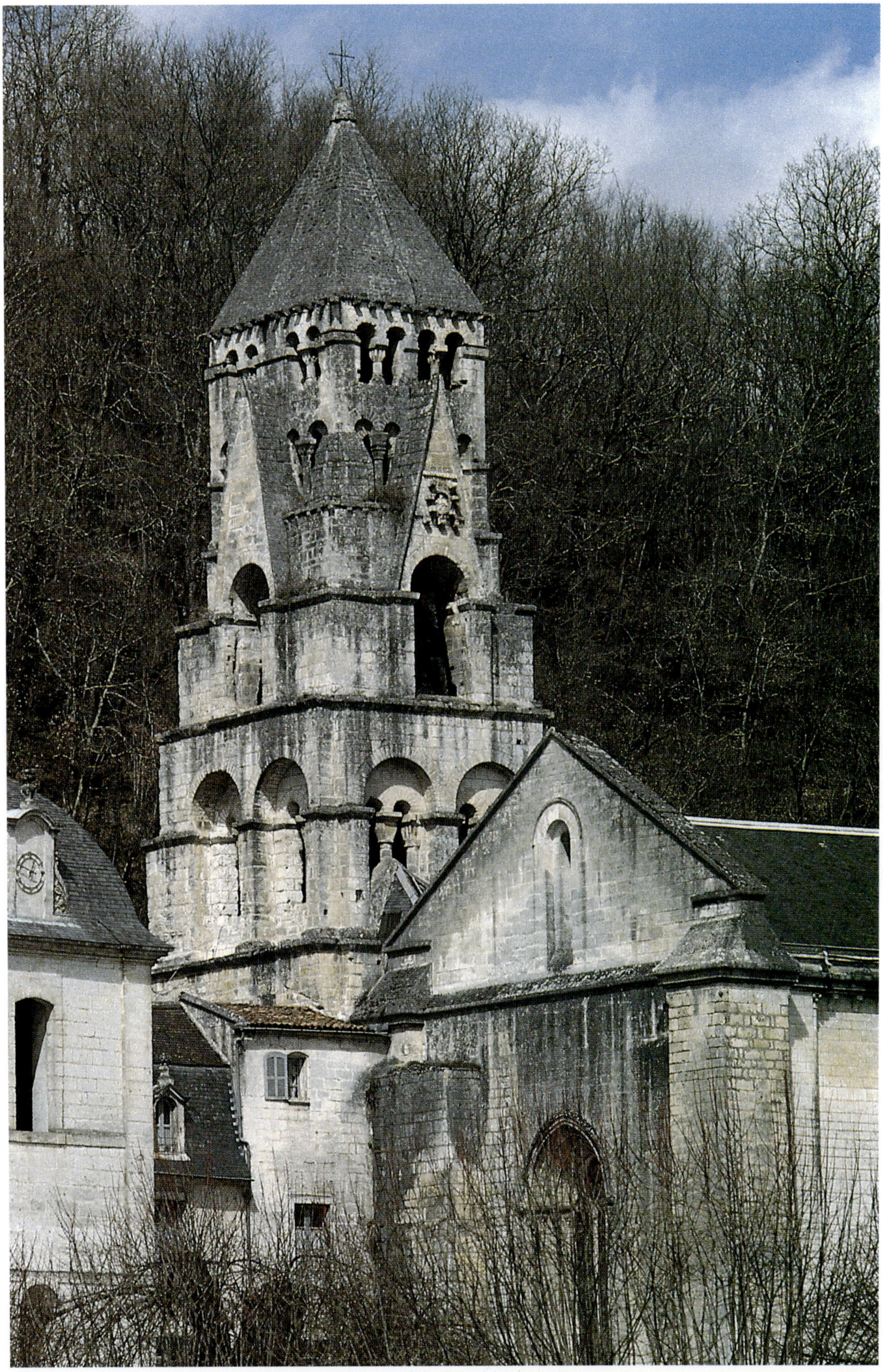

313. Brantôme (Dordogne), église abbatiale, clocher.

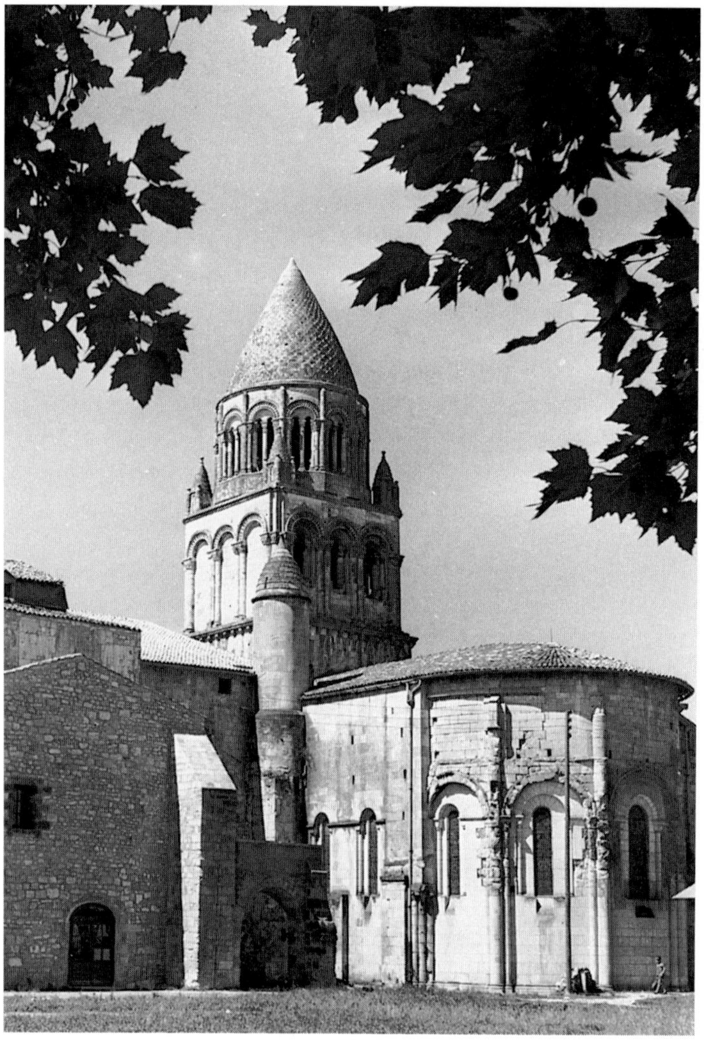

314. Saintes (Charente-Maritime), église de l'Abbaye-aux-Dames, chevet et clocher de croisée.

modèle antique semblable au monument des *Julii* à Saint-Rémy-de-Provence est manifeste dans le cas du clocher de Saint-Front de Périgueux (ill. 312), qui s'élève, isolé, à l'ouest de l'église. On y retrouve, en effet, au-dessus de deux étages de plan rectangulaire placés en retrait l'un par rapport à l'autre, rythmés par des pilastres et des colonnes engagées supportant une corniche, une *tholos* circulaire, primitivement ceinturée de cinquante-deux colonnes (probablement de remploi) et, enfin, une courte flèche revêtue d'écailles, en forme de tronc de cône légèrement renflé [231]. La même remarque vaut pour Notre-Dame-la-Grande à Poitiers et pour l'Abbaye-aux-Dames à Saintes (ill. 314), encore que l'adaptation du modèle à une tour de croisée édifiée au-dessus d'une coupole ait conduit les maîtres d'œuvre à en proposer une réinterprétation assez libre. À Saintes [232], le soubassement de plan carré est surmonté d'une partie circulaire en fort retrait, ajourée d'arcatures et couronnée d'une flèche à écailles nettement renflée ; les quatre clochetons de même type qui chargent les angles deviendront un élément indispensable à l'équilibre des grandes flèches qui, dans le monde gothique comme dans le monde roman, se développeront à partir des années 1140.

L'ÉQUILIBRE DES MASSES

L'apparition des flèches en pierre ne constitue que l'un des aspects de l'importance croissante accordée aux tours, orgueil des grandes abbayes comme des églises paroissiales. Aux quatre clochers qui dominaient les parties orientales de Cluny III s'ajoutèrent bientôt ceux de l'avant-nef ; à Saint-

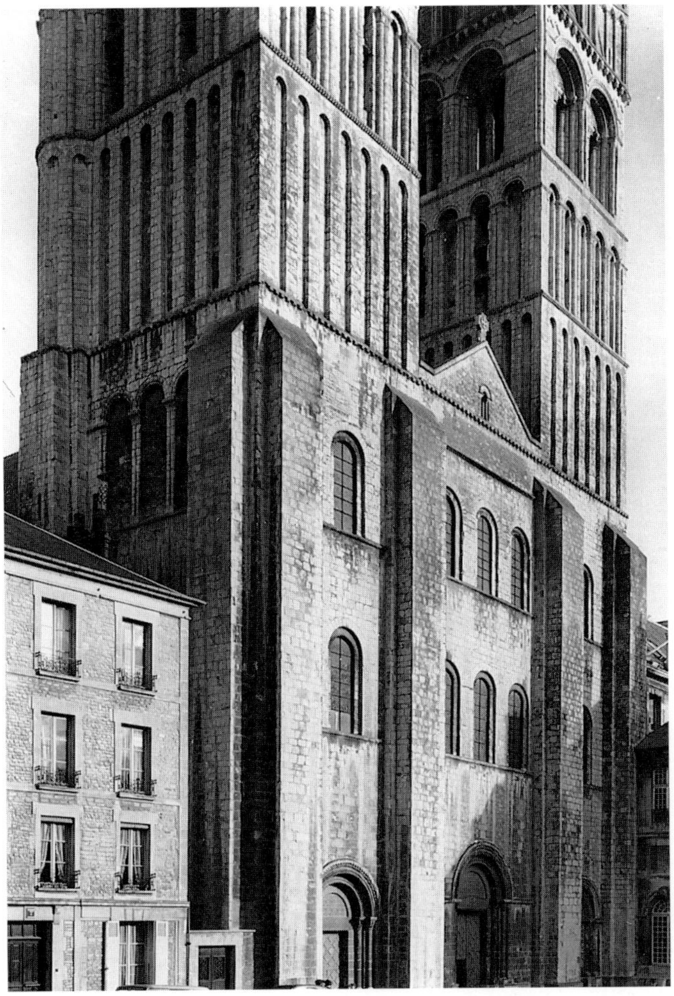

315. Caen (Calvados), église Saint-Étienne, façade occidentale.

Pierre d'Aulnay, au contraire, toutes les parties du monument sont subordonnées à la haute masse de la tour de croisée ; au Dorat, tour de croisée et tour de façade se répondent ; à la cathédrale d'Angoulême, les deux clochers érigés aux extrémités des bras du transept encadraient la tour de croisée ; à Notre-Dame-du-Port de Clermont-Ferrand, celle-ci était complétée par deux clochers de façade, etc. Quel que soit leur emplacement, ces tours, souvent imposantes par leurs dimensions, tantôt de plan octogonal, tantôt de plan carré, sont traitées avec une richesse plastique qui renforce leur caractère prestigieux. Leurs étages superposés, au nombre de deux ou trois pour le moins, sont soulignés par des corniches, animés par le jeu des retraits successifs, rythmés par des arcatures aveugles, ajourés de baies et, dans de nombreux exemples, décorés de sculptures.

DU MASSIF OCCIDENTAL À LA FAÇADE HARMONIQUE

Beaucoup de ces tours restent intégrées à un massif de façade. Avec son groupe de trois tours, l'*opus occidentale* de l'abbatiale Saint-Étienne de Marmoutier (Bas-Rhin) offre même, vers 1140, sinon des dispositions intérieures, du moins une silhouette qui rappelle celle des *Westwerk* carolingiens. Quant aux massifs auvergnats du début du XIIe siècle, ils comportent généralement une tribune ouvrant sur le haut-vaisseau de la nef par une série d'arcatures tandis que, de part et d'autre, s'élèvent deux tours qui, pour la plupart, ont aujourd'hui disparu. Enfin, à Saint-Léger d'Ébreuil (Allier) vers 1100 et plus tard encore à Saint-Mélaine de Preuilly-sur-Claise et à Saint-Just de Vouillon, dans le Berry, les tours-porches s'inspirent directement de celle que l'abbé Gauzlin avait fait édifier pendant le second quart du XIe siècle à Saint-Benoît-sur-Loire. Plus ambitieuses encore, les avant-nefs bourguignonnes, comme celles de Vézelay ou de Cluny III (ill. 324), restent fidèles dans leur principe à la tradition carolingienne, même si le plan basilical y a succédé à un plan centré et si elles comptent désormais deux tours de façade. Mais, quel que soit leur type, avant-nefs et massifs de façade seront peu à peu délaissés au cours de la seconde moitié du XIIe siècle, tant dans l'architecture romane que dans l'architecture gothique.

La façade encadrée de deux tours, ou façade harmonique, succédera bientôt à ces sanctuaires occidentaux de structure complexe. La mutation s'amorce déjà dans quelques édifices

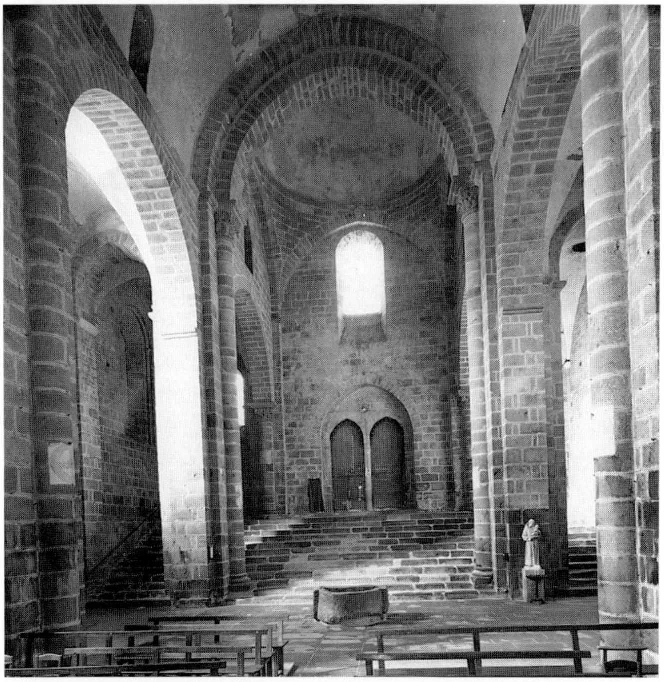

316. Le Dorat (Haute-Vienne), église Saint-Pierre, travée occidentale de la nef.

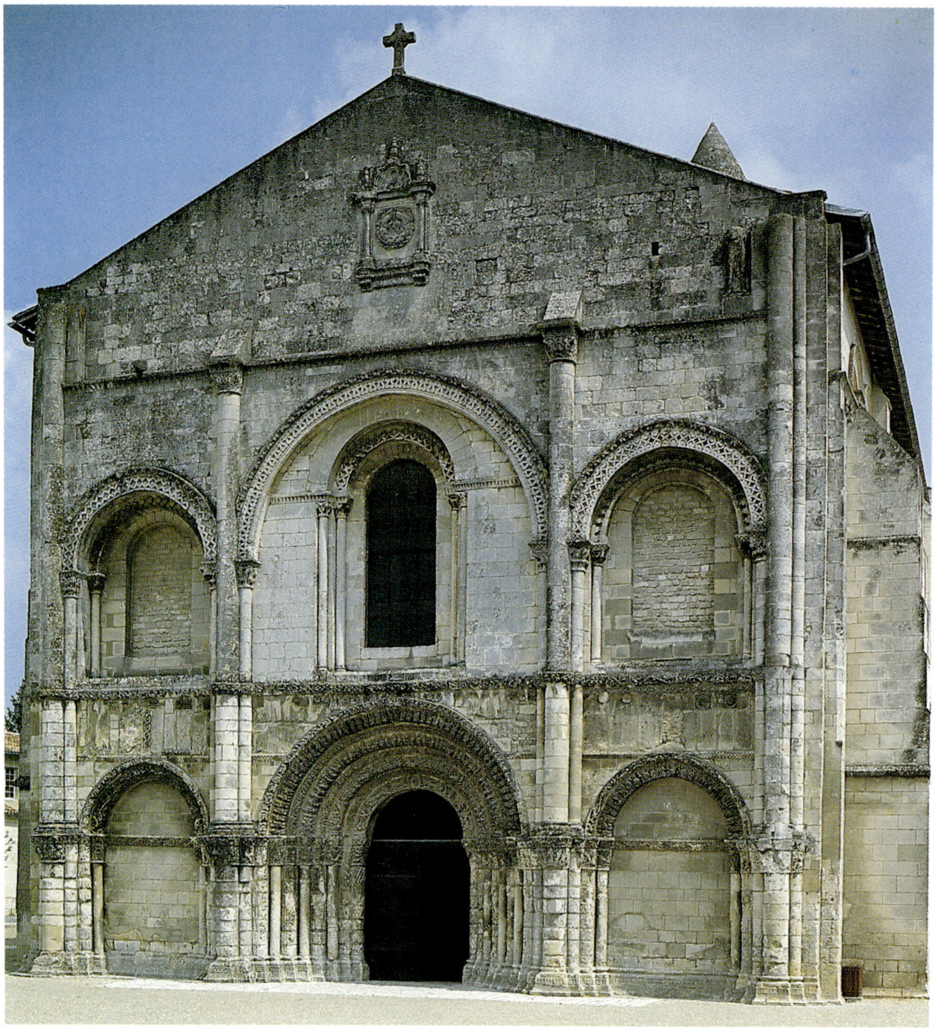

317. Saintes (Charente-Maritime), église de l'Abbaye-aux-Dames, façade occidentale.

dès la fin du XIe siècle. Ainsi, la chapelle haute comprise entre les deux tours a disparu à Saint-Étienne de Caen (ill. 190 et 315) [233] et la travée entre tours apparaît comme la première travée du haut-vaisseau, dont elle reprend l'élévation à trois niveaux. Cette volonté d'intégration de l'*opus occidentale* à l'espace intérieur se traduit encore à Saint-Étienne de Caen par l'établissement d'une correspondance rigoureuse entre les niveaux de la nef et ceux du revers de façade où, entre les portails et les fenêtres hautes, une coursière éclairée assure une circulation continue. Cette structure interne se reflète dans l'élévation extérieure : avec ses trois niveaux d'ouvertures superposées, ses puissants contreforts qui soulignent la division tripartite de la nef et ses deux hautes tours [234], la façade de Saint-Étienne de Caen préfigure déjà les réalisations de l'architecture gothique.

L'ÉVOLUTION DES TOURS-PORCHES LIMOUSINES

La transformation des tours-porches limousines, durant les années 1130-1140, n'est pas moins révélatrice. La tribune, encore présente à l'abbatiale de Meymac et à la collégiale de Saint-Yrieix, n'existe plus à Saint-Pierre du Dorat (ill. 271 et 316), où la première travée de la nef, située sous la tour, présente la même élévation que celle des autres travées, mais s'en distingue par son voûtement; elle est, en effet, couverte d'une coupole sur pendentifs qui fait écho à celle de la croisée du transept [235]. Le traitement des masses externes est aussi novateur que celui des espaces intérieurs. Intégrée à la nef au lieu de lui être juxtaposée, la tour-porche est conçue comme l'élément central et culminant d'une façade

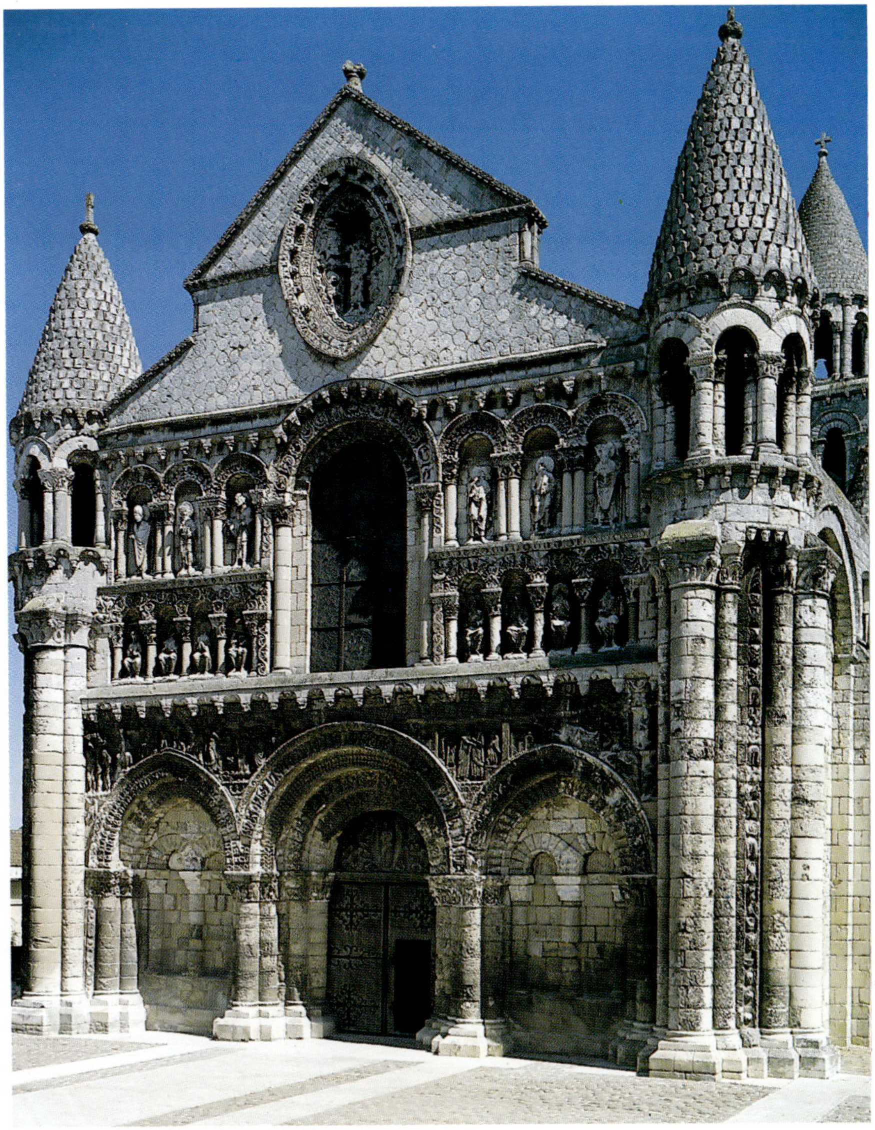

318. Poitiers (Vienne), église Notre-Dame-la-Grande, façade occidentale.

monumentale (ill. 319). Au-rez-de-chaussée, le vaste portail polylobé qu'encadrent deux niches évoque la subdivision de la nef (un large vaisseau encadré d'étroits bas-côtés). Au niveau médian, situé en fort retrait, le soubassement carré de la tour, allégé de trois profonds arcs de décharge, émerge entre les deux clochetons octogonaux qui surmontent l'extrémité des collatéraux. Enfin, l'étage supérieur, lui-même en fort retrait, est décoré sur chacune de ses faces d'une triple arcature aveugle. Les «grosses cloches», par opposition aux «petites cloches» de la tour de croisée, étaient suspendues dans le beffroi charpenté qui couronne cette composition pyramidale.

VIII. FAÇADES-FRONTISPICES

Un certain nombre d'architectes du début du XIIe siècle accordent, comme celui du Dorat, une importance nouvelle à la façade occidentale. Le phénomène est surtout sensible dans l'Ouest aquitain, où le type le plus simple de façade (un mur de clôture percé de baies et scandé de contreforts) se mue en un frontispice triomphal par le jeu de grandes arcatures superposées en deux ordres. Cette nouvelle interprétation, qui apparaît dès la fin du XIe siècle à Saint-Pierre de Cellefrouin et, peut-être, à Saint-Jean-de-Montierneuf [236], s'épanouit dans les années 1120-1130. Tantôt, comme à

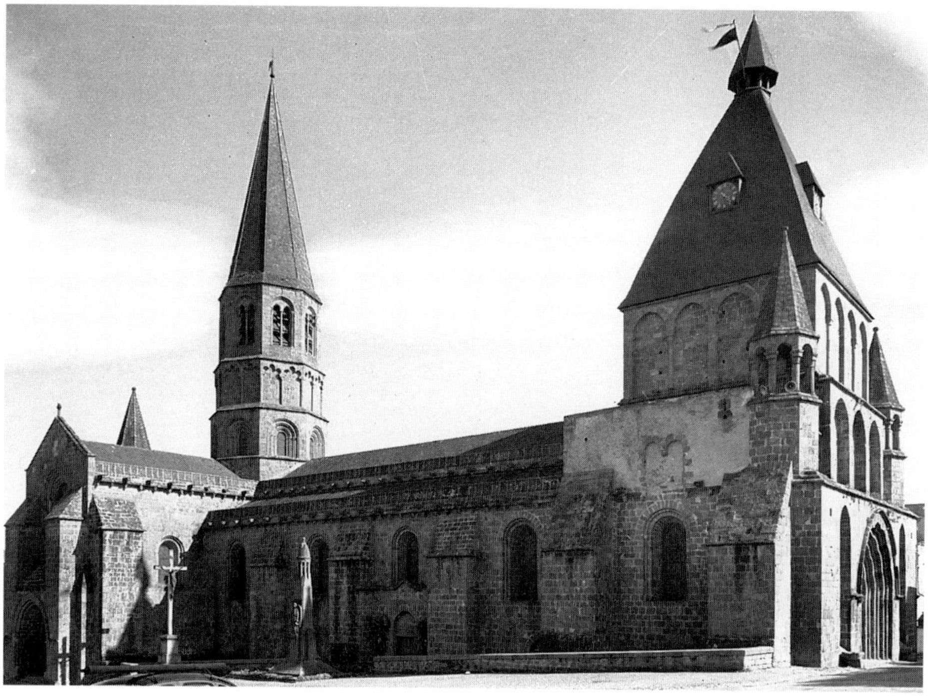

319. Le Dorat (Haute-Vienne), église Saint-Pierre, façade occidentale et nef.

Saint-Jouin-de-Marnes (ill. 321) ou à Saint-Hilaire de Melle, les dispositions de la façade reflètent encore les subdivisions de l'espace intérieur, avec des colonnes-contreforts et des fenêtres qui répondent aux troix vaisseaux de la nef, tantôt il existe un divorce entre la composition des façades et la structure de la nef. Ainsi, la façade de l'Abbaye-aux-Dames à Saintes (ill. 317) présente, comme les précédentes, une tripartition verticale, bien qu'elle s'applique à une nef unique. Inversement, l'existence des trois vaisseaux de Notre-Dame-la-Grande, à Poitiers (ill. 318), ne trouve pas d'écho à la façade, où, au-dessus d'un portail encadré d'arcades géminées, se développent deux niveaux de petites arcatures interrompues seulement par une grande fenêtre d'axe. Pour sa part, l'architecte de la cathédrale d'Angoulême (ill. 320) choisit d'animer une surface murale d'une ampleur exceptionnelle par un réseau de cinq grandes arcatures réparties sur trois niveaux qui enveloppent, dans les parties hautes de la façade, des arcatures d'un format plus réduit. Quelle que soit la solution adoptée, ces façades-écrans semblent donc traitées comme un décor dressé à l'entrée de l'église, conçu pour lui-même. Il n'est pas jusqu'à la présence, au sommet des contreforts d'angle, de clochetons surmontés d'une flèche de pierre, simulacres de véritables clochers, qui ne souligne ce caractère d'architecture de fiction. Images de la Jérusalem céleste ? Variations sur le thème antique de l'arc de triomphe ou de l'entrée de ville ? La recherche des modèles dont les architectes de l'Ouest auraient pu s'inspirer s'avère d'autant plus incertaine que la plupart de ces grandes compositions du début du XIIe siècle servent de cadre à des programmes sculptés sans équivalent dans le passé.

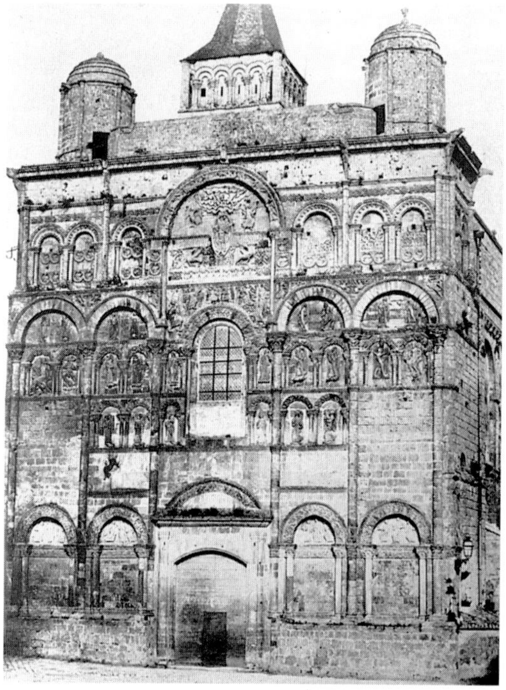

320. Angoulême (Charente), cathédrale Saint-Pierre, façade occidentale avant restauration.

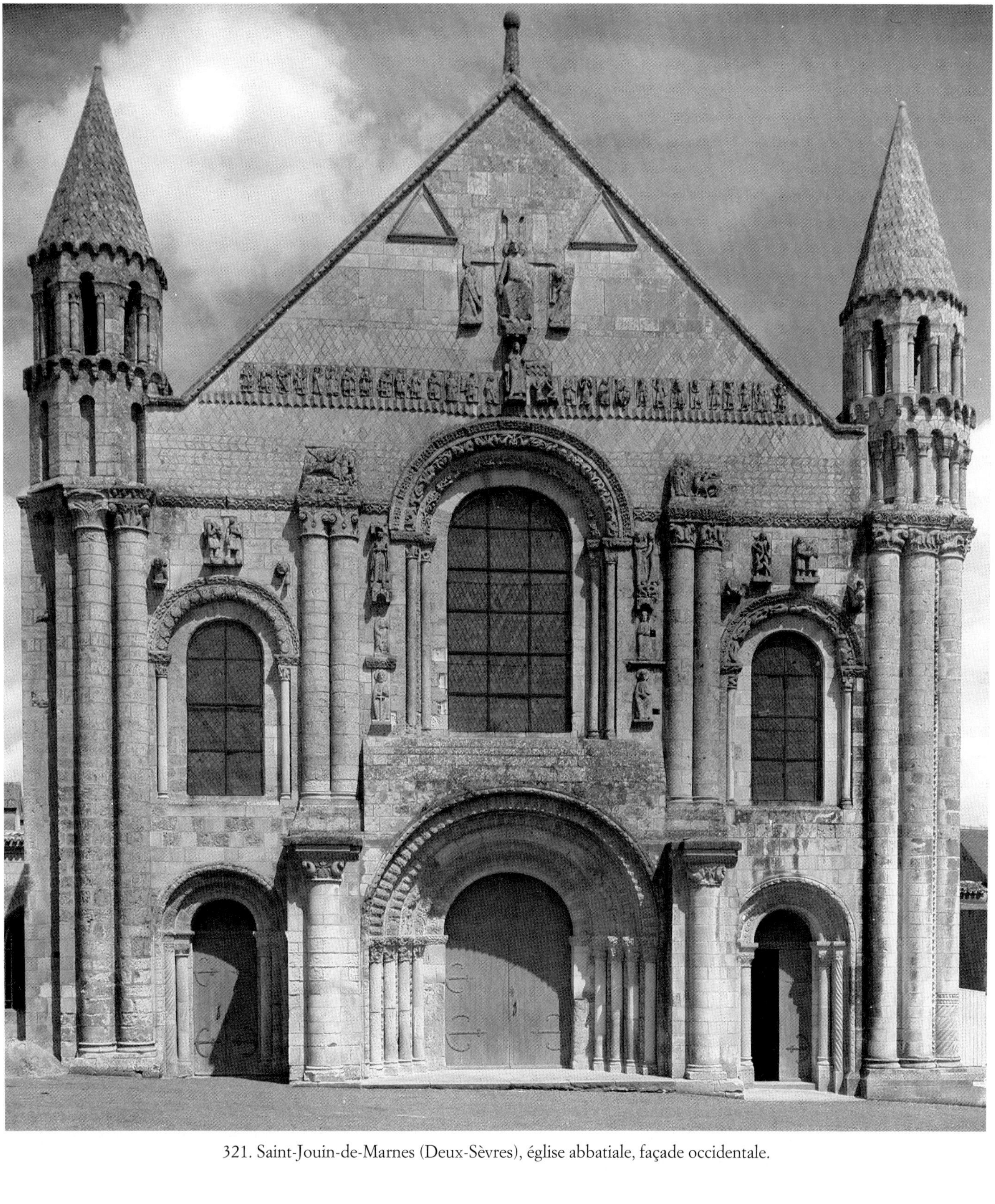

321. Saint-Jouin-de-Marnes (Deux-Sèvres), église abbatiale, façade occidentale.

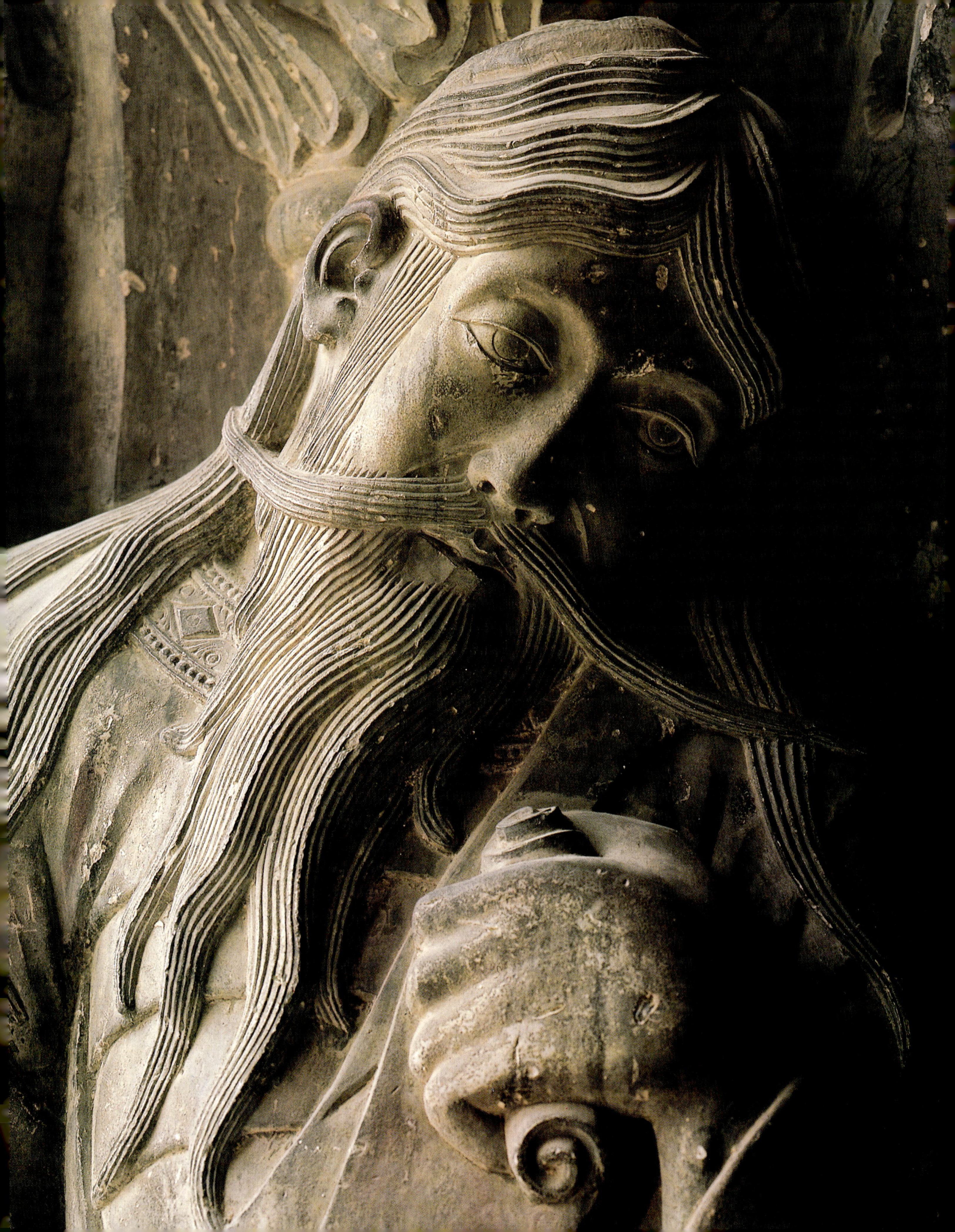

Chapitre VIII

L'ESSOR DU DÉCOR MONUMENTAL
1090-1140

I. Les premiers tympans sculptés
Charlieu. Cluny et sa descendance. La porte Miégeville à Saint-Sernin de Toulouse.

II. Une collection de chefs-d'œuvre : les grands tympans
Un changement d'échelle. Le tympan et le porche de Moissac : l'amplification des programmes. Un portail démembré : Souillac. Le Maître de Beaulieu. Trois interprétations du Jugement dernier : Mâcon, Conques, Autun. Le souvenir d'un portail disparu : l'Ève d'Autun. L'Église en marche : Vézelay. Quelques autres types de composition.

III. Les voussures historiées

IV. Les façades de l'Ouest
La cathédrale d'Angoulême. Notre-Dame-la-Grande de Poitiers.

V. Les cloîtres
Les précurseurs. Une ère nouvelle : Moissac. Le cycle de la Passion à La Daurade de Toulouse. Les cloîtres historiés : un essor encore limité. « Mais que font dans les cloîtres [...] ces grotesques qui prêtent à rire... »

VI. L'« humanisme » roman
Toujours plus de chapiteaux historiés dans les églises. De nouveaux chapiteaux figurés. La renaissance du corinthien. L'alliance du végétal et de la figure. Des créations à contre-courant.

VII. La stylistique romane
La conquête du relief. Le dynamisme de la ligne. La découverte de l'art byzantin. La dialectique des contraires.

322. Moissac (Tarn-et-Garonne), église Saint-Pierre, trumeau du portail sud : Jérémie.

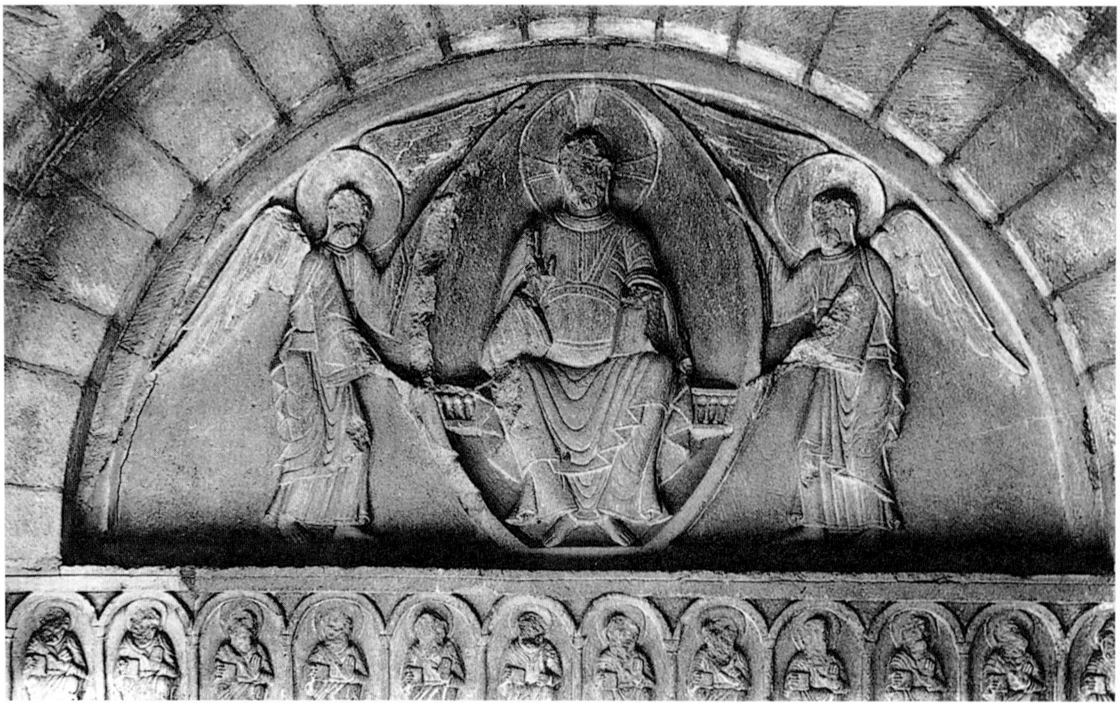

323. Charlieu (Loire), église Saint-Fortunat, portail occidental, tympan.

Le développement du décor sculpté constitue le phénomène le plus marquant des premières décennies du XIIe siècle. Bien que certains maîtres d'œuvre de la fin du siècle précédent aient accordé plus d'attention que par le passé au traitement des portails et que les chapiteaux sculptés se soient largement répandus au cours de la seconde moitié du XIe siècle, cette explosion n'était guère prévisible. Autour de 1100 apparaissent dans diverses régions des essais visant à doter les portails d'importants programmes de sculptures. Ceux-ci s'amplifièrent bientôt avec une rapidité étonnante ; à peine plus d'une génération sépare, en effet, les premiers tympans sculptés des grandes réalisations des années 1120-1130 (Vézelay, Autun, Conques, Moissac, Beaulieu, etc.). Pendant ces mêmes années, les façades de l'Ouest aquitain se couvrent d'arcatures et de reliefs ; les chapiteaux historiés, rares encore à la fin du XIe siècle, se multiplient à l'intérieur des églises, mais aussi dans les cloîtres. Désormais, la sculpture monumentale se déploie non seulement dans les cathédrales et les monastères de quelque importance, mais même dans de modestes églises paroissiales.

Les conditions de la création artistique furent profondément modifiées par cette éclosion de chantiers faisant appel à des sculpteurs. Ceux-ci trouvèrent souvent à s'employer dans un rayon géographique limité, et peut-être une relative spécialisation commença-t-elle à intervenir au sein d'ateliers plus fournis que par le passé. L'identification de chacun des membres de ces ateliers devient de ce fait souvent délicate, d'autant qu'une certaine normalisation tendait à s'instaurer dans des milieux artistiques homogènes et relativement stables.

La figure humaine, longtemps restée au second plan, semble fasciner les sculpteurs du début du XIIe siècle. Omniprésents dans les cycles de chapiteaux historiés ou dans les programmes de façade, les personnages acquièrent parfois plus de densité grâce à la redécouverte de la grande statuaire monumentale. Pourtant, les conventions peu à peu mises au point au cours du siècle précédent ne sont pas remises en question ; au contraire, elles favorisent, en se précisant, cet essor soudain. Avec quelques nuances, ces mêmes conventions se retrouvent à tous les niveaux de la création artistique et dans tous les domaines techniques. La sculpture figurée notamment, dont les définitions stylistiques apparaissaient encore, dans les années 1080-1090, comme moins affirmées que celles de la peinture murale, est traitée, au début du XIIe siècle, avec une aisance qui confine parfois à la virtuosité. Ces définitions sont cependant loin d'être uniformes dans leur formulation. Ainsi, tandis que la stylisation s'impose dans l'ouest de la France, l'observation de l'Antiquité tempère parfois (en Auvergne par exemple) l'exaspération des formes. Mais, au-delà de cette relative diversité des interprétations régionales, le paysage artistique du début du XIIe siècle offre une grande unité.

I. LES PREMIERS TYMPANS SCULPTÉS

Le symbolisme de la «porte du ciel», sur lequel les auteurs du Moyen Âge ont tant glosé et dont de multiples inscriptions révèlent l'importance et la richesse, va trouver, avec les portails historiés, des formes d'expression inédites. Certes, quelques expériences avaient déjà été tentées au XIe siècle (linteaux en marbre sculpté du Roussillon, chapiteaux de la porte des Comtes à Saint-Sernin de Toulouse), et les architectes des années 1070-1080 avaient manifesté un intérêt croissant pour les portails en les encadrant de plusieurs voussures et de profonds ébrasements à ressauts, mais ces expériences ne préfiguraient que timidement les réalisations du début du XIIe siècle.

CHARLIEU

Parmi les formules explorées autour de 1100, celle du tympan sculpté sur toute sa surface apparaît comme la plus riche d'avenir, même si elle n'est adoptée que dans un nombre limité de monuments. Le tympan du portail occidental de Saint-Fortunat de Charlieu (ill. 323) en constitue sans doute l'un des plus anciens témoignages conservés en France [237]. L'entrée de l'église, aujourd'hui ruinée, de ce prieuré clunisien s'effectue par une baie unique abritée sous quatre profondes voussures à angle vif. Le tympan, une dalle monolithique semi-circulaire (3,12 m de diamètre), est soutenu par un linteau légèrement plus long qui repose sur deux consoles. La structure du portail de Charlieu révèle donc une maîtrise technique qui trahit l'expérience du maître d'œuvre en ce domaine, ce qui ne saurait étonner ; en effet, les architectes de la génération précédente avaient déjà résolu des problèmes comparables.

Il convient, en revanche, de s'interroger sur les sources possibles du décor. L'exemple du portail peint de Saint-Savin, sans doute de peu antérieur, laisse entrevoir une piste de recherche ; le sculpteur de Charlieu, comme le peintre de Saint-Savin (ill. 232), adopta une composition simple, centrée sur la figure du Christ dans une mandorle, figure encadrée de deux anges et occupant toute la hauteur du tympan. Mais les similitudes s'arrêtent là, et la disparition de la plupart des témoignages comparables à celui de Saint-Savin interdit toute conclusion de portée générale.

L'iconographie du portail de Charlieu, pour sa part, n'est pas sans rappeler celle de Saint-Genis-des-Fontaines. Le tympan représente, en effet, le Christ assis, tenant le livre de sa main gauche et bénissant de sa main droite ; deux anges debout, les genoux légèrement fléchis, présentent sa gloire, tandis qu'au linteau figurent les douze apôtres, assis sous des arcades. Mais, plus encore que dans l'exemple roussillonnais, l'illustration de l'Ascension, suggérée par les anges portant la mandorle, s'efface au profit d'une image plus solennelle, conçue comme une révélation dogmatique. Le thème de Charlieu est celui de la seconde Parousie du Christ, c'est-à-dire de son avènement triomphal à la fin des temps. À la différence de ceux de Saint-Genis-des-Fontaines, les apôtres ne manifestent pas leur émoi devant la disparition du Christ dans le ciel ; ils siègent de manière digne et tiennent sur leur genou droit un livre, tandis que, de leur main gauche levée, ils font un geste d'acclamation.

Le sculpteur a su mettre à profit le cadre architectural pour exprimer le caractère surnaturel de cette apparition. Les douze apôtres sous les arcades du linteau, immobiles, vus de face, tous représentés dans la même attitude, forment une composition répétitive, stable, servant d'assise à l'image céleste du tympan. La mandorle ovale, inscrite dans la surface semi-circulaire de ce dernier, entre dans un jeu de courbes simples et harmonieuses, soutenu en contrepoint par les larges auréoles nimbant la tête des trois figures. Seules les ailes déployées des anges accompagnent de leur mouvement la courbure du tympan. Leurs corps vus de trois quarts sont immobiles, leurs gestes aussi figés que ceux du Christ et des apôtres représentés en position frontale. Enfin, tous les personnages se détachent sur un fond vide qui leur confère une certaine irréalité.

Le traitement du relief joue un grand rôle dans l'équilibre de la composition. Le sculpteur de Charlieu a dégagé les personnages par le procédé de la taille en cuvette, en réservant un cadre qui souligne les limites des blocs sculptés. Le relief est toutefois plus ou moins prononcé selon l'emplacement : très bas pour les figures du linteau, plus important pour celles du tympan. Cette différence de traitement répond sans doute à deux objectifs, d'une part ne pas affaiblir la pierre du linteau qui joue un rôle porteur et alléger celle du tympan, d'autre part adapter la hauteur du relief à l'échelle des personnages.

Comparé aux créations ultérieures, le tympan de Charlieu apparaît comme une œuvre d'une facture encore timide, mais d'une conception parfaitement définie. La formule du Christ assis dans une mandorle portée par deux anges, qui s'accorde bien au champ semi-circulaire des tympans, sera jusqu'à la fin de l'art roman reprise dans un grand nombre de portails bourguignons, sans que les principes de la composition soient remis en cause. Seuls évolueront le style et, surtout, l'iconographie qui variera en fonction des thèmes représentés au linteau ou des compléments apportés à l'image centrale.

CLUNY ET SA DESCENDANCE

Il ne reste que des fragments mutilés du grand portail occidental de l'église abbatiale de Cluny, détruit en 1810. Aux

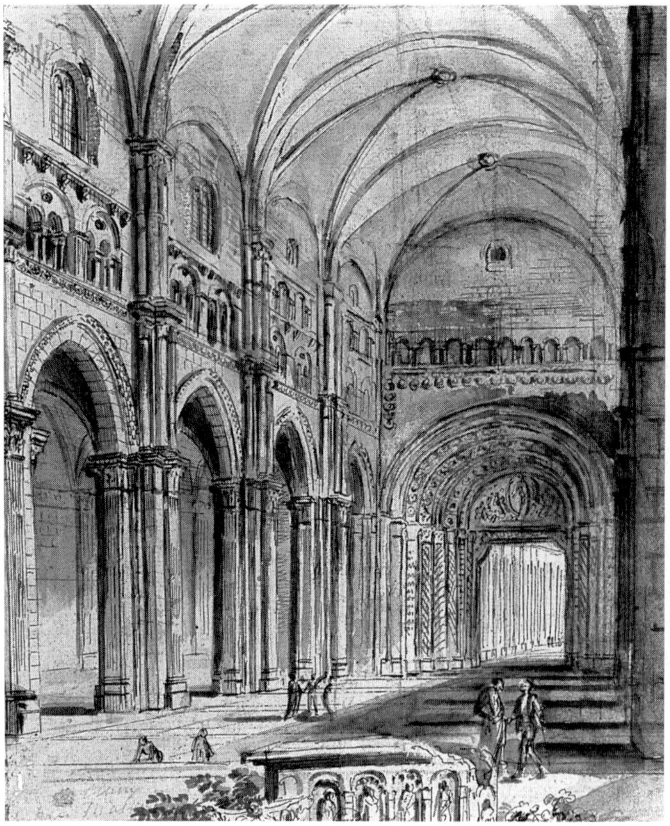

324. Cluny (Saône-et-Loire), église abbatiale, avant-nef et portail central de la nef par Lallemand, fin du XVIIIe siècle. Paris, Bibliothèque nationale, cabinet des Estampes.

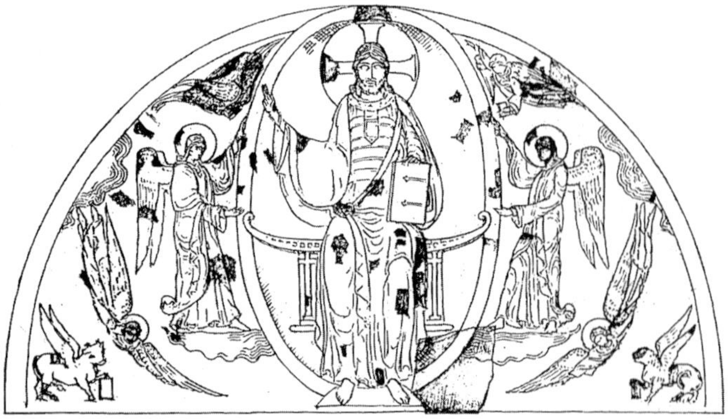

325. Cluny (Saône-et-Loire), église abbatiale, restitution du tympan du portail central de la nef par K. J. Conant.

sculptures retrouvées en fouille et étudiées par K. J. Conant s'ajoutent cependant, depuis 1988, celles, encore inédites, que des travaux de terrassement ont mises au jour dans des conditions déplorables. La restitution du portail peut s'appuyer en outre sur deux documents graphiques antérieurs à la destruction (documents, hélas, incomplets et approximatifs dans le détail) et sur la description de B. Dumolin, datant de 1750 environ (ill. 324 et 325).

Le portail de Cluny s'ouvrait sous quatre voussures, qui correspondaient à autant de colonnettes logées dans les ressauts des ébrasements. Le tympan fait d'un seul bloc de pierre, large de 5,60 m et haut de 3,25 m, était supporté par un linteau également monolithe ; comme à Charlieu, ce linteau reposait sur des consoles sculptées d'atlantes. La mise en place de ce tympan apparaît, compte tenu de ses dimensions exceptionnelles, comme un exploit technique, et il convient de souligner l'audace du maître d'œuvre qui superposa cette énorme masse de pierre à un linteau haut de près de un mètre, long de plus de quatre mètres et, comme le tympan lui-même, épais d'environ 40 cm.

Comment disposer les figures sur une surface d'une telle ampleur ? Le sculpteur choisit d'ajouter au groupe du Christ assis dans une mandorle portée par deux anges qui, à Charlieu, suffisait à occuper le tympan deux séraphins plongeant, toutes ailes déployées, vers le linteau, ainsi que les symboles des quatre Évangélistes disposés dans les écoinçons et au sommet de la composition. Des nuées ondulantes, placées sous les pieds des anges et des séraphins, réduisaient quelque peu les vides qui subsistaient entre les figures. La vision triomphale du Christ trônant dans l'éternité était ainsi enrichie par des éléments – les symboles des Évangélistes – empruntés à la vision apocalyptique de saint Jean (Apoc. IV,6-8). La solennité de cette vision était encore renforcée par la présence, sur la deuxième voussure, d'une cour d'anges agenouillés, inscrits dans des demi-médaillons disposés comme les pétales d'une fleur. Des motifs végétaux et de petits personnages (les Vieillards de l'Apocalypse ?) ornaient les autres voussures. Enfin, quatre apôtres, parmi lesquels un saint Pierre partiellement conservé (ill. 326), occupaient les écoinçons encadrant l'archivolte, sous une frise de médaillons décorés de rosaces végétales et d'animaux fantastiques.

L'iconographie du linteau est plus incertaine. D'après B. Dumolin, vingt-trois personnages y étaient représentés. Quelques-uns ont pu être identifiés, comme les apôtres debout, agités, tenant le livre d'une main et montrant de l'autre la vision du tympan, et la Vierge entre deux anges. Il semble donc qu'une représentation des témoins de l'Ascension occupait une partie du linteau, mais on y trouvait également une image de la Résurrection, avec la visite des Saintes Femmes au Tombeau.

Certains fragments mieux conservés que les autres permettent d'apprécier la technique des sculpteurs qui travaillèrent au portail de Cluny. Leur traitement du relief semble avoir été adapté à la monumentalité de l'œuvre. Les figures du tympan étaient si dégagées que, par endroits, l'épaisseur du bloc de pierre se trouvait réduite à cinq

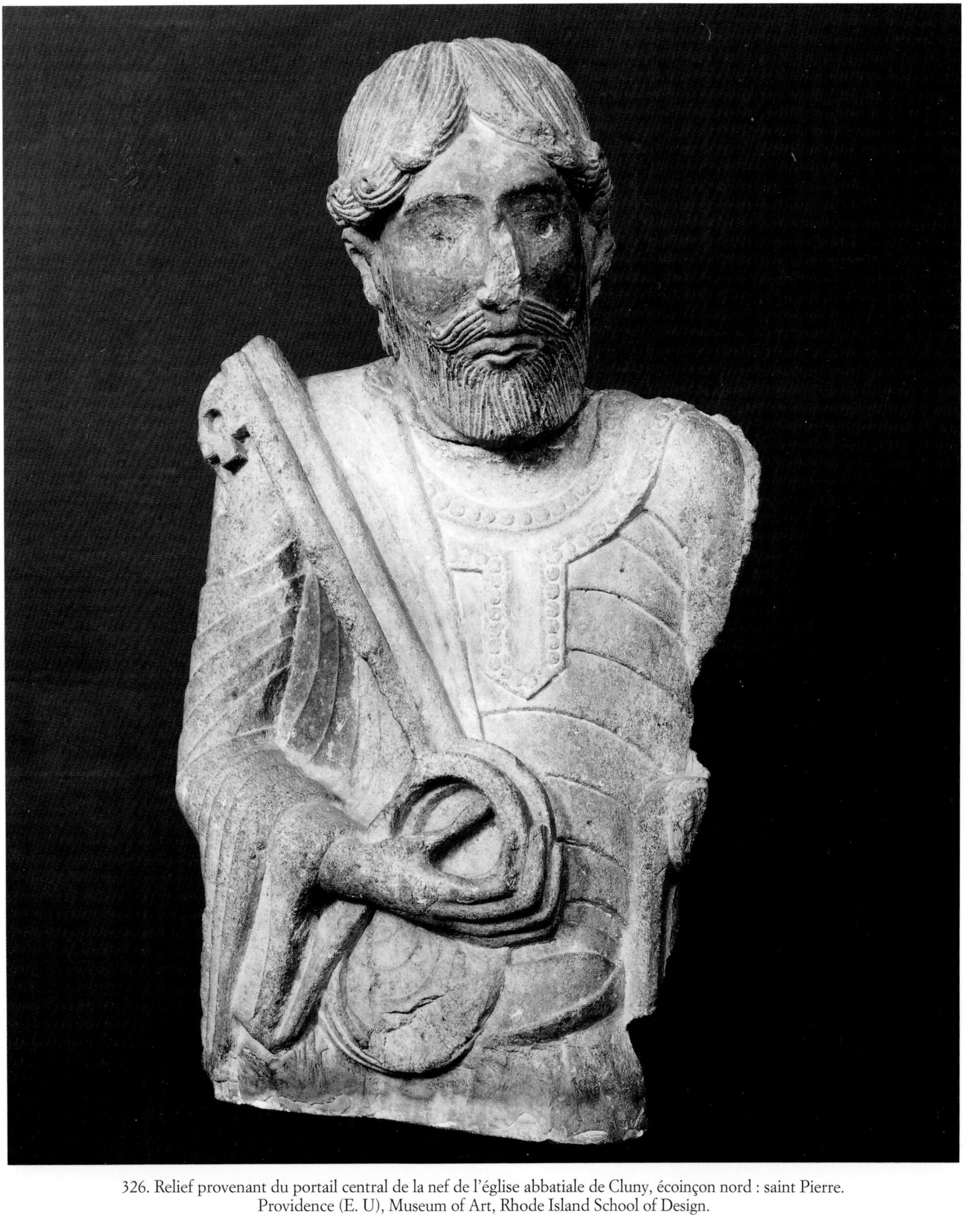

326. Relief provenant du portail central de la nef de l'église abbatiale de Cluny, écoinçon nord : saint Pierre. Providence (E. U), Museum of Art, Rhode Island School of Design.

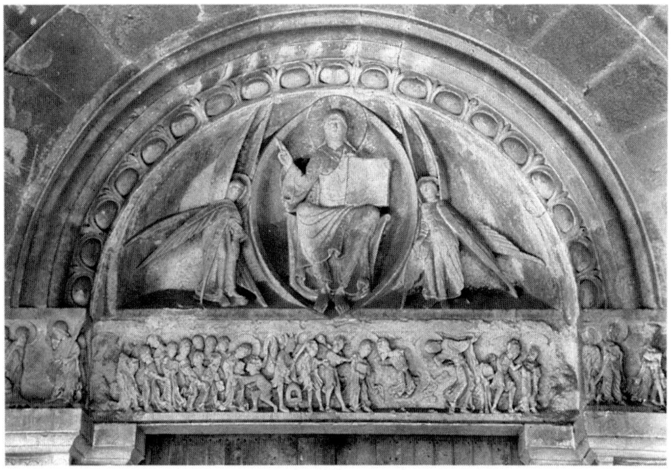

327. Perrecy-les-Forges (Saône-et-Loire), église priorale, portail occidental, tympan.

centimètres. Les personnages se détachaient donc fortement sur un fond nu. Il en était de même pour les apôtres des écoinçons, comme le montre le saint Pierre traité presque en ronde-bosse.

Le portail occidental de Cluny, que l'on s'accorde à dater vers 1115-1120, semble avoir joué un grand rôle dans le développement de la sculpture monumentale en Bourgogne. Ainsi observe-t-on à Perrecy-les-Forges (ill. 327), prieuré de Saint-Benoît-sur-Loire où, dans les années 1120, l'église du XIe siècle fut dotée d'une avant-nef abritant un beau portail historié, le même contraste qu'à Cluny entre la vision représentée au tympan (le Christ bénissant assis dans une mandorle portée par deux séraphins) et les scènes narratives du linteau (le Christ au jardin de Gethsémani, le Baiser de Judas, l'Arrestation de Jésus et la comparution de ce dernier devant le grand prêtre Caïphe). Afin de donner plus d'ampleur à ce récit des premiers épisodes de la Passion, le sculpteur de Perrecy-les-Forges a prolongé le linteau par une frise jusqu'aux limites extrêmes de l'archivolte. Malgré ses dimensions plus réduites, le tympan de Perrecy-les-Forges est, comme celui de Cluny, profondément creusé en cuvette. L'immobilité des figures de la vision se trouve ainsi exprimée avec force, tandis que dans les scènes de la Passion, sculptées de manière plus nuancée et plus suggestive, les compositions se succèdent avec fluidité, selon des rythmes animés qui trahissent l'intensité du drame qui se noue.

LA PORTE MIÉGEVILLE À SAINT-SERNIN DE TOULOUSE

À Saint-Sernin de Toulouse, un nouveau portail fut mis en place vers 1115 du côté sud de la nef, à la fin de la campagne de travaux conduite par Raymond Gayrard[238]. La situation de ce portail, face à la rue qui partageait la ville en deux, lui a valu le nom de porte Miégeville (ill. 328). Comme la porte des Comtes, édifiée vers 1080 à la façade sud du transept, la porte Miégeville, destinée à l'accueil des pèlerins faisant étape à Saint-Sernin sur la route de Saint-Jacques-de-Compostelle, s'ouvre dans un avant-corps en saillie, surmonté d'une corniche richement sculptée et destiné à fournir un encadrement monumental à l'entrée de l'église, fût-elle latérale. Mais, à la différence de la porte des Comtes, la porte Miégeville ne comporte qu'une seule baie, dotée d'un tympan et d'un linteau sculptés.

Le thème représenté est celui de l'Ascension. Sur le linteau les apôtres, debout, tenant un livre, renversent la tête en arrière pour regarder le Christ disparaître dans les nuées, et expriment leur émotion par des attitudes diversement agitées. La même animation règne au tympan. Au centre, le Christ, les pieds posés sur des monticules qui évoquent la terre, les bras levés soutenus par des anges, la tête tournée en direction du ciel, s'apprête à quitter le sol ; il est encadré par quatre anges dont les visages sont tendus vers le haut. L'idée d'Ascension est ainsi suggérée par l'attitude des personnages, tandis que la distinction entre le monde terrestre, où se tiennent les apôtres, et le monde céleste, auquel appartient déjà le Christ (le tympan), est magnifiquement affirmée par l'utilisation du cadre architectural.

L'iconographie de la porte Miégeville, rare dans l'art roman, dérive de modèles paléochrétiens repris à l'époque carolingienne, où l'on voit le Christ, de profil ou de dos, s'élancer les bras levés vers la main de Dieu qui, au sortir des nuages, se tend vers lui. Celle-ci est absente à Toulouse, où la composition conçue de manière symétrique offre un caractère de solennité peu courant dans ce schéma iconographique. Les inscriptions gravées sur le nimbe cruciforme du Christ précisent ce caractère. L'accent est, en effet, mis sur la royauté de celui-ci par les trois lettres du mot *REX* réparties sur les trois bras visibles de la croix, tandis qu'à la base du nimbe, l'*alpha* et l'*oméga* évoquent son retour à la fin des temps, pour un règne éternel, et que l'inscription *DEUS PATER*, gravée au sommet de ce même nimbe, rappelle sa divinité. Ainsi, à travers la représentation de l'événement historique de l'Ascension, s'affirme une volonté de démonstration théologique qui répond peut-être au souci de réfuter certaines tendances hérétiques.

La structure du portail de Saint-Sernin diffère de celle des œuvres bourguignonnes mentionnées précédemment. En effet, le sculpteur toulousain a retaillé des blocs de marbre antiques (cuves ou couvercles de sarcophages, fûts de colonnes) pour obtenir des dalles qu'il a ensuite ajustées avec précision. Le tympan comprend cinq dalles placées verticalement qu'une frise végétale, répartie sur trois éléments longs et étroits, sépare du linteau fait de quatre blocs assemblés en chevron qui reposent sur des consoles. Le sculpteur a su tirer parti de la forme légèrement bombée de ces dalles de remploi. L'effet est particulièrement sensible dans le groupe central où le Christ occupe le premier plan, tandis que les anges qui l'accostent paraissent s'effacer progressivement vers le fond. Cependant, loin de contribuer, comme à Cluny ou à Perrecy-les-Forges, à créer un contraste entre le linteau et le tympan, le relief peu important donné à tous les personnages tend à unifier une composition dont les rythmes sont, pour le tympan surtout, conditionnés par la disposition des dalles de marbre. Chacune d'entre elles coïncide avec un personnage ou un groupe de personnages dans le cas du Christ entre deux anges, et ces limites sont fréquemment soulignées par le contact d'une aile, d'un bras ou d'un genou. Enfin, dans les écoinçons, la courbure de l'archivolte exerce une contrainte majeure sur la position du corps des anges et même sur leur morphologie.

L'Ascension constitue le coeur d'un programme iconographique plus large, auquel participent les consoles soutenant le linteau, les figures sculptées aux écoinçons encadrant l'archivolte et les chapiteaux des ébrasements. La présence, sur la console de gauche, du roi David, qui compte parmi les ancêtres du Christ selon la chair, confirme, en effet, la lignée royale de celui-ci. Des inscriptions permettent d'identifier les deux apôtres qui, aux écoinçons, foulent aux pieds des animaux fantastiques : à droite, saint Pierre et, à gauche, saint Jacques. Sous l'effigie du premier, Simon le Magicien s'efforce vainement, en faisant appel à l'aide des mauvais anges, de s'élever dans le ciel[239], tandis que, sous celle de saint Jacques, deux femmes chevauchent des lions rugissants. Face à David, sur la console de droite, deux autres personnages au visage bouffi, coiffés d'un bonnet phrygien, un pied nu et l'autre chaussé, chevauchent également des lions à la gueule ouverte[240]. Sans doute ces représentations évoquant un univers démoniaque ont-elles, comme l'ascension de Simon le Magicien opposée à celle du Christ, une valeur antithétique.

Il semble donc exister un complexe réseau de relations entre des figures et des scènes isolées qui ne paraissent pas immédiatement reliées les unes aux autres, mais s'éclairent mutuellement, selon une méthode démonstrative caractéristique de l'époque romane. Ce réseau de relations n'a, cependant, rien de rigide ni de systématique. Certaines figures (David, Simon le Magicien) chargées d'une signification importante ne sont pas particulièrement mises en évidence, comme si le souci d'équilibrer la composition l'emportait parfois sur la clarté de la démonstration. Le décryptage de tels programmes est souvent malaisé et il n'est d'ailleurs pas certain que les fidèles du XIIe siècle (laïcs ou même clercs) en percevaient tous les aspects.

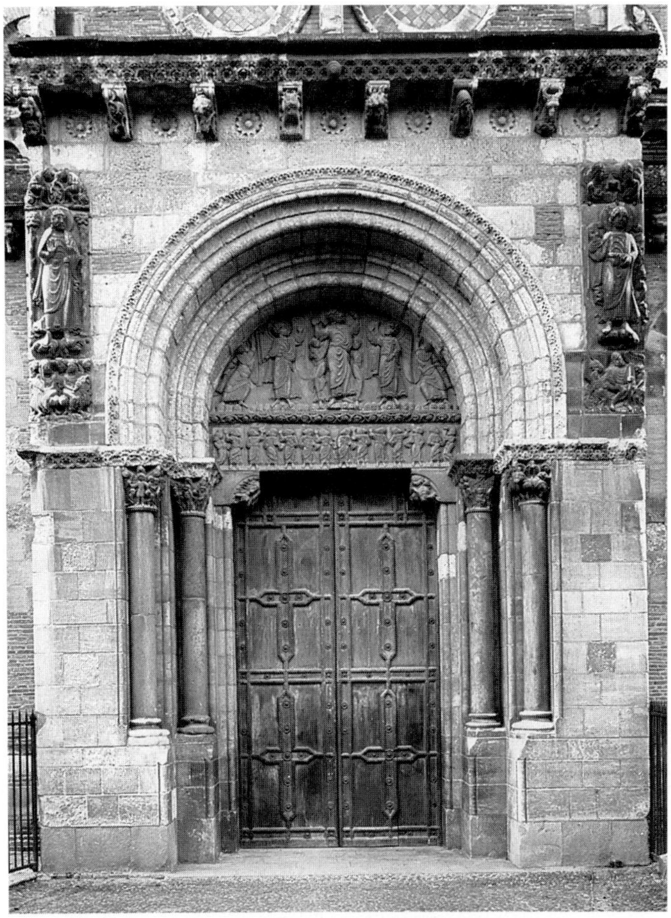

328. Toulouse (Haute-Garonne), église Saint-Sernin, porte Miégeville.

II. UNE COLLECTION DE CHEFS-D'ŒUVRE : LES GRANDS TYMPANS

UN CHANGEMENT D'ÉCHELLE

Une nouvelle recherche de monumentalité s'affirme à partir des années 1120 grâce à une innovation riche de conséquences. Jusqu'alors la largeur des baies, et donc celle des tympans, avait été limitée par la portée des linteaux. Mais l'utilisation d'un support médian, le trumeau, devait permettre d'augmenter de manière significative le diamètre des tympans : environ 6,50 m à Autun et à Moissac, 6,70 m à Conques, 6,80 m à Vézelay. Pour s'accorder à une telle largeur, il fallait donner une hauteur proportionnée aux piédroits et au trumeau (environ 3,50 m à Moissac). Tous les éléments du portail se trouvaient ainsi affectés par ce changement d'échelle, tandis qu'un champ d'une ampleur sans précédent s'offrait à la sculpture. Le trumeau et les piédroits accueillirent désormais souvent des figures, et, parfois, comme à Moissac et à Beaulieu, les scènes se prolongèrent sur les côtés d'un porche précédant le portail.

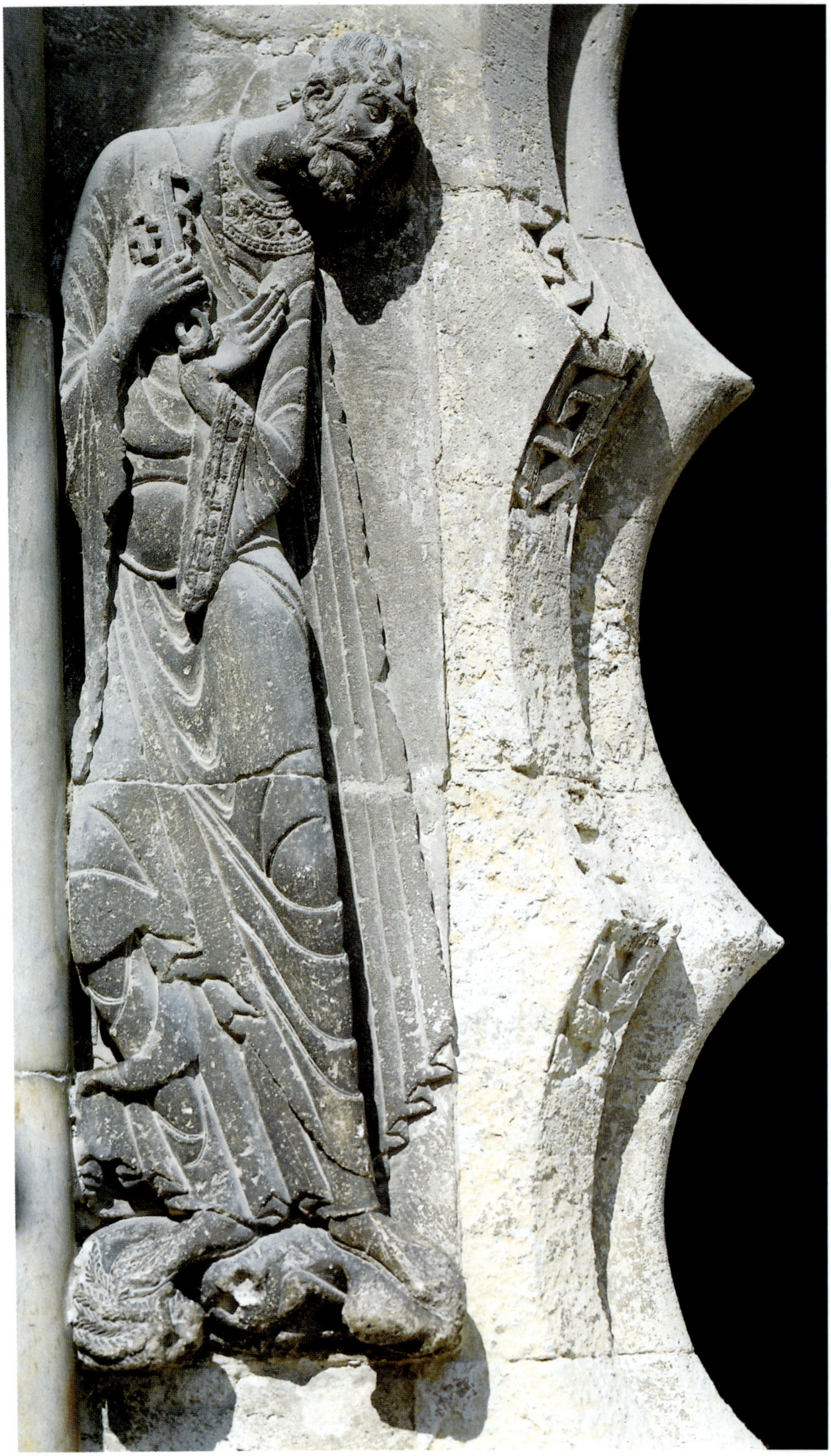

329. Moissac (Tarn-et-Garonne), église Saint-Pierre, portail méridional, piédroit : saint Pierre.

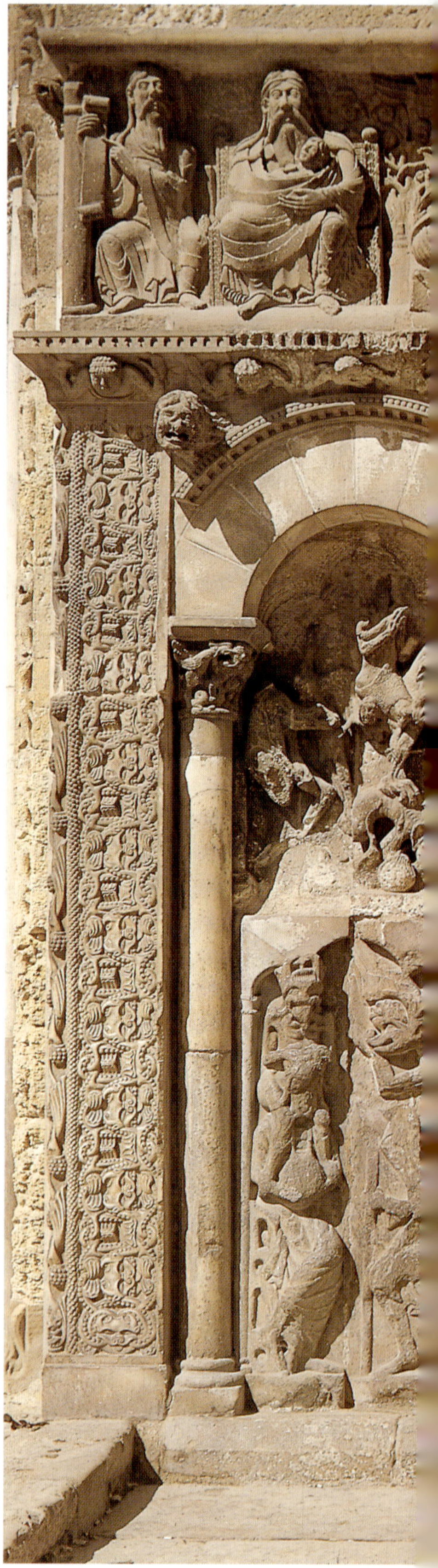

330. Moissac (Tarn-et-Garon

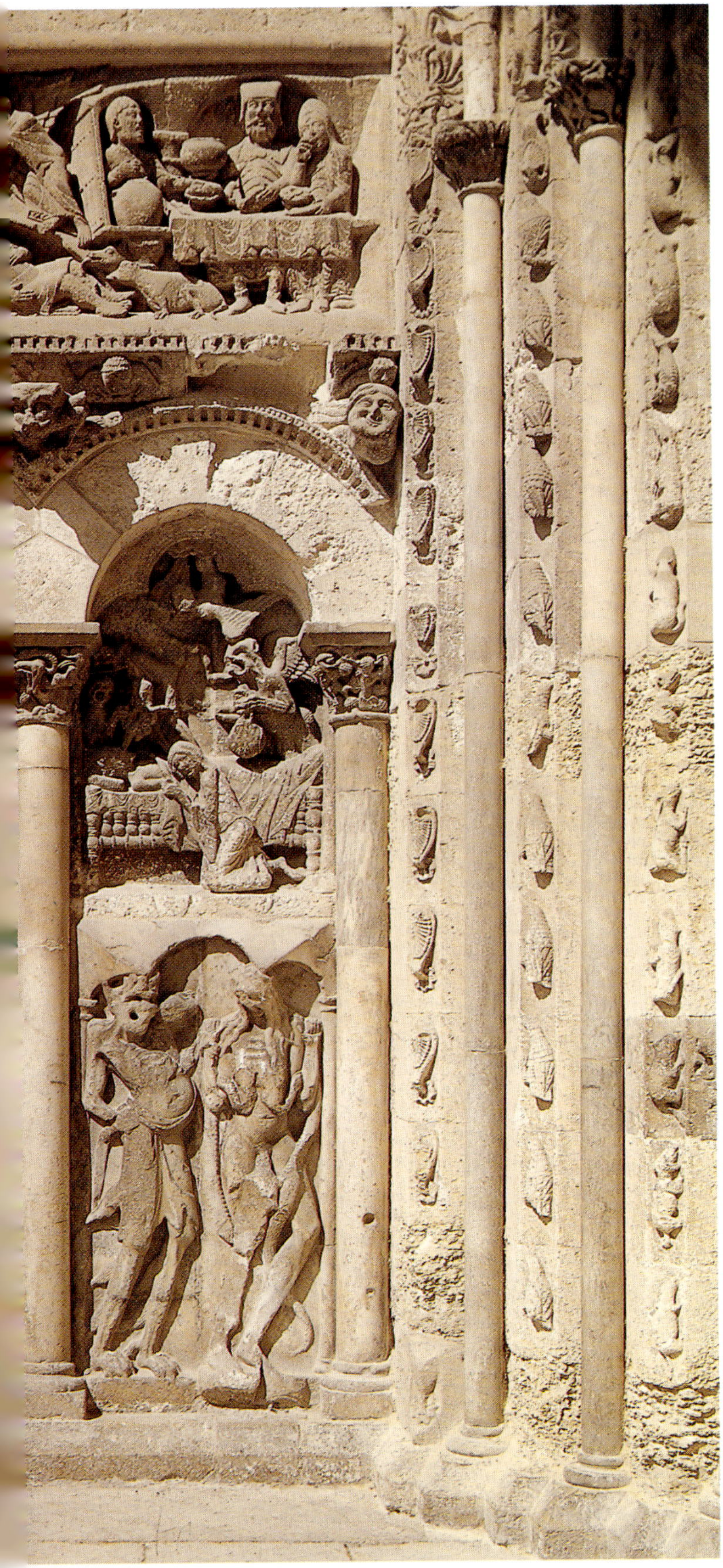

ise Saint-Pierre, porche méridional, côté gauche.

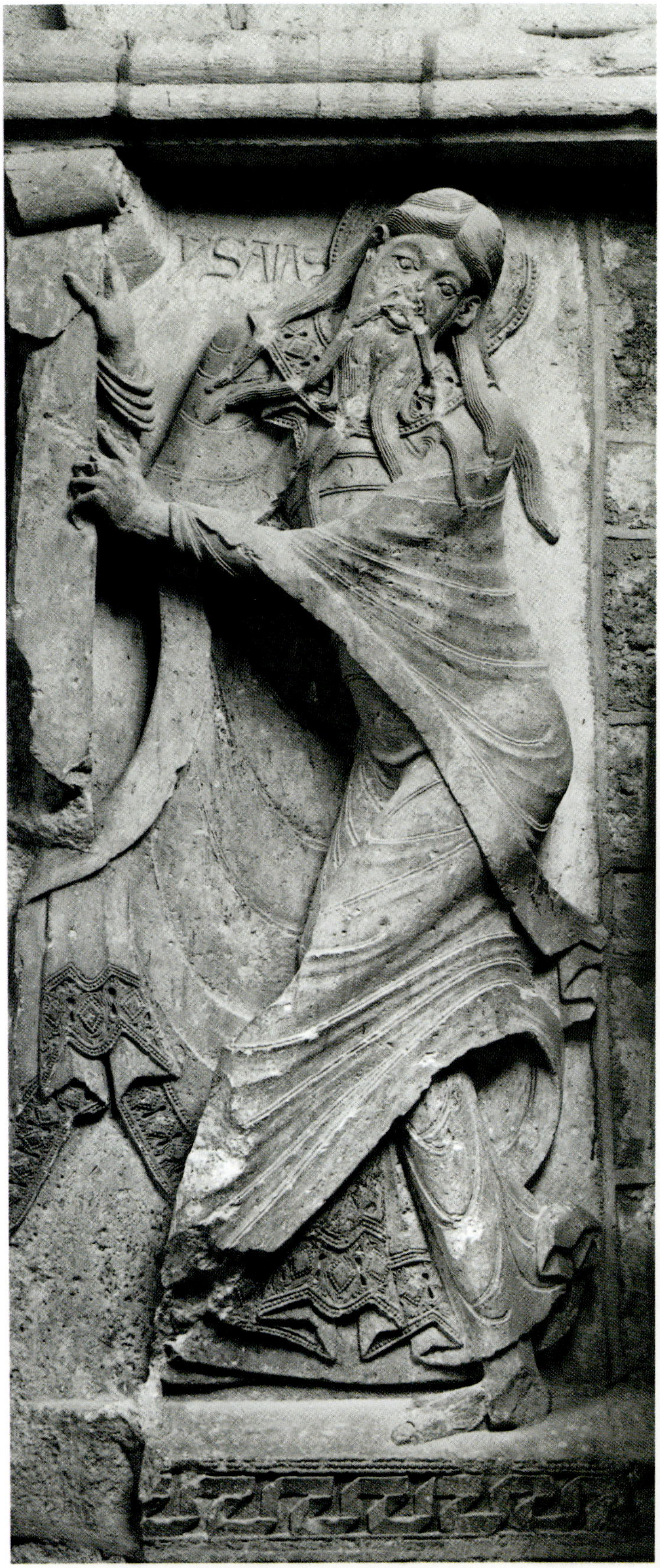

331. Souillac (Lot), église Notre-Dame, relief remployé au revers de la façade occidentale : Isaïe.

Des programmes iconographiques d'une complexité nouvelle virent ainsi le jour, du moins en Bourgogne et dans le Midi aquitain. Il est difficile d'établir une chronologie relative entre ces œuvres, dont la datation se fonde sur des critères divers : histoire des monuments, thèmes iconographiques représentés, style des sculptures, épigraphie lorsque des inscriptions existent. La plupart de ces portails semblent cependant appartenir à une même génération, car il existe entre eux de telles parentés dans la manière d'appréhender les problèmes qu'il est difficile d'envisager de trop grands écarts chronologiques. Ce sont les différentes réponses apportées à ces problèmes que nous allons examiner, sans préjuger de la date respective des œuvres envisagées.

LE TYMPAN ET LE PORCHE DE MOISSAC : L'AMPLIFICATION DES PROGRAMMES

Les thèmes choisis comportent tous de nombreux personnages, disposés de manière à occuper complètement la surface disponible. Au portail méridional de l'abbatiale Saint-Pierre de Moissac [241], où le linteau et les voussures sont décorés de motifs ornementaux, le tympan (ill. 332) illustre la seconde vision de saint Jean (Apoc. IV-V), dont seuls quelques éléments furent retenus ; dans la partie centrale et supérieure de la composition, le Christ trône, couronné, tenant le livre sur son genou gauche et bénissant de la main droite ; il est encadré par les quatre symboles des Évangélistes et par deux anges ; les vingt-quatre Vieillards de l'Apocalypse, qui figurent selon l'exégèse patristique les vingt-quatre livres de l'Ancien Testament, sont répartis sur les trois registres qui enveloppent le groupe central. C'est donc le Christ au milieu des Écritures qui apparaît à Moissac, dans une composition héritée d'une tradition iconographique remontant, pour certains de ses aspects, à l'époque carolingienne, mais dont la formulation définitive ne semble guère antérieure au XIe siècle.

La transposition de la scène dans le cadre particulier d'un tympan lui confère une intensité nouvelle. En effet, tandis que dans la tradition manuscrite (qui fournit les meilleures comparaisons iconographiques) les Vieillards de l'Apocalypse sont disposés régulièrement autour du groupe central et à une certaine distance de celui-ci (ill. 11), à Moissac ils l'enserrent étroitement. Le sculpteur est néanmoins parvenu à créer un contraste entre ce groupe, constitué de figures de grandes dimensions traitées en bas-relief, et celui des Vieillards qui sont dégagés dans un relief aussi important que les premières et paraissent, de ce fait, presque se détacher du fond. La composition est animée et unifiée par le mouvement qui s'empare progressivement des personnages. La figure immobile du Christ, qui domine toutes les autres par sa taille, constitue un centre fixe à partir duquel des ondes semblent se propager, tandis que la convergence de tous les visages vers lui rend tangible l'intense rayonnement qui émane de sa personne. Le sculpteur de Moissac a donc su rendre avec un art consommé l'aspect surnaturel, immédiat, presque brutal, de la vision de saint Jean.

Comme les autres grands tympans de sa génération, celui de Moissac résulte de l'assemblage de multiples blocs de format variable [242]. Certains de ces blocs coïncident avec le découpage de la composition. Il en est ainsi pour les trois registres représentant les Vieillards de l'Apocalypse ; ici les joints, situés entre les personnages, sont plus ou moins dissimulés. En revanche, dans le groupe central, réparti entre neuf blocs, les figures sont coupées par des joints horizontaux et verticaux dont certains, comme celui qui passe sous les genoux du Christ, sont très visibles. Ainsi, la dualité déjà observée à propos des plaques sculptées du XIe siècle – utiliser les limites des blocs pour mettre en place les figures ou les ignorer – se retrouve au tympan de Moissac comme, d'ailleurs, dans la plupart des portails contemporains.

Cette constatation conduit à s'interroger sur le mode d'exécution de telles œuvres : les sculpteurs travaillaient-ils *in situ*, sur des ensembles déjà appareillés, ou en atelier, sur des blocs destinés à être ultérieurement assemblés ? Une partie des incertitudes concernant la date des grands tympans romans dépend de la réponse apportée à cette question. Or, l'observation des œuvres suggère, dans de nombreux cas, un travail en atelier. L'adaptation de certaines figures aux contours des blocs, les sculptures situées à des endroits inaccessibles au ciseau, les erreurs de montage ou les raccords approximatifs ne sauraient s'expliquer autrement. La plupart des sculptures étaient donc, semble-t-il, préparées à l'avance, ce qui n'élimine d'ailleurs pas la possibilité de finitions *in situ*.

L'unité des sculptures du tympan, du trumeau, des piédroits et du porche de Moissac a parfois été mise en doute. On observe, en effet, au sein de l'ensemble des variantes stylistiques qui peuvent suggérer l'intervention de plusieurs mains, mais rien n'autorise à envisager un écart de temps dans l'exécution d'œuvres qui, au demeurant, appartiennent à un programme cohérent.

Il est remarquable que le trumeau, dont la fonction est d'abord constructive, ait souvent été appelé à jouer un rôle iconographique important. À Moissac, il s'agit d'un bloc monolithique de marbre richement sculpté. Sur la face externe sont représentés trois couples superposés de lions et de lionnes dont les corps sont entrecroisés sur un fond de grandes rosaces végétales semblables à celles qui décorent le linteau [243]. Sur les faces latérales, délimitées par un tore festonné, figurent saint Paul et le prophète Jérémie (ill. 8 et 322), dont les corps s'accordent, par leur morphologie et

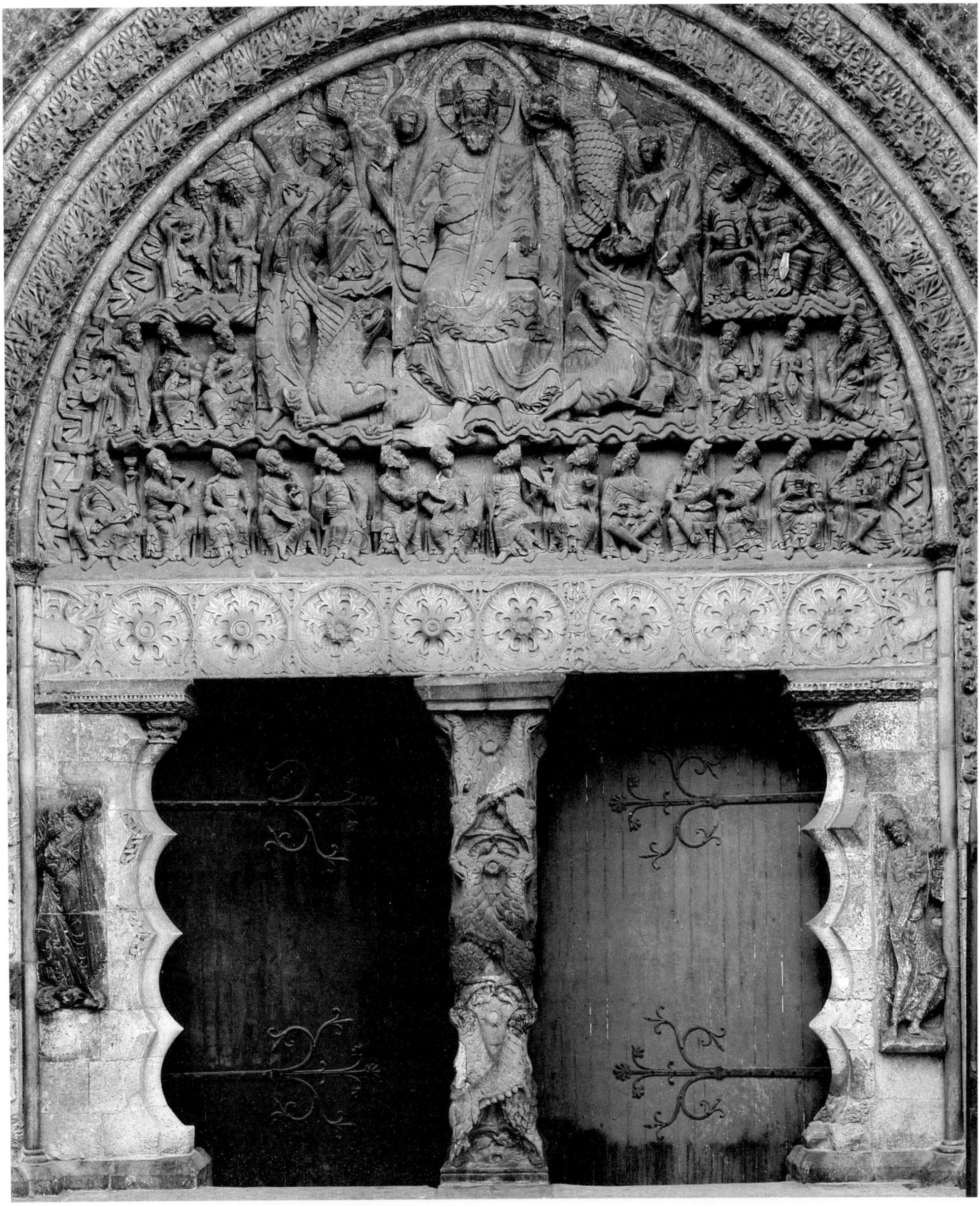

332. Moissac (Tarn-et-Garonne), église Saint-Pierre, portail méridional.

leurs mouvements, au rythme des festons. Leurs têtes, inclinées vers l'intérieur du monument, paraissent inviter les fidèles à y pénétrer, tout comme celles, sculptées sur les piédroits, de saint Pierre, foulant aux pieds une créature infernale (ill. 329), et d'Isaïe, qui tient un phylactère sur lequel se lisent les mots *ECCE VIRGO CONCIPIE(T)* («Voici que la Vierge concevra»). L'idée de placer des apôtres et des prophètes à l'entrée de l'église se retrouve dans d'autres édifices du début du XIIe siècle. Elle est cependant, à Moissac, traduite avec une force particulière, car les personnages, piliers spirituels de l'ancienne et de la nouvelle Loi, sont aussi les supports matériels du portail.

Il existe de multiples complémentarités entre le programme du portail et celui du porche qui le précède. Ainsi, la prophétie d'Isaïe annonçant l'Incarnation introduit les scènes du mur latéral droit du porche où sont représentées, de bas en haut, sur trois registres de hauteur décroissante : l'Annonciation et la Visitation, l'Adoration des Mages et, enfin, la Présentation au temple, la Fuite en Égypte et la Chute des idoles. Les deux registres supérieurs du mur latéral gauche (ill. 330) sont consacrés à la parabole du pauvre Lazare et du mauvais riche, tandis que figurent au registre inférieur les châtiments infernaux destinés aux luxurieux et aux avares qui, comme le mauvais riche, ont refusé l'aumône aux miséreux. L'âme du riche tourmentée par les démons et celle de Lazare conduite par un ange dans le sein d'Abraham sont généralement interprétées comme une préfiguration du Jugement dernier. L'Enfer est, pour sa part, évoqué sur le chapiteau marquant le milieu de la composition, avec une série de damnés enchaînés. La vision intemporelle du tympan se trouve ainsi comprise entre des scènes dont les unes illustrent l'Incarnation tandis que les autres renvoient à la fin des temps[244].

L'iconographie narrative du porche de Moissac s'inscrit dans un cadre architectural de structure complexe. Les deux registres inférieurs sont abrités sous des arcatures jumelles retombant sur des colonnettes qui imposent un certain cloisonnement dans les récits ; au registre inférieur, le sculpteur a placé un épisode sous chaque arcade, mais, au deuxième registre, une même scène se déroule de part et d'autre de la colonnette médiane. Le troisième registre, pour sa part, est traité comme une frise dont la composition n'offre aucune solution de continuité. La hauteur variable des différents registres a conduit, par ailleurs, les sculpteurs à modifier considérablement le canon des figures selon leur emplacement, depuis les silhouettes longilignes du soubassement jusqu'à celles, relativement trapues, de la frise supérieure. En dépit de ces contraintes, la représentation des thèmes choisis acquiert une ampleur et une efficacité démonstrative nouvelles dans la sculpture monumentale.

La solution adoptée à Moissac connut un certain succès dans la partie méridionale du Massif central[245], par exemple à La Graulière (Corrèze) et à Ydes (Cantal), où les parois latérales du porche sont sculptées de diverses scènes, encadrées par des arcatures doubles. Mais seuls le portail de Beaulieu et sans doute celui, démembré ou inachevé, de Souillac offraient un programme d'une ampleur équivalente.

UN PORTAIL DÉMEMBRÉ : SOUILLAC

Les sculptures de Souillac posent maints problèmes archéologiques et historiques. Les reliefs encastrés au revers de la façade occidentale (reliefs qui représentent le miracle du diacre Théophile sauvé de la damnation par la Vierge) étaient-ils primitivement destinés aux parois latérales d'un porche, comme leurs dimensions (2,95 m de largeur pour 2,60 m de hauteur) et leur sujet narratif et moralisant permettent de le supposer ? Quoi qu'il en soit, le portail de Souillac comportait un trumeau, haut de 3,60 m, sculpté d'une masse grouillante de figures évoquant le péché, ses conséquences et son rachat, et les jambages des baies devaient être, comme à Moissac, sculptés de grands personnages dont le relief représentant Isaïe permet d'apprécier la qualité (ill. 331).

LE MAÎTRE DE BEAULIEU

Le portail qui, du côté sud de la nef, donne accès à l'abbatiale de Beaulieu (ill. 333) est de dimensions moins importantes que celui de Moissac. Son tympan ne mesure en effet que 5,88 m de largeur et les parois latérales du porche sont, comme à Ydes et à La Graulière, dépourvues de frise supérieure. L'existence de plusieurs reliefs situés à des emplacements qui ne leur conviennent pas (dont une grande figure de Christ foulant l'aspic et le basilic) montre que le projet initial dut être perturbé lors de la mise en place des sculptures. Le programme iconographique offre néanmoins dans son ensemble une grande cohérence. Il est centré sur la Parousie du Christ à la fin des temps, immédiatement avant le Jugement dernier (Matth. XXIV-XXV). L'histoire de Daniel, le prophète qui annonça le retour du fils de l'Homme (Dan. VII, 13), est évoquée sous les arcatures de la paroi gauche du porche par deux épisodes : celui de la fosse aux lions et celui où il terrasse le dragon qui préfigurent la victoire du Christ sur les forces du mal, tandis que, du côté opposé, Jésus repousse les tentations de Satan (Matth. IV). Ces scènes sculptées sur les parois du porche introduisent la vision glorieuse du tympan, où les monstres rampant sur le linteau et le registre inférieur sont dominés par la grande figure du Christ assis sur son trône, vêtu d'un linceul découvrant son flanc droit et étendant ses bras pour rappeler son

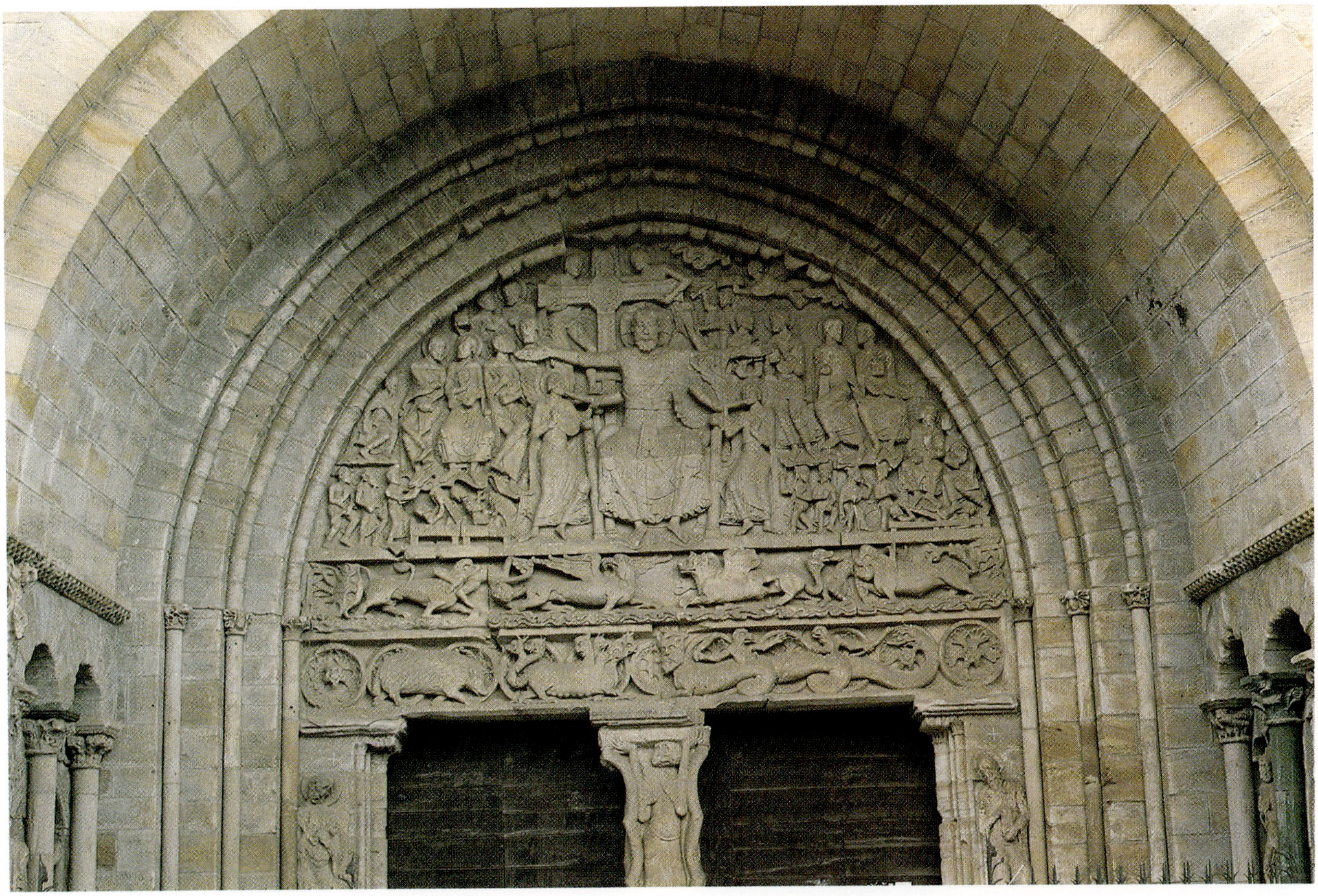

333. Beaulieu-sur-Dordogne (Corrèze), église Saint-Pierre, portail méridional, tympan.

sacrifice. Le caractère triomphal de l'apparition est nettement affirmé par l'ange qui, tel une victoire ailée antique, tend une couronne d'orfèvrerie et par la présence, à gauche du Christ, d'une monumentale croix gemmée. De part et d'autre siègent les apôtres (au nombre de dix seulement), tandis que deux anges sonnent de la trompette et qu'au son de celle-ci les morts, représentés au bas du tympan, commencent à sortir de leur tombe. Ni la séparation des bons et des mauvais, ni le Jugement lui-même ne figurent au tympan de Beaulieu ; on y trouve, en revanche, une représentation rare, qui a suscité les interprétations les plus diverses : celle des juifs et des païens, dont le désarroi et la confusion, à la vue du Christ, s'expriment par une gesticulation désordonnée [246]. L'iconographie du tympan de Beaulieu, qui ne fait que suggérer l'imminence du Jugement dernier, est exceptionnelle dans la sculpture monumentale de son temps. Elle prolonge une tradition visant à souligner le caractère triomphal de la seconde Parousie, tradition dont témoignait, sous une autre forme, la fresque décorant la chapelle d'axe de la cathédrale d'Auxerre (ill. 171).

Bien que les deux tympans de Moissac et de Beaulieu appartiennent au même milieu artistique, il existe entre eux d'importantes différences dans la composition et le traitement, différences qui tiennent pour une part aux thèmes iconographiques choisis et pour l'autre aux sculpteurs. Le Maître de Beaulieu était confronté à un problème de composition plus complexe que celui de Moissac du fait de la diversité des personnages qui encadrent le Christ. Il leur conféra une taille plus ou moins grande selon leur importance : les morts qui ressuscitent, les juifs et les païens, de petites dimensions, se mêlent au bas de la composition tandis qu'au-dessus d'eux trônent, sur un ou deux rangs, les apôtres, de dimensions plus importantes. Bien que ces groupes soient plus ou moins superposés, il n'existe pas de véritables registres. Comme à Moissac, la figure immobile, impassible et sévère du Christ marque le centre de la composition, mais le sculpteur de Beaulieu a brisé l'effet de symétrie générale en introduisant un décalage entre le Christ et la croix. Le reste du tympan semble parcouru de mouvements inorganisés, trahissant l'émoi suscité par l'approche du Jugement dernier. Enfin, le traitement du relief, qui à Moissac contribuait à différencier les groupes et à structurer la composition, tend ici vers une certaine uniformisation. Par ailleurs, le Maître de Beaulieu sut tirer d'un matériau difficile à travailler, le grès, des effets plastiques d'une grande efficacité dramatique. Son style, rapide et suggestif, contraste avec celui du Maître de Moissac, précis, raffiné, accordant une large place aux effets graphiques.

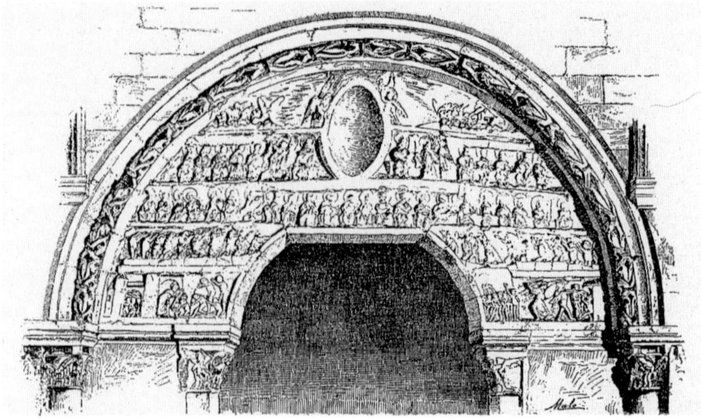

334. Mâcon (Saône-et-Loire), ancienne cathédrale Saint-Vincent, portail occidental d'après Malo.

Trois interprétations du Jugement dernier : Mâcon, Conques, Autun

Tous les tympans mentionnés jusqu'ici représentent une scène centrée sur un personnage ou un groupe principal, entouré de figures annexes plus ou moins nombreuses. La surface semi-circulaire des tympans semblait, en effet, comme le cul-de-four des absides, appeler ce type de scène. Pourtant, un certain nombre de sculpteurs romans tentèrent d'illustrer des récits comportant plusieurs épisodes, comme le Jugement dernier. Celui-ci constituait, depuis l'époque carolingienne, le sujet de grandes compositions peintes, généralement situées au revers des façades occidentales et subdivisées en plusieurs registres dominés par la figure du Christ. Encore fallait-il adapter ce schéma au champ limité qu'offre le cadre d'un portail. Les trois principaux tympans romans consacrés au Jugement dernier révèlent des choix différents en ce domaine : fidélité à la solution des registres superposés (ancienne cathédrale Saint-Vincent de Mâcon) ; volonté de soumettre le thème iconographique aux exigences d'une composition centrée (Saint-Lazare d'Autun) et recherche d'un compromis entre ces deux solutions (Sainte-Foy de Conques).

À Mâcon (ill. 334), les scènes, circonscrites par une large archivolte, sont appliquées contre le mur de la façade occidentale du XIe siècle, dont la porte, partiellement conservée, échancre la partie basse de la composition. Celle-ci, très endommagée, comporte cinq registres de hauteur à peu près égale. Une mandorle, qui entourait la figure du Christ, occupe la partie médiane des deux registres supérieurs sur lesquels sont représentés des anges et des apôtres. Au registre central siège un collège de vingt-quatre personnages nimbés, tandis que la Résurrection des morts, le Paradis et l'Enfer se partagent les deux registres inférieurs. À défaut d'être présentées dans un ordre chronologique correspondant à l'Évangile de Matthieu (Matth. XXIV-XXV), principale source évoquant le Jugement dernier, les diverses scènes sont réparties, comme dans un certain nombre de peintures, selon un ordre hiérarchique souligné par la superposition des registres. Ce type de composition, adapté aux dispositions particulières du portail de Mâcon – dispositions qui interdisaient la présence d'une grande figure centrale –, ne semble guère avoir séduit les sculpteurs romans, alors que des solutions comparables devaient être retenues, au XIIIe siècle, dans de nombreux tympans illustrant le Jugement dernier.

Le Maître de Conques (ill. 336) a, comme celui de Mâcon, accordé des dimensions limitées à la figure du Christ. Mais celle-ci marque le centre d'une composition comprenant trois registres de hauteur inégale. Les deux plus importants, le linteau et la partie médiane, représentent des scènes de l'Enfer et du Paradis, et le troisième, moins développé que les précédents, la voûte céleste avec, au centre, une grande croix encadrée du soleil et de la lune qui porte cette inscription : « Ce signe de la croix sera dans le ciel lorsque le seigneur viendra pour juger [247]. » Dans les écoinçons, deux anges tournés vers l'extérieur sonnent de la trompette, tandis qu'au centre deux autres présentent les instruments de la Passion (un clou et la lance). C'est donc le signe du sacrifice et non un trophée glorieux qui se dresse derrière le Christ. Celui-ci, drapé dans un linceul qui laisse visible son flanc nu, est assis sur un trône environné d'étoiles, d'anges et de nuées ; de sa main droite levée, il désigne le cortège des élus ; de sa main gauche baissée, l'Enfer. De ce même côté se tiennent deux anges, dont l'un présente le livre de vie alors qu'un autre, armé d'un bouclier et d'une épée, proclame : « Les anges sortiront pour séparer [les méchants d'avec les bons]. » Cette séparation s'effectue au registre inférieur, où le sculpteur a établi une rigoureuse compartimentation des scènes en soulignant par des bandeaux portant des inscriptions la structure du linteau, constitué de deux blocs en bâtière. À leur jonction, une cloison sépare l'entrée de la Jérusalem céleste (une église où sont accueillis les élus) de la gueule de Léviathan vers laquelle un diable pousse les damnés. Au centre, saint Michel et Satan s'affrontent dans la scène de la pesée des

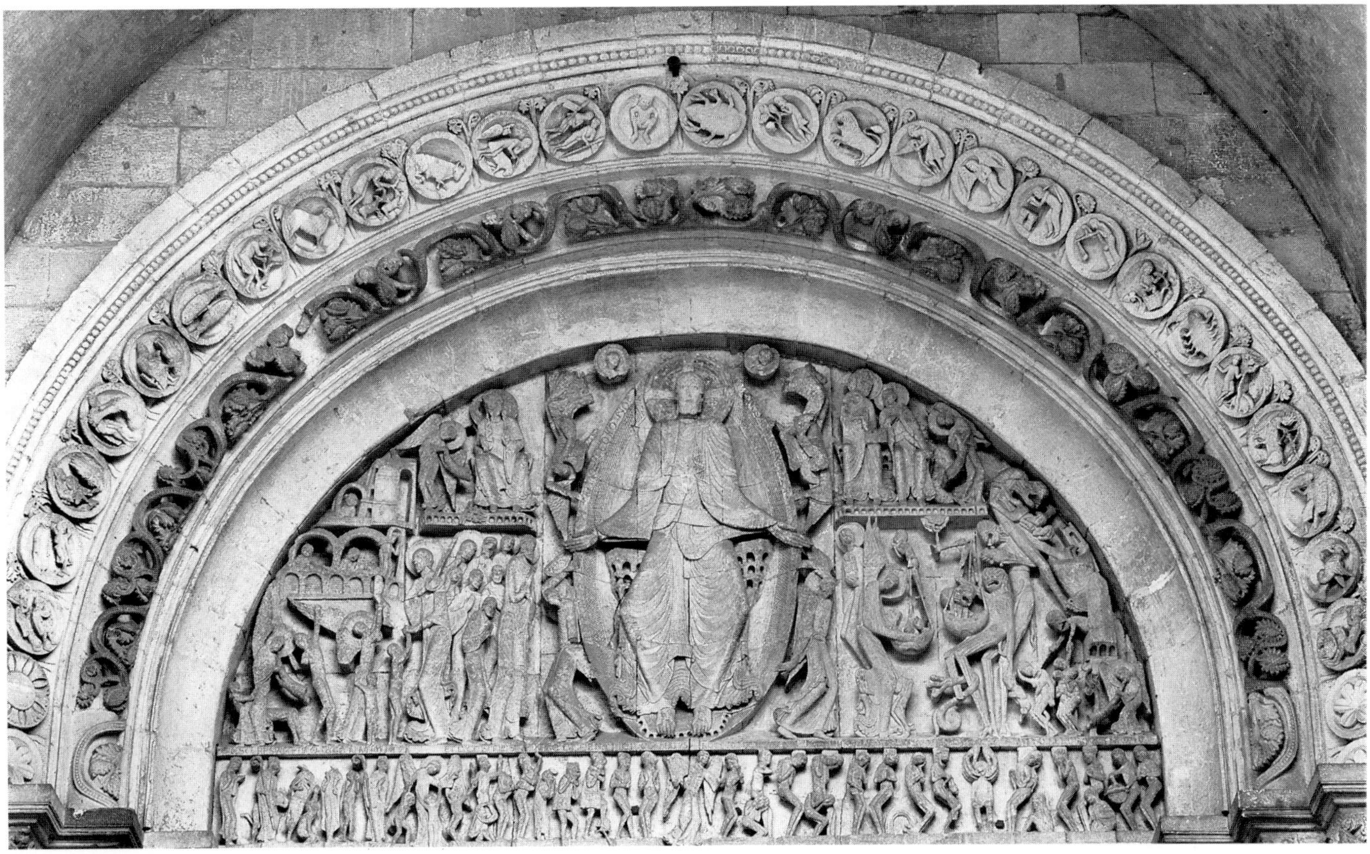

335. Autun (Saône-et-Loire), église Saint-Lazare, portail occidental, tympan.

âmes, cependant que quelques morts, aidés par des anges, soulèvent le couvercle de leur sarcophage.

Le sculpteur de Conques n'a pas tenté d'établir un lien d'ordre chronologique entre les scènes. Au contraire, la compartimentation de la surface suggère une simultanéité des événements qui préserve l'unité de la composition. Cette unité résulte également de l'importance relative accordée aux différents épisodes. On notera ainsi la place discrète dévolue à la résurrection des morts et l'absence du collège qui siège généralement aux côtés du Christ lors du Jugement dernier. En revanche, les scènes du Paradis et de l'Enfer envahissent la majeure partie de la surface. Tous les moyens mis en œuvre visent donc à créer une opposition immédiatement perceptible entre l'ordre et la sérénité qui règnent d'un côté du tympan et la violence qui se déchaîne de l'autre.

L'intention moralisatrice d'un tel programme est évidente. Elle est d'ailleurs proclamée par les multiples inscriptions qui commentent les scènes, et en premier lieu par l'exhortation gravée au bas du tympan : « Ô pécheurs, à moins que vous ne réformiez vos mœurs, sachez qu'un jugement redoutable vous attend. » Le sculpteur s'est complu à exposer, avec un luxe de détails anecdotiques empruntés pour la plupart au livre des miracles de sainte Foy [248], patronne de l'église de Conques (qui figure à gauche de la composition, prosternée devant la main de Dieu), les châtiments qui attendent les damnés, parmi lesquels on reconnaît trois moines pris dans un filet, un chevalier précipité au bas de sa monture, deux amants étranglés par une même corde, etc. Le cortège des élus, conduit par la Vierge et par saint Pierre, est lui-même constitué de personnages dont le costume permet d'identifier la fonction : prélats, princes, moines ou simples pèlerins. Le souci d'exprimer les sentiments qui animent les élus et les damnés et d'individualiser certains d'entre eux constitue une nouveauté dans l'histoire du Jugement dernier et semble refléter une évolution de la sensibilité.

Il est probable que, dans son état actuel, le portail de Conques, avec son large trumeau maçonné et son unique voussure moulurée que surmonte un petit gâble, n'est pas conforme aux dispositions initialement prévues. En effet, trois reliefs actuellement placés dans les parties hautes du bras nord du transept, reliefs qui représentent l'Annonciation, Isaïe et saint Jean-Baptiste, pourraient avoir été destinés au trumeau et aux piédroits du portail occidental [249].

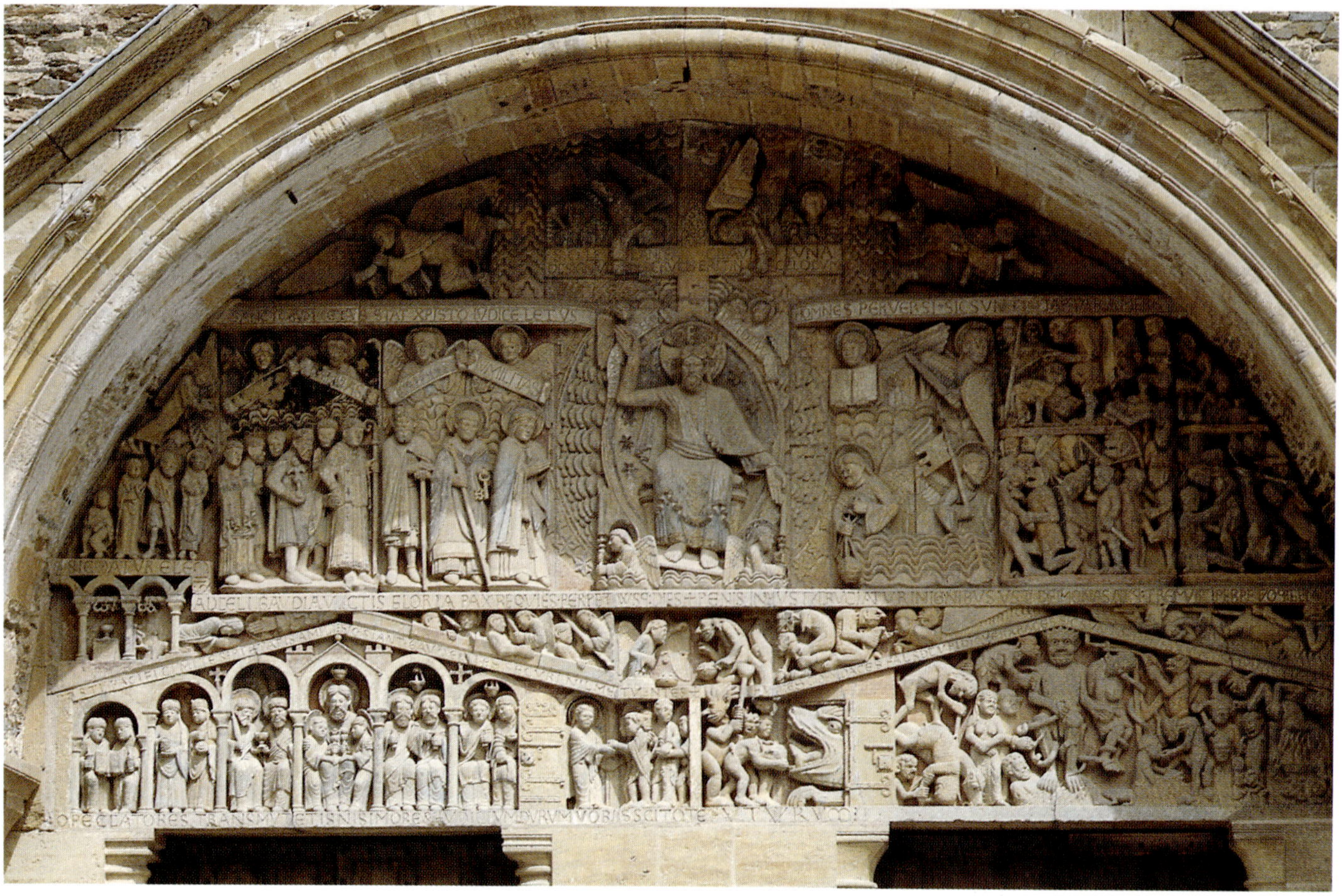

336. Conques (Aveyron), église Sainte-Foy, portail occidental, tympan.

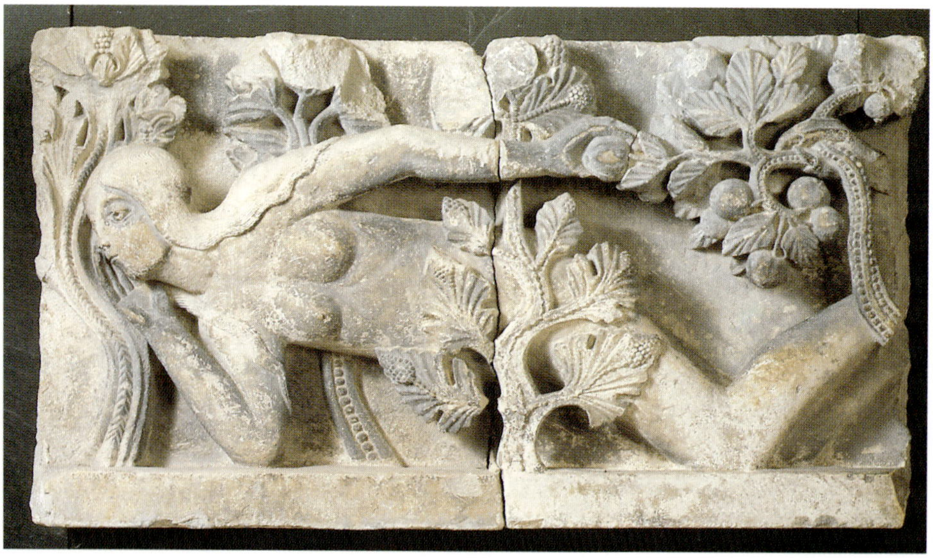

337. Relief provenant du portail septentrional de l'église Saint-Lazare d'Autun : Ève.
Autun, musée Rolin.

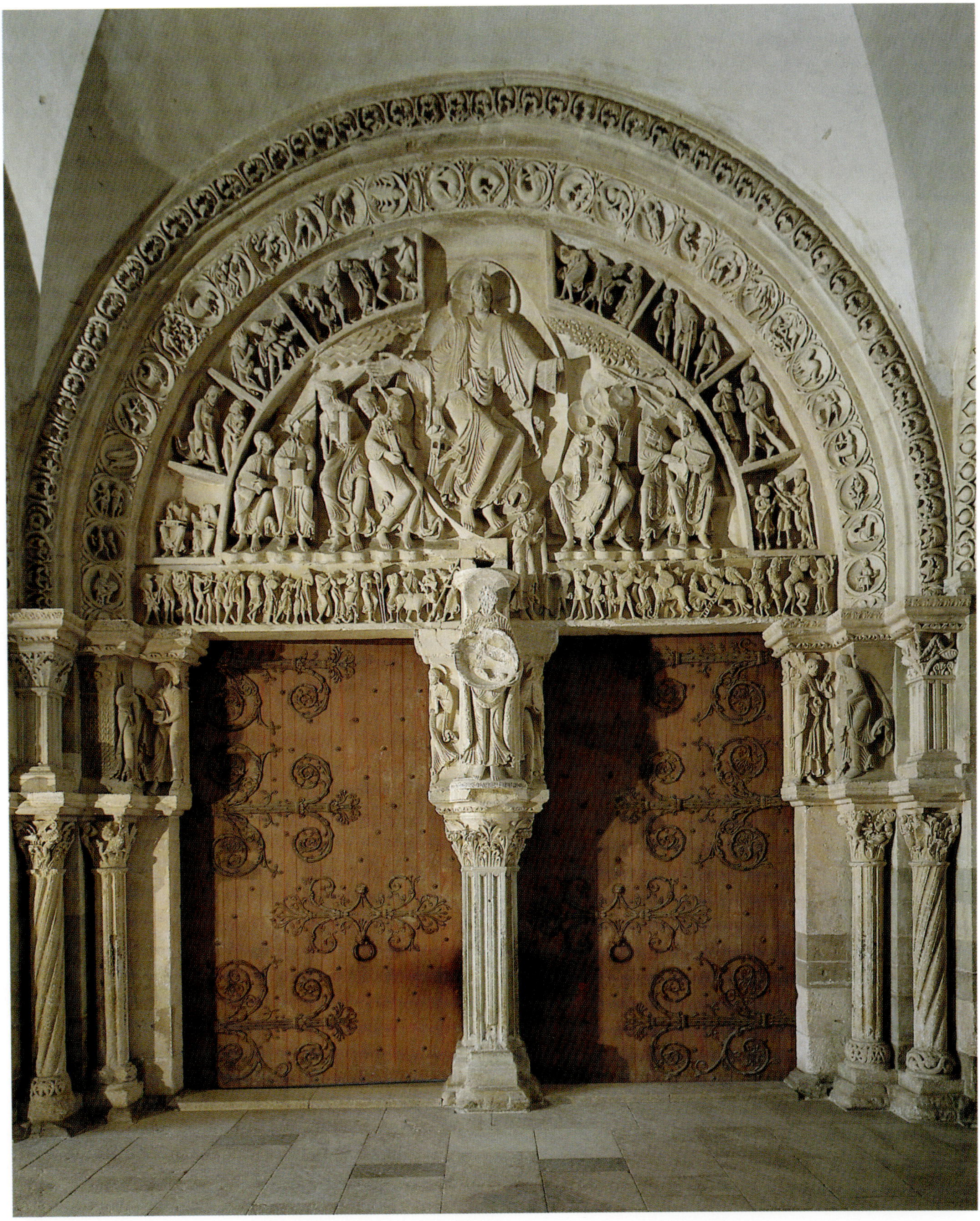

338. Vézelay (Yonne), église de la Madeleine, portail central de la nef.

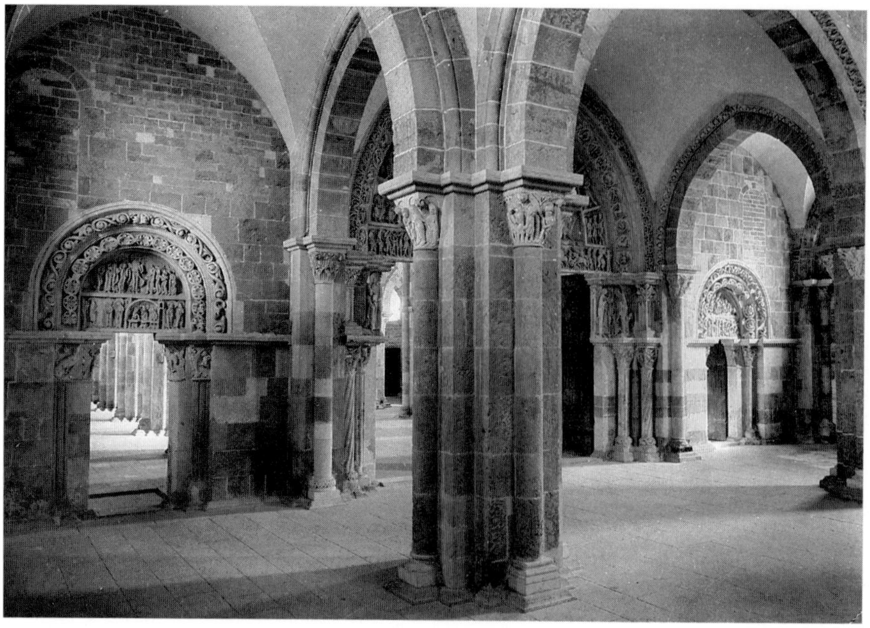

339. Vézelay (Yonne), église de la Madeleine, portails occidentaux de la nef.

Le portail occidental de Saint-Lazare d'Autun (ill. 335) est, comme la majeure partie de la sculpture monumentale de l'édifice, l'œuvre d'un artiste exceptionnel, qui a gravé son nom au bas du tympan : *GISLEBERTVS HOC FECIT*. Gislebertus a entrepris de représenter le Jugement dernier en l'adaptant au type, traditionnel en Bourgogne, du tympan occupé sur toute sa hauteur par un grand Christ entouré d'une mandorle portée par des anges et du linteau relativement étroit, traité comme une frise comportant de multiples petits personnages. Gislebertus a profité de ce cadre pour établir une distinction entre les scènes sculptées sur le linteau qui se rattachent au monde terrestre – la Résurrection des morts – et celles du tympan, qui appartiennent au domaine de l'au-delà. Impassible, vêtu d'un grand manteau d'apparat, les mains étendues, le Christ paraît étranger au cours des événements [250]. Les scènes qui l'encadrent sont réparties sur deux registres ; au niveau supérieur, d'ampleur restreinte, siègent, à gauche du Christ, la Vierge et, à droite, deux personnages masculins dont l'identification pose problème [251]. Si le soleil et la lune apparaissent de part et d'autre de la tête du Christ, on ne trouve ni la croix dans le ciel ni les anges apportant les instruments de la Passion. Seuls figurent les anges sonnant de la trompette qui, au nombre de quatre, se tiennent au bord extérieur de chaque registre. Au niveau inférieur, le Jugement est évoqué, à la gauche du Christ, par la scène de la pesée des âmes, qui fait pendant au groupe d'apôtres se pressant à sa droite. Les écoinçons, pour leur part, sont occupés respectivement par des images du Paradis et de l'Enfer.

Gislebertus a accordé une importance particulière aux scènes de la Résurrection des morts, peut-être parce que l'église conservait les reliques de saint Lazare, dont la résurrection opérée par le Christ (Jean, XI, 38-44) était une préfiguration de la résurrection universelle à la fin des temps. Alors que, dans la plupart des Jugements derniers, les morts soulèvent seulement le couvercle de leur sarcophage, Gislebertus les a représentés déjà debout et séparés entre élus et damnés selon le côté où ils se trouvent [252]. Mieux encore, il a suggéré une continuité entre les scènes du linteau et celles du tympan ; ainsi, deux griffes monstrueuses sortent de l'Enfer pour arracher à son sarcophage un damné hurlant de terreur, tandis que, du côté du Paradis, de petites figures s'agrippent à des anges pour qu'ils les hissent dans la Jérusalem céleste. Gislebertus donne donc du Jugement dernier une interprétation d'une rare intensité dramatique. Il décrit le sort des âmes après la résurrection comme autant d'aventures personnelles destinées à toucher le spectateur. L'anecdote tient peu de place dans cette évocation, même si on peut identifier parmi les élus, grâce à leur costume, quelques abbés et pèlerins (ill. 16) ; la plupart des autres, dont la nudité garantit l'anonymat, expriment par leur mimique une gamme variée de sentiments : gratitude, soulagement, mais aussi stupéfaction et incertitude de certains qui doutent d'être sauvés et tendent frénétiquement les bras vers le ciel. La tension qui règne parmi eux ne s'apaise pas avec leur entrée au Paradis, où même les apôtres forment un groupe agité. Mais c'est dans la représentation des damnés que Gislebertus donne la mesure de son talent et de sa sensibilité : corps recroquevillés sous l'emprise de la terreur, visages déformés par l'horreur, gestes de supplication et de désespoir particulièrement poignants. Plus encore qu'à Conques, l'appel aux réactions émotionnelles du spectateur, qui préfigure certains débordements de l'époque gothique, contribue donc à renouveler l'iconographie du Jugement dernier.

L'unité de la composition, qui résulte à Conques du découpage régulier des scènes et de la relative uniformité des dimensions des personnages est réalisée à Autun par des moyens plus élaborés. Gislebertus a introduit dans l'échelle des personnages des variations qui brisent la compacité des groupes – dans le cas des apôtres dont les têtes s'échelonnent les unes au-dessus des autres – et évitent la monotonie des alignements, au linteau notamment. À la stabilité des personnages de Conques, de proportions trapues et sculptés dans un relief plein, s'oppose le dynamisme expressif de ceux d'Autun, dont les corps longilignes sont animés d'un rythme qui se communique à l'ensemble de la composition, le Christ excepté. Le mouvement d'ensemble rétablit ainsi un équilibre que l'asymétrie des scènes risquait de compromettre.

Le programme iconographique du portail occidental d'Autun ne se limitait pas au tympan. Celui-ci était entouré de trois voussures, dont deux historiées. Sur la première, mutilée au XVIIIe siècle et remplacée au XIXe, figuraient les Vieillards de l'Apocalypse considérés, selon une tradition d'origine carolingienne, comme une image du collège siégeant à la fin des temps aux côtés du Christ [253]. La seconde voussure historiée est décorée de médaillons représentant les signes du zodiaque et les travaux des mois, complétés par des allégories des saisons et de l'année. Ainsi la vision eschatologique du tympan s'inscrivait-elle dans le cadre du temps cosmique, déterminé par la course des planètes, et du temps humain, rythmé par le cycle des travaux agricoles. Le programme s'étendait au trumeau (refait au XIXe siècle), où Lazare était encadré de ses deux sœurs, Marthe et Marie-Madeleine, comme aux chapiteaux des ébrasements du portail central et à ceux des portails latéraux, avec un choix de scènes empruntées à la Bible, mais aussi aux fables d'Ésope (le loup et la grue) et aux vies de saints (saint Jérôme, saint Eustache).

LE SOUVENIR D'UN PORTAIL DISPARU : L'ÈVE D'AUTUN

Gislebertus avait également sculpté un autre portail à la façade du bras nord du transept, qui semble avoir été au Moyen Âge l'entrée principale de l'église. Mais, de ce portail, détruit à la fin du XVIIIe siècle, il subsiste seulement, outre l'archivolte et les chapiteaux des ébrasements conservés *in situ*, quelques fragments du tympan, qui illustrait principalement la résurrection de Lazare, ainsi que la partie droite du linteau, avec la superbe figure d'Ève (ill. 337) rampant parmi des végétaux fantastiques [254]. Selon des témoignages anciens, Adam occupait l'autre partie de ce linteau et saint Lazare en costume d'évêque le trumeau [255]. Le relief d'Ève est remarquable tant par l'audace du sujet – un nu presque grandeur nature – que par la qualité de l'interprétation. Gislebertus est, en effet, l'un des rares sculpteurs romans à avoir accordé autant d'attention à la représentation d'un corps nu et à avoir su en exploiter les possibilités expressives. Pas plus que celle des élus et des damnés du portail occidental, la morphologie d'Ève n'obéit aux normes de la vraisemblance. Il en est de même de son attitude : appuyée sur un coude et un genou, elle ondoie dans un espace sans pesanteur. Ici encore, Gislebertus a concentré en une seule scène plusieurs moments de l'action : à droite, le diable, dont il ne reste qu'une griffe, pousse vers Ève une branche de l'arbre de la connaissance du bien et du mal ; celle-ci cueille d'une main le fruit défendu, sans se retourner, tandis que de l'autre elle soutient sa joue dans un geste d'affliction. L'idée, unique en son temps, de représenter Adam et Ève allongés et non debout prenait toute sa valeur par rapport à la scène de la résurrection de Lazare. L'image de la Chute se trouvait en effet opposée à celle de la Rédemption par le rapprochement antithétique des figures rampantes du linteau et de celles du tympan, qui s'élançaient vers le ciel.

L'ÉGLISE EN MARCHE : VÉZELAY

L'extension du programme iconographique à un ensemble de portails, fréquente dans les grandes façades gothiques à partir de Saint-Denis et de Chartres, demeure exceptionnelle dans l'art roman des années 1120-1130. Il en est pourtant ainsi à la Madeleine de Vézelay (ill. 339) où, peut-être à l'exemple de Cluny, trois portails historiés abrités par l'avant-nef donnent accès à l'église. En dépit de diverses modifications intervenues en cours de travaux [256], le programme d'ensemble offre une grande cohérence. Le thème directeur est fourni par le tympan central, qui offre de la Pentecôte une interprétation peu courante (ill. 338). Au lieu d'émaner, selon la convention habituelle, de la colombe représentant le Saint-Esprit, les langues de feu qui viennent se poser sur la tête des apôtres jaillissent des doigts du Christ, dont la grande figure occupe toute la hauteur du tympan [257]. L'accent est, en outre, mis sur la mission d'évangélisation dont sont investis les apôtres dès qu'ils ont reçu le pouvoir de parler toutes les langues. Sur le linteau et dans les compartiments d'une fausse voussure entourant la scène centrale, figurent les peuples de la terre, peuples mythiques,

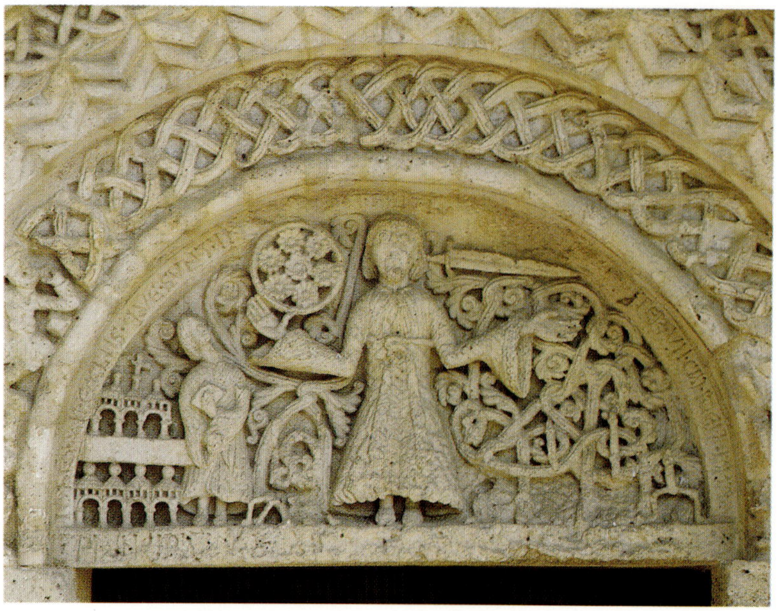

340. La Lande-de-Fronsac (Gironde), église Saint-Pierre, portail méridional, tympan : Vision de saint Jean.

comme les cynocéphales et les *panotii* à grandes oreilles, ou peuples connus, comme les Pygmées, les Éthiopiens, les Arabes et les Juifs. Les personnages sculptés dans les parties basses du portail sont en rapport étroit avec cette image prophétique de l'expansion de l'Église terrestre, qu'il s'agisse, sur la face principale du trumeau, de Jean-Baptiste ou, sur les faces latérales de ce même trumeau et dans les ébrasements, des apôtres qui conversent entre eux. Enfin, comme au portail occidental de Saint-Lazare d'Autun, des médaillons illustrant les signes du zodiaque et les travaux des mois décorent l'une des voussures.

Les portails latéraux sont également dotés de tympans historiés, mais ceux-ci, de dimensions réduites, accueillent un choix de scènes narratives : du côté sud, l'Annonciation, la Visitation et la Nativité sur le linteau, l'Adoration des Mages sur le tympan ; du côté nord, rencontre avec les pèlerins d'Emmaüs sur le linteau et apparition aux apôtres sur le tympan. Ainsi, le portail central se trouve encadré d'une illustration des débuts de l'existence terrestre du Christ et d'une évocation des épisodes précédant son Ascension[258].

Les trois portails de Vézelay sont l'œuvre de plusieurs sculpteurs travaillant avec un maître principal qui se réserva l'exécution de la majeure partie du tympan central. Alors que les origines du style de Gislebertus restent difficiles à déterminer, les sculpteurs de Vézelay semblent avoir été formés sinon à Cluny même, du moins sur l'un des chantiers bourguignons situés dans la mouvance artistique de Cluny. Les comparaisons entre les tympans latéraux de Vézelay et les sculptures du porche de Perrecy-les-Forges ou de la façade de Montceau-l'Étoile sont parfois si précises que l'on peut se demander si certaines de ces œuvres ne sont pas dues aux mêmes artistes. Le maître principal se distingue cependant de ses compagnons par sa science de la composition et la subtilité de son style. Aux personnages juxtaposés des tympans latéraux, dont les corps dégagés avec une énergie quelque peu brutale semblent souvent se trouver en déséquilibre, s'oppose la savante organisation du grand tympan, dont la scène centrale est mise en évidence par la fausse voussure qui l'encadre partiellement. Seul le Christ, dont les jambes pliées sur le côté brisent la frontalité, occupe toute la hauteur du tympan, tandis que, de part et d'autre, les apôtres assis, de dimensions diverses, se répartissent en groupes animés. Les draperies, traitées avec finesse et autorité, jouent un rôle essentiel dans l'harmonie d'ensemble, qu'il s'agisse des réseaux de plis parallèles qui dessinent, à la surface de l'ample manteau du Christ, des motifs d'une grande valeur ornementale ou des retroussis qui, au bas des vêtements des apôtres, accompagnent en contre-point le mouvement des corps.

Quelques autres types de composition

Les tympans historiés offrent donc une grande diversité, tant par les thèmes iconographiques représentés que par la formulation de ceux-ci. Encore les exemples précédents n'épuisent-ils pas la liste des solutions adoptées. Il conviendrait d'évoquer aussi les compositions plus ou moins rigoureusement compartimentées des tympans de Carennac et de Cahors ou celles, de caractère quelque peu fantasque, de Neuilly-en-Donjon et de La Lande-de-Fronsac (ill. 340), etc.

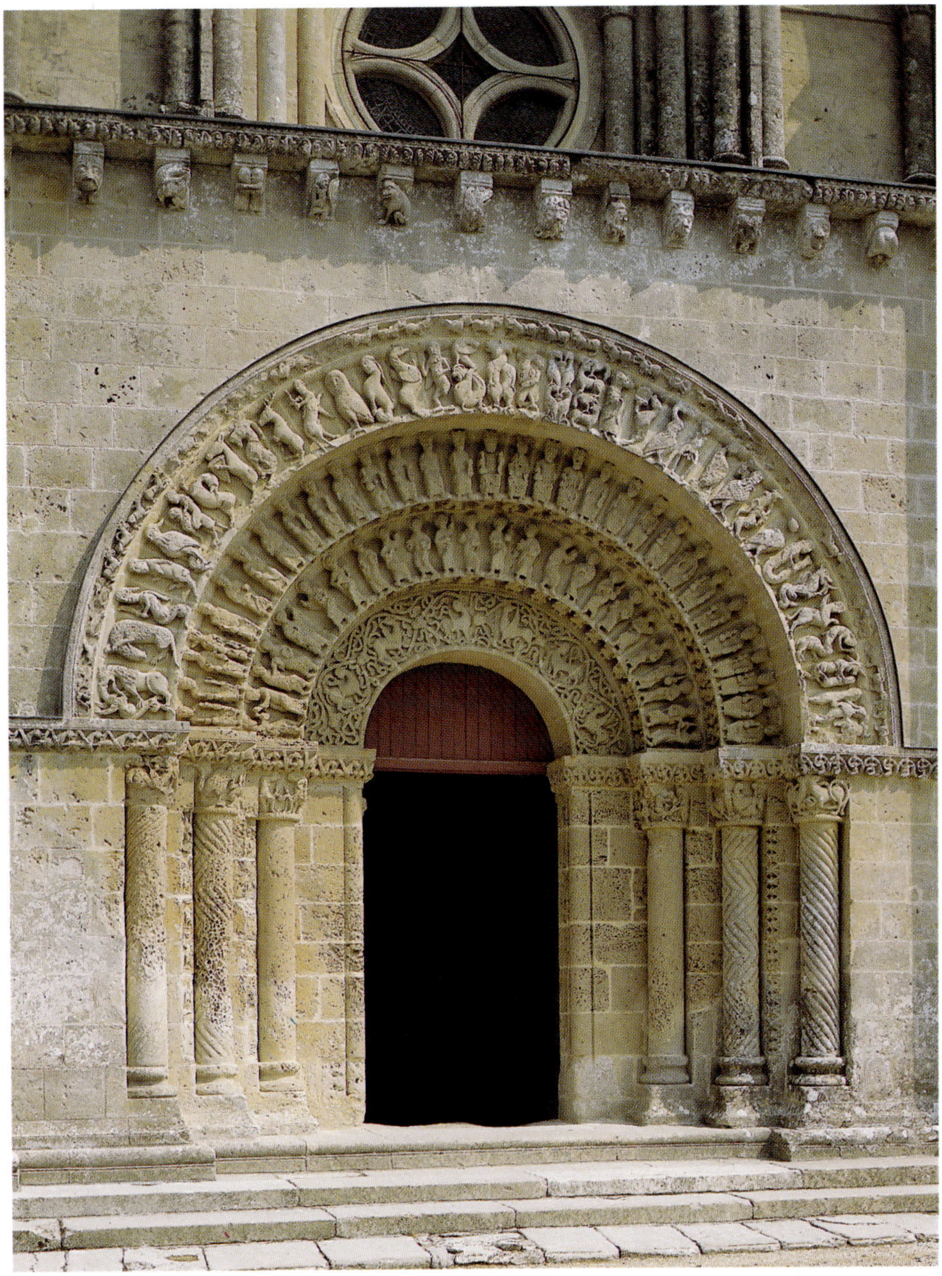

341. Aulnay (Charente-Maritime), église Saint-Pierre, transept, portail du bras sud.

Au-delà de cette diversité de répertoire et d'interprétation, les sculpteurs semblent cependant avoir été guidés par un certain nombre de principes communs, en accordant notamment leur préférence à des compositions animées, organisées autour d'un personnage ou d'un groupe central, qui occupaient de manière plus ou moins complète le champ semi-circulaire du tympan.

À cette date, une telle conception apparaît dans une large mesure comme propre à la France. Certes, on rencontre, dès le début du XIIe siècle en Espagne ou en Italie, des tympans historiés, mais ceux-ci relèvent généralement, par leurs schémas de composition, de pensées différentes. Les sculpteurs de Saint-Jacques-de-Compostelle ou de Saint-Isidore de Léon, par exemple, ont simplement juxtaposé des dalles verticales représentant chacune une scène différente, tandis qu'à Nonantola, comme dans beaucoup d'œuvres italiennes, les personnages (le Christ en Majesté encadré de deux anges et du tétramorphe) sont isolés sur un fond nu. Ainsi, les principes qui, en France, régissent la plupart des compositions de tympans et semblent logiquement découler de la forme même du cadre architectural sont loin de s'être partout imposés.

III. Les voussures historiées

Le tympan ne constitue pas le seul emplacement du portail susceptible d'accueillir des scènes sculptées. Nous avons déjà fait état des personnages qui décoraient les voussures d'Autun et de Vézelay. Dans d'autres régions, notamment entre Loire et Gironde, ces mêmes voussures qui semblent, *a priori*, peu adaptées à cette fin virent se développer, dans des portails généralement dépourvus de tympan, des programmes iconographiques complexes. Les figures, qui semblent subir plus fortement qu'en Bourgogne les contraintes du cadre architectural – soit qu'elles épousent la forme même des voussures, soit celle de leurs claveaux –, sont également traitées de façon plus ornementale. Ainsi, à la façade sud du transept d'Aulnay, les quatre Vertus qui, sur l'une des voussures de la grande fenêtre d'axe, terrassent des Vices, accompagnent le tracé de l'arc par la courbe de leurs corps, tandis qu'au portail de la même façade (ill. 341) les multiples petites figures qui décorent les quatre voussures soulignent par leur disposition rayonnante la structure architecturale de celles-ci, même si leur nombre ne coïncide pas toujours avec celui des claveaux. Entre ces deux solutions, les sculpteurs semblent avoir d'abord préféré la seconde, qui redonnait vie à un système décoratif attesté dans certaines constructions mérovingiennes. Les figures répétitives du portail d'Aulnay, en particulier, ne sont pas sans évoquer les claveaux de brique moulée, décorés chacun d'un petit personnage debout, qui proviennent de Saint-Similien à Nantes et sont conservés au musée Dobrée. Dès la fin du XIe siècle, les essais visant à décorer les claveaux de motifs ornementaux disposés de manière rayonnante s'étaient répandus dans les régions de l'Ouest (façade occidentale de Saint-Jean-de-Montierneuf à Poitiers), mais les voussures figurées, et surtout historiées, ne semblent guère avoir connu de réel essor avant les années 1130.

La plupart des ensembles de cette région associent ces voussures historiées à vocation didactique à des voussures ornementales. Ainsi, au portail d'Aulnay, on trouve sur l'une les Vieillards de l'Apocalypse (au nombre de trente et un et non de vingt-quatre) et sur les autres des rinceaux peuplés de quadrupèdes, des personnages debout tenant des fioles (?), des atlantes et, surtout, un bestiaire d'une rare prolixité. Au portail central de la façade occidentale de l'Abbaye-aux-Dames, à Saintes (ill. 342), les voussures

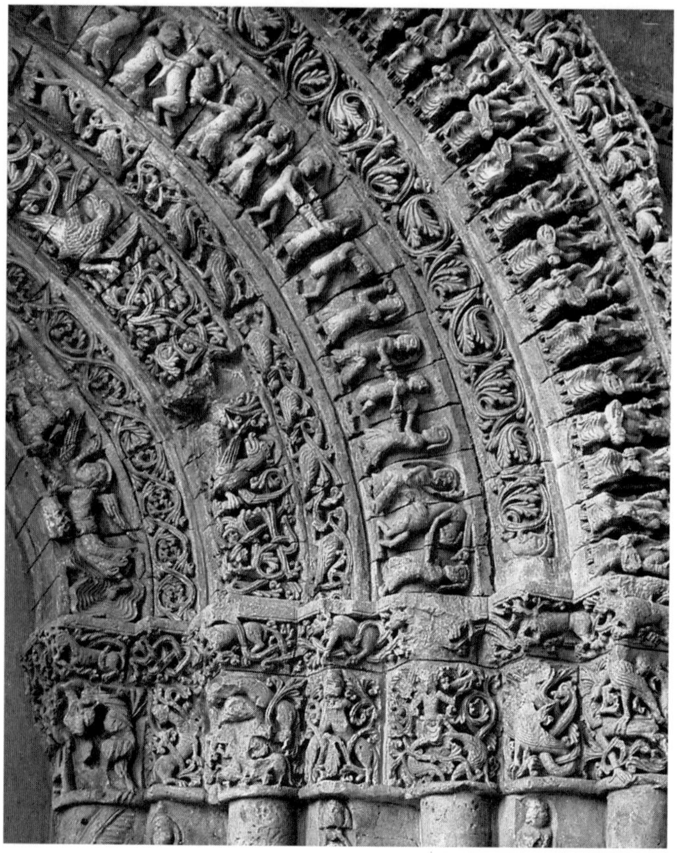

342. Saintes (Charente-Maritime), église de l'Abbaye-aux-Dames, portail occidental, détail des voussures.

historiées et ornementales alternent de manière régulière ; toutes sont de forme torique, à l'exception de la première d'entre elles dont la surface plane est sculptée d'anges qui convergent vers la main de Dieu située dans l'axe de la porte. Dans la deuxième voussure historiée, l'Agneau occupe la clef, tandis que de part et d'autre les symboles des Évangélistes émergent de rinceaux foisonnants. Des scènes du Massacre des Innocents, disposées de manière rayonnante, se déroulent sur la troisième voussure, et la quatrième est occupée, comme à Aulnay, par les Vieillards de l'Apocalypse (au nombre de cinquante-quatre). Le programme iconographique s'étend aux voussures des arcades aveugles encadrant le portail central avec, du côté gauche, la scène de l'Ascension, où les personnages évoluent parmi des motifs végétaux envahissants, et, du côté droit, une représentation de la Cène complétée par des figures grotesques et des éléments de rinceaux. Il existe une indéniable cohérence dans ce programme, où l'idée de sacrifice occupe une place importante, mais le traitement ornemental des petites figures, quelque peu étouffées dans des compositions denses et adhérant étroitement à la forme des voussures, le rend peu lisible[259].

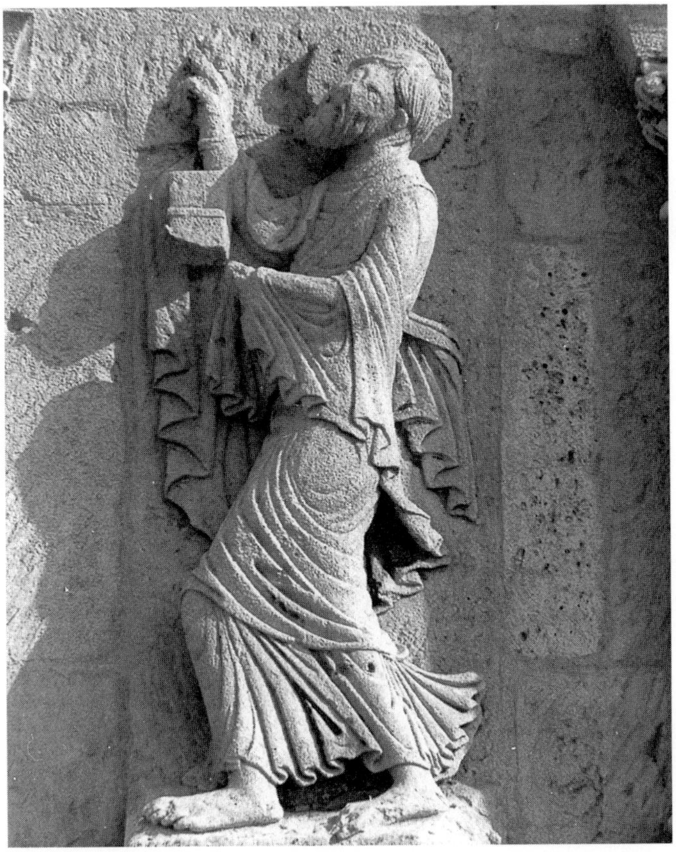

343. Angoulême (Charente), cathédrale Saint-Pierre, façade occidentale, relief : apôtre.

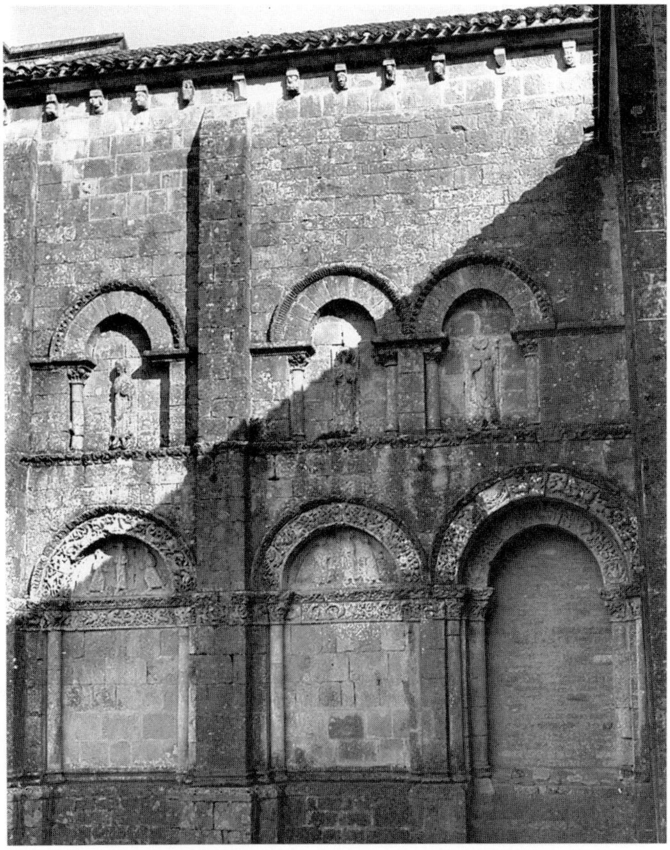

344. Saint-Amand-de-Boixe (Charente-Maritime), église abbatiale, transept, façade occidentale du bras nord.

IV. Les façades de l'Ouest

Quels que soient les emplacements retenus pour les sculptures, toutes les expériences mentionnées jusqu'ici révèlent un déplacement d'intérêt des parties hautes des façades, et notamment des pignons, support traditionnel du décor monumental, vers la zone des portails. L'ouest de la France constitue à cet égard une exception. Le décor d'arcatures aveugles qui caractérise beaucoup de façades de cette région offrait, en effet, au développement des sculptures un cadre architectural dont certains maîtres surent tirer parti.

La cathédrale d'Angoulême

La façade de la cathédrale d'Angoulême (ill. 320) semble avoir joué un rôle déterminant dans ce domaine. Malgré les restaurations importantes qui, au XIXe siècle, ont entraîné la disparition du tympan du portail central, le remaniement des parties hautes et la reprise de beaucoup de reliefs, on peut retracer l'histoire de la façade. La composition définitive ne semble pas avoir été envisagée dès le début des travaux ; elle résulte d'extensions successives qui correspondent aux campagnes de construction de la cathédrale et reflètent certains changements de parti [260]. À l'ouverture du chantier, vers 1120, seul, semble-t-il, était prévu le décor des parties basses : un collège apostolique réparti sur les faux-tympans des quatre arcatures latérales, collège qui encadrait un Christ en Majesté (dont des fragments subsistent au Musée archéologique) sculpté sur le tympan du portail central. Ces figures étaient entourées de voussures et de frises décorées de rinceaux peuplés [261]. Le même parti fut repris, sous une forme plus modeste, au bras nord du transept de Saint-Amand-de-Boixe (ill. 344), dont la façade occidentale, épargnée par les restaurateurs, permet d'apprécier l'effet à la fois somptueux et délicat de ce système décoratif [262]. Les figures des parties supérieures de la cathédrale d'Angoulême offrent davantage de relief et leur exécution semble avoir coïncidé avec l'arrivée de nouveaux sculpteurs sur le chantier (ill. 343). De part et d'autre de la grande fenêtre d'axe se trouvent deux niveaux de personnages sous arcatures qui représentent les apôtres et la Vierge, témoins de l'Ascension du Christ, mais aussi des diables et des damnés. La partie haute de la façade, surélevée lorsqu'on décida de couvrir les coupoles d'un grand comble, vers 1130-1135, porte la trace de divers remaniements liés à ce changement : redistribution des reliefs déjà préparés et adjonction de nouvelles figures visant à enrichir le programme iconographique. Le Christ de l'Ascension, debout dans sa mandorle, les deux mains écartées pour montrer ses plaies, se trouve bien au sommet de la composition, mais sans doute plus éloigné que prévu des témoins de l'événement. Il est encadré du tétramorphe, tandis que, dans les arcatures latérales, des élus et des anges sculptés dans des médaillons superposés constituent une cour céleste. À ces évocations de la vision apocalyptique de saint Jean et du Jugement dernier s'ajoute une image de l'arbre de vie environné d'anges et situé de manière symbolique sous la figure du Christ. On observe, parallèlement à ce remodelage du programme iconographique, un envahissement croissant du mur par la sculpture, qu'elle soit figurée ou ornementale. La richesse foisonnante des parties supérieures de la façade contraste ainsi avec l'élégance mesurée des parties basses.

Notre-Dame-la-Grande de Poitiers

Le goût pour les décors couvrants qui se manifeste à la fin du chantier de la façade d'Angoulême se retrouve dans celle de Notre-Dame-la-Grande de Poitiers (ill. 318), sans doute mise en œuvre alors que s'achevait la première. Cet envahissement de la sculpture est particulièrement sensible dans la frise historiée qui surmonte le portail, dépourvu de tympan, et les deux arcatures latérales qui l'encadrent, frise de hauteur variable où se succèdent, de gauche à droite : Adam et Ève, Nabuchodonosor, Daniel, Jérémie, Isaïe, Moïse, l'Annonciation, Jessé, David, la Visitation, la Nativité, le Bain de l'Enfant, Joseph et deux personnages s'étreignant[263]. Au-dessus, comme à Angoulême, les personnages sous arcades participent, malgré leur immobilité, à la scène de l'Ascension du Christ représentée au pignon de la façade.

Dans quelle mesure ces grandes compositions de façade des années 1120-1130 s'inscrivent-elles dans la suite des décors de plaques sculptées du siècle précédent (Azay-le-Rideau, Saint-Mexme de Chinon, etc.) ? L'existence à Notre-Dame-la-Grande et, surtout, à Saint-Jouin-de-Marnes (ill. 321), dans une façade de structure plus traditionnelle, des jeux d'appareils décoratifs habituellement associés aux plaques sculptées suggère une certaine continuité. Mais, dans ces trois ensembles, l'ampleur et la cohérence relative du programme iconographique, l'emprise, à Angoulême et à Poitiers, du cadre architectural sur la composition, soumise au rythme régulier des arcatures aveugles, comme la liberté des figures qui se détachent en fort relief sur le fond du mur dénotent de profonds changements dans la conception du décor sculpté et de son organisation.

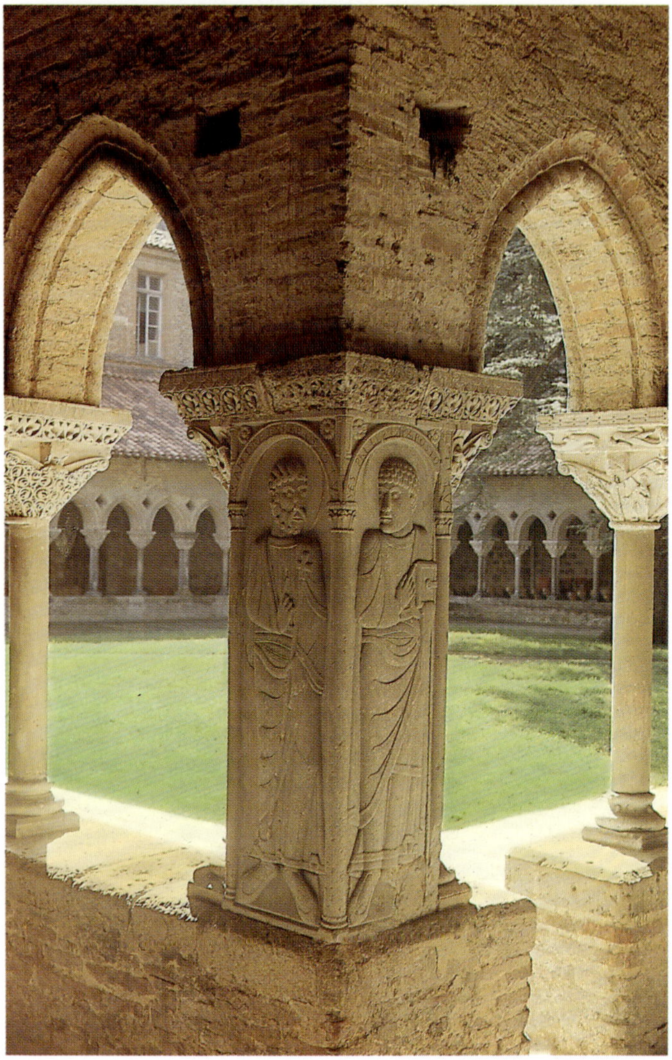

345. Moissac (Tarn-et-Garonne), abbaye, cloître, pilier d'angle.

V. Les cloîtres

Tandis que les façades et leurs portails s'offraient au regard de tous, le cloître se trouvait au cœur de l'espace réservé aux moines ou aux chanoines qui, de plus en plus nombreux, avaient adopté une vie commune. Généralement situé sur l'un des côtés de la nef, au sud de préférence, le cloître était à la fois un lieu de prière, de méditation et de détente à l'abri de l'agitation du monde, ainsi qu'un lieu de passage desservant les divers bâtiments qui s'ordonnaient autour de ses galeries : salle capitulaire, dortoir, scriptorium, réfectoire, cellier, cuisine, etc. Le cloître servait également de cadre à certaines cérémonies liturgiques, comme le lavement des pieds. Prison et Paradis, portique du temple de Salomon : telles sont les métaphores qui le désignent couramment dans la littérature médiévale.

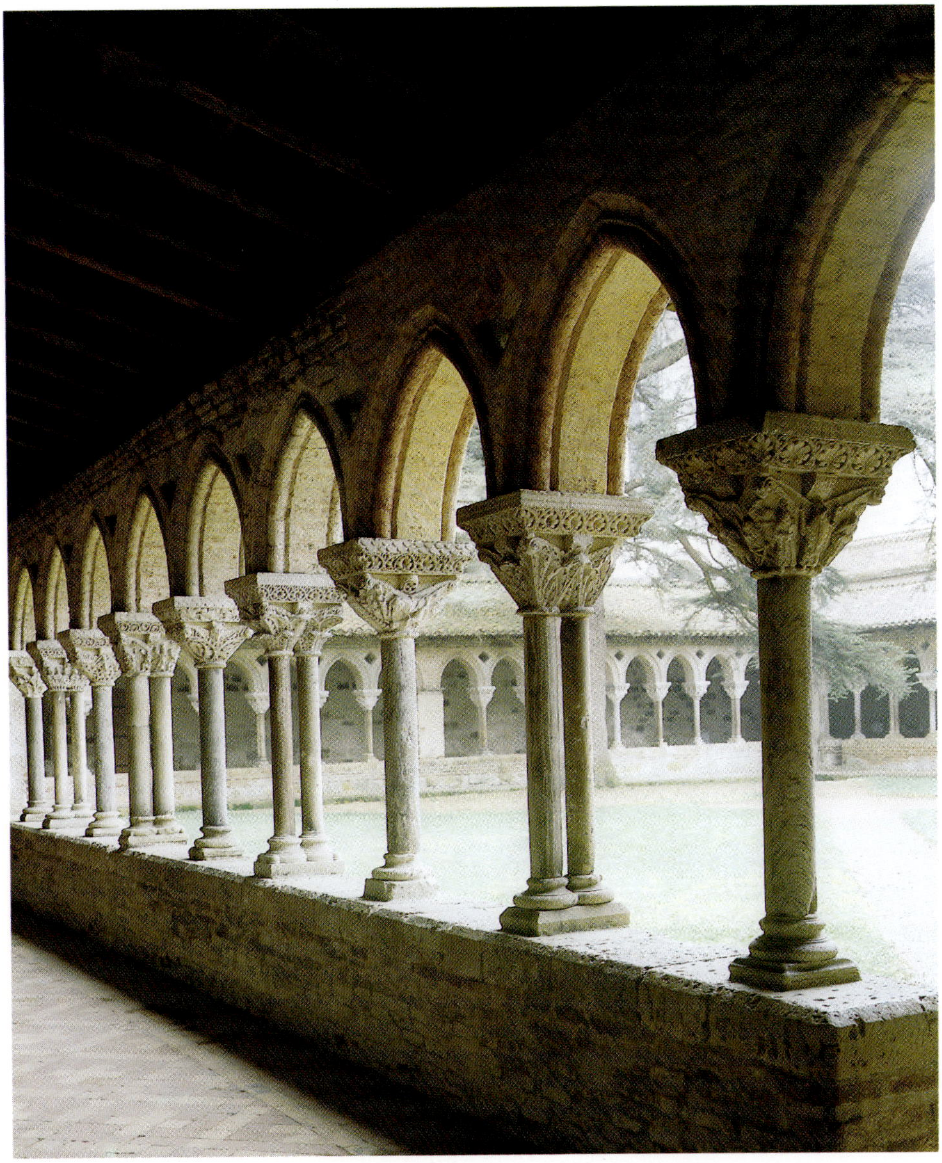

346. Moissac (Tarn-et-Garonne), abbaye, cloître.

Les précurseurs

Peu de cloîtres du XIe siècle ont survécu. Les vestiges de celui de Saint-Martin-du-Canigou, datant sans doute, comme l'église elle-même, du début du siècle, montrent des arcades simples reposant sur des piliers maçonnés ; à Saint-Philibert de Tournus (ill. 123), dans les années 1050, les piliers offrent une structure plus complexe et sont cantonnés sur deux faces de colonnettes. On retrouve le même système, enrichi, au cloître de la cathédrale du Puy, édifié au cours du XIIe siècle ; en revanche, le cloître occidental de la cathédrale de Besançon, construit vers 1050-1060 par l'archevêque Hugues de Salins [264], comportait des arcades reposant alternativement sur de minces colonnettes et sur des piliers quadrangulaires ; il en était de même à Saint-Guilhem-le-Désert, dans les années 1060-1070.

Quelques-uns seulement, parmi ces cloîtres du XIe siècle, étaient dotés de chapiteaux sculptés, le plus souvent de motifs végétaux stylisés. Mais divers textes montrent qu'on recherchait volontiers, dans cette partie du monastère, l'agrément d'une certaine richesse du matériaux et du décor. Ainsi, l'abbé Odilon (994-1048) avait fait venir des Alpes des colonnes de marbre destinées à embellir le cloître de Cluny [265]. Un autre texte mentionne les dépenses engagées vers 1080-1085 par l'abbé Jean d'Ypres pour faire exécuter des sculptures dans celui de Saint-Bertin [266]. Les événements rapportés dans l'*Histoire de Saint-Florent de Saumur*, pour leur part, témoignent de l'existence, dès le début du XIe siècle, d'une opposition entre les partisans de l'austérité et ceux qui acceptaient un décor figuré [267]. La polémique qui allait éclater à ce sujet au début du XIIe siècle semble donc avoir eu des antécédents ; mais l'essor subit de la sculpture figurée allait lui donner une ampleur nouvelle.

UNE ÈRE NOUVELLE : MOISSAC

Le cloître de Moissac (ill. 346), qu'une inscription date de l'an 1100[268], constitue le plus ancien exemple de cloître historié qui nous soit parvenu dans son intégralité. Les quatre galeries charpentées, qui déterminent un quadrilatère d'environ 31 m sur 27 m, ouvrent sur l'aire centrale par de longues arcatures retombant sur des colonnettes de marbre alternativement simples et doubles ; aux angles du cloître et au milieu de chacun de ses côtés, des piliers quadrangulaires interrompent les files d'arcades. Celles-ci subirent une importante reprise à la fin du XIIIe siècle ; le mur-bahut sur lequel reposent les colonnettes et les arcs qu'elles reçoivent furent, en effet, entièrement reconstruits, et rien ne garantit qu'à l'issue de ces travaux tous les chapiteaux retrouvèrent leur emplacement d'origine.

Les piliers construits en brique sont revêtus de plaques de marbre retaillées dans des cuves de sarcophages antiques, et sculptées en faible relief de grands personnages sous arcade. Huit figures d'apôtres, regroupées deux à deux, occupent les piliers d'angle (ill. 345) ; les quatre autres, sans doute destinées aux piliers du portique encadrant la fontaine, ont disparu avec celle-ci ou ont été déplacées[269]. Le pilier situé au centre de la galerie orientale, face à l'entrée de la salle capitulaire, est décoré d'une effigie commémorative de Durand de Bredons, premier abbé clunisien de Moissac (1048-1072), qui restaura la vie spirituelle et matérielle de l'abbaye. La présence de ce personnage historique, déjà sanctifié par le port du nimbe, au milieu des apôtres, « piliers » de l'Église, est riche de signification. Elle révèle la volonté des moines de s'affirmer comme les héritiers de l'idéal de vie instauré par les compagnons du Christ après l'Ascension et, peut-être, leur prétention à en être les meilleurs représentants au moment où les communautés de chanoines réformés leur disputaient ce privilège[270].

Les apôtres sont également à l'honneur dans le programme des chapiteaux. Des reliques de saint Pierre, patron de l'abbaye, avaient été placées dans un chapiteau représentant son martyre et celui de saint Paul. Situé près de la porte de l'église, à côté du pilier sud-est du cloître sculpté des effigies des mêmes apôtres, ce chapiteau était, à l'occasion de la fête de saint Pierre, encensé au cours d'une procession conduite par l'abbé ; deux autres chapiteaux relataient des épisodes de la vie du prince des apôtres, fondateur de l'Église romaine. Comme dans beaucoup d'autres cloîtres historiés, une place importante était également faite à d'autres martyrs (saint Étienne, saint Laurent, saint Saturnin,

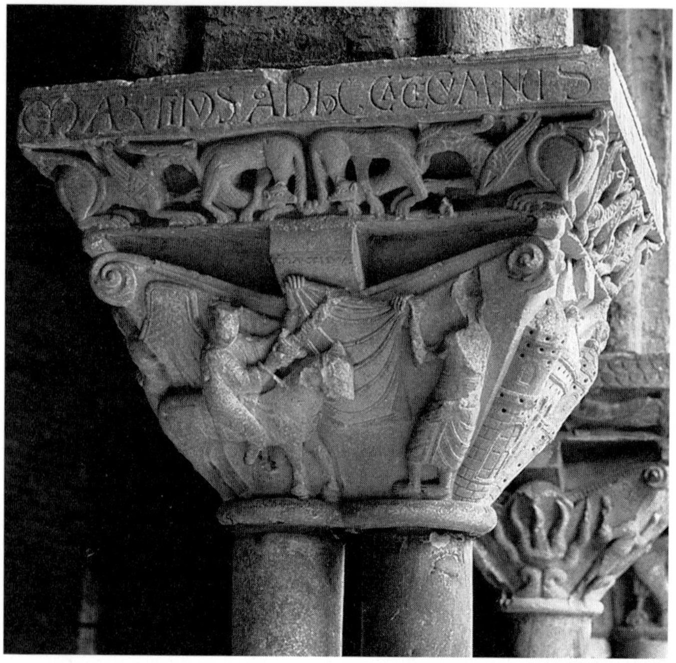

347. Moissac (Tarn-et-Garonne), abbaye, chapiteau du cloître : saint Martin partageant son manteau avec un pauvre.

saint Fructueux, etc.) et aux saints (saint Martin, saint Benoît), dont la vie édifiante était, comme celle des apôtres, un exemple pour les moines (ill. 347).

Mais le thème principal du programme était l'histoire de la Rédemption. Le drame se noue avec deux chapiteaux consacrés à l'histoire de la Chute et à celle d'Abel et Caïn. Les sujets empruntés à l'Ancien Testament sont relativement peu nombreux, mais, parmi ceux-ci, une place importante est accordée aux préfigures : Isaac, Samson, David, Daniel. L'enfance du Christ et, surtout, sa vie publique (ill. 348) sont abondamment illustrées, tandis que la Passion n'est évoquée que par deux chapiteaux. L'un d'eux représente le Lavement des pieds, scène dont le choix est évidemment justifié par la cérémonie à laquelle le cloître servait de cadre ; l'autre offre une double représentation de la croix : croix du sacrifice d'un côté, croix gemmée, insigne triomphal, de l'autre. Ainsi, les scènes narratives cèdent provisoirement la place à une image symbolique qui résume à elle seule le sens de la Crucifixion. Le cycle de l'Apocalypse, pour sa part, réparti sur plusieurs chapiteaux, se conclut avec le Jugement et deux représentations de la Jérusalem céleste.

Ces chapiteaux historiés, qui sont associés à une grande variété de chapiteaux ornementaux et figurés[271], ne sont pas disposés en séquences continues. Des épisodes qui se succèdent dans les récits bibliques sont non seulement séparés, mais parfois éparpillés dans les quatre galeries du cloître.

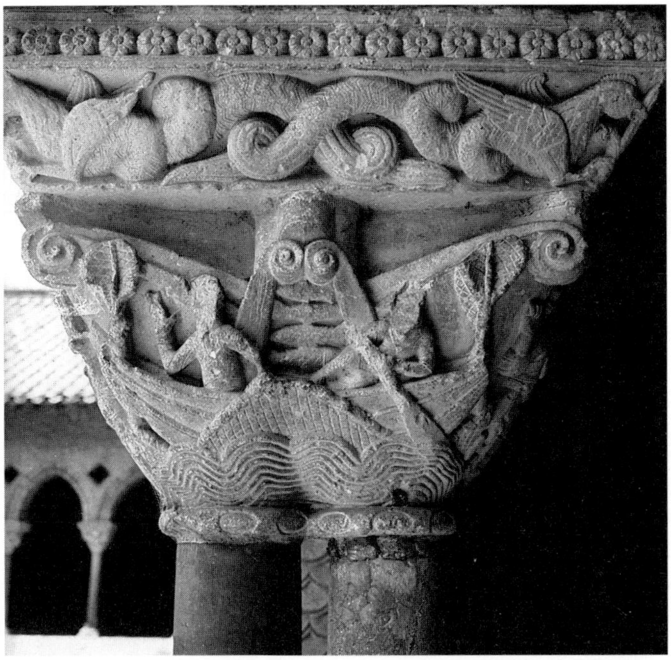

348. Moissac (Tarn-et-Garonne), abbaye, chapiteau du cloître : Pêche miraculeuse.

Nous n'en prendrons qu'un exemple, celui de la galerie orientale où – sans tenir compte des chapiteaux ornementaux qui s'intercalent entre les chapiteaux historiés – on trouve, du nord au sud : la Visitation et l'Annonciation, le martyre des saints Fructueux, Augure et Éloge, celui de saint Saturnin, l'Adoration des Mages et le Massacre des Innocents, les Noces de Cana, la parabole du pauvre Lazare, le Lavement des pieds, le martyre de saint Laurent, la Chute, le martyre des saints Pierre et Paul et, enfin, Samson et le lion. Une telle discontinuité thématique s'explique-t-elle seulement par le remontage à l'époque gothique ? L'exemple des autres cloîtres historiés du XIIe siècle suggère plutôt une réponse négative ; en effet, même si certains d'entre eux offrent quelques cycles ou fragments de cycle cohérents, le mélange des thèmes et des genres y est généralement de règle. Le désordre relatif qui règne parmi les chapiteaux historiés et ornementaux de ces cloîtres ne saurait d'ailleurs surprendre ; il relève de cette « logique » romane qui s'était manifestée dès les premiers essais de décor sculpté, au début du XIe siècle.

La manière de répartir les scènes sur chaque corbeille et, donc, de concevoir le récit devait, en revanche, se transformer rapidement au cours de la première moitié du XIIe siècle. Les sculpteurs du cloître de Moissac ont généralement choisi de représenter une scène par face sur des chapiteaux simples ou doubles selon qu'ils surmontent une ou deux colonnettes. Tous présentent un épannelage en tronc de pyramide renversé, peu contraignant pour les figures ; des volutes d'angle et des dés empruntés au vocabulaire corinthien soulignent par contraste l'articulation de l'abaque. Que les épisodes se succèdent dans l'ordre chronologique des événements relatés ou qu'ils apparaissent comme une sélection de morceaux choisis, ils s'enchaînent visuellement dans des compositions d'ensemble conçues à la manière de frises se développant autour des corbeilles. Les limites entre les faces ne sont pas respectées de manière rigoureuse, de sorte que certaines scènes empiètent quelque peu sur leurs voisines, tandis que d'autres sont réunies par un motif architectural ou par un personnage commun. Les sculpteurs de Moissac ont, en outre, avec une réussite inégale, tenté de tirer parti de l'épannelage pour mettre en place les figures, avec le souci de concilier les exigences de l'iconographie et l'équilibre des compositions. Les figures, de petites dimensions, évoluent avec aisance sur un fond nu souvent important, qui leur assure une certaine lisibilité. Elles sont, enfin, généralement traitées avec une précision de détail justifiée par leur situation sur des chapiteaux placés à hauteur d'yeux.

Le cycle de la Passion à La Daurade de Toulouse

Après l'achèvement du cloître de Moissac, quelques-uns des sculpteurs exécutèrent une série de chapiteaux pour le prieuré de La Daurade que l'abbaye possédait à Toulouse, chapiteaux probablement destinés à la galerie du cloître adossée à l'église [272]. Les travaux furent ensuite suspendus et confiés, dans les années 1130-1135, à un atelier dirigé par un sculpteur très novateur qui mit son talent au service d'un programme particulièrement ambitieux : relater, sur une série qui comptait au moins douze chapiteaux, l'histoire de la Passion et de la Résurrection du Christ, depuis le Lavement des pieds jusqu'à la Pentecôte (ill. 349 et 350). La destruction du cloître de La Daurade à l'époque révolutionnaire ne permet pas d'affirmer que l'ensemble de chapiteaux conservé au musée des Augustins est complet – la Crucifixion, notamment, en est absente – ni de restituer l'ordre primitif des épisodes. Le récit présente cependant une continuité qui n'est pas sans rappeler celle des cycles peints. Le Maître de La Daurade a renoncé à sculpter une scène sur chaque face au profit de solutions plus souples lui permettant de moduler le rythme des compositions. Ainsi, lorsque le drame se précipite, il regroupe sur une même corbeille – triple, il est vrai – le Baiser de Judas, l'Arrestation et le Jugement du Christ, la Flagellation et le portement de Croix, obtenant de la succession rapide de scènes mouvementées des effets d'une grande intensité. Inversement, les apôtres de la Pentecôte sont régulièrement répartis autour

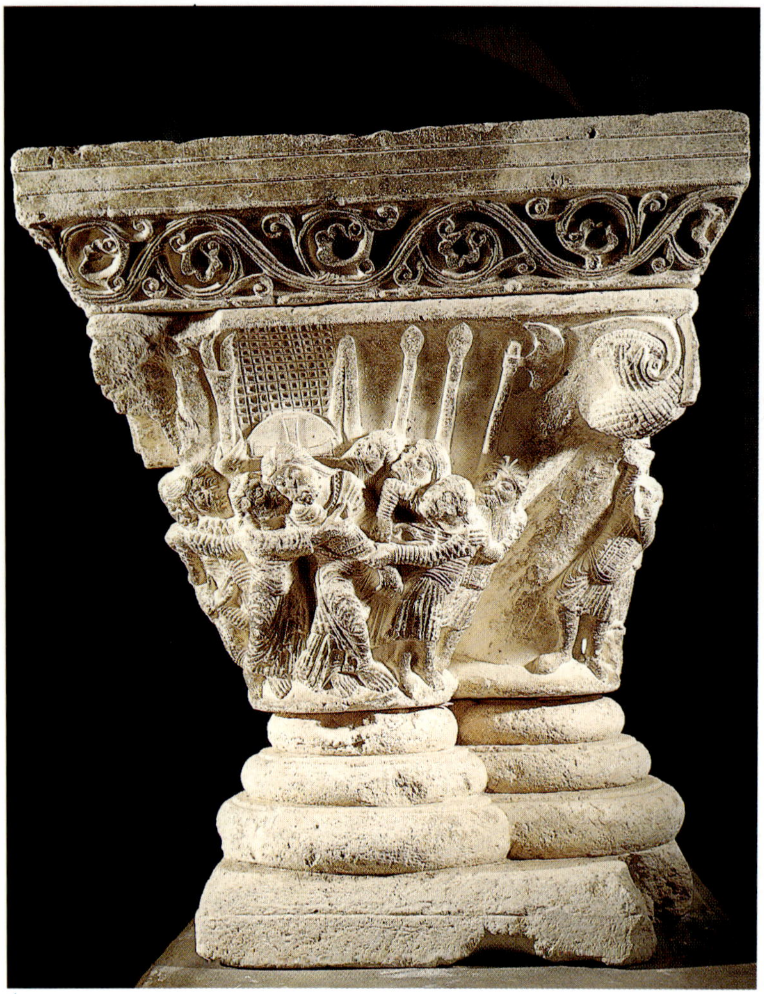

349. Chapiteau provenant du cloître du prieuré de La Daurade : Arrestation du Christ. Toulouse, musée des Augustins.

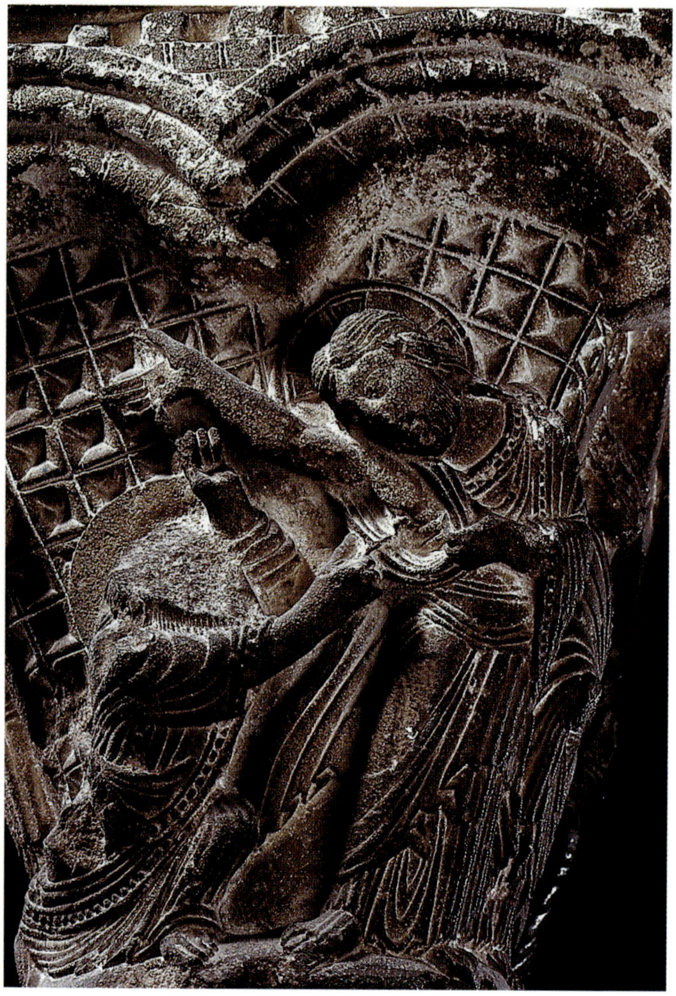

350. Chapiteau provenant du cloître du prieuré de La Daurade : Incrédulité de saint Thomas. Toulouse, musée des Augustins.

d'une corbeille double, dans une composition empreinte de noblesse. Comme dans certaines peintures ou dans certaines œuvres d'orfèvrerie, beaucoup d'épisodes se déroulent sous des arcatures dont le rythme varie d'une corbeille à l'autre. Souvent dépourvues de colonnes, ces arcatures disparaissent même parfois pour élargir le champ de l'action (Arrestation du Christ) ou se transformer en nuées (Ascension). Nombre de scènes, enfin, se déroulent sur un fond guilloché qui, comme les arcatures, évoque les arts précieux et amène à s'interroger sur la formation du Maître de La Daurade.

LES CLOÎTRES HISTORIÉS : UN ESSOR ENCORE LIMITÉ

Les cloîtres historiés étaient, semble-t-il, encore peu répandus dans les premières décennies du XIIe siècle ; du moins aucun ensemble connu n'est-il comparable à ceux de Moissac ou de La Daurade. Au cloître de Conques, œuvre de l'abbé Bégon (1087-1107) [273], les chapiteaux historiés, dont certains rappellent l'art de Moissac, paraissent avoir été peu nombreux. Quant aux vestiges du cloître de l'abbaye d'Eschau, présentés au musée de l'Œuvre-Notre-Dame à Strasbourg (ill. 351), les scènes, qui se développent sur les sommiers surmontant les chapiteaux et non sur les chapiteaux eux-mêmes, illustrent divers épisodes de la vie du Christ, alors que des tailloirs portant des inscriptions permettent de restituer un cycle narratif d'une certaine ampleur. Il convient aussi de mentionner les arcades de la salle capitulaire de Marcilhac, seul souvenir du cloître de l'abbaye, où une série de chapiteaux évoquent le Jugement dernier (ill. 352) [274]. Les divers piliers du cloître de Saint-Avit-Senieur récemment découverts étaient, pour leur part, dotés sur chacune de leurs faces de deux figures superposées : les signes du zodiaque, les Cavaliers et les Vieillards de l'Apocalypse.

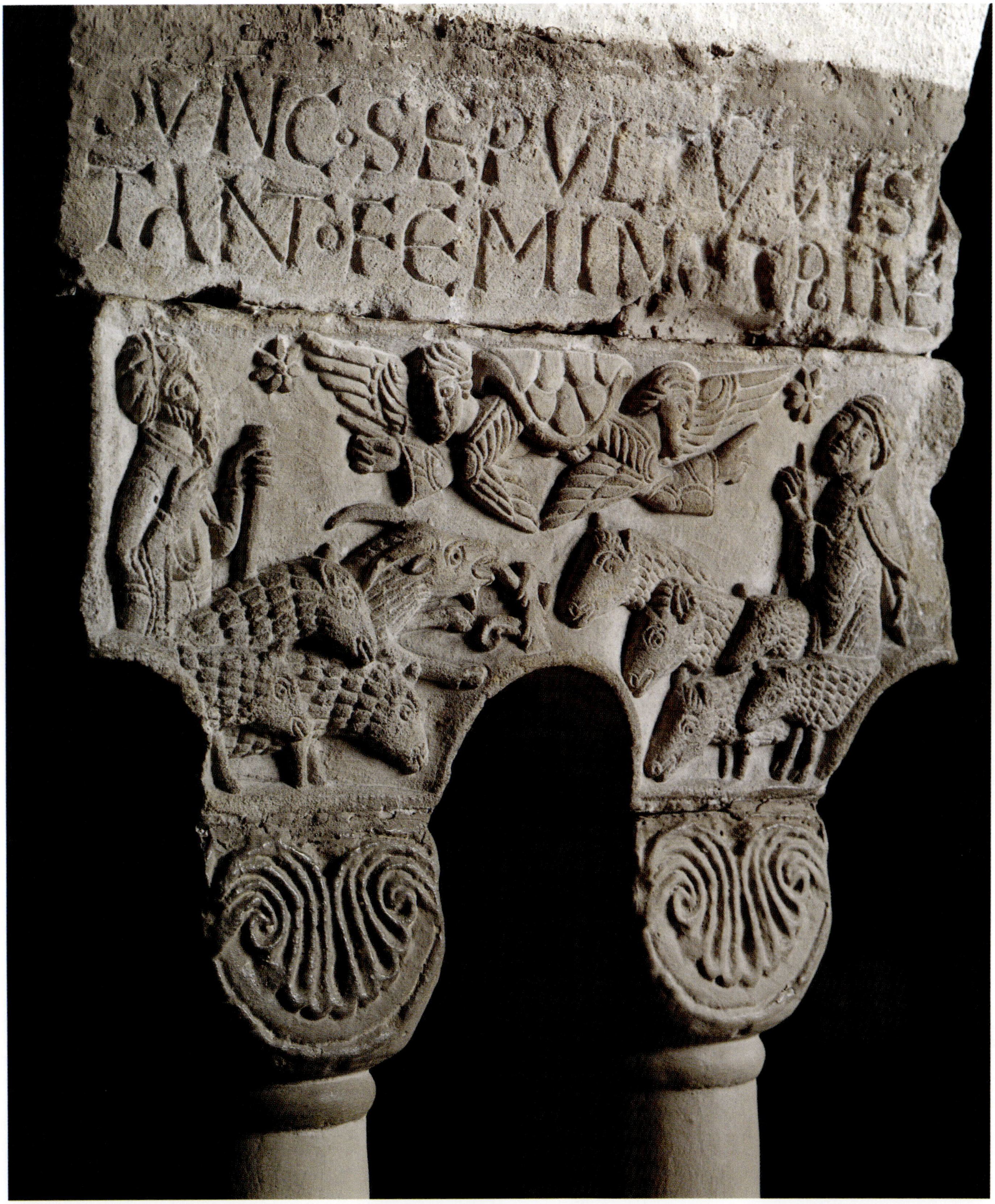

351. Chapiteau et sommier provenant du cloître de l'abbaye d'Eschau : Annonce aux bergers.
Strasbourg, musée de l'Œuvre Notre-Dame.

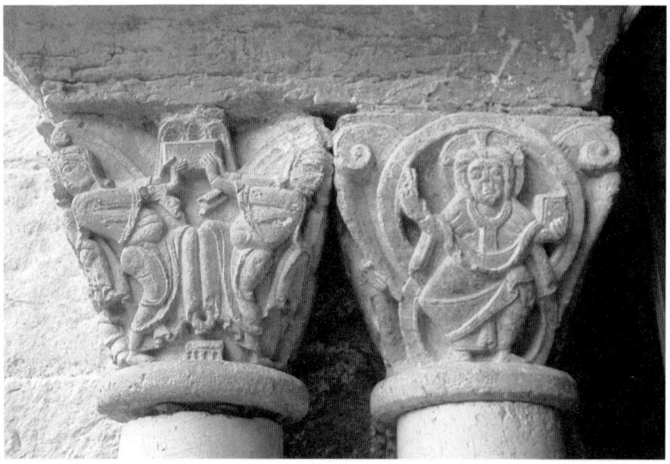

352. Marcilhac (Lot), abbaye, chapiteaux de la salle capitulaire.

« MAIS QUE FONT DANS LES CLOÎTRES [...] CES GROTESQUES QUI PRÊTENT À RIRE... »

Par ailleurs, dans plusieurs cloîtres, les thèmes empruntés à l'histoire sainte cédaient la place à des images plus récréatives. Ainsi, le cloître de Saint-Sernin de Toulouse, érigé dans les années 1120, comportait un grand nombre de chapiteaux sculptés de lions et d'oiseaux entrelacés avec de longues tiges végétales, alors que dans celui de Saint-Michel-de-Cuxa (ill. 353), sans doute construit avant 1137 [275], abondaient des représentations quelque peu répétitives où des animaux plus ou moins monstrueux et des êtres humains sont aux prises. Ce répertoire figuré, mi-fantastique, mi-ornemental, apparu avec l'art roman, dut connaître un grand succès dans les cloîtres du début du XIIe siècle, car il fut dénoncé en termes véhéments et pittoresques par saint Bernard dans son *Apologie* à Guillaume, abbé de Saint-Thierry : « Mais que font dans les cloîtres, devant les frères en train de lire, ces grotesques qui prêtent à rire, ces beautés d'une étonnante monstruosité ou ces monstres d'une étonnante beauté ? Que font là ces singes obscènes ? Et ces lions féroces ? Et ces monstrueux centaures ? Et ces créatures à moitié humaines ? Et ces tigres à poil tacheté ? Et ces soldats qui combattent ? Et ces chasseurs qui soufflent dans le cor ? On peut voir une seule tête rattachée à plusieurs corps ou inversement un seul corps possédant plusieurs têtes... En un mot, il y partout une variété de formes différentes si grande et si extraordinaire qu'on a plutôt envie de lire sur les marbres que dans les livres et de passer toute sa journée en examinant ces images une à une plutôt que de méditer la loi de Dieu [276]. »

On a parfois suggéré qu'en écrivant ces lignes, vers 1125, saint Bernard pensait au cloître de Cluny III. Or, la date de celui-ci reste incertaine et les vestiges qui subsistent semblent montrer que la plupart de ses chapiteaux étaient décorés de feuillages. Il en était de même, vers 1135-1140, au cloître de Vézelay et dans la galerie de l'évêché d'Auxerre édifiée par l'évêque Hugues II de Montaigu (1116-1136) [277]. Le choix, dans ces cloîtres bourguignons, d'un répertoire végétal, constituait-il une réponse aux admonestations de saint Bernard ? Il est difficile de trancher. La disparition d'un grand nombre de cloîtres, démembrés après la Révolution, interdit, en effet, d'avoir une vue d'ensemble des solutions adoptées. Tout au plus peut-on affirmer qu'il existait, au début du XIIe siècle, plusieurs conceptions du cloître et de son décor sculpté, dont aucune, contrairement à ce que l'on a longtemps cru, n'apparaît comme spécifiquement clunisienne.

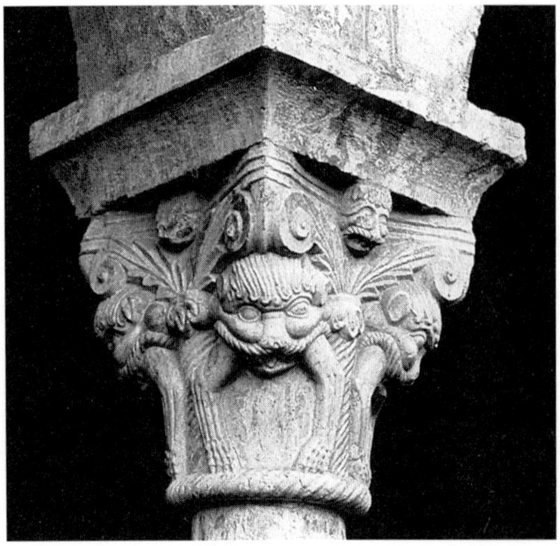

353. Saint-Michel-de-Cuxa (Pyrénées-Orientales), abbaye, chapiteau du cloître.

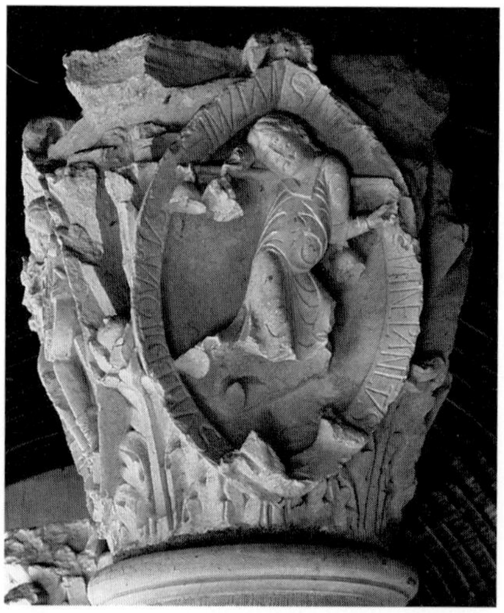

354. Chapiteau provenant de l'hémicycle de l'église abbatiale de Cluny : Tons de la musique. Cluny, musée du Farinier.

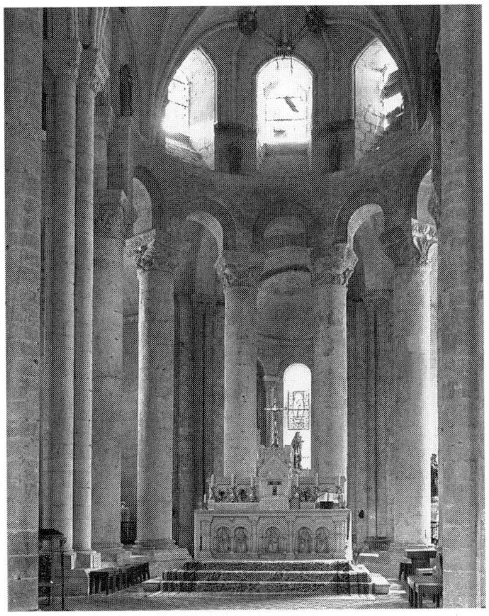

355. Airvault (Deux-Sèvres), église Saint-Pierre, hémicycle.

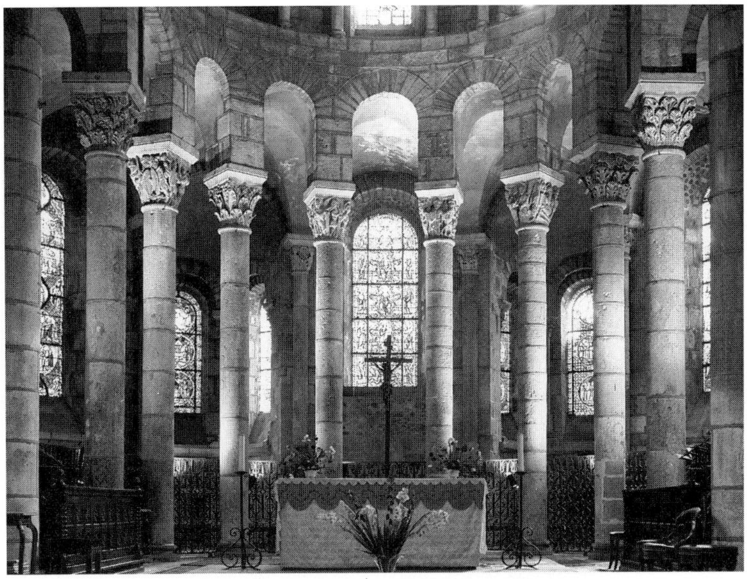

356. Clermont-Ferrand (Puy-de-Dôme), église Notre-Dame-du-Port, hémicycle.

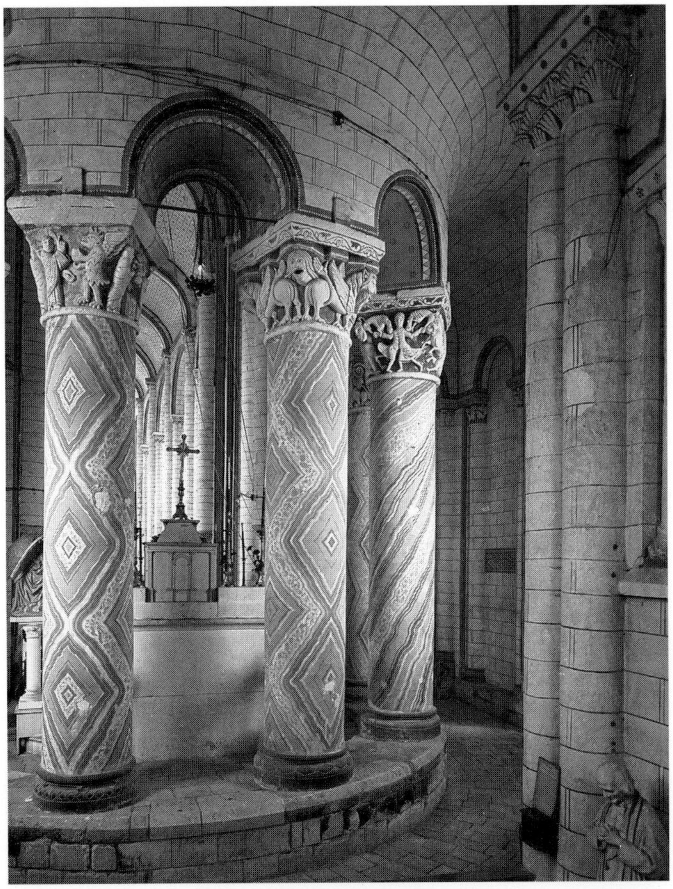

357. Chauvigny (Vienne), église Saint-Pierre, hémicycle.

VI. L'« HUMANISME » ROMAN

TOUJOURS PLUS DE CHAPITEAUX HISTORIÉS DANS LES ÉGLISES

Les chapiteaux historiés tendent à occuper une place plus importante que par le passé dans le décor intérieur des églises. Mais, comme dans les cloîtres, la cohérence des cycles sculptés est généralement brisée par la dispersion des scènes, tant les emplacements architecturaux propices au développement d'un programme sont peu nombreux : arcatures, où les chapiteaux sont cependant peu visibles, et, surtout, hémicycles des édifices dotés d'un déambulatoire.

Les effets de symétrie qui, dans certains hémicycles du XIe siècle (Tournus, Saint-Savin) résultaient de jeux ornementaux s'enrichissent parfois d'une signification iconographique. Ainsi à Airvault (ill. 355), vers 1100 [278], les deux chapiteaux médians, encadrés de corbeilles végétales, illustrent de manière antithétique la Chute (l'humanité condamnée au labeur) et les travaux des mois (le labeur présenté comme instrument de salut). À Notre-Dame-du-Port de Clermont-Ferrand (ill. 356), les scènes de l'Incarnation sont, de la même manière, opposées à celles de la Chute, mais le programme s'étend aux deux chapiteaux voisins, qui représentent respectivement des extraits de la Psychomanie et une évocation du Paradis associée à une image de l'Assomption de la Vierge. À Saint-Nectaire, les six chapiteaux historiés de l'hémicycle illustrent des scènes empruntées aux Évangiles, à l'Apocalypse et à la vie du saint patron

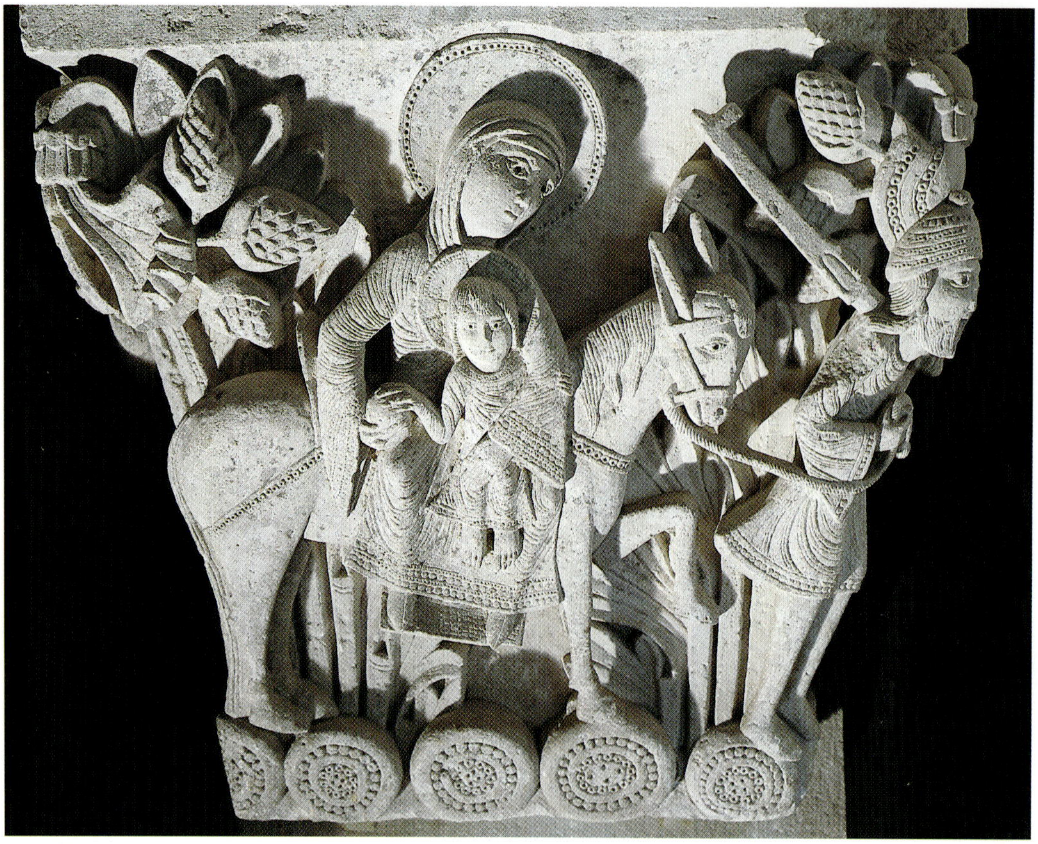

358. Autun (Saône-et-Loire), église Saint-Lazare, dépôt lapidaire,
chapiteau provenant du chœur : Fuite en Égypte.

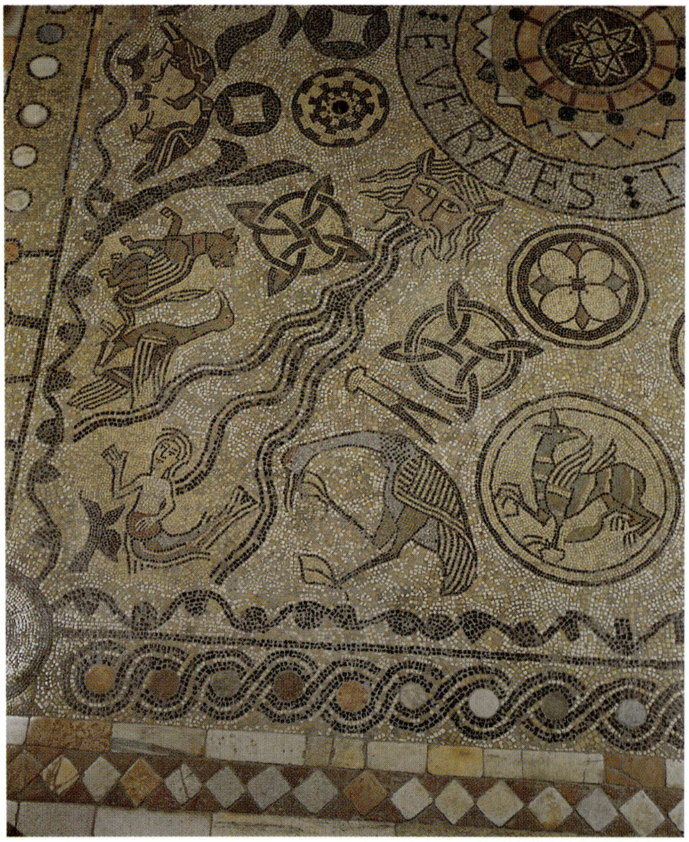

359. Die (Drôme), chapelle Saint-Nicolas,
pavement de mosaïque, détail.

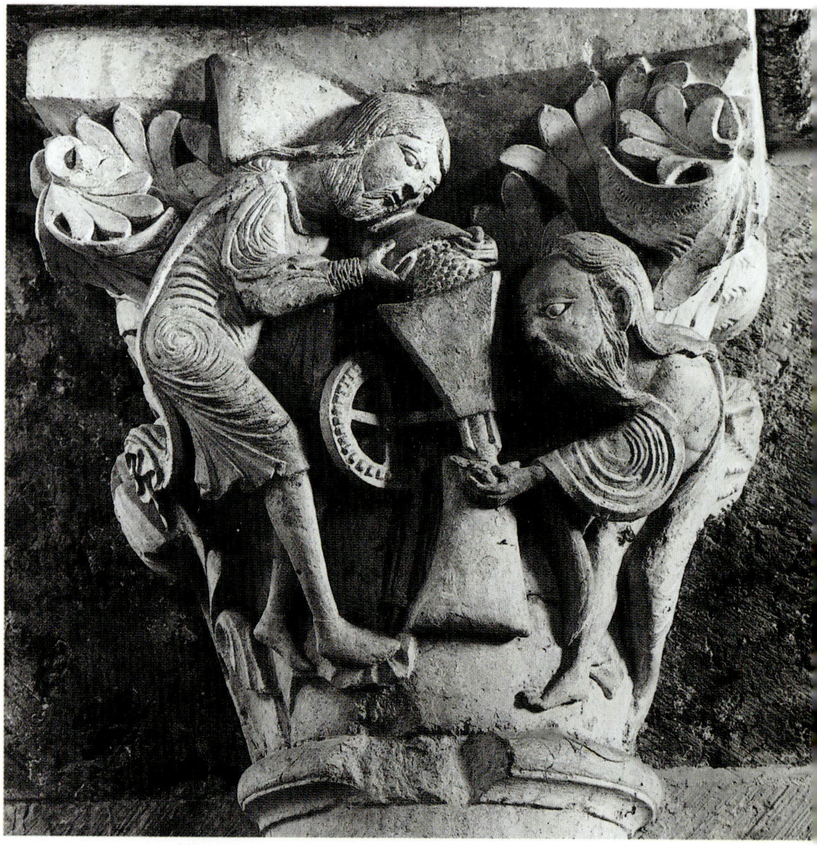

360. Vézelay (Yonne), église de la Madeleine,
chapiteau de la nef : le Moulin mystique.

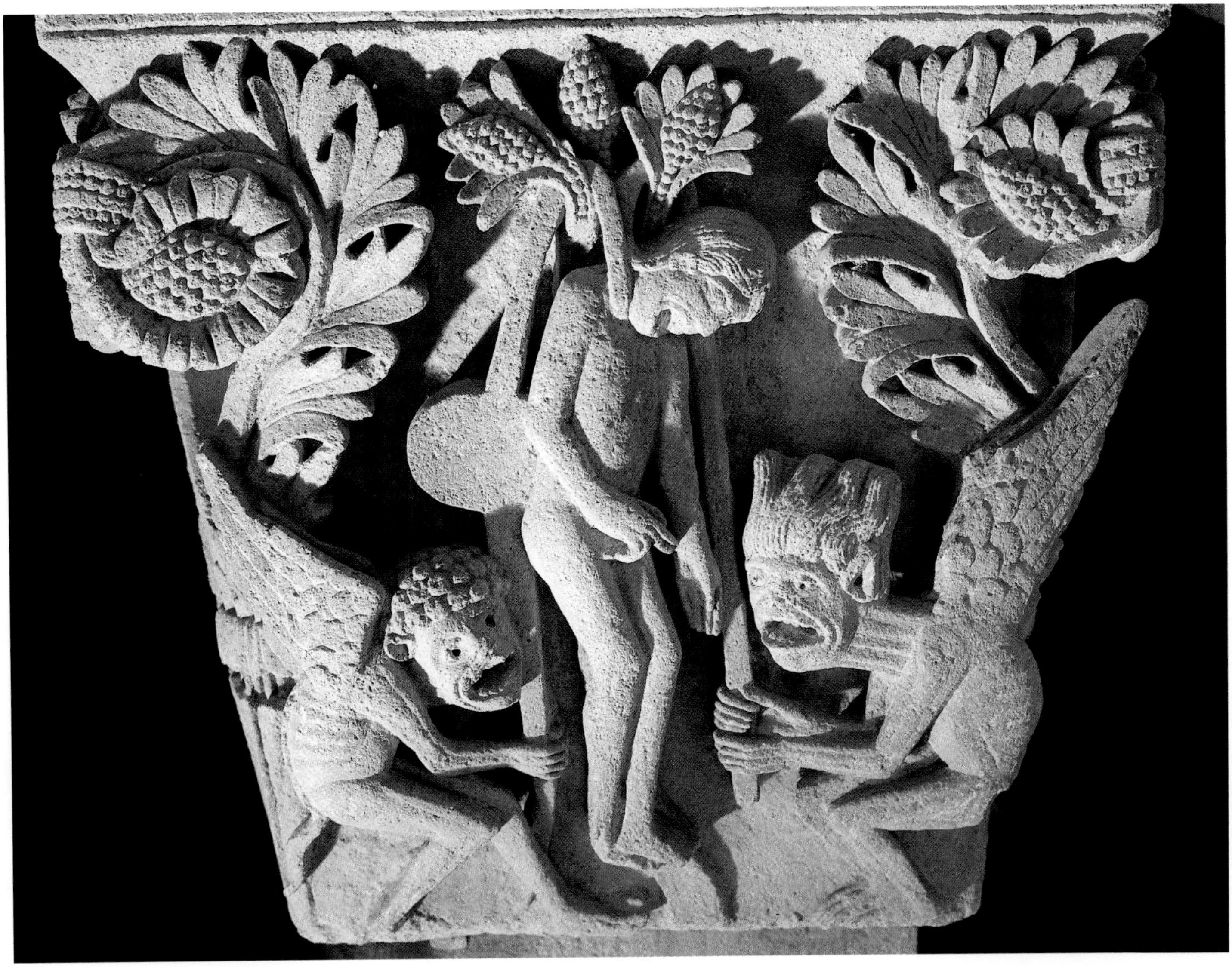

361. Autun (Saône-et-Loire), église Saint-Lazare, dépôt lapidaire, chapiteau provenant de la nef : pendaison de Judas.

de l'église, scènes disposées sans respect pour l'ordre chronologique des événements. On trouve ainsi, du nord au sud : le Calvaire et l'Incrédulité de saint Thomas, la Transfiguration et la Multiplication des pains, des passages de la vie de saint Nectaire, les Cavaliers de l'Apocalypse et saint Michel pesant les âmes, le Jugement dernier, les Saintes Femmes au Tombeau et la Descente aux limbes. Le cycle de la Passion de l'hémicycle d'Issoire offre davantage d'unité, bien que les chapiteaux historiés alternent avec des corbeilles végétales. L'histoire commence, au nord, avec la Cène et, au sud, avec la Flagellation et le portement de Croix ; elle se poursuit dans l'axe, avec deux chapiteaux consacrés à la Résurrection et aux Apparitions du Christ. Enfin, à Chauvigny (ill. 357), les deux chapiteaux historiés de l'hémicycle sont environnés de compositions fantastiques dans lesquelles des êtres humains nus et sans défense sont attaqués ou dévorés par des animaux monstrueux (ill. 1). Au milieu de ces scènes inquiétantes figurent, sur l'une des corbeilles, trois scènes de l'enfance du Christ : Annonciation, Présentation au Temple, Adoration des Mages, ainsi que la première Tentation. L'Annonce aux bergers est reportée sur l'autre chapiteau, où l'on trouve également la Pesée des âmes ainsi que deux images rares dans la sculpture romane : le triomphe de Babylone, la Grande Prostituée, et Babylone désertée, images typologiques du Jugement final.

Les chapiteaux à quatre faces des hémicycles semblent donc, comme ceux des galeries de cloître, offrir un cadre privilégié au développement des thèmes narratifs, même si le récit n'est pas continu. Le choix d'un programme allégorique, dans l'hémicycle de Cluny III, apparaît comme d'autant plus remarquable. Chacun des huit chapiteaux, à l'exception d'un corinthien, est décoré de quatre personnages qui évoluent parmi des végétaux ou sont présentés dans de grands médaillons. Si l'identification de certaines allégories – les Fleuves du Paradis, les Vents, les huit Tons de la musique (ill. 354) – ne fait guère problème, il n'en va pas de même pour les autres, soit par suite de mutilations (les quatre saisons), soit parce que les inscriptions qui accompagnent certaines figures peuvent induire en erreur. Huit figures inscrites dans des médaillons personnifient sans doute les arts libéraux [279] : Rhétorique, Grammaire, Dialectique d'une part, Astronomie, Géométrie, Arithmétique, Musique d'autre part. La huitième figure pourrait représenter soit la Sagesse, soit la Philosophie. Les sources d'inspiration de ces allégories doivent probablement être recherchées dans des compositions associant, comme dans certaines mosaïques (ill. 359) ou certaines enluminures, une figure centrale (la Sagesse ou la Philosophie) avec des représentations des arts libéraux et des sujets cosmologiques, tandis que des manuscrits musicaux illustrés ont sans doute servi de modèle aux Tons de la musique. La présence de ces derniers dans l'hémicycle de Cluny doit certainement être mise en relation avec le rôle éminent joué par le plain-chant dans la liturgie de l'abbaye, mais la théorie musicale du Moyen Âge possédait également une dimension cosmologique, avec la musique des saisons, des éléments, etc. décrite par Boèce dans son *De institutione musica*.

Bien que les chapiteaux historiés aient connu un essor considérable au cours des premières décennies du XIIe siècle, rares sont les édifices où, comme à Vézelay et à Autun, ils constituent l'essentiel du décor architectural. Les deux ensembles sont sensiblement contemporains (années 1120 et début des années 1130) et appartiennent à un même milieu artistique ; ils offrent cependant des différences significatives dans les choix iconographiques. Ainsi, le programme de la nef de Vézelay est caractérisé par l'importance des scènes de l'Ancien Testament (plus de trente chapiteaux) et des scènes hagiographiques (une vingtaine) par rapport à celles du Nouveau Testament (à peine une dizaine). S'y ajoutent, surtout dans la partie occidentale de la nef, par laquelle commencèrent les travaux, un certain nombre de sujets cosmologiques et allégoriques (ill. 360) inspirés par le répertoire clunisien, tandis que d'autres œuvres, où sont représentés des anges combattant des démons, sont dispersées dans l'ensemble de la nef. Les sculpteurs du chantier furent nombreux à se succéder ou à travailler simultanément, et rien ne permet de supposer que le programme d'ensemble avait été prévu dès le début. Certains thèmes inhabituels dans l'iconographie monumentale de l'époque, comme les scènes narratives empruntées aux Livres des Rois ou à la vie des Pères du désert, semblent inspirés par des cycles d'enluminures. Des manuscrits ont également pu fournir le modèle de quelques sujets mythologiques (l'éducation d'Achille par le centaure Chiron, l'enlèvement de Ganymède) et d'un certain nombre de thèmes fantastiques ou exotiques (sirène mâle brandissant une épée, homme chevauchant un oiseau, animaux musiciens, basilic, éléphants), encore que les comparaisons avec les illustrations connues du *Physiologus* ne soient pas toujours convaincantes.

Le décor sculpté de Saint-Lazare d'Autun apparaît, à l'instar de celui de Vézelay, comme un kaléidoscope de sujets variés. Il est pourtant l'œuvre d'un seul maître – Gislebertus – assisté de quelques aides (ill. 358 et 361). Les scènes de l'Ancien Testament, moins nombreuses que celles du Nouveau Testament, semblent avoir été, comme c'est généralement le cas, surtout choisies pour leur signification typologique. Comme à Vézelay, on observe quelques tentatives de regroupement (les chapiteaux illustrant l'enfance du Christ du côté nord du chœur) et quelques rapprochements suggestifs (la pendaison de Judas en face de la mort de Caïn, l'ascension de Simon le Magicien confrontée à sa chute). Dans les deux édifices, enfin, les chapiteaux végétaux constituent une toile de fond pour les corbeilles historiées et figurées, qui apparaissent, quel que soit leur nombre, comme des œuvres isolées ayant valeur de signe.

De nouveaux chapiteaux figurés

Tandis que se multipliaient, dans les églises et dans certains cloîtres, les chapiteaux historiés, le répertoire des chapiteaux figurés tendait à se diversifier. Certains sculpteurs renouvelèrent leur inspiration en prenant pour modèle des œuvres de l'Antiquité. Ainsi, les chapiteaux à protomes humains de l'époque gallo-romaine furent à l'origine d'infinies variations dans le Berry (ill. 362) et dans les régions avoisinantes. En Auvergne, ce sont des centaures, des bergers portant sur leurs épaules une brebis, des atlantes, des génies ailés, des victoires, et des sirènes qui envahissent les corbeilles (ill. 369). D'autres sujets (montreurs de singes, animaux savants, archers, jongleurs, acrobates) révèlent, comme les drôleries des manuscrits, une veine d'inspiration profane qui se teinte parfois de fantastique. La plupart des sculpteurs restèrent fidèles aux compositions symétriques adoptées par leurs prédécesseurs du XIe siècle, mais certains d'entre eux expérimentèrent des solutions plus libres : lions et oiseaux souplement recourbés sur les faces des chapiteaux du cloître de Saint-Sernin de Toulouse, acrobate occupant toute la corbeille à Anzy-le-Duc (ill. 363) ou superposition de rangées d'êtres humains, de lions et d'oiseaux

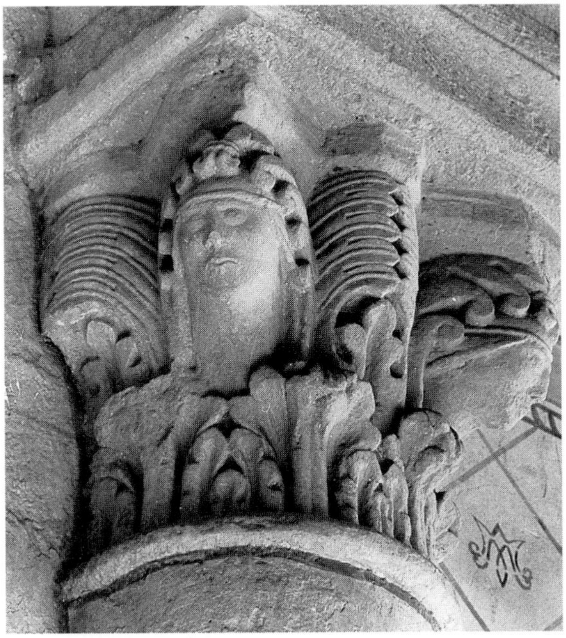

362. La Celle-Bruère (Cher), église Saint-Blaise, chapiteau du chevet : protomes humains.

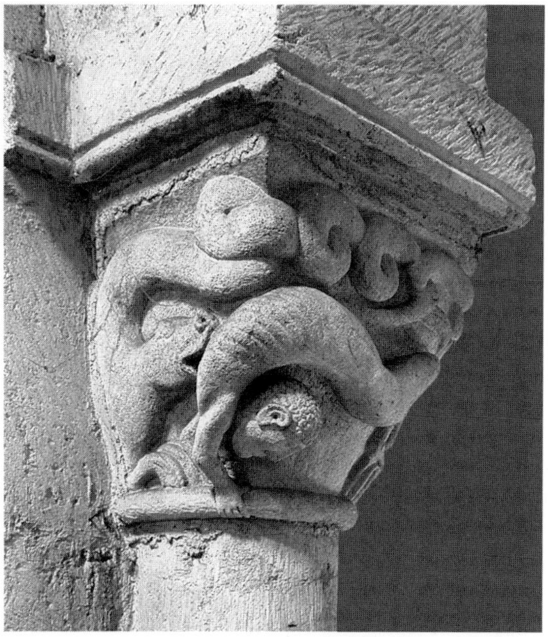

363. Anzy-le-Duc (Saône-et-Loire), église priorale, chapiteau de la nef : acrobate.

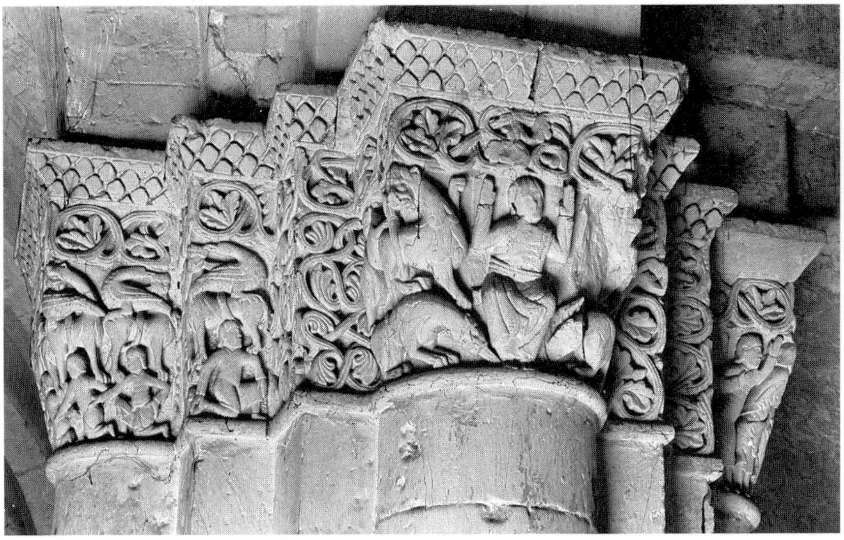

364. Saintes (Charente-Maritime), église Saint-Eutrope, chapiteaux de la croisée du transept : Daniel entre les lions.

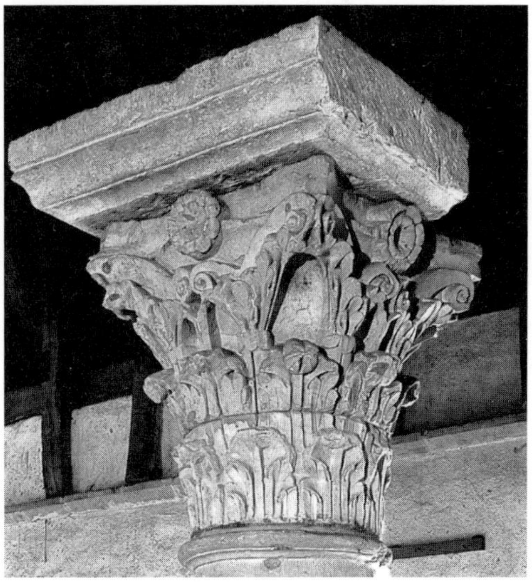

365. Chapiteau corinthien provenant de l'hémicycle de l'église abbatiale de Cluny. Cluny, musée du Farinier.

créant, à la croisée du transept de Saint-Eutrope de Saintes (ill. 364), des effets de frise. La distinction formelle entre chapiteaux historiés et figurés tend donc parfois à s'estomper.

LA RENAISSANCE DU CORINTHIEN

La renaissance du corinthien constitue par ailleurs l'un des phénomènes les plus importants du début du XIIe siècle. Certes, des expériences parfois remarquables, comme celle de Saint-Benoît-sur-Loire, avaient déjà eu lieu au XIe siècle, mais elles étaient restées isolées, et les formes antiques avaient vite été abandonnées au profit de solutions plus schématiques ou plus ornementales. On assiste, au contraire, à partir des années 1090-1100, à un regain d'intérêt quasi général, et qui devait s'avérer durable, pour le véritable corinthien. En effet, tandis que le sculpteur de

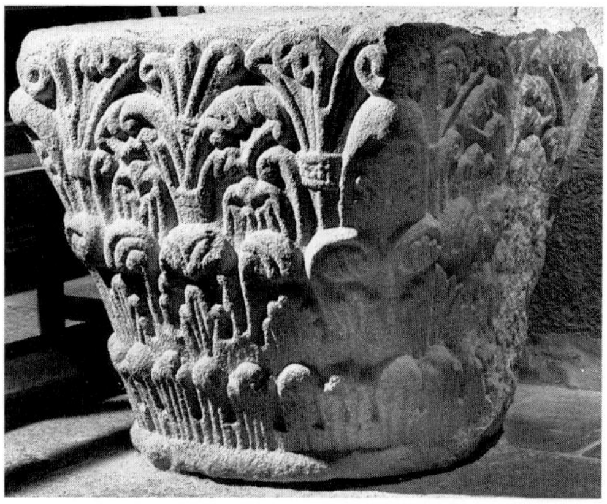

366. Saint-Gildas-de-Rhuys (Morbihan), église abbatiale, chapiteau corinthien provenant de l'hémicycle (?).

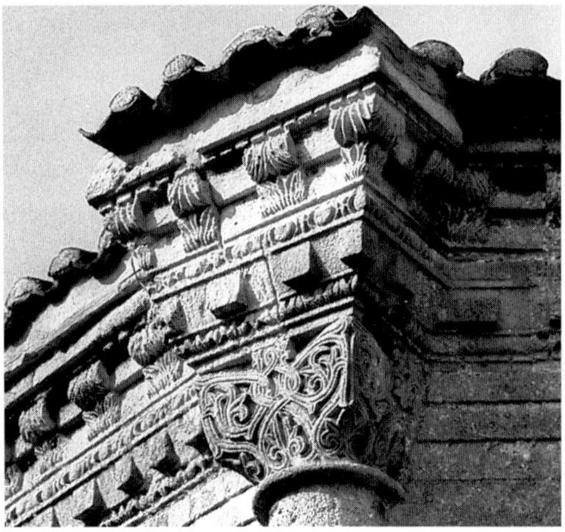

367. Béziers (Hérault), église Saint-Jacques, corniche de l'abside.

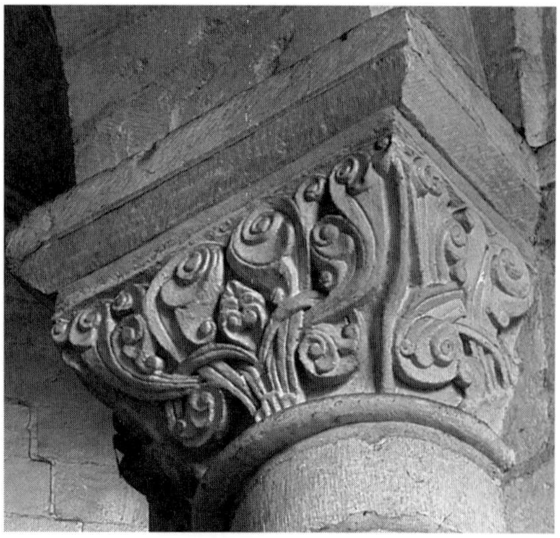

368. Fécamp (Seine-Maritime), église de la Trinité, chapiteau du déambulatoire : rinceaux.

la tour-porche de Saint-Benoît-sur-Loire avait pris pour modèle des œuvres gallo-romaines au végétal luxuriant, mais dépourvues des éléments de liaison (caulicoles, feuilles engaînantes) qui expriment l'idée de la croissance organique, certains maîtres de notre période, comme celui de l'hémicycle de Cluny III, s'inspirèrent d'œuvres canoniques dont ils parvinrent à reproduire la complexité. Cette renaissance ne présente cependant aucun caractère académique. À Cluny même, la formule d'inspiration classique de l'hémicycle (ill. 365) céda la place, dans le bas-côté sud du chœur et dans le bras sud du grand transept, à des compositions plus libres, dans lesquelles l'acanthe sert de prétexte à des variations d'une grande inventivité (ill. 289). On observe également en Auvergne, où le corinthien connut, comme en Bourgogne, un succès notable au cours des premières décennies du XIIe siècle, une grande diversité de solutions tandis qu'à Saint-Sernin de Toulouse, où une tendance à la stylisation avait entraîné, dans les chapiteaux du chevet, diverses altérations de l'acanthe, les sculpteurs de la nef surent insuffler une nouvelle vitalité à certaines formules anciennes. Presque toutes les régions furent touchées par cet intérêt pour le corinthien. Outre la Bourgogne et l'Auvergne, où le phénomène prit une ampleur extrême, on rencontre aussi des tentatives en Bretagne (Saint-Gildas-de-Rhuys, ill. 366), en Languedoc (Alet) et peut-être, déjà, en Provence et dans la vallée du Rhône, où le corinthien s'imposera jusqu'à la fin de l'art roman comme *leitmotiv* du décor architectural.

L'admiration légitime des sculpteurs du début du XIIe siècle pour un type de chapiteau d'une richesse formelle sans pareille suffit-elle à justifier un engouement si général pour le corinthien ? On ne peut apporter de réponse simple à cette question. Parmi les nombreux types végétaux du répertoire roman, seul le corinthien est investi d'une valeur historique. Celle-ci fut sans doute perçue par un certain nombre de commanditaires et de sculpteurs soucieux de faire revivre pour des raisons diverses, culturelles ou politiques, un modèle prestigieux de l'Antiquité. Le choix du corinthien pour principal thème du décor architectural de Cluny III, choix qui va de pair avec l'adoption de pilastres cannelés et de frises de rais-de-cœur, apparaît ainsi comme une référence délibérée à l'art romain. Mais sans doute existait-il aussi un accord plus profond entre un schéma exprimant le dynamisme de la croissance végétale et la sensibilité du temps. L'absence d'intérêt des sculpteurs romans pour les chapiteaux ioniques ou composites est significative à cet égard ; la renaissance du corinthien ne constitue en fait que l'une des manifestations d'un goût croissant pour les formes végétales riches, luxuriantes et pleines de sève, même lorsque, comme c'est souvent le cas dans l'Ouest aquitain, elles dérivent de la palmette plutôt que de l'acanthe.

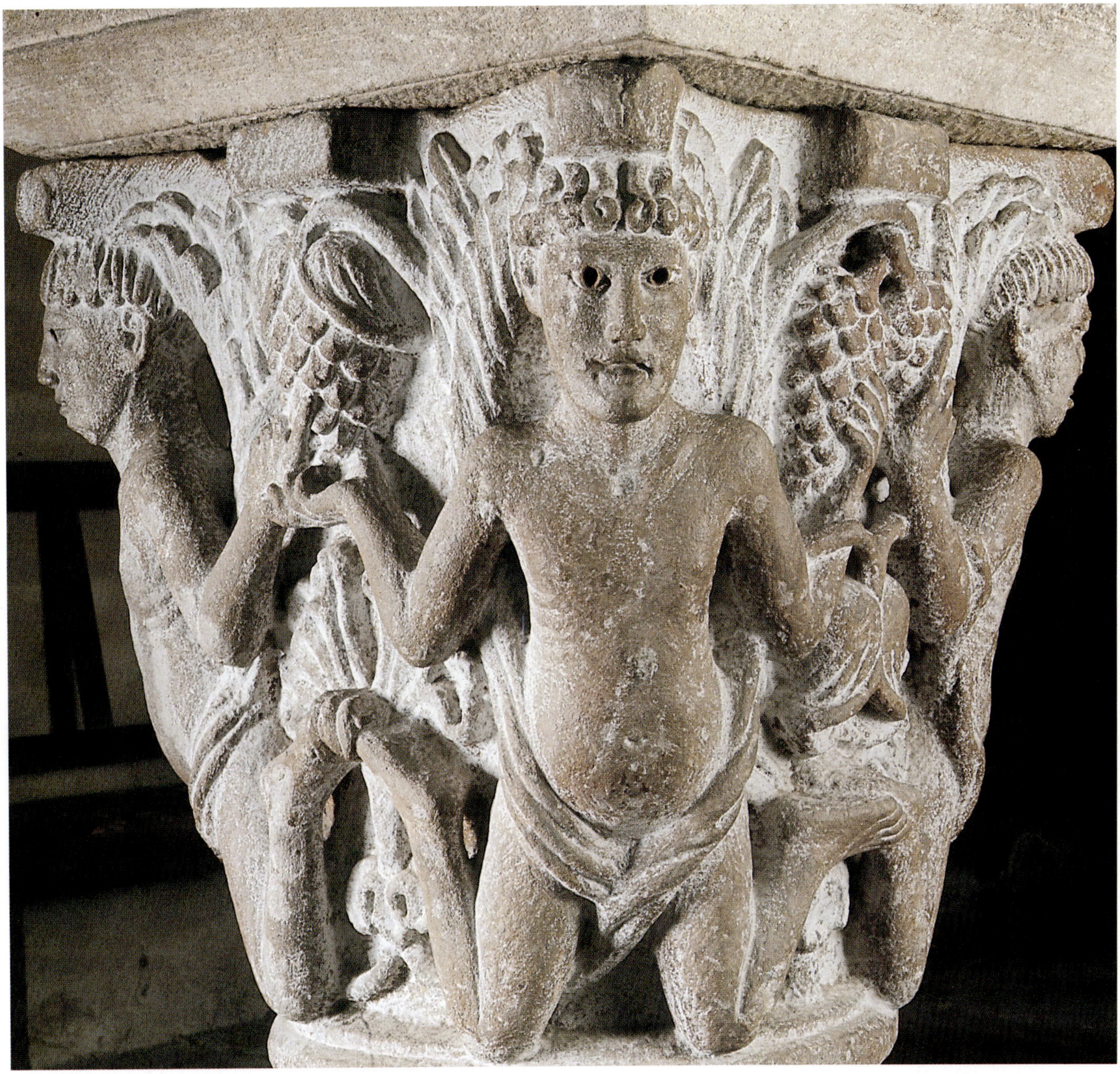

369. Mozat (Puy-de-Dôme), église Saint-Pierre, chapiteau déposé : atlantes.

L'ALLIANCE DU VÉGÉTAL ET DE LA FIGURE

L'alliance du végétal et de la figure, si fréquente au début du XIIe siècle, est particulièrement révélatrice d'un intérêt accru pour le monde vivant. La distinction, utile pour l'étude des programmes iconographiques, entre chapiteaux historiés, figurés et végétaux n'a, en effet, rien d'absolu. De même qu'un grand nombre de chapiteaux végétaux abritent des figures, renouant ainsi avec la tradition antique du corinthien peuplé, les feuillages jouent un rôle important dans la composition de beaucoup de chapiteaux historiés et figurés ; à Cluny, les allégories s'inscrivent dans un cadre corinthien omniprésent ; à Autun, des éléments d'une flore fantastique s'immiscent entre les personnages, équilibrent les compositions, voire structurent l'espace scénique ; à Saint-Eutrope de Saintes, figures humaines, animaux et végétaux sont inextricablement mêlés ; à la porte Miégeville et dans le cloître de Saint-Sernin de Toulouse, lions et oiseaux sont soumis à l'emprise de lianes tentaculaires.

DES CRÉATIONS À CONTRE-COURANT

Les formules purement ornementales en vogue au siècle précédent tendent, en revanche, à régresser. On continue, certes, à rencontrer des corbeilles ornées d'entrelacs au sud du Massif central, mais le dessèchement des formes trahit une vitalité amoindrie, alors que l'adoption dans certains édifices (à Saint-Jacques de Béziers, par exemple) d'un vocabulaire architectural inspiré de l'Antiquité révèle un changement de goût significatif (ill. 367). Fidèle à une tradition d'aniconisme qui, sans être exclusive, s'était affirmée au cours du XIe siècle, la Normandie constitue un cas particulier. Comme par le passé, deux conceptions du décor s'y opposent. À l'instar des sculpteurs du chœur de Bernay et de la nef de Jumièges, ceux de la Trinité de Fécamp (ill. 368), de Saint-Ouen de Rouen ou de l'abside de la Trinité de Caen transposent sur des corbeilles inarticulées des compositions denses, traitées avec une certaine préciosité, empruntées à l'enluminure (rinceaux stylisés parfois peuplés de quelques animaux). Mais, à la différence de leurs prédécesseurs, ils s'inspirent le plus souvent de la production locale contemporaine. Parallèlement, les tendances simplificatrices qui caractérisaient le décor monumental des grandes constructions entreprises à l'époque de Guillaume le Conquérant connaissent de nouveaux développements. En effet, à côté des corbeilles lisses à grosses volutes d'angle qui, vers 1100, conservent encore la faveur de quelques sculpteurs apparaît un nouveau type de chapiteau promis à une longue carrière : le chapiteau à godrons, constitué de faisceaux de volumes tronconiques couronnés de festons[280]. Ce goût de l'abstraction se retrouve, sous d'autres formes, dans beaucoup d'églises bretonnes et dans divers édifices des vallées de l'Aisne et de l'Oise (Oulchy-le-Château, Morienval), où les sculpteurs utilisèrent un répertoire de motifs étoilés et de méandres pour créer des compositions couvrantes, répétitives, traitées en faible relief (ill. 309). Ce type de décor géométrique, marginal en son temps, devait être rapidement délaissé en Île-de-France. Il n'en témoigne pas moins de la diversité des courants qui continuent de coexister dans la sculpture monumentale du début du XIIe siècle, même si l'émergence de tendances majoritaires permet, ce qui n'était pas le cas au XIe siècle, de dégager le sens d'une évolution générale.

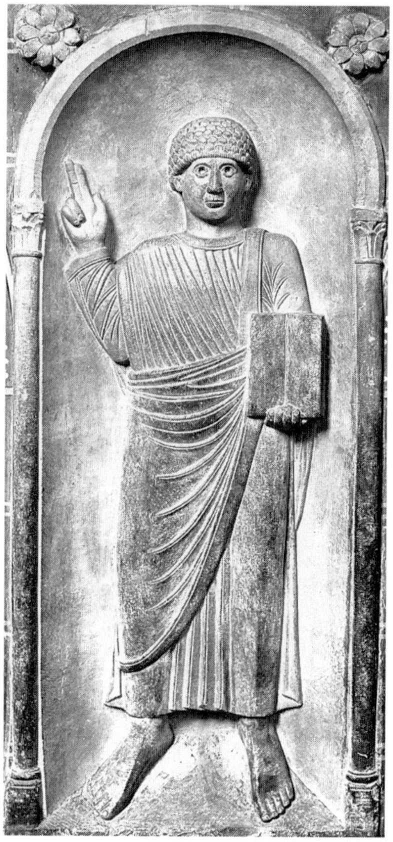

370. Toulouse (Haute-Garonne), église Saint-Sernin, plaque de marbre remployée dans le déambulatoire : apôtre.

VII. LA STYLISTIQUE ROMANE

LA CONQUÊTE DU RELIEF

La sculpture de personnages de grandes dimensions constitue l'une des principales conquêtes du début du XIIe siècle. Les apôtres des piliers du cloître de Moissac mesurent environ 1,45 m de haut ; les figures de saint Pierre et d'Isaïe qui occupent, toujours à Moissac, les piédroits du portail sont, comme l'Isaïe de Souillac, sensiblement grandeur nature (de 1,54 m à 1,59 m). Il en est de même des statues remployées dans le bras nord du transept de Conques ou des personnages sous arcature de la façade d'Angoulême. Les figures sculptées sur les trumeaux ont une hauteur plus importante encore (environ 1,85 m à Moissac) et celles qui occupent le centre d'un tympan peuvent atteindre, comme à Autun ou à Vézelay, 3 m. Il en résultait des problèmes nouveaux. La plupart des premiers sculpteurs qui tentèrent cette expérience choisirent la taille en cuvette, qui leur permettait, en réservant le pourtour du bloc, de fournir un cadre aux figures ; telle fut la solution adoptée, par exemple, aux piliers du cloître de Moissac et au tympan de Charlieu. La taille en cuvette n'impliquait

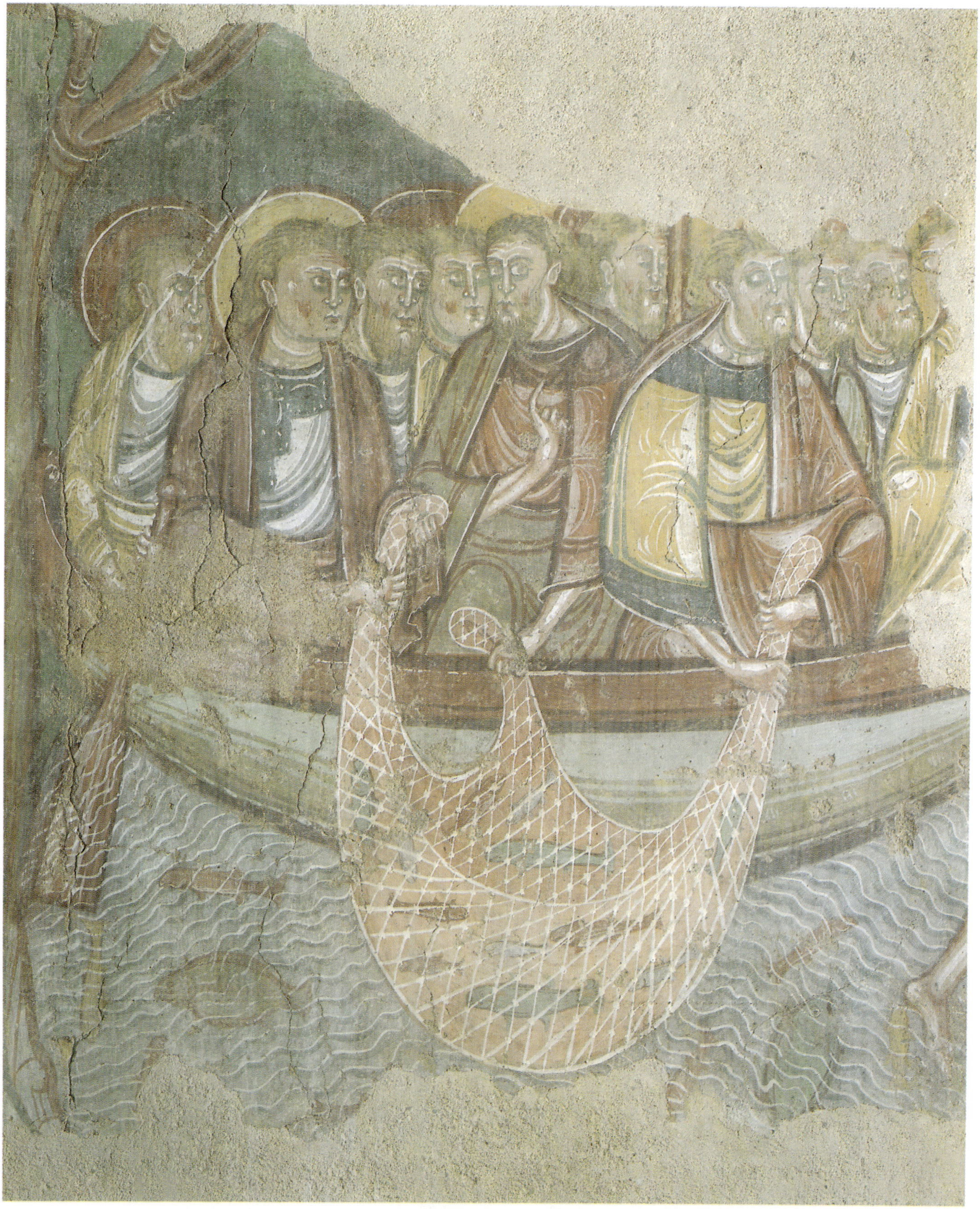

371. Vendôme (Loir-et-Cher), abbaye de la Trinité, peintures de la salle capitulaire : Pêche miraculeuse.

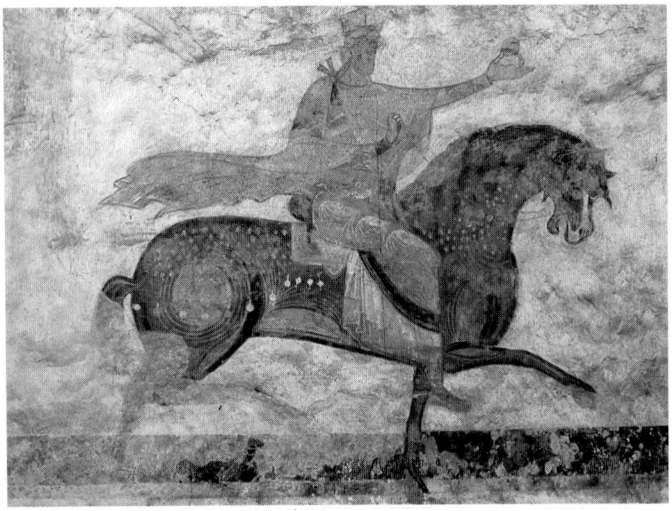

372. Poitiers (Vienne), baptistère Saint-Jean, peintures : empereur à cheval.

cependant aucun choix particulier en matière de relief. Les apôtres de Moissac sont traités dans un relief très plat qui laisse une large place à la suggestion, tandis que certains des anges et des apôtres remployés dans le déambulatoire de Saint-Sernin de Toulouse (ill. 370), exécutés à une date voisine, offrent des volumes d'une plus grande plénitude[281]. Les figures du tympan de Cluny, bien qu'également sculptées en réserve, étaient, pour leur part, puissamment dégagées du fond. Cette technique de la taille en cuvette devait cependant être bientôt délaissée au profit du véritable relief[282], tant pour les figures des grands tympans appareillés que pour les figures isolées. Les personnages sculptés aux piédroits du portail de Moissac, aux écoinçons du portail de Cluny ou de la porte Miégeville à Saint-Sernin de Toulouse, comme ceux de la façade d'Angoulême, se détachent ainsi avec un relief plus ou moins saillant sur le nu du mur.

LE DYNAMISME DE LA LIGNE

Cette redécouverte du relief ne conduit cependant pas vers l'imitation de la nature. Les sculpteurs du début du XIIe siècle gardent une vision du monde à la fois irréaliste et conventionnelle, qui ne diffère en rien de celle de leurs prédécesseurs sinon par l'autorité nouvelle de sa traduction plastique. Même lorsque les corps sont sculptés en haut relief, ils paraissent dépourvus de poids et ne tendent pas à se développer dans l'espace – seules les têtes se détachent parfois du fond. Quel que soit le type de relief adopté, les bras restent souvent collés au torse, dans des positions invraisemblables sur le plan anatomique, mais dont les sculpteurs surent souvent tirer des effets d'une grande force expressive. De même, les jambes de certains grands personnages assis sont-elles disposées de manière plus ornementale que naturelle (jambes écartées en losange du Christ du Jugement dernier d'Autun, jambes repliées latéralement, dessinant un zigzag, au portail central de Vézelay). Les vêtements, qui adhèrent aux parties saillantes du corps, jouent un grand rôle dans la définition des attitudes. Basé sur un graphisme de surface qui substitue à une cohérence anatomique une cohérence purement stylistique, leur traitement est l'objet d'une recherche constante de la part des sculpteurs ; larges plans doucement modelés et scandés de place en place par des plis pincés, au cloître de Moissac ; surfaces rondes, amples et généreuses organisées par de gros plis courbes et saillants, à la porte Miégeville ; fin réseau de lignes légères n'altérant pas les volumes, à Souillac ou à Autun ; plis biais plus ou moins profondément entaillés à la façade de la cathédrale d'Angoulême ou à Cluny ; larges et paisibles aplats à Conques ; tourbillons, courbes et contre-courbes qui paraissent animés d'une énergie interne, au tympan central de Vézelay ; plis repassés du portail de Moissac, etc.

La stylisation des formes qui s'était affirmée précocement dans la peinture, mais qui restait encore timide dans la sculpture monumentale de la seconde moitié du XIe siècle, se manifeste désormais avec une force comparable dans les deux techniques. On observe dans beaucoup d'œuvres sculptées du début du XIIe siècle un dynamisme tout pictural de la ligne, et sans doute les rapprochements étaient-ils plus frappants encore à l'origine, lorsque la couleur s'ajoutait au relief ; nous ne disposons, hélas, que de peu de renseignements sur ce sujet. L'observation des fragments du portail de Cluny III permet cependant de restituer l'essentiel d'une vive polychromie, qui pourrait être primitive : le Christ, vêtu d'un manteau rouge, se détachait sur une mandorle de couleur orange, rehaussée d'or. Le fond du tympan était bleu cobalt, et on trouvait en abondance, sur les personnages latéraux, du vermeil, de l'ocre jaune, et un vert obtenu par le mélange d'ocre jaune et de bleu. À Conques, les démons étaient peints en rouge, les étoiles en or, et bon nombre d'élus portaient des vêtements bleus. Mais ces exemples sont-ils représentatifs d'un goût général pour les couleurs ardentes ? Rien ne permet de l'affirmer.

Au-delà de cette communauté de définition stylistique, les procédés en vigueur dans la peinture murale et dans la sculpture continuent de différer quelque peu. Les conventions graphiques utilisées par les peintres de Saint-Savin à la fin du XIe siècle se retrouvent dans un certain nombre de peintures murales des environs de 1100, comme les fresques de la salle capitulaire de la Trinité de Vendôme découvertes en 1972 (ill. 371) ou celles du baptistère Saint-Jean de Poitiers (ill. 372). Le peintre du premier ensemble a joué avec une grande maîtrise des contrastes de couleur et a diversifié sa palette tantôt en employant les teintes pures (ocre jaune, ocre rouge, vert, blanc, noir), tantôt en les superposant ou en les mélangeant de manière à obtenir des roses orangés ou des gris bleutés particulièrement subtils [283]. Le second s'affirme comme un admirable dessinateur. L'un des quatre empereurs à cheval qui convergent vers le Christ, mieux conservé que les autres, est remarquable tant par le rythme puissant qui anime la marche de la monture que par le traitement des draperies, dont certaines soulignent la jambe du cavalier tandis que d'autres flottent au vent derrière lui [284]. Cette valeur dynamique de la ligne ne cesse de s'affirmer, entre Loire et Pyrénées, au cours des premières décennies du XIIe siècle. Sur le vitrail de la Vierge en Majesté remployé dans une fenêtre de l'abbatiale gothique de la Trinité de Vendôme (ill. 373), et primitivement destiné à une baie très étroite (environ 3 m de hauteur pour 1 m de largeur), les personnages sont démesurément étirés pour s'adapter au cadre architectural. Les plis des vêtements, d'un rigoureux géométrisme, accentuent encore l'allongement des figures, dans une exagération stylistique d'un grand raffinement. Sans doute cette œuvre – l'une des plus anciennes verrières conservées en France – fut-elle exécutée vers 1130, comme le suggèrent diverses comparaisons avec l'enluminure du Val de Loire. Dans les peintures murales de Vicq (ill. 374), qui ne peuvent guère être antérieures aux années 1130, l'expression est plus brutale. Rarement la recherche de stylisation fut poussée aussi loin que dans cet ensemble de fresques décorant le sanctuaire d'une église paroissiale dépendant de l'abbaye de Déols [285]. Les scènes de la vie du Christ, réparties sur plusieurs registres, montrent une schématisation énergique des volumes et un traitement presque mécanique des mouvements. Le cloisonnement des surfaces, souligné par l'opposition systématique de couleurs claires et foncées, loin de brouiller les compositions, leur confère une solidité d'effet très monumental. Beaucoup de peintres adoptèrent cependant une facture moins appliquée. À Tavant, en Touraine, ou à Saint-Martin-de-Fenollar (ill. 376), en Roussillon, la touche se fait plus rapide, plus suggestive, mais l'essentiel demeure : le dynamisme des attitudes, l'élan des compositions.

LA DÉCOUVERTE DE L'ART BYZANTIN

Cette unité stylistique devait cependant être brisée par l'adoption, dans quelques édifices en Bourgogne ou dans le Velay, de procédés nouveaux en France, empruntés à des sources italiennes soumises à l'influence byzantine. Le transept de la cathédrale du Puy fut ainsi doté, vers 1100, d'un vaste ensemble de peintures à fond bleu dont la gamme de

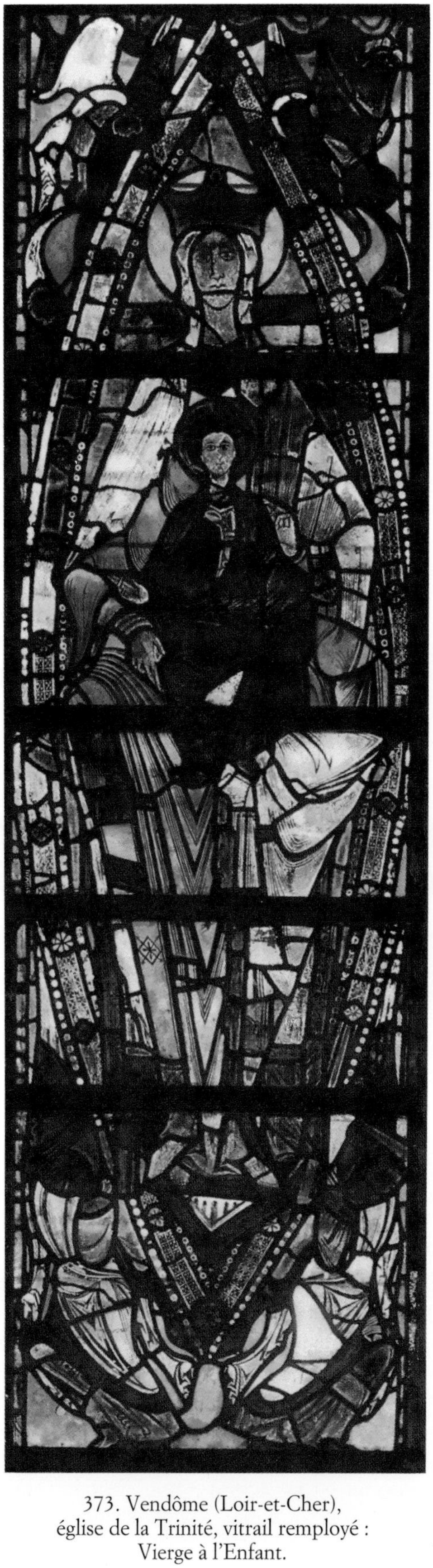

373. Vendôme (Loir-et-Cher), église de la Trinité, vitrail remployé : Vierge à l'Enfant.

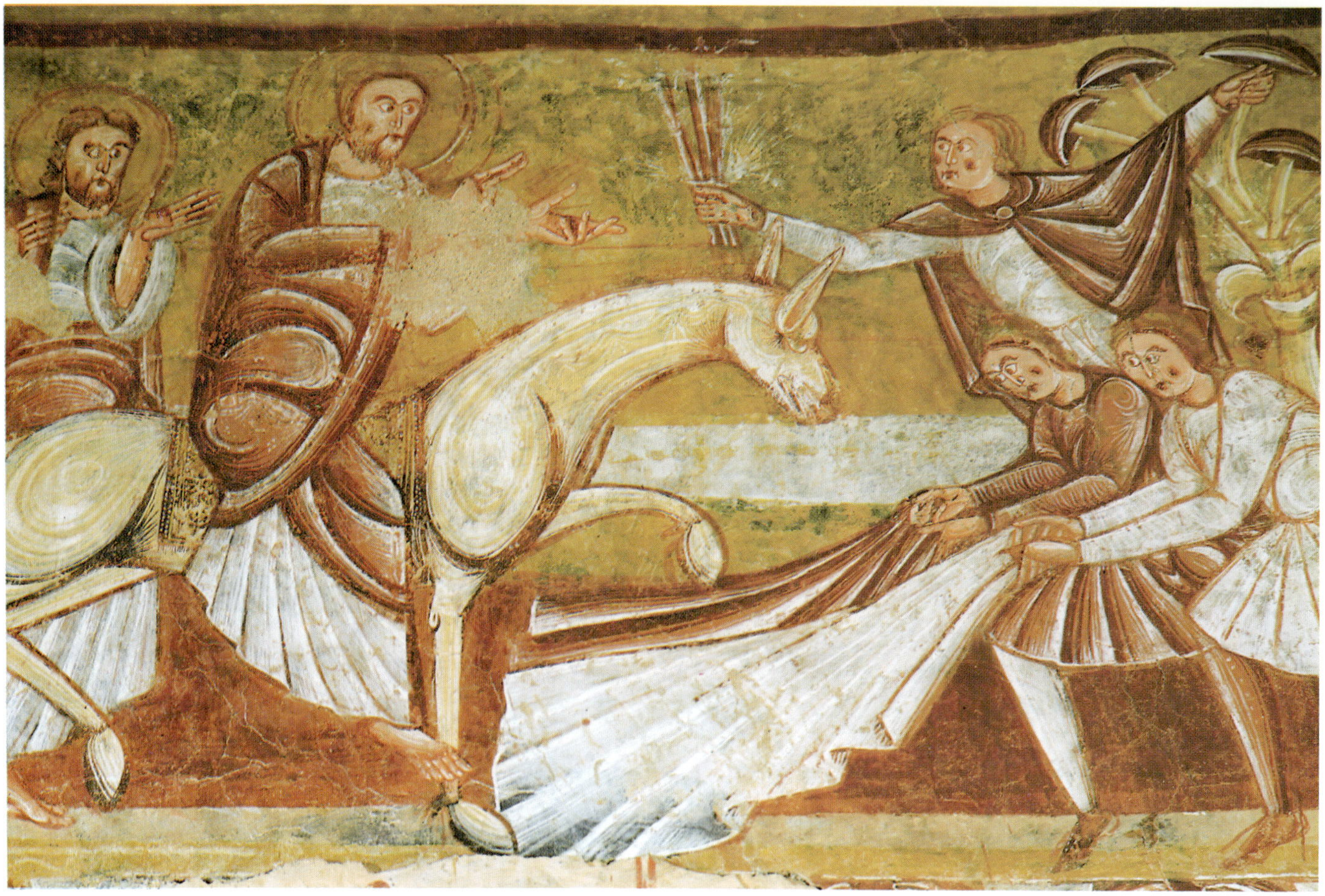

374. Vicq (Indre), église Saint-Martin, peintures du chœur : Entrée à Jérusalem.

Page de droite : 375. Berzé-la-Ville (Saône-et-Loire), chapelle, peintures de l'abside : *Traditio legis*.

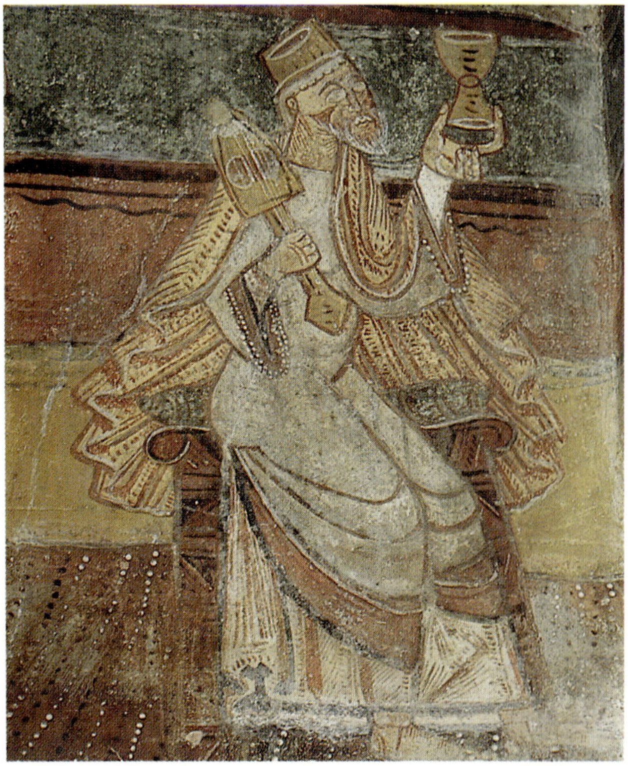

376. Saint-Martin-de-Fenollar (Pyrénées-Orientales), chapelle, peintures du chœur : Vieillard de l'Apocalypse.

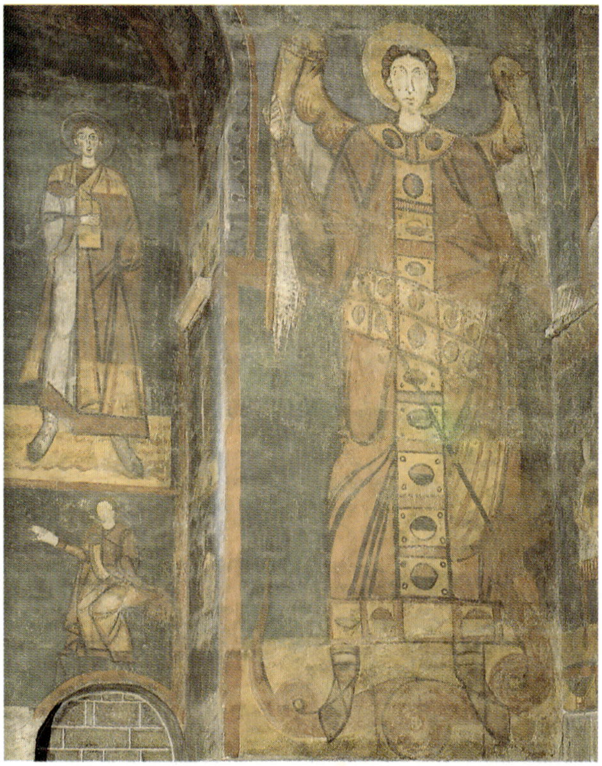

377. Le Puy (Haute-Loire), cathédrale Notre-Dame, transept, peintures de la tribune du bras nord : saint Michel.

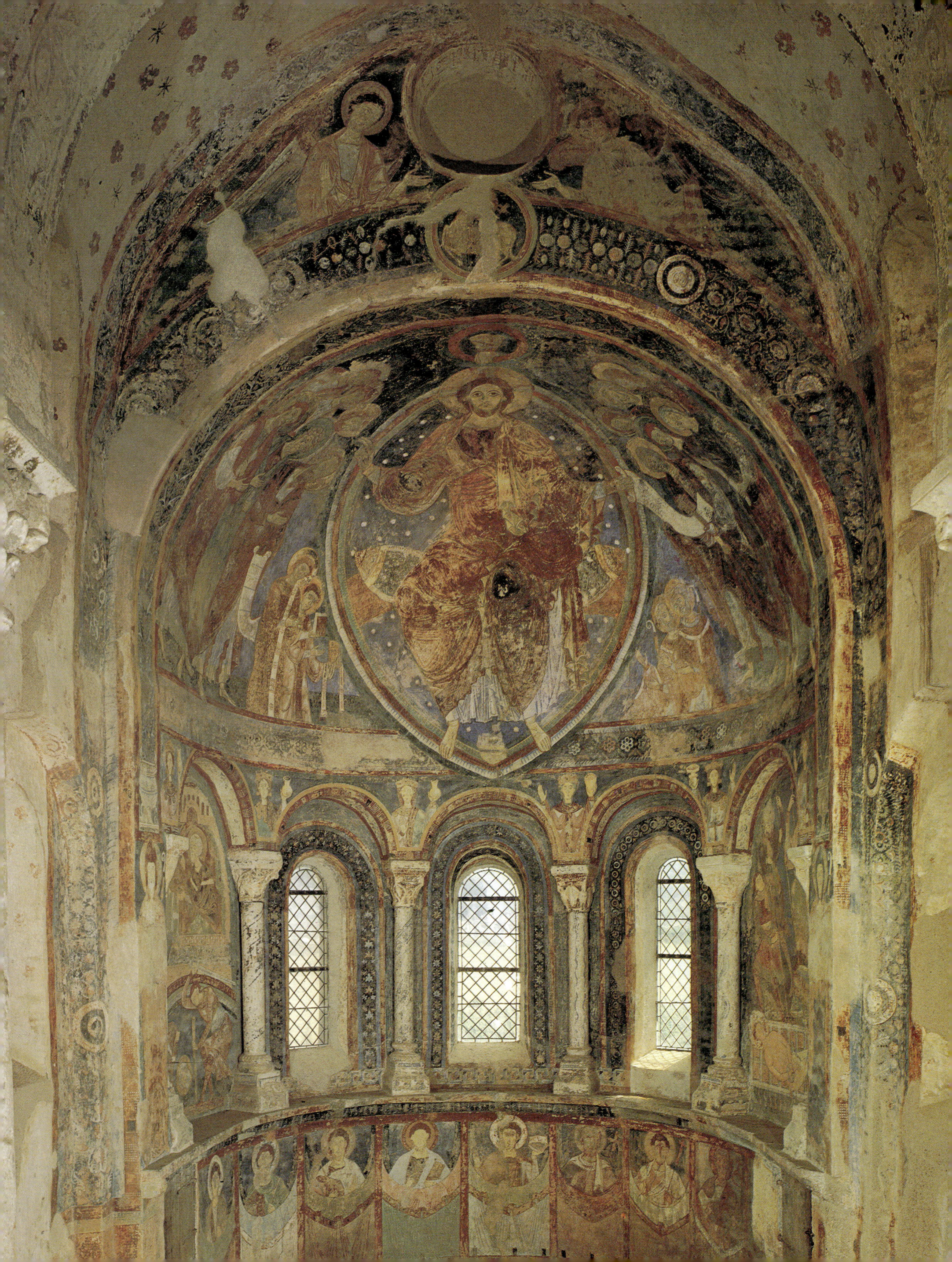

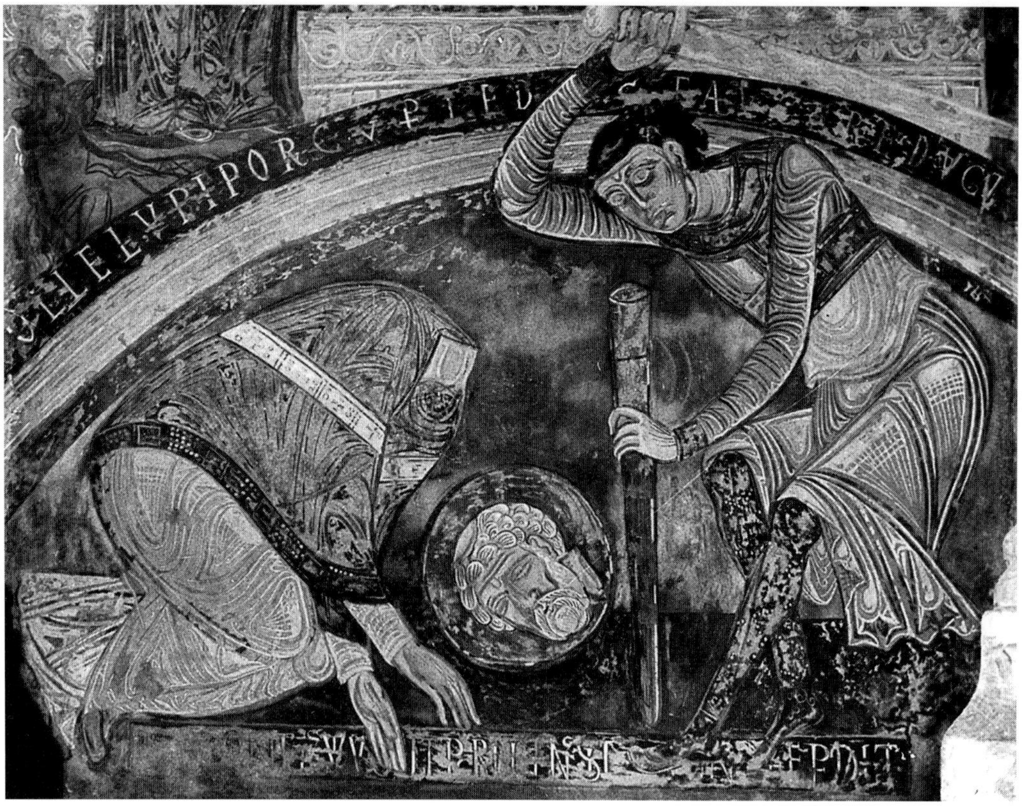

378. Berzé-la-Ville (Saône-et-Loire), chapelle, peintures du chœur : martyre de saint Blaise.

couleurs, qui fait largement appel au rouge et au jaune vif, rompt avec la tradition, héritée de l'époque carolingienne, des tons à dominante d'ocre. Il est difficile de juger du style des peintures du bras sud, connues seulement par de médiocres relevés effectués avant leur destruction au milieu du XIXe siècle. En revanche, celles du bras nord montrent que l'adoption d'une nouvelle gamme de couleurs allait de pair avec un changement dans la manière de mettre en scène certains personnages. La figure de saint Michel (ill. 377), haute de près de 5,5 m, est révélatrice à cet égard. Vêtu du costume d'apparat byzantin, caractérisé par le *loros* et l'écharpe réhaussés d'or et de pierreries, l'archange est représenté frontalement dans une position hiératique, sans un regard en direction du dragon qu'il transperce de sa lance. Quel contraste entre cette impassibilité d'icône et la fureur des combats qui opposent d'ordinaire dans le monde roman les anges et les démons ! On n'observe, en revanche, aucun byzantinisme dans le programme iconographique, basé sur une confrontation typologique entre des épisodes de l'Ancien et du Nouveau Testament (Salomon accueillant la reine de Saba et l'Entrée du Christ à Jérusalem ; Moïse faisant jaillir l'eau du rocher et la Cène ; Moïse tenant les Tables de la loi et le Christ s'adressant aux apôtres...).

Le peintre qui, dans les premières années du XIIe siècle, décora la chapelle des abbés de Cluny à Berzé-la-Ville (ill. 375 et 378), s'inspira pour sa part de modèles de la région de Rome ou du Mont-Cassin, tant pour le thème de l'abside (la *traditio legis*, c'est-à-dire la remise de la Loi à saint Pierre, et un collège apostolique entourant le Christ) que pour le répertoire ornemental (frises végétales remises à l'honneur par les peintres romains autour de 1100). La gamme de couleurs, dominée par le bleu azur intense du fond, est enrichie par le jeu des superpositions de teintes (le violet, par exemple, est obtenu à partir de lapis-lazuli et de cinabre). Le Maître de Berzé-la-Ville a encore emprunté à la peinture byzantinisante d'Italie centrale un certain nombre de traits tels que les personnages vus de trois quarts, les visages accusés par des ombres verdâtres et, surtout, le dessin si particulier des plis, basé sur l'emboîtement de triangles curvilignes encadrés de traits s'ouvrant en éventail. Si les sources exactes du peintre de Berzé restent difficiles à préciser, son œuvre n'est pas isolée en Bourgogne. Plusieurs manuscrits enluminés à Cluny vers 1100 (ill. 380) offrent les mêmes caractères stylistiques[286], et la technique raffinée des fresques de Berzé (exécutées sur une solide couche préparatoire et complétées par une reprise à sec des détails) se

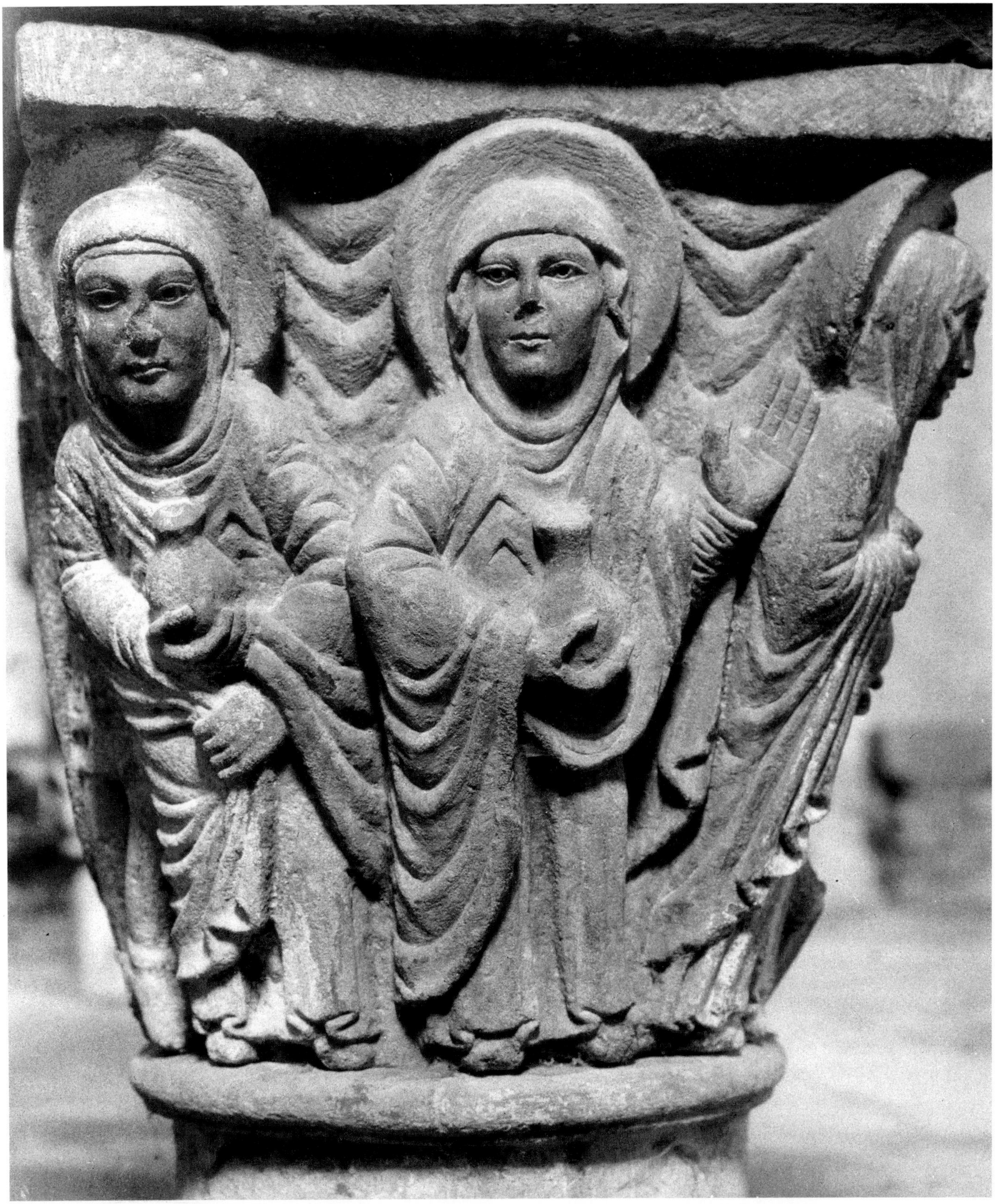

379. Mozat (Puy-de-Dôme), église abbatiale, chapiteau déposé : Saintes Femmes au Tombeau.

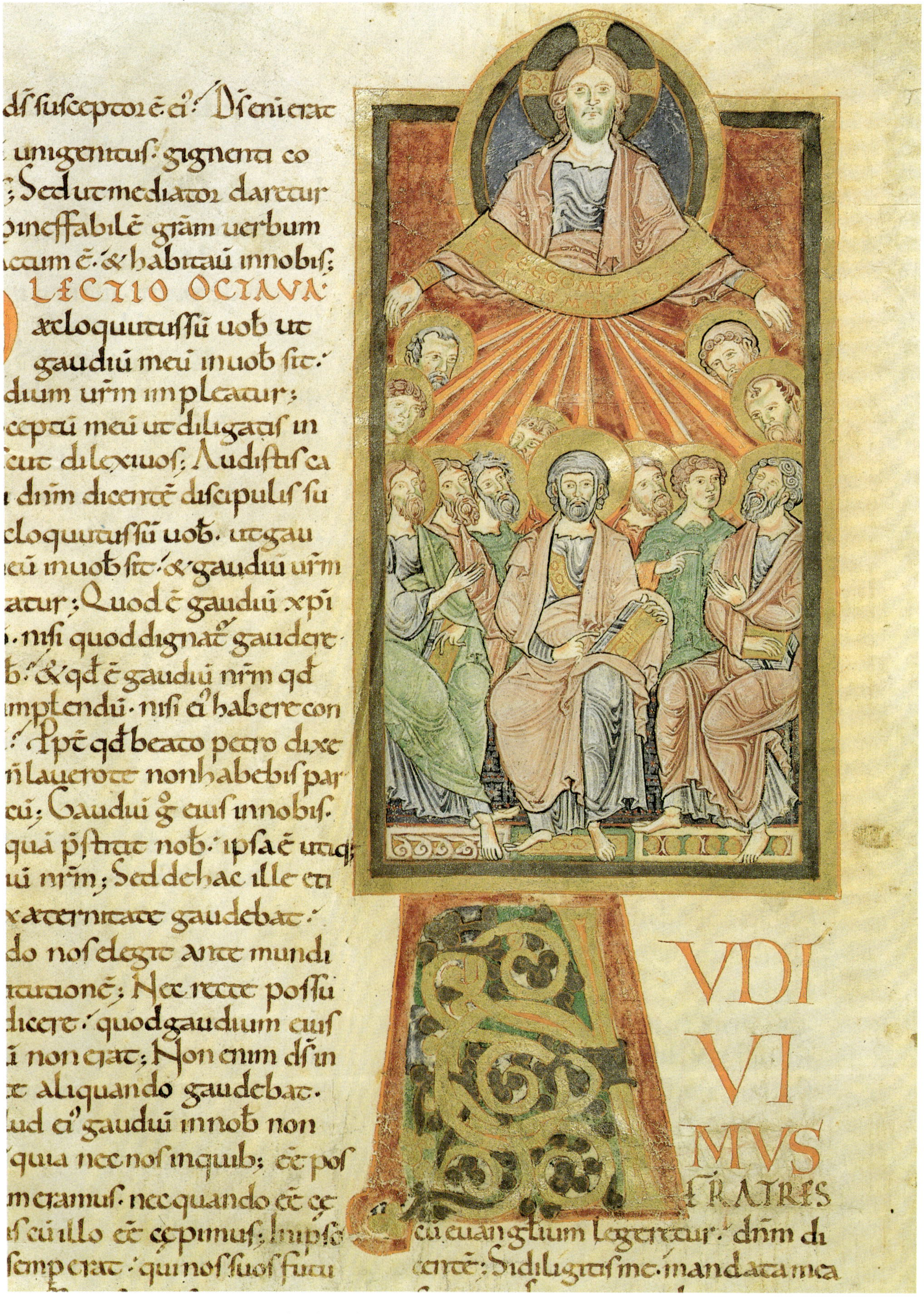

380. Lectionnaire de Cluny : la Pentecôte. Paris, Bibliothèque nationale, Lat. 2246, f. 79v.

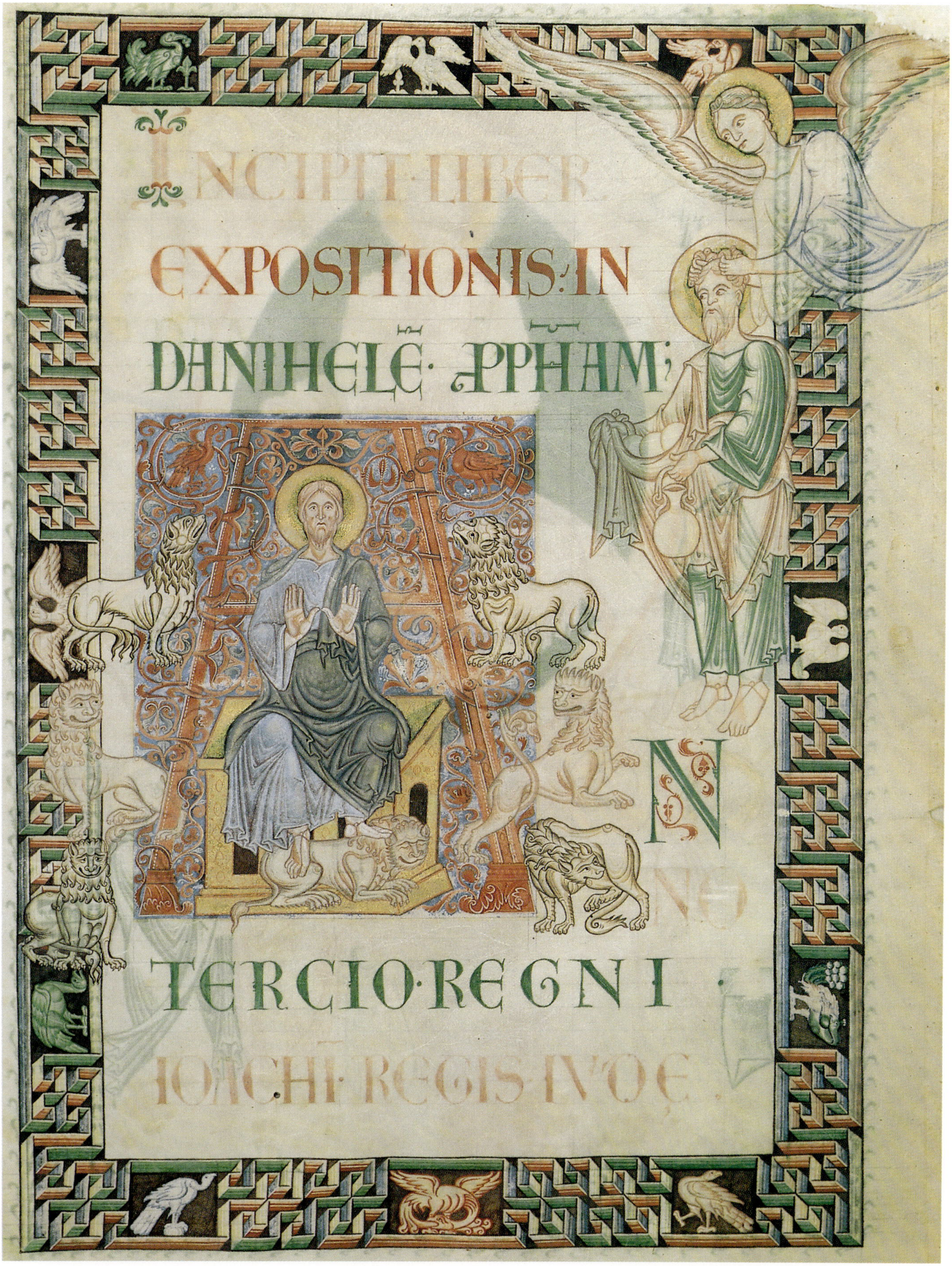

381. Saint Jérôme, *Commentaire sur Daniel* : Daniel entre les lions. Dijon, Bibliothèque municipale, ms. 132, f. 2v.

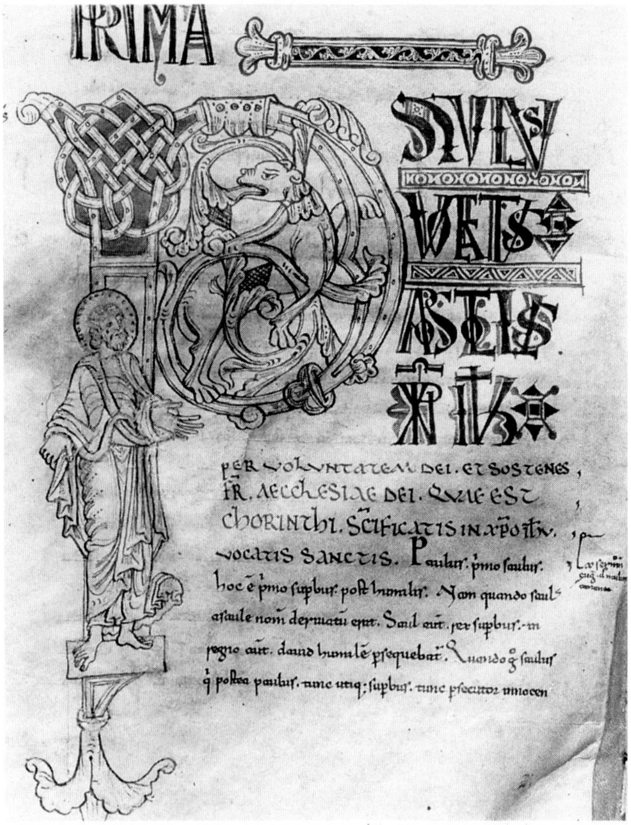

382. Florus de Lyon, *Commentaire* : initiale historiée.
Nîmes, Bibliothèque municipale, ms. 36, f. 184.

retrouve dans les fragments de peintures provenant de l'abside de Cluny III[287]. Comme le recours, dans la grande abbatiale, à un vocabulaire architectural antique (pilastres cannelés, chapiteaux corinthiens, etc.), l'adoption pour son décor pictural de modèles empruntés à la Rome contemporaine témoigne non seulement de l'admiration que suscitaient à Cluny les monuments de l'*Urbs*, qu'ils soient antiques et médiévaux, mais aussi d'une volonté constamment affirmée de souligner les liens de dépendance particuliers qui unissaient l'abbaye à la papauté.

Les peintres de Cluny ne furent cependant pas les seuls, en Bourgogne, à s'inspirer de sources italo-byzantines. Plusieurs enlumineurs de Cîteaux firent de même dans les années 1120-1135 (ill. 381), sans que ce choix puisse être justifié par des raisons comparables à celles qui animaient les artistes clunisiens[288]. Sans doute la richesse du modelé et la valeur presque plastique de certains modèles suffisent-elles à expliquer l'intérêt que ceux-ci purent susciter auprès d'artistes habitués au seul jeu des lignes et des aplats de couleurs uniformes. Toutefois, dans la plupart des œuvres françaises d'inspiration italo-byzantine, la formation des peintres transparaît dans la vivacité de la ligne, l'inconsistance, parfois, des corps, ou la gratuité de certains jeux graphiques. Cette première vague d'influences byzantines, filtrée par l'Italie, n'en témoigne pas moins de l'existence, dans quelques foyers artistiques, d'une réceptivité nouvelle à un art grave et idéalisé qui allait, au cours de la seconde moitié du XIIe siècle, contribuer à remettre en question les fondements de l'art roman.

La dialectique des contraires

La stylisation ne règne pas non plus de manière uniforme dans la sculpture monumentale. Elle est portée à son sommet en Aquitaine (porche de Moissac, chapiteaux de la salle capitulaire de Marcilhac, etc.), elle est importante au tympan de Vézelay, à Neuilly-en-Donjon ou à la façade de Notre-Dame-la-Grande de Poitiers. Cette stylisation poussée n'exclut pas l'existence d'une certaine sensibilité à l'être humain. Il n'est que de considérer les figures du portail de Moissac ou celles de Gislebertus à Autun pour s'en convaincre. Mais elle en offre une expression codifiée qui, selon le tempérament des artistes, peut tendre vers le plus schématique ou le plus suggestif. Elle est parfois tempérée, en Auvergne notamment, par l'observation de l'Antiquité . L'œuvre du Maître de Mozat est particulièrement révélatrice à cet égard, avec ses figures stables, sereines, sculptées dans un relief aux volumes pleins (ill. 379). De même que l'exemple de la peinture italo-byzantine ouvrait à certains peintres de nouvelles perspectives, celui de la sculpture gallo-romaine conduisait certains sculpteurs à porter un autre regard sur la figuration de l'être humain.

Stylisation et « humanisme » apparaissent donc comme les deux pôles d'attraction entre lesquels oscille la création romane au début du XIIe siècle. La première tendance l'emporte, certes, mais elle ne saurait à elle seule caractériser une réalité plus complexe, recelant de multiples contradictions. Tandis qu'émergent certaines des préoccupations qui allaient, au cours de la seconde moitié du XIIe siècle, entraîner de profonds changements dans le paysage artistique, l'irrespect fondamental des apparences sensibles, de règle depuis le début de l'art roman, trouve son expression la plus accomplie dans la soumission de l'être humain à un cadre, que ce dernier soit architectural, dans le cas de la sculpture, ou qu'il s'agisse d'initiales, dans celui de l'enluminure. À l'homme-chapiteau de Saint-Bénigne de Dijon succèdent ainsi les hommes-trumeaux de Moissac ou de Beaulieu, les hommes-claveaux d'Aulnay ou de Notre-Dame de Saintes, les hommes-cercles des voussures de Vézelay, d'Autun ou de certains manuscrits de Cîteaux (ill. 383) [289]. Sans recourir à une subordination aussi extrême des figures, beaucoup d'artistes utilisèrent le cadre comme élément organisateur des compositions. Ainsi, le saint Pierre du portail de Moissac adhère par un maximum de points aux limites du bloc dans lequel il est sculpté. Bien que spécifiques de l'art roman, ces jeux ne sauraient cependant être érigés en loi. L'association de la lettre et du corps humain n'est pas toujours aussi contraignante pour ce dernier que dans les manuscrits de Cîteaux précédemment évoqués (ill. 382) et, dans le domaine des chapiteaux historiés, le mode de relation entre les personnages et les corbeilles varie considérablement d'un exemple à l'autre ; petites silhouettes évoluant sur un fond nu, au cloître de Moissac ou à Airvault ; allégories de Cluny indifférentes aux médaillons qui les entourent ; figures occupant toute la hauteur des corbeilles et ignorant la contrainte des angles à Mozat et dans beaucoup d'églises d'Auvergne ; savantes mises en scène à Autun, où Gislebertus, en plaçant certains personnages aux extrémités latérales des faces, parvint à élargir de manière suggestive le champ de l'action. On ne saurait mieux éclairer cette situation paradoxale et confuse en apparence qu'en faisant appel à l'exemple du schéma corinthien, tantôt reproduit de manière scrupuleuse, tantôt prétexte aux variations les plus imprévues – les deux points de vue étant souvent adoptés au sein d'un même ensemble et, parfois, par un même sculpteur. L'image d'un végétal discipliné qui s'exprime à travers le schéma corinthien renvoie ainsi à celle d'un végétal de fantaisie, échappant aux règles de la croissance organique. Ce rapport tendu entre contrainte et liberté, mais aussi entre le monde vivant et celui de l'ornement, s'affirme donc comme l'un des ressorts essentiels d'un art roman qui, parvenu à sa maturité, semble plus que jamais puiser sa force dans la dialectique des contraires.

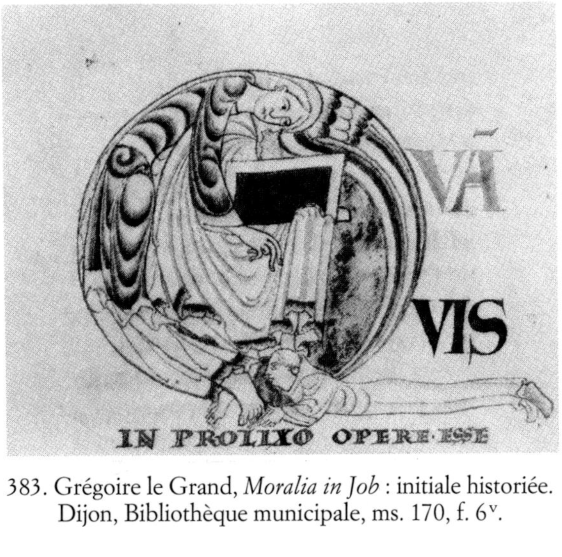

383. Grégoire le Grand, *Moralia in Job* : initiale historiée. Dijon, Bibliothèque municipale, ms. 170, f. 6^v.

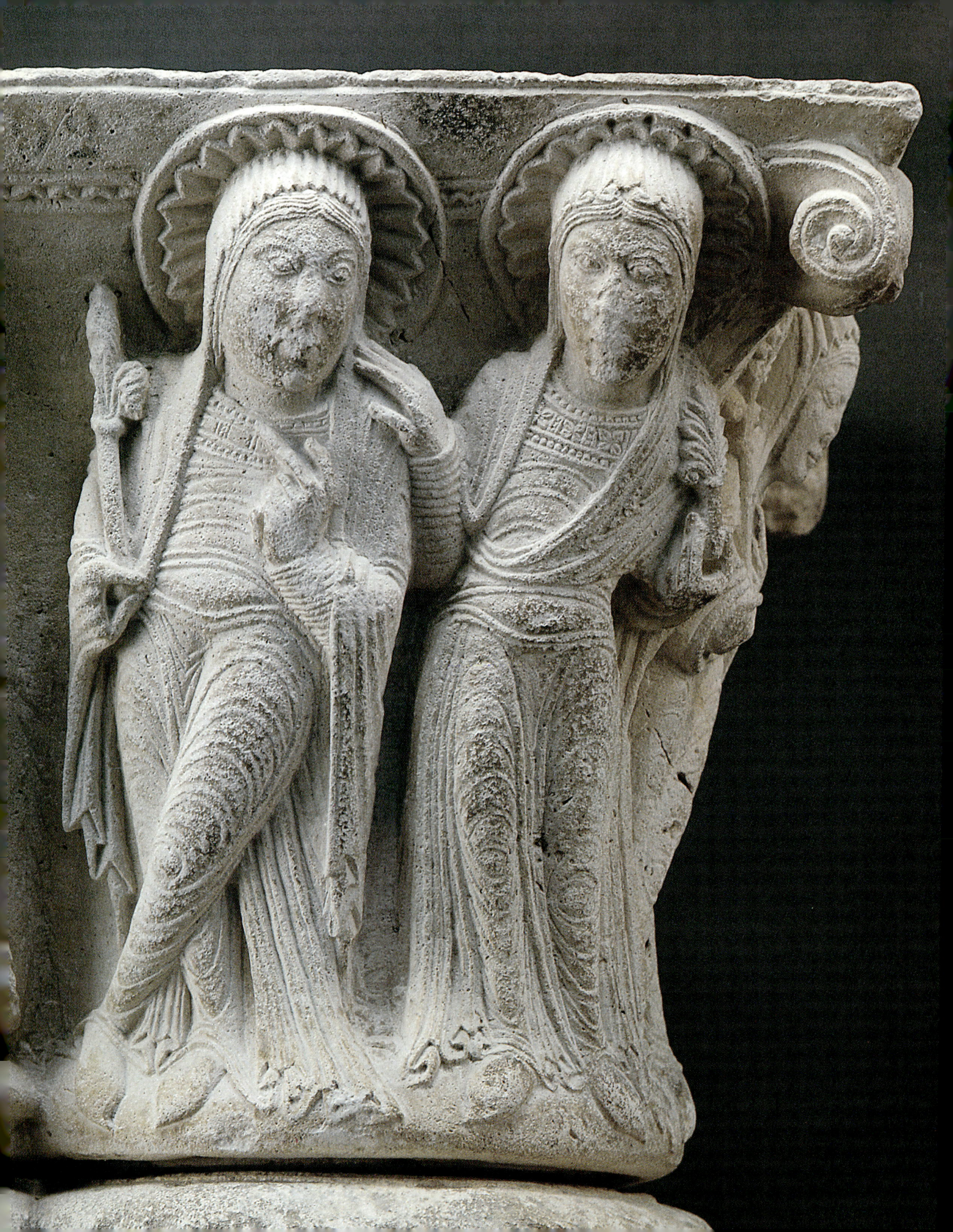

Chapitre IX

Ruptures et mutations 1140-1180

I. Entre roman et gothique

Un nouvel art de bâtir : l'opus francigenum. Aux marges du gothique : Saint-Lomer de Blois. Les expériences du domaine Plantagenêt. Les chantiers normands. Un monument éclectique : la cathédrale de Langres. Des églises romanes voûtées d'ogives : l'exemple de l'Empire. L'ogive et le Midi.

II. La rectitude cistercienne

« *Sculpturae vel picturae [...] ne fiant...* » Une beauté sévère : l'architecture cistercienne. L'absolu dépouillement : chartreux et grandmontains.

III. La tradition dépassée

Des recherches originales sur le voûtement : la cathédrale du Puy et Saint-Ours de Loches. La fortune des nefs uniques voûtées en berceau brisé. Les chevets à pans coupés : une mutation esthétique. Un nouvel élan vers le ciel : flèches et clochers. La renaissance de l'art antique : la Provence. La surenchère décorative.

IV. Derniers feux

Les tympans : nouveaux thèmes, nouvelles compositions. La redécouverte de la statuaire. La crise du chapiteau historié. L'éclatement du style.

384. Chapiteau provenant du cloître de Saint-Étienne de Toulouse : les Vierges sages et les Vierges folles. Toulouse (Haute-Garonne), musée des Augustins.

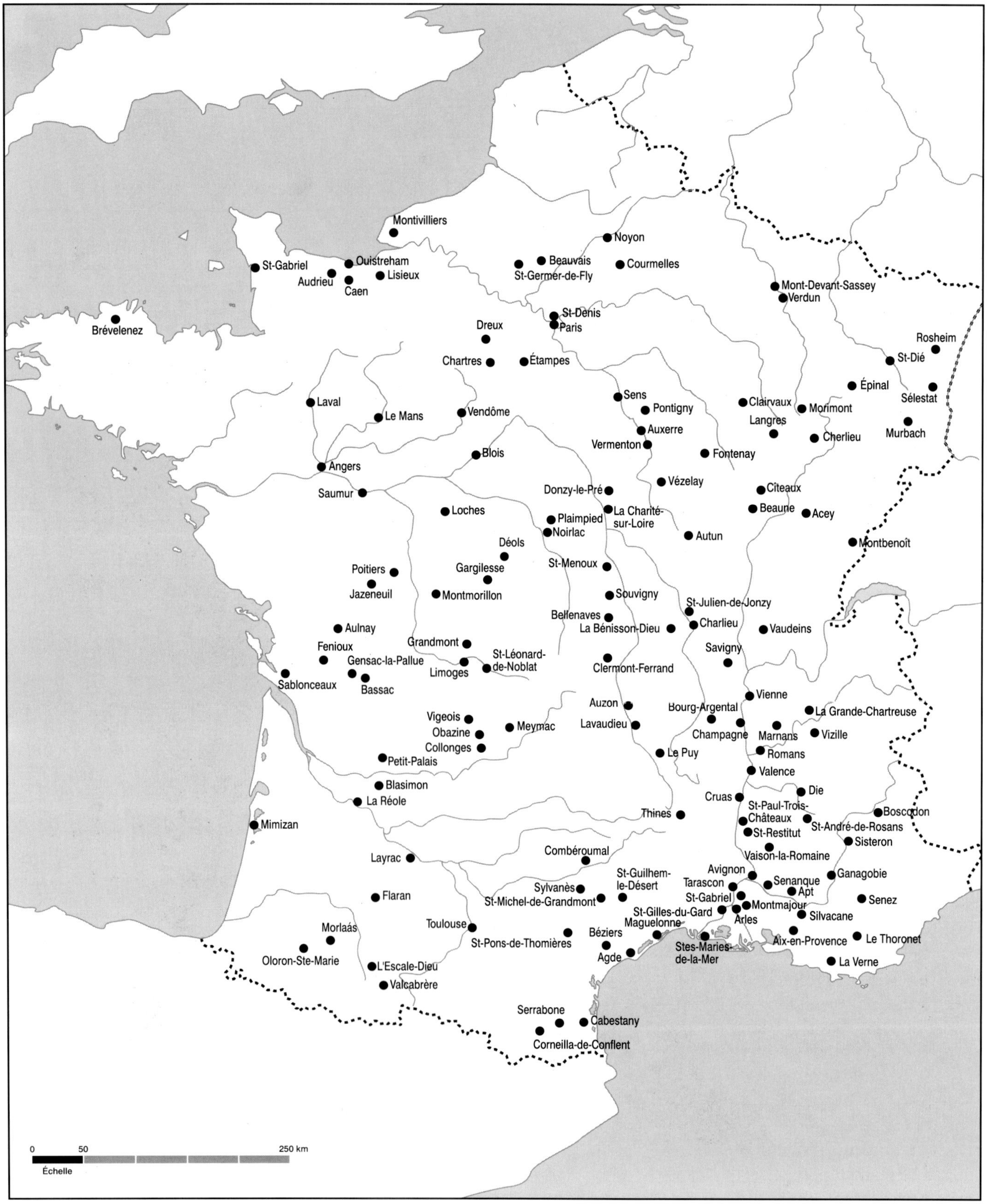

385. Carte des édifices cités dans le chapitre IX (1140-1180).

L'unité, qui avait jusque-là prévalu dans le monde roman, est brisée à partir des années 1140 par l'émergence, en Île-de-France et dans la vallée de la Loire, d'un nouvel art de bâtir et, bientôt, d'un nouveau style. L'architecture gothique ne cessera désormais de gagner du terrain, jusqu'à s'imposer presque partout au cours du XIIIe siècle. Sa progression fut cependant inégale. Pendant les années 1160-1180, les maîtres d'œuvre poitevins, normands et bourguignons n'acceptent encore les solutions gothiques que de manière occasionnelle (cathédrale de Poitiers, chœur de Vézelay, nef de la cathédrale de Lisieux), tandis qu'à la même époque elles se diffusent rapidement au nord de la Seine (Picardie, Artois, Champagne). Le nouveau style, souvent réinterprété, sera adopté au cours de la génération suivante dans certains édifices de l'Empire (Saint-Maurice d'Épinal), du Bordelais (La Réole) ou de Bretagne (Notre-Dame de Brévélénez). Mais, si les années 1200-1220 voient triompher l'*opus francigenum* dans beaucoup de régions, il faudra attendre une date avancée du XIIIe siècle pour que le Languedoc apporte sa contribution au changement de style.

Alors que le champ géographique de l'architecture romane ne cesse de se réduire (ill. 385), son dynamisme tend à s'épuiser, à quelques exceptions près, comme la Provence, où le retour assidu aux modèles antiques permet un large renouvellement des structures et des formes. Ailleurs, la plupart des partis déjà définis sont repris, et certains survivront sans subir de modifications significatives jusqu'à la fin du XIIe siècle. En matière de voûtement, les limites atteintes au cours de la période précédente ne sont guère dépassées, même si certains architectes méridionaux parviennent à accroître la portée des berceaux brisés, qu'ils osent lancer sur des nefs uniques de grande ampleur (plus de 14 m à Saint-Pons-de-Thomières). D'autres maîtres d'œuvre adoptent la voûte d'ogives, mais sans que ce choix les conduise à reconsidérer l'ensemble des élévations.

Parallèlement, les nouveaux ordres monastiques (cisterciens, grandmontains, chalaisiens surtout) définissent un idéal architectural basé sur le dépouillement des formes et sur la rigueur des rythmes, mais aussi sur la beauté des appareils. Les modestes églises des débuts cèdent la place à des constructions dont la qualité défie le temps. Quelle que soit la diversité des partis retenus par les uns et les autres, ceux-ci se diffusent au sein de chaque ordre selon des modalités propres, dans une quasi indépendance vis-à-vis des modes locales et même de l'évolution générale, pérennisant ainsi pendant quelques générations une architecture romane dont le caractère intemporel n'est pas la moindre des originalités.

Le rejet, par ces nouveaux ordres, du décor monumental traditionnel contraste avec l'essor remarquable que celui-ci continue par ailleurs de connaître. Chapiteaux et portails sculptés, cycles peints, pavements et vitraux se déploient à profusion tant dans les églises romanes que gothiques. Au demeurant, les différences entre les deux styles, assez clairement discernables dans le domaine architectural, le sont beaucoup moins dans celui des arts figurés et, même si après 1160 les clivages s'affirment, des parallélismes subsistent, plus ou moins sensibles selon les techniques. Les mutations semblent s'être engagées plus tôt, et de manière plus décisive, dans la sculpture monumentale que dans la peinture murale, l'enluminure ou le vitrail. Ainsi, l'abbatiale de Saint-Denis, qui par son architecture et ses portails à statues-colonnes appartient à l'art gothique naissant, fut dotée d'un ensemble de vitraux dont beaucoup s'inscrivent, par leur style, dans la tradition romane (ill. 386). Il faudra attendre la fin du XIIe siècle pour que, même dans la France du Nord, de réels changements interviennent dans les arts picturaux, alors que la sculpture gothique était déjà, dans ces régions, en plein développement.

Une grande effervescence règne d'ailleurs dans les arts figurés de la seconde moitié du XIIe siècle. Les tendances contraires, déjà perceptibles au cours de la génération précédente, s'amplifient au point que la notion même de style roman acquiert, en se diversifiant à l'extrême, une relativité qui prélude à sa disparition. De multiples voies sont explorées simultanément sans qu'aucune finisse par s'imposer. Des œuvres échappant aux normes coexistent avec d'autres, dans lesquelles les conventions anciennes sont poussées jusqu'à l'exacerbation ; et si certains peintres et sculpteurs s'attachent, en s'inspirant souvent de modèles antiques ou byzantins, à représenter des êtres investis d'une humanité tangible, d'autres s'enferment dans les limites d'une froide perfection académique ; certains artistes, enfin, confèrent à leurs personnages un caractère tendu, qui se traduit par des déformations anatomiques flagrantes, alors que d'autres recherchent, à travers la détente des corps et la sérénité des visages, l'expression d'un sentiment nouveau de plénitude.

I. ENTRE ROMAN ET GOTHIQUE

UN NOUVEL ART DE BÂTIR : L'*OPUS FRANCIGENUM*

Bien que la voûte d'ogives ait joué un rôle essentiel dans les changements qui, à partir des années 1135-1140, interviennent dans de nombreuses églises d'Île-de-France, son adoption ne suffit pas à définir l'architecture gothique. Celle-ci résulte, en effet, d'un ensemble de mutations qui affectent tout l'édifice. Ce n'est pas le lieu, ici, de retracer en détail l'histoire d'un nouvel art de bâtir qui, d'ailleurs, offre une grande diversité [290], mais il convient d'en évoquer les principaux

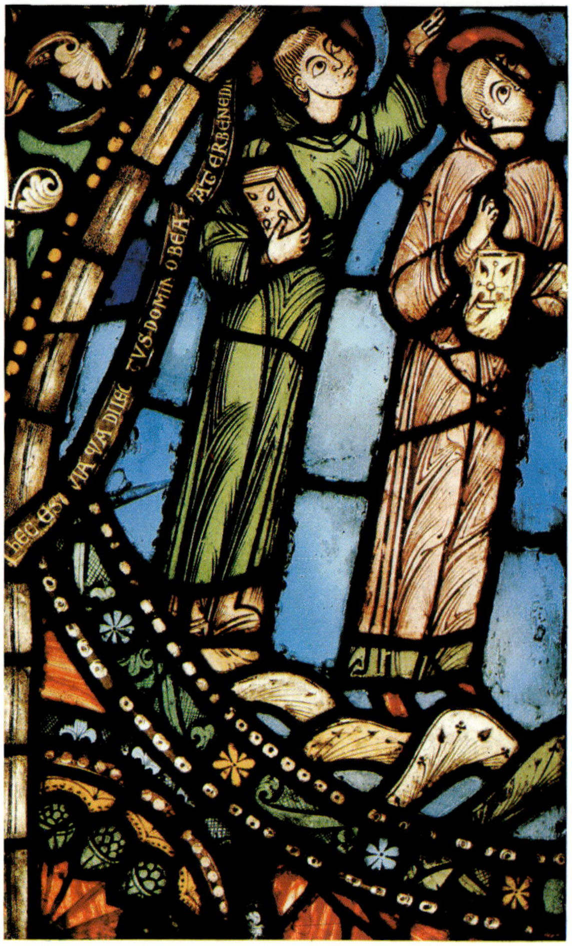

386. Vitrail provenant du chevet de Saint-Denis : vie de saint Benoît. Paris, musée national du Moyen Âge.

aspects en tant que termes de comparaison indispensables pour apprécier l'évolution interne à l'architecture romane, ainsi que les contacts qui ont pu se nouer entre deux mondes qu'on ne saurait isoler de manière trop absolue.

Les voûtes d'ogives issues des expériences du premier art gothique diffèrent en bien des points de celles du début du XIIe siècle. Non seulement les maîtres d'œuvre d'Île-de-France refusèrent le tracé surbaissé des croisées d'ogives anglo-normandes, qui provoquait de fortes poussées latérales, mais ils délaissèrent rapidement le plein cintre au profit de l'arc brisé, dont ils tendaient par ailleurs à généraliser l'emploi. En modulant la brisure des ogives, des doubleaux et des formerets, ils parvinrent sinon à établir les lignes de faîte des voûtains sur un plan horizontal – il faudra attendre pour cela les années 1180-1190 –, du moins à atténuer progressivement l'effet domical que produisaient les premières croisées d'ogives. Dans le même temps, ils essayaient de nouvelles solutions visant à améliorer le contrebutement, avec des contreforts à glacis complétés parfois par des arcs-boutants [291], à alléger la structure et à perfectionner l'articulation des divers éléments de la voûte autour d'une clef dont l'importance ne cessera de croître jusqu'à la fin du XIIe siècle.

Réservée jusque-là aux travées de plan quadrangulaire, la voûte d'ogives s'adapte désormais à tous les emplacements, y compris l'abside, les absidioles et les parties tournantes du déambulatoire. Cette extension à l'ensemble de la construction constitue l'une des nouveautés les plus significatives de l'art gothique naissant. Elle révèle une recherche d'unité spatiale qui se traduit également par l'harmonisation des niveaux intérieurs, qu'il s'agisse du voûtement – haut-vaisseau, croisée du transept, chœur et abside sont souvent de même hauteur – ou de l'élévation, dont la continuité est parfois (à Saint-Germer-de-Fly ou à la cathédrale de Sens) affirmée de bout en bout. Certains architectes, comme ceux des chevets de Saint-Martin-des-Champs à Paris et de Saint-Denis, vont même au-delà, et réalisent une véritable fusion des espaces – du moins dans les déambulatoires, où les chapelles sont largement ouvertes les unes sur les autres. Si ces solutions extrêmes n'eurent guère de suite, l'abandon, dans la grande majorité des déambulatoires du premier art gothique, de l'alternance traditionnelle entre chapelles rayonnantes et fenêtres au profit d'une couronne ininterrompue de chapelles marque un tournant décisif dans l'histoire de ce type de chevet [292]. Tandis que les plus vastes déambulatoires romans ne comptaient pas plus de cinq absidioles [293], ceux de Saint-Germer-de-Fly, de Saint-

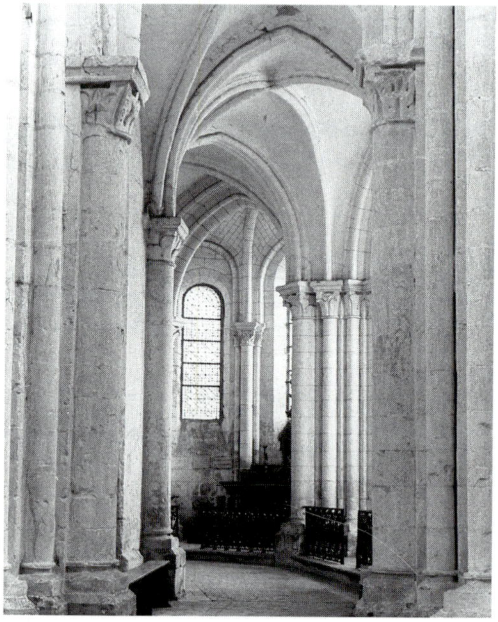

387. Saint-Germer-de-Fly (Oise), église abbatiale, déambulatoire.

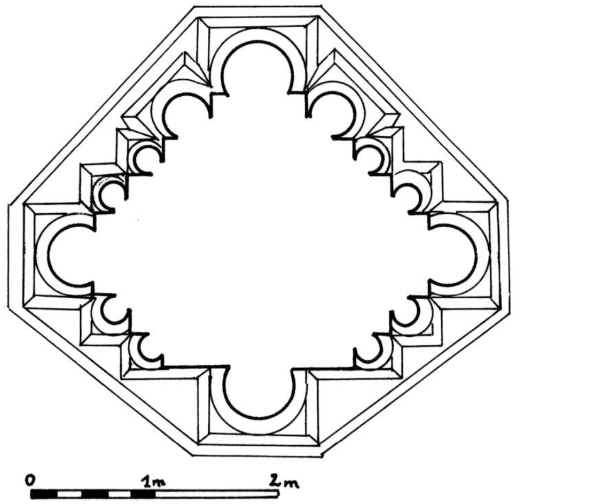

388. Sens (Yonne), cathédrale Saint-Étienne, plan d'une pile forte de la nef.

Germain-des-Prés à Paris (ill. 68) ou de la cathédrale de Noyon en offrent sept, et celui de Saint-Denis pas moins de neuf. À l'extérieur, ces chapelles jointives constituent un volume unique, animé d'ondulations ; à l'intérieur, elles sont unies par des piles composées de plan complexe qui reçoivent un faisceau de nervures (ill. 387).

On observe, parallèlement, d'importantes transformations structurelles et formelles dans le traitement des élévations intérieures. Dans beaucoup d'édifices, les supports sont adaptés aux retombées des ogives (ill. 388). Ils comportent ainsi dans le haut-vaisseau un noyau cantonné au moins de huit colonnes et colonnettes, et parfois plus. Certes, des piles d'un type voisin avaient déjà été adoptées en Normandie à l'époque de Guillaume le Conquérant, mais leur rôle dans les constructions du premier art gothique est tout autre que dans les églises charpentées du XIe siècle. La multiplication des ressauts et des colonnettes n'est, en effet, plus destinée à dissimuler la masse de piliers supportant des murs d'une grande épaisseur, mais à apporter une réponse logique à la multiplication des retombées. Si la volonté d'illusionnisme subsiste, elle a changé de finalité : il s'agit dorénavant de souligner les continuités linéaires entre voûtes et supports. Souvent, dans les grands édifices, l'adjonction de colonnettes supplémentaires, correspondant aux retombées des arcs formerets et aux tores qui ourlent les doubles rouleaux des grandes arcades, porte à douze, voire à quatorze, le nombre des colonnes et colonnettes engagées dans un noyau à ressauts dont le plan tend à dessiner un losange. Cette mise en évidence graphique de l'armature qui sous-tend la construction relègue le mur au second plan. Il ne joue d'ailleurs plus, dans des édifices voûtés d'ogives et, pour certains d'entre eux, dotés d'arcs-boutants placés au droit des retombées, qu'un rôle de cloison. Les architectes de la première génération gothique ne tirent cependant pas toutes les conséquences de cette mutation structurelle et, s'ils allègent parfois les murs gouttereaux d'ouvertures sous combles, les fenêtres en simple lancette, placées entre les retombées des ogives, restent encore de dimensions modestes.

Ces transformations spatiales et structurelles s'accompagnent de changements non moins révélateurs de la modénature et du décor sculpté. Dans ces domaines, la diversité caractéristique du monde roman tend à s'atténuer. Ainsi un même type de base à griffes se retrouve-t-il dans la plupart des édifices de la même génération, et on observe une commune évolution des profils : un tore inférieur de plus en plus large et débordant, qui s'écrase toujours davantage, tandis que le tore supérieur perd progressivement de son importance et que la gorge se creuse jusqu'à, bientôt, commencer à se refermer sur elle-même. La standardisation qui s'instaure dans le premier art gothique marque, plus que les types de base eux-mêmes, une rupture irréversible avec la tradition romane. Bien que cette volonté d'uniformisation soit moins affirmée dans la sculpture des chapiteaux, elle transparaît dans la relative normalisation du répertoire ornemental. Un végétal plus ou moins lointainement dérivé de l'acanthe règne presque exclusivement dans la plupart des édifices et, si le goût des variations persiste, l'amplitude de celles-ci se réduit. La recherche d'un effet d'ensemble, sensible dès les débuts de l'art gothique, trahit un nouvel idéal, qui va bientôt s'imposer. D'ores et déjà, les chapiteaux sont en passe de perdre leur valeur individuelle, tant exaltée dans l'architecture romane.

AUX MARGES DU GOTHIQUE : SAINT-LOMER DE BLOIS

Si l'ensemble de ces caractères sont réunis dans la plupart des églises d'Île-de-France, certains d'entre eux se retrouvent, isolés, dans quelques monuments situés hors du domaine royal et qui restent par ailleurs fidèles à des formules romanes. Tel est le cas de l'abbatiale Saint-Lomer de Blois, dont la construction fut entreprise en 1138 à l'initiative du comte Thibaut IV [294]. Une translation des reliques du patron de l'église, en 1186 [295], semble marquer le terme d'une première campagne de travaux au cours de laquelle furent édifiés le chevet, le transept et la dernière travée de la nef ; la partie occidentale de celle-ci ne devait être achevée qu'au début du XIIIe siècle sur le modèle de la cathédrale de Chartres. Le plan du chevet de Saint-Lomer (ill. 389) reprend les dispositions de celui de Fontgombault (ill. 265), avec un déambulatoire doté de trois chapelles rayonnantes séparées par de vastes baies et un chœur de deux travées accosté de doubles collatéraux. Dans les deux édifices, ce

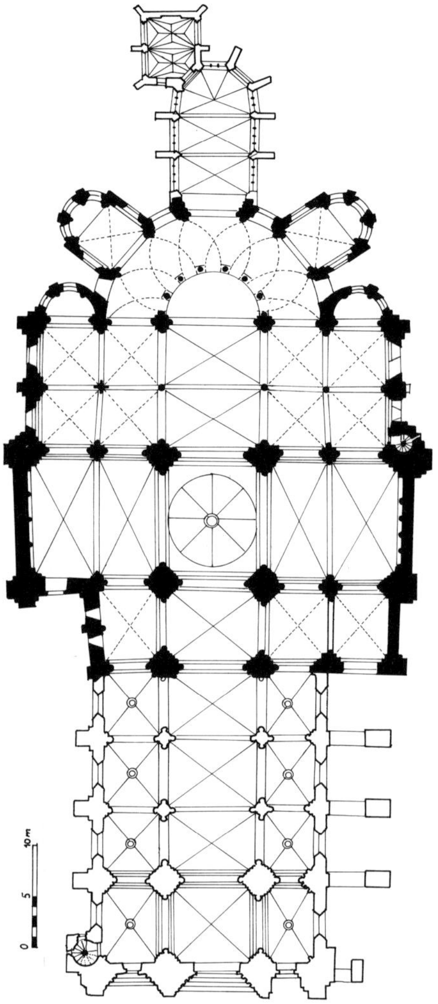

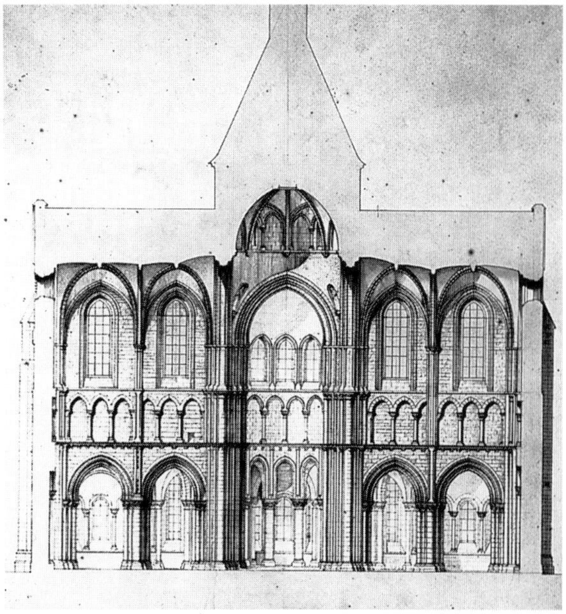

389 et 390. Blois (Loir-et-Cher), église Saint-Lomer, plan et coupe transversale sur le transept.

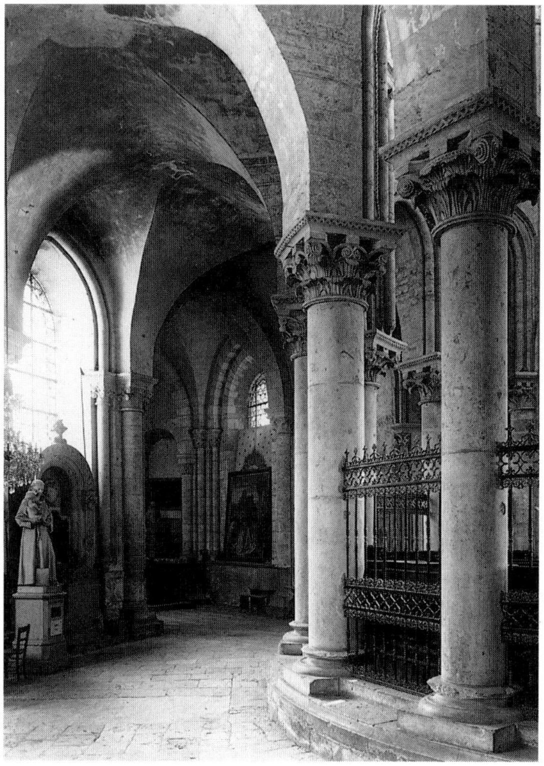

391. Blois (Loir-et-Cher), église Saint-Lomer, déambulatoire.

premier niveau est entièrement voûté d'arêtes, mais on note à Saint-Lomer une modernisation du parti : dilatation accrue des espaces intérieurs, tracé brisé des arcs, importance nouvelle accordée aux fenêtres et, surtout, présence de supports cantonnés de colonnes et de colonnettes disposées selon les principes du premier art gothique (ill. 391). Bien que les réminiscences romanes tendent à s'estomper aux niveaux supérieurs, cette mixité de caractère devait subsister jusqu'à la fin du chantier (ill. 390). Ainsi l'abside est-elle encore dotée d'un cul-de-four tandis que le chœur, le transept et le haut-vaisseau de la nef sont voûtés d'ogives, et qu'à la croisée du transept une étonnante tour-lanterne, couverte d'une voûte d'ogives à huit branches rayonnant autour d'un oculus central, repose, à l'instar d'une coupole, sur des pendentifs[296].

Malgré l'adoption, dès l'origine semble-t-il, d'arcs-boutants dans le chœur, l'architecte de Saint-Lomer paraît avoir redouté l'effet des poussées des croisées d'ogives sur les murs gouttereaux ; il choisit des voûtes de plan barlong, fortement bombées, dont la clef culmine à 24 m (pour une largeur d'environ 9 m dans le chœur et de 11,50 m dans le transept), alors que celle des arcs formerets n'atteint que 22 m. Il parvint à ouvrir dans les parties de l'édifice voûtées d'ogives des fenêtres hautes dont l'ampleur exceptionnelle (plus de 5 m de haut) contraste avec les dimensions plus limitées de celles de l'abside, situées sous le cul-de-four. L'élévation, dont les trois niveaux (grandes arcades, arcature aveugle, fenêtres hautes) sont soulignés par des cordons ou, à la base de l'arcature aveugle, par une corniche formant coursière, offre ainsi des proportions d'un type nouveau, dans lequel les fenêtres hautes occupent une place presque aussi importante que les grandes arcades. Dans ce domaine, Saint-Lomer anticipe sur les solutions qui s'imposeront vers la fin du siècle dans l'architecture gothique. De même, la continuité de l'élévation, dont les trois niveaux se poursuivent non seulement dans le chœur, la nef et les bras du transept, mais aux revers de façade de ces derniers, participe des courants les plus novateurs du moment. Par sa modénature et son décor sculpté, enfin, l'abbatiale ligérienne révèle des préoccupations esthétiques voisines de celles qui s'affirment dans le premier art gothique d'Île-de-France. En effet, si le profil des bases, dont la plupart sont dépourvues de griffes, se rattache à la tradition romane, la multiplication des tores aux doubleaux, aux grandes arcades et aux encadrements de fenêtres comme le répertoire essentiellement végétal des chapiteaux appartiennent sans ambiguïté au nouveau style.

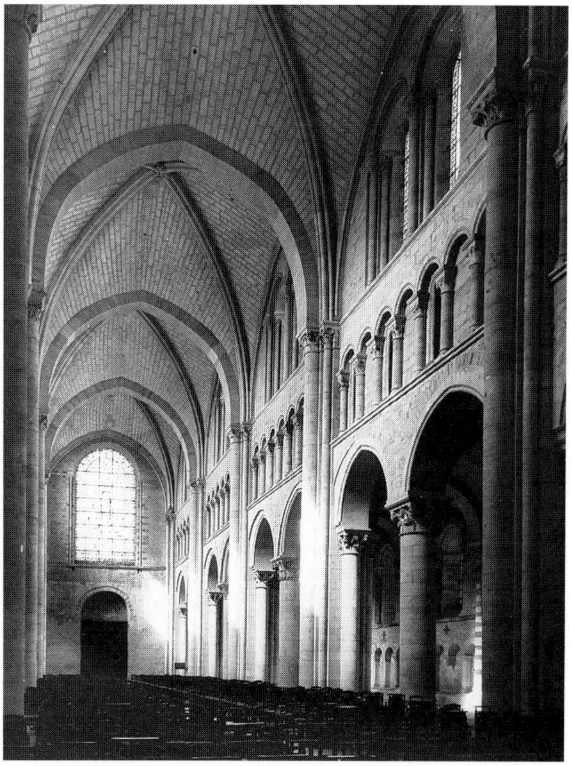

392. Le Mans (Sarthe), cathédrale Saint-Julien, nef.

LES EXPÉRIENCES DU DOMAINE PLANTAGENÊT

À Saint-Lomer se manifestent les premiers symptômes d'une remise en question, dans la vallée de la Loire, de l'architecture romane. Cette tendance se confirme peu après à la cathédrale Saint-Julien du Mans (ill. 392), dont la nef fut en partie réédifiée à partir des années 1140 et consacrée en 1158[297]. L'architecte appelé par l'évêque Guillaume de Passavant conserva les murs des bas-côtés, épargnés par les incendies qui avaient justifié ces travaux, et adapta à la voûte d'ogives un type d'élévation originellement conçu pour un haut-vaisseau charpenté, dont l'église voisine Notre-Dame-du-Pré offre un bel exemple : élévation à trois niveaux (grandes arcades, ouvertures sous combles encadrées d'arcatures et fenêtres hautes) et alternance de colonnes et de supports composés. À la cathédrale, les piles fortes comportent des colonnettes supplémentaires qui correspondent aux retombées des croisées d'ogives dans le haut-vaisseau et à celles des voûtes d'arêtes dans les bas-côtés. Toutefois, le plan de ces supports reste plus proche des solutions de l'architecture romane normande, dont l'influence avait été notable au Mans au cours des générations précédentes, que de celles d'Île-de-France. Les vastes croisées d'ogives de plan carré qui couvrent le haut-vaisseau se distinguent également de celles du domaine royal par leur bombement accusé. L'architecte du Mans n'ignorait cependant pas les créations contemporaines du premier art gothique, dont il accepta les bases à griffes et, comme celui de Saint-Lomer de Blois, le répertoire végétal des chapiteaux. Pas plus que celle de Saint-Lomer, l'expérience de la cathédrale du Mans ne devait avoir de descendance. Tout au plus peut-on citer l'exemple de l'église Notre-Dame-d'Avenières, à Laval, où se retrouvent des échos affaiblis de la nef de Guillaume de Passavant.

Dans le domaine Plantagenêt, ces expériences cédèrent, en effet, bientôt la place à d'autres, plus décisives. C'est à la cathédrale d'Angers (ill. 394), dont la nef fut reconstruite à partir de 1148 par l'évêque Normand de Doué[298], que s'affirme véritablement un style gothique propre aux pays de l'ouest de la France[299]. Pas plus que ses prédécesseurs de Blois ou du Mans, l'architecte de Saint-Maurice d'Angers ne fit table rase du passé, mais sa réinterprétation du modèle proposé à la génération précédente par des édifices comme la cathédrale d'Angoulême ou, en Anjou même, l'abbatiale de Fontevraud fut à l'origine d'une révolution architecturale comparable sinon dans ses formes, du moins dans son ampleur, à celle du premier art gothique d'Île-de-France. Il s'inspira, pour voûter la nef unique de près de 16 m de large, construite au début du XIe siècle par Hubert de Vendôme et restée jusque-là charpentée, du système de la file de coupoles, en implantant entre les murs romans trois croisées d'ogives de plan carré auxquelles un important bombement (la clef des voûtes domine de 3,37 m celle des formerets et de 3,05 m celle des doubleaux) confère un aspect domical. Ces voûtes fortement membrées, qui sont relativement lourdes mais poussent peu au vide, sont, à l'extérieur, épaulées par des contreforts massifs, tandis qu'à l'intérieur elles retombent sur de puissantes piles composées. Celles-ci, comme les larges arcs formerets à double rouleau plaqués contre les murs, leur assurent une grande stabilité. De même que dans les églises à files de coupoles, la partie basse des murs est renforcée par des arcatures supportant une coursière qui traverse les piles ; au-dessus, deux grandes fenêtres s'ouvrent dans chaque travée. La parfaite continuité verticale entre les supports et les voûtes, dont tous les éléments retombent en faisceau sur une rangée de chapiteaux végétaux formant frise, la mise en valeur des ogives décorées de rosaces, comme celle des doubleaux et des formerets aux angles soulignés de tores, confèrent à la structure force, logique et lisibilité. La cohérence de ce mode de voûtement, autant que son respect des amples volumes intérieurs, devait lui assurer un succès durable de la Touraine à la Gironde avant que ne s'imposent dans ces régions, au cours du XIIIe siècle, les formules gothiques d'Île-de-France[300].

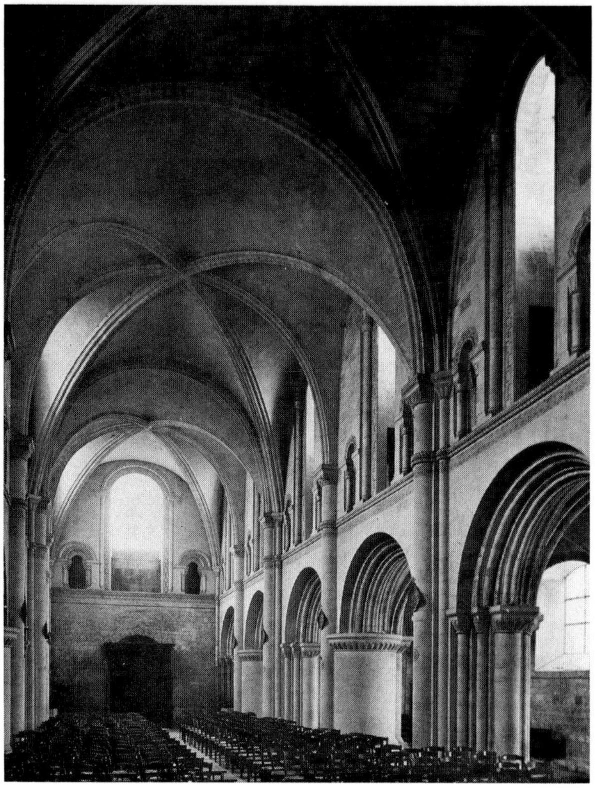

393. Ouistreham (Calvados), église Saint-Samson, nef.

LES CHANTIERS NORMANDS

Il n'existe pas, dans la Normandie du milieu du XIIe siècle, de chantiers d'importance comparable à ceux de Lessay ou de Saint-Georges de Boscherville à la génération précédente, et les architectes de cette période n'apportèrent que peu de modifications aux formules léguées par leurs devanciers. Ainsi le chevet de Saint-Gabriel (Calvados), seule partie conservée de l'église priorale, reproduit-il, en réduisant seulement les dimensions un parti traditionnel tant en plan (cinq chapelles échelonnées) qu'en élévation ; son chœur voûté d'ogives compte trois niveaux (grandes arcades, ouvertures sous combles encadrées d'arcatures, fenêtres) et son abside couverte d'un cul-de-four est éclairée de deux rangées superposées de fenêtres et de coursières. Dans le haut-vaisseau de la nef et dans le transept de Saint-Étienne et de la Trinité de Caen, il ne s'agissait que de substituer un voûtement d'ogives à la charpente primitive (ill. 193). Les maîtres d'œuvre qui furent chargés de cette opération conservèrent le tracé en plein cintre plus ou moins surbaissé des premières croisées d'ogives anglo-normandes, mais optèrent, comme dans le chœur de Saint-Gabriel, pour des voûtes sexpartites de plan carré. Un tel choix peut avoir été suggéré à Saint-Étienne par l'alternance des supports de la nef du XIe siècle. En effet, les piles fortes, qui comportent du côté du vaisseau central une colonne engagée sur dosseret montant de fond, reçoivent les retombées des doubleaux et des ogives diagonales, alors que la colonne des piles faibles, engagée au nu du mur, ne reçoit que l'ogive transversale. À la Trinité, cependant, où les supports étaient réguliers, l'adoption de voûtes à six branches[301] n'était nullement justifiée par les dispositions antérieures, et l'architecte aurait pu, comme à Lessay par exemple, lancer sur le haut-vaisseau des voûtes quadripartites de plan barlong. Il préféra reconstruire en totalité la partie supérieure des murs gouttereaux, dont il modifia par ailleurs la structure en établissant une coursière devant les fenêtres hautes. Quelles que soient les raisons qui le conduisirent à adopter des voûtes sexpartites, ce remaniement du haut-vaisseau de la Trinité révèle l'attachement du maître d'œuvre aux principes constructifs de la tradition normande.

L'écho des chantiers caennais se retrouve dans quelques édifices voisins, tels que Notre-Dame de Bernières-sur-Mer et Saint-Samson d'Ouistreham (ill. 393). La nef de cette dernière église (dépendance de l'abbaye de la Trinité) offre une élévation à deux niveaux seulement : grandes arcades en plein cintre et hautes fenêtres à la base desquelles est établie une coursière. Les voûtes d'ogives sexpartites du haut-vaisseau[302] s'accordent à une alternance affirmée entre des supports composés (dont le noyau ne compte pas moins de quatorze colonnes et colonnettes engagées) et de larges piles

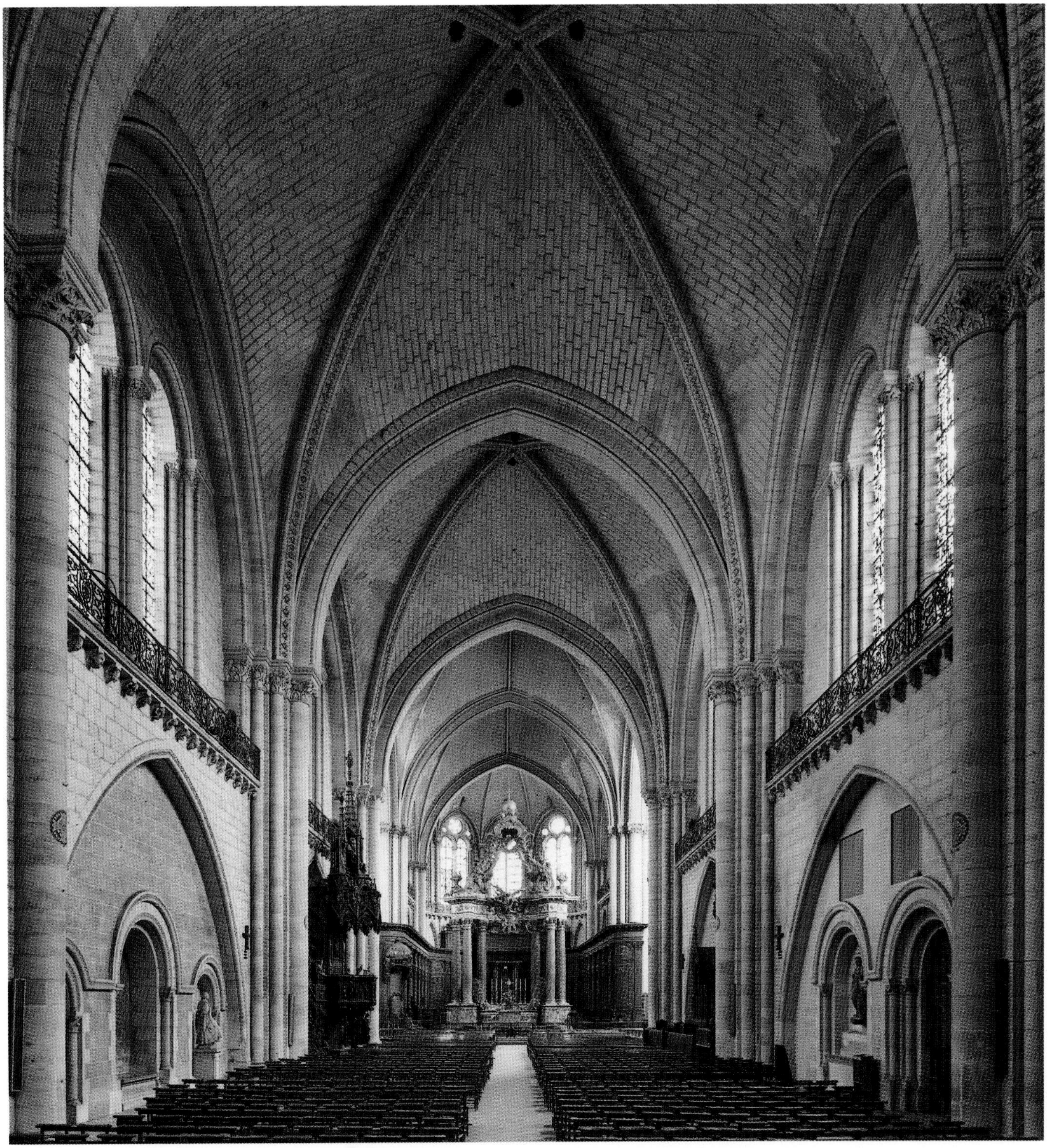

394. Angers (Maine-et-Loire), cathédrale Saint-Maurice, nef.

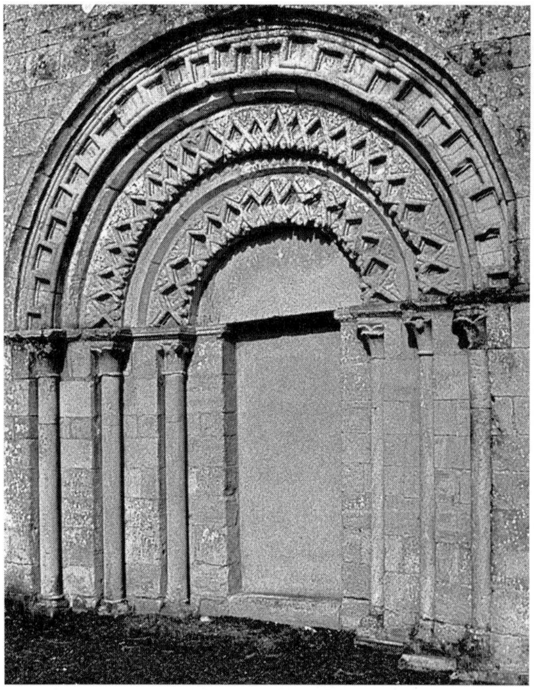

395. Audrieu (Calvados), église paroissiale, transept, portail du bras sud.

emprunts à l'art d'Île-de-France. Ainsi, à Audrieu (Calvados), les piles appartiennent, comme les bases et beaucoup de chapiteaux, au nouveau style, alors que les voussures en plein cintre des arcs d'entrée des absidioles et des portails sont encore revêtues d'un décor géométrique (ill. 395).

UN MONUMENT ÉCLECTIQUE : LA CATHÉDRALE DE LANGRES

La cathédrale Saint-Mammès de Langres (ill. 396 et 397), dont la construction fut sans doute entreprise vers le milieu du XIIe siècle par l'évêque Geoffroy de la Roche-Vanneau (1139-1161), est l'un des premiers édifices bourguignons à avoir été conçu dès l'origine pour être voûté d'ogives [304]. Malgré l'arrivée, après l'achèvement des parties orientales, d'un nouveau maître d'œuvre qui apporta quelques retouches au projet primitif, celui-ci fut respecté pour l'essentiel jusqu'au terme du chantier, vers la fin du XIIe siècle si ce n'est au début du siècle suivant. Comme un certain nombre d'architectes de sa génération, le premier Maître de Saint-Mammès resta fidèle au type d'élévation à circulaires dotées, du côté du vaisseau central comme du côté des collatéraux, d'une colonne engagée ; celle-ci reçoit dans le premier cas l'ogive transversale, et dans le second le doubleau. Il existe donc une parfaite coordination entre voûtement et supports. Mais, au-delà de cette logique structurelle révélatrice d'une certaine maturité, on observe, à Ouistreham comme à la Trinité de Caen et dans la plupart des édifices normands du milieu du XIIe siècle, un grand conservatisme formel. Les maîtres d'œuvre restent non seulement fidèles au plein cintre pour l'ensemble de la construction, mais, à l'exemple peut-être de l'Angleterre, ils développent un goût pour la massivité des formes qui se situe à contre-courant des recherches engagées à la même époque en Île-de-France.

Il en va de même du répertoire ornemental, qui porte à leur sommet les tendances au géométrisme apparues en Normandie au cours de la période précédente. Les variations sur le chapiteau à godrons se multiplient, de même que les rubans d'entrelacs perlés au tracé sommaire et les masques grimaçants, qui saillent brutalement de corbeilles massives et lisses ; les arcs sont galonnés, à l'intérieur comme à l'extérieur, de motifs répétitifs de frettes et de bâtons brisés. Ce répertoire, issu probablement des ateliers caennais, se retrouve des deux côtés de la Manche. Il règne notamment à Canterbury dans les constructions entreprises à partir de 1152 par le prieur Wibert dans l'enceinte de la cathédrale [303]. En Normandie, il survit même aux premiers

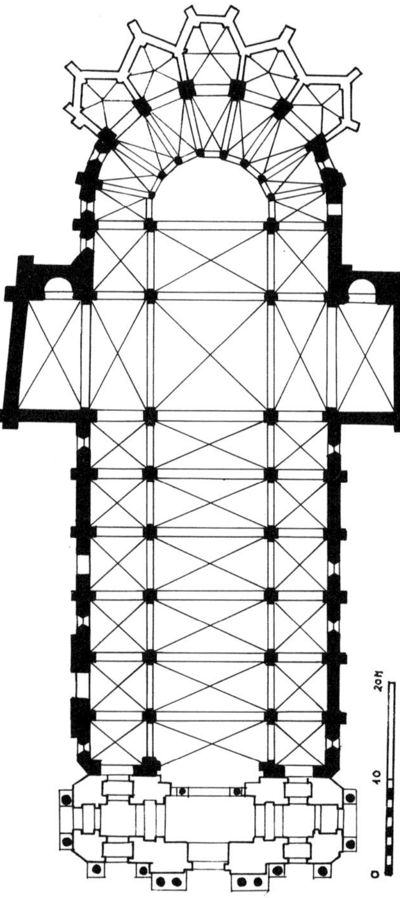

396. Langres (Haute-Marne), cathédrale Saint-Mammès, plan.

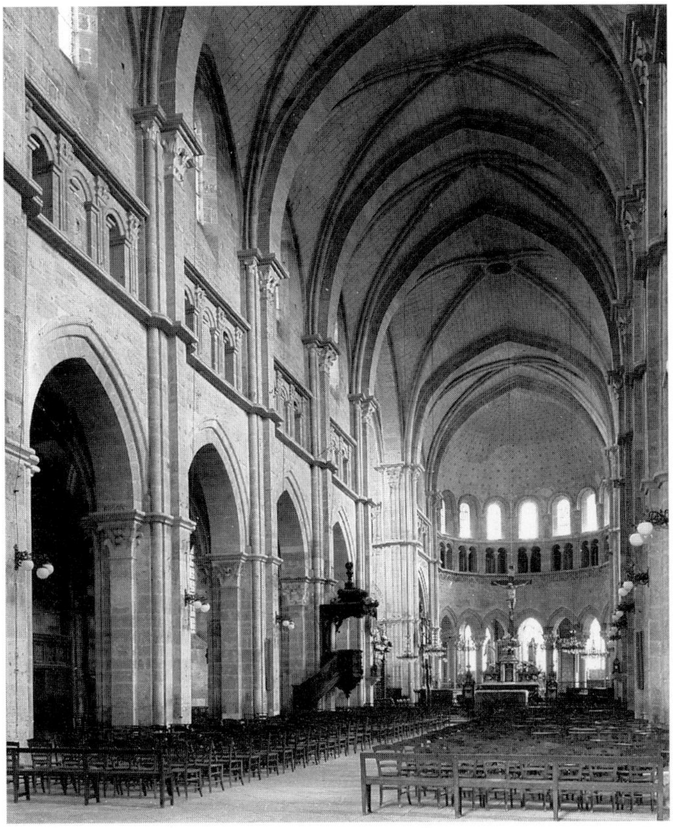

397. Langres (Haute-Marne), cathédrale Saint-Mammès, nef et sanctuaire.

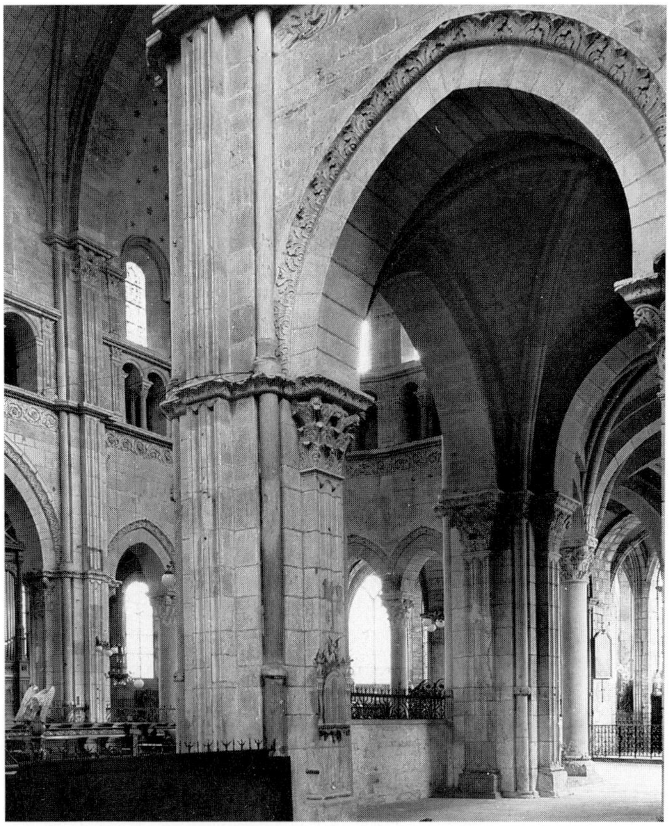

398. Langres (Haute-Marne), cathédrale Saint-Mammès, sanctuaire.

trois niveaux créé à Cluny et largement répandu en Bourgogne au cours de la génération précédente. Mais l'abandon, pour le haut-vaisseau, du berceau brisé au profit de croisées d'ogives contrebutées par des arcs-boutants (sous combles dans le chœur, externes dans la nef) entraîna de profondes modifications du parti traditionnel.

L'allégement des supports et l'ampleur nouvelle des proportions frappent dès l'abord. Pour une hauteur sensiblement égale à celle de Saint-Lazare d'Autun (environ 23 m), le haut-vaisseau de la cathédrale de Langres mesure 3 m de plus en largeur (environ 11,50 m au lieu de 8,45 m) tandis que l'importance de ses supports est considérablement réduite. Bien que l'architecte de Saint-Mammès ait conservé dans l'abside la solution du cul-de-four, il marqua sa volonté d'unifier l'espace intérieur en adoptant une hauteur commune à toutes les voûtes et renforça l'effet en jouant de la brisure plus ou moins prononcée des doubleaux et des croisées d'ogives, établies sur un plan barlong, pour réduire le bombement de celles-ci.

Si le mode de voûtement et la conception spatiale de la cathédrale de Langres permettent de supposer que son premier architecte n'ignorait pas les expériences engagées à la même époque en Île-de-France, les choix qu'il fit en matière de supports révèlent un attachement certain à une tradition bourguignonne qu'il contribua cependant à renouveler. Il conserva des piles cruciformes cantonnées de pilastres (cannelés dans les parties orientales, lisses dans la nef), mais il leur adjoignit des colonnettes (en délit dans le chevet, appareillées dans la nef) logées dans les angles rentrant du noyau et destinées à recevoir les retombées des ogives. L'idée lui en fut peut-être suggérée par l'exemple de ces colonnettes en délit qui, à Cluny ou à Paray-le-Monial, flanquaient les parties hautes des pilastres ou des colonnes recevant les doubleaux du haut-vaisseau. Toutefois, prolongées jusqu'au sol, ces colonnettes changent de signification. Elles ne s'intègrent plus à un système complexe d'ordres superposés, mais prolongent, selon les lois d'une nouvelle logique visuelle, les lignes de force du voûtement. Les bandeaux, cordons moulurés ou corniches qui, dans les édifices de la génération précédente, soulignaient de manière plus ou moins appuyée les différents niveaux n'ont pas disparu, mais les continuités verticales sont davantage mises en évidence.

Le plan du chevet (un déambulatoire primitivement doté d'une seule chapelle située dans l'axe) rappelle pour sa part celui de quelques grands monuments du début de l'époque romane, tels que les cathédrales de Lausanne et

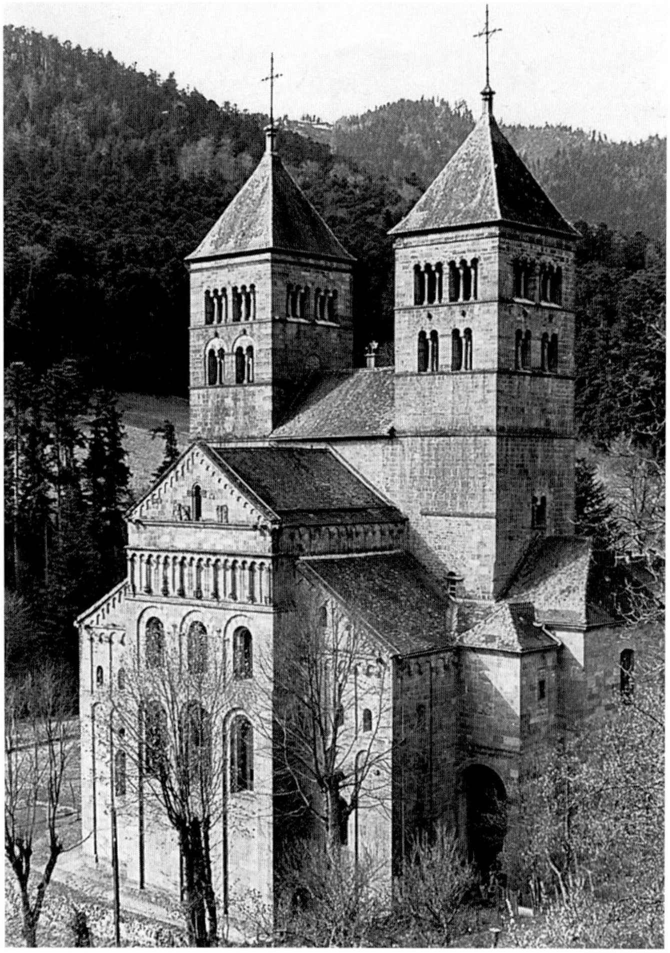

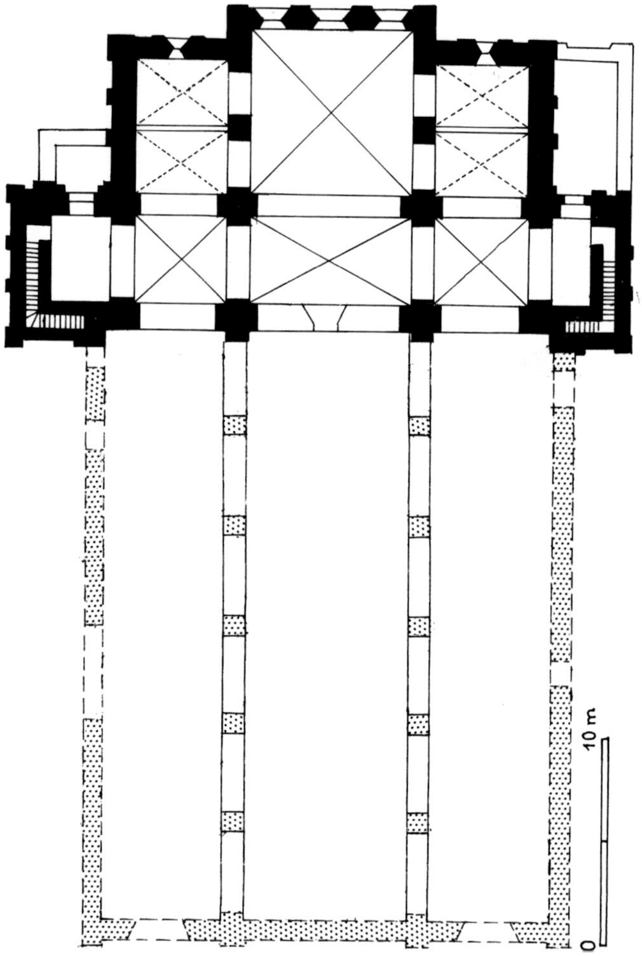

399 et 400. Murbach (Haut-Rhin), église abbatiale, chevet et plan.

d'Auxerre, mais aussi celui de la cathédrale de Sens, dont la construction avait débuté vers 1140. Peut-être est-ce également à l'exemple de ce dernier édifice que l'architecte adopta pour l'ensemble du sanctuaire une élévation comportant un niveau intermédiaire d'ouvertures sous combles et non, comme dans le reste de l'édifice, une arcature aveugle de type clunisien. Mais les similitudes s'arrêtent là. À Saint-Mammès, les ouvertures sous combles de l'abside forment un niveau continu où alternent régulièrement colonnettes et pilastres cannelés, alors qu'à Sens, de même que dans les autres églises du premier art gothique, les retombées d'ogives déterminent une forte scansion des travées. L'architecte de Langres fut cependant soucieux – à la différence de celui de Fongombault, dont les recherches en ce domaine préfiguraient les siennes – d'établir de strictes correspondances verticales entre les niveaux.

La sculpture joue un rôle important dans le chevet de Saint-Mammès (ill. 398). Les rouleaux externes des grandes arcades sont tapissés de larges feuilles d'acanthe finement ciselées, tandis qu'un rinceau dont chaque ondulation est occupée par l'enroulement d'une tige fleurie court à la base des ouvertures sous combles. L'inspiration classique de ces frises se retrouve dans les chapiteaux, qui appartiennent presque tous au type corinthien [305]. Certes, pilastres cannelés et chapiteaux corinthiens constituaient depuis le début du XIIe siècle la base du répertoire ornemental de nombreux édifices bourguignons, mais on observe au chevet de Saint-Mammès un regain de classicisme. Non seulement le schéma canonique s'impose au détriment des variations qui avaient proliféré au cours des générations précédentes, mais un certain académisme tend parfois à s'instaurer, et si une relative diversité subsiste dans le traitement et le type des acanthes, celle-ci se réduit [306]. Seuls les petits chapiteaux des ouvertures sous combles échappent à l'emprise du corinthien. Encore sont-ils sculptés de rinceaux peuplés qui respectent l'unité du décor architectural. Le végétal règne de manière plus exclusive encore dans la nef, mais, de même que les pilastres cannelés ont cédé la place à des pilastres nus, la

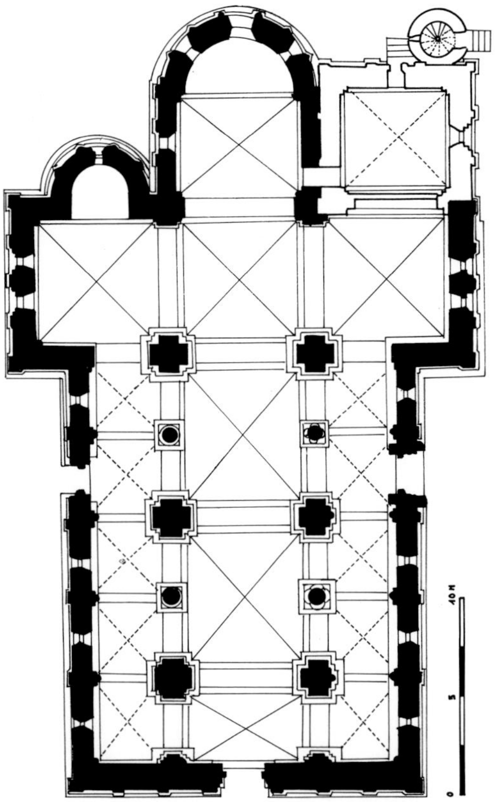

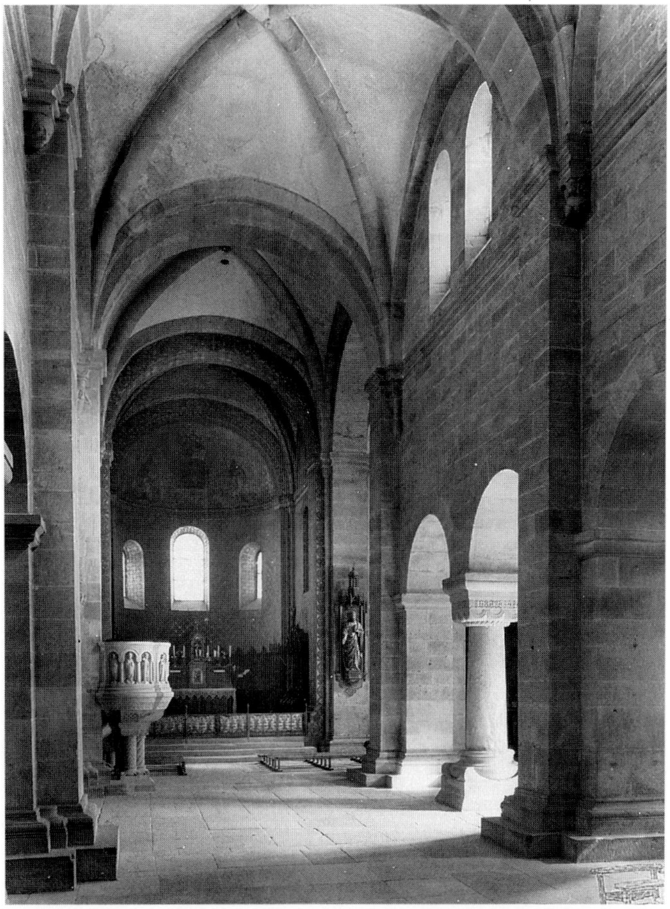

401 et 402. Rosheim (Bas-Rhin), église Saint-Pierre-et-Saint-Paul, plan, nef et sanctuaire.

luxuriante sculpture du chevet a disparu au profit de formes simplifiées : arcs sobrement moulurés et chapiteaux à feuilles lisses ou à peine travaillées.

Les mutations amorcées à la cathédrale de Langres ne préparaient pas directement l'avènement de l'art gothique en Bourgogne[307]. L'édifice ne devait d'ailleurs pas connaître de réelle descendance régionale. Seules quelques églises cisterciennes voûtées d'ogives, telles que celles de Cherlieu (Haute-Saône) et d'Acey (Jura), reprirent et contribuèrent à diffuser dans l'art proto-gothique de Franche-Comté le type de piles simple et logique de la nef[308].

DES ÉGLISES ROMANES VOÛTÉES D'OGIVES : L'EXEMPLE DE L'EMPIRE

Un certain nombre d'architectes d'Alsace et de Lorraine semblent avoir adopté avec précocité la voûte d'ogives, mais sans que l'introduction de celle-ci altère d'emblée les partis traditionnels. Ainsi, au chevet de l'abbatiale de Murbach (ill. 399 et 400), dont les imposantes masses quadrangulaires s'inscrivent dans une longue tradition des terres d'Empire, les croisées d'ogives qui, dans le chœur et le transept, se substituent aux voûtes d'arêtes n'ont aucune incidence structurelle ; la nef, pour sa part, était charpentée. La section carrée des ogives comme la forme bombée des voûtains de Murbach rappellent davantage les expériences du domaine lombard (Saint-Ambroise de Milan, par exemple) que celles du premier art gothique d'Île-de-France. On assiste cependant, au cours de la seconde moitié du XIIe siècle, au passage progressif de cette technique de construction archaïque des voûtes à une conception plus « gothique » de leur structure, sinon de leur emploi, dans un groupe d'églises situées dans le massif vosgien ou à sa périphérie : Saint-Pierre-et-Saint-Paul de Rosheim (Bas-Rhin), Sainte-Foy de Sélestat (Bas-Rhin), la cathédrale Saint-Maurice et Notre-Dame de Dié (Vosges).

La construction du premier de ces édifices semble avoir été entreprise vers 1145-1150 et avoir bénéficié du soutien des Hohenstaufen (ill. 401 et 402). Ainsi pourrait s'expli-

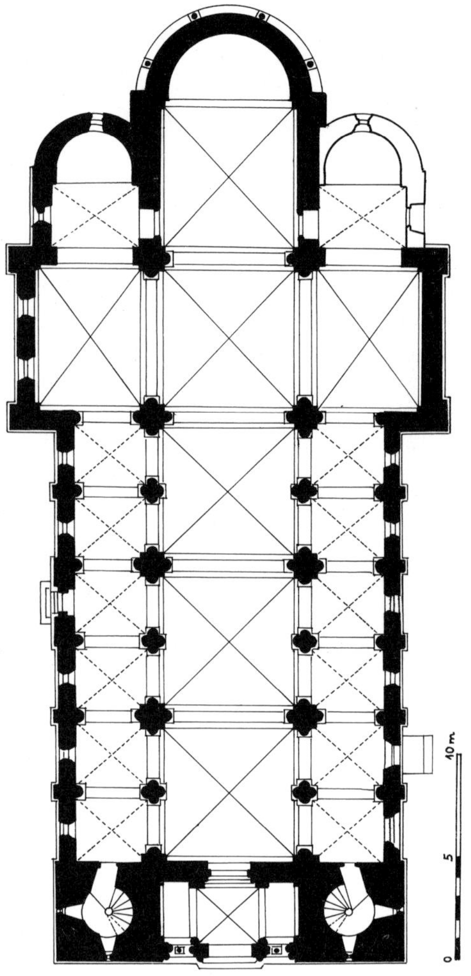

403. Sélestat (Bas-Rhin), église Sainte-Foy, plan.

quer l'importance de cette église paroissiale, qui constitue sans doute l'un des premiers exemples, en Alsace, de l'extension de la voûte d'ogives à l'ensemble d'un monument (à l'exception, néanmoins, de l'abside et des absidioles, couvertes d'un cul-de-four, et des collatéraux de la nef, voûtés d'arêtes). L'expérience reste timide par bien des aspects, tant techniques que formels. Du fait de ses petites dimensions (6,14 m de largeur pour 11,37 m de hauteur), le vaisseau central ne posait guère de problème de stabilité. L'architecte, confiant dans la massivité des murs percés seulement de petites baies, et fidèle au système décoratif des arcatures et des lésènes qui, à l'extérieur, animaient d'ordinaire les parois des églises rhénanes, ne jugea d'ailleurs pas nécessaire d'établir des contreforts au droit des retombées des voûtes. À l'intérieur, il conserva pour la nef l'alternance des supports alors en vogue dans ces régions de l'Empire, alternance bien adaptée à des voûtes de plan carré. Cependant, ni les piles cruciformes des temps forts ni les courtes colonnes monolithes des temps faibles ne sont conçues en fonction du voûtement. Les ogives, de profil torique, s'amortissent en fuseau entre les arcs doubleaux et les formerets, comme dans le déambulatoire de la cathédrale de Langres et dans bon nombre d'églises lorraines de la même époque. Ces ogives de la nef contrastent par leur légèreté relative avec celles des parties orientales, de membrure plus forte ; mais le tracé en plein cintre qui continue de régner dans tout l'édifice autant que la persistance de l'emploi de colonnes au fût diminué, de moulurations généreuses ou de chapiteaux cubiques dénotent l'attachement de l'architecte à l'esthétique des monuments romans de Rhénanie. Ce même attachement persiste dans les deux églises du groupe collégial de Saint-Dié et à Sainte-Foy de Sélestat (ill. 403), dont la construction semble avoir été entreprise peu après celle de Rosheim[309], quoiqu'il soit tempéré par le recours à des supports composés mieux adaptés aux retombées des ogives et à des contreforts.

L'OGIVE ET LE MIDI

Les architectes de la moitié sud de la France, qui avaient pourtant très tôt expérimenté la voûte d'ogives (par exemple, au transept de la cathédrale de Maguelonne dans les années 1130), ne semblent guère avoir été tentés par une extension de ce nouveau type de voûtement à une partie importante des monuments. Seule la croisée du transept en est dotée à l'occasion. La présence d'ogives sous des clochers révèle, pour sa part, une réflexion comparable à celle qui avait conduit au renforcement des voûtes de certaines tours-porches par des doubleaux perpendiculaires (Cormery, Saint-Martin de Tours) ou par des nervures diagonales (Saint-Hilaire de Poitiers). La question de la fonction portante des ogives, qui, depuis le XIXe siècle, a suscité de nombreux débats dans le monde savant, semble s'être déjà posée aux maîtres d'œuvre du XIIe siècle. Dans divers exemples méridionaux, les nervures sont, en effet, plaquées comme des éléments de décor sur une voûte en berceau (croisée du transept de Sylvanès, dans le Rouergue, chœur de Jazeneuil, en Poitou). Il en est de même aux tribunes de Cruas (Ardèche) et de Serrabone (ill. 404) ; dans ce dernier cas, les tores de marbre sculptés de motifs ornementaux font office de cache-joints pour les arêtes des voûtes en schiste, sans qu'il y ait de cohésion entre les unes et les autres. On peut encore ajouter à ces exemples celui des culs-de-four nervés (ill. 405), qui connurent un certain succès pendant la seconde moitié du XIIe siècle non seulement dans les régions méridionales, mais au nord de la Loire, dans quelques églises du début de l'art gothique, telles que celle de Courmelles (Aisne).

Ces divers essais, qui restent épisodiques et n'affectent pas la conception d'ensemble des édifices, n'apparaissent

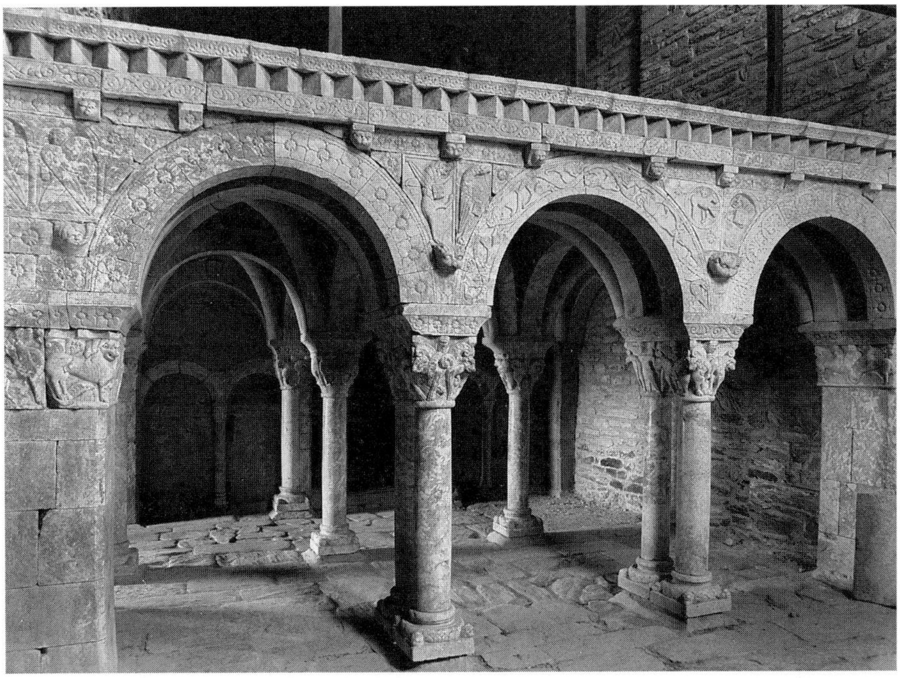

404. Serrabone (Pyrénées-Orientales), église priorale, tribune.

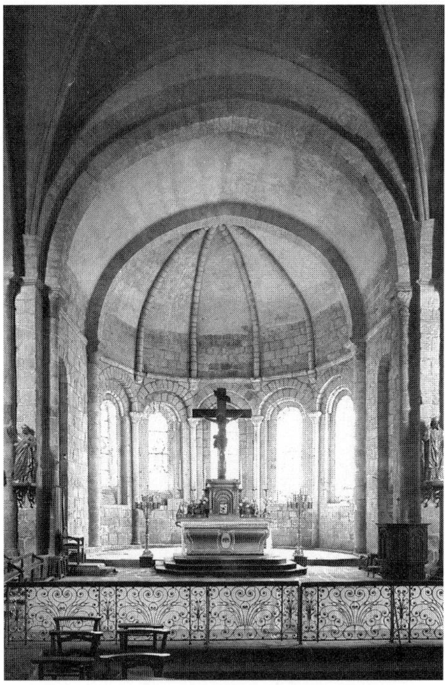

405. Meymac (Corrèze), église abbatiale, abside.

d'ailleurs pas toujours comme un «progrès» par rapport aux solutions traditionnelles. Plus encore, il arrive que, comme à Gargilesse (Indre) (ill. 433), l'adoption de la voûte d'ogives marque une rupture avec un savoir-faire parvenu à un haut degré de perfection. Le chevet et le transept de cet édifice, construits vers le milieu du XIIe siècle, sont en effet remarquables tant par la maîtrise du dessin architectural que par la qualité de la stéréotomie des murs et des voûtes (berceau brisé sur les parties droites, cul-de-four à pans coupés, coupole sur pendentifs), tandis que la nef, édifiée à une date un peu plus tardive et voûtée d'ogives, présente de multiples maladresses dans la coordination des supports et des retombées. Tout se passe donc comme si, faute d'être mise au service d'un nouvel idéal esthétique, quel qu'il soit, la voûte d'ogives n'avait pas de raison d'être dans des régions méridionales où les architectes poursuivent, nous le verrons, des recherches diamétralement opposées.

II. LA RECTITUDE CISTERCIENNE

«*SCULPTURAE VEL PICTURAE* [...] *NE FIANT*...»

Lorsqu'il dénonçait, vers 1125, les excès des bénédictins et plus particulièrement des clunisiens, saint Bernard ne proposait pas de nouveau modèle architectural. Seule était affirmée une volonté d'absolue simplicité en toutes choses : «Mais nous, les moines, nous qui avons quitté les rangs du peuple, qui avons renoncé aux richesses et à l'éclat du monde pour l'amour du Christ, nous qui, pour posséder le Christ, avons foulé aux pieds, comme du fumier, tout ce qui charme les yeux, tout ce qui flatte les oreilles, toutes les jouissances de l'odorat, du goût, du toucher, de qui prétendons-nous réveiller la dévotion par ces ornements [310] ?» Les premières abbayes cisterciennes ne comportaient que de modestes oratoires dépourvus de tout décor. Seul un crucifix en bois peint était placé sur l'autel, car, ainsi qu'Aelred de Rievaulx l'écrivait : «Il te montrera les souffrances que tu dois imiter. Tu étendras les bras, et les siens t'attireront vers lui. De sa poitrine nue coulera ce baume qui te consolera [311].»

Dans les années 1130-1140, toutefois, l'accroissement des premières communautés et leur enrichissement confrontèrent leurs abbés à un problème nouveau : celui de la réédification de bâtiments devenus trop petits et, sans doute en raison de la médiocrité de leur construction, déjà délabrés. À Clairvaux, saint Bernard semble avoir quelque peu hésité avant d'autoriser les travaux, et la vaste église en pierre élevée à partir de 1135, longue de plus de 100 m et entièrement voûtée, n'avait plus rien de comparable avec les chapelles des temps héroïques [312]. On entrevoit, à travers les décisions des chapitres généraux promulguées dans les statuts de l'ordre, l'apparition d'abus [313]. Ainsi, lorsque les premières grandes abbatiales en pierre sont en voie d'achèvement, vers le milieu du XIIe siècle, les statuts exigent des vitraux incolores et non figuratifs («*Vitrae albae fiant, et sine*

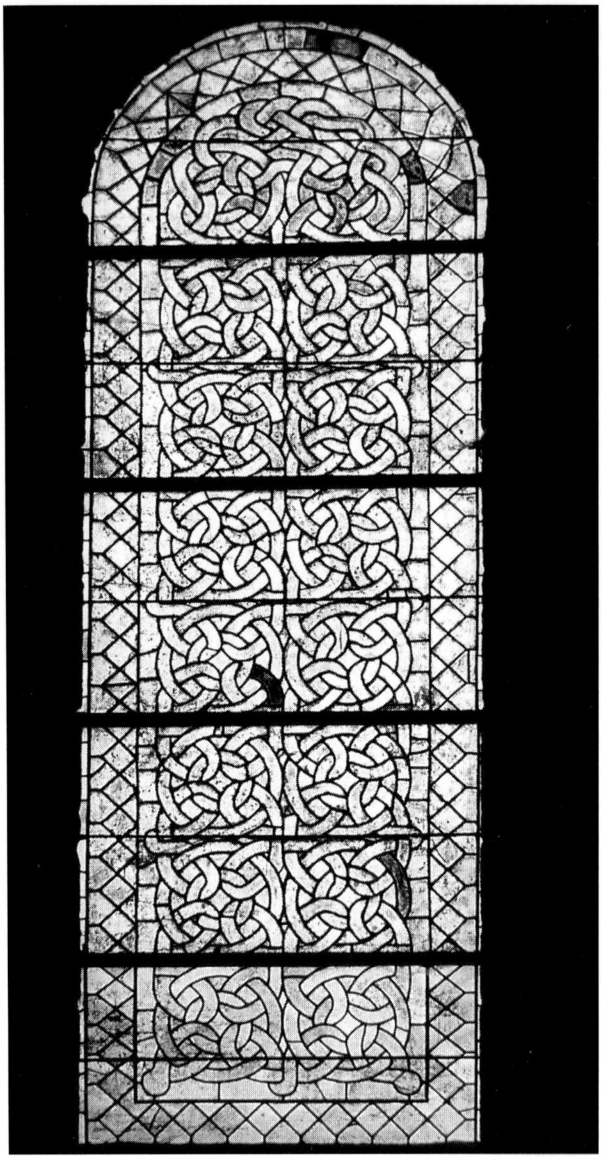

406. Obazine (Corrèze), église abbatiale, grisaille.

crucibus et picturis »). En 1159, on exige que les vitraux de couleur qui auraient été faits avant cette interdiction soient détruits dans les trois ans (« *Vitrae diversorum colorum ante prohibitionem factae, infra triennum amoveantur* »). En 1152, les statuts rappellent aux abbés qu'à l'exception du crucifix de bois peint de l'église il ne doit y avoir, ni dans celle-ci ni dans les autres bâtiments de l'abbaye, aucune sculpture ni peinture[314]; en 1157, ils proscrivent les clochers en pierre; le poids des cloches est, par ailleurs, limité de telle sorte qu'un homme seul puisse les sonner, ainsi que leur nombre : il n'y en aura pas plus de deux. Les portes de l'église doivent, pour leur part, être symboliquement peintes en blanc, couleur de la pureté. Les statuts concernant les pavements ne sont pas antérieurs au début du XIIIe siècle et, à leur tour, ils dénoncent la variété des compositions et la vivacité des couleurs qui auraient été adoptées dans certaines abbatiales, comme celle de Pontigny (statut de 1205).

Nous n'avons conservé ni pavements ni vitraux cisterciens antérieurs à la fin du XIIe siècle. Les quelques verrières, très restaurées, d'Obazine (ill. 406) et de La Bénisson-Dieu (Loire) sont, conformément au statut de 1152, des grisailles ponctuées parfois de quelques verres de couleur, représentant des motifs ornementaux (compositions rigoureusement symétriques d'entrelacs ou de palmettes). Les carreaux de terre vernissée découverts à Cîteaux, Fontenay, La Bénisson-Dieu ou Chaâlis, qui datent sans doute des environs de 1200, sont recouverts d'une glaçure noire, brune ou vert foncé et décorés de motifs géométriques simples gravés à la pointe. Existait-il déjà, au XIIe siècle, des recueils de dessins spécifiquement destinés aux abbayes cisterciennes, comme le *Reiner Musterbuch* d'origine autrichienne qui, au début du XIIIe siècle, proposait un riche répertoire de compositions d'entrelacs et de palmettes stylisées ? La très grande similitude des motifs, d'un chantier à l'autre, le laisse supposer.

L'enluminure permet mieux que les arts monumentaux de saisir l'incidence des statuts sur la création artistique des cisterciens. La recommandation de 1152 concernant les initiales (« *Litterae unius coloris fiant, et non depictae* ») semble avoir été scrupuleusement observée, notamment à Cîteaux et à Clairvaux, bien que l'expression *non depictae* ait été diversement interprétée. Pour certains enlumineurs, il fallait comprendre : « On ne fera pas de lettres ornées, mais seulement des initiales de couleur, et celles-ci ne seront que d'une seule couleur. » Pour d'autres, l'interdit, moins restrictif, pourrait se traduire ainsi : « Les lettres ornées seront peintes d'une seule couleur, et ne comporteront pas de décor figuré[315]. » Ainsi les initiales de la grande Bible en cinq volumes de Clairvaux (ill. 407), exécutée vers le milieu du XIIe siècle, offrent-elles l'aspect de lettres ornées traditionnelles, mais le décor en est strictement végétal, et le corps de la lettre, les ornements et l'aire qui les entoure sont d'une seule et même couleur (le plus souvent bleu, parfois rouge ou brun). Ce style monochrome, dont les premières manifestations sont perceptibles dès les années 1140, devait connaître son apogée entre 1160 et 1180, avant de s'épuiser rapidement et de disparaître. Des limites imposées par les statuts était née une authentique création, qui apportait une réponse artistique à un idéal spirituel. Pour la première fois dans l'histoire de l'art monastique, des injonctions précises, valables et respectées dans toutes les maisons de l'ordre étaient formulées. Un art fortement dirigé : tel apparaît l'art cistercien du XIIe siècle.

Une beauté sévère : l'architecture cistercienne

Aucun statut cistercien, si l'on excepte celui qui fait défense d'élever des clochers en pierre, ne concerne l'architecture des églises. La Règle de saint Benoît, que les moines blancs souhaitaient restaurer dans toute son authenticité, ne fournissait à ce sujet qu'une recommandation générale mais essentielle : «L'oratoire sera ce qu'indique son nom. On n'y fera, on n'y mettra rien qui n'ait rapport avec sa destination.» (chap. 52.) Tout ce qui n'est pas directement ordonné par la prière ou par le culte divin sera donc banni. Les églises cisterciennes n'étaient qu'exceptionnellement ouvertes aux laïcs ; elles n'abritaient pas de reliques, et les processions étaient proscrites de la liturgie. Le problème de la circulation dans les parties orientales, si important pour la plupart des autres communautés religieuses, ne se posait donc pas. En revanche, les autels devaient être en nombre suffisant pour que les moines-prêtres puissent dire leur messe privée. La solution retenue dans les années 1130 à Cîteaux et à Clairvaux, et reprise au XIIe siècle dans la plupart des nouvelles fondations cisterciennes, était remarquablement adaptée à ces exigences : un chevet à chapelles alignées ouvrant sur un transept très débordant. Le retour à un plan qui avait connu un certain succès au début de l'art roman, mais avait été vite délaissé au profit de formules plus complexes et plus ambitieuses, était riche de signification. L'idée en fut-elle suggérée par saint Bernard, qui avait été élevé à Saint-Vorles de Châtillon-sur-Seine dont l'église, édifiée vers l'an mille, offrait précisément un chevet de ce type ? Quoi qu'il en soit, ce choix marquait une volonté de rompre avec les modes architecturales du temps pour revenir à une tradition antérieure. Plus encore, en préférant aux habituelles absidioles semi-circulaires des chapelles et un chœur fermés, à l'est, par un mur droit, les cisterciens se référaient à un modèle de sanctuaire représentatif du monachisme primitif. Au-delà de sa valeur historique, ce refus de la courbe avait également une valeur spirituelle. La ligne droite était, en effet, par excellence l'image de la «rectitude» à laquelle saint Bernard consacra un long commentaire à partir du passage du Cantique des Cantiques : «*Recti diligunt te*[316].» Ce qui est droit, dans tous les sens du terme, s'y trouve opposé à la mollesse, à la grâce facile et à la complaisance de ce qui est courbe. C'est, surtout, la «démarche droite» de l'homme créé à l'image de Dieu. Autant qu'une réponse sobrement fonctionnelle, le chevet des églises cisterciennes, fondé sur un rigoureux quadrillage rectilinéaire, constituait donc, par lui-même, une forme architecturale hautement symbolique.

La destruction, après la Révolution, des églises de Clairvaux et de Cîteaux interdit de restituer dans le détail

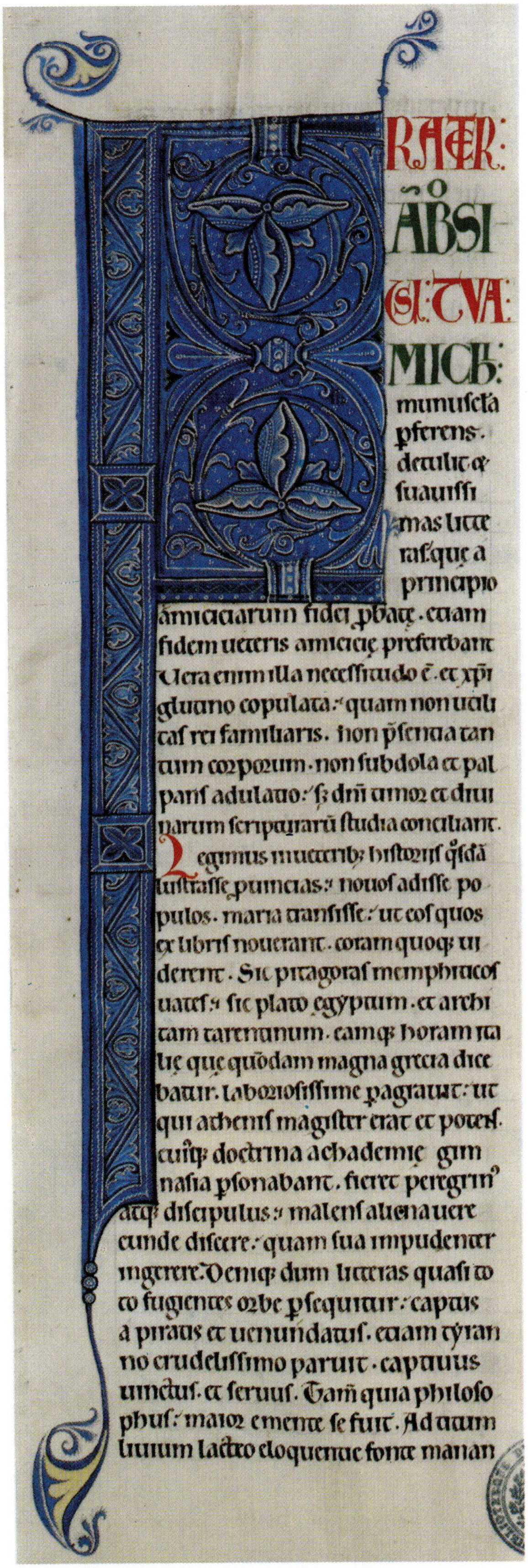

407. Bible de Clairvaux : initiale monochrome. Troyes, Bibliothèque municipale, ms. 27, t. I, f. 1.

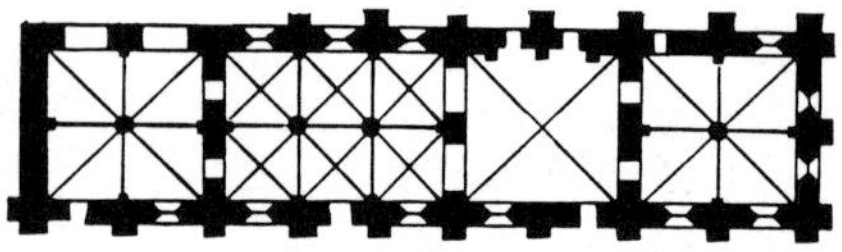

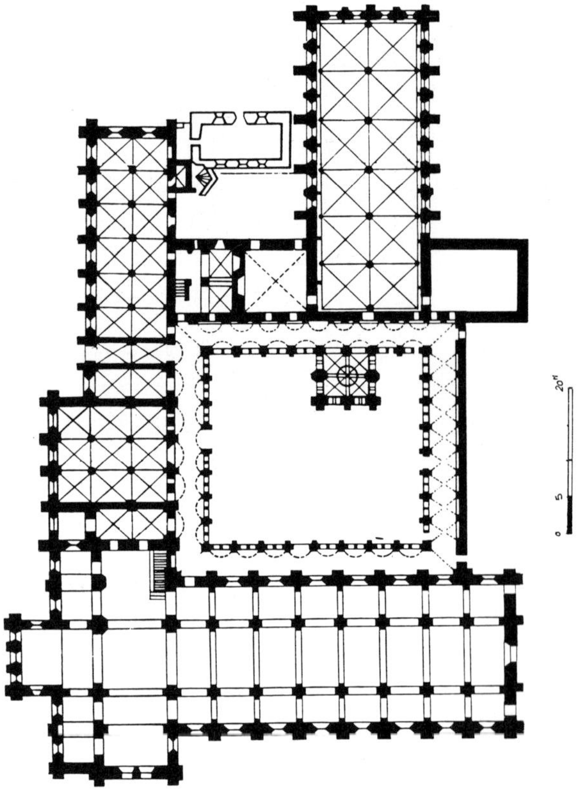

408. Fontenay (Côte-d'Or), abbaye, plan d'ensemble de l'église et des bâtiments monastiques.

leur parti. Tout au plus est-il assuré que le chevet de la première comportait, de part et d'autre du chœur quadrangulaire, six chapelles alignées à fond plat et que la seconde en comptait huit. Les deux abbatiales étaient dotées d'une longue nef à trois vaisseaux (celle de Clairvaux avait onze travées). Cette nef était, comme dans toutes les abbatiales cisterciennes, partagée entre les moines, qui en occupaient la partie orientale, et les convers. Les deux parties étaient séparées par un jubé en haut duquel se trouvait un pupitre destiné à la lecture des leçons de l'office des vigiles. Devant ce jubé se trouvaient deux autels où, chaque jour, se disait la messe pour les bienfaiteurs de l'abbaye.

Les principales dispositions des deux abbatiales furent reprises à Fontenay (Côte-d'Or), seconde fille de Clairvaux (ill. 408 et 409). L'histoire de ce monastère, fondé en 1119, est exemplaire. Après une première installation dans un lieu qui apparut bientôt comme malcommode, la communauté s'établit sur un terrain plus vaste, donné par Raynard de Montbard, oncle maternel de saint Bernard. La nouvelle église, commencée en 1139, était à peu près achevée lorsqu'elle fut consacrée, en 1147, par le pape Eugène III, ancien moine cistercien. Elle avait bénéficié – son superbe appareil et son ampleur en témoignent – des largesses d'Evrard, évêque de Norwich, de la riche famille des Arundel, qui se retira à Fontenay l'année même où le chantier fut ouvert. Sa dalle funéraire, située devant le maître-autel, rappelle sa générosité[317].

En plan, l'église de Fontenay apparaît, avec son chevet droit qui compte quatre chapelles seulement, comme une réplique à échelle réduite de l'abbaye-mère. Ses dispositions en élévation reflètent-elles également celles de Clairvaux ? L'importante descendance du type architectural de Fontenay, qu'on ne saurait attribuer à son seul rayonnement, permet de le supposer. Par ses masses, l'édifice exprime pleinement cette recherche de modestie tant prônée par saint Bernard : une façade plate, pas de clocher ni de croisée du transept, une nef de hauteur réduite (16,70 m pour une largeur de 8,35 m) et un chœur nettement plus bas. Le vaisseau central de la nef (ill. 411), voûté comme le reste de l'édifice en berceau brisé renforcé de doubleaux, est contrebuté par les berceaux transversaux des bas-côtés, selon un procédé dont on ne connaît pas d'antécédents en Bourgogne, mais qui n'est pas sans rappeler celui adopté à la fin du XIe siècle dans la nef du Ronceray d'Angers. La lumière joue un rôle essentiel dans la définition des espaces intérieurs. La nef, dépourvue de fenêtres hautes, est cependant éclairée par les vastes baies des collatéraux. Mais, surtout, la façade occidentale, celles du transept, le chevet plat et le mur diaphragme dominant le chœur sont abondamment percés de fenêtres disposées en rangées superposées. L'édifice entier était ainsi baigné d'une lumière – signe tangible de la présence divine – à laquelle les vitraux incolores conservaient toute sa valeur et qui devait jouer sur des parois peintes en blanc ou, du moins, de couleur claire. Seules les piles composées de la nef (un noyau carré cantonné de quatre colonnes ou pilastres) accrochent des rayons lumineux qui, par ailleurs, glissent sur de vastes surfaces murales. Le contraste entre des parois très ajourées et des maçonneries opaques se trouve par là même fortement nuancé. La lumière frisante est mise au service d'un rythme dont rien n'altère la puissance et la régularité. L'abandon du superflu n'est pas synonyme de pauvreté, mais de décantation formelle, de recherche de l'essentiel. En un mot : de quête spirituelle.

Cette même quête se retrouve dans le cloître (ill. 410), bien qu'ici l'austérité soit tempérée d'un soupçon de grâce. Voûtées d'un berceau brisé continu échancré de pénétrations

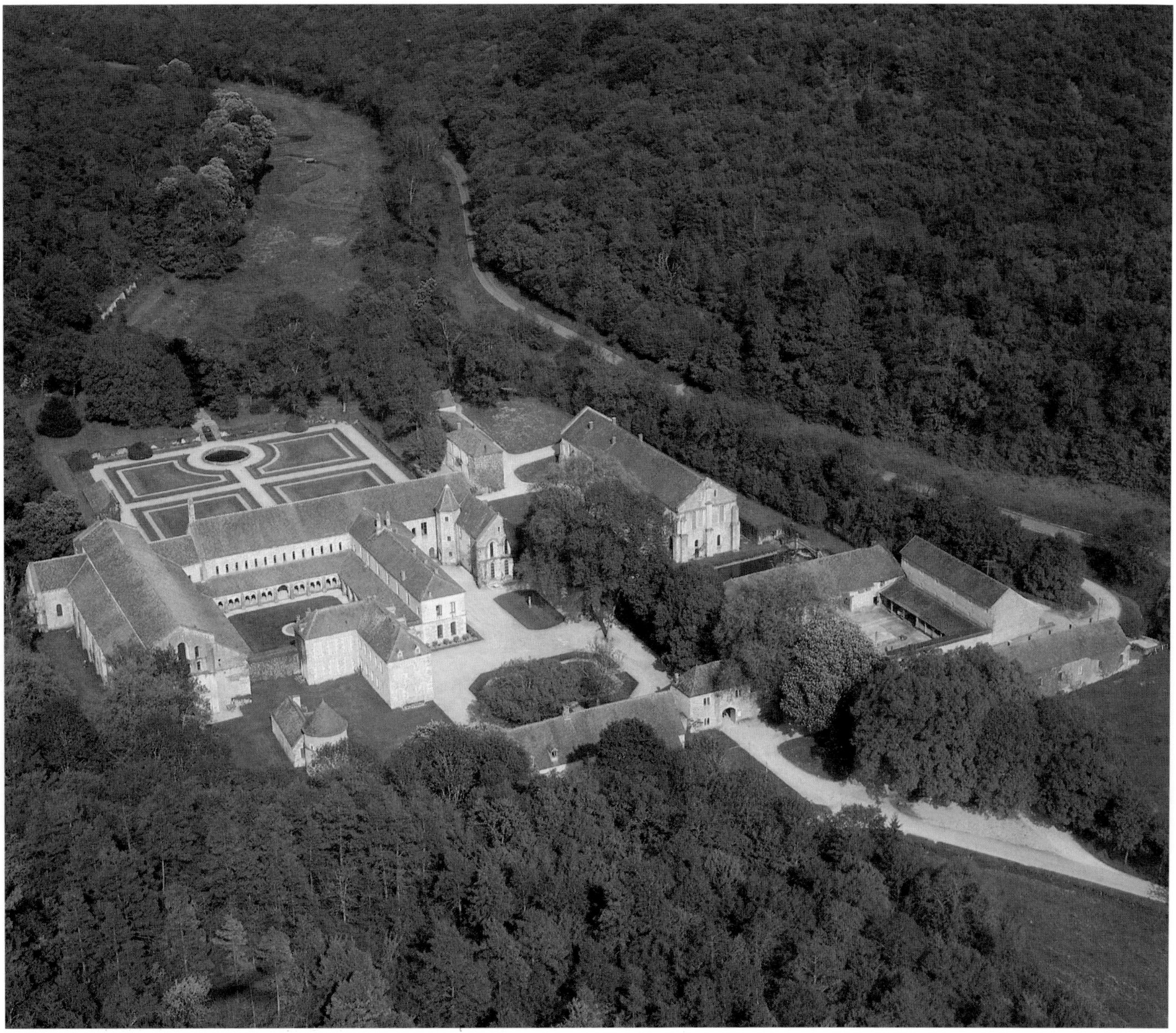

409. Fontenay (Côte-d'Or), abbaye, vue aérienne.

latérales, les galeries s'ouvrent sur l'aire centrale par des baies en plein cintre, regroupées deux à deux par un arc de décharge et reposant sur des paires de courtes colonnettes. Comme dans l'église, les chapiteaux sont strictement ornementaux. Mais les formes dures, voire géométriques, des corbeilles nues de l'abbatiale font place à un répertoire de feuilles lisses dont les extrémités souplement recourbées adoucissent les angles. La modénature, enfin, simple et forte dans la première, n'est pas exempte d'une certaine préciosité dans le second. Ainsi, une subtile hiérarchie s'établit dans le dépouillement, porté à son plus haut niveau dans l'église, lieu de prière, mais atténué dans le cloître, lieu de passage mais aussi de ressourcement durant les longues heures de la *lectio divina*. On arrivait même, dans la salle capitulaire ouvrant sur la galerie orientale du cloître, voûtée d'ogives retombant sur des faisceaux de colonnettes en délit, à une certaine richesse d'effet.

Bien que de nombreux caractères communs se retrouvent dans les églises cisterciennes édifiées au cours de la seconde moitié du XIIe siècle, il n'existe pas de plan type. Le chevet droit comptant un nombre variable de chapelles contiguës qui avait été adopté au cours des années 1130 dans

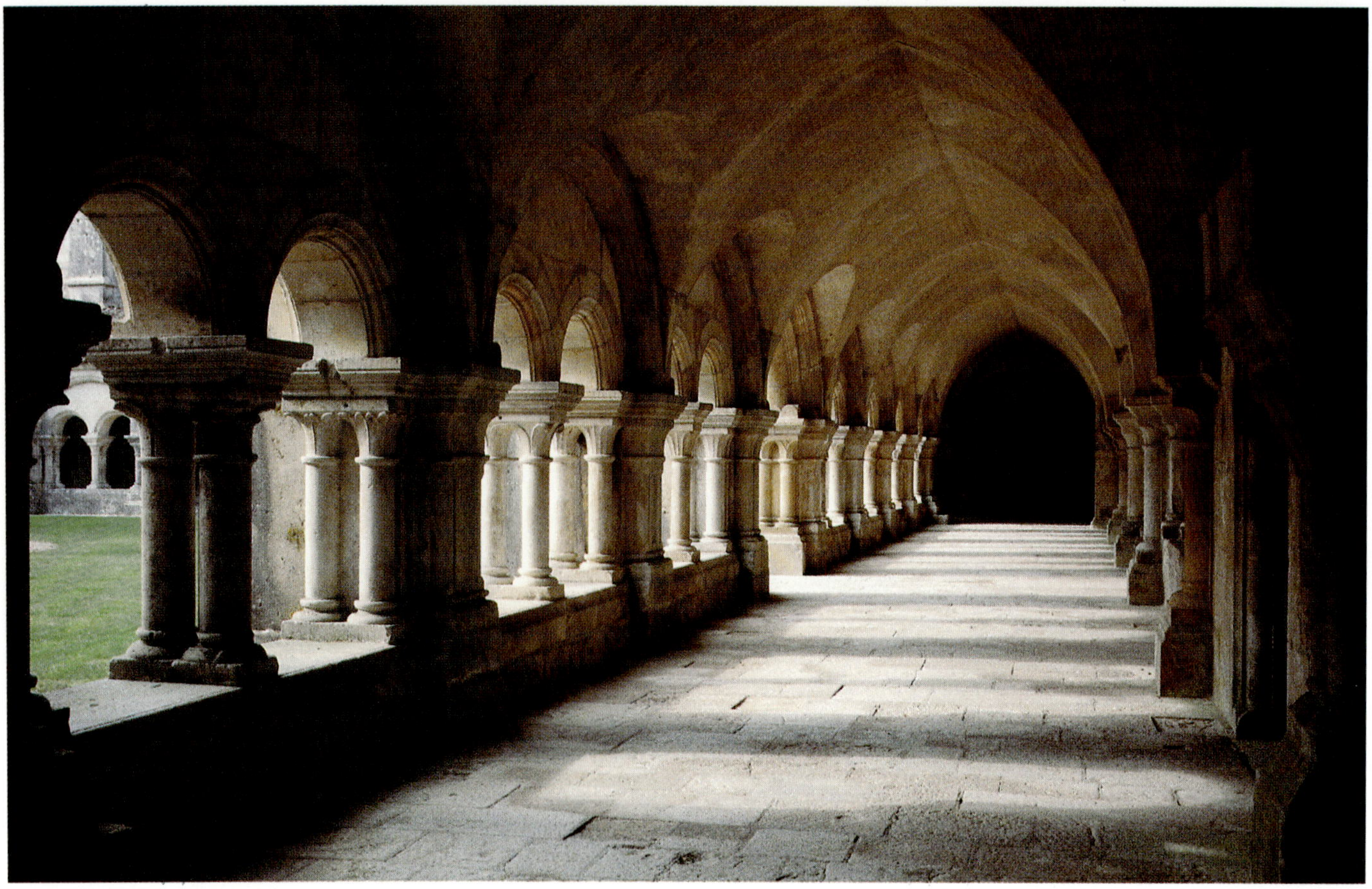

410. Fontenay (Côte-d'Or), abbaye, cloître.

411. Fontenay (Côte-d'Or), église abbatiale, nef.

les abbayes-mères bourguignonnes est repris, entre autres, dans un certain nombre de fondations méridionales : à Noirlac (Cher) et à Sylvanès (ill. 412), où les travaux semblent avoir débuté vers 1150, à l'Escale-Dieu (Hautes-Pyrénées), réédifiée à partir de 1165 environ, à Silvacane (Bouches-du-Rhône), qui ne fut pas mise en chantier avant le milieu des années 1170. Mais, tout en restant fidèles au principe du plan à chapelles alignées, beaucoup de maîtres d'œuvre cisterciens, influencés par des traditions locales, introduisirent des variantes dans la forme des chapelles ou du chœur. Ainsi, à Obazine (ill. 413), ce dernier est pentagonal et non quadrangulaire, tandis qu'à Sénanque (Vaucluse) et au Thoronet (ill. 414 et 415) une abside semi-circulaire est encadrée d'absidioles de même plan mais inscrites dans un mur oriental droit, et qu'à Flaran (Gers) on adopte vers 1180, pour l'abside et pour les chapelles, un tracé semi-circulaire à l'intérieur comme à l'extérieur. Les traditions locales s'affirment davantage dans les nefs. Si, à l'Escale-Dieu et à Sylvanès, l'élévation de Fontenay fut reprise en apparence, l'interprétation qui en est donnée révèle une autre conception spatiale à travers la dilatation du vaisseau central aux dépens des bas-côtés dans la première, et une véritable attraction vers la nef unique dans la seconde, où les collatéraux ont cédé la place à de profondes arcades qui épaulent la voûte du vaisseau central et qui sont surmontées de galeries voûtées en plein cintre, à l'instar de certaines églises languedociennes (Saint-Pons-de-Thomières). À Sénanque et au Thoronet, on préféra aux berceaux transversaux des bas-côtés de Fontenay des voûtes en demi-berceau tout aussi efficaces, mais plus conformes aux habitudes provençales, et, à Obazine, on choisit des voûtes d'arêtes. En dépit de ces différences structurelles, les nefs restent cependant, comme les chevets, fidèles à l'esprit du programme cistercien. La coupole sur trompes de la croisée du transept de Sénanque, traitée avec une certaine richesse, et la coupole sur pendentifs de celle d'Obazine, surmontées l'une comme l'autre d'une petite tour de clocher, constituent néanmoins des dérogations notables à la règle.

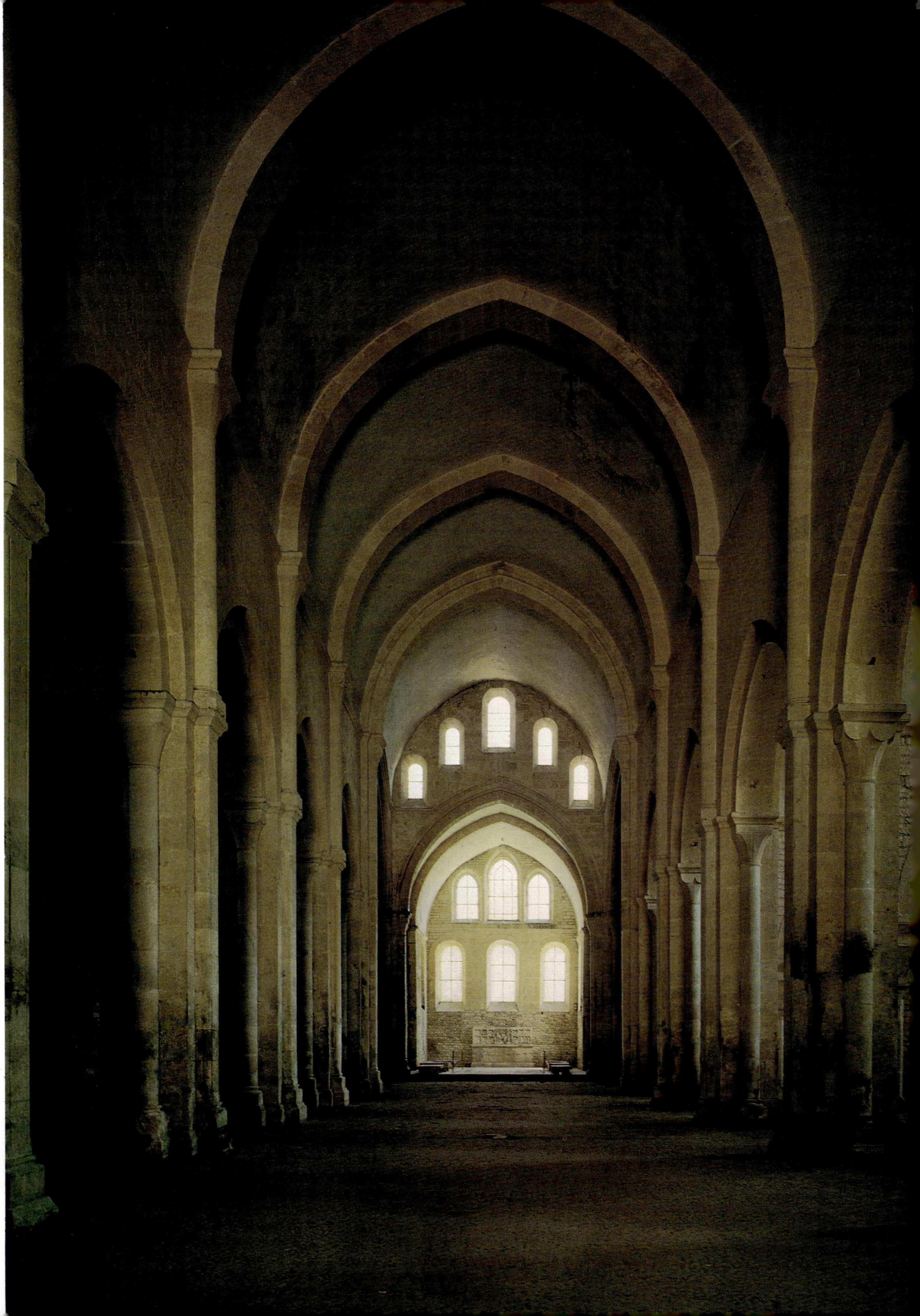

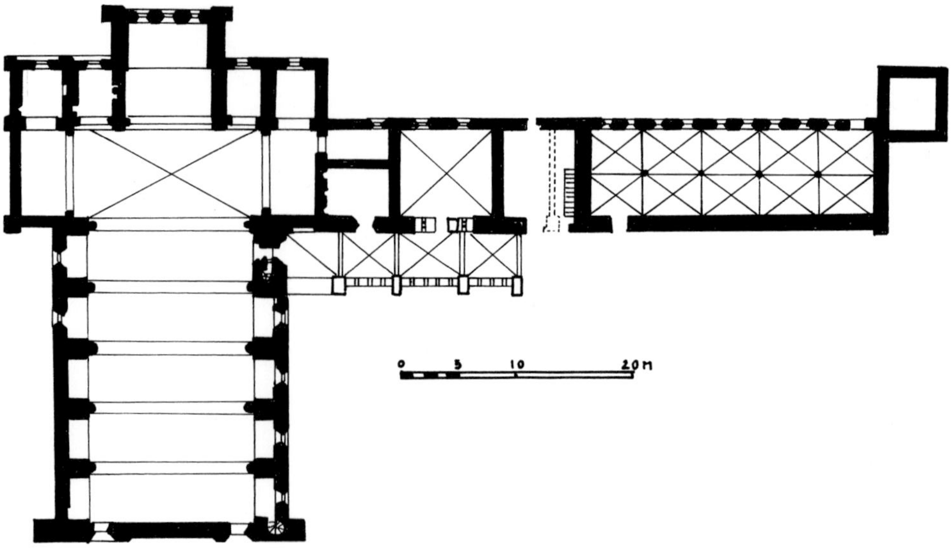

412. Sylvanès (Aveyron), abbaye, plan.

Cette relative unité de l'architecture cistercienne, qui se retrouve dans les cloîtres (ill. 416) et dans les bâtiments monastiques, notamment dans les salles capitulaires, amène à s'interroger sur le mode de diffusion des modèles. Le témoignage d'Orderic Vital, vers 1134 : «À l'écart, dans des solitudes et des forêts, ils [les moines blancs] ont construit leurs monastères de leurs mains [318] », témoignage qui concerne les temps héroïques des débuts, a sans doute été trop sollicité pour les périodes plus tardives. Même si les textes de la seconde moitié du XIIe siècle attestent encore la contribution de convers aux travaux et l'envoi par certaines abbayes-mères d'un maître d'œuvre ou d'une équipe de maçons pour aider à tracer les plans ou à construire les bâtiments d'une nouvelle fondation, l'existence sur les chantiers cisterciens d'une main-d'œuvre locale, possédant ses propres techniques et ses habitudes, est indubitable.

Les fondations méridionales ne sont, dans l'ensemble, guère antérieures à la fin des années 1130. Leurs débuts furent souvent précaires et, comme cela avait été le cas un peu plus tôt à Clairvaux ou à Cîteaux, il fallut souvent attendre une génération au moins avant que leurs ressources soient suffisantes pour entreprendre des constructions durables ; la plupart des chantiers restèrent actifs jusqu'au début du XIIIe siècle sans que des modifications majeures soient apportées au programme. Tandis qu'il continuait d'être adopté dans ces nouvelles fondations, le plan à chapelles alignées encadrant un chœur peu profond commençait de paraître insuffisant dans les abbayes plus anciennes, dont les effectifs s'étaient accrus de manière considérable. Dès le milieu du XIIe siècle, on envisagea dans certaines d'entre elles d'augmenter le nombre des chapelles, soit en les répartissant autour des bras du transept, comme à Pontigny (Yonne), soit en entourant le chœur carré d'un déambulatoire en équerre sur lequel ouvraient des chapelles contiguës délimitées par un mur droit, comme à Morimond (Haute-Marne). Cette dernière solution fut également adoptée à Cîteaux, où douze nouvelles chapelles vinrent ainsi s'ajouter à celles qui existaient déjà. Mais c'est avec la reconstruction du chevet de Clairvaux, entre 1154 et 1174 [319], que se manifesta une véritable rupture avec l'idéal de modestie qui avait présidé à la définition des premiers sanctuaires cisterciens. En effet, au moment même où disparaissait saint Bernard († 1153), on entreprit de démolir le chœur consacré en 1145 pour édifier à sa place un vaste déambulatoire à chapelles rayonnantes dont certaines dispositions devaient bientôt être reprises, avec quelques variantes, à la fin du XIIe siècle dans les abbatiales de Cherlieu (Haute-Saône) et de Pontigny (Yonne) avant de connaître une diffusion plus lointaine (Alcobaça, au Portugal). Seule concession à l'esprit cistercien : les chapelles contiguës, au nombre de neuf, étaient circonscrites dans un mur polygonal. Mais l'élévation à trois niveaux (grandes arcades, ouvertures sous combles, fenêtres hautes) comme le voûtement d'ogives engageaient l'architecture cistercienne dans une nouvelle direction, celle de l'art gothique, au sein duquel elle allait occuper une position aussi originale que celle qui avait été la sienne dans le monde roman.

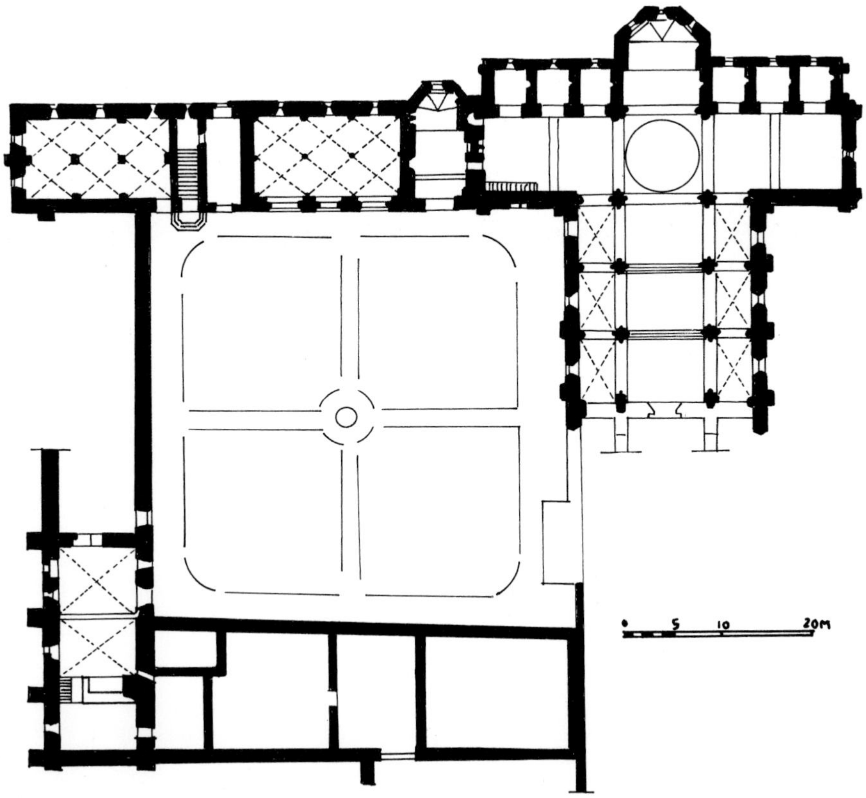

413. Obazine (Corrèze), abbaye, plan.

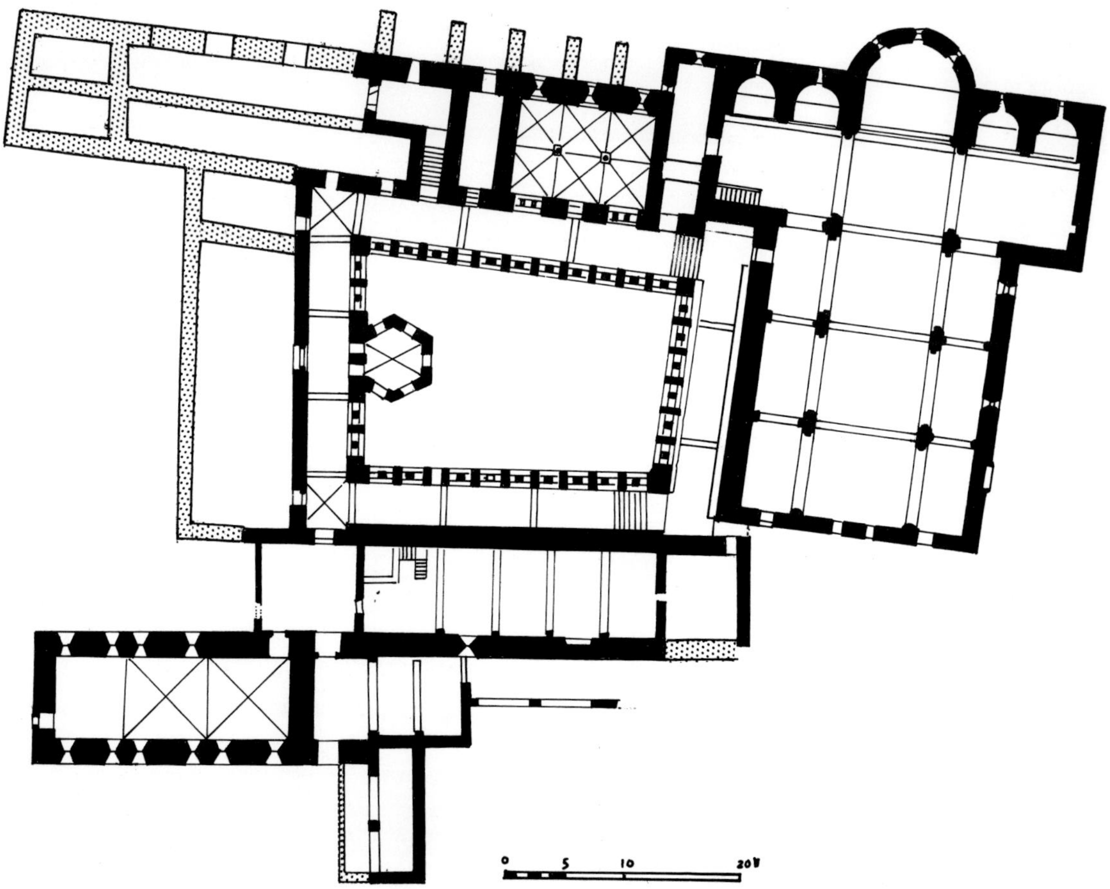

414. Le Thoronet (Var), abbaye, plan.

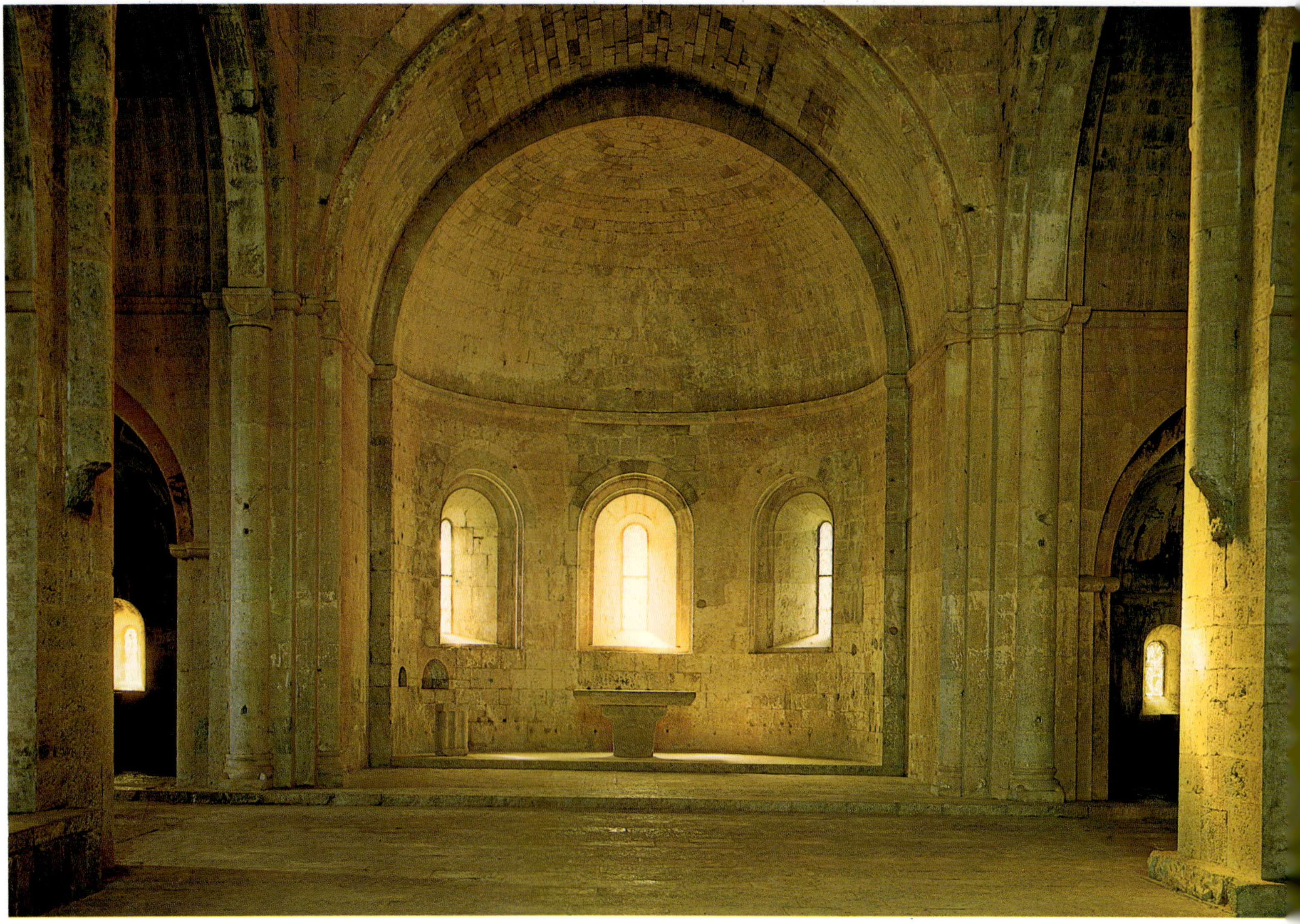

415. Le Thoronet (Var), église abbatiale, abside.

L'ABSOLU DÉPOUILLEMENT : CHARTREUX ET GRANDMONTAINS

Tandis que l'architecture cistercienne subissait des transformations significatives au cours de la seconde moitié du XIIe siècle, celle des chartreux et des grandmontains conservait dans toute sa pureté l'idéal de pauvreté préconisé dans leurs statuts, rédigés respectivement vers 1130 et entre 1140 et 1150. Il est vrai que ni la limitation des effectifs à treize ou quatorze moines pour les chartreux et à douze pour les grandmontains, ni la recherche d'un équilibre entre érémitisme et cénobitisme ne prédisposaient à l'amplification des édifices. L'église ne revêt d'ailleurs pas, dans les chartreuses, la même importance que dans les autres monastères. Les moines, reclus dans leur cellule individuelle, ne s'y rendent en effet que pour certains offices et, afin que leur retraite soit préservée le mieux possible, les convers disposent de leur propre maison et de leur propre église, construites à l'écart de celles des pères. Les églises des chartreux, dont les dimensions restent généralement modestes, se réduisent à l'essentiel : une nef unique et une abside, dont le plan peut, selon le cas, être carré, semi-circulaire ou à pans coupés. L'ensemble est généralement voûté d'un berceau en plein cintre ou brisé, renforcé parfois d'un doubleau retombant sur un culot. Seul un bandeau, placé à la naissance de la voûte, rompt la nudité de surfaces murales percées de quelques baies, comme à La Verne (Var), dont l'église fut consacrée en 1174 (ill. 417). Ces dispositions s'inspiraient-elles de celles de la Grande-

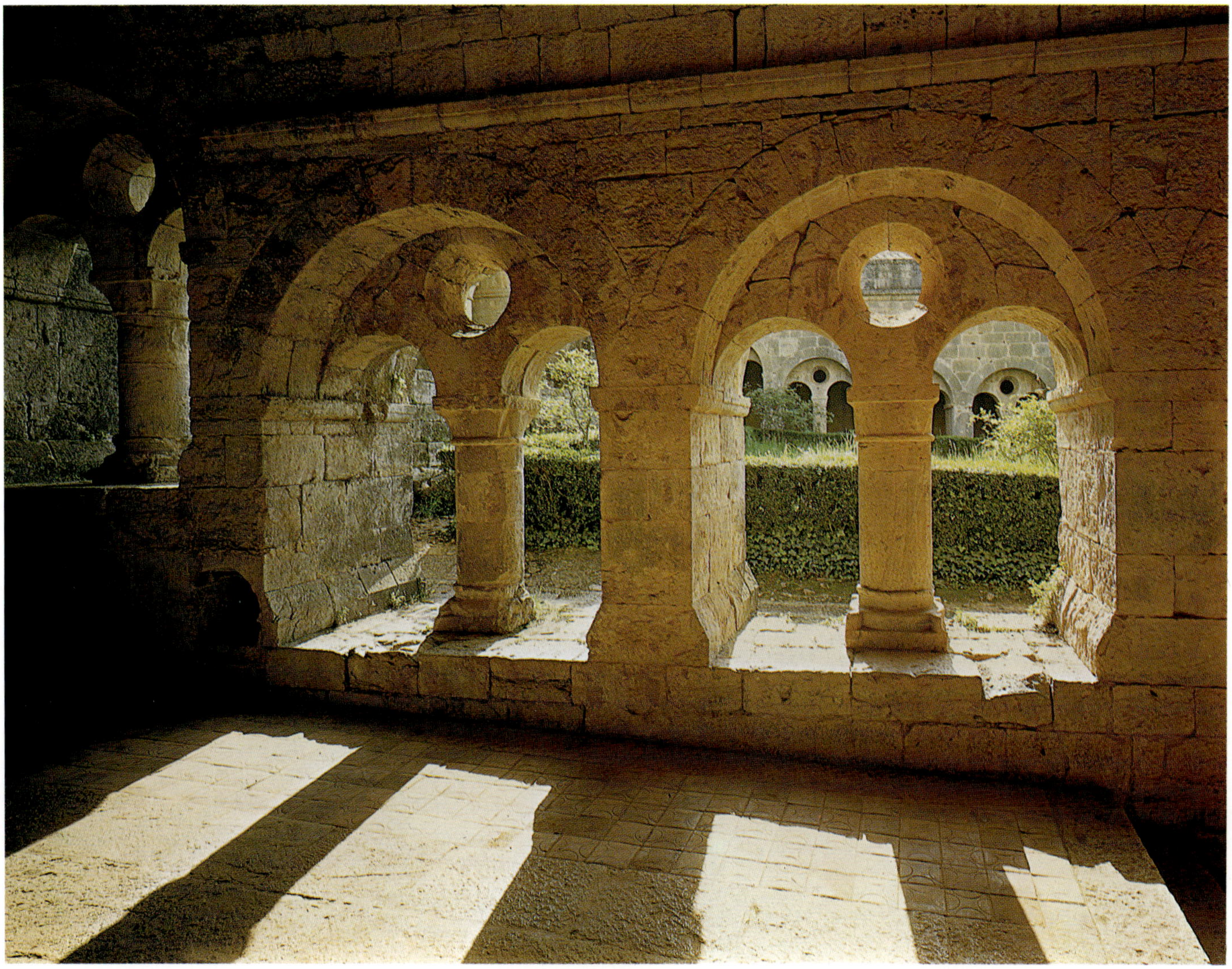

416. Le Thoronet (Var), abbaye, cloître.

Chartreuse ? La destruction de l'édifice élevé par Guigne I vers 1130, connu seulement par une description du XVIIe siècle, permet mal d'en juger [320].

Les églises de l'ordre de Grandmont qui, selon le statut 58 de la Règle, devaient être couvertes d'une *vouta plana* (c'est-à-dire d'une voûte lisse, sans doubleau) présentent un aspect similaire à celles des chartreux [321]. Toutefois, le caractère très centralisé de l'institution se traduit par la diffusion d'un modèle stéréotypé dont le prieuré Saint-Michel-de-Grandmont (ill. 418), remarquablement conservé, rend bien compte. Longue de 20,60 m, large de 6,70 m, couverte d'une voûte en berceau continu légèrement brisé, la nef unique, réservée aux convers, est rigoureusement nue et même dépourvue de fenêtres. Elle ouvre à l'est sur une abside semi-circulaire, profonde et nettement plus large (7,80 m), destinée aux seuls moines. La raison d'être de cet élargissement du sanctuaire, qui se prolonge par un décrochement au niveau du voûtement, est très controversée. Peut-être était-il principalement destiné à valoriser le sanctuaire, abondamment éclairé par trois baies largement ébrasées. Quoi qu'il en soit, cette disposition inhabituelle se retrouve dans presque toutes les églises grandmontaines de la seconde moitié du XIIe siècle (ill. 419). Par souci de pauvreté, celles-ci ne possédaient pas de sacristie, mais seulement des niches creusées dans les parois de l'abside pour conserver les livres et les vases sacrés. Leur porte se trouvait généralement située du côté nord de la nef, sous un *porticum*, galerie de bois destinée à accueillir les fidèles, occa-

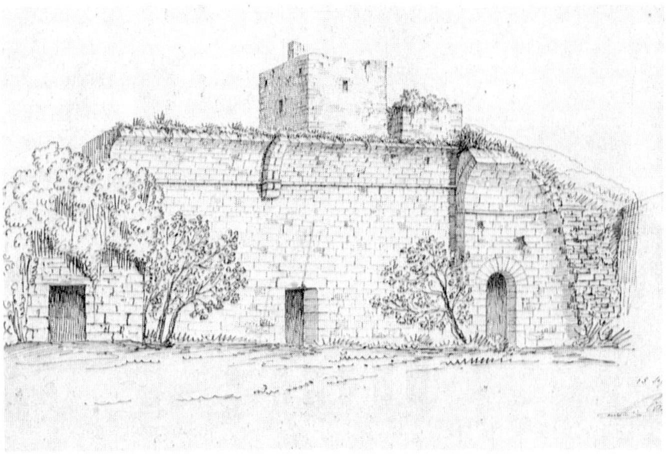

417. La Verne (Var), église abbatiale, les ruines en 1857.
Dessin de P. Coste, Marseille,
Bibliothèque municipale, ms 1305.

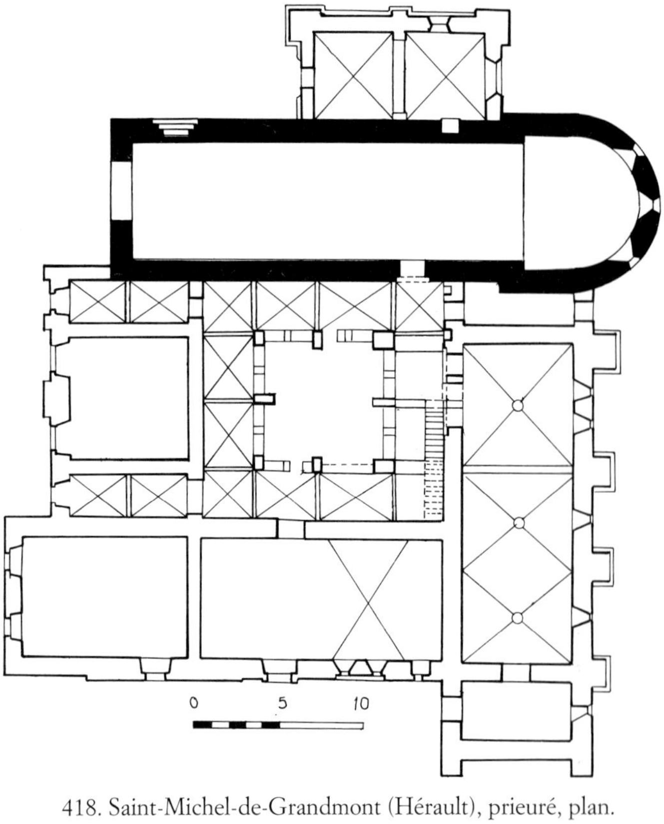

418. Saint-Michel-de-Grandmont (Hérault), prieuré, plan.

sionnellement admis à l'intérieur. Les grandmontains acceptèrent, à partir du la fin du XIIe siècle, un certain développement du culte des reliques, notamment après la canonisation, en 1189, du fondateur de l'ordre, saint Étienne de Muret († 1124). La châsse destinée à recevoir ses restes (aujourd'hui conservée à Ambazac) comme le devant d'autel de Grandmont, sans doute commandé à l'occasion de cette canonisation, furent l'œuvre d'émailleurs et d'orfèvres limousins. Seules deux plaques, représentant l'une l'Adoration des Mages (ill. 422) et l'autre Étienne de Muret en conversation avec son disciple Hugues de Lacerta, permettent encore d'évoquer la splendeur colorée de ce devant d'autel en émail champlevé sur cuivre. À l'instar du chef d'ordre, les prieurés grandmontains, même éloignés de la région de production, allaient compter, jusqu'au milieu du XIIIe siècle, parmi la plus fidèle clientèle des émailleurs limousins [322].

Cet idéal d'austérité était partagé par d'autres ordres religieux qui n'eurent pas la même fortune que les précédents. Parmi ceux-ci, il convient de citer l'ordre de Chalais, dont l'aire d'expansion ne dépassa guère le Dauphiné et la Provence et qui fut supprimé au début du XIVe siècle. L'église Notre-Dame-de-Boscodon (ill. 420), sans doute édifiée entre les années 1140 et 1170, témoigne de l'emprise de cet idéal. Moins réduite à l'essentiel que les constructions des chartreux et des grandmontains, elle comporte une nef unique éclairée de deux baies, voûtée d'un berceau plein cintre renforcé d'un unique doubleau, un petit transept bas et un chœur de plan carré, moins élevé que la nef et éclairé par trois baies. D'autres ordres qui, comme celui des chanoines prémontrés, s'étaient d'abord engagés dans cette même voie de l'austérité l'abandonnèrent rapidement.

Toutes les régions furent peu ou prou concernées par l'extension des nouveaux ordres. Au cours de la seconde moitié du XIIe siècle, les cisterciens fondèrent des abbayes dans toute la France (et au-delà), tandis que les chartreux s'implantaient surtout dans les terres d'Empire situées à l'est du Rhône et de la Saône, les grandmontains sur celles d'Henri II Plantagenêt, leur protecteur, et les prémontrés au nord de la Loire, ce qui n'exclut, ni pour les uns ni pour les autres, un essaimage dans des aires géographiques éloignées du chef d'ordre, où ils entrèrent parfois en compétition. Si les partis architecturaux qu'ils avaient adoptés répondaient à des besoins trop spécifiques pour influer sur l'évolution de l'architecture romane, il n'en fut pas de même de leurs idéaux esthétiques, qui semblent avoir exercé une certaine séduction hors des milieux d'origine. On assiste ainsi dans le Limousin, terre d'élection de l'érémitisme et des ordres sévères, à une surenchère dans l'austérité qui, à partir des années 1160-1170, se traduit, même dans les chantiers richement dotés comme celui de l'abbatiale bénédictine de Saint-Augustin de Limoges, par l'adoption de volumes unifiés, de façades sans clocher et de chevets plats. On observe également, ici et là, un regain d'intérêt pour les chapiteaux à corbeilles nues. Dans la nef des collégiales Notre-Dame de Beaune (Côte-d'Or), Notre-Dame de Montbenoît (Doubs) ou Notre-Dame de Sablonceaux (Charente-Maritime), le renoncement à tout décor sculpté

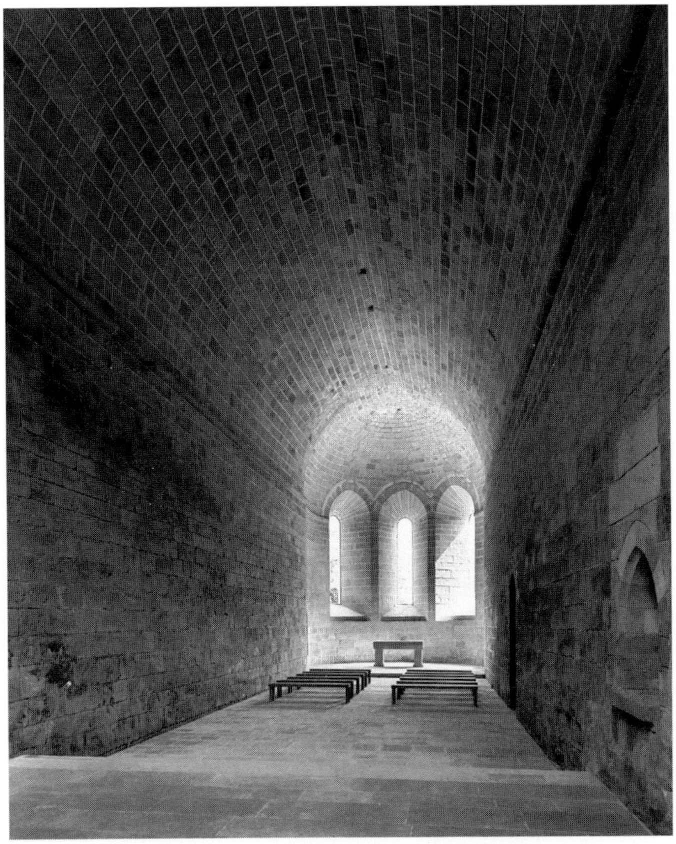

419. Comberoumal (Aveyron), église priorale, nef.

La cathédrale Notre-Dame du Puy, dont l'édification avait commencé au cours de la seconde moitié du XIe siècle et s'était sans doute achevée au début du siècle suivant, comportait une nef à trois vaisseaux longue de quatre travées seulement. Le vaisseau central, aveugle, était couvert d'un berceau en plein cintre renforcé de doubleaux et contrebuté par les voûtes d'arêtes des bas-côtés. On décida, sans doute au temps de l'évêque Pierre III (1143-1155), de substituer à la voûte en berceau des deux travées occidentales des coupoles octogonales sur trompes (ill. 421) d'une structure comparable à celle des coupoles de croisée de Saint-Philibert de Tournus ou de Saint-Martin-d'Ainay à Lyon ; les trompes en cul-de-four reposent, comme les arcs des fenêtres ouvertes au même niveau qu'elles, sur des colonnettes. Les coupoles, supportées par des arcs doubleaux brisés de section relativement mince, paraissent ainsi s'élever avec légèreté au-dessus d'une arcature. L'adoption d'un nouveau mode de voûtement avait nécessité un profond remaniement de l'élévation, notamment des grandes arcades, désormais en arc brisé à double rouleau, et des bas-côtés, plus élevés que dans le parti primitif et dont l'une des travées est voûtée d'ogives. Jamais encore, semble-t-il, on n'avait tenté d'établir des coupoles sur le vaisseau central d'une nef tripartite (toutes les églises à file de coupoles de la première moitié du XIIe siècle comportent une nef unique).

s'explique sans doute par l'influence cistercienne[323]. Le rôle joué par celle-ci dans les transformations du répertoire ornemental languedocien, à la fin du siècle, semble par ailleurs avoir été déterminant[324].

III. LA TRADITION DÉPASSÉE

DES RECHERCHES ORIGINALES SUR LE VOÛTEMENT : LA CATHÉDRALE DU PUY ET SAINT-OURS DE LOCHES

L'effervescence créative qui, au début du XIIe siècle, avait conduit les architectes à multiplier les expériences sur le voûtement des nefs et à inventer de nouvelles solutions tend à se réduire à partir du milieu du XIIe siècle. On ne peut guère mettre à l'actif de cette période que deux expériences originales : les coupoles sur trompes de la cathédrale du Puy et les *dubas* de Saint-Ours de Loches.

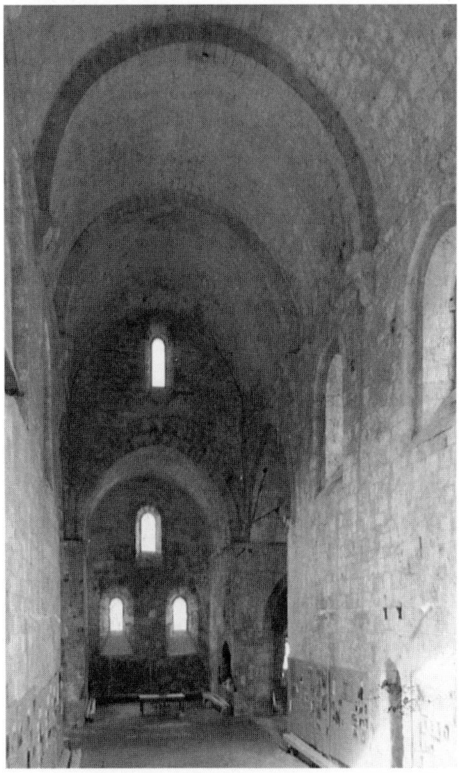

420. Notre-Dame-de-Boscodon (Hautes-Alpes), église abbatiale, nef et sanctuaire.

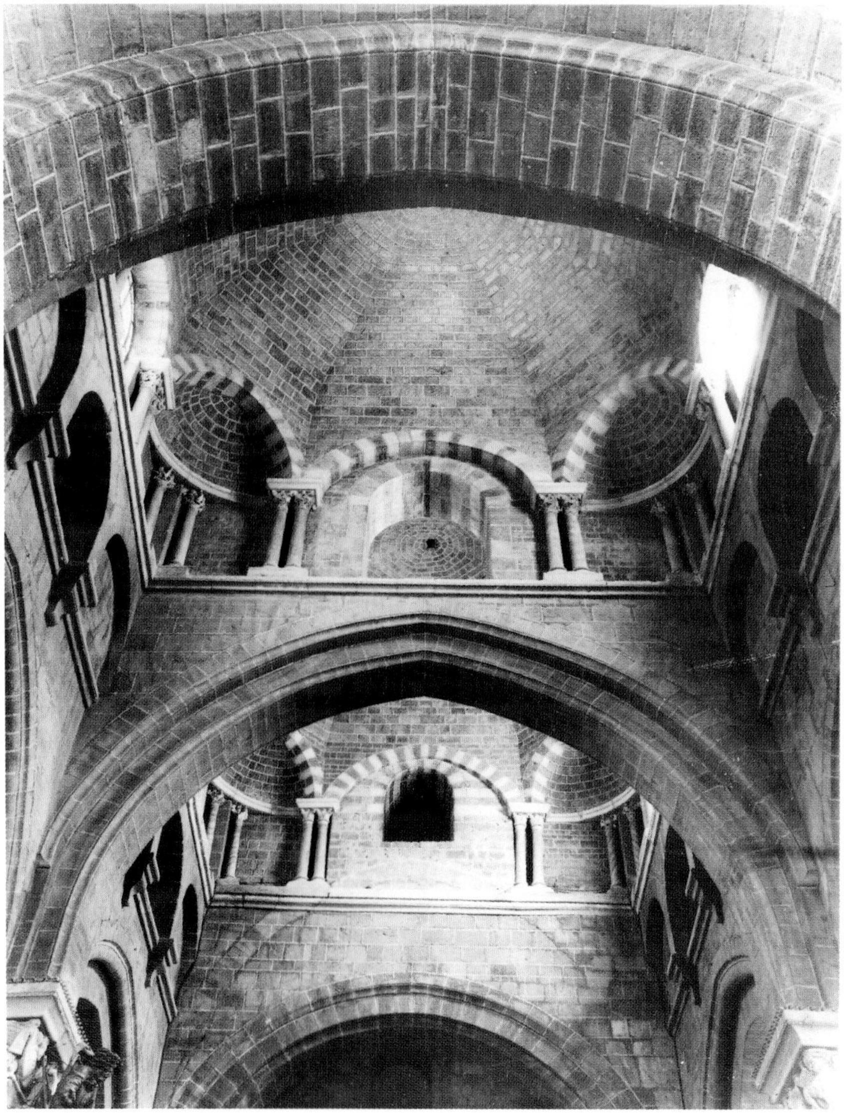

421. Le Puy (Haute-Loire), cathédrale Notre-Dame,
coupoles de la nef, 3e et 4e travées.

Il convient donc de s'interroger sur les raisons de cette importante transformation des deux premières travées de la nef à la cathédrale du Puy. Souhaitait-on donner plus de luminosité et de majesté à cette partie de la cathédrale par laquelle les foules de pèlerins, après avoir gravi les degrés du grand escalier conduisant à la façade occidentale, pénétraient dans le sanctuaire marial ? Quoi qu'il en soit, cette «mise en scène» fut reprise et amplifiée lorsque, vers 1180, une nouvelle façade et deux travées supplémentaires furent édifiées à l'ouest des précédentes, au-dessus d'un vaste porche abritant l'escalier monumental. Ce projet ambitieux présentait de sérieuses difficultés techniques, mais il donnait, entre ciel et terre, une entrée véritablement grandiose à la cathédrale.

Sans doute le souci de concilier stabilité et légèreté des structures présida-t-il également au choix fait par Thomas Pactius (1130-1168), prieur de la collégiale Notre-Dame de Loches (actuellement Saint-Ours), lorsqu'il décida, vers la fin de sa vie, de remplacer la charpente de la nef unique du XIe siècle par une voûte (ill. 423). En effet, au lieu d'implanter entre les anciens murs, qu'il conservait, une file de coupoles sur pendentifs, comme on l'avait souvent fait dans les régions de l'Ouest et dans la vallée de la Loire, il s'inspira du voûtement en forme de pyramide creuse utilisé à Fontevraud, Marmoutier ou Bourgueil pour couvrir des cuisines de plan octogonal. Le chroniqueur qui, vers la fin du XIIe siècle, raconta l'entreprise de Thomas Pactius fut sensible au caractère exceptionnel de ce type de voûtes,

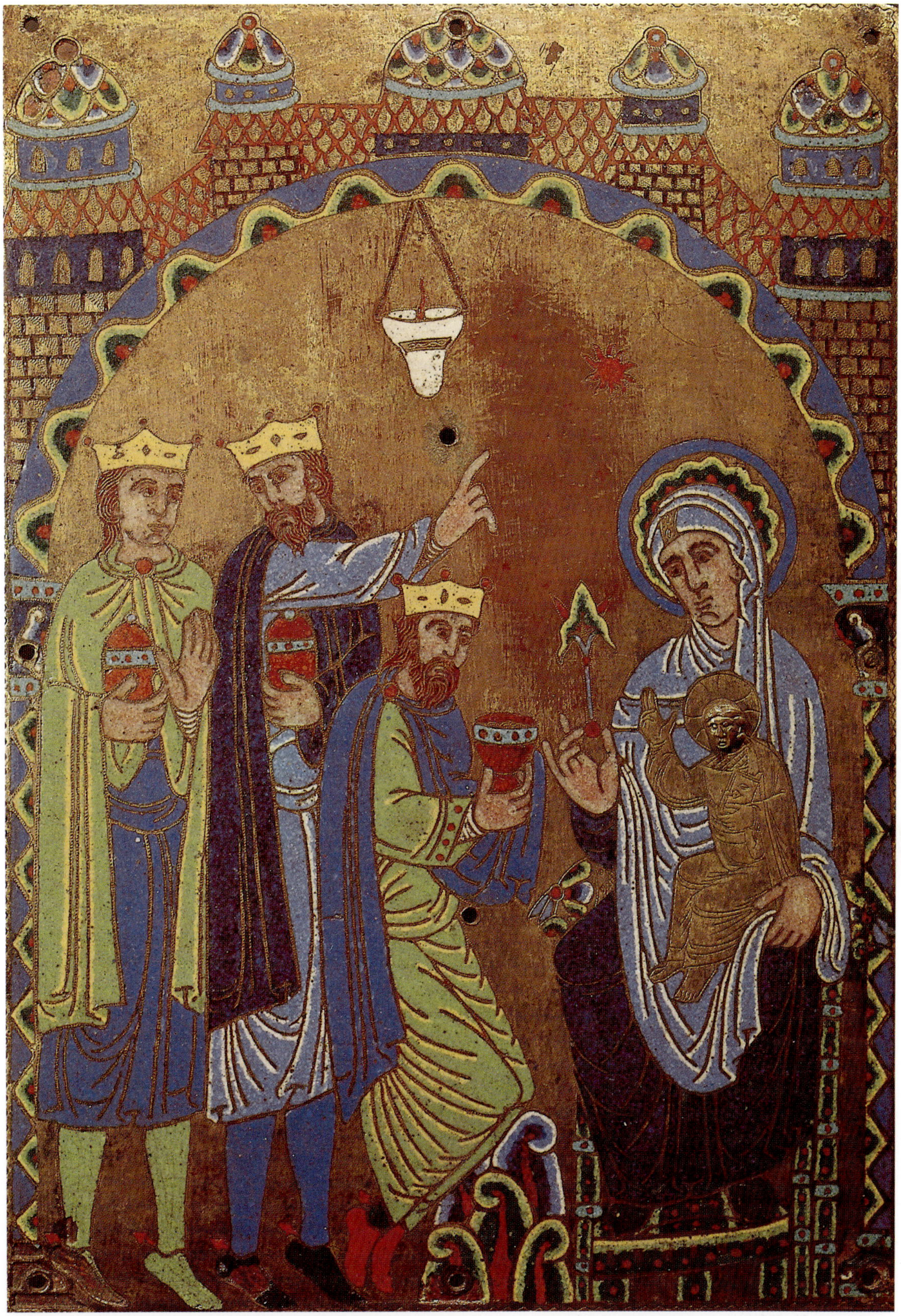

422. Plaque d'émail champlevé provenant de l'autel de Grandmont : l'Adoration des Mages. Paris, musée national du Moyen Âge.

qu'il tenta de décrire : « *Turriculis quas nos dubas appellamus*[325] ». L'expérience, qui constitua l'une des ultimes tentatives d'innovation en matière de voûtement dans l'art roman ligérien, était cependant condamnée à demeurer marginale. Les croisées d'ogives lancées sur le haut-vaisseau de la cathédrale d'Angers pendant l'épiscopat de Normand de Doué (1149-1153) proposaient, en effet, une solution à la fois plus belle et plus rationnelle, promise à un grand succès dans le domaine Plantagenêt.

LA FORTUNE DES NEFS UNIQUES VOÛTÉES EN BERCEAU BRISÉ

Jusqu'aux années 1130, les architectes romans ne semblent guère avoir envisagé, pour voûter de vastes nefs uniques, d'autre solution que la file de coupoles sur pendentifs, du moins dans les régions situées entre Loire et Dordogne. Ailleurs, la charpente continuait de régner. La situation allait cependant changer du tout au tout au cours de la seconde moitié du XIIe siècle. Tandis que, dans le nord de la France, la diffusion de la voûte d'ogives réduisait considérablement le domaine de la charpente, la généralisation, au sud de la Loire, de la voûte en berceau brisé pour les nefs uniques, même d'une certaine ampleur, conduisait à un résultat identique.

Couvrir une large nef unique d'un berceau supposait une totale maîtrise des problèmes d'équilibre, et il n'est guère étonnant qu'il ait fallu attendre une date relativement tardive pour que certains architectes s'y soient risqués. En effet, les poussées de la voûte devaient être contenues par les seuls murs latéraux, qu'il convenait de renforcer en conséquence. Mais, si ce mode de voûtement posait davantage de problèmes de stabilité que les coupoles, il permettait de mieux respecter l'unité de l'espace intérieur. C'est donc une double mutation, esthétique et technique, qui s'amorce au cours des années 1130 en diverses régions.

Parmi les premiers essais figure la nef de Notre-Dame-de-Nantilly à Saumur (ill. 424). La voûte, d'une portée de 11,20 m, est renforcée de doubleaux et puissamment épaulée, à l'extérieur, par des contreforts massifs ; elle retombe sur de profondes arcades (90 cm) qui augmentent l'épaisseur du mur à ce niveau et enveloppent des fenêtres relativement vastes. L'élévation intérieure est ainsi régulièrement rythmée par des travées larges d'environ 4 m, délimitées par les colonnes engagées qui reçoivent les doubleaux. Une solution comparable fut adoptée à Saint-Barnard de Romans (Drôme), après qu'un incendie eut, en 1134, détruit la charpente de la nef du XIe siècle[326]. Les murs de celle-ci furent conservés sur une certaine hauteur, doublés à l'intérieur d'amples arcatures et renforcés à l'extérieur de gros contreforts. Des dispositions analogues furent adoptées dans la nef, large de 11,50 m, de l'église priorale de Layrac (ill. 425), à une date qui ne saurait être trop éloignée de celle de Notre-Dame-de-Nantilly, dont son architecte paraît s'être inspiré.

La formule adoptée à la cathédrale d'Angers vers 1150 devait rapidement supplanter dans les régions de l'Ouest celle de Notre-Dame-de-Nantilly. En revanche, la nef unique voûtée d'un berceau brisé allait, au cours de la seconde moitié du XIIe siècle, remporter un succès croissant en Languedoc et en Provence, au point de devenir le principal type architectural du Midi. L'un des premiers architectes languedociens à avoir préféré un large vaisseau unique à une nef tripartite semble avoir été celui de la cathédrale de Béziers, maître Gervais[327]. Il ne reste de son œuvre que quelques vestiges, conservés lors de la reconstruction qui suivit l'incendie de l'édifice, en 1209, par les croisés de Simon de Montfort. On peut néanmoins restituer une nef longue de trois travées seulement mais large de 13,90 m, précédant un chœur à peine plus étroit et probablement fermé à l'est par un chevet plat. Les murs ont une épaisseur considérable : 2,25 m dans le chœur, où ils subsistent en grande partie, sans doute plus encore dans la nef. Ces puissantes maçonneries parurent toutefois insuffisantes à maître Gervais, qui, au droit des retombées des doubleaux, les renforça de contreforts. Cette structure massive se retrouve dans la nef de l'ancienne cathédrale de Maguelonne (ill. 426), dont la construction fut entreprise peu de temps après son élection par l'évêque Jean de Montlaur (1158-1190)[328]. Bien que la largeur du vaisseau unique ne soit que d'une dizaine de mètres, les murs atteignent près de 2,50 m d'épaisseur – ce qui a permis, du côté nord où se trouve le cloître, de supprimer les contreforts et même d'établir un escalier *intra muros* permettant d'accéder à la tribune occidentale de l'église et à l'étage des bâtiments canoniaux. Du côté sud, trois arcades portant des machicoulis assuraient, à l'extérieur, la défense d'un édifice situé sur une île côtière, dans une zone où les incursions de pirates étaient autant à redouter que celles des Sarrasins. L'ouverture des fenêtres, ébrasées seulement vers l'intérieur, fut d'ailleurs réduite au maximum, et des archères furent ménagées au-dessous de chacune d'entre elles. Plusieurs grandes églises fortifiées de même manière furent entreprises en Languedoc au cours des années 1170, telles que la cathédrale d'Agde (ill. 427)[329], dont le vaisseau unique mesure 12,60 m dans l'œuvre et 18,50 m hors œuvre, ou l'église abbatiale de Saint-Pons-de-Thomières[330], la plus ambitieuse de toutes avec un vaisseau de plus de 14 m d'envergure. L'architecte de la première conçut de puissants arcs de décharge pour recevoir la voûte, ce qui lui permit d'ouvrir des fenêtres d'une certaine ampleur ; celui de Saint-Pons établit au départ du berceau une galerie voûtée en plein cintre et prenant jour à l'extérieur

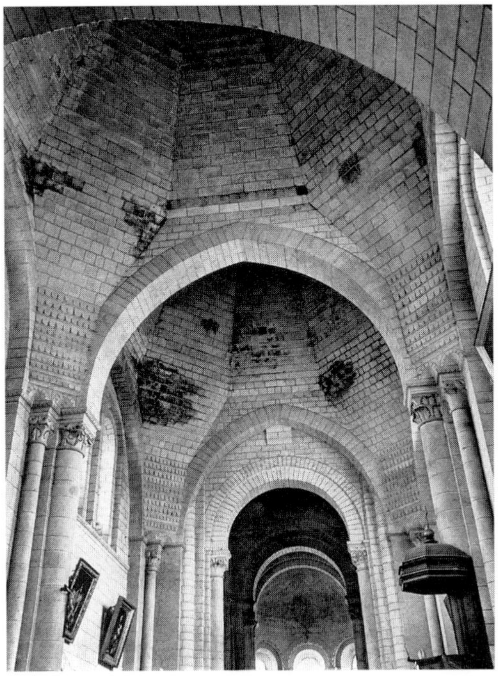

423. Loches (Indre-et-Loire), église Saint-Ours (anc. Notre-Dame), nef.

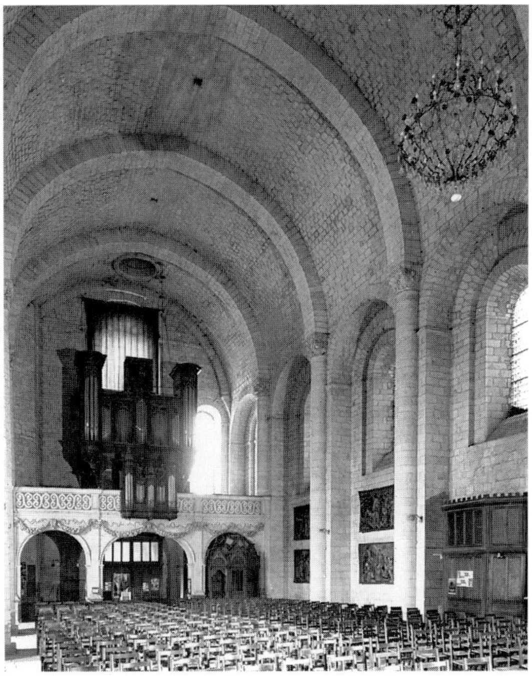

424. Saumur (Maine-et-Loire), église Notre-Dame-de-Nantilly, nef.

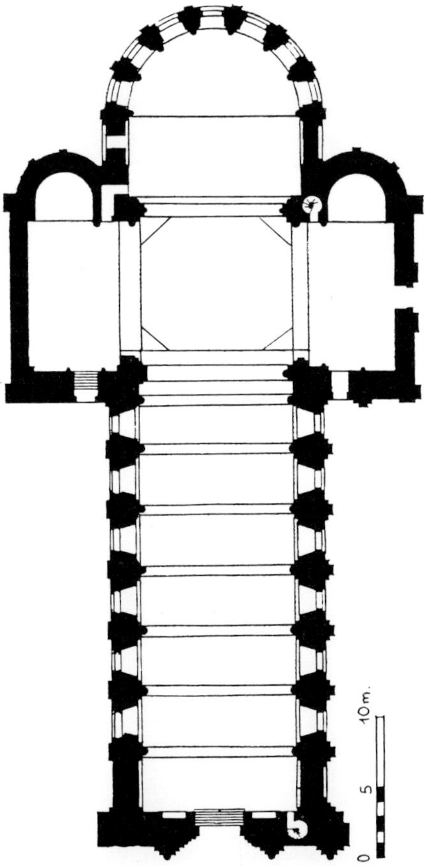

425. Layrac (Lot-et-Garonne), église priorale, plan.

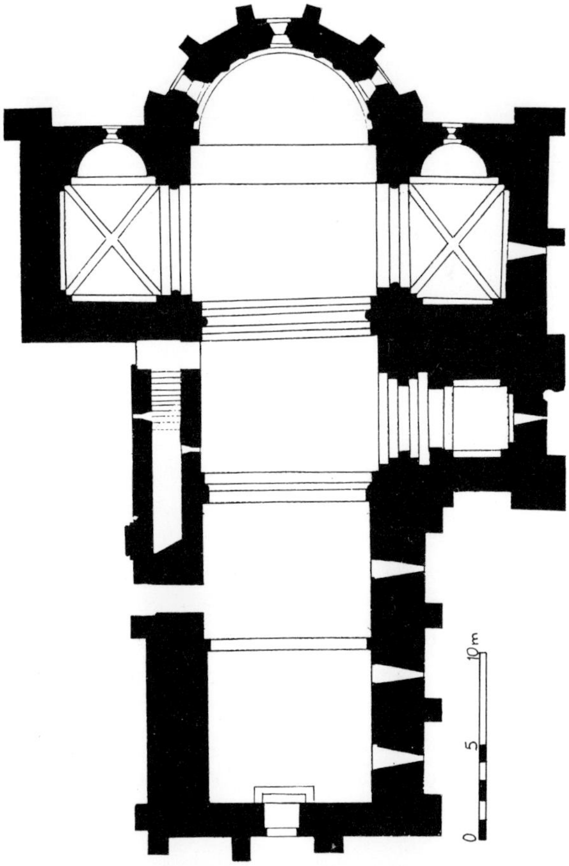

426. Maguelonne (Hérault), ancienne cathédrale Saint-Pierre, plan.

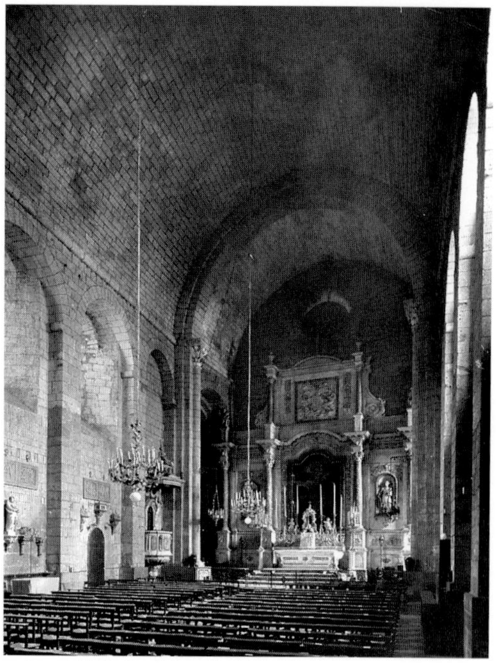

427. Agde (Hérault), ancienne cathédrale Saint-Étienne, nef.

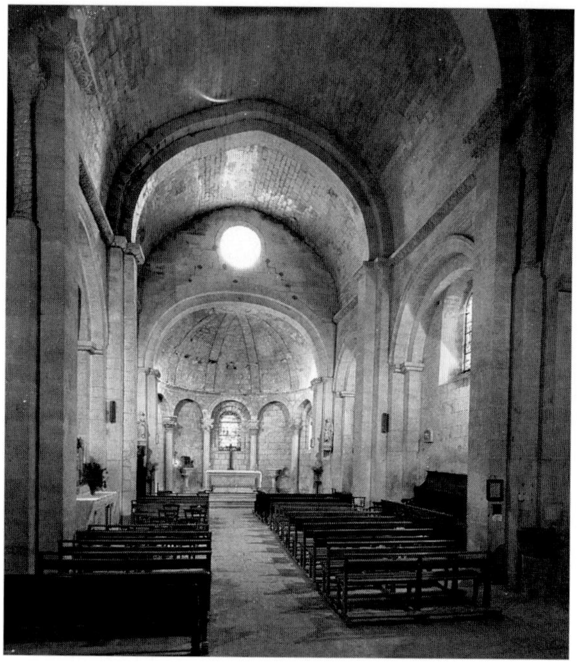

428. Saint-Restitut (Drôme), église priorale, nef.

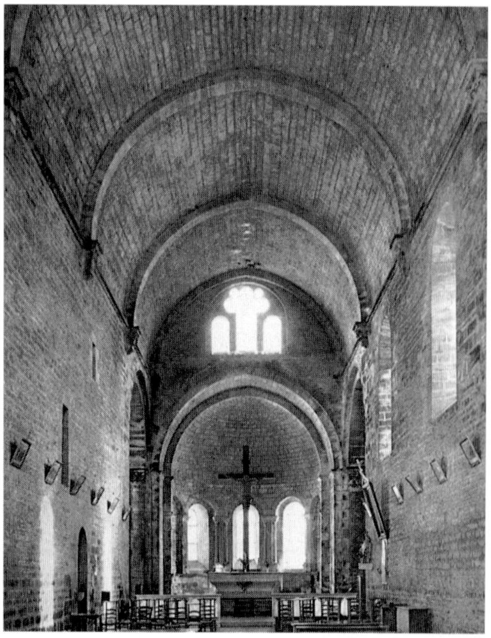

429. Marnans (Drôme), église Saint-Pierre, nef.

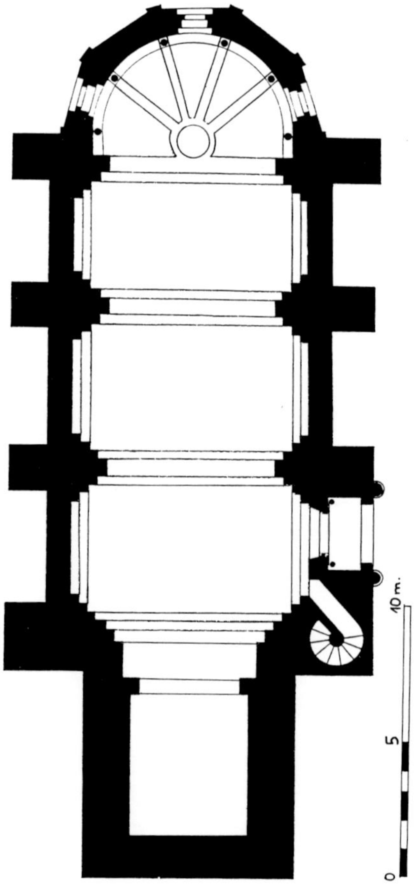

430. Saint-Restitut (Drôme), église priorale, plan.

et à l'intérieur, galerie qui se retrouve dans quelques autres églises à nef unique du Midi (Sylvanès, Saint-Papoul, etc.), mais dont la destination reste difficile à préciser : était-elle destinée à alléger les reins des voûtes, à faciliter la circulation dans les parties hautes ou à jouer un rôle défensif (l'une de ces fonctions n'excluant d'ailleurs pas les autres)[331] ?

La grande nef unique voûtée d'un berceau brisé connut un succès comparable en Provence et en Dauphiné. Les incertitudes chronologiques ne permettent pas de déterminer quel fut le prototype d'une série d'édifices dont la construction semble s'être échelonnée du milieu à la fin du XIIe siècle et qui offrent des caractères remarquablement stables : les nefs de l'abbatiale Notre-Dame de Montmajour [332] et de la cathédrale Notre-Dame-des-Doms en Avignon, celle de la cathédrale d'Aix-en-Provence, désignée sous le nom de *Corpus Christi* et peut-être édifiée vers 1165 [333], celles des églises priorales de Saint-Restitut (ill. 428 et 430), de Saint-Gabriel, de Saint-André-de-Rosans, de Ganagobie et des Saintes-Maries-de-la-Mer [334], sans doute un peu plus tardives (vers 1170-1180 ?). Dans tous ces édifices, la voûte, renforcée de larges doubleaux à double rouleau, retombe sur des arcades latérales en plein cintre, mais également dédoublées. Les parois semblent ainsi s'effacer derrière la saillie des importants supports à ressauts qui reçoivent doubleaux et arcades. Grâce à cette puissante armature intérieure et aux contreforts massifs qui la complètent, les murs, relativement minces, jouent un simple rôle de cloison.

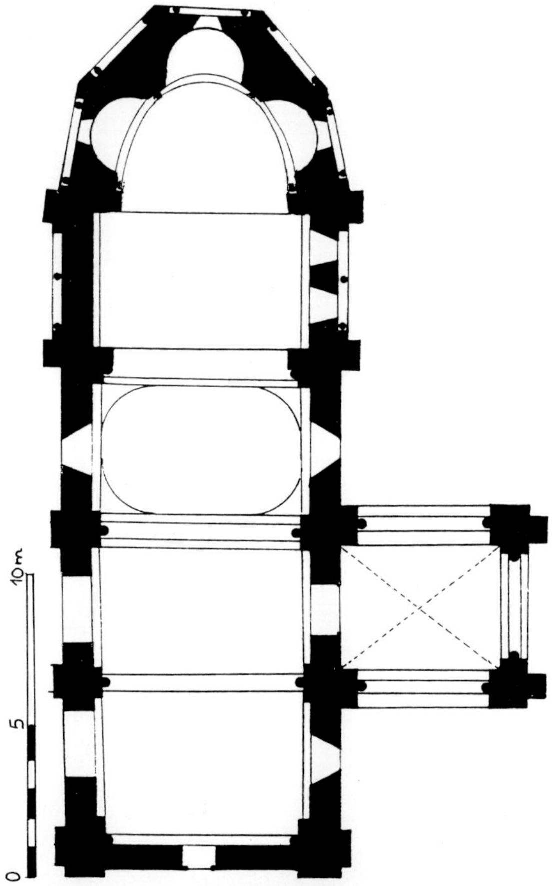

431. Auzon (Haute-Loire), église Saint-Laurent, plan.

Pourtant, les fenêtres sont rares (une seule, située du côté sud, à Saint-Restitut). Aussi, bien que la structure de ces nefs provençales obéisse aux mêmes principes que celles de Notre-Dame-de-Nantilly ou de Layrac, l'effet est-il très différent. La recherche de stabilité, qu'exprime également la plénitude des rythmes intérieurs, prime ici sur toute autre préoccupation.

Tandis que la préférence de beaucoup de maîtres d'œuvre provençaux allait à ce parti fortement articulé, d'autres s'engageaient dans une voie contraire. Faisant confiance à la seule masse des maçonneries pour résister aux poussées de la voûte, ils renoncèrent de plus à tout élément (colonne engagée ou pilier à ressauts) qui aurait pu briser l'évidence des surfaces murales. À Marnans (Drôme), les trois doubleaux à simple rouleau qui renforcent la voûte retombent sur des consoles ; le mur nord est aveugle et le mur sud percé de trois baies simplement ébrasées (ill. 429). Sans doute l'exemple de l'architecture romaine doit-il être invoqué pour justifier des choix si contraires à la conception romane de la structure murale. D'autres maîtres d'œuvre allèrent plus loin encore en supprimant, comme à la cathédrale de Senez (Alpes-Maritimes) commencée en 1176, les contreforts extérieurs. Ainsi, la simplicité géométrique de l'enveloppe extérieure, si importante dans l'idéal antique, était à son tour sauvegardée. Cette tendance, apparue au cours de la seconde moitié du XIIe siècle, allait progressivement s'imposer en Provence, préparant l'avènement d'un art gothique profondément différent de celui de la France du Nord et de l'Ouest.

Quelles que soient les solutions adoptées pour leur élévation, aucune nef couverte d'un berceau brisé n'atteint des dimensions comparables à celles de la cathédrale de Cahors au début du XIIe siècle. Seules quelques nefs languedociennes tardives dépassent 12 m de largeur, et leur hauteur n'excède guère la vingtaine de mètres. Ces vaisseaux offrent, d'une manière générale, des proportions mesurées dont la recherche de stabilité n'est pas la seule justification. Certes, lancer une voûte en berceau, même brisé, sur des murs trop hauts entraînait quelques risques, mais le goût des proportions équilibrées et des espaces intérieurs paisibles semble avoir été tout aussi déterminant et avoir largement contribué au succès de la nef unique dans le Midi.

LES CHEVETS À PANS COUPÉS : UNE MUTATION ESTHÉTIQUE

Depuis le début de l'art roman, les architectes avaient accordé à la courbe un rôle privilégié dans les chevets, de quelque type qu'ils soient, et, si certains maîtres d'œuvre de la fin du XIe siècle avaient, à Sainte-Radegonde de Poitiers ou à Nant (Aveyron), préféré à la générosité des absides et

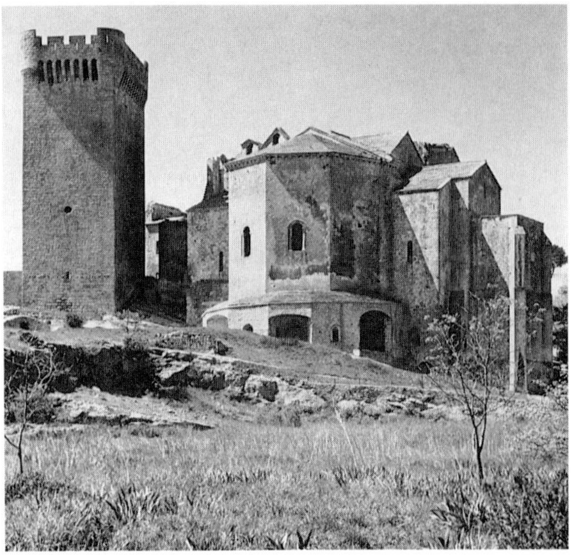

432. Montmajour (Bouches-du-Rhône), église Notre-Dame, chevet.

des absidioles semi-circulaires la rigueur des tracés polygonaux, il ne s'agissait que d'expériences isolées. En revanche, les chevets à pans coupés commencèrent à se faire plus nombreux à partir des années 1130, avant de se répandre – sans s'imposer totalement – au cours de la seconde moitié du XIIe siècle dans la plupart des régions restées fidèles à l'art roman, alors que les formes arrondies conservaient la faveur des premiers architectes gothiques.

Cette alternative entre l'angle et la courbe n'était pas nouvelle. Déjà, au Ve siècle, l'introduction à Ravenne d'absides à pans coupés avait été une rupture avec les usages romains du IVe siècle. La Gaule, pour sa part, semble avoir accueilli cette forme, sans doute empruntée à l'Empire d'Orient, avec une certaine faveur. Plusieurs constructions de l'Antiquité tardive sont encore visibles en élévation (Civaux, dans le Poitou, Saint-Pierre de Vienne, etc.) et les exemples conservés devaient être beaucoup plus nombreux

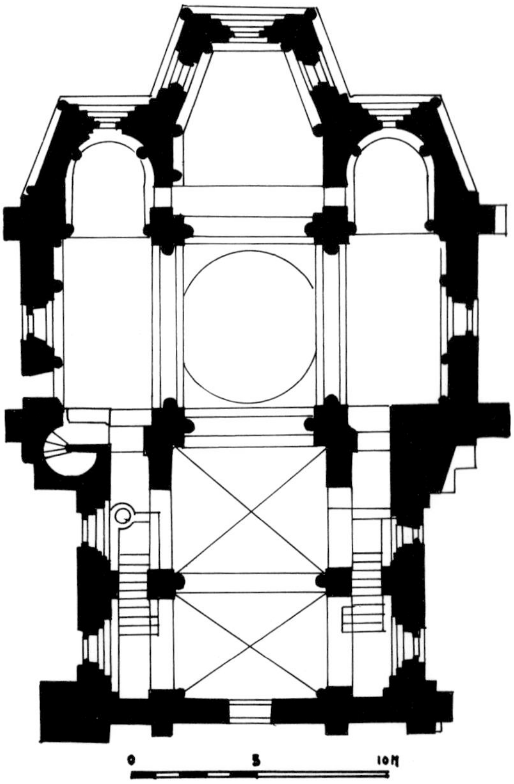

433. Gargilesse (Indre), église Notre-Dame, plan.

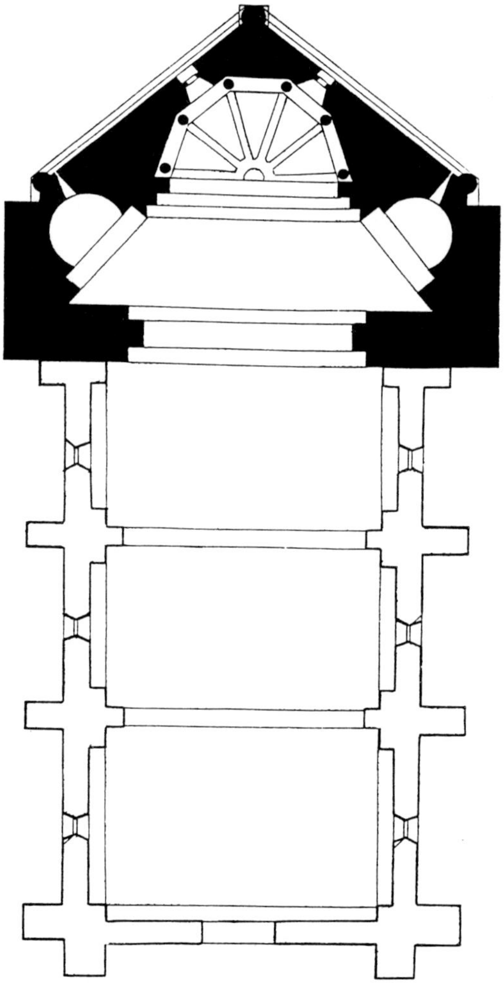

434. Vaison-la-Romaine (Vaucluse), église Saint-Quenin, plan.

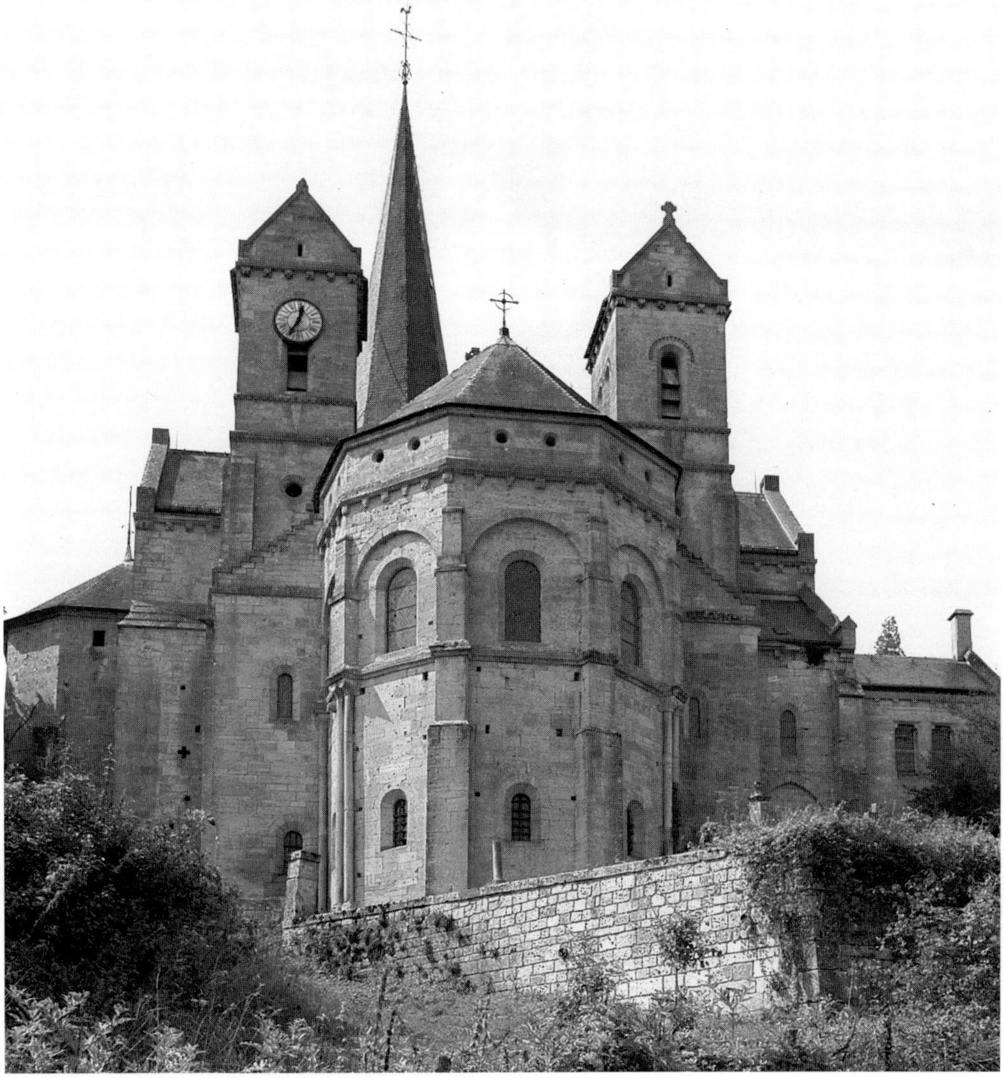

435. Mont-Devant-Sassey (Meuse), église Notre-Dame, chevet.

à l'époque romane. Nul doute que le renouveau du chevet à pans coupés, au milieu du XIIe siècle, ne soit la manifestation d'un retour au passé. L'abside de la collégiale d'Auzon (ill. 431), inspirée d'un baptistère octogonal à niches d'angle d'un type voisin de celui de Fréjus, en témoigne, de même que celle de Notre-Dame de Montmajour (ill. 432), véritable réplique de monuments paléochrétiens par la sobriété de l'articulation entre les plans.

Les architectes romans devaient toutefois prendre diverses libertés avec les modèles. Ainsi, à Mont-Devant-Sassey (ill. 435), reflet sans doute du chevet oriental de la cathédrale de Verdun consacré en 1147 [335], à Meymac (ill. 436) comme dans bien d'autres exemples, les angles sont soulignés par des colonnes engagées ou de petits contreforts, tandis que, sur les faces du polygone, des arcades enveloppent les fenêtres. Les variations sur le nombre des pans coupés sont également nombreuses et généralement justifiées par la seule recherche d'effets plastiques. Aux solutions paléochrétiennes les plus courantes (cinq ou sept pans) s'en ajoutent d'autres. À Gargilesse (ill. 433), les trois larges faces de l'abside s'enchaînent de manière illusionniste aux deux faces des absidioles contiguës. À Saint-Quenin de Vaison (ill. 434), l'abside et deux absidioles biaises sont inscrites dans un même volume de plan triangulaire. Certains architectes jouent, comme celui de Saint-Ruf d'Avignon, du contraste entre une abside polygonale et des chapelles orientées semi-circulaires. De même, certains répercutent à l'intérieur le tracé externe, alors que d'autres opposent une

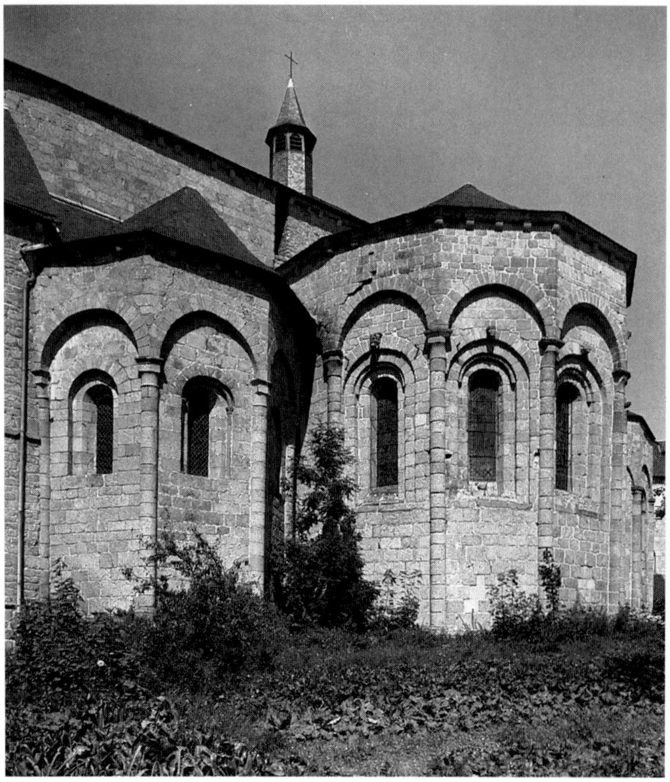

436. Meymac (Corrèze), église abbatiale, chevet.

enveloppe polygonale et un cul-de-four semi-circulaire (ill. 430). Toutes les combinaisons sont possibles entre ces différentes formules. Loin d'être tarie, l'inventivité des maîtres d'œuvre romans trouve dans ces variations un ultime champ d'application.

UN NOUVEL ÉLAN VERS LE CIEL : FLÈCHES ET CLOCHERS

La première moitié du XIIe siècle avait été marquée par l'apparition des flèches de pierre ; ces créations restaient cependant modestes comparées à celles qui surgirent à partir des années 1140-1150 dans une aire géographique comprise entre l'Anjou (Saint-Aubin d'Angers) et la Bourgogne (Saint-Germain d'Auxerre, Vermenton), en passant par le Berry (Déols), le Val de Loire (Beaulieu-lès-Loches, la Trinité de Vendôme) et l'Île-de-France (Étampes, Chartres, Montivilliers). Ce groupe relativement homogène se répartit aussi bien dans le domaine propre à l'art gothique naissant que dans des régions par ailleurs encore attachées à la tradition romane et, si des tendances esthétiques proto-gothiques peuvent y être décelées, les solutions techniques adoptées sont tirées de l'héritage roman.

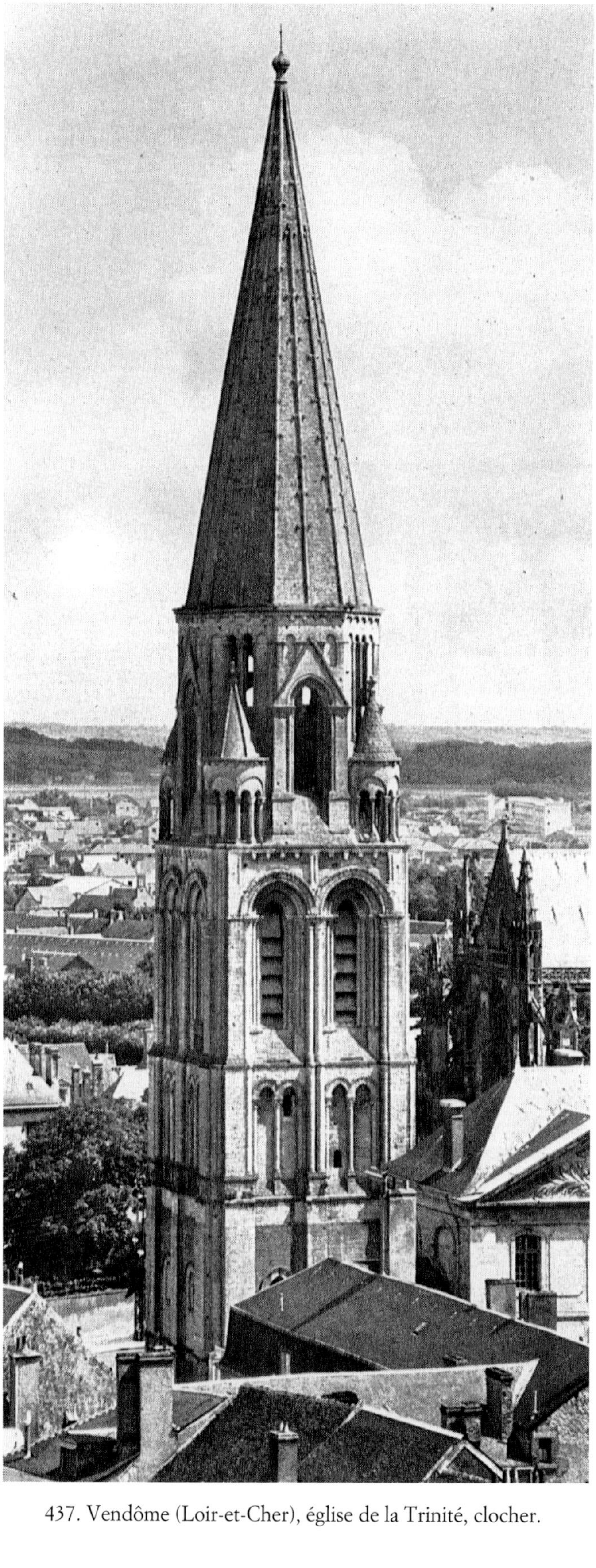

437. Vendôme (Loir-et-Cher), église de la Trinité, clocher.

Les principales transformations concernent la partie supérieure des clochers, et affectent autant les flèches elles-mêmes que les beffrois qui les supportent. Circulaires ou pyramidales au début du XIIe siècle, les flèches sont désormais de plan octogonal et, si beaucoup d'entre elles sont encore revêtues d'écailles simulant des tuiles, la plupart s'enrichissent de tores qui soulignent la jonction et, parfois, le milieu des côtés, accentuant par leur convergence l'effet d'élancement. Le développement en hauteur des flèches est cependant inégal. Seules quelques-unes d'entre elles offrent un profil acéré, comme celles de la Trinité de Vendôme : 76 m (ill. 437) ou de la cathédrale de Chartres : 103 m.

L'équilibre de telles constructions ne manquait pas d'être préoccupant, surtout lorsqu'il s'agissait de tours isolées, comme à Saint-Aubin d'Angers ou à la Trinité de Vendôme. Dans ces deux exemples, l'architecte renforça la base du clocher par une salle couverte d'une coupole et sa partie médiane par des arcs transversaux destinés à étrésillonner les murs et à leur permettre de résister au mouvement des cloches. L'adoption de trompes pour passer du plan carré au plan octogonal, à l'étage du beffroi, contribuait également à accroître l'équilibre du couronnement. Les clochetons d'angle, déjà présents à Notre-Dame de Saintes, sont devenus des éléments indispensables à tous ces clochers. Destinés d'abord à charger les trompes, ils tendent à s'ajourer d'arcatures sur un ou plusieurs niveaux et à se transformer ainsi en élégants pinacles. Ils sont désormais associés à des gâbles qui, placés sur les faces, concourent eux aussi à masquer le passage du plan carré au plan octogonal. Pour assurer une transition plus progressive encore, le dernier étage du clocher est le plus souvent de plan octogonal ; au lieu de se trouver, comme par le passé, au départ de la flèche, clochetons et gâbles se situent donc au-dessous et donnent comme une impulsion à l'élan vertical.

Certains caractères de ce groupe d'œuvres se retrouvent, sous une forme plus timide, dans les régions de l'Ouest où étaient apparus les clochetons d'angle. On citera notamment les hautes flèches circulaires de Bassac, en Angoumois, et, surtout, celle de Fenioux, en Saintonge, qui repose sur une arcature ajourée. Les clochers du Limousin, où les gâbles avaient été précocément employés, connaissent également un développement remarquable. Bien qu'il ne s'élève qu'à 52 m de hauteur, le clocher de Saint-Léonard-de-Noblat (ill. 438) offre une silhouette aussi aiguë que celui de la Trinité de Vendôme. Les moyens mis en œuvre diffèrent cependant quelque peu. Ce sont, en effet, des massifs cubiques et non des clochetons qui, placés en léger retrait, chargent les angles de la souche ; au-dessus s'élèvent deux étages octogonaux précédant une courte flèche [336]. Ici, l'élan terminal est suggéré par les reculs successifs des maçonneries et par les hauts gâbles qui dissimulent les changements de plan.

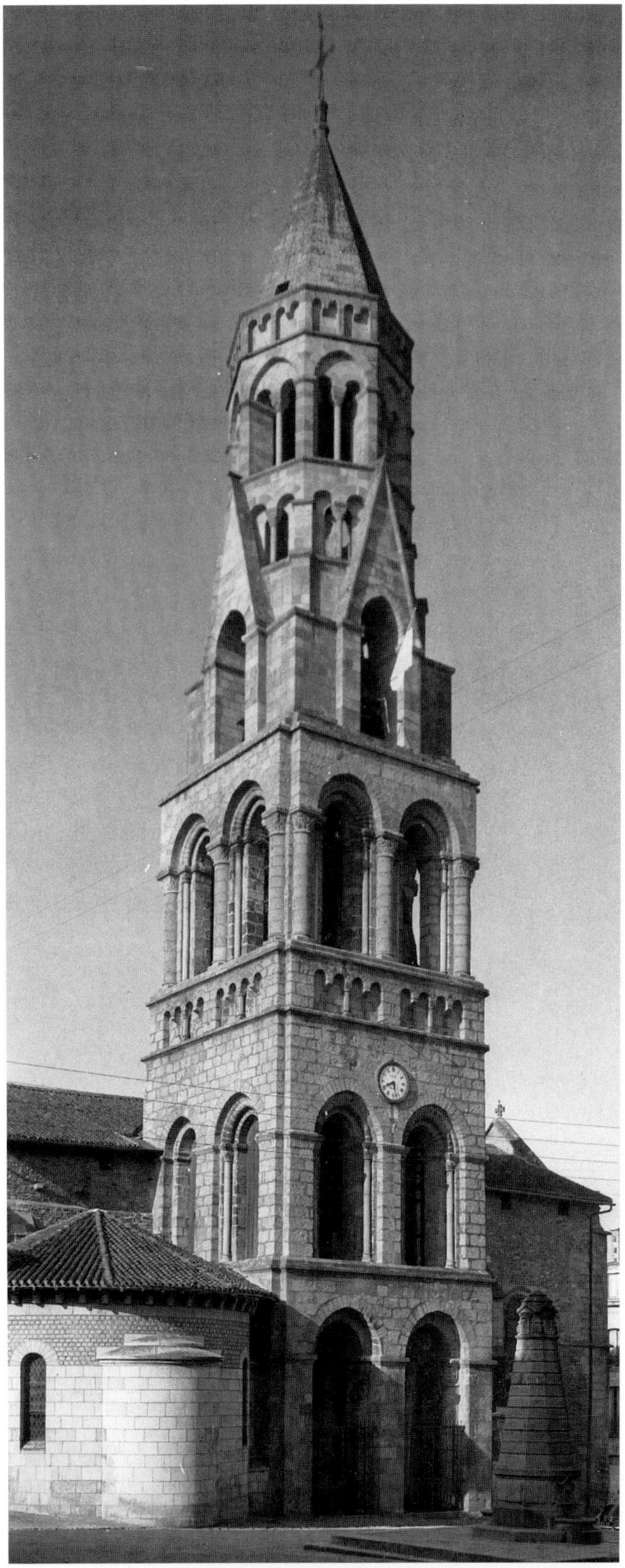

438. Saint-Léonard-de-Noblat (Haute-Vienne), collégiale, clocher.

Le développement des flèches entraînait un nouvel équilibre entre église et clocher. Aucune de ces hautes constructions ne s'élève, pour des raisons évidentes, au-dessus d'une croisée du transept. Elles se trouvent donc en façade ou, plus souvent encore, hors œuvre. Le renouveau d'un principe de juxtaposition qui, depuis le début du XIe siècle avait, sauf dans certaines régions du Midi, été largement abandonné est significatif. Étagement des volumes, subordination des parties au tout, coordination des masses : autant de caractères essentiels à la définition de l'architecture romane qui atteignaient toute leur plénitude avec l'intégration des tours au corps de l'église et qui sont remis en question. C'est la dislocation d'un système que traduit cette rupture de cohésion. Même les tours de façade tendent à être traitées comme des exercices de virtuosité se suffisant à eux-mêmes, tant les relations sont distendues entre les parties basses et les flèches. Souvent, d'ailleurs, faute de moyens, une seule tour peut être achevée, et la notion de façade harmonique se trouve compromise. Avant qu'un nouvel équilibre ne commence, vers la fin du XIIe siècle, à se dégager dans l'architecture gothique du nord de la France, il existe donc une indéniable situation de crise.

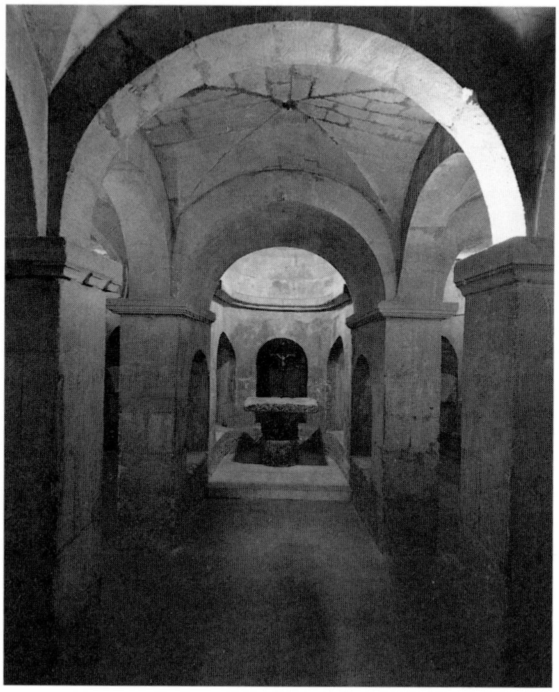

439. Apt (Vaucluse), cathédrale, crypte supérieure.

LA RENAISSANCE DE L'ART ANTIQUE : LA PROVENCE

Jamais l'art antique, qui n'avait cessé d'inspirer architectes et sculpteurs romans, n'avait été autant sollicité qu'en cette seconde moitié du XIIe siècle. Le phénomène atteignit son paroxysme en Provence et dans les régions voisines de la vallée du Rhône et du Bas-Languedoc, où les vestiges romains conservés en grand nombre fournirent aux artistes l'objet d'une réflexion approfondie. Non contents d'observer et de reproduire des procédés techniques, ceux-ci assimilèrent l'esprit même de l'architecture antique, créant une synthèse originale entre les formes du passé et celles de leur temps. Pour la première fois dans l'histoire de l'art roman, on assistait ainsi à une véritable renaissance de l'art antique. Plus encore, au lieu de s'estomper, cet intérêt ne fit que se renforcer, entraînant les architectes provençaux dans une voie toujours plus éloignée de celles que suivaient leurs contemporains.

Si certains maîtres d'œuvre languedociens de la génération précédente avaient déjà, comme celui de Saint-Jacques de Béziers (ill. 367), emprunté à l'art romain des éléments décoratifs, rien ne laissait prévoir, en Provence, l'engouement pour l'architecture antique qui se manifesta à partir des années 1140. Jusque-là – pour autant que la vague de reconstruction de la seconde moitié du XIIe siècle permette d'en juger – l'art roman provençal ne se distinguait pas, en effet, de celui des régions voisines. Quelles que soient les

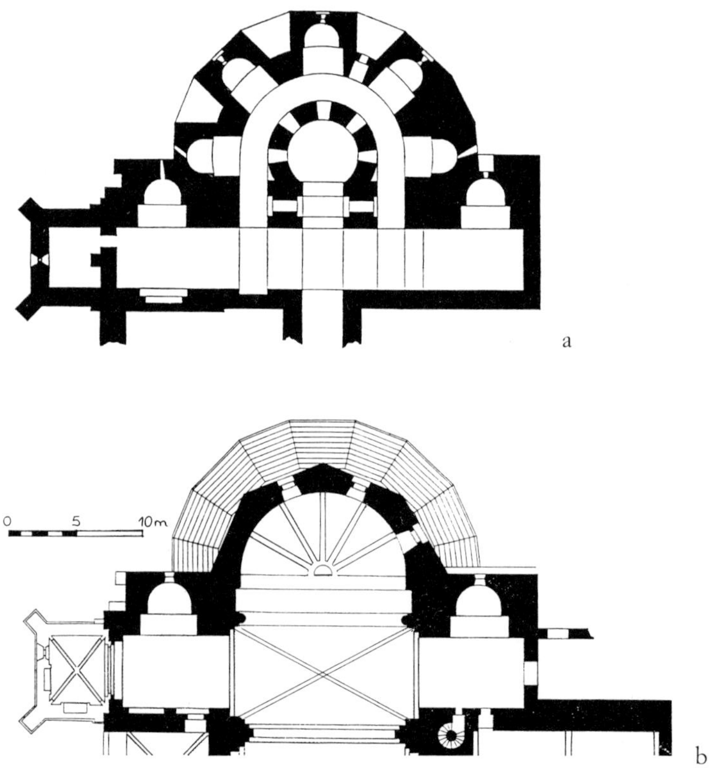

440. Montmajour (Bouches-du-Rhône), église Notre-Dame : a. plan de la crypte, b. plan du chevet.

causes profondes de cette soudaine découverte de l'Antiquité, elle traduisait donc une volonté de renouvellement sans égale dans le monde roman.

Tous les aspects de la construction et du décor monumental sont concernés. L'imitation des appareils romains conduit à une extrême qualité de la stéréotomie. Bien que le mortier continue d'être employé, la perfection de l'assemblage évoque celle de la pose à joints secs des monuments antiques (ill. 439). Il en est de même des tailles décoratives de la pierre (ciselures périmétriques, bossages, etc.). Les voûtes et, surtout, les arcs à angle vif et à larges claveaux offrent une netteté de tracé qui n'est pas exempte de froideur. Loin d'être rejetée, la nudité des murs, qui fait valoir la qualité de l'appareil, est, au contraire, exaltée.

Cette esthétique austère s'accorde à une conception des volumes qui était celle de l'architecture romaine. À la différence de l'architecture romane, celle-ci tendait, en effet, surtout dans les constructions en béton, à dissimuler la complexité des dispositions intérieures dans une enveloppe simple. Comme celui de Saint-Quenin de Vaison (ill. 434), le chevet de Notre-Dame de Montmajour (ill. 432 et 440) illustre bien ce point de vue. À l'extérieur, le déambulatoire à chapelles rayonnantes de la crypte n'apparaît que sous forme d'une ceinture polygonale continue, échancrée de profondes niches correspondant aux intervalles entre les absidioles. Les chapelles orientées qui ouvrent sur les bras du transept, inscrites dans un massif cubique, ne sont pas davantage perceptibles du dehors. L'abside, dépourvue de déambulatoire, est, pour sa part, de plan semi-circulaire à l'intérieur, à pans coupés à l'extérieur. L'architecte de Montmajour a joué du décalage entre l'articulation des surfaces au premier et au second niveau pour créer un effet dont le caractère géométrique ne rappelle en rien l'étagement différencié des masses, habituel dans ce type de chevet.

Les maîtres d'œuvre provençaux de la seconde moitié du XIIe siècle restèrent fidèles à l'arc en plein cintre, sauf pour les voûtes en berceau des nefs, qu'ils édifièrent, dans l'ensemble, sur un tracé brisé. À la colonne engagée, ils préférèrent généralement, pour recevoir les grandes arcades et les doubleaux, les piliers à ressauts adoptés depuis le XIe siècle dans certaines églises du Bas-Languedoc (Saint-Guilhem-le-Désert) et du Vivarais voisin (Bourg-Saint-Andéol, Cruas). Ils se conformaient ainsi à l'usage romain selon lequel un arc doit retomber sur un simple piédroit couronné d'une imposte. L'architecte qui conçut le parti de la nef, à la cathédrale de Saint-Paul-Trois-Châteaux (ill. 441), est l'un des rares à avoir tenté d'adapter des ordres superposés comme ceux, par exemple, de l'amphithéâtre de Nîmes, à une élévation intérieure (en l'occurrence une élévation à deux niveaux). Il le fit dans un esprit

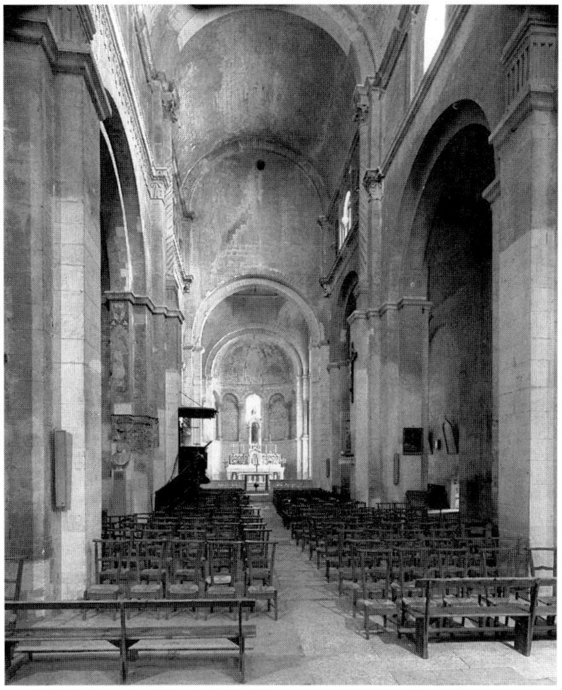

441. Saint-Paul-Trois-Châteaux (Drôme), ancienne cathédrale Notre-Dame-et-Saint-Paul, nef.

remarquablement fidèle aux modèles en plaçant au-dessus d'un pilastre plat une colonne engagée reposant sur un haut piédestal. Les proportions antiques sont également sauvegardées, qu'il s'agisse de l'égalité des niveaux ou de la largeur respective des colonnes et des dosserets. Enfin, les bandeaux moulurés qui soulignent les niveaux s'interrompent à la rencontre des supports, respectant ainsi l'unité des colonnes. On ne saurait imaginer effet plus différent de celui des élévations bourguignonnes à ordres superposés issues du modèle clunisien, dans lesquelles la continuité des niveaux est affirmée par l'intersection des horizontales et des verticales.

Cette architecture accepte d'ordinaire peu de décor. Mais celui-ci est distribué avec tact, en des emplacements soigneusement choisis. La richesse plastique de la travée orientale de la nef, à Saint-Paul-Trois-Châteaux, avec ses colonnes revêtues de torsades soulignées de rangées de perles et de pirouettes ainsi que de denticules, sa frise représentant un motif de rideau tiré par des petits personnages et ses trois profondes niches encadrées de pilastres qui évoquent une façade de porte antique, est exceptionnelle. Elle fut d'ailleurs abandonnée dans les travées occidentales, un peu plus tardives et d'une sobriété plus conforme aux usages provençaux. Dans la plupart des monuments, le décor se limite à une arcature dans l'abside et, dans la nef, à des colonnettes au fût sculpté placées (comme en Bourgogne) à la retombée des doubleaux, de part et d'autre

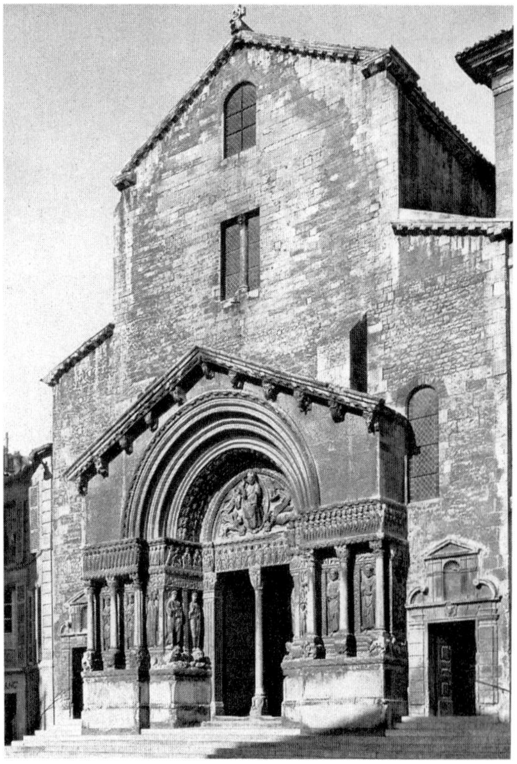

442. Arles (Bouches-du-Rhône), ancienne cathédrale Saint-Trophime, façade occidentale.

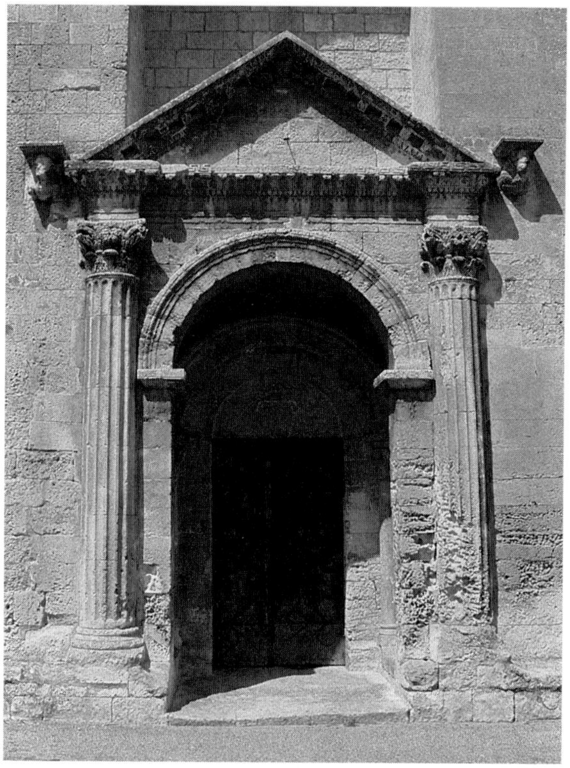

443. Saint-Restitut (Drôme), église priorale, portail sud.

des pilastres. Il en est ainsi dans un important groupe d'édifices comprenant la cathédrale d'Aix-en-Provence, Saint-Trophime d'Arles, Notre-Dame-des-Doms en Avignon, Saint-Restitut, etc. Souvent, des nervures plates, qu'il ne faut pas confondre avec les imitations d'ogives évoquées plus haut, découpent en quartiers le cul-de-four de l'abside (ill. 428). Le corinthien règne presque exclusivement dans le décor des chapiteaux, dont beaucoup sont, comme les frises de rinceaux qui courent sous certaines corniches (cathédrale de Vaison), d'un superbe classicisme. Les corniches elles-mêmes reprennent des motifs antiques ; celle de la Maison carrée de Nîmes, notamment, a suscité nombre d'imitations.

Les frontons constituent l'un des emprunts les plus significatifs à l'art romain. Seuls quelques maîtres d'œuvre tentèrent de les employer de manière fonctionnelle, pour souligner le pignon de la façade occidentale (à Saint-Trophime d'Arles [ill. 442], à Saint-Paul-Trois-Châteaux ou à Sisteron). Cependant, ils en donnèrent une version allusive, dans laquelle la corniche horizontale n'est qu'ébauchée aux deux extrémités. Dans la majeure partie des cas, le fronton est traité comme un élément du décor des façades. Aux portails de Notre-Dame-des-Doms et de Saint-Restitut (ill. 443), par exemple, les architectes ont repris les dispositions de la baie centrale de l'arc d'Orange ; un fronton reposant sur deux colonnes engagées encadre une simple baie en plein cintre. À l'instar des modèles romains, l'arc de celle-ci retombe sur des piédroits, tandis que les chapiteaux corinthiens qui surmontent les colonnes, dépourvus de tailloir, supportent un entablement à trois fasces. La mouluration de l'arc, des impostes, des bases et des astragales comme les larges cannelures des colonnes engagées révèlent un strict respect de la modénature antique, et le répertoire ornemental du fronton, où voisinent denticules, modillons d'acanthe, oves et fers de lance, reproduit avec une grande fidélité celui de la sculpture architecturale romaine.

La composition de la façade occidentale du prieuré de Saint-Gabriel (ill. 444) est plus ambitieuse, bien qu'elle s'applique à une nef unique de dimensions relativement modestes (13 m de hauteur pour environ 7,50 m de largeur). Le vocabulaire décoratif inspiré de l'art antique, très proche de celui des exemples précédents, s'enrichit d'emprunts à la tradition romane. La porte s'orne d'un tympan sculpté, et son archivolte retombe sur des colonnettes. Cette baie est, comme à Saint-Restitut, encadrée d'un fronton – timbré d'une petite frise historiée – reposant sur des colonnes engagées, mais celui-ci est à son tour enveloppé d'un profond arc de décharge réunissant les contreforts d'angle. Au-dessus

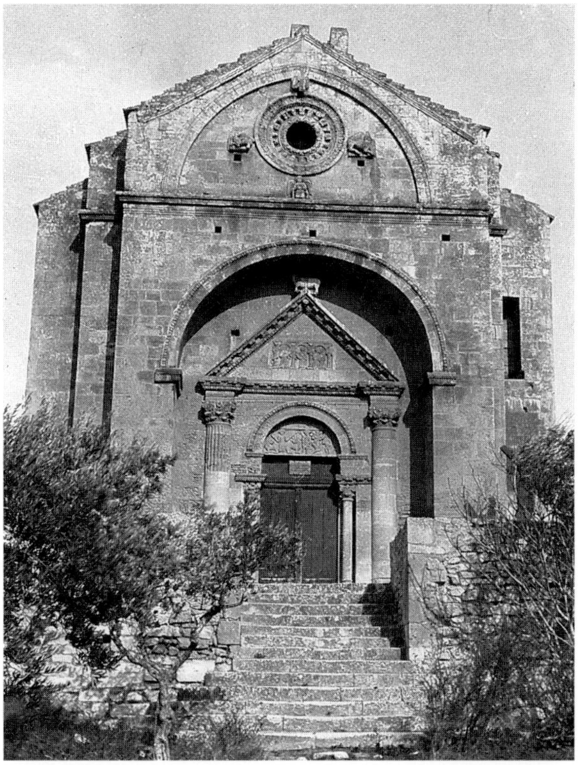

444. Saint-Gabriel (Bouches-du-Rhône), église priorale, façade occidentale.

d'un bandeau mouluré, un autre arc de décharge, légèrement brisé et peu saillant, marque la tête du berceau de la nef et abrite un oculus ourlé d'un abondant décor sculpté et cantonné des quatre symboles des Évangélistes. Cette façade se présente à la fois comme une collection de modèles antiques de nature diverse – certaines sculptures paraissent inspirées de sarcophages – et comme la synthèse accomplie entre une conception antique de l'architecture (dissimuler les contreforts en les intégrant dans un arc qui forme porche) et une conception romane de celle-ci (rendre visible à l'extérieur la structure interne). Cet essai ne semble cependant pas avoir fait école, et la plupart des façades provençales sont remarquables par leur austère nudité, avec laquelle les portails forment un contraste accusé.

Il en est ainsi à Saint-Gilles-du-Gard et à Saint-Trophime d'Arles, où, pour accueillir une statuaire d'une rare importance – nous y reviendrons –, les architectes ont adopté la solution du portique appliqué contre la façade. À Saint-Gilles (ill. 445), celui-ci accompagne trois portails dotés chacun d'un tympan, dans une composition d'un développement exceptionnel [337]. Les colonnes du portique reçoivent un entablement surmonté d'une frise historiée. Entre les colonnes apparaissent, à l'arrière-plan, des statues placées dans des niches encadrées de pilastres cannelés qui supportent un second entablement, plus étroit que celui du portique. L'effet d'illusionnisme grandiose ainsi obtenu n'est pas sans rappeler celui des *frons scenae* des théâtres

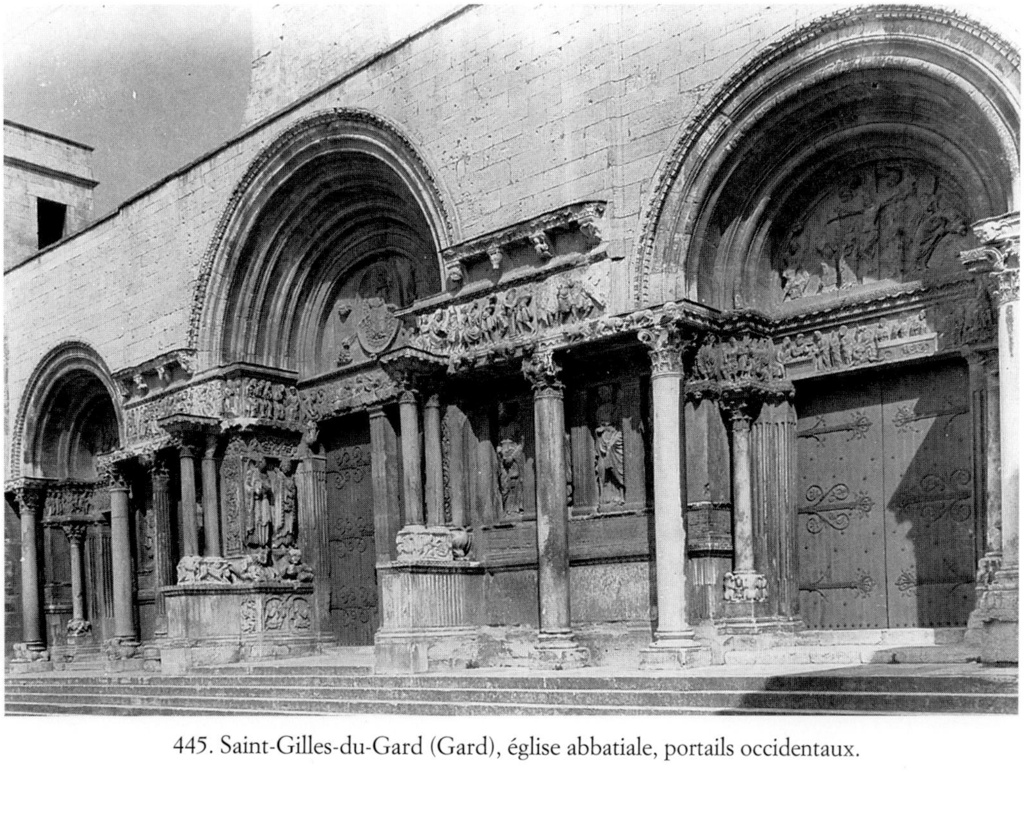

445. Saint-Gilles-du-Gard (Gard), église abbatiale, portails occidentaux.

antiques comme celui d'Orange, dont on apercevait le mur, souvent creusé de niches, derrière un écran de colonnades réparties sur plusieurs niveaux et animées d'avant-corps en saillie. Pas plus que la façade de Saint-Gabriel, le portail de Saint-Gilles ne doit cependant son ordonnance à l'imitation d'un monument précis, mais à la combinaison de formes empruntées à divers modèles et réinterprétées en fonction des exigences d'un programme médiéval. Cette transposition ne se fit pas sans difficultés. Ainsi, l'architecte ne parvint pas, au portail central, à concilier la forme ébrasée des voussures, habituelle dans l'art roman, et le maintien, conforme aux règles antiques, de piédroits en équerre. Par ailleurs, le choix de trois baies de hauteur inégale, mais de proportions semblables, inspiré par l'exemple de l'arc d'Orange, entraînait une différence de niveau entre leurs linteaux ; la frise historiée du portique ne se prolonge donc que sur le linteau du portail central et s'interrompt brutalement à la rencontre des voussures des portails latéraux. Toute cette partie se trouve d'ailleurs en légère saillie par rapport au reste de la façade. Le portail central est encore valorisé par la présence de deux colonnes soutenant une avancée du seul entablement. Bien que ces difficultés, dues au choix d'un parti architectural d'une grande complexité, aient parfois fait supposer l'existence de plusieurs projets successifs, l'unité de l'œuvre ne doit pas être mise en doute [338]. Ses principales dispositions furent reprises au portail à baie unique de Saint-Trophime d'Arles (ill. 442) sous une forme plus cohérente, mais quelque peu simplifiée. Ici, les voussures sont organisées de manière à correspondre à l'articulation des piédroits et d'un portique dont les colonnes, au lieu d'être implantées au-devant du mur et de créer des perspectives sur l'arrière-plan, sont intégrées à l'avant-corps dans lequel s'ouvre le portail. Le caractère théâtral du frontispice de Saint-Gilles a disparu au profit d'une composition lisible, compacte, sans mystère. Dans les portails plus tardifs, comme celui de Sainte-Marthe de Tarascon [339], les architectes devaient revenir à la solution des ébrasements à ressauts rigoureusement coordonnés aux voussures, marquant ainsi les limites de la renaissance de l'art antique dans le domaine des portails historiés.

La surenchère décorative

Les monuments de la seconde moitié du XIIe siècle étudiés jusqu'ici pourraient laisser penser que l'architecture romane fut alors gagnée par une vague d'austérité. Il convient cependant de nuancer cette impression, car, s'il est vrai que les chapiteaux figurés tendent à disparaître de l'intérieur des édifices au profit de chapiteaux purement végétaux dans une large partie de la France du Nord, gothique ou romane, et dans le Midi méditerranéen, c'est

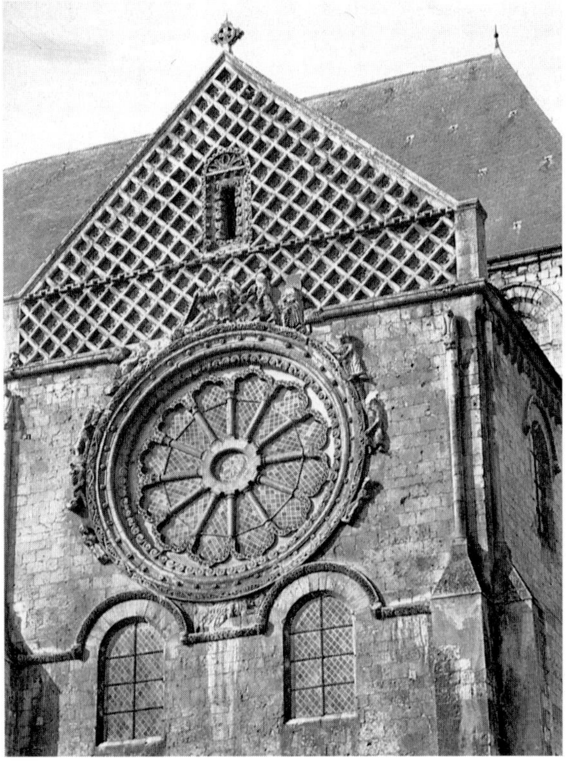

446. Beauvais (Oise), église Saint-Étienne, transept, pignon de la façade nord.

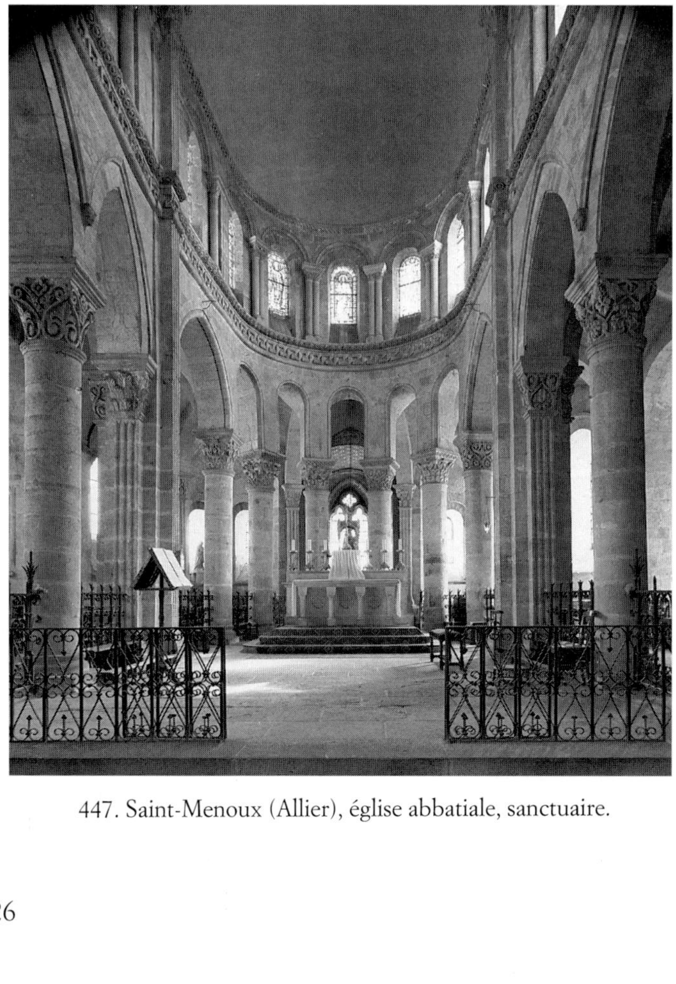

447. Saint-Menoux (Allier), église abbatiale, sanctuaire.

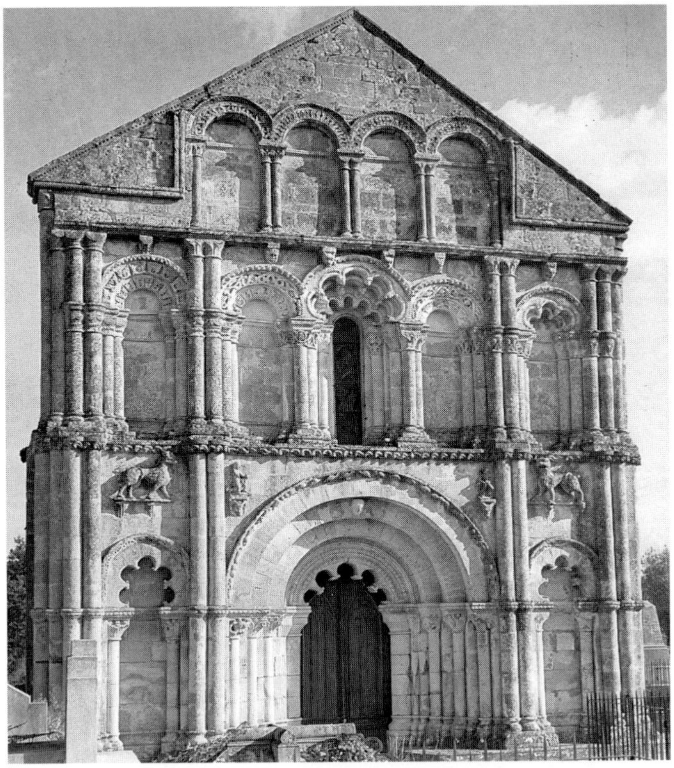

448. Petit-Palais (Gironde), église Saint-Pierre, façade occidentale.

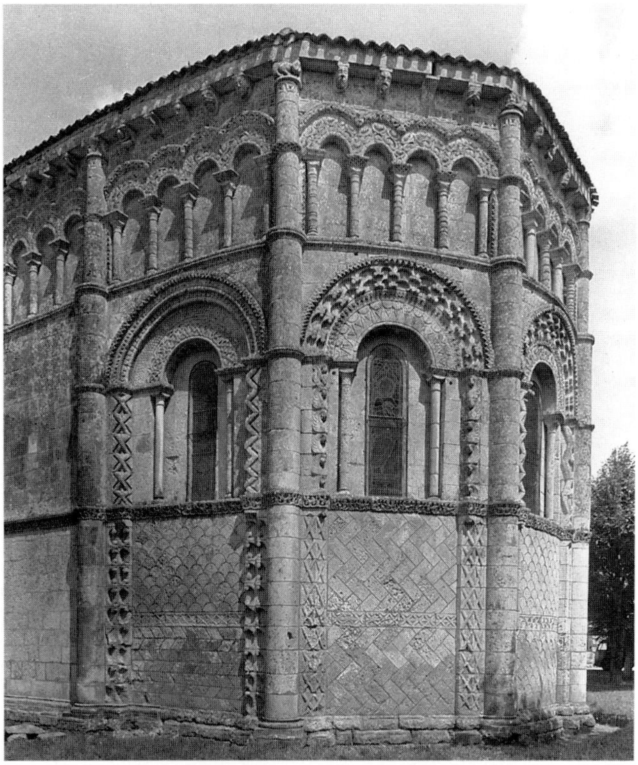

449. Rioux (Charente-Maritime), église Notre-Dame, abside.

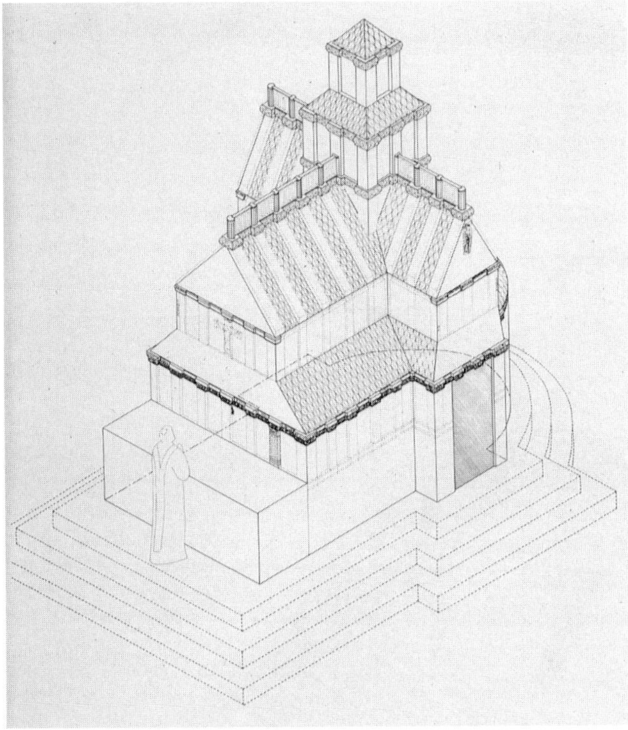

450. Autun (Saône-et-Loire), église Saint-Lazare, tombeau de saint Lazare : restitution Gilles Rollier.

parce qu'une distinction tend à s'instaurer entre sculpture ornementale et programmes historiés. La sobriété des églises provençales est, pour sa part, d'une autre essence que celle des églises cisterciennes ou grandmontaines – même si, à l'occasion, il existe d'heureuses rencontres, à Sénanque, au Thoronet ou à Silvacane. Nous ignorons d'ailleurs tout du décor peint qui, dans cette région, accompagnait le mouvement de retour à l'antique ; quelques somptueux pavements de mosaïque, à Ganagobie (ill. 451) ou à Saint-André-de-Rosans, témoignent cependant d'un goût du pittoresque et de la couleur comparable à celui qui régnait d'ordinaire dans ce type d'œuvre et qui avait suscité la critique de saint Bernard[340].

Jamais autant qu'en cette période, où certains aspiraient au dépouillement absolu, on ne vit pareil engouement pour le décor, comme si à une tendance extrême s'opposait son contraire. Dans certaines régions, l'exubérance ornementale n'affecte que quelques édifices comme, en Bourgogne, l'église priorale de Semur-en-Brionnais, dont l'abondant décor figuré et végétal offre des formes tourmentées, et, en Picardie, Saint-Étienne de Beauvais (ill. 446), où le pignon de la façade nord du transept est revêtu d'un dense réseau de losanges en relief tandis que sa rose, l'une des premières de la

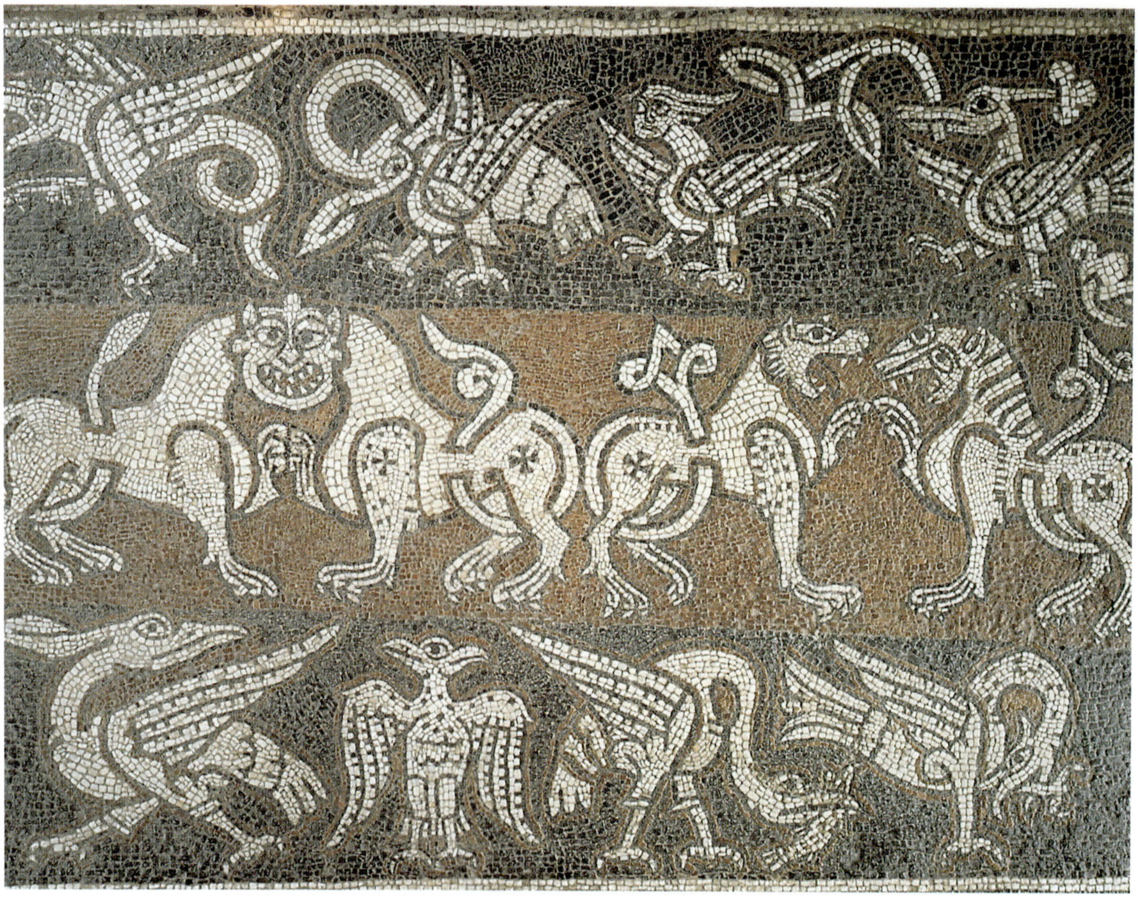

451. Ganagobie (Alpes-de-Haute-Provence), église Saint-Martin, mosaïque du chœur, détail.

452. Le Puy (Haute-Loire), cathédrale Notre-Dame, façade occidentale.

France du Nord, est traitée comme une roue de la Fortune entraînant dans sa course une humanité pathétique.

Ce goût de la profusion décorative est, cependant, plus répandu dans certaines régions que dans d'autres. La vallée de la Loire, le Berry et le Bourbonnais connaissent un remarquable développement de la sculpture architecturale, dont nous ne prendrons qu'un exemple : celui du chevet à déambulatoire et chapelles rayonnantes de l'église abbatiale de Saint-Menoux (ill. 447). Au contraste, traditionnel dans les édifices plus ou moins directement inspirés de Cluny III, entre pilastres cannelés et colonnes à fûts lisses s'ajoute ici le riche traitement des chapiteaux végétaux de l'hémicycle, celui de l'arcature qui enveloppe les fenêtres hautes et des divers bandeaux et frises sculptés (notamment une superbe frise de rubans plissés) qui soulignent tous les niveaux de l'élévation intérieure. Ces tendances ornementales sont encore plus prononcées dans l'Ouest aquitain où, au cours des générations précédentes, nombre d'architectes avaient déjà traité la modénature et le décor avec une certaine générosité. À la fin du XIIe siècle, la façade de Saint-Pierre de Petit-Palais (ill. 448), animée de faisceaux de colonnes-contreforts, de profondes arcatures parfois polylobées et de reliefs en forte saillie, marque l'un des sommets de cette mode, dans une église paroissiale de dimensions pourtant modestes. La sculpture envahit également les façades latérales et les chevets des églises saintongeaises. Aucune surface de l'abside de Rioux (ill. 449) n'est laissée nue. Des appareils décoratifs se déploient sur les parois, des motifs ornementaux variés encadrent les colonnes-contreforts et les fenêtres, une arcature aux colonnes annelées et aux voussures finement ciselées couronne le tout, sous une corniche où alternent modillons figurés et métopes occupées par des quatre-feuilles en faible relief.

Les jeux d'appareil colorés qui, dans les régions volcaniques de l'Auvergne, avaient toujours eu la faveur des architectes connaissent de nouveaux développements. À la façade de la cathédrale du Puy (ill. 452), par exemple, l'alternance de claveaux et d'assises de couleur sombre et claire qui règne aux deux niveaux inférieurs prélude à la marqueterie de pierres blanches, rouges et noires qui décore

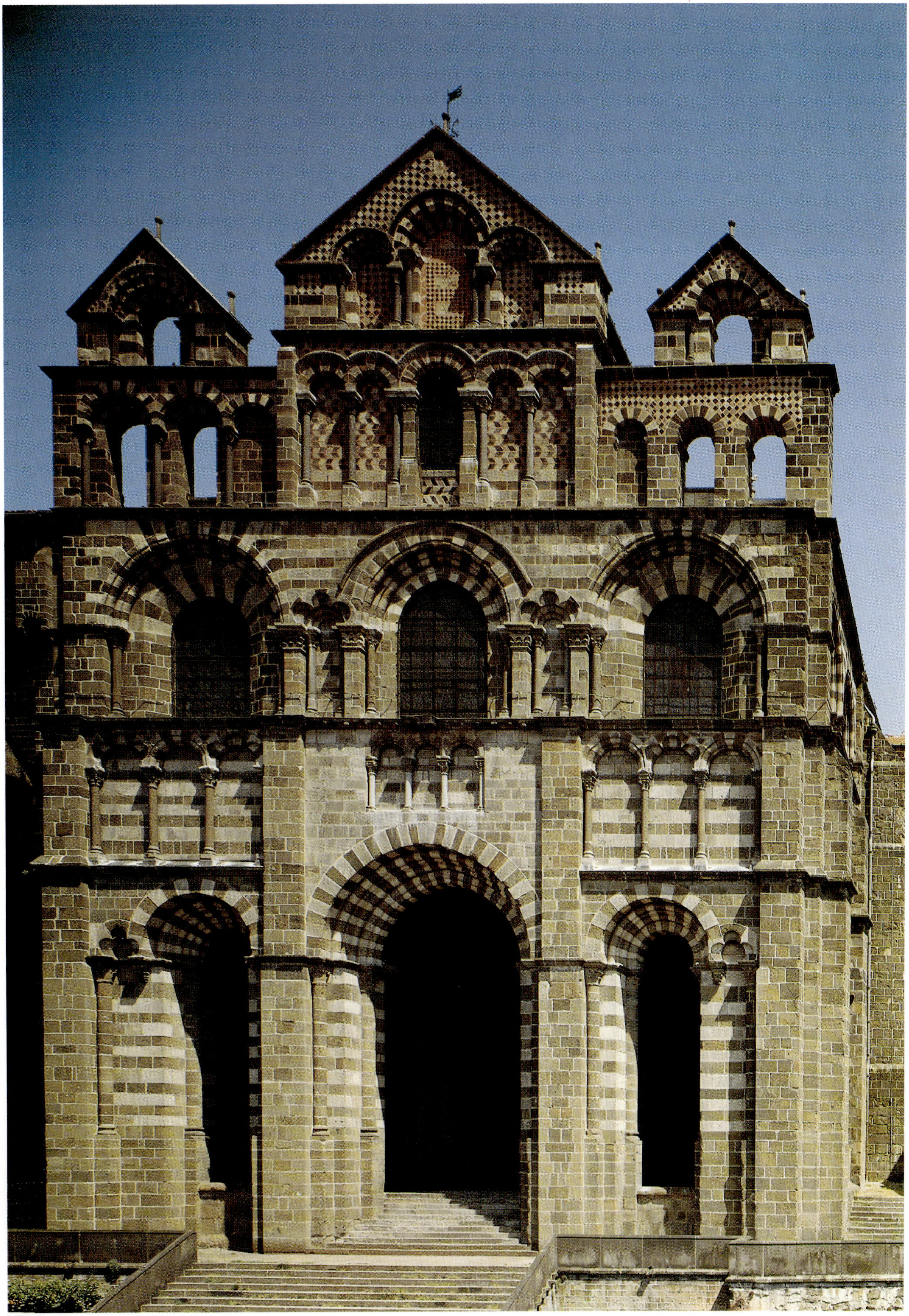

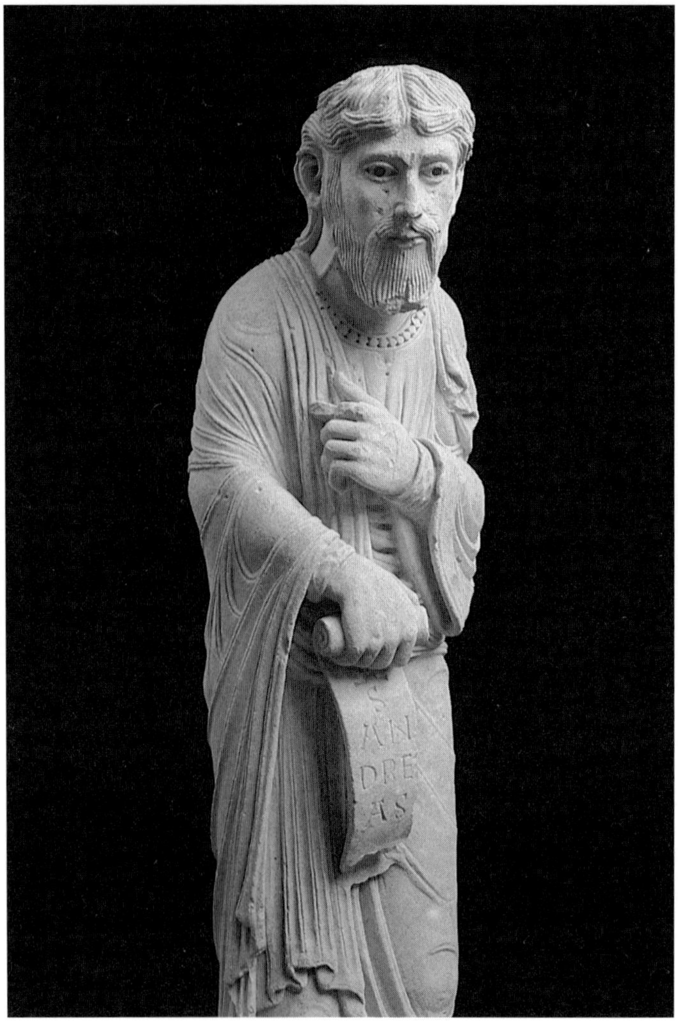

453. Statue de saint André provenant du tombeau de saint Lazare. Autun, musée Rolin.

le pignon. Le tombeau de saint Lazare d'Autun – détruit au XVIIIe siècle lors du réaménagement du sanctuaire, mais dont subsistent de nombreux fragments – était une véritable église en réduction (ill. 450), dotée d'un transept et d'une abside et haute de près de six mètres. Avec son revêtement de «marbres» noirs, blancs, jaunes et rouges soigneusement polis et son décor de plaques de marbre blanc incrusté de mastic rouge ou noir, le monument illustrait mieux encore que l'architecture réelle ce goût des effets éclatants et colorés. S'y ajoutait la séduction du relief : pilastres ornés de cannelures droites ou ondées, de zigzags ou de rinceaux, chapiteaux figurés, historiés ou végétaux, corniches sculptées de motifs antiquisants. En pénétrant par les portes du transept de ce mausolée, le visiteur se trouvait face à un «théâtre vivant» de pierre, dont les personnages – Lazare sortant de son sarcophage entouré du Christ, de saint André, de saint Pierre ainsi que de sainte Marie-Madeleine et de sainte Marthe – étaient presque grandeur nature (environ 1,25 m). Les trois statues conservées au musée Rolin révèlent par l'intensité de leur expression un sens du pathos exceptionnel dans le monde roman (ill. 453). Tout semble donc avoir été mis en œuvre, de la richesse du cadre à l'accent dramatique des statues, pour agir sur les sens des fidèles. Le tombeau de saint Lazare, qu'une inscription attribue au moine Martin, fut sans doute commandé par l'évêque Étienne de Bâgé († 1139) et mis en place dans le sanctuaire en 1147 [341], en un temps où les cisterciens exerçaient en Bourgogne une influence croissante. Constitue-t-il par son caractère éminemment spectaculaire une réponse à saint Bernard ? Bien que nous ne disposions d'aucun texte sur ce sujet, il convient à tout le moins de s'interroger sur les raisons de cette surenchère dans la sévérité ou dans l'*ornamentum* qui, en cette ultime phase de l'art roman, pousse à l'extrême les contrastes préexistants.

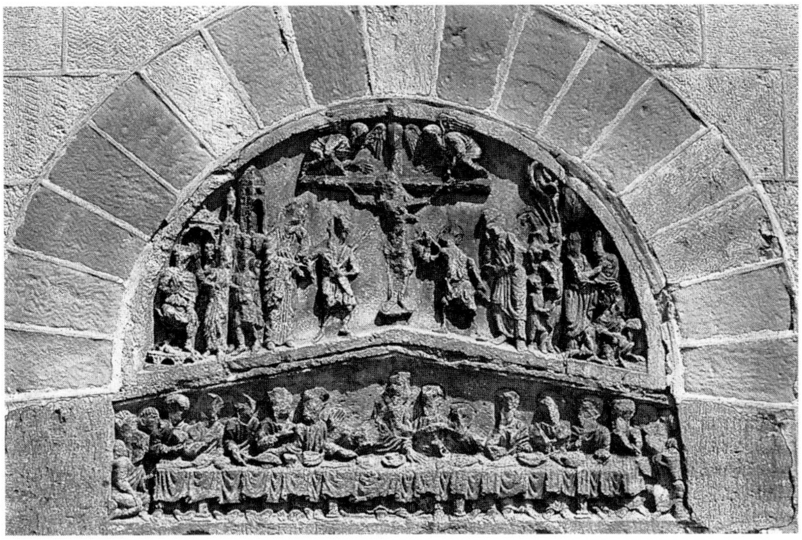

454. Champagne (Ardèche), église Saint-Pierre, portail occidental, tympan.

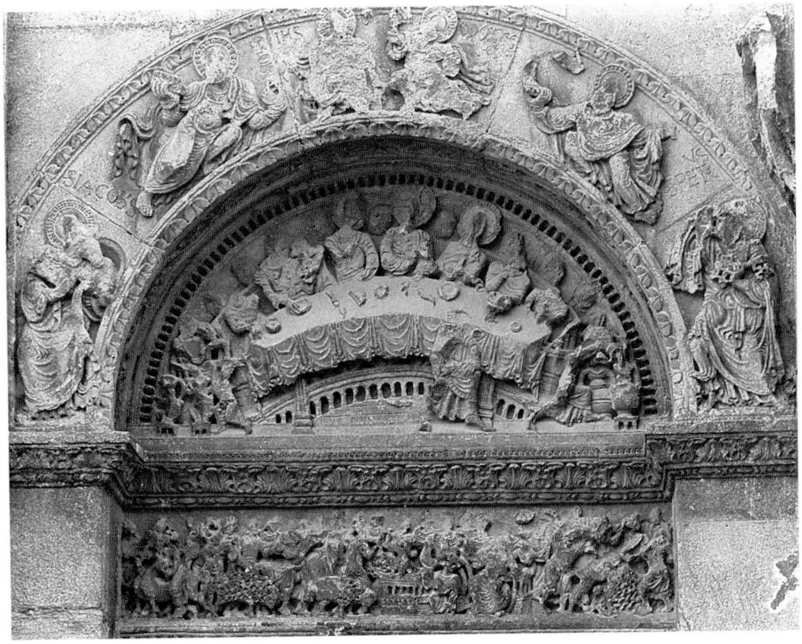

455. Charlieu (Loire), église Saint-Fortunat, portail latéral de l'avant-nef.

IV. DERNIERS FEUX

LES TYMPANS : NOUVEAUX THÈMES, NOUVELLES COMPOSITIONS

Alors que nombre de portails et de façades de la première moitié du XIIe siècle étaient consacrés à la représentation de visions eschatologiques (Seconde Parousie, Jugement dernier, Apocalypse), on assiste, à partir des années 1140 environ, au développement de nouveaux thèmes iconographiques qui reflètent à la fois les grands débats doctrinaux du temps et une évolution de la sensibilité.

La Passion du Christ avait, certes, déjà été évoquée dans certains programmes sculptés (par exemple à l'un des tympans de la porte des Orfèvres, à Saint-Jacques-de-Compostelle), mais la multiplication des images du Christ en croix comme sujet principal d'un portail constitue un phénomène nouveau, qui doit certainement être mis en relation avec le développement des hérésies, et, au premier chef, de celle de Pierre de Bruys. Celui-ci invitait, en effet, ses disciples à détruire les croix, dans un rejet de tout ce qui pouvait rappeler la Passion du Christ et sa mort ignominieuse, et à refuser les sacrements de l'Église. Ces propos

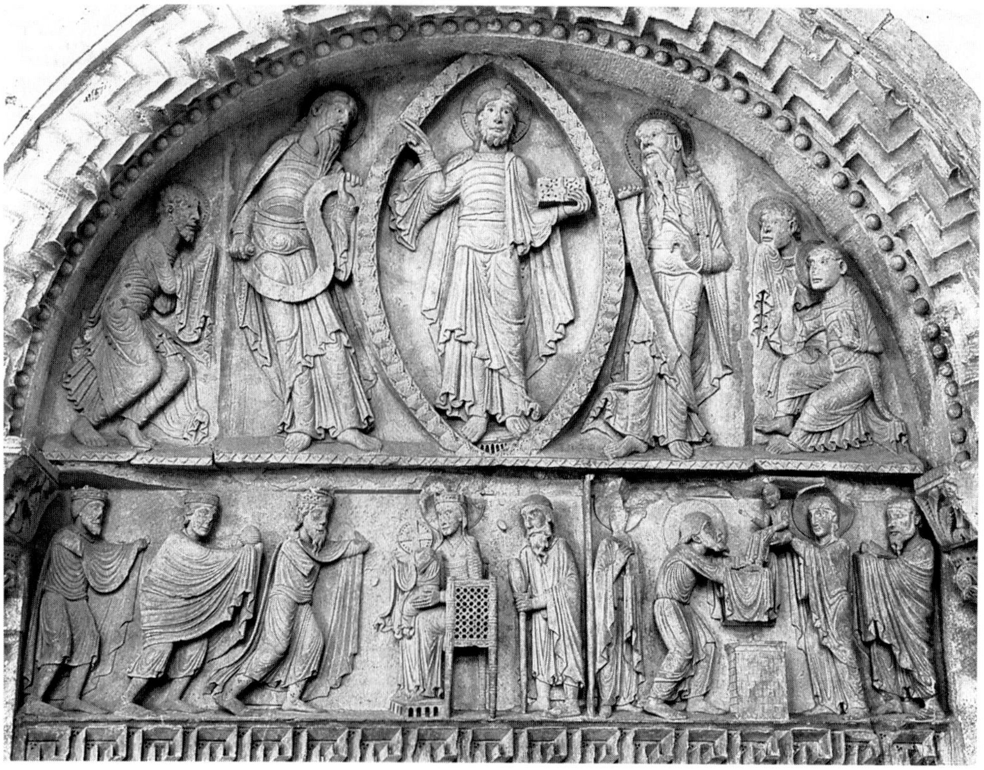

456. La Charité-sur-Loire (Nièvre), église Notre-Dame, tympan de la façade occidentale déposé dans le bras sud du transept.

blasphématoires le conduisirent au bûcher – il fut brûlé à Saint-Gilles-du-Gard en 1136 –, mais sa doctrine hérétique continua de rencontrer un certain succès après sa mort, principalement dans les régions comprises entre la Bourgogne et le delta du Rhône. L'Église tenta de la réfuter par la parole. Pierre le Vénérable, abbé de Cluny, rédigea en 1138 un traité contre les hérétiques pétrobrusiens, et, en 1145-1147, saint Bernard entreprit une campagne de prédication dans les régions les plus touchées. Les images furent également utilisées pour réaffirmer une orthodoxie menacée. Ainsi, le programme triomphal de l'abbaye clunisienne de Saint-Gilles-du-Gard (ill. 445), sans doute réalisé entre 1140 et 1160 [342], qui exalte la Passion du Christ et sa mort rédemptrice sur la croix, apparaît comme entièrement dédié à cette cause. Les douze apôtres, témoins de la vie du Christ et piliers de l'Église, accompagnés d'archanges terrassant un démon, l'introduisent aux trois portails, dont les tympans illustrent respectivement l'Incarnation à gauche, la Rédemption à travers la scène de la Crucifixion à droite et, au milieu, le retour glorieux du Christ à la fin des temps [343]. La Cène, représentation de l'Eucharistie, figure en bonne place, au linteau du portail central, image clef d'un cycle de la Passion qui se déroule de part et d'autre sur la grande frise du portique.

Sans y être orchestrées d'une manière aussi grandiose qu'à Saint-Gilles, les images de la Crucifixion et celles de la Cène, associées ou séparées, se retrouvent dans un certain nombre de portails du Languedoc (Saint-Pons-de-Thomières), de la moyenne vallée du Rhône (Champagne [ill. 454] et Thines, en Ardèche, Vizille [ill. 460], dans l'Isère), du Lyonnais (Savigny, Vandeins), de la Bourgogne et de quelques régions voisines (Saint-Julien-de-Jonzy [ill. 476], dans le Brionnais, Bellenaves, en Bourbonnais). Dans plusieurs de ces portails, la représentation de la Cène est complétée par celle du Lavement des pieds qui évoque la confession, car, comme le précise une inscription gravée à Vandeins : « Quand le pécheur s'approche de la table du Seigneur, il faut qu'il demande de tout son coeur le pardon de ses fautes [344]. » Ainsi sont figurés, côte à côte, les deux principaux sacrements de l'Église, ceux-là même qui étaient rejetés par Pierre de Bruys et ses disciples.

Parallèlement se répandent dans les mêmes régions d'autres images de l'Eucharistie : la Multiplication des pains au porche sud de la cathédrale de Valence, et les Noces de Cana au portail latéral de l'avant-nef de Charlieu (ill. 455), portail dont le linteau représente les sacrifices sanglants de l'Ancienne Loi, dans une illustration presque littérale du traité de Pierre le Vénérable contre les pétrobrusiens :

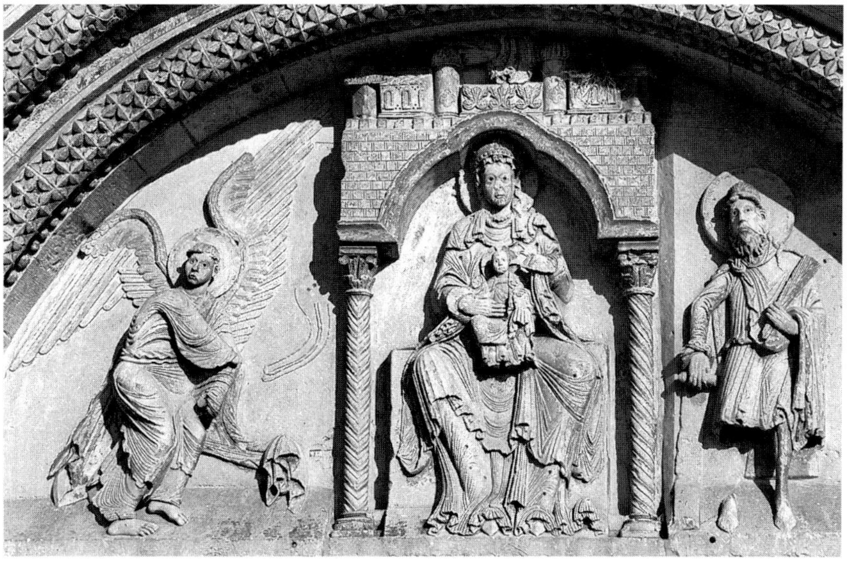

457. Donzy-le-Pré (Nièvre), église Notre-Dame, portail occidental, tympan.

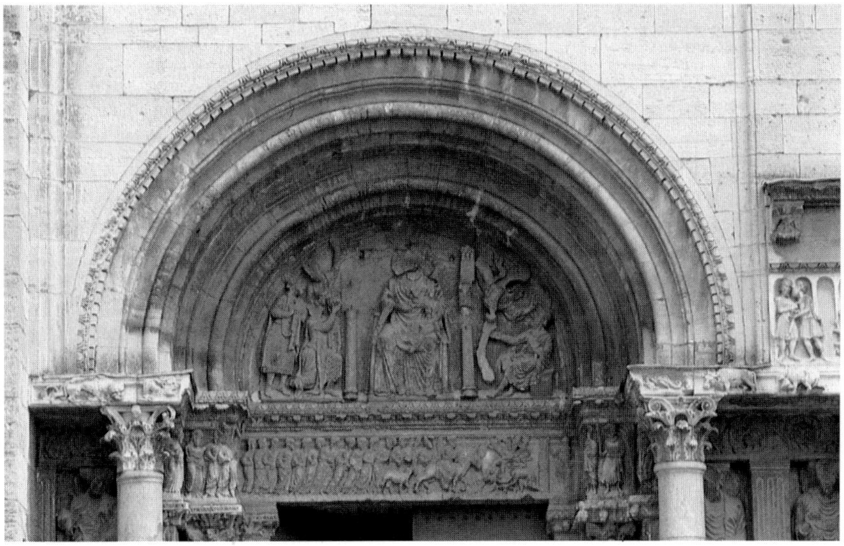

458. Saint-Gilles-du-Gard (Gard), église abbatiale, portail gauche de la façade occidentale, tympan.

«Le bœuf, le veau, le bélier, la chèvre arrosaient de leur sang les autels des Juifs ; seul l'Agneau de Dieu, qui efface les péchés du monde, repose sur l'autel des chrétiens [345]. » L'abbé de Cluny explique plus loin que le Christ, en changeant l'eau en vin aux Noces de Cana, a voulu figurer l'Eucharistie et le sacrement de l'autel. À Charlieu, l'Agneau se trouve à la clef du portail central, au-dessus d'un tympan consacré à la vision apocalyptique du Christ entouré du tétramorphe.

La scène de la Transfiguration, représentée sur l'archivolte du portail latéral de Charlieu, apparaît, elle aussi, comme une nouveauté dans les programmes de façade des années 1140-1150. Elle est le sujet principal du tympan de Notre-Dame de La Charité-sur-Loire provenant de la façade occidentale de l'église et actuellement déposé dans le bras sud du transept (ill. 456). L'œuvre fut sans doute réalisée après que la fête de la Transfiguration ait été introduite dans le calendrier clunisien en 1132. Plus encore, les statuts de 1146 instaurant cette célébration dans l'ordre constituent un véritable commentaire de ce portail où, comme dans la liturgie, la scène de la Transfiguration du tympan est «préfacée » par celles de l'Adoration des Mages et de la Présentation au Temple sculptées au linteau. Ainsi se trouvent réunies trois théophanies de la Lumière : celle du Mont Thabor, où le Christ, accompagné de Moïse et d'Élie, apparut dans sa gloire divine à Pierre, à Jean et à Jacques, celle de l'Épiphanie, interprétée comme la révélation du Christ enfant aux Gentils en la personne des Mages, et celle de la Présentation au Temple, comprise comme la manifestation de la Lumière aux Juifs, à travers Anne et Siméon. Jamais l'exégèse allégorique traditionnelle dans l'iconographie romane n'avait atteint pareil degré de subtilité et de puissance démonstrative qu'en cette période où commençait à poindre, avec le développement des écoles urbaines et les transformations de la vie intellectuelle qui allaient de pair, un mode d'explication plus littéral et historique de la Bible.

La valorisation croissante du personnage de la Vierge constitue un autre phénomène marquant de la seconde moitié du XIIe siècle. Les transformations de l'iconographie ne font que refléter une évolution générale. De plus en plus, la Vierge tend, en effet, à susciter, auprès des théologiens comme des simples fidèles, un intérêt passionné. Prémontrés et cisterciens, notamment, ont pour elle une profonde vénération – toutes les églises cisterciennes lui sont dédiées – et certains écrits de saint Bernard trahissent des sentiments ardents à l'égard de la Mère de Dieu. Celle-ci n'est plus seulement l'instrument de la Rédemption, celle qui a effacé la faute d'Ève, mais la médiatrice entre les hommes et Dieu, rayonnante de beauté et de pureté.

Dans un extraordinaire effort de glorification, on va sculpter l'image de la Vierge à l'emplacement jusque-là réservé aux grandes visions et aux scènes clefs du christianisme : le tympan. Certes, Marie était déjà présente dans certains programmes des années 1120-1130 (à Moissac, à Souillac ou à Autun) et elle était apparue vers la même époque, à travers la scène de l'Adoration des Mages, sur quelques tympans bourguignons (Neuilly-en-Donjon, Anzy-le-Duc), mais elle n'avait encore jamais été le sujet principal d'un portail. Le choix va d'abord se porter sur l'image de la Vierge en Majesté. Assise en position frontale au centre du tympan, couronnée à l'instar d'une reine, elle tient l'Enfant sur ses genoux ; le groupe est placé sous un baldaquin qui l'isole et le magnifie. Cette formule iconographique est adoptée au portail sud de la façade occidentale de la cathédrale de Chartres, vers 1140-1150 et, à une date sans doute voisine, au portail unique du prieuré clunisien de Donzy-le-Pré (ill. 457). Les anges qui accompagnent les figures centrales [346] situent la scène dans une zone céleste ; comme le Christ, la Vierge trône dans l'éternité. D'autres sculpteurs restèrent fidèles au thème de l'Adoration des Mages, tout en le traitant de telle manière que l'image de la Vierge en Majesté s'en dégage. Il en est ainsi, entre autres, au portail nord de la cathédrale de Bourges, à Saint-Ours de Loches et à Saint-Gilles-du-Gard (ill. 458) où, au lieu d'être placée de profil pour accueillir les Mages, comme dans les tympans plus anciens, la Mère, ainsi que l'Enfant, fait face au spectateur, au centre de la composition.

Avec le temps, ce désir de valoriser la personne de Marie allait encore se renforcer, conduisant à la création de nouveaux thèmes iconographiques. Dans ce domaine, cependant, les artistes romans devaient rester quelque peu en retrait par rapport à ceux du monde gothique. Ainsi, vers 1175, la Vierge en Majesté du tympan de Corneilla-de-Conflent (ill. 459) s'inscrit dans le schéma conventionnel de la mandorle portée par deux anges [347], alors qu'un autre mode de glorification, riche d'avenir, était dès les années 1160 élaboré au portail occidental de la cathédrale de Senlis : le Couronnement de Marie. Dès lors, celle-ci apparaît comme une figure autonome siégeant aux côtés de son Fils. C'est, selon l'exégèse, la Vierge-Église, la fiancée du Cantique des Cantiques. Le Couronnement de la Vierge, qui devint l'un des thèmes majeurs de l'art gothique, ne semble guère avoir séduit les sculpteurs romans de la fin du XIIe siècle. Ceux-ci restèrent dans l'ensemble attachés à l'image de la Vierge en Majesté, voire à la scène de l'Adoration des Mages, qui connut un succès durable en Espagne et dans le midi de la France – par exemple, au début du XIIIe siècle encore, au portail de Sainte-Marie de Mimizan (Landes).

L'iconographie se fait également l'écho des débats doctrinaux sur l'Immaculée Conception, la Mort et la Résurrection de la Vierge. Ces polémiques, dues à l'absence de textes canoniques sur ces questions, sont, d'un point de vue théologique, liées les unes aux autres, car, si la mort est la conséquence du péché originel, la Vierge ayant échappé à celui-ci devrait être soustraite à celle-là. Déjà, les Pères de l'Église avaient émis l'idée que le corps de la Mère de Dieu ne pouvait avoir été abandonné à la corruption et qu'il avait été enlevé au ciel par son Fils (Assomption), tandis que sa mort était assimilée à un sommeil (Dormition). La controverse ancienne entre partisans et adversaires de l'Assomption corporelle atteignit son point culminant dans la seconde moitié du XIIe siècle avant que les premiers ne l'emportent au siècle suivant.

On ne saurait s'étonner, dans ce contexte, ni de l'importance accordée à l'Assomption dans l'iconographie, ni de la diversité des formules. À la représentation de l'Assomption de l'âme, les auteurs de programme préfèrent généralement celle du corps. Mais à côté de l'image traditionnelle de la Vierge couronnée, en orante, élevée au ciel dans une mandorle portée par des anges – telle qu'on la voit au tympan de Saint-Pierre-le-Puellier à Bourges, à la façade de Gensac-la-Pallue (ill. 462) ou sur des chapiteaux, à Déols (Indre) ou à Fontevraud – apparaissent de nouvelles interprétations. L'un des tympans de Notre-Dame de La Charité-sur-Loire (encore *in situ* à la façade occidentale) fut ainsi consacré, vers 1140-1150, à une étonnante représentation de l'Assomption corporelle (ill. 463). La scène se déroule au-dessus d'un

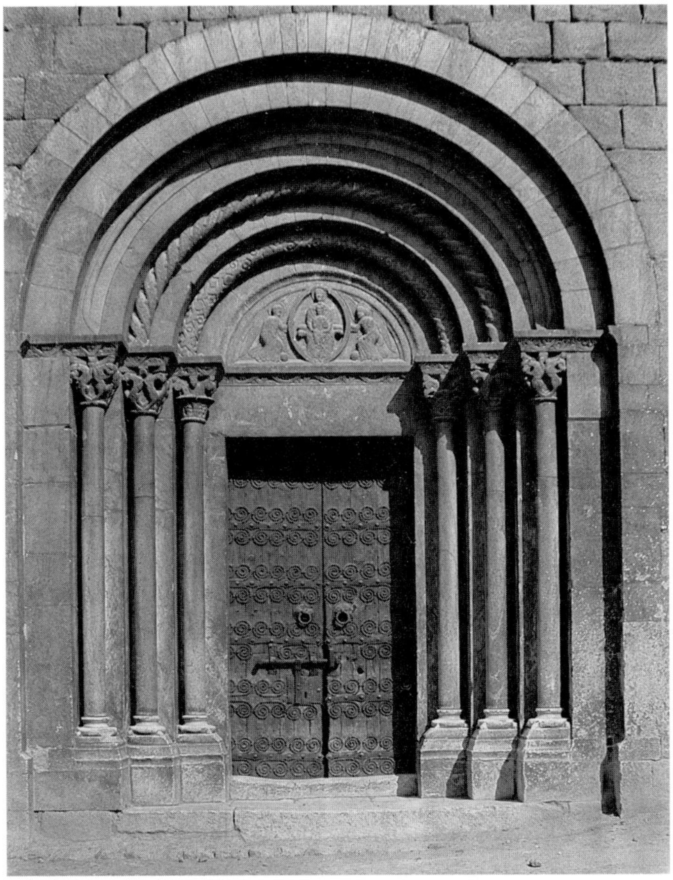

459. Corneilla-de-Conflent (Pyrénées-Orientales), église Notre-Dame, portail occidental.

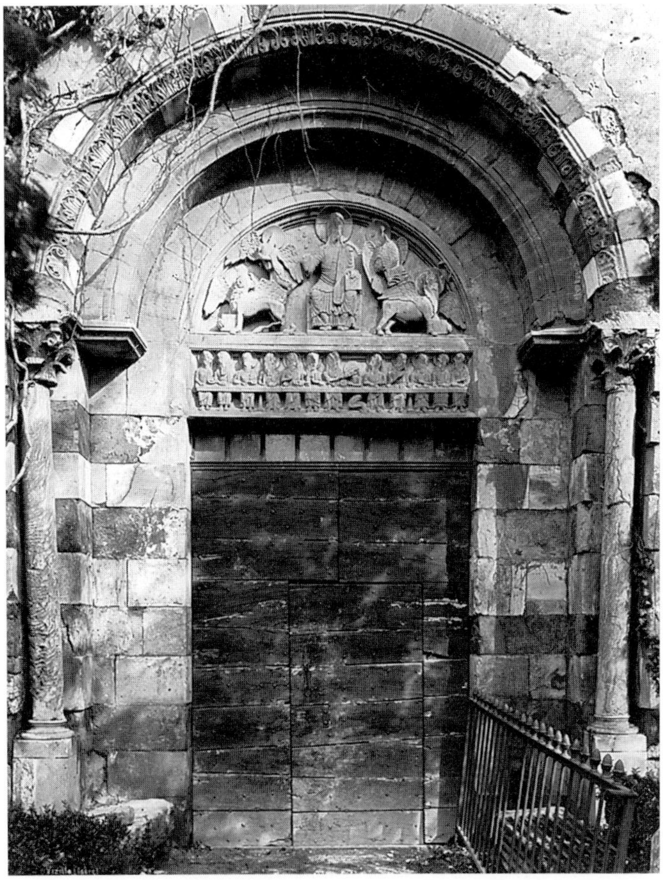

460. Vizille (Isère), église Notre-Dame, portail occidental.

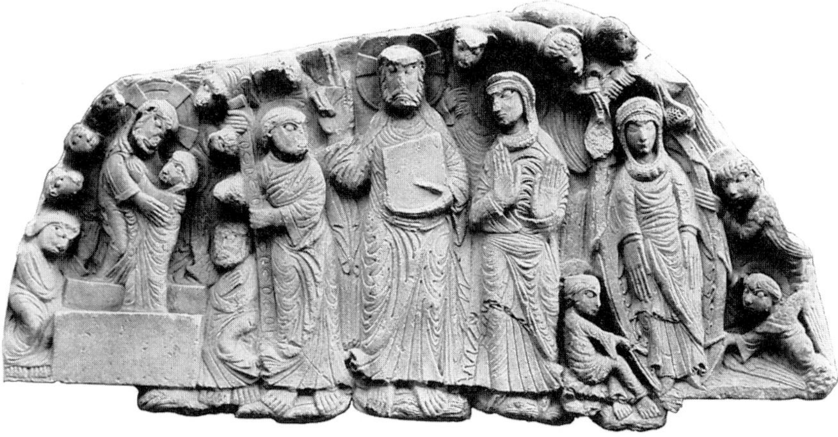

461. Cabestany (Pyrénées-Orientales), église Notre-Dame, tympan déposé.

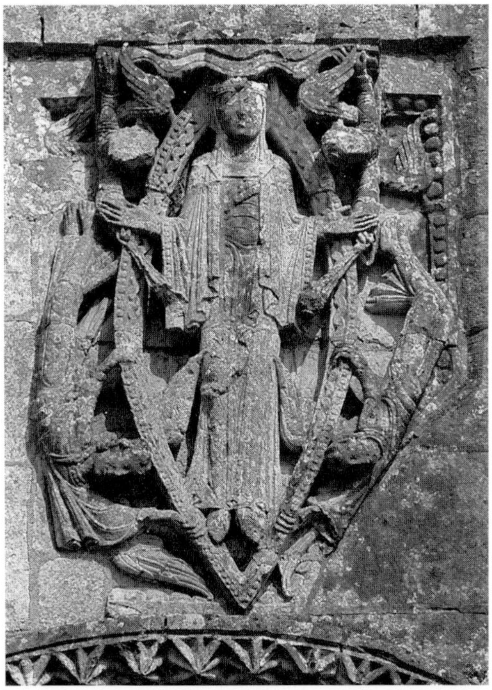

462. Gensac-la-Pallue (Charente), église Saint-Martin, façade occidentale, relief : Assomption.

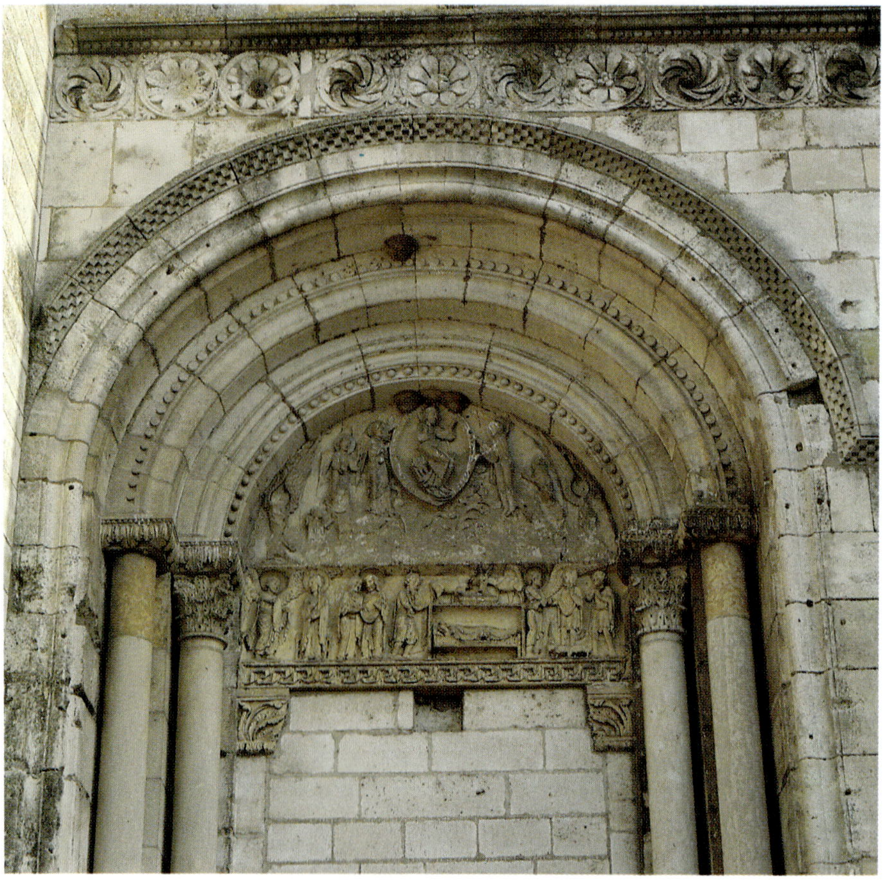

463. La Charité-sur-Loire (Nièvre), église Notre-Dame, portail gauche de la façade occidentale, tympan.

linteau qui, en réunissant l'Annonciation, la Visitation, la Nativité et l'Annonce aux bergers, rappelle que c'est le privilège unique de la maternité divine qui justifie celui de l'Assomption [348]. Le Christ, figuré de trois quarts dans une mandorle située au sommet du tympan, accueille sa Mère, dont le corps est encore tendu dans son élan ascensionnel. Elle seule est autorisée à pénétrer dans la gloire de lumière qui l'entoure ; de part et d'autre, des anges debout et deux moines prosternés se tiennent respectueusement en arrière. Tout en conservant au Christ une place centrale, le sculpteur a su déplacer l'intérêt vers la Vierge et suggérer par quelques végétaux ondoyants sur un fond vide l'immatérialité du monde céleste. Cette interprétation poétique, qui rompt avec tous les schémas connus, ne devait cependant pas faire école.

Le tympan, tout aussi exceptionnel, déposé dans l'église de Cabestany (ill. 461) et représentant trois épisodes de la Résurrection et de l'Assomption de Marie ne semble pas avoir eu davantage de descendance [349]. Cette œuvre saisissante et étrange, sans doute réalisée vers 1175, est due à un sculpteur dont on peut suivre la carrière, grâce à son style très particulier, entre la Toscane et la Navarre. L'essentiel de sa production se trouve cependant concentrée dans le Roussillon et dans les pays d'Aude. Ses personnages sont caractérisés par des visages farouches, que leur nez fortement busqué fait ressembler à des oiseaux de proie et dont les yeux en amande soulignés de trous de trépan sont d'une grande intensité dramatique. Cette tension des formes est mise au service d'une représentation tourmentée, instable, où se retrouvent les accents des grandes visions surnaturelles du passé. À gauche, Marie se dresse hors de son sarcophage et tend les bras vers le Christ qui l'étreint, en présence de deux apôtres agenouillés et d'anges dont on ne voit que la tête. À droite, ces mêmes anges emportent au ciel le corps de la Vierge, étendu dans une mandorle qui semble lui servir de lit funéraire. Ses yeux sont clos, et ses mains plaquées contre son corps évoquent la raideur d'un cadavre ; on ne saurait plus fortement proclamer sa foi en l'Assomption corporelle. Au centre de la composition, le Christ bénissant se tient, debout, entre sa Mère en position d'orante et saint Thomas. Celui-ci présente la ceinture de la Vierge que, selon un texte apocryphe, il aurait reçu du ciel

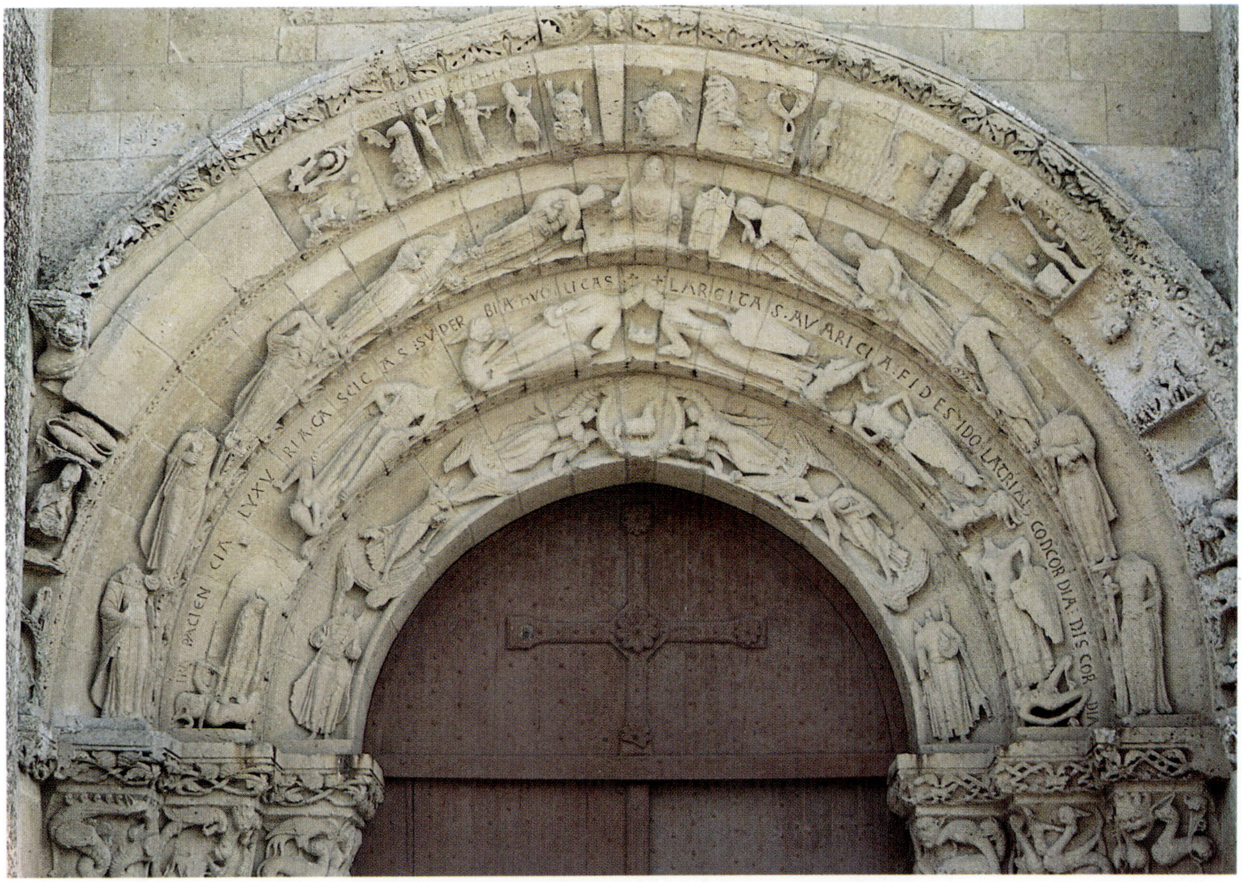

464. Aulnay (Charente-Maritime), église Saint-Pierre, portail occidental.

comme preuve de la résurrection de celle-ci. Cet épisode, rarement représenté, de la seconde incrédulité de saint Thomas, renforce les similitudes entre l'Ascension du Christ et l'Assomption de Marie, et constitue un argument en faveur de la thèse de l'Assomption corporelle. L'image prend ici vigoureusement parti dans le débat doctrinal.

Le thème du combat des Vices et des Vertus inspiré de la *Psychomachie* de Prudence et déjà représenté, à Aulnay, à la fenêtre de la façade sud du transept, connaît, au portail occidental du même édifice et, à sa suite, dans un grand nombre d'églises de Saintonge et du Poitou, un remarquable essor (ill. 464). Dans ces portails dépourvus de tympan, les figures sont disposées longitudinalement sur les voussures et non de manière radiale, comme elles l'étaient souvent dans les œuvres plus anciennes. Elles y gagnent une monumentalité qui leur permet de participer à un programme iconographique ambitieux et clair. Les Vertus sont généralement associées aux Vierges sages et aux Vierges folles, dont la présence éveille l'idée du Jugement dernier. À Aulnay, la voussure externe illustre les travaux des mois, tandis qu'à la voussure interne, l'Agneau est porté en triomphe par des anges. La lecture du programme s'effectue donc de l'extérieur vers l'intérieur. Le fidèle est invité, dans une superbe progression spirituelle, à s'élever «du travail à la vertu, et de la vertu à l'amour[350]». Rarement l'image allégorique de la Porte du Ciel avait trouvé expression plus accomplie que dans ces portails, où les couronnes des Vertus paraissent suspendues au-dessus de la tête du fidèle qui entre dans l'église en passant sous l'Agneau, placé à la clef de la voussure la plus profonde.

Des personnages peu nombreux et bien dégagés, une composition simple et lisible : tels sont les nouveaux idéaux esthétiques. Le temps de la démesure, de l'exploit technique, semble révolu. On ne rencontre, dans cette ultime phase de l'art roman, aucune œuvre comparable aux portails de Moissac, de Vézelay, de Conques ou d'Autun, ni aux façades de la cathédrale d'Angoulême ou de Notre-Dame-la-Grande à Poitiers. La clarté de l'argumentation semble davantage recherchée que la puissance de l'effet. À l'exception du Jugement dernier, qui paraît connaître une éclipse, les visions eschatologiques en vogue au début du XIIe siècle continuent de bénéficier d'une certaine faveur, mais elles

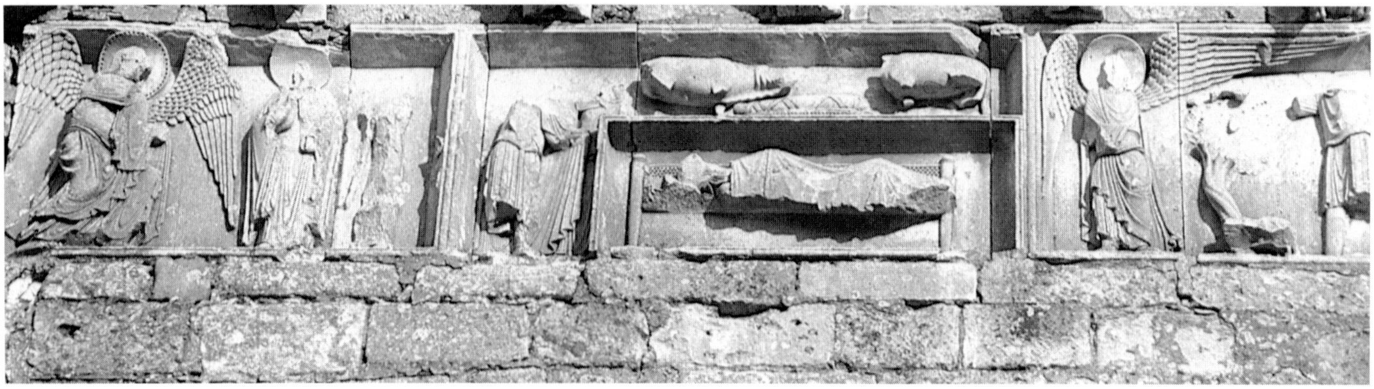

465. Montmorillon (Vienne), église Saint-Laurent de la Maison-Dieu, frise de la façade.

ont perdu leur caractère impressionnant. L'exemple du Christ en Majesté est particulièrement révélateur de ce phénomène de décantation. Tandis qu'à Moissac la vision de saint Jean était illustrée de manière profuse, elle est, dans les tympans de la seconde moitié du XIIe siècle, réduite à l'essentiel : le Christ trônant, le livre posé sur le genou gauche, la main droite levée dans un geste de bénédiction, occupe toute la hauteur du tympan ; de part et d'autre se répartissent de manière équilibrée les symboles des Évangélistes (le lion et le taureau en bas, l'aigle et l'ange au-dessus). La même composition se retrouve aussi bien au portail central de la cathédrale de Chartres (ill. 470) et dans divers tympans du premier art gothique qui en dérivent (cathédrales de Bourges, du Mans, d'Angers, etc.) que dans des œuvres romanes très différentes par leur style, comme la porte du Lion à la cathédrale de Verdun, le portail occidental de Saint-Trophime d'Arles ou celui de Vizille (ill. 460), sans qu'il soit toujours nécessaire d'invoquer l'influence du modèle chartrain pour justifier ces parentés.

En effet, à partir du milieu du XIIe siècle, un nouveau rapport entre les figures et leur cadre tend à s'instaurer dans un certain nombre d'œuvres. Le fond vide du tympan de Donzy-le-Pré autant que les personnages d'Arles ou de Vizille, qui débordent plus ou moins largement sur la première voussure, témoignent de ce changement. L'aération des compositions apparaît à certains sculpteurs comme l'un des moyens permettant aux figures de s'épanouir dans leur espace propre. La «loi du cadre», qui agissait de manière, il est vrai, inégalement contraignante sur les créations plus anciennes, est souvent remise en question. L'un des plus beaux exemples de cette nouvelle conception est celui de la frise de l'Enfance du Christ qui, à la Maison-Dieu de Montmorillon (ill. 465), se déploie sur toute la largeur de la façade. Le rythme de la composition, répartie en six panneaux, est dicté par l'ampleur des gestes et la générosité des intervalles entre les personnages. Art gothique déjà ? Mais que dire des figures de la troisième voussure du portail occidental d'Aulnay qui, au lieu de se conformer, comme leurs voisines, à la courbe des arcs, paraissent s'en évader pour assurer à leur corps un semblant de verticalité ? Sans doute convient-il, en ce milieu du XIIe siècle si foisonnant de propositions nouvelles, de ne pas enfermer celles-ci dans des définitions trop rigides.

LA REDÉCOUVERTE DE LA STATUAIRE

Déjà, certains sculpteurs des années 1120-1130 avaient eu l'idée d'utiliser les trumeaux et les ébrasements des portails pour y placer des personnages de grandes dimensions. Les solutions étaient cependant d'une grande diversité. À Moissac, les effigies de saint Paul et de Jérémie faisaient corps avec le trumeau, tandis que celles de saint Pierre et d'Isaïe, traitées en bas-relief, occupaient les piédroits ; à Vézelay, la statue de saint Jean-Baptiste placée sur la face principale du trumeau était adossée à une colonne alors que les angles du même trumeau et les ressauts des ébrasements accueillaient des figures d'apôtres. Ces expériences visant à peupler de statues le soubassement des portails étaient pour la plupart d'entre elles inspirées par la métaphore, traditionnelle chez les commentateurs, du personnage pilier de l'Église, mais leur multiplication au cours des années 1135-1140 révèle, par-delà l'intention iconographique, un intérêt croissant des sculpteurs médiévaux pour la statuaire.

L'exemple de l'Antiquité semble avoir été peu sollicité en ce domaine. Seul le portail de Saint-Gilles-du-Gard, avec ses grandes statues d'apôtres et d'archanges encastrées dans des niches rectangulaires ou juxtaposées aux piédroits (ill. 445 et 468), paraît nettement inspiré par des modèles romains. Il ne s'agit cependant pas de véritables statues appliquées au-devant d'une paroi, comme l'Antiquité en avait connu – la ronde-bosse n'est d'ailleurs jamais employée dans les portails romans – mais de hauts-reliefs qui, grâce à leur encadrement

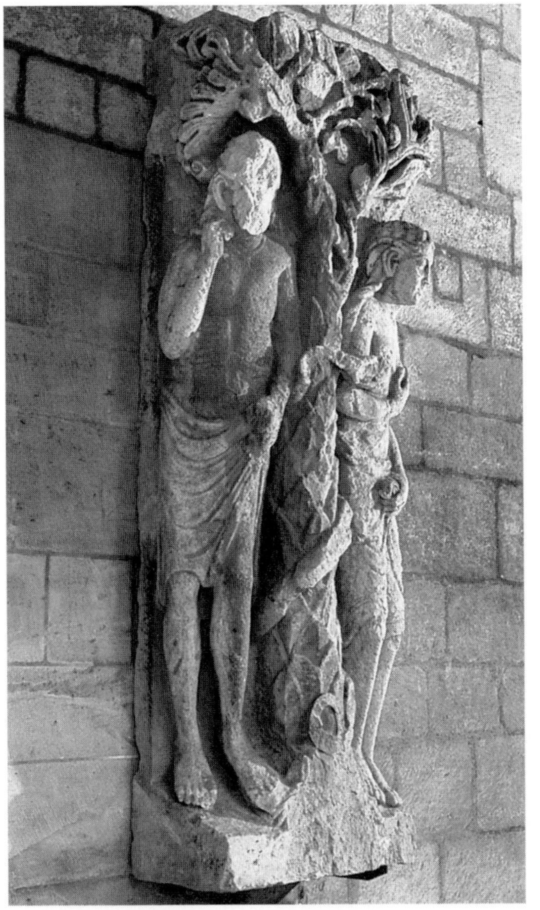

466. Verdun (Meuse), cloître de la cathédrale, relief déposé : Adam et Ève.

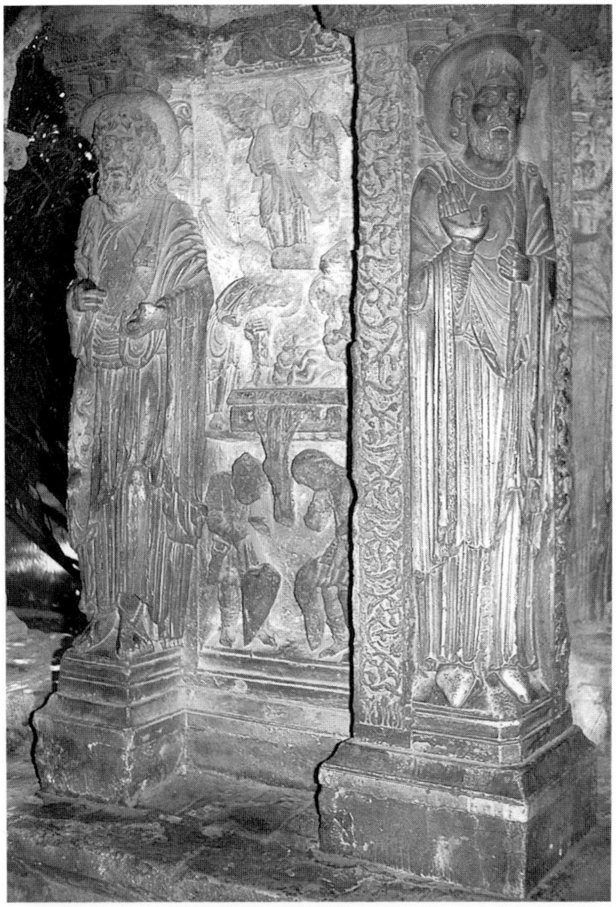

467. Arles (Bouches-du-Rhône), Saint-Trophime, cloître, pilier nord-ouest.

architectural, peuvent donner l'illusion d'une statuaire libre. Bien que quelques sculpteurs de l'atelier de Saint-Gilles aient tenté d'imiter le *contraposto* antique, leurs personnages, dont les pieds paraissent glisser sur un sol en pente, restent dépourvus de véritable corporéité tandis qu'un dynamisme contenu, propre au style roman, les anime. La «mise en scène» de Saint-Gilles fut reprise dans quelques portails de structure identique, tels que ceux de Saint-Trophime d'Arles (ill. 442) ou de Saint-Barnard de Romans, mais sa diffusion se limita à l'aire de la renaissance provençale. Ailleurs, l'adoption d'ébrasements à ressauts l'excluait d'emblée.

D'autres sculpteurs allaient, en revanche, tirer parti de ces ressauts pour y placer des personnages, suivant ainsi l'une des voies explorées par leurs prédécesseurs. Vers 1135-1140, le portail de la salle capitulaire de la cathédrale Saint-Étienne de Toulouse, aujourd'hui remonté au musée des Augustins (ill. 469), compte parmi les plus ambitieuses de ces expériences. Son élévation ne pouvait, en raison de son emplacement, être comparable à celle d'un portail d'église, mais les douze apôtres des ébrasements en occupent toute la hauteur (environ 1,15 m). Sculptées à l'angle des ressauts et destinées à être vues non seulement de face, mais aussi de côté, les statues profitent des deux plans perpendiculaires pour acquérir un volume qui se rapproche de celui d'un corps réel. Tantôt seuls, tantôt regroupés deux à deux – sans doute aux piédroits et en façade – les apôtres de Saint-Étienne devaient être, comme ceux du portail plus tardif de Morlaàs (Pyrénées-Atlantiques), séparés par une colonnette placée au creux des ressauts et former, de part et d'autre de l'entrée de la salle capitulaire, une haie serrée. On sent poindre dans cet ensemble un conflit entre l'expression gestuelle, de tradition romane, et une nouvelle orientation artistique, qui vise à privilégier la vie intérieure des personnages. La première tendance est illustrée par les apôtres qui conversent entre eux, dont le corps animé de torsions et les jambes croisées en « X » évoquent un mouvement de danse. Au contraire, les figures isolées, notamment celles d'André et de Thomas signées Gilabertus, sont immobiles. Le corps détendu, la tête légèrement inclinée de côté, ces apôtres paraissent empreints d'humanité.

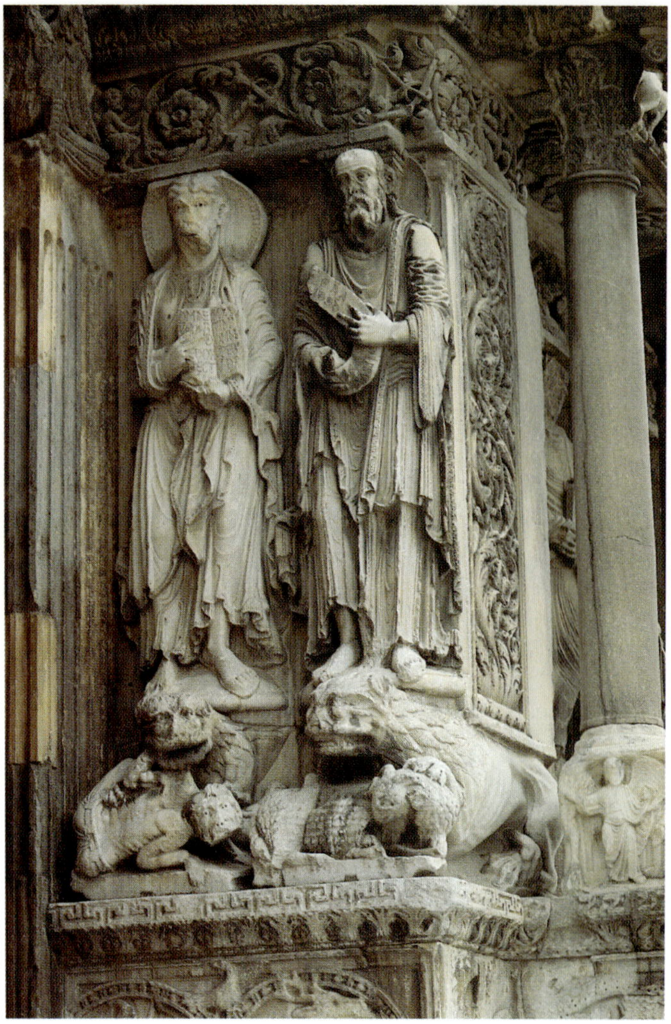

468. Saint-Gilles-du-Gard (Gard), église abbatiale, portail central, piédroit.

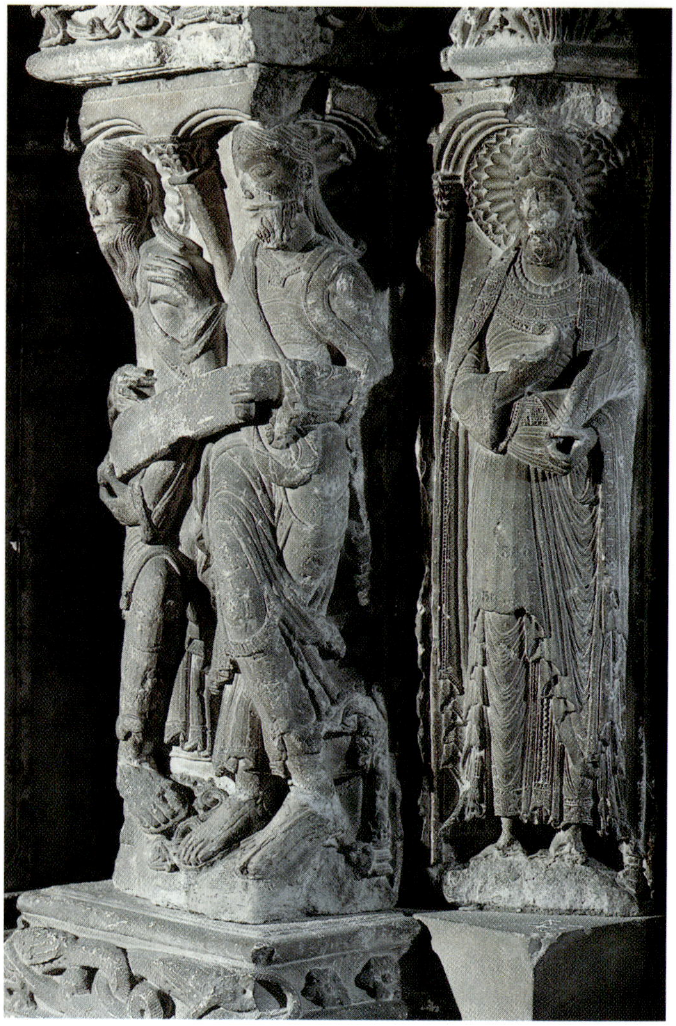

469. Portail de la salle capitulaire de Saint-Étienne de Toulouse. Toulouse, musée des Augustins.

À droite : 470. Chartres (Eure-et-Loir), cathédrale, portail royal, porte centrale.

Une hésitation du même ordre est perceptible dans les quatre reliefs datant des années 1140-1150, actuellement déposés dans le cloître de la cathédrale de Verdun (ill. 466), reliefs dont l'emplacement d'origine reste controversé[351] et qui représentent : le Péché originel, l'offrande d'Abel et Caïn, l'Annonciation et un évêque en pied. Ici aussi, les angles sont utilisés pour dégager le volume, mais tous les personnages ne bénéficient pas autant des possibilités offertes par ce procédé qu'Adam et Ève, debout de part et d'autre de l'Arbre de la connaissance du bien et du mal. L'œuvre est d'autant plus audacieuse que les corps sont presque nus. Le sculpteur de Verdun a su, tout en restant fidèle aux principes de la gestuelle romane, en modérer les effets. Les genoux légèrement ployés, le buste et la tête qui s'inclinent doucement sous l'angle suffisent à exprimer l'humaine fragilité de ces personnages longilignes, au corps délicatement modelé.

Tout autre est la valeur plastique des statues placées aux angles des piliers de la galerie nord du cloître de Saint-Trophime d'Arles (ill. 467), édifiée à une date difficile à préciser entre 1160 et 1180[352]. Ces statues, qui représentent les apôtres en compagnie du patron de la cathédrale arlésienne et de saint Étienne, sont grandeur nature (1,66 m pour les plus remarquables d'entre elles, situées au pilier nord-ouest). Si saint Trophime, sculpté dans un bloc de marbre blanc, frappe par son hiératisme et par sa position frontale, des draperies volumineuses et souples laissent, dans les statues voisines, deviner les formes de corps solidement charpentés, s'appuyant sur des pieds presque posés à plat. Le

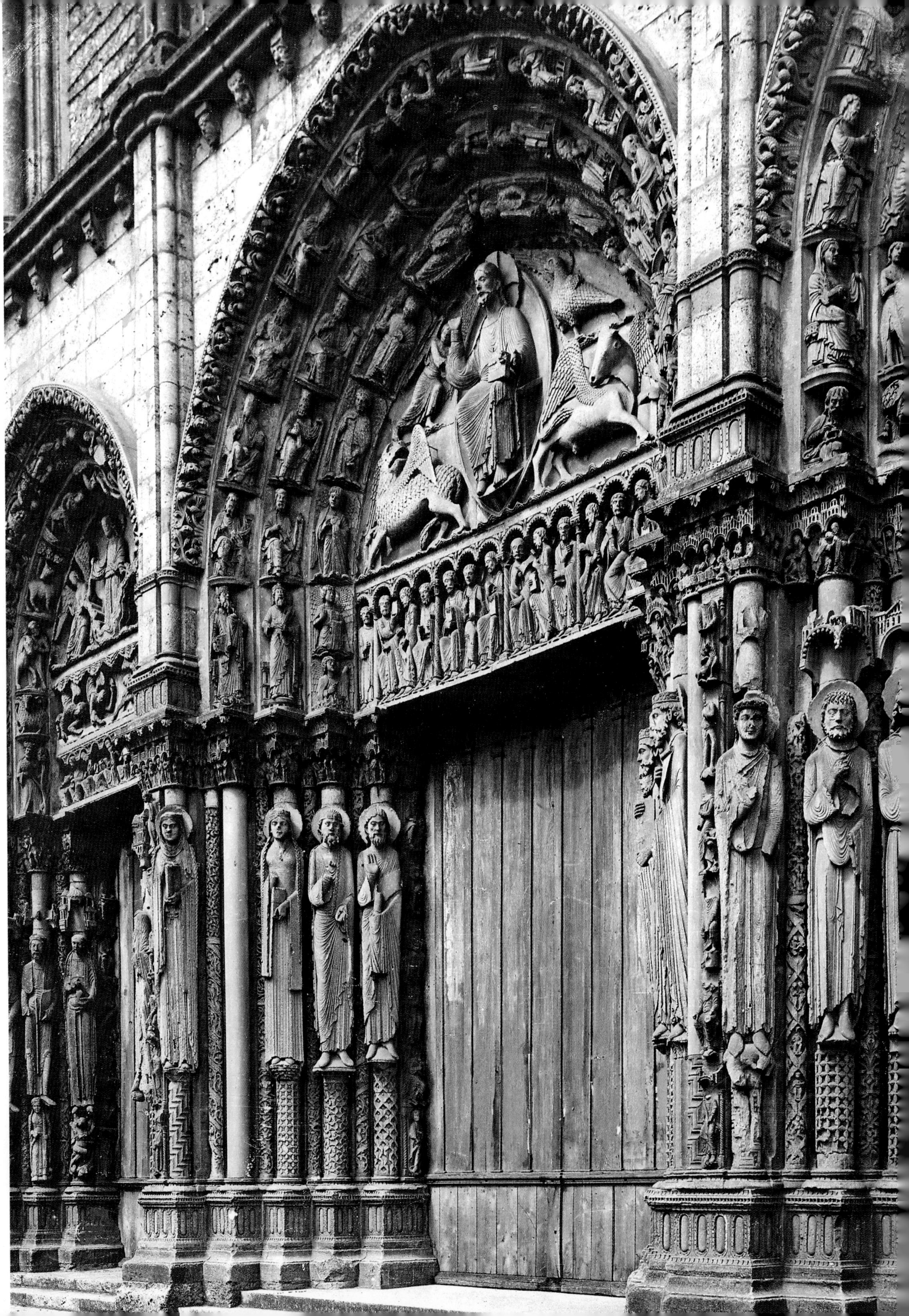

mouvement de *contraposto* qui s'ébauche au niveau des jambes, à défaut de se répercuter sur la partie supérieure du corps comme dans la statuaire antique, trouve un écho dans la position des têtes qui s'inclinent gravement sur le côté. L'expression pensive des visages dénote une recherche de naturalisme et d'émotion que l'inspiration antique de ces œuvres ne suffit pas à expliquer.

Parmi ces expériences des sculpteurs du XIIe siècle visant à réinventer la statuaire, les statues-colonnes du premier art gothique occupent une place à part. Bien que, par la date de leur apparition à la façade occidentale de Saint-Denis peu avant 1140 [353] et, quelques années plus tard, à Chartres (ill. 470), elles soient sensiblement contemporaines du portail de la salle capitulaire de Saint-Étienne de Toulouse, tout les en distingue : leur emplacement (elles sont sculptées sur le fût des colonnes placées entre les ressauts des ébrasements et non à l'angle de ces ressauts), mais, surtout, leur comportement. Leurs corps démesurément étirés (environ 2,30 m au portail central de Saint-Denis), qui s'identifient à leur fonction de colonne, peuvent apparaître comme un ultime effort pour soumettre les figures au cadre architectural, au moment même où une certaine liberté tendait à s'instaurer en ce domaine. La raideur appuyée des gestes, la rigoureuse frontalité des attitudes semblent également aller à contre-courant des tendances qui s'affirment ailleurs. Toute l'humanité de ces effigies semble s'être réfugiée dans les visages, qui ne reflètent nulle émotion, mais rayonnent de paix intérieure. Ces personnages, rois, reines et patriarches de l'Ancien Testament, ne jouent pas le même rôle iconographique que les apôtres des portails méridionaux. Tandis que ces derniers représentent l'Église en marche et, à ce titre, illustrent la diffusion de la parole – le thème du dialogue constitue une illustration conventionnelle de leur mission – les statues-colonnes du premier art gothique incarnent, à travers des figures bibliques traitées de manière impersonnelle, comme figées dans l'éternité, l'alliance de l'Ancien et du Nouveau Testament. Ces images emblématiques appartiennent donc à une autre région de l'esprit.

Les statues-colonnes marquent un tournant décisif dans l'histoire de la sculpture médiévale. Elles constituent le point de départ de toute l'évolution ultérieure de la statuaire gothique. Bien qu'ils participent encore à la structure architecturale, les personnages ne font plus corps avec le mur. Placés au devant de celui-ci, ils ont conquis leur indépendance, même si les effets de celle-ci ne sont pas encore très sensibles. Que la statue se développe aux dépens de la colonne, qu'elle retrouve une certaine liberté de mouvement – ce qui, dans l'art gothique, commence à se réaliser dès les années 1160 à Senlis –, et c'est une véritable statuaire qui prendra place aux ébrasements des portails.

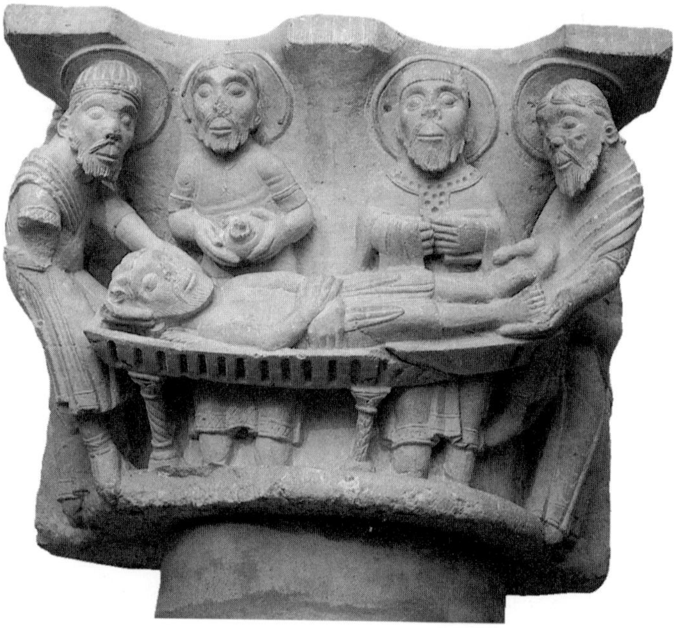

471. Chapiteau provenant de l'église Saint-Étienne de Dreux : la Mise au Tombeau. Dreux, musée d'Art et d'Histoire.

La création des statues-colonnes est donc à l'origine d'une rupture fondamentale entre une sculpture gothique qui évolue selon sa logique propre et un monde roman qui reste étranger à celle-ci. Rien n'illustre mieux cette situation que la difficulté qu'éprouvèrent beaucoup d'artistes de la seconde moitié du XIIe siècle à assimiler cette nouveauté. Si les modèles du premier art gothique rencontrèrent un succès immédiat dans certains grands chantiers (cathédrales de Bourges, du Mans, d'Angers, etc.), les statues-colonnes ne furent pas toujours bien comprises hors d'Île-de-France. Ainsi, dans le nord de la France, à Saint-Géry de Cambrai [354], ou en Bourgogne, à Vermenton ou à Parly, elles perdent parfois leur immobilité ; à Bourg-Argental (Loire), elles sont réduites à des silhouettes inconsistantes ; à Saint-Just de Valcabrère (Haute-Garonne), les corps lourds sont traités avec un schématisme prononcé ; au portail de la salle capitulaire de La Daurade, à Toulouse, les attitudes sont empruntées, etc. Aussi l'adoption de la statue-colonne dans le monde roman n'apparaît-elle pas, dans l'ensemble, comme une source de renouveau.

LA CRISE DU CHAPITEAU HISTORIÉ

Les chapiteaux figurés et historiés, apparus avec l'art roman, n'allaient guère lui survivre. Déjà, au cours des années 1140, se manifestent les premiers signes d'un changement d'attitude à leur égard. Tandis que le refus de l'*ornamentum* entraînait les maîtres d'œuvre des ordres sévères

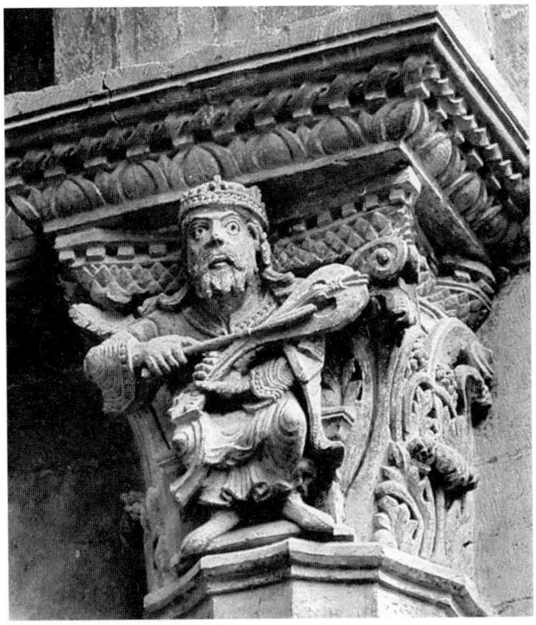

472. Vienne (Isère), cathédrale Saint-Maurice, chapiteau de la nef : David.

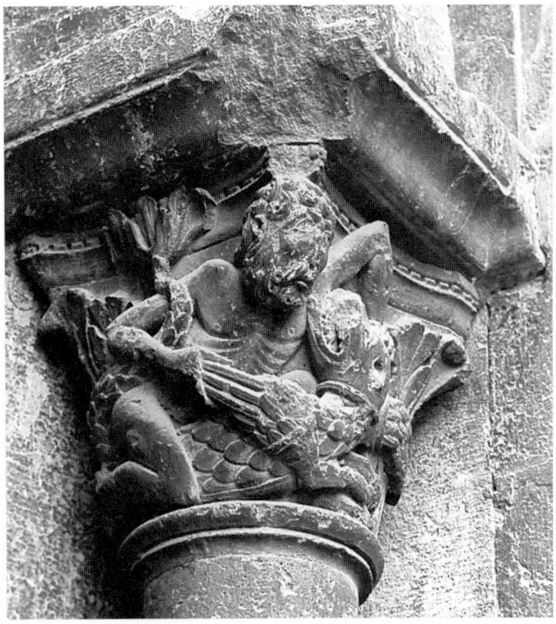

473. Die (Drôme), ancienne cathédrale, chapiteau du porche occidental : Tobie et le poisson.

(cisterciens, etc.) à privilégier un décor végétal simple, une nouvelle réflexion sur le rôle architectural des chapiteaux, à l'intérieur des édifices, en conduisait d'autres, de plus en plus nombreux, à rejeter les programmes sculptés à l'extérieur. Certes, on trouve encore quelques beaux ensembles de chapiteaux historiés dans la nef de la cathédrale de Vienne, à l'abside des Saintes-Maries-de-la-Mer ou dans diverses églises corréziennes (Vigeois, Lubersac, etc.), mais il s'agit désormais d'exceptions. En revanche, les cloîtres canoniaux et ceux d'un certain nombre de monastères bénédictins continuaient d'accueillir généreusement les chapiteaux de tous types, aussi bien, d'ailleurs, dans l'aire géographique romane que dans celle du gothique naissant.

De nouveaux rapports entre les personnages et le cadre dans lequel ils évoluent tendent à s'instaurer, dans les chapiteaux comme aux tympans ou aux ébrasements des portails. L'équilibre auquel étaient parvenus les sculpteurs des générations précédentes commence à être remis en question par certains artistes. Ainsi, dans les chapiteaux du cloître de Saint-Étienne de Toulouse (ill. 384) réalisés par l'atelier du portail de la salle capitulaire, les personnages, les pieds fermement posés sur l'astragale, leur tête ou leur nimbe affleurant le bord supérieur du bloc, imposent leur présence au détriment d'une corbeille profondément creusée dont seules les volutes d'angle rappellent la fonction architecturale. On observe une évolution semblable dans maintes œuvres de la même époque, à quelque style qu'elles appartiennent. Nous n'en prendrons qu'un autre exemple : celui des chapiteaux du musée de Dreux (Eure-et-Loir) provenant de l'église Saint-Étienne (ill. 471). Peut-être parce que les figures y sont disposées avec moins de grâce qu'à Toulouse, l'importance relative de leur échelle apparaît de manière encore plus flagrante. Les sculpteurs ne tentent plus de représenter des scènes trop complexes sur une même corbeille. Certains, comme celui de Gargilesse (Indre), résolvent le problème en répartissant le thème sur plusieurs chapiteaux (on voit par exemple Daniel entre deux lions sur l'un et Habacuc guidé par l'ange sur l'autre). Tout semble donc mis en œuvre pour que les figures puissent s'épanouir sans contrainte.

Avec le temps, cette nouvelle conception spatiale allait encore s'affirmer. Certaines figures des années 1160-1170 semblent ne plus pouvoir être contenues dans les limites d'une corbeille devenue trop exiguë pour elles. À la cathédrale Saint-Maurice ou à Saint-André-le-Bas de Vienne [355], beaucoup de personnages semblent s'évader du bloc ; leurs pieds débordent de l'astragale, leur tête frôle le tailloir et, parfois même, comme dans le chapiteau de la cathédrale représentant David (ill. 472), une partie de leur corps se développe en saillie par rapport à celui-ci. Dans la nef de la cathédrale de Valence comme au porche de la cathédrale de Die (Drôme), la lutte qui oppose Samson au lion ou Tobie au poisson monstrueux entraîne les combattants dans d'étranges contorsions (ill. 473). Loin de souligner les points forts de la corbeille ou de les équilibrer, les figures sont prétexte à un jeu de tensions discordant. La grande

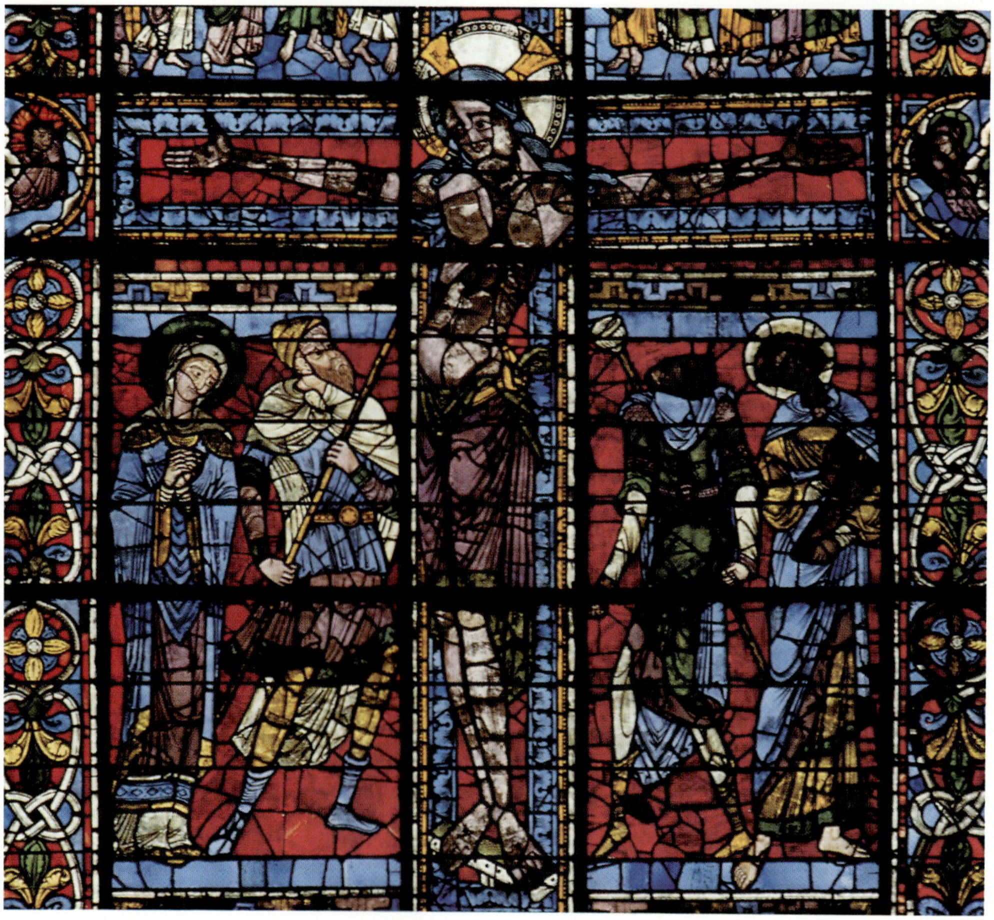

474. Poitiers (Vienne), cathédrale Saint-Pierre, vitrail du chevet : Crucifixion.

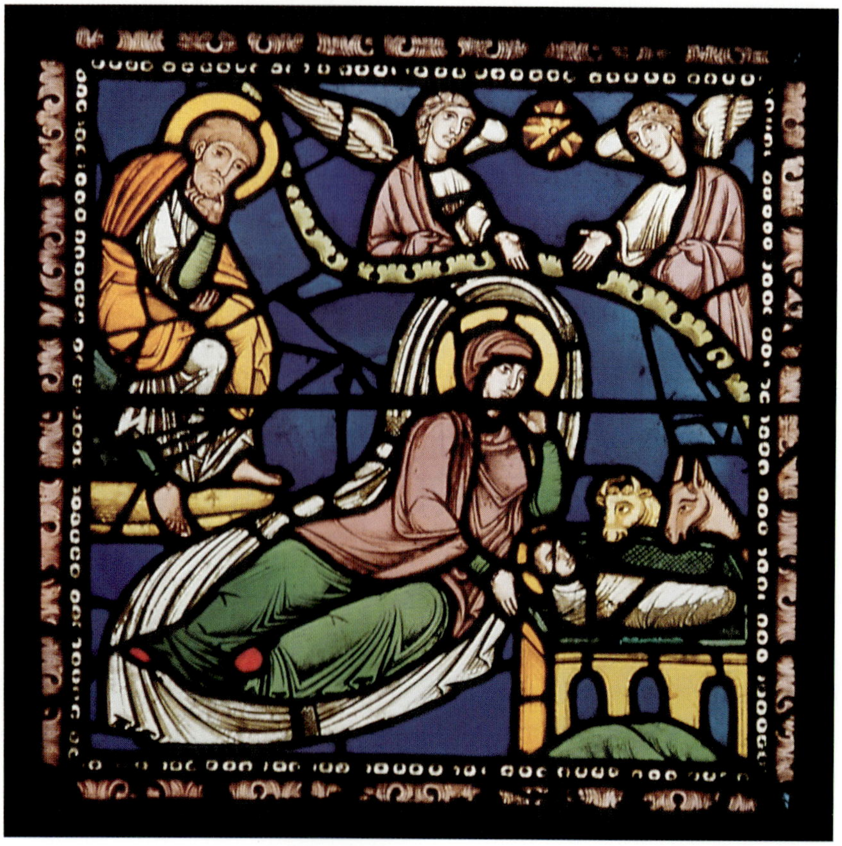

475. Clermont-Ferrand (Puy-de-Dôme), cathédrale, vitrail : Nativité.

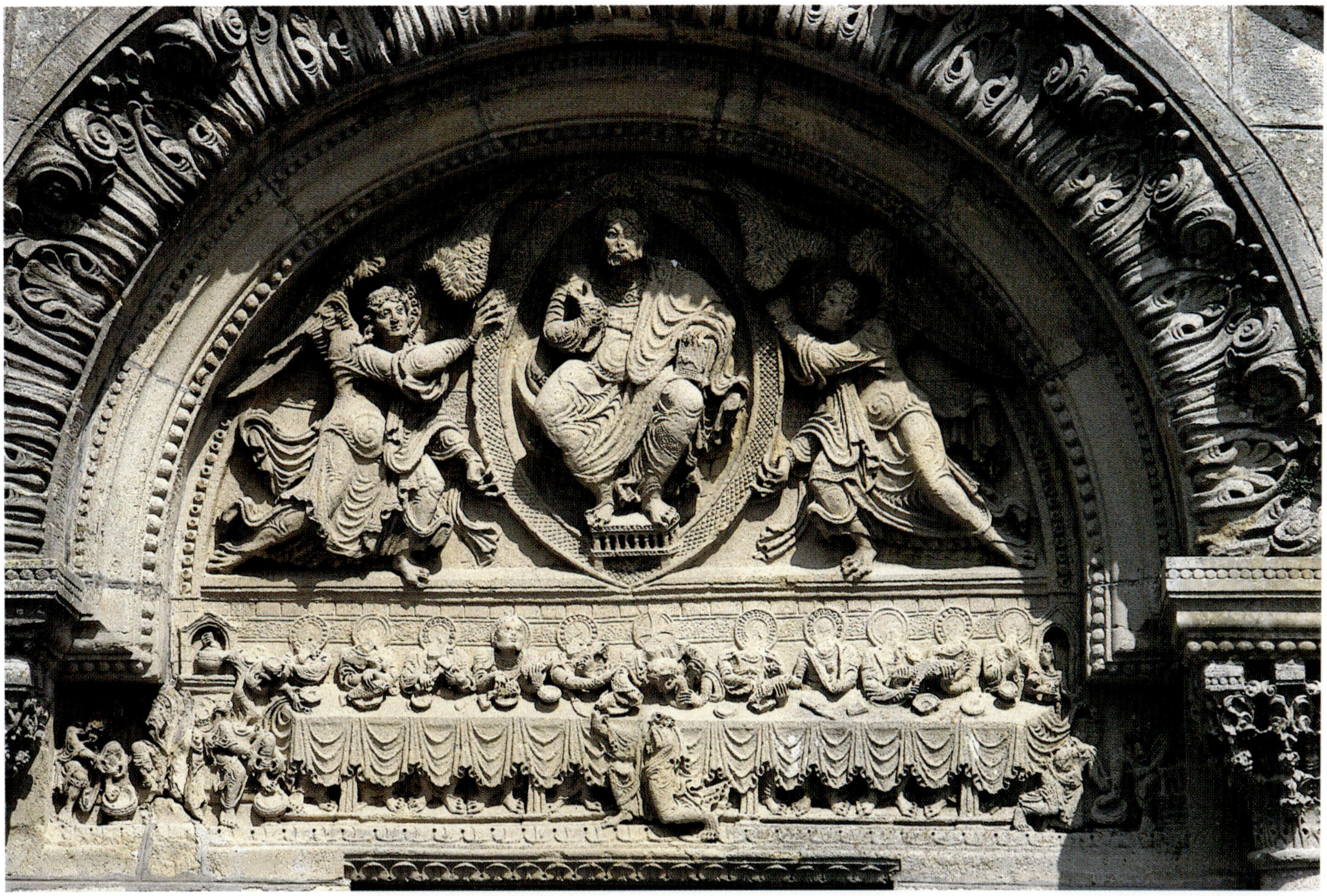

476. Saint-Julien-de-Jonzy (Saône-et-Loire), église Saint-Julien, portail occidental, tympan.

réussite formelle de certaines de ces créations ne doit pas masquer le caractère destructeur, à terme, de tendances aussi délibérément antistructurelles. Autant que l'envahissement du décor intérieur par le végétal, ce goût du paradoxe pourrait bien avoir précipité la fin du chapiteau historié.

L'ÉCLATEMENT DU STYLE

La stylisation expressive qui, peu à peu, s'était imposée comme une qualité intrinsèque de l'art roman n'est pas fondamentalement remise en question, mais les tendances contraires apparues un peu plus tôt vont, en se renforçant, détruire l'unité qui régnait jusqu'alors. Certains artistes suivent encore, au début de la seconde moitié du XIIe siècle, une voie médiane, héritière de la tradition. Les conventions graphiques, fermement maîtrisées, constituent un langage formel aussi cohérent que par le passé dans quelques ensembles sculptés du Bas-Limousin, à Vigeois, et, surtout, au tympan de l'église de Collonges, où la stylisation atteint une perfection presque académique (ill. 477). Dans les régions de l'ouest de la France, peintres et sculpteurs devaient, dans l'ensemble, rester fidèles au dynamisme linéaire de la tradition romane. Le chevet de la cathédrale de Poitiers, premier grand chantier gothique du Poitou, fut doté vers 1165-1170 de trois grandes verrières. Seule celle du centre nous est parvenue dans un bon état de conservation (ill. 474). Elle représente, sur fond de couleur rouge, une immense Crucifixion ; au-dessous figure le martyre du saint patron de l'église, saint Pierre, et, au-dessus, la scène de l'Ascension. Tout, dans cette œuvre monumentale, s'inscrit dans la tradition romane, depuis l'attitude dansante des personnages jusqu'aux draperies plaquées contre le corps, dont le graphisme sûr souligne les articulations et anime les surfaces.

Il existe dans toutes ces œuvres un dynamisme contenu, qui brise l'immobilité des figures et anime les compositions. Certains artistes, toutefois, vont plus loin, en accusant les tensions jusqu'à désarticuler les corps. Ainsi, dans les pein-

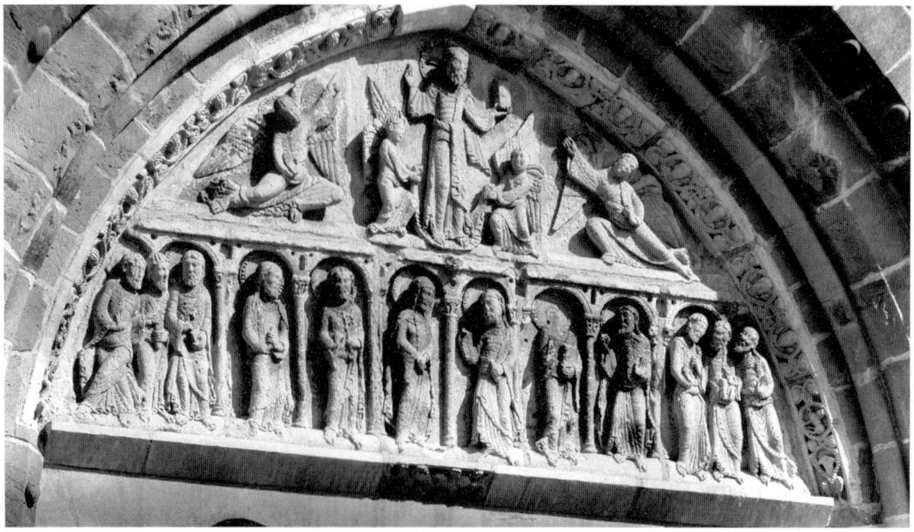

477. Collonges-la-Rouge (Corrèze), église Saint-Sauveur, tympan du portail sud.

tures murales récemment mises au jour dans le bras nord du transept de Saint-Sernin de Toulouse (ill. 478), l'ange qui accueille les Saintes Femmes au Tombeau est placé dans une position instable, assis au bord du sarcophage ouvert, la jambe et le bras gauche tendus en avant comme pour rétablir son équilibre compromis par le vigoureux mouvement en sens inverse de la tête et des épaules. De même, le Christ de la Tentation sculpté sur un chapiteau de la collégiale de Plaimpied (ill. 483), assis en porte-à-faux sur un trône en forme de lyre, tête projetée en avant, bras relevés latéralement, ventre saillant et genoux écartés à l'extrême, vêtu de draperies collantes rythmées de longues virgules sinueuses, apparaît comme déshumanisé par un excès de violence formelle. On retrouve cette véhémence aux portails nord de Charlieu (Loire) et dans une importante série de sculptures de Bourgogne méridionale qui en dérivent. Les anges qui, au tympan de Saint-Julien-de-Jonzy (ill. 476) élèvent la mandorle du Christ de l'Ascension prennent frénétiquement appui sur le bord supérieur du linteau ; leurs ailes s'enroulent partiellement sur elles-mêmes et leurs corps, tendus dans l'effort, sont enveloppés de draperies tourbillonnantes dont les pans flottent çà et là. Dans la plupart de ces œuvres, les conventions graphiques sont devenues prétexte à virtuosité ornementale, comme si la ligne, en se développant selon sa logique propre, s'éloignait de sa finalité première.

À l'opposé, d'autres créations révèlent une volonté de détente formelle qui va souvent de pair avec un regard nouveau porté sur l'être humain. Les statues de Gilabertus à Saint-Étienne de Toulouse (ill. 469) témoignent de cette recherche de plénitude, autant que les reliefs remployés au revers de la façade, dans l'église priorale de Souvigny (ill. 482), reliefs dont on ignore la destination : jubé ? clôture de chœur ? Des personnages, debout ou assis, sculptés dans des positions quasi naturelles, drapés dans des vêtements dont les plis tombent sans affectation, se dégage une grande impression de calme. Il en est de même dans de nombreuses œuvres provençales directement influencées par l'art antique. En effet, comme par le passé, celui-ci exerce une action modératrice. Même lorsque la stylistique romane demeure sous-jacente, comme dans les sculptures du cloître de Saint-Guilhem-le-Désert (ill. 481), elle est comme

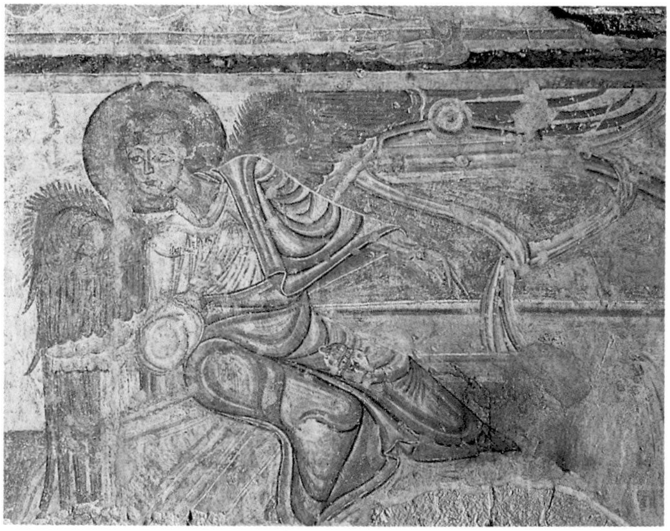

478. Toulouse (Haute-Garonne), église Saint-Sernin, transept, peintures murales du bras nord, détail : l'ange de la Résurrection.

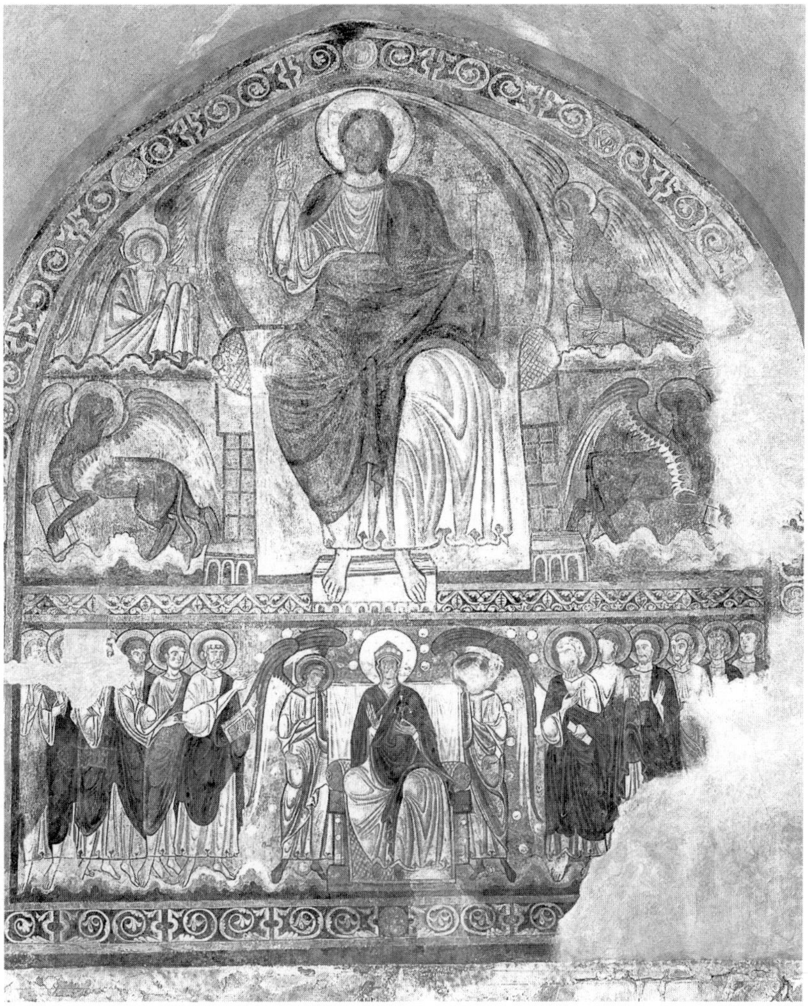

479. Lavaudieu (Haute-Loire), prieuré, peinture murale du réfectoire.

adoucie. Les personnages de la *Traditio legis*, répartis sur les faces d'un même pilier, inspirés sans doute par un sarcophage paléochrétien – on retrouve notamment des gestes caractéristiques tels que la main repliée sous le menton – sont, malgré quelques maladresses dans l'articulation des corps, « une œuvre de très haut niveau artistique, tant par l'extraordinaire présence qui émane de ces visages d'apôtres, graves et tendus, rêveurs ou inquiets, que par le modelé subtil et nuancé de leurs silhouettes longilignes enveloppées de fines draperies rappelant les plis "mouillés" de la statuaire antique [356] ». Car cet apaisement des formes s'accompagne, dans la plupart des cas, d'un abandon des conventions graphiques romanes, au bénéfice d'un traitement plus plastique des visages et des draperies.

Comme au début du XIIe siècle, l'art byzantin est à la peinture ce que l'art antique est à la sculpture : il propose un mode d'expression « réaliste » des volumes et, à côté des formules hiératiques et solennelles qui ne rencontrèrent guère d'audience en Occident, des compositions dont le caractère naturel révèle un grand attachement à l'art gréco-romain. Les modèles byzantins semblent avoir suscité un intérêt particulier dans certains foyers de renaissance antique (à Lyon, par exemple) et, quoique les lacunes documentaires ne permettent pas d'établir une parfaite coïncidence entre les deux phénomènes, il convient de noter qu'ils se développèrent dans une même aire géographique, englobant les régions du Sud-Est et du Centre, jusqu'à la Bourgogne. Il ne semble pas exister de liens directs entre la vague de byzantinisme qui, dans les premières décennies du XIIe siècle, avait affecté divers centres de création (Le Puy, Cluny) et celle qui déferle sur l'Europe à la fin du siècle, à partir de Venise et, surtout, de la Sicile [357]. On retrouve, dans un vitrail de la cathédrale de Clermont-Ferrand (ill. 475) représentant la Nativité, une interprétation de la scène inspirée par deux illustres modèles, à la chapelle Palatine et à la Martorana de Palerme. Conformément à l'habitude byzantine, la Vierge est couchée

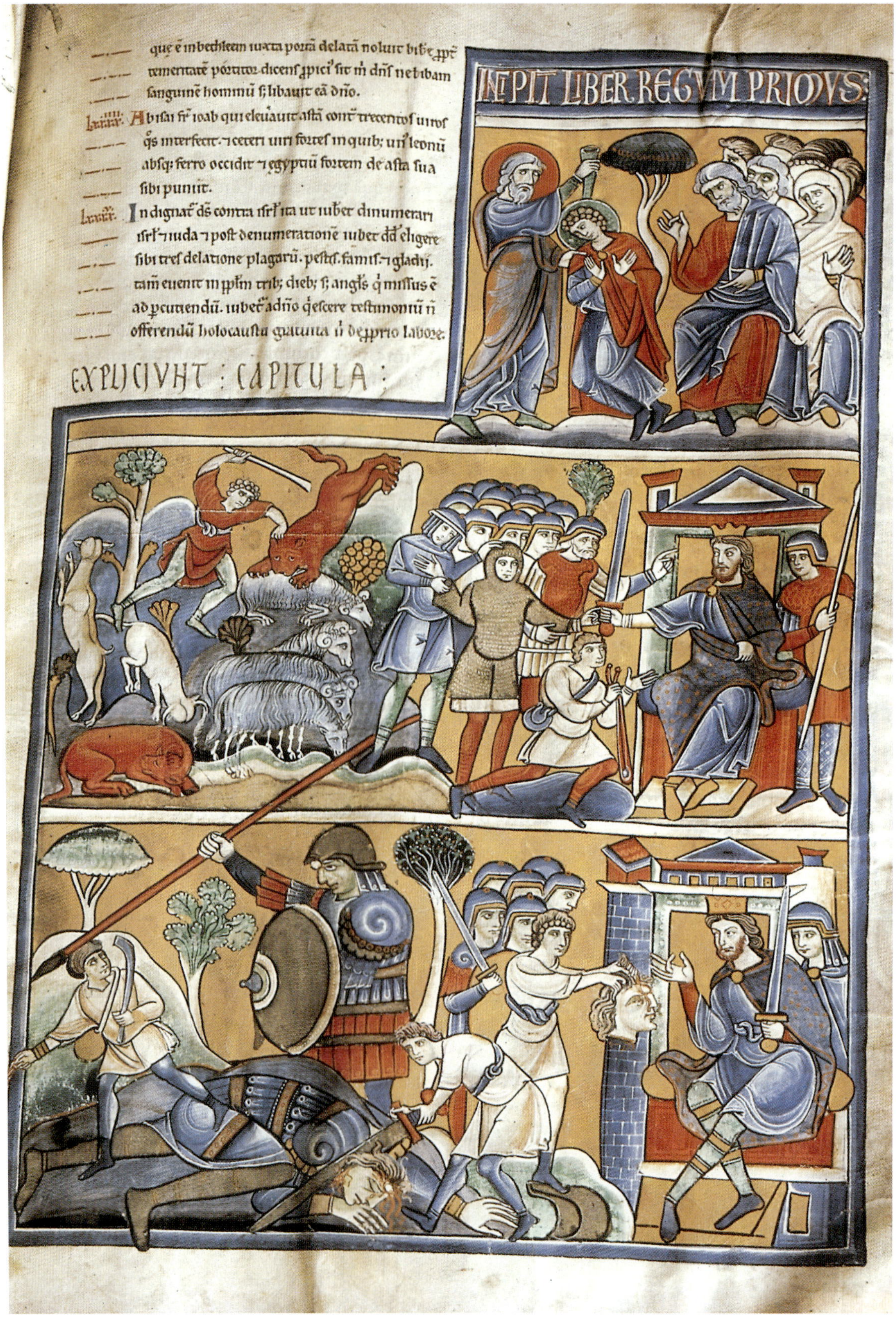

480. Bible de Souvigny : histoire de David. Moulins, Bibliothèque municipale, ms. 1, f. 93.

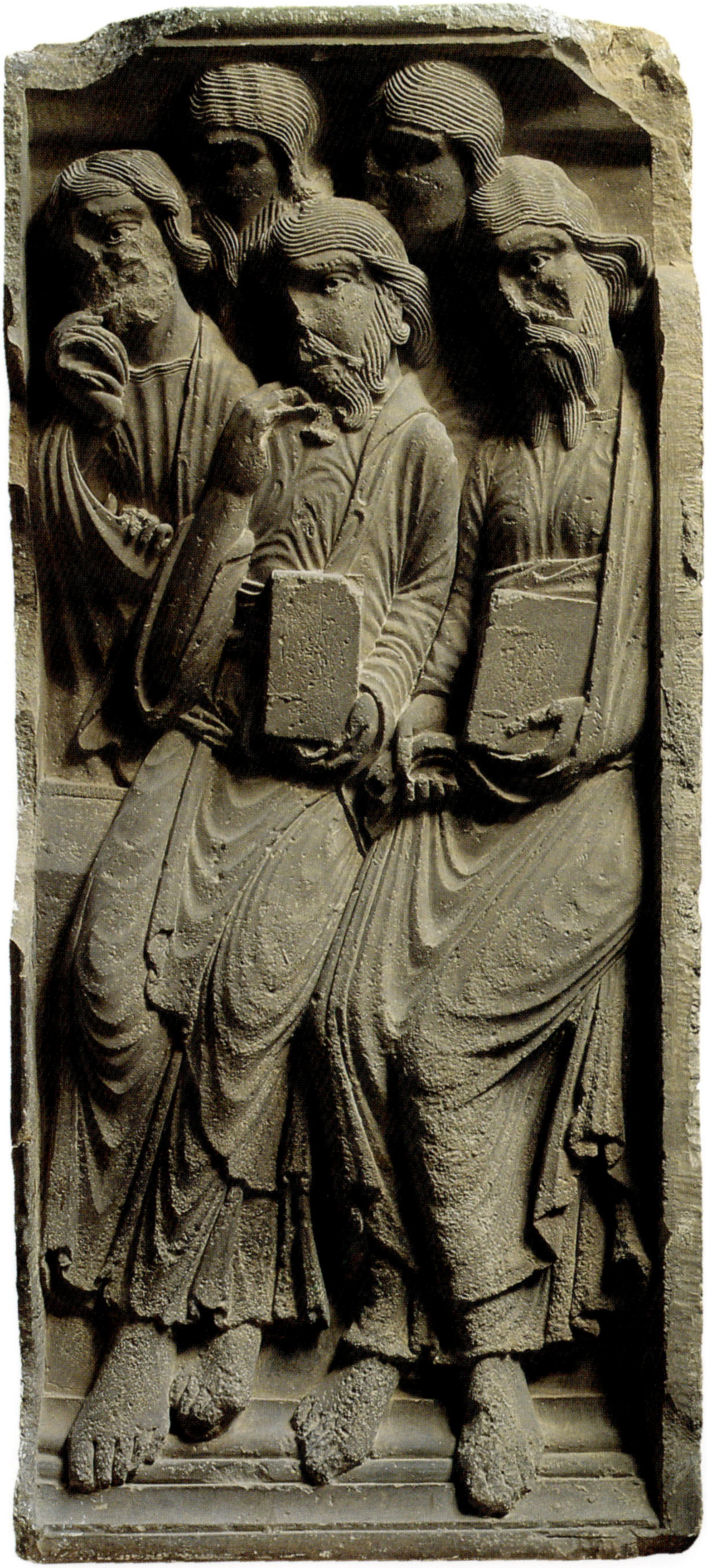

481. Pilier sculpté provenant du cloître de Saint-Guilhem-le Désert : les apôtres de la *Traditio legis*. Montpellier, Société archéologique, Musée languedocien.

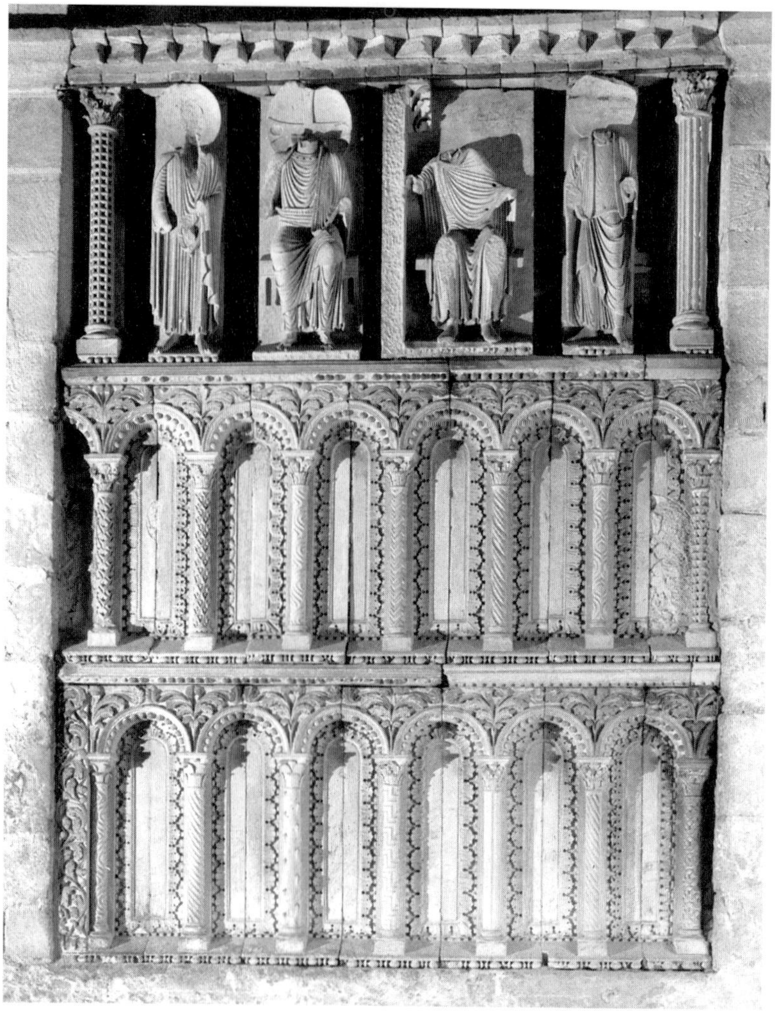

482. Souvigny (Allier), église Saint-Pierre-et-Saint-Paul, reliefs remployés au revers de la façade.

sur un grabat, mais, au lieu d'être allongée comme endormie, elle se relève à demi sur sa couche pour contempler avec tendresse son Fils, dont elle s'apprête à caresser la tête. Les artistes occidentaux, tributaires de leurs propres traditions, conservèrent une certaine indépendance vis-à-vis de l'iconographie byzantine, n'en retenant que les aspects qui s'accordaient à leur sensibilité. Même dans le domaine du style, leur adhésion fut loin d'être complète, bien que cette seconde vague d'influences ait, plus fortement que la première, marqué la peinture romane. La Bible de Souvigny et le groupe de manuscrits du centre de la France qui, à l'extrême fin du XIIe siècle, peuvent lui être rattachés se présentent comme une synthèse entre la technique picturale byzantine, qui fait valoir le modelé des corps, et un goût persistant pour les formes clairement délimitées et pour l'expressivité de la ligne, qui conduit les artistes français à une réinterprétation simplifiée des modèles. Dans la pleine page de la Bible de Souvigny consacrée à l'histoire de David (ill. 480), le principe de la répartition du cycle narratif en registres superposés, qui était celui des Octateuques grecs, est respecté, mais l'action est redistribuée – les différentes phases du combat entre David et Goliath se combinent en une seule composition d'une grande intensité dramatique – tandis que les personnages annexes sont supprimés. De la leçon byzantine subsiste surtout un ensemble de conventions stylistiques dans le traitement des corps, des draperies et des visages, mais les personnages restent, fondamentalement, d'esprit roman. Il en est de même, à des degrés divers, de certaines peintures des environs de 1200, qui, comme la fresque du réfectoire de Lavaudieu (ill. 479) représentant le Christ en Majesté au-dessus de la Vierge et des apôtres, prolongent ces expériences.

Ainsi la stylistique romane paraît-elle encore assez vigoureuse à la fin du XIIe siècle pour assimiler des modèles étrangers sans perdre son identité. Cette résistance ne doit cependant pas trop faire illusion. Là où ni l'art byzantin ni

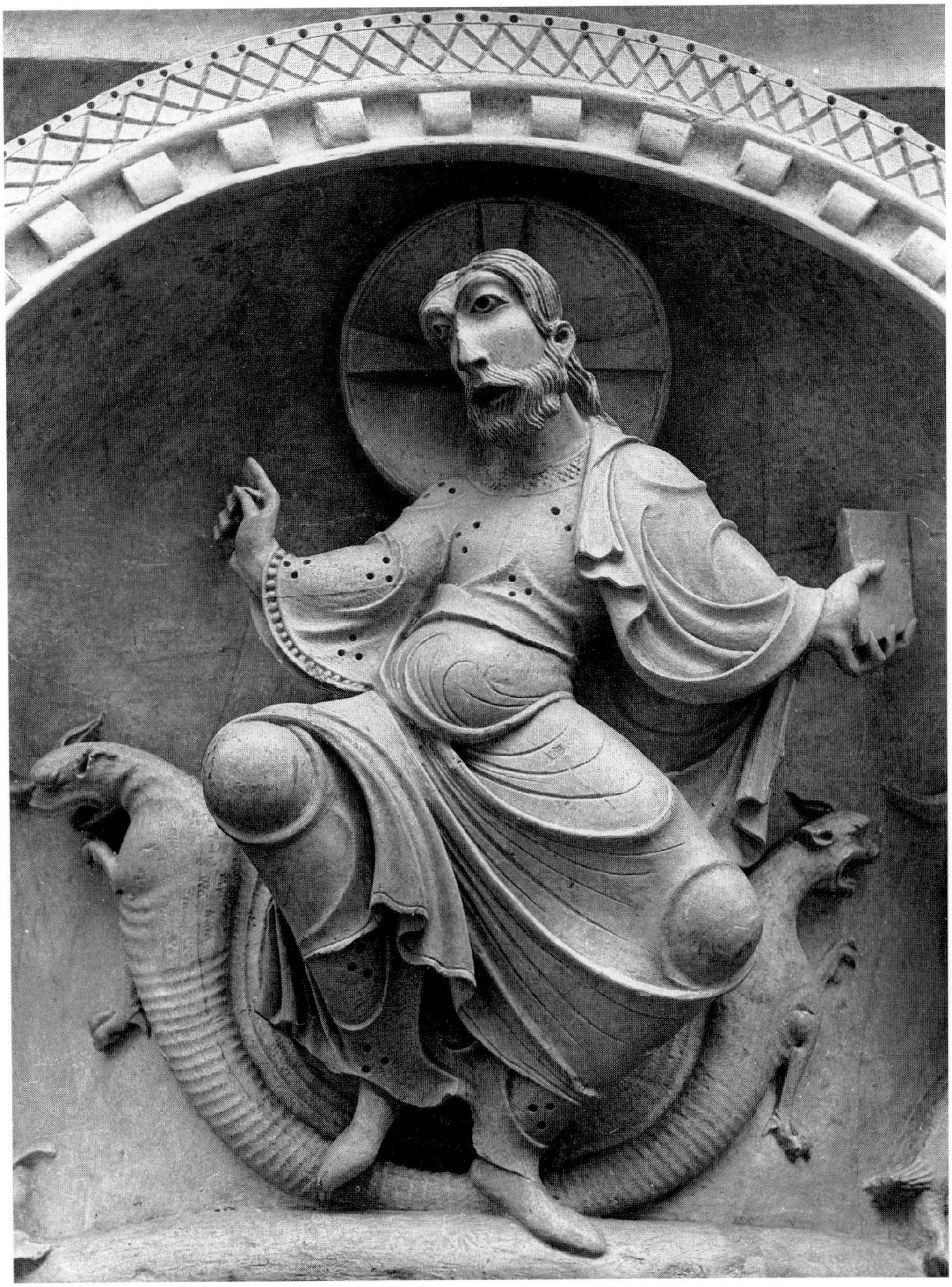

483. Plaimpied (Cher), église Saint-Martin, chapiteau de la nef : la Tentation du Christ.

l'art antique ne viennent réanimer la création, celle-ci s'épuise. Les conventions graphiques tendent à se scéloroser, à se vider de leur sens, tandis que l'attitude empruntée de certains personnages et leur difformité arbitraire laissent pressentir l'existence d'un malaise. Tout se passe comme si, en relâchant son emprise, le dynamisme qui animait autrefois les figures et les compositions avait entraîné la désorganisation d'un système de représentation sans qu'un autre le remplace. L'explosion du milieu du XIIe siècle, où toutes les voies avaient été simultanément explorées, précédait donc de peu le déclin. Une phase d'incertitude stylistique durable commençait avec le dernier quart du siècle, d'où l'ambiguïté de nombreuses œuvres «romanes» des environs de 1200.

NOTES

Les mentions bibl. n° renvoient aux publications citées dans la bibliographie.

1. Sur l'histoire de la terminologie et de la découverte de l'art roman, voir G. Germann, *Gothic Revival in Europe and Britain : Sources, Influences and Ideas*, Londres, 1972 ; également : *Le « Gothique » retrouvé*, cat. expo. Paris, Hôtel de Sully, 1979-1980.
2. Cf. bibl. n° 120, p. 130.
3. *Ibid.*, p. 194.
4. Cf. bibl. n° 143, p. 13.
5. P. Skubiszewski, « L'intellectuel et l'artiste face à l'œuvre à l'époque romane », *Le Travail au Moyen Âge. Une approche interdisciplinaire*, Actes du colloque international de Louvain-la-Neuve, 21-23 mai 1987, éd. par J. Hamesse et C. Muraille-Samaran, Louvain-la-Neuve, publications de l'Institut d'Études Médiévales, Textes, Études, Congrès, vol. 10, 1990, pp. 263-321.
6. Cf. bibl. n° 558, p. 27.
7. *Baldricus Burgulianus, Carmina*, éd. K. Hilbert, Heidelberg, 1979. *Editiones Heidelbergenses*, 19, vers. 563-572. Trad. française X. Barral i Altet, « Le plafond cosmologique de la comtesse Adèle de Blois d'après Baudri de Bourgueil », *Bulletin de la Société Nationale des Antiquaires de France*, 1988, pp. 85-91.
8. Cf. bibl. n° 12, pp. 249-250.
9. Charte de fondation du New Minster, à Winchester, par le roi Edgar (966). Cf. bibl. n° 36, p. 190.
10. Orderic Vital, *Historia ecclesiastica, ibid.*
11. Charte de fondation de Cluny, le 11 septembre 909. Cf. bibl. n° 36, p. 194.
12. Lettre de Pierre Damien à l'abbé Hugues de Cluny. Cf. bibl. n° 36, p. 194.
13. Gérard de Cambrai, *Opera Omnia, ibid.*, p. 211.
14. Concession de l'autel de Notre-Dame de Vaux à Cluny, le 24 juin 1033. Cf. B. de Vrégille, *Hugues de Salins, archevêque de Besançon (1031-1066)*, Besançon, 1981, pp. 51-52.
15. Cf. bibl. n° 9, p. 106.
16. *Y a-t-il une civilisation du monde Plantegenêt ?* Actes du colloque d'Histoire médiévale, Fontevraud, 26-28 avril 1984, *Cahiers de civilisation médiévale*, 1986, n° 1-2.
17. Comte de Montalembert, « L'art et les moines », *Annales archéologiques*, VI, 1847, pp. 121-138. On trouvera une critique de cet article, qui eut un grand retentissement, dans J. Hubert, « Le caractère et le but du décor sculpté des églises d'après les clercs du Moyen Âge », *Moissac et l'Occident au XIe siècle*, Actes du colloque international de Moissac, 1963, Toulouse, 1964, pp. 47-58.
18. Cf. bibl. n° 100.
19. R. Crozet, « Étude sur les consécrations pontificales », *Bulletin monumental,* 1946, pp. 5-46. J. Bousquet, « La dédicace ou consécration des églises et ses rapports avec leur construction. L'exemple d'Oliba », *Cahiers de Saint-Michel de Cuxa,* 1972, pp. 51-72.
20. Sur ce sujet, voir la mise au point récente de D. Barthélémy, *La Société dans le comté de Vendôme de l'an mil au XIVe siècle,* Paris, 1993, pp. 386-403.
21. M. Aubert, « La construction au Moyen Âge », *Bulletin monumental*, 1960, pp. 241-259. P. du Colombier, *Les Chantiers des cathédrales*, Paris, 1973.
22. On trouvera une excellente mise au point sur ce sujet dans C. M. Carty, « The Role of Gunzo's Dream in the Building of Cluny III », *Gesta*, 1988, 1/2, pp. 113-124.
23. J. Gardelles, « Les maquettes des effigies de donateurs et de fondateurs », *Artistes, artisans et production artistique au Moyen Âge,* éd. X. Barral i Altet, t. II, Paris, 1987, pp. 67-78.
24. Helgaud de Fleury, *Vie de Robert le Pieux*, texte éd. trad. et annoté par R. H. Bautier et G. Labory, Paris, 1965, pp. 118-119.
25. *De animae exsilio et patria*, publ. Migne, *Patrologie latine*, t. 172, col. 1241-1246.
26. P. Skubiszewski, *op. cit.*, n. 5. Sur les arts mécaniques voir P. Sternagel, *Die artes mechanicae in Mittelalter. Begriffs-und Bedeutungsgeschichte bis zum Ende des 13.Jahrhunderts*, Kallmüntz, 1966 (Münchener Historische Studien. Abteilung Mittelalterliche Geschichte, 2). G. H. Allard « Les arts mécaniques aux yeux de l'idéologie médiévale », *Cahiers d'Études médiévales*, VII, 1982, pp. 13-31.
27. Cf. bibl. n° 85.
28. Aux termes d'un contrat passé en 1175 avec l'évêque et le chapitre de chanoines de la cathédrale d'Urgell en Catalogne (l'un des rares documents de ce type conservé pour l'époque romane), Raimondo Lambardo, assisté par quatre aides, s'engageait à édifier toutes les voûtes de l'édifice ainsi que les tourelles d'escalier et les clochers. Il est cité comme *operarius* dans une donation de 1177 (cf. bibl. n° 288, p. 88).
29. On ne peut que se perdre en conjectures sur la signification des signes lapidaires, généralement désignés sous le terme « marques de tâcherons », qui sont gravés sur les pierres d'un certain nombre d'édifices médiévaux.
30. Il s'agit de l'arc d'entrée de l'absidiole qui, à l'est de l'avant-nef, était construite en porte-à-faux au-dessus de l'entrée de l'église, arc ainsi désigné en raison d'une inscription gravée sur l'écoinçon droit : GERLANNUS ABATE ISTO MONETERIUM ME ILE [...]. Cette phrase tronquée, qui a suscité de nombreux commentaires, est difficile à interpréter ; l'identité de Gerlannus, notamment, reste mystérieuse.
31. Sans doute faut-il identifier Unbertus avec ce *magister Umbertus* qui figure à la date du 8 août dans le nécrologe de l'abbaye (A. Vidier, *L'Historiographie à Saint-Benoît-sur-Loire et les miracles de saint Benoît*, Paris, 1965, p. 130). La présence de son nom dans le nécrologe témoigne de l'importance qu'il avait conservée, longtemps après sa mort, aux yeux de la communauté monastique.
32. Cf. bibl. n° 224.
33. Cf. bibl. n° 291.
34. *Quidam homo nomine Fulco, pictoris arte imbutus, venit in capitulum Sancti Albani ante Girardum abbatem et totum conventum, et ibi fecit talem convenientiam : pinget totum monasterium illorum et quicquid ei preceperint et vitreas fenestras faciet. Et ibi frater eorum devenit et insuper homo abbatis liber factus est. Et abbas et monachi unum arpennum vinee dederunt ei in feuvum et unam domum, tali pacto ut in vita sua habeat et, post mortem ejus, ad Sanctum redeant, nisi talem habuerit filium qui sui patris artem sciat et inde Sancto Albino serviat.* Publ. par Bertrand de Broussillon, *Cartulaire de Saint-Aubin d'Angers,* II, 1903, n° 408, p. 17.
35. Foulque a parfois été identifié avec le peintre qui, vers 1100, exécuta une remarquable suite d'enluminures en pleine-page représentant la vie de saint Aubin (Paris, B.N., N. a. lat. 1390) ainsi que d'autres enluminures illustrant des manuscrits issus du même scriptorium (cf. Jean Porcher, *Anjou roman*, La Pierre-qui-Vire, 1959, pp. 179-216.
36. *Tractatus quidam de philosophia et partibus eius* (cf. bibl. n° 43, p. 372).
37. *Theophilus, De Diversis Artibus*, éd. C. R. Dodwell, Londres, 1961.
38. Cf. Piotr Skubiszewski, *op. cit.*, n. 5, pp. 310-311.
39. Cf. bibl. n° 516.
40. Cf. bibl. n° 496 et 517.
41. Voir, par exemple, les observations faites à ce sujet par Neil Stratford, « Un bas-relief roman de Nevers », *La Revue du Louvre et des musées de France*, 1977, pp. 296-306.
42. Cf. bibl. n° 423.
43. Raoul Glaber, *Les Histoires*, Livre III, chap. IV, trad. Edmond Pognon, *L'An mille*, Paris, 1947, p. 89. Sur une confrontation entre les textes et les témoignages archéologiques : Jean-Marie Pesez, « La renaissance de la construction en pierre après l'An Mil », *Pierre et métal dans le bâtiment au Moyen Âge*, éd. O. Chapelot et P. Benoit, Paris, 1985, pp. 197-207.
44. Sur l'architecture carolingienne, voir bibl. n° 86 ; sur Auxerre et Flavigny, voir en dernier lieu bibl. n° 215.
45. La construction de l'église abbatiale de Saint-Michel-de-Cuxa est connue de manière exceptionnellement détaillée grâce au récit qu'en fit, entre 1043 et 1046, un moine de l'abbaye, Garsias (texte publ. par P. de Marca, *Marca Hispanica*, Paris, 1688, col. 1072-1082). Cf. Pierre Ponsich, « La grande histoire de Saint-Michel-de-Cuxa au Xe siècle », *Études roussillonnaises*, V, 1975, pp. 7-40.
46. On ne sait à quelle date de son épiscopat Brunon de Roucy entreprit les travaux, ni si ces derniers étaient achevés à sa mort. Son œuvre est rappelée dans une charte de 1095, *Notum sit omnibus quod bonae memoriae Bruno Lingonensis ecclesiam at Castellionem construxit, canonicas ibi esse ad deo serviendum disposuit, multa etiam beneficia unde vivere possint eis attribuit.* Publ. par Prosper Mignard, *Histoire des principales fondations religieuses du baillage de la Montagne, en Bourgogne*, Paris-Dijon, 1864, p. 79.

47. L'église abbatiale de Déols fut reconstruite « depuis les fondations » entre 991 et 1022 (Chronique de Déols, éd. Labbé, *Nova Bibliotheca*, I, Paris, 1657, p. 315).
48. À sa mort, Judith, femme du duc de Normandie Richard II, n'avait en effet procédé qu'à l'implantation de l'église de Bernay (charte de Richard II en faveur de Bernay, datée de 1025). M. Fauroux, « Recueil des actes des ducs de Normandie 911-1066 », *Mémoires de la Société des Antiquaires de Normandie*, t. XXXVI, 1961, n° 35, p. 133).
49. L'église de Perrecy, prieuré de Saint-Benoît-sur-Loire, fut réédifiée pendant l'abbatiat de Gauzlin (1004-1030) par le prieur Raoul (André de Fleury, *Vie de Gauzlin, abbé de Fleury*, éd. trad. et annoté par Robert-Henri Bautier et Gillette Labory, Paris, 1969, pp. 90-91).
50. Sur l'interprétation de ces fouilles, voir Ch. Sapin « Cluny II et l'interprétation archéologique de son plan », *Religion et culture autour de l'an mil. Royaume capétien et Lotharingie*, Études réunies par D. Iogna-Prat et J. Ch. Picard, Paris, 1990, pp. 85-89. Également bibl. n° 200, pp. 435-460.
51. La date de la dédicace, en 981, généralement acceptée, est en fait incertaine. Elle n'est fournie que par M. Marrier, *Bibliotheca Cluniasensis*, Paris, 1614, col. 1619, tandis que d'autres ouvrages modernes indiquent 991 ou restent muets sur cette cérémonie. Cf. n. précédente.
52. Les fondations du déambulatoire à cinq chapelles rayonnantes découvert à Saint-Martin de Tours entre 1860 et 1886 par C. Chevalier appartiennent dans leur totalité à une reconstruction de la seconde moitié du XIe siècle (voir *infra*, chap. IV) et non, comme on l'a longtemps cru, à l'église édifiée par le trésorier Hervé entre 1003 et 1014. Les récentes fouilles de Charles Lelong n'ont rien révélé de cet édifice de l'an mille, dont la construction, fort ambitieuse, semble-t-il, et richement dotée, est attestée par diverses sources (notamment Raoul Glaber, *Les Histoires... op. cit.*, n. 43, p. 89, et Adémar de Chabanne, *Chroniques*, III, chap. 51, trad. E. Pognon, *ibid.*, p. 190). Cf. bibl. n° 428.
53. Chronique de Falcon, éd. Poupardin, *Monuments de l'histoire des abbayes de Saint-Philibert (Noirmoutier, Grandlieu, Tournus)*, Paris, 1905, pp. 101-102.
54. Voir la critique de Jacques Henriet, bibl. n° 203, p. 267.
55. Helgaud de Fleury, *Vie de Robert le Pieux*, éd. trad. et annoté par Robert-Henri Bautier et Gillette Labory, Paris, 1965, pp. 108-109.
56. Dom Urbain Plancher, *Histoire générale et particulière de la Bourgogne*, Dijon, 1739, t. I, pp. 480-490.
57. La meilleure édition du texte est celle d'Andrew Martindale, « The Romanesque Church of S. Bénigne at Dijon and ms. 591 in the Bibliothèque municipale », *Journal of the British Archaeological Association*, 1962, pp. 47-50. Trad. française cf. bibl. n° 202, pp. 64-74.
58. Chronique de Saint-Bénigne, *op. cit.*, note précédente ; *Obit* de Brunon de Roucy (publ. G. Chevrier et M. Chaume, *Chartes et documents de Saint-Bénigne de Dijon*, t. II (990-1124), Dijon, 1943, n° 259). Petit-fils d'Otton Ier, beau-frère d'Otte-Guillaume, Brunon fut le principal soutien de celui-ci dans la lutte qui l'opposa à Robert le Pieux lorsque mourut, en 1002, le duc de Bourgogne Henri Ier (oncle du roi et beau-père d'Otte-Guillaume). L'évêque de Langres joua également un rôle décisif dans la propagation de la réforme clunisienne en Bourgogne septentrionale. Il demanda notamment à l'abbé de Cluny, Mayeul, d'envoyer à Saint-Bénigne de Dijon quelques moines placés sous la conduite de Guillaume de Volpiano.
59. Le clocheton actuel date de l'époque gothique, mais on peut supposer qu'il remplace une construction romane du même type. Cette solution attestée à l'époque carolingienne (Saint-Riquier) ne devait guère être retenue dans l'art roman, à quelques exceptions près (Cruas).
60. May Vieillard-Troïekouroff, *Les Monuments religieux de la Gaule d'après les œuvres de Grégoire de Tours*, Paris, 1976. Pour une mise au point sur les apports de l'archéologie, voir *Naissance des arts chrétiens. Atlas des monuments paléochrétiens de la France,* publ. sous la direction de Noël Duval, Paris, 1991, p. 186-219.
61. Beaucoup de ces vaisseaux uniques charpentés ont été ultérieurement subdivisés ou rétrécis pour être voûtés. Il en est ainsi à Saint-Genis-des-Fontaines et à Saint-André-de-Sorède, où les dispositions primitives demeurent cependant très lisibles, comme à Saint-André-le-Bas de Vienne, où les murs du XIe siècle furent conservés lors de la construction des voûtes d'ogives du XIIe siècle. À Nouaillé, seul subsiste le mur nord ; à Saint-Généroux, la nef unique fut subdivisée en trois vaisseaux, mais ceux-ci sont charpentés.
62. *Habet hinc et inde geminas porticus dupliciter transvolutas in quibus bis bina, continentur altaria* (A. Martindale, *op. cit.* n. 57). Les fouilles de C. Malone ont montré que la nef de Saint-Bénigne ne comportait que trois vaisseaux, levant ainsi un doute sur la disposition de ces « doubles portiques » : il s'agit bien de tribunes et non de doubles bas-côtés comme on l'avait parfois suggéré.
63. Ces événements sont connus par le récit anonyme d'un moine de Montier-en-Der, écrit à la demande de l'abbé Brunon (1050-1084) : *De diversis casibus Dervensis coenobii* (éd. M. Camuzat, *Promptuarium sacrarium antiquitatum Tricassinae diocecesis...* Troyes, 1610, pp. 68-112 et *Acta Sanctorum, oct.*, t. VII, Paris-Rome, 1869, pp. 989-1031).
64. Ces baies furent ultérieurement subdivisées par des colonnes octogonales surmontées de chapiteaux cubiques diversement datés selon les auteurs : second quart du XIe siècle pour les uns (L. Grodecki, G. Poisson), seconde moitié du siècle (H. Reinhardt) et même début du XIIe siècle pour les autres (J. P. Ravaux).
65. Raoul Glaber, *Les Histoires*, livre II, chap. V, trad. E. Pognon, *op. cit.*, n. 43, pp. 68-69.
66. Il est souvent difficile de préciser la datation de ce type de tour-porche, qui semble avoir connu une certaine stabilité au cours de la première moitié du XIe siècle et parfois au-delà. Celle de Saint-Germain-des-Prés peut cependant être attribuée à l'abbé Morard (990-1014), à l'exception de son étage supérieur, ajouté à la fin du XIe siècle : *Anno autem Domini MXIV obiit Morardus pie abbas memorie, qui ecclesiam beati Germani a paganis ter incensam evertens, a fundamentis novam reedificavit ; turrim quoque cum signo, multaquoque alia ibi construxit* (Continuateur de la chronique d'Aimoin, B.N., Lat. 12711, f. 165^v).
67. Des restitutions diverses ont été proposées pour les parties hautes : sans fenêtres (G. Lanfry) ou avec fenêtres (R. Liess).
68. Le terme fait référence à la Galilée, terre des Gentils, par contraste avec la Judée, terre du Christ, et souligne la position de ces constructions situées à l'entrée de l'église, hors des limites de l'espace consacré.
69. Carol Heitz, *Recherches sur les rapports entre architecture et liturgie à l'époque carolingienne*, Paris, 1963, pp. 178-208. A. Mc Gee, « The Liturgical Placement of the *Quem Quaeritis* Dialogue » *Journal of the American Musicological Society,* 29, 1976, pp. 1-29.
70. Vers 976, l'archevêque de Reims Adalbéron avait remanié le massif occidental carolingien pour l'ouvrir davantage sur la nef, ainsi que nous l'apprend le chroniqueur Richer : « Il démolit complètement des voûtes dont la maçonnerie surélevée encombrait presque le quart de la basilique à partir de l'entrée de l'église. L'agrandissement du vaisseau et son aspect rendu plus imposant contribuèrent à l'embellissement de l'édifice » (Richer, *Histoire de France (888-995)*, éd. et trad. Robert Latouche, Les classiques de l'Histoire de France, Paris, 1964, t. II, pp. 29-31).
71. Cyrille Voguel et B. Elzé, *Le Pontifical romano-germanique du Xe siècle. Le texte I, Studi,* 226, Cité du Vatican, 1963 (trad. Chanoine E. Delaruelle, « Le problème du clocher au haut Moyen Âge et la religion populaire », *Études ligériennes d'histoire et d'archéologie médiévales*, Auxerre, 1975, pp. 125131).
72. Le bras sud du transept est détruit. Le bras nord, pour sa part, est couvert d'une voûte d'arêtes reposant sur de fortes piles maçonnées de plan circulaire qui résultent d'une restauration intervenue vers 1095 après l'effondrement de la voûte primitive. C'est ce qui ressort d'un passage des *Miracula Sancti Benedicti*, Livre VIII, chap. 40 : *Quippe corruerat pars maxima testudinis lapidae ipsius ecclesiae Patriciaci.* [...] *a parte aquilonali, cujus fondamento, quoniam minus roboris habuerat, penitus eruto, construere firmius fratres, ut eadem testudo robustiori superposita fundamini firmior foret, instituerunt...* (*Les Miracles de saint Benoît écrits par Adrevald, Aimoin, André de Fleury, Raoul Tortaire et Hugues de Sainte-Marie, moines de Fleury*, éd. E. de Certain, Paris, 1858).
73. Voir notamment bibl. n° 287.
74. Des dons à l'église Saint-Martin sont mentionnés à partir de 997. En 1007, une abbaye fut fondée par le comte de Cerdagne, Guifred, et sa femme Guisla qui avaient financé la construction de l'église (Pierre de Marca, *Marca Hispanica, op. cit.* n. 45 *Appendix*, col. 965 et 988-989). La charte de consécration de 1009 (*ibid., Appendix*, col. 971-972) précise que le monastère fut édifié par un prêtre et moine du nom de Sclua. La date de 1014, fournie par une charte authentique connue par l'inventaire

des titres, actes et papiers de l'abbaye dressé en 1787 (Archives dép. des Pyrénées-Orientales, série H 141, liasse 6, n° IV), semble cependant devoir être préférée à celle de 1026 donnée par le *Chronicon breve monasterii Canigonensis* (Devic et Vaissète, *Histoire générale de Languedoc*, 1730-1745, t. V, col. 54-55), souvent fautif par ailleurs pour les événements de cette période. Sur la critique des textes, voir Mathias Delcor, « Les origines de Saint-Martin-du-Canigou, de la légende à l'histoire », *Cahiers de Saint-Michel de Cuxa*, 1972, p. 103-116 ; du même auteur : « Quelques grandes étapes de l'histoire de Saint-Martin-du-Canigou aux XIe et XIIe siècles (Documents et Monuments) », *Ibid.*, 1981, pp. 49-77.

75. Un obituaire de la cathédrale de Beauvais mentionne les libéralités de l'évêque Hervé, mort en 998, envers le chantier, mais on ignore la date du début des travaux et celle de leur achèvement (texte publ. dans P. Louvet, *L'Histoire de la ville et cité de Beauvais*, Rouen, 1613, pp. 367-368).

76. Jean-Claude Bessac, *L'Outillage traditionnel du tailleur de pierre de l'Antiquité à nos jours*, Paris, 1987, pp. 24-51.

77. *Gesta pontificum Autissiodorensium*, Publ. par Duru, *Bibliothèque historique de l'Yonne*, t. I, 1850, pp. 451-504. Sur l'interprétation du texte, voir Jean Hubert, « La date de construction de la crypte de la cathédrale d'Auxerre », *Bull. Soc. Nat. Antiquaires de France*, 1958, pp. 41-45. Jean Vallery-Radot, « Auxerre. La cathédrale Saint-Étienne. Les principaux textes de l'histoire de la construction », *Congrès archéologique de France. Auxerre*, 1958, pp. 40-50.

78. André de Fleury, *Vie de Gauzlin, abbé de Fleury*, texte éd. trad. annoté par Robert-Henri Bautier et Gillette Labory, Paris, 1969, p. 80 (cf. *infra*, n. 88).

79. L'église précédente avait été totalement détruite dans un incendie survenu dans la nuit du 7 au 8 août 1020 (*Translationes S. Aniani*, éd. *Analecta Bollandiana*, t. VII, 1888, p. 331). Une lettre de l'évêque Fulbert au duc d'Aquitaine Guillaume V nous apprend que la crypte était presque achevée à l'automne 1025 (*The Letters and Poems of Fulbert de Chartres*, éd. et trad. par F. Behrends, Oxford, 1976, pp. 190-193). La nouvelle cathédrale fut dédiée en 1037 (*Chronicon Andegavenses*, éd. dom Bouquet, *Recueil des historiens des Gaules*, XI, 1759, p. 29).

80. La crypte de Fulbert est édifiée autour de constructions plus anciennes, conservées sans doute à titre de reliques (Jan Van der Meulen, *Notre-Dame de Chartres. Die vorromanische Ostanlage*, Berlin, 1975).

81. La cathédrale elle-même ne fut dédiée qu'en 1063 par l'archevêque Maurile, mais le chroniqueur Orderic Vital rapporte que Robert en avait construit une grande partie à sa mort : *Rodbertus archiepiscopus* [...] *ecclesiamque metropolitanam in urbe Rotomagensi sanctae Dei genitrici a fundamentis inchoavit, quam magna ex parte consummavit .* Orderic Vital, *Historia ecclesiastica*, éd. Le Prévost, t. II, p. 365 et p. 373).

82. Les fouilles ont révélé que le terre-plein central primitif avait été creusé pour y aménager (dans la seconde moitié du XIe siècle ?) une salle subdivisée par des files de colonnettes.

83. Par une charte datée de cette époque, Roger, sire de Vignory, donne à l'abbaye de Saint-Bénigne de Dijon l'église nouvellement construite et consacrée à saint Étienne par Hardouin de Tonnerre, évêque de Langres (*Hujus itaque loci ecclesia, cum fuisset noviter aedificata et a venerabili Arduino, Lingonice ecclesiae episcopo, in honore Dei et santi prothomartyris Stephani, festivitate beati Urbani pape dedicata*... Publ. G. Chevrier et M. Chaume, *Chartes et documents de Saint-Bénigne de Dijon*, t. II, Dijon, 1943, n° 332, pp. 111-113).

84. Des départs d'arcades semblent indiquer un premier projet de transept bas, abandonné au profit d'une croisée surmontée d'une tour-lanterne ; celle-ci ne fut cependant pas construite.

85. On ne possède pas de textes sur la construction du chevet de Saint-Savin. Toutefois, l'étude épigraphique des inscriptions des autels du déambulatoire indique le milieu du siècle au plus tard (Robert Favreau, « Les inscriptions de l'église de Saint-Savin-sur-Gartempe », *Cahiers de civilisation médiévale*, 1976, pp. 9-39).

86. Henri Stein, « La dédicace de l'église abbatiale de Méobecq en 1048 », *Mém. Soc. Nale Ant. de France*, 1904, pp. 417-428.

87. Les piles composées n'avaient pas été prévues lors de l'implantation du chevet par Judith, femme du duc Richard II de Normandie. Le parti primitif, qui comportait des piles rectangulaires, fut modifié alors que l'édifice sortait à peine de terre, sans doute vers 1025. Ce changement de parti, dont l'appareil porte de multiples traces, explique un certain nombre d'irrégularités de ces piles (cf. *supra*, n. 48).

88. *Porro Gauzlinus abbas, nobilitatem generis probitatis exornans titulis, turrim ex quadris lapidibus construere statuit ad occidentalem plagam ipsius monasterii, quos navigio devehi fecerat a Nevernensi territorio. Hunc etiam benignissimum cum princeps interrogasset artificum quodnam opus juberet adgrediendum* : « *Tale inquit, quod omni Gallie sit in exemplum* » (André de Fleury, *Vie de Gauzlin abbé de Fleury, op. cit.*, n. 78). D'autres textes précisent que l'abbé Gauzlin mourut avant que l'œuvre ne soit achevée : *Extruxit etiam ibidem ipse Gaulinus turrim ex quadris lapidibus ad occidentalem praefatae ecclesiae plagam ; sed tamen eam morte preventus consummare non potuit* (*Historia nova Francorum* par Hugues de Sainte-Marie, publ. Migne, *Pat. Lat.* t. 163, col. 893). Également : *Praetera domnus Gauzlinus secundum cordis sui magnificentiam turrim ex quadris construere coepit lapidibus ad occidentalem praefati monasterii plagam ; sed eam morte disturbatus reliquit imperfectam* (Chronique anonyme, publ. A. Duchesne, *Historiae Francorum Scriptores*, 1636-1649, t. IV, p. 96). On ne peut préciser la date de début des travaux.

89. La galilée de Cluny II est évoquée dans les coutumes dites de Farfa, compilation de deux rédactions des coutumes de Cluny : *Galilea longitudinis sexaginta et quinque pedes et duae turrae sunt ipsius galilea in fronte constitute et subter ipsas atrium est ubi laici stant, ut non impediant processionem* (*Liber tramitis aevi Odilonis abbatis*, éd. P. Dinter dans le cadre du *Corpus consuetudinum monasticarum* dir. K. Hallinger, t. X, Siegburg, 1980, p. 204). Sur la galilée de Cluny II et les autres galilées bourguignonnes du XIe siècle, voir la mise au point de J. Henriet, cf. bibl. n° 204, pp. 127-130.

90. L'escalier en vis situé sur le flanc sud de la galilée ne date que de la fin du Moyen Âge. Les portes primitives, qui donnent aujourd'hui sur le vide, sont conservées, ainsi que des massifs de maçonnerie qui, dans les bas-côtés de la nef, devaient servir de soubassement à des escaliers droits.

91. La chronologie des travaux de Notre-Dame de Jumièges est très controversée pour les parties occidentales. La construction de l'abbatiale semble avoir été menée d'est en ouest à partir de 1040, et la dédicace eut lieu en 1067 (cf. Chronique de Robert de Thorigny, éd. L. Delisle, 1872, t. I, p. 42). Les dénivellations existant entre le massif occidental et la nef, à partir du premier étage, ont parfois été interprétées comme la preuve que le porche et la tribune du premier auraient été édifiés avant que la nef ne fût entreprise.

92. Depuis le XVIIe siècle, la tribune ouvre sur la nef par une vaste baie unique mais la présence de quelques claveaux dans les maçonneries latérales suggère l'existence, primitivement, d'une arcature.

93. Mais sans doute les parties hautes de ces tours échappent-elles déjà à la période envisagée dans ce chapitre.

94. Ces tours furent conservées lors de la reconstruction de la façade dans la seconde moitié du XIIe siècle, tandis que le reste de l'avant-nef était détruit. Les fouilles de H. Deneux, en 1931, ont permis de retrouver les fondations de la partie centrale de cette galilée qui ne comportait, en profondeur, que deux travées subdivisées par quatre supports. Les tours, de dimensions réduites, abritaient les escaliers desservant les étages supérieurs.

95. Il convient, avant de préciser la place de l'avant-nef détruite de Saint-Germain d'Auxerre dans l'histoire des galilées bourguignonnes, d'attendre le résultat des fouilles entreprises par Christian Sapin en 1989. On en trouvera un premier compte rendu, assorti d'un bilan documentaire, dans le catalogue de l'exposition *Abbaye Saint-Germain d'Auxerre. Intellectuels et artistes dans l'Europe carolingienne, IXe-XIe siècles*, Auxerre, 1990, pp. 79-96.

96. L'église de Saint-Martin d'Angers avait été édifiée par les soins du comte Foulque Nerra et de sa femme Hildegarde qui y établirent treize chanoines à une date antérieure à 1029 (charte publ. par L. Halphen, *Le Comté d'Anjou au XIe siècle*, Paris, 1906, p. 258, n° 48).

97. Sans doute le terme « *arcuata* » désigne-t-il un voûtement mais on ignore la nature et la date de celui-ci (Migne, *Pat. lat.,* t. 145, col. 874).

98. L'église Saint-Étienne de Beaugency, placée primitivement sous le vocable du Saint-Sépulcre, fut donnée entre 1040 et 1060 par le seigneur de Beaugency à l'abbaye de la Trinité de Vendôme ; elle venait, semble-t-il, d'être construite (charte de Landry II, publ. A. de Caumont, *Bulletin monumental*, 1863, p. 81).

99. Les coupoles de croisée sont d'ailleurs, en Espagne, désignées sous le nom de *cimborios*, déformation du mot *ciborium* (baldaquin).

100. Cf. R. J. A. Brutails, « Note sur l'art religieux

du Roussillon », *Bulletin archéologique*, 1892, pp. 563-565.

101. Une récente analyse dendrochronologique des chaînages de bois insérés dans les maçonneries à la base du clocher qui surmonte la dernière travée de la nef indique un abattage des arbres entre 1036 et 1066 environ (cf. Ch. Sapin, « Dendrochronologie et architecture monumentale dans le haut Moyen Âge ; problèmes spécifiques », *Les Veines du Temps. Lecture de Bois en Bourgogne*, Autun, musée Rolin, 1992, pp. 159-175.

102. L'église clunisienne de Romainmôtier figure parmi les édifices reconstruits par l'abbé saint Odilon, mort en 1049 (Jotsaud, *De vita et virtutibus sancti Odilonis abbatis*, publ. Migne, *Pat. lat.*, t. 142, col. 908). Cf. H. Sennhauser, *Romainmôtier und Payerne*, Bâle, 1970. La voûte du haut-vaisseau de la nef, dont subsistent les retombées, fut remplacée à l'époque gothique par des croisées d'ogives. En revanche, le voûtement d'origine est conservé dans le transept et dans le chœur.

103. Une dédicace eut lieu en 1053 à Quarante (*Gall. Christ.*, t. VI, col. 35 et B. N. ms. Doat 58, f. 116r/v). On peut rattacher à cette cérémonie les deux autels de marbre conservés dans le chevet et, sans doute, l'ensemble de celui-ci et du transept, mais on ne saurait affirmer que la nef était alors achevée. On peut cependant admettre que sa construction dut suivre de peu celle des parties orientales. La collégiale de Quarante, fondation importante des archevêques de Narbonne, avait été richement dotée par ceux-ci, notamment par Guifred, fils du comte de Cerdagne et neveu d'Oliba, abbé de Ripoll et de Saint-Michel-de-Cuxa.

104. Contrairement à ce qui a été longtemps affirmé, il ne reste rien, dans l'édifice actuel, de l'église construite par Foulque Nerra et consacrée en 1007 (Raoul Glaber, *Les Histoires*, Livre II, chap. IV, *op. cit.* n. 43, pp. 66-68). La construction qui nous est partiellement parvenue (la nef est en ruines, le chevet fut fortement repris au XVe siècle) peut se situer vers le milieu du XIe siècle d'après l'étude architecturale (la seule date fournie par les textes, celle d'une consécration qui aurait eu lieu en 1052, n'est connue que par une source tardive et indirecte : G. de Cougny, « Lettre à M. de Caumont sur une excursion en Touraine », *Bulletin monumental*, 1889, p. 147).

105. *Cartulaire noir de la cathédrale d'Angers*, éd. Ch. Urseau, Angers, 1908, p. 65.

106. On trouvait une solution du même type, avec une croisée d'un type plus complexe, à Beaulieu-lès-Loches. Des *oculi* s'ouvraient au-dessus des arcades latérales. Il convient également d'évoquer l'exemple de Saint-Hilaire de Poitiers, où la largeur du vaisseau central de la nef (16 m) posait des problèmes identiques à ceux d'une nef unique. Trois arcades séparaient, comme à Meusnes et à Beaulieu-lès-Loches, la nef de la croisée. Dans ces deux exemples, le voûtement ultérieur de la nef a partiellement occulté ces dispositions.

107. Les passages encadrant la croisée ont, de ce fait, été longtemps dénommés « passages berrichons », bien que cette solution se rencontre dans diverses régions (cf. bibl. n° 96).

108. La meilleure édition du récit d'Anselme est celle de Jean-Pierre Ravaux (cf. bibl. n° 170).

109. On trouvera un bilan des transformations gothiques dans : Anne Prache, *Saint-Remi de Reims. L'œuvre de Pierre de Celle et sa place dans l'architecture gothique*, Genève/Paris, 1978.

110. C'est ainsi qu'étaient déjà voûtés les bas-côtés orientaux, sur lesquels s'ouvraient les chapelles alignées.

111. En 1052, l'abbé Robert Champart aurait été enterré dans le chœur du nouvel édifice (selon l'*Histoire de l'abbaye royale de Saint-Pierre de Jumièges par un religieux bénédictin de la Congrégation de Saint-Maur*, éd. J. Loth, Rouen, 1882-1885, I, p. 176). Rappelons que la construction avait commencé en 1040 par les parties orientales et qu'elle devait être plus ou moins achevée pour la dédicace de 1067 (cf. *supra*, n. 91).

112. Le souvenir de la dédicace de 1063 est conservé par une dalle gravée, encastrée dans le mur de l'église actuelle. La nef de cette église du XIe siècle est connue par les fouilles de 1902-1903 (cf. bibl. n° 308).

113. Plusieurs sources attribuent la reconstruction de l'église Saint-Hilaire de Poitiers au duc Guillaume VII d'Aquitaine et à sa mère, Agnès de Bourgogne (Guillaume VII était abbé laïc de Saint-Hilaire). La dédicace eut lieu en 1049 (charte de Guillaume VII, publ. L. Rédet « Documents pour l'histoire de l'église Saint-Hilaire de Poitiers », *Mém. Soc. Ant. de l'Ouest*, XIV, 1947, pp. 86-sq. ; *De constructione monasterii novi Pictavis* du moine Martin, publ. F. Villard, *Recueil des documents relatifs à l'abbaye de Montierneuf de Poitiers (1076-1319)*, Poitiers, 1973, p. 427 ; *Chronicon S. Maixentii*, éd. trad. J. Verdon, Paris, 1979, pp. 126-127). Les supports composés de la nef de Saint-Hilaire ne comportaient pas de colonnes engagées, mais seulement des pilastres. Ils furent modifiés lors du voûtement du vaisseau central, dans la seconde moitié du XIe siècle. La chronologie des campagnes de construction et des transformations de l'édifice à l'époque romane est très complexe. On peut néanmoins admettre que la nef à piles alternées fut construite par Guillaume et Agnès (cf. bibl. n° 338).

114. L'abbatiale de Westminster, dont la construction fut sans doute commencée par le roi Édouard le Confesseur témoigne des premiers contacts artistiques entre l'Angleterre et la Normandie romane. Elle est connue par une description contemporaine, probablement due à Goscelin de Saint-Bertin, ainsi que par quelques sondages effectués au début du XXe siècle. La nef avait douze travées où, comme à Jumièges, alternaient colonnes et piles composées (noyau cruciforme et colonnes engagées). Ces contacts s'expliquent sans doute par le séjour en Angleterre de Robert Champart, l'abbé qui entreprit la construction de Jumièges avant d'être appelé par Édouard le Confesseur comme évêque de Londres en 1044 puis archevêque de Canterbury en 1051 ; il est toutefois impossible d'établir l'antériorité d'un chantier sur l'autre, la date de début des travaux de Westminster étant inconnue (John Crook, « Bishop Walkelin's Cathedral », *Winchester Cathedral, Nine Hundred Years 1093-1993*, éd. John Crook, Guildford, 1993, pp. 21-36).

115. La construction de la nef doit sans doute être mise en relation avec la fondation, en 1032, d'un collège de chanoines par Hugues de Breteuil, évêque de Langres, à la demande de Gui, sire de Vignory (G. Chevrier et M. Chaume, *Chartes et documents de Saint-Bénigne de Dijon*, t. II, Dijon, 1943, n° 311, pp. 89-90). Ces chanoines devaient être remplacés vers 1049 par des moines venus de Saint-Bénigne de Dijon (cf. *supra*, n. 83).

116. D'après une charte de l'empereur Henri IV, l'abbaye avait été fondée vers 1020 par Rodolphe d'Altenbourg, frère de l'évêque Werner de Strasbourg et de Radebot, fondateur de l'importante abbaye de Muri, en Argovie. La date de consécration de 1049, qui correspond à un voyage du pape Léon IX dans le nord-est de la France, est sans doute postérieure à l'achèvement des travaux (*Rodulfus, vir illustris* [...] *monasterium S. Marie in Otmersheim situm ipse de proprie sumptu in proprio predio edificavit*).

117. Eugène Kleinbauer, « Charlemagne's Palace Chapel at Aachen and Its Copies », *Gesta*, 1965, pp. 2-11.

118. En 1047, le duc de Haute-Lorraine Godefroy le Barbu mit le feu à la ville lors d'une révolte contre l'empereur Henri III. L'incendie se propagea à la cathédrale qui fut entièrement détruite. Le duc fit pénitence et contribua généreusement à la reconstruction de l'édifice, dans lequel il fut enterré en 1069. Les travaux, qui devaient durer jusque vers 1083, furent entrepris par l'évêque Thierry le Grand : *In reedificanda a fundamento ecclesia vel moenibus incensae urbis magnus labor, magna sollicitudo et industria Theodorici episcopi claruit* (*Historia episcoporum Virdunensium* de Laurent de Liège, éd. *M.G.H., SS*, t. X, p. 508). Un autre passage de la chronique désigne Thierry comme *teutonicus* (d'origine germanique).

119. Les portes actuelles, situées à la base des tours, furent percées ultérieurement. Rappelons qu'il existe également en Lorraine et dans certaines régions voisines des tours de façade qui occupent l'emplacement d'une tour-porche mais ne comportent pas d'accès extérieur.

120. Cependant, grands arcs et petites arcatures coexistent dans un certain nombre de monuments de la première moitié du XIe siècle.

121. La tour-porche constitue le principal vestige de l'abbaye Saint-Paul de Cormery. Détruit « presque jusqu'au sol » au début du XIe siècle, le monastère fut reconstruit « sur un plan plus vaste » par l'abbé Robert Ier (1026-1040) et par son successeur Robert II (1047-1060). Ce dernier acheva l'église, qui fut dédicacée en 1054 (*Cartulaire de Cormery*, éd. abbé Bourassé, *Mém. Soc. arch. de Touraine*, 1861, t. XII, n° XXXV).

122. Cf. *supra*, n. 60.

123. Il convient de signaler l'existence, dans le haut Moyen Âge, de colonnettes en trompe-l'œil aux ébrasements de fenêtres, comme celles dessinées en mosaïque de l'abside de Saint-Apollinaire in Classe, ou encore de demi-colonnettes en stuc appliquées de part et d'autre des baies (Tempietto de Cividale, Germigny-des-Prés).

124. C'est, du moins, ce que laisse supposer la Chronique de Saint-Bénigne : *Quarum nonnullae iuxta capita fortissimarum quae sunt XL pilarum quadrangulatim statutae* (voir *supra*, n. 57). On voit par ailleurs sur les gravures de dom Plancher figurer des colonnes encastrées (aux baies du mur oriental du transept).

125. Jotsaud, *Vie de saint Odilon*, éd. Migne, *Pat. lat.*, t. 142, col. 908. Cf. *infra*, n. 265.

126. À la différence de l'architecture ottonienne et salienne, qui resta souvent fidèle à la diminution des fûts. La généralisation, en France, des fûts cylindriques semble avoir eu pour conséquence l'abandon progressif de l'habitude, héritée de l'Antiquité, de sculpter l'astragale séparant la colonne du chapiteau avec le fût de celle-ci. Cette solution, qui ne posait guère de problème dans le cas de fûts diminués – il suffisait de réserver la partie destinée à l'astragale –, supposait, dans celui de fûts cylindriques, d'abattre l'épaisseur de pierre correspondante sur toute la longueur de la colonne.

127. Le comte Geoffroy d'Anjou fit don vers 1040 à la Trinité de Vendôme de différentes terres et droits à Épeigné-sur-Dême (*Cartulaire de l'abbaye cardinale de la Trinité de Vendôme*, éd. Ch. Métais, Paris-Vendôme, 1893-1897, t. I, chartes n° 36, 37, 38). On peut supposer que l'église fut construite peu après cette donation.

128. Une petite église (*ecclesiola*) en ruines et abandonnée aux bêtes sauvages fut donnée entre 1026 et 1040 à l'abbaye de Cormery (*Cartulaire de Cormery, op. cit.* n. 121, p. 75). Comme dans l'exemple précédent, une nouvelle construction fut sans doute entreprise rapidement.

129. *Naissance des arts chrétiens, op. cit.*, n. 60, pp. 232-237.

130. Né en 988 près de Château-Ponsac, Adémar fut élevé à Saint-Martial de Limoges, abbaye avec laquelle il resta lié lorsqu'il devint moine à Saint-Cybard d'Angoulême. Il mourut en 1034 au cours d'un pèlerinage à Jérusalem. Outre ses écrits, on lui doit plusieurs recueils de modèles dessinés à la plume (Psychomachie, fables de Romulus, traité astronomique, scènes de la vie du Christ). Cf. bibl. n° 496.

131. +*ANNO VIDESIMO QVARTO RENNA[N]TE ROTBERTO REGE WILLELMUS GRA[TIA] DEI ABA / ISTA OPERA FIERI IUSSIT IN ONORE S[AN]C[T]I GENESII QUE VOCANT FONTANAS*. Il convient de noter que le mot « œuvre » est employé au pluriel, ce qui laisse supposer d'autres réalisations que le linteau.

132. L'église abbatiale d'Arles-sur-Tech fut solennellement consacrée en 1046 par Guifred, archevêque de Narbonne, en présence de nombreux évêques, abbés et laïcs de haut rang. Le document précise cependant que l'église était encore inachevée (*manet adhuc imperfecta*) et prévoit divers avantages spirituels pour ceux qui aideront l'œuvre (Pierre de Marca, *Marca Hispanica*, Paris, 1688, *Appendix* col. 1089). En 1050, les moines se plaignent de ne pas être en mesure de mener les travaux à leur terme (dom Martène, *Thesaurus Anecdotorum*, t. IV, col. 87).

133. À Saint-André-de-Sorède, l'archivolte et le tympan du portail, décoré d'un chrisme, sont le résultat d'une restauration moderne.

134. On peut également citer quelques exemples isolés hors de cette zone (crypte de Notre-Dame d'Étampes par exemple).

135. Il convient cependant de signaler quelques essais de sculpture, sous forme de motifs simples gravés (crypte de la cathédrale Saint-Jean-de-Maurienne). Ce type d'épannelage à angles abattus sera souvent ainsi souligné dans un certain nombre de monuments plus tardifs situés dans diverses régions (Villenave d'Ornon dans le Bordelais, Saint-Martin-de-Londres en Languedoc).

136. Les cinq chapiteaux situés à la croisée du transept et à l'entrée du déambulatoire de la Trinité de Vendôme constituent les seuls vestiges du décor sculpté de l'église abbatiale dédicacée en 1040 et richement dotée par le comte d'Anjou Geoffroy Martel et sa femme Agnès (Ch. Métais, *Cartulaire de l'église cardinale de la Trinité de Vendôme*, *op. cit.* n. 127, n°35-40).

137. Otto Pächt, *Book Illumination in the Middle Ages*, Oxford, 1986, pp. 45-128. Voir également bibl. n° 483 et 500.

138. On observe, en revanche, quelques essais de chapiteaux historiés dans la péninsule ibérique, notamment dans l'église wisigothique de San Pedro de Nave.

139. *BRITUS IRCUS* (pour *BRUTUS IRCUS*), c'est-à-dire le bouc bestial.

140. Cette salle voûtée d'arêtes, subdivisée en six travées carrées par deux colonnes médianes et conservée lors de la reconstruction du chevet à la fin du XIe siècle, doit sans doute être identifiée avec le trésor (*gazofilatium*) construit par le gardien de celui-ci, Geoffroy, à la fin de l'abbatiat d'Abbon (mort en 1004) et au début de celui de Gauzlin (Aimoin, *Vita sancti Abbonis*, éd. Migne, *Pat. lat.*, t. 139, col. 406 ; André de Fleury, *Vita Gauzlini*, éd. R. H. Bautier et G. Labory, Paris, 1969, p. 182).

141. On constate cependant, à l'époque carolingienne, un certain retour à l'unité du décor architectural (nef de Saint-Justin de Höchst). Il en sera de même dans quelques édifices construits dans l'Empire ou dans sa mouvance au début du XIe siècle (cathédrale d'Aquilée, abbatiale d'Echternach), dont les grandes arcades de la nef sont dotées de chapiteaux corinthisants dans le premier exemple et de chapiteaux à feuilles lisses dans le second.

142. En revanche, il existe généralement une certaine unité, à l'intérieur d'un même ensemble, dans les types d'épannelage, même si les proportions et les dimensions varient quelque peu d'un chapiteau à l'autre.

143. Les *Gesta pontificum Autissiodorensium* (cf. *supra*, n. 77) ne nous renseignent pas sur la date d'exécution de cette fresque. Ils nous apprennent, en revanche, que l'évêque Geoffroy de Champallement (1052-1075) fit peindre sur les murs du sanctuaire, autour de l'autel majeur, des effigies de ses prédécesseurs et qu'il fonda un canonicat en faveur d'un peintre attaché à la cathédrale. Humbaud (1087-1114) dota de peintures la voûte de l'abside et, dans la crypte, l'autel Saint-Nicolas où il fit représenter une Crucifixion avec la Vierge et saint Jean.

144. Il est peu probable que ces modillons, qui se rencontrent aussi bien en Poitou (Saint-Hilaire de Poitiers) et dans la vallée de la Loire (Vendôme) qu'en Provence (Saint-Pierre de Montmajour) soient, comme on l'a longtemps dit, d'origine mozarabe. Il s'agit plus vraisemblablement d'une schématisation, commune dans le haut Moyen Âge occidental, de certains motifs végétaux antiques.

145. Inscription gravée sur la table d'autel et sur son socle.

146. Plusieurs témoignages attribuent au prieur Antoine de Pavie la reconstruction de l'église : Richer de Senones, *Gesta Senoniensis ecclesiae*, Publ. *M.G.H., S.S.*, t. 25, p. 283 (*Cellam ipsam, quia vetustate ruinas minabatur, solo prosternens, de novo et ampliorem edificavit*) ; *Vita* en vers écrite par un contemporain anonyme, publ. *M.G.H., S.S.*, t. 25, p. 345, vers 28-32 ([...] *Melius si noscere vultis, Cuius fervoris fuerit cuiusve rigoris, Indicat ecclesia mira constructa Sophya cuiusdam celle Laium de nomine dicte Quam pater illustris hic a fundamine struxit*). Sur la consécration de 1092 : dom Calmet, *Histoire ecclésiastique et civile de Lorraine*, Nancy, 1re éd., 1728, t. I, p. 494 (2e éd., Nancy, 1745-57, t. III, p. 24).

147. L'Abbaye-aux-Hommes (Saint-Étienne) et l'Abbaye-aux-Dames (la Trinité) furent conjointement fondées à Caen par le duc Guillaume et sa femme Mathilde après avoir été absous du blâme pontifical (sinon de l'excommunication) qui les frappait pour la supposée consanguinité de leur mariage. Cette absolution fut obtenue en 1059 grâce à l'intervention du prieur du Bec, Lanfranc, mais on ignore la date du début des travaux des deux églises. En revanche, diverses sources attestent qu'une dédicace solennelle eut lieu à Saint-Étienne en 1077 (par exemple : Orderic Vital, *Historia ecclesiastica*, éd. Le Prévost et Delisle, Paris, 1835-55, II, p. 128, p. 305 et p. 431). Guillaume fut enterré dans le chœur en 1087. Tout permet de supposer qu'à cette date, les travaux de la nef étaient très avancés.

148. Les sources sont unanimes pour attribuer la reconstruction de la cathédrale de Winchester à l'évêque Walkelin, peut-être originaire de Rouen. Les fondations furent implantées en 1079 (William de Malmesbury, *De Gestis Pontificum Anglorum*, éd. N.E.S.A. Hamilton, Rolls Series, LII, 1870, p. 172). En 1086, l'achat massif de grands fûts peut laisser supposer qu'on travaillait aux charpentes (*Annales monastici*, éd. H.R. Luard, Rolls Series, XXXXVI, 1865, II, p. 39). En avril 1093, les moines prirent possession de la nouvelle église, sans doute presque achevée, et la démolition de l'ancienne commença au mois de juin de la même année (*Annales Ecclesiae Wintoniensis*, éd. Wharton, *Anglia Sacra*, Londres, 1691, p. 295). Seul le transept subsiste dans son état d'origine.

149. À Saint-Étienne de Caen, la construction, au XIIe siècle, de voûtes d'ogives a considérablement altéré l'effet. En revanche, les fausses voûtes en bois qui couvraient la nef de Cerisy-la-Forêt ont été détruites en 1973 (seuls subsistent leurs arrachements) ; elles n'avaient pas entraîné de transformations du niveau des fenêtres hautes.

150. C'est ce caractère particulier qui avait conduit Jean Bony à adopter l'expression de « mur épais » pour désigner la technique normande de construc-

tion du mur (cf. bibl. n° 461). Cette expression n'est cependant pas dénuée d'ambiguïté, l'épaisseur du mur n'étant destinée qu'à permettre l'évidement de celui-ci dans les parties supérieures. L'opposition entre un « mur épais » évidé et un « mur mince » plein ne peut être, pour sa part, que source de malentendus.

151. Les architectes normands adoptèrent, en outre, pour la construction de ces piles composées, un nouveau mode d'appareillage, peut-être inspiré par l'exemple de l'architecture romaine : au lieu d'être constituées alternativement de demi-tambours et de quarts de tambours avec joints de face, les colonnes engagées de ces piles ne comportent que des demi-tambours superposés. Il convient de s'interroger sur les mérites de ce système qui devait peu à peu s'imposer dans la France du Nord : la standardisation de la taille des pierres permettait-elle une progression plus rapide des travaux ? Les piles ainsi construites étaient-elles supposées offrir une meilleure résistance au poids des maçonneries ?

152. Il existe à Saint-Étienne de Caen et dans certaines travées de Cerisy-la-Forêt, une légère alternance des piles. En effet, tantôt la colonne engagée du côté du haut-vaisseau comporte un dosseret, tantôt elle n'en comporte pas. Ce goût pour l'alternance des supports qui s'était puissamment manifesté, au cours de la génération précédente, à Jumièges, connaît une éclipse en Normandie, tandis que beaucoup d'architectes anglais lui resteront fidèles.

153. Il est difficile de déterminer, après les importants travaux qui furent effectués à Saint-Étienne de Caen au XVIIe siècle, si les voûtes en demi-berceau qui couvrent actuellement les tribunes sont conformes aux dispositions primitives. L'épaisseur des murs latéraux, beaucoup plus importante qu'à Cerisy-la-Forêt, suggère cependant l'existence, dès l'origine, de tribunes voûtées.

154. Une charte du duc Guillaume de Normandie mentionne, en 1083, « l'église de Saint-Nicolas, récemment construite par les moines [de Saint-Étienne] pour les besoins de leur paroisse » (« *et ecclesia sancti Nicholai que ab eisdem monachis constructa est ad opus parrochie sue* »). Éd. L. Musset, « Les actes de Guillaume le Conquérant et de la reine Mathilde pour les abbayes caennaises », *Mémoires de la Société des Antiquaires de Normandie*, XXXVII, 1967 (acte n° 17).

155. Le pape Urbain II aurait, en 1095, procédé à une consécration à Cruas, en présence de deux archevêques et sept évêques. Cet événement, commémoré par une inscription dans la mosaïque de l'abside, est rappelé dans une lettre d'indulgences octroyée par le pape Eugène IV au monastère. Cf. bibl. n° 256, plus particulièrement p. 176, n. 5.

156. Les proportions du haut-vaisseau de la nef de Saint-Savin étaient dictées par celles du chevet et de la croisée du transept appartenant à une campagne de construction antérieure (cf. *supra*, chapitre IV).

157. La tombe du duc d'Aquitaine, Guillaume VIII, mort en 1086, fut transférée l'année suivante dans la nef de l'abbatiale qu'il avait fait construire (Chronique dite du moine Martin, *De constructione monasterii novi Pictavis*, publ. F. Villard, *Recueil des documents relatifs à l'abbaye de Montierneuf de Poitiers (1076-1319)*, Poitiers, 1973, pp. 432-433). La voûte du vaisseau central, endommagée pendant les guerres de religion, fut reconstruite au XVIIe siècle selon un profil différent de celui d'origine (dont témoigne l'arc occidental de la croisée du transept).

158. La nef de Saint-Martin de Tours avait subi d'importantes transformations au début de l'époque gothique : voûtement du vaisseau central avec des ogives et création de fenêtres hautes entre les retombées de celles-ci, destruction des voûtes du bas-côté interne et remplacement des voûtes en demi-berceau des tribunes par des voûtes d'ogives. Le transept, en revanche, avait conservé ses dispositions d'origine.

159. Les bas-côtés externes de Saint-Sernin de Toulouse comportent, en outre, une voûte en demi-berceau dissimulée sous la toiture qui vient buter sous les fenêtres des tribunes. S'agit-il d'une disposition d'origine ou d'une transformation ultérieure ? La très grande épaisseur des murs des bas-côtés milite en faveur de la première hypothèse.

160. Les principaux renseignements sont fournis par la Chronique de Conques, qui nous apprend notamment que l'abbé Odolric construisit la basilique dans sa plus grande partie (*basilicam ex maxima parte consummavit*). Il n'est pas fait mention des travaux du successeur d'Odolric, l'abbé Étienne II, mais il est dit que l'abbé Bégon (vers 1087-vers 1107) construisit le cloître et enrichit le trésor (*Chronicon monasterii Conchensis sive nomina abbatum*, publ. E. Martène et U. Durand, *Thesaurus novus anecdotorum*, Paris, t. 3, 1717, col. 1390). L'étude archéologique de l'édifice montre cependant que les travaux furent lents dans les parties orientales, dont les campagnes de construction ne sont pas clairement établies, et que les tribunes de la nef ne furent édifiées qu'au commencement du XIIe siècle. Les débuts de la construction sont également attestés par une bulle du pape Alexandre II accordant des indulgences à ceux qui contribueront au financement du chantier. Ce document, transmis dans de mauvaises conditions, est d'interprétation délicate (Louis Saltet, « Le diplôme d'indulgences pour la construction de l'église de Conques », *Bulletin de littérature ecclésiastique publié par l'Institut catholique de Toulouse*, 1902, pp. 120-126).

161. *Chroniques de Saint-Martial de Limoges*, éd. A. Duplès-Agier, Paris, 1874, pp. 9-10.

162. C. Devic et J. Vaissette, *Histoire générale du Languedoc*, éd. Toulouse, 1875, III, p. 441 ; on ignore les sources de ces deux historiens. La cérémonie de 1096 est attestée par deux documents : le *Chronicon Sancti Saturnini* (*Ibid.*, 1875, V, col. 49-50) et une lettre d'Urbain II datée de la même année et rappelant le fait aux chanoines de Saint-Sernin (C. Douais, *Cartulaire de l'abbaye de Saint-Sernin de Toulouse (844-1200)* Paris-Toulouse, 1887, App. 1, n° 3, p 476).

163. Les renseignements sont fournis par les deux *Vitae* de Raymond (*Vita prima Raimundi* et *Vita altera Raimundi*, publ. dans *Acta Sanctorum Julii*, t. I, 1719, p. 681 et p. 685). Le premier de ces textes indique que Raymond Gayrard dirigea le chantier de nombreuses années et que si les parties orientales ne sont pas son œuvre, il parvint avant sa mort à construire la nef des fondations jusqu'aux fenêtres (« *Quid tandem de egregio ecclesiae Sancti Saturnini opere, cui per multa annorum tempora praefuit, et praeter capitis membrum quod iam completum fuerat, corpus a fundamentis incipiens, ante obitûs sui diem, divinâ opitulante misericordia, parietes in circuitu ad fenestrarum completionem usque perduxit* ») ; le second texte précise en outre quelques points (« *Post haec, divi Saturnini templi majorem partem, quae ante annos aliquot incendio perierat, instaurandam suscepit. Opus ad fenestras usque, ejus aere ac opera perductum est* »). Bien que ces deux *Vitae* ne soient connues que par des rédactions tardives (XVe siècle pour la première, XVIe pour la seconde), il est généralement admis qu'elles prolongent une tradition plus ancienne. Après un long arrêt des travaux, la construction de la nef de Saint-Sernin reprit lentement et la façade occidentale devait rester inachevée.

164. Deux textes renseignent sur les débuts de la construction de Saint-Jacques : l'*Historia Compostelana*, publ. E. Falque, Séville, 1983, p. 78 : « *Est autem Beati Jacobi specialis et praeclara nova Ecclesia incoepta Era I.C.XVI.V Idus Julii (an. 1078)* », et *Le Guide du pèlerin de Saint-Jacques*, qui constitue le livre V du *Liber Sancti Jacobi* encore appelé *Codex Calixtinus*, éd. et trad. en français par Jeanne Vielliard, 2e éd., Mâcon, 1950, p. 117 ; ce dernier texte nous renseigne également sur l'architecte et le chantier : « *Didascali lapidice qui prius beati Jacobi basilicam edificaverunt, nominabentur domnus Bernardus senex, mirabilis magister, et Robertus, cum ceteris lapicidibus, circiter .L. qui ibi sedule operabantur, ministrantibus fidelissimis domnis Wicarto et domno canonice Segeredo, et abbate domno Gundesindo, regnante Adefonso rege Yspaniarum, sub episcopo domno Didaco primo et strenuissimo milite et generoso viro. Ecclesia autem fuit incepta in era .I.C.XVL* » (l'an 1116 de l'ère d'Espagne = 1078 de l'ère chrétienne). En 1105, les trois chapelles rayonnantes du déambulatoire et trois des quatre chapelles orientées du transept furent consacrées. La même année, l'évêque Diego Gelmirez fit exécuter un *antependium* d'argent et un *ciborium* pour l'autel majeur, ce qui suppose que les travaux du sanctuaire étaient suffisamment avancés pour permettre le déroulement des offices. L'ancienne église, conservée pendant les travaux, fut démolie en 1112 (Serafín Moralejo Alvarez, « Notas para una revisión de la obra de K. J. Conant », dans K. J. Conant, *Arquitectura romanica da cathedral de Compostela*, rééd. trad. en espagnol et en galicien, Saint-Jacques de Compostelle, 1983).

165. Il est difficile d'évaluer l'ampleur des dégâts causés par l'incendie qui éclata le jour des Rameaux de 1096 : « *Anno verbi incarnati MXCVII Philippi regis XXXVII, VIII idus aprilis combusta est ecclesia Beati Martini cum Castro* » (Chronique de Pierre Bechin, éd. A. Salmon, *Recueil de chroniques de Touraine*, Tours-Paris, 1854, p. 59) ; « [...] *in Ramis Palmarum combusta est ecclesia Beati Martini cum omnibus ornamentis quae in adventu papae extracta erant a thesauro, et Castro*

simul » (Grande Chronique, éd. A. Salmon, *Ibid.*, p. 129) ; *MXCV sequenti anno, VIII idus aprilis combusta est Sancti Martini Turonensis totum Castrum novum* (L. Halphen, *Recueil d'annales angevines et vendômoises*, Paris, 1903, p. 67) ; [...] *ecclesia beati Martini concremata est* (P. Marchegay et A. Salmon, *Chroniques des comtes d'Anjou*, Paris, 1856-1871, p. 381). Bien que certains auteurs aient voulu y voir la date de début des travaux, cette hypothèse est peu vraisemblable. Les maçonneries subsistantes indiquent plutôt la seconde moitié du XIe siècle que le début du XIIe siècle, et aucune source écrite ne mentionne de reconstruction à la suite de cet incendie. Il convient, par ailleurs, de ne pas tirer de conclusions chronologiques trop hâtives de la remarque de l'auteur du *Guide du pèlerin de Saint-Jacques* selon laquelle l'église Saint-Martin de Tours aurait été construite à l'image de celle de Saint-Jacques (*Super quem ingens basilica veneranda suc ejus honore ad similitudinem scilicet ecclesie beati Jacobi miro opere fabricatur* [...], éd. J. Vieillard, *op. cit.* n. 164, p. 60). *Le Guide du pèlerin* fut, en effet, rédigé seulement vers 1140, à une date déjà fort éloignée de la mise en chantier des deux édifices, quelle que soit celle-ci.

166. À sa mort, en 1074, Goderan, premier abbé clunisien de Maillezais, fut enterré dans la nef de l'église Saint-Pierre. Sans doute peut-on lui attribuer l'initiative des travaux (Paris, B.N., Lat. 4842).

167. En 1068, le comte Guillaume et l'évêque de Nevers, Mauguin, donnèrent à l'abbaye de Cluny les biens d'une communauté de chanoines fondée en 1063 et qui n'avait su trouver son essor. C'est sans doute alors que fut décidée la construction de l'église. Les travaux, menés très activement, commencèrent, semble-t-il, par les parties orientales. En 1083, le chantier était en pleine activité grâce aux libéralités du comte de Nevers (*Domnus Willelmus comes qui predictum locum S. Stephani destructum atque pauperrimum reedificare nititur*, *Gallia Christ*, XII, *Instrumenta*, col. 331). La dédicace eut lieu en 1097 ; lors de cette cérémonie, Guillaume fit lire une longue charte rappelant notamment qu'il avait « construit cette noble église, avec trois tours, travail assez beau et assez élégant comme chacun peut le voir en le considérant » ([...] *deinde nobile monasterium cum tribus turribus, satis pulchro venustoque opere, quemadmodum ab intuentibus videri potet*) ; il avait également fait édifier le cloître et les bâtiments monastiques ainsi qu'une chapelle pour l'infirmerie, et doté l'église d'ornements liturgiques et d'objets d'orfèvrerie (*ibid.*, col. 332-336). Tout semble donc indiquer que l'église était alors, sinon complètement terminée, du moins en grande partie construite.

168. Par une charte datée de 1059, Geoffroy de Champallement, évêque d'Auxerre, donna à l'abbaye de Cluny l'église Notre-Dame, alors en ruines, avec l'assentiment de Guillaume, comte de Nevers (*Gallia Christiana*, XII, *Instrumenta*, col. 102). On ignore la date de début des travaux de l'abbatiale actuelle. En 1076, Geoffroy de Champallement fut enterré dans la nouvelle église, qui avait été « commencée de son temps, magnifiquement et rapidement construite » (*Gesta pontificum Autissiodorensium*, éd. L.M. Duru, *Bibliothèque historique de l'Yonne*, Auxerre-Paris, t. I, 1850, p. 397). Selon une source tardive, la tombe de Geoffroy se trouvait « en avant du degré où l'on monte à l'autel » (Nevers, Bibl. mun., ms. 35), sans que l'on puisse préciser s'il s'agissait de l'autel majeur, situé jusqu'en 1559 à la croisée du transept ou de l'autel matutinal, situé dans l'abside. C'est, en revanche, près de l'autel majeur que fut inhumé en 1087 le premier prieur, Gérard (*Gallia Christiana*, XII, col. 404). Plusieurs sources désignent Gérard comme le constructeur de la *cella* et de *l'ecclesia*, notamment le récit anonyme de la consécration de celle-ci par le pape Pascal II, en 1107, récit écrit à la fin du XIIe siècle d'après les souvenirs d'un témoin (*Dedicatio ecclesiae beatae Mariae de Caritate*, Publ. Abbé Lebeuf, *Recueil de divers écrits pour servir d'éclaircissement à l'Histoire de France...*, Paris, 1738, t. I, p. 377 : « *Completum est quod ante praedixerat pater noster piissimus dominus Gerardus, loci hujus fundator et propagator mirificus, a summo pontifice, quam construxerat ecclesiam debere consecrari* »). Il restait encore à construire, à la fin du XIe siècle, la nef de l'église, qui ne fut sans doute achevée que vers 1135.

169. Les seuls renseignements que nous possédions sur la construction de l'abbatiale sont fournis par dom Du Buisson (*Historiae monasterii S. Severi libri X*, publ. Aire, 1876), qui s'attacha au XVIIIe siècle à transcrire tous les documents conservés de son temps, mais de manière parfois fragmentaire. Nous apprenons ainsi qu'avant sa mort, en 1072, l'abbé Grégoire de Montaner, qui joua un rôle éminent dans l'histoire du monastère, consacra un autel, en sa qualité d'évêque de Lescar et de Dax. La reconstruction de l'église avait sans doute été occasionnée par un incendie, en 1065 (dom Du Buisson, *op. cit.*, t. I, p. 182 et t. II, pp. 165-168). L'analyse archéologique du monument montre que les travaux ont dû commencer par l'implantation de l'enveloppe du chevet, sur une hauteur d'environ 1,50 m. Des modifications peuvent ensuite être intervenues au cours d'une construction qui progressa assez lentement.

170. Ces chapelles extrêmes comportent deux niveaux. Il est difficile de déterminer la fonction des chapelles hautes, desservies par les tribunes du transept mais presque closes et de hauteur très réduite. Étaient-elles utilisées comme lieu de retraite par certains moines, selon une coutume attestée notamment dans le monde hispanique du haut Moyen Âge ?

171. Les proportions d'origine, sensiblement respectées par Viollet-le-Duc lors des restaurations qu'il effectua à Saint-Sernin au XIXe siècle, sont aujourd'hui occultées par la restitution des dispositions antérieures, datant de quelques siècles seulement, restitution qui a conduit à surélever de plusieurs mètres les murs gouttereaux, afin de reconstruire un grand comble à la manière gothique. Cf. H. Pradalier, « Un Saint-Sernin nouveau », *Travaux offerts à Marcel Durliat. De la création à la restauration*, Toulouse, 1992, pp. 643-655.

172. Il ne reste rien des dispositions primitives de la crypte, agrandie vers l'ouest et profondément remaniée à l'époque gothique pour supporter le baldaquin monumental édifié dans l'abside pour abriter la châsse de saint Sernin. Seules subsistent les neuf baies par lesquelles la crypte romane prenait jour sur le déambulatoire. Les diverses transformations du sanctuaire interdisent également de restituer son aménagement d'origine, et notamment la disposition des escaliers qui permettaient d'accéder à l'abside.

173. On observe cependant des vestiges de faux doubleaux peints, qui perpétuent peut-être le souvenir d'une tradition. Entre ces doubleaux, qui simulent une alternance de brique et de pierre, la voûte est décorée d'un semis d'étoiles ocre rouge.

174. L'abbaye Saint-Jean-de-Montierneuf fut fondée par le duc d'Aquitaine et comte de Poitiers Guillaume VIII (1068-1086) à une date indéterminée. L'église était en cours de construction lorsqu'elle fut offerte en 1076 à Cluny par le même Guillaume, ainsi que l'attestent plusieurs sources diplomatiques (F. Villard, *Recueil de documents... op. cit.* n. 157, pp. 1-9). L'étude des inscriptions gravées sur les tables d'autel du déambulatoire et du transept apporte des indications sur leur date de consécration (E. R. Labande, R. Favreau, J. Michaud, *Corpus des inscriptions de la France médiévale*, I. *Poitou-Charente*, 1, *Ville de Poitiers*, Poitiers, 1974, pp. 78-90) ; ces indications peuvent être précisées par la liste des autels de l'abbatiale (comportant le nom des prélats consécrateurs) donnée par le moine Martin (F. Villard, *ibid..*, p. 440). Les autels du déambulatoire auraient été consacrés les premiers, en 1074-1075, et l'autel matutinal en 1083. Le moine Martin précise par ailleurs qu'en 1086 on était en train de construire la tour de croisée du transept, ce qui suggère que les travaux du chevet étaient achevés.

175. Plusieurs récits de miracles dus aux reliques de saint Benoît et rapportés par le moine Raoul Tortaire nous renseignent sur la marche des travaux depuis la décision de reconstruire la vieille basilique en partie ruinée par les incendies, décision prise par l'abbé Guillaume (1067-1080), jusqu'au moment du voûtement (E. de Certain, *Les Miracles de saint Benoît décrits par Adrevald, Aimoin, Raoul Tortaire et Hugues de Sainte-Marie, moines de Fleury*, Paris, 1858, p. 317, p. 319, pp. 321-324, pp. 327-328). La cérémonie au cours de laquelle, le 21 mars 1107, les reliques de saint Benoît furent transférées dans le nouveau chœur et les autels de celui-ci consacrés, est décrite dans la Chronique de Saint-Pierre-le-Vif (Texte éd. trad. et annoté par R. H. Bautier et M. Gilles, *Chronique de Saint-Pierre-le-Vif de Sens, dite de Clarius* (*Chronicon Sancti Petri Vivi Senonensis*), Paris, 1979, pp. 150-152 ; le texte précise que la construction était alors achevée : *Hoc anno prescripto, perfecto capicio et choro cum membris ex utroque latere convenientibus* [...]).

176. L'histoire de la construction et de la consécration de Saint-Eutrope est connue par le récit qu'en fit, au début du XIIe siècle, un moine de Saint-Cybard d'Angoulême, récit transcrit au XVIIIe siècle par dom Estiennot (Paris, B.N. Lat. 12 754) et publié au XIXe siècle par l'abbé Briand (*Histoire de l'église santone et aunisienne*, La Rochelle, t. III,

1843. Sur la consécration : pp. 775-776). Le pape procéda à la consécration de l'autel de l'église haute, tandis que l'évêque de Saintes consacrait celui de la crypte. La construction de l'église haute n'était cependant pas achevée et devait encore se poursuivre pendant plusieurs décennies.

177. Les dispositions remarquables de la crypte de Saint-Eutrope frappèrent le moine de Saint-Cybard d'Angoulême : *Crypta enim haec nova, longitudine ac latitudine diffusa, spatiis ampla arte caementaria diligenti, fortitudine composita, claritate luciflua, fenestris in gyrum undique patefactis infusa*... (Abbé Briand, *op. cit.* n. 176, p. 559). Le chroniqueur oppose cette nouvelle crypte à celle qui l'avait précédée, qui était petite, mal ordonnée et obscure (*Crypta enim spatio erat angusta, opere incomposita, obscuritate pene tenebrosa*..., *ibid*, p. 563).

178. M. Th. Camus, « Les chapiteaux peints du chœur de Saint-Hilaire de Poitiers », *L'Acanthe*, Actes du colloque de Paris, 1990, Paris, 1993, pp. 296-312.

179. D'après Orderic Vital, c'est l'évêque Odon de Conteville (1049-1097), demi-frère de Guillaume le Conquérant, qui mena totalement à bien la construction de la cathédrale, pour laquelle il fit exécuter la célèbre « tapisserie » relatant la conquête de l'Angleterre (ill. 23 et 177). C'est également Orderic Vital qui nous informe de la dédicace du nouvel édifice, le 14 juillet 1077 (Orderic Vital, *Historia ecclesiastica*, éd. A. Le Prévost, Paris, 1833-1855, t. II, p. 305 et t. III, p. 264 (*Ecclesiam sanctae Dei genitricis Mariae a fundamentis coepit, eleganter consummavit, multisque gazis et ornamentis affatim ditavit*). Cette cathédrale fut profondément remaniée au XIIe siècle et son chevet reconstruit à l'époque gothique. Les chapiteaux de la croisée du XIe siècle furent découverts en 1857 lors de travaux de restauration et se trouvent, depuis cette date, conservés au dépôt lapidaire de la cathédrale.

180. *Mémorial de l'abbaye de Bourgueil*, par Christophe Duvernay, 1646 (Paris, B.N., Fr. 10271, f. 48).

181. C'est ce qui ressort d'un certain nombre de textes. Par exemple, à propos de Cîteaux : « [...] *monasterium ligneum, quod ipsi in sua paupertate incoeperant, de suis impediis (Odo Burgundiae Dux) totum consummavit* » (*Vita Sancti Roberti Molismensis*, publ. Migne, *Pat. lat.*, t. 157, col. 1265).

182. Sur le témoignage des textes, voir : Meyer Schapiro, « On the Asthetic Attitude in Romanesque Art », *Art and Thought. Issued in Honor of Dr Ananda Coomaraswamy on the Occasion of His 70th Birthday*, Londres, 1947, pp. 140-150 (rééd. *Romanesque Art. Selected Papers*, I, Londres, 1977, pp. 1-12).

183. Seul le haut-vaisseau de la nef d'Issoire comporte un doubleau, situé entre la 3e et la 4e travée. Les autres édifices sont généralement dotés, vers le milieu de la nef, d'une paire de colonnes engagées se faisant vis-à-vis mais ne recevant rien. Peut-être ces colonnes étaient-elles, par exemple, destinées à recevoir une poutre à laquelle on pouvait accrocher une couronne de lumière.

184. Sauf à Saint-Nectaire et à Saint-Saturnin où ce sont des colonnes engagées.

185. Seule la tribune occidentale de Saint-Nectaire a conservé ses arcatures d'origine. Celles-ci ont été restituées avec plus ou moins de fidélité dans les autres édifices.

186. L'église de Saint-Nectaire en est cependant dépourvue, et on ne peut rien affirmer en ce qui concerne la présence d'une crypte à Ennezat, dont le chevet a été reconstruit à l'époque gothique.

187. On trouve néanmoins une préfiguration de certaines solutions retenues par les maîtres auvergnats du XIIe siècle dans divers monuments de la seconde moitié du XIe siècle, comme Saint-Étienne de Nevers ou Saint-Léger d'Ébreuil. Peut-être la cathédrale romane de Clermont-Ferrand, détruite à partir du XIIIe siècle pour céder la place à la cathédrale actuelle, n'inspira-t-elle pas que les cryptes, mais il est difficile d'apprécier sa place dans l'histoire de l'art roman en Auvergne.

188. On ne dispose pas de textes sur la construction de Notre-Dame de Fontgombault, mais on peut déduire la date de son chevet de la comparaison avec celui de Saint-Lomer de Blois, commencé en 1138, où se retrouvent, sous une forme nettement modernisée, certaines solutions adoptées à Fontgombault.

189. On retrouve toutefois au chevet de Chambon-sur-Voueize (Creuse) de semblables galeries voûtées en quart-de-cercle, de dimensions réduites et dépourvues de fenêtres.

190. La construction de Cunault a commencé, sans doute dans les années 1120, par le chevet. L'enveloppe de celui-ci fut d'abord implantée, avec les trois chapelles rayonnantes. Le projet primitif semble avoir subi quelques modifications, en élévation, lorsqu'on édifia les piles du chœur et de l'abside ; on peut attribuer la construction du sanctuaire aux années 1130-1140. Les travaux se poursuivirent ensuite vers l'ouest, lors de deux campagnes nettement distinctes. La première, qui vit, dans les années 1140-1160, s'élever les quatre travées orientales de la nef, n'apporta pas de transformations significatives au parti, bien que les grandes arcades soient sensiblement plus larges que dans le chœur. La seconde, au cours de laquelle fut adopté un voûtement d'ogives, n'est pas antérieure au dernier quart du siècle.

191. La travée droite du chœur mesure environ 4,20 m tandis que les colonnes de l'hémicycle correspondant à l'ouverture des chapelles rayonnantes sont espacées d'environ 4 m pour la chapelle d'axe et de 3 m seulement pour les chapelles latérales ; les autres colonnes sont espacées d'à peine un mètre. Le chevet, qui repose sur une crypte de même plan que lui, est sans doute la partie la plus ancienne de l'édifice. Les quelques renseignements chronologiques qui concernent sa construction sont malheureusement imprécis ou de seconde main. Peut-être le chantier était-il déjà en activité en 1112 (lors d'un procès, il apparaît que les chanoines avaient besoin d'une quantité importante de fer). Il devait, en tout état de cause, être très avancé en 1130, date, selon la tradition, d'une installation dans le nouveau chevet des reliques de saint Israël et saint Théobald, chanoines respectivement morts en 1014 et 1070.

192. Le type des supports varie cependant quelque peu d'une travée à l'autre. Ces variations, comme les multiples irrégularités du plan et la présence, dans les maçonneries, de plusieurs raccords très visibles, rendent l'étude archéologique de la nef du Dorat complexe. La plupart de ces problèmes résultent sans doute du fait qu'après avoir progressé d'est en ouest, les travaux semblent avoir également été menés d'ouest en est. Pour sa part, la date de 1142 gravée sur les deux premiers piliers nord de la nef, si elle est vraisemblable, doit être acceptée avec prudence, car les inscriptions sont apocryphes.

193. On observe, dans le haut-vaisseau, un dévers sensible des murs gouttereaux dans leur partie supérieure.

194. Les travaux semblent avoir été menés assez rapidement d'est en ouest. L'ouverture du chantier n'est sans doute pas antérieure à 1122, date à laquelle l'église, qui dépendait jusqu'alors de l'abbaye Saint-Cyprien de Poitiers fut rattachée au chapitre de la cathédrale de cette même ville. La construction des parties occidentales de la nef était sans doute en voie d'achèvement dans les années 1140.

195. Sur les textes concernant la construction de Cluny III, voir la mise au point de N. Stratford, « The documentary evidence for the building of Cluny III », bibl. n° 200 pp. 283-312. On trouve, dans les Annales de l'abbaye (Paris, B.N. N. a. lat. 1497, f. 2v), la mention, à la date du 30 septembre 1088, de la « fondation » de l'église (*M. LXXXVIII; Fundatio huius basilice. II. Kal. oct.*). Cf. *Bibliotheca Cluniacensis*, *op. cit.* n. 51, col. 1621.

196. L'événement est connu par un diplôme d'Urbain II : *Anno Incarnationis Dominicae millesimo nonagesimo quinto, indictione III, 8 calend. Novemb. domnus et venerabilis Urbanus papa secundus sacravit altare primum et maius novi nostri monasterii in honorem Dei, in memoriam beatorum apostolorum Petri et Pauli. Sacravit etiam per se et altare secundum Missae matutinalis. Lugdunensis autem Archiepiscopus Hugo, Pisanus archiepiscopus Dabertus, episcopus Signanus Bruno eodem die in ipso monasterio iubente Papa tria in tribus primis cancellis sacrarunt altaria* (*Bibliotheca Cluniacensis*, col. 518).

197. C'est ce qu'on peut déduire d'une inscription peinte sur le mur de la chapelle Saint-Gabriel, édifiée au sommet de la tourelle d'escalier située à l'angle sud-ouest du transept. En effet, cette inscription livre le nom de l'évêque qui consacra la chapelle ou son autel : Pierre de Pampelune. Tout semble indiquer qu'il s'agit de Pierre Ier, qui occupa le siège épiscopal de Pampelune depuis 1083 jusqu'à sa mort, le 9 octobre 1115. L'inscription est malheureusement lacunaire : seul le jour de la cérémonie nous est parvenu (14 mars), tandis que manque l'année.

198. Gilon, dans sa *Vie de saint Hugues*, rédigée vers 1120-1121, décrit la satisfaction des moines quittant l'église de Cluny II, devenue trop exiguë, pour le nouvel édifice dans lequel un millier de moines pouvaient tenir à l'aise : *Verumtamen haec fabrica, millenis fratribus capiendis ideona, milites Christi de quodam carcere eductos sui latitudine refecit, et patente chori planicie stationes ordinatas seriatim nova libertate letificat*... (publ. dom A. L'Huillier, *Vie de saint Hugues, abbé de Cluny*, Solesmes, 1888,

p. 606). On trouve un témoignage comparable dans une autre *Vie de saint Hugues*, écrite vers la même époque par Hildebert de Lavardin : [...] *tantam ac talem basilicam construxit, ut capacior ne sit magnitudine an arte mirabilior, difficile indicetur. Haec ejus decoris et gloriae est, quam, si liceat eredi coelestibus incolis in hujusmodi usus humana placere domicilia quoddam deambulatorium dicas angelorum. In hac velut eductos de carcere monachos, refovet libera quaedam planities, ita se monasticis accommodans institutis, ut angustia chori necesse non sit permisceri ordines, non stationes confundi, vel foras quandolibet evagari* (Migne, *Pat. lat.*, t. 159, col. 885). L'abbé Pons de Melgueil, successeur de saint Hugues, ordonna au début des années 1120 que l'église de Cluny II soit démolie, à l'exception de ses parties orientales, afin que le cloître puisse être agrandi : *Cum vero dieb., Pater, tuis, novo mirabili opere constructo Monasterio, illud antiquum destrui, et claustra dilatari mandasti, tu praedictam aram immotam provide reservasti, et pro ea veteris caput Monasterii divino usus consilio manere fecisti* (Lettre du moine Hugues de Gournay à l'abbé Pons, écrite entre 1120 et 1122, éd. *Bibliotheca Cluniacensis*, *op. cit.* n. 51, col. 560).

199. L'*Historia ecclesiastica* d'Orderic Vital est notre seule source d'information pour cet événement, passé sous silence par les auteurs clunisiens : « *Ingens basilicae navis quae nuper edita fuerat corruit* » (éd. Le Prévost, IV, p. 426).

200. Orderic Vital, qui séjourna à Cluny en 1132, rapporte également la cérémonie de dédicace : *Tunc ibidem XI diebus papam cum suis detinuerunt ecclesiamque novam in honore sancti Petri apostolorum principis ab eodem cum ingenti tripudio populique frequentia dedicari fecerunt* (*ibid.*, V, p. 25). La dédicace de la nouvelle église est également connue par les Annales de l'abbaye, un passage du *De miraculis* de Pierre le Vénérable, qui succéda en 1122 à l'abbé Pons de Melgueil, ainsi que par deux bulles pontificales.

201. Le récit d'un miracle de saint Hugues, parfois sollicité pour dater la construction de Paray-le-Monial des premières années du XIIe siècle, ne concerne sans doute pas celle-ci. Gilon rapporte seulement que : *Turris in quam signa in medio dependentia consistunt, compage soluta, puerum scholarum qui suberat pene extinxit ; tabula enim in culmine ipsius collapsa innocentum percussit* (éd. dom L'Huillier, *op. cit.* n. 198, p. 597). L'auteur ne précise pas l'emplacement de ce clocher, qui pouvait appartenir à l'église antérieure.

202. Six des huit colonnes de l'hémicycle de Cluny étaient en marbre. Il s'agissait de tronçons de colonnes antiques retaillés de manière à leur donner un diamètre régulier (de 45 à 50 cm selon les fûts). À Paray-le-Monial, les fûts en calcaire, également constitués de plusieurs tronçons, mesurent 5,20 m de haut pour un diamètre de 42 cm.

203. La construction de l'église Saint-Lazare fut sans doute entreprise vers 1120 par Étienne de Bâgé, évêque d'Autun et ancien moine de Cluny. Les travaux furent menés assez rapidement, d'est en ouest, peut-être sous la direction du maître qui grava son nom sur le tympan du portail occidental : Gislebertus. Lors de son passage, en 1130, le pape Innocent II procéda à la consécration de l'édifice, qui n'était peut-être pas achevé. L'église, primitivement destinée à servir de collégiale pour le château ducal et à accueillir les pèlerins venant vénérer les reliques de saint Lazare, devait, à partir de 1195, partager le titre de cathédrale avec Saint-Nazaire. Lors de la translation des reliques de saint Lazare, en 1146, seul le porche occidental était encore en chantier : *Vestibulum, quod vestire et delucidare ecclesiam debet, nondum confirmatum esse, pavimenta, ut decebat in tam dominata domo, juxta ingenium artificis, nec sculta, nec ad unguem aptata fore ; adhuc innumera restare quae dignum erat ingressu Domini domus integre consummari* (bibl. n° 99, p. 68).

204. Le récit de cet incendie, qui se déclara la veille de la fête de sainte Marie-Madeleine et fit de nombreuses victimes, est connu par plusieurs sources (*Petite Chronique de Vézelay*, Auxerre, Bibl. mun. ms. 227, f. 14v ; *Chronique de Saint-Marien d'Auxerre*, éd. dom Bouquet, *Hist. de la France*, XII, p. 291 ; *Chronique de Saint-Maixent*, éd. trad. J. Verdon, Paris, 1979, p. 193). La construction fut menée assez rapidement d'ouest en est. D'après la *Grande Chronique de Vézelay* (Migne, *Pat. lat.*, t. 194, col. 1583-1586), l'évêque d'Autun Étienne de Bâgé consacra en 1132, en présence du pape Innocent II, l'église des pèlerins (*ecclesia peregrinorum*). Il restait encore à bâtir l'avant-nef, dont la chapelle haute, dédiée à saint Michel et située en encorbellement au-dessus du portail occidental de l'église, fut consacrée entre 1145 et 1151 par Hugues, archevêque de Rouen (*ibid.*, col. 1582).

205. Rapport de 1841, cf. bibl. n° 213, pp. 53-54.

206. Seules les voûtes des trois travées occidentales présentent encore leurs dispositions d'origine. Celles des autres travées, qui avaient été remplacées à la fin du XIIe siècle par des voûtes d'ogives, sont des restitutions de Viollet-le-Duc.

207. Peut-être ces arcs-boutants furent-ils ajoutés dès la seconde moitié du XIIe siècle, lorsqu'on édifia le chevet gothique. Ils furent reconstruits par Viollet-le-Duc selon un tracé différent de celui qu'ils avaient auparavant.

208. [...] *defunctusque 3 feb. 1098, sepultus est medio in choro ubi ejus imago tumulo superposita visitur* (*Gallia Christiana*, XI, col. 917-918).

209. La Chronique de Siméon de Durham, écrite vers 1105, nous renseigne sur la pose de la première pierre, en 1093, et sur la translation, en 1104, des reliques de saint Cuthbert dans le nouveau chœur. L'église était alors bâtie « jusqu'à la nef » (*Symeonis Monachi Opera Omnia*, éd. t. Arnold, Rolls Series, LXXV (1882-1885), I, p. 129 et p. 140.

210. Les continuateurs de la Chronique de Siméon rapportent que la construction de la cathédrale de Durham se poursuivit, tantôt lentement, tantôt rapidement, jusqu'à la mort de l'évêque Ranulph Flambard (1099-1128). Les murs de la nef s'élevaient alors jusqu'au niveau du couvrement (*testudo*). Les travaux furent achevés au cours des cinq années suivantes, pendant la vacance du siège épiscopal (*ibid.*, I, pp. 139-141).

211. Il n'existe pas de textes sur la construction de Saint-Georges de Boscherville, mais on a souvent supposé que celle-ci ne fut pas entreprise avant l'arrivée, en 1114, des moines bénédictins appelés par Guillaume de Tancarville pour remplacer une communauté de chanoines séculiers.

212. Nous ne possédons aucun repère chronologique direct sur la construction de Saint-Étienne de Périgueux, mais l'adoption, avant 1118, d'une file de coupoles de même type à l'église de Saint-Avit-Senieur, fournit une indication indirecte.

213. Les travaux de construction de la cathédrale de Cahors commencèrent vers 1110 par le chevet. Par un testament rédigé avant de partir en Terre Sainte aux côtés de l'évêque Géraud de Cardaillac et du comte de Toulouse, Guillaume de Gourdon accordait, en effet, aux chanoines de la cathédrale le droit de prendre sur ses terres le bois nécessaire au chantier de l'église et de son cloître (selon Raymond de Fouilhac, rédacteur au XVIIe siècle des *Chroniques manuscrites du Quercy*, Cahors, Bibl. mun., ms. 46, f. 161). En 1119, l'autel-majeur ainsi que celui de la « Sainte Coiffe » (Saint Suaire) furent consacrés par le pape Calixte II (Guillaume Catel, *Histoire des comtes de Toulouse*, Toulouse, 1624, p. 178). On voyait encore au XVIIe siècle dans le parc du château de Cénevière un fragment de l'autel de la « Sainte Coiffe » portant l'inscription suivante : *DEDICAVIT ALTARE CAPITIS CHRISTI SUDARII CALIXTUS II. PONT. MAX. 6 KAL. AUG. AN. 1119* (27 juillet). Cf. dom Bruno Malvesin, *Description du Saint Suaire qui fut mis sur la tête de Jésus Christ après sa mort, vulgairement appelé La Sainte Coiffe, lequel est conservé avec grande vénération dans l'église cathédrale de Cahors*, 1708, publ. dans *Annuaire statistique et administratif du Lot*, 1855, pp. 35-48 (plus particulièrement p. 41). La relique avait été rapportée en 1112 de Terre Sainte par l'évêque Géraud de Cardaillac (Guillaume Lacoste, *Histoire générale de la province de Quercy*, Cahors, 1883-1885, t. II, pp. 6-11).

214. Beaucoup d'entre elles ont dû être reprises ou, comme à Cahors, reconstruites ultérieurement.

215. L'*Historia Pontificum et Comitum Engolismensium* (éd. Boussard, Paris, 1957), attribue la construction de la cathédrale d'Angoulême à l'évêque Girard II, qui occupa le siège de 1101 à 1136, après avoir été écolâtre à Saint-Étienne de Périgueux. Girard paya la moitié du gros œuvre ; l'autre moitié fut édifiée aux frais d'un chanoine fortuné, Itier Archambaud (mort en 1125).

216. Cette coupole et la tour de croisée qui la surmontait furent reconstruites selon un parti différent par Paul Abadie. Sur l'œuvre de restaurateur et d'architecte de celui-ci : *Entre archéologie et modernité : Paul Abadie architecte (1812-1884)*, cat. expo. Angoulême, 1984-1985 (la cathédrale d'Angoulême, pp. 73-85).

217. Seule la tour nord, entièrement reconstruite par Abadie, subsiste de nos jours.

218. On peut, en effet, admettre que c'est après le grand incendie qui, en 1120, détruisit la majeure partie de l'église charpentée du XIe siècle, que la construction fut entreprise.

219. Sur la construction de Saint-Marc de Venise, voir Otto Demus, *The Church of San Marco in Venice : History, Architecture, Sculpture* (Dumbarton Oaks Series, 6), Washington, 1960.

220. Sur la « restauration » de Saint-Front et les doctrines de P. Abadie, cf. *supra* n. 216.

221. Ludovic Vitet, « De l'architecture byzantine en France », *Journal des Savants*, janvier-mai 1853, rééd. dans *Études sur l'histoire de l'art*, t. I, 1864, p. 321.

222. L'édification de cette nef, large de 11,80 m dont ne subsiste qu'une partie du mur sud repris dans la construction gothique, peut être attribuée à l'évêque Pierre III (1096-1112). Elle était en cours de travaux en 1103 et probablement achevée pour le concile de 1112 (*Gallia Christ. nov.*, éd. Albanès et Chevalier, t. I, *Instr.* X, et comte de Grasset, « Le polyptique de Notre-Dame de la Seds et de Saint-Sauveur d'Aix », *Revue historique de Provence*, 1890, t. I, pp. 361-377 et t. II, pp. 113-116). Les fouilles effectuées à partir de 1980 dans la cathédrale d'Aix-en-Provence et son cloître ont permis de restituer une partie des dispositions de cette nef romane et entraîné une nouvelle analyse des textes (cf. bibl. n° 266).

223. L'abbatiale Notre-Dame de La Roë fut dédicacée en 1138, mais il semble qu'elle n'était pas alors complètement achevée car on rencontre encore après cette date des mentions de dons destinés à sa construction (Cartulaire de La Roë, Arch. départ. Mayenne).

224. La construction du chevet à déambulatoire et chapelles rayonnantes et du transept de l'abbatiale Notre-Dame de Fontevraud avait sans doute débuté dans les années 1110 ainsi qu'en témoignent divers dons destinés au chantier (J. de La Mainferme, *Clypeus nascentis Fontebraldis ordinis*, Paris-Saumur, 2 vol., 1684, t. II, p. 241 et p. 214). Le corps de Robert d'Abrissel fut exposé « dans le chœur du grand monastère » en 1117 (Pavillon, *La Vie du bienheureux Robert d'Arbrissel*, Saumur, 1667, p. 283) et l'autel majeur est mentionné dans une charte de 1119-1125 (Cartulaire de Fontevraud, Paris, B.N., N. a. lat. 2414, f. 55). Ce chevet fut consacré en 1119 par le pape Calixte II. Il est probable que la décision de construire une nef couverte d'une file de coupoles et non d'une charpente, comme on l'avait d'abord projeté, fut prise au cours des années 1120.

225. Les ouvertures sous comble ont été vitrées et transformées en fenêtres lors des restaurations du XIXe siècle. La construction de la cathédrale Saint-Jean de Besançon fut sans doute commencée par l'archevêque Anseri après que le conflit qui opposait depuis de longues années le chapitre de Saint-Jean à celui de Saint-Étienne pour le titre d'église-mère du diocèse eut été, en 1121, réglé au profit de Saint-Jean. Sans doute l'édifice, entièrement charpenté à l'exception des deux absides opposées, devait-il être en voie d'achèvement lorsqu'il fut dédicacé, en 1148, par le pape Eugène III. De nombreux autels furent, en effet, consacrés à cette occasion (*Ordo canonicorum*, Besançon, Bibl. mun. ms. 711, f. 143 et 275).

226. À Saint-Martin-d'Ainay, la croisée du transept repose également sur des colonnes. Il s'agit de fûts antiques provenant peut-être de l'autel de Rome et d'Auguste, sciés en deux pour s'adapter à leur nouvel emplacement. La hauteur de ces fûts de remploi détermine celle des colonnes de la nef, dont les tambours sont sans doute également antiques. L'abbatiale d'Ainay a malheureusement subi d'importantes restaurations avant son classement parmi les Monuments historiques, en 1844. Le vaisseau central de la nef et les collatéraux furent alors couverts de berceaux en briques prenant directement naissance au-dessus des grandes arcades, comme les berceaux lambrissés du XVe siècle qu'ils remplaçaient. Existait-il à l'origine une rangée de fenêtres hautes ? On peut le supposer, bien que la disparition de la partie supérieure des murs gouttereaux ne permette plus d'en juger. La construction de l'église Saint-Martin-d'Ainay, sans doute entreprise vers l'extrême fin du XIe siècle par l'abbé Artaud, se poursuivit sous son successeur Gaucerand. Le 27 janvier 1107, le pape Pascal II, de passage à Lyon, consacra l'autel majeur ainsi qu'un autre, dédié à la Vierge. Rien ne permet d'affirmer que la construction était alors achevée (*Gallia Christiana*, IV, col. 236). Cette cérémonie était commémorée dans le pavement de mosaïque du sanctuaire dont ne subsistent aujourd'hui que quelques fragments (déposés). On y voit notamment l'image d'un personnage en costume d'évêque (Pascal II ou Gaucerand, qui devint en 1107 archevêque de Lyon) offrant une maquette d'église et accompagné d'une inscription : *HANC AEDEM SACRAM PASCHALIS PAPA DICAVIT*.

227. Les piles de la nef de Saint-Arnoult-en-Yvelines ne sont pas sans rappeler, par leurs proportions massives et les chapiteaux à godrons qui les surmontent, l'architecture anglo-normande. La construction de l'église de ce prieuré de Saint-Maur-des-Fossés fut décidée par Gui Ier le Rouge à son retour de croisade, en 1104, pour remplacer l'église précédente, endommagée par un incendie. Les travaux semblent avoir commencé par le chevet et s'être poursuivis dans la nef.

228. À la suite d'un incendie qui, en 1212, endommagea la cathédrale romane de Besançon, celle-ci fut l'objet d'importants travaux de restauration. Les voûtes d'ogives, qui remplacèrent la charpente primitive sur les trois vaisseaux, nécessitèrent une reprise des supports. Si les chapiteaux des piles circulaires furent conservés, les piles elles-mêmes, reconstruites en sous-œuvre, furent dotées sur deux de leurs faces de colonnettes triples destinées à recevoir les retombées des ogives et des doubleaux.

229. À Notre-Dame de Beaugency, même le sanctuaire était charpenté, ce qui avait permis à l'architecte d'alléger considérablement les murs avec une rangée serrée d'ouvertures sous comble (aujourd'hui bouchées) et de fenêtres hautes. Seuls le déambulatoire et les chapelles rayonnantes étaient voûtés à l'origine ; les voûtes d'ogives qui couvrent actuellement l'édifice sont de fausses voûtes en bois d'époque classique.

230. Il convient de rappeler que l'usage de la pierre pour les couvertures est anciennement attesté dans l'architecture romane. Mais ces pierres plates, appelées lauzes dans les pays de langue d'oc et laves dans ceux de langue d'oil, sont, comme des tuiles ou des ardoises, posées sur une charpente ou sur les reins des voûtes, tandis que les flèches sont construites en pierre d'appareil.

231. Sauvé de la démolition envisagée par P. Abadie, le clocher de Saint-Front fut restauré de manière excessive par Boeswillwald (cf. J. Secret, « La restauration de Saint-Front au XIXe siècle », *Les Monuments historiques de la France*, 1956, 3).

232. La construction de la tour de croisée de l'Abbaye-aux-Dames faisait partie d'un vaste programme de modernisation de l'église du XIe siècle : outre la reprise de la croisée, dotée d'une coupole sur trompes, ce programme comprenait l'allongement du chœur, la transformation de la nef charpentée à trois vaisseaux en une nef unique couverte d'une file de coupoles, l'édification d'une nouvelle façade. Peut-être l'architecte chargé de ces travaux – dont on ignore la date exacte – peut-il être identifié avec ce Béranger dont l'épitaphe fut transcrite au XVIIe siècle par dom Estiennot :

A BERENGARIUM TEGIT HIC LAPIS INCINERATUM
ARTE MONASTERIUM CUI FUIT EDIFICA
QUEM PETRA DEFUNCTUM CELAT COELARE VOLEBAT
PETRAS CUI PETRUS PETRA DEO ANTE FAVE.

« Hélas cette pierre recouvre les cendres
de Béranger.
C'est par son art que ce monastère fut construit.
Celui qu'une pierre recouvre maintenant
qu'il est mort voulait sculpter les pierres.
C'est par sa pierre que Pierre auparavant
rendait gloire à Dieu. »

(Cf. P. M. Tonnelier, « L'architecte Béranger d'après son épitaphe », *Bulletin Soc. Antiquaires de l'Ouest*, 1970, 4).

233. Il est probable que la façade occidentale n'était pas prévue à l'origine telle qu'elle fut construite ; les traces du changement de parti sont très visibles dans les parties basses (cf. M. Baylé « Les relations entre massif de façade et vaisseau de nef en Normandie avant 1080 », cf. bibl. n° 79, pp. 225-235).

234. Les flèches en pierre très aiguës qui surmontent ces tours ne datent que du XIIIe siècle.

235. Cette coupole s'inscrit dans une tradition régionale puisque les tribunes des tours-porches d'Eymoutier, de Meymac ou de Saint-Yrieix sont également, couvertes d'une coupole (cf. Cl. Andrault-Schmitt, « Les premiers clochers-porches limousins (Évaux, Lesterps, Limoges) et leur filiation au XIIe siècle », cf. bibl. n° 79, pp. 199-235).

236. Selon la chronique écrite au début du XIIe siècle par le moine Martin, les travaux de construction de Saint-Jean-de-Montierneuf n'étaient pas achevés à la mort de Guillaume VIII d'Aquitaine. L'auteur précise que la tour de croisée était déjà en chantier et que le duc avait projeté de « faire, en façade de l'église, deux tours pour suspendre les cloches » « *Nam turres duas ad signa dependenda, in fronte ecclesie facere voluerat* ». Cf. *De constructione monasterii novi Pictavis*, éd. F. Villard, *Recueil des documents relatifs à l'abbaye de Montierneuf (1076-1319)*, Poitiers, 1973, p. 434. Ce projet fut cependant abandonné au profit d'une façade dépourvue de tours. Celle-ci, détruite lors des guerres de religion, se trouvait quelques mètres en avant de la façade actuelle, qui date du XVIIe siècle. Les nombreux fragments de claveaux sculptés remployés à cette époque semblent indiquer que la façade romane, sans doute édifiée autour de 1100, devait comporter un décor d'arcatures (cf. M. Th. Camus, « De la façade à tour(s) à la façade-écran dans les

pays de l'Ouest : l'exemple de Saint-Jean-de-Montierneuf de Poitiers », cf. bibl. n° 79, pp. 237-253).

237. La date de consécration de l'église, en 1094, n'est connue que de seconde main, d'après un manuscrit perdu du XVIIIe siècle (*Mémoires des Bénédictins contre le curé Dupont*), cité par J. B. Desevelinge, dans son *Histoire de la ville de Charlieu des origines à 1789*, Roanne, 1856, p. 21. Cependant, la comparaison des parties conservées de la nef et de la façade occidentale avec l'église voisine d'Anzy-le-Duc et d'autres édifices bourguignons bien datés, comme l'abbatiale entreprise par l'abbé Artaud à Vézelay (1096-1106), confirme la possibilité d'une datation autour de 1100.

238. Cf. *supra*, n. 163.

239. La seule information concernant le personnage de Simon le Magicien se trouve dans les Actes des Apôtres (VIII, 9-24). Il s'agit d'un sorcier de Samarie qui avait offert de l'argent à saint Pierre pour obtenir le « don de Dieu » (d'où le terme de « simonie » utilisé pour désigner le trafic des choses sacrées, trafic qui constituait l'une des plaies de l'Église avant que les effets de la réforme grégorienne ne se fassent sentir). L'histoire de l'ascension de Simon le Magicien à Rome, en présence de Néron, de saint Pierre et de saint Paul appartient à la tradition apocryphe.

240. On retrouve le détail iconographique du pied chaussé et du pied nu dans plusieurs sculptures de Saint-Jacques-de-Compostelle et de Saint-Sernin, notamment dans celles qui représentent des femmes portant sur leurs genoux un animal, lion ou bélier, sculptures dont la signification reste mystérieuse.

241. Il s'agissait néanmoins de l'accès principal à l'église, donnant du côté de la ville.

242. Le tympan de Moissac est constitué de 28 blocs quadrangulaires. On trouve 22 blocs à Vézelay, 30 à Conques, 23 à Beaulieu, 31 à Autun (cf. bibl. n° 130, II, pp. 345-392).

243. Le linteau est un bloc de remploi en marbre, datant de l'Antiquité tardive (une frise de rinceaux stylisés est visible sur la tranche inférieure). Le décor de grandes rosaces est lui-même inspiré par des modèles antiques.

244. Les scènes sculptées sur les deux côtés du porche sont disposées de manière à respecter le symbolisme des points cardinaux. En effet, le porche de Moissac s'ouvrant du côté sud de l'église, l'histoire de l'Enfance du Christ se trouve du côté oriental, traditionnellement associé à l'Incarnation, tandis que celles de la parabole du pauvre Lazare occupent le côté du couchant, emplacement habituel pour la représentation des fins dernières.

245. Le portail de Moissac paraît être l'œuvre la plus ancienne de la série. On s'accorde aujourd'hui à situer son exécution au cours de l'abbatiat de Roger (1115-*ca* 1135), dont une représentation figure à la façade du porche. Des indices chronologiques plus précis sont fournis par l'adjonction d'un crénelage défensif autour de la tour-porche abritant le portail, crénelage qui doit sans doute être mis en relation avec le conflit qui, vers 1127-1130, opposa l'abbé de Moissac et le comte de Toulouse.

246. Cf. Apoc. I, 7 : « Le voici qui vient, escorté des nuées ; chacun le verra, même ceux qui l'ont transpercé, et sur lui se lamenteront toutes les races de la terre ».

247. La traduction des inscriptions du tympan de Conques est due à R. Favreau, J. Michaud et B. Leplant, *Corpus des inscriptions de la France médiévale*, 9, 1984, pp. 17-25. La plupart de ces inscriptions sont empruntées à l'Évangile de saint Matthieu (XII, 49 ; XXIV, 29-30 ; XXV, 34, 41 ; XXVII, 45) ; on trouve également des citations de Jean (XIX, 34 ; XX, 25), de Marc (XIII, 24-25 ; XV, 35) et de Luc (XXI, 25 ; XXIII, 44-45).

248. *Liber miraculorum sancte Fidis*, éd. A. Bouillet, Paris, 1897, livre II, chap. V, pp. 25-26.

249. Isaïe tient une branche fleurie et déroule un phylactère sur lequel on lit : « Isaïe dit : un rameau sortira de la souche de Jessé » tandis que saint Jean-Baptiste tend le bras droit pour désigner ce qui était placé au-dessus de lui et présente un livre ouvert portant l'inscription suivante : « Jean dit : Voici l'Agneau de Dieu » (cf. R. Favreau, *op. cit.*, n. 247, pp. 27-30).

250. On trouve, gravée autour de la mandorle, l'inscription suivante : « Seul je dispose de toutes choses, seul je couronne le mérite : /Ceux que le crime entraîne, je les juge et les châtie » (cf. bibl. n° 201, p. 28).

251. On a tantôt voulu y voir les deux apôtres qui manquent dans le groupe situé à côté du Christ (neuf à la droite du Christ et un à sa gauche, près de saint Michel), tantôt Élie et Enoch, qui furent transportés vivants dans les cieux et dont on pensait qu'ils seraient les seuls personnages de l'Ancien Testament à être témoins du Jugement dernier.

252. Ces deux scènes sont commentées par des inscriptions gravées sur le bandeau séparant le linteau du tympan. Celle de gauche dit : « Ainsi ressuscitera quiconque ne mène pas une vie impie/Et luira pour lui sans fin la lumière du jour », tandis qu'à droite on lit : « Qu'ici la terreur terrifie ceux que l'erreur terrestre ligote/Car l'horreur de ces images signifie que tel sera leur sort » (cf. bibl. n° 201, p. 28).

253. Il ne reste de cette voussure, qui a été remplacée au XIXe siècle par une simple moulure, que quelques têtes couronnées. Le chapiteau qui reçoit, du côté gauche du portail, cette voussure est également décoré de six vieillards.

254. Parmi les fragments qui peuvent être attribués au portail nord d'Autun, on trouve une représentation de l'Assomption de la Vierge et, peut-être de saint Martin, ainsi que celle, plus difficile à identifier, d'un personnage levant les bras ; plusieurs fragments de la première voussure, sur laquelle figuraient des anges, sont également conservés (cf. bibl. n° 201, pp. 148-154).

255. Il s'agit principalement d'une description faite en 1482 à l'occasion d'une enquête sur les reliques de saint Lazare : *Postmodum vero portalia dicte ecclesie visitavimus. Et primo portale quod est ad latus dicte ecclesie respiciens contra ecclesiam Beati Nazarii, in quo quidem a parte superiori et in testitudine est ystoria resuscitationis dicti beati Lazari in magnis ymaginibus lapideis elevata, sub qua ystoria sunt imagines Adam et Eve, et in pallari, quod facit divisionem portarum dicti portalis, in superiori parte, est quedam parva imago in modum episcopi mitrati formata, ymaginem beati Lazari representans, sub qua sunt quedam alie ymagines modo antiquo formate* (Ms. Société Éduenne, publ. V. Terret, *La Sculpture bourguignonne aux XIIe et XIIIe siècles. Autun*, Autun, 1925, t. II, p. 46, n. 1). Ces renseignements sont confirmés par une description plus laconique de 1646 (« Relation d'un voyage à Autun, en 1646, par du Buisson-Aubenay », *Mémoires de la Société Éduenne*, nouv. série, t. 14, 1885, p. 283).

256. Les traces de ces modifications sont particulièrement visibles au trumeau et au centre du linteau. Il est cependant difficile de trouver une explication à ces problèmes archéologiques, liés sans doute à un changement de parti dans l'élévation de l'avant-nef (cf. bibl. n° 213, pp. 42-49 et n° 198, pp. 42-46).

257. On trouve cependant une iconographie semblable dans le Lectionnaire de Cluny (Paris, B.N. N. a. lat. 2246, f. 79v, ill. 380).

258. Ce programme était complété par un quatrième portail historié, situé à la façade de l'avant-nef. Bûchés à la Révolution, le tympan et le linteau sont déposés à l'extérieur de l'église, contre le mur du bas-côté sud. On ne distingue plus que quelques traces des sculptures : sur le tympan, le Christ dans une mandorle, encadré du tétramorphe et de personnages debout (autour du tympan se trouvait une voussure décorée d'anges) ; sur le linteau, qui mesure 6,31 m de long, on voyait sans doute la résurrection de Lazare à gauche, tandis qu'à droite deux scènes se déroulaient sous des arcades de largeur variable. Une œuvre moderne, due au sculpteur Pascal Michel fut mise en place à la façade de l'avant-nef en 1856 (cf. bibl. n° 217, pp. 245-246, fig. 25-29).

259. Il existait en outre à la façade de Saintes un grand cavalier, généralement identifié comme Constantin, qui était encore visible au XIXe siècle. Les parties hautes de la façade avaient, pour leur part, été refaites dès le XVIIe siècle.

260. Sur l'histoire de la construction de la cathédrale d'Angoulême, cf. *supra*, chapitre VII.

261. Dans l'une des frises, celle de l'arcature aveugle jouxtant le portail central, à droite, les rinceaux peuplés sont remplacés par une scène représentant des cavaliers, scène généralement identifiée comme une illustration de la *Chanson de Roland*. (ill. 14).

262. Sans doute la reconstruction du chevet et du transept de Saint-Amand-de-Boixe était-elle plus ou moins achevée lors de la translation des reliques de saint Amand, en 1125. Dom Estiennot (Paris, B.N., Lat. 12753) ajoute que l'église avait été consacrée à cette occasion, mais les sources utilisées par le savant bénédictin sont perdues.

263. Il convient de rester prudent sur le rôle joué par certains drames liturgiques, notamment le *Drame des Prophètes* mis en avant par E. Mâle (cf. bibl. n° 364, p. 144) dans le choix et la succession des scènes et des personnages de cette frise qui représente, comme l'avait bien vu G. Lecointre « la chute du premier homme, suivie du règne de l'orgueil et du mensonge, puis les promesses successives d'un libérateur, et la naissance d'un divin enfant qui ramène avec lui sur la terre la vérité et la

miséricorde » (*Mémoires de la Société des Antiquaires de l'Ouest*, 1839, p. 149).

264. Ce cloître occidental, lié au palais archiépiscopal, est évoqué, de même que le grand cloître (disparu) des chanoines de la cathédrale dans une lettre de Pierre Damien, légat pontifical, à Hugues de Salins, lettre datée du 28 octobre 1063 : « Je me souviens du cloître derrière l'abside de l'église, destiné uniquement à ta résidence, où tu peux t'appliquer à la prière et la lecture dans une telle intimité, une telle retraite que tu ne sembles pas avoir besoin de la solitude d'un ermitage. Je n'ai pas oublié non plus le second cloître qui occupe le flanc droit de l'église et où brille, tel le choeur des anges, la blanche communauté de tes clercs. C'est là, en effet, comme dans le gymnase d'une céleste Athènes, qu'ils s'instruisent des paroles des Écritures sacrées, là qu'ils s'appliquent avec sagacité à l'étude de la vraie philosophie et qu'ils s'entraînent chaque jour sous la discipline de la règle » (trad. B. de Vrégille, *Hugues de Salins, archevêque de Besançon, 1031-1066*, Besançon, 1981, p. 235).

265. [...] *et ornamentis multipliciter adornatus : ubi etiam in novissimis claustrum construxit, colomnis marmoreis ex ultimis partibus illius provinciae, ac per rapidissimos Durantiae Rhodanique cursus, non sine magno labore advectis mirabiliter decoratum : de quo solitus erat gloriari, ut jucundi erat habitus, invenisse se ligneum et relinquere marmoreum...* (Jotsaud, *De Vita sancti Odilonis abbatis Cluniacensis*, Publ. Migne, *Pat. Lat.*, t. 142, col. 908).

266. « *Enimvero refectoria domus tociusque confinia claustri ignis pessundederat, utrumque ex integro reparans, claustrum quidam, quamquam sumptuosis expensis, mira arte sculptoria decoravit* » (*Cartulaire de l'abbaye de Saint-Bertin*, cit. V. Mortet, cf. bibl. n° 99, pp. 118-119).

267. L'abbé Roger de Blois avait fait édifier à Saint-Florent de Saumur un cloître décoré de sculptures peintes et enrichies d'inscritions en vers (*Sub tempore patris huius Roberti, claustralis fabrica mira lapidum sculptura cum versuum indiciis ac picturarum splendoribus est polita*). Sous l'abbé Frédéric (1022-1055), ces sculptures excitèrent la fureur d'un moine de Marmoutier qui détruisit les membres et les têtes des figures à coups de marteau. Il est cependant difficile de préciser la nature de ces sculptures (« *Inter haec dum turgida Majoris Monasterii concio, cum justicia mixta plerumque impietate Salmuro debacchraret, illorum quidam, pravitatis zelo accensus, claustri conspicabilem sculpturam, cum quodam martello capita ac caetera membra constringendo, sceleratissime deturpavit* »). (*Historia Sancti Florentii Salmurensis*, publ. P. Marchegay et E. Mabille, *Chroniques des églises d'Anjou*, Paris, 1869, p. 257 et pp. 270-71).

268. Inscription gravée sur le pilier central de la galerie occidentale : *ANNO INCARNATIONE AETERNI PRINCIPIS MILLESIMO CENTESIMO FACTUM EST CLAUSTRUM ISTUD TEMPORE DOMINI ANSQUITILII ABBATIS AMEN.* Ansquitil fut abbé de 1085 à 1105.

269. C'est le cas de la plaque représentant Simon, qui avait à la fin du XVIIIe siècle, lors de la destruction de la fontaine, été transférée dans le porche ainsi que la moitié d'une autre plaque représentant Jude. La plaque de Simon a été placée au XIXe siècle au pilier central de la galerie occidentale. La fontaine était située à l'angle nord-ouest du cloître, où des arrachements sont encore visibles. Elle était en marbre et datait probablement, comme le reste du cloître, de l'abbatiat d'Ansquitil.

270. L'abbaye de Moissac avait été directement concernée par cette compétition. En effet, pour l'abbé Durand de Bredons, devenu évêque de Toulouse en 1060, et pour son successeur au siège épiscopal, Isarn, la règle monastique réformée par Cluny proposait le modèle idéal de *vita communis* ; mais la tentative d'Isarn visant à substituer des moines de Moissac aux chanoines de Saint-Sernin, en 1082, échoua. Les derniers points du litige ne furent réglés qu'en 1093.

271. Sur les 76 chapiteaux du cloître, 45 sont historiés et 31 ornementaux ou figurés.

272. Une partie des thèmes de cet ensemble est directement inspirée par l'exemple de Moissac, mais on trouve également à La Daurade des thèmes qui n'existent pas à Moissac (l'Entrée du Christ à Jérusalem, son Arrestation, le Jugement dernier).

273. C'est ce que nous apprend son épitaphe : *HIC EST ABBAS SITUS DIVINA LEGE PERITUS VIR DOMINO GRATUS DE NOMINE BEGO VOCATUS. HOC PERAGENS CLAUSTRUM QUOD VERSUS TENDIT AD AUSTRUM SOLLERTI CURA (BONA) GESSIT ET ALTERA PLURA.*

274. Ces représentations du Jugement dernier, qui se retrouvent dans d'autres arcades de salles capitulaires plus tardives, sont particulièrement adaptées à la fonction du lieu. Elles offraient, en effet, à la justice terrestre le modèle de la justice divine.

275. La construction du cloître de Saint-Michel-de-Cuxa est attribuée dans une chronologie des premiers abbés à Grégoire, élu vers 1125, qui fut également, à partir de 1137, archevêque de Tarragone : *Hic fecit claustra marmorea postea fuit archiepiscopus Tarraconensis* (texte publ. dans : Abbé Albert Cazes, « En parcourant les cartulaires », *Massana, revue d'histoire, d'archéologie et d'héraldique du Roussillon*, IV, 1972, pp. 366-370) cf. bibl. n°294, p. 78.

276. J. Leclercq, C. H. Talbot et H. M. Rochais, *S. Bernardi Opera*, vol. 3, *Tractatus et Opuscula*, Rome, 1963 (*Apologie à Guillaume de Saint-Thierry* : pp. 63-108).

277. *Gesta pontificum Autissiodorensium*, éd. Duru, *op. cit.* n. 77. Il s'agissait d'une galerie ouverte du côté oriental du palais, donnant sur le paysage : *Domum episcopalem de novo edificavit lapidem amplam, et tegulis texit, et in illa parte eiusdem domus que respicit ad orientem, stationem quandam construxit, que vulgari lingua logie appelatur, plurimum in aspectu delectabilem, cum pulcherrimis columpnis exornatam super murum civitatis, unde et fluvius subtus potest videri, et vinee, et agri.*

278. *Pridie kalendas novembris, fuit sacrata ecclesia Sancti Petri Auree Vallis* (*Chronique de Saint-Maixent*, éd. trad. Jean Verdon. Les classiques de l'Histoire de France, 33, Paris, 1979, pp. 172-173). Seules les parties orientales de l'édifice peuvent cependant être attribuées à cette date, la nef étant quelque peu plus tardive.

279. On trouve ainsi sur l'un des chapiteaux à médaillons deux inscriptions concernant la Prudence, l'une gravée (*DAT COGN[OSCE]NDU[M]) PRUDENTIA Q[U]ID SIT AGENDU[M]*) et l'autre peinte seulement (*DAT NOS MONENDU[M] PRUDENTIA Q[U]ID SIT AGENDUM*) ; cette dernière, découverte en 1928, a disparu depuis. D'autres sont fragmentaires, comme si le travail avait été, pour une raison ou pour une autre, interrompu. Il en est ainsi, toujours sur le même chapiteau, d'un titulus concernant l'Été (... *VENS Q[US]AS DECOQ[U]IT AESTAS*). La quatrième figure de ce chapiteau est désignée comme une allégorie du printemps (*VER PRIMOS FLORES PRIMOS P[RO]DUCIT ODORES*). Cependant, les attributs des personnages contredisent les inscriptions, ainsi que l'a bien montré P. Diemer, « What does Prudentia advise ? On the Subject of the Cluny Choir Capitals », cf. bibl. n° 196, pp. 149-173), et « Femmes savantes dans le chœur des moines. Le programme sculptural du déambulatoire de Cluny », cf. bibl. n° 200, pp. 385-406.

280. L'origine du chapiteau à godrons semble devoir être recherchée dans la subdivision des volumes du chapiteau cubique. Cette transformation, déjà en cours d'accomplissement dans quelques édifices anglais des années 1080-1090 (chapelle Saint-Jean-Baptiste de la Tour de Londres, crypte de Lastingham dans le Yorkshire), semble apparaître en Normandie au chevet de Lessay, dans les dernières années du XIe siècle, avant de se répandre, au cours des premières décennies du XIIe, jusqu'en Île-de-France.

281. Sept plaques sculptées en marbre – un Christ en Majesté, quatre anges et deux apôtres – furent encastrées au XIXe siècle dans le mur de la crypte. On ignore leur destination primitive (retable, clôture du chœur ?), d'autant que le groupe n'est homogène ni par les dimensions des plaques, ni par le style des figures. Certaines d'entre elles peuvent cependant être attribuées au sculpteur qui exécuta la table d'autel en marbre consacrée en 1096 et qui nous a laissé sa signature : Bernard Gilduin.

282. Il convient de rappeler que les deux techniques étaient concurremment employées au XIe siècle (par exemple à la façade nord de la tour-porche de Saint-Benoît-sur-Loire). Si le relief finit par s'imposer au détriment de la taille en cuvette, il n'existe donc pas d'évolution absolue conduisant de l'une à l'autre.

283. Le programme des fresques (le repas d'Emmaüs, la Pêche miraculeuse, l'investiture de saint Pierre en *cathedra*, l'apparition du Christ aux apôtres [?], trois apôtres en marche) doit être mis en étroite relation avec la pensée de l'abbé Geoffroy de Vendôme (1093-1132), ardent propagateur de la réforme grégorienne et auteur d'un *Tractatus de corpore et sanguine Domini Jesu Christi* (Migne, *Pat. lat.* t. 157, col. 213-214), visant à réfuter les thèses hérétiques de Béranger de Tours sur l'Eucharistie (cf. bibl. n° 446).

284. Les peintures du mur oriental du baptistère représentent l'Ascension. En dessous des apôtres qui encadrent le Christ, on voit les vestiges de deux empereurs à cheval dont l'un est identifié par une inscription comme Constantin. Deux autres figures du même type se trouvent sur le mur ouest. Ces cavaliers, dont deux tendent un petit globe, pourraient être une allégorie des empereurs des

quatre points cardinaux accourant pour offrir au Christ les terres sur lesquelles ils règnent. Cette identification serait en accord à la fois avec une affirmation de l'universalité du salut, bien à sa place dans un baptistère, et avec l'idée, fortement ancrée au Moyen Âge, que les souverains laïcs doivent servir la mission des apôtres. Cf. bibl. n°360.

285. Quelques aspects, inhabituels, du programme de Vicq, comme la purification d'Isaïe, paraissent liés à la diffusion de certains textes exégétiques d'Hervé de Déols (vers 1080-1150), notamment un commentaire sur le livre d'Isaïe, écrit dans les années 1130 (Migne, *Pat. lat.*, t. 181, col. 181).

286. Le Lectionnaire de Cluny (Paris, B.N. N. a. lat. 2246) ; le luxueux manuscrit conservé à la bibliothèque Palatine de Parme (ms. 1650) contenant le traité d'Ildefonse, *De Virginitate Beatae Mariae* (cf. bibl. n° 515) ; un feuillet d'une grande Bible, représentant saint Luc (musée de Cleveland, Ohio) (cf. bibl. n° 491, cat. 64). L'étude paléographique permet de retrouver, dans les deux premiers manuscrits, la main d'un même scribe, ayant également travaillé entre 1088 et 1109 à la rédaction des Annales de Cluny (Paris, B.N. N. a. lat. 1497, f. 1-4). Les peintures de Berzé-la-Ville, d'un style plus élaboré que ces enluminures, pourraient avoir été exécutées à une date légèrement postérieure à celles-ci.

287. Les conclusions de l'étude des peintures de Berzé-la-Ville faite par Fernand Mercier vers 1930 (cf. bibl. n° 209) doivent être révisées à la lumière des examens effectués par le laboratoire des Monuments historiques à l'occasion d'une récente restauration (C. Di Matteo, « La chapelle aux Moines de Berzé-la-Ville. Les peintures murales », *Les Monuments historiques de la France*, avril-mai 1981, pp. 84-96). Il est notamment apparu que la couche de cire qui, tant à Berzé-la-Ville qu'à Cluny, recouvre la surface peinte ne datait que de l'époque moderne (probablement du XVIIIe siècle). Cette couche de cire, qui conférait un aspect brillant aux peintures et les assombrissait a été enlevée à Berzé-la-Ville, à l'exception d'une bande-témoin située du côté sud de l'arc triomphal.

288. Il s'agit principalement d'un commentaire sur Daniel par saint Jérôme (Dijon, Bibl. mun. ms. 132), d'un commentaire du même auteur sur Isaïe (Dijon, Bibl. mun., ms. 129), d'un légendier (Dijon, Bibl. mun. ms. 641, 642 et 643), d'un recueil de lettres du pape Grégoire le Grand (Dijon, Bibl. mun. ms. 180), d'un commentaire de saint Jérôme sur Ezéchiel (Dijon, Bibl. mun. ms. 131). Les illustrations de ce groupe rompent, par leur style, avec celles des premiers manuscrits enluminés à Cîteaux. Bien qu'aucune de ces œuvres ne comporte de date, on peut en situer l'exécution, par divers recoupements, dans les années comprises entre 1120 et 1135 (cf. bibl. n° 522 pp. 113-147).

289. Ces initiales, qui ont fait la célébrité du Premier style de Cîteaux, se rencontrent principalement dans le second volume de la Bible d'Étienne Harding (Dijon, Bibl. mun., ms. 14-41), dans les *Morales sur Job* de saint Grégoire (Dijon, Bibl. mun., ms. 168-170 et 173), dont l'exécution peut se situer vers 1110 et dans les années suivantes (cf. bibl. n° 522, pp. 63-111).

290. Sur les débuts de l'architecture gothique, voir notamment les études synthétiques de L. Grodecki, *L'Architecture gothique*, Paris, 1979 ; J. Bony, *French Gothic Architecture of the 12th and 13th Centuries*, Berkeley-Los Angeles-Londres, 1983 ; D. Kimpel et R. Suckale, *L'Architecture gothique en France (1130-1270)*, Paris, 1990 ; W. Sauerländer, *Le Siècle des cathédrales (1140-1260)*, Paris, 1989. Voir également quelques études monographiques récentes : J. Henriet, « La cathédrale Saint-Étienne de Sens : le parti du premier Maître et les campagnes du XIIe siècle », *Bulletin monumental*, 1982, pp. 81-174 ; du même auteur : « Un édifice de la première génération gothique : l'abbatiale de Saint-Germer-de-Fly », *Bulletin monumental*, 1985, pp. 93-142 ; S. McKnight Crosby (éd. et complété par P. Z. Blum), *The Royal Abbey of Saint-Denis from its Beginnings to the Death of Suger, 475-1151*, New Haven-Londres, 1987.

291. Sur les arcs-boutants, dont l'existence dès les débuts de l'architecture gothique n'a été que récemment reconnue, voir : A. Prache, « Les arcs-boutants au XIIe siècle » *Gesta*, 1976, pp. 31-42, et J. Henriet, « Recherches sur les premiers arcs-boutants, un jalon : Saint-Martin d'Étampes », *Bulletin monumental*, 1978, pp. 309-323.

292. Quelques architectes romans avaient cependant opté pour des chapelles contiguës, comme par exemple ceux d'Airvault et de la Trinité de Fécamp autour de 1100.

293. Il convient néanmoins de signaler l'existence, dans le déambulatoire roman de Saint-Léonard-de-Noblat (Haute-Vienne), vers 1130-1140, de sept chapelles rayonnantes alternant avec des fenêtres.

294. Paris, B.N., Lat. 7297, f. 102 v (mention portée au XIIe siècle sur le manuscrit).

295. Cartulaire de Saint-Lomer, Archives départementales du Loir-et-Cher, 11 H 128, f. 52 (Publ. dom Noël Mars, *Histoire du royal monastère de Saint-Lomer de Blois*, Blois, 1646, p. 157).

296. Ces pendentifs sont creusés de niches abritant des statues.

297. L'histoire de la cathédrale du Mans est connue par les *Actus Pontificum Cenomannus in urbe degentium* (éd. Busson et Ledru, Le Mans, 1901). En 1140 la nef, encore en ruines à la suite de plusieurs incendies, accueille provisoirement une petite construction en bois destinée à protéger les reliques de saint Julien pendant les travaux de reconstruction des parties orientales. (*Actus*, pp. 447-448). La date de 1158 est donnée par le Cartulaire de La Couture (éd. par les Bénédictins de Solesmes, Le Mans, 1881, n° LXXIII).

298. Normand de Doué mourut en 1153. Le nécrologe de la cathédrale célèbre ainsi son souvenir : *Obit bonae memoriae Normandus de Doe episcopus noster qui, de navi ecclesiae nostrae trabibus proe vetustate ruinam minantibus ablatis, voluturas lapideas miro effectu edificare coepit, in quo opere octingentos libras expendit* (éd. P. Marchegay et E. Mabille, *Chronique des églises d'Anjou*, Paris, 1869, p. 192).

299. A. Mussat, *Le Style gothique de l'ouest de la France (XIIe-XIIIe siècles)*, Paris, 1963.

300. Voir notamment à ce sujet : Y. Blomme, *L'Architecture gothique en Saintonge et en Aunis*, Saint-Jean-d'Angély, 1987 ; *id.*, *Poitou gothique*, Paris, 1993 ; J. Gardelles, *Aquitaine gothique*, Paris, 1992.

301. Il s'agit à la Trinité de Caen, comme d'ailleurs dans les églises voisines de Saint-Gabriel, Bernières et Ouistreham, d'une fausse voûte sexpartite, dans la mesure où l'ogive transversale, surmontée d'un muret qui s'élève jusqu'à la ligne de faîte des voûtains latéraux, ne porte pas directement la voûte.

302. L'église d'Ouistreham a subi d'importantes restaurations à la fin du XIXe siècle et après la Seconde Guerre mondiale. Les voûtes des travées occidentales de la nef, endommagées par des bombardements, durent notamment être reconstruites.

303. Les travaux du prieur Wibert à Canterbury dans les années 1150-1160 constituent le seul point de repère chronologique pour la diffusion de ce répertoire ornemental (Deborah Kahn, *Canterbury Cathedral and its Romanesque Sculpture*, Londres, 1991, pp. 117-127).

304. La date de consécration de la cathédrale, en 1196, n'est connue que par un texte de seconde main (D. Gaultherot, *L'Anastase de Langres, tirée du tombeau de son antiquité*, Langres, 1649, p. 370).

305. On trouve, en revanche, à côté de bases de profil classique s'inscrivant dans la tradition clunisienne, quelques bases à griffes (notamment aux colonnes de l'hémicycle), dont le type témoigne de la connaissance des formes du premier art gothique d'Île-de-France.

306. On peut ramener les types de chapiteaux du chevet à quatre principaux, qui sont, dans l'hémicycle, disposés par paires selon le principe de symétrie souvent adopté au XIe siècle (par exemple à Saint-Philibert de Tournus ou à Saint-Savin).

307. Cette phase de transition entre architecture romane et gothique est illustrée en Bourgogne par d'autres exemples, comme la chapelle Saint-Michel édifiée au-dessus de l'entrée de la nef de la Madeleine de Vézelay (consacrée en 1153) ou la salle capitulaire de Saint-Germain d'Auxerre (construite entre 1148 et 1174 par l'abbé Arduin).

308. Les rapports entre le chevet de la cathédrale de Langres et celui de l'abbatiale de Clairvaux (reconstruit entre 1154 et 1174), relais possible entre ces églises cisterciennes de la fin du XIIe siècle et Saint-Mammès, demeurent difficiles à apprécier du fait de la disparition de l'abbatiale claravalienne. L'hypothèse soutenue par W. Schlink (cf. bibl. n° 218) selon laquelle le chevet de Langres aurait été conçu sur le modèle de celui de Clairvaux se heurte à de nombreuses difficultés d'ordre chronologique (cf. compte rendu de F. Salet dans *Bulletin monumental*, 1971, p. 296). Les similitudes apparentes entre les deux chevets pourraient s'expliquer par la personnalité de Geoffroy de la Roche-Vanneau. Cousin de saint Bernard et son fidèle de la première heure, il avait été prieur à Clairvaux (où il semble avoir été à l'origine de la reconstruction du monastère, à partir de 1135) avant d'accéder au siège épiscopal de Langres. En 1161, il renonça à celui-ci pour retourner à Clairvaux. Il est donc plus que probable qu'il maintint

durant les années de son épiscopat des relations suivies avec son ancienne abbaye.

309. Outre les ouvrages sur l'art roman dans les Vosges (cf. bibl. n° 181) et en Lorraine (cf. bibl. n° 180), voir, pour les débuts de l'art gothique dans ces régions : Marie-Claire Burnand, *Lorraine gothique*, Paris, 1991.

310. *Apologie à Guillaume de Saint-Thierry, op. cit.*, n. 276 (trad. M. Aubert, cf. bibl. n° 70, p. 139).

311. Aelred de Rievaulx, *Speculum caritatis*, publ. Migne, *Pat. lat.*, t. 32, col. 1463 (trad. J. Hubert, *op. cit.* n. 17).

312. On trouve le récit de la reconstruction de Clairvaux dans : *S. Bernardi Vita Prima*, Publ. Migne, *Pat. lat.*, t. 185, col. 285. Le chœur et le chevet de cette nouvelle église étaient sans doute achevés en 1145, lors de la première dédicace, mais les travaux de la nef étaient encore en cours en 1158. Dans le même temps, on entreprenait d'agrandir le chevet. Tout était cependant terminé en 1174, date de la seconde dédicace (*Chronicon Clarevallense*, publ. Migne, *Pat. lat.*, t. 185, col. 1248).

313. Les statuts cisterciens sont publiés dans : J. M. Canivez, *Statuta capitulorum generalium ordinis cisterciensis*, Louvain, 1933-1941. Ceux qui nous intéressent, datés de 1152, 1157 et 1159, se trouvent dans le t. I, pp. 12-13, 17, 61 et 70. Sur la chronologie des textes juridiques cisterciens, et notamment des statuts, voir : Fr. J. M. Auberger, *L'Unanimité cistercienne primitive, mythe ou réalité ?*, Achel, 1986 (Cîteaux, *Studia et documenta*, 3). Les principaux textes du XIIe siècle sont accessibles dans : *Cîteaux, documents primitifs. Texte latin et traduction française*, présentés par Fr. F. de Place, trad. Fr. G. Ghislain et Fr. J. Ch. Christophe, Cîteaux, 1988 (*Commentarii cistercienses*).

314. « *Sculpturae vel picturae in ecclesiis nostris seu in officinis aliquibus monasterii ne fiant* [...]. *Cruces tamen pictas sunt lignae habemus* ». Ce statut de 1152 rappelle l'interdiction formulée dans les *Capitula* placés à la suite de la *Summa Cartae Caritatis* rédigée peu avant 1130 : « *Sculpturas nusquam, picturas tantum licet habere in crucibus quae et ipsae nonnisi lignaeae habeantur* » (cf. *Cîteaux, documents primitifs, op. cit.*, n. 313, pp. 134-135).

315. Cf. bibl. n° 531, pp. 150-151.

316. *Sermones super Cantica Canticorum*, éd. J. Leclercq, *S. Bernardi opera omnia*, t. I, 1957, p. 159.

317. *HIC JACET DOMINUS EBRARDUS, NORVICENSIS EPISCOPUS, QUI EDIFICAVIT TEMPLUM ISTUD*.

318. *Historia ecclesiastica*, publ. Migne, *Patrologie latine*, t. 188, col. 641 (trad. du livre VIII, consacré à l'histoire de Cîteaux : *Cîteaux, documents primitifs, op. cit.*, n. 313, pp. 197-213 ; plus précisément, p. 213).

319. Un moine nommé Laurent fut envoyé par saint Bernard, peu de temps avant sa mort, à la recherche de fonds destinés à la construction de l'église de Clairvaux, notamment auprès du roi de Sicile. Le nouveau chevet fut sans doute entrepris dès le retour de Laurent, en 1154 ; la première chapelle rayonnante, du côté sud, fut consacrée en 1157 et la chapelle d'axe en 1166 (dom Le Boullenger, Troyes, Bibl. mun., ms. 2764, 2). L'ensemble était achevé en 1174 (cf. *supra*, n. 312). La couverture était faite de bardeaux qui, en 1178, furent remplacés par une toiture en plomb offerte par Henri II Plantagenêt (Aubri de Trois-Fontaines, Chronique, publ. dom Bouquet, *Historiens des Gaules*, t. 13, p. 713).

320. L'église construite par le prieur Guigne Ier et consacrée en 1133, fut retrouvée lors de la reconstruction de la fin du XVIIe siècle. Elle comportait une nef unique, était éclairée par des fenêtres ouvertes au nord et au sud ; son sanctuaire était plus élevé que la nef, mais l'édifice avait, semble-t-il, été remanié au XIVe siècle (cf. bibl. n° 68, pp. 74-75).

321. On trouvera une série d'études sur l'architecture grandmontaine dans : *L'Ordre de Grandmont. Art et histoire* (Actes des Journées d'Études de Montpellier, 7-8 octobre 1989), Montpellier, 1992 (Études sur l'Hérault, Centre d'Archéologie Médiévale du Languedoc).

322. Geneviève Souchal, « Les émaux de Grandmont au XIIe siècle », *Bulletin monumental*, 1962, pp. 332-357 ; 1963, pp. 41-64, pp. 123-150, pp. 219-235, pp. 307-329 ; 1964, pp. 7-35, pp. 129-159 ; 1967, pp. 21-71. Également : Jean-René Gaborit, « L'autel majeur de Grandmont », *Cahiers de civilisation médiévale*, 1976, pp. 231-246. Cf. bibl. n° 537, cat. 239 à 274.

323. À Notre-Dame de Beaune, collégiale du château des ducs de Bourgogne, les contacts avec Cîteaux ne se limitaient pas à l'architecture puisque la plaque de marbre gravée de l'autel majeur doit être mise en relation avec le style byzantinisant qui prévalait dans le scriptorium de l'abbaye vers 1130. On connaît, par ailleurs, le rôle joué par les ducs de Bourgogne au début de l'histoire de Cîteaux (Eudes Ier, Hugues II et son fils Eudes II furent enterrés à Cîteaux). Cf. bibl. n° 221. L'adoption de chapiteaux à corbeilles lisses à Sablonceaux peut également s'expliquer par les relations d'amitié qu'entretenait son fondateur, Geoffroi du Louroux avec saint Bernard.

324. M. Pradalier-Schlumberger, *La Sculpture gothique en Languedoc aux XIIIe et XIVe siècles*, Toulouse (à paraître).

325. *Chronicon ecclesiae beatae Mariae de Lochis*, publ. André Salmon, *Recueil de chroniques de Touraine*, Paris, 1854, pp. 376-380 : *Summum autem beneficium quod Thomas huic ecclesiæ contulit istud fuit quod nos narrabimus. Ad extremum videns Thomas quod cœlum mediæ ecclesiæ, pictis compactum asseribus, trabes et tignamina vetustate putrefacta jam minarentur ruinam, medium ecclesiæ quod est inter duo campanaria, remotis veteribus trabibus et lignis et asseribus, mira texit opertura, duabus scilicet turriculis quas nos dubas appellamus, arcus quoque lapideos et columnas quæ sustentant dubas fecit fieri...*

326. *Cartulaire de Saint-André-le-Bas de Vienne*, éd. U. Chevalier, Vienne-Lyon, 1869, n° 222, p. 167 (acte du 7 mars 1134 faisant état des dévastations causées à Romans par le comte d'Albon, Guigues Dauphin : « *Nempe sub hoc anno destructa fuit Rotomanis Aula Dei flammis* »).

327. Le nom de maître Gervais est donné par un texte qui relate l'incendie de la cathédrale, en 1209 : « La ville brûla dans toute sa longueur et sa largeur. L'église cathédrale aussi, œuvre de maître Gervais, fut incendiée ; sous l'effet du feu, elle se fendit par le milieu et s'écroula de part et d'autre » (Guillaume de Tudèle, *Chanson de la Croisade*, éd. Martin Chabot, Paris, 2e éd. 1960, pp. 56-61). Dès 1130 des donations avaient commencé à être faites en vue de la reconstruction de la cathédrale, et celles-ci se poursuivirent au cours des décennies suivantes (Abbé Rouquette, *Cartulaire de Béziers* [Livre Noir], Paris, 1818-1922, n° 6, n° 39, n° 137). Cf. Yves Esquieu, « L'œuvre de maître Gervais à la cathédrale de Béziers », *Annales du Midi*, 1977, pp. 153-165.

328. *Chronicon Magalonense vetus*, éd. J. Berthelé dans *Mémoires de la Société archéologique de Montpellier*, 1911, pp. 95-194 : « Lorsque Messire Jean de Montlaur devint évêque, voyant l'église [la nef] menacer ruine, il entretint les paroissiens de sa reconstruction. Il fit verser jusqu'à maintenant [1166] la somme de trente mille sous à l'œuvre de l'église et il donna lui-même vingt-huit muids de blé et de vin [pour les ouvriers]. Ainsi fut démolie l'ancienne église et la nouvelle en majeure partie construite. » La même chronique, écrite à la demande de Jean de Montlaur, nous apprend également que le chevet et le transept avaient déjà été édifiés pendant les épiscopats de Galtier (1104-1129) et de Raymond (1129-1158). Seule la nef restait donc à construire.

329. Dans un acte de 1173, Louis VII confirmait les possessions de la cathédrale d'Agde et autorisait l'évêque Guillaume à établir des fortifications. La construction en basalte, très homogène, fut sans doute entreprise après cette date.

330. L'église abbatiale de Saint-Pons fut sans doute reconstruite après qu'en 1170, Roger Trencavel, vicomte de Béziers, ait pillé et détruit le monastère. Une assemblée d'évêques et de seigneurs se réunit le 4 janvier 1171 pour arbitrer le différend qui opposait l'abbé, Raymond de Dourgne, au vicomte. Ce dernier consentit à ce que l'abbaye soit reconstruite et fortifiée.

331. Pierre Héliot, « Les coursières et les passages muraux dans les églises fortifiées du midi de la France, d'Espagne et du Portugal aux XIIIe-XIVe siècles », *Anuario de estudios medievales*, 1969, pp. 187-217.

332. Les moines de Montmajour prirent possession de l'église en 1153 (« *Anno 1153 ingressi sunt monachi in ecclesiam novam Beate Marie* ». Texte cité au XVIIe siècle par dom Claude Chantelou, *Histoire de Montmajour*, Paris, B. N. Lat. 13 915, f. 153 ; éd. Baron du Roure dans *Revue historique de Provence*, 1890-1891). Sans doute seuls le chevet et une partie du transept étaient-ils alors édifiés. La nef, qui devait rester inachevée, ne fut entreprise qu'au cours d'une seconde campagne de construction, après un arrêt plus ou moins long des travaux.

333. Peut-être faut-il mettre la construction d'une nouvelle nef, au sud de celle qui existait déjà, en relation avec une nouvelle répartition des vocables, en 1165 (cf. bibl. n° 266).

334. Deux testaments, datés de 1172 et 1175, laissent entendre que l'église, pour la première fois mentionnée comme *Beata Maria de Mari*, était en cours de construction (Cartulaire de Trinquetaille, Arch. dépt. Bouches-du-Rhône, Saint-Jean, n° 31217, fol. 2v et 15v).

335. La reconstruction du chevet oriental de la cathédrale de Verdun fut entreprise après l'attaque, en 1131, du comte de Bar contre les bâtiments épiscopaux. Les travaux furent confiés à un architecte nommé Garin dont les mérites sont vantés par Laurent de Liège, auteur des *Gesta episcoporum Virdunensium* : « *Quod opus caeteris hujus temporis incomparabile adhuc crescit inter manus artificum quibus praesidet Garinus, caeteris doctior, ut sub Salomone, ille Hyran de Tyro* » (éd. A. Calmet, *Histoire de Lorraine*, 2e éd.,1745-1757, t. II, col. XLII). Les parties supérieures du chevet de Garin ont été fortement modifiées à l'époque gothique.

336. Plusieurs fois frappée par la foudre, la flèche a été reconstruite, ainsi que les deux étages supérieurs du clocher, à la fin du XIXe siècle.

337. L'église elle-même était un édifice d'une ampleur particulière, avec son déambulatoire à chapelles rayonnantes – l'un des rares de Provence – et sa vaste crypte. Incendiée par les troupes protestantes en 1562, cette grande église de pèlerinage ne fut que partiellement rétablie au XVIIe siècle. Un mur de façade peu élevé vint surmonter le portail occidental, dont certaines parties (notamment le tympan central) furent refaites en 1665. Sans doute la façade primitive comportait-elle un grand pignon correspondant au vaisseau central, encadré de deux rampants latéraux. Elle était probablement dotée de deux petits clochers d'angle, parti peu répandu en Provence.

338. L'étude attentive de la façade de Saint-Gilles faite lors du colloque de la Société française d'Archéologie en 1977 a, en effet, conduit à écarter les hypothèses de projets successifs proposées par divers savants (R. Hamann, W. Horn, M. Gouron et M. Whitney Stoddard). On trouvera un compte rendu de ces discussions dans : Willibald Sauerländer, « Das 10. Internationale Colloquium der Société Française d'Archéologie : Die Fassade des abteikirche in Saint-Gilles-du-Gard », *Kunstchronik*, 1978, pp. 45-55.

339. Le portail s'ouvre au sud de la nef de l'église reconstruite entre 1187 (date de la découverte des reliques de sainte Marthe) et 1197. Ces deux faits sont connus grâce à une inscription placée à droite du portail.

340. Un assez long passage de *l'Apologie à Guillaume de Saint-Thierry* est consacré aux pavements historiés : « Pourquoi ne respectons-nous pas, au moins, les images des saints, dont abonde jusqu'au pavement que nous foulons aux pieds ? Souvent on crache à la figure d'un ange, souvent le visage d'un saint est abîmé par le piétinement des passants. Si l'on n'a pas d'égards pour les images sacrées, pourquoi ne pas en avoir pour les belles couleurs ? Pourquoi décorer ce qui va bientôt être souillé ? Pourquoi peindre ce qui va être foulé aux pieds ? À quoi servent ces formes gracieuses, là où une poussière continuelle les salit ? » (cf. *supra*, n. 276).

341. *MARTINUS MONACHIUS LAPIDUM MIRABILIS ARTE HOC OPUS EXSCULPSIT STEPHANO SUB PRESULE MAGNO*. La cérémonie de translation des reliques de saint Lazare eut lieu en 1147 sous l'épiscopat d'Humbert (1140-1148), neveu d'Étienne de Bâgé, désigné à titre posthume comme *presule magno*. Le récit anonyme de la translation ne fait cependant aucune allusion au mausolée, ce qui a conduit certains auteurs à l'attribuer, contre toute évidence stylistique, à l'épiscopat d'Étienne II († 1189) (Abbé Faillon, *Monuments inédits sur l'apostolat de sainte Marie-Madeleine en Provence*, Paris, 1848, p. 721). Cf. bibl. n°226.

342. La date du portail de Saint-Gilles n'a cessé, depuis le début du siècle, d'être l'objet d'un vif débat. La datation haute (1116-1142), proposée par Wilhelm Vöge et reprise notamment par Richard Hamann, ne semble plus devoir être retenue. On trouvera une utile récapitulation des arguments dans le compte rendu de l'ouvrage de Whitney S. Stoddard (cf. bibl. n° 278) par Léon Pressouyre, dans *Zeitschrift für Kunsgeschichte*, vol. 39, 1976, pp. 74-82.

343. Le tympan central, fortement endommagé pendant les guerres de religion, a été en grande partie refait au XVIIe siècle.

344. *AD MENSAM DOMINI PECCATOR QUANDO PROPINQUAT EXPEDIT UT FRAUDES EX TOTO CODE RELINQUANT.*

345. *Tractatus contra Petrobrusianos hereticos*, publ. Migne, *Patrologie latine*, t. 189, col. 796.

346. À Donzy-le-Pré, on trouve du côté gauche du tympan, un ange balançant un encensoir, et du côté droit Isaïe, le prophète de l'Incarnation, tenant un phylactère déployé sur lequel devaient être peintes les paroles de sa prophétie.

347. Une inscription gravée autour du tympan précise le propos : *HEREDES VITAE : DOMINAM : LAUDARE VENITE : PER QUAM VITA DATUR : MUNDUS PER EAM REPARATUR.*

348. Comme au portail royal de Chartres et à la frise de la Maison-Dieu de Montmorillon, la scène de la Nativité, où l'Enfant est posé sur un autel, veut montrer que le Christ était, dès sa naissance, promis au sacrifice.

349. On en retrouve toutefois certains aspects dans l'Assomption sculptée sur un chapiteau de l'église Notre-Dame de Rieux-Minervois (Aude), dont le décor se trouve dans la mouvance stylistique du Maître de Cabestany.

350. Cf. bibl. n° 550, p. 441.

351. Ces reliefs se trouvaient jusqu'à une date récente aux contreforts de l'abside orientale, où ils avaient sans doute été remployés lors de la reprise des parties hautes de celle-ci, à l'époque gothique. Décoraient-ils primitivement l'un des niveaux détruits à cette occasion ? On ne peut que le supposer.

352. La construction du cloître ne semble guère pouvoir être antérieure à l'adoption de la règle de saint Augustin par le chapitre de la cathédrale, après 1155. Divers indices montrent que le cloître, ou du moins ses parties les plus anciennes, était en service au début des années 1180 (le cimetière des chanoines qui s'y trouvait fut consacré en 1183). Pour un bilan documentaire détaillé, cf. bibl. n° 281, pp. 440-442.

353. Les autels du massif occidental de Saint-Denis et les portails eux-mêmes furent consacrés en 1140. Des statues-colonnes placées aux ébrasements des trois portails, il ne reste que quelques têtes, partagées entre Paris (musée national du Moyen Âge), Baltimore (Walters Art Gallery) et Cambridge, Mass. (Fogg Museum of Art). Elles sont néanmoins connues par les dessins effectués au début du XVIIIe siècle par Antoine Benoist pour l'ouvrage de Bernard de Montfaucon, *Les Monuments de la Monarchie française* (Paris, B.N., Fr. 15634, f. 33-77). Voir, en dernier lieu : Summer McKnight Crosby, *op. cit.*, n. 290 pp. 192-201. Sur les statues-colonnes du premier art gothique : Willibald Sauerländer, *La Sculpture gothique en France, 1140-1270*, Paris, 1972.

354. Les quelques vestiges de statues-colonnes provenant de Saint-Géry-au-Mont-des-Boeufs sont conservés au Musée de Cambrai (cf. *Sculptures romanes et gothiques du Nord de la France*, cat. expo. Lille, musée des Beaux-Arts, 1978-79, pp. 102-103).

355. La date de 1152 gravée sur le socle de l'un des pilastres de la nef de Saint-André-le-Bas fournit un point de repère pour l'ensemble de la sculpture viennoise. Dans la mesure où une partie de l'inscription se trouve derrière un atlante sculpté au bas du dosseret, on peut admettre qu'elle fut gravée avant d'être mise en place. Elle nous livre également un nom, celui de Guillaume, fils de Martin ([...] *VUILLELMUS MARTINI ME FECIT ANNO MILL. CLII AB INC. D*).

356. Cf. bibl. n° 276, p. 51.

357. Cf. bibl. n° 140.

Glossaire

Abaque (n.m.). Tablette qui forme la partie supérieure d'un chapiteau. Hérité de l'art antique, l'abaque est, à l'époque romane, plus ou moins épais et plus ou moins articulé. Tous les chapiteaux n'en possèdent pas.

Abside (n.f.). Partie de l'église de plan semi-circulaire ou polygonal qui clôt le sanctuaire. L'abside est généralement située à l'est de la construction, à l'extrémité opposée à la façade.

Absidiole (n.f.). Abside secondaire (syn. chapelle).

Ambon (n.m.). Petite chaire ou pupitre pour la lecture de l'Épître et de l'Évangile.

Antependium (n.m.). Devant d'autel.

Appareil (n.m.). Taille et agencement des matériaux constituant une maçonnerie. Selon les dimensions des pierres, on parle de petit appareil, de moyen appareil ou de grand appareil.

Appareil en arête de poisson. Voir *opus spicatum*.

Appareil réticulé. Voir *opus reticulatum*.

Arase (n.f.). Assise qui, dans le petit appareil surtout, rétablit un niveau horizontal.

Arc (n.m.). Contruction faite d'éléments (claveaux) disposés de manière rayonnante autour d'un ou plusieurs points pour réunir deux supports. Un arc comprend un intrados (face interne) et un extrados (face externe).

Arc-boutant (n.m.). Organe de contrebutement constitué d'un arc appliqué à l'extérieur de l'édifice et dont la poussée neutralise une partie de celles des voûtes ; il reporte le reste de ces poussées sur une culée.

Arc brisé. Arc formé de deux segments de cercle se rejoignant en pointe au faîte. L'arc en tiers-point est un arc brisé dans lequel peut s'inscrire un triangle équilatéral.

Arc de cloître. Voir voûte en arc de cloître.

Arc de décharge. Arc bandé dans un mur pour soulager les parties sous-jacentes.

Arc diaphragme. Arc surmonté d'un pan de mur et séparant deux espaces intérieurs. Il est utilisé, en particulier, dans les édifices charpentés.

Arc doubleau. Arc qui sépare les voûtes de deux travées voisines.

Arc en mitre. Désigne un couronnement triangulaire en forme de fronton qui n'est pas un arc au sens strict du terme.

Arc en plein cintre. Arc en forme de demi-cercle. Il peut être surhaussé par quelques assises horizontales, ou surbaissé lorsqu'il ne décrit pas un demi-cercle complet.

Arc formeret. Arc engagé dans un mur pour recevoir un quartier de voûte d'arêtes ou d'ogives.

Arc outrepassé. Se dit d'un arc plus développé que le plein cintre, en forme de fer-à-cheval.

Arcade (n.f.). Ensemble formé par un arc et ses piédroits. Les grandes arcades font communiquer le haut-vaisseau et les bas-côtés d'une nef.

Arcature (n.f.). Suite d'arcades, qui peuvent être ouvertes ou aveugles.

Archivolte (n.f.). Moulure concentrique à l'extrados d'un arc.

Astragale (n.m.). Moulure saillante qui sépare le chapiteau du fût de la colonne. L'astragale peut, à l'époque romane faire corps avec l'un ou l'autre de ces éléments.

Avant-nef (n.f.). Voir galilée.

Bague (n.f.). Moulure en forme d'anneau enserrant une colonne.

Baie (n.f.). Terme général désignant toutes les ouvertures, réelles ou simulées ménagées dans une partie construite.

Baldaquin (n.m.). Voir *ciborium*.

Bandeau (n.m.). Moulure peu saillante, plate et haute.

Barlong (adj). De plan rectangulaire.

Bas-côté (n.m.). Vaisseau latéral d'une nef, d'un transept ou d'un chœur (voir collatéral).

Bâtière (n.f.). Toit en bâtière : toit en forme de bât, à deux versants. Linteau en bâtière : linteau dont le bord supérieur offre deux pentes.

Beffroi (n.m.). Ensemble de la charpente qui, dans les clochers, sert à suspendre les cloches.

Berceau (n.m.). Voir voûte en berceau.

Billettes (n.f.). Moulure ornementale de petits tores tronçonnés en fractions égales, séparées les unes des autres par un vide. L'alternance des vides et des pleins crée un motif de damier.

Blocage (n.m.). Maçonnerie de pierres brutes noyées dans du mortier.

Chancel (n.m.). Clôture basse délimitant le chœur liturgique.

Chapelle rayonnante. Chapelle s'ouvrant sur un déambulatoire.

Chapiteau (n.m.). Élément de construction placé au sommet d'un support.

Chevet (n.m.). Du latin *caput* : tête de l'église. Désigne l'ensemble des parties de la construction situées au-delà du transept.

Chœur (n.m.). Le terme a deux acceptions, l'une technique, l'autre liturgique. Au sens strict du vocabulaire technique : partie de l'église comprise entre la dernière travée de la nef ou la croisée du transept d'une part et l'abside de l'autre. Le terme est toutefois souvent utilisé de manière extensive pour désigner le sanctuaire dans son ensemble. Au sens liturgique : partie de l'église réservée aux clercs. Ce chœur liturgique s'étend souvent jusqu'aux travées orientales de la nef. Il est délimité par une clôture (voir chancel, jubé).

Ciborium (n.m.). Édicule surmontant un autel, généralement constitué d'un dais reposant sur quatre colonnes.

Cintre (n.m.). Structure provisoire en bois destinée à soutenir les arcs et les voûtes pendant leur construction et maintenue en place jusqu'au séchage complet du mortier.

Claire-voie (n.f.). Voir fenêtres hautes.

Claustra (n.f.). Nom latin désignant une dalle ajourée servant à la fermeture d'une baie.

Claveau (n.m.). Élément d'un arc, taillé en forme de coin (synonyme : voussoir).

Clef ou **clé** (n.f.). Claveau placé au faîte d'un arc ou d'une voûte.

Clocher (n.m). Tour destinée à recevoir les cloches.

Collatéral (n.m.). Vaisseau latéral d'une nef, d'un transept ou d'un chœur (cf : bas-côté).

Colonne (n.f.). Support constitué d'un fût de section circulaire.

Colonne adossée. Colonne dressée contre un mur ou un pilier (synonyme : colonne appliquée).

Colonne engagée. Se dit d'une colonne partiellement intégrée dans une maçonnerie.

Colonne monolithe. Colonne taillée dans un seul bloc de pierre.

Colonne à tambours. Colonne dont le fût est constitué d'assises circulaires superposées de faible hauteur, dont la forme évoque celle d'un tambour.

Colonne à tronçons. Colonne dont le fût est constitué de tronçons cylindriques superposés dont la hauteur est variable mais plus importante que celle des tambours. Les colonnes et colonnettes en délit sont généralement à tronçons.

Console (n.f.). Corbeau qui présente de profil la forme d'un S.

Corbeau (n.m.). Pierre engagée dans la maçonnerie et formant saillie, destinée à porter une charge.

Contrebuter (v.). Opposer à la poussée d'une voûte ou d'un arc une poussée inverse qui la neutralise.

Contrefort (n.m.). Renforcement vertical et saillant de maçonnerie contre un mur.

Corbeille (n.f.). Partie évasée d'un chapiteau.

Coupole (n.f.). Voûte hémisphérique construite par assises horizontales placées en porte-à-faux. Elle peut être circulaire ou octogonale (cf. trompe et pendentif).

Coursière (n.f.). Passage pris dans l'épaisseur d'un mur.

Croisée (n.f.). Partie centrale du transept, située à l'intersection de celui-ci avec le vaisseau principal de la nef et du chœur.

Crypte (n.f.). Partie de l'église généralement située sous le sanctuaire, à demi enterrée.

Cul-de-four (n.m.). Voir voûte en cul-de-four.

Culée (n.f.). Massif de maçonnerie contenant la poussée d'un arc-boutant.

Culot (n.m.). Corbeau soutenant la retombée d'une voûte ou d'un arc.

Déambulatoire (n. m.). Couloir tournant autour du chœur et de l'abside.

Délit (colonnettes en) (n.m.). Colonnettes qui ne sont pas appareillées avec le mur ou le noyau de la pile devant lesquels elles sont placées, mais simplement appliquées; la pierre en délit est posée de telle manière que ses lits de carrière soient verticaux, à l'inverse des pierres d'assise. On ne peut donc parler de délit, au sens strict du terme, que dans le cas de roches sédimentaires.

Dosseret (n.m.). Élément vertical de support, de section rectangulaire, dans lequel sont engagés une colonne ou un pilastre.

Doubleau (n.m.). Voir arc doubleau.

Ébrasement (n.m.). Élargissement en biais des parois latérales d'une baie.

Écoinçon (n.m.). Surface qui se trouve entre l'extrados d'un arc et son encadrement, ou entre deux arcs.

Épannelage (n.m.). Premier dégrossissage d'un bloc de pierre, destiné à lui donner sa forme générale, avant que n'intervienne le travail de sculpture proprement dit.

Épauler (v.). Opposer à la poussée d'une voûte une résistance grâce à l'inertie d'une masse de maçonnerie.

Étrésillon (n.m.). Voir tirant.

Extrados (n.m.). Voir arc.

Fausses tribunes. Voir ouvertures sous comble.

Fenestella (n.f.). Nom latin désignant les petites ouvertures ménagées dans les murs ou la voûte d'une crypte pour établir une communication entre celle-ci et le sanctuaire de l'église.

Fenêtres hautes. On désigne par ce terme les fenêtres ouvertes dans la partie supérieure des murs gouttereaux d'une nef et qui éclairent directement le vaisseau central de celle-ci. On peut aussi parler de claire-voie ou de clair-étage.

Formeret (n.m.). Voir arc formeret.

Fresque (n.f.). Peinture murale obtenue par l'application de couleurs délayées dans de l'eau sur un enduit frais. Le travail d'une journée reste visible à une observation attentive : on désigne ces tranches sous le terme de *giornata*.

Frette (n.f.). Motif géométrique fondé sur la brisure à angle droit d'une moulure, tantôt dans un sens, tantôt dans l'autre. Parmi ses variantes plus complexes on trouve les grecques.

Gâble (n.m.). Élément d'architecture généralement triangulaire qui couronne portails ou baies.

Galilée (n.f.). Terme utilisé par les auteurs médiévaux pour désigner une construction située à l'entrée de l'église, comprenant généralement une chapelle placée au-dessus d'un porche. La galilée peut revêtir des formes architecturales très différentes regroupées sous le nom, moderne, de massif occidental (*Westwerk*). On parle également d'avant-nef. La tour-porche constitue une version réduite de ce type de construction.

Géminé (adj.). Arcades, baies ou colonnes géminées : groupées deux par deux.

Giornata (n.f.). Voir fresque.

Glacis (n.m). Voir talus.

Gorge (n.f.). Moulure de profil concave, creusée en demi-cercle.

Goutterot ou **gouttereau** (adj.). Voir mur goutterot ou gouttereau.

Grandes arcades. Voir arcade.

Haut-vaisseau (n.m). Voir nef.

Imposte (n.f.). Tablette saillante qui couronne un pilier ou un piédroit.

Intrados (n.m.). Voir arc.

Jambage (n.m.). Voir piédroit.

Jubé (n.m.). Clôture monumentale qui sépare le chœur liturgique de la nef. La tribune du jubé, où l'on accédait par des escaliers, servait à la lecture de l'Épître et de l'Évangile.

Layage (n.m.). Voir laye.

Laye (n.f.). Outil de tailleur de pierre pourvu d'une lame tranchante ; les traces laissées à la surface du bloc par cet outil constituent le layage.

Lésène (n.f.). Les lésènes sont des petits pilastres peu saillants, reliés à leur sommet par un ou plusieurs arcs. On les appelle aussi bandes bombardes.

Linteau (n.m.). Bloc de pierre horizontal réunissant à leur sommet les piédroits d'une baie.

Martyrium (n.m). À l'époque paléochrétienne, église qui s'élève au-dessus du tombeau d'un martyr.

Massif occidental. Voir galilée.

Métope (n.f.). Dalle placée de champ entre deux modillons.

Modénature (n.f.). Ensemble de la mouluration d'un édifice.

Modillon (n.m.). Petit corbeau soutenant la tablette d'une corniche (voir corbeau).

Moellon (n.m.). Pierre non taillée ou simplement dégrossie.

Mur goutterot ou **gouttereau**. Mur placé sous les gouttières d'un versant de toit. Dans l'architecture médiévale, le terme désigne les murs du haut-vaisseau.

Nef (n.f.). Partie longitudinale de l'église comprise, selon le cas, entre la façade et l'entrée du chœur, ou entre la façade et la croisée du transept. Elle peut comprendre un seul vaisseau (nef unique) ou plusieurs (généralement trois : le haut-vaisseau ou vaisseau central, encadré de deux bas-côtés ou collatéraux).

Niveau (n.m.). Partie horizontale de l'élévation d'un édifice, définie par une série de baies.

Oculus (n.m.). Petite baie ronde dépourvue de réseau.

Opus mixtum. Procédé romain consistant à interrompre à intervalles réguliers un parement de pierres par une arase de briques ou, inversement, un parement de briques par une arase de pierres.

Opus reticulatum. Petit appareil fréquent dans l'architecture romaine, dont les joints en diagonale rappellent le dessin d'un filet.

Opus spicatum. Appareil constitué d'assises dont les éléments sont placés en oblique, tantôt dans un sens, tantôt dans un autre, de manière à former par leur superposition un motif d'épi.

Ouvertures sous comble. Baies situées au-dessus d'un bas-côté et donnant sur les combles de celui-ci.

Pendentif (n.m.). Construction en forme de triangle renversé employée pour passer du plan carré au plan circulaire, sous une coupole (coupole sur pendentif).

Piédroit ou **pied-droit** (n.m.). Montant vertical d'une baie.

Pilastre (n.m.). Support engagé de section rectangulaire.

Pilier (n.m.) ou **pile** (n.f.). Support maçonné dont la forme peut être simple (pilier quadrangulaire, circulaire, octogonal) ou complexe (pilier composé).

Pinacle (n.m.). Couronnement d'un contrefort ou d'un point d'appui vertical se terminant en pyramide ou en cône effilé.

Remplage (n.m.). Voir réseau.

Réseau (n.m.). Ensemble des éléments rapportés dans une baie pour en diviser l'ouverture. Dans le cas de baies aveugles, on utilise le terme de remplage.

Rose (n.f.). Baie circulaire dotée d'un réseau.

Rouleau (n.m.). Comme les voussures, les rouleaux sont des arcs concentriques, mais l'usage réserve l'emploi du terme voussure aux portails et aux fenêtres, et celui de rouleau aux autres emplacements architecturaux.

Sanctuaire (n.m.). Désigne la partie de l'église abritant l'autel majeur et les principaux autres autels.

Scotie (n.f.). Moulure de profil concave située entre les deux tores d'une base.

Tailloir (n.m.). Tablette de pierre surmontant le chapiteau et indépendante de lui.

Talus (n.m.). Maçonnerie présentant une forte inclinaison (par exemple : bases talutées).

Tirant (n.m.). Pièce de bois ou de métal horizontale qui empêche l'écartement de deux murs.

Tore (n.m.). Moulure saillante de profil semi-circulaire.

Tour-lanterne (n.f.). Tour percée de fenêtres qui s'élève à la croisée du transept pour éclairer cette partie de l'église.

Tour-porche (n.f.). Voir galilée.

Transept (n.m.). Vaisseau transversal formant une croix avec le corps longitudinal de l'église. Le transept comprend deux bras plus ou moins débordants et, souvent, une croisée (ce terme désigne la travée déterminée par l'intersection des vaisseaux transversaux et longitudinaux). Le transept bas, dont les bras s'élèvent à une hauteur moindre que la nef, ne comporte généralement pas de croisée.

Travée (n.f.). Partie de l'élévation comprise entre les supports verticaux d'un édifice.

Tribunes (n.f.). Galeries situées au-dessus des bas-côtés, de même largeur que ceux-ci ; elles s'ouvrent, d'une part sur le haut-vaisseau, d'autre part sur l'extérieur par des fenêtres d'ampleur variable.

Trompe (n.f.). Procédé de construction qui permet de passer d'un plan carré à un plan octogonal au moyen d'arcs lancés sur les angles (par exemple dans le cas d'une coupole sur trompes).

Trumeau (n.m.). Pilier partageant en deux parties égales l'ouverture d'un portail.

Tympan (n.m.). Élément architectural occupant l'espace délimité par un arc. Dans les grands portails, il repose souvent sur un linteau.

Vaisseau central. Voir nef.

Voussoir (n.m.). Voir claveau.

Voussures (n.f.). Arcs concentriques d'une porte ou d'une fenêtre.

Voûtain (n.m.). Synonyme de quartier. Compartiment d'une voûte d'arêtes ou d'une voûte d'ogives.

Voûte (n.f.). Construction de maçonnerie destinée à couvrir un espace vide compris entre deux murs.

Voûte à pénétrations. Voûte en berceau entamée par des berceaux transversaux qui n'atteignent pas la clef du berceau longitudinal.

Voûte d'arêtes. Voûte résultant de l'intersection de deux berceaux perpendiculaires et de même hauteur. La voûte d'arêtes comprend quatre voûtains triangulaires séparés par des angles saillants (les arêtes).

Voûte d'ogives. La voûte d'ogives est constituée d'arcs disposés diagonalement (les ogives) sur lesquels reposent les voûtains.

Voûte en berceau. Voûte en forme de tunnel engendrée par une succession d'arcs. Elle peut être en berceau plein cintre ou en berceau brisé selon le type de l'arc employé. Si l'axe de la voûte est parallèle à celui du vaisseau à couvrir, le berceau est dit longitudinal. Si l'axe est perpendiculaire, le berceau est dit transversal. Lorsqu'il s'adapte à une partie tournante, comme un déambulatoire, il s'agit d'un berceau annulaire.

Voûte domicale. Voûte d'arêtes ou d'ogives très bombée qui évoque la forme d'une coupole.

Voûte en arc de cloître. Voûte d'arêtes aux angles rentrants au lieu d'être saillants.

Voûte en cul-de-four. Voûte qui a la forme d'une demi-coupole.

Westwerk (n.m.). Voir galilée.

BIBLIOGRAPHIE

I - HISTOIRE – GÉNÉRALITÉS

Dans ce domaine n'ont été retenus, à l'exception des volumes de l'*Histoire de France* d'E. LAVISSE, que des ouvrages généraux récents où le lecteur pourra trouver les références aux études sectorielles et thématiques antérieures ainsi qu'aux monographies régionales ou locales dont certaines ont renouvelé notre connaissance de la France médiévale.

1. BARTHÉLÉMY, D., *L'Ordre seigneurial. XIe-XIIe siècles*, Nouvelle histoire de la France médiévale, 3, Paris, 1990.
2. BERTRAND, G., BAILLOUD, G., LE GLAY, M., FOURQUIN, G., *La Formation des campagnes françaises des origines au XIVe siècle* dans *Histoire de la France rurale*, dir. Duby, G., t. I, Paris, 1975.
3. BLOCH, M., *La Société féodale*, 2 vol., Paris, rééd. 1967-1968.
4. BOÜARD, M. DE, *Guillaume le Conquérant,* Paris, 1984.
5. BOURNAZEL, E., *Le Gouvernement capétien au XIIe siècle. 1108-1180. Structures sociales et mutations institutionnelles*, Paris, 1975.
6. CONTAMINE, Ph., *La Guerre au Moyen Âge,* Paris, 1980.
7. DUBY, G., *Le Moyen Âge, de Hugues Capet à Jeanne d'Arc,* Paris, 1987.
8. FAVIER, J., *Le Temps des principautés,* Paris, 1984 dans *Histoire de France,* dir. FAVIER, 2.
9. FOSSIER, R. et *al., Le Moyen Âge. 2. L'Éveil de l'Europe, 950-1250*, Paris, 1982, rééd. 1990.
10. HEERS, J., *La Ville au Moyen Âge,* Paris, 1990.
11. LEMARIGNIER, J.-F., *Le Gouvernement royal aux premiers temps capétiens (987-1108),* Paris, 1965.
12. LEMARIGNIER, J.-F., *La France médiévale, institutions et sociétés*, Paris, 1970.
13. LOT, F. et FAWTIER, R. (dir.), *Histoire des institutions françaises au Moyen Âge*, t. I : *Institutions seigneuriales,* Paris, 1957 ; t. II : *Institutions royales*, Paris, 1958 ; t III : *Institutions ecclésiastiques*, Paris, 1962.
14. LUCHAIRE, A., *Les Premiers Capétiens (987-1137)* et *Louis VII, Philippe-Auguste, Louis VIII* dans *Histoire de France*, dir. LAVISSE, E., t. II, 2 et III, 1, Paris, 1901, rééd. 1980.
15. POLY, J.-P. et BOURNAZEL, E., *La Mutation féodale Xe-XIIe siècles,* Paris, 1980, rééd. 1991.
16. SASSIER, Y., *Hugues Capet*, Paris, 1987.
17. SASSIER, Y., *Louis VII,* Paris, 1991.

II - HISTOIRE DE L'ÉGLISE ET DE LA SPIRITUALITÉ

18. ALPHANDÉRY, P. et DUPRONT, A., *La Chrétienté et l'idée de croisade,* 2 vol., Paris, 1954-1959.
19. AUBRUN, M., *La Paroisse en France des origines au XVe siècle*, Paris, 1986.
20. AMANN, E. et DUMAS, A., *L'Église au pouvoir des Laïques (888-1057),* Paris, 1940 dans *Histoire de l'Église*, dir. FLICHE, A. et MARTIN, V7.
21. *Bernard de Clairvaux (1090-1153). Histoire. Mentalités. Spiritualité,* Congrès Lyon-Cîteaux-Dijon, 1990, Paris, 1992.
22. BREDERO, A., *Cluny et Cîteaux au XIIe siècle. L'Histoire d'une controverse monastique*, Amsterdam et Maarssen, 1985.
23. CHENU, M.-D., *La Théologie au XIIe siècle,* Paris, 1957.
24. DELARUELLE, E., *La Piété populaire au Moyen Âge*, Turin, 1975.
25. FÉVRIER, P.-A., LE GOFF, J., PICARD, J.-Ch., SCHMITT, J.-Cl., VAUCHEZ, A., *Des Dieux de la Gaule à la papauté d'Avignon,* dans *Histoire de la France religieuse*, dir. LE GOFF, J. et RÉMOND, R., t. I, Paris, 1988.
26. FLICHE, A., *La Réforme grégorienne et la Reconquête chrétienne (1057-1125),* Paris, 1940, dans *Histoire de l'Église,* dir. FLICHE, A. et MARTIN, V., 8.
27. *Histoire des diocèses de France*, dir. PLONGERON, B. et VAUCHEZ, A., 20 vol., Paris, 1967-1987.
28. LE BRAS, G., *Institutions ecclésiastiques de la Chrétienté médiévale*, dans *Histoire de l'Église*, dir. FLICHE, A et MARTIN, V., 12 et 13, 2 vol., Paris, 1964-1965.
29. LECLERCQ, J., *Saint Bernard et l'esprit cistercien*, Paris, 1966.
30. LEKAI, L.-J., *Les Ordres religieux en France*, 2 vol., Paris, 1979-1980.
31. PACAUT, M., *Les Ordres monastiques et religieux en France au Moyen Âge*, Paris, 1970, rééd. 1992.
32. PACAUT, M., *Les Moines blancs. Histoire de l'ordre de Cîteaux*, Paris, 1993.
33. RICHARD, J., *L'Esprit de la croisade*, Paris, 1969.
34. RICHÉ, P., *Gerbert d'Aurillac, le pape de l'an mil,* Paris, 1982.
35. SIGAL, P.-A., *Les Marcheurs de Dieu. Pèlerinages et pèlerins au Moyen Âge,* Paris, 1974.
36. SOUTHERN, R. W., *L'Église et la société dans l'Occident médiéval,* Paris, 1987 (éd. anglaise, Londres, 1970).
37. VALOUS, G. DE, *Le Monachisme clunisien des origines au XVe siècle*, 2 vol., Paris, 1970, 2e éd.
38. VAUCHEZ, A., *La Spiritualité du Moyen Âge occidental, VIIIe-XIIe siècles,* Paris, 1975.
39. VAUCHEZ, A., *Les Laïcs au Moyen Âge : pratiques et expériences religieuses*, Paris, 1987.
40. VIOLANTE, C., *Studi sulla Cristianità medioevale*, Milan, 1972.
41. VOGÜE, A. DE et NEUFVILLE, J., *La Règle de saint Benoît* (sources chrétiennes), 7 vol., Paris, 1972-1977.

III - HISTOIRE DE LA CULTURE ET DE LA PENSÉE

42. BENSON R. L. et CONSTABLE, G. (éd.), *Renaissance and Renewal in the 12th Century*, Cambridge (Mass.), 1982.
43. BRUYNE, E. DE, *Études d'esthétique médiévale*, 3 vol., Bruges, 1946.
44. GANDILLAC, M. DE et JEAUNEAU, E. (dir.), *Entretiens sur la Renaissance du XIIe siècle*, Paris-La Haye, 1968.
45. GILSON, E., *La Philosophie au Moyen Âge. Des origines patristiques à la fin du XIVe siècle*, Paris, 1947, 2e éd.
46. GILSON, E., *Héloïse et Abélard*, Paris, 1964, 3e éd.
47. GUENÉE, B., *Histoire et culture historique dans l'Occident médiéval*, Paris, 1980.
48. HASKINS, C-H., *The Renaissance of the Twelfth Century*, Cambridge (Mass.), 1927.
49. LE GOFF, J., *Les Intellectuels au Moyen Âge*, Paris, 1985, 2e éd.
50. LESNE, E., *Histoire de la propriété ecclésiastique en France.* t. IV, *Les Livres, scriptoria et bibliothèques du commencement du VIIIe à la fin du XIe siècle* ; t. V, *Les Écoles de la fin du VIIIe à la fin du XIIe siècle,* Paris, 1940.
51. PAUL, J., *L'Église et la Culture en Occident, IXe-XIIe siècle*s, 2 vol., Paris, 1986.
52. RICHÉ, P., *Les Écoles et l'enseignement dans l'Occident chrétien, de la fin du Ve siècle au milieu du XIe*, Paris, 1979.
53. VERGER, J., *Les Universités au Moyen Âge,* Paris, 1973.
54. WOLFF, P., *L'Éveil intellectuel de l'Europe*, Paris, 1971.
55. ZUMTHOR, P., *Histoire littéraire de la France médiévale, VIe-XIVe siècles*, Genève, 1973.

IV - ART ROMAN. OUVRAGES GÉNÉRAUX

56. ADHÉMAR, J., *Influences antiques dans l'art du Moyen Âge français. Recherches sur les sources et les thèmes d'inspiration*, Londres, 1939.
57. AUBERT, M., *L'Art roman en France,* Paris, 1961.
58. BARRAL I ALTET, X., AVRIL, F., GABORIT-CHOPIN, D., *Le Monde roman.* I. *Le Temps des croisades*, Paris, 1982 ; II. *Les Royaumes d'Occident*, Paris, 1983.
59. BLOCH, P. et KUBACH, E., *L'Art roman de ses débuts à son apogée,* Paris, 1966, coll. « L'Art dans le monde ».
60. CROZET, R., *L'Art roman*, Paris, 1962.
61. DURLIAT, M., « L'art roman en France », *Journal des savants,* 1972, pp. 114-138.
62. DURLIAT, M., *L'Art roman*, Paris, 1982.
63. FILLITZ, H., *Das Mitteltalter,* I, Berlin, 1969, *Propyläen Kunstgeschichte,* V.

64. FRANZ, H.-G., *Le Roman tardif et le premier gothique*, Paris, 1973, coll. « L'Art dans le monde ».
65. FOCILLON, H., *Art d'Occident. Le Moyen Âge roman et gothique,* Paris, 1938, 1965, 2e éd.en 2 vol. 1. *Le Moyen Âge roman.*
66. GRODECKI, L., MÜTHERICH, F., TARALON, J., WORMALD, F., *Le Siècle de l'an mil*, Paris, 1973.
67. *Saint Bernard et le monde cistercien*, cat. expo. Paris, C.N.M.H.S., 1990-1991.

V - L'ARCHITECTURE ROMANE ET SON DÉCOR

A - ÉTUDES D'ENSEMBLE

1. ARCHITECTURE

68. ANIEL, J.-P., *Les Maisons de Chartreux, des origines à la Chartreuse de Pavie*, Paris-Genève, 1983.
69. AUBERT, M., « Les plus anciennes croisées d'ogives. Leur rôle dans la construction », *Bulletin monumental*, 1934, pp. 5-67 et 137-234.
70. AUBERT M., (avec la collaboration de la marquise de Maillé), *L'Architecture cistercienne*, Paris, 2 vol., 1947.
71. AUBERT, M., *Cathédrales, abbayes et prieurés romans en France,* Paris, 1963.
72. BRAUNFELS, W., *Abendländische Klosterbaukunst*, Cologne, 1969.
73. « Le cloître roman dans le Midi de la France et en Catalogne », *Cahiers de Saint-Michel de Cuxa*, 1976.
74. CONANT, K. J., *Carolingian and Romanesque Architecture 800 to 1200*, Hardmondsworth, 1959, coll. « The Pelican History of Art ».
75. DESHOULIÈRES, F., *Au début de l'art roman. Les Églises de l'onzième siècle en France*, Paris, 1929, rééd. 1943.
76. DIMIER, A., *Recueil de plans d'églises cisterciennes*, Paris-Grignan, 4 vol., 1949 et 1967.
77. DIMIER, A. et PORCHER, J., *L'Art cistercien*, La Pierre-qui-Vire, t. I, 1962.
78. ECKSTEIN, H., *Die romanische Architektur. Der Stil und seine Formen,* Cologne, 1975.
79. *La Façade romane,* Actes du Colloque international, Poitiers, 26-29 sept. 1990, *Cahiers de civilisation médiévale*, 1991, n° 3-4.
80. FELS, E. et REINHARDT, H., « Étude sur les églises-porches carolingiennes et leur survivance dans l'art roman », *Bulletin monumental*, 1933, pp. 331-365 et 1937, pp. 425-469.
81. FORSYTH, I. H., « The Monumental Arts of the Romanesque Period : Recent Research. The Romanesque Cloister », *The Cloisters. Studies in Honor of the Fiftieth Anniversary*, éd. PARKER, E. C. ass. par SHEPARD, M. B, New York, The Metropolitan Museum of Art, 1992, pp. 3-25.
82. FRANCASTEL, P., *L'Humanisme roman. Critique des théories sur l'art du XIe siècle en France*, Rodez, 1942 ; rééd. Paris, 1970.
83. GARDELLES, J., « Recherches sur les origines des façades à étages d'arcatures dans les églises médiévales », *Bulletin monumental,* 1978, pp. 113-133.
84. GRODECKI, L., *Au Seuil de l'art roman. L'Architecture ottonienne,* Paris, 1958.
85. HARVEY, J.-H., *The Medieval Architect*, Londres, 1972.
86. HEITZ, C., *L'Architecture religieuse carolingienne,* Paris, 1980.
87. HEITZ, C., *La France préromane*, Paris, 1987.
88. HÉLIOT, P., « Sur les tours de transept dans l'architecture du Moyen Âge », *Revue archéologique*, 1965, t. 1, pp. 169-200, t. 2, pp. 57-95.
89. HÉLIOT, P., « Du carolingien au gothique : l'évolution de la plastique murale dans l'architecture du nord-ouest de l'Europe. IXe-XIIIe siècles », *Mémoires de l'Académie des inscriptions et belles-lettres*, 2e part., 1966, pp. 1-140.
90. HÉLIOT, P., « L'emplacement des choristes et des tribunes dans les églises du Moyen Âge », *Revue de Musicologie*, LII, 1966/1, pp. 7-20.
91. HÉLIOT, P., « Sur les tours jumelées au chevet des églises du Moyen Âge », *Arte in Europa. Scritti di storia dell' Arte in onore di E. Arslan*, Milan, 1967, pp. 249-270.
92. HÉLIOT, P., « Les origines et les débuts de l'abside vitrée (XIe-XIIIe siècles) », *Wallraf-Richartz Jahrbuch,* t. 30, 1968, pp. 89-127.
93. HUBERT, J., « Les églises à rotonde orientale », *Art du haut Moyen Âge dans la région alpine,* Actes du IIIe congrès international pour l'étude du haut Moyen Âge, 9-14 sept. 1951, Olten et Lausanne, 1954, pp. 308-320, rééd. *Arts et vie sociale de la fin du monde antique au Moyen Âge,* Genève, 1977, pp. 429-438.
94. HUBERT, J., « La vie commune des clercs et l'archéologie », *La vita comune del clero nei secoli XIe-XIIe*, rééd. *Arts et vie sociale de la fin du monde antique au Moyen Âge,* Genève, 1977, pp.125-159.
95. HUBERT, J., « La place faite aux laïcs dans les églises monastiques et dans les cathédrales aux XIe et XIIe siècles », rééd. *Arts et vie sociale de la fin du monde antique au Moyen Âge*, Genève, 1977, pp. 161-192.
96. KONERDING, V., *Die « Passagenkirche ». Ein Bautyp der romanischen Baukunst in Frankreich*, Berlin-New York, 1976.
97. KUBACH, H. E., *Architecture romane,* Paris, 1981.
98. LEFÈVRE-PONTALIS, E., « Répertoire des architectes, maçons, sculpteurs, charpentiers et ouvriers français au XIe et au XIIe siècle», *Bulletin monumental,* 1911, pp. 423-468.
99. MORTET, V., *Recueil de textes relatifs à l'histoire de l'architecture et à la condition des architectes en France au Moyen Âge. XIe-XIIe siècles,* Paris, 1911.
100. OTTAWAY, J., « Traditions architecturales dans le nord de la France pendant le premier millénaire », *Cahiers de civilisation médiévale*, 1980, pp. 141-172 et 221-239.
101. OURSEL, R., *Invention de l'architecture romane*, La Pierre-qui-Vire, 1970.
102. OURSEL, R., *France romane*, 2 vol., La Pierre-qui-Vire, 1989-1990.
103. *Paradisus Claustralis*, n° spécial *Gesta,* 1973, 1-2.
104. *Le Paysage monumental de la France autour de l'an mil*, éd. BARRAL I ALTET, X., Paris, 1987.
105. PUIG I CADAFALCH, J., *La Géographie et les origines du premier art roman*, Paris, 1935.
106. SCHAEFER, H., « The Origin of the two-tower Facade in Romanesque Architecture », *The Art Bulletin,* 1945, pp. 85-108.
107. VALLERY-RADOT, J., « Les chapelles hautes dédiées à saint Michel », *Bulletin monumental*, 1929, pp. 453-478.
108. VALLERY-RADOT, J., *Églises romanes. Filiations et échanges d'influence*, Paris, 1931, rééd.
109. VERGNOLLE, E., « Passages muraux et escaliers : premières expériences dans l'architecture du XIe siècle », *Cahiers de civilisation médiévale*, 1989, I, pp. 43-60.

2. SCULPTURE

110. BALTRUSAITIS, J., *La Stylistique ornementale dans la sculpture romane*, Paris, 1931, éd. révisée : *Formations, déformations*, Paris, 1986.
111. BOUSQUET, J., « Des antependiums aux retables. Le problème du décor des autels et de son emplacement », *Cahiers de Saint-Michel de Cuxa*, 1982, pp. 201-226.
112. CABANOT, J., « Aux origines de la sculpture romane : contribution à l'étude d'un type de chapiteau du XIe siècle », *Romanico padano, romanico europeo,* Parme-Modène (1977), 1982, pp. 351-362.
113. CAHN, W et SEIDEL, L., *Romanesque Sculpture in American Collections*, I, New York, 1974.
114. DESCHAMPS, P., « Quelques témoins de décors de stuc en France pendant le haut Moyen Âge et l'époque romane », *Stucchi e mosaici alto medioevali*, Milan, 1962, pp. 179-185.
115. DODWELL, C. R., « The Meaning of " sculptor " in the Romanesque Period », *Romanesque and Gothic. Essays for George Zarnecki*, Woodbridge, 1987, pp. 49-62.
116. DURAND-LEFÈVRE, M., *Art gallo-romain et sculpture romane. Recherches sur les formes*, Paris, 1937.
117. DURLIAT, M., « L'apparition du grand portail roman historié dans le midi de la France et le nord de l'Espagne », *Cahiers de Saint-Michel de Cuxa*, 1977, pp. 7-24.
118. DURLIAT, M., « Les débuts de la sculpture romane dans le midi de la France et en Espagne », *Cahiers de Saint-Michel de Cuxa,* 1978, pp. 101-115.
119. DURLIAT, M., *La Sculpture romane de la route de Saint-Jacques. De Conques à Compostelle,* Mont-de-Marsan, 1990.
120. FOCILLON, H., *L'Art des sculpteurs romans*, Paris, 1931, rééd. 1964.
121. FOCILLON, H., « Recherches récentes sur la sculpture romane en France au XIe siècle », *Bulletin monumental*, 1938, pp. 49-72.
122. FORSYTH, I. H. *The Throne of Wisdom. Wood Sculptures of the Madonna in Romanesque France*, Princeton, 1972.
123. GANTNER, J., *Romanische Plastik. Inhalt und Form in der Kunst des 11. und 12. Jahrhunderts*, Vienne, 1942.
124. GRODECKI, L., « La sculpture du XIe siècle en France. État des questions », *L'Information d'Histoire de l'Art*, 1958, pp. 98-112.
125. HEARN, M. F., *Romanesque Sculpture. The Revival of Monumental Stone Sculpture in Eleventh and Twelfth Centuries*, New York, 1981.
126. HENRY, F. et ZARNECKI, G., « Romanesque Arches Decorated with Human and Animal Heads », *Journal of the British Archaeological Association*, 1957, pp. 1-34, rééd. *Studies in Romanesque Sculpture,* Londres, 1979.
127. KENAAN-KEDAR, N., « The Margins of Society

in Marginal Romanesque Sculpture », *Gesta*, 1992/1, pp. 15-24.

128. LYMAN, W., *French Romanesque Sculpture. An Annotated Bibliography*, Boston, 1987.

129. MESSERER, W., *Romanische Plastik in Frankreich*, Cologne, 1964.

130. OURSEL, R., *Floraison de la sculpture romane,* La Pierre-qui-Vire, 1973-1976.

131. KINGSLEY-PORTER, A., *The Romanesque Sculpture of the Pilgrimage Roads*, 10 vol., Boston, 1923.

132. RUPPRECHT, B., *Romanische Skulptur in Frankreich*, Munich, 1975.

133. SCHMITT, M., « "Random" reliefs and "primitive" friezes : reused sources of romanesque sculpture ? », *Viator*, 1980, pp. 123-145.

134. VERGNOLLE, E., « Chapiteaux corinthisants de France et d'Italie (IXe-XIe siècles) », *Romanico padano, romanico europeo,* Parme-Modène (1977), 1982, pp. 339-350.

135. VERGNOLLE, E., « Chronologie et méthode d'analyse : doctrines sur les débuts de la sculpture romane en France », *Cahiers de Saint-Michel de Cuxa,* 1978, pp. 141-162.

136. VERGNOLLE, E., « Recherches actuelles sur la sculpture du XIe siècle en France », *Formes* n°1, 1978, pp. 19-31.

137. VERGNOLLE, E., « Fortune et infortunes du chapiteau corinthien dans le monde roman », *Revue de l'Art*, 90, 1990, pp. 21-34.

3. PEINTURE MURALE, VITRAIL ET MOSAÏQUE

138. BARRAL I ALTET, X., « Les débuts de la mosaïque de pavement romane dans le sud de la France et en Catalogne », *Cahiers de Saint-Michel de Cuxa*, 1972, pp. 117-130.

139. DEMUS, O., *Romanische Wandmalerei,* Munich, 1968 (*La Peinture murale romane,* Paris, 1970).

140. DEMUS, O., *Byzantine Art and the West*, New York-Londres, 1970.

141. DESCHAMPS, P. et THIBOUT, M., *La Peinture murale en France. Le haut Moyen Âge et l'époque romane*, Paris, 1951.

142. DODWELL, C. R., *Painting in Europe 800-1200*, Harmondsworth, 1971, coll. « The Pelican History of Art ».

143. FOCILLON, H., *Peintures romanes des églises de France,* Paris, 1938, rééd. 1950.

144. GRABAR, A et NORDENFALK, C., *La Peinture romane du XIe au XIIIe siècle*, Genève, 1958.

145. GRODECKI, L., *Le Vitrail roman*, Fribourg, 1977.

146. MICHEL, P.-H., *Fresques romanes des églises de France,* Paris, 1949.

147. MICHEL, P.-H., *La Fresque romane*, Paris, 1961.

148. NORTON, C., « Varietates Pavimentorum. Contribution à l'étude de l'art cistercien en France », *Cahiers archéologiques,* 31, 1983, pp. 69-113.

149. SCHRADE, H., *La Peinture romane,* Paris-Bruxelles, 1966.

150. STERN, H., « Mosaïques de pavement préromanes et romanes en France », *Cahiers de civilisation médiévale,* 1962, pp. 13-33.

151. TOUBERT, H., « Peinture murale romane. Les découvertes des dix dernières années : fresques nouvelles, vieux problèmes, nouvelles questions », *Arte medievale*, 1987, pp. 127-162, rééd. *Un art dirigé. Réforme grégorienne et iconographie*, Paris, 1990, pp. 447-482.

152. WETTSTEIN, J., *La Fresque romane. Italie-France-Espagne. Études comparatives*, I, Paris, 1971. *La Fresque romane. La Route de Saint-Jacques, de Tours à Léon. Études comparatives*, II, Paris, 1978.

153. ZAKIN, H. H., *French Cistercian Grisaille Glass*, New York et Londres, 1979.

B - ÉTUDES RÉGIONALES ET MONOGRAPHIQUES

1. ÎLE-DE-FRANCE - PICARDIE - NORD - CHAMPAGNE

154. BLUM, P., « The Saint Benedict Cycle on the Capitals of the Crypt at Saint-Denis », *Gesta*, 1981, pp. 73-87.

155. DESBORDES, J.-M., « Découverte d'une crypte sous la cathédrale de Meaux », *Bulletin monumental*, 1967, pp. 395-414.

156. DESBORDES, J.-M., « La troisième campagne de fouilles sous le chœur de la cathédrale de Meaux », *Bulletin monumental*, 1969, pp. 27-33.

157. GRODECKI, L., « Les chapiteaux en stuc de Saint-Remi de Reims », *Stucchi e mosaici medioevali, Atti dell' ottavo Congresso di studi dell'arte dell'alto Medioevo* (Vérone, Vicence, Brescia, 1959), Milan, 1962, pp. 186-209, rééd. *Le Moyen Âge retrouvé*, I, Paris, 1986, pp. 119-140.

158. GRODECKI, L., « À propos des vitraux de Châlons-sur-Marne. Deux points d'iconographie mosane », *L'Art mosan. Journées d'études*, Paris (1952), 1953, pp. 161-170, rééd. *Le Moyen Âge retrouvé*, I, Paris, 1986, pp. 325-338.

159. HÉLIOT, P., *Les Églises du Moyen Âge dans le Pas-de-Calais*, 2 vol., Arras, 1951-1953.

160. HÉLIOT, P. et JOUVEN, G., « L'église Saint-Pierre de Chartres et l'architecture du Moyen Âge », *Bulletin archéologique*, 6, 1970, pp. 117-177.

161. HILBERRY, H. H., « The Cathedral at Chartres in 1030 », *Speculum,* 1959, pp. 561-572.

162. HUBERT, J., « Les dates de construction du clocher-porche et de la nef de Saint-Germain-des-Prés », *Bulletin monumental,* 1950, pp. 69-84.

163. JOHNSON, D., « Architectural Sculpture of the Aisne and Oise Valleys during the Second Half of the Eleventh Century », *Cahiers archéologiques*, t. 37, 1989, pp. 19-44.

164. JOHNSON, D., « L'architecture et la sculpture du XIe siècle de l'ancien prieuré de Saint-Martin-des-Champs à Paris », *Centre International d'Études Romanes*, 1991, pp. 107-138.

165. LEFÈVRE-PONTALIS, E., *L'Architecture religieuse dans l'ancien diocèse de Soissons au XIe et au XIIe siècle*s, 3 vol., Paris, 1894.

166. MICHELI, L., *Le Décor géométrique dans la sculpture de l'Aisne et de l'Oise au XIe siècle*, Paris, 1939.

167. POISSON, G., « Nouvelles recherches sur l'abbatiale de Montier-en-Der », *Xe siècle. Recherches nouvelles,* Université de Paris X - Nanterre, Centre de recherches sur l'Antiquité tardive et le haut Moyen Âge, Cahier n° V, 1987.

168. PRACHE, A., « L'église Saint-Julien de Courville », *Congrès archéologique de France. Champagne*, 1977, pp. 209-224.

169. PRACHE, A., *Île-de-France romane,* La Pierre-qui-Vire, 1983.

170. RAVAUX, J.-P., « L'église Saint-Remi de Reims au XIe siècle », *Bulletin archéologique*, 1972 (1975), pp. 51-98.

171. RAVAUX, J.-P., « La date de la nef de l'église abbatiale de Montier-en-Der », *Cahiers Hauts-Marnais,* 1975, pp. 111-125.

172. REINHARDT, H., « Les églises de Champagne après l'an mil », *Cahiers de civilisation médiévale*, 1961, pp. 149-158.

173. *Sculptures romanes et gothiques du nord de la France*, cat. expo. Lille, musée des Beaux-Arts, 1978-1979.

174. VANUXEM, J., « La sculpture du XIIe siècle à Cambrai et à Arras », *Bulletin monumental*, 1955, pp. 5-35.

175. VERGNOLLE, E., « Saint-Arnoul de Crépy : un prieuré clunisien du Valois », *Bulletin monumental*, 1983, pp. 233-272.

176. VERGNOLLE, E., « L'église d'Oulchy-le-Château », *Congrès archéologique de France. Aisne*, 1990 (à paraître).

177. WYSS, M., (avec la contribution de R. Favreau), « Saint-Denis, I, Sculptures romanes découvertes lors des fouilles urbaines », *Bulletin monumental,* 1992, pp. 309-354.

2. LORRAINE - ALSACE

178. COLLIN, H., « La cathédrale de Verdun et sa place parmi les grands édifices romans de Lorraine et de Rhénanie », *Le Pays lorrain*, 1971, pp. 15-32.

179. COLLIN, H. et *al., Champagne romane*, La Pierre-qui-Vire, 1981.

180. COLLIN, H., *Les Églises romanes de Lorraine,* Nancy, 4 vol., 1981-1986.

181. DURAND, G., *Églises romanes des Vosges,* Paris, 1913.

182. GRODECKI, L., « L'architecture du XIe siècle en Alsace et sur le Rhin moyen », *L'Information d'Histoire de l'Art*, 1960, 1, p. 8-15, rééd. *Le Moyen Âge retrouvé*, T. I, Paris, 1986, pp. 183-196.

183. HEITZ, C. et HÉBER-SUFFRIN, F., *Églises de Metz dans le haut Moyen Âge*, Université de Paris X - Nanterre, Centre de recherches sur l'Antiquité tardive et le haut Moyen Âge, Cahier n° IV, 1982.

184. KAUTZSCH, R., *Der romanische Kirchenbau im Elsass*, Fribourg-en-Brisgau, 1944.

185. MARSCHALL, H. G., *Die Kathedrale von Verdun*, Sarrebruck, 1981.

186. MARSCHALL, H. G. et SLOTTA, R., *Lorraine romane,* La Pierre-qui-Vire, 1984.

187. MÜLLER-DIETRICH, N., *Die Romanische Skulptur in Lothringen,* Munich, 1968.

188. RUMPLER, M., *L'Architecture religieuse en Alsace à l'époque romane*, Strasbourg, 1958.

189. RUMPLER, M., *L'Art roman en Alsace*, Strasbourg, 1965.

190. SLOTTA, R., *Romanische Architektur im Lothringischen. Département Meurthe-et-Moselle,* Sarrebruck-Bonn, 1976.

191. WILL, R., *Répertoire de la sculpture romane de l'Alsace*, Strasbourg, 1955.

192. Will, R., *Alsace romane*, La Pierre-qui-Vire, 1965.

193. Zink, J., « Bemerkungen zum Ostchor der Kathedrale von Verdun und seinen Nachfolgebauten », *Trierer Zeitschrift*, 1975, pp. 153-222.

3. BOURGOGNE - FRANCHE-COMTÉ

194. *Cluny III, la maior ecclesia*, cat. expo. Cluny, musée Ochier, 1988.
195. CONANT, K. J., *Cluny. Les Églises et la maison du chef d'ordre*, Mâcon, 1968.
196. « Current studies on Cluny », *Gesta,* n° spécial (vol. XXVII, 1/2), 1988.
197. DICKSON, M. et Ch., *Les Églises romanes de l'ancien diocèse de Chalon. Cluny et sa région,* Mâcon et Paris, 1935.
198. DIEMER, P., *Stil und Ikonographie der Kapitelle von Sainte-Madeleine, Vézelay*, Heidelberg, 1975.
199. ERLANDE-BRANDENBURG, A., « Iconographie de Cluny III », *Bulletin monumental,* 1968, pp. 293-322.
200. *Le Gouvernement d'Hugues de Semur à Cluny,* Actes du colloque scientifique international, Cluny, 1988, Cluny, musée Ochier, 1990.
201. GRIVOT, D. et ZARNECKI, G., *Gislebertus, sculpteur d'Autun,* Paris, 1960.
202. HEITZ, C., « Lumières anciennes et nouvelles sur Saint-Bénigne de Dijon », *Du VIIIe au XIe siècle : édifices monastiques et culte en Lorraine et en Bourgogne*, Université de Paris X - Nanterre, Centre de recherches sur l'Antiquité tardive et le haut Moyen Âge, Cahier n° II, 1977, pp. 63-106.
203. HENRIET, J., « Saint-Philibert de Tournus. Histoire. Critique d'authenticité. Étude archéologique du chevet (1009-1019) », *Bulletin monumental*, 1990, pp. 229-316.
204. HENRIET, J., « Saint-Philibert de Tournus. L'œuvre du second Maître : la galilée et la nef », *Bulletin monumental*, 1992, pp. 101-164.
205. KERBER, B., *Burgund und die Entwicklung der französischen Kathedralskulptur im 12. Jh.*, Recklinghausen, 1966.
206. LACROIX, P., *Églises jurassiennes romanes et gothiques*, Besançon, 1981.
207. LOUIS, R., *Les Églises d'Auxerre des origines au XIe siècle,* Paris, 1952.
208. MARINO MALONE, C., « Les fouilles de Saint-Bénigne de Dijon (1976-1978) et le problème de l'église de l'an mil », *Bulletin monumental,* 1980, pp. 253-292.
209. MERCIER, F., *Les Primitifs français. La Peinture clunisienne en Bourgogne à l'époque romane. Son histoire et ses techniques*, Mâcon, s.d. (1930).
210. OURSEL, R. et A.-M., *Les Églises romanes de l'Autunois et du Brionnais. Cluny et sa région,* Mâcon, 1953.
211. OURSEL, R., *Bourgogne romane*, 5e éd. entièrement revue, La Pierre-qui-Vire, 1968.
212. QUARRÉ, P., « L'iconographie et le style des trois portails de Saint-Lazare d'Avallon », *Gazette des Beaux-Arts,* 1958, pp. 23-34.
213. SALET, F. et ADHÉMAR, J., *La Madeleine de Vézelay,* Melun, 1948.
214. SALET, F., « Cluny III », *Bulletin monumental*, 1968, pp. 235-292.
215. SAPIN, Ch., *La Bourgogne préromane*, Paris, 1986.
216. SAUERLÄNDER, W., « Über die Komposition des Weltgerichts. Tympanon in Autun », *Zeitschrift für Kunstgeschichte,* 1966, pp. 261-294.
217. SAULNIER, L., et STRATFORD, N., *La Sculpture oubliée de Vézelay,* Paris-Genève, 1984.
218. SCHLINCK, W., *Zwischen Cluny und Clairvaux. Die Kathedrale von Langres und die burgundische Architektur des XII. Jahrhunderts,* Berlin, 1970.
219. SCHLINK, W., *Saint-Bénigne in Dijon. Untersuchungen zur Abteikirche Wilhelms von Volpiano (962-1031)*, Berlin, 1978.
220. STRATFORD, N., « Chronologie et filiations stylistiques des sculptures de la façade nord du porche de Charlieu », *Actes des journées d'études d'histoire et d'archéologie organisées à l'occasion du 11e centenaire de la fondation de l'abbaye et de la ville de Charlieu*, Charlieu, 1973, pp. 7-13.
221. STRATFORD, N., « A romanesque marble altar frontal in Beaune and some Citeaux manuscripts », dans BORG, A. et MARTINDALE, A.(éd.), *The Vanishing Past : Studies of Medieval Art, Liturgy and Metrology presented to Christopher Hohler*, Oxford, 1981, pp. 223-239.
222. STRATFORD, N., « Autun and Vienne », *Romanesque and Gothic. Essays for George Zarnecki,* Woodbridge, 1987, pp. 193-200.
223. STRATFORD, N., « La sculpture médiévale de Moutiers-Saint-Jean (Saint-Jean-de-Réome) », *Congrès archéologique de France. Auxois-Châtillonnais*, 1986, pp. 157-202.
224. STRATFORD, N., « Le portail roman de Neuilly-en-Donjon », *Congrès archéologique de France. Bourbonnais,* 1988, pp. 311-338.
225. STRATFORD, N., « Les bâtiments de l'abbaye de Cluny à l'époque médiévale. État des questions », *Bulletin monumental*, 1992, pp. 383-411.
226. *Le Tombeau de saint Lazare et la sculpture romane à Autun après Gislebertus,* Autun, musée Rolin, 1985.
227. TOURNIER, R., SAUERLÄNDER, W. et OURSEL, R., *Franche-Comté romane,* La Pierre-qui-Vire, 1979.
228. VERGNOLLE, E., « Saint-Vorles de Châtillon-sur-Seine », *Congrès archéologique de France. Auxois-Châtillonnais*, 1986, pp. 53-76.
229. VERGNOLLE, E., « L'église Saint-Nazaire de Bourbon-Lancy », *Congrès archéologique de France. Bourbonnais*, 1988, pp. 83-96.
230. VIREY, J., *Les Églises romanes de l'ancien diocèse de Mâcon. Cluny et sa région,* Mâcon, 1934.
231. ZINK, J., *Die Mittelalterliche Kathedrale von Besançon bis zum XIII. Jahrhunderts*, Fribourg-en-Brisgau, 1974.
232. ZINK, J , « Zur dritten Abteikirche von Charlieu (Loire), insbesondere zur Skulptur der Vorhalle und ihrer künstlerischen Nachfolge », *Wallraf Richartz Jahrbuch,* XLIV, 1983, pp. 57-144.
233. ZINK, J., « Sculptures bourguignonnes autour du tombeau de saint Lazare à Autun », *Mémoires de la Société Éduenne*, nouvelle série, t. LIV, fasc. 4, 1984, pp. 291-321.
234. ZINK, J., « Das Lazarusportal der Kathedrale Saint-Lazare in Autun », *U. R. Schriftenreihe der Universität Regensburg*, XV, oct. 1988, pp. 83-134.

4. LYONNAIS - SAVOIE - DAUPHINÉ - VIVARAIS

235. BARRUOL, G., *Dauphiné roman,* La Pierre-qui-Vire, 1992.
236. BRISAC, C., « La verrière du Champ-près-Froges », *Bulletin mensuel de l'Académie Delphinale*, 1973, pp. 204-211.
237. CABRERO-RAVEL, L., « Les chapiteaux romans de Saint-Pierre de Champagne », *Histoire de l'Art*, n°7, 1989, pp. 13-24.
238. CHAGNY, A., *Une grande abbaye lyonnaise. Saint-Martin-d'Ainay et ses annexes*, Lyon, 1935.
239. DARTEVELLE, G., *Églises médiévales des Hautes-Alpes*, Taulignan, 1990.
240. *La Drôme romane,* ouvrage collectif, Taulignan, 1989.
241. ESQUIEU, Y., « La cathédrale de Viviers et les bâtiments du cloître, XIIe-XIIIe siècles », *Bulletin monumental,* 1983, pp. 121-148.
242. GRODECKI, L., « Un groupe de vitraux français du XIIe siècle », *Festschrift für Hans R. Hahnloser zum 60 Geburtstag, 1959*, Bâle, 1961, pp. 289-298, rééd. *Le Moyen Âge retrouvé*, I, Paris, 1986, pp. 371-382.
243. OURSEL, R., *Lyonnais-Savoie romans,* La Pierre-qui-Vire, 1990.
244. *Saint-André-de-Rosans (Hautes-Alpes). Millénaire de la fondation du prieuré (988-1088)*, Actes du colloque 13-14 mai 1988, Gap, 1990.
245. SAINT-JEAN, R., « La tribune monastique de Cruas (Ardèche) », *Cahiers de Saint-Michel de Cuxa*, 1975, pp. 153-166.
246. SAINT-JEAN, R. et NOUGARET, J., *Vivarais-Gévaudan romans*, La Pierre-qui-Vire, 1991.
247. SALET, F., « L'ancienne cathédrale Saint-Maurice de Vienne », *Congrès archéologique de France. Dauphiné,* 1972, pp. 508-553.
248. SAUERLÄNDER, W., « Löwen in Lyon », *Kunsthistorische Forschungen für Otto Pächt zu seinem 70. Geburtstag*, Salzbourg, 1972, pp. 214-224.
249. STERN, H., « Les mosaïques de la cathédrale Saint-Jean de Lyon », *Cahiers archéologiques,* XIV, 1964, pp. 219-232.
250. THIRION, J., « L'influence lombarde dans les Alpes françaises du Sud », *Bulletin monumental*, 1970, pp. 7-40.
251. THIRION, J., « Les sculptures romanes de Saint-Barnard de Romans », *Comptes rendus de l'Académie des inscriptions et belles-lettres,* 1974, pp. 347-368.
252. THIRION, J., *Alpes romanes*, La Pierre-qui-Vire, 1980.
253. THIRION, J., « Souvenirs antiques et créations romanes : les sculptures de l'ancienne cathédrale de Die », *Gazette des Beaux-Arts*, avril 1990, pp. 141-161.
254. VALLERY-RADOT, J., « L'Église Saint-André-le-Bas de Vienne et ses rapports avec Saint-Paul de Lyon, Notre-Dame d'Andance et Notre-Dame de Die », *Bulletin monumental*, 1938, pp. 145-172.
255. VALLERY-RADOT, J., « L'église Saint-Maurice, ancienne cathédrale de Vienne, des origines à la consécration de 1251. Chronologie et décor des parties romanes », *Bulletin monumental,* 1952, pp. 297-362.
256. VALLERY-RADOT, J., « Note sur deux mosaïques de pavement romanes de l'église de Cruas (Ardèche) », *Genava,* 1963, pp. 175-181.

5. PROVENCE - COMTAT VENAISSIN - BAS-LANGUEDOC - CORSE

257. BARRAL I ALTET, X., « L'église fortifiée des Saintes-Maries-de-la-Mer », *Congrès archéologique de France. Pays d'Arles,* 1976, pp. 240-316.

258. BARRUOL, G., « L'église Notre-Dame-des-Doms au XIIe siècle », *Congrès archéologique de France. Avignon et Comtat Venaissin*, 1963, pp. 44-58.

259. BARRUOL, G., *Provence romane, II. La Haute-Provence*, La Pierre-qui-Vire, 1977.

260. BORG, A., *Architectural Sculpture in Romanesque Provence*, Oxford, 1972.

261. BOUSQUET, J., « La sculpture romane à Saint-Pons-de-Thomières et ses liens avec l'art du Roussillon », *Cahiers de Saint-Michel de Cuxa,* 1973, pp. 77-95.

262. DURLIAT, M., « Saint-Pons-de-Thomières », *Congrès archéologique de France. Montpellier,* 1950, pp. 271-289.

263. DURLIAT, M., « Tables d'autel à lobes de la province ecclésiastique de Narbonne (IXe-XIe siècles) », *Cahiers archéologiques*, 1966, pp. 51-75.

264. DURLIAT, M., « L'ancienne cathédrale Saint-Nazaire de Carcassonne », *Congrès archéologique de France. Pays de l'Aude*, 1973, pp. 548-572.

265. ESQUIEU, Y., « Béziers et la renaissance romane provençale », *Provence historique*, fasc. 112, 19, pp. 123-147.

266. GUILD, R., GUYON, J., RIVET, L. et VECCHIONE, M.,« Saint-Sauveur d'Aix-en-Provence. La cathédrale et le baptistère », *Congrès archéologique de France. Le Pays d'Aix,* 1985, pp. 17-64.

267. HAMANN, R., *Die Abteikirche von St-Gilles und ihre Kunstlerische Nachfolge,* 3 vol., Berlin, 1955-1956.

268. HÉLIOT, P., « Les coursières et les passages muraux dans les églises fortifiées du midi de la France, d'Espagne et du Portugal aux XIIIe et XIVe siècles », *Anuario de estudios medievales*, 1963, VI, pp. 187-217.

269. LACOSTE, J., « La galerie nord du cloître de Saint-Trophime d'Arles », *Cahiers de Saint-Michel de Cuxa*, 1976, pp. 127-162.

270. LASSALLE, V., *L'Influence antique dans l'art roman provençal,* Paris, 1983.

271. LASSALLE, V., *Les Sculptures romanes du Musée archéologique de Nîmes,* Nîmes, 1989.

272. LUGAND, J., NOUGARET, J. et SAINT-JEAN, R., *Languedoc roman,* La Pierre-qui-Vire, 1975.

273. MOGNETTI, E., « L'abbaye de Montmajour », *Congrès archéologique de France. Pays d'Arles,* 1976, pp. 182-239.

274. MORACCHINI-MAZEL, G., *Les Églises romanes de Corse*, 2 vol., Paris, 1967.

275. ROUQUETTE, J. -M., *Provence romane,* I. *La Provence rhodanienne,* La Pierre-qui-Vire, 1974.

276. SAINT-JEAN, R., *Saint-Guilhem-le-Désert. La Sculpture du cloître de l'abbaye de Gellone*, Montpellier, 1990.

277. VON STOCKHAUSEN, H.-A., « Die romanischen Kreuzgänge der Provence. I : Die Architektur », *Marburger Jahrbuch für Kunstwissenschaft*, VII, 1933, pp. 135-190 ; II « Die Plastik », *Ibid.*, VIII-IX, 1934, pp. 85-171.

278. STODDARD, W-S., *The Façade of Saint-Gilles-du-Gard. Its Influence on French Sculpture*, Middletown (Connecticut), 1973.

279. THIRION, J., « L'ancienne cathédrale de Nice et sa clôture de chœur du XIe siècle, d'après des découvertes récentes », *Cahiers archéologiques,* 1967, pp. 121-160.

280. THIRION, J., « Sculptures romanes de Haute-Provence », *Bulletin monumental,* 1972, pp. 7-43.

281. THIRION, J., « Saint-Trophime d'Arles » *Congrès archéologique de France. Pays d'Arles*, 1976, pp. 360-479.

282. THIRION, J., « Le décor sculpté du cloître de la cathédrale d'Avignon », *Monuments et Mémoires. Fondation E. Piot*, 1977, pp. 87-164.

283. THIRION, J., « Ganagobie et ses mosaïques », *Revue de l'Art*, n° 49, 1980, pp. 50-69.

284. THIRION, J., « Survivances et avatars du chapiteau corinthien dans la vallée du Rhône et en Provence », *L'Acanthe,* Actes du colloque de Paris, 1990, Paris, 1993, pp. 281-295.

285. VALLERY-RADOT, J., « L'ancienne cathédrale de Maguelonne », *Congrès archéologique de France. Montpellier*, 1950, pp. 60-89.

286. VALLERY-RADOT, J., « Saint-Étienne d'Agde », *Congrès archéologique de France. Montpellier,* 1950, pp. 201-218.

6. ROUSSILLON - CATALOGNE

287. BARRAL I ALTET, X., *L'Art preromanic a Catalunya. Segles XI-X*, Barcelone, 1981.

288. DALMASES, N. DE, et JOSE I PITARCH, A., *Els inicis i l'art romanic (s. IX-XII), Historia de l'art català, I*, Barcelone, 1986.

289. DURLIAT, M., *La Sculpture romane en Roussillon,* 5 vol., Perpignan, 1948-1954.

290. DURLIAT, M., « Les premiers essais de décoration de façades en Roussillon au XIe siècle », *Gazette des Beaux-Arts,* 1988, pp. 65-78.

291. DURLIAT, M., « Le Maître de Cabestany », *Cahiers de Saint-Michel de Cuxa*, 1973, pp. 116-127.

292. DURLIAT, M., « Raimond de Bianya ou R. de Via », *Cahiers de Saint-Michel de Cuxa*, 1973, pp. 128-138.

293. DURLIAT, M., « L'architecture du XIe siècle à Saint-Michel-de-Cuxa », *Études d'art médiéval offertes à Louis Grodecki*, Paris, 1980, pp. 49-62.

294. DURLIAT, M., *Roussillon roman*, 4e éd. entièrement revue, La Pierre-qui-Vire, 1986.

295. DURLIAT, M., « La Catalogne et le "premier art roman" », *Bulletin monumental,* 1989, pp. 209-238.

296. GAILLARD, G., *Premiers essais de sculpture monumentale en Catalogne aux Xe et XIe siècles*, Paris, 1938.

297. KLEIN, P., « Les portails de Saint-Genis-des-Fontaines et de Saint-André-de-Sorède. I. Le linteau de Saint-Genis », *Cahiers de Saint-Michel de Cuxa*, 1989, p. 121-144, II. « Le linteau et la fenêtre de Saint-André-de-Sorède », *Ibid.*, 1990, pp. 159-192.

298. PONSICH, P., « L'architecture préromane de Saint-Michel-de-Cuxa et sa véritable signification », *Cahiers de Saint-Michel de Cuxa*, 1971, pp. 17-27.

299. PONSICH, P., « L'évolution du portail d'église en Roussillon du IXe au XIVe siècle », dans *Cahiers de Saint-Michel de Cuxa*, 1977, pp. 175-199.

7. HAUT-LANGUEDOC - GUYENNE - GASCOGNE - BÉARN

300. BRUTAILS, J.-A., *Les Vieilles Églises de la Gironde*, Bordeaux, 1912.

301. BIGET, J.-L., PRADALIER H., et PRADALIER-SCHLUMBERGER, M., « L'art cistercien dans le Midi toulousain », *Cahiers de Fanjeaux*, 21 (*Les Cisterciens du Languedoc, XIIIe-XIVe siècles*), pp. 313-370.

302. CABANOT, J., « Le décor sculpté de la basilique Saint-Sernin de Toulouse. Sixième colloque international de la Société française d'Archéologie (Toulouse, 22-23 octobre 1971) », *Bulletin monumental*, 1974, pp. 99-145.

303. CABANOT, J., *Gascogne romane,* La Pierre-qui-Vire, 1978.

304. CABANOT, J., *Les Débuts de la sculpture romane dans le sud-ouest de la France,* Paris, 1987.

305. CAZES, D., CARBONELL-LAMOTHE, Y., et PRADALIER-SCHLUMBERGER, M., « Recherches sur la cathédrale Saint-Étienne de Toulouse », *Mémoires de la Société Archéologique du midi de la France*, XLIII, 1979-1980.

306. CAZES, Q., et *al.,* « L'ancienne église Saint-Pierre-des-Cuisines à Toulouse », *Mémoires de la Société Archéologique du Midi de la France*, 1988, n° spécial.

307. DUBOURG-NOVES, P., *Guyenne romane*, La Pierre-qui-Vire, 1969.

308. DURLIAT, M., « L'église abbatiale de Moissac des origines à la fin du XIe siècle », *Cahiers archéologiques*, XV, 1965, pp. 155-177.

309. DURLIAT, M., « Les origines de la sculpture à Toulouse et à Moissac », *Cahiers de civilisation médiévale*, 1969, pp. 349-364.

310. DURLIAT, M., « Le portail de la salle capitulaire de La Daurade à Toulouse », *Bulletin monumental*, 1974, pp. 201-211.

311. DURLIAT, M., *Haut-Languedoc roman*, La Pierre-qui-Vire, 1978.

312. DURLIAT, M., « La dernière sculpture romane méridionale : une mutation avortée », *La France de Philippe-Auguste. Le Temps des mutations*, Actes du colloque international CNRS (Paris, 1980), Paris, 1982, pp. 939-953.

313. DURLIAT, M., « Les peintures murales romanes dans le midi de la France de Toulouse et Narbonne aux Pyrénées », *Cahiers de civilisation médiévale,* 1983, pp. 117-139.

314. DURLIAT, M., *Saint-Sernin de Toulouse*, Toulouse, 1986.

315. DURLIAT, M., et ALLÈGRE, V., *Pyrénées romanes*, La Pierre-qui-Vire, 1969.

316. DURLIAT, M., « La disparition du chapiteau historié au XIIIe siècle », *Cahiers de Fanjeaux*, n°28, (*Le Décor des églises en France méridionale, XIIIe-mi XVe siècle*), 1993, pp. 201-213.

317. GARDELLES, J., « La sculpture monumentale en Bordelais et en Bazadais à la fin du XIIe et au début du XIIIe siècle », *Bulletin monumental*, 1974, pp. 29-49 et 213-231.

318. GARDELLES, J., « Les mosaïques de pavement romanes du Sud-Ouest et les mosaïques de pavement médiévales », *Revue de Pau et du Béarn,* 1977, pp. 31-39.

319. GARDELLES, J., « Campagnes de construction de l'abbatiale de La Sauve-Majeure », *Revue historique de Bordeaux et du département de la Gironde*, 1978-1979, pp. 33-57.

320. GRODECKI, L., « Le problème des sources iconographiques du tympan de Moissac », *Moissac et l'Occident au XIe siècle*, Actes du colloque internatio-

nal de Moissac, 1963, Toulouse, 1964, pp. 59-69 ; rééd. *Le Moyen Âge retrouvé*, I, Paris, 1986, pp. 151-158.

321. HORSTE, K., *Cloister Design and Monastic Reform in Toulouse. The Romanesque Sculpture of La Daurade*, Oxford, 1992.

322. LACOSTE, J., « Le portail de Mimizan et ses liens avec la sculpture espagnole du début du XIIIe siècle », *Bulletin de la Société des Sciences, Lettres et Arts de Pau,* 1974, pp. 35-69.

323. LACOSTE, J., *Sainte-Foy de Morlaas*, Jurançon, 1976.

324. LACOSTE, J., « L'église Saint-Pierre de La Lande-de-Fronsac », *Congrès archéologique de France. Bordelais et Bazadais*, 1987, p. 77-92.

325. LYMAN, Th., « Notes on the Porte Miégeville Capitals and the Construction of Saint-Sernin in Toulouse », *The Art Bulletin*, 1967, pp. 25-35.

326. LYMAN, Th., « Raymond Gairard and the Romanesque Building Campaings at Saint-Sernin in Toulouse », *Journal of Society of Architectural Historians*, 1978, pp. 71-91.

327. MESPLÉ, P., *Toulouse. Musée des Augustins. Les Sculptures romanes,* Inventaire des collections publiques françaises, 5, Paris, 1961.

328. MÉZOUGHI, N., « Le tympan de Moissac : études d'iconographie », *Cahiers de Saint-Michel de Cuxa*, 1978, pp. 171-200.

329. MORALEJO ALVAREZ, S., « La Fachada de la sala capitular de La Daurade de Toulouse. Datos iconográficos para su reconstitución », *Anuario de Estudios medievales*, 1983, pp. 179-204.

330. *Saint-Sernin de Toulouse. Trésors et métamorphoses*, cat. expo. Toulouse, Paris, 1989-1990.

331. *Saint-Sever, millénaire de l'abbaye,* Actes du colloque international 25-27 mai 1985, Mont-de-Marsan, 1986.

332. SCHAPIRO, M., « The Romanesque Sculpture of Moissac », *The Art Bulletin*, 1931, pp. 248-251 et 464-531 [*La Sculpture de Moissac*, Paris, 1987].

333. SEIDEL, L., « The Façade of the Chapterhouse at La Daurade in Toulouse », *The Art Bulletin*, 1973, pp. 328-332.

334. SEIDEL, L., *Romanesque Sculpture from the Cathedral of Saint-Étienne, Toulouse*, New York-Londres, 1977.

335. SKUBISZEWSKI, P., « Le trumeau et le linteau de Moissac : un cas de symbolisme médiéval », *Cahiers archéologiques*, 1992, pp. 51-90.

8. POITOU - ANGOUMOIS - SAINTONGE

336. CAMUS, M.-Th., « Un chevet à déambulatoire et chapelles rayonnantes à Poitiers vers 1075 : Saint-Jean-de-Montierneuf », *Cahiers de civilisation médiévale*, 1978, pp. 357-384.

337. CAMUS, M.-Th., « Le personnage sous arcade dans la sculpture sur dalle du Poitou. Premières expériences », *Romanico padano, romanico europeo*, Parme-Modène (1977), 1982, pp. 369-379.

338. CAMUS, M.-Th., « La reconstruction de Saint-Hilaire-le-Grand de Poitiers à l'époque romane. La marche des travaux », *Cahiers de civilisation médiévale,* 1982, pp. 101-120 et 239-271.

339. CAMUS, M.Th., « Les voûtes de la nef de Saint-Hilaire-le-Grand de Poitiers du XIe au XIXe siècle », *Bulletin archéologique*, nelle série, fasc. 16, 1980 (1983), pp. 57-94.

340. CAMUS, M.-Th., « À propos de trois découvertes récentes. Images de l'Apocalypse à Saint-Hilaire-le-Grand de Poitiers », *Cahiers de civilisation médiévale*, 1989, pp. 125-134.

341. CAMUS, M.-Th., « Capitelli e colonne dipinti. Antecedente dell'XI secolo nella Francia dell'Ouest », *Wiligelmo e Lanfranco nell'Europa romanica,* Modène, 1989, pp. 141-149.

342. CAMUS, M.-Th., « Le programme iconographique des peintures de Saint-Eutrope des Salles-Lavauguyon », *Cahiers de civilisation médiévale*, 1990, pp. 133-150.

343. CAMUS, M.-Th., *Sculpture romane du Poitou. Les grands chantiers du XIe siècle*, Paris, 1992.

344. CROZET, R., *L'Art roman en Poitou*, Paris, 1948.

345. CROZET, R., *L'Art roman en Saintonge*, Paris, 1971.

346. CROZET, R., « La frise de la Maison-Dieu de Montmorillon et ses rapports avec la sculpture chartraine, bourguignonne et bourbonnaise », *Bulletin de la Société des Antiquaires de l'Ouest,* 1965, p. 83.

347. DARAS, Ch., *La Cathédrale d'Angoulême, chef-d'œuvre monumental de Girard II,* Angoulême, 1942.

348. DARAS, Ch., *Angoumois roman*, La Pierre-qui-Vire, 1961.

349. DILLANGE, M., *Églises et abbayes romanes en Vendée*, Marseille, 1983.

350. DUBOURG-NOVES, P., « Nouvelles considérations sur Saint-Amand-de-Boixe », *Mémoires de la Société archéologique et historique de la Charente*, 1971, pp. 475-485.

351. DUBOURG-NOVES, P., *Iconographie de la cathédrale d'Angoulême de 1575 à 1880*, Angoulême-Poitiers, 1973.

352. DUBOURG-NOVES, P., « Remarques sur les portails romans à fronton de l'ouest de la France », *Cahiers de civilisation médiévale*, 1974, pp. 25-37.

353. DUBOURG-NOVES, P., « Quelques réflexions sur les églises à coupoles des diocèses d'Angoulême et de Saintes », *Bulletin de la Société des Antiquaires de l'Ouest*, 1980, pp. 435-477.

354. DUBOURG-NOVES, P., « Des mausolées antiques aux cimborios romans d'Espagne. Évolution d'une forme architecturale », *Cahiers de civilisation médiévale*, 1980, pp. 323-358.

355. EYGUN, F., *Saintonge romane,* La Pierre-qui-Vire, 1970.

356. GRODECKI, L., « Les vitraux de la cathédrale de Poitiers », *Congrès archéologique de France. Poitiers,* 1951, pp. 138-163.

357. HÉLIOT, P., « Observations sur les façades décorées d'arcatures aveugles dans les églises romanes », *Bulletin de la Société des Antiquaires de l'Ouest,* 1958, pp. 367-399 et 419-458.

358. KURMANN-SCHWARZ, B., « Les peintures du porche de l'église abbatiale de Saint-Savin : étude iconographique », *Bulletin monumental*, 1982, pp. 273-304.

359. LABANDE-MAILFERT, Y., « Le cycle de l'Ancien Testament à Saint-Savin », *Revue d'Histoire de la Spiritualité,* 1974, n°3-4, pp. 369-395, rééd. *Études d'Iconographie romane et d'Histoire de l'Art,* Poitiers, 1982, pp. 217-246.

360. LABANDE-MAILFERT, Y., « Les peintures murales », *Le Baptistère Saint-Jean de Poitiers,* Poitiers, 1976, pp. 27-37, rééd. *Études d'Iconographie romane et d'Histoire de l'Art,* Poitiers, 1982, pp. 247-270.

361. MENDELL, E.-L., *Romanesque Sculpture in Saintonge,* New Haven, 1940.

362. OURSEL, R., *Haut-Poitou roman*, La Pierre-qui-Vire, 1975.

363. RIOU, Y.-J., « La construction de l'abbatiale de Saint-Savin. À propos de trois publications récentes », *Bulletin de la Société des Antiquaires de l'Ouest,* 1972, pp. 417-439.

364. RIOU, Y.-J., « Réflexions sur la frise sculptée de la façade de Notre-Dame-la-Grande de Poitiers », *Bulletin de la Société des Antiquaires de l'Ouest*, 4e série, t. XV, 1980, pp. 497-514.

365. SEIDEL, L., *Songs of Glory. The Romanesque Façades of Aquitaine*, Chicago-Londres, 1981.

366. SCHÜRENBERG, L., « Die romanischen Kirchenfassaden Aquitaniens », *Das Münster (Zeitschrift für Christliche Kunst und Kunstwissenschaft)*, 1951, pp. 257-268.

367. STODDARD, B-W., « A Romanesque Master Carver at Airvault (Deux-Sèvres) », *Gesta*, 1981, pp. 67-72.

368. TCHERIKOVER, A., « Some Observations on Sculpture at Airvault », *Gesta*, 1985, pp. 91-103.

369. TCHERIKOVER, A., « La façade occidentale de l'église abbatiale de Saint-Jouin-de-Marnes », *Cahiers de civilisation médiévale*, 1985, pp. 361-383.

370 TCHERIKOVER, A., « The Church of Saint-Jouin-de-Marnes in the eleventh century », *Journal of the British Archaeological Association,* 1987, pp. 112-133, pl. XVI-XXV.

371. TCHERIKOVER, A., « Romanesque Sculpture Archivolts in Western France. Forms and Techniques », *Arte medievale*, 1989, pp. 49-75.

372. WERNER, F., *Aulnay de Saintonge und die romanische Skulptur in Westfrankreich,* Worms, 1979.

9. LIMOUSIN - PÉRIGORD - QUERCY

373. *L'Art roman à Saint-Martial de Limoges,* cat. expo. Limoges, 1950.

374. BRISAC, C., « Grisailles romanes des anciennes abbatiales d'Obazine et de Bonlieu », *Limousin, études archéologiques* : Actes du 102e congrès national des Sociétés Savantes, Limoges, 1977, Paris, 1979, pp. 129-143.

375. CHRIST, Y., « Le portail de Beaulieu. Étude iconographique et stylistique », *Bulletin archéologique,* 1970, pp. 57-76.

376. DUCHEIN, M., « La basilique du Sauveur à l'abbaye de Saint-Martial de Limoges », *Bulletin de la Société archéologique et historique du Limousin,* 1951, pp. 284-311.

377. DURLIAT, M., « La cathédrale Saint-Étienne de Cahors. Architecture et sculpture. Xe colloque international de la Société française d'Archéologie (Cahors 13-14 octobre 1975) », *Bulletin monumental,* 1979, pp. 285-340.

378. GARDELLES, J., « La sculpture décorative du cloître de Saint-Avit-Senieur », *Bulletin monumental,* 1985, pp. 11-84.

379. HÉLIOT, P., « Les églises romanes à tribunes dans la région limousine et les grandes basiliques

de pèlerinage », *Bulletin de la Société Historique Archéologique de la Corrèze*, t. 96, 1974, pp. 157-171.

380. KLEIN, P., « *Et videbit eum omnis oculus et qui eum pupugerunt.* Zur Deutung des Tympanon von Beaulieu », *Florilegium in honorem Carl Nordenfalk octogenarii Contextum,* Stockholm, 1987, pp. 123-144.

381. KLEIN, P., « Le tympan de Beaulieu : Jugement dernier ou Seconde Parousie ? », *Cahiers de Saint-Michel de Cuxa*, 1988, pp. 189-134.

382. LABOURDETTE, R., « Remarques sur les dispositions originelles du portail de Souillac », *Gesta*, 1979, 2, pp. 29-35.

383. MAURY, J., GAUTHIER, M.-M., et PORCHER, J., *Limousin roman*, La Pierre-qui-Vire, 1960.

384. PRADALIER, H., « Sainte-Marie de Souillac », *Congrès archéologique de France. Quercy,* 1989, pp. 481-508.

385. PRADALIER, H. et PÊCHEUR, A.-M., « Saint-Sauveur de Figeac », *Congrès archéologique de France. Quercy,* 1989, pp. 267-290.

386. PÊCHEUR, A.-M., « Carennac », *Congrès archéologique de France. Quercy*, 1989, pp. 171-190.

387. ROUX, J., *La Basilique Saint-Front de Périgueux,* Périgueux, 1920.

388. SCHAPIRO, M., « The Sculptures of Souillac », *Medieval Studies in Memory of A. Kingsley Porter,* Cambridge (Mass.), 1939, 2, pp. 359-387, rééd. *Romanesque Art. Selected Papers,* New York, 1971, pp. 102-130.

389. SOUBEYRAN, M., « Catalogue raisonné des éléments de sculpture provenant de la cathédrale Saint-Front de Périgueux », *Bulletin de la Société Historique et Archéologique du Périgord*, 1967, pp. 186-200.

390. THIRION, J., « Observations sur les fragments sculptés du tympan de Souillac », *Gesta*, 1976, 1-2, pp. 161-172.

10. AUVERGNE - ROUERGUE - BOURBONNAIS

391. BERNOULLI, C., *Die Skulpturen der Abtei Conques-en-Rouergue,* Bâle, 1956.

392. BOUSQUET, J., *La Sculpture à Conques aux XIe et XIIe siècles. Essai de chronologie comparée,* Lille, 1973.

393. CAHN, W., *Romanesque Wooden Doors of Auvergne*, New York, 1974.

394. CRAPLET, B., *Auvergne romane*, La Pierre-qui-Vire, 4e éd. entièrement revue, 1972.

395. DURLIAT, M. et LEBOUTEUX, P., « L'église Saint-Géraud d'Aurillac », *Bulletin archéologique,* n^elle série, fasc. 8a, 1975, pp. 23-49.

396. DURLIAT, M., « La cathédrale du Puy », *Congrès archéologique de France. Velay,* 1975, pp. 55-163.

397. DURLIAT, M., « Les coupoles de la cathédrale du Puy et leurs origines », *Comptes rendus de l'Académie des inscriptions et belles-lettres,* 1976, pp. 494-524.

398. DURLIAT, M., « Les plus anciens chapiteaux de la cathédrale du Puy et leur place dans la sculpture du Xe siècle », *Cahiers archéologiques*, XXXII, 1984, pp. 63-88.

399. FAU, J-Cl., « Les chapiteaux de l'église et du cloître de Conques », *Mémoires de la Société Archéologique du midi de la France,* 1956, pp. 53-132.

400. KURMANN, P. et VERGNOLLE, E., « Ébreuil. L'ancienne église abbatiale Saint-Léger », *Congrès archéologique de France. Bourbonnais,* 1988, pp. 169-202.

401. QUARRÉ, P., *La Sculpture romane en Haute-Auvergne,* Aurillac, 1938.

402. SAUERLÄNDER, W., « *Omnes perversi sic sunt in tartara mersi.* Skulptur als Bildpredigt. Das Weltgerichtstympanon von Sainte-Foy in Conques », *Jahrb. Akad. Wissensch. Göttingen*, 1979, pp. 33-47.

403. SWIECHOWSKI, Z., *Sculpture romane d'Auvergne*, Clermont-Ferrand, 1973.

404. VERGNOLLE, E., « L'ancienne priorale Saint-Pierre de Souvigny », *Congrès archéologique de France. Bourbonnais*, 1988, pp. 399-432.

405. VIEILLARD-TROIEKOUROFF, M., « La cathédrale de Clermont du Ve au XIIIe siècle », *Cahiers archéologiques*, XI, 1960, pp. 199-247.

11. VAL DE LOIRE - BERRY - ANJOU

406. ANFRAY, M., *L'Architecture religieuse du Nivernais au Moyen Âge. Les Églises romanes*, Paris, 1951.

407. BAYLÉ, M., « Saint-Aignan-sur-Cher », *Congrès archéologique de France. Blésois et Vendômois,* 1981, pp. 310-33.

408. BERLAND, dom J.-M., « Le pavement du chœur de Saint-Benoît-sur-Loire », *Cahiers de civilisation médiévale*, 1968, pp. 211-219.

409. BRINCART, Baronne, *L'Église de Cunault, ses chapiteaux du XIIe siècle,* Paris, 1937.

410. CHENESSEAU, G., « Les fouilles de la cathédrale d'Orléans (septembre-décembre 1937) », *Bulletin monumental*, 1937, pp. 73-94.

411. CHENESSEAU, G., « Les fouilles faites dans la cathédrale d'Orléans en juillet et octobre 1942 », *Bulletin de la Société Nationale des Antiquaires de France,* 1942, pp. 218-255.

412. *La Collégiale Saint-Mexme de Chinon*, cat. expo. Chinon, août-octobre 1990.

413. CROZET, R., *La Sculpture romane en Berry,* Paris, 1931.

414. CROZET, R., « L'église abbatiale de Fontevraud, ses rapports avec les églises à coupoles d'Aquitaine et avec les églises de la région de la Loire », *Annales du Midi,* 1936, pp. 112-150.

415. DURET, P., *La Sculpture romane de l'abbaye de Déols*, Issoudun, 1987.

416. *Études ligériennes d'histoire et d'archéologie médiévales*, publiées sous la direction de René Louis, Auxerre, 1975.

417. FORSYTH, G. H., *The Church of Saint-Martin d'Angers*, Princeton, 1953.

418. GRANBOULAN, A., « De la paroisse à la cathédrale : une approche renouvelée du vitrail roman dans l'Ouest », *Revue de l'Art*, 1994-1.

419. GRODECKI, L., « Le vitrail roman de Gargilesse (Indre) », *Mélanges offerts à René Crozet,* Poitiers, 1966, t. 2, pp. 953-957.

420. HAYWARD, J. et GRODECKI, L., « Les vitraux de la cathédrale d'Angers », *Bulletin monumental,* 1966, pp. 7-67.

421. HENRIET, J., « L'abbatiale Notre-Dame de Fontgombault », *Congrès archéologique de France. Bas-Berry*, 1984, pp. 98-116.

422. HUBERT, J., « L'abbatiale Notre-Dame de Déols », *Bulletin monumental*, 1927, pp. 5-66.

423. KUPFER, M., « Les fresques romanes de Vicq (Indre) : étude technique », *Bulletin monumental,* 1986, pp. 99-132.

424. KUPFER, M., *Romanesque Wall Painting in Central France. The Politics of Narrative*, New Haven et Londres, 1993.

425. LEFÈVRE-PONTALIS, E. et JARRY, E., « La Cathédrale romane d'Orléans », *Bulletin monumental,* 1906, pp. 309-372.

426. LELONG, Ch., « L'église Saint-Mexme de Chinon (X^e et XIe siècles) », *Bulletin archéologique,* n^elle série, 1-2, 1965-1966, pp. 109-133.

427. LELONG, Ch., *Touraine romane,* La Pierre-qui-Vire, 1977.

428. LELONG, Ch., *La Basilique Saint-Martin de Tours,* Chambray-lès-Tours, 1986.

429. LELONG, Ch., *L'Abbaye de Marmoutier*, Chambray-lès-Tours, 1989.

430. LESUEUR, Dr. F., « Saint-Aignan d'Orléans. L'église de Robert le Pieux », *Bulletin monumental,* 1957, pp. 169-206.

431. LESUEUR, Dr. F., « Saint-Martin d'Angers, la Couture du Mans, Saint-Philbert-de-Grandlieu et autres églises à éléments de briques dans la région de la Loire », *Bulletin monumental,* 1961, pp. 211-242.

432. LESUEUR, Dr. F., « Appareils décoratifs supposés carolingiens », *Bulletin monumental,* 1966, pp. 167-186.

433. LESUEUR, Dr. F., *Les Églises du Loir-et-Cher,* Paris, 1969.

434. MALLET, J., *L'Art roman de l'ancien Anjou*, Paris, 1984.

435. PLAT, Abbé G., *L'Architecture religieuse en Touraine, des origines au XIIe siècle. L'Art de bâtir en France des Romains à l'an 1000,* Paris, 1939.

436. RAEBER, R., *La Charité-sur-Loire. Monographie der romanischen Kirche Notre-Dame unter spezieller Berücksichtigung der Skulpturen*, Berne, 1964.

437. SALET, F., « Notre-Dame de Cunault. Les campagnes de construction », *Congrès archéologique de France. Anjou,* 1964, pp. 636-676.

438. SALET, F., « L'église de Donzy-le-Pré », *Congrès archéologique de France. Nivernais*, 1967, pp. 142-152.

439. SALET, F., « Saint-Étienne de Nevers », *Congrès archéologique de France. Nivernais*, 1967, pp. 162-184.

440. SCHMITT, M., « The Carved Gable of Beaulieu-lès-Loches », *Gesta,* 1976, pp. 113-120.

441. SCHUMACHER, M.-G., « L'église Notre-Dame de Gargilesse », *Congrès archéologique de France. Bas-Berry*, 1984, pp. 117-128.

442. TARALON, J., « Montoire. Chapelle Saint-Gilles », *Congrès archéologique de France. Blésois et Vendômois,* 1981, pp. 259-289.

443. TARALON, J. et TOUBERT, H., « Les fresques romanes de Vendôme. I. Étude stylistique et technique ; II. Étude iconographique », *Revue de l'Art*, 1981, pp. 9-22 et 23-38.

444. THÉREL, M.-L., « Les portails de la Charité-sur-Loire. Étude iconographique », *Congrès archéologique de France. Nivernais*, 1967, pp. 86-103.

445. THIBOUT, M., « Découverte de peintures murales dans l'église Saint-Jean-Baptiste de Château-Gontier », *Bulletin monumental*, 1942, pp. 5-40.

446. TOUBERT, H., « Dogme et pouvoir dans l'iconographie chrétienne. Les peintures de la Trinité de Vendôme », *Un art dirigé. Réforme grégorienne et Iconographie,* Paris, 1990, pp. 365-402.

447. TOUBERT, H. (dir.), « Peintures murales romanes (Méobecq, Saint-Jacques-des-Guérets, Vendôme, Le Liget, Vicq, Thevet-Saint-Martin, Sainte-Lizaigne, Plaincourault) », *Cahiers de l'Inventaire*, n°15, 1988.

448. VALLERY-RADOT, J., « L'ancienne priorale Notre-Dame à La Charité-sur-Loire. L'architecture », *Congrès archéologique de France. Nivernais,* 1967, pp. 43-83.

449. VERGNOLLE, E., « L'église de Meusnes », *Congrès archéologique de France. Blésois et Vendômois*, 1981, pp. 237-243.

450. VERGNOLLE, E., *Saint-Benoît-sur-Loire et la sculpture du XIe siècle*, Paris, 1985.

451. VERGNOLLE, E., « L'ancienne église abbatiale Saint-Pierre de Méobecq », *Congrès archéologique de France. Bas-Berry*, 1984, pp. 172-191.

452. VERGNOLLE, E., « L'art des frises dans la vallée de la Loire », *The Romanesque Frieze and its spectator* (The Lincoln Symposium Papers), éd. D. Kahn, Londres, 1992, pp. 97-119.

453. WU, F. C., « Les arcades du cloître de l'abbaye Saint-Aubin d'Angers (1128-1151) », *Histoire de l'Art*, n°3, 1988, pp. 36-46.

12. NORMANDIE - MAINE - BRETAGNE

454. BARRAL I ALTET, X., « Saint-Gildas de Rhuis », *Congrès archéologique de France. Morbihan,* 1983, pp. 222-243.

455. BAYLÉ, M., *La Trinité de Caen, sa place dans l'histoire de l'architecture et du décor roman,* Paris-Genève, 1979.

456. BAYLÉ, M., « Aspects de la sculpture autour de 1100. À propos de Graville-Sainte-Honorine », *Annales de Normandie,* 1979, pp. 157-178.

457. BAYLÉ, M., « Le décor architectural de l'ancienne abbaye Saint-Georges à Saint-Martin-de-Boscherville », *Congrès national des Sociétés Savantes, Caen 1980*, Paris, 1982, pp. 155-170.

458. BAYLÉ, M., « Le décor sculpté de Saint-Georges de Boscherville. Quelques questions de style et d'iconographie », *Proceedings of the Battle Conference (Anglo-Norman Studies)*, 1985, pp. 27-45.

459. BAYLÉ, M., « Remarques sur les ateliers de sculpture dans le Cotentin (1100-1150) », *Romanesque and Gothic. Essays for George Zarnecki,* Woodbridge, 1987, pp. 7-14.

460. BAYLÉ, M., *Les Origines et les premiers développements de la sculpture romane en Normandie*, Caen, 1992 (*Art de Basse-Normandie,* n°100 bis).

461. BONY, J., « La technique normande du mur épais », *Bulletin monumental*, 1939, pp. 153-188.

462. CAMERON, J., « Les chapiteaux du XIe siècle à la cathédrale du Mans », *Bulletin monumental*, 1966, pp. 343-361.

463. DEYRES, M., *Maine roman*, La Pierre-qui-Vire, 1985.

464. FROIDEVAUX, Y-M., « L'abbaye de Lessay », *Les Monuments historiques de la France,* I, 1958, pp. 99-150.

465. GRAND, R., *L'Art roman en Bretagne,* Paris, 1958.

466. GRODECKI, L., « Les débuts de la sculpture romane en Normandie : Bernay », *Bulletin monumental,* 1950, pp. 7-67 ; rééd. *Le Moyen Âge retrouvé*, I, Paris, 1986, p. 69-113.

467. GRODECKI, L., « Les vitraux de la cathédrale du Mans », *Congrès archéologique de France. Maine*, 1961, pp. 59-99.

468. LANFRY, G., « Fouilles et découvertes à Jumièges. Le déambulatoire de l'église romane », *Bulletin monumental,* 1928, pp. 107-137.

469. LANFRY, G., *L'Abbaye de Jumièges. Plans et documents*, Rouen, 1954.

470. LIESS, R., *Der frühromanische Kirchenbau des 11. Jahrhunderts in der Normandie,* Munich, 1967.

471. MUSSAT, A. et BRISAC, C., *La Cathédrale du Mans,* Paris, 1981.

472. MUSSET, L., *Normandie romane*, 2 vol., La Pierre-qui-Vire, 1974-1975.

473. RENOUARD, M., *Art roman en Bretagne*, Rennes, 1978.

474. RUPRICH-ROBERT, V., *L'Architecture normande aux XIe et XIIe siècles en Normandie et en Angleterre*, 2 vol., Paris, 1884-1889.

475. SALET, F., « La cathédrale du Mans », *Congrès archéologique de France. Maine*, 1961, pp. 18-58.

476. SIMON O.S.B., M., *L'Abbaye de Landévennec, de Saint-Guénolé à nos jours*, Ouest-France, 1985.

477. THIRION, J., « La cathédrale de Bayeux », *Congrès archéologique de France. Bessin et Pays d'Auge*, 1974, pp. 241-285.

478. VALLERY-RADOT, J., « Le 2e colloque international de la Société française d'Archéologie : Jumièges », *Bulletin monumental*, 1969, pp. 125-147.

479. VERRIER, J., « Fouilles et découvertes : la cathédrale de Rouen », *Les Monuments historiques de la France*, 1956, n° spécial.

480. ZARNECKI, G., « 1066 and architectural sculpture », *Proceedings of the British Academy*, 1966, pp. 87-104, rééd. *Studies in Romanesque Art*, Londres, 1979.

481. ZARNECKI, G., « Early romanesque capitals at Bayeux and Rucqueville », *Symbolae Historiae Artium. Studia z Historii Sztuki Lechowi Kalinowskiemu Dedykowane*, Varsovie, 1986, pp. 165-189.

VI - ENLUMINURE

482. ALEXANDER, J.-J.-G., *Norman Illumination at Mont-Saint-Michel, 966-1100*, Oxford, 1970.

483. ALEXANDER, J-J-G., *La Lettre ornée*, Paris, 1978.

484. AVRIL, F., « La décoration des manuscrits du Mont-Saint-Michel (XIe-XIIe siècles) », *Millénaire monastique du Mont-Saint-Michel*, Paris, 1967, t. II, pp. 171-238.

485. BARRAL I ALTET, X., MAGNOU-NORTIER, E., MÉZOUGHI, N. et ZALUSKA, Y., *El « Beato » de Saint-Sever, ms. lat. 8878 de la Bibliothèque Nationale de Paris*, Fac-similé et volume d'études, Madrid, 1984.

486. BRISAC, C., « Les grandes Bibles romanes de la France du Sud », *Les Dossiers de l'Archéologie*, n°14, 1976, pp. 100-106.

487. BURIN, E., « Réflexions sur quelques aspects de l'enluminure dans l'ouest de la France au XIIe siècle : le manuscrit latin 5253 de la Bibliothèque nationale », *Bulletin monumental*, 1985, pp. 209-226.

488. *Byzance et la France médiévale. Manuscrits à peintures du IIe au XVIe siècle*, cat. expo. Paris, B.N., 1958.

489. CAHN, W., « A Twelfth-Century Decretum Fragment from Pontigny », *The Bulletin of Cleveland Museum of Art*, février 1975, pp. 47-59.

490. CAHN, W., « Autour de la Bible de Lyon : le problème du roman tardif dans le Centre de la France », *Revue de l'Art*, 1980, pp. 11-22.

491. CAHN, W., *La Bible romane*, Fribourg, 1982.

492. CARRASCO, M.-E., « An Early Illustrated Manuscript of the Passion of St-Agatha (Paris, B.N. Lat. 5594) », *Gesta*, 1985, 1, pp. 19-32.

493. DANZ STIRNEMANN, P., « Quelques bibliothèques princières et la production hors scriptorium au XIIe siècle », *Bulletin archéologique*, nelle série, fasc. 17-18, 1984, pp. 7-38.

494. DESLANDRE, Y., « Les manuscrits décorés au XIe siècle à Saint-Germain-des-Prés par Ingelard », *Scriptorium*, IX, 1955.

495. DUFOUR, J., *La Bibliothèque et le scriptorium de Moissac*, Genève-Paris, 1972.

496. GABORIT-CHOPIN, D., « Les dessins d'Adémar de Chabanne », *Bulletin archéologique*, 1967, pp. 163-225.

497. GABORIT-CHOPIN, D., *La Décoration des manuscrits à Saint-Martial de Limoges et en Limousin du IXe au XIIe siècle*, Paris-Genève, 1969.

498. GARAND, M.-C., « Manuscrits monastiques et scriptoria aux XIe et XIIe siècles », *Codicologica, 3. Essais typologiques*, Leyde, 1980, pp. 9-33.

499. GINOT, E., « Le manuscrit de Sainte-Radegonde de Poitiers et ses peintures du XIe siècle », *Bulletin de la Société française de reproduction des manuscrits à peintures*, IV, 1914-1920, pp. 9-80.

500. GUTBROD, J., *Die Initiale in Handschriften des achten bis dreizehnten Jahrhunderts*, Stuttgart, 1965.

501. HAMEL, Ch. de., *A History of Illuminated Manuscripts*, Oxford, 1986.

502. KLEIN, P., « Date et scriptorium de la Bible de Roda. État des recherches », *Cahiers de Saint-Michel de Cuxa*, 1972, pp. 91-102.

503. KLEIN, P., « Der Apocalypse-Zyclus der Roda-Bibel und seine Stellung in der ikonographischen Tradition », *Archivo español de Arqueologia. Homenaje al Prof. Helmut Schlunk*, XLV-XLVII, 1972-74, pp. 267-335.

504. *Les Manuscrits à peintures en France du VIIe au XIIe siècle*, cat. expo. Paris, B.N., 1954.

505. *Manuscrits normands XIe-XIIe siècles*, cat. expo. Rouen, musée des Beaux-Arts, 1975.

506. MASAI, F., « De la condition des enlumineurs et de l'enluminure de l'époque romane », *Bolletino dell'Archivio Paleografico Italiano*, II-III, 1956-57, parte II, pp. 135-144.

507. *Mise en page et mise en texte du livre manuscrit*, ouvrage collectif, préf. J. Monfrin, Paris, 1990.

508. NORDENFALK, C., « Miniature ottonienne et ateliers capétiens », *Art de France*, 1964, pp. 44-59.

509. PÄCHT, O., *Book Illumination in the Middle Ages*, Londres-Oxford, 1986.

510. PÄCHT, O., « The pre-Carolingian Roots of Early Romanesque Art », *Romanesque and Gothic*

Art. Studies in Western Art (Acts of the 20th International Congress of History of Art, New York, 1961), Princeton, 1963, t. 1, pp. 67-75.

511. PALAZZO, E., « Le tropaire d'Autun. Le ms. Paris, bibliothèque de l'Arsenal 1169 : sa place dans le groupe de tropaires du haut Moyen Âge », *Mémoires de la Société Éduenne*, n[elle] série, t. LIV, fasc. 5, 1985-1987, pp. 405-420.

512. PORCHER, J., *Le Sacramentaire de Saint-Étienne de Limoges*, Paris, 1953.

513. PORCHER, J., *L'Enluminure française*, Paris, 1959.

514. SAXL, F. et MEYER, H., *Catalogue of Astrological and Mythological Illustrated Manuscripts of the latin Middle Ages*, 2 vol., Londres, 1953.

515. SCHAPIRO, M., *The Parma Ildefonsus. A Romanesque Illuminated Manuscript from Cluny and Related Works*, New York, 1964.

516. SCHELLER, R-W., *Survey of Medieval Model-books*, Harlem, 1963.

517. VERGNOLLE, E., « Un carnet de modèles de l'an mil provenant de Saint-Benoît-sur-Loire » (Paris, B.N. Lat. 8318 et Rome, Vat. Reg. lat. 596), *Arte medievale*, 2, 1984.

518. VEZIN, J., *Les Scriptoria d'Angers au XIe siècle*, Paris, 1974.

519. VIEILLARD-TROÏEKOUROFF, M., « Art Carolingien et art roman parisiens. Les illustrations astronomiques jointes aux chroniques de Saint-Denis et Saint-Germain-des-Prés », *Cahiers archéologiques*, XVI, 1966, pp. 77-105.

520. WEITZMANN, K., *Illustrations in Rolls and Codex. A Study of the Origin and Method of Text Illustration*, Princeton, 1947 ; rééd. 1970.

521. WORMALD, F., « Some Illustrated Manuscripts of the Lives of Saints », *Bulletin of the John Ryland Library*, 35, 1952, pp. 248-266.

522. ZALUSKA, Y., *L'Enluminure et le scriptorium de Cîteaux au XIIe siècle*, Cîteaux, 1989.

523. ZALUSKA, Y., *Manuscrits enluminés de Dijon* (Corpus des manuscrits enluminés des collections publiques des départements), avec la collaboration de M. F. Damongeot, F. Saulnier et G. Lanoë, Paris, 1991.

VII - ARTS PRÉCIEUX

524. GABORIT-CHOPIN, D., *Ivoires du Moyen Âge occidental*, Fribourg, 1978.

525. GAUTHIER, M.-M., *Émaux limousins du XIIe au XIVe siècle*, Paris, 1950.

526. GAUTHIER, M.-M., « Le goût Plantagenêt et les arts mineurs dans la France du Sud-Ouest », *Stil und Uberlieferung in der Kunst des Abendlandes* (Actes du 21e Congrès International d'Histoire de l'Art, Bonn, 1964), Berlin, 1967, t. I, pp. 139-154.

527. GAUTHIER, M.-M., *Émaux du Moyen Âge occidental*, Fribourg, 1972.

528. GAUTHIER, M.-M., *Les Routes de la foi, reliques et reliquaires de Jérusalem à Saint-Jacques-de-Compostelle*, Fribourg-Paris, 1983.

529. GAUTHIER, M.-M., *Émaux méridionaux. Catalogue international de l'Œuvre de Limoges. 1. L'Époque romane*, Paris, 1987.

530. *Ornamenta Ecclesiae. Kunst und Künstler der Romanik*, cat. expo. Cologne, 1985, 3 vol.

531. *Trésors des églises de France*, cat. expo. Paris, 1965, rééd. TARALON, J., *Les Trésors des églises de France*, Paris, 1966.

532. SWARZENSKI, H., *Monuments of Romanesque Art. The Art of Church Treasures in North-Western Europe*, Londres, 1954, rééd. 1974.

VIII - ICONOGRAPHIE

533. *L'Apocalypse de Jean. Traditions exégétiques et iconographiques, IIIe-XIIIe siècles*, Genève, 1979.

534. AVRIL, F., « Interprétation symbolique du combat de saint Michel et des dragons », *Millénaire monastique du Mont-Saint-Michel*, Paris, 1971, t. III, pp. 39-52.

535. BALTRUSAITIS, J., *Le Moyen Âge fantastique. Antiquités et exotismes*, Paris, 1955.

536. BERGER, R., *Die Darstellung des thronenden Christus in der romanischen Kunst*, Tübingen, 1926.

537. BRENK, B., *Tradition und Neuerung in der Christlichen Kunst des ersten Jahrstausends studien zur geschichte des Weltgerichtsbildes*, Vienne, 1966 (Wiener Byzantin-Stud., 3).

538. CABROL, F. et LECLERC, H., *Dictionnaire d'archéologie chrétienne et de liturgie*, 15 vol., Paris, 1907, 1953.

539. CHRISTE, Y., *Les Grands Portails romans. Étude sur l'iconographie des théophanies romanes*, Genève, 1969.

540. CHRISTE, Y., *La Vision de Matthieu (Matth. XXIV-XXV). Origines et développement d'une image de la Seconde Parousie*, Paris, 1973.

541. CULLOGH, F. Mc., *Medieval Latin and French Bestiaries*, Chapel Hill, 1960.

542. DEBIDOUR, V.-H., *Le Bestiaire sculpté en France*, Paris, 1961.

543. FAVREAU, R., « Le thème iconographique du lion dans les inscriptions médiévales », *Académie des inscriptions et belles-lettres. Comptes rendus*, 1991, fasc. III, pp. 613-636.

544. FOURNÉE, J., « Les orientations doctrinales de l'iconographie mariale à la fin de l'époque romane », *Bulletin du Centre International d'Études romanes*, 1971, pp. 23-60.

545. GRABAR, A., *Les Voies de la création en iconographie chrétienne*, Paris, 1979.

546. GULDAN, E., *Eva und Maria. Eine Antithese als Bildmotiv*, Cologne, 1966.

547. KATZENELLENBOZEN, A., *Allegories of Virtues and Vices in Medieval Art, from Early Christian Times to the Thirteenth Century*, Londres, 1939 ; rééd. New York, 1964.

548. KIRSCHBAUM, E., *Lexikon der christlichen Ikonographie*, Rome-Fribourg-en-Brisgau, 8 vol., 1968-1976 ; rééd. 1990.

549. KLEIN, P., « Programmes eschatologiques, fonction et réception historique des portails du XIIe siècle : Moissac-Beaulieu-Saint-Denis », *Cahiers de civilisation médiévale*, 1990, pp. 317-349.

550. MÂLE, E., *L'Art religieux du XIIe siècle en France*, Paris, 1922.

551. MOLSDORF, W., *Christliche Symbolik der mittelalterlichen Kunst*, Leipzig, 1926.

552. SAUER, J., *Symbolik des Kirchengebaudes und seiner Ausstattung in der Auffassung des Mittelalters*, Fribourg-en-Brisgau, 1902 ; rééd. 1924.

553. SCHADE, H., *Dämonen und Monstren. Gestaltungen des Bösen in der Kunst des frühen Mittelalters*, Ratisbonne, 1962.

554. SCHILLER, G., *Ikonographie der Christlichen Kunst*, 5 vol., Gütersloh, 1966-1980.

555. THÉREL, M.-L., *À l'origine du décor du portail occidental de Notre-Dame de Senlis : le triomphe de la Vierge - Église. Sources historiques, littéraires et iconographiques*, Paris, 1984.

556. THOBY, P., *Le Crucifix des origines au concile de Trente*, Nantes, 1959.

557. TOUBERT, H., « Les représentations de l'*Ecclesia* dans l'art des Xe-XIIe siècles », *Atti XIII Convegno di Studi « Musica e Arte figurativa nei secoli X-XII » (Todi, 15-18 ottobre 1972)*, Todi, 1973, pp. 69-101, rééd. *Un art dirigé. Réforme grégorienne et iconographie*, Paris, 1990, pp. 37-63.

558. TOUBERT, H., « Iconographie et histoire de la spiritualité », *Revue d'histoire de la spiritualité*, 1974, pp. 265-284, rééd. *Un art dirigé. Réforme grégorienne et iconographie*, Paris, 1990, pp. 19-36.

559. VAN DER MEER, F., « *Maiestas Domini* » *: Théophanies de l'Apocalypse dans l'art chrétien*, Rome, 1938, rééd. Cologne, 1960.

560. VAN MARLE, R., *Iconographie de l'art profane au Moyen Âge et à la Renaissance*, 2 vol., La Haye, 1931-1932.

561. VERDIER, Ph., *Le Couronnement de la Vierge. Les Origines et les premiers développements d'un thème iconographique*, Montréal-Paris, 1980.

562. WATSON, A., *The Early Iconography of the Tree of Jessé*, Oxford-Londres, 1934.

563. WEBSTER, J.-C., *The Labors of the Months in Antique and Medieval Art to the End of the Twelfth Century*, Princeton, 1938.

564. WEITZMANN, K., « Die Illustration der Septuaginta », *Münchner Jahrbuch der Bildenden Kunst*, III-IV, 1952-1953, pp. 96-120.

565. WELLEN, G.-A., *Theotokos. Eine ikonographische Abhandlung über das Gottesmutterbild in frühchristlicher Zeit*, Utrecht-Anvers, 1961.

Index

Les numéros en italique renvoient à ceux des illustrations. L'indication n. renvoie aux notes.

Index des noms de personnes

Index des noms de lieux

Crédits photographiques

Les numéros renvoient aux illustrations.

Archives Arthaud : 63, 71, 102, 115, 132, 136, 163, 181, 187, 215, 255, 261, 268, 272, 279, 283, 297, 306, 314, 319, 321, 327, 355, 356, 357, 364, 368, 379, 405, 423, 429, 432, 435, 436, 437, 438, 439, 442, 446, 447, 449, 457, 459. Archives photographiques/© Spadem 1994, Paris : 76, 77, 173, 221, 245, 300, 309, 320, 360, 365, 390. B. Beaujard, Martignargues : 409. P. Belzeaux/Zodiaque : 16. J. Bernard, Aix-en-Provence : 394. Bibliothèque municipale, Dijon : 56, 383 ; /Laboratoire Blow up : 19. Bibliothèque municipale, Chartres : 21. Bibliothèque municipale, Marseille : 417. Bibliothèque municipale/I.H.R.T.-C.N.R.S., Moulins : 480. Bibliothèque nationale, Paris : 9, 11, 18, 22, 27, 53, 55, 203, 204, 247, 285, 324, 380. Bildarchiv foto, Marburg : 168. British Library, Londres : 24. C.E.H.A.G., Dax : 240, 248, 328, 347. Centre Guillaume le Conquérant, Bayeux : 23. C.E.S.C.M, Poitiers : 237. C.E.S.C.M. U.R.A. 998 C.N.R.S., Poitiers : 234, 372. C.E.S.C.M Courbières-Durand, Poitiers : 474. S. Chirol, Paris : 14, 28, 32, 69, 112, 166, 201, 266, 313, 476. C.N.M.H.S., Paris © Spadem 1994 : 236 ; /B. Acloque : 116 ; /P. Cadet : 90, 211, 275, 293 ; /Gudiol : 155 ; /J. Feuillie : 269, 281, 292, 312, 477 ; /Longchampt-Delehaye : 289. Courtauld Institute of Art, Londres : 241, 243, 244. G. Dagli Orti, Paris : 58, 171, 174, 176, 210, 229, 238, 317, 318, 322, 338, 341, 346, 358, 361, 371, 374, 377, 381, 479. J. Dieuzaide, Toulouse : 20, 256, 349, 350, 384, 469, 478. J. Dieuzaide/Zodiaque : 332. D. R. : 1, 3, 8, 12, 15, 29, 31, 70, 85, 91, 99, 137, 140, 141, 152, 153, 161, 164, 196, 209, 246, 284, 296, 301, 303, 305, 335, 339, 342, 348, 354, 363, 370, 378, 391, 393, 399, 421, 427, 444, 445, 448, 454, 455, 456, 460, 461, 470, 472, 473, 483. Écomusée du Montmorillonnais : 465. Éditions Combier, Mâcon : 127. Éditions Gaud, Moisenay : 160, 169, 223, 451, 452. Flammarion : 44, 54, 72, 100, 104, 111, 198, 214, 252, 290, 291, 299, 307, 325, 334, 386, 407, 422, 450. Gallimard – L'Univers des formes : 124. Giraudon, Vanves : 329. J. Gloriès, Toulouse : 219, 222. Gris Banal, Montpellier : 62, 340, 458, 468. J. Henriet : 310, 387. Hirmer Fotoarchiv, Munich : 122, 331. Images et Son, Dijon : 34, 49, 50, 61, 66, 78, 80, 123, 133, 218, 273, 463. Inventaire général © Spadem 1994/P. Fortin : 288. Inventaire général, Caen © Spadem 1994/P. Corbierre : 242. Inventaire général, Clermont-Ferrand © Spadem 1994/Choplain-Maston : 475. Inventaire général, Nantes © Spadem 1994/P. Giraud : 424. Inventaire général, Orléans © Spadem 1994/J.C. Jacques : 128 ; /R. Malnoury : 170, 205. Inventaire général, Poitiers © Spadem 1994/A. Maulny : 84, 92. La Goélette, Paris : 420. E. Lessing/Magnum, Paris : 337. Musée municipal, Dreux : 471. Musée Rolin, Autun : 453. Musée de Strasbourg : 351. Museum of Art, Rhode Island School of Design, Providence (E. U.) : 326. Jacques Nestgen, Montrouge : 333, 336. Objectif sud, Le Boulou : 67. Père Nicolas, abbaye de Saint-Benoît-sur-Loire : 17, 239. H. Pradalier : 254. Rapho, Paris/B. Biraben : 7, 231 ; /F. Debaisieux : 369 ; /R. Doisneau : 10 ; /F. Ducasse : 233 ; /Feher : 330, 345 ; /P. Lambert : 97. Réunion des musées nationaux, Paris : 162, 167. F. de Richemond, Montpellier : 481. Top, Paris/C. Bibollet : 165 ; /J.F. Devaud : 464 ; /R. Mazin : 146, 376. Universiteitsbibliotheek, Leyde : 33, 142. E. Vergnolle : 37, 59, 60, 74, 105, 106, 107, 110, 117, 118, 121, 130, 131, 135, 138, 139, 145, 147, 150, 151, 154, 158, 178, 200, 224, 225, 249, 251, 253, 323, 352, 353, 395, 410. Vieilles Maisons françaises/B. Galeron, Paris : 83, 134, 185, 294, 443. F. Walch, Paris : 48, 57, 73, 98, 143, 212, 232, 257, 286, 287, 375, 411, 415, 416. Yan, Toulouse : 404. Yan/Zodiaque, Toulouse : 180. Zodiaque, La Pierre-qui-Vire : 2, 4, 5, 6, 25, 26, 30, 40, 47, 75, 93, 94, 101, 108, 119, 126, 129, 144, 148, 149, 156, 157, 159, 172, 177, 179, 182, 184, 188, 189, 192, 193, 194, 195, 197, 213, 220, 228, 250, 259, 262, 264, 274, 277, 278, 311, 315, 316, 343, 344, 359, 362, 366, 367, 373, 382, 392, 397, 398, 402, 406, 419, 428, 441, 462, 466, 482.

Les cartes ont été réalisées par Carto-plan, Boulogne-Billancourt.

Flashage : Leyre, Paris
Photogravure : Bussière, Paris
Papier : Satimat club
Achevé d'imprimer en novembre 1994,
sur les presses de l'imprimerie
Jean-Lamour, Maxéville
Reliure : Brun, Malesherbes
N° d'impression : 94110048
N° d'édition : 0883
Dépôt légal : avril 1994

Imprimé en France